생활 전문 스포츠지도사 2급 필기
단박에오름 올인원 2025

8년 연속 최다 합격후기,
개념격파 + 실전모의고사,
노인 유소년 장애인 필수과목 수록

| 다른 교재로 공부하시면서 여러 번 떨어지신 분 | 연세가 많아 걱정이 앞선 분 | 비전공자라 시험 과목에 대한 지식이 전혀 없으신 분 |

단박에오름라면 믿으셔도 됩니다.
합격을 위한 기준! 네이버 카페 단박에오름에서 합격후기를 직접 확인해 보세요.

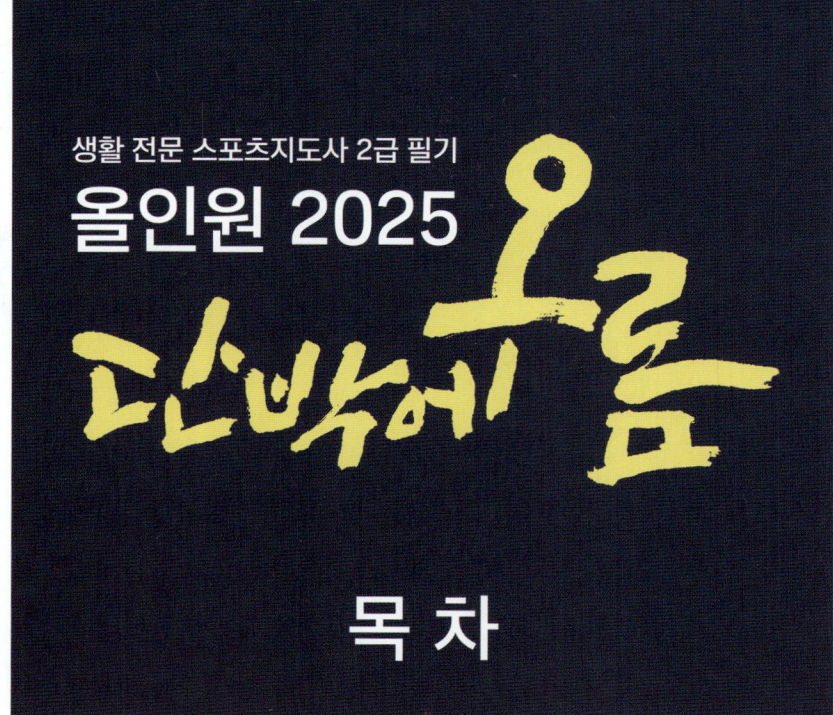

목 차

스포츠 사회학	001
스포츠 교육학	075
스포츠 심리학	015
한국 체육사	285
운동 생리학	351
운동 역학	455
스포츠 윤리학	527
별책 부록	

노인, 유소년, 장애인지도사 필수과목 핵심요약
미니모의고사, 실전모의고사, 정답 및 해설

스포츠 사회학

스포츠 사회학

1강 • 스포츠 사회학의 이해 ·· 003
2강 • 스포츠와 정치 ··· 008
3강 • 스포츠와 경제 ··· 016
4강 • 스포츠와 교육 ··· 023
5강 • 스포츠와 미디어 ··· 029
6강 • 스포츠와 사회계급(사회계층) ·· 036
7강 • 스포츠와 사회화 ··· 045
8강 • 스포츠와 일탈 ··· 056
9강 • 미래사회와 스포츠 ·· 066

01강  스포츠 사회학의 이해

1. 스포츠 사회학의 의미

> **Introduction**
>
> 스포츠 사회학은 사회학의 한 분야로, 스포츠에 참여하는 사람들의 행동 방식과 사회적 과정을 연구한다. 따라서 스포츠를 개인의 문제만으로 보는 것이 아니라, 사회 전체의 관점에서 살펴보는 것이다.
>
> 또한 스포츠 사회학은 스포츠에 참여하는 개인이 그 스포츠 그룹과 그들을 둘러싼 사회적 환경에 어떤 영향을 받는지에 대해 주로 연구한다.

학습목표

사회학의 정의와 연구영역을 중심으로 공부하세요.

〈1〉 스포츠 사회학의 정의

스포츠 사회학은 사회학의 한 분야이다. 그래서 스포츠 사회학은 일반 사회학과 비슷한 연구 주제를 다룬다. 그러나 스포츠 사회학은 인간의 행동과 그 변화 과정을 스포츠 분야와 스포츠 집단이라는 특정한 환경에 국한해 설명한다는 점에서 일반 사회학과 다르다.

```
┌─────────────────────────────────────────────┐
│                  사회학                      │
│    인간 사회와 인간의 사회적 행위 전반을 연구함    │
│                                             │
│              스포츠 사회학                    │
│        스포츠와 사회와의 관계에 관한 연구함       │
└─────────────────────────────────────────────┘
```

스포츠 사회학의 연구영역

- **전문적 영역**
  사회 속에서의 스포츠 사회학의 연구영역과 의의를 연구함
  사례 : 스포츠 사회학의 개념 및 각 이론에 대한 연구 등
- **거시적 영역**
  사회 안에서 스포츠가 가지는 기능과 역할을 연구함
  사례 : 스포츠와 정치, 스포츠와 경제, 스포츠와 대중매체, 스포츠와 교육 등
- **미시적 영역**
  스포츠 집단 내에서의 구성원간의 관계를 중심으로 연구함
  사례 : 스포츠 참여자의 상호작용, 지도자론, 스포츠와 관련한 사회화, 스포츠 참가자의 공격성과 비행 등

〈2〉 사회 시스템과 기능

① 파슨즈(T.Parsons)의 AGIL 모형

※ 사회를 구조기능주의의 입장에서 설명하는 이론. 사회를 구성하는 각 구조의 역할을 설명한다.

적응 (Adaptation)	경제제도: 사회의 시스템은 경제적 자원을 확보하고 그것을 활용하며 유지됨
목표 달성 (Goal Attainment)	정치제도: 사회의 시스템은 법이나 제도 등 다양한 활동과 과정을 통해 그 사회의 목표를 달성함
사회통합 (Integration)	종교, 사법제도: 사회시스템은 다양한 사회 구성원 및 하위 시스템 간의 상호 작용과 조화를 유도하여 사회적 통합을 이끌어 냄
체제의 유지 관리 (Latency)	교육제도: 사회 시스템은 안정성을 유지하기 위해 구성원들에게 규범, 가치관, 문화 등을 요구함

② 파슨즈(T.Parsons)의 AGIL 모형과 스포츠의 관계

※ 스포츠도 사회의 구성요소 중 하나로 파슨즈가 설명한 AGIL모형과 같은 사회적 기능을 담당한다.

대표 기출 유형

01 파슨즈(T. Parsons)의 AGIL 이론에 관한 설명으로 옳지 않은 것은?

① 상징적 상호작용론 관점의 이론이다.
② 스포츠는 체제 유지 및 긴장 처리 기능을 한다.
③ 스포츠는 사회구성원을 통합시키는 기능을 한다.
④ 스포츠는 사회구성원이 사회체제에 적응하게 하는 기능을 한다.

정답은 해설지에

2. 스포츠의 사회적 기능

학습목표
이론가들을 모두 암기할 필요는 없고 스포츠가 사회 속에서 어떤 역할을 하는가를 이해합니다.

Introduction

스포츠는 사회 구성원이 사회에 적응하고 동기를 부여하는 긍정적인 역할을 하지만, 동시에 구성원 간의 경쟁을 촉진하여 자원과 재화를 둘러싼 갈등을 심화시키거나, 정치 집단이 사람들을 통제하는 수단으로 사용되는 부정적인 기능도 있다.

따라서 스포츠와 사회의 관계를 올바르게 이해하기 위해서는 스포츠가 가진 이러한 다양한 기능을 면밀히 살펴보는 것이 필수적이다.

<1> 사회·정서적 기능

스포츠 활동은 인내심을 기르고 올바른 가치와 규범을 배우며, 사회에서의 경쟁을 미리 경험할 수 있는 기회를 제공한다. 또한, 사회 구성원들이 가진 에너지를 합법적이고 긍정적인 방식으로 발산하게 해 주어, 사회 내에서의 부정적인 긴장을 완화하는 역할을 하기도 한다.

하지만 스포츠의 경쟁적 성격은 때로는 폭력을 비롯한 일탈 행위를 부추기거나, 인간 소외를 초래하고, 사회 내 계층 간 갈등을 심화시키는 원인이 되기도 한다.

□ 스포츠의 사회·정서적 기능의 장단점

장점	단점
사회적 정화 • 부정적 에너지의 해소와 사회적 긴장 완화 **인격의 수양** • 스포츠맨십으로 인격수양의 기회를 제공 **사회적 비용 절감** • 사회 구성원의 건강상태를 개선하여 의료비 등의 사회적 비용을 절감	**폭력성의 조장** • 경쟁의 과열로 인해 과격행위가 발생 **일탈 행위의 조장** • 도박, 승부조작 등 일탈 행위가 발생 **신체의 소외** • 무리한 운동에 참여로 인해 건강의 악화

<2> 사회 통합 및 통제의 기능

스포츠는 다양한 사람들을 하나로 모으는 데 기여한다. 하지만 지배층은 국민의 관심과 활동을 자신들에게 유리하게 조종하려 하며, 정권에 대한 충성심을 높이고 부당한 체제를 정당화하며, 현실에 대한 만족감을 강요하는 등 허위 의식을 조성해 스포츠를 통제 수단으로 사용하기도 한다.

반면, 청소년기에는 스포츠가 사회가 요구하는 인내와 노력, 공정한 경쟁 같은 긍정적인 가치를 제공한다. 또한, 스포츠는 사회 내에서 발생하는 여러 갈등을 효과적으로 억제하는 수단으로 활용되어, 사회 구성원을 통합하는 도구로 작용하기도 한다.

□ 스포츠의 사회적 기능이 가진 장·단점

장점	단점
• 일체감의 형성 • 구성원의 성취 욕구의 고취 • 도덕과 규범 준수 의식 전달	• 국수적 민족의식 조장 • 부당한 체제의 합리화 • 성공에 대한 허위의식 조장

스포츠의 기능 (Edwards)
스포츠는 인격형성, 규율성, 경쟁성, 정신력 및 체력증진, 전통적 신념 및 국민 정신 함양의 기능 등을 가지며, 사회 구성원의 사회화에 기여한다.

사회 통합
각기 다른 개성을 가진 사회 구성원들이 사회 안에서 조화롭게 살아가게 하는 것.

사회통제
사회제도를 통해 사회구성원의 사고, 감정, 행동양식 등에 영향을 주어 사회와 사회 구성원을 보호하고 통제하는 것.
긍정적인 의미와 부정적인 의미의 양면성을 가진다.

대표 기출 유형

02 스포츠의 사회통제기능 중 그 의미가 다른 것은?

① 개인들 간의 관심, 활동, 여가추구 등의 가교역할을 수행
② 경쟁적 스포츠는 참가자에게 높은 성취욕구를 고취
③ 도덕적 결단, 사회규범의 기능과 구조에 대한 통찰력 제시
④ 스포츠의 도구화로 부당한 체제에 대한 합법화 및 허위의식 조장

정답은 해설지에

<3> 사회화 기능

사회화란 사회 구성원이 다른 사람들과의 상호작용을 통해 사회 생활에 필요한 가치, 기술, 지식, 규범 등을 배우는 과정을 말한다. 인간은 사회화를 통해 사회적 존재로서 품성과 자질을 갖추게 되며, 이를 통해 사회 전체의 안정도 유지된다. 이러한 사회화는 스포츠를 통해서도 이루어진다. 스포츠에 참여함으로써 자기 수양과 긍정적인 성격 형성 등 정서적인 발달을 이루고, 규범 의식을 배우며 사회에 적응하는 능력을 기르게 된다.

스포츠를 통한 사회화 과정이 성공적으로 이루어지면, 사회 구성원들의 적응력과 소속감이 강화되어 사회 체제의 안정성이 높아지고, 궁극적으로는 사회 전체가 추구하는 목표의 달성에도 기여하게 된다.

학습목표

사회화의 개념을 이해한 후 사회화의 역할을 공부하세요.

□ 스포츠를 통한 사회화의 과정

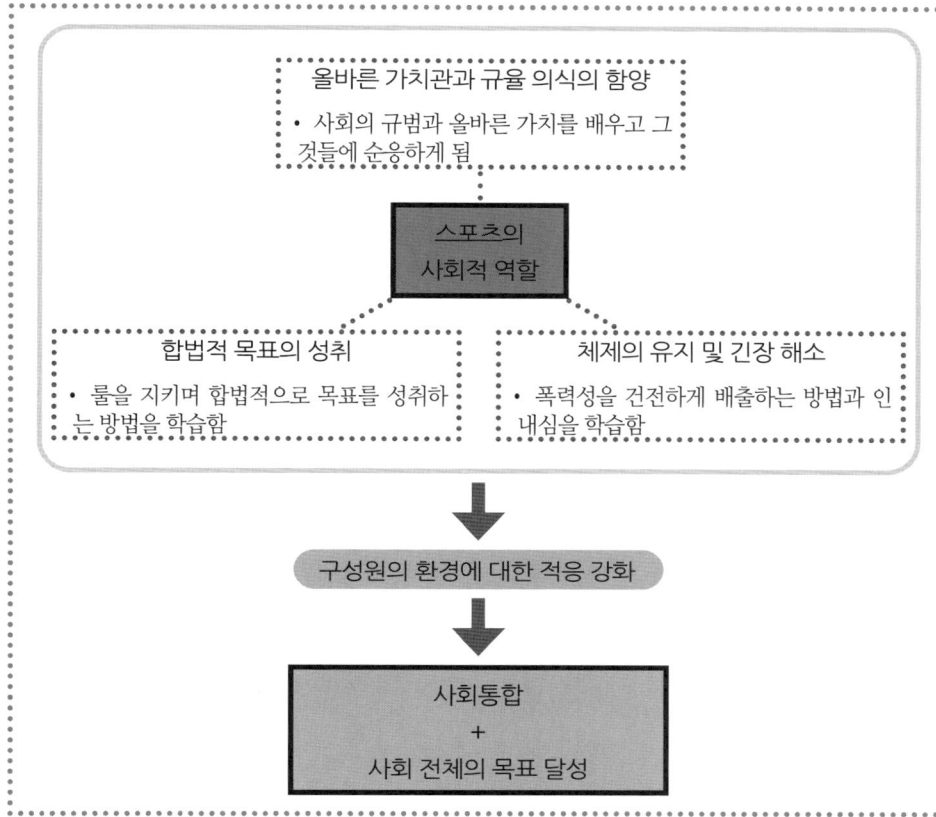

스포츠 사회화의 부정적 측면

- 신체적인 측면
  좋은 실적에 대한 집착 때문에 약물 복용 등의 수단을 사용하면서 선수가 자신의 건강을 망가뜨리는 현상이 일어난다.
- 정신적인 측면
  현대 스포츠가 상업화되고 성적을 중요하게 여기는 경향이 강해지면서, 실력이 우수하지 못한 선수들이 소외감을 느낀다.

대표 기출 유형

03 <보기>에서 설명하는 스포츠의 사회적 기능으로 적절한 것은?

<보 기>

2002년 한일월드컵에서 한국 축구대표팀은 4강 신화를 만들었다. 이 과정에서 성별, 연령에 관계없이 많은 국민들이 길거리 응원에 참가하며 국가에 대한 애착심과 소속감을 되새겼다.

① 사회통합
② 사회통제
③ 신체소외
④ 사회차별

정답은 해설지에

Confirmation 이것만은 꼭!

01 정치권력이 스포츠를 활용하여 사회 구성원들을 사회집단 속으로 조화롭게 흡수하는 것을 (　　)기능이라고 한다.

02 정치가 스포츠를 활용하여 사회구성원의 사고와 감정 및 행동양식에 영향을 주어 사회구성원들의 일체감을 형성하고 사회적 질서가 유지되도록 관여하는 것을 (　　)기능이라고 한다.

03 사회구성원으로서 갖추어야하는 바람직한 성품을 개발하고 사회적 규범과 가치를 학습하는 과정을 (　　)라고 한다.

04 파슨즈(T.Parsons)의 AGIL 모형에서 사회의 시스템은 구성원에세 교육제도를 통해 그 사회의 규범과가치관, 문화 등을 전파하는데 이를 (　　)라고 한다.

05 파슨즈(T.Parsons)의 AGIL 모형에서 기업과 같은 경제 시스템이 변화하는 외부 환경에 속에서 자원을 확보하는 기능을 담당하는데 이를 (　　)라고 한다.

정답
1. 사회통합
2. 사회통제
3. 사회화
4. 체제의 유지관리
5. 적응

Previous 단원 기출문제

01 <보기>에서 스포츠의 사회적 기능을 설명한 파슨즈(T. Parsons) AGIL모형의 구성요소는?

<보기>

- 스포츠는 사회구성원에게 현실에 적합한 사고, 감정, 행동양식등을 학습할 수 있는 장을 마련해준다.
- 스포츠는 개인의 체력 및 건강증진을 도모하여 효율적으로 사회활동에 참여할 수 있게 한다.

① 적응
② 목표성취
③ 사회통합
④ 체제유지 및 관리

파슨즈의 이론을 그대로 적용하면 정답은 ④이다. 파슨즈에 따르면 '적응'이란 사회는 그 사회의 존속을 위해 여러 형태의 조직을 운영하는데 그 중 경제적 자원을 생산하고 활용하는 기업과 같은 조직이 늘 변화하는 환경에 사회가 적응하고 유지되도록 기여하는 것을 말한다. 그런데 이 문제의 출제자는 '적응'이라는 용어를 사회구성원들이 사회에 적응하도록 돕는다는 의미로 해석하여 문제를 출제하여 오류가 생겼다.

정답 : ④

02 보기>의 ㉠, ㉡에 들어갈 용어는?

< 보 기 >

스포츠 사회학은 스포츠가 실행되는 (㉠)에 초점을 두고 있으며, 이를 스포츠 활동이 존재하는 일반 (㉡)의 측면에서 설명하는 학문이다.

	㉠	㉡
①	사회환경	사회문제
②	사회과정	사회구조
③	사회환경	사회관계
④	사회과정	사회변화

스포츠 사회학의 정의를 묻는 문제이다. 스포츠 사회학은 스포츠에서 나타나는 행동유형과 사회가 변해가는 과정(사회과정)에 초점을 두고 있으며, 이를 스포츠 활동이 존재하는 일반적인 사회구조의 측면에서 설명하는 학문이다.

정답 : ②

03 <보기>의 내용에 나타나는 스포츠의 사회적 기능으로 옳은 것은?

< 보 기 >

올림픽에서 농구 주전선수인 ○○이는 1차전 경기에서 어깨에 심각한 부상을 입었다. 그러나 팀의 승리와 메달획득 때문에 감독은 응급처치 후 ○○이를 다시 경기에 출전하도록 강요하였고 이후 부상이 심각해져서 결국 입원하게 되었다.

① 사회통제 기능
② 사회차별 기능
③ 신체소외 기능
④ 신체적응 기능

인권, 건강 등 중요하게 여겨져야 할 가치가 무시되거나 억압을 받는 상황을 소외라고 한다. <보기>에서는 선수의 건강이 팀의 승리를 위해 무시되고 있으므로 선수의 신체에 대한 소외가 발생한 상황이라고 할 수 있다.

정답 : ③

04 <보기>에서 스티븐슨(C. Stevenson)과 닉슨(J. Nixon)이 구조기능주의 관점으로 설명한 스포츠의 사회적 기능 중 옳은 것만을 모두 고른 것은?

< 보 기 >

ㄱ. 사회·정서적 기능
ㄴ. 사회갈등 유발 기능
ㄷ. 사회 통합 기능
ㄹ. 사회계층 이동 기능

① ㄱ, ㄴ
② ㄱ, ㄷ
③ ㄴ, ㄹ
④ ㄱ, ㄷ, ㄹ

스포츠가 사회 안에서 갈등을 유발한다고 보는 입장은 갈등론적 관점이다. 구조기능주의에서는 스포츠가 사회를 구성하는 구성요소 중 하나로 사회의 통합과 안정에 기여한다고 본다.

정답 : ④

02강 스포츠 사회학 - 스포츠와 정치

1. 스포츠와 정치의 결합

학습목표
정치가 스포츠를 어떻게 활용하며 어떤 목적을 달성하려 하는가가 빈출됩니다.

Introduction

스포츠는 경쟁성, 협동성, 상징성, 대중성 등의 특성을 가지고 있으며, 이러한 특성들은 정치적 목적을 위해 언제든지 활용될 수 있는 잠재력을 지닌다. 이러한 이유로 스포츠는 역사적으로 정치와 밀접한 관계를 맺어왔고, 지배계층은 스포츠를 정치적 도구로 쉽게 이용해 왔다.

이 장에서는 스포츠 사회학을 공부하는 사람들이 스포츠와 국내외 정치가 어떻게 결합되는지, 그리고 정치 체제 내에서 스포츠가 어떤 역할을 하는지 이해하게 될 것이다.

〈1〉 스포츠의 정치성

국제 경기에서 진행되는 국기 게양과 국가 연주 등의 의식은 스포츠 참가자들에게 자신의 국가에 대한 충성심을 확인하는 의미를 갖는다. 또한 국제 경기의 결과는 국가간의 경쟁관계 속에서 자국의 우월성을 표출하고 과시하는 데 활용될 수 있어, 상당한 정치적 의미를 지닌다.

스포츠 조직 내에서도 권력을 얻기 위한 투쟁이 발생하며, 이는 운영자와 선수, 경쟁 기구 간, 행정 기구 간의 권력 싸움에서 정치적 속성을 드러낸다.

이처럼 스포츠에서는 정치성이 흔하게 발견되는데 스포츠의 정치성은 긍정적 기능과 부정적 기능을 모두 가지며, 국가의 정책을 운영하는 지배층은 스포츠의 이러한 기능을 활용하여 사회를 통제하거나 통합하려고 한다. 정부는 스포츠를 의도적으로 이용해 다른 국가에 대한 우호적이거나 적대적인 감정을 자극함으로써 국민의 단결력을 높이고 일체감을 형성하여 국민을 더 쉽게 통제할 수 있게 된다.

스포츠가 정치에 이용되는 이유
- 스포츠와 정치는 대중적이고 집단적이라는 공통점으로 인해 쉽게 결합된다.
- 정치적 이데올로기가 스포츠와 결합하는 경우 스포츠의 대중성으로 인해 전파 속도가 빠르다.
  예) 민족주의와 스포츠의 결합, 나치즘과 같은 전체주의와 스포츠의 결합 등

1) 스포츠의 정치적 속성과 기능

(1) 스포츠의 정치적 속성 (D.Eitzen & G.Sage)

대표성	스포츠참가자는 소속된 조직에 강한 충성심을 가지며, 스포츠 의식은 충성심을 드러내는 행위임
권력투쟁	스포츠집단은 각각의 특성에 따라 불평등하게 배분된 권력을 두고 투쟁함
상호의존성	스포츠는 국제대회 참가 등을 통해 국위를 선양하고, 그 댓가로 국가로부터 보상을 받게 됨
긴장관계	스포츠는 국제관계에서 정치적 의사를 표현하는 수단으로 사용되며 상대국과 긴장관계를 형성함
보수성	스포츠는 현존하는 질서를 지지하고 유지하려는 경향을 가짐

(2) 스포츠의 정치적 기능

순기능	역기능
• 일체감 형성을 통한 국민의 화합 • 사회의 기본적 가치와 규범 학습 • 경쟁심과 성취욕구의 제고 • 사회운동의 수단 • 외교 관계의 개선을 위한 수단	• 승리지상주의로 인한 국민의 분열 • 부당한 권력에 대한 정당화 • 국민의 복종의식 강화 • 국수주의적 국민의식 조장 • 외교적 항의 수단

<2> 정치의 스포츠 활용

정치가 스포츠를 이용하는 대표적인 방법은 상징, 동일화, 조작의 세 가지가 있다.

정치 집단은 국민들이 대표팀이나 선수가 국가 간 경기에서 승리한 것을 자국의 우월성을 증명하는 결과로 인식하도록 한다. 이로 인해 국민들은 승리한 대표 선수나 팀이 자신이 속한 국가, 민족, 인종, 지역 등을 상징하는 것으로 받아들인다. 이를 상징이라고 한다.

정치 집단은 스포츠를 사회 문제와 직접적으로 연관짓게 한다. 예를 들어, 대표팀의 승리를 국가와 국민의 승리로 동일시하여 국가 발전과 민족의 명예가 높아진 것처럼 선전하는 경우가 이에 해당한다. 이를 동일화라고 한다.

정치 집단은 상징과 동일화의 방법을 통해 국민이 스포츠에 몰입하도록 유도한다. 이렇게 함으로써 국민의 정부에 대한 지지를 얻고, 국가 정책이나 정치가의 실정, 비리, 부정을 은폐하는 수단으로 스포츠를 활용한다. 이를 조작이라고 한다.

1) 정치의 스포츠 활용과 효과

(1) 스포츠와 정치의 결합 방법

상징	• 국가 제창, 입장식에서의 국기 사용 등을 통해 선수의 승리를 그가 속한 성(性), 인종, 지역, 민족, 국가의 영광으로 인식시키는 방법
동일화	• 대중으로 하여금 대표 선수나 대표팀과 일체감을 느끼게 함으로써 공동체적 사고와 애국심을 고취함
조작	• 정치권력이 상징이나 동일화의 효과를 극대화하기 위해 스포츠의 내적·외적 환경에 적극적으로 개입하여 조작함

(2) 사회의 통제와 통합을 위한 활용의 정치적 효과

사회 통합	스포츠를 통해 사회 구성원의 일체감을 형성함
사회 통제	스포츠를 통해 도덕과 규범의식을 전파하여 국민의 일탈행위를 규제함
위광 효과	스포츠 경기를 통해 지배층의 권위와 충성심을 강화함

스포츠의 상징성

스포츠 선수와 팀은 소속된 국가나 사회 혹은 단체를 대표하는 상징성을 가진다. 국가, 민족, 지역사회, 기업 등의 상징물처럼 취급되고 그 결과 운동 선수나 팀은 국가주의, 민족주의, 인종주의, 지역주의, 분리주의 등의 이데올로기와 쉽게 결합한다.

스포츠와 동일화

스포츠팬들로 하여금 스포츠 영웅이나 스포츠 팀을 자신과 동일한 것으로 여기게 함으로써 그들의 승리가 나의 승리이며, 그들을 응원하는 것이 국가와 나의 승리를 응원하는 것처럼 느끼게 한다.

스포츠와 조작

국가의 역량을 최대한 동원하고 정부에 대한 국민의 지지를 이끌어 내기 위해서는 국가 정책의 실패, 비리, 부정 등을 은폐해야 하는데 이런 조작을 위해 스포츠가 동원되기도 한다.

대표 기출 유형

01 정치의 스포츠 이용 방법에 관한 설명 중 옳은 것은?

① 태권도를 보면 대한민국 국기(國技)라는 동일화가 일어난다.
② 정부의 3S(sports, screen, sex) 정책은 스포츠를 이용하는 상징의 대표적인 방법이다.
③ 스포츠 이벤트에서 국가 연주, 선수 복장, 국기에 대한 의례 등은 상징 의식에 해당한다.
④ 올림픽에서 금메달 수상 장면을 보면서 내가 획득한 것처럼 눈물을 흘리는 것은 상징화에 해당한다.

정답은 해설지에

2. 스포츠와 국내 정치

학습목표

각각의 국가가 스포츠에 개입하는 방법과 이유를 이해하시면 됩니다

Introduction

국내 정치에서도 스포츠는 정치적 목적을 위해 쉽게 활용된다. 앞에서 살펴본 경쟁성, 협동성, 상징성, 대중성 등의 특성은 국가 간의 정치적 관계뿐 아니라 국내 정치에서도 유용하게 사용될 수 있기 때문이다.

따라서 스포츠 정책이 가지는 의의와 정치 집단이 스포츠를 활용하는 이유를 이해하는 것은 스포츠 사회학을 공부하는 데 필수적이다.

스포츠클럽법

공공 스포츠클럽뿐만 아니라 생활체육 동호회, 사설 스포츠클럽 등, 10명 이상의 회원을 보유한 단체를 대상으로 스포츠클럽으로 등록·지정하여 지원체계를 구축하기 위해 만들어진 법안.

2021년 6월 15일(화)에 제정되어 2022년 6월 16일부터 시행되고 있다.

학교스포츠클럽과의 연계, 종목별 전문선수 육성, 나이·지역·성별 특화 프로그램 운영, 기초 종목 육성 등에 적합한 인력과 시설 등을 갖춘 곳을 지정스포츠클럽으로 정하여 정부차원에서 지원한다.

⟨1⟩ 스포츠 정책의 이해

모든 국가에서 스포츠 정책은 국민의 일체감을 형성하여 사회 발전을 촉진하려 한다. 스포츠 정책은 사회적 응집력을 강화하고 권력이나 경제적 불평등을 해소하는 수단으로 활용된다.

또한 스포츠 정책은 정치적 이데올로기를 국민에게 전파하고 학습시키는 역할을 한다. 이를 통해 국가에 대한 충성심, 인내심, 그리고 다른 나라와의 경쟁에 필요한 단결력을 증진시키려는 것이다.

마지막으로, 각 국가의 지배층은 정책적으로 상당한 국가 자원을 스포츠에 투자하여 대표팀이 국제 대회에서 우수한 성과를 거두도록 하고, 이를 통해 자국의 위상을 높이고 과시하려 한다. 이로 인해 상승된 위상을 자신의 업적으로 포장하여 권력을 강화하고 지배력을 확보하려는 목적이 있다.

따라서 한 국가의 스포츠 정책은 스포츠의 정치적 목적과 밀접하게 연관되어 수립되고 시행된다.

□ **스포츠 정책의 의의 (Pooley & Webster)**

국민건강 증진	• 경제·보건·복지 차원에서 국민 건강을 증진함
여가기회 제공	• 국민의 건강한 삶을 위한 여가의 기회를 제공함
사회 질서의 유지·보호	• 스포츠 현장에 개입하여 위법행위를 통제하고 사회의 질서를 유지함
국위 선양	• 스포츠에 대한 지원을 통해 국위를 선양하고 외교력을 강화함

⟨2⟩ 스포츠에 대한 정치의 개입

스포츠는 정치와 쉽게 결합하며, 정치권력은 스포츠를 자신들의 정치적, 경제적, 사회적 목적을 실현하는 도구로 활용한다.

스포츠 정책을 통해 불평등하게 분배된 사회적 자원을 재분배하고, 성공 이데올로기를 주입하여 국민의 자신감을 높이면서 사회적 화합과 발전을 이끌어낼 수 있는 에너지를 창출하거나 체제의 정당성을 홍보하는 수단으로 사용된다. 또한, 스포츠를 통해 국민에게 충성심과 인내심을 주입하고 국가 발전을 위한 국민적 에너지를 증진시키며, 동시에 정치권력의 강화를 꾀하기도 한다.

□ **스포츠에 대한 정치 개입의 이유 (Houlihan)**

- 사회적 자원의 공평한 분배
- 경제 발전의 촉진
- 긍정적인 이데올로기의 내면화
- 체제의 정당성 확보
- 국가 발전을 위한 역량 강화
- 정치권력의 강화

대표 기출 유형

02 스포츠클럽법(시행 2022. 6.16)의 내용으로 옳지 않은 것은?

① 지정스포츠클럽은 전문 선수 육성 프로그램을 운영할 수 없다.
② 스포츠클럽의 지원과 진흥에 필요한 사항을 규정하고 있다.
③ 국민체육진흥과 스포츠복지 향상 및 지역사회 체육발전에 기여함을 목적으로 한다.
④ 국가 및 지방자치단체는 스포츠클럽의 지원 및 진흥에 필요한 시책을 수립·시행하여야 한다

정답은 해설지에

대표 기출 유형

03 스포츠정책과 정치에 대한 설명으로 적절하지 않은 것은?

① 국가는 스포츠정책을 통해 스포츠에 개입한다.
② 냉전시대 국가의 국제스포츠정책은 스포츠를 통한 상업주의 팽창에 초점이 맞춰졌다.
③ 스포츠는 상징, 동일화, 조작의 과정을 통해 정치적 기능이 극대화된다.
④ 정부는 의료비 지출을 줄이고 산업 생산력을 향상시키기 위해 스포츠에 관여한다.

정답은 해설지에

3. 스포츠와 국제 정치

Introduction

국가 간의 갈등이 심각해질 때, 과거에는 전쟁이라는 극단적인 방법으로 문제를 해결하려 했지만, 현대에는 예술이나 스포츠 분야의 국제적 행사를 통해 친선을 도모하거나 자국의 우위를 드러내어 경쟁력을 과시하려는 경향이 강하게 나타나고 있다.

이러한 과정에서 스포츠는 더욱 조직적이고 민족주의적인 성향을 띠게 되었으며, 국제 관계 속에서의 역할도 더욱 커지고 있다.

학습목표
국가간의 외교적 상황에서 스포츠가 활용되는 이유와 주요 사건이 출제되고 있습니다.

<1> 국제 정치에서 스포츠의 역할

각 국가는 정치적·문화적 차이가 있음에도 불구하고 스포츠를 통해 국가 간의 친선을 도모하고 유대를 강화해 왔다. 현대 사회에서는 국제화와 개방화가 급속히 진행되면서 국가 간 협력과 경쟁의 관계가 새롭게 모색되고 있다. 이러한 상황에서 스포츠의 정치적 활용은 더욱 심화되고 있다.

즉, 국가들은 스포츠를 활용하여 외교적 의사를 전달하거나 자국의 이데올로기와 경제적 우월성을 과시하며, 특정 국가에 대한 적개심이나 공격성을 대리 배출하거나 자국과 자민족의 단결력을 강화하려고 한다.

스포츠 내셔널리즘

자기가 속한 국가·민족을 다른 나라와 구별하고 자기 나라의 통일·독립·발전 등을 강력히 추진하려는 사상을 내셔널리즘이라고 한다.

내셔널리즘은 스포츠와 결합한 형태로도 나타난다. 스포츠에서 어떤 선수나 팀이 승리를 했을 때 그 승리를 소속 국가의 정치·경제·사회 체제의 우수성이 만들어 낸 결과로 홍보하며 이용하려 할 때 이를 스포츠 내셔널리즘이라고 한다.

1) 국제 관계와 스포츠

(1) 국제 정치에서의 스포츠의 기능 (Pooley & Webster)

외교·정치 도구	• 국가간의 친선이나 적대감을 드러내는 외교적 수단으로 활용됨
사회·정치적 반사경	• 그 사회가 가지고 있는 사회적·정치적 갈등과 화합의 정도를 보여줌
국제적 이해와 평화의 수단	• 국제적 스포츠 행사를 통해 참여국간의 평화와 우호를 고양함
적대적 공격성의 배출구	• 부정적이고 적대적인 감정을 가지고 있던 국가 사이에서는 서로에 대한 적대감을 스포츠 행위 속에서 간접적으로 표출하기도 함
국가 경제력 과시의 터전	• 스포츠 메가이벤트를 개최함으로써 자국의 경제력을 과시함
민족주의의 강화 도구	• 약소국은 강대국과의 스포츠 경쟁을 통해 자국의 민족주의를 강화함

국제 정치에서의 스포츠의 기능(A. Strenk)
- 외교적 친선 도구
- 외교적 항의
- 정치이념의 선전
- 국위 선양
- 갈등과 적대감의 표출

(2) 국제 스포츠의 의의

순기능	역기능
• 국가 간 격차 감소 • 국가 간 이해와 우호 증진	• 국가 공동체의 양극화 심화 • 국가 간 불화와 적대감 증대

대표 기출 유형

04 국제정치에서 스포츠의 역할과 거리가 먼 것은?

① 외교적 친선
② 남성지배 이데올로기 강화
③ 국제 이해와 평화
④ 국위 선양

정답은 해설지에

<2> 올림픽과 국제 정치

> 올림픽 경기는 국기 계양, 국가 연주, 국가별 입장 등의 민족주의적 요소를 포함하고 있어, 필연적으로 민족과 국가 간의 대결이라는 정치성을 띠게 된다. 또한, 올림픽 경기의 결과는 각국의 정치집단이 자신의 정치적 권위를 드러내는 수단으로 활용되고 있다.
> 최근에는 자국의 경제적 우월성을 과시하려는 상업주의적 양상이 강화되고 있으며, 이러한 경향은 앞으로도 더욱 가속화될 것으로 보인다.

1) 올림픽의 정치화

(1) 올림픽이 정치화되는 이유

상업주의의 팽창	• 정치집단들이 올림픽의 경제적 성공을 자신들의 업적으로 포장하기 위해 올림픽의 유치와 운영에 적극적으로 개입함
민족주의의 심화	• 정치집단들이 자국의 민족주의를 강화하기 위한 방법으로 올림픽과 같은 스포츠 이벤트에 참여함
정치 권력의 강화	• 정치권력이 강화될수록 올림픽과 같은 스포츠 이벤트에 정치적 압력이 높아짐

올림픽의 정치 도구화

올림픽은 정치적 도구로 활용되고 있다. 강대국은 자국에 유리하도록 경기의 종목이나 룰, 혹은 경기 시간을 조정하고, 약소국은 자국의 정치적 목적에 따라 참가 여부를 결정하고 있는 것이 그 사례이다.

(2) 국제 대회에서의 대표적인 정치적 사건

1896	아테네 올림픽	그리스와의 적대적 관계로 터키가 불참
1920	안트베르펜 올림픽	독일, 오스트리아, 터키, 구소련 등이 불참
1936	베를린 올림픽	히틀러 정부의 게르만 민족 우월주의 선전
1948	런던올림픽	제2차 세계대전 후 동유럽을 병합하려는 소련과 이를 저지하려는 서방 세력 간의 정치적 갈등의 장
1956	멜버른 올림픽	구소련의 헝가리 침공에 항의하여 서방 국가들이 불참
1968	멕시코 올림픽	흑인에 대한 인종차별주의 항의
1969	멕시코 월드컵 예선	온두라스와 엘살바도르 응원단이 벌인 장외 난투극의 계기로 1969년 7월 양국 간에 전쟁이 발발
1972	뮌헨 올림픽	검은 구월단 사건, 팔레스타인에 의한 인질사건
1976	몬트리올 올림픽	남아공 인종차별 항의 보이콧
1980	모스크바 올림픽	서방 민주진영 국가 집단 보이콧
1984	LA 올림픽	공산진영 국가의 집단 보이콧
1988	서울 올림픽	냉전체제 해소에 따른 동서진영의 참여
2022	베이징 올림픽	미국 외교관 파견 거부

검은 구월단 사건

1972년 뮌헨 올림픽에서 팔레스타인의 과격단체인 '검은 구월단' 8명이 이스라엘이 억류하고 있는 팔레스타인 포로를 석방할 것을 요구하며 이스라엘 선수단의 숙소를 습격하여 이스라엘인 2명과 이스라엘 선수 9명을 살해한 사건.

올림픽의 역사에서 가장 끔찍한 정치적 사건으로 평가되고 있다.

대표 기출 유형

05 역대 올림픽 경기에서 정치가 영향을 미친 사례에 대한 설명으로 옳지 않은 것은?

① 베를린올림픽(1936년): 히틀러 정부는 나치의 민족우월주의를 선전하였다.
② 뮌헨올림픽(1972년): 팔레스타인 테러리스트들은 이스라엘 선수들을 살해하였다.
③ 모스크바올림픽(1980년): 미국은 구소련의 아프가니스탄 침공에 항의하며 불참하였다.
④ LA올림픽(1984년): 동유럽권 국가들은 구소련의 헝가리 침공에 항의하며 불참하였다.

정답은 해설지에

<3> 스포츠와 남북 관계

스포츠는 국제 정치에서 중요한 역할을 하는 것처럼, 남북 관계에서도 중요한 의의와 역할을 수행하고 있다. 남북 간의 긴장과 화해의 양상은 스포츠 교류를 통해 상징적으로 나타나기도 한다.

스포츠는 남북이 단일 민족으로서의 공동체 의식을 증진하고 서로에 대한 이해를 강화하는 데 활용될 수 있다. 이를 통해 언젠가 통일 한국을 이루는 데 기여할 수 있으며, 남북 간의 긴장으로 인한 국제 사회의 불안을 해소함으로써 경제적 효과도 기대할 수 있다. 또한 스포츠 교류를 통해 남북이 같은 민족임을 세계에 알리고, 북한 정권의 붕괴 시 남북 단일 국가 형성의 기반을 마련하는 데에도 중요한 역할을 할 수 있다.

1) 남북관계와 스포츠의 의미

(1) 남북 스포츠 교류의 효과
- 사회적 자원의 공평한 분배
- 갈등과 긴장의 완화
- 남북한 공동체 의식 증진
- 국제 사회의 불안 해소
- 외자유치 등 경제적 효과 발생
- 단일 국가 형성의 기반 형성

남북 스포츠 교류의 방안
- 남북 간 스포츠 경기의 개최
- 국제 스포츠 대회의 공동 입장
- 남북 단일팀 구성
- 남북 공동 응원단 구성

남북 단일팀 구성의 장애 요소
- 출전 선수의 배분으로 인한 우수 선수의 출전 기회 감소
- 지도자와 임원수의 배분으로 우수 지도자의 기회 감소
- 정치적 목적을 고려한 정치 집단의 반대

(2) 남북 스포츠 교류사

연도	대회	내용
1945	경·평 아이스하키전 등	• 남북 교류전 • 1946까지 진행 • 서울에서 개최
1950	전쟁으로 교류 중단	
1964	동경 올림픽 예선전	• 배구 예선전 대결, 17년만의 교류 재개
1990	경평축구대회 부활	• 경평축구대회 44년만의 부활 • 평양과 잠실에서 개최
1991	남북 단일팀 기본 합의서 마련	• 분단 이후 최초의 합의
1991	세계 탁구 선수권 대회 세계 청소년 축구 대회	• 분단 이후 최초의 단일팀
1999	남북 노동자 축구 대회 남북 통일 농구 대회	• 남북정상회담에 앞선 축하 이벤트로 개최
2000	시드니 올림픽 개막식 공동입장	• 한반도기 사용 • 이후 국제대회 9차례 공동 입장 실행
2002	부산 아시안게임	• 대규모 응원단 파견 • 북한 선수단 파견
2003	대구 유니버시아드 대회	• 대규모 응원단 파견 • 북한 선수단 파견
2005	동아시아연맹 축구선수권대회	• 북한 여자축구팀 남한 방문
2010	남아공월드컵 예선전	• 북한 남자축구팀 남한 방문
2013	동아시아연맹 축구선수권대회	• 북한 여자축구팀 남한 방문
2013	아시안컵 역도 대회	• 남한 선수단 최초 북한 파견 • 북한에서 최초로 애국가 연주
2018	평창 동계올림픽 대회	• 남북 공동 입장 • 여자하키 남북 단일팀 결성

북한에서의 태극기 게양과 애국가 연주

분단 이후 북한은 그동안 애국가와 태극기 게양을 거부해왔다.

2008년 평양에서 열릴 예정이었던 남북 축구대표팀의 월드컵 아시아지역 예선전이 무산된 것도 그런 이유였다. 결국 남북 양팀은 중국 상하이에서 경기를 치러야 했다.

북한에서 한국의 애국가가 연주된 것은 2013년 아시안컵 역도 대회가 처음이다.

대표 기출 유형

06 다음 중 스포츠 남북교류 역사상 남북 단일팀이 구성된 사례는 어느 것인가?

① 1988년 서울 올림픽
② 1991년 지바 세계 탁구 선수권 대회
③ 2014년 소치 동계올림픽
④ 2014년 인천 아시안 게임

정답은 해설지에

Confirmation 이것만은 꼭!

01 정치와 스포츠가 결합하는 방법 중에서 대표선수의 승리를 국민들이 국가와 민족 전체의 승리인 것처럼 인식하도록 유도하는 일을 (　　)이라고 한다.

02 정치가 대중으로 하여금 스포츠 대표팀이나 대표선수들과 일체감을 느끼며 응원하게 함으로써 공동체적 사고와 애국심을 고양하는 일을 (　　)이라고 한다.

03 정치가 자국의 정치적 환경을 자신들에게 유리한 것으로 만들기 위해 스포츠에 적극적으로 개입하는 일을 (　　)이라고 한다.

04 정치인들은 스포츠 경기를 개최하거나 우수한 성과를 거둔 선수들을 지원하기도 하고 혹은 그런 선수들의 성과가 자신들의 지원 때문에 가능한 것처럼 선전함로써 결과적으로 자신들에 대한 대중의 충성심을 강화하는 효과를 누린다. 이를 (　　)효과라고 한다.

05 올림픽이 갈수록 정치화되어 가는 가장 중요한 이유는 (　　), (　　), (　　)이다.

06 분단 이후 남북이 한반도기를 사용하며 개막식에 공동입장했던 최초의 국제 대회는 2000년 (　　)올림픽 대회이다.

정답
1. 상징
2. 동일화
3. 조작
4. 위광
5. 상업주의, 민족주의, 정치권력의 개입
6. 시드니

Previous 단원 기출문제

01 <보기>에서 올림픽 경기가 정치화된 요인을 모두 고른 것은?

< 보 기 >

㉠ 민족주의 심화

㉡ 정치권력 강화

㉢ 상업주의 팽창

㉣ 페어플레이 강화

① ㉠
② ㉠, ㉡
③ ㉠, ㉡, ㉢
④ ㉠, ㉡, ㉢, ㉣

스포츠 사회학의 빈출 문제이다. 각국의 민족주의 세력이 스포츠를 활용하여 민족적 단결을 강화하려 하고, 다국적 기업은 스포츠를 홍보와 수익의 수단으로 삼기 위해 각국의 정치권력에 로비를 하며, 각국의 정치집단은 스포츠를 통해 자신들의 업적을 과시하여 권력을 강화하려고 하기 때문에 올림픽 경기의 정치화가 가속되고 있다.

정답 : ③

02 국제정치에서의 스포츠 역할 중 <보기>의 설명에 해당하는 것은?

< 보 기 >

2018 평창 동계 올림픽에서 남북한 여자 아이스하키 단일팀이 구성되었으며, 이를 계기로 그동안 중단되었던 남북교류가 다시 활성화되고 있다.

① 외교적 항의
② 국가 경제력 표출
③ 외교적 친선 및 승인
④ 갈등 및 전쟁의 촉매

2018년 평창 동계 올림픽에서의 남북 단일팀 구성은 스포츠가 국가 관계에 긍정적인 신호가 될 수 있음을 보여주는 대표적인 사례이다.

정답 : ③

03 다음 <보기>에서 정치가 스포츠를 이용하는 방식을 바르게 연결한 것은?

< 보 기 >

㉠ 경기에 앞서 국가연주, 국기에 대한 경례 등의 의식을 갖는다.

㉡ 대중은 자신이 응원하는 선수나 팀을 자신과 일치시키는 태도를 형성한다.

㉢ 정치인의 비리, 부정 등을 은폐하기 위해 스포츠를 이용한다.

	㉠	㉡	㉢
①	상징	조작	동일화
②	동일화	상징	조작
③	상징	동일화	조작
④	조작	동일화	상징

스포츠 행사에 국기게양, 국가연주 등의 활동을 가미함으로써 스포츠 활동을 정치적 상징물로 만드는 일을 '상징'이라고 한다. 그렇게 함으로써 국민이 국가대표팀이나 선수의 승리를 자신과 자신이 속한 국가의 승리로 인식하게 만드는 일을 '동일화'라고 하며, 정치권력은 그런 과정을 통해 자신들의 부정으로부터 대중의 관심이 멀어지도록 정치적 환경을 바꾸려 하는데 이를 '조작'이라고 한다.

정답 : ③

04 <보기>에서 설명하는 에티즌(D. Eitzen)과 세이지(G. Sage)가 제시한 스포츠의 정치적 속성은?

< 보 기 >

• 스포츠 경기에 수반되는 의식과 행동은 선수의 충성심을 상징적으로 재확인하는 것에 목적이 있다.

• 스포츠 조직은 구호, 응원가, 유니폼, 마스코트 등의 상징을 통해 조직에 대한 선수의 충성심을 지속시키거나 강화한다.

① 보수성
② 대표성
③ 상호의존성
④ 권력투쟁

<보기>에서 설명하는 내용은 대표성이다. 스포츠를 정치적 상징으로 활용하기 위해서는 국기게양, 국가제창 등의 방법 이외에도 통일된 응원가와 구호, 마스코트 설정, 유니폼의 착복 등을 이용하고 있다. 이처럼 권력층은 스포츠를 상징으로 활용하여 대중들이 마치 스포츠팀이나 선수가 국가를 대표하는 것처럼 인식시킴으로써 충성심과 복종심을 강화한다.

정답 : ②

03강 스포츠 사회학 단박에 오름 — 스포츠와 경제

1. 상업주의와 스포츠

학습목표

스포츠가 상업화되는 이유와 그 결과 발생한 스포츠에서의 변화가 빈출합니다.

Introduction

현대에 들어 사회와 경제 분야의 변화로 인해 일반인의 스포츠에 대한 욕구가 증대하였고, 프로 스포츠의 출현이 특히 주목받고 있다. 이러한 변화는 새로운 산업의 창출과 관련 산업의 성장 등을 통해 사회와 경제 영역에 영향을 미친다.

이 장에서는 스포츠와 산업 간의 상호 영향 관계를 이해하고, 스포츠가 가지는 긍정적 또는 부정적 기능을 분석하는 것이 중요하다.

<1> 상업주의와 스포츠의 변화

스포츠의 상업화는 자본주의와 밀접한 관련이 있으며, 이는 단순히 스포츠인이 직업적으로 보수를 받는 것을 넘어서서 다양한 측면을 포함한다. 스포츠 선수나 팀이 광고 수익을 위해 기업이나 미디어와 상호 작용하거나, 경기 시간, 룰, 장비, 기술 등이 변화하여 더 흥미롭고 박진감 넘치는 경기를 만들어 관중의 관심과 인기를 끌고, 그로 인해 경제적 이익을 추구하는 현상까지 포함된다.

그러나 이러한 상업화의 반작용으로 순수한 아마추어리즘은 크게 퇴조하고 있으며, 스포츠의 상업화 현상은 더욱 심화되고 있다.

1) 경제의 발전과 스포츠

(1) 스포츠가 산업에 미치는 영향

스포츠 용품 산업	스포츠 관련 용기구의 생산 증가
기념품 산업	스포츠 팀이나 스포츠 행사와 관련한 기념품의 생산 판매 증가
건설업	스포츠 행사의 개최와 보급을 위한 경기장 등의 건설 증가
고용증대	스포츠 관련 영역에서의 직접 고용 증가

(2) 상업주의가 스포츠에 미치는 영향 (J. Coakley)

선수·코치의 성향 변화	• 관중이 좋아하는 화려하고 위험한 플레이를 선호 • 팀의 위기를 구하는 영웅적 행동을 선호
스포츠 조직의 변화	• 마케팅 부서의 역할 증대 • 방송사와의 연계 강화
룰의 변화	• 속도감 있는 게임의 전개 • 더욱 극적인 득점체계의 도입 • 광고 방영을 위한 휴식 시간의 증가
경기 시간의 변화	• 시청자가 많은 시간대로 경기시간을 변경 • 시청자가 더 많은 다른 프로그램의 방영을 위해 스포츠 경기의 중계시간을 단축 • 시청자의 흥미를 위해 경기 순서를 조정
스포츠 목적의 변화	• 상업적 성공을 추구 • 금전적 보상과 지위의 상승으로 목적이 전도

대표 기출 유형

01 < 보기 >에서 스포츠의 상업화로 인한 변화만으로 묶인 것은?

< 보기 >
㉠ 내면적 욕구 충족 강화
㉡ 스포츠 규칙의 변화
㉢ 스포츠 제도의 변화
㉣ 아마추어리즘의 퇴조
㉤ 스포츠의 직업화
㉥ 심미적 경기성향 강화

① ㉠, ㉡, ㉣
② ㉠, ㉢, ㉤
③ ㉡, ㉢, ㉣
④ ㉡, ㉤, ㉥

정답은 해설지에

(3) 상업주의로 인한 스포츠의 순기능과 역기능

순기능
- 스포츠 용구·용품의 판매 증가
- 스포츠 시설 건축 활성화
- 관람 스포츠 산업 활성화
- 스포츠 마케팅 활성화
- 스포츠 분야의 재정 규모 확대

역기능
- 지나친 상업주의 확산
- 아마추어 정신의 퇴조
- 스포츠의 변질

> **아마추어리즘의 퇴조**
> 스포츠에서 아마추어리즘의 퇴조에 특히 영향을 미치는 요인으로는 올림픽 경기와 같은 스포츠 이벤트에서 나타나는 조직의 비대화, 경기의 과열, 상업화의 진행, 정치의 개입 등이 있다.

<2> 프로 스포츠와 상업주의

스포츠의 상업화로 가장 두드러진 현상 중 하나는 프로 스포츠의 대두이다. 과거에는 스포츠 활동 자체에 의의를 두었으나, 현재는 수익 추구가 주요 목적이 되면서 직업으로서의 의미가 커졌다.

프로 스포츠는 아마추어리즘의 퇴보와 도박 등의 일탈 행위를 유발하는 부정적인 영향을 미칠 수 있다. 그러나 동시에 스포츠의 대중화와 사회 통합에 기여하고, 선수들에게는 진로와 관련된 희망과 신분 상승의 기회를 제공하는 긍정적인 기능도 가지고 있다.

1) 스포츠의 프로화로 인한 변화

(1) 프로 스포츠의 순기능과 역기능

순기능
- 사회적 긴장 해소
  - 생활의 활력을 제공함
- 사회 통합
  - 공동체 의식을 배양함
- 아마추어 스포츠의 활성화
  - 프로팀 진출 기회를 제공함
- 지역 경제의 활성화
  - 지역 사회 발전의 기회를 제공함
- 스포츠의 대중화
  - 대중의 스포츠 참여를 촉진함

역기능
- 지나친 상업주의 확산
  - 스포츠의 본질적 목적이 변질됨
- 아마추어 정신의 퇴조
  - 순수한 참여정신이 퇴조됨
- 일탈 행위 발생
  - 승부 조작 등 불법행위가 발생됨
- 비인기 종목 소외
  - 인기가 없는 종목이 퇴조됨
- 국민의 사행심 조장
  - 합법적 도박 행위가 유행함

> **대표 기출 유형**
> **02** 상업주의로 인한 스포츠의 변화 중 성격이 다른 하나는?
>
> ① 아마추어리즘의 퇴조
> ② 득점체계 다양화
> ③ 극적인 요소의 극대화
> ④ 광고를 위한 경기시간 조정
>
> 정답은 해설지에

(2) 프로 스포츠의 관련 용어

드래프트	각 팀의 전력 평준화를 위해 지난 시즌에서 성적이 좋지 않았던 팀에게 성적이 좋은 팀보다 먼저 선수를 고를 수 있는 선택권을 주는 제도
보류제도	스포츠팀이 그 스포츠팀에 소속된 선수와 그 다음 시즌에도 독점적으로 계약을 할 수 있는 권리를 가지는 제도
최저연봉제	구단이 선수에게 주는 연봉의 최저선을 정하고 그 이상의 연봉을 제공하도록 함으로써 선수들의 안정적인 선수 생활을 보장하는 제도
샐러리캡	각 팀의 평균적인 실력을 맞추기 위해, 한 팀 선수들의 연봉 총액이 일정액을 넘지 못하도록 상한선을 두는 제도
웨이버 조항	팀이 선수의 계약을 해지하고 그 선수를 다른 팀으로 보낼 수 있는 권한. 부상, 기량 저하 등으로 팀에 불필요한 선수를 방출할 때 활용
FA(free agent)	해당 리그 또는 팀과의 계약이 만료된 자유계약선수. 즉, 계약이 종료되고 소속팀에 대한 재계약 의무가 없는 선수

<3> 상업주의와 세계화

> 세계화는 무역 및 자본 이동의 자유화를 중심으로 진행되며, 이는 세계 경제의 양적 성장에 긍정적인 효과를 가져왔지만, 소득 분배의 불균형 확대, 국제 금융 시장의 불안정성 증가, 개발도상국에서의 환경 오염 심화 등 부정적인 측면도 있다. 특히 세계화가 미국 등 서방 강대국의 이익 확대를 중심으로 진행되면서 약소 국가들의 경제적 몰락의 원인이 되고 있다는 비판도 높아지고 있다.
>
> 스포츠계에서도 세계화는 다양한 형태로 나타나고 있다. 스포츠의 세계화는 세계 어디에서든 스포츠 관련 정보와 지식을 습득할 수 있게 하고, 스포츠에 더 쉽게 참여할 수 있는 환경을 조성하며, 경기 규칙과 진행 절차의 표준화, 국가, 민족, 인종 간의 이해와 협조 체제 조성 등의 긍정적 기능을 가진다. 그러나 동시에 미국 중심의 문화 확산, 강대국과 약소국 간의 불평등한 관계 등 부정적 영향도 무시할 수 없다.

세계화
정치, 경제, 문화 등 사회의 여러 분야에서 국가 간 교류가 증대하여 개인과 사회집단이 갈수록 하나의 단위 안에서 삶을 영위해 가는 과정을 의미한다.

□ 스포츠 세계화의 순기능과 역기능

순기능	역기능
• 다양한 민족 스포츠의 소개 • 민족·인종 간 이해의 확대 • 스포츠를 통한 경제의 성장	• 비인기 종목의 소멸 • 강대국 중심의 스포츠 문화 단일화 • 다국적 기업 중심의 경제적 지배

대표 기출 유형

03 다음 중 프로 스포츠의 순기능이 아닌 것은?

① 사회적 긴장 해소를 통한 생활의 활력소 제공
② 프로팀 진출 기회 제공을 통한 아마추어 스포츠의 활성화
③ 프로 스포츠를 이용한 합법적 도박 기회의 발생
④ 지역 주민의 공동체 의식 배양

정답은 해설지에

2. 스포츠 메가 이벤트의 경제

Introduction

각국은 올림픽이나 월드컵 같은 메가 스포츠 이벤트의 유치 경쟁을 치열하게 벌이고 있다. 이러한 메가 이벤트는 스포츠 분야를 넘어 고용과 생산 등 경제적 성장, 국가의 이미지 제고, 국민의 자긍심 상승 등 사회적 및 정치적 분야에서도 막대한 영향력을 발휘한다.

따라서 메가 스포츠 이벤트의 성공적인 개최를 통해 경제적 및 사회적 파급 효과를 극대화하려는 각국의 유치 경쟁은 더욱 치열해지고 있다.

학습목표

각국이 천문학적인 비용을 들여 국제 스포츠행사를 개최하는 목적과 다국적 기업의 스폰서십을 이해하세요.

〈1〉 국제 스포츠 이벤트의 사회적 기능

국제 스포츠 행사로 인한 파급 효과는 경제적 측면에만 국한되지 않는다. 예를 들어, 2002년 월드컵의 개최를 통해 우리 국민은 IMF로 인한 좌절을 극복할 수 있었다. 이러한 행사는 개최국가와 지역 주민들의 삶의 질 향상, 국민의 연대감 고양 등 사회에 중대한 영향을 미친다.

또한, 국제 스포츠 행사를 통한 각국의 교류는 서로의 문화에 대한 이해를 증진시키고, 국제 행사에 참여하는 국가의 문화 다양성에도 기여하게 된다.

1) 메가 스포츠 이벤트의 효과

□ 긍정적 효과

국가 이미지 제고	• 성공적 개최로 국가 이미지의 개선
국민의 자긍심 고양	• 개최 과정에서 국민적 자긍심 상승
사회 안정 형성	• 사회적 갈등의 완화와 협력 의식 강화

□ 부정적 효과

- 실패 시 국가 부채의 증가
- 시설에 대한 과다한 유지관리비 발생
- 지역 간 불균형 심화
- 유치 지역의 부동산 투기 발생

〈2〉 국제 스포츠 이벤트의 경제적 가치

국제 스포츠 행사는 사회적 측면뿐만 아니라 경제적 영역에도 큰 영향을 미친다. 우선, 국제 메가 스포츠의 유치는 건설 투자 증가, 고용 창출, 공공사업비 지출 증대, 생산 유발, 관광 사업의 활성화 등의 경제적 효과를 발생시킨다.

더 나아가, 국가 이미지를 높임으로써 수출 증대와 해외 투자 유치 등의 효과를 가져오며, 특히 우리나라와 같은 분단국가인 경우에는 국제 사회의 불안감을 해소하고 국제 교류 및 외자 유치 확대 등 국가 경제 전반에 긍정적인 영향을 미친다.

1) 메가 스포츠 이벤트의 경제적 효과

고용 창출 효과	• 메가 스포츠 행사의 준비와 운영과정에서 생산, 서비스, 건축 등의 분야에 일자리 발생
수출 증대 효과	• 국가와 기업에 대한 긍정적인 이미지와 신뢰감 형성으로 수출 증대 효과 발생
생산 유발 효과	• 각종 부대 장비 및 건축, 기타 관련 용품의 생산이 증가하는 효과가 발생
관광 수입 증대 효과	• 스포츠 경기의 관람과 개최 후 국가 이미지 제고로 인한 관광객 증가
개최도시의 경제활성화	• 관광 산업과 기타 기반 산업의 발달로 개최 도시에 경제 활성화 효과 발생

국제 스포츠 상업화의 결정적 계기

1984년 LA 올림픽 대회는 6억 8,390만 달러(약 7천억 원)를 지출한 반면, 대회를 통해 10억 6,450만 달러(대략 1조 1천억 원)를 벌어들여 3억 8,060만 달러(대략 4천억 원)의 흑자를 기록하였다.

LA올림픽과 TOP 프로그램

(The Olympic Partner) 프로그램은 다국적 기업이 경제적인 후원을 통해 올림픽에 참가하는 일을 의미한다.

1984년 미국 LA올림픽을 계기로 확대되어 1988년 서울 올림픽 이후부터는 '올림픽 스폰서'라는 명칭이 공식적으로 사용되고 있다.

다국적 기업은 TOP 프로그램을 통해 전세계를 대상으로 한 광고를 하게 된다.

스포츠와 스폰서십

스폰서십은, 기업이 스포츠 이벤트 주최 측에 자금, 자원, 서비스를 제공하고, 이를 통해 상호 경제적 이익을 얻는 비즈니스 관계를 뜻한다. 기업은 스포츠 행사를 지원하며 광고와 판매 증진의 효과를 누리고, 스포츠 조직은 이벤트 개최를 위한 자금을 제공받는다.

이 관계는 스포츠 관련 상품의 개발과 판매 확대에 기여하며, 팀의 운영 비용 부담을 줄여주는 역할도 한다. 하지만 스폰서와 주최 측 간의 이해관계에 따른 분쟁, 인기 종목에 스폰서가 집중되어 비인기 종목이 소외되는 문제도 발생할 수 있다.

2) 메가 스포츠 이벤트의 경제적 가치 상승 이유

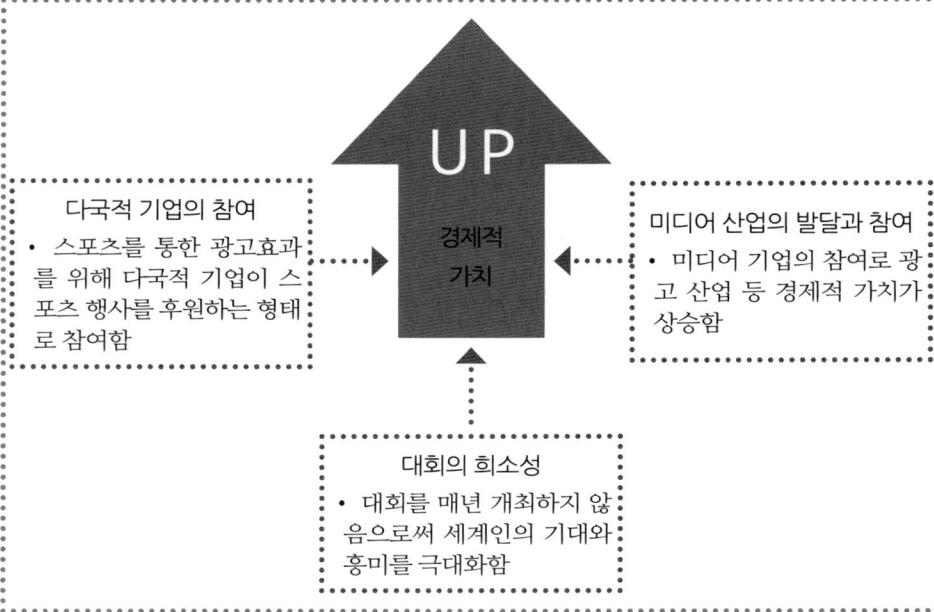

대표 기출 유형

04 스포츠 메가 이벤트에 대한 설명으로 잘못된 것은?

① 신규 일자리의 증가로 고용창출의 효과를 가진다.
② 행사를 개최하는 과정에서 생산유발 효과를 가진다.
③ 메가이벤트와 상업화에 결정적인 역할을 한 행사는 88 올림픽이다.
④ 파급 효과로 많은 부가가치를 발생시킨다.

정답은 해설지에

Confirmation
이것만은 꼭!

01 국가간의 교류가 증가하여 정치, 경제, 문화 등의 분야에서 단일성이 증대되어 가는 현상을 (　　)라고 한다.

02 국제 스포츠 메가이벤트에서 상업적 성공을 거둠으로써 이후의 스포츠 메가이벤트의 상업화에 자극을 준 행사는 (　　)이다.

03 기업이 올림픽과 같은 스포츠메가이벤트를 후원하며 광고권을 획득하는 일을 (　　)이라고 한다.

04 1984년 (　　)올림픽 대회는 6억달러를 지출하고 10억달러 이상의 수익을 발생시켜 국제대회의 상업화에 결정적인 영향을 주게 되었다.

정답
1. 세계화
2. 1984년 LA올림픽
3. 스폰서십
4. LA

Previous 단원 기출문제

01 상업주의 스포츠 출현 및 발전의 사회·경제적 조건에 해당되지 않는 것은?

① 인구의 고령화
② 스포츠기반시설 구축을 위한 거대자본
③ 인구가 밀집되어 있는 도시
④ 자본주의적 시장경제 체제

거대 자본의 형성, 인구의 도시 집중, 자본주의의 발달 등은 근대 이후 사회·경제적 발전의 대표적인 조건이었다. 사회와 경제적 조건이 발달하면서 스포츠에도 상업주의적 경향이 나타나게 된다. 고령화(노령화)는 노인 인구를 위한 일부 스포츠 산업의 발달에 영향을 주기는 하지만, 그 자체로 스포츠 전체의 상업주의 현상을 촉진하는 조건이 되지는 못한다.

정답 : ①

02 스포츠의 상업화에 따른 변화 중 〈보기〉의 사례에 해당하는 것은?

< 보 기 >

2013년 미국프로야구 LA 다저스와 신시내티 레즈의 경기에서 한국의 류현진 선수와 추신수 선수 간의 맞대결이 펼쳐지자 미국프로야구 사무국은 이 날을 코리안 데이로 지정하고 한국의 걸그룹 소녀시대를 초청하여 애국가를 제창하게 하였다. 이 외에도 미국프로야구 사무국은 각종 의전행사 및 경품행사를 개최하여 언론의 반응에 촉각을 곤두세웠다.

① 스포츠 기술의 변화
② 스포츠 규칙의 변화
③ 스포츠 조직의 변화
④ 선수, 코치의 경기 성향 변화

〈보기〉는 스포츠를 관리하는 조직이 단순히 스포츠 경기의 운영에만 집중하는 것이 아니라, 더 많은 흥행을 통한 상업적 성공을 위해 홍보와 마케팅 등에 힘쓰고 있음을 보여준다. 이는 스포츠의 상업화로 인해 스포츠 운영 조직의 성격이 변화하고 있음을 나타내는 대표적인 사례이다.

정답 : ③

03 프로스포츠에서 시행되는 제도와 특징이 바르게 연결된 것은?

① 보류조항(reserve clause) - 일정 기간 선수들의 자유로운 계약과 이적을 막아 선수단 운영비를 줄이기 위한 목적으로 도입되었다.
② 최저연봉제(minimum salary) - 신인선수의 연봉협상력을 줄여 선수단 운영경비를 줄이기 위한 목적으로 도입되었다.
③ 샐러리 캡(salary cap) - 선수 개인에게 지불할 수 있는 최대 연봉 상한선으로, 선수 간 연봉격차를 줄이기 위한 목적으로 도입되었다.
④ 트레이드(trade) - 선수가 새로운 팀으로 이적하기 위해 구단에 요구할 수 있는 권리로, 구단은 특별한 사유가 없는 한 선수의 요구에 응해야 한다.

• 최저연봉제: 낮은 연봉 등으로 불안정한 생활을 하는 선수들의 생계를 보장하기 위해 마련된 제도이다.
• 샐러리 캡: 한 팀의 선수 연봉 총액이 일정 금액을 초과하지 못하도록 제한하는 제도로, 선수들의 몸값이 지나치게 상승해 구단이 적자로 운영되는 것을 방지하며, 재정이 풍부한 구단이 최고 수준의 선수를 독점해 팀 간 실력 차가 지나치게 벌어지는 것을 막기 위해 도입되었다.
• 트레이드: 구단이 소속 선수를 다른 구단에 양도할 수 있는 권리이다. 일반적으로 프로 스포츠에서는 선수를 영입하거나 교환 또는 방출하는 권리가 구단에 있으며, 선수가 자의로 다른 팀과 계약을 맺기 위해서는 자유계약선수 자격을 취득해야 한다.

정답 : ①

04 〈보기〉에서 괄호 안에 적합한 용어는?

< 보 기 >

올림픽에서 ( )을(를) 시행함으로써 IOC는 기업으로부터 금전 및 물자를 제공받고, 기업은 자사제품 광고 및 홍보에 올림픽 공식 로고와 휘장을 사용할 수 있는 권한을 얻는다.

① 독점방영권
② 자유계약 제도
③ 스폰서십(sponsorship)
④ 드래프트(draft) 제도

〈보기〉는 스포츠의 상업화에 관한 내용으로, 올림픽 위원회가 올림픽의 개최와 운영을 위해 상업적 기업으로부터 경제적 지원을 제공받는 것을 '스폰서십'이라고 한다.

정답 : ③

04강 스포츠 사회학 - 스포츠와 교육

1. 스포츠의 교육적 기능

Introduction

학교는 가족과 동료집단과 함께 개인의 사회화 과정에서 중요한 역할을 한다. 또한, 학교 스포츠는 매우 유익한 교육적 도구로 활용될 수 있다.

학교 스포츠는 학생의 성취욕구를 자극하고 건전한 사회인으로서 필요한 덕목을 습득하는 데 도움을 줄 수 있지만, 참여 기회가 불평등하거나 과도한 경쟁 의식을 조장하는 등의 부정적인 결과를 초래할 수도 있다.

학습목표: 스포츠가 가진 교육적 순기능과 학교엘리트 스포츠가 가진 부정적인 기능을 구분하세요.

<1> 스포츠의 교육적 순기능

스포츠는 학생의 학업 활동에 동기를 부여하는 수단으로 활용될 수 있다. 또한, 긍정적 가치관을 학습하고 학생들의 정서를 순화하는 데 도움을 주며, 학교의 승리라는 공동의 목표를 통해 공동체 의식의 형성에 기여한다.

더 나아가, 스포츠를 통해 학생들은 학교와 지역 사회 간의 교류를 통해 자신이 속한 지역 사회에 대한 관심과 이해를 형성할 수 있다. 마지막으로, 스포츠 활동 참여의 기회와 동기를 제공함으로써 사회 내의 차별적 요소를 개선하고, 다양한 신체 활동의 학습을 통해 평생 체육의 기반을 다지는 역할을 수행한다.

1) 학원 스포츠의 순기능

(1) 전인교육의 실현

학업의 장려	스포츠 활동을 통해 학업에 대한 동기와 흥미를 고양함
사회화의 촉진	도전정신, 스포츠맨십, 팀워크 등 사회적 가치를 학습시킴
정서의 순화	신체활동을 통해 경쟁 욕구를 해소하고 탈선을 예방함

(2) 사회의 통합

공동체 의식 형성	학교 구성원의 공동체 의식을 함양함
지역 사회와의 이해 형성	학교 시설을 지역 주민과 공유함
지역 사회와의 통합 형성	지역 사회 주민들과 공동체 의식을 형성함

(3) 사회의 선도

평생 체육 기반 조성	스포츠에 대한 지식을 전수하여 평생 체육의 기반을 조성함
장애인의 사회 적응	장애 학생에게 스포츠 기회를 제공하여 사회성을 배양함
여성의 권리 신장	여성에게도 고른 기회를 제공하여 평등 의식을 학습함

스포츠가 학업동기를 높이는 이유

- 운동 선수에게는 일반 학생에 비해 점수가 후하게 부여된다.
- 운동 선수의 성취 동기가 더 높다.
- 운동 선수는 제한된 시간을 더 효율적으로 사용하려 한다.
- 운동 선수는 학습을 위한 개별적인 지도를 받는 경우가 많다.
- 스포츠를 통해 획득된 인내, 노력 등의 긍정적인 가치가 학습에 전이된다.
- 신체능력의 발달이 정신적 능력 향상에 영향을 준다.

대표 기출 유형

01 다음 중 스포츠의 교육적 순기능으로 볼 수 없는 것은?

① 학업활동 격려
② 학교와 지역사회 통합
③ 스포츠 상업화
④ 사회선도

정답은 해설지에

<2> 스포츠의 교육적 역기능

스포츠의 경쟁적 요소는 종종 부정적인 기능을 동반하며, 학원 스포츠에서도 이러한 현상이 나타난다. 승리를 위해 과도한 훈련과 경쟁을 강요하거나, 소수의 우수 선수에게만 기회를 제공하여 엘리트 의식을 조장하는 경우가 흔하다. 또한, 남학생은 선수 역할, 여학생은 치어리더 역할을 맡는 것처럼 불평등한 성역할을 학습하게 되며, 이로 인해 평등이라는 교육적 가치가 훼손될 수 있다.

이 과정에서 학교 대표팀을 위해 학생 선수의 능력을 착취하는 일이 우수 선수 양성이라는 명목으로 포장되기도 한다. 이러한 환경에서는 학생 선수가 학교의 목적을 달성하기 위한 도구로 전락하고, 승리를 위한 일탈 행위를 강요받으며 비정상적인 가치관을 갖게 되는 문제가 발생할 수 있다.

1) 학원 스포츠의 역기능

(1) 교육목표의 훼손

승리 지상주의	과도한 훈련과 경쟁으로 스포츠의 가치를 변질시킴
성차별	불평등한 성역할을 학습시키고 참여의 기회를 남녀에게 차별적으로 제공하여 성차별을 고착화함
참여기회의 제한	우수 선수 중심으로 기회를 제공하여 엘리트 의식을 조장함

(2) 부정행위의 조장

일탈의 조장	승리를 위한 부정한 경쟁과 부도덕한 가치관을 강요함
스포츠의 상업화	학생 선수가 학교로부터 보수를 제공받으며 프로 선수처럼 활용됨
위선과 착취	지도자의 지위를 강화하기 위해 학생 선수의 경기력을 착취함

(3) 편협한 인간육성

독재적 코칭	팀의 승리를 위해 선수에게 복종을 강요하고 통제하면서 교육의 목적에 역행함
인간성의 상실	선수를 승리를 위한 도구로 전락시켜 인간성을 훼손함
상업화의 조장	스포츠맨십, 도전과 극복 등의 가치보다 승리와 상업적 성공을 지향하게 함

학원 스포츠에 대한 찬반 논쟁

• 찬성론
스포츠를 통해 사회에서 요구하는 긍정적 가치를 학습함으로써 건전한 사회인으로 성장할 수 있다.

• 반대론
학원 스포츠에는 근본적으로 불평등이 내재되어 있어 학생의 사회화에 부정적 영향을 준다.

대표 기출 유형

02 학원스포츠의 문제점에 해당되지 않는 것은?

① 학생선수의 학습권 제한
② 학생선수의 폭력 문제
③ 학생선수의 인권 침해
④ 최저학력제 도입 및 운영

정답은 해설지에

2. 한국의 학원 스포츠

Introduction

한국의 학원 스포츠는 경기 결과가 상급 학교 진학이나 프로 스포츠팀 진출과 직결되면서 학교 간, 선수 간의 과도한 경쟁을 유발하고 있다. 또한, 운동부의 성과에 따라 지도자의 지위와 신분이 연장되는 채용 구조로 인해, 지도자가 선수에게 비인간적인 훈련을 강요하거나 부정행위를 통해 승리를 쟁취하려는 동기를 자극하는 경우가 있다.

이러한 문제를 해결하기 위해 학원 스포츠가 건전하게 발전할 수 있는 대안이 필요하다.

학습목표

한국의 학교대표선수들에게서 나타나는 문제점과 그 문제점을 해결하기 위한 제도적 장치들을 암기해야 합니다.

<1> 한국 학원 스포츠의 현황

한국의 학원 스포츠는 엘리트 선수를 중심으로 운영되며, 학생 선수의 미래가 학업보다는 선수로서의 성적에 따라 결정되는 경향이 있다. 이로 인해 학생 선수는 자연스럽게 학업을 포기하고 훈련과 경기 준비에 더 많은 시간을 할애하게 된다.

또한, 학교 측과 불안정한 고용 관계를 맺고 있는 지도자들은 운동부나 선수의 성적에 따라 신분이 즉각적으로 영향을 받기 때문에, 학생 선수에게 과도한 훈련을 강요하거나 일탈을 통해서라도 승리를 거두도록 압력을 가하는 경우가 많다.

이러한 상황에서 한국의 학원 스포츠는 스포츠 본연의 순수성과 교육적 기능을 상실하고, 스포츠팀 내부에서만의 독특한 가치관과 관행이 허용되는 '섬문화'를 형성하며, 승리지상주의에 물든 채 운영되는 측면이 있다.

□ 한국 학원 스포츠에 나타나는 문제의 원인과 결과

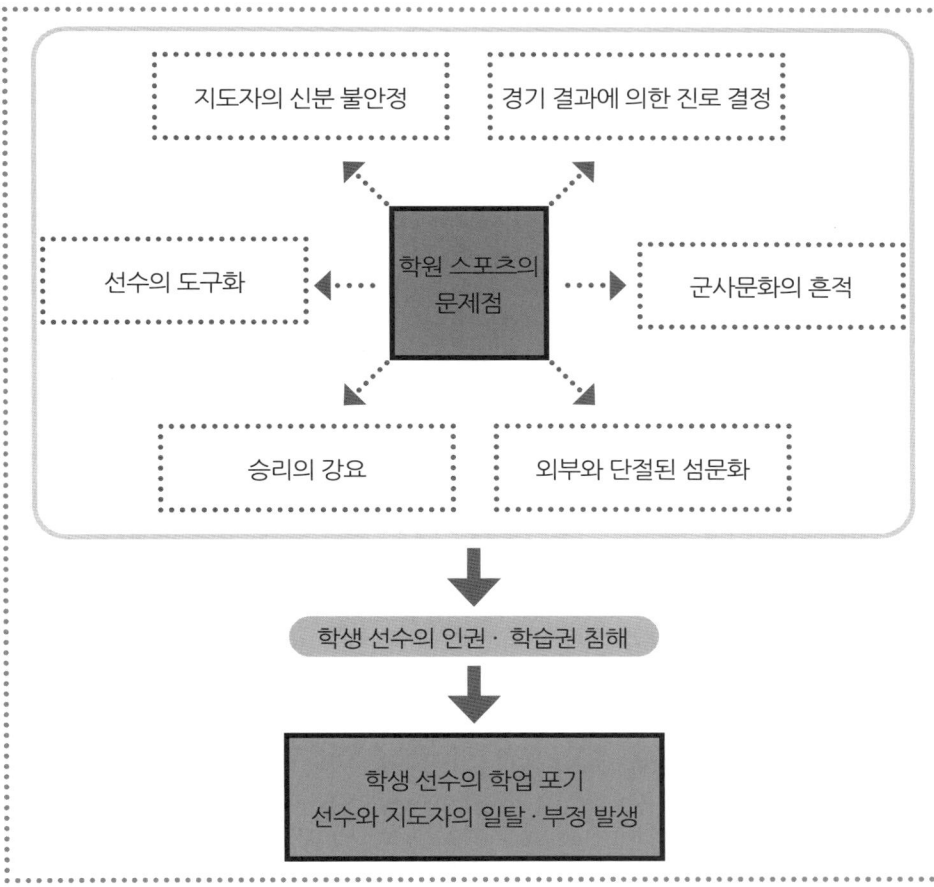

대표 기출 유형

03 우리나라 학원스포츠의 문화적 특성 중 <보기>의 설명에 해당하는 것은?

< 보 기 >

학생 선수들은 교실공간과 분리되어 합숙소와 운동장에서 주로 생활하며 그들만의 공동체 문화를 만들어 간다. 또한 그들만의 동질감을 바탕으로 끈끈한 인간관계를 맺지만, 일반 학생들과는 이질화되고 있다.

① 승리지상주의 문화
② 군사주의 문화
③ 섬 문화
④ 신체소외 문화

정답은 해설지에

<2> 학원 스포츠 제도의 변화

학원 스포츠는 학생들의 육체적 및 정서적 발달에 기여하고, 학생 선수의 학교 활동을 촉진하며 학업에 대한 관심을 증대시킬 수 있어야 한다. 그러나 성과에 대한 집착으로 인해 학생이 학업을 포기하거나, 학교 내 자원과 시설, 지원 인력 등이 소수의 학생 선수가 독점하게 되어 일반 학생보다 더 많은 특권을 누리는 계급화 현상이 발생하고 있다.

따라서 한국의 학원 스포츠 정책은 학생 선수의 학습권과 인권을 보장하면서도, 일반 학생의 참여 기회를 확대하는 두 가지 측면에서 개선 방안을 모색해야 한다.

□ 한국 학원 스포츠의 개선안

선수권 쟁탈전 폐지	선수권 쟁탈전이나 결승전을 폐지하여 승리에 대한 과도한 집착을 해소함
운동부 예산 감축	운동부의 예산을 줄이고 일반 학생을 위한 예산을 늘림으로써 학교 안의 자원을 고르게 분배함
지도자의 신분 보장	지도자의 신분을 안정적으로 보장하여 승리와 성과에 대한 과도한 강박관념을 해소함
학업 강화(최저학력제 도입)	최저학력제의 실시로 학생 선수의 학습권을 보장함
일탈 행위에 대한 제재 강화	폭력 등 스포츠 현장에서의 일탈행위를 단호하게 처벌함
합숙훈련 지양	가급적 합숙 훈련을 지양함으로써 운동부에서 일어나는 폭력과 같은 일탈행위를 예방하고, 불가피한 경우 합숙소보다는 기숙사를 운영함

□ 최저학력제기준

적용과목
- 초·중 : 국어, 영어, 수학, 사회, 과학
- 고 : 국어, 영어, 사회 (단 영어와 사회는 수학, 과학으로 대체 가능)

적용기준
- 적용과목의 학년 평균 초(50%), 중(40%), 고(30%) 이상 취득

미도달 시 제한 사항
- 과목별 기초학력보장 프로그램(e-school 등 보충학습)을 이수
- 초·중은 일정기간 대회참여 불가
- 고등학생은 대회참가 가능

체육특기자제도

체육에 특별한 소질을 지닌 학생을 발굴, 육성하기 위하여 상급학교 진학시 특례를 주는 제도.

우수한 자질이 있는 선수들을 대상으로 상급학교 진학에 특혜를 줌으로써 초, 중, 고에 이르는 연계체제를 통해 경기력 향상, 각종 국제 경기대회에서 국위 선양, 나아가 유능한 체육지도자 양성 등의 목적으로 운영되고 있다.

대표 기출 유형

04 학원스포츠의 정상화를 위한 정책으로 적절하지 않은 것은?

① 초·중학교 상시 합숙제도
② 주말리그제 시행
③ 학교운동부 운영 투명화
④ 최저학력기준 설정

정답은 해설지에

Confirmation 이것만은 꼭!

01 체육에 특별한 소질을 가지고 있는 학생을 발굴하고 육성하기 위해 상급학교 진학시 특혜를 주는 제도는 (   )이다.

02 학교체육진흥법에 따라 학생선수의 최저학력을 보장하고 일정 학력에 미치지 못하면 대회 출전을 제한할 수 있는 제도는 (   )이다.

03 학교 운동부는 외부와는 단절된 그들만의 독특한 위계와 동질성을 가지고 있는데 이런 문화를 (   )라고 한다.

04 현재 한국의 학원스포츠 정책은 결과적으로 학생선수의 인권과 (   )을 보장하기 위해 시행되고 있다.

정답
1. 체육특기자제도
2. 최저학력제
3. 섬문화
4. 학습권

Previous 단원 기출문제

01 다음 중 스포츠 교육 기능의 개선방안으로 알맞지 않은 것은?

① 경기장과 경기 규칙의 간소화
② 성인 지도자의 선수에 대한 철저한 통제 감독
③ 결승경기와 선수권 쟁탈전 폐지
④ 일탈행위에 대한 제재의 강화

성인 지도자의 지나친 통제는 스포츠 교육 현장에서 개선해야하는 대표적인 문제점이다.

정답 : ②

02 다음 중 학원 스포츠에 찬성하는 입장이 아닌 것은?

① 학원스포츠는 교육적인 목적과 학생들의 발달에 기여한다.
② 학교활동을 촉진하고 학업 활동에 대한 관심을 증대한다.
③ 자존감과 책임감, 성취, 팀워크 기술을 형성함
④ 일반 학생에 비해 선수 학생을 더 우월한 존재로 각인시킨다.

선수 학생을 더 우월한 존재로 인식시키는 일은 불평등을 조장하게 하는 부정적인 역할이다.

정답 : ④

03 아래 내용에 나타나는 스포츠의 교육적 역기능을 <보기>에서 찾아 바르게 묶은 것은?

< 보 기 1 >

○○이는 초등학교에서 씨름선수로 활약하면서 늘 좋은 성적을 내는 상위권 선수였다. 학교의 명성을 높이려는 A중학교에서 메달을 따는 조건으로 ○○이에게 장학금 형태의 학비보조, 숙식제공 및 학업성적 보장을 해주겠다며 스카우트 제의가 들어왔다. 그래서 ○○이는 A중학교로 진학하기로 결정했다.

< 보 기 2 >

㉠ 승리지상주의　　　　　㉡ 학원스포츠의 상업화
㉢ 일탈과 부정행위　　　　㉣ 참여기회의 제한
㉤ 학업에 대한 편법과 관행　㉥ 비인간적 훈련

① ㉠, ㉢, ㉤, ㉥
② ㉠, ㉡, ㉢, ㉤
③ ㉡, ㉢, ㉣, ㉤
④ ㉡, ㉢, ㉤, ㉥

A중학교는 팀의 성적을 통해 학교의 위상을 높이기 위해(승리지상주의) 학생 선수인 ○○이에게 금전적 이익을 제공하고(상업주의) 학업 성적을 보장하는 조건(학업에 대한 편법과 관행)을 제시하고 있다. 이는 현재 학교 스포츠에서 발생하는 대표적인 일탈과 부정행위이다.

정답 : ②

05강 스포츠 사회학 / 스포츠와 미디어

1. 스포츠와 미디어의 이해

Introduction

미디어는 정보를 전달하고 오락을 제공하며, 사회의 갈등을 조정하고 사회 규범을 전파한다. 스포츠는 이러한 미디어에 방송 소스를 제공하며, 서로 상호 영향을 주고받는 관계를 형성한다.

미디어의 유형과 기능에 대해 논의할 때, 마셜 맥루한과 기타 여러 학자들의 이론이 자주 인용된다. 이러한 학자들의 이론을 통해 미디어의 특성과 역할, 그리고 미디어에 요구되는 윤리에 대해 학습할 것이다.

학습목표: 스포츠와 미디어의 상호관계, 맥루한의 미디어론을 기본으로 이해한 후 최근 출제되고 있는 미디어이론들도 암기합니다.

<1> 스포츠 미디어의 유형과 특성

마샬 맥루한의 미디어론은 미디어의 특성이 정보를 전달하는 방식과 수용자에게 미치는 영향을 강조하는 이론이다. 맥루한에 따르면, 정보 그 자체보다는 정보를 전달하는 미디어의 특성이 더 중요하다. 그는 미디어를 '핫미디어'와 '쿨미디어'로 분류하며, 각각의 미디어가 가진 정보의 정세도(정의성)와 수용자의 참여 가능성에 따라 수용자에게 미치는 영향이 다르다고 설명한다.

핫미디어(Hot Media): 신문, 잡지, 라디오, 화보 등과 같은 미디어는 높은 정세도(정의성)를 가지고 있다. 이들 매체는 정보가 논리적, 계획적, 직접적이며, 수용자는 낮은 참여와 몰입으로 메시지에 접근한다. 메시지는 즉각적으로 수용하기보다는 장시간에 걸쳐 선별적으로 수용된다.

쿨미디어(Cool Media): TV, 비디오, 만화 등과 같은 미디어는 낮은 정세도(정의성)를 지닌다. 이러한 매체의 메시지는 즉흥적, 일시적, 비논리적이며, 정보 제공량이 적지만 수용자의 주관적 해석이 가능하다. 따라서 수용자는 높은 참여와 몰입의 정도를 유지하며 정보를 수용한다.

맥루한의 이론은 미디어의 특성이 수용자에게 미치는 영향을 이해하는 데 중요한 통찰을 제공하며, 각각의 미디어가 어떻게 정보를 전달하고 수용자의 참여를 유도하는지를 분석하는 데 유용하다.

1) 미디어와 매체 스포츠 유형

(1) 미디어의 유형 (Marshall McLuhan)

쿨 미디어	핫 미디어
• TV, 전화, 만화, 인터넷 등	• 신문, 잡지, 라디오, 영화, 사진 등
• 정보량 적음	• 정보량 많음
• 비논리적·무계획적 암시적 특징	• 논리적·계획적·직접적 특징
• 정밀도(정의성) 낮음	• 정밀도(정의성) 높음
• 복수의 감각 동원 필요	• 단일한 감각 동원 필요
• 정보의 양이 적음	• 정보의 양이 많음
• 수용자의 적극적인 참여를 요구함	• 수용자의 적극적인 참여가 필요 없음
• 이상적인 커뮤니케이션이 가능	• 커뮤니케이션의 상황을 왜곡시킴

대표 기출 유형

01 스포츠미디어의 유형이 다른 하나는?

① 신문
② 인터넷
③ 모바일 기기
④ 비디오 게임

정답은 해설지에

대표 기출 유형

02 맥루한(M. McLuhan)의 매체이론에 관한 설명으로 옳지 않은 것은?

① 핫(hot) 미디어 스포츠는 관람자의 감각 참여성이 낮다.
② 쿨(cool) 미디어 스포츠는 관람자의 감각 몰입성이 높다.
③ 핫(hot) 미디어 스포츠는 경기 진행 속도가 빠르다.
④ 쿨(cool) 미디어 스포츠는 메시지의 정의성이 낮다.

정답은 해설지에

(2) 매체 스포츠의 유형 (Susan Birrell, John W. Loy)

← 쿨매체 스포츠
- 선수의 행동반경이 넓음
- 경기의 정세도가 낮음
- 역동적이고 박진감이 넘치는 스포츠
- 수비와 공격의 구분이 어려움
- 높은 몰입과 감각적 참여를 요구함
- 농구, 축구, 핸드볼 등

핫매체 스포츠 →
- 선수의 행동반경이 좁음
- 경기의 정세도가 높음
- 정적이고 섬세한 스포츠
- 수비와 공격의 구분이 쉬움
- 낮은 몰입과 감각적 참여를 요구함
- 검도, 육상, 태권도, 야구, 수영 등

2) 스포츠 미디어에 대한 수용자의 욕구 (S. Birrell & J. W. Loy)

인지적 욕구	스포츠 선수와 팀에 대한 정보나 경기의 결과와 승률 등에 대한 정보을 얻으려고 함
정의적 욕구	관람을 통해 감정이 고양되고 흥분을 느끼며 스트레스를 해소함
통합적 욕구	다른 사회구성원과 함께 스포츠관람이라는 경험을 공유하며 공동체의식을 만들어 감

3) 기타의 미디어 관련 이론

개인차 이론 (Katz, Gurevitch&Hass)	• 사람은 각자 다른 성격이나 가치관, 행동양식 등의 개인적 특성을 가진다고 전제함 • 각각의 개인적 특성은 사물을 인식하고 판단하는 근거로 작용함 • 개인들은 미디어를 통해 각각이 가진 인지적, 도피적, 통합적, 정의적 욕구 등을 충족하려 함
사회범주 이론 (De fleur)	• 인간을 연령, 성별, 경제수준, 거주 지역, 인종, 종교 등의 범주로 나눔 • 유사한 범주에 속하는 사람들은 자연스럽게 생각과 행동이 비슷해진다고 봄 • 미디어의 영향력이 중요하고 크기는 하지만 사람들은 각각의 사회적 구조와 배경 속에서 생활하게 되므로, 미디어의 영향력은 사람들이 속한 집단의 특성에 따라 다르게 나타나게 됨
사회관계 이론 (Mcpherson, Guttman)	• 인간의 사회적 생활양식은 관련된 사회학적 변수에 따라 변할 수 있는 것으로 봄 • 한 인간이 특정한 정보를 선택하고 해석하는 데에는 그 사람과 사회적 관계를 맺고 있는 주변 사람들(주요 타자)의 영향이 크게 작용함 • 미디어 스포츠와의 접촉도 자신이 속한 사회 속에서 주요 타자와의 사회적 관계에 의해 영향을 받게 됨
문화규범 이론 (De Fleur)	• 사회구성원은 사회규범에 따라 자신의 생각과 행동을 결정한다는 점을 전제로 함 • 매스미디어는 시청자에게 사회에 알맞은 행동과 문화규범을 선택적으로 강조하게 되고 시청자는 그런 미디어의 영향을 받게 된다는 점을 강조하는 이론

대표 기출 유형

03 <보기>에서 설명하는 디 플로어(M. De Fleur)의 미디어 이론은?

< 보 기 >
- 미디어의 영향력과 스포츠의 소비 형태는 연령, 성, 사회계층, 교육수준, 결혼여부 등에 따라 달라질 수 있다.
- 미디어의 영향력이 서로 다른 하위집단의 구성원에게 획일적으로 미치지 않을 수 있다.

① 개인차 이론(Individual differences theory)
② 사회범주 이론(Social categories theory)
③ 사회관계 이론(Social relationships theory)
④ 문화규범 이론(Cultural norms theory)

정답은 해설지에

<2> 스포츠 저널리즘의 이해

미디어는 사회와 상호작용하며 중요한 역할을 수행하는데, 이는 스포츠 미디어에도 동일하게 적용된다. 사회적 기능과 역할 측면에서 미디어는 다음과 같은 주요 기능을 수행한다.

- 정보 제공: 사회에서 일어나는 중요 사건이나 사회적 현실을 수용자에게 전달하여 사회의 동향을 파악할 수 있게 한다.
- 규범 강화: 바람직한 사회적 행동을 제시함으로써 사회의 규범을 강화하고, 구성원들의 일탈을 방지하는 역할을 한다.
- 여론 형성: 사회적 이슈에 대한 해석과 평가를 통해 여론을 형성하고, 사회적 갈등을 해소하는 데 기여한다.
- 오락 제공: 수용자들에게 휴식과 기분 전환을 제공할 수 있는 오락의 소재를 제공한다.

스포츠 미디어는 이와 같은 미디어의 사회적 기능을 수행하면서도, 최근에는 지나치게 선정적이고 자극적인 방향으로 흘러가는 경향이 있다. 이는 수용자를 확보하기 위한 경쟁이 치열해진 결과로 볼 수 있으며, 이러한 경향은 스포츠 미디어의 보도 행태에서 두드러지게 나타나고 있다. 이로 인해 스포츠 보도의 객관성 및 신뢰성이 문제될 수 있으며, 스포츠에 대한 과도한 상업적 접근과 소비자 선호를 반영하는 측면도 있다.

보편적 접근법

미디어에 대한 보편적 접근권이란 누구나 차별없이 미디어와 미디어를 통해 제공되는 정보에 접근할 수 있는 권리를 보장하는 법안을 말한다.

정보의 평등화에 기여하지만 미디어가 대중의 흥미에만 초점을 두는 쪽으로 변질될 수 있다는 쟁점이 남는다.

□ 매스 미디어의 기본적 기능과 역할

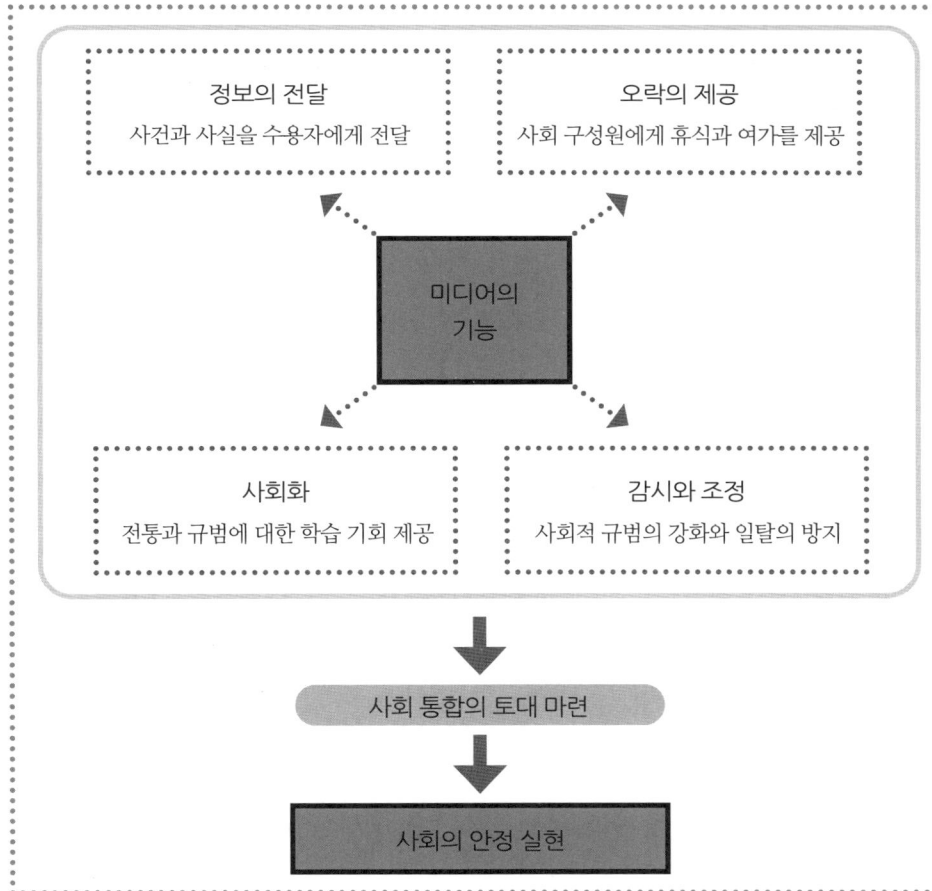

대표 기출 유형

04 스포츠 미디어 매체의 보도의 기능으로 잘못된 것은?

① 스포츠 보도를 통해 사회의 지배적 가치를 생산
② 스포츠를 통해 얻을 수 있는 바람직한 가치와 행동의 기준을 확산
③ 사회질서 유지에 기여
④ 미디어의 스포츠 종속 가속화

정답은 해설지에

2. 스포츠와 미디어의 상호관계

학습목표
1. 스포츠와 미디어의 관계
2. 황색저널리즘의 의미
3. 황색저널리즘의 발생 이유

Introduction

스포츠는 미디어와 상호영향 관계를 주고 받는데, 스포츠는 미디어의 기술 발전과 대중성의 영향을 받아 룰과 기타의 경기 방식을 수정하며, 반대로 미디어는 더욱 흥미로운 스포츠 보도를 위해 프로그램 편성을 바꾸고 더 나은 방송 기술을 개발하게 된다.

이 장에서는 스포츠와 미디어가 서로 어떤 방식으로 영향을 주고 받으며 그 결과가 무엇인지를 이해하는 것이 중요하다.

<1> 스포츠와 미디어의 상호작용 및 공생관계

스포츠의 상업화가 진행되면서 미디어의 영향력도 커지고 있어. 스포츠와 미디어는 단순히 일방적인 영향을 주는 게 아니라, 서로 영향을 주고받는 상호보완적인 관계를 유지하고 있다.

스포츠는 미디어의 영향을 받아 경기 규칙이나 시간을 조정하거나, 더 세련된 기술이 개발된다. 대중의 흥미를 끌기 위해 새로운 스포츠 종목이 만들어지거나 기존 종목이 변화하기도 한다.

우수한 선수의 독창적인 기술이 미디어를 통해 전파되어 다른 선수들에게 영향을 미친다.

미디어도 스포츠의 영향을 받는다. 인기 있는 스포츠의 영향으로 새로운 스포츠 전문 프로그램이 생기거나, 기존 프로그램의 비중이 커진다. 스포츠 보도의 중요성이 높아지고, 미디어에서 스포츠의 위상이 올라간다.

미디어 수용자의 욕구를 충족시키기 위해 다양한 촬영 및 편집 기술이 발전한다.

□ 스포츠와 미디어의 상호 작용

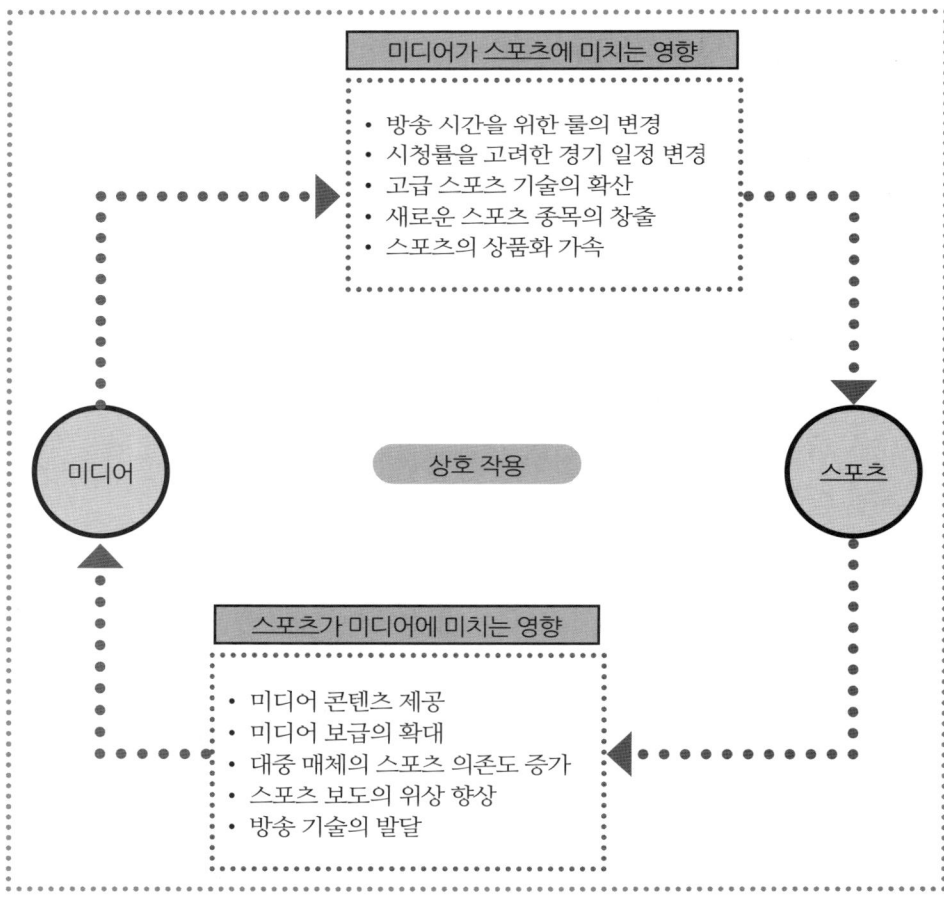

스포츠의 위성중계

1964년 도쿄올림픽 경기 개막식이 미국에 생중계된 것이 최초의 스포츠 위성중계이며, 이후 1970년대 부터 본격적인 위성 생중계가 가능했다.

스포츠와 미디어의 관계

스포츠는 대중매체를 통하여 스포츠를 홍보하고 관중을 확보하며, 대중매체는 스포츠의 인기를 이용하여 광고료 수익을 얻는 상호 공생관계를 맺고 있다.

대표 기출 유형

05 다음 중 미디어가 스포츠에 미치는 영향으로 옳지 않은 것은?

① 스포츠 규칙 변경 및 경기 일정 변경
② 스포츠에 대한 관심과 인기 증대
③ 스포츠 상품화
④ 스포츠 관중의 감소

정답은 해설지에

<2> 스포츠 미디어의 역할과 윤리

스포츠의 상업화가 진행되면서 스포츠와 미디어의 밀착 관계는 더욱 강해졌다. 스포츠계 종사자들은 대중의 관심을 끌기 위해 더 과감한 기술이나 새로운 경기를 개발하고, 미디어 종사자들은 흥미를 유발할 수 있는 소재를 찾아 가공하거나 새로운 기술을 만들어내고 있다.

하지만 이 과정에서 흥미 위주의 보도나 선수 사생활에 대한 선정적인 폭로, 인기 종목에 집중된 중계, 국수주의적 태도 등의 문제가 발생하고 있다. 이런 행동들은 건전한 미디어 윤리에 어긋나며 저널리즘의 본질을 훼손하는 것으로 비판받고 있다.

□ 스포츠 미디어의 비윤리성과 결과

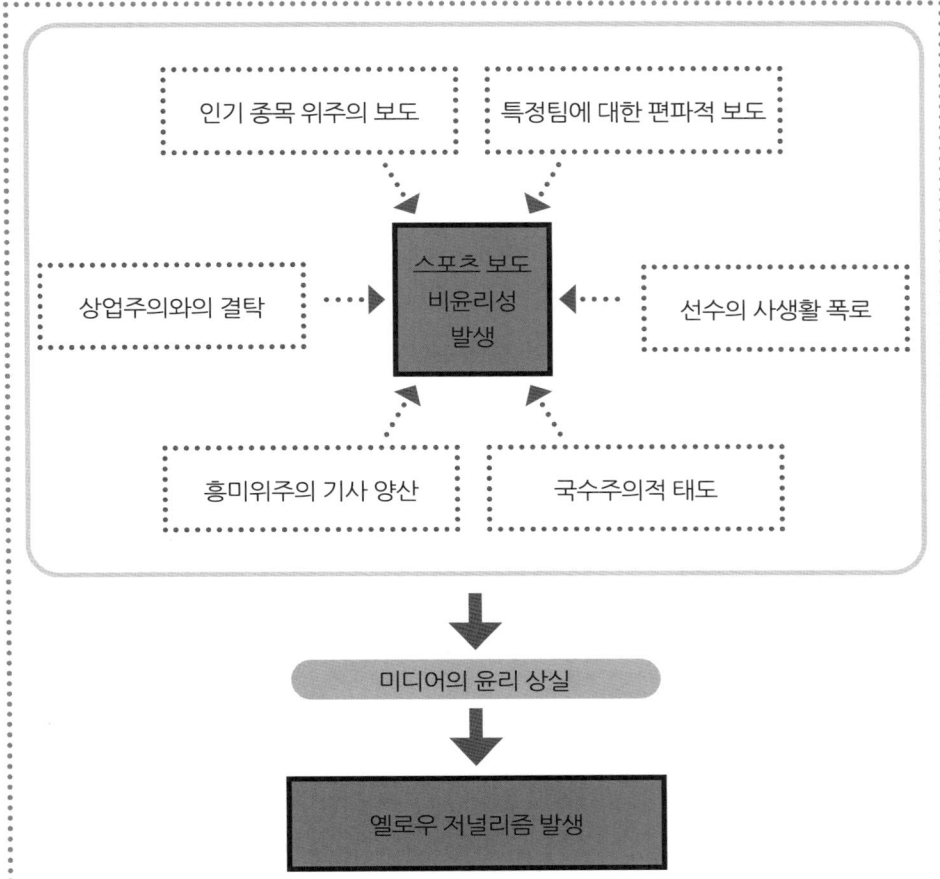

옐로우 저널리즘
독자를 끌어들이기 위해 선정적이고 비도덕적인 기사들을 과도하게 취재·보도하는 경향을 이르는 용어

뉴 저널리즘
1960년대와 1970년대 미국에서 등장한 보도방식. 기존의 단순하고 객관적인 뉴스 리포트 형식을 벗어나고, 더 생생하고 주관성을 반영한 개인적인 방식으로 사건을 보도하여 독자가 보도된 주제에 더욱 관심을 가지도록 유도한다.

하우스 맨
기자가 특정팀과 밀착하여 취재하면서 편파적인 기사를 쓰는 일

대표 기출 유형

06 선수 개인의 사생활이나 비공식적인 내용을 중심으로 대중을 자극하고 호기심에 호소하는 흥미 위주의 스포츠 관련 보도를 지칭하는 용어는?

① 팩 저널리즘
② 옐로우 저널리즘
③ 하이에나 저널리즘
④ 뉴 저널리즘

정답은 해설지에

Confirmation 이것만은 꼭!

01 TV나 만화처럼 미디어가 전하는 메시지는 비논리적이며 정밀성이 낮고 순간적이지만, 그것을 수용하는 사람에게는 다양한 감각의 활용이 필요하며 감상을 하는 과정에서 높은 감각적 참여와 몰입이 요구되는 미디어는 (   )이다.

02 신문이나 활자잡지, 라디오처럼 미디어가 전하는 메시지는 논리적이고 직접적이며 정밀성이 높기 때문에 해당 미디어를 수용하는 사람은 낮은 감각적 참여와 몰입으로도 충분히 감상이 가능한 미디어는 (   )이다.

03 선수들의 행동반경이 넓고 동적이기 때문에 수용자가 다양한 감각을 동원하고 몰입을 하며 관람을 해야 경기를 잘 감상할 수 있는 종목들을 (   )매체 스포츠라고 부른다.

04 선수들의 행동반경이 좁고 경기 중 수비와 공격의 구분이 쉽기 때문에 정적인 느낌을 주며, 관람자의 입장에서는 비교적 적은 감각을 동원하고 낮은 몰입으로도 충분히 관람이 가능한 종목을 (   )매체 스포츠라고 부른다.

05 스포츠와 미디어는 영향을 주고 받으며 변화하고 발달하는 (   )관계를 가진다.

06 미디어가 더 많은 독자를 확보하기 위해 자극적이고 선정적인 기사를 남발하거나 비도덕적인 보도 태도를 보일 때 그런 경향을 (   )이라고 한다.

07 사회범주 이론에서는 계층, 연령, 성별과/와 같은 사회적 요인이 미디어 수용자의 태도와 의견 형성에 중요한 영향을 미친다고 보는 미디어관련 이론은 (   )이다.

정답
1. 쿨미디어
2. 핫미디어
3. 쿨
4. 핫
5. 상호
6. 황색 저널리즘
7. 사회범주이론

Previous 단원 기출문제

01 <보기>는 맥루한(M. McLuhan)의 매체이론에 근거한 내용이다. 쿨(cool) 매체스포츠에 해당되는 내용만으로 묶은 것은?

< 보 기 >

㉠ 스포츠의 정의성 높음

㉡ 관람자의 감각몰입성 높음

㉢ 야구

㉣ 축구

㉤ 테니스

㉥ 핸드볼

① ㉠-㉣-㉥
② ㉠-㉢-㉤
③ ㉡-㉣-㉥
④ ㉡-㉢-㉤

맥루한의 매체이론을 변형한 '매체스포츠'의 내용이다. 스포츠 사회학에서는 정보의 명확성이 낮아 공격과 수비의 구분이 어렵고 관람자의 집중을 요구하는 종목을 '쿨매체 스포츠'라고 한다.

정답 : ③

02 스포츠와 미디어의 상호관계에서 미디어가 스포츠에 미치는 영향에 해당하는 것은?

① 영국 프리미어리그 경기는 방송사에 수준 높은 콘텐츠를 제공하고 있다.
② 방송사의 편익을 위해 배구의 랠리포인트제, 농구의 쿼터제 등 경기규칙을 변경하였다.
③ 손흥민, 류현진 선수 등의 활약으로 스포츠 관련 방송시장이 확대되었다.
④ 시청자의 욕구를 충족시켜 주기 위해 슬로우영상, 반복영상 등을 제공하고 있다.

스포츠와 미디어의 관계를 묻는 문제는 자주 출제되고 있다. 스포츠가 미디어에 주는 영향인지, 미디어가 스포츠에 주는 영향인지를 정확하게 구분하여 이해해 두어야 한다.
②는 미디어가 스포츠에 영향을 주어 나타나는 현상이다.

정답 : ②

03 <보기>는 버렐(S. Birrell)과 로이(J. Loy)의 스포츠 미디어를 통해 충족할 수 있는 욕구에 관한 설명이다. ㉠~㉢에 해당하는 용어가 바르게 연결된 것은?

< 보 기 >

(㉠) 욕구: 스포츠 경기의 결과 선수와 팀에 대한 통계적 지식을 제공해 준다.

(㉡) 욕구: 스포츠에 대한 흥미와 흥분을 제공해 준다.

(㉢) 욕구: 다른 사회집단과 경험을 공유하게 하며 공동체 의식을 갖게 한다.

	㉠	㉡	㉢
①	정의적	인지적	통합적
②	인지적	통합적	정의적
③	정의적	통합적	인지적
④	인지적	정의적	통합적

버렐(S. Birrell)과 로이(J. Loy)에 따르면 인간은 다음과 같은 욕구를 가지고 스포츠 미디어에 참여하며 스포츠미디어는 이런 욕구를 충족시키는 도구이다.

- 인지적 욕구: 스포츠 경기의 결과 선수와 팀에 대한 정보를 알고 싶어하는 욕구
- 정의적 욕구: 경기를 관람하거나 관련 프로그램을 시청함으로써 스트레스를 해소하고 즐거움을 경험하려는 욕구
- 통합적 욕구: 자신이 지지하는 팀이나 선수가 속한 커뮤니티의 일원으로서의 소속감을 느끼며, 이는 사회적 연대와 소속감의 욕구를 충족시키려는 욕구

정답 : ④

04 <보기>의 ㉠, ㉡에 해당하는 용어가 바르게 연결된 것은?

< 보 기 >

- 미디어는 스포츠 중계를 통해 시청자들의 상품 소비를 촉진시키는 (㉠) 이데올로기를 생산한다.
- 미디어는 남성 스포츠 경기를 역사적 중요성을 갖고 있는 것처럼 묘사하며, 여성 스포츠를 실력보다 외모를 부각시키는 (㉡) 이데올로기를 생산한다.

	㉠	㉡
①	합리주의	젠더
②	자본주의	젠더
③	합리주의	성공
④	자본주의	성공

미디어는 스포츠의 상업화에 큰 영향을 주었는데 이를 스포츠가 자본주의화되었다고 말할 수 있다. 또한 미디어가 남성 스포츠를 중심으로 편성되면서 남성중심주의를 강화하고 있으며, 여성 스포츠에 대해서는 선수의 능력보다는 선수의 성적 매력에 초점을 두는 경우가 많아 젠더 갈등을 심화시키기도 한다.

정답 : ②

06강 스포츠 사회학 - 스포츠와 사회계급(계층)

1. 사회계층의 이해

학습목표
계급과 계층의 의미를 구분하고, 계급(계층)이 발생하는 이유 등을 설명하는 이론들을 잘 이해해야 합니다.

Introduction

부, 권력, 명예 같은 사회적 자원(자본)은 모든 사회에서 희소하기 때문에, 어느 정도 차이는 있지만 사회적 불평등 현상은 공통적으로 존재한다.

비록 과거에 비해 개인의 노력으로 계층 이동이 가능하긴 하지만, 현대 사회에서도 여전히 사회 계층이 존재하며, 이는 사회적 불평등과 갈등의 원인이 된다. 스포츠 사회에서도 이와 같은 현상이 적용된다.

<1> 사회계층의 개념 및 정의

개인과 집단들이 위계에 의해 구획된 상태를 사회 계층 또는 사회 계급이라고 한다. 부, 명예, 권력 등은 공급이 한정되어 있어 사회 구성원 간에 불평등하게 배분될 수밖에 없다. 사회 계급은 이러한 사회적 가치의 불평등한 배분으로 인해 구성원과 집단 사이에 서열화 현상이 발생하는 것을 의미한다.

사회 계층은 특정 시대나 사회에만 존재하는 것이 아니며, 인류의 오랜 역사와 다양한 사회에서 매우 다양한 형태로 나타나는 현상이다.

1) 사회계층의 특성 (P. Bourdieu)

사회성	• 사회 규범이나 관행 등 다른 사회적 요소와 관련을 가지며 결정됨
역사성	• 일반적인 사회적 불평등의 역사와 유사함
지속성	• 한 번 형성된 계층 구조는 제도화된 형태로 오랜 기간 유지됨
보편성	• 어떤 사회에서든 사회계층과 차별이 발생하고 있음
다양성	• 신분, 개인의 노력 등 다양한 원인으로 발생함 • 계층에 따른 재화의 분배도 다양한 방식으로 이루어짐
영향성	• 생활 방식을 비롯하여 기대 수명, 건강 등에도 영향을 미침
구속성	• 해당 계층에 속한 구성원의 생활양식, 사고방식 등에 영향을 미침

<2> 사회계층의 형성과정

1) 사회계층의 일반적인 형성 과정 (M. Tumin)

지위의 분화	각 사회적 지위에는 특정한 책임과 권리가 할당되어 다른 지위와 구별된다.
지위의 서열화	중요한 역할에 적합한 능력이나 기능을 가진 개인이 더 높은 서열을 차지하게 된다.
사회적 평가의 발생	각 지위에 대해 사회 구성원들의 호감과 비호감 등 가치 판단이 이루어진다.
보수의 차별 발생	서열화된 각 지위에 자원이 차별적으로 제공된다.

대표 기출 유형

01 스포츠계층의 특성에 대한 설명으로 옳은 것은?

① 보편성: 스포츠계층은 사회적 상황에 따라 다르게 형성된다.
② 고래성: 스포츠계층은 역사발전 과정을 거치며 변천해왔다.
③ 경쟁성: 스포츠계층은 사회계층을 반영한다.
④ 다양성: 스포츠계층은 모든 국가와 사회에 존재한다.

정답은 해설지에

대표 기출 유형

02 다음 중 사회계층의 형성과정으로 옳은 것은?

① 지위 분화 - 보수 서열화 - 지위 서열화 - 사회적 평가
② 사회적 평가 - 지위 분화 - 지위 서열화 - 보수 차별화
③ 지위 분화 - 지위 서열화 - 사회적 평가 - 보수 차별화
④ 보수 차별화 - 사회적 평가 - 지위 서열화 - 지위 분화

정답은 해설지에

□ 지위가 서열화되는 기준

개인적 특성	특정 역할을 효과적으로 수행하기 위해 개인이 가져야 하는 성품, 지식, 체력 등
개인의 기능과 능력	역할을 효율적으로 수행할 수 있는 숙련된 기능이나 능력
역할의 사회적 중요성	역할을 수행했을 때 발생하는 사회적 영향력이나 기여도

사회적 지위의 유형

- 성취지위
 개인의 의미와 노력으로 후천적으로 획득한 지위
 예) 직업, 직무, 직책 등

- 귀속지위
 개인의 능력이나 노력과 관계없이 태어나면서부터 가지게 되는 지위로 성취지위가 세습되면서 발생
 예) 남성, 여성, 아버지, 아들, 평민, 천민 등

<3> 자본의 불평등한 배분과 사회계층

1) 자본의 불평등에 대한 주요 이론들

카를 마르크스의 사회계급이론	• 생산수단의 소유 여부에 따라 사회계급이 결정된다고 보는 이론 • 생산수단의 소유에 따라 자본가계급과 노동자계급으로 분류 • 자본가계급과 노동자계급 사이에는 지배와 피지배, 착취와 피착취의 불평등이 성립함 • 생산수단의 소유 여부라는 경제적 조건에 따라 각각의 생활양식, 정치적 성향, 정치적 신념, 가치관 등이 결정됨
막스 베버 사회계층이론	• 생산수단의 소유 여부뿐 아니라 재산, 신분, 권력 등의 요인에 의해 사회계층이 결정된다고 보는 이론 • 개인이 가진 권력, 위신, 지식 등 사회적 자원의 소유 정도에 따라 생활 기회가 달라지며 이에 따라 생활의 양식도 변한다고 봄 • 선택할 수 있는 기회와 생활양식의 차이가 계층을 분류하는 중요한 지표가 됨
라이트의 사회계급이론	• 현대 자본주의 체제에서 중요한 투자나 화폐자본에 대한 통제력, 물리적 생산수단에 대한 통제력, 노동력에 대한 통제력 등 세 가지 차원에 대한 통제력의 소유가 계급을 결정한다고 보는 이론 • 자본가는 이 세 가지 차원에 대한 통제력을 가지지만 노동자계급에 속한 사람들은 세 가지 모두에 대해 통제력을 가지지 못하는 것으로 봄
부르디외의 사회계층이론	• 상류계층이 가지는 자본을 생산수단이나 경제적 요소뿐 아니라 정보와 사회적 관계로 확장하여 설명하는 이론 • 사회를 단순한 계층구조가 아닌 다양한 차원의 장으로 이루어진 것으로 가정함 • 사회가 단순하게 피라미드구조를 가지는 계층의 위계구조가 아닌 사람들이 보유한 다양한 자본에 의해 사회 안에서의 위치가 정해진다고 봄

□ 자본의 유형 (P. Bourdieu)

경제자본	즉각적이고 직접적으로 화폐로 전환이 가능하고, 소유권의 형태로 제도화되어 있는 자본 생산에 필요한 요소들(토지, 공장, 노동력 등)과 각종 재화들(자산, 수입, 소유물 등)로 구성됨	
문화자본	가족에 의해 전수되거나 교육체계에 의해 생산되는 자본	체화된 문화자본 : 자연스러운 말투나 태도
		객관화된 문화자본 : 개인이 소유한 책, 미술품 등의 다양한 문화적 재화
		제도화된 문화자본 : 제도적으로 획득할 수 있는 자격증 등
사회(관계)자본	사회생활을 하면서 활용할 수 있는 사회적인 연줄(인맥)을 의미 사회자본을 소유하기 위해서는 관계를 만들고 관리하는 '사교적 노력(모임, 집단적 오락, 클럽에의 가입 등)'이 필요함	

대표 기출 유형

03 <보기>에서 설명하는 부르디외(P. Bourdieu)의 문화자본 유형은?

< 보 기 >

- 테니스의 경기 기술뿐만 아니라 경기 매너도 습득하게 된다.
- 스포츠 활동처럼 몸으로 체득하게 되는 성향을 의미한다.
- 획득하는데 시간이 오래 걸리고 타인에게 양도나 전이 교환이 어렵다.

① 체화된 문화자본
② 객체화된 문화자본
③ 제도화된 문화자본
④ 주체화된 문화자본

정답은 해설지에

3) 계급론과 계층론의 비교

(1) 계급론

계급에 대한 정의	• 생산수단이라는 자본을 둘러싸고 나타나는 위계구조에서 동일한 지위를 차지하는 사람들의 집합체
계급 구분	• 자본가 계급과 노동자 계급으로 구분 • 두 계급 간의 관계는 적대적이며 계급 간 갈등은 불가피함
특징	• 이분법적으로 계급을 구분함 • 계급간의 이동이 불가능하다고 봄 • 동일한 계급 구성원들의 소속감이나 연대의식, 계급의식이 강하다고 봄 • 계급 간 갈등 및 대립을 사회 변혁의 원동력으로 간주함
대표적인 학자	카를 마르크스, 라이트

(2) 계층론

계급에 대한 정의	• 다양한 요인에 의해 공통의 서열을 가지는 사람들의 집합체
계급 구분	• 상층, 중층, 하층으로 구분 • 계층은 이분법적으로 구분되지 않고, 계층은 연속적이며 복합적으로 나타나는 서열 • 계층 사이에 소속감이나 연대의식이 낮다고 봄
특징	• 계층 간의 경계를 불분명한 것으로 봄 • 계층 간의 이동이 가능함
대표적인 학자	막스 베버, 부르디외

4) 사회계층에 대한 관점의 차이

(1) 기능론과 갈등론

① 기능론(절대론)

기본 입장	• 사회를 하나의 유기적 통합 체계로 보고 사회·문화 현상을 이해함 • 계급(계층)과 같은 사회 구성요소들은 사회 전체의 유지와 통합에 필요한 기능을 한다고 봄 • 사회 문제나 갈등은 사회 구성 요소가 제 기능을 제대로 수행하지 못해 발생하는 현상
가치 배분 방식	• 개인의 노력, 능력, 업적 등 사회 전체적으로 합의된 정당한 기준에 의해 가치가 분배됨
계층의 발생원인	• 직업마다 사회적 역할의 중요성과 기여도에 차이가 있고 그에 따라 보상이 차등적으로 주어지므로 사회적 불평등이 발생함
계층의 사회적 기능	• 사회 구성원에게 성취동기를 부여함 • 구성원간의 경쟁을 유도하여 사회적 효율성이 높아짐 • 필요한 능력을 갖춘 인재를 적재적소에 배치할 수 있음
불평등에 대한 입장	• 사회적 불평등은 보편적이고 불가피한 현상 • 사회의 유지와 발전을 위해 불평등은 존재할 필요가 있음

② 갈등론(상대론)

기본 입장	• 사회는 이익을 둘러싸고 대립하는 계급으로 구성됨 • 사회는 사회적 희소가치를 많이 가진 집단과 그렇지 않은 집단이 지배와 피지배 관계를 이루고 있다고 봄 • 사회 구조나 제도는 지배 집단의 기득권을 보호하고 계급을 재생산하기 위한 것임 • 계급 간 갈등은 모든 사회의 본질적인 속성이며, 사회 변동의 원동력이 된다고 봄
가치 배분 방식	• 사회 구성원이 합의한 것이 아니라 기득권 집단이 권력을 유지하기 위해 가치의 배분 정도를 결정함
계층의 발생원인	• 지배 집단이 자신들의 이익에 부합하는 분배구조를 만들어 적용하는 과정에서 사회적 불평등이 발생함
사회적 기능	• 개인의 능력과 무관하게 가치가 배분되기 때문에 피지배계층의 계층 상승을 억제하고 상대적 박탈감을 만들게 됨
불평등에 대한 입장	• 사회적 불평등은 부당하고 해소해야할 현상 • 사회적 불평들을 해소하기 위한 사회 구조의 변혁이 필요함

(2) 사회계층에 관점 대립

기능론	갈등론
• 사회계층의 존재를 희소가치의 분배를 위한 필연적 현상으로 봄 • 개인의 자질과 능력에 따른 가치획득의 과정에 따른 결과라고 여김 • 개인과 사회의 노력을 장려하는 기능을 가진다고 설명함	• 지배층의 기득권 유지를 위한 의도로 봄 • 지배계급의 권력이나 사회적 배경을 유지하는 장치라고 여김 • 계층간의 갈등을 야기하는 기능을 가진다고 설명함

2. 사회계층과 스포츠 참가

Introduction

사회 계층의 분화와 불평등은 스포츠 참가와 향유 방식에도 차이를 만든다. 계층에 따라 스포츠 참가의 차이는 주로 경제력과 여가 시간의 차이에서 비롯된다.

상류 계층은 경제적 여유와 충분한 스포츠 사회화 경험, 그리고 시간적 여유를 갖고 있어 다양한 스포츠 활동에 참여할 수 있다. 반면, 중·하류 계층은 상대적으로 경제적 여유와 여가 시간이 부족해 자신들의 조건에 맞는 스포츠 참가 형태를 선택하게 된다.

학습목표: 각 계층마다 스포츠에 참가하는 형태와 태도가 달라지는 이유를 이해해야 합니다.

베블렌효과
- 가격이 비쌀수록 구입하려는 사람들이 늘어나는 현상.
- 상류층의 사람들이 자신의 부를 과시하기 위해 다른 사람들이 쉽게 구입하지 못하는 고가의 물품을 구입하려 하면서 발생함
- 예) 상류층의 요트와 승마 스포츠

밴드왜건 효과
- 사회 안에 유행하고 있는 상품을 구매하는 현상.
- 유행에 동조함으로써 타인들과의 관계에서 소외되지 않으려는 심리에서 발생함
- 예) 최근 나타나고 있는 골프의 유행

스놉효과
- 특정 제품이나 서비스를 남들과 다르게 보이기 위해 소비하는 현상
- 다른 사람들이 많이 사용하는 것을 피하고, 더 희소한 것에 가치를 두는 소비 경향
- 예) 최근 부유층이 골프보다 승마, 요트 등의 스포츠를 즐기는 현상

<1> 각 계층의 스포츠 참가 유형과 종목

상류층과 중·하류층의 스포츠 참가 형태는 차이가 있다. 상류층은 경제적 여유와 충분한 여가 시간을 가지고 있으며, 유소년기부터 스포츠에 자연스럽게 노출되기 때문에 직접 참여하거나 혹은 직접 참여하지 않더라도 경기장에서 직접 관람하는 것을 선호한다.

반면, 중류층과 하류층은 여가 시간과 경제적 여건이 불안정해 성장기부터 스포츠에 충분히 참여하지 못했을 가능성이 크다. 이들은 상류층에 비해 스포츠에 대한 참여가 소극적이며, 직접 참여보다는 매체를 통한 스포츠 관람을 선호하는 경향이 있다.

1) 계층에 따른 스포츠 참가 차이 (P. Bourdieu)

(1) 사회계층에 따른 참가 유형

상류층	중·하류층
• 자유로운 여가 시간 • 경제적 여유 • 스포츠 사회화 경험 풍부	• 규칙적인 일과 시간 • 경제적 여유 부족 • 스포츠 사회화 경험 부족
• 직접 참여 선호 • 경기장에서의 직접 관람 선호	• 관람을 통한 간접 참여 선호 • 매체를 통한 간접 관람 선호

(2) 사회계층에 따른 참가 종목

상류층	중·하류층
• 경제적 여유 • 비교적 자유로운 일과 시간 • 과시욕	• 경제적 여유 부족 • 규칙 일과 시간 • 부정적 감정의 배출
• 골프, 수영, 승마 등 개인 경기 선호 • 고가의 장비 필요 종목 선호	• 축구, 야구 등 단체 경기 선호 • 권투 등 격렬한 투기 종목 선호

대표 기출 유형

04 스포츠에서의 사회계층에 관한 설명으로 옳지 않은 것은?

① 스포츠라는 사회체계 내에서 계층이 형성되는 것을 의미한다.
② 스포츠는 상이한 계층 간의 사회적 상호작용을 가능하게 한다.
③ 사회계층은 선호하는 스포츠 종목에 영향을 미친다.
④ 사회적 지위가 높을수록 일차적 관람보다 이차적 관람을 선호하는 경향이 있다.

정답은 해설지에

3. 스포츠와 계층 이동

Introduction

계층 이동, 즉 사회 이동은 사회 구조 내에서 개인이나 집단의 지위가 변하는 현상이다. 이는 보편적이고 일반적인 사회현상으로, 스포츠에서도 쉽게 발견된다.

스포츠는 참여자에게 명성과 부를 획득할 기회를 제공하며, 이를 통해 계층을 상승시킬 수 있다. 또한 스포츠를 통해 얻은 가치관과 경험은 다른 사회 제도에서도 성공적인 경력을 쌓는 데 기여할 수 있다.

학습목표
스포츠를 통한 계층이동의 유형들을 실제 사례와 함께 이해해야 합니다.

<1> 스포츠 계층 이동의 분류

사회 안에서 계층 이동은 주로 이동의 방향에 따라 나뉜다. 대표적인 형태는 다음과 같다.

수직 이동: 사회적 지위가 상승하거나 하락하는 경우를 말한다. 예를 들어, 직장에서 승진하여 높은 직급을 얻는 것이나 반대로 직위를 잃는 경우가 이에 해당한다.

수평 이동: 사회적 지위는 변화하지 않지만 동일한 지위 내에서 역할이 변하는 경우를 의미한다. 예를 들어, 다른 부서로의 이동이나 직무 변경 등이 이에 해당한다.

이 외에도 다양한 형태의 계층 이동이 존재하며, 이들 각각은 사회적 위치와 역할의 변화를 반영한다.

계층이동의 특징
- 근대 이후의 사회에서 더 자주 발생함
- 개방적 계층구조를 가진 사회에서 더 빈번하게 나타남
- 농촌 사회에서보다 도시 사회에서 더 빈번하게 나타남
- 사회이동은 사회 구성원의 성취욕구와 사회의 발전, 통합에 긍정적인 역할을 가짐

1) 계층이동의 유형 (A, Giddens)

(1) 수직이동, 수평 이동

- 재산과 소득 등의 증가로 지위가 상승하는 경우
- 후보에서 주전으로, 선수에서 지도자로의 이동

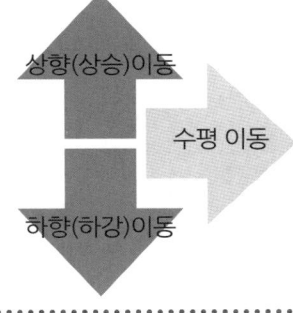

- 계층과 지위의 변화 없이 팀이나 종목이 달라지는 경우
- 체조선수에서 볼링 선수로, 수비수에서 공격수로의 이동

- 재산·소득 등의 감소
- 주전에서 후보, 은퇴 후의 실직 등

스포츠와 계층 이동의 주요 개념
- 수직이동보다는 수평이동의 사례가 많다.
- 스포츠를 통한 사회 이동의 효율성에는 한계가 있다.
- 스포츠를 통한 계층의 이동에 대한 긍정과 부정의 입장이 나뉜다.

(2) 기타의 이동 유형

세대 간 이동	부모와 자식 세대 사이에 발생하는 계층의 변화
세대 내 이동	개인의 생애 내에 발생하는 계층의 변화
개인 이동	개인의 능력과 노력에 의해 개인에게 발생하는 계층의 변화
집단 이동(구조적 이동)	특정한 스포츠 종목 선수들이나 팀 전체의 발생하는 계층의 변화
경선 이동	타인과의 경쟁을 통해 이루어지는 계층이동
후원 이동	타인의 도움으로 인해 이루어지는 계층이동

대표 기출 유형

05 수평적 계층이동에 대한 설명으로 바른 것은?

① A팀에서 B팀으로 동등한 수준으로 트레이드
② 후보선수에서 주전선수로 이동
③ 선수에서 코치나 감독으로 이동
④ 대학팀 선수에서 프로팀 선수로 이동

정답은 해설지에

⟨2⟩ 사회이동 기제로서의 스포츠

스포츠는 사회 계층의 이동을 촉진하는 역할을 한다. Loy와 Leonard 스포츠 사회학자는 다음과 같은 방식으로 스포츠가 사회 계층 이동에 기여한다고 설명한다.

신체적 능력의 향상: 어린 시절 스포츠에 적극적으로 참여한 경험은 성인이 되었을 때 프로 스포츠와 같은 전문 직종에 진입할 수 있는 신체적 능력과 상태를 제공한다.

교육적 성취와 직업적 기회: 스포츠에 조직적으로 참가하면 교육적 성취도가 높아질 수 있으며, 이러한 경험은 다양한 직업적 후원을 받을 기회를 제공한다.

사회적 가치와 행동 발달: 스포츠 참여는 인내, 노력 등의 가치 있는 태도와 행동 방식을 발달시켜 스포츠 참여자의 사회적 상승 이동을 촉진하게 된다.

그러나 어린 시절부터 스포츠에만 집중하여 정상적인 교육이나 다양한 경험을 하지 못한 선수가 부상 등의 이유로 갑자기 은퇴하게 되면, 일반 사회에 적응하지 못하고 계층이 하락하는 경우도 있다.

1) 스포츠와 계층의 이동(J. Loy & G.Leonard)

(1) 스포츠에 의한 계층이동의 발생 원인

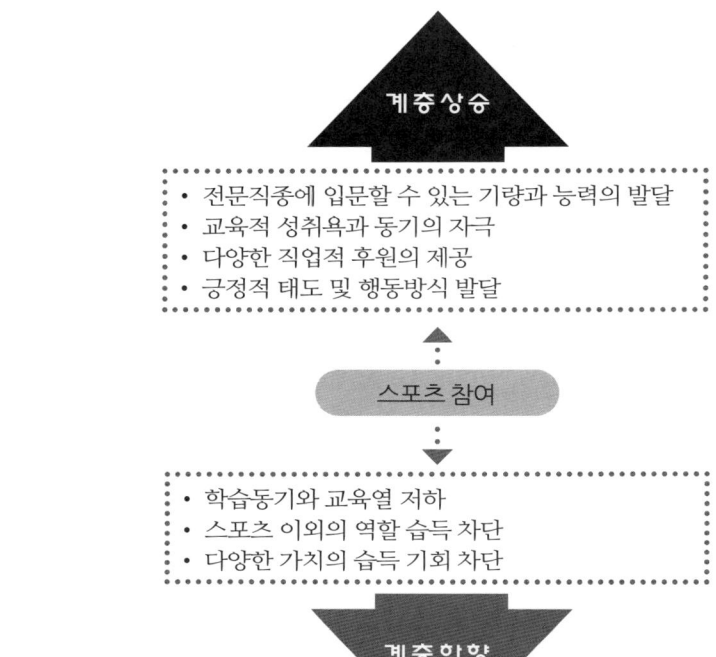

(2) 스포츠에 의한 계층이동에 대한 관점

긍정적 관점	부정적 관점
• 사회성이 발달하며 교육적 성취도 높아짐 • 은퇴 후 직업의 선택에 긍정적인 도움을 받게 됨 • 스포츠 참가는 사회적 지위 상승의 기회	• 과도한 훈련과 대회 참여로 교육의 기회가 차단됨 • 은퇴 후의 생활에 대한 충분한 대비를 하지 못해 일반 사회에의 부적응이 발생함 • 스포츠 참가는 사회적 지위 하락의 계기

대표 기출 유형

06 사회적 상승이동의 매개체로서 스포츠의 역할이 아닌 것은?

① 과도한 성공 신화의 확산
② 교육적 기회 제공 및 성취도 향상
③ 직업적 후원의 다양한 기회 제공
④ 올바른 태도 및 행동 함양

정답은 해설지에

Confirmation
이것만은 꼭!

01 특정한 사회 내에서 개인이나 각각의 집단들이 지위와 권력 등에 의해 구분이 되어 있는 상태를 (　　)이라고 한다.

02

투민(M. Tumin)에 따르면 사회계층의 형성과정은 다음과 같다.

　　(　　　　→　　　　→　　　　→　　　　)

03 부르디외가 분류한 사회계층과 관련을 가진 자본들 중 '지식, 기술, 교육의 정도, 그 사람이 가진 기본적인 소양 등은 (　　), 흔히 인맥이라고 부르는 사회적 인간관계들은 (　　)라고 한다.

04 스포츠 안에서의 계층 이동 중 소득이나 지위에는 큰 변화가 없이 참가하는 종목이나 팀이 달라지는 경우를 (　　)이라고 한다.

05 타인과의 경쟁을 통해 계층이 달라지는 경우를 (　　), 타인의 도움과 지원을 통해 계층이 달라지는 경우를 (　　)이라고 한다.

06 생산수단의 소유를 바탕으로 사회 안에 위계가 나타난다고 보며, 사회 안의 위계를 자본가 계급과 노동자 계급으로 이분화하여 파악하는 이론은 (　　)이다.

07 부유층의 소비자가 대중이 소비하는 제품과 자신을 구별하려는 욕구에서 비롯되며, 특정 제품이 대중에게 인기를 얻으면 부유층의 소비자는 그 제품을 기피하게 되는데 이를 (　　)효과라고 한다.

08 부유층의 사람들이 자신의 부를 과시하기 위해 골프, 승마, 요트와 같은 고가의 스포츠 활동을 하거나 비싼 스포츠 용품을 구매하는 경우가 있는데 이를 (　　)이라고 한다.

정답
1. 사회계급 혹은 사회계층
2. 지위의 분화, 지위의 서열화, 사회적 평가 발생, 보수의 차별 발생
3. 문화자본, 사회자본
4. 수평이동
5. 경선이동, 후원이동
6. 계급론
7. 스놉
8. 베블렌 효과

Previous 단원 기출문제

01 스포츠 참가와 사회계층에 대한 설명이다. 올바르지 않은 것은?

① 스포츠 참가유형은 계급에 따라 달라지며, 상류층은 직접참가, 중·하류층은 주로 간접참가를 하는 경향이 있다.
② 소득과 학력이 높고 직업과 지위가 높은 사람들이 스포츠의 참가비율이 높다.
③ 건강 운동의 경우에는 중류층보다 저소득층, 상류층 사람들이 더 많이 참가한다.
④ 소득수준과 학력수준이 신체활동 참여비율에 영향을 미친다.

건강을 위한 운동의 참여는 시간과 경제적 여유가 전제조건으로 작용한다. 따라서 저소득계층이 건강 운동에 중류층보다 더 많이 참여한다는 진술은 틀린 문장이다.

정답 : ③

02 스포츠 계층의 특성 중 '보편성'의 사례로 적절하지 않은 것은?

① 스포츠는 인기 종목과 비인기 종목으로 구분된다.
② 태권도, 유도는 승단체계에 따라 종목 내 계층이 형성된다.
③ 프로스포츠 태동 이후 운동선수들의 지위가 향상되고 있다.
④ 종합격투기는 체급에 따라 대전료와 중계권료 등에 차등이 있다.

스포츠 계층이란 스포츠 사회에서 나타나는 권력과 소득의 격차로 구분되는 계층을 의미한다. 이런 스포츠 계층은 대부분의 스포츠 종목에서 공통적으로 나타나는데 이를 그런 점에서 '보편성'을 가진다고 할 수 있다. ③의 일부 스포츠 종목이 프로화되면서 선수들의 지위가 전반적으로 상승하는 일은 스포츠에서 나타나는 '집단이동'의 사례이며, 스포츠 계층의 보편성과는 관련이 없는 일이다.

정답 : ③

03 <보기>의 괄호 안에 들어갈 용어는?

< 보 기 >

부르디외(P. Bourdieu)는 생활양식과 같은 사회문화적 요소를 계급결정 요인으로 간주하고 이를 자본의 개념으로 다루었다. 이 개념에 따르면 스포츠는 체화된 (　　)의 한 형태로써 사회의 계층구조에 관여한다.

① 경제자본
② 사회자본
③ 문화자본
④ 소비자본

부르디외에 따르면 스포츠는 개인의 지위를 높여줄 수 있는 소양이나 기술 혹은 지식 등에 포함시킬 수 있으며 이를 문화자본이라고 분류한다.

정답 : ③

04 <보기>를 투민(M. Tumin)의 스포츠계층 형성과정 순서에 따라 바르게 배열한 것은?

< 보 기 >

㉠ 세계적인 테니스 선수는 기업으로부터 많은 후원금을 받고 있다.
㉡ 세계 랭킹에 따라 참가할 수 있는 테니스 대회가 나누어져 있다.
㉢ 테니스는 선수, 코치, 감독, 트레이너 등으로 역할이 구분되어 있다.
㉣ 국제 테니스 대회에서 우승하면 사회적 명성이 높아진다.

① ㉡-㉢-㉠-㉣
② ㉡-㉢-㉣-㉠
③ ㉢-㉡-㉣-㉠
④ ㉢-㉡-㉠-㉣

• 지위의 분화 – 특정한 역할이 사회 안이 다른 역할과 구별됨
• 지위의 서열화 – 개인의 능력과 역할에 따라 각각 다른 지위가 배분됨
• 평가 – 개인이 가진 가치의 유용성에 따라 지위에 순위가 발생함
• 보수부여 – 각각의 지위에 각기 다른 보수가 차별적으로 지급됨

정답 : ③

07강 스포츠 사회학 - 스포츠와 사회화

1. 스포츠 사회화의 의미와 과정

Introduction

사회화는 사회 구성원이 사회의 규범, 가치관, 사회적 기대 등을 학습하면서 이루어지는 과정이다. 인간은 스포츠를 통해서도 사회가 요구하는 긍정적 가치, 태도, 규범, 행동 등을 배우며 자신의 인성과 태도 및 가치관에 변화를 겪게 된다.

이 장에서는 스포츠를 통한 사회화에 영향을 주는 개인적 특성, 주요 타자, 사회화의 상황 등 요인들과 이러한 요인들이 스포츠 사회화 과정에 미치는 구체적인 영향을 학습한다.

학습목표

사회화의 단계는 거의 매년 출제되며 최근에는 사회화가 이루어지는 이유를 설명하는 이론들도 출제되고 있습니다.

<1> 스포츠 사회화의 의미

스포츠 집단 안에서 개인이 스포츠 활동과 다른 구성원과의 상호작용을 통해 집단의 가치관, 신념, 태도 등을 배우는 과정을 스포츠 사회화라고 한다. 스포츠는 참가자에게 사회적 상황, 신념, 태도, 인지적 경험 등을 명시적 또는 묵시적으로 내면화하게 하며, 전체 사회의 지배적 가치를 반영하고 전달하는 역할을 한다.

1) 사회화의 기능과 주요 이론

(1) 사회화의 의미

인간이 사회생활에 필요한 언어와 지식 등을 습득하고, 한 사회의 가치와 규범을 내면화하면서 사회적 존재로 성장해 나가는 과정

사회화의 기능

- 개인적 차원
  언어와 지식, 기술, 행동양식 등을 습득하고, 자아의 정체성과 인성을 형성함
- 사회적 차원
  사회 구성원에게 그 사회의 문화를 전달함으로써 사회의 유지와 존속 및 발전에 기여함

(2) 주요 사회화 이론

이론	내용
사회학습 이론 (Social Learning Theory)	• 반두라(A. Bandura), 레오나르드(W.Leonard II) 등이 발표 • 개인은 타인의 행동을 관찰하고 그 행동의 결과를 통해 사회화를 학습받는다는 이론 • 주요타자(부모, 동료, 미디어 등)에 대한 관찰, 강화와 처벌, 자신의 행동에 따른 인지적 평가와 해석이 사회화에 중요한 역할을 한다고 설명함
역할 이론	• 사회에서 개인이 맡는 특정한 위치나 직책이 존재하며, 개인은 이러한 역할을 내면화하거나 역할 간의 갈등을 경험하며 사회적 존재가 됨
준거집단 이론	• 사람이 어떤 판단이나 행동을 할 때 자신이 속한 집단과 그 구성원들의 가치기준과 규범을 표준으로 삼아 사회화가 진전된다는 이론 • 사회화를 개인과 그 개인이 준거로 삼는 다양한 주요타자(준거집단)와의 상호작용에 의하여 이루어지는 것으로 봄 • 준거집단의 유형을 가족, 친구와 같은 1차집단, 직장동료와 같은 2차집단, 사회적 규범을 제공하는 규범집단(기준집단) 등으로 구분
사회갈등 이론	• 사회 안에 희소하게 존재하는 경제적 자원, 정치적 권력, 사회적 지위 등의 불평등이 계급(계층) 사이에 갈등을 일으킨다는 이론 • 갈등은 기존의 사회 구조와 규범을 도전하고, 새로운 사회적 질서를 형성하면서 사회 변화의 주요 원동력이라고 설명

대표 기출 유형

01 스포츠사회화 이론에 대한 설명으로 옳은 것은?

① 사회학습이론은 비판이론의 관점을 바탕으로 개인의 복잡한 사회학습과정을 설명한다.
② 사회학습이론에서는 스포츠 역할의 학습을 이해하기 위해 강화, 코칭, 보상의 개념을 활용한다.
③ 역할이론은 사회를 갈등과 대립의 장으로 보고, 개인은 그 속에서 타인과 상호작용을 통해 갈등해결의 역할을 배워간다고 가정한다.
④ 준거집단이론에서 준거집단은 규범집단, 비교집단, 청중집단 등으로 구성된다.

정답은 해설지에

2) 사회와 스포츠의 관계에 대한 주요 관점

(1) 구조기능주의 이론

특징	• 사회를 하나의 유기적 통합체계로 보고 사회와 문화현상을 이해하는 관점 • 사회의 구성요소 중 하나인 스포츠를 통해 체력, 정신력, 자제력 등을 배우게 됨 • 그런 점에서 스포츠는 사회 전체의 유지와 통합에 필요한 기능을 담당하며, 다른 사회요소와 상호 의존관계를 가지는 것으로 이해함
사례	• 스포츠 경기를 관람하며 인내와 끈기라는 긍정적인 가치를 익힐 뿐 아니라 스포츠경기에서 발생하는 폭력적인 행위를 보면서도 규범을 지켜야 한다는 의식이 강화될 수 있음

(2) 갈등 이론

특징	• 돈, 재산, 권력과 같은 사회적 희소가치를 많이 가진 집단과 그렇지 못한 집단이 지배와 피지배 관계를 이루고 있는 것을 전제로 함 • 스포츠가 국민의 정치적 관심을 분산시킴으로써 지배계층의 기득권을 보호하고 피지배계층을 착취하면서 계급을 재생산하는데 기여하는 것으로 이해함 • 스포츠에서 나타나는 상업주의는 승리지상주의, 폭력과 도박의 유발 등 계층 간의 갈등을 심화시킨다고 설명함
사례	• 역사적으로 부당하게 권력을 차지한 지배계층들은 스포츠를 활용하여 피지배계층의 관심을 정치로부터 멀어지게 하는 우민화 정책을 펼쳤음

(3) 비판 이론

특징	• 인간의 사회생활을 정치적 권력의 생성과 획득에 초점을 두어 설명하는 관점 • 스포츠를 포함한 인간의 모든 활동을 정치적인 투쟁으로 이해함 • 정치권력과의 관계에 의해 스포츠 안에서 계층, 인종, 성 등에 불평등이 발생하고 강화된다고 봄
사례	• 스포츠세계에서 백인들이 흑인에 비해 더 높은 지위와 권력을 보장 받는 관례로 인해 불평등과 갈등이 발생함

(4) 상징적 상호작용론

특징	• 개인과 사회 간의 상호작용을 이해하는 데 중점을 두는 사회학 이론 개인이 사회적 상호작용을 통해 의미를 형성하고, 그 의미가 행동을 조정하며 사회적 현실을 구성한다고 설명함 • 상호작용을 통해 사람들은 서로의 기대와 규범을 이해하고, 이에 따라 행동함 • 다른 사람들과의 상호작용을 통해 자기관념이 발달하며, 개인은 타인의 평가와 반응을 통해 자신의 정체성을 인식함 • 사회적 역할이 개인의 행동에 큰 영향을 미치며, 개인은 사회적 역할을 수행하면서 사회적 기대에 부응하고, 자신의 정체성을 형성하고 표현함
사례	• 팀 스포츠에서 선수들은 팀의 문화와 상징적 의미를 통해 소속감을 느끼고, 경기 중 상호작용을 통해 자신의 역할을 조정하며 참가함

---

02 <보기>에서 설명하는 이론은?

<보기>
- 지배계급은 피지배계급을 억압하고 착취한다.
- 재화의 불평등한 분배는 사회의 본질적 속성이다.
- 스포츠는 일부 지배계급에 의해 그들의 이익을 증대시키는 데 이용된다.

① 갈등 이론
② 비판 이론
③ 상징적 상호작용론
④ 구조기능주의 이론

정답은 해설지에

3) 스포츠와 사회화

(1) 스포츠 사회화의 요소

개인적 특성	성별·연령·출생 서열·사회적 지위·경제적 지위 등 스포츠 참여나 역할 학습에 영향을 미치는 특성
주요 타자(준거집단)	가족·동료집단·코치·교사·지역사회·대중매체 등 개인의 가치관의 형성에 결정적인 역할을 하는 요소들
사회적 상황	스포츠 집단의 구조, 개인의 지위, 참여의 자발성 등 사회화에 영향을 미치는 주변 상황

(2) 스포츠 사회화의 학습 방법

강화	보상과 처벌을 통한 학습
코칭	사회화 주관자나 지도자에 의해 새로운 지식을 습득함
관찰 학습(모델링)	다른 사람의 행동을 관찰하여 사회적 역할을 습득하는 일

사회화 과정에서의 보상
- 보상 : 사회가 요구하는 좋은 행동을 하면 보상을 받음
  예) 호수에 빠진 사람을 구하기 위해 물에 뛰어든 청년에게 감사패 수여

사회화 과정에서의 제재
- 제재 : 어떤 사람의 역할 행동이 사회적 기대에 부응하지 못했을 때 제재를 받음
  예) 범죄를 저지른 사람이 징역과 같은 처벌을 받는 것

〈2〉 스포츠 사회화 과정

스포츠 사회화 과정은 네 가지 단계로 나눌 수 있다:

1. 스포츠로의 사회화: 개인이 자신이 가치 기준으로 삼는 준거집단의 영향을 받아 스포츠에 참가하게 되는 과정이다.

2. 스포츠를 통한 사회화: 스포츠를 통해 페어플레이, 스포츠맨십, 용기, 노력, 공정성 등의 가치를 학습하게 되며, 이들 가치가 스포츠를 넘어 다른 사회 영역으로 확산되어 도덕성의 함양으로 이어진다.

3. 스포츠로부터의 탈사회화: 여러 요인으로 인해 스포츠 활동을 중단하거나 은퇴하는 과정이다.

4. 스포츠로의 재사회화: 스포츠에서 멀어졌던 개인이 다시 스포츠 활동에 참여하는 과정으로, 일반적으로 긍정적으로 인식된다.

□ 스포츠 사회화의 과정

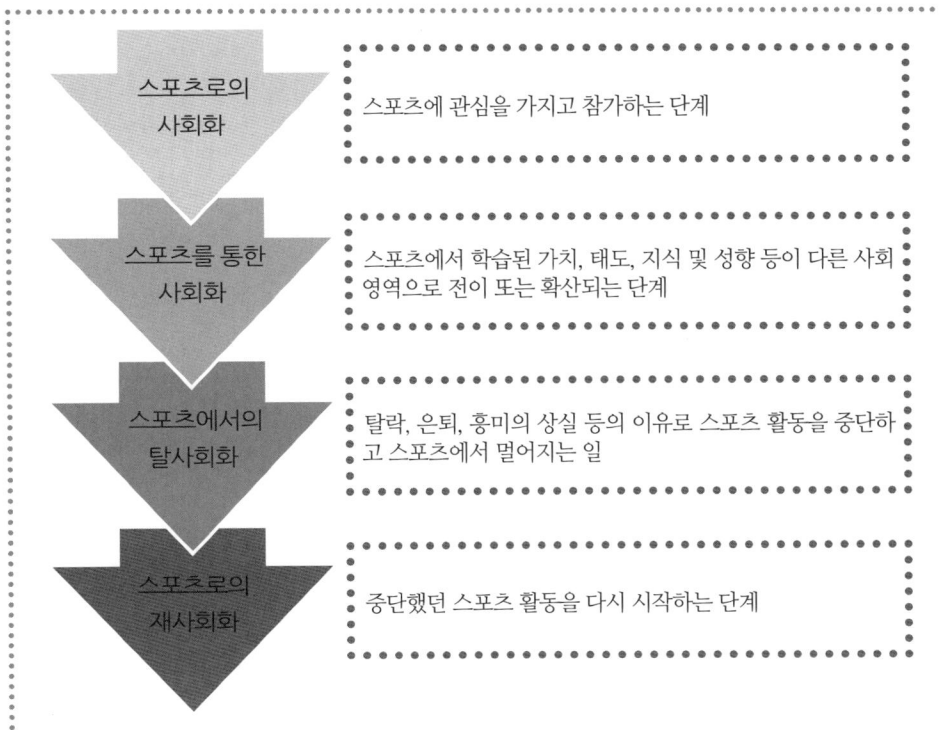

스포츠로의 사회화: 스포츠에 관심을 가지고 참가하는 단계

스포츠를 통한 사회화: 스포츠에서 학습된 가치, 태도, 지식 및 성향 등이 다른 사회 영역으로 전이 또는 확산되는 단계

스포츠에서의 탈사회화: 탈락, 은퇴, 흥미의 상실 등의 이유로 스포츠 활동을 중단하고 스포츠에서 멀어지는 일

스포츠로의 재사회화: 중단했던 스포츠 활동을 다시 시작하는 단계

대표 기출 유형

03 〈보기〉에서 설명하는 사회학습이론의 구성요소는?

〈보기〉
상과 벌은 행동의 학습과 수행에 긍정적·부정적 영향을 미친다. 스포츠 현장에서 스포츠에 내재된 가치, 태도, 규범에 그릇된 행위는 벌을 통해 중단되거나 회피된다.

① 강화
② 코칭
③ 관찰학습
④ 역할학습

정답은 해설지에

2 스포츠로의 사회화와 스포츠를 통한 사회화

Introduction

스포츠에서의 사회화는 각 개인의 특성과 조건에 따라 다르게 이루어진다. 스포츠 활동을 통해 개인은 바람직한 태도, 가치, 행동 방식을 습득하게 된다. 이런 습득한 태도와 가치는 사회의 다른 영역에서도 실천하고 전파하게 된다.

또한, 스포츠 참여는 사회화 담당자나 관련 기관의 영향으로 이루어지는 경우가 많다. 스포츠에 대한 흥미를 제공하고, 긍정적인 태도와 행동 방식을 심어주는 역할을 한다.

학습목표
스포츠사회화의 과정에 영향을 주는 구체적인 요인들 출제됩니다.

<1> 스포츠로의 사회화

사람들은 쾌감, 보상, 주변의 인정, 자신의 정체성 확인 등 여러 이유로 스포츠에 참여하게 된다. 이렇게 스포츠에 참여함으로써 스포츠가 제공하는 바람직한 가치관과 덕목을 습득하게 되는데, 이를 스포츠로의 사회화 또는 스포츠에의 개입이라고 한다.

스포츠에 참여하는 사람들의 참여 형태와 수준, 성향 등은 개인차가 있으며, 이러한 차이는 사회화 주관자(주요 타자) 또는 준거집단의 역할에 따라 달라질 수 있다. 이로 인해 개인의 스포츠 사회화 정도는 각자의 조건과 환경에 따라 다르게 이루어진다.

1) 사회화의 영향 요인

(1) 스포츠 참가 동기에 영향을 주는 요인

사회·경제적 지위	사회적 경제적 지위가 높을수록 스포츠 참가 동기가 강함
사회화 주관자의 권위	사회화 주관자의 권위가 높을수록 그 영향을 받은 사람의 스포츠 참가동기가 강해짐
참가 기회에 대한 인식	스포츠 참가를 긍정적인 혜택으로 여기는 사람의 참가 동기가 강함

(2) 스포츠 참여를 증진시키는 요인

즐거움 (쾌감)	스포츠 활동 자체로 얻게 되는 내적 만족감과 즐거움을 위해 참여함
사회적 인정과 결속감	주요 타자로부터의 인정을 받거나 다른 사람과의 관계를 증진하고 결속감을 유지하기 위해 참여함
외적 보상	상금 획득·건강 증진 등 외적 보상에 대한 기대로 참여함
불안감	스포츠에 참여하지 않았을 때 생길 수 있는 처벌과 제재를 피하기 위해 참여함
개인의 정체성 확인	스포츠를 통해 부여받은 사회적 지위와 역할을 유지하기 위해 참여함

스포츠에 쉽게 참여하는 경우
- 사회·경제적으로 높은 계층 출신인 경우
- 성취동기가 높은 부모를 둔 경우
- 독립심을 강조하는 민주적·관용적인 부모를 둔 경우
- 스포츠에 참가하는 친구를 둔 경우

2) 준거집단과 사회화 (G. Almond & L. Katz의 준거집단 이론)

(1) 스포츠 사회화의 주요 타자

가족	• 가장 중요한 역할을 담당함 • 가족 구성원과의 상호 작용을 통해 언어, 예절 및 의식주 습관 등 기본적인 생활양식을 습득함
동료집단(친구집단)	• 또래집단과의 상호 작용을 통해 집단생활에 필요한 규칙, 질서 의식 등을 배움 • 경쟁심, 성취욕 등의 발달에 영향을 줌 • 청소년기에 가장 큰 영향을 미치는 사회화 주관자
학교	• 청소년기에 지속적이고 체계적인 교육을 담당하는 공식적인 사회화 기관 • 전문 지식과 기술을 습득하고, 교사와 친구 등과 다양한 사회적 관계를 경험하면서 집단 생활에 필요한 규칙과 질서를 배움
직장 및 지역 사회	• 성인기에 다양한 스포츠 활동 기회를 제공함 • 직업 활동을 위한 지식, 가치, 태도 등을 익히는 기관 • 직장에서의 업무나 지위의 빈번한 변화를 통해 지속적인 재사회화가 이루어짐
매스컴	• 간접 경험과 지식을 제공함 • 사회 구성원의 전생애에 걸쳐 새로운 정보를 제공하고 변화된 삶의 방식을 소개함 • 현대사회에서 그 중요성이 더욱 커지고 있음

(2) 사회화의 내용에 따른 분류

1차적 사회화 기관	• 유아기와 아동기 시절에 언어나 기초 생활 방식 등 기초적인 수준의 초기 사회화를 담당하는 기관 예) 가족, 또래 집단
2차적 사회화 기관	• 아동기 이후에 체계적인 교육이나 훈련을 통해 전문적인 지식과 가치규범 등을 사회화 하는 기관 예) 학교, 직장, 대중매체 등

(3) 형성목적에 따른 분류

공식적 사회화 기관	• 사회화 자체를 목적으로 형성된 기관 예) 학교, 연수원, 직업 훈련원 등
비공식적 사회화 기관	• 사회화 자체를 위해 형성되지는 않았지만 사회화에 영향을 주는 기관 예) 가족, 또래집단, 직장, 대중매체 등

3) 사회화의 단계 (역할 사회화 이론)

1. 예상단계	• 개인이 특정 역할을 수행할 것이라고 예상하거나 준비하는 과정 • 역할에 대한 막연한 열망과 기대감을 가짐
2. 공식적 단계	• 개인이 실제로 사회적 역할을 수행하기 시작하는 단계 • 공식적인 훈련과 교육이 이루어지며, 개인은 사회적 기대와 규범을 학습함
3. 비공식적 단계	• 개인이 비공식적인 사회적 상호작용을 통해 역할에 대해 보다 깊은 이해를 가지고 사회 규범을 내면화함
4. 개인적 단계	• 개인이 자신만의 방식으로 역할을 수행하고, 자신의 정체성을 형성하는 과정

대표 기출 유형

04 청소년기에 가장 영향력이 큰 사회화 주관자는?

① 가족
② 지역사회
③ 대중매체
④ 또래집단

정답은 해설지에

스포츠를 통한 사회화의 의미
- 스포츠를 통해 스포츠맨십이나 페어플레이 정신을 가지는 것
- 스포츠맨십과 페어플레이 정신을 확장하여 민주 시민 정신, 도덕성, 협동심, 인내심 등의 사회성을 배양하게 됨

스포츠를 통한 사회화의 영향요인
스포츠를 통한 사회화는 참가자의 참가의 이유・정도・수준이나 스포츠에 참가하면서 어떤 역할을 경험했는가와 같은 여러 요인의 영향을 받으며 진행되는데 그 영향에 따라 사회화의 결과가 달라진다.

스포츠를 통한 사회화의 결과
스포츠에 참여함으로써 민주시민 정신, 도덕적 인성, 적응, 기존 권위의 존중, 규율, 수양, 승리의 쟁취와 패자에 대한 너그러움 등과 같은 바람직한 인성이 배양된다.

〈2〉 스포츠를 통한 사회화

개인은 스포츠 활동을 통해 사회가 요구하는 긍정적인 가치와 태도, 규범, 행동 양식 등을 배울 수 있다. 스포츠를 통해 사회가 공유하는 지배적인 가치와 태도, 규범 등을 학습하고 내면화함으로써 인성을 발전시키는 과정을 경험하게 된다.

이렇게 건전한 가치관을 습득한 개인은 이를 일상생활에서도 실천하게 되며, 이러한 현상을 스포츠를 통한 사회화라고 한다.

1) 스포츠를 통한 긍정적 태도의 형성

(1) 스포츠를 통한 태도형성단계(심리사회적 적응 이론)

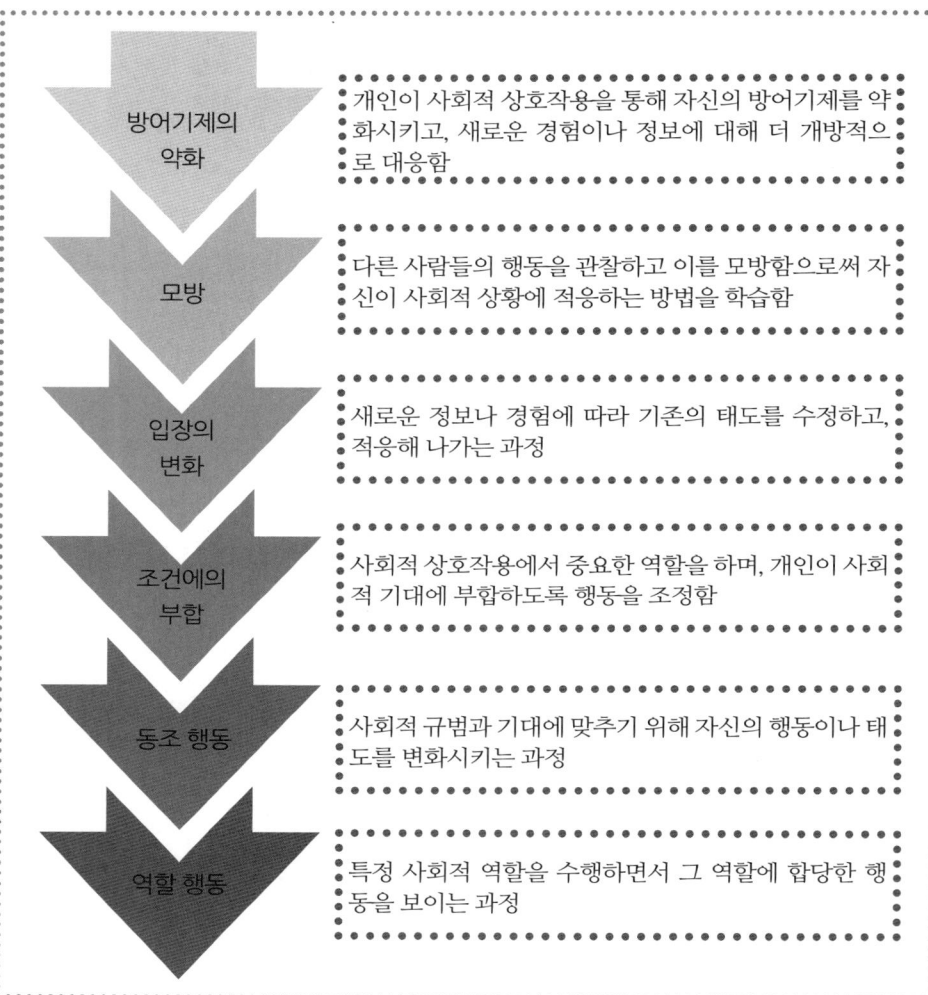

□ 스포츠를 통한 사회화와 전이의 변인 (E. Snyder)

참여의 정도	빈도, 강도, 지속성 등이 높을수록 전이가 쉽게 일어남
참여의 자발성	스포츠 참여의 이유가 자발적인 경우에 전이성이 높음
조직 내의 사회적 관계	조직 구성원 간의 관계가 인간적일 때 전이가 쉽게 일어남
사회화 주관자의 위신	사회화 주관자의 위력이 클수록 전이가 잘 일어남
개인・사회적 특성	개인의 능력과 능력에 대한 인식 정도, 계층, 인종 등도 영향을 줌

대표 기출 유형

05 다음 중 스포츠 장면에서 학습된 기능, 특성, 가치, 태도, 지식 및 성향 등이 다른 사회 현상으로 전이 또는 일반화되는 과정을 뜻하는 것은?

① 스포츠로의 사회화
② 스포츠로의 재사회화
③ 스포츠에서의 탈사회화
④ 스포츠를 통한 사회화

정답은 해설지에

(2) 스포츠를 통한 태도의 형성에 영향을 주는 참가의 형태 (G. Kenyon)

행동적 참가	신체 활동을 수반하는 게임이나 스포츠에 참가하는 일
인지적 참가	학교 수업, 매스컴, 동료와의 대화 등을 통해 스포츠에 관한 정보를 수용하는 일
정의적 참가	선수와 팀 또는 경기 상황에 대하여 감정적 태도나 성향을 표출하는 일

2) 스포츠 사회화에 따른 참가자의 성향

(1) 스포츠 참가자가 추구하는 가치의 유형

공정성	스포츠맨십과 페어플레이 정신을 중요하게 여김
기능과 기술	멋진 운동 동작과 기술의 구현을 중요하게 여김
승리와 업적	경쟁을 통한 성취와 보상을 중요하게 여김

(2) 스포츠 참가자가 추구하는 목적의 유형

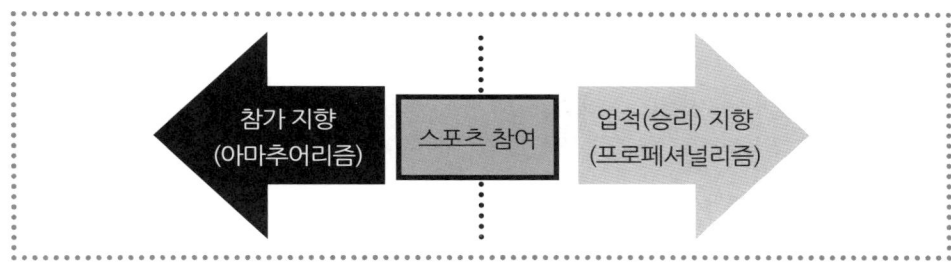

대표 기출 유형

06 스포츠 사회화의 전이에 대한 설명이 바르지 않은 것은?

① 참가자와 지도자의 상호작용이 수단적일수록 긍정적으로 전이된다.
② 자발적 참가자가 비자발적 참가자보다 역할수행 능력의 전이효과가 크다.
③ 사회화 주관자의 위력이 클 때 스포츠참가자의 역할 수행 능력의 전이효과가 크다.
④ 스포츠활동 참가의 빈도, 강도, 기간에 따라 역할의 전이성이 달라진다.

정답은 해설지에

3. 스포츠 탈사회화와 재사회화

학습목표
스포츠에 참여하던 사람이 스포츠를 그만두었을 때 발생하는 현상과 다시 스포츠에 참여하게 되는 사례들을 이해해야 합니다.

Introduction

스포츠 참여의 계기와 시점은 개인마다 다르며, 모든 사람이 스포츠 활동을 지속하는 것도 아니다. 부상, 경제적 상황, 은퇴 등의 이유로 스포츠 참여가 중단될 수 있는데, 이러한 경우를 스포츠로부터의 탈사회화라고 한다.

스포츠로부터 이탈했던 개인은 특정한 계기에 의해 다시 스포츠 활동에 복귀할 수 있으며, 이를 스포츠로의 재사회화라고 한다. 이런 현상은 스포츠 전반에서 보편적으로 나타난다.

〈1〉 스포츠로부터의 탈사회화

스포츠 탈사회화는 부상이나 해임 등의 갑작스러운 이유로 발생할 수 있지만, 미리 은퇴를 준비하고 일반 사회로의 복귀를 위한 충분한 준비와 적응 기간을 가진 후에도 나타날 수 있다.

급작스러운 스포츠 탈사회화는 선수에게 심한 스트레스를 주고 사회 적응에 어려움을 겪게 할 수 있다. 반면, 자의적이고 계획적으로 이루어지는 스포츠 탈사회화는 새로운 생활에 대한 기대와 만족이 높아, 일반적으로 순조롭게 현실에 적응할 수 있다.

□ 스포츠로부터의 탈사회화와 사회적응

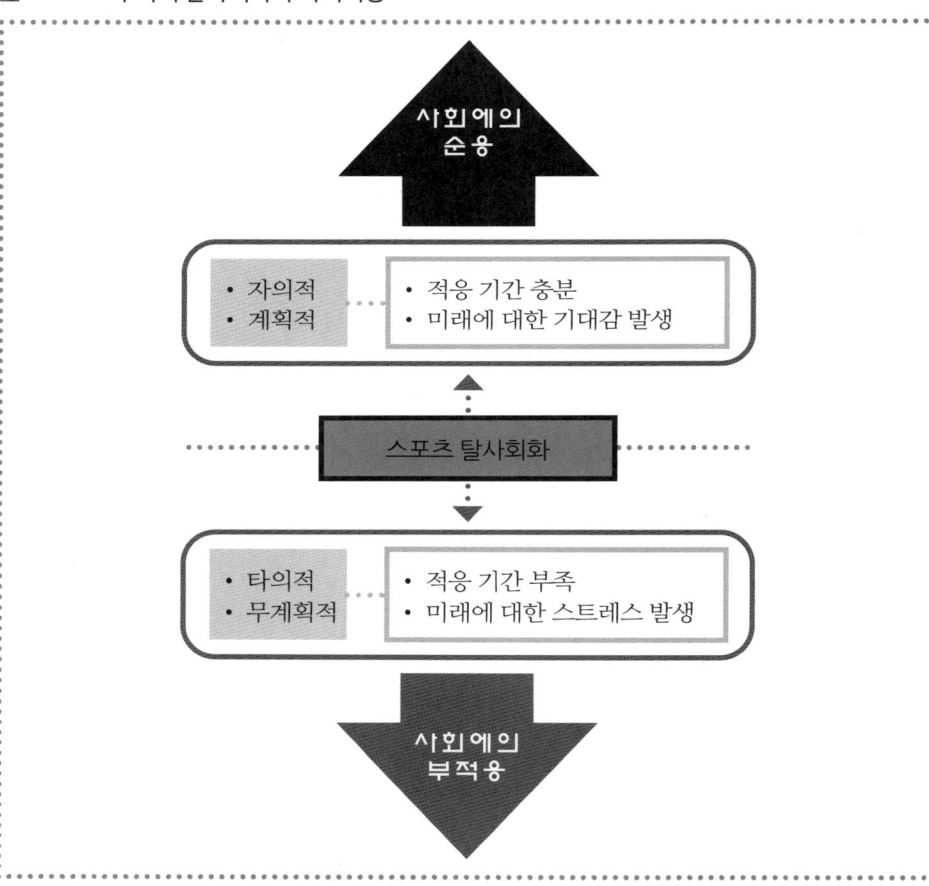

□ 스포츠로부터의 탈사회화에 영향을 미치는 요인

- 개인적 특성 – 성, 연령, 교육의 정도, 정서, 사회화의 정도 등
- 사회적 요인 – 사회적 환경, 인간 관계 등
- 새로운 역할 사회화의 기회 – 다른 직업군으로의 취업, 다른 사회적 역할 수행의 기회 등

대표 기출 유형

07 스포츠 탈사회화에 대한 설명으로 바르지 않은 것은?

① 장년기에는 경쟁적 스포츠 활동에서의 이탈현상이 두드러진다.
② 계획에 의한 자의적 탈사회화는 현실적응에 무리가 없다.
③ 타의적인 탈사회화는 사회적응에 문제가 되지 않는다.
④ 청년기는 다른 활동을 위해 스포츠를 중단하는 경우가 발생한다.

정답은 해설지에

<2> 스포츠로의 재사회화

스포츠 참가를 중단한 후 새로운 종목에 관심을 가지거나 다른 팀에 재입단하여 스포츠 활동을 다시 시작하는 경우를 재사회화라고 한다. 이 과정에서 참가자는 새로운 환경에 적응하기 위해 새로운 스포츠 기술과 기능을 배우고, 새로운 가치관을 습득하며 스포츠로의 사회화 과정을 다시 경험하게 된다.

스포츠 재사회화는 다양한 형태로 나타날 수 있다. 예를 들어, 프로팀 소속 선수가 은퇴 후 스포츠와 무관한 직업을 가지면서 생활체육 동호인들과 스포츠를 즐기는 경우도 있다. 이러한 재사회화 과정에서 수직적·수평적 계층 이동이 발생하기도 하지만, 대부분의 선수들은 하향 이동이 아닌 경우 스포츠 재사회화 과정을 긍정적으로 여긴다.

□ 스포츠 재사회화의 유형

- 동일 종목으로의 재사회화 – 은퇴 후 같은 종목으로 복귀
- 다른 종목으로의 재사회화 – 은퇴 후 다른 종목으로 복귀
- 스포츠 내의 다른 지위로의 재사회화 – 은퇴 후 지도자로 복귀

재사회화
사회의 변동이나 개인의 환경 변화에 적응하기 위해 새로운 지식이나 가치, 행동 양식 등을 습득하는 과정
예) 정보 사회에 적응하기 위한 노인들의 컴퓨터 교육, 우리나라에 사는 외국인 이주민의 한국어 학습 등

대표 기출 유형

08 스포츠 재사회화에 대한 설명으로 바른 것은?

① 친구들과 처음 스키캠프에 참가
② 선수생활 중단 5년 후 스포츠클럽 지도자로 활동
③ 경기 중 부상으로 운동선수생활 은퇴
④ 건강을 위해 처음 수영강습에 참가

정답은 해설지에

Confirmation
이것만은 꼭!

01 스포츠 사회화에 영향을 주는 주요 변인은 (　　　,　　　,　　　)이다.

02 스포츠 사회화의 과정은 다음의 순서로 이루어진다. (　　　→　　　→　　　→　　　)

03 스포츠 사회화 과정 중 스포츠를 통해 학습된 긍정적 가치관과 태도가 일반 사회의 영역에서도 발현되는 일을 (　　　)라고 한다.

04 준거집단이론에서는 가정, 또래친구, 학교, 직장, 매스컴 등 인간의 스포츠 사회화에 영향을 주는 주요 요인들을 준거집단 혹은 (　　　)라고 한다.

05 역할 사회화 이론에서는 특정한 역할이 사회화 되는 단계 중 자신의 정체성과 자신의 역할을 일치시키고 자신에 대한 타인의 기대감에 영향을 주는 단계를 (　　　)라고 한다.

06 Bandura는 사회학습이론에서 (　　　)이/가 학습의 중요한 요소라고 강조했다. 이는 행동을 관찰한 후 그 행동을 실제로 수행하는 과정을 말한다.

정답

1. 개인적 특성, 주요타자, 사회적 상황
2. 스포츠로의 사회화, 스포츠를 통한 사회화, 스포츠에서의 탈사회화, 스포츠로의 재사회화
3. 스포츠를 통한 사회화
4. 주요타자
5. 개인적 단계
6. 모방

Previous 단원 기출문제

01 <보기>의 ㉠과 ㉡에서 설명하는 사회화 과정은?

< 보 기 >

㉠ 중학생 고영주는 학교스포츠클럽에 참가하면서 교우관계가 원만해졌다.

㉡ 프로야구 강동훈 선수는 부상으로 은퇴한 후, 해설가로 활동하면서 사회인 야구의 감독을 맡고 있다.

① ㉠스포츠로의 사회화, ㉡스포츠를 통한 사회화
② ㉠스포츠를 통한 사회화, ㉡스포츠로의 재사회화
③ ㉠스포츠로의 재사회화, ㉡스포츠로부터의 탈사회화
④ ㉠스포츠로부터의 탈사회화, ㉡스포츠로의 사회화

스포츠 활동을 통해 스포츠의 긍정적 가치를 습득하고 사회 구성원으로서의 사회성이 강화되는 것을 '스포츠를 통한 사회화'라고 하며, 부상, 은퇴 등의 이유로 스포츠 활동을 중단했던 사람이 다시 스포츠에 참여하는 것을 '스포츠 재사회화'라고 한다.

정답 : ②

02 다음 중 스포츠 사회화에 영향을 미치는 요인을 바르게 설명한 것은?

① 스포츠 사회화는 지역적 특성, 전통 등과 깊은 관계가 있다.
② 동일한 국가의 사회화 상황은 일정한 형태로 발생하는 특성이 있다.
③ 스포츠 사회화는 사회적, 문화적 전통과 관계없이 발생한다.
④ 스포츠 사회화는 해당 사회의 자연환경에 의하여 영향을 받는다.

스포츠 사회화는 그 전통, 문화 등 그 사회의 특수성과 깊은 관련을 가진다.

정답 : ①

03 <보기>에서 설명하고 있는 레오나르드(W.Leonard Ⅱ)의 스포츠 사회화 이론은?

< 보 기 >

- A고교 농구 감독은 팀 훈련 과정에서 학생 선수들의 운동 수행 능력을 향상시키기 위하여 상과 벌을 활용한다.
- B선수는 다른 팀 선수가 독특한 타격 자세로 최다 안타상을 획득하자 그 선수의 타격 자세를 관찰하여 자신만의 것으로 발전시켰다.

① 사회학습이론
② 역할이론
③ 준거집단이론
④ 근거이론

<보기>는 개인이 관찰학습, 보상과 처벌, 코칭, 사회화 주관자의 가르침 등을 통해 사회적 행동을 습득하고 그 행동을 수행하게 된다는 사회학습이론에 대한 설명이다.

- 역할이론 : 개인이 사회 속에서 사회적 역할과 행동양식을 습득하는 과정을 설명하는 이론이다.
- 준거집단이론 : 개인이 특정한 집단이나 타인의 행동과 태도를 판단의 기준으로 삼으며 사회적 역할을 학습한다는 이론이다.

정답 : ①

04 <보기>에서 설명하는 케년(G. Kenyon)의 스포츠 참가유형은?

< 보 기 >

- 스포츠 상황 내에서 다양한 지위와 규범을 이행함으로써 스포츠에 실질적으로 참가하는 형태
- 생활체육 동호인, 선수, 감독, 심판, 해설자로 활동

① 행동적 참가
② 인지적 참가
③ 정의적 참가
④ 조직적 참가

케년은 스포츠 활동을 통해 사회화에 필요한 긍정적인 태도를 배울 수 있다고 보았다. 그리고 구성원이 스포츠에 참여하는 형태를 행동적 참가, 인지적 참가, 정의적 참가로 나누어 설명했는데 그 중 보기의 내용은 행동적 참가에 해당한다.

- 행동적 참가 : 신체활동을 통해 참가하는 일
- 인지적 참가 : 스포츠에 대한 지식을 쌓는 일
- 정의적 참가 : 선수나 팀 등에 좋음, 나쁨과 같은 감정적인 성향을 가지는 일

정답 : ①

08강 스포츠 사회학 - 스포츠와 일탈

1. 스포츠 일탈의 이해

학습목표
머튼의 일탈이론이 빈출했으며 최근에는 여러 일탈이론들을 구분하는 난이도 있는 문제가 출제되고 있습니다.

Introduction

사회에서 일반적으로 받아들여지는 규범에서 벗어난 행동을 일탈이라고 한다.

스포츠에 참가하는 사람은 승리에 대한 압력과 동시에 경기의 규칙과 스포츠맨십 등의 규범을 엄격히 지켜야 하는 모순된 상황에 놓인다. 이 불균형은 스포츠 참가자에게 갈등을 일으키며, 이 갈등이 일탈 행위의 원인이 된다.

<1> 스포츠 일탈 이론

스포츠에서 이루어지는 모든 행위는 사회가 승인하는 가치와 규범, 법률을 따라야 하며, 동시에 스포츠 자체의 규범도 지켜야 한다. 이런 기준에서 벗어난 행위를 일탈 행위라고 한다. 일반적으로 스포츠에서의 일탈을 논할 때는 해당 행위가 스포츠맨십과 같은 스포츠 규범뿐만 아니라, 사회의 제도와 법률에도 어긋나는지를 기준으로 판단하는 경우가 많다.

1) 스포츠 일탈의 원인과 유형

일탈의 상대성
- 일탈 행동에 대한 기준이 시대에 따라 달라짐
- 사회적 상황, 장소 등에 따라 일탈 행동이 상대적으로 규정됨

(1) 스포츠 일탈의 원인

모순된 가치 지향	페어플레이 정신의 추구와 승리의 추구라는 모순된 가치가 대립함
보상에 대한 욕망	상금과 같은 큰 보상 때문에 스포츠 규범을 어기고 싶은 갈등이 발생함
역할 갈등	승리를 강요받는 학생 선수처럼 일반사회 내에서의 역할과 스포츠팀 안에서의 역할이 이질적일 때 갈등이 발생함

(2) 스포츠 일탈의 유형(과소동조와 과잉동조)

과소동조	과잉동조
• 부정적 일탈 • 규범의 존재를 모르거나 무시하여 발생함 • 도핑, 승부조작, 폭력 등	• 긍정적 일탈 • 규범에 대한 무비판적인 추종과 한계에 대한 인식 부족으로 발생함 • 운동 중독, 승리를 위한 거친 파울행위 등

(3) 스포츠 일탈의 행동유형(R. Merton)

동조	승리라는 목표와 함께 일탈행위에 해당하는 수단까지도 모두 수용하며 스포츠에 참여하는 행위
반항(반역)	기존의 스포츠 룰에서는 허용되지 않던 새로운 대회나 단체를 만들어 스포츠에 참여하는 일
개혁(혁신)	자신이 속한 스포츠 단체나 대회에 참여하지만 그 안에서 기존의 사회제도를 바꾸려는 행위
의례주의	기존의 규범 안에서 스포츠에 참여하는 행위
도피	성취 목표와 용인되는 수단을 모두 부정하고 스포츠 참여 자체를 포기하는 행위

대표 기출 유형

01 다음 중 일탈의 원인으로 알맞지 않은 것은?

① 스포츠 활동이 지향하는 모순적 가치
② 승리에의 무의지
③ 선수로서의 역할과 다른 사회적 역할 사이에서의 갈등
④ 주변의 역할 기대 간의 불일치

정답은 해설지에

2) 일탈에 대한 이론

(1) 아노미 이론

특징	• 일탈의 원인을 구성원의 욕구를 충족할 수 있는 사회적 규범이 마련되지 않아서 발생한다고 설명하는 이론
한계	• 일탈이 발생하는 구체적인 상황이나 맥락을 간과하고 개인간의 상호작용을 중요하게 여기지 않음

□ 대표적인 아노미 이론의 종류

뒤르켐의 아노미 이론	• 기존의 규범과 새로운 규범이 혼재하여 일탈이 발생한다고 보는 이론 • 격한 사회 변동으로 기존의 지배적인 규범이나 가치관이 무너지고, 이를 대체할 새로운 가치관이 확립되지 않은 혼란한 '무규범 상태'를 아노미로 봄 • 사례 : 스포츠 경기에서 새로 개발된 장비를 사용하여 기록을 세우는 일에 대한 찬반 논란 • 해결 방안 : 새로운 시대에 맞는 규범의 확립 등
머튼의 아노미 이론	• 달성하려는 문화적 목표가 있는데 그 목표를 달성하기 위한 수단이 사회 안에 제대로 갖추어지지 않아서 일탈이 발생한다고 보는 이론 • 문화적 목표와 제도적 수단 간의 괴리에 따른 가치관의 혼란 상태를 아노미로 봄 • 사례 : 킥복싱 경기 참가한 선수가 유도의 꺾기나 조르기 기술을 사용하는 경우 • 해결 방안 : 모든 기술의 사용이 가능한 UFC와 같은 대회의 창설 등

아노미 현상

- 문화 변동 과정에서 전통적 규범과 가치관이 무너졌으나 이를 대체할 새로운 규범과 가치관이 정립되지 못하여 혼란과 무규범 상태가 발생하는 상황
- 급격한 사회 변동 과정 중에서 흔히 발생하며, 이로 인해 문화 정체성의 혼란이 야기되기도 함

  사례 : 신분제 폐지로 인해 노비에서 해방된 사람이 여전히 과거의 규범에서 벗어나지 못하는 경우 등

(2) 구조기능 이론

특징	• 각 사회는 구성원들이 그 사회의 가치와 목적을 실현할 수 있도록 여러 제도와 구조를 가지게 되며, 구성원들은 그 제도에 합의하고 그 합의를 실천하면서 사회를 유지하게 된다는 이론 • 일탈현상은 사회의 규범을 깨뜨린 것으로, 사회구성원 사이의 합의와 통합이 깨진 것으로 봄
한계	• 일탈현상으로 새로운 문화나 질서가 창조되는 현상을 설명하지 못함

(3) 차별 교제 이론

특징	• 일탈행동을 하는 집단과 지속적으로 접촉하여 일탈을 정당화하는 가치관과 일탈의 수단을 배우게 된다는 이론 • 사례 : 우범 지역에 거주하는 청소년은 일탈 행동을 하는 친구와 사귀면서 준법의식이 낮아지고 일탈 행동에 대한 도덕적 저항감이 낮아져 일탈 행동을 하게 됨 • 해결 방안 : 일탈 행동을 하는 사람과의 접촉 차단 및 정상적인 사회집단과의 교류 촉진 등
한계	• 우연적이고 충동적인 일탈행위나, 일탈행위를 하는 사람과 접촉해도 일탈행위를 하지 않는 사람의 경우를 설명하지 못함

대표 기출 유형

02 <보기>에서 설명하는 스포츠 일탈에 관한 스포츠사회학 이론은?

< 보 기 >

일탈은 현존하는 사회질서의 유지에 기여한다는 점에서 정상적인 것으로 간주된다. 예를 들어, 도핑은 그 자체로는 일탈행위에 해당되지만, 이를 통해 사람들은 그런 행동을 경멸하게 되고 이에 대한 경각심을 갖게 된다.

① 구조기능이론
② 갈등이론
③ 차별교제이론
④ 낙인이론

정답은 해설지에

(4) 낙인 이론

특징	• 특정 행동을 일탈 행동으로 규정한 후, 그러한 행동을 한 사람들을 일탈자로 낙인찍었기 때문에 일탈 행동이 발생한다고 보는 이론 • 일탈 행동의 상대성 강조 • 사례 : 우발적으로 범죄를 저질러 실형을 선고받고 복역한 전과자가 출소 후에 전과자라는 사회적 편견 때문에 범죄를 계속 저지르게 되는 것 • 해결 방안 : 타인의 행동에 대한 신중한 낙인, 일탈자의 올바른 정체성 회복을 위한 재사회화 지원 등
한계	• 어떤 사람이 최초로 일탈행위를 하는 이유와 낙인을 받았더라도 일탈 행위를 반복하지 못하는 경우를 설명하지 못함

(5) 과잉동조 이론 (J. Coakley)

특징	• 스포츠집단에 속한 개인이 자신이 속한 집단이 요구하는 규범을 준수함으로써 그 집단에 대한 소속과 자신의 능력을 인정받으려는 과정에서 과잉동조라는 일탈이 발생한다는 이론
한계	• 스포츠에 참여하는 모든 사람들이 과잉동조라는 일탈을 범하지 않는다는 사실을 설명하지 못함

☐ 일탈적 과잉동조의 원인

몰입 규범	• 조직 구성원이 그 조직에 남아있으려면 조직이 요구하는 목표를 수용하고 조직을 위해 헌신해야 한다는 규범 • 경기에의 헌신
구분짓기 규범	• 운동선수는 다른 사람들과 구분되는 뛰어난 모습을 보여야 하며 그를 위해 더 노력해야 한다는 규범 • 탁월성의 추구
인내규범	• 운동선수라면 스포츠 상황에서 발생할 수 있는 다양한 위험을 감수하고 고통을 인내하면서 경기에 참여해야 한다는 규범 • 위험과 고난의 감수
도전규범(가능성 규범)	• 해낼 수 있다는 의지를 가지고 스포츠에서의 역경과 장애를 극복하기 위해 노력해야 한다는 규범 • 어려운 장애요인에 대한 강한 도전의식

대표 기출 유형

03 스포츠 일탈의 유형과 원인을 규정하기 어려운 이유로 적절하지 않은 것은?

① 스포츠 현장에서 발생하는 일탈 사례가 부족하기 때문이다.
② 스포츠 일탈은 규범에 대한 거부와 함께 무비판적 수용도 포함한다.
③ 스포츠에서 허용되는 행동이 사회의 다른 영역에서는 일탈이 될 수 있다.
④ 과학기술의 급속한 발전과 새로운 스포츠 규범 사이에 시간적 차이가 발생한다.

정답은 해설지에

<2> 스포츠 일탈의 기능

스포츠에서 나타나는 일탈은 문화적으로 역사적으로 다양한 형태를 보인다. 더 나아가 과거에는 일탈로 간주되던 행위가 현재에는 정상적인 스포츠 플레이로 받아들여지기도 하고, 다른 종목에서는 처벌의 대상이 되는 격투 행위가 스포츠 경기로 개최되기도 한다.

일탈에 대한 관점은 시대와 상황에 따라 다르게 받아들여질 수 있으며, 일탈의 기능 또한 긍정적 혹은 부정적인 의미를 동시에 가진다. 일반적으로 일탈 행위는 사회 체제의 질서와 예측 가능성을 약화시키며 갈등과 불안을 증가시키는 부정적 기능을 가지고 있지만, 어떤 경우에는 올바른 행위에 대한 관심과 각성을 불러일으키고, 부정적인 일탈을 방지하기 위한 사회 구성원의 협력을 이끌어내기도 한다.

1) 스포츠 일탈에 대한 관점 (J. Coakley)

절대론적 관점	상대론적 관점
• 어떤 사회에서든 통용되는 보편적 기준이 있다는 관점 • 스포츠맨십과 법률, 기타의 가치체계 등에 대한 준수 여부로 일탈을 판단함 • 일탈을 개인적 차원의 행위로 보는 견해 • 일탈행위에 대한 절대적 기준이 있으며 그 기준을 절대적으로 준수해야 한다고 봄	• 특정한 사회구조나 제도와의 일치 여부로 일탈을 판단해야 한다는 관점 • 동일한 행위도 각각의 사회제도와 문화에 따라 다르게 평가된다고 봄 • 일탈을 사회 구조적인 문제로 보는 견해 • 사회구성원의 창의성과 규칙의 변화에 개방적임

□ 일탈의 순기능과 역기능 (규범지향성 : 반규범지향성)

순기능
- 규범의 존재를 재확인시켜 동조를 강화함
- 사회적 스트레스와 갈등을 해소하여 사회유지에 기여함
- 개인의 창의성을 발휘하는 기회를 제공함
- 기존의 사회질서나 규범이 가진 모순과 문제점을 드러나게 하여 사회질서와 규범이 변화하는 계기가 됨

역기능
- 개인의 지속적인 일탈행동은 사회 부적응을 유발함
- 사회의 체제와 질서를 위협함
- 사회의 예측 가능성을 낮춤
- 스포츠 참가자의 사회화에 부정적 영향을 미침
- 일탈을 해결하는 과정에서 사회적 비용이 증가함

2. 스포츠 일탈의 사례

학습목표
스포츠에서 발생하는 일탈의 구체적인 사례를 이해하는 것이 중요합니다.

Introduction

스포츠에서 흔히 나타나는 부정적인 일탈 현상에는 폭력, 약물 복용, 승부 조작과 같은 범죄 행위가 포함된다. 또한 상식적인 범위를 넘어서는 중독 수준의 과도한 운동 참가도 일탈의 한 유형으로 간주된다. 이 외에도 스포츠에서 발생하는 폭력 행위도 문제로 지적된다.

이 장에서는 일탈 행위의 개념과 발생 원인, 스포츠 내에서 허용되는 일탈의 범위, 그리고 부정적인 일탈 발생을 억제할 수 있는 방안에 대해 이해하는 것이 필요하다.

<1> 폭력행위

스포츠에서는 격투 종목이 아닌 경우에도 폭력적 행위가 발생할 수 있다. 폭력은 경기의 진행을 방해하고 스포츠 내 질서를 깨뜨리며, 상대방에게 심각한 부상을 초래할 수 있어서 문제가 된다.

현대 스포츠에서 폭력은 다양한 요인으로 인해 발생한다. 상업화로 인한 보상의 상승, 대중의 관심을 끌어야 하는 필요성, 권위적인 코치나 감독에 대한 절대 복종, 그리고 폭력적 행위가 남성성이나 우수성과 혼동되는 비정상적인 가치관의 사회화 등이 그 원인이다.

반면에 일부 스포츠에서는 폭력 행위가 경기의 일부분으로 받아들여지거나 승리를 위한 전략으로 채택되기도 한다.

M. Smith의 폭력의 유형
- **직접적 신체 폭력**: 상대방의 신체에 직접적인 해를 가하는 물리적 행위
- **간접적 신체 폭력**: 물건을 던지거나, 물리적 장치로 상대방에게 피해를 입히는 행위
- **구조적 폭력**: 사회적 또는 제도적 요인에 의해 신체적 피해를 입히는 경우

1) 스포츠와 폭력

(1) 현대 스포츠에서 폭력이 발생하는 원인

스포츠의 상업화	관중의 인기와 관심을 끌어 금전적 보상을 얻기 위해 폭력 행동을 실행함
스포츠팀의 구조적 특성	코치와 감독의 권위적 지배하에서 선수의 폭력행위가 조장되고 선수에 대한 폭력이 자행됨
선수의 역할 사회화	선수가 승리를 위한 도구나 수단으로서의 역할을 강요당하고, 사회화되어 발생함

(2) 스포츠 조직에서 폭력이 자주발생하는 이유

도덕적 가치에 대한 혼란	도덕적 가치보다 팀의 승리와 조직과 집단에 대한 충성을 앞세워 극단적인 폭력 행동이 요구됨
성인 지위에 대한 무시	선수를 미성년 취급하는 스포츠 팀의 속성 속에서 자신이 성인임을 증명하기 위해 폭력적인 행동을 취함
남성다움에 대한 오해	지도자의 제재를 받아야 하는 스포츠 팀의 특성 속에서 스스로의 남성성을 증명하기 위해 폭력을 자행함
선수로서의 적합성에 대한 증명요구	팀 내에서 중요한 역할을 담당하고 있음을 증명하기 위해 경기 중 폭력성을 과도하게 드러냄
선수의 도구화	선수를 팀의 승리를 위해 상대팀에 대한 공격 행동을 하는 도구로 이용함

(3) 스포츠 폭력 행위의 유형

도구적 폭력	적대적 폭력
• 팀의 승리를 위한 수단 • 개인적 감정이나 적대감 없이 발생 • 스포츠 룰 안에서 허용 예) 축구에서 상대팀 주전 선수에 대한 파울 작전 등	• 악의적 감정의 분출 수단 • 적대감에 의해 충동적으로 발생 • 스포츠 룰 안에서 허용되지 않음 예) 야구에서 보복을 위해 던지는 의도적인 빈볼

대표 기출 유형

04 <보기>의 신체적 공격행위 중 도구적 공격행위만으로 묶은 것은?

< 보 기 >

㉠ 상대의 고통을 목적으로 공격하는 행위

㉡ 농구에서 팔꿈치를 크게 휘두르는 행위

㉢ 승리, 금전, 위광 등 다른 외적 보상이나 목표를 획득하기 위한 행위

㉣ 야구에서 투수가 자신을 화나게 만든 타자에게 안쪽 또는 높은 공을 던지는 행위

㉤ 유격수에게 과감한 슬라이딩을 감행해 더블플레이를 방해하는 행위

① ㉠-㉢-㉣
② ㉠-㉡-㉤
③ ㉡-㉢-㉤
④ ㉡-㉣-㉤

정답은 해설지에

<2> 약물복용

스포츠의 상업화와 프로 스포츠의 인기로 인해 선수들은 성공과 승리에 따른 큰 보상을 기대하게 된다. 이로 인해 관중들은 과감하고 공격적인 퍼포먼스를 보이는 선수에게 더 많은 관심과 인기를 보이게 되며, 이에 따라 선수에게 주어지는 보상도 차별이 생기기 쉽다. 이러한 환경에서 선수들은 여러 가지 부작용을 감수하면서까지 승리를 위해 약물을 복용하는 경우가 있다.

이러한 약물 복용은 스포츠맨십이나 페어플레이 정신과 승리와 성공을 강요하는 현실 사이의 괴리로 인해 발생하는 일탈의 한 형태이다. 약물 복용은 윤리적 문제를 넘어 육체적, 정신적 부작용으로 인해 선수의 건강과 생명에 심각한 위험을 초래할 수 있다는 점에서 큰 문제를 일으킨다.

□ 도핑을 금지하는 이유
- 선수의 건강과 생명에 위협이 됨
- 페어플레이 정신에 위배됨
- 선수에 대한 비인간적 강요로 발생할 경우 인권침해의 문제가 됨

> **도핑**
> 원래는 경주마에 투여하는 약물을 도프라고 했는데, 거기에서 유래한 용어로 인간의 스포츠에서 부정한 약물을 사용하여 경기력을 향상시키는 것을 말한다.

<3> 부정행위와 범죄행위

스포츠맨십과 페어플레이 정신은 모든 스포츠인들이 반드시 지켜야 할 가치이다. 즉, 공정한 규칙 안에서 규칙을 준수하고 최선을 다해 도전하고 승부를 겨루어야 한다. 그러나 최근에는 지도자, 선수, 관객들 사이에서 경기 결과의 조작이나 불법 스포츠 도박과 같은 문제가 발생하고 있다.

이런 행위들은 법률에 의해 금지되거나 처벌될 수 있는지에 따라 부정 행위와 법률 행위로 구분할 수 있다. 일반적으로 부정 행위는 스포츠 내에서의 규정과 규칙을 벗어난 행위를 의미하며, 이는 스포츠 현장에서 발생하는 범죄 행위까지 포함하는 개념으로 사용된다. 부정 행위는 제도적인 부정 행위와 일탈적인 부정 행위로 나눌 수 있다.

법률에 의한 처벌의 대상이 되는 행위는 범죄 행위로 볼 수 있다. 범죄 행위는 단순히 스포츠의 본래 가치와 정신을 훼손하는 것에 그치지 않고, 심각한 사회 문제로 확산될 수 있어 우려를 낳고 있다.

1) 부정행위

(1) 부정행위의 유형

제도적 부정행위	일탈적 부정행위
• 전술적 목적으로 실행되는 부정행위 • = 도구적 부정행위 • 전략적 차원에서 용인됨 예) 헐리웃 액션, 농구의 파울작전 등	• 일탈 자체를 위해 실행되는 부정행위 • 사회적으로 용인되지 않음 예) 약물 투여, 승부 조작, 공격적·적대적 폭력 등

□ 부정 행위의 대표적 원인
- 승리에 대한 보상이 클 때
- 경기규칙이 지나치게 엄격할 때
- 경기의 결과가 불투명할 때

2) 범죄 행위

□ 스포츠 내 범죄 행위의 특징

낮은 범죄율	• 운동 선수의 범죄율이 일반인에 비해 낮음
사회적 파장	• 운동 선수의 범죄는 일반인에 비해 사회적 파장이 큼

> **대표 기출 유형**
> **05** 스포츠에 있어서 제도적 부정 행위는?
> ① 경주마에 약물투여
> ② 상대편 경기용구의 훼손
> ③ 담합에 의한 경기성적의 조작
> ④ 심판에게 반칙 판정을 유도하는 헐리웃 액션(hollywood action)
>
> 정답은 해설지에

<4> 과도한 참가 (운동 중독)

스포츠에 참여하는 사람이 자신의 일상생활에 지장을 줄 정도로 과도하게 몰두하는 경우가 있다. 이런 상황은 일상적인 사회생활에 문제를 일으킬 뿐 아니라, 피로나 부상 등을 무시하면서 스포츠 활동을 지속함으로써 신체와 건강에 심각한 문제를 초래할 수 있다.

이러한 현상을 운동 중독이라고 하며, 개인의 의지가 강하게 작용하는 경우로 볼 수 있어 적극적 일탈이라고도 한다.

운동 중독의 부작용
- 일상생활의 부적응
- 건강·부상의 악화
- 금지 약물의 사용

1) 과도한 스포츠 참가

(1) 스포츠 참가의 형태 (G.Kenyon & Z. Schutz)

정상적 참가	주기적 참가	일정한 시간적 간격을 유지하면서 스포츠에 지속적으로 참가함
	일상적 참가	스포츠 참가가 일상적인 활동 중 하나가 되어 자연스럽게 스포츠에 참여하고 즐김
일탈적 참가	일차적 일탈 참가	운동중독처럼 자신의 신체상태나 직업을 등한시하면서 참가함
	이차적 일탈 참가	스포츠를 도박의 수단으로 활용하는 등 스포츠에 대한 직접적인 참가를 벗어난 영역에서 일탈적 행위를 함

<5> 관중 폭력 (= 군중행동, 집합행동)

관중의 폭력적 행동을 유발하는 대표적인 요인은 경기가 열리기 이전부터 존재해 온 정치, 경제, 사회, 문화적인 갈등과 대립이다. 이러한 사회 구조적 긴장은 스포츠가 가진 높은 집단적 연대의식과 결합하면서 관중의 폭동 가능성을 높인다.

특히 스포츠 경기 중 발생하는 특정 사건이나 몇 개의 사건이 우연히 결합되면, 사회 안에 내재된 긴장이 관중의 폭력적 행동으로 폭발할 수 있다. 이러한 경우를 쟁점성 관중폭력이라고 한다.

어떤 경우에는 사회적 긴장 요소가 전혀 없었던 상황에서도, 경기 후 과열된 축하 행동 중에 우발적으로 관중 폭력이 발생하거나, 단지 집단으로 몰려다니는 과정에서 나타나기도 한다. 이러한 폭력을 우발적 관중폭력이라고 한다.

훌리거니즘
훌리건은 원래 거리에서 싸움을 일삼는 불량배나 깡패를 지칭하는 용어로, 시합을 전후로 축구장과 그 주변에서 난동을 일삼는 무리들을 지칭하는 용어로 사용되고 있다. 또한 주로 라이벌 팬끼리 벌이는 조직적이고 집단적인 폭력의 행사를 훌리거니즘이라고 부른다.

1) 관중 폭력의 유형과 원인 (C. Dewar)

(1) 집합행동의 유형

쟁점성 관중행동	무쟁점성 관중행동
라이벌 의식, 정치적 대립, 계층간 갈등 등과 같은 특정한 쟁점과 결부되어 일어남	특정한 이슈없이 경기 후의 흥분을 자제하지 못하는 군중 심리로 인해 발생함

대표 기출 유형

06 운동 중독에 대한 설명으로 옳은 것은?

① 운동중독의 금단증세에는 불안, 긴장, 죄의식, 분노, 성급함 등이 있다.
② 부정적 운동중독은 건강에 많은 도움을 주고 생활의 활력을 가져온다.
③ 운동중독의 정도는 관찰로도 충분히 측정할 수 있으므로 측정을 위한 도구는 필요하지 않다.
④ 운동중독은 예방보다 치료가 더 중요한 요소이다.

정답은 해설지에

(2) 관중 행동 발생의 촉발 원인

- 적정 인원을 초과한 관중의 수
- 경기 후반부의 긴장 고조
- 높은 기온과 습도
- 경기장의 소음
- 열악한 경기장의 시설, 환경
- 열성적·적극적 관중 구성

(3) 관중 폭력의 통제

□ 관중 폭력의 통제 전략

- 관중의 적정 인원 유지
- 팀별 관중의 분리
- CCTV 설치
- 관중석의 좌석화
- 폭력적 관중에 대한 정보 구축
- 경기장 시설의 정비

2) 집합행동 관련이론

전염 이론	개인이 군중 속에 포함되어 있을 때 그 군중들로부터 영향을 받아 평소의 사고나 감정과는 다른 방식으로 행동하게 된다고 보는 이론 예) 경기 관람 후 승리의 기쁨을 다른 군중과 함께 폭력적으로 분출하는 일
수렴 이론	사회규범에 의해 통제되던 개인의 폭력적인 자아가 군중 속에서 익명성과 몰개성화가 보장될 때 표출된다고 보는 이론 예) 훌리거니즘
발현적 규범 이론 (규범생성 이론)	사회 구성원 사이에 공유되고 있는 규범의식을 특정한 사람들이 무시하거나 깨뜨릴 때, 규범을 지키려는 사람들이 공격적으로 변하게 된다는 이론 예) 테니스 관람 중 소음을 내는 관중에게 야유를 보내는 일
부가가치 이론	이미 사회 안에 주어져 있는 장소, 시간, 문화 등의 조건들이 특정한 촉진요인에 의해 자극을 받아 집합행동의 생성, 발전, 소멸에 영향을 준다는 이론 예) 흑인에 대한 차별이 있는 지역에서 흑인선수에 대한 불공정한 판정이 나오는 경우 발생하는 관중난동 사태

대표 기출 유형

07 관중 폭력 발생의 주요 결정 요인은?

① 관중의 규모가 적음
② 관중의 밀도의 낮음
③ 앉아 있는 관중이 많음
④ 경기의 중요도가 매우 높음

정답은 해설지에

Confirmation 이것만은 꼭!

01 스포츠에 참여하는 사람이 규칙이나 규범에서 벗어나 사회적 통제의 대상이 되는 행위를 할 때 이를 ( )이라고 한다.

02 자신이 소속된 스포츠 집단 내의 규범을 무비판적으로 추종하거나 더 높은 규범인 스포츠맨십 속에서의 한계를 인식하지 않음으로써 상대선수에 대한 과격한 파울 행위 등을 가할 때 이를 ( )동조라고 한다.

03 스포츠에서 발생하는 폭력 중 상대선수에 대한 적대감 없이 오직 팀의 승리를 위해 자행되는 폭력적 행위를 ( )폭력이라고 한다.

04 경기에서 승리하기 위해 도핑이나 승부조작 등 사회적으로 용인되지 않는 수준의 행위를 할 때 이를 ( ) 부정행위라고 한다.

05 스포츠에서 나타나는 과잉동조 중 하나로 정상적인 생활이 불가능할 정도로 운동에 참여하는 일을 ( )라고 한다.

06 거친 파울 등 일탈행위에 해당하는 수단까지도 모두 수용하며 승리를 목적으로 스포츠에 참여하는 행위를 ( )라고 한다.

07 어떤 사회가 이미 가지고 있는 사회 문화적 요인들이 특정한 사건에 의해 촉발되면 집합행동으로 발전하게 된다는 이론은 ( )이다.

08 머튼의 일탈 이론에 따르면 사회가 제시한 목표를 수용하지만, 목표 달성을 위한 합법적인 수단을 거부하거나 새로운 방식을 사용하는 일탈 행동 유형을 ( )라고 한다.

정답
1. 일탈
2. 과잉
3. 도구적
4. 일탈적
5. 운동중독
6. 동조
7. 부가가치이론
8. 혁신(개혁)

Previous 단원 기출문제

01 스포츠 일탈에 대한 설명으로 옳은 것은?

① 절대론적 접근에 따르면 스포츠 일탈은 승리추구라는 보편적 윤리 가치체계의 준수 유무에 따라 결정된다.
② 상대론적 접근에 따르면 스포츠 일탈은 개인의 윤리적 문제가 아닌 사회 구조적인 문제이다.
③ 스포츠 일탈에 대한 절대론적 접근은 과잉동조 개념을 설명하는데 매우 유용하다.
④ 스포츠 일탈에 대한 상대론적 접근은 창의성과 변화를 약화시킨다는 비판을 받는다.

스포츠 일탈에 대한 절대론적 접근에서는 '스포츠맨십과 페어플레이'라는 보편적이고 절대적인 원칙을 지키지 않았을 때 스포츠 일탈이 발생하는 것으로 본다.
반면 상대론적 입장에 따르면 동일한 행위라 하더라도 그 사회의 문화나 제도에 따라 용인될 수도 일탈행위로 판단될 수도 있다. 그러므로 일탈이라는 개념은 모든 사회에 동일하게 적용할 수 있는 절대적인 개념이 아니라 사회구조와 제도에 따라 다르게 평가될 수 있는 상대적인 개념이라는 것이다.

정답 : ②

02 스포츠 일탈을 설명하는 이론과 그 특징이 바르게 연결된 것은?

① 갈등 이론 - 선수의 금지약물복용 등과 같은 일탈적 행위는 개인의 윤리적 문제이다.
② 아노미 이론 - 선수의 승리에 대한 목표와 수단의 괴리로 인해 일탈이 발생한다.
③ 차별교제 이론 - 팀 내 우수선수가 금지약물을 복용해도 동료들은 복용하지 않는다.
④ 낙인 이론 - 선수에게 부여된 악동, 풍운아 같은 이미지는 선수 생활에 영향을 미치지 않는다.

일탈과 관련된 이론이론의 내용과 특징을 정확히 이해할 필요가 있다.
• 갈등이론: 사회 계층 간의 갈등으로 인해 일탈이 발생한다.
• 아노미 이론: 사회적 규범이 구성원의 욕구를 충족하지 못할 때 일탈이 발생한다.
• 차별교제 이론: 일탈 행동을 하는 집단과의 지속적인 접촉을 통해 일탈을 학습하게 된다.
• 낙인이론: 사회가 특정 행동을 일탈로 규정하고 이를 실행한 사람에게 낙인을 찍으면, 그 사람은 정상적인 사회활동을 못 하게 되어 계속 일탈 행동을 하게 된다.

정답 : ②

03 <보기>의 ㉠~㉣에 해당하는 머튼(R. Merton)의 아노미 이론에서 제시한 일탈행동 유형이 바르게 연결된 것은?

< 보 기 >

㉠ 벤 존슨은 불법약물복용으로 올림픽 금메달을 박탈당했다.
㉡ 승리에 대한 집념보다는 규칙을 지키며 최선을 다해 경기에 참여한다.
㉢ 스스로 실력의 한계를 느끼고 운동부에서 탈퇴한다.
㉣ 학생선수의 학습권을 보장하기 위해 최저학력제를 도입하였다.

	㉠	㉡	㉢	㉣
①	혁신주의	반역주의	도피주의	의례주의
②	반역주의	혁신주의	의례주의	도피주의
③	혁신주의	의례주의	도피주의	반역주의
④	의례주의	반역주의	혁신주의	도피주의

머튼의 아노미 이론에서 설명하는 일탈 행동의 유형 중 ㉠은 기존 스포츠 사회가 허용하지 않는 새로운 방식을 선택한 것으로, 이는 혁신주의에 해당한다. ㉡은 기존 규칙을 준수하며 경기에 참여하므로 의례주의로 볼 수 있다. ㉢은 스포츠 활동을 포기한 상태로, 이는 도피에 해당한다. ㉣은 기존 스포츠 사회의 규칙과 관행을 거부하고 새로운 규칙을 만든 것으로, 이는 반역이라고 할 수 있다.

정답 : ③

04 케넌(G. Kenyon)과 슈츠(Z. Schutz)가 구분한 스포츠 참가 유형에 대한 설명으로 옳지 않은 것은?

① 일상적 참가: 스포츠 참가가 일상의 주된 활동이 되어 스포츠 활동에 대부분의 시간을 소비함
② 주기적 참가: 일정 간격을 유지하면서 스포츠에 지속적으로 참가함
③ 일차적 일탈 참가: 자신의 직업을 등한시하고 대부분의 시간을 스포츠 참가에 할애함
④ 이차적 일탈 참가: 경기 결과에 거액의 돈을 걸고 스포츠를 관람함

케넌과 슈츠가 구분한 스포츠 참가 유형 중 일상적인 참가란 스포츠가 일상적인 행위의 하나가 되어 자연스럽게 스포츠에 참여하고 즐기는 경우를 의미한다. 만약 일상의 대부분의 시간을 스포츠에 소비한다면 그것은 일차적 일탈 참가로 보아야 할 것이다.

정답 : ①

09강 미래 사회의 스포츠

학습목표

코클리의 이론을 중심으로 현대 스포츠가 가진 특징을 이해하면 어렵지 않은 단원입니다.

1. 스포츠 변화와 영향 요인

Introduction

스포츠의 변화와 발전은 사회의 변화와 밀접하게 연결되어 있다. 20세기 이후 상업화와 경제 구조의 변화는 사회 전반의 조직적이고 합리적인 구조에 영향을 미쳤으며, 스포츠 역시 이러한 영향을 받고 있다.

또한, 기술과 전자 통신의 발전은 스포츠 장비와 기술의 발전을 촉진시켰고, 스포츠의 전달 매체와 수용 방식에 변화를 가져왔다. 이로 인해 새로운 스포츠 종목이 탄생하기도 했다.

〈1〉 스포츠의 역사

1) 놀이, 게임, 스포츠

놀이	임의적 규칙을 가짐	
게임	경쟁성이 중요한 특징 관례화된 규칙을 가짐	허구성, 비생산성
스포츠	경쟁성이 더욱 강화 제도화된 규칙을 가짐	

□ 스포츠의 특징

- 허구성 : 현실적 경쟁이 아닌 가상의 상황을 가정하여 경쟁함
- 비생산성 : 물질적 재화의 생산이 목적이 아님
- 불확실성 : 결과를 예측할 수 없어 흥미가 고조됨
- 규칙성 : 사전에 합의된 규칙 안에서 이루어짐
- 경쟁성 : 상대방이나 자신의 기록과의 경쟁을 통한 승리가 목적이 됨
- 제도화 : 한번 만들어진 제도와 규범이 쉽게 바뀌지 않음

대표 기출 유형

01 미래의 통신 및 전자매체가 스포츠변화에 미친 영향으로 바르지 않은 것은?

① 미디어에 의한 스포츠 정보 제공
② 스포츠 직접참가 인구의 급격한 감소로 국제스포츠 이벤트 소멸
③ 미래스포츠에 대해 상상할 수 있는 다양한 정보 제공
④ 미디어 제작자들의 미래 스포츠 모습에 대한 영향력 증가

정답은 해설지에

<2> 현대 사회의 변화와 스포츠

1) 근대 스포츠의 탄생

(1) 근대 스포츠의 특징 (A. Guttmann)

세속화	스포츠가 개인의 성공과 오락으로서의 성격으로 변화함
평등화	스포츠에의 참여기회와 조건이 평등하게 제공됨
전문화	스포츠를 직업으로 삼는 전문 선수가 등장하였으며, 개별 종목 안에서도 각 포지션별 전문 선수가 나타남
합리화	합리적인 의사결정 과정을 거쳐 규칙이 제정됨
관료화	스포츠를 관리하는 체계가 조직화됨
수량화	표준화된 장비를 통해 측정된 기록으로 선수의 기량을 평가함
기록화	승패를 겨루는 참가자들뿐 아니라 기록 자체가 선수들의 경쟁상대가 됨

2) 현대 스포츠의 탄생

(1) 정보화를 통한 사회의 변화

- 부가가치 창출의 원천으로서 지식과 정보의 가치가 증대함
- 다품종 소량 생산방식으로 변화함
- 업무의 편리성이 증대되고 전자 상거래 등의 등장으로 경제생활이 편리해짐
- 정보 통신 매체나 인터넷을 통해 사회적 관계가 형성되면서 수평적 사회 조직이 증가함
- 시민의 정치 참여가 증가하여 민주주의가 활성화됨

(2) 정보화로 인한 문제 상황

- 개인 정보의 유출과 사생활 침해 증가
- 정보 격차에 따른 사회적 불평등 심화
- 정보 오남용 및 사이버 일탈 증가
- 피상적 인간관계의 확산과 인간 소외 현상의 심화

(3) 정보화 사회의 문제에 대한 해결방안

개인적 차원	• 타인의 권리 존중 • 정보 윤리의 함양 • 정보에 대한 비판적 분석능력 함양
제도적 차원	• 사이버 범죄의 예방과 처벌 강화 • 정보격차의 해결을 위한 법과 제도적 방안 마련 • 정보교육의 시행

(4) 현대 스포츠의 특징과 제도화 (J. Coakley)

- 경기 규칙의 표준화
- 스포츠 활동의 조직화
- 스포츠 활동의 합리화
- 경기 기술의 정형화

스포츠에 영향을 주는 현대 사회의 특징
- 인구밀도의 고도화
- 상업주의의 확산
- 소비성향의 변화
- 조직화 및 합리화
- 테크놀로지의 발달
- 교통의 발달
- 통신·전자장비의 발달

대표 기출 유형

02 현대 스포츠의 발전에 영향을 미친 요소에 대한 설명으로 옳지 않은 것은?

① 산업의 고도화 : 스포츠용품의 대량 생산체계가 갖춰지고 용구가 표준화되었다.
② 인구의 저밀도화 : 쾌적한 생활환경으로 인해 스포츠 참가가 증가하였다.
③ 교통의 발달 : 수송체계가 원활해지면서 다양한 스포츠 행사가 열릴 수 있게 되었다.
④ 통신의 발달 : 정보 유통이 원활해져 스포츠저널리즘이 발달하게 되었다.

정답은 해설지에

2. 스포츠 세계화

학습목표

경제논리에 의해 진행되고 있는 스포츠 세계화 현상과 과학기술의 발달을 중심으로 공부하시면 됩니다.

Introduction

현대 사회에서는 각국이 교역과 교류를 통해 자원과 자본은 물론 문화와 정신적 요소까지도 서로 연결되고 있다. 그 중 스포츠는 지난 100여 년간 가장 활발하게 세계화된 분야 중 하나다.

하지만 이 과정에서 스포츠 문화가 선진국 중심으로 단순화되거나 다국적 기업에 의해 표준화되어 획일적으로 소비되는 문제도 발생하고 있다.

<1> 세계화의 의미와 양상

세계화와 국제화

• 국제화
 민족 혹은 국가 간의 교류가 늘어나는 현상

• 세계화
 국제 사회가 국가와 민족의 차원을 넘어 사회 문화 전반이 하나의 단위로 재구성되는 일

스포츠의 세계화는 사회의 다양한 영역과 긴밀히 연결된 복잡한 과정이다. 따라서 스포츠 세계화가 단일 원인으로 설명되기는 어렵다. 하지만 근대와 현대를 아우르는 몇 가지 중요한 시대적 현상이 크게 작용했다는 점은 사실이다.

근대화가 시작되던 시기, 유럽 국가들은 식민지 국가에 문화를 전파하면서 원주민의 거부감을 완화하는 수단으로 스포츠를 활용하기도 했다. 이후 제국주의, 민족주의, 종교, 기술 발전, 신자유주의 등은 스포츠 세계화의 주요 원인으로 작용했다. 제국주의 국가들은 식민지 지배 과정에서 피지배 국가의 동화와 순응을 유도하기 위해 스포츠를 이용했으며, 이에 대한 저항으로 피지배 국가들은 민족 스포츠를 발굴하고 국제 대회에 참여하여 민족적 정체성과 우수성을 증명하고자 했다.

현대 스포츠 세계화의 주요 요인은 테크놀로지의 발달과 신자유주의이다. 기술 발전으로 전 세계 어디에서나 스포츠 중계가 가능해졌고, 교통의 발달은 선수와 응원단의 자유로운 이동을 지원하고 있다. 또한 신자유주의의 확산으로 다국적 기업이 주도하는 스포츠 세계화가 진행되며, 국경을 넘는 이윤 추구와 선수의 이적이 빈번하게 이루어지고 있다.

1) 세계화의 원인과 양상

(1) 세계화의 원인

제국주의	식민국가의 통합을 통한 식민 지배의 강화를 위해 스포츠를 보급함
종교	근대화 시기에 기독교 사상의 전파를 위해 스포츠를 활용함
민족주의	민족적 정체성을 확인하고 강화하기 위해 스포츠를 활용함
테크놀로지의 진보	교통 통신의 발달이 스포츠의 전파와 선수·응원단의 이동 등에 기여함
신자유주의	이윤 창출을 목적으로 하는 스포츠로의 근본적인 구조변동이 발생함

(2) 세계화로 인한 일반적인 변화

• 생산자는 더 넓은 시장을 확보하고 소비자는 다양한 상품을 접할 수 있게 됨
• 스포츠 관련 활동의 조직적, 합리적 측면이 강조됨
• 인구 이동이나 매체 등을 통해 세계 각국의 다양한 문화가 확산됨
• 다국적 기업, 비정부 기구 등과 같은 다양한 행위의 주체가 등장함
• 인권, 자유, 평등 등 인류의 보편적 가치가 전 세계로 확산됨

대표 기출 유형

03 스포츠 세계화에 대한 설명으로 옳지 않은 것은?

① 스포츠 세계화는 근대스포츠의 태동 이전부터 나타났다.
② 스포츠 세계화는 스포츠의 탈영토화를 의미한다.
③ 스포츠 세계화는 스포츠 소비문화의 측면에서도 이루어지고 있다.
④ 스포츠 세계화는 스포츠가 내재하고 있는 가치를 전 세계에 전파하는데 기여하였다.

정답은 해설지에

2) 세계화와 사회의 변화

(1) 세계화로 인한 사회의 변동

정치적 측면	• 민족주의 이념의 확산 • 평화, 인권, 환경 등의 문제를 해결하기 위한 국제기구의 역할 증대
경제적 측면	• 넓은 시장 확보 • 국가 간 무역 경쟁의 심화
사회문화적 측면	• 다양한 국제 행위 주체의 등장 • 문화 교류의 확산 • 초국가적 보편 문화 형성

(2) 세계화로 인한 스포츠 노동이주 (J. Magee & J. Sugden)

유목민형 노동 이주 (Cyclical Labor Migration)	필요에 따라 다른 국가, 다른 리그로 이동하며 스포츠활동을 하는 일 우리나라의 김연경 선수가 대표적임
정착민형 노동 이주 (Settler Labor Migration)	다른 국가로 이주하고, 그 국가에 영구적으로 정착하여 스포츠 활동을 하는 경우 우리나라에 귀화하여 활동하고 있는 외국 선수들이 대표적임
개척자형 노동 이주 (Pioneer Labor Migration)	어떤 나라에 아직 보급되지 않은 스포츠를 가지고 경제적 개척이나 리더십 역할을 하기 위해 이주하는 경우 개화기에 우리나라에 스포츠를 전파한 선교사들이나, 프로야구 초기에 우리나라에 들어 온 재일교포 선수와 감독들
귀향민형 노동 이주 (Return Labor Migration)	일시적으로 다른 지역 또는 국가로 이주한 후, 원래의 고향 또는 출신 지역으로 돌아가는 경우. 미국 프로야구에서 활약을 하다가 국내로 돌아 온 추신수 선수가 대표적임

3) 세계화의 문제점

(1) 세계화로 인한 문제와 대응방안

문제	• 약소국의 정책 자율성 침해 • 선진국과 개발도상국의 격차 확대 • 전 세계의 문화가 강대국 문화로 획일화됨 • 특정 국가의 경제위기가 전지구적 위기로 확산
대응방안	• 개인, 기업, 국가의 경쟁력 강화 • 개발 도상국의 생산자를 보호하기 위한 활동 마련 • 문화상대주의적 태도와 관용의 자세 견지 • 세계 시민으로서의 자질 함양

노마디즘
일정한 고정된 거주지나 거처를 가지지 않고 이동하는 유목생활을 의미하는 단어.
최근에는 세계화로 발생한 국경을 넘나드는 노동이주를 의미하는 용어로도 사용되고 있다.

스포츠 노마드 출현
(J. Magee & J. Sugden)
• 유목민형 스포츠 선수
한 장소에 얽매이지 않고 대회가 열리는 국가를 찾아다니며 스포츠 선수로 활동함
예) LPGA 골프 대회 참가 선수

세방화(Glocalization)
세계화의 결과 표준화된 문화가 확산되는 동시에 개별 지역 및 국가의 특성이 동시에 강화되는 현상
사례 : 미국 프로야구에서 우리나라 선수가 출전하는 날을 한인의 날로 제정하여 재미한인교포들을 위한 축제를 열고 그로 인해 글로벌화와 한국적 지방화가 동시에 진행됨

대표 기출 유형

04 <보기>의 내용과 관련 있는 용어는?

<보기>
• 로버트슨(R. Roberston)이 제시한 용어이다.
• LA 다저스팀이 박찬호 선수를 영입하여 좋은 경기력을 펼치면서 메이저리그 경기가 한국에서 인기가 높아졌다.
• 맨체스터 유나이티드팀이 박지성 선수를 영입하면서 프리미어리그경기가 한국에서 인기가 높아졌다.

① 세방화(Glocalization)
② 스포츠화(Sportization)
③ 미국화(Americanization)
④ 세계표준화(Global Standardization)

정답은 해설지에

<2> 스포츠 세계화의 전망

세계화는 다양한 측면에서 정의될 수 있다. Giddens(1990)는 세계화를 지구적 차원의 사회적 관계의 강화로 설명하였고, Gilpin(2001)은 세계 경제의 통합으로, Scholte(2000)는 사람들 사이의 탈영토적 관계의 증가로 정의하였다. 이러한 세계화 과정은 스포츠 분야에서도 두드러지게 나타나고 있으며, 국제 메가 이벤트와 참여 국가의 증가로 인해 스포츠는 전 세계인이 공유하는 주요 문화현상으로 발전하고 있다.

1) 세계화와 스포츠의 변화

(1) 세계화로 인한 스포츠 산업의 변화 전망

- 국가간 네트워크 증가
- 스포츠 평등의 실현
- 전통적·지역적 스포츠 발굴
- 실내 운동 산업 증가
- 스포츠의 과학화
- 민족적 스포츠문화 중시
- 실내 운동 및 산업 증가
- 여성 영향력 강화
- 스포츠의 상업화 강화
- 스포츠 노마드 발생

(2) 미래사회의 스포츠 발달의 전망

- 스포츠 정보화와 유비쿼터스 – 시·공간의 장벽 해소 / 유비쿼터스의 핵심콘텐츠로 변화
- 스포츠의 다양화
- E-SPORT 확대
- 노인 인구의 급증에 따른 사회 환경의 변화
- 시니어 건강운동 산업 증대
- 자연친화적인 스포츠에 대한 관심 증가
- 동양 스포츠에 대한 관심 증가
- 스포츠 참여계층의 다양화

대표 기출 유형

05 신자유주의 시대의 스포츠 세계화에 대한 특징으로 적절하지 않은 것은?

① 프로 스포츠의 이윤 극대화에 기여하였다.
② 스포츠 시장의 경계가 국경을 초월해 전세계로 확대되었다.
③ 세계인들에게 표준화된 스포츠 상품을 소비하도록 만들었다.
④ 각 나라의 전통스포츠가 전세계로 보급되어 새로운 스포츠시장을 개척할 수 있게 되었다.

정답은 해설지에

Confirmation
이것만은 꼭!

01 지식과 정보가 수익을 창출할 수 있는 소재로서의 가치가 증대하는 사회현상을 (　　)라고 한다.

02 각국의 사회 경제적 관계가 밀접해지며 전지구가 하나의 사회 경제 문화의 단위로 통합되어 가는 현상을 (　　)라고 한다.

03 거트만이 규정한 근대스포츠의 특징 중 표준화된 장비를 활용하여 기록을 측정하고 그 기록을 바탕으로 선수의 기량을 평가하는 현상을 (　　)이라고 한다.

04 거트만이 규정한 근대스포츠의 특징 중 직업으로 스포츠에 참여하는 사람들이 발생하고 각 스포츠에서도 선수들이 특정한 포지션만을 담당하는 현상을 (　　)이라고 한다.

05 스포츠 선수들이 국적이나 출신지와 상관없이 더 나은 출전 기회나 연봉을 얻기 위해 세계 각지를 이동하는 현상을 나타내는 말이며, 이 현상으로 스포츠 산업에서 특정 리그나 팀의 전력을 강화할 수 있다. 이런 현상을 (　　)이라고 한다.

06 최근에는 월드컵, 올림픽과 같은 대형 스포츠 이벤트가 세계적 규모로 진행되면서도, 개최국의 고유한 문화나 전통을 반영한 행사와 마케팅이 이루어지는 것을 볼수 있는데 이런 현상을 (　　)이라고 한다.

정답
1. 정보화
2. 세계화
3. 수량화
4. 전문화
5. 노마디즘
6. 세방화

Previous 단원 기출문제

01 스포츠 세계화와 민족주의의 관계에 대한 설명으로 적절한 것은?

① 냉전 시대에 스포츠 세계화는 민족주의를 약화시켰다.
② 민족주의는 국가 간 갈등의 원인이 되어 스포츠 세계화의 걸림돌로 작용해 왔다.
③ 제국주의 시대에 스포츠 세계화는 식민국가의 민족주의를 약화시키는 결과를 초래하였다.
④ 스포츠에 내재된 민족주의적 속성은 다국적 기업의 세계화 전략에 중요한 자원으로 활용되고 있다.

제국주의 시대에 피지배를 받던 식민국가들은 스포츠 대회에 참가하고 좋은 성적을 거둠으로써 자민족의 우수성을 과시하려 노력했다. 그 후 냉전시대에는 이데올로기와 군사적 대립을 겪던 서구와 동구의 국가들이 스포츠를 통해 자국의 우수성을 홍보하려는 경향이 나타났고 따라서 민족주의적 성향이 강화되었다. 냉전시대 이후 스포츠 세계화의 흐름 속에서 각 민족의 고유한 스포츠 중에서 대중의 인기를 끌 수 있는 종목은 상업적으로 개발되었는데 이 과정에서 민족주의가 상업적으로 활용될 수 있었다. 그리고 스포츠 용품을 생산 판매하는 다국적 기업은 각국의 민족주의적 성향을 마케팅에 활용하면서 현지화된 스포츠 용품을 개발 판매함으로써 수익을 올리고 있다.

정답 : ④

02 <보기>에서 스포츠 세계화의 동인으로 옳은 것만을 모두 고른 것은?

< 보 기 >
ㄱ. 민족주의
ㄴ. 제국주의 확대
ㄷ. 종교 전파
ㄹ. 과학기술의 발전
ㅁ. 인종주의 심화

① ㄱ, ㄴ, ㄷ
② ㄴ, ㄷ, ㅁ
③ ㄱ, ㄴ, ㄷ, ㄹ
④ ㄱ, ㄷ, ㄹ, ㅁ

스포츠 세계화란 스포츠에서 발견되는 세계화 현상을 의미한다. 스포츠 세계화로 인해 다양한 인종이 전세계인의 관심 속에서 스포츠에 참여하고 있으며 이로 인해 인종 간의 편견과 오해가 사라지고 있다. 따라서 '인종주의 심화'는 스포츠 세계화와 관련이 없으며 나머지 내용은 모두 스포츠 세계화의 원인이다..

정답 : ③

03 미래 사회의 스포츠에 대한 전망으로 바르지 않은 것은?

① 각 대륙을 구성하는 국가 간에 네트워크가 형성되고 있다.
② 각 국가 고유의 전통적 지역 스포츠가 소개되고 있다.
③ 스포츠에 시장경제원리가 적용되고 있다.
④ 민족적 스포츠문화는 급격하게 소멸할 것이다.

미래사회에는 시장경제의 원리에 따라 사람들의 흥미를 끌 수 있는 다양한 민족 스포츠가 발굴 전파될 수 있을 것이다.

정답 : ④

04 <보기>에서 매기(J. Magee)와 서덴(J. Sugden)이 제시한 스포츠의 노동이주 유형은?

< 보 기 >
• 종목의 특성으로 인해 국가 간 이동이 발생한다.
• 개인의 취향에 의해 선택하는 경우도 발생한다.
• 흥미로운 장소를 돌면서 스포츠를 즐기는 유형이다.

① 유목민형 ② 정착민형 ③ 개척자형 ④ 귀향민형

한 장소에 얽매이지 않고 대회가 열리는 국가를 찾아다니며 스포츠 선수로 활동하는 일을 유목민(Nomad)에 빗대어 유목민형이라고 한다.

정답 : ①

행복은 성취의 기쁨과 창조적 노력이 주는 쾌감 속에 있다.

스포츠 교육학

스포츠 교육학

1강 • 스포츠 교육의 배경과 개념 ··· 077
2강 • 스포츠 교육의 정책과 제도 ··· 086
3강 • 스포츠 교육의 참여자 이해론 ·· 100
4강 • 스포츠 교육의 프로그램론 ··· 106
5강 • 스포츠 교육의 지도방법론 1 ·· 113
6강 • 스포츠 교육의 지도방법론 2 ·· 132
7강 • 스포츠 교육의 평가론 ·· 142
8강 • 스포츠 교육자의 전문적 성장 ·· 151

01강 스포츠 교육의 배경과 개념

1. 스포츠 교육의 역사

Introduction

스포츠 교육의 의의는 단순히 기술과 규칙, 전술을 배우는 것을 넘어선다. 훈련과 경기 과정을 통해 인내와 스포츠맨십 같은 긍정적인 가치를 배우며, 상호작용을 통해 조화와 화합의 정신을 학습하는 것이 진정한 의미이다.

스포츠 교육은 신체적 측면뿐만 아니라 정서적 안정과 사회적·도덕적 인격 함양을 통해 마음의 건강을 증진시키는 정신적 측면에도 중점을 두어 발전해 왔다.

학습목표

거의 출제되지 않습니다. 스포츠 교육학의 방향이 어떻게 변해왔는가 정도만 이해하시면 됩니다.

<1> 스포츠 가르치기에 대한 역사적 관심

1) 스포츠 교육의 역사

19C 초·중반	• 체조 중심의 체육 • 정신적·도덕적 건강을 중시하는 기독교적 특성이 반영 • 아마추어리즘과 페어플레이 정신 강조
19C 말~ 20C 초	• 체조 중심의 체육이 쇠퇴하고 신체활동을 통한 체육의 중요성이 부각 • 레크리에이션의 중요성 부각 • 스포츠와 게임을 통한 신체와 지력, 성격 등의 발달에 관한 관심이 발생함
1950년대 이후	• 휴먼 무브먼트에 대한 관심이 확대 • 교육체조, 교육무용, 교육게임 등으로 체육의 교육과정이 구분
1960년대 이후	• 학교체육을 통해 인성과 자기표현력, 대인관계 등의 발달이 강조되기 시작
1970년대 이후	• 놀이 문화 중시 • 자발적 참여와 건전한 스포츠문화의 형성 중시
1990년대 이후	• 체육 교육의 목적이 각종 스포츠, 운동, 게임, 무용 등 일상적 활동과의 연계로 더욱 확대

대표 기출 유형

01 스포츠 교육학에 관한 설명으로 옳지 않은 것은?

① 학교체육, 생활체육, 전문체육을 모두 포괄한다.
② 체육교육과정, 체육수업, 체육교사 교육 등을 연구영역으로 한다.
③ 체육학문화 운동으로 스포츠교육학은 1940년대에 학문적으로 체계화되었다.
④ 교육적 관점에서 모든 연령층의 신체활동을 다룬다.

정답은 해설지에

2) 근대의 스포츠 교육 목표 설정 (C. Burch)

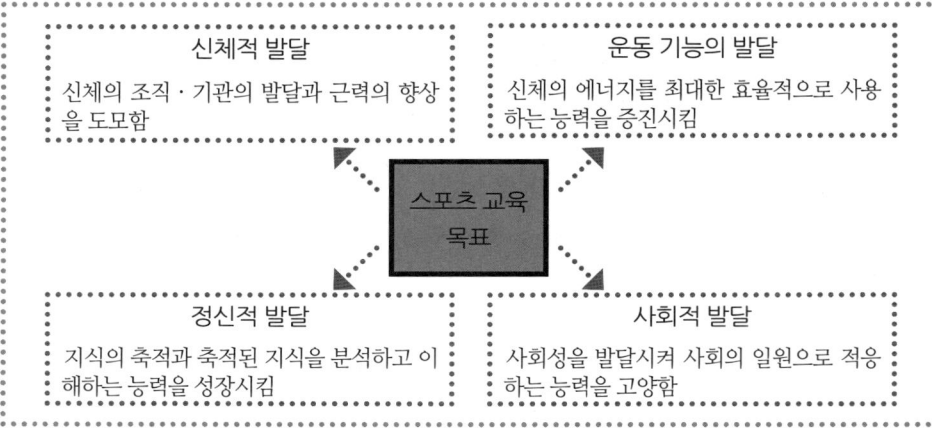

⟨2⟩ 스포츠 가르치기에 대한 최근의 노력

☐ **스포츠 교육의 현황**

체육에 대한 개념의 변화	운동수행 능력을 위한 체육에서 탈피하여 건강을 위한 체육으로 전환
체육교육의 전문화	체육교사에 대한 교양과 실기 능력을 강화하기 위하여 교육 기간을 연장함
불평등의 제거	교육현장에서 성별, 장애 등으로 인한 불평등을 해소하기 위한 노력이 진행되고 있음
체육수업의 필수화	체육 수업의 매일 실천과 참여 기회의 확대방안 모색 중

☐ **스포츠 교육에서의 최근의 동향**

- '운동능력을 위한 체력'에서 '건강한 생활을 위한 체력'의 개념으로 관심이 변화함
- 스포츠교육에서 인권과 평등을 강조하고 있음
- 체육 수업이 필수화되고 스포츠 활동 참여 기회가 확대됨

대표 기출 유형

02 다음 중 현대 스포츠 교육의 특성을 총체적으로 가장 잘 표현한 것은 무엇인가?

① 건강 증진
② 스포츠 기술 습득
③ 정서 순화
④ 전인적 성장

정답은 해설지에

2. 스포츠 교육의 개념

Introduction

스포츠 교육은 사람들이 일상에서 스포츠를 문화적인 활동으로 즐길 수 있도록 가르치는 것을 의미한다. 따라서 스포츠 교육은 학교 체육이라는 좁은 범위를 넘어서, 스포츠와 관련된 모든 활동과 연구를 포괄하는 개념이다.

이는 신체적 능력과 관련된 심동적 영역뿐만 아니라, 인지적 영역과 인성, 도덕성과 관련된 정의적 영역까지를 연구의 범위로 삼는다.

학습목표

스포츠교육의 영역인 인지, 심동, 정의라는 용어들의 개념 정도만 이해합니다.

<1> 협의 / 광의의 스포츠교육

1) 스포츠 교육학의 개념과 연구 영역

(1) 스포츠 교육학의 개념

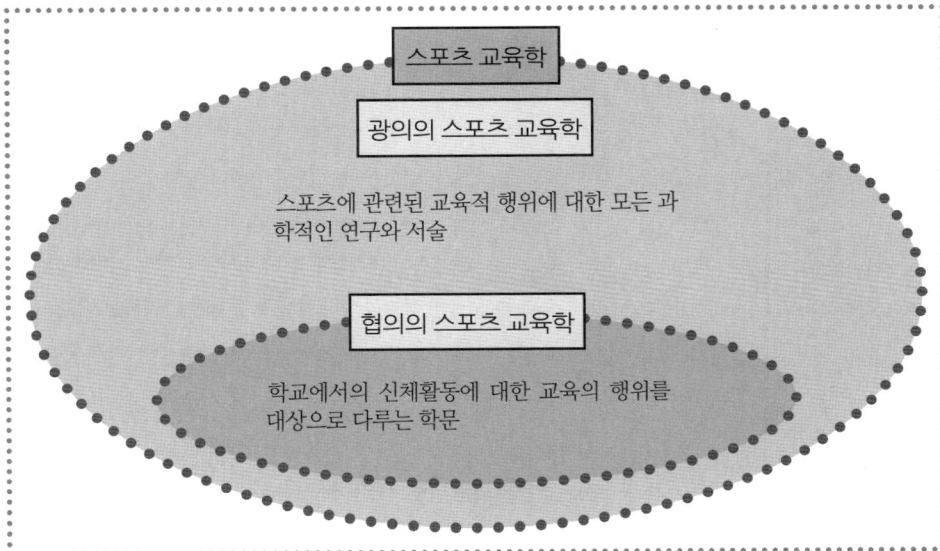

(2) 스포츠 교육학의 영역 - 헤더링턴

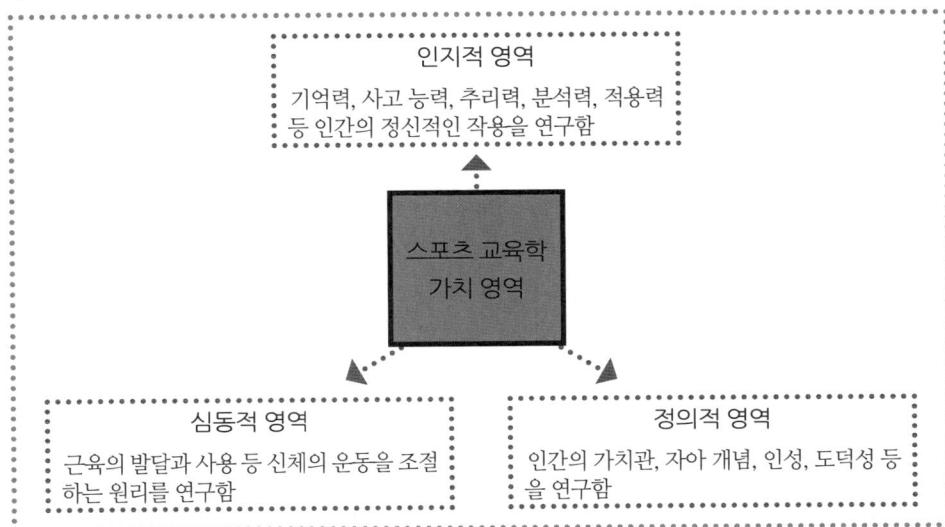

대표 기출 유형

03 다음 중 운동 선수를 대상으로 스포츠교육학이 추구하는 가치 영역이 아닌 것은?

① 인지적 영역
② 평가적 영역
③ 심동적 영역
④ 정의적 영역

정답은 해설지에

<2> 스포츠 교육 영역의 발달 목표 (B. Bloom)

1) 인지적 영역의 발달 단계

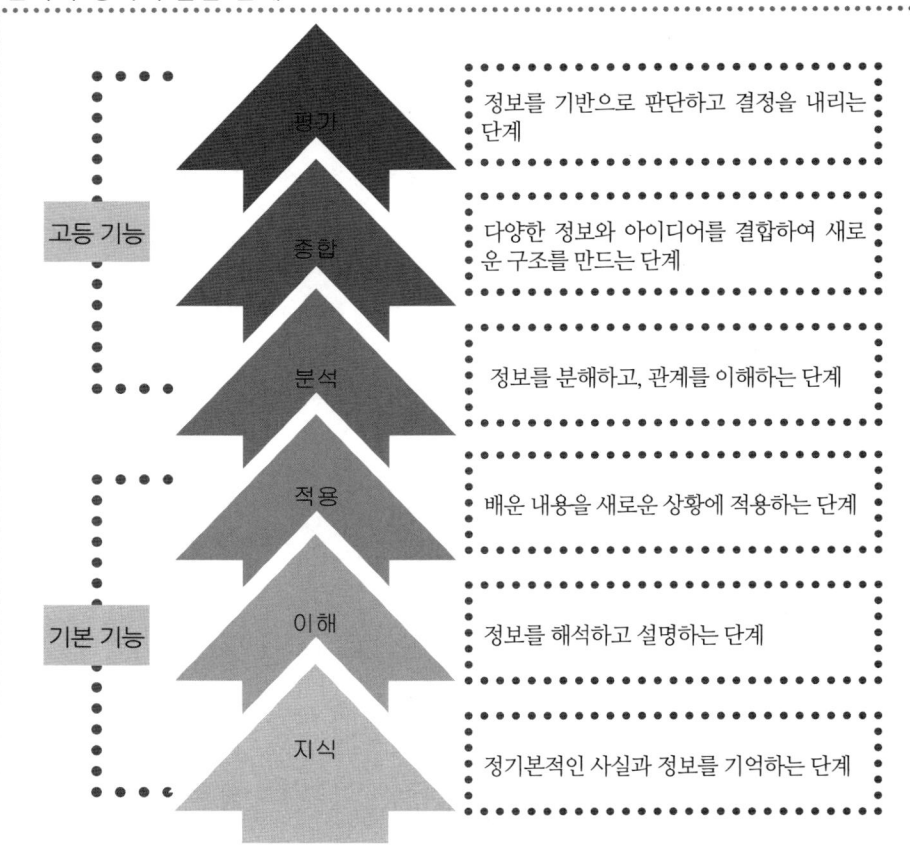

2) 정의적 영역의 발달 단계

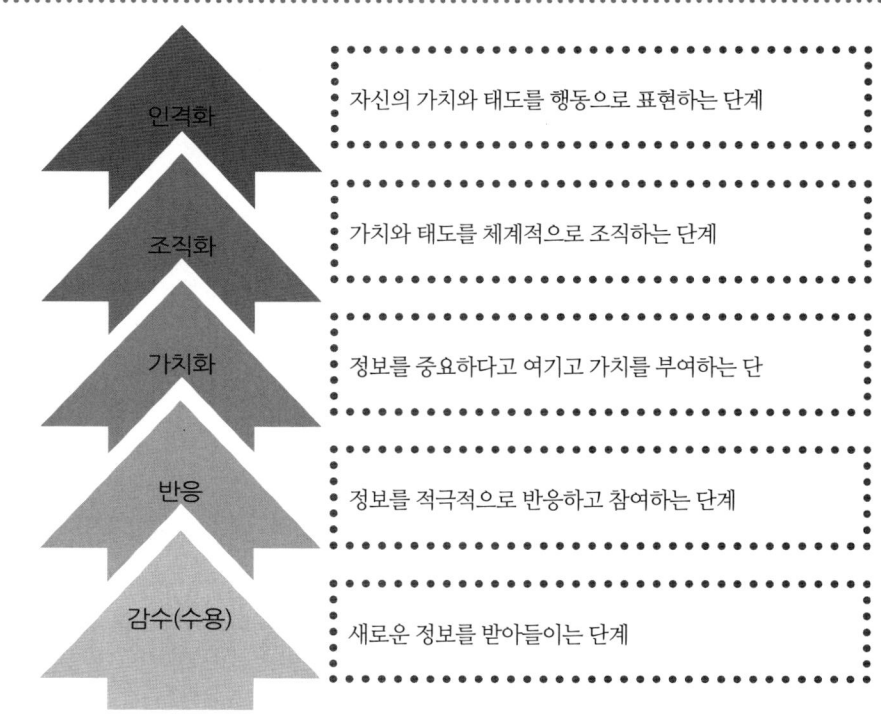

3) 심동적 영역의 발달 단계

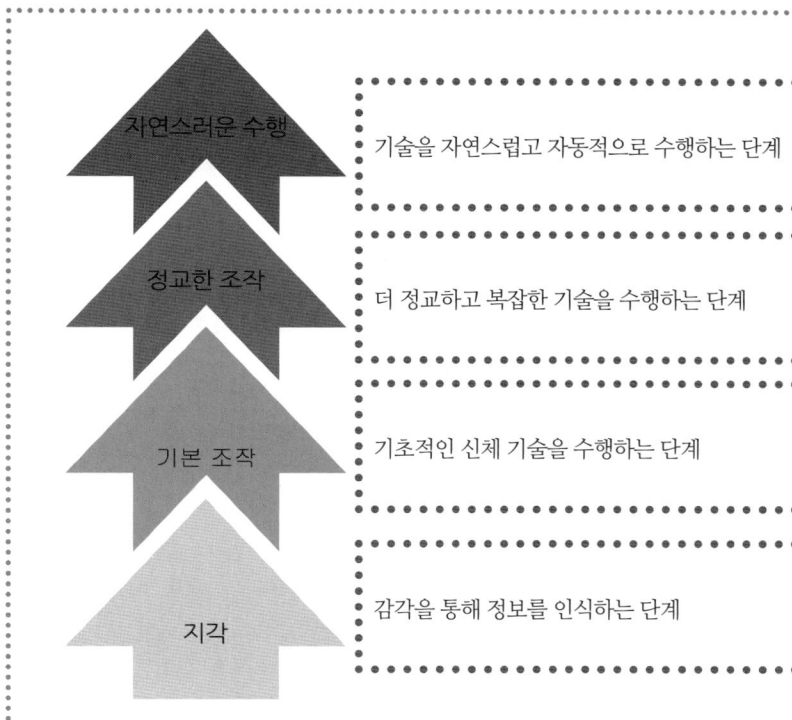

3. 스포츠 교육의 현재

학습목표
거의 출제되지 않습니다. 각 영역에서의 스포츠교육이 가지는 의미 정도만 이해하시면 됩니다.

Introduction

최근의 스포츠 교육은 학교 체육, 생활 체육, 전문 체육 등 다양한 분야에서 스포츠 참여자들의 성장과 발달에 기여할 수 있는 내용과 방법을 제공하는 것을 목표로 한다. 또한, 이러한 교육을 실천하기 위해 각 분야별 전문적인 지도자를 양성하는 것도 포함된다.

이 장에서는 학교 체육, 생활 체육, 전문 체육 등 각 영역에서의 교육 목표와 추진해야 할 과제에 대해 다룬다.

〈1〉 학교에서의 스포츠 교육

학교 체육에서 최근 추진되고 있는 주요 과제는 크게 3가지로 요약할 수 있다.

첫째, 체육 교육과정 및 자율 체육활동 활성화이다. 이를 위해 스포츠 교육의 의무화와 콘텐츠 개발 등이 진행되고 있다.

둘째, 학생들의 건강 체력 증진을 위한 신체 활동 강화이다. 각급 학교에서는 아침 체조와 아침 달리기 등 운동 처방 교실과 건강 체력 교실 등이 운영되고 있다.

셋째, 학교 스포츠 클럽의 확대와 지역 연계 강화이다. 현재 학교 체육을 중심으로 스포츠 클럽 대회, 상시 리그제, 여학생 참여 확대를 위한 스포츠 한마당 개최, 지역 사회 스포츠 시설과 연계한 체육 프로그램 운영 등이 시행되고 있다.

□ 학교 체육의 추진 과제
- 체육 교육 및 자율체육활동의 활성화
- 체력증진을 위한 신체활동의 강화
- 학교스포츠클럽의 확대
- 지역 사회와의 연계 강화

〈2〉 생활에서의 스포츠교육

과거에는 스포츠 교육이 학교 체육에 국한되었지만, 최근에는 평생 스포츠 교육 시스템으로 전환되었다. 이 시스템은 국공립 사회체육센터, 사설 체육시설 등을 포함한 다양한 장소에서 이루어진다. 생활 속에서의 스포츠 교육은 인간의 욕구 충족, 건강 증진, 지역 사회 개발, 사회 문제 해결 등 다양한 의미를 가진다.

따라서 학령기의 어린이와 청소년뿐만 아니라 유아, 성인, 노인, 장애인 등 다양한 학습자를 대상으로 한 스포츠 교육이 활성화되고 있으며, 이를 실현할 수 있는 전문 스포츠 지도사 양성도 중요하게 다뤄지고 있다.

1) 생활 체육의 의의

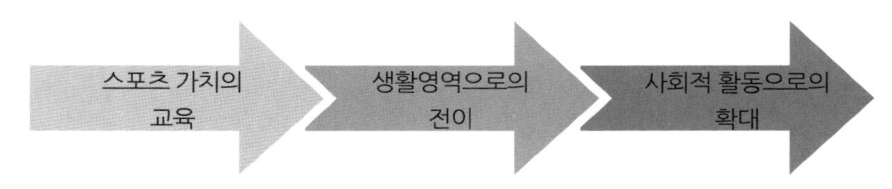

2) 각 대상에 따른 생활 체육의 목표

유아 · 아동 전기	• 움직임 교육 중심 • 신체의 움직임에 대한 즐거움을 추구함
아동 후기 · 청소년기	• 스포츠 활동 중심 • 기초 기능의 습득과 응용 기능의 발현을 추구함
성인기	• 자신에게 맞는 종목 선택과 평생 체육의 실천 • 고도의 스포츠 기술에 대한 도전을 추구함
노년기	• 신체 조건에 적합한 활동 선택 • 타인과 교류하며 육체적, 정신적, 사회적 건강을 유지하는 것을 목표로 함

〈3〉 경기에서의 스포츠 교육

우리나라의 스포츠는 엘리트 스포츠를 중심으로 발전해왔다. 이로 인해 아마추어리즘보다는 상급학교 진학, 포상금 및 연금 획득, 프로 스포츠 취업 등이 주된 목표가 되었다. 이 과정에서 학생 선수들은 교육의 본래 의미에서 소외되었고, 학교 체육 제도도 교육적 목적에서 벗어나 운영되었다. 따라서 스포츠 교육의 본래 의미를 회복하기 위한 대안과 개선책이 필요하다.

스포츠 교육이 제대로 이루어진다면, 훈련과 시합을 통해 개인의 가능성을 발견하고, 스포츠의 긍정적 가치를 일상에서 실천하도록 유도할 수 있다.

□ 전문스포츠교육의 개선방안

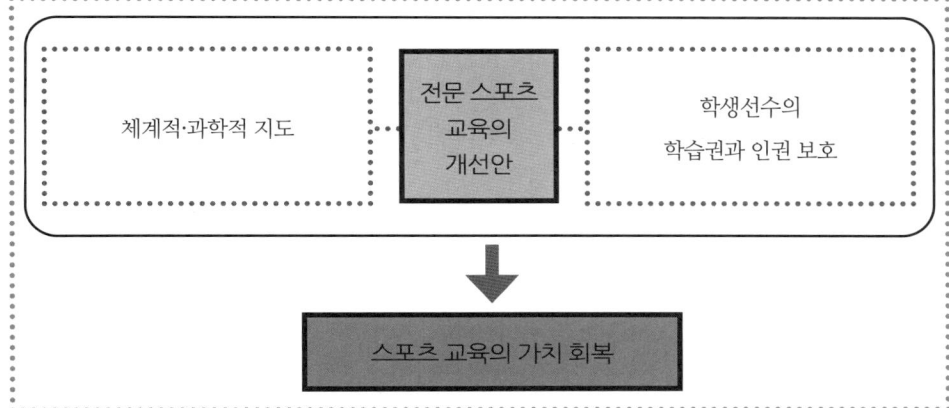

대표 기출 유형

04 다음 중 운동 선수를 대상으로 한 스포츠 교육을 가장 적절하게 표현한 것은 무엇인가?

① 운동 능력 개발을 최우선 목표로 설정하여 강력한 훈련 프로그램을 실행한다.
② 승리와 우승을 달성하기 위해 모든 수단과 방법을 동원한다.
③ 운동 과학의 지식을 응용하여 최고도의 기능을 발휘할 수 있도록 한다.
④ 운동 기술을 익히고 시합을 하는 과정에서 참된 자신과 가능성을 깨닫고 삶 속에서 지속적으로 실천해가도록 한다.

정답은 해설지에

Confirmation 이것만은 꼭!

01 헤더링턴이 주창한 스포츠 교육의 3대 영역은 (,   ,   )이다.

02 스포츠 교육의 영역 중 스포츠 학습자의 지식의 정도, 이해력, 분석과 추론의 능력 등은 (   )에 해당한다.

03 스포츠 교육의 영역 중 스포츠 학습자의 인격, 가치관, 도덕성 등의 영역은 (   )에 해당한다.

04 스포츠 교육의 영역 중 스포츠 학습자의 신체적 능력과 운동의 기술 등은 (   )에 해당한다.

05 엘리트 스포츠 선수들을 대상으로 실시되는 스포츠 교육이 있다. 이를 (   )스포츠 교육이라고 한다.

정답
1. 인지적 영역, 심동적 영역, 정의적 영역
2. 인지영역
3. 정의적 영역
4. 심동적 영역
5. 전문

Previous 단원 기출문제

01 <보기>에서 블룸(B. Bloom)의 인지적 영역 수준에 해당하는 것은?

< 보 기 >
배드민턴 경기에서 상대 선수의 서비스를 받을 때, 낮고 짧은 서비스와 높고 긴 서비스의 대처 방법이 어떻게 달라져야 하는지를 알 수 있다.

① 분석
② 기억
③ 이해
④ 평가

'인지'란 특정한 상황을 받아들이고 분석, 평가, 이해한 후 기억하는 인간의 지적 작용을 말한다. 블룸은 인간의 인지발달 단계를 기억, 이해, 적용, 분석, 종합, 평가라는 6단계로 구분한다. 보기에는 상대방의 서비스를 어떻게 대처해야 하는지를 생각한다는 문장이 있으며 이는 주어진 상황에 대한 분석단계이다.

정답 : ①

02 생활 체육으로서의 스포츠 교육의 목표로 바르지 않은 것은?

① 교육적 의미보다는 건강의 증진 또는 레크리에이션이나 경기의 활동에만 국한된 목표를 가진다.
② 스포츠에 내재된 긍정적 가치와 경험이 사회 구성원에게 전달되는 것을 목표로 한다.
③ 사회 구성원에게 전달된 스포츠의 가치가 현실과 사회로 전이되는 것을 목표로 한다.
④ 생활체육은 사회적·교육적 목표를 가지고 실현될 때 의미가 높아진다.

학교 체육의 목표가 전인적 성장에 있다는 점을 기억해야 한다. 건강이나 즐거움의 추구, 혹은 승부에의 집착 등에 한정된 교육을 전인적 교육이라고 볼 수는 없다.

정답 : ①

03 스포츠교육이 지향하고 있는 내용으로 적절하지 않은 것은?

① 활동 목표와 내용, 방법에 있어 통합화와 다양화를 추진하고 있다.
② 훈련과정에서 지도자 자신의 직관에만 근거하여 지도한다.
③ 유아, 청소년, 성인, 노인, 장애인 등 다양한 학습자를 대상으로 한다.
④ 학교체육 – 생활체육 – 전문체육을 연계적으로 발전시키고자 한다.

스포츠교육은 다양한 연령층의 학습자를 대상으로 하며, 그들의 인지, 정의, 심동 영역의 균형있는 발달을 위해 다양한 교육의 방법을 조화롭게 활용하게 된다. 그런 점에서 스포츠교육을 담당하는 지도자도 스포츠 교육의 목표를 실현하기 위해서는 자신의 경험이나 직관을 넘어서는 전문적인 지식을 가져야 한다.

정답 : ②

04 <보기>의 ㉠, ㉡에 해당하는 용어가 바르게 연결된 것은?

< 보 기 >
1960년대 중반 미국을 중심으로 전개된 (㉠)은 스포츠교육학이 체육학의 하위학문 분야로 성장하는데 촉매제 역할을 하였다. 결국 신체 활동을 지도할 때 학문을 기반으로 한 (㉡)지식을 스포츠 참여자에게 가르쳐야 한다는 주장이 본격적으로 제기되기 시작했다.

	㉠	㉡
①	체육 학문화	운동 이론적
②	체육 학문화	운동 경험적
③	체육 과학화	운동 경험적
④	체육 과학화	운동 이론적

1960년대 이후 체육의 교육적 효용성을 중시하는 '체육 학문화 운동'이 시작되었다. 이때부터 지도자의 경험이 아닌 학문적 이론을 바탕으로 한 체육교육이 강조되었다.

정답 : ①

02강 스포츠 교육의 정책과 제도

1. 학교체육

Introduction

학교 체육은 학교의 책임 하에 조직적이고 계획적으로 진행되는 체육 활동을 의미한다. 이는 교과로서의 체육, 특별활동으로서의 스포츠 행사나 활동, 자유로운 운동 시간 등 세 가지 유형으로 나눌 수 있다.

학교 체육의 목적은 교육적 목표에 부합하는 운동 종목과 신체 활동을 통해 바람직한 인간관계를 형성하고 건강을 유지하는 방법을 지도하고 평가하는 것이다.

학습목표
7차 이후의 교육과정에서 체육교육의 목표가 어떻게 정립되었는가와 학교체육진흥법안의 주요내용이 출제됩니다.

교육과정
교육부(교육인적자원부) 발족 이후 7번째로 개편된 교육과정. 교육과정이란 초·중·고교에서 '무엇을, 어떻게 가르칠 것인가'에 대해 국가가 기준을 정해 놓은 틀이다. 1955년 1차 교육과정이 시작된 이후 여섯 번의 전면 개정 과정을 거쳐 2003년 8월 7차 교육과정이 시행·적용되었다.

2000년 초등학교 1·2학년을 시작으로, 2001년 초교 3·4학년과 중학교 1학년, 2002년 초교 5·6학년과 중2, 고1, 2003년 중3, 고2, 2004년 고3에 차례로 적용되었다.

〈1〉 국가 체육 교육과정 및 학교체육진흥법

1) 현행 국가 체육 교육과정

(1) 제 7차 교육과정과 제 7차 개정 교육과정의 비교

제 7차 교육과정	제 7차 개정 교육과정(2015 개정 교육과정)
• 운동기능 중심	• 창의 융합형 인재양성
• 움직임 욕구 실현 • 운동수행 기능과 체력증진 • 운동과 건강에 관한 다양한 지식 이해	• 신체 활동 가치 + 창의, 인성 교육 강화
• 체조, 육상, 수영, 개인 및 단체활동, 무용	• 건강활동, 신체수련능력, 경기수행 능력, 신체표현 능력
• 바람직한 태도의 함양을 강조함 • 구체적인 인성 요소가 명시되지 않음	• 구체적인 인성 요소가 명시됨

(2) 교육과정 개선에 관한 관점

문화적 관점	교사를 교육과정과 학교교육 변화의 중심에 두는 관점. 교사 스스로 변화의 정당성을 이해하고자 노력하고, 능동적으로 의식의 전환을 도모하는 것을 중시한다. 교육과정의 개선은 학교교육에 참여하는 구성원 간의 상호작용을 통해 결정될 때 가치있는 것으로 본다.
기능적 관점	교과 내용의 숙달에 중점을 두는 관점. 교육과정 개선의 최종 산물로 어떤 내용과 지식을 제공하고 학습할지에 초점을 둔다. 학생들과 사회를 위해 가장 가치있다고 판단되는 지식을 정하여 조직한 후 학생들에게 제시한다.
생태적 관점	교육 자체를 생태학적으로 재구성하려는 관점. 교육과정을 교사와 학생들이라는 살아 있는 생명체들로 구성된 세계로 이해한다. 즉 학교에서 교육이라는 이름으로 다루는 모든 것은 고정된 불변의 초월적인 어떤 것이 아니라, 교사와 학생들간의 살아 있는 관계에 의해서 끊임없이 창조, 재창조해 가는 과정으로 본다.

대표 기출 유형

01 아래 〈보기〉의 내용을 모두 포함하는 교육과정 개선의 관점은 무엇인가?

< 보기 >
• 교사를 교육과정과 학교교육 변화의 중심에 둔다
• 교육과정의 개선은 학교교육에 참여하는 구성원간의 상호작용을 통해 결정된다.
• 교사 스스로 변화의 정당성을 이해하고자 노력하며, 능동적으로 의식의 전환을 도모한다.

① 기능적 관점
② 생태적 관점
③ 문화적 관점
④ 효율적 관점

정답은 해설지에

□ 체육과 교육과정의 변천과정 및 특징 (교육인적자원부, 2007)

교수요목기
- 1946~1954
- 식민지 교육에서 민주주의 자유교육으로의 전환기

1차 개정
- 1955~1963
- 우리나라가 만든 최초의 체계적인 교육과정

2차 개정
- 1963~1973
- 체육과의 명칭이 초·중등 모두 '체육'으로 통일됨

3차 개정
- 1973~1981
- 국민학교에 '놀이' 대신 '운동' 개념이 도입됨

4차 개정
- 1981~1987
- 움직임 교육과정의 영향으로 '기본 운동' 개념이 도입됨

5차 개정
- 1987~1992
- 교육내용을 심동·인지·정의 영역으로 나누어 제시함

6차 개정
- 1992~1997
- 구성 체제에서 '성격' 항목이 새롭게 추가됨

7차 개정
- 1997~2007
- 교육내용이 '필수'와 '선택'으로 나누어 제시됨

2009 개정
- 2009~2013
- 학교스포츠클럽 활동 편성 운영

2013 개정
- 2013~현재
- 고교 체육필수단위를 10단위 이상으로 조정

2) 학교체육진흥법

(1) 주요 항목

학교체육진흥법

학생의 체육활동 강화 및 학교운동부 육성 등 학교체육 활성화에 필요한 사항을 정함으로써 학생들이 건강하고 균형 잡힌 신체와 정신을 가질 수 있도록 하는 데 기여함을 목적으로 제정된 법안.

2011년 3월 입법 발의 되어 2011년 12월 30일 국회 본 회의를 통과, 2013년 1월부터 시행되었다.

국가 및 지방자치단체는 학교체육 활성화를 위한 시책을 수립·시행하여야 하며, 교육감은 해당 지방자치단체의 학교체육 진흥계획을 수립·시행하여야 한다는 것을 주요 내용으로 하고 있다.

항목	제목	주요 내용
제3조	학교체육 진흥 시책과 권장	• 국가 및 지방자치단체(교육감을 포함한다)는 학교체육 진흥에 필요한 시책을 마련 • 학생의 자발적인 체육활동을 권장·보호 및 육성하여야 한다.
제4조	기본 시책의 수립 등	• 교육부장관은 문화체육관광부장관과 협의하여 학교체육 진흥에 관한 기본시책을 5년마다 수립·시행
제5조	협조	• 교육부장관과 문화체육관광부장관은 제4조에 따른 시책을 수립·시행하기 위하여 필요한 경우 지방자치단체의 장, 교육감 및 관계 기관 또는 단체의 장에게 협조를 요청
제6조	학교체육 진흥의 조치 등	• 체육교육과정 운영 충실 및 체육수업의 질 제고 • 학생선수의 학습권 보장 및 인권보호 • 여학생 체육활동 활성화 • 유아 및 장애학생의 체육활동 활성화 • 학교체육행사의 정기적 개최 • 학교 간 경기대회 등 체육 교류활동 활성화 • 교원의 체육 관련 직무연수 강화 및 장려
제8조	학생건강체력평가계획의 수립 및 실시	• 매년 3월말까지 학생건강체력평가 실시계획을 수립하고 실시해야 함
제9조	건강체력교실 등 운영	• 제8조에 따른 학생건강체력평가에서 저체력 또는 비만 판정을 받은 학생을 대상으로 건강체력증진을 위한 정규 또는 비정규 프로그램을 운영하여야 함
제10조	학교스포츠클럽 운영	• 학생들이 신체활동 프로그램에 참여할 수 있도록 학교스포츠클럽을 운영, 학생들의 체육활동 참여기회를 확대 • 학교스포츠클럽 전담교사를 지정 • 학교스포츠클럽 전담교사에게는 학교 예산의 범위에서 소정의 지도 수당을 지급 • 학교스포츠클럽 활동내용을 학교생활기록부에 기록
제11조	학교운동부 운영	• 학생선수가 일정 수준의 학력기준에 도달하지 못한 경우, 기초학력 보장 프로그램을 운영하여 최저학력을 보장해야 함 • 학생선수의 학습권 보장 및 신체적·정서적 발달을 위하여 학기중의 상시 합숙훈련의 근절을 지향함
제12조	학교운동부지도자	• 학교운동부지도자가 학생선수의 학습권을 박탈하거나 폭력, 금품·향응 수수 등의 부적절한 행위를 하였을 경우 학교운영위원회의 심의를 거쳐 계약을 해지할 수 있음
제13조	스포츠강사의 배치	• 국가 및 지방자치단체는 학생의 체육수업 흥미 제고 및 체육활동 활성화를 위하여 초등학교에 스포츠강사를 배치할 수 있음
제14조	유아 및 장애학생 체육활동 지원	• 국가 및 지방자치단체는 일반학교 또는 특수학교에 배치된 특수교육 대상자에 대하여 적절한 체육활동 프로그램을 운영해야 함

대표 기출 유형

02 학교체육진흥법은 각급 학교에서 체육활동 활성화를 위한 내용을 포함하고 있다. 다음 중 정과 체육과 관련이 깊은 것은 무엇인가?

① 체육교육과정 운영 충실 및 체육수업의 질 제고
② 학생선수의 학습권 보장 및 인권보호
③ 학교스포츠클럽 및 학교운동부 운영
④ 학교체육행사의 정기적 개최

정답은 해설지에

<2> 체육교사 및 기타 정책

체육교사는 초·중·고등학교에서 체육교과 및 기타 신체활동을 지도하는 지도자들을 의미한다.

1) 체육교사의 자격과 역할

구분	자격 및 개념	임용절차	역할
초등학교 체육전담교사	• 초등학교에서 체육교과만 지도하는 교사 • 교육대학교와 같은 초등교사 양성기관을 통하여 초등학교 정교사 자격증을 획득한 자	• 초등 임용고사	• 학교장에 명에 의하여 '초등 체육 전담교사'의 역할 수행 • 주당 20시간 내외의 체육수업을 담당 • 초등교사의 또 다른 역할(학급담임, 타 교과 전담교사등)을 수행
중등학교 체육교사	• 중·고등학교에서 체육교과만 지도하는 교사 • 교육대학교와 같은 중등교사 양성기관 또는 교직이수과정, 교육대학원 졸업 등을 통하여 중등학교 체육 정교사 자격증을 획득한 자	• 중등 임용고사	• 학교장의 명에 의하여 '중·고등학교 체육교사'의 역할 수행 • 중학교와 고등학교 간의 이동 근무가 가능 특별한 경우(전문직 발령, 교감 발령 등)를 제외하고는 정년까지 체육 교과의 지도만 담당
스포츠강사	• 초·중·고등학교에서 학교스포츠클럽 및 방과 후 체육활동을 지도하거나 정규 체육수업의 수업진행 및 보조 역할을 수행하는 체육지도자 • 전문대학 및 대학에서 체육관련 학과를 이수한 자 중에서 초등학교 2급 정교사, 중등학교 체육 2급 정교사, 실기교사 자격증, 스포츠지도사2급 (구 생활체육 3급) 이상의 지도자 자격증 중 하나 이상을 취득	• 각 시·도의 지역교육지원청별로 필요에 따라 '선발 공고'를 통해 선발	• 체육수업 보조(담임교사 책임 하에 체육수업 협력 지도) • 학생 안전관리, 체육교구 및 시설관리 • 학생건강체력평가제 업무 지원 • 체육대회 등 체육관련 행사 지원 • 정규수업 외 학교스포츠클럽 지도 • 체육수업 운영과 관련하여 학교장(감), 체육담당 부장교사, 담임교사와 협의한 사항 • 방학기간 중 '여름방학·겨울방학 프로그램' 운영 • 특수학교 스포츠강사는 초등학교 체육수업을 보조하되 학교의 여건에 따라 유치원, 중·고등학교 체육수업을 보조할 수 있음

대표 기출 유형

03 다음 중 체육 진흥정책과 계획의 수립에 있어서 올바르지 않은 것은 무엇인가?

① 선수와 체육 지도자의 보호·육성
② 체육시설의 설치와 유지·보수 및 관리
③ 문화체육관광부장관은 기본시책을 수립한 때에는 '시·도지사'에게 알려야 한다.
④ 지방자치단체의 장은 체육 진흥 계획과 그 추진실적을 대통령에게 정하는 바에 따라 보고하여야 한다.

정답은 해설지에

2. 생활체육

학습목표
스마일 100과 같은 국민체육진흥정책의 구체적인 내용들과 생활스포츠지도자의 권한 등을 암기해야 합니다.

Introduction

생활체육의 주된 목적은 사회 구성원이 신체 활동 부족, 자아 실현 기회 상실, 인간 관계 단절 등의 문제를 극복하고, 체력 단련과 활력 회복을 통해 건강하고 풍요로운 생활을 영위하도록 돕는 것이다.

최근에는 인간의 전 생애에 걸친 체육 및 스포츠 활동에 대한 관심이 높아지면서, 생활체육의 개발과 이를 위한 시설, 조직, 지도자 등의 확충에 대한 요구도 증가하고 있다.

<1> 생활체육의 주요 진흥 정책 - 국민체육진흥법 및 국민체육진흥정책

국민체육흥법이란 우리나라 국민에게 체육활동을 진흥하여 이를 바탕으로 온 국민의 체력증진 및 건전한 정신 육성을 도모하기 위해 1962년 9월 17일 법률 제1146호로 제정 공포한 법률이다. 이후 수차례에 걸친 개정작업을 통해 1993년 12월31일 법률 제4689호로 개정 시행 중이다.

1) 생활체육과 직장체육의 진흥법안

(1) 생활체육과 관련한 국민체육진흥법안

□ 주요 내용

항목	제목	주요 내용
제2조	정의	• "생활체육"이란 건강과 체력 증진을 위하여 행하는 자발적이고 일상적인 체육 활동을 말한다. • "체육동호인조직" 이란 같은 생활체육 활동에 지속적으로 참여하는 자의 모임을 말한다.
제13조	체육시설의 설치 등	• 국가와 지방자치단체는 국민의 체육 활동에 필요한 시설의 적정한 확보와 이용에 필요한 시책을 마련하여야 한다. • 국가와 지방자치단체는 장애인 체육 활동에 필요한 시설의 설치와 운영에 필요한 시책을 마련... . • 직장의 장은 종업원의 체육 활동에 필요한 시설을 설치·운영하여야 하며, 학교의 체육시설은 학교 교육에 지장이 없는 범위에서 지역 주민에게 개방... . • 국가와 지방자치단체는 민간의 체육시설 설치를 권장하고 건전하게 운영... . - 이하 생략
제16조의2	생활체육 활동 및 체력 증진	• 국가 및 지방자치단체는 생활체육에 관한 국민의 자발적 참여를 유도하고 과학적 체력관리를 지원하기 위하여 생활체육 활동 및 체력에 대한 인증에 필요한 시책을 마련하여야 한다. • 문화체육관광부장관은 인증 업무의 전문성과 신뢰성을 확보하기 위하여 대통령령으로 정하는 지정 기준에 따라 인증기관을 지정할 수 있다. • 문화체육관광부장관은 제2항에 따른 인증기관에 대하여 인증 업무 수행 및 운영에 필요한 경비를 예산의 범위에서 지원할 수 있다.
제18조의3	스포츠윤리센터의 설립	• 체육의 공정성 확보와 체육인의 인권보호를 위하여 스포츠윤리센터를 설립한다. • 스포츠윤리센터는 법인으로 한다. - 이하 생략

국민체육진흥법 주요내용

• 국가와 지방자치단체는 국민체육진흥에 관한 시책을 마련하고 국민의 자발적인 체육활동을 권장·보호 및 육성함

• 문화체육관광부 장관은 국민체육진흥에 관한 기본시책을 수립해야 함

• 지방자치단체의 장은 그 기본시책에 따라 그 지방자치단체의 체육진흥계획을 수립·시행해야 함

• 체육의 날과 체육주간의 설정, 체육대회 실시, 체육지도사의 양성, 체육시설의 설치, 체육선수의 보호·육성, 도핑방지활동, 여가체육의 육성, 체육용구의 생산 장려, 체육관련 보조금 지급 등이 포함됨

• 국민체육진흥기금을 조성하여 국민체육진흥을 위한 연구개발, 시설확충, 지도자 양성, 체육인의 복지향상 등에 활용함 등이다.

대표 기출 유형

04 <보기>는 국민체육진흥법(시행 2022.8.11.) 제18조의3 '스포츠윤리센터의 설립'에 관한 내용이다. ㉠, ㉡에 들어갈 용어가 바르게 연결된 것은?

<보기>
· 체육의 (㉠) 확보와 체육인의 (㉡)를 위하여 스포츠윤리센터를 설립한다.

	㉠	㉡
①	정당성	권리 강화
②	정당성	인권 보호
③	공정성	권리 강화
④	공정성	인권 보호

정답은 해설지에

(2) 직장체육과 관련한 국민체육진흥법안

□ 주요 내용

항목	제목	주요 내용
제7조	직장체육의 진흥을 위한 조치	• 법 제 10조 제2항 및 제3항에 따라 체육동호인조직과 체육진흥관리위원회를 설치하고 체육지도자(체육동호인에게 생활체육을 지도할 수 있는 자격이 있는 체육지도자로 한정한다)를 두어야 하는 직장은 상시 근무하는 직장인 1천 명 이상인 국가기관과 공공단체로 한다.〈개정 2014.7.7.〉 • 법 제10조제4항에 따라 한 종목 이상의 운동경기부를 설치·운영하고 체육지도자(운동경기부의 선수에게 전문체육을 지도할 수 있는 자격이 있는 체육지도자로 한정한다)를 두어야 하는 공공기관 및 직장은 상시 근무하는 직장인이 1천 명 이상인 공공기관(「공공기관의 운영에 관한 법률」에 따른 공공기관을 말한다. 이하 같다)과 공공단체로 한다.〈개정 2014.7.7.〉 • 제1항이나 제2항에 해당하는 공공기관 및 직장이 지역을 달리하여 사무실이나 사업장을 가지고 있는 경우에는 체육지도자·운동경기부를 1개의 사무실이나 사업장에만 배치하거나 설치할 수 있다.〈개정 2014.7.7.〉 • 제1항과 제2항에 따른 공공기관 및 직장의 장은 운동경기부와 체육동호인조직의 활동을 위한 시설을 제공하고 필요한 경비를 지원하여야 하며, 연 1회 이상 직장 체육대회와 직장대항 경기대회를 개최하여야 한다.〈개정 2014.7.7.〉
제10조	직장체육의 진흥	• 국가와 지방자치단체는 직장체육 진흥에 필요한 시책을 마련하여야 한다. • 직장의 장은 대통령령으로 정하는 바에 따라 체육동호인조직과 체육진흥관리위원회를 설치하는 등 직장인의 체력 증진과 체육 활동 육성에 필요한 조치를 마련하여야 한다. • 대통령령으로 정하는 직장에는 직장인의 체력 증진과 체육 활동 지도·육성을 위하여 체육지도자를 두어야 한다.〈개정 2012.2.17.〉 • 「공공기관의 운영에 관한 법률」에 따른 공공기관 중 대통령령으로 정하는 기관(이하 "공공기관"이라 한다)과 대통령령으로 정하는 직장에는 한 종목 이상의 운동경기부를 설치·운영하고 체육지도자를 두어야 한다.〈개정 2009.3.18., 2012.2.17.〉 • 제2항부터 제4항까지의 규정에 따른 직장체육에 관한 업무는 시장·군수·구청장(자치구의 구청장을 말한다)이 지도·감독한다.

2) 국민체육진흥정책

2013년에 발표된 '국민생활체육진흥 종합계획'은 향후 5년간의 스포츠 복지 정책의 청사진을 제시하고 있다. 이 계획은 '스포츠를 마음껏 일상적으로 100세까지'라는 캐치프레이즈를 내걸고 있으며, 100세 시대의 도래 등 환경 변화에 능동적으로 대응하기 위해 생애 주기별 맞춤형 생활체육 프로그램을 보급하고, '언제나, 어디서나, 누구나, 함께 즐기는' 생활체육 환경을 조성하기 위한 다양한 추진 과제를 담고 있다.

(1) 스마일 100

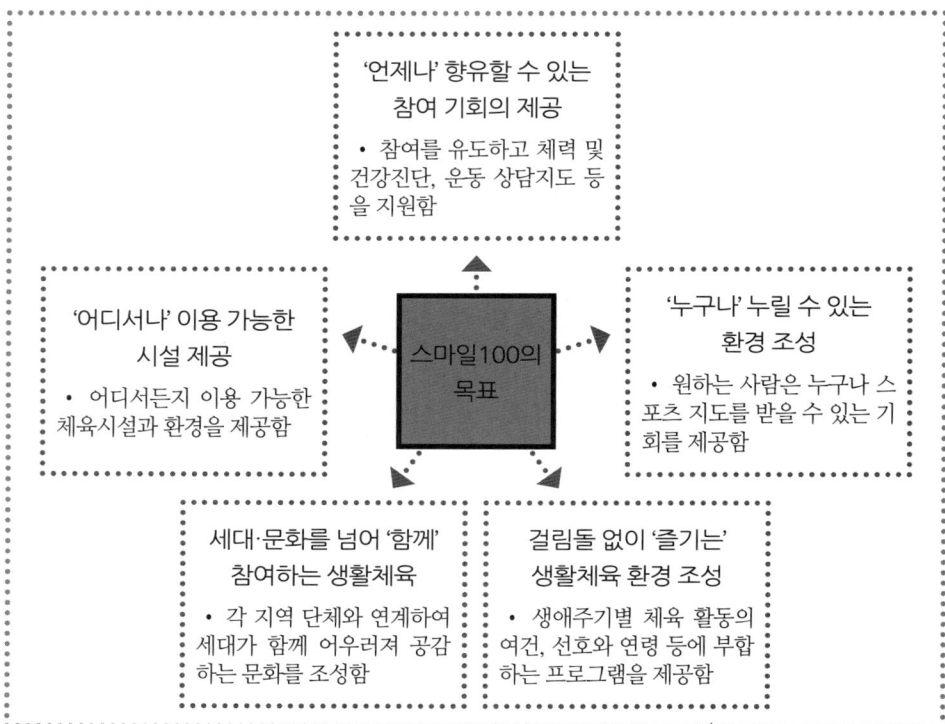

(2) 국민체육진흥정책의 생애주기별 추진전략

생애주기	슬로건	추진 과제
유소년기	운동습관의 형성으로 건강한 100세 출발	• 유아교육기관 체육 돌봄 프로그램 지원 • 스포츠 활동 우수 학교 인증제 도입 • 각급 교육기관에 유소년지도자 파견 및 맞춤형 프로그램 도입 • 학교 스포츠 강사 채용의 확대 • 우수 스포츠클럽 지원
청소년기	스마트 기기 대신 운동으로	• 학교 스포츠클럽 정책 및 지역 스포츠 클럽과의 연계 시스템 구축 • 스포츠 활동 이력제 등 스포츠 지원 시스템 구축 • 여학생 친화적 체육활동의 여건 조성
성인기	가정에서 직장에서 일상적 운동으로 활력있게	• 국민체력 100 정착 및 종합형 스포츠 클럽 육성 • 여성 및 가족 단위 운동 참여 여건 조성 • 스포츠 교실과 기타 생활체육 광장의 확대와 스포츠지도자 배치
은퇴기 이후	무병장수의 보약, 생활체육!	• 찾아가는 체력관리 및 생활체육 교실 확대 • 세대 간 어울림 프로그램 확대 • 경로시설의 체육활동 거점 시설의 기능 강화 • 노인 스포츠지도자 배치 확대

스마일 100

2013년, 향후 5년간의 스포츠복지 정책의 청사진을 제시하며 발표한 국민생활체육진흥 종합계획.

'스포츠를 마음껏 일상적으로 100세까지'라는 캐치프레이즈를 내건 이 프로젝트는 100세 시대 도래 등의 환경 변화에 능동적으로 대처하기 위해 생애주기별 맞춤형 생활체육프로그램을 보급하고, '언제나, 어디서나, 누구나, 함께 즐기는' 생활체육 환경을 조성하기 위한 다양한 추진과제를 담고 있다.

국민체력 100

대한민국의 국민들의 체력 증진을 목표로 하는 국가 주도의 체력 관리 프로그램
1. 체력 측정
   근력, 근지구력, 심폐지구력, 유연성, 순발력, 평형성 등의 측정
2. 체력 평가 및 진단
   체력 수준을 분석하고, 이에 맞는 체력 등급을 부여
3. 맞춤형 운동 처방
   건강 상태와 체력 수준에 맞춘 운동 프로그램을 제공
4. 추적 관리
   일정 기간이 지난 후 다시 체력 측정을 받아 자신의 체력 변화와 향상 여부를 확인

대표 기출 유형

05 〈보기〉의 내용을 포함하고 있는 정책은?

< 보 기 >
- '언제나' 향유할 수 있는 참여 기회 제공
- '어디서나' 이용 가능한 시설 제공
- 세대와 문화를 넘어 '함께' 참여하는 생활체육

① 스포츠 7330
② 스포츠비전 2018
③ 스마일 100
④ 신체활동 7560+

정답은 해설지에

3) 스포츠 지도사 및 기타 정책

스포츠 지도사란 국민체육진흥법에 명시된 자격 종목에 따라 전문 체육 및 생활 체육을 지도할 수 있는 사람을 의미한다. 이들은 전문 스포츠 지도사, 생활 스포츠 지도사, 장애인 스포츠 지도사, 유소년 스포츠 지도사, 노인 스포츠 지도사 등으로 구분되며, 각 명칭에 따라 지도하는 대상과 역할이 다르다.

(1) 스포츠 지도사의 정의

항목	제목	주요 내용
제2조	정의	• "체육지도자"란 학교·직장·지역사회 또는 체육단체 등에서 체육을 지도할 수 있도록 이 법에 따라 다음 각 항목의 어느 하나에 해당하는 자격을 취득한 사람 • 생활 스포츠지도사 • 전문 스포츠지도사 • 건강운동관리사 • 장애인 스포츠지도사 • 유소년 스포츠지도사 • 노인 스포츠지도사

(2) 스포츠 지도사의 양성과 자격요건

항목	제목	주요 내용
제11조	체육지도자의 양성	• 국가는 체육지도자의 양성과 자질 향상을 위하여 필요한 시책을 마련함 • 문화체육관광부장관은 자격 요건을 갖춘 사람으로서 체육지도자 자격검정에 합격하고 체육지도자 연수과정을 이수한 사람에게 체육지도자의 자격증을 발급함 • 학교체육교사 및 선수(문화체육관광부장관이 지정하는 프로스포츠단체에 등록된 프로스포츠선수를 포함한다) 등에게는 자격검정이나 연수과정의 일부를 면제할 수 있음
제11조의4	체육지도자의 결격사유	• 금치산자 또는 한정치산자 • 금고 이상의 형을 선고받고 그 집행이 종료되거나 집행을 받지 아니하기로 확정된 후 2년이 경과되지 아니한 사람 • 금고 이상의 형의 집행유예를 선고받고 그 유예기간 중에 있는 사람 • 제12조제1항에 따라 자격이 취소되거나 같은 조 제3항에 따라 자격검정이 중지 또는 무효로 된 후 3년이 경과되지 아니한 사람
제12조	체육지도자의 자격취소 등	• 거짓이나 그 밖의 부정한 방법으로 체육지도자의 자격을 취득한 경우 • 자격정지 기간 중에 업무를 수행한 경우 • 체육지도자 자격증을 타인에게 대여한 경우 • 제11조의 5 각 호의 어느 하나에 해당하는 경우

대표 기출 유형

06 국민체육진흥법과 동 시행령 (2019. 1. 15) 제2조에서 규정한 체육지도자의 명칭과 역할에 대한 설명이 적절하지 않은 것은?

① 스포츠지도사 : 생활체육지도사, 전문체육지도사, 노인스포츠지도사, 유소년스포츠지도사, 장애인스포츠지도사 등을 포괄하는 개념이다.
② 노인스포츠지도사 : 노인의 신체적·정신적 변화 등에 대한 지식을 갖추고 … (중략) … 노인을 대상으로 생활체육을 지도하는 사람을 말한다.
③ 유소년스포츠지도사 : 유소년의 행동양식, 신체발달 등에 대한 지식을 갖추고 … (중략) … 유소년을 대상으로 체육을 지도하는 사람을 말한다.
④ 장애인스포츠지도사 : 장애 유형에 따른 운동방법 등에 대한 지식을 갖추고 … (중략) … 장애인을 대상으로 전문체육이나 생활체육을 지도하는 사람을 말한다.

정답은 해설지에

(3) 스포츠 지도사의 자격 종목

① 생활 스포츠지도사의 종목

검도, 게이트볼, 골프, 복싱, 농구, 당구, 라켓볼, 럭비, 레슬링, 레크리에이션, 리듬체조, 배구, 배드민턴, 보디빌딩, 볼링, 빙상, 자전거, 등산, 세팍타크로, 수상스키, 수영, 스킨스쿠버, 스쿼시, 스키, 승마, 씨름, 야구, 에어로빅, 오리엔티어링, 요트, 우슈, 윈드서핑, 유도, 인라인스케이트, 정구, 조정, 축구, 카누, 탁구, 태권도, 테니스, 행글라이딩, 궁도, 댄스스포츠, 사격, 아이스하키, 육상, 족구, 철인3종경기, 패러글라이딩, 하키, 핸드볼, 풋살, 파크골프, 그 밖에 문화체육관광부장관이 인정하여 고시하는 종목

② 유소년스포츠지도사의 자격 종목

생활스포츠지도사의 자격 종목 및 줄넘기, 플라잉디스크, 피구, 그 밖에 문화체육관광부장관이 인정하여 고시하는 종목

③ 노인스포츠지도사의 자격 종목

생활스포츠지도사의 자격 종목 및 그라운드 골프, 그 밖에 문화체육관광부장관이 인정하여 고시하는 종목

④ 장애인스포츠지도사의 자격 종목

공수도, 골볼, 농구, 레슬링, 론볼, 배구, 배드민턴, 보치아, 볼링, 사격, 사이클, 수영, 승마, 양궁, 역도, 오리엔티어링, 요트, 유도, 육상, 조정, 축구, 카누, 탁구, 테니스, 트라이애슬론, 핸드볼, 댄스스포츠, 럭비, 펜싱, 스노보드, 아이스하키, 알파인스키, 바이애슬론, 크로스컨트리, 컬링, 그 밖에 문화체육관광부장관이 인정하여 고시하는 종목

3. 전문체육

> **Introduction**
>
> 대한민국 2007 체육백서에 따르면 '전문체육'이란 특정 경기종목에 관한 활동과 사업을 목적으로 설립되고 대한체육회에 가맹된 법인 또는 단체인 경기단체에 등록된 선수들이 수행하는 운동경기 활동으로 정의하고 있다.
>
> 즉 정책적으로 엘리트 선수들에게만 집중적으로 투자를 하고 훈련을 시킴으로써 국제대회 등에서 메달 획득의 가능성을 높이는 스포츠를 일컫는 용어이다.

학습목표

전문 체육의 의미와 전문 스포츠지도사의 역할을 이해해야 하지만 실제 시험은 일반 상식의 수준으로 출제됩니다.

〈1〉 전문체육의 주요 진흥 정책 - 국민체육진흥법

1) 전문체육의 진흥법안

(1) 전문체육의 진흥

□ 주요 내용

항목	제목	주요 내용
제2조	정의	• "전문체육"이란 선수들이 행하는 운동경기 활동을 말한다. • "선수"란 경기단체에 선수로 등록된 자를 말한다. • "국가대표선수"란 대한체육회, 대한장애인체육회 또는 경기단체가 국제경기대회(친선경기대회는 제외한다)에 우리나라의 대표로 파견하기 위하여 선발·확정한 사람을 말한다. • "운동경기부"란 선수로 구성된 학교나 직장 등의 운동부를 말한다.
제14조	선수 등의 보호·육성	• 국가와 지방자치단체는 선수와 체육지도자에 대하여 필요한 보호와 육성을 하여야 한다. • 국가와 지방자치단체는 우수 선수와 체육지도자 육성을 위하여 필요한 표창제도를 마련하여야 한다. • 국가, 지방자치단체, 공공기관, 그 밖에 대통령령으로 정하는 단체는 대통령령으로 정하는 우수 선수에게 아마추어 경기 생활을 할 수 있게 하기 위하여 문화체육관광부장관이 요청하면 우수 선수와 체육지도자를 고용하여야 한다. 〈개정 2008.2.29., 2009.3.18.〉 • 국가는 올림픽대회, 장애인올림픽대회, 그 밖에 대통령령으로 정하는 대회에서 입상한 선수 또는 그 선수를 지도한 자와 체육 진흥에 뚜렷한 공이 있는 원로 체육인에게 대통령령으로 정하는 바에 따라 장려금이나 생활보조금을 지급하여야 한다.

국민체육진흥기금 지원

대한체육회와 종목별 경기단체는 운영비와 사업비, 경기력 향상을 위한 선수 및 지도자 육성 사업, 그리고 체육인의 복지 증진을 위한 복지 사업을 지원함으로써 전문체육을 체계적으로 육성하고 있다. 이를 통해 대한민국은 21세기 스포츠 강국으로 자리매김할 수 있는 기반을 마련하고, 올림픽과 월드컵 같은 국제대회를 성공적으로 개최한 스포츠 선도국으로서 자긍심을 높이는 데 기여하고 있다.

□ 금지행위의 규정

항목	제목	주요 내용
제14조의3	선수 등의 금지행위	• 전문체육에 해당하는 운동경기의 선수·감독·코치·심판 및 경기단체의 임직원은 운동경기에 관하여 부정한 청탁을 받고 재물이나 재산상의 이익을 받거나 요구 또는 약속하여서는 안 됨 • 전문체육에 해당하는 운동경기의 선수·감독·코치·심판 및 경기단체의 임직원은 운동경기에 관하여 부정한 청탁을 받고 제3자에게 재물이나 재산상의 이익을 제공하거나 제공할 것을 요구 또는 약속하여서는 안 됨
제15조	도핑 방지 활동	• 국가는 스포츠 활동에서 약물 등으로부터 선수를 보호하고 공정한 경쟁을 통한 스포츠 정신을 높이기 위하여 도핑 방지를 위한 시책을 수립하여야 함 • 국가는 도핑을 예방하기 위하여 선수와 체육지도자를 대상으로 교육과 홍보를 실시하여야 하고, 체육단체 및 경기단체의 도핑 방지 활동을 지도·감독하여야 함

(2) 스포츠 지도사 및 기타 정책

국민체육진흥법(2015년 1월 1일 시행)에 따라 종전 1·2급 경기 지도자 자격은 1·2급 전문 스포츠지도사로 자격등급이 변경되었다. 그에 따른 전문 스포츠지도사 자격의 조건과 주요 역할, 업무 등도 새롭게 규정되었다.

□ 전문스포츠 지도사의 정의와 자격

항목	제목	주요 내용
제9조	전문 스포츠지도사의 자격	• 1급 전문 스포츠지도사는 별표 11에 따른 자격 종목의 2급 전문 스포츠지도사 자격을 취득한 후 3년 이상 해당 자격 종목의 경기지도경력이 있는 사람으로서 동일 자격 종목에 대하여 1급 전문 스포츠지도사 자격을 취득하기 위한 법 제11조제2항에 따른 체육지도사 자격검정(이하 "자격검정"이라 한다)에 합격하고, 법 제11조제2항에 따른 체육지도자 연수과정(이하 "연수과정"이라 한다)을 이수한 사람으로 한다. • 2급 전문 스포츠지도사는 해당 자격 종목에 대하여 4년 이상의 경기경력이 있는 사람으로서 2급 전문 스포츠지도사 자격을 취득하기 위한 자격검정에 합격하고, 연수과정을 이수한 사람으로 한다. 이 경우 다음 각 호의 어느 하나에 해당하는 사람에 대해서는 그 수업연한을 경기경력으로 본다. 1. 「고등교육법」 제2조에 따른 학교에서 체육 분야에 관한 학문을 전공하고 졸업한 사람(졸업 예정자를 포함한다) 2. 문화체육관광부장관이 인정하는 외국의 제1호에 해당하는 학교(학제 또는 교육과정으로 보아 제1호에 따른 학교와 같은 수준이거나 그 이상인 학교를 말한다)에서 체육 분야에 관한 학문을 전공하고 졸업한 사람

전문 스포츠 지도사 자격검정의 면제

항목	제목	주요 내용
제10조의2	자격검정이나 연수과정의 일부 면제	• 법 제11조 제2항 단서에 따라 다음 각 호의 어느 하나에 해당하는 사람에게는 자격검정이나 연수과정의 일부를 면제할 수 있다. 1. 학교체육교사 2. 국가대표 선수(국가대표 선수였던 사람을 포함) 3. 문화체육관광부장관이 지정하는 프로스포츠단체에 등록된 프로스포츠선수

전문 스포츠지도사의 역할과 주요 업무

1급	2급
다양한 실제 지도 경험을 바탕으로 특정 종목에 대한 전문적인 지도 능력을 갖추고, 선수의 경기력을 극대화할 수 있는 지도법을 강구한다. 또한, 전문 스포츠지도사 교육 프로그램을 개발하고 전문 스포츠지도사를 지도하고 관리한다.	특정 스포츠 종목에 대한 전문적인 지식과 기능을 구비하고 체계적이고 효과적인 방법을 활용하여 선수를 지도한다.
선수(특히, 국가대표 수준) 대상 특정 스포츠 지도, 스포츠 경기대회 계획 및 조직, 특정 스포츠 종목의 과학적 훈련 프로그램 개발, 국가대표 훈련 계획 및 조직, 전문 스포츠지도사 교육 프로그램 개발 및 운영 전문 스포츠지도사 교육 및 관리 등을 한다.	선수 대상 특정 스포츠 지도, 경기력 향상을 위한 훈련 프로그램 개발 및 운영, 스포츠 경기대회 운영, 운동부 관리 및 운영, 체육 영재 육성 및 관리 등을 한다.

전문스포츠지도사의 자격 종목

검도, 골프, 궁도, 근대5종, 당구, 럭비, 레슬링, 루지, 봅슬레이, 스켈레톤, 바이애슬론, 배구, 배드민턴, 보디빌딩, 복싱, 볼링, 빙상, 사격, 사이클, 산악, 세팍타크로, 소프트볼, 수상스키, 수영, 스쿼시, 스키, 승마, 씨름, 야구, 에어로빅, 오리엔티어링, 요트, 우슈, 윈드서핑, 유도, 인라인스케이트, 정구, 조정, 체조, 축구, 카누, 컬링, 탁구, 태권도, 테니스, 트라이애슬론, 펜싱, 하키, 핸드볼, 공수도, 댄스스포츠, 택견, 그 밖에 문화체육관광부장관이 인정하여 고시하는 종목

07 다음 중 엘리트 선수 훈련을 위한 스포츠 과학지원 방안으로 적절하지 않은 것은 무엇인가?

① 엘리트 선수를 위한 과학적 훈련 방법 연구 및 현장을 방문하여 기술훈련, 체력훈련을 지원한다.
② 스포츠과학 교실 운영, 스포츠과학 세미나 개최, 연구발표회 등 훈련 과학화를 위한 정보를 제공하도록 한다.
③ 정보 분석 및 제공을 위해 선수의 실전 적응력을 탐색하며, 종합적이고 입체적인 기술분석 방법을 활용하도록 한다.
④ 약물복용 검사보다는 종목별 체력 강화 훈련과 체력측정을 실시하는 등 다각적인 방법을 통해 과학적 훈련에 집중하도록 한다.

정답은 해설지에

Confirmation 이것만은 꼭!

01 교육과정의 개선에 대한 관점 중 교사를 교육과정의 중심으로 설정하고 교사의 인식과 의식을 바꿈으로써 교육의 환경을 개선하려는 관점은 ( )이다.

02 교육과정의 개선에 대한 관점 중 교육이 교사와 학생들간의 살아있는 상호관계에 의해 끊임없이 변화해 가는 과정으로 보는 관점은 ( )이다.

03 학생들의 체육활동을 강화하고 학교운동부의 육성 등 학교체육의 활성화에 관한 내용을 규정하기 위해 제정된 법안은 ( )이다.

04 국민의 체육활동을 지원함으로써 국민의 체력증진과 건강한 정신의 함양을 도모하고 이를 위한 국가와 지자체의 계획을 규정하기 위해 제정된 법안은 ( )이다.

05 국민체육진흥 정책의 다른 이름으로 '스포츠를 마음껏 일상적으로 100세까지'라는 캐치프레이즈를 내걸고 2013년 발표된 정책은 ( )이다.

06 대한민국은 국민들의 체력 증진을 목표로 체력 측정, 체력 평가 및 진단, 맞춤형 운동 처방 등의 서비스를 포함하는 국가 주도의 체력 관리 프로그을 운영하고 있다. 이정책은 ( )이다.

정답
1. 문화적 관점
2. 생태적 관점
3. 학교체육진흥법
4. 국민체육진흥법
5. 스마일 100
6. 국민체력 100

Previous 단원 기출문제

01 국민체육진흥정책의 주요 내용 중 생활체육의 주요 내용이 아닌 것은?

① 국가와 지방자치단체는 국민체육진흥에 관한 시책을 마련하고 국민의 자발적인 체육활동을 권장·보호 및 육성한다.
② 국가는 도핑을 예방하기 위하여 선수와 체육지도자를 대상으로 교육과 홍보를 실시하여야 한다.
③ 문화체육관광부장관은 국민체육진흥에 관한 기본시책을 수립해야 한다.
④ 국민체육진흥기금을 조성하여 국민체육진흥을 위한 연구개발, 시설확충, 지도자 양성, 체육인의 복지향상 등에 활용한다.

생활체육은 일반인이 참여하는 체육활동을 말하며, 선수를 대상으로 하는 도핑방지를 위한 교육과 홍보는 생활체육이 아닌 전문체육의 내용이다.

정답 : ②

02 학교체육 진흥법(2020. 10. 20, 일부 개정)의 제12조에서 규정하고 있는 내용으로 옳지 않은 것은?

① 교육감은 학교운동부지도자의 자질 향상 및 전문성 강화를 위하여 연수교육 계획을 수립하고, 이를 실시하여야 한다.
② 학교의 장은 학교운동부지도자가 학생선수의 학습권을 박탈하거나 폭력, 금품·향응 수수 등의 부적절한 행위를 하였을 경우 학교운영위원회의 심의를 거쳐 계약을 해지할 수 있다.
③ 국가 및 지방자치단체는 학교운동부지도자의 급여에 필요한 경비를 지원하도록 노력해야 한다.
④ 학교운동부지도자의 자격기준, 임용, 급여, 신분, 직무 등에 필요한 사항은 대통령령으로 정한다.

학교체육 진흥법의 제 12조는 '학교운동부지도자'의 임용, 운용, 지원, 관리에 관한 내용으로 구성되어 있다. 그 중 '학교운동부지도자의 자질 향상 및 전문성 강화를 위한 연수교육의 계획'은 교육감이 아닌 국가가 수립하고 실시한다.

정답 : ①

03 <보기>는 '국민체력100'의 운영 체계이다. 체력인증센터가 이용자에게 제공하는 서비스가 아닌 것은?

< 보 기 >

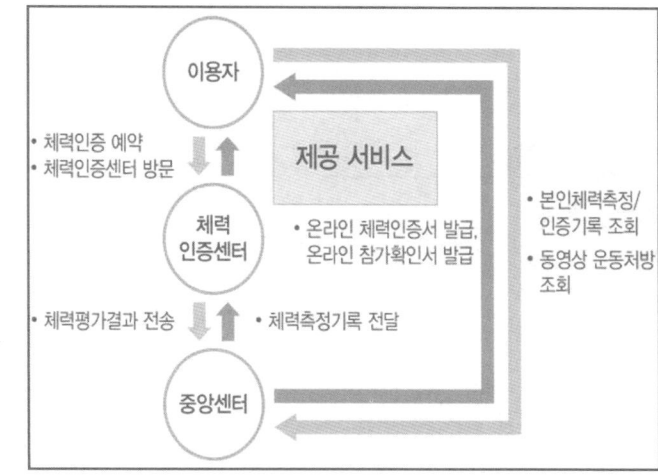

① 체력측정 서비스
② 맞춤형 운동처방
③ 국민체력 인증서 발급
④ 스포츠클럽 등록 및 운영지원

국민체력100은 대한민국 국민의 체력 증진과 건강 관리를 위한 국가 주도의 프로그램으로
체력 측정, 운동 처방, 체력 인증, 건강 관리 지원 등 네 가지 서비스를 제공하고 있다.

정답 : ④

04 학생 선수의 학습권 보장을 위한 정책과 제도에 대한 내용으로 바르지 않은 것은?

① 학생 선수가 일정 수준의 학력기준에 도달하지 못하면 별도의 기초학력보장 프로그램을 운영하여 최저학력이 보장될 수 있도록 노력하며 필요시 경기의 출전을 제한할 수 있다.
② 공부하는 학생선수상의 정립과 투명하고 공정한 운동부 운영이 그 배경이다.
③ 학생선수의 학습권 보장 및 신체적·정서적 발달을 위해 기숙사를 상시 합숙소로 대체 설치할 수 있다.
④ 최저 학력의 기준 및 실시 시기에 필요한 사항과 기초학력보장 프로그램의 운영에 필요한 사항은 교육부령으로 정한다.

열악한 상시 합숙소에서 생활하는 동안 학생선수에 대한 인권침해가 자주 발생하기 때문에 최근에는 기숙사로 전환하는 방안을 권장하고 있다.

정답 : ③

03강 스포츠 교육학 - 스포츠 교육의 참여자 이해론

학습목표
거의 출제되지 않습니다. 각각의 스포츠지도사가 활동하는 영역을 바탕으로 역할과 권한을 이해합니다.

1. 스포츠 교육 지도자

Introduction

스포츠 교육지도자란 학교체육, 생활체육, 전문체육에서 학생, 직장인, 엘리트 선수 등을 지도하는 사람을 말한다. 이들은 다시 그 자격 요건과 역할에 따라 체육교육 전문가(교사, 강사)와 스포츠 지도 전문인(코치, 강사)으로 구분할 수 있다.

특히 스포츠 지도 전문인에는 크게 전문 스포츠 지도사, 생활 스포츠 지도사, 건강운동관리사, 장애인 스포츠지도사, 유소년 스포츠 지도사, 노인 스포츠 지도사 등이 있다.

스포츠강사와 스포츠교육
- 체육활동에 취미를 가진 동일 학교의 학생으로 구성·운영되는 스포츠 동아리를 지도한다.
- 학생들이 희망하는 종목의 스포츠클럽을 조직하여 학생들의 체력을 증진하고, 학업 스트레스에서 벗어나 바른 인성 함양과 학교폭력, 성폭력 예방교육이 될 수 있도록 교육과정을 운영한다.

<1> 학교체육 교육 전문가(교사, 강사)

체육교육 전문가는 체육교사와 스포츠 강사로 구분된다. 체육교사는 학교에서 이루어지는 정규 수업을 담당하며, 학생들이 신체적, 정신적, 사회적, 영적인 삶의 조화를 이루며 성장할 수 있도록 지도한다. 이는 정규 체육 수업뿐만 아니라 방과 후 체육 활동을 포함한다.

반면 스포츠 강사는 체육교사의 정규 수업을 보조하거나 방과 후 수업 및 학교 스포츠 클럽 활동을 지도하는 역할을 수행한다. 스포츠 강사는 전문대학 또는 대학에서 체육 관련 학과를 이수하고, 초등학교 2급 정교사, 중등학교 체육 2급 정교사, 실기교사 자격증, 생활체육 2급 이상의 지도자 자격 등을 갖추어야 한다.

1) 학교체육 교육 전문가의 핵심역량

인지적 자질	• 체육 교과에 대한 전문적 지식 • 학생의 특성을 파악하고 학습의 과정, 발달의 정도를 이해할 수 있는 지식
수행적 자질	• 교과과정, 학생의 특성, 교육상황에 적합한 교육과정의 개발 및 운영 능력 • 학생의 신체활동과 관련한 학습의 내용을 관찰하고 평가하는 능력 • 체육 공동체 구성원들과 협력관계를 구축할 수 있는 능력
태도적 자질	• 지도자로서의 전문성을 개발하기 위한 반성과 실천 의지 • 건전한 인성과 교육자로서의 사명감

2) 학교체육 교육 전문가의 역할

(1) 체육교사의 역할

학습 안내자	교과의 기본적인 개념, 원리, 아이디어를 파악하고, 학생들이 이해할 수 있도록 안내한다.
인성 지도자	단순히 지식과 정보를 전달하는 역할만 하는 것이 아니라 올바른 인성을 갖추도록 지도한다.
모델	모범적인 언행과 올바른 가치관으로 학생에게 모범을 보인다.
조력자	학생들의 행동을 관찰하고 관리하는 조력자가 된다.

대표 기출 유형

01 생활체육 분야에서 체육지도자의 자질 및 역할로 옳지 않은 것은?

① 다양한 연령층을 대상으로 하는 프로그램을 구성하고 지도한다.
② 사회·문화적 책임감을 갖고 스포츠 활동을 지도한다.
③ 참여자가 지속적으로 스포츠 활동에 참여하도록 안내한다.
④ 운동기능을 지도하는데 필요한 이론적 지식은 갖추지 않아도 무방하다.

정답은 해설지에

(2) 스포츠강사의 역할

안내자	지속적인 체육활동을 할 수 있도록 지도하고 안내한다
보조자	체육교사의 체육수업을 보조한다.
행사자	학교에서 이루어지는 클럽 리그 등을 지도하며 운영한다.
전문가	전문적인 지식을 가지고 체육활동 및 학교스포츠클럽을 지도한다.
개발자	학생들을 위해 여러 운동 프로그램을 개발하고 가르친다.

<2> 스포츠지도 전문인(코치, 강사)

스포츠 지도 전문인은 크게 생활 스포츠 지도사와 전문 스포츠 지도사로 구분된다. 이들은 문화체육관광부에서 발급하는 자격증을 취득한 자들로, 국민체육진흥법 제11조 및 동법 시행령 제22조에서 제25조에 규정된 「체육지도자」 연수 및 자격 검정에 관한 규칙에 따라 연수와 자격 검정 과정을 통과하여 스포츠 현장에서 활동한다.

1) 스포츠지도 전문인의 핵심 역량

(1) 생활체육 전문인의 핵심 역량

인지적 자질	• 생활체육 참여자에 대한 지식 • 종목내용 지식 • 교수내용 지식 • 교육환경 지식
수행적 자질	• 생활 체육 프로그램의 개발 능력 • 종목에 대한 지도와 관리 능력
태도적 자질	• 생활체육 참여자의 특성을 이해하고 배려하는 인성의 소유

(2) 전문체육 전문인의 핵심 역량

인지적 자질	• 전문체육 참여자에 대한 지식 • 종목의 전술 전략에 관한 지식 • 종목내용 지식 • 교수내용 지식 • 교육환경 지식
수행적 자질	• 전문 체육 프로그램의 개발 능력 • 종목의 교수를 위한 지도와 관리 능력 • 안전과 상해의 예방에 관한 지식 • 지도방법 및 의사소통의 기술
태도적 자질	• 전문 체육 지도자로서의 철학과 윤리의식

생활 스포츠지도사의 자질
- 투명한 사명감
- 활달하고 강인한 성격
- 도덕적 품성
- 칭찬의 미덕
- 공정성

생활 스포츠지도사의 역할
- 생활체육 활동의 목표설정
- 효율적인 지도 기법의 개발
- 생활체육 프로그램의 개발
- 생활체육 기구의 개발·운용
- 생활체육 관련 재정의 관리

전문 스포츠 지도사의 자질
- 전문지식을 습득하는 능력
- 선수의 개성을 파악하는 능력
- 의사 전달자의 능력
- 공정성과 책임감의 능력
- 사명감과 도덕성

전문 스포츠지도사의 역할
- 훈련 방법과 전략의 창조
- 구체적인 훈련 과정의 실행
- 선수의 신상변화 등을 관찰
- 선수 개개인에 대한 배려
- 훈련 프로그램의 독려

대표 기출 유형

02 학교체육진흥법과 동 시행령(2017. 10. 17)에서 규정하고 있는 '스포츠강사'의 재임용 평가사항이 아닌 것은?

① 전국대회 입상 실적
② 복무 태도
③ 학생의 만족도
④ 강사로서의 자질

정답은 해설지에

2. 스포츠 교육 학습자

학습목표
거의 출제되지 않습니다. 스포츠에 참여하는 학습자들의 특징과 주의사항 정도를 이해합니다.

Introduction

스포츠 교육의 대상인 모든 사람은 전생애에 걸쳐 스포츠 학습자가 될 수 있으며, 신체의 능력과 특성에 따라 생애주기별로 구분할 수 있다.

스포츠 교육에서 생애주기는 일반적으로 유아기, 아동기, 청소년기, 장년기와 노년기로 구분한다. 각각의 생애주기에 따라 고려할 건강 문제와 건강 관리의 목표가 다르며, 따라서 건강 목표에 따른 건강관리 방법과 운동방법도 다르다.

스포츠 교육에서 고려해야 하는 학습자의 상태

〈지〉
- 학습자의 인지적 능력

〈덕〉
- 학습자의 동기 유발 상태
- 학습자의 감정 제어 능력

〈체〉
- 학습자의 기능수준
- 학습자의 발달수준
- 학습자의 체격 및 체력

〈1〉 유아, 청소년

유아기는 신체의 구조와 기능이 가장 빠르게 발달하는 시기이다. 이때의 신체활동은 일생에 걸친 건강과 심신의 조화로운 발달을 위한 기반이 된다.

아동기는 신체적 능력과 함께 지적 호기심도 크게 성장하는 시기이다.

청소년기는 성인을 준비하는 예비단계로 신체·심리·사회적 성숙과 발달이 일어나는 시기이다.

□ 각 시기별 발달의 특징

유아기	• 대뇌, 감각, 근육, 인지, 언어의 발달 • 젖떼기, 걷기, 말하기, 보호자에 대한 신뢰와 애착의 형성기 • 놀이를 중심
아동기	• 신체, 운동기능, 지적 호기심의 발달 • 성역할 학습, 기본적 신체기능, 도덕성, 학습 습관 등의 형성기 • 올바른 운동습관의 형성
청소년기	• 급격한 성장과 성숙, 인지의 발달 • 자아정체감 형성, 신체적·지적·사회적·도덕적 발달, 진로 탐색하기 • 평생 체육의 기틀을 마련

〈2〉 일반 성인, 노년, 장애인

성인기는 신체적 퇴화가 진행되고 여러가지 생리적 변화가 나타나는 시기이기도 하다. 따라서 이 시기의 체육은 이런 변화로 인한 신체·정신의 불안을 극복하고 건강한 생활에 도움을 줄 수 있는 것이어야 한다. 성인기의 체육활동은 유산소 운동과 무산소 운동을 적절히 배분하여 구성한다.

노년기는 신체적·정신적 기능이 급격히 쇠퇴하는 시기이다. 따라서 노년의 체육활동은 노화를 지연하고 건강을 유지하면서 노년의 생활 자체에 활력을 불어 넣을 수 있는 것이어야 한다. 또한 신체 능력의 저하를 고려하여 학습자의 건강과 체력 상태에 적합한 운동을 선택해야만 한다.

한편 장애인들은 일반인과는 크게 다른 학습의 조건을 가지므로, 그들의 신체적 능력 뿐 아니라 사회적 적응과 대인관계 형성, 혹은 직업과 관련한 신체적 능력의 개발 등을 염두에 두고 스포츠 교육 프로그램을 마련하는 것이 필요하다.

대표 기출 유형

03 〈보기〉에서 김 코치가 고려하고 있는 것은?

〈 보 기 〉
김 코치는 중학교 여학생을 대상으로 리듬체조를 지도할 때, 초보자에게는 기초기술을, 숙련자에게는 응용기술을 가르쳤다.

① 학습자의 기능수준
② 학습자의 인지적 능력
③ 학습자의 감정코칭 능력
④ 학습자의 신체발달

정답은 해설지에

대표 기출 유형

04 다음 중 노인을 대상으로 운동을 지도할 때 유의해야 할 점으로 가장 적절한 것은 무엇인가?

① 개인차 보다는 효율적인 운동 수행을 더 중요하게 고려한다.
② 의학적 체크나 건강 상태의 점검은 간헐적으로 시행한다.
③ 평소 가정에서 행하기 어려운 신체 활동 위주로 지도한다.
④ 운동 중의 신체 상황을 지속적으로 점검하거나, 대화를 통해 건강상태를 파악한다.

정답은 해설지에

3. 스포츠 교육 행정가

Introduction

스포츠 교육 행정가는 스포츠와 관련된 프로젝트의 기획, 사무, 개발, 교육 등의 행정 업무를 담당하는 사람을 말한다. 이들은 스포츠교육 전반적인 업무를 관장하면서 예산과 기타 자원의 분배를 조정하고 사람을 배치하며, 물적 자원을 적절히 활용하는 등의 업무를 담당하고 있다.

스포츠 교육 행정가는 크게 학교체육과 관련된 행정가, 생활체육과 관련된 행정가, 전문체육과 관련된 행정가로 구분된다.

학습목표

거의 출제되지 않습니다.

〈1〉 국내의 현황과 사례

스포츠 교육 행정가는 학교체육과 관련된 행정가와 생활체육과 관련된 행정가, 전문체육과 관련한 행정가로 구분할 수 있다.

우선 학교체육과 관련된 행정가는 교육정책과 절차를 수립하는 역할로 학교업무를 관장하는 교장, 교감, 행정실장 등의 학교체육 행정이론가와 각 주관부서의 담당자인 체육교사와 스포츠강사인 학교체육 행정실무자 등으로 나눌 수 있다.

생활체육과 관련된 행정가는 단순 스포츠 활동만이 아닌 국가의 생활 체육정책을 수립하고 집행하는 행정업무를 담당하는 사람을 말한다. 따라서 그들은 생활체육과 관련한 수입 및 지출계획 수립과 관리 등 사무·행정 등의 업무와 생활체육 대회 및 행사 주관, 홍보, 경기운영 등의 업무 등을 담당한다.

이에 비해 전문체육과 관련된 행정가는 엘리트 스포츠와 관련된 기관에서 사무, 행정, 개발, 교육 등의 업무를 담당하게 된다.

스포츠교육 행정가의 유형
- 학교교육 행정가
- 생활 체육 행정가
- 전문 체육 행정가

01 스포츠 교육이 성공적으로 이루어지기 위해서는 학습자의 상태를 정확하게 파악하는 것이 필요하다. 그 중 학습자의 지식 수준과 이해력 등을 고려하여 지도를 한다면 이는 학습자의 (　　)을 고려한 것이다.

02 스포츠 교육이 성공적으로 이루어지기 위해서는 학습자의 상태를 정확하게 파악하는 것이 필요하다. 그 중 학습자의 성장과 성숙의 정도, 운동기능의 발달 단계 등을 고려하여 지도를 한다면 이는 학습자의 (　　)을 고려한 것이다.

03 인간의 생애주기 중 신체, 운동기능, 지적 호기심이 급격히 발달하며 기본적인 신체기능 뿐 아니라 도덕성과 학습 능력 등 인지적 기능이 함께 정립되는 시기는 (　　)이다.

정답
1. 인지능력
2. 신체발달 혹은 발달 수준
3. 아동기

Previous 단원 기출문제

01 각 연령대에 맞는 생활체육 프로그램으로 그 내용이 바르지 않은 것은?

① 유아·아동전기 – 신체의 움직임을 통한 즐거움의 추구
② 아동후기·청소년기 – 스포츠의 기초기능을 넘어서는 높은 난이도의 기술 습득과 다양한 경험의 유도
③ 성인기 – 건강유지를 위한 신체활동과 고도의 스포츠 기술을 통한 성취감의 경험
④ 노인기 – 신체적 능력에 적합한 활동을 통한 건강의 유지와 타인과의 교류

아동 후기에 적합한 활동은 달리기, 뜀뛰기, 체조나 조직성이 낮은 간이경기 등이 추천된다.

정답 : ②

02 효율적인 스포츠 교육을 위해 파악해야 하는 학습자의 상태로 바르지 않은 것은?

① 적절한 강습의 수준을 결정하기 위하여 학습자의 기능 발달 수준을 고려한다.
② 적절한 종목의 선정을 위하여 학습자의 체격과 체력을 고려한다.
③ 학습의 능률과 참여율을 높이기 위하여 학습자의 동기를 고려한다.
④ 팀의 효율적인 학습과 운동 수행을 위하여 구성원의 감정상태는 고려하지 않는다.

효율적 학습을 위해서는 구성원의 감정과 욕구에 주목해야 한다.

정답 : ④

03 체육지도자의 '인지적 자질'에 해당되지 않는 것은?

① 스포츠 생리학, 운동 역학 등과 관련된 스포츠 과학지식이 요구된다.
② 참여자와의 상담을 위해 기본적인 상담지식을 갖추어야 한다.
③ 클럽 운영과 관련된 지식, 정책 및 법령에 대한 이해가 필요하다.
④ 스포츠맨십, 스포츠 인권 등과 같은 규범적 가치를 존중해야 한다.

'인지'란 지적 능력 등 정보의 기억과 추론 등의 요소에 관련한 개념이다. 따라서 스포츠맨십, 인권 등에 관한 옳고 그름 등의 판단과 가치의 문제를 포함하지는 않는다.

정답 : ④

04 초등학교 스포츠강사의 역할에 대한 설명으로 옳지 않은 것은?

① 학교스포츠클럽 및 방과 후 체육활동 등을 지도한다.
② 담임교사의 보조를 받아 초등학교 정규 체육수업을 주도적으로 지도한다.
③ 체육수업에 대한 흥미를 유발하고 즐거운 경험의 기회를 제공한다.
④ 학교스포츠클럽 리그 및 토너먼트 경기를 기획하고 운동 프로그램을 개발한다.

스포츠 강사는 학교 교사와 달리 정규수업을 주도적으로 진행할 수 없다.

정답 : ②

04강  스포츠 교육의 프로그램론

1. 학교체육 프로그램 개발 및 실천

학습목표
매년 출제됩니다. 학교체육의 의의와 스포츠클럽의 운영방법과 같은 구체적인 내용을 암기합니다.

Introduction

학교체육 프로그램은 정규 수업의 일환인 교과 활동과 수업 외 활동인 비교과 활동으로 구분된다. 교과 활동은 정규 수업으로 이루어지는 체육 수업을 의미하며, 비교과 활동은 정규 수업 외에 학교 내에서 이루어지는 체육 활동을 의미한다.

비교과 활동에는 학교 정규 교육 과정에 포함되어 창의적 체험 활동으로 시행되는 '학교 스포츠 클럽 활동'과 정규 교육과정에 포함되지 않고 자율 동아리 활동으로 운영되는 '학교 스포츠 클럽', 그리고 '학교 운동부'가 있다.

<1> 체육수업지도 프로그램

체육수업 프로그램이란 학교에서 이루어지는 '정과 체육 수업', 즉 정규 과목으로서의 '체육 수업'을 의미한다. 효과적인 체육수업 프로그램은 학생의 특성과 요구에 맞춘 심동적, 인지적, 정의적 영역의 학습 내용을 바탕으로 수업의 주제와 활동을 선정해야 한다. 또한, 구체적인 수업 목표와 내용, 용기구의 활용, 학습자와 수업에 대한 평가 등을 포함해야 한다.

결과적으로 체육수업 프로그램의 궁극적인 목적은 경쟁 활동을 포함한 신체 활동을 통해 건강한 삶과 여가의 즐거움을 누리는 방법을 가르치는 것이다.

스포츠 교육 프로그램의 지도 원리
- 개별성의 원리:
  개인차를 고려한 다양한 수준별 지도
- 효율성의 원리:
  최소한의 자원을 활용하여 교육의 목표를 달성
- 적합성의 원리:
  적합한 운동발달 프로그램을 적용해 긍정적인 운동발달을 유도
- 통합성의 원리:
  교수학습 내용의 다양화와 신체활동의 총체적 체험

1) 체육수업 프로그램의 실제

(1) 학교체육의 유형

교과 영역	비교과 영역
• 체육 수업	• 모든 동아리 활동 • 학교스포츠 클럽 • 학교스포츠클럽활동 • 학교 운동부 활동

(2) 학교체육 프로그램을 위해 지도자가 갖추어야 할 지식

- 교육의 목적
- 교과의 과정
- 교과의 내용
- 교수 및 지도 방법
- 학습자에 관한 정보
- 교육환경의 특성

대표 기출 유형

01 다음 중 학교체육 활동에 있어서 교과 영역에 포함되지 않는 것은 무엇인가?

① 경쟁 활동
② 여가 활동
③ 건강 활동
④ 클럽 활동

정답은 해설지에

(3) 학교체육 프로그램 작성의 고려사항

- 학교의 내·외적 환경을 고려한다.
- 창의성과 인성을 지향하는 학습 환경을 조성한다.
- 구체적이고 체계적인 지도 계획을 수립한다.
- 통합적·효율적인 교수학습 방법을 활용한다.

<2> 스포츠클럽지도 프로그램

각급 학교에서는 학교 스포츠의 활성화를 위해 스포츠 클럽이라는 프로그램을 운영하고 있다. '학교 스포츠 클럽'이라는 명칭으로 두 가지 프로그램이 운영되고 있으며, 이는 '학교 스포츠 클럽 활동'과 '학교 스포츠 클럽'이다. 두 프로그램은 명칭이 유사하여 혼동될 수 있지만, 정규 교육과정 포함 여부와 운영주체에 따라 구분된다.

먼저, '학교 스포츠 클럽 활동'은 각급 학교의 정규 교육과정에 포함되며, 학교에서 연간 계획을 수립한 후 실행된다. 이 프로그램은 학교 차원에서 체계적으로 관리되고 운영된다.

반면, '학교 스포츠 클럽'은 일반 학생들의 자율적인 동아리 활동으로, 학교 단위의 계획이 수립되지 않는다. 이 프로그램은 오로지 학생들의 자발적인 참여에 의해 진행된다.

1) 학교 스포츠 클럽의 운영

(1) 학교 스포츠 클럽과 학교 스포츠클럽 활동의 차이

학교 스포츠클럽 활동	학교 스포츠클럽
• 정규 교육과정에 포함됨 • 동아리 활동(창의적 체험 활동) • 학교측에서 연간계획을 세운 후 운영함 • 초·중등학교 교육과정총론, 중학교 교육과정 편성 및 운영 지침	• 정규 교육과정에 포함 안 됨 • 자율 체육 동아리 활동 • 점심시간 방과 후 등에 학생들의 자율적인 참여로 운영됨 • 학교체육진흥법 제 10조
• 두 활동 모두 정규 체육수업 아님	

(2) 학교 스포츠 클럽 지도 프로그램의 고려사항

- 활동 시간을 다양화한다.
- 학생 주도의 자발적 참여를 유도한다.
- 스포츠를 통해 바람직한 인성을 함양한다.
- 다양한 스포츠 문화의 체험 기회를 제공한다.

(2) 학교 스포츠 클럽의 경기 진행 방법

리그	통합리그	• 경기 수 많음 • 우승팀의 위상이 높음	• 순위가 고착화될 가능성이 높음
	조별리그	• 경기 수 적음 • 빠른 진행	• 실력이 낮은 팀의 우승 가능성이 높아짐
	스플릿 리그 (상위/하위리그)	• 동일팀과의 경기 수가 많음	• 경기력이 평준화됨
토너먼트	녹다운 토너먼트	• 경기 수 적음 • 경기방식이 간단함	• 중도 탈락하는 팀들의 순위 산정이 어려움
	패자부활전 방식	• 경기 수가 적절함	• 경기력 이외의 요소가 작용함 • 모든 팀의 순위 산정이 가능함
	스플릿 토너먼트	• 경기방식이 복잡함 • 모든 팀이 동일한 수의 경기를 치름	• 패자전에 대한 관심이 낮음
리그 + 토너먼트	조별리그 후 토너먼트	• 시즌이 짧음	• 각 조들간의 실력 차이로 우수한 팀들이 먼저 탈락할 수 있음
	통합리그 후 플레이오프	• 경기 수가 적절함	• 시즌 중 하위팀의 동기가 저하됨

용어구분!!!
- 학교스포츠클럽
- 학교스포츠클럽활동

정규교육과정

대한민국의 정규 교육과정은 국가가 정한 교육 목표와 내용을 기반으로, 학생들이 체계적이고 균형 잡힌 학습을 통해 지식과 기술, 인성을 발전시키도록 설계된 교육 체계이다.

정규 교육과정은 국가가 지정한 표준에 따라 진행되며, 각 단계마다 학습 목표와 평가 기준이 명확하게 설정되어 있다.

각 과목의 정규수업만이 아니라 학교가 주체가 되어 운영하는 동아리활동, 축제, 체육대회, 수련회, 수학여행 등 계획적, 조직적으로 이루어지는 모든 활동을 포함한다.

대표 기출 유형

02 다음 중 학교스포츠클럽지도 프로그램의 활용목적으로 적절하지 않은 것은 무엇인가?

① 일반학생들의 체력 저하가 심화됨에 따라 정기적인 체육활동의 기회를 제공한다.
② 학생들의 자율체육활동을 활성화하고 건강체력증진과 활기찬 학교 분위기를 조성한다.
③ 학생들의 체육활동 참여 기회를 확대하고 경기에 참여할 수 있는 체험의 기회를 제공한다.
④ 학교스포츠클럽 대회는 휴일이나 주말보다는 주중에 신체활동에 참여할 수 있는 기회를 극대화하도록 한다.

정답은 해설지에

<3> 기타 학교체육활동 프로그램

체육 수업, 학교 스포츠 클럽 활동 등 정규 교육과정 내에서 이루어지는 체육 활동만을 학교 체육 활동 프로그램이라고 보기는 어렵다. 학교 내에서는 정규 체육 수업 이외에도 체육 대회, 방과 후 체육 활동, 학교 스포츠 클럽, 토요 스포츠 데이, 방학 중 진행되는 스포츠 캠프 등 다양한 체육 프로그램이 시행되고 있다.

또한, 학교 밖에서는 소외계층을 대상으로 하는 방학 체육 프로그램과 각 시·도 교육청에서 제공하는 체육 관련 프로그램도 운영된다. 이러한 체육 활동들은 정규 교과과정의 한계를 넘어 지역 사회와 자원, 시설을 공유하며 학생들에게 폭넓은 체험 기회를 제공하고, 학생들의 적성과 흥미를 충족시킬 수 있다는 점에서 중요하다.

□ 기타 학교 체육 활동 프로그램의 고려사항

- 교육과정과의 연계성
- 학생의 적성과 흥미
- 미래 지향적 방향 설정
- 지역 자원의 활용

2. 생활체육 프로그램 개발 및 실천

Introduction

여가 활용과 삶의 질에 대한 관심이 높아짐에 따라 사회 구성원들의 스포츠 활동에 대한 요구도 증가하고 있다. 생활체육에 대한 수요가 늘어나고 있으며, 이에 맞는 적절한 생활체육 프로그램의 개발이 중요해지고 있다.

성공적인 생활체육 프로그램을 위해서는 여러 요인을 고려하여 참여자가 쉽고 편리하게 참여할 수 있도록 유도하는 것이 중요하다.

<1> 청소년 스포츠지도 프로그램

청소년기는 신체의 급격한 변화, 정체성 혼란, 학업에 대한 스트레스 등으로 많은 스트레스를 받는 시기이다. 이런 시기를 보내는 청소년들에게는 건전하고 건강한 삶을 위해 스포츠 활동이 도움이 될 것이다.

청소년 스포츠지도 프로그램은 청소년들의 신체적·심리적 특성과 함께 그들이 가진 시간적 제약을 고려해야만 한다. 또한 그들이 운동기능을 습득하고 삶의 즐거움과 활력을 찾을 수 있도록 효과적인 스포츠 활동을 기획하고 운영하는 것이 바람직하다.

□ **청소년 스포츠지도 프로그램의 고려사항**

- 프로그램의 지속성
- 발달운동 중심의 프로그램
- 참여자의 개인적 요구와 흥미
- 청소년의 생활패턴

<2> 성인 스포츠지도 프로그램

성인기는 신체적·정신적 성장은 완료되고, 사회 생활과 직업을 위한 지식과 기능을 발전시키는 단계이다. 그리고 이 과정에서 극심한 신체적·정신적 스트레스가 문제가 되기도 한다. 따라서 성인을 위한 스포츠 프로그램은 개인에게는 건강하고 활발한 신체 활동을 통해 삶의 활력과 즐거움을 제공하고 그것을 통해 사회 전체의 안정에도 기여할 수 있는 것이어야 한다.

□ **성인 스포츠지도 프로그램의 의의와 목적**

- 신체적·정신적 건강의 유지
- 흥미와 경험의 확대
- 사교와 소통의 기회 제공
- 삶의 즐거움 제공
- 사회적 안정에 기여

□ **성인 스포츠지도 프로그램의 고려사항**

- 성인의 신체적·심리적·사회적 특징
- 시설에 대한 접근성과 편의성
- 프로그램의 다양성과 전문성
- 프로그램의 지속성

학습목표

생활체육프로그램을 마련하고 시행할 때 주의할 점 정도만 이해하시면 됩니다.

생활체육 프로그램의 기획 개발 순서
1. 기관의 철학적 이해
2. 요구조사
3. 프로그램 목적 및 목표 설정
4. 프로그램 계획
5. 프로그램 실행
6. 프로그램 평가

생활체육 프로그램의 고려사항
- 프로그램을 통해 달성하려는 목표가 명확할 것
- 프로그램의 활동내용이 구체적이고 세부적으로 표현될 것
- 진행 과정에 일관성을 가질 것
- 프로그램 시행 후 목표 달성 여부를 확인할 수 있을 것

대표 기출 유형

03 <보기>의 생활체육 프로그램 목표 설정 시 고려해야 할 사항 중 옳은 것을 모두 고른 것은?

< 보 기 >

㉠ 프로그램 전개 시 일관된 지침 역할을 하도록 설정한다.

㉡ 프로그램 시행 후 목표 달성 여부를 검토할 수 있도록 기술한다.

㉢ 프로그램을 통해 달성하고자 하는 상태 및 운동 능력을 명시한다.

㉣ 프로그램을 구성하는 스포츠 활동 내용을 구체적이고 세부적으로 기술한다.

① ㉠
② ㉠, ㉡
③ ㉠, ㉡, ㉢
④ ㉠, ㉡, ㉢, ㉣

정답은 해설지에

3. 전문체육 프로그램 개발 및 실천

학습목표
전문체육의 개념을 이해하고 스포츠프로그램 개발의 단계에 초점을 두어 암기합니다.

Introduction

전문체육이란 대한 체육회의 경기단체에 등록된 아마추어 선수들의 엘리트 스포츠와 프로 스포츠협회에 등록된 선수들의 프로 스포츠를 의미한다.

전문체육에서의 지도 목표는 보다 과학적이고 체계적인 지도를 통해 최상의 운동수행 능력을 발휘할 수 있도록 하는 것으로 이를 위한 전문적인 프로그램의 개발과 실천이 중요한 과제이다.

〈1〉 전문체육 프로그램 개발

1) 전문체육 프로그램 개발 6단계 (R. Martens)

> 1. 선수에게 필요한 기술 파악
> 2. 상황분석
> 3. 우선 순위 결정 및 목표설정
> 4. 지도방법 선택
> 5. 연습계획 수립
> 6. 실행

〈2〉 연령별 스포츠 코칭 그로그램 성인 스포츠코칭 프로그램

1) 청소년 스포츠코칭 프로그램

> 전문체육에서의 청소년 스포츠코칭이란 일반 학생이 아닌 학교운동부에 소속된 학생 선수에 대한 지도 영역을 의미한다.
>
> 학교운동부에 소속된 선수들을 엘리트 선수라고 하는데 일반 학생에 비해 엘리트 선수들은 훈련의 과정에서 경기력의 향상에만 중점을 두다가 인성에 대한 교육은 소홀해질 가능성이 높다. 따라서 청소년 스포츠코칭 프로그램은 기술의 발달뿐 아니라 지성, 감성, 덕성의 균형 있는 발달을 고려한 것이어야 한다.

☐ 청소년 스포츠코칭 프로그램의 고려사항

- 학생 선수의 인권을 중시하는 관점으로 변화할 것
- 학생 선수의 바람직한 인성을 계발하는 지도가 될 것
- 바람직한 스포츠의 가치를 일상생활로 전이되도록 유도할 것

2) 성인 스포츠코칭 프로그램

> 청소년 스포츠코칭의 대상이 초등학생에서 고등학생까지의 엘리트 스포츠 선수라면, 성인 스포츠코칭의 대상은 대학 선수 이상의 성인 선수를 의미한다. 이들은 새로운 기술과 전술의 습득보다는 이미 습득한 기술을 더욱 정교하게 다듬는 것이 지도의 목적이 된다. 또한 이 과정에서 성인이라는 특수성까지 고려되어야 한다.

☐ 성인 스포츠코칭 프로그램의 고려사항

- 구체적이고 실현가능한 목표를 설정할 것
- 자기 주도적 의사결정의 환경을 조성할 것
- 자신의 인생에 대한 성찰의 기회를 제공할 것

Confirmation
이것만은 꼭!

01 체육수업은 정규 교육과정에 포함되면 학생들의 학습의 수준을 측정하고 점수화하여 학교생활기록부에 성적으로 기재하고 있다 이런 점에서 체육수업은 교과영역과 비교과영역 중 (   )에 포함된다.

02 학생들의 체력저하가 심화됨에 따라 각급 학교에서는 '학교 스포츠 클럽 활동'과 '학교 스포츠 클럽' 등 장기적인 체육활동의 기회를 학생들에게 제공하기 위한 방안을 마련하여 시행하고 있다, 그 중 교과영역에는 포함되지 않지만 정규교육과정 안에서 시행되고 있는 프로그램은 (   )이다.

03 학교 스포츠클럽활동의 경기진행방식 중 리그전에는 통합리그, 조별리그, 스플릿리그 등이 있다. 그 중 상위리그와 하위리그를 나누어 경기를 치르는 방식으로 경기력의 평준화가 특징인 리그방식은 (   )이다.

04 생활 체육 프로그램의 기획과 개발을 위해 고려할 사항들은 다음과 같다. 그 내용들을 순서대로 나열하라.

<보기>

- 프로그램의 목표설정
- 요구조사
- 기관의 철학 이해
- 프로그램의 평가
- 프로그램의 계획 확정
- 실행

정답

1. 교과영역
2. 학교스포츠클럽활동
3. 스플릿 리그
4. 기관의 철학 이해 – 요구조사 – 프로그램의 목표설정 – 프로그램의 계획 확정 – 실행 – 프로그램의 평가

Previous 단원 기출문제

01 학교체육진흥법(시행 2024. 3.24) 제10조 '학교스포츠클럽 운영'의 내용에 해당하지 않는 것은?

① 학교스포츠클럽을 운영하는 경우 전담교사를 지정해야 한다.
② 전담교사에게 학교 예산의 범위에서 소정의 지도수당을 지급한다.
③ 활동 내용은 학교생활기록부에 기록하지만, 상급학교 진학 자료로 활용할 수 없다.
④ 학교의 장은 학교스포츠클럽을 운영하여 학생들의 체육활동 참여기회를 확대해야 한다.

학생들이 학교스포츠클럽 활동을 통해 스포츠에 참가한 내용은 학교생활기록부에 기재되어 상급학교 진학 시 평가의 자료로 활용된다.

정답 : ③

02 학교 체육 활동 프로그램의 개발과 운영에 대한 고려사항으로 바르지 않은 것은?

① 교육과정과의 연계성을 고려하여 구성한다.
② 실현가능한 목표를 설정하고 스포츠 활동에 꾸준히 참석할 수 있는 동기를 제공한다.
③ 학교의 시설과 예산만으로 운영될 수 있는 현실적인 방안을 마련한다.
④ 학생의 적성과 흥미를 고려하여 체육활동을 통한 참여동기와 만족도를 높일 수 있도록 구성한다.

지역 리그나 본선 대회 등에는 학교 시설이 아닌 전문 체육시설을 임대하여 사용할 수 있다.

정답 : ③

03 <보기>에서 제시한 마튼스(R. Martens)의 전문 체육 프로그램 지도 개발 단계를 순서대로 바르게 연결한 것은?

< 보 기 >

㉠ 선수에게 필요한 기술 파악
㉡ 지도 방법 선택
㉢ 상황 분석
㉣ 우선 순위 결정 및 목표 설정
㉤ 선수 이해
㉥ 연습 계획 수립

① ㉠-㉢-㉤-㉣-㉥-㉡
② ㉠-㉢-㉣-㉤-㉥-㉡
③ ㉠-㉤-㉣-㉢-㉡-㉥
④ ㉠-㉤-㉢-㉣-㉡-㉥

마튼스의 이론에서는 전문 체육프로그램의 개발 과정을 ① 선수에게 필요한 기술의 파악, ② 선수의 이해, ③ 상황의 분석, ④ 우선 순위와 목표 설정, ⑤ 지도 방법의 선택, ⑥ 연습 계획의 수립의 순서로 설명하고 있다.

정답 : ④

04 <보기>에 ㉠, ㉡의 용어가 바르게 묶인 것은?

< 보 기 >

2015 초·중등학교 교육과정 총론에 의하면, 중학교 '학교스포츠클럽 활동'은 정규교육과정의 (㉠)에 편제되어 있지 않으며, (㉡)의 동아리활동에 매학기 편성하도록 하고 있다.

	㉠	㉡
①	교과 활동	재량 활동
②	비교과 활동	창의적 체험활동
③	비교과 활동	재량 활동
④	교과 활동	창의적 체험활동

교과활동이란 성적으로 환산되는 교과과목의 수업을 말한다. '학교스포츠클럽 활동'은 정규교육과정에 포함되지만 동아리 활동이므로 교과활동이 아니며, 현행 교육과정에서는 생활기록부에 '창의적 체험활동'으로 기록된다.

정답 : ④

05강 스포츠 교육의 지도방법론 1

1. 스포츠지도를 위한 교육모형

Introduction

수업모형이란 다양한 수업방식들의 특징을 수업의 구조나 수업의 진행 방법에 따라 분류한 것을 말한다. 즉, 교육현장에서 진행되는 각 수업의 특징과 구성을 보다 명료하게 표현하기 위해 수업의 목적, 과정, 구성원의 역할과 구성요소 등을 단순화시킨 것이다.

최상의 수업모형이 정해져 있다고 볼 수 없으며 필요에 따라 수업의 목적에 적합한 수업모형을 선택하고 활용하고 어떤 경우에는 몇 가지의 수업모형을 섞어 활용하기도 한다.

학습목표
매년 3문항 이상 반드시 출제됩니다. 각 지도모형의 목표와 특징과 수업과정을 암기합니다.

<1> 직접교수모형 (Rosenshine)

◇ 개요
- 교사 중심의 의사결정
- 높은 비율의 피드백 제공
- 수업 시간과 자원의 효율적 활용
- 스키너의 조작적 조건화(강화와 처벌을 통해 학습자의 행동을 조절)가 수업의 주요 방법

직접교수모형
- 교사가 수업 리더 역할을 한다

교사가 중심이 되어 수업을 진행하며, 충분하고 연속적인 시간을 활용한다.

교사는 학생의 수행을 적극적으로 감독하고, 직접적인 피드백을 제공한다. 교사의 시범이나 지시는 명확해야 하며, 학생이 즉시 이해할 수 있어야 한다. 과제 또한 학생이 무엇을 해야 하는지 분명히 제시되어야 한다.

따라서 직접교수 모형에서는 체계적으로 조직된 교수 설계가 필요하며, 학습자가 오반응을 보일 경우 즉시 교정하여 시행착오를 최소화해야 한다.

1) 수업의 특징

(1) 수업 모형의 전제

교수	학습
• 교사가 수업 내용과 의사결정의 주관자이며, 수업 계획과 실행에 주도적인 역할을 수행함 • 수업의 내용은 학생 발달에 맞추어 단계적인 학습 과제로 선정되어야 함 • 교사가 높은 수준의 전문지식을 갖추어야 함 • 수업 시간과 자료를 최대한 활용하고 학생이 최대한 참여할 수 있는 방법을 모색해야함	• 학습은 작은 과제들을 점진적으로 수행하면서 이루어지고, 점차 복잡한 내용으로 진행됨 • 학습의 활동에 참여하기에 앞서 학습 과제와 수행 기준에 대한 이해가 필요함 • 학생의 높은 참여를 유도할 수 있는 강화나 처벌과 같은 자극이 필요함 • 학습 참여기회는 긍정적·보강적 피드백과 동반되어야 함

(2) 학습영역의 우선 순위

1순위 : 심동적 영역	2순위 : 인지적 영역	3순위 : 정의적 영역

대표 기출 유형

01 다음 중 직접교수 모형의 특징으로 올바르지 않은 것은 무엇인가?

① 지도자의 의사결정을 따르나, 주도적 참여 형태는 학습자이다.
② 학습자는 지도자의 지시에 따르며, 지도자의 질문에 적극적으로 대답한다.
③ 학습자로 하여금 연습과제와 기능 연습에 높은 비율로 참여하도록 안내한다.
④ 지도자는 학습자가 연습하는 것을 관찰하고, 학습자에게 교정적 피드백을 제공한다.

정답은 해설지에

(3) 학습의 단계

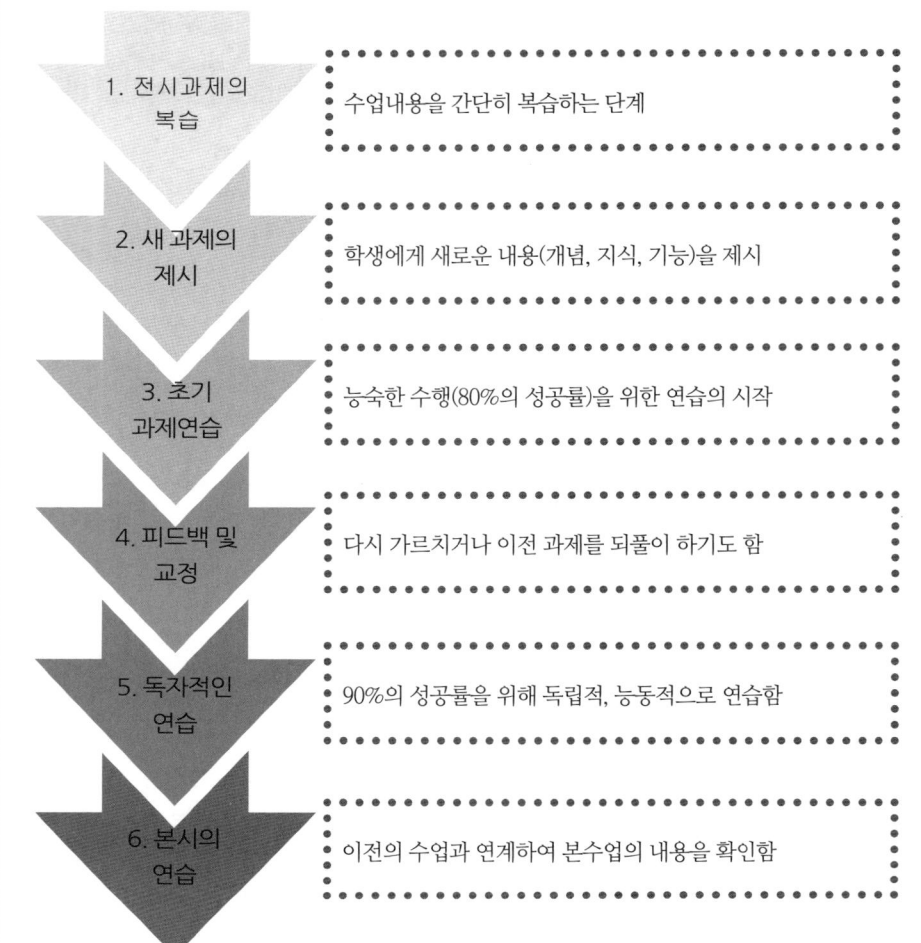

직접 교수모형과 피드백
- 피드백 제공은 많을수록 좋다.
- 추상적 피드백보다 구체적 피드백이 효과적이다.
- 즉각적인 피드백이 지연된 피드백보다 효과적이다.
- 교정적 피드백이 부정적 피드백보다 효과적이다.
- 언어적 피드백이나 비언어적 피드백 중 하나만 제시하는 것보다 두 가지 형태를 결합한 피드백의 제공이 도움이 된다.
- 숙련된 학습자는 피드백 횟수가 적어도 정보를 얻을 수 있지만, 초보 학습자에게는 구체적인 피드백을 자주 제공해야 한다.

(4) 학습 평가 방법

□ 공식 평가와 비공식 평가

공식적 평가	비공식적 평가
• 전체 학생 중 몇명을 표본으로 선정하여 성공한 횟수와 실패한 횟수를 측정함 • 표본 학생의 거의 모두가 기준 성공률에 도달하면 다음 과제로 진행함	• 주기적으로 간단한 체크리스트를 활용하여 학생의 기능을 측정함 • 성공한 횟수와 실패한 횟수를 기록할 수 있는 카드를 제출하여 다음 과제로 진행함

대표 기출 유형

02 <보기>에서 설명하는 로젠샤인(B. Rosenshine)의 직접 교수 모형 단계로 적절한 것은?

<보기>
- 이 단계는 학습자에게 초기 학습과제와 함께 순차적으로 과제연습이 이루어지는 과정이다.
- 지도자는 학습자에게 다음 과제를 제시하기 위해 핵심단서(cue)를 다시 가르치거나 이전 학습과제를 되풀이할 수 있다.

① 피드백 및 교정
② 비공식적 평가
③ 새로운 과제제시
④ 독자적인 연습

정답은 해설지에

<2> 개별화지도 모형 (Keller & Sherman)

◇ 개요
- 교사는 학생들에게 모든 수업자료를 한꺼번에 제공함
- 학생들은 자신에 맞는 속도로 학습함
- 교사와 학생의 상호작용을 중시함

1) 수업의 특징

(1) 수업 모형의 전제

교수	학습
• 학습의 내용은 문서, 시청각 매체 등 다양한 형태로 전달함 • 교사의 기본 역할은 수업관리보다는 학생들과 상호작용이 중요함 • 학생 참여와 학습은 자기주도적일 때 가장 효과적임 • 수업 계획은 학생들의 학습에 대한 자료 수집에 근거하여 수립함 • 학생에 대한 개별 지도가 가능함	• 개별 학생의 학습 능력은 서로 다름 • 충분한 시간과 기회가 주어진다면, 모든 학생은 주어진 수업 목표를 달성할 수 있음 • 학생 참여와 학습은 자기주도적일 때 가장 효과적임 • 개별 학생들의 학습은 서로 다른 속도로 진행됨 • 학생이 자율성이 강할 때 학생의 동기와 책임감이 커짐

(2) 학습영역의 우선 순위

1순위 : 심동적 영역	2순위 : 인지적 영역	3순위 : 정의적 영역

(3) 학습 평가 방법

□ 평가의 과정

1. 기록카드 작성과 제출	학생이 성공한 횟수와 실패한 횟수를 카드에 기록한 후 교사에게 제출함
2. 교사의 분석	학생의 기록을 평균 기록과 비교함
3. 피드백	기존의 과제를 수정하거나 새로운 과제를 제시함

개별화 지도 모형

- 학생은 학습속도를 스스로 조절한다.
(되도록 빠르게, 필요하면 느리게)

개별화 지도 모형은 학생간의 개인차를 고려한다. 학생이 미리 계획된 학습 과제의 순서에 따라 자신의 속도로 학습하도록 설계된 방법이다.

학습 과제는 문서나 다른 형식으로 모든 학생에게 동일하게 제공되며, 과제에는 과제 제시, 구조, 오류 분석, 수행 기준에 대한 정보가 포함된다. 이 모형의 장점은 교사가 수업 중 이 정보를 전달하는 데 소요되는 시간을 줄이고, 그 시간을 학생과의 상호작용에 사용할 수 있다는 것이다. 수업 방식에서는 학생이 명시된 수행 기준에 따라 과제를 완수하면, 교사의 허락이나 지시 없이도 다음 과제로 바로 이동할 수 있다.

개별화 지도 모형의 주된 목적은 학생이 자기주도적으로 학습할 수 있도록 하고, 교사가 학생들과 많은 상호작용을 할 수 있게 하는 것이다. 이 모형은 특히 심동적 영역과 인지적 영역의 학습에 효과적이다.

<3> 협동학습 모형 (Slavin)

◇ 개요
- 학생들이 팀을 이루어 학습 과정과 결과 확인에 함께 참여함
- 초기의 학습은 교사 중심이지만 과제를 시작한 후부터는 학생 중심으로 전환
- 협동학습이 진행되는 과정에서 교사와 학생간에도 상호작용이 형성됨

1) 수업의 특징

(1) 수업 모형의 전제

교수	학습
• 교사는 학생의 사회성 학습을 관찰하고, 반성적인 능력을 가르치는 역할을 수행함 • 교사는 사회성 학습과 인지적 학습목표 사이의 균형을 유지해야 함 • 교사는 학생 스스로 문제를 수행하는데 도움이 되는 정보와 자료만 제공함 • 교사는 사회성을 발달시키기 위한 격려자의 역할을 수행함	• 이질적 성격을 가진 팀원들로 구성될 때 가장 효과적 • 모든 팀원들은 각각의 능력으로 팀의 목표 달성을 위해 공헌함 • 개인의 책임에 대한 기준이 분명해야 하고 모든 팀원들의 수행을 팀의 평가 점수에 반영해야 함 • 사회적 태만을 막기 위해 모든 팀원들의 공헌을 유도해야 함

(2) 학습영역의 우선 순위

학습 활동	1순위	2순위
인지적 학습이 초점일 때	인지적 영역, 정의적 영역	심동적 영역
심동적 학습이 초점일 때	심동적 영역, 정의적 영역	인지적 영역

(3) 장·단점

긍정적 측면	부정적 측면
• 팀원은 서로 발달 단계에 맞는 모델링 역할을 수행할 수 있음 • 학생 스스로 학습 과정과 진도를 조절할 수 있음 • 학생들의 사회성이 향상됨 • 집단의 전문성이 팀원의 전문성보다 크면 수업의 결과가 향상됨 • 팀의 인적 자원을 효율적으로 활용하고 관리하는 방법을 배움	• 사회적 태만(링겔만 효과)의 발생 • 소수의 학생만의 권위적 활동 • 능력이 우수한 학생의 부담감 발생 • 공헌도가 낮은 학생의 수치심 발생 • 과정보다 결과를 중시하면 협동 학습 모형의 취지가 손상됨 • 결과보다 과정을 강조하면 학습의 가치가 상실됨

(4) 학습 평가 방법

내용 지식에 대한 과제의 평가	응용 지식에 대한 과제의 평가
기능 검사, 필기 시험 등 전통적인 시험의 방식을 활용함	전통적인 방식의 평가와 함께 변형된 대안 평가들을 활용함

협동학습 모형
- 모든 팀원이 함께 학습목표를 달성해야 한다.

구성원들이 4~6명인 소집단을 형성하여 서로 사회적 상호작용을 하며 학습하게 하는 교수법이다.

이때 학습자를 몇 개의 소집단으로 구분하는 일을 직소(Jigsaw)라고 한다.

이 수업방식은 학생들의 긍정적 상호협력 관계를 중시하고 집단 구성원 개개인의 책임을 강조하며 동시에 스스로 지식과 기술을 습득할 수 있다는 장점이 있다.

이 모델의 가장 중요한 특징은 학습집단의 팀워크를 중시하고, 상벌도 집단의 단위로 주어진다.

또한 협동학습의 분위기는 민주적 과정이므로 학생들은 그들 자신의 학습에 능동적이면서도 책임감 있는 태도를 가지고 임하게 된다.

협동학습 모델의 학습촉진 요소
- 팀원 간의 긍정적인 상호관계
- 팀원의 책임감
- 팀원 간의 인간관계
- 팀 반성 체계

대표 기출 유형

03 협동 학습 모형이 추구하는 지도 목표가 아닌 것은?

① 긍정적인 팀 관계 격려
② 상호작용을 기반으로 개인의 책임감 증진
③ 팀 내 개인 간 경쟁 도모
④ 자아존중감 개발

정답은 해설지에

<4> 스포츠 교육 모형 (Siedentop)

◇ 개요

- 스포츠 교육에의 참여를 통해 선수·리그 운영자, 마케팅 담당 등 다양한 역할 체험을 제공함
- 교육과정 속에서 실질적인 스포츠의 경험을 유도하는 것이 목적
- 학생들은 스포츠의 다양한 관점과 가치관을 습득함

1) 수업의 특징

(1) 수업 모형의 전제

교수	학습
• 다양한 전략들을 활용하여 학생을 지도함 • 교사는 학생의 능동적 의사결정을 돕는 역할을 수행함 • 교사는 학생이 다양한 역할들에 대한 기회와 책임감을 경험할 수 있도록 수업을 계획함	• 의사결정을 하고 이행하는 과정에 참여하는 것이 학습의 내용 • 학생의 능동적 참여가 중요함 • 학생은 팀 구조 속에서 공동 목표를 성취하기 위해 협력해야 함 • 학교가 아닌 곳에서도 경험할 수 있는 실제적인 스포츠 경험을 제공함

(2) 학습영역의 우선 순위

학습 활동	잠정적인 우선 수위		
	1순위	2순위	3순위
선수로서의 시즌 전 연습	심동적	인지적	정의적
임무 역할 학습	인지적	정의적	심동적
팀원으로서의 임무	정의적	인지적	심동적
선수로서의 경기 수행	심동적	인지적	정의적
코치로서의 경기 진행	인지적	정의적	심동적

(3) 스포츠 시즌의 구성

시즌	연습, 시즌의 준비, 정규 시즌 기간 등 시즌의 운영 기간
팀 소속	학생들이 팀의 일원이 되어 시즌이 끝날 때까지 함께 노력함
축제화	모두가 즐겁게 참여할 수 있는 축제의 성격으로 만듦
공식 경기	시즌 동안의 치러지는 모든 경기는 공식적인 경기로 인정됨
결승전 행사	결승전에서 벌어지는 다양한 형태의 이벤트를 마련함
기록 보존	개인 또는 팀의 기록을 보존하여 수업의 자료로 활용함

(4) 학습 평가 방법

선수로서의 역할	다른 임무의 역할
기본 기능, 경기 규칙과 전략에 대한 지식, 게임 수행 능력과 전술, 팀워크, 바람직한 스포츠 행동 등에 대해 평가함	맡은 임무에 대한 지식과 수행의 절차, 의사결정 과정에서의 책임감과 실제의 행동 등을 평가함

스포츠 교육 모형
- 유능하고 박식하며 열정적인 스포츠인으로 성장하기

스포츠 교육 모형은 학교에서 학생들에게 풍부한 스포츠 경험을 제공하기 위해 설계되었다. 학생들은 잘 조직된 '스포츠 시즌'에 참여하면서 스포츠 활동의 다양한 특성과 역할을 배운다.

이 과정에서 학생들은 스포츠 조직을 구성하고, 선수, 마케터, 운영자, 응원단 등의 다양한 역할을 경험하게 된다. 이를 통해 학생들은 다른 체육 수업에서는 경험할 수 없는 책임감, 팀워크, 역할 분담, 전략과 전술, 팀원 간의 협력 등을 학습하게 된다.

스포츠 교육 모형의 주요 목적
- 유능한 스포츠인
- 박식한 스포츠인
- 열정적인 스포츠인

대표 기출 유형

04 참여자들이 스포츠에서 다양한 역할을 경험하여 '유능하고 박식하며 열정적인 스포츠인'으로 성장하는 데 목적을 두고 있는 체육수업 모형은?

① 직접 교수 모형
② 스포츠 교육 모형
③ 개별화 지도 모형
④ 전술 게임 모형

정답은 해설지에

<5> 동료교수 모형

◇ 개요

- 학생이 교사가 되어 다른 학생을 가르침
- 교사에 비해 학생수가 많을 때 유용함
- 교사는 학습의 과정에서 교사의 역할을 맡게 되는 '개인 교사(tutor)'에게 교수권을 위임함
- 학생의 사회성 학습에 초점을 두는 교수방식

동료교수 모형
- 나는 너를, 너는 나를 가르친다.

두 명 이상의 학생들이 교사의 역할과 학습자의 역할을 번갈아 수행해 보면서 서로 협력하여 정해진 과제를 학습해 나가는 수업 방법이다. 체육시간에 어떤 동작을 학습할 때 학생들이 서로를 관찰하여 조언을 주고 받으며 학습하는 것은 동료 교수법의 대표적인 사례이다.

동료 교수 모형에서는 학습자의 역할도 중요하지만, 더 중요한 책임은 동료교사의 역할에 달려 있다. 학생들은 교사와 학습자 역할을 번갈아 수행하며 서로 가르치고 배우는 상호 보완과 협력을 거치면서 주어진 학습과제를 완수해 나가지만, 교사의 역할을 수행하는 학생의 역할에 따라 수업의 효과가 크게 달라지기 때문이다.

1) 수업의 특징

(1) 수업 모형의 전제

교수	학습
• 교사는 단원 내용, 수업 운영, 과제 제시, 내용 전개와 관련된 많은 의사결정에서 통제력을 유지함 • 교사는 교수 정보를 학습자에게 제공하는 주요 기능을 수행할 개인 교사를 훈련시킬 수 있음	• 교사와 학습자가 서로 협력하여 문제해결 기술을 발달시킴 • 교사가 학습자들을 관찰하고 분석하며 지도함으로써 학습이 촉진됨 • 조(짝)의 교수·학습 과정에서 서로 다른 역할을 수행하면서 진행됨

(2) 학습영역의 우선 순위

학습 활동	1순위	2순위	3순위
개인교사일 때	인지적 영역	정의적 영역	심동적 영역
학습자일 때	심동적 영역	인지적 영역	정의적 영역

(3) 구성 및 개념

개인 교사(tutor)	수업 중에 임시로 교사 역할을 담당하는 학생
학습자(learner)	개인 교사의 관찰 및 감독 하에서 연습하는 학생
조(짝)(dyad)	개인 교사와 학습자의 짝으로 구성된 단위
학생(student)	아직 개인 교사나 학습자의 역할을 수행하지 않는 학생

(4) 학습 평가 방법

1. 체크리스트의 작성	개인교사가 운동수행을 관찰하고 정확하게 수행된 움직임 또는 기술을 기록함
2. 개인 교사의 분석	개인교사가 체크리스트를 분석함
3. 피드백	체크리스트를 바탕으로 학습자에게 구체적인 피드백을 제공함

대표 기출 유형

05 동료교수모형에 관한 설명으로 옳은 것은?

① 개인교사는 교사에게 역할 수행을 위한 훈련을 받지 않는다.
② 교사는 개인교사, 학습자 모두와 상호작용을 한다.
③ 학생은 개인교사 역할과 학습자 역할을 번갈아가며 경험한다.
④ 학습 활동의 직접적인 참여 기회가 증가한다.

정답은 해설지에

<6> 탐구수업 모형 (Tillotson)

◇ 개요

- 사고력, 문제 해결력, 탐구력 등의 향상에 초점을 두는 질문 중심의 수업
- 내용이나 결과보다는 과정을 중시함
- 학생 스스로 질문의 과정에서 새로운 지식을 구축함
- 학생의 탐구능력을 자극하기 위해 다양한 지도 전략과 학습 활동을 활용함

1) 수업의 특징

(1) 수업 모형의 전제

교수	학습
• 교사는 학생의 학습을 증진시키는 촉진자의 역할을 수행함 • 교사는 질문을 통해 학생의 사고를 자극함 • 진지하고 사려깊으면서 학생의 지적 능력에 적합한 질문의 활용이 필요함 • 직접 교수와 간접 교수를 적절하게 배합하여 활용함	• 학생에게 의미 있는 학습활동일 때 최상의 학습 성과를 거둠 • 학생에게 사전 지식 등의 정보가 필요함 • 학습은 본질적으로 문제 해결의 과정임 • 문제 해결 과제의 복잡성이 학생의 발달 능력에 맞을 경우에 효율적임

(2) 학습영역의 우선 순위

1순위 : 인지적 영역	2순위 : 심동적 영역	3순위 : 정의적 영역

(3) 학습 평가 방법

□ 다양한 평가 방법의 활용

공식적·전통적 평가	하위 수준의 학습 결과를 평가하기 위해서 활용함
비공식적 평가	단기간에 신속히 해결가능한 학습 과제 또는 문제일 때 활용
대안 평가	모든 학습 단계에서 활용할 수 있지만 특히 높은 수준의 학습 결과를 측정하기 위해 활용함

탐구수업 모형
- 문제 해결자로서의 학습자

교사가 가르치는 지식이나 정보를 단순히 받아들이고 암기하는 것이 아니라, 학생 스스로 기존의 자료를 토대로 의문을 해결하며 새로운 지식을 획득해 가는 형태의 학습모형이다.

이 모형에서는 교사가 학생의 동기를 유발할 수 있는 문제를 제시하고 학생은 그 문제를 해결하기 위해 스스로 자료를 수집하고 분석하며 수업이 진행된다는 특징을 가진다.

이 모형은 단순한 사실이나 개념을 전달할 때보다는 그런 사실이나 개념이 왜 필요하면 어떻게 적용되어야 하는가와 같은 문제를 다루고자 할 때에 적합하다. 따라서 어떤 특정한 문제 상황의 내용을 아는데 그치는 것이 아니라 스스로 문제를 해결하는 탐구의 과정 자체를 숙달하게 하는데 그 목적이 있다.

대표 기출 유형

06 다음 설명에 맞는 수업모형은?

< 보 기 >

1. 학습자 스스로 학습활동에 관련된 문제를 해결한다.
2. 지도자는 과제수행 방법을 설명과 시범이 아닌 질문을 통해 학습자들이 스스로 찾도록 한다

① 전술게임 모형
② 동료교수 모형
③ 탐구수업 모형
④ 협동학습 모형

정답은 해설지에

⟨7⟩ 전술게임 모형(이해중심 전술 모형)

◇ 개요
- 이해 중심의 게임 수업
- 게임구조에 대한 흥미를 활용함
- 기술보다 전술의 문제를 중요하게 여김

1) 수업의 특징

(1) 수업 모형의 전제

교수	학습
• 게임의 전술 문제를 규명하고, 주어진 문제의 해답을 찾아나가는 데 초점을 둔 각 학습 과제를 조직함 • 기존의 게임과 변형된 게임 형식을 모두 사용할 수 있음 • 학생에게 간접적인 학습 경험을 제공함 • 해당 학년의 발달 단계에 적합한 게임형식을 제공해야 효과적임	• 학습자에게 재미와 동기를 줄 수 있는 진짜 게임에서 참여가 높아짐 • 수업을 통해 학생의 전술인지능력과 의사결정능력을 개발시킬 수 있음 • 게임을 잘 수행하기 위해 전술적 지식과 의사결정력을 가져야 함 • 학생의 학습 결과는 유사한 분류 범주 내에서 게임으로 전이됨

□ 학습의 과정

게임 소개 – 게임 이해 – 전술 인지 – 의사결정 – 기술 연습 – 실제 게임 수행

(2) 학습영역의 우선 순위

1순위 : 인지적 영역	2순위 : 심동적 영역	3순위 : 정의적 영역

(3) 전술게임 모형 이론에 따른 스포츠의 분류 - Almond, L. (1986)

영역침범형	농구, 하키, 풋볼, 축구, 얼티밋 프리스비
네트형	배드민턴, 테니스, 탁구, 배구
벽형	라켓볼, 스쿼시
필드형	야구, 크리켓, 킥볼, 소프트볼
표적형	당구, 볼링, 골프

(4) 전술게임 모형의 변형

스크리미지	전술게임 모형의 수업에서 이루어지는 게임 중 티칭 모멘트가 발생했을 때 잠시 게임을 멈추고 전략과 전술에 대한 지도가 이루어지는 수업방식
리드업 게임	기능의 측면에 초점을 두는 수업 방식으로 축구의 패스 주고 받기처럼 정식게임에 필요한 기능 중 일부를 단순화하여 연습시키는 방식

(5) 학습 평가 방법

□ 전술게임 모형의 평가
- 평가는 실제 경기 상황에서 이루어짐
- 게임의 특성을 잘 이해했는가가 평가의 목적이며 개별적인 기술과 기능에 대한 검사는 실시하지 않음

전술게임 모형
- 이해중심 게임 지도

학생들이 실제 게임이나 게임과 유사하게 변형된 상황을 수행하면서 필요한 전략과 전술을 익히도록 하는 수업 형태이다.

이 모형은 각각의 스포츠에 필요한 기능을 지도한 후 실제 게임을 하게 하던 전통적인 방식에 대한 대안으로 스포츠 기술보다는 게임의 전술에 초점을 두어 지도한다. 이때 전술(tactics)이라 함은 게임 또는 게임의 유사 상황에서 게임을 수행하기 위해 필요한 기술(skill)과 전략(strategy)의 결합체를 말한다.

전술게임 모형에서 교사는 학생의 기술과 전술을 발달시키기 위해 일련의 학습 과제들을 유사한 게임 상황으로 계획하여 정식 게임 혹은 변형 게임으로 이끌어 간다.

대표 기출 유형

07 다음 중 청소년 스포츠코칭 프로그램의 내용 지식과 관련된 고려사항으로 적절하지 않은 것은 무엇인가?

① 네트형 스포츠에서 공격 계획을 수립하는 등의 일반적인 게임 전략들이 배구 선수의 운동 수행능력을 증진시킬 수 있다.
② 코치가 게임분류 체계를 이용하면 같은 범주의 스포츠 안에서 일반적인 움직임의 요소들을 고려한 수업을 운영할 수 있다.
③ 영역형 스포츠에서 공간을 만들어 내는 것과 같은 기초 지식들은 하키나 농구 게임에서 볼 수 있는 전술과 전략에 큰 도움이 되지 못한다.
④ 코치가 게임분류 체계를 이용하면 특정 스포츠 기술에만 주안점을 두지 않고 같은 범주의 스포츠 안에서 선수들에게 전략을 제공할 수 있다.

정답은 해설지에

<8> 개인적·사회적 책임감 지도 모형 (D. Hellison)

◇ 개요

- 불우한 처지의 청소년들을 위한 교수 모형
- '보다 나은 사람'을 만드는 것이 목표
- 체육을 통한 인성 발달을 지향함

1) 수업의 특징

(1) 수업 모형의 전제

교수	학습
• 학습자의 교육적 의도가 높을 때 자신과 타인에 대한 책임감이 배양됨 • 책임감의 배양과 의사결정능력의 학습이 수업의 목적과 내용임	• 학습은 학습자 중심으로 이루어질 때 효과적임 • 학습자들 모두의 학습 능력이 향상되지는 않음

(2) 학습영역의 우선 순위

1순위 : 정의적 영역	2순위 : 심동적 영역	3순위 : 인지적 영역

(3) 학생의 책임감 발달 단계

0 단계 -무책임-	참여 의지와 자기 통제 능력이 없음
1 단계 -타인에 대한 존중-	타인을 고려하면서 안전하게 참여함
2 단계 -참여와 노력-	의무감은 없지만 자발적 참여가 일어남
3 단계 -자기방향의 설정-	자기 목표 설정이 가능하며 교사의 감독 없이 과제를 완수함
4 단계 -돌봄과 배려-	타인의 요구와 감정을 인정하고 경청하고 대응하는 것이 가능함
5 단계 -전이-	지역 사회 환경에서 타인을 가르침

(4) 학습 평가 방법

□ 다양한 평가의 방법과 내용

책임감의 수준	5가지 단계의 책임감 수준을 측정함
의사결정과 행동	지식의 습득 여부 보다는 적절한 의사결정과 행동을 실천하는지를 측정함
행동의 일관성	행동에 일관성을 보이는지를 측정함

개인적·사회적 책임감 지도 모형

- 보다 나은 사람 만들기

폭력 집단 및 범죄 집단 구성원 등이 많이 활동하는 낙후된 지역에 살면서 교육 혜택을 받지 못하며 성장하고 있는 불우한 청소년들에게 건강한 사회성을 가르치기 위하여 개발된 모형이다.

이 모형은 체육활동을 통해 불우한 환경의 학생들을 "보다 나은 사람"으로 만들기 위해 그들의 인성 발달을 증진시키는 것이 목적이며 실제 성공적인 사례가 많이 보고되고 있다.

그러나 실제 사회에 발생하는 지역간 불평등과 같은 문제가 훨씬 심각하고 복잡하다는 점에서 스포츠 교육만으로는 그런 문제를 완전히 해결하는것이 어렵다는 한계가 있다.

대표 기출 유형

08 다음 중 Hellison(2003)의 개인적·사회적 책임감 모형에 있어서 인성지도를 위한 책임감 수준이 순서대로 나열된 것은 무엇인가?

① 타인 감정 존중-자기방향 설정-참여와 노력-돌봄과 배려-전이
② 타인 감정 존중-참여와 노력-돌봄과 배려-자기방향 설정-전이
③ 타인 감정 존중-참여와 노력-자기방향 설정-돌봄과 배려-전이
④ 타인 감정 존중-자기방향 설정-돌봄과 배려-참여와 노력-전이

정답은 해설지에

하나로 수업 모형

완전한 사람 만들기

이 모형은 운동기술과 기능은 물론 역사, 철학, 문화, 예술, 종교 등의 요소를 함께 가르치는 체육교육을 목표로 한다. 즉 인문학적 체육교육을 학교 교육 현장에 적용시키기 위한 실천적인 지도 모형이다.

하나로 수업의 가장 큰 특징은 '터'와 '패'라는 개념이다. '터'는 수업활동이 이루어지는 모든 공간을 말하며, 패는 수업활동을 이루어내는 학생들의 소집단 모둠을 가리킨다.

이 수업에서의 학생들은 작은 단위의 집단을 구성하여 자유로운 방식으로 수업에 참여하게 된다. 그 과정에서 학생들은 스포츠의 기술과 전술 등을 학습하며 동시에 스포츠 속에 내재된 전통과 정신을 습득하게 되는 것이다.

또 그 과정에서 학생들을 신체적·정신적으로 완전한 전인으로 성장하게 하는 것이 이 수업 모형의 목표이다.

호울 스포츠

완전한 사람(호울 퍼슨), 즉 전인을 길러내기 위한 스포츠를 말한다. 다시 말해 스포츠가 전인교육의 역할을 할 때 호울 스포츠라고 부를 수 있다.

<9> 하나로 수업 모형

◇ 개요

- 대한민국에서 개발된 학생중심의 인문학적 체육교육
- 게임과 문화·전통·철학 등을 하나로 경험하는 체육
- 운동 기술, 신체 활동, 팀워크, 전략적 사고 등을 종합적으로 경험하는 체육
- 학생들이 팀으로 활동하며 협력과 팀워크의 중요성을 배우고, 서로 다른 역할을 맡아 함께 목표를 달성하는 경험을 함
- 스포츠 활동을 통해 신체적, 정서적, 사회적으로 고르게 발달한 좋은 사람을 만드는 체육이 목표

1) 수업의 특징

(1) 수업 모형의 전제

교수	학습
• 장소에 구애받지 않고 교수가 이루어짐 • 직접적인 교수뿐 아니라 교사의 열정이나 태도 등의 간접적인 교수도 중요함	• 모든 학생들이 자연스럽게 자발적인 수업의 주도자로서 수업에 참여하게 됨

(2) 체육 수업의 구성 및 개념

① 수업의 목적

기법적차원 (게임)	심법적 차원(문화)
• 직접 체험 활동 • 스포츠를 잘 하는 것 • 게임의 기술, 전술, 규칙을 익히고 시합을 하는 것	• 간접 체험 활동 • 스포츠를 잘 아는 것 • 게임 속의 전통, 안목, 정신을 배우는 것

② 수업의 구성

- 터 - 수업이 이루어지는 공간
- 패 - 수업에 참여하는 학생들의 모둠

(3) 학습영역의 우선 순위

① 기법적 차원이 목적일 때

1순위 : 심동적 영역, 인지적 차원	2순위 : 정의적 영역

② 심법적 차원이 목적일 때

1순위 : 인지적 영역	2순위 : 정의적 영역	3순위 : 심동적 영역

(4) 학습 평가 방법

□ 접합식 평가와 통합식 평가

접합식 평가	통합식 평가
각각의 과제들을 수행한 정도를 합산하여 총점을 계산함	통합적인 틀 속에서 학생의 체험정도를 모두 찾아내 평가함

대표 기출 유형

09 하나로 수업 모형에서 <보기>의 내용이 의미하는 학습 활동은?

< 보 기 >

- 스포츠의 심법적 차원(전통, 안목, 정신)을 가르친다.
- 스포츠를 잘 알 수 있도록 한다.
- 스포츠 문화에로의 입문을 도와준다.

① 기능 체험
② 예술 체험
③ 직접 체험
④ 간접 체험

정답은 해설지에

<10> 과제식 수업 모형 (스테이션티칭 모형)

◇ 개요

- 가장 보편적으로 사용되는 교수 전략
- 독립적인 연습 기능이 학습된 후에 유용한 모형
- 과제의 발달을 크게 강조하지 않음
- 모든 기능에 대한 학습과 경험을 제공하는 수업이 가능함
- 결과 지향적 과제에 적합함

1) 수업의 특징

(1) 수업 모형의 전제

교수	학습
교사가 학습자, 이용 가능한 시간, 공간, 장비 등을 효율적으로 조작해야 함	과제를 익히고, 적합한 과제 수행 수준에 도달하기 위해서 학습자는 과제를 반복해서 연습해야 함

(2) 학습영역의 우선 순위

1순위 : 심동적 영역	2순위 : 인지적 영역	3순위 : 정의적 영역

(3) 학습 평가 방법

□ 과제식 수업 모형의 평가

- 평가는 각 스테이션에서 이루어짐
- 각 스테이션의 수업의 내용을 숙지하고 실행할 수 있는지를 기준으로 평가함

과제식 수업 모형

- 스테이션 교수, 과제 교수, 코너식 수업

스테이션 교수 모형은 교육 목표나 내용에 따라 학생들을 모둠으로 나누고, 수업 장소를 여러 곳으로 분할하여 진행하는 협력 교수 방식이다. 각 수업 장소에는 별도의 교사가 배치되어 있으며, 각 교사는 서로 다른 내용을 가르친다.

학생들은 각 장소에서의 교육이 끝나면 다음 장소로 이동하며 수업을 계속 진행한다. 이 모형은 교사가 한 곳에 계속 머물러 있는 정거장과 같고, 학생들은 각 정거장을 지나가는 기차와 같은 방식으로 진행되기 때문에 '스테이션 교수 모형'이라고도 불린다.

대표 기출 유형

10 스테이션 티칭의 특징으로 적절하지 않은 것은?

① 과제교수라고도 한다.
② 교수-학습과정에 대한 지도자의 영향력을 극대화 할 수 있다.
③ 기구가 부족한 수업상황에서 사용할 수 있다.
④ 지도자의 관점에서 볼 때 학생들 관찰이 다소 어렵다.

정답은 해설지에

2. 스포츠 지도를 위한 수업 스타일과 교수전략

Introduction

모스턴 교수는 체육 수업의 과정에서 의사결정 권한을 누가 가지는가에 따라 수업의 진행 방식을 A형에서 K형까지 11개의 스펙트럼으로 정리하였다. 기존의 대비적 접근에서 벗어나, 교수와 학습의 다양한 방식이 교육 목표 달성에 기여할 수 있다는 비대비적 접근 방식을 채택하고 있다.

여러 개의 교수·학습 방식 중 어떤 것이 교육 목표를 달성하는 데 더 중요한지에 대한 평가보다는, 각 방식이 목표 달성에 어떻게 기여할 수 있는지를 중시한다.

학습목표
반드시 출제됩니다. 수업에서의 의사결정권자의 권한과 수업의 목표를 중심으로 각각의 수업스펙트럼을 암기합니다.

<1> 수업 스타일의 목적 및 종류 (Muska Mosston의 수업 스펙트럼)

1) 수업 스타일의 개요

(1) 수업스펙트럼

학습자의 인지 과정
학습자가 새로운 정보를 받아들이고 그에 대해 사고하며 학습을 통해 반응하는 일련의 단계를 설명하는 모델

1. 자극
   학습 과제나 상황에서 학생에게 제공되는 문제, 과제, 질문, 시연 등의 외부 자극. 학습의 시작점이며 학생의 특정 행동을 유도함

2. 인지적 불일치
   기존의 지식이나 신념과 새로운 정보 또는 경험 사이에서 일어나는 불일치. 학생이 자신의 이해를 재조정하고, 새로운 정보를 통합하려는 동기를 유발함

3. 사색
   학생이 자극과 반응 사이에서 자신의 경험을 반성하고, 그 과정에서 새로운 이해를 형성하는 단계

4. 반응
   학습자가 새로운 지식을 바탕으로 행동하거나 문제를 해결하려는 구체적인 시도를 하는 단계

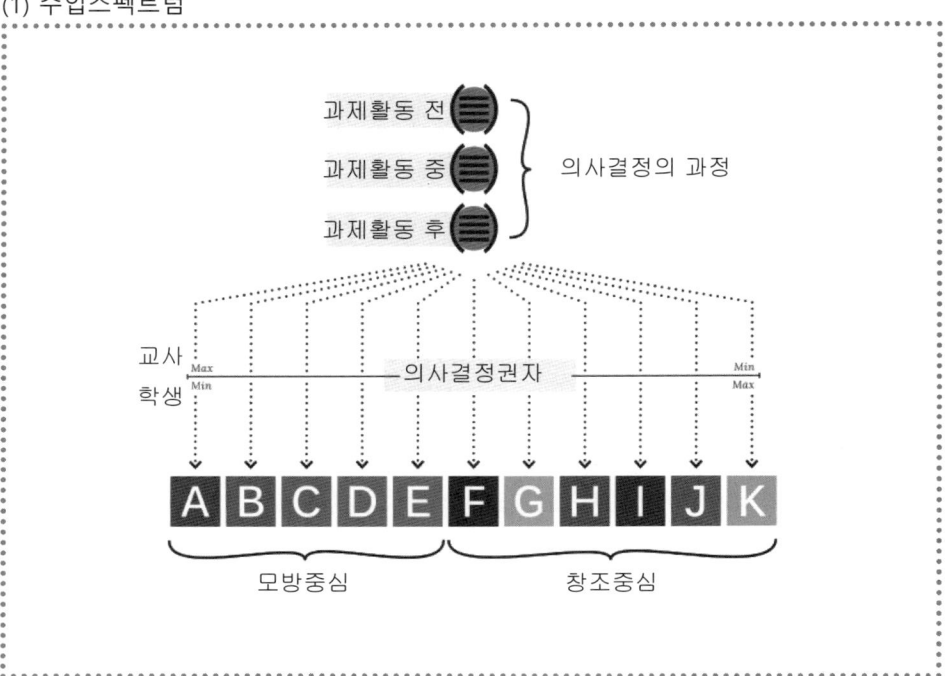

(2) 의사결정의 세 가지 범주

과제활동 전	계획 및 준비에 관한 의사결정
과제활동 중	계획된 의사결정의 실행과 관련한 의사결정
과제활동 후	과제활동 중의 수행에 대한 피드백, 학습의 의도와 실행결과 사이의 일치도에 대한 평가

(3) 교사의 권한에 따른 분류

A~E형까지의 교수스타일군	• 모방 중심 • 기존 지식의 재생산을 중시 • 교사의 권한이 큼
F~K형까지의 교수스타일군	• 창조(창의) 중심 • 새로운 지식의 생산을 중시 • 학생의 권한이 큼

대표 기출 유형

11 모스턴(M. Mosston)의 교수(teaching) 스타일에 대한 설명으로 옳지 않은 것은?

① 교수 스타일 A ~ E까지는 모방(reproduction)이 중심이 된다.
② 교수 스타일의 구조는 과제 활동 전, 중, 후 결정군으로 구성된다.
③ 교수는 지도자와 학습자의 연속되는 의사 결정 과정을 전제로 한다.
④ 교수 스타일은 '대비접근' 방식에 근거를 둔다.

정답은 해설지에

(3) 참여자의 역할과 수업목표에 따른 분류

1. 직접 지도 모형 A형	명령식(지시형) 스타일
2. 과제 지도 모형 B~E형	연습식 스타일, 교류식(상호학습형) 스타일, 자검식(자기점검형) 스타일, 포함식(포괄형)스타일
3. 탐구 모형 F~K형	유도 발견식 스타일, 수렴발견식 스타일, 확산생산식 스타일, 자기설계식 스타일, 학생주도식 스타일, 자기학습식 스타일

2) 수업 스타일의 유형과 특징

(1) 지시형(명령식) 스타일 - A형

- 교사가 수업 전, 수업 중, 수업 후에 대한 모든 결정권을 행사함
- 교사가 제시한 과제의 파악, 구분 등과 같은 창의력을 요하지 않는 인지적 활동을 강조함
- 일괄적으로 수업으로 진행되기 때문에 수업의 효율성이 높음

(2) 연습형 스타일 - B형

- 수업 중 자세, 위치, 과제의 순서, 과제별 시작 시간, 진행 흐름과 리듬, 과제별 중지 시간, 막간, 복장과 외모, 질문의 제기 등의 사항이 학생에게 이양됨
- 교사가 학습자 개개인에게 과제를 스스로 연습할 수 있는 시간을 제공하고, 개별적인 피드백을 제공함
- 교사는 학생들의 개별적인 연습과정을 순회하고 피드백을 제공함

(3) 상호학습형(교류식) 스타일 - C형

- 한 학생이 실시자가 되고 한 학생은 관찰자가 되며 교사는 관찰자와 상호작용함
- 학생들이 상호 관계 속에서 학습하며, 교사가 제공한 수행 기준에 따라 파트너에게 피드백을 제공함
- 수업 중 자세, 위치, 과제의 순서, 과제별 시작 시간, 진행 흐름과 리듬, 과제별 중지 시간, 막간, 복장과 외모, 질문의 제기 등의 사항을 실시자가 행함
- 실시자의 수행을 관찰자가 관찰한 후 그에 대한 피드백을 제공함
- 실시자는 수행의 능력이 향상되고 관찰자는 〈비교-〉대조-〉결론-〉도출〉의 능력이 향상됨

(4) 자기점검형 스타일 - D형

- 학습자가 과제를 수행하는 과정에서 스스로 자신의 과제 수행을 점검하는 스타일
- 학생은 자신의 잘못을 확인하고 교정하는 책임을 가짐
- 교사에 의해 결정된 수업내용을 학생이 수행한 후 스스로의 수행에 대하여 피드백을 행함

(5) 포괄형(포함식) 스타일 - E형

- 하나의 과제에 대해 여러 가지 난이도를 설정함으로써 수준별 학습이 가능한 수업 스타일
- 학생은 자신에 맞는 수준의 난이도를 정하여 수행을 한 후 자기 활동에 대한 평가의 결정을 내리고, 어떤 수준에서 다시 과제를 시작할지 결정함
- 과제에 참여하고 과제를 수행할 수 있는 난이도를 선택하는 과정에서 자신의 활동을 스스로 점검하는 능력을 배움

대표 기출 유형

12 상호학습형 스타일을 적용하여 배구 토스기술 지도 시 옳지 않은 것은?

① 참여자들은 2인 1조로 각각 수행자와 관찰자의 역할을 정한다.
② 관찰자와 수행자는 각자의 수준에 맞추어서 토스 연습을 한다.
③ 수행자는 토스를 연습하고 관찰자는 수행자에게 피드백을 제공한다.
④ 지도자는 관찰자에게 피드백을 제공한다.

정답은 해설지에

대표 기출 유형

13 〈보기〉에서 제시하고 있는 포괄형 스타일의 특징은?

〈 보 기 〉

- 유코치는 높이뛰기를 지도하기 위해서 바(bar)의 높이를 110cm, 130cm, 150cm로 준비하였다.
- 참여자들은 자신의 수준에 적합한 바의 높이를 선택하였다.

① 지도자가 참여자의 출발점을 결정한다.
② 과제수행 능력에 대한 개인의 차이를 인정한다.
③ 모든 참여자가 동일한 수준의 과제를 수행한다.
④ 지도자는 참여자가 선택한 수준에 대해 가치가 담긴 피드백을 제공한다.

정답은 해설지에

탐구모형 스타일의 분류
- F~G
  정확한 개념의 발견을 유도하는 스타일
- H~K
  창의성을 개발하고 새로운 개념으로의 확장을 유도하는 스타일

(6) 유도 발견형 스타일 - F형
- 논리적인 순서로 설계된 교사의 질문에 대한 해답을 찾아가는 과정을 통해 미리 정해진 답을 발견하도록 유도하는 스타일
- 교사가 수업 전에 미리 수업의 목표, 내용, 질문의 제작 등을 결정함
- 수업 중뿐 아니라 수업 후에도 교사와 학생의 지속적인 상호작용이 일어남

(7) 수렴 발견형 스타일 - G형
- 논리적 규칙, 비판적 사고 및 문제 해결 등과 같은 합리적 사고 과정을 통해 문제를 해결해 나가는 능력을 배양하기 위한 수업 스타일
- 정답을 유도하는 것이 아닌 논리와 추론 기술, 질문의 구성과 연결을 통해서 문제의 해결 방법을 발견하는 것을 유도함
- 교사가 수업을 위한 문제를 준비하고 학생은 문제를 확인하고 합리적 추론의 과정을 통해 해결함
- 교사는 수업 중에는 개입을 하지 않고, 수업 후 평가를 통해 참여함

(8) 확산 생산형(확산 발견형) 스타일 - H형
- 수업 과정 속에서 학생이 구체적인 인지 작용을 통해 다양한 해답들을 발견하는 것을 목적으로 하는 수업 스타일
- 교사는 본시의 일반 내용, 가르칠 주제, 해결책을 얻기 위한 문제 등을 제작하고 학생은 해답을 찾기 위한 구체적 학습 내용을 정함
- 학생 스스로 교과내용에 관한 발견과 선택을 하면서 학습이 이루어짐

(9) 자기 설계형 스타일 - I형
- 교사는 일반적 교과 내용만 정해주고, 학생이 그에 관련된 질문이나 문제를 스스로 제작하고 해답을 찾도록 유도하는 수업 스타일
- 학생의 창의적 능력을 촉발시키고 개발하는 것이 수업의 목적임
- 학생이 주제의 발견에 대한 탐색과 검토에 의한 체계적인 절차를 제공하며 학생의 독자적 결정권이 더욱 확대됨

(10) 학생 주도형 스타일 -J형
- 학습자들에게 그들 자신의 경험을 시도해 볼 수 있는 기회를 제공하는 것을 목적으로 하는 수업 스타일
- 학생이 스스로 진도를 정하고, 탐구하며, 발견하고, 프로그램을 설계하고 실행하도록 유도하는 것이 수업의 목표
- 학생은 자신에게 필요한 프로그램을 만들고, 그것을 실행하고 평가하며, 교사를 어떻게 활용할 것인지 결정함
- 교사는 학생의 계획 수립을 위한 일반적 조건을 제시함
- 교사는 학생이 실천한 과정과 그 결과를 분석하고, 계획과 실행 사이의 괴리를 학생에게 알려줌

(11) 자기학습식 스타일 -K형
- 교사의 관여없이 모든 결정을 학생들 스스로 내림
- 학생들 스스로 학습의 과정을 결정하며 학습의 시작, 평가, 종료 시점을 결정함
- 교사의 관여 정도도 학생들 스스로 결정함
- 교사는 학생들의 결정 사항을 받아들이고 학생의 계획이 실행되기 위한 제반 여건을 조성함

대표 기출 유형

14 〈보기〉에서 설명하는 교수법은?

< 보 기 >
참여자는 체육지도자가 묻는 질문에 대답하면서 한 가지 개념적 아이디어를 찾아낸다.

① 지시형
② 자기점검형
③ 연습형
④ 유도 발견형

정답은 해설지에

대표 기출 유형

15 모스턴(M. Mosston)의 수업 스타일 중 학습자가 인지 작용을 통해 문제에 대한 다양한 해답을 찾는 유형은?

① 연습형
② 수렴발견형
③ 상호학습형
④ 확산발견형

정답은 해설지에

<2> 실제 현장에서의 스포츠 지도를 위한 교수 전략

1) 실제 현장에서의 교수 전략 유형

직접 교수 (팀티칭)	• 교사의 통제에 의해 수업이 진행되는 교수법 • 학생들은 교사에 의해 제시되는 수업의 내용을 수동적으로 습득함 • 교사가 수업 관리와 수업 내용에 관한 모든 권한을 가짐
상호작용 교수	• 학습자들에게 학습의 내용을 명확히 제시함 • 충분히 설명하고 동작에 대한 단서를 자주 제시함 • 구체적인 피드백을 제공함
과제교수 (스테이션교수)	• 학습자들이 서로 다른 과제를 동시에 익히도록 할 때 유용한 교수법 • 학습자들이 이미 배운 적이 있는 기술을 실행할 때 유용 • 새롭거나 복잡한 기술을 소개할 때는 효과적이지 않음
동료교수 (파트너 교수)	• 학습들이 짝이나 작은 모둠을 만들어 서로를 가르치는 방법 • 복합적인 교육의 목적에 대한 간접경험을 제공할 때 적합 • 학습자들이 동료교수를 통해 다양한 연습방법과 충분한 피드백을 제공 받을 수 있음 • 간단하고 명확하며 쉽게 측정할 수 있는 기술의 전달에 유용함 • 학습자들의 역할에 따라 협동성과 독립성을 발휘할 수 있어야 함
유도발견형 (탐구수업교수)	• 질문을 통하여 가르치는 방법 • 지도사가 발문을 통해 과제를 제시하며 학생들이 과제의 답을 찾는 과정에서 학습이 이루어짐 • 학습자들의 동기와 흥미를 높이는데 유용함 **탐구수업의방법** ① 수렴적 탐구 : 학습자들이 정답에 가까운 답을 발견하도록 유도함 ② 발산적 탐구 : 지도사는 개요만을 제시하고 학생들이 다양한 답변을 할 수 있도록 유도함
학습자 설계 교수	• 학습자들이 학습활동의 중심이 되는 학습자 중심의 간접적인 접근방법 • 학습자들이 스스로 결정하고 실수와 성공을 경험하면서 학습이 이루어짐 • 학습자들의 동기가 높고 자발적이며 독립적일 때 유용함
반성적 교수	• 학생의 잠재력을 극대화할 수 있는 수업을 위해 교사가 자신의 수업을 반성하고 개선하며 진행하는 교수법 • 자신의 수업에 책임감을 가지며 개방적이며 탐구적인 자세로 수업을 진행함 • 수업의 과정에서 새로운 아이디어와 기법을 실험함 • 수업의 과정과 결과를 향후 수업의 개선을 위해 기록함

□ 반성적 교수행동의 단계 (Kemmis & McTaggart)

반성적 실천	자신의 교수 방법, 학생 반응, 학습 성과 등을 돌아보며 무엇이 효과적이었고, 무엇이 개선이 필요한지 반성적으로 분석함
참여적 관찰	수업을 진행하는 동안 참여적 관찰을 통해 자신의 교수 활동을 기록하고 분석함
문제 해결	수업에서 발생한 문제를 분석하고, 이를 해결하기 위한 새로운 전략이나 방법을 적용함
수정과 개선	지속적으로 자신의 교수 방법을 개선해 나가며 교육 실천의 발전을 도모함
협력적 접근	동료 교사와의 협력적 반성을 통해 더 깊이 있는 분석과 개선을 추구함

Kemmis & McTaggart의 반성적 교수 활동

교사가 자신의 교수 활동을 체계적으로 반성하고 평가하는 과정으로, 교육 실천의 질을 향상시키기 위한 방법론이다. 이 개념의 핵심은 교사가 자신의 수업을 지속적으로 돌아보고 분석함으로써 더 나은 교수 전략과 방법을 개발하는 데 있다.

대표 기출 유형

16 다음 중 체육 지도방법의 교수 전략으로 타당하지 않은 것은 무엇인가?

① 반성적 교수
② 파트너 교수
③ 팀티칭
④ 목적중심 교수

정답은 해설지에

Confirmation
이것만은 꼭!

01 교사가 수업의 중심이며 학생의 수업 참여도를 높이기 위해 높은 비율의 피드백과 보상 혹은 처벌을 통한 자극을 활용하는 수업모형은 (　　)이다.

02 학생 스스로 학습의 속도를 조절한다는 모토로 개별학생들의 학습 능력에 차이가 있음을 전제로 학생에게 학습과 관련한 자료를 일괄 배포한 후 학생의 자기주도적 학습에 의해 수업이 진행되는 수업모형은 (　　)이다.

03 학생들을 팀으로 묶어 함께 학습 과제의 해결에 참여시키는 방식으로, 사회적 태만이 발생하기 쉬운 수업모형은 (　　)이다.

04 학생들끼리 스포츠 조직을 구성하고 스포츠 시즌에 참여하게 함으로써 학생들에게 스포츠 영역에 존재하는 다양한 역할을 경험할 수 있는 기회를 제공하는 수업모형은 (　　)이다.

05 학생들이 서로가 서로를 가르치는 기회를 제공함으로써 학습자와 교사의 역할을 수행해보도록 하는 수업모형은 (　　)이다.

06 학생의 문제해결 능력과 탐구력의 개발에 초점을 두는 방식으로 교사는 학생의 호기심을 자극할 수 있는 질문을 제공하고 학생이 그 질문에 대한 해답을 찾는 과정에서 새로운 지식을 구축하도록 유도하는 수업모형은 (　　)이다.

07 스포츠에 필요한 기능보다는 게임에 활용될 수 있는 전략과 전술의 이해에 보다 많은 중점을 두는 방식으로, 게임의 유형을 영역침범형, 네트형, 벽형, 필드형, 표적형 등으로 구분하여 가르치는 수업모형은 (　　)이다.

08 불우 환경에서 자라는 청소년을 보다 나은 사람으로 만들자는 모토 아래 체육교육을 통해 인성을 발달시키고 나아가 지역사회에 기여할 수 있는 책임감과 의지를 개발하는 것을 목표로 하는 수업모형은 (　　)이다.

09 전인적 인간의 양성을 목표로 개발된 체육수업으로, 호울스포츠를 통해 게임과 게임 속에 내재된 문화와 전통까지를 이해시킴으로써 스포츠의 기능뿐 아니라 스포츠에 대한 지식과 태도까지를 가르치는 것에 목적을 두는 인문학적 성격의 수업모형은 (　　)이다.

10 교사 및 코치의 수가 많고 수업의 과제가 독립적인 부분으로 구성되었을 때 가장 많이 활용되는 방식이며 기능의 발달보다는 관련된 모든 스포츠 기능을 경험시키는 것을 목적으로 각각의 공간에 마련된 교육장소를 학생들이 순회하면서 각각의 스포츠기능을 학습하는 수업모형은 (　　)이다.

Confirmation
이것만은 꼭!

11 모스턴(M. Moston)의 교수 스타일에서 설명하는 학습자의 '인지(사고)과정 단계을 순서대로 나열하면 (,   ,   ,   )이다.

12 교사는 자신이 선택한 수업모형에 따라 다양한 방식의 교수 스타일을 활용할 수 있다. 그 중 학생이 과제를 수행하는 과정에서 스스로의 오류를 발견하고 교정하는 것을 유도하고 학생의 수행결과에 대하여 교사가 피드백을 제공하는 교수 스타일을 자기점검형 스타일이라고 한다. 이 자기점검형 스타일에 포함되는 대표적인 수업모형은 (   )이다.

13 논리적 사고력, 비판적 이해 능력과 함께 합리적 사고의 과정을 통한 문제 해결능력을 배양하기 위한 대표적인 교수 스타일은 수렴발견형과 유도발견형 스타일이며 이런 스타일에 포함되는 대표적인 수업모형은 (   )이다.

14 모스톤의 수업 스타일에서 A~E형까지의 교수스타일군은 (   )중심이다.

15 모스톤의 수업 스타일에서 F~K형까지의 교수스타일군은 (   )중심이다.

정답

1. 직접교수 모형
2. 개별화지도 모형
3. 협동학습 모형
4. 스포츠 교육 모형
5. 동료교수 모형
6. 탐구수업 모형
7. 전술게임 모형
8. 개인적 사회적 책임감 지도 모형
9. 하나로 수업 모형
10. 과제식 수업 모형 혹은 스테이션티칭 수업 모형
11. 자극, 인지적 불일치, 사색, 반응
12. 개별화지도 모형
13. 탐구수업 모형
14. 모방
15. 창조

Previous 단원 기출문제

01 개인적·사회적책임감지도 모형에서 〈보기〉의 내용에 해당하는 책임감 발달의 수준은?

〈 보 기 〉

동민이는 축구 클럽 활동 초기에는 연습에 관심이 없었고, 친구들의 연습을 방해하기도 했다. 그러나 박 코치의 지속적인 관심과 지도로 점차 연습에 열심히 참여했고, 코치가 자리를 비운 상황에서도 스스로 목표를 세우고 과제를 완수할 수 있게 되었다.

① 1단계 - 타인의 권리와 감정 존중
② 2단계 - 참여와 노력
③ 3단계 - 자기 방향 설정
④ 4단계 - 돌봄과 배려

'개인적·사회적 책임감 지도모형'에서는 수업의 진행에 따라 학습자의 책임감 수준에 변화가 나타난다고 본다. 그 중 교사의 관리 감독 없이 스스로 목표를 설정하고 과제를 완수하는 단계는 '자기 방향 설정 단계' 이다.

정답 : ③

02 〈보기〉에서 설명하는 협동학습 모형의 교수 전략은?

〈 보 기 〉

• 지도자는 학습자를 몇 개 팀으로 나누고, 각 팀마다 학습 과제를 분배한다(테니스의 경우, A팀은 포핸드 스트로크, B팀은 백핸드 스트로크, C팀은 발리, D팀은 서비스).
• 각 팀의 모든 팀원들은 팀에 할당된 과제를 익힌 후, 다른 팀에게 해당 과제를 가르친다.

① 학생 팀-성취 배분(STAD)
② 직소(Jigsaw)
③ 팀 게임 토너먼트(TGT)
④ 팀-보조 수업(TAI)

직소(Jigsaw)란 협동학습모형에서 학습자들이 조(팀)을 구성한 후 과제를 분담하여 익히고 다른 조에 속한 학습자에게 해당 내용을 가르치는 일을 말한다.

정답 : ②

03 헬리슨(D. Hellison)의 개인적·사회적 책임감 모형 중 전이 단계(transfer level)에 해당하는 것은?

① 다른 사람을 방해하지 않고 체육 프로그램에 참여하기
② 체육 프로그램에서 타인의 요구와 감정을 인정하고 경청하기
③ 체육 프로그램에서 학습한 배려를 일상생활에서 실천하기
④ 자기 목표를 설정하고 지도자의 통제 없이 체육 프로그램 과제를 완수하기

개인적·사회적 책임감 모형은 불우한 처지에 놓인 청소년에게 스포츠를 가르침으로써 더 나은 사람을 만드는 것을 목표로 한다. 이 모형에 따르면 스포츠를 배우는 학생들은 무책임, 타인에 대한 존중, 참여와 노력, 자기방향의 설정, 돌봄과 배려, 사회로의 전이라는 다섯 가지의 단계를 거치면서 자신이 배운 스포츠의 긍정적 가치들을 사회 속에서 실천하며 살아가는 존재로 변하게 된다.
주어진 선택지 중 전이에 해당하는 항목은 '일상에서 실천한다'는 내용이 있는 ③번이다.

정답 : ③

04 아래의 〈보기〉는 Kemmis와 McTaggart(1988)의 현장개선 연구의 절차를 설명하고 있다. 스포츠 교육 지도자의 전문역량을 향상시키기 위한 반성적 교수행동으로 ( )안에 포함될 적당한 것은 무엇인가?

〈 보 기 〉

계획 - 실행 - ( ) - 반성 - 수정과 재계획

① 토의
② 평가
③ 검토
④ 관찰

Kemmis와 McTaggart의 반성적 교수활동의 순서는 〈계획-실행-관찰-반성-수정과 재계획〉이다. 이런 유형의 문제도 모든 내용을 암기하는 것은 불가능하므로 논리적 추론으로 답을 찾는 습관을 가지는 것이 필요하다.

정답 : ④

05 직접교수모형에 관한 설명으로 적절하지 않은 것은?

① 학습 영역의 우선 순위는 심동적 영역이다.
② 스키너(B. Skinner)의 조작적 조건화 이론에 근거한다.
③ 지도자 중심으로 의사결정이 이루어져 학습자의 과제참여 비율이 감소한다.
④ 수업의 단계는 전시과제 복습, 새 과제 제시, 초기과제 연습, 피드백과 교정, 독자적 연습, 본시 복습의 순으로 진행된다.

체육수업에서 직접교수모형은 지도자 중심으로 학습자의 심동영역을 발달시키는 것에 초점을 두는 방식이다. 이는 지도자 중심으로 수업이 이루어지며 강화와 처벌을 포함하는 많은 피드백으로 학습자의 행동을 조절하는 것을 전제로 한다. 지도자 중심이기는 하지만 학습자들의 과제참여 비율이 높은 것이 특징이다.

정답 : ③

06 모스턴(M. Mosston)의 포괄형(inclusion)교수 스타일에 관한 설명으로 적절하지 않은 것은?

① 지도자는 발견 역치(discovery threshold)를 넘어 창조의 단계로 학습자를 유도한다.
② 지도자는 기술 수준이 다양한 학습자들의 개인차를 수용한다.
③ 학습자가 성취 가능한 과제를 선택하고 자신의 수행을 점검한다.
④ 과제 활동 전, 중, 후 의사결정의 주체는 각각 지도자, 학습자, 학습자 순서이다.

스포츠 교육과 체육 수업에서 학생들의 개별적 차이를 존중하고, 다양한 수준의 능력을 수용하기 위해 고안된 수업모형이다. 이 모형이 학습자의 개별적 차이를 인정하고 과제활동 중 의사결정권을 학습자에게 넘겨주기는 하지만, '모방중심 수업'이므로 학습자의 창조능력을 완전히 인정하지는 않는다.

정답 : ①

07 <보기>의 수업 장면에서 활용한 모스턴(M. Moston)의 교수 스타일에 관한 설명으로 적절하지 않은 것은?

< 보기 >

신체활동	축구
학습목표	인프런트킥으로 상대방 수비수를 넘겨 동료에게 패스할 수 있다.

• 지도자: 네 앞에 상대방 수비수가 있을 때 수비수를 넘겨 동료에게 패스하려면 어떻게 공을 차야 할까?
• 학습자: 상대방 수비수를 넘길 수 있을 정도의 높이로 공을 띄워야 해요.
• 지도자: 그럼 발의 어느 부분으로 공의 밑 부분을 차면 수비수를 넘길 수 있을까?
• 학습자: 발등과 발 안쪽의 중간 지점이요. (손가락으로 엄지발가락을 가리킨다.)
• 지도자: 좋은 대답이야 그럼 우리 한 번 상대방 수비수를 넘기는 킥을 연습해볼까?

① 지도자는 논리적이며 계열적인 질문을 설계해야 한다.
② 지도자는 질문에 대한 학습자의 해답을 검토하고 확인한다.
③ 지도자는 학습자에게 예정된 해답을 즉시 알려준다.
④ 지도자는 학습자와 지속적으로 상호작용하며 의사결정을 한다.

<보기>는 모스턴(M. Moston)의 교수 스타일 중 유도발견형에 해당하는 방식이다. 이 방식은 학습자가 창조능력을 발휘하여 해답을 찾는 것에 초점이 있으므로 학습자에게 예정된 해답을 즉시 알려주는 것은 수업의 목적에 어긋난다.

정답 : ③

06강 스포츠 교육학
스포츠 교육의 지도방법론 2

1. 스포츠지도를 위한 교수기법

학습목표
수업에 활용하는 지도안, 질문의 종류, 규칙의 제정과 집행 등 구체적인 내용들이 출제됩니다.

Introduction

효과적인 지도를 위해서는 지도자와 학습자 사이에 긍정적인 상호작용이 필수적이다. 지도 과정이 성공적이라고 평가되려면, 학습자가 즐겁고 의미 있게 지속적으로 학습에 참여하려 해야 한다.

따라서 스포츠 지도자는 학습자가 즐거운 마음과 적극적인 자세로 수업에 참여할 수 있도록 학습의 구조와 과정을 개발하고, 세부적인 교수 기법을 연구해야 한다.

<1> 지도를 위한 준비

성공적인 지도를 위해서는 수업의 목표와 내용에 대한 충분한 분석을 바탕으로 지도의 계획안을 마련하는 것이 필요하다. 따라서 스포츠 지도를 실시하기 전에, 지도의 맥락, 학습의 내용, 학습 목표, 학습자 관리, 평가 등을 포함한 정밀한 계획안을 준비해야 한다.

1) 효율적인 교수 전략

(1) 스포츠 지도의 절차

학업 성취도의 다섯 가지 변인
(B. Rosenshin & N. Furst)
- 명확한 과제 제시
  학습 지도, 시범, 토의 등이 학생들에게 명확히 전달되는 것뿐만 아니라 명확한 과제 전달에 의해 시간을 절약할 수 있음
- 교사의 열의
  긍정적인 학습 분위기를 조성하는데 기여할 뿐만 아니라 활발한 학습을 진행하는 원동력으로 작용함
- 수업 활동의 다양화
  지루함을 막아주며 학생들이 학습 내용에 몰두할 수 있게 만듦
- 과제 지향적 교수 행동
  교육의 가장 중요한 목적인 교과 학습을 중시함
- 수업 내용
  교과에서 가르치는 내용을 강조함

우수한 교사와 비우수 교사

우수한 교사
- 비난보다 칭찬과 긍정적 동기 유발을 한다.
- 수업 중단 행동을 적게 한다.
- 수업 준비·관리 시간이 많다.
- 학습 활동 시간이 많다.
- 학생에 대한 감독이 철저하다

비우수 교사
- 칭찬을 적게 하고 비난을 많이 한다.
- 수업 중단 행동을 많이 한다.
- 수업의 준비·관리 시간이 적다.
- 비학습 활동 시간이 많다.
- 학생에 대한 감독이 소홀하다.

절차	내용
1. 지도를 위한 준비	• 체육 수업을 위한 환경적 요소와 기타 용기구의 활용 가능성을 확인함
2. 지도 계획안의 설계	• 수업의 내용과 관련한 절차, 규칙 등을 결정함 • 수업의 구체적 장소와 용기구의 활용 단계를 설계함
3. 연습 및 교정	• 적절한 형태의 피드백을 제공 • 피드백의 빈도는 학습의 목적에 따라 조절됨
4. IT의 효과적 활용	• 수업의 내용과 과제는 IT를 활용한 시각자료로 제공될 수 있음 • IT매체를 효과적으로 활용할 때 진도가 촉진됨
5. 효과적인 관리 운영	• 수업의 목표가 달성될 수 있도록 피드백, 새로운 과제의 제시, 다음 진도로의 이행 등을 결정하고 관리함

(2) 지도를 위한 준비 사항

맥락 분석	가르치는 내용과 방법, 이용 가능한 시간적·인적·물적 자원 등을 분석함
학습 목표 분석	학습의 일반적인 목표와 구체적인 행동 목표를 구분하여 구성함
내용 분석	가르칠 내용을 목록화하고 특정 내용에 편중되지 않게 적절히 구성함
관리 구조	지도 중에 발생할 수 있는 출석체크·용기구 사용·안전 문제 등에 관한 관리방안을 명시함
평가	학습자의 학습 향상 정도를 평가할 수 있는 평가방법을 계획함

<2> 지도의 계획

좋은 지도 계획안은 지도자에게 시간, 물리적 자원, 공간 등을 효과적으로 활용하는 데 도움을 준다. 또한, 학습자에게는 지도자가 의도한 학습 목표를 보다 쉽게 성취할 수 있는 기회를 제공한다. 결과적으로, 학습 과정의 진행 상황을 쉽게 확인할 수 있어 특정 시점과 상황에 맞는 빠른 의사결정을 가능하게 하고, 실제 수업과 계획안의 비교를 통해 수업의 효율성과 효과를 측정하고 수정하는 데 도움을 준다.

1) 지도 계획안의 작성

(1) 지도 계획안의 필요성
- 각 수업 시작 및 종료 시기가 명료해진다.
- 수업 진행과정을 점검할 수 있다.
- 장·단기 의사결정 시점의 기준이 된다.
- 계획안 수정에 필요한 토대가 된다.
- 수업의 효율성 및 효과성을 평가하는 기준이 된다.

(2) 지도 계획안 작성의 주의점
- 정교하고 유연한 계획을 수립할 것
- 실현 가능한 계획을 세울 것
- 추가 계획 수립의 가능성을 고려할 것
- 계획 실현의 장애를 고려하여 대안 계획을 수립할 것
- 학습과제의 진행 순서와 각 과제에 배정된 시간을 명시할 것
- 과제의 전달방법 및 수행조건, 교수단서 등을 포함할 것
- 학습자의 특성에 맞는 지도안을 마련할 것
- 계획안을 보관할 것
- 계획의 실행 후 계획안을 평가할 것

지도 계획안에 포함되어야 하는 내용
- 학습의 목표
- 수업 맥락의 간단한 기술
- 학생의 수
- 수업 시간과 공간의 배정
- 학습 활동 목록
- 과제 제시와 과제 구조
- 평가
- 수업 정리 및 종료

학습목표설정요소 (R. Mager)
- 수행(행동) 동작
  학습 중 수행할 특정한 동작 또는 행동을 명확하게 정의할 것
- 조건
  학습자가 수행 동작을 어떤 상황에서 수행해야 하는지를 설명할 것
- 수행(행동) 기준
  어떤 수준의 성과를 달성해야 하는지를 나타내는 행동 기준을 포함할 것

대표 기출 유형

01 메이거(R. Mager)가 제시한 학습 목표 설정의 요소가 아닌 것은?

① 설정된 운동수행 기준
② 운동수행에 필요한 상황과 조건
③ 학습자에게 기대되는 성취행위
④ 목표 달성이 불가능할 경우의 대처방안

정답은 해설지에

<3> 지도내용의 전달

수업의 본격적인 진행은 학습 과제의 전달로부터 시작된다. 교사는 준비한 학습 과제를 학생이 정확하고 쉽게 이해할 수 있도록 전달해야 하며, 이를 위해 설명과 시범을 포함한 다양한 시청각적인 방법을 동원한다.

학습 내용의 전달에는 '효과성'과 '효율성'이 고려되어야 한다. '효과적 전달'은 교사의 설명을 학습자가 주의 깊게 듣고 이해하여 정확히 수행할 수 있는 것을 의미하며, '효율적 전달'은 학습 내용의 효과적 전달을 위해 최소한의 시간을 사용하는 것을 뜻한다.

1) 지도 내용과 과제의 조직 방법

(1) 동작의 특성에 따른 학습과제의 분류

비이동 운동 동작	• 공간의 이동이 없고 물체 또는 도구를 사용하지 않는 운동 기능 예) 평균대에서 균형잡기, 팔굽혀 펴기 등
이동 운동 동작	• 물체 또는 도구를 사용하지 않고 공간을 이동하는 신체운동 예) 걷기, 뛰기, 두 발 뛰기, 한 발 뛰기 등
물체조작 동작	• 손이나 몸에 고정시키지 않은 상태에서 어떤 도구를 조작하는 운동 예) 훌라후프 던지고 받기, 배구공 토스하기 등
도구조작 동작	• 다른 물체를 통제하기 위한 목적으로 특정한 용구나 기구를 한 손 또는 두 손으로 조작하는 운동 예) 골프의 퍼팅, 야구의 배팅
전략적 움직임 기능	• 실제 게임에서 특정한 결과를 산출하기 위해 상황에 맞는 의사결정과 움직임이 결합된 운동 예) 야구에서의 도루, 축구에서의 패스
움직임 주제	• 복잡한 운동 패턴을 점진적으로 발달시키기 위해 기본 운동기능과 공간인지능력, 노력, 신체와 도구간의 관계 등 움직임의 개념을 결합한 것
표현 및 해석적 움직임	• 능숙한 기술이나 특정한 성과를 목적으로 하는 것이 아닌 느낌, 개념, 생각 등을 표현하기 위해 이루어지는 움직임 예) 자신의 생각을 춤으로 표현하기 등

역순연쇄(J. Rink)

학습자에게 과제를 제시할 때는 동작을 순서 또는 단계적으로 제시해야 한다. 그러나 중요한 부분을 먼저 제시하여 이해시키고, 마지막 동작부터 처음 동작으로 역순서로 연습을 시키는 방법도 있는데 이를 역순연쇄라고 한다.

(2) 지도 내용에 따른 과제의 분류 (J. Rink)

1. 시작형 과제(정보)	• 가장 기초적인 수준에서 학생이 학습할 수 있도록 개발한 과제
2. 확대(확장)형 과제	• 시작형 과제에 난이도와 복잡성이 더해진 형태의 과제
3. 세련형 과제	• 폼이나 느낌과 같은 운동수행의 질적 향상에 초점을 둔 과제
4. 응용(적용)형 과제	• 확대와 세련을 통해 습득된 기능을 실제 또는 실제와 유사한 상황에서 사용할 수 있도록 조직한 과제
5. 반복	• 이전 과제들을 복습하거나 숙달시킴

(3) 지도하려는 기능에 따른 과제의 분류

폐쇄기능 과제	개방기능 과제
• 환경 변화의 영향을 받지 않는 기능 • 학습자의 체력과 운동능력 등의 신체적 능력의 개발이 중요함 • 농구의 자유투, 사격, 양궁 등 고정된 환경에서 수행하는 동작에 요구되는 기능	• 환경변화에 따라 요구 조건이 변하는 기능 • 기능뿐 아니라 환경이나 자극에 대한 반응도 연습이 되어야 함 • 축구의 드리블 등이나 격투기 경기에서 사용되는 기술처럼 역동적인 스포츠에서 활동되는 기능

대표 기출 유형

02 <보기>에서 설명하는 링크(J. Rink)의 학습 과제 연습 방법은?

<보기>
- 복잡한 운동 기술의 경우, 기술의 주요 동작이나 마지막 동작을 초기 동작보다 먼저 연습하게 한다.
- 테니스 서브 과제에서 공을 토스하는 동작을 연습하기 전에 공을 라켓에 맞추는 동작을 먼저 연습한다.

① 규칙 변형
② 역순 연쇄
③ 반응 확대
④ 운동수행의 목적 전환

정답은 해설지에

2) 지도내용의 전달 방법

(1) 과제의 전달 방법

언어적 전달	• 과제의 특성을 말로 전달하는 방법 • 전체 학습자를 대상으로 비교적 많은 양의 내용을 설명할 때 효율적임
시범	• 지도자나 모델이 시범을 보이는 방법 • 시각적 단서를 제공하여 학습자의 이해를 높일 수 있음
매체 활용	• 사진·동영상 등을 활용하는 방법 • 특히 중요한 부분을 강조하여 전달할 수 있음

(2) 학습단서의 활용

학습 과제가 가진 가장 중요한 특징을 학생에게 전달하기 위해 교사가 사용하는 단어나 문장, 행동 등을 학습 단서라고 한다. 설명과 시범을 통해 학습 과제의 전달이 효과적이고 효율적으로 이루어지기 위해서는 학습 단서의 적절한 활용이 매우 중요하다.

□ 학습단서의 요건

- 간단하고 명확할 것
- 학생의 연령과 기능 수준에 적합할 것
- 학습 과제의 특성에 적합할 것
- 연습에 활용하기 쉽게 조직되어 있을 것

(3) 질문의 활용

회고형 질문	• 기억된 내용에 대한 대답을 필요로 하는 질문 • '예', '아니오' 등 단답형의 대답을 요구함 예) 축구에서 공격수가 손을 사용하여 공을 다룬다면 반칙일까?
집중형 질문(수렴적 질문)	• 경험을 분석하고 통합하기 위한 질문 • 조건을 제시하고 응답자의 예측과 판단 등을 요구함 예) 오늘 경기 중에 직접 슛을 하지 않고 옆 선수에게 패스를 했었다면 어떤 결과가 나왔을까?
분산적 질문(확산형 질문)	• 이전에 경험하지 않은 문제의 해결에 필요한 질문 • 정해진 정답 없이 자유롭게 생각을 확장할 것을 요구함 예) 다음 경기의 상대는 체격조건이 좋고 펀치가 강하다. 어떻게 경기를 준비해야 할까?
가치적 질문	• 태도나 의견 등에 대한 취사 선택과 관련한 질문 • 사실적 내용보다는 옳고 그름에 대한 가치의 문제를 다룸 예) 최근 구단의 처우에 대한 불만을 표현하기 위해 이번 경기에 최선을 다하지 않는 건 옳은 일일까?

좋은 시범의 요건
- 최대한 정확한 동작을 실시할 것
- 가능한 실제 상황과 흡사한 조건에서 보여줄 것
- 다양한 각도에서 볼 수 있도록 할 것
- 학생을 적극적으로 참여시킬 것
- 관련되는 지식을 제공할 것
- 다양한 매체를 활용할 것
- 학생들의 이해도를 점검할 것

효과적인 지도를 위한 단서
- 조작 단서 : 신체적 감각을 자극으로 주는 일
- 촉발 단서 : 구체적인 예시를 사용하는 일
- 언어 단서 : 문장의 형식으로 단서를 주는 일
- 시청각 단서 : 시청각 교구를 사용하여 단서를 주는 일
- 과제 단서 : 수행할 과제를 제시하는 일

질문의 역할

수업 중의 질문은 학습자의 인지적 참여를 이끌어내고 동기를 유발하는데 큰 역할을 한다.
따라서 지도자는 학습의 과제에 따라 적절한 형태의 질문을 활용하여 수업의 효과와 효율을 높이는 방법을 연구해야 한다.

대표 기출 유형

03 질문유형에 대한 설명이 옳은 것은?

① 회상형(회고적) 질문 : 기억수준의 대답이 요구되는 질문
② 수렴형(집중적) 질문 : 어떤 사건에 대한 개인적 가치, 태도, 의견 등의 표현이 요구되는 질문
③ 확산형(분산적) 질문 : 과거에 있었던 사건을 기억해내는 것이 요구되는 질문
④ 가치형(가치적) 질문 : 경험하지 않은 새로운 문제에 대한 해결방법을 찾기 위해 요구되는 질문

정답은 해설지에

<4> 지도내용의 연습 및 교정

수업의 목표는 학생들이 주어진 과제를 성공적으로 수행하는 경험을 가지도록 하는 데 있다. 이를 실제 학습 시간이라고 하며, 학생들은 전달받은 학습 과제를 연습하고, 교사는 이 과정을 지도하고 감독하며 학생들의 연습을 수정하는 역할을 한다. 과제의 특성에 따라 학생들의 연습 방식은 다양할 수 있으며, 이 단계에서 교사가 주로 수행하는 활동은 연습을 관찰하고 피드백을 주며 내용을 지도하는 것이다.

1) 과제의 연습

□ 수업 주도자에 따른 연습방법

지도 감독되는 과제 연습	개별적 과제 연습
• 연습의 과정이 지도자에 의해 감독됨 • 학습자 전체가 한꺼번에 연습에 참여함 • 개별적 연습 전에 주로 활용함	• 학습자가 개별적으로 과제를 연습함 • 기존의 과제에 새로운 과제가 통합되거나 자동화 과정을 연습할 때 유용함

2) 과제의 수정

□ 과제 수정의 과정

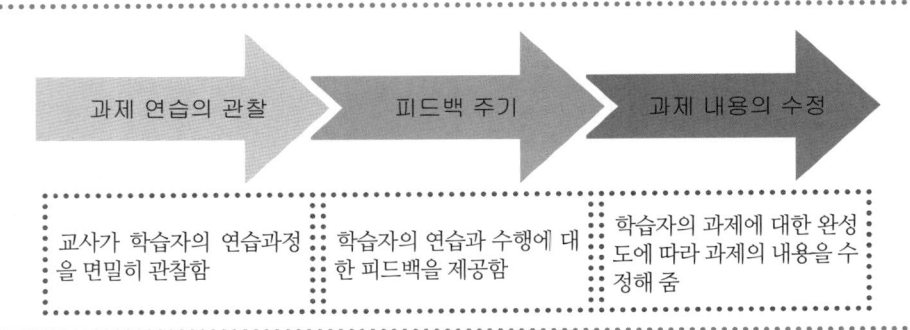

3) 과제의 교정(피드백)

□ 피드백의 종류 (M. Mosston)

피드백의 제공자	• 내재적 피드백 : 본인 스스로 자신의 운동기능과 결과를 관찰하여 얻는 피드백 • 외재적 피드백 : 본인이 아닌 다른 사람에 의해 정보가 제공되는 피드백
피드백의 양식	• 언어적 피드백 • 비언어적 피드백 • 복합적 피드백
평가의 유무	• 긍정적 피드백 : 수행에 관한 만족을 표시하는 피드백 • 부정적 피드백 : 수행에 관한 불만족을 표시하는 피드백 • 중립적 피드백 : 객관적인 사실만을 전달하는 피드백
교정의 유무	• 비교정적 피드백 : 교정적인 정보는 제공하지 않으며 잘못된 부분에 대한 정보만을 제공하는 피드백 • 교정적 피드백 : 수행의 개선에 대한 방법을 제공하는 피드백
수행에 대한 평가의 유무	• 중립적 피드백 : 수행의 좋고 나쁨에 대한 평가 없이 있는 그대로의 사실만 전달하는 피드백 • 가치적 피드백 : 수행의 과정과 결과에 대한 평가를 제시하는 피드백

실제학습시간

Berliner(1979)의 연구에서 처음 사용되었으며, '학생이 목표한 난이도 수준의 수업목표를 도달하는 시간량'을 의미한다. 즉, 체육수업에 참여하는 학생들이 적절한 난이도의 운동과제를 성공적으로 경험하기까지 수업에 참여하는 시간의 양을 의미한다.

학습과제의 난이도 조절

지도자는 과제의 난이도가 학습자의 수행능력에 적합한지를 면밀히 관찰하여야 한다. 관찰 후 적절한 피드백을 제공하거나 필요한 경우 과제의 난이도를 조절해 주어야 한다.

과제의 난이도를 조절하는데 고려해야 하는 사항은 다음과 같다

- 한번에 운동하는 인원수
- 운동수행의 조건
- 사용하는 기구의 특성
- 수행과제의 단계

대표 기출 유형

04 학습과제의 난이도를 조절하는 방법이 아닌 것은?

① 남녀학생의 구분
② 운동수행조건의 수정
③ 인원 수 조절
④ 기구의 조정

정답은 해설지에

대표 기출 유형

05 <보기>에서 박 코치가 태호에게 제시하고 있는 피드백 방식은?

< 보 기 >

박 코치: "태호야. 테니스 서브를 할 때, 베이스라인을 밟았네. 다음부터는 라인을 밟지 않도록 해라."

태 호: "네, 그렇게 하겠습니다."

① 교정적 피드백
② 부정적 피드백
③ 긍정적 피드백
④ 가치적 피드백

정답은 해설지에

<5> IT의 효과적 활용

스포츠 교육 현장에서 IT 매체는 우수한 선수의 뛰어난 퍼포먼스를 반복 재생하여 보여주는 기능을 통해 미숙한 학습자에게 올바른 동작을 지도하는 데 도움을 준다. 또한, 학습자의 동작을 촬영하고 재생함으로써 수정해야 할 부분을 발견하고 대안을 마련하는 데 유용하다. IT 매체는 쉬운 저장과 재생 가능성 덕분에 최근에는 인터넷과의 연계를 통해 장소와 시간에 관계없이 저장된 데이터를 활용할 수 있는 장점이 있으며, 이로 인해 스포츠 교육에서 그 활용도가 더욱 높아지고 있다.

□ IT 활용의 효과

피드백의 효율 제고	피드백의 양을 증가시키고 정확성을 높인다.
학습자의 동기유발	자기 동작에 대한 스스로의 평가를 통해 자기 통제감이 형성된다.
의사소통의 활성화	지도자와 학습자 또는 학습자끼리의 쌍방향 의사소통을 증진시킨다.

<6> 효과적 관리운영

수업의 효과를 높이기 위해 교사는 학습자가 할당된 과제를 잘 수행할 수 있도록 적극적으로 관리해야 한다. 교사는 학습자의 올바른 행동을 유도하고 산만한 상황을 제어하여 학습과 관련된 시간을 효율적으로 사용할 수 있어야 한다. 이를 위해 정밀한 관리 체계를 구축해야 하며, 이러한 관리 체계에는 수업의 규칙과 수업 관리 전략이 포함된다.

1) 절차와 규칙의 제정

□ 수업 규칙의 제정 목적
- 안전하고 질서있는 수업 환경의 유지
- 구성원 간의 협력과 지원
- 참여자 간의 배려와 존중
- 최선을 다한 참여의 독려

2) 상규적 활동과 수업의 관리 전략

(1) 수업중 발생하는 지도자의 행동 유형

직접기여 행동	• 운동과제를 직접 가르치는 교수행동 예) 학습환경의 관리와 유지, 수업의 진행 등
비기여 행동	• 수업 내용에 기여할 가능성이 전혀 없는 행동 예) 수업 중 통화나 손님 접대 등
간접기여 행동	• 행동은 학습과 관련은 있지만 수업 내용 자체에 직접 기여하지는 않는 행동 예) 과제 이외의 문제에 대한 토론, 부상자의 처리 등

(2) 예방적 관리 전략(관리 시간의 절약 방법)

- 수업시간을 엄수한다.(정시 시작, 정시 종료)
- 출석 점검 시간의 절약 방법을 찾는다.
- 수업 초기의 어수선한 분위기와 활동을 통제한다.
- 격려, 주의 환기 등을 통해 학습자의 활발한 참여를 이끌어 낸다.
- 수업 중 게임을 활용하여 흥미를 높인다.
- 높은 비율의 피드백을 제공한다.
- 수업 관리에 필요한 절차를 기록하여 게시한다.

효율적인 교수의 특징
- 학습 내용과 관련한 시간의 비율이 높다.
- 학습자의 과제 참여 비율이 높다.
- 학습 내용이 학습자의 학습 능력에 적합하다.(성공지향적 학습)
- 따뜻하고 긍정적인 학습 분위기를 조성한다.
- 학습자의 과제 참여 비율을 높게 유지한다.

적절한 행동의 향상에 필요한 기술
- 수업규칙을 분명히 한다.
- 긍정적 상호작용을 통해 적절한 행동을 유도한다.
- 다양한 방법을 사용한다.
- 부적합한 행동단서를 무시하고 긍정적인 상호작용을 한다.
- 단호하게 제지해야 한다.
- 적절한 시기에 제지해야 한다.
- 목표 학생을 정확하게 확인하여 제지해야 한다.
- 가혹한 체벌을 하지 않는다.

대표 기출 유형

06 효율적인 지도의 특징으로 적절하지 않은 것은?

① 운영 시간에 배당된 시간의 비율이 낮다.
② 학습자가 과제에 참여하는 시간의 비율이 높다.
③ 학습 과제의 난이도가 적절하다.
④ 학습자가 대기하는 시간의 비율이 높다.

정답은 해설지에

(3) 규칙 제정의 원칙

- 짧고 명확해야 한다.
- 학생의 연령 수준에 적합한 언어나 기호로 전달되어야만 한다.
- 가능한 한 긍정적인 어법으로 진술하라.
- 수업의 규칙은 학교의 규칙과 일관성을 띠고 있어야 한다.
- 강제적으로 부과할 수 없는 또는 그럴 의사가 없는 규칙을 만들지 않는다.

3) 실제 교수와 행동 수정

(1) 수업관리를 위한 교수기능 (J. Kounin)

접근 통제	학생들의 행동을 효과적으로 관리하기 위해 교사가 학생들과 가까이 있어야 함. 교사가 학생들 가까이 있으면 학생들은 교사의 감시와 지시를 받아들이는 경향이 높아지고 사고의 발생이 줄어듦
긴장 완화	학생들의 긍정적인 학습 환경을 조성하기 위해 긴장된 상황을 누그러뜨릴 수 있는 농담이나 짧은 게임 등을 사용하여 학생들의 스트레스를 감소시킴
상황 이해	교사가 교실 내에서 일어나는 상황을 잘 이해하고 학생들의 행동을 미리 예측하며 관리하여야 함
타임 아웃	학생이 부적절한 행동을 했을 때 그 학생을 일시적으로 수업 환경에서 분리함으로써 학생이 자신의 행동을 반성하고 다시 수업에 복귀할 때 더 적절한 행동을 취하도록 유도하는 기법

(2) 행동수정 기법

정적강화	• 학습자가 바람직한 행동을 할 때 긍정적인 보상을 줌으로써 바람직한 행동의 빈도를 높이는 방법 • 예) 좋은 행동을 할 때 칭찬을 하거나 상을 주는 일
부적강화	• 학습자가 바람직한 행동을 할 때 수행자가 부정적으로 여기는 어떤 것을 제거해 주어 바람직한 행동의 빈도를 높이는 방법 • 예) 좋은 행동을 할 때 마무리 청소를 면제해 주는 일
행동조성	• 학습자가 더 나은 성과를 거둘 때마다 보상을 주어 동기를 자극하고 수행의 목표치를 달성하도록 하는 방법 • 예) 학생의 점수가 60점일 때, 60점보다 높은 점수를 받을 때마다 보상을 주면서 목표점수에 다다르도록 유도하는 일
용암법	• 학습자가 어떤 행동을 어려워할 때 그 행동에 필요한 조건을 조금씩 수정해 주면서 그 행동이 실제의 목표를 달성할 수 있도록 유도하는 방법 • 예) 주의가 산만하여 필기를 못 하는 학생에게 자리에 앉아 있기, 펜으로 노트에 그림을 그리기, 글자를 쓰기 등의 순서로 학습을 유도하여 필기를 완성하도록 하는 일
촉구	• 학습자가 교사가 지시한 행동을 하지 않을 때 말이나 행동 등으로 경각심을 일깨우는 방법 • 예) 수업 중에 딴짓을 하는 학생의 이름을 부르거나 어깨를 건드리는 일
모델링	• 시범을 보임으로써 학습의 효과를 높이는 방법
계약	• "~을 하면 ~을 해주겠다"는 식의 계약을 맺어 학습자의 학습효과를 높이고 부정적인 행동을 제어하는 방법 • 예) "수업 중에 얌전히 과제를 완수하면 사탕을 주겠다."
토큰의 사용	• 학습자가 바람직한 행동을 할 때마다 스티커, 쿠폰 등의 토큰을 주고 그것을 잘 모으면 특정한 날에 학생이 좋아하는 물건으로 교환할 수 있도록 하는 방법 • 예) 상으로 받았던 스티커를 축제일에 화폐처럼 사용하게 하는 일

기타의 예방적 교수기능 (J. Kounin)
- 동시적 처리
- 유연한 수업 전개
- 수업흐름의 유지
- 집단경각심강화
- 학생의 책무성 강화

자주 발생하는 수업 방해 행동 (Dreikurs)
- 주의 : 학생이 타인의 주의를 끌기 위해 시끄럽게 떠들기 좋아한다.
- 파워 : 다른 구성원과 투쟁하는 학생은 공격적이다.
- 복수 : 복수심을 가진 학생들은 공격적인 학생들보다 감정이 더 격렬하다.
- 부적응 : 부적응 학생은 아무것도 하지 않는다.

현장에서 활용할 수 있는 교수기능
- 신호 간섭 – 시선, 손짓 등으로 주의 주기
- 상규적 행동의 지원 – 출석체크 등 상규적 활동을 자동적으로 처리하기
- 유혹적인 대상의 제거 – 방해가 되는 물건을 제거하기

대표 기출 유형

07 <보기>에 해당하는 쿠닌(J. Kounin)의 교수 기능은?

<보기>
- 지도자가 자신의 머리 뒤에도 눈이 있다는 듯이 학습자들의 행동을 파악하는 것
- 지도자가 학습자들 간에 발생하는 사건을 인지하는 것

① 접근통제(proximity control)
② 긴장 완화(tension release)
③ 상황이해(with-it-ness)
④ 타임아웃(time-out)

정답은 해설지에

Confirmation
이것만은 꼭!

01 학생의 지도과정에서 활용되는 과제는 시작형 과제, 세련형 과제, 응용형 과제, 확대형 과제 등이 있다. 학생의 발달을 고려하여 각 과제를 순서대로 나열하면 다음과 같다.

시작형 과제 - (　　　　) - (　　　　) - (　　　　)

02 학생이 학습과제를 연습하는 과정에서 학습과제의 가장 중요한 특징을 학생에게 전달하기 위해 교사가 사용하는 단어나 문장을 (　　)라고 한다.

03 교수의 과정에서 질문을 활용하는 것은 학습의 효율을 높일 수 있는 좋은 방법이다. 그 중 이전에 경험하지 못했던 상황에 대한 가정을 제시하고 그에 대한 해결방안을 모색할 것을 요구하는 질문을 (　　)이라고 한다.

04 교수의 과정에서 질문을 활용하는 것은 학습의 효율을 높일 수 있는 좋은 방법이다. 그 중 이미 경험했던 사실보다는 도덕적 판단이 요구되는 특정한 상황을 제시하고 그에 대한 태도나 견해를 묻는 질문을 (　　)이라고 한다.

05 학생의 과제 수행을 교정하기 위하여 제공하는 피드백의 유형 중 수행 동작의 잘못된 부분을 지적하고 그 잘못을 수정할 수 있는 방법을 함께 제공한다면 이는 (　　)피드백이라고 한다.

06 출석의 체크나 수업 후 용기구의 정리 정돈 등 매 수업시간마다 거의 항상 반복적으로 발생하는 활동들이 있는데 이런 (　　)들은 루틴으로 만들어 놓으면 원활한 수업의 진행에 도움이 된다.

정답

1. 확대형 과제, 세련형 과제, 응용형 과제
2. 학습단서
3. 분산형(확산형) 질문
4. 가치적 질문
5. 교정적
6. 상규적 활동

Previous 단원 기출문제

01 <보기>에서 설명하는 스포츠 지도 활동에 해당하는 용어로 적절한 것은?

< 보 기 >

이 활동은 스포츠 지도시간에 반복적으로 일어나는 활동이다. 예를 들어 출석점검, 수업준비 상태 확인, 화장실 출입 등이다. 이러한 과정을 효율적으로 관리하면 학습자들의 과제 참여 시간을 증가시키는 데 도움이 된다.

① 상규적 활동
② 개인적 활동
③ 사회적 활동
④ 전략적 활동

출석점검, 수업준비 상태 확인, 화장실 출입, 물 먹기 등 수업 시간에 흔히 일어나는 일들이며 실제 지도 시간을 감소시키게 되는 활동을 상규적 활동이라고 한다. 상규적 활동에 소요되는 시간을 줄이게 되면 실제 강습을 위한 시간을 늘릴 수 있어 강습의 효율이 높아지게 된다.

정답 : ①

02 교수·학습 지도안을 작성할 때 고려해야 할 사항으로 가장 거리가 먼 것은?

① 진행할 학습 과제, 각 과제에 배정한 시간 등을 포함한다.
② 과제 전달 방법 및 과제 수행 조건, 교수 단서 등을 포함한다.
③ 학습 목표는 학습자 특성보다 지도자 중심으로 작성한다.
④ 예상치 못한 상황이 발생했을 때를 대비하여 대안적 계획을 수립한다.

교수·학습의 목표는 학습자의 균형 있는 성장이다. 따라서 지도안을 작성할 때 가장 중심에 두어야 하는 사람은 학습자이어야 한다.

정답 : ③

03 링크(J. Rink.)의 내용 발달(content development)에 대한 설명으로 적절하지 않은 것은?

① 응용 과제는 실제 게임에 적용할 수 있는 기회를 제공한다.
② 확대 과제는 쉬운 과제에서 어렵고 복잡한 과제로 발전시킨다.
③ 세련 과제는 학습자에게 가능한 한 많은 동작을 알려주는 형태로 개발한다.
④ 시작(제시, 전달) 과제는 기초적인 수준에서 학습하도록 소개하고 안내한다.

세련 과제는 기능의 질적 수준에 초점을 두게 되므로 학습자에게 가능한 한 많은 동작을 알려준다는 내용과는 관련이 없다.
- 시작 과제 : 기초수준의 학습 과제
- 세련 과제 : 기능의 질적 수준에 초점을 둔 과제
- 확장 과제 : 난이도가 높아지고 복잡해진 형태의 과제
- 응용 과제 : 학습한 운동기능을 실제의 상황에 활용하기 위한 과제

정답 : ③

04 <보기>에서 김 강사가 활용한 학습자 관리 기술은?

<보 기>

김 강사는 야구를 지도하면서, 정민이가 야구 장비를 치우지 않는 일이 반복되자, 지도 후 장비를 치우는 행동을 여러 번 반복하게 했다. 이후 정민이가 장비를 함부로 다루거나 정리하지 않는 행동이 감소되었다.

① 삭제 훈련
② 적극적 연습
③ 보상 손실
④ 퇴장

수업의 효과를 높이기 위해서는 학습자의 긍정적인 태도를 장려하고 부정적인 태도를 감소시킬 수 있도록 수업의 규칙과 전략을 마련해야만 한다. 그 중 <보기>에 설명된 내용은 특정한 행동을 반복 학습시킴으로써 부정적인 행동을 감소시키는 사례이며 이를 '적극적 연습'이라고 한다.

정답 : ②

05 <보기>는 이 코치의 수업을 관찰한 일지의 일부이다. ㉠, ㉡에 알맞은 용어로 바르게 묶인 것은?

< 보 기 >

관찰일지

2019년 5월 7일

이 코치는 학습자들에게 농구 드리블의 개념과 핵심단서를 가르쳐주고, 시범을 보였다. 설명과 시범이 끝나고 "낮은 자세로 드리블을 5분 동안 연습하세요."라는 과제를 제시하였다. … (중략) … 이 코치는 (㉠)을 활용했고, 과제 참여 시간의 비율이 높은 수업을 운영했다. 수업의 마지막에는 질문식 수업을 활용했다. "키가 큰 상대팀 선수에게 가로막혔을 경우 어떻게 해야 합니까?"라는 (㉡) 질문을 통해 학습자가 다양한 대안을 찾을 수 있도록 했다.

	㉠	㉡
①	적극적 수업	확산형
②	과제식 수업	가치형
③	동료 수업	확산형
④	협동 수업	가치형

이 코치는 학습과제에 관한 중요한 개념과 핵심단서를 가르쳐주고, 시범을 보인 후 학생들이 연습해야 하는 과제를 제시하고 있다. 이렇게 교사중심으로 이루어지는 수업을 적극적 수업이라고 한다. 또한 학생이 아직 경험하지 않은 문제에 대한 해결방안을 질문함으로써 학생의 사고를 확장시키려고 했는데 이런 유형의 질문을 확산형 질문이라고 한다.

정답 : ①

07 <보기>에서 세 명의 축구 지도자가 활용한 질문 유형이 바르게 연결된 것은?

< 보 기 >

이 코치 : 지난 회의에서 설명했던 오프사이드 규칙 기억나니?

윤 코치 : (작전판에 그림을 그리면서) 상대 팀 선수가 중앙으로 드리블해서 돌파하고자 할 때, 수비하는 방법들은 무엇이 있을까?

정 코치 : 상대 선수가 너에게 반칙을 하지 않았는데 심판이 상대 선수에게 반칙판정을 했어. 너는 이런 상황에서 어떻게 하겠니?

	이 코치	윤 코치	정 코치
①	회상형(회고형)	확산형(분산형)	가치형
②	회상형(회고형)	수렴형(집중형)	가치형
③	가치형	수렴형(집중형)	회상형(회고형)
④	가치형	확산형(분산형)	회상형(회고형)

• 회상형(회고형) 질문 : 경험이나 기억에 관한 사실을 묻는 질문
• 수렴형(집중형) 질문 : 경험을 분석하고 통합하여 새로운 판단을 이끌어 내는 질문
• 확산형(분산형) 질문 : 경험하지 않은 일로 사고를 확장할 것을 유도하는 질문
• 가치형 질문 : 특정한 사실에 대해 옳고 그름에 대한 판단을 묻는 질문

정답 : ①

06 <보기>의 배드민턴 지도사례에서 IT매체의 효과로 바르게 연결되지 않은 것은?

< 보 기 >

㉠ 학습자의 흥미 유발을 위해 스마트폰과 스피커를 활용하여 최신 음악에 맞춰 준비운동을 시켰다.
㉡ 배드민턴 스매시 동작을 기록하기 위해 영상분석 어플리케이션(application)을 사용하였다.
㉢ 학습자의 동작 완료 10초 후 지도자는 녹화된 영상을 보고 학습자의 자세를 교정해 주었다.
㉣ 지도자가 녹화한 영상을 학습자의 단체 소셜네트워크 서비스(SNS)에 올린 후 동작 분석에 대해 서로 토의했다.

① ㉠ - 학습자의 동기유발
② ㉡ - 과제에 대한 체계적 관찰의 효율성 증가
③ ㉢ - 학습자의 운동 참여 시간 증가
④ ㉣ - 학습자와 지도자의 의사소통 향상

주어진 보기는 IT의 활용사례에 해당하는데 그 중 ㉢은 학습자의 운동 참여 시간이 증가하는데 기여한다는 것보다는 효과적인 피드백의 제공에 관한 내용으로 보아야 한다.

정답 : ③

08 <보기>는 정코치의 반성 일지이다. ㉠, ㉡, ㉢에 해당하는 피드백이 바르게 나열된 것은?

< 보 기 >

2019년 5월 7일

'테니스의 왕자'라고 자부하는 시안이는 포핸드를 정확하게 수행한 후 자랑스러운 듯 나를 바라보았다. ㉠나는 고개를 끄덕이며 엄지손가락을 세워 보였다. … (중략) … 한편, 경민이는 여전히 공을 맞히는 데 힘들어 보였다. 나는 ㉡"정민아 지금처럼 공을 끝까지 보지 않으면 안 돼!" ㉢"왼손으로 공을 가리키고 시선을 고정하면 정확하게 공을 맞힐 수 있어." 라고 피드백을 주었다.

	㉠	㉡	㉢
①	가치적 피드백	구체적 피드백	중립적 피드백
②	가치적 피드백	중립적 피드백	교정적 피드백
③	비언어적 피드백	부정적 피드백	일반적 피드백
④	비언어적 피드백	부정적 피드백	교정적 피드백

㉠은 가치적 피드백과 비언어적 피드백, ㉡은 부정적 피드백, ㉢은 교정적 피드백이라고 할 수 있다.

정답 : ④

07강 스포츠 교육학 - 스포츠 교육의 평가론

1. 평가의 이론적 측면

학습목표
매년 출제됩니다. 평가의 목적과 유형, 좋은 평가지를 마련하기 위한 방법들을 이해합니다.

Introduction

스포츠 교육의 효과와 그 수업의 가치를 판단하는 것은 교수·학습의 목표가 얼마나 잘 달성되었는지를 확인하고, 기존의 교수·학습 방법을 수정하여 더 나은 방법을 마련하기 위해 필수적이다. 이러한 피드백을 가능하게 하려면 평가 절차가 반드시 필요하다.

수업 결과를 확인하기 위해 지도사와 학습자의 행동을 측정하기 위한 자료를 수집하는 것은 중요하지만, 특정 평가 방식이 다른 방식보다 우월하다고 단정할 수는 없다.

<1> 평가의 목적과 활용

평가의 목적은 단순히 평가 대상에 대한 자료를 수집, 분석, 보고하는 데 그치지 않고, 교수·학습 활동을 개선하여 더 나은 교수·학습 방법을 마련하는 데 있다. 따라서 교육 평가를 통해 수업의 잘못된 부분을 확인하고 긍정적인 부분을 발견함으로써 교육 활동에 대한 피드백을 제공하고, 이를 교육의 목적을 달성하기 위한 수단으로 활용할 수 있다.

1) 평가의 개념

(1) 스포츠 교육의 평가 의의

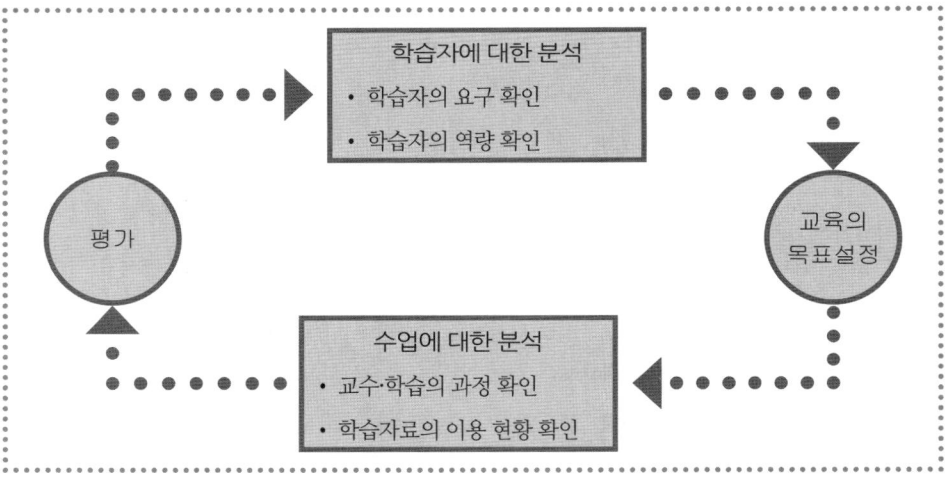

(2) 교육의 평가의 기능

형성적 기능	총괄적 기능
• 진행중인 교육 프로그램과 교육 과정의 개선안을 마련하기 위한 정보의 수집 예) 수업 진행 중 실시되는 형성 평가	• 특정 프로그램이 종료된 후 그 효과를 최종적으로 판단하는 역할 예) 학습자의 성취도 판정, 지도자의 책무 평가 등

대표 기출 유형

01 다음 중 체육학습 평가의 목적과 활용에 대한 설명으로 적절하지 않은 것은 무엇인가?

① 학습자들에게 학습상태와 학습지도에 관한 정보를 제공한다.
② 평가로 활용할 수 있는 방법은 진단평가보다 형성평가가 적합하다.
③ 학습목표와 관련된 학습 진행 상태를 평가하여 교수활동을 조정한다.
④ 교수의 효과를 판단하고 학습자들에게 운동수행의 향상동기를 유발한다.

정답은 해설지에

(3) 평가의 단계

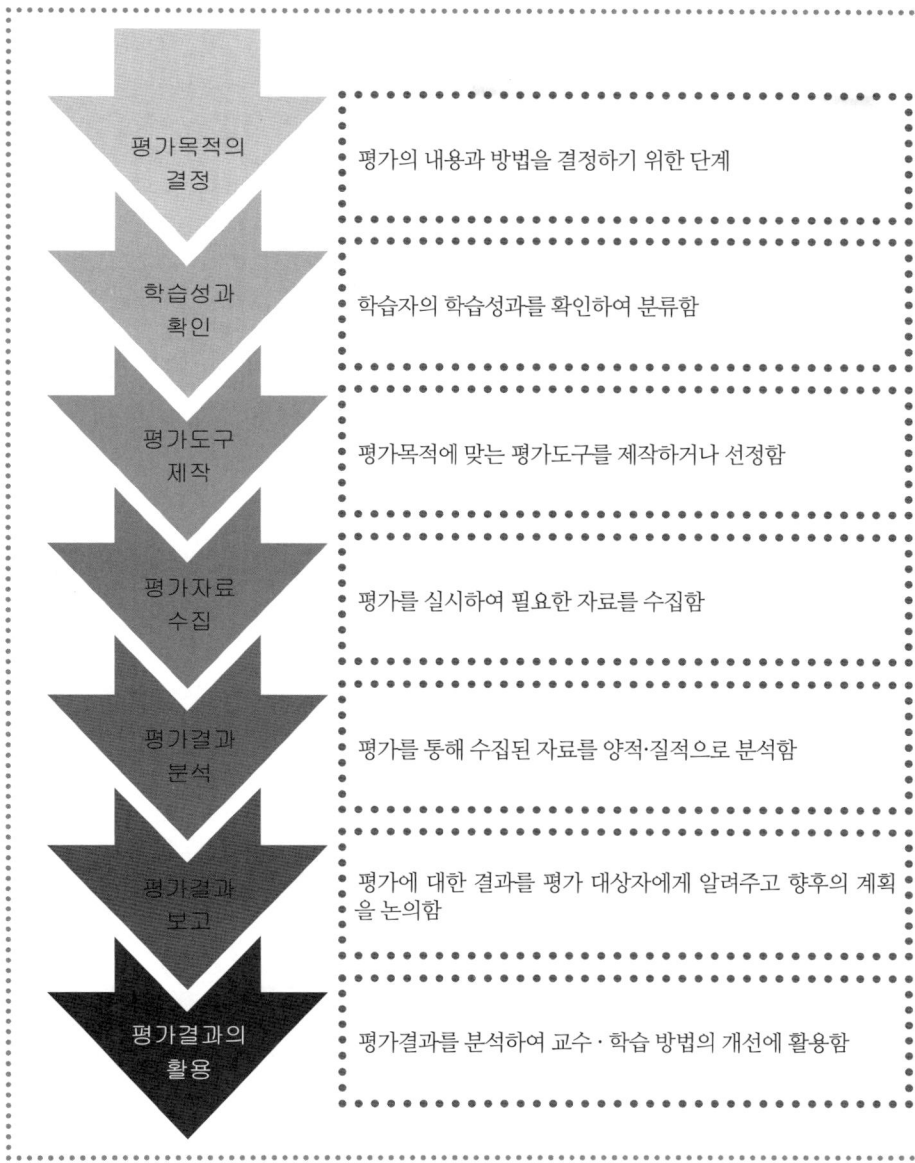

2) 평가의 유형과 활용 (J. McTighe)

(1) 평가의 목적에 따른 분류

진단평가	초기에 지도전략을 위한 기초자료를 얻고, 효과적인 지도·학습 방법을 결정하기 위해 학습자의 기초능력 전반을 진단하는 평가
형성평가	지도활동이 진행되는 동안 학생에게 피드백을 주고, 교육 프로그램이나 교육과정을 개선하며, 지도방법을 개선하기 위하여 실시하는 평가
총괄평가	특정한 학습과제나 활동기간이 끝난 후, 학습자의 학업성취도 수준과 지도자의 지도효과를 확인하기 위해 실시하는 평가
수행평가	학생이 자신의 지식이나 기능을 드러낼 수 있는 산출물을 만들거나, 또는 행동으로 나타내거나 답을 구성하도록 요구하는 방식의 평가
실제평가	학습한 내용을 실제의 상황에서 잘 구현할 수 있는지를 확인하는 평가

(2) 평가의 방법에 따른 분류

절대평가 (준거지향 평가)	어떤 절대적인 기준에 의하여 개개 학생의 성적을 평가하는 방법
상대평가 (규준지향 평가)	개인의 학업성과를 다른 학생의 성적과 비교하여 집단내에서의 상대적 위치로 평가하는 방법

상대평가의 의의
객관적인 평가가 되며, 이론적으로 다른 집단과 성적비교가 가능하다는 장점이 있지만 개인이 교육목표(학습지도의 목표)를 어느 정도로 달성했는지 알 수 없고, 학년이나 학급과 같은 비교적 작은 집단에서 정상분포곡선 이론이 어느 정도로 정확히 적용되는가 하는 신뢰성의 문제가 생긴다.

절대평가의 의의
이 평가법은 각자의 성적을 그대로 표현하기 때문에 각 개인이 목표에 얼마나 도달하였는지 알 수 있다는 장점이 있지만, 절대적 기준의 파악 방식이 교사의 주관에 의해서 좌우되기 쉽고, 다른 집단의 성적과 비교하기 어렵다는 단점이 있다.

대표 기출 유형

02 다음의 설명에 맞는 평가방법은?

< 보 기 >
1. 미리 정해놓은 기준과 비교하여 학습자의 성취도 수준 평가
2. 개인의 목표성취 여부에 관심
3. 신뢰할 수 있는 기준의 설정 어려움

① 절대평가
② 상대평가
③ 형성평가
④ 총괄평가

정답은 해설지에

대표 기출 유형

03 체육 활동 지도 초기에 참여자의 수준과 상태를 파악하고, 효과적인 교수·학습 전략을 수립하기 위해 실시하는 평가는?

① 진단평가
② 형성평가
③ 총괄평가
④ 수시평가

정답은 해설지에

<2> 평가의 양호도

교육과정에서 평가 도구의 선택은 매우 중요하다. 양호한 평가를 위해서는 평가 목적에 부합하는 적절한 평가 도구를 사용하는 것이 필수적이다. 좋은 평가 도구는 두 가지 주요 기준, 즉 타당도(validity)와 신뢰도(reliability)를 충족해야 한다. 타당도는 평가 도구가 측정하려는 목표를 정확히 측정하는 능력을 의미하며, 신뢰도는 평가 도구의 측정 결과가 일관되고 반복 가능한 정도를 의미한다. 따라서, 지도자가 교육 현장에서 평가 도구를 개발하거나 사용할 때는 이러한 기준을 충족시키는 도구를 만들기 위해 노력해야 한다.

1) 평가의 양호도

(1) 타당도

- 측정하고자 하는 내용을 정확하고 적합하게 측정하는지에 관한 정도

① 타당도의 종류

내용 타당도	검사문항이 측정하려고 하는 내용을 얼마나 잘 대표하고 있는지의 척도
준거 타당도	측정도구의 측정결과가 준거가 되는 다른 측정결과와 관련이 있는 정도
구인 타당도	검사문항이 측정하려는 내용들을 잘 측정하고 있는가를 나타내는 척도

② 타당도를 높이는 방법

- 검사문항이 내용영역의 범위를 벗어나지 않을 것
- 검사문항이 내용영역의 특성을 대표할 것
- 검사문항이 영역의 특성을 일반화할 수 있을 정도로 충분할 것
- 문항의 난이도가 학습자 집단의 특성에 맞을 것
- 해당 영역의 전문가의 관점에서 볼 때 문항과 척도 제시가 적절할 것

(2) 신뢰도

- 피검사자의 응답에 믿을 수 있는 만큼의 일관성이 나타나는지에 대한 정도

□ 신뢰도의 종류

동형검사	동일한 구인을 측정하는 두 개의 검사지를 개발하여 이로부터 나온 점수들 간의 상관관계를 구하여 신뢰도를 추정하는 방법
검사 - 재검사	시간차를 두고서 개념이나 변인 측정을 두 번 실시해 두 관찰값의 차이로 신뢰도를 측정하는 방법
내적 일관성 검사	하나의 측정도구 내 문항들이 서로 일관성이 있었는지를 파악함으로써 측정문항의 신뢰도를 추정하는 방법

대표 기출 유형

04 평가의 타당도를 측정하는 방법이 아닌 것은?

① 내용타당도
② 준거타당도
③ 조언타당도
④ 구인타당도

정답은 해설지에

(3) 신뢰도와 타당도의 관계

□ 신뢰도와 타당도의 사례(사격에의 비유)

신뢰도와 타당도의 관계 1
- 1번 사례
이 사례는 응답자의 응답에 일관성이 없으며(낮은 신뢰도) 중심부와 먼 곳(낮은 타당도)에 응답이 흩어져 있다. 따라서 신뢰도와 타당도가 모두 낮은 경우이다.
- 2번 사례
이 사례는 응답자의 응답에 일관성이 없으며(낮은 신뢰도) 1에 비해 중심부와 약간 가까운 곳(보통의 타당도)에 응답이 흩어져 있다. 따라서 신뢰도는 낮으며 타당도는 보통 수준의 경우이다.

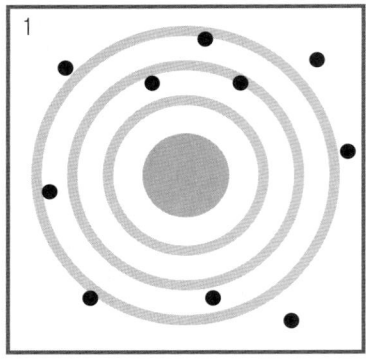

- 낮은 신뢰도
- 낮은 타당도

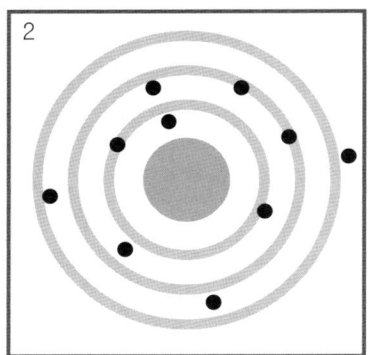

- 낮은 신뢰도
- 보통 타당도

신뢰도와 타당도의 관계 2
- 3번 사례
이 사례는 응답자의 응답에 일관성이 높으며(높은 신뢰도) 2에 비해 중심부와 먼 곳(낮은 타당도)에 응답이 흩어져 있다. 따라서 신뢰도는 높으며 타당도는 낮은 수준의 경우이다.
- 4번 사례
이 사례는 응답자의 응답에 일관성이 높으며(높은 신뢰도) 중심부에(높은 타당도)에 응답이 모여 있다. 따라서 신뢰도와 타당도가 모두 높은 가장 양호한 경우이다.

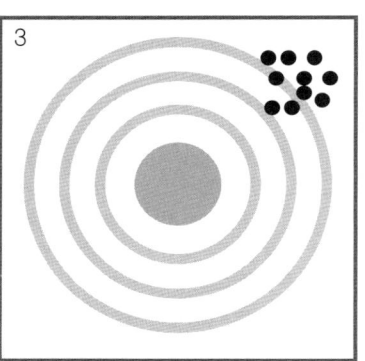

- 높은 신뢰도
- 낮은 타당도

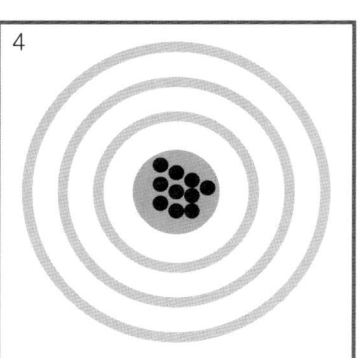

- 높은 신뢰도
- 높은 타당도

신뢰도와 타당도의 관계 3
- 3의 경우처럼 신뢰도는 높지만 타당도는 낮은 경우가 있다.
- 4의 경우처럼 신뢰도와 타당도가 모두 높은 경우가 있다.
- 신뢰도는 낮지만 타당도만 높은 경우는 있을 수 없다.

2. 평가의 실천적 측면

Introduction

교수·학습과 관련한 평가는 평가 기준과 목적에 따라 준거지향 평가와 규준지향 평가 두 가지로 구분할 수 있다.

준거지향 평가는 학습자가 교육목표나 학습내용에 어느 정도 숙달되었는가에 대한 정보를 얻는 것이 목적이며, 규준지향 평가는 학습한 내용에 대한 개별 학습자의 질적 수준보다는 다른 학습자에 비해 학습 성취도가 우수한가 아닌가를 비교하는 데 초점을 두는 것이다.

학습목표

매년 출제됩니다. 평가방법의 구체적인 사례들과 내용을 이해합니다.

<1> 평가의 기법과 사례

학습자에 대한 평가는 준거지향평가와 규준지향평가 두 가지로 구분할 수도 있다. 그 중 준거지향평가는 일정한 평가기준을 미리 작성한 후 학습자가 그 기준에 도달하였는가를 평가한다. 흔히 활용되는 절대 평가가 여기에 해당한다. 이에 비해 규준지향평가는 학습자가 다른 학습자와 비교하여 상대적으로 어떤 수준의 성취를 해냈는가를 평가한다. 이를 상대 평가라고도 한다.

이 두 가지의 평가기준은 다시 체크리스트 기법, 평정척도 기법, 루브릭 기법, 관찰, 면접이나 설문지 등의 구체적인 평가의 방법으로 조직되어 활용되고 있다. 각각의 평가방법은 그 목적에 따라 선택적으로 활용될 수 있는데 그 어떤 경우라 하더라도 이런 평가의 기법들에 사용되는 문항들은 앞에서 살펴 본 타당도와 신뢰도라는 측면에 부합될 수 있도록 작성되어야 한다.

1) 평가의 기법

(1) 평가기법의 종류

체크리스트	• 특정 행동, 특성 등을 나열한 목록 사용 • 문항에 '예/아니오'로 응답함 • 다양한 측면을 반영하지 못하고 평가자의 주관에 영향을 받게 됨
평정척도	• 행동의 질적 차원을 수집 • '만족/보통/불만족' 등으로 응답함 • 응답자의 정확한 의견, 다양한 의견을 반영하지 못함
루브릭	• 항목별·수준별로 세분된 항목의 표를 사용 • 각각의 칸에 선택의 이유를 기술함 • 평가자들이 해석하고 적용하는 방식에 주관성이 발생함
관찰	• 지도자가 수행자의 수행을 관찰함 • 관찰의 결과를 수량화함 • 주관적인 해석이 작용하며 수행자의 내적 동기를 파악할 수 없음
학습자 일지	• 학습자 스스로 학습 진행 및 학습 내용을 상세히 기록 • 학습자가 스스로를 관찰함 • 지나치게 주관적이며 일지를 통계화하기가 어려움
면접·설문지	• 상담이나 설문지로 정보를 수집하는 방식 • 주관적 측면까지 수집함
자기지향 평가	• 자신의 능력이나 특성을 스스로 판단하는 방식 • 개인이 자신의 행동을 분석하여 능력이나 특성을 평가함 • 응답자가 스스로에 대해 지나치게 과소 또는 과대 평가를 할 수 있음
동료 평가	• 각 집단에서 집단 구성원간에 서로 평가하는 방법 • 구성원들 서로 간의 상호평가를 통해서 각 구성원이 서로에게 건설적인 조언을 주고 받으며 발전함 • 정확한 평가능력을 가지지 못한 동료의 주관과 편견이 작용할 수 있음

대표 기출 유형

05 다음 중 학습자간 동료평가에 대한 설명으로 올바르지 않은 것은 무엇인가?

① 짧은 시간에 신뢰성 높은 자료를 수집할 수 있다.
② 자기평가보다 신뢰성이 높다
③ 지도자는 평가하는 학생에게 처음부터 책임범위를 넓게 주는 것이 필요하다.
④ 학습자가 평가 기준에 대해 충분히 이해하고 있어야 한다.

정답은 해설지에

(2) 각종 평가지 사례

1. 체크리스트와 평정척도

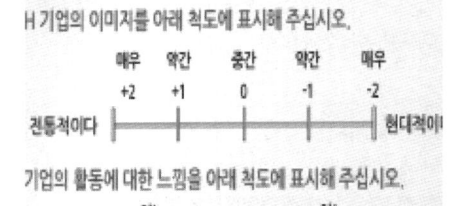

2. 루브릭과 관찰일지

3. 면담일지와 학습일지

Confirmation
이것만은 꼭!

01 수업의 초기에 학생의 수준을 파악하고 효과적인 지도전략을 결정하기 위해 실시하는 평가를 (　　)라고 한다.

02 학생이 스스로 자신의 지식과 기능 등을 드러낼 수 있는 산출물을 제작하여 제출할 것을 요구함으로서 학생의 능동적인 학습태도를 배양하고 측정하는 평가를 (　　)라고 한다.

03 수업 과정이 진행되는 동안 학생에게 피드백을 주고 교육과정과 지도의 방법을 개선하기 위해 실시하는 평가를 (　　)라고 한다.

04 미리 정해진 기준에 학습자의 성적을 비교하여 학습자의 성취도를 측정하는 평가를 (　　)라고 한다.

05 학습자의 수준을 동일한 교육과정에 있는 다른 학생의 수준과 학습자의 수준을 비교하여 측정하는 평가를 (　　)라고 한다.

06 '시험문제'와 같은 측정을 위한 도구가 측정하려는 내용을 정확하게 측정하는가를 나타내는 정도를 (　　)라고 한다.

07 측정에 참여하는 사람을 측정의 도구가 얼마나 안정적으로 일관성 있게 측정할 수 있는가를 나타내는 정도를 (　　)라고 한다.

08 평가의 기법 중 문항에 만족/보통/불만족 등의 항목에 체크하게 함으로써 측정 참여자의 행동이나 반응을 질적으로 측정하는 것은 (　　)라고 한다.

09 절대평가와 동일한 개념으로 학습에 학습의 목표를 정한 후 학습자가 학습의 목표에 어느 정도를 도달하였는가를 평가하는 방식을 (　　)평가라고 한다.

10 상대평가와 동일한 개념으로 동일한 과제를 학습하고 있는 집단의 다른 학습자들과의 비교를 통해 학생을 평가하는 방식을 (　　)평가라고 한다.

정답
1. 진단평가
2. 수행평가
3. 형성평가
4. 절대평가
5. 상대평가
6. 타당도
7. 신뢰도
8. 평정척도
9. 준거지향
10. 규준지향

Previous 단원 기출문제

01 <보기>에서 이 감독이 고려하지 않은 평가의 양호도는?

< 보 기 >

준혁 : 서진아, 왜 이 감독님은 배구 스파이크를 평가할 때 공을 얼마나 멀리 보내는지를 가장 중요하게 평가하시는 걸까?

서진 : 그러게 말이야. 스파이크는 멀리 보내는 것이 중요한 게 아니라 코트 안으로 얼마나 정확하고 강하게 때리느냐가 중요한 것 같은데.

① 신뢰도　　② 객관도
③ 타당도　　④ 실용도

검사문항이 측정하려고 하는 내용을 얼마나 잘 묻고 있는지의 척도를 평가의 타당도라고 한다. 이 감독은 배구의 스파이크가 가져야 하는 가장 중요한 요소인 정확도가 아닌 거리를 평가의 대상으로 삼고 있다는 점에서 타당도가 낮은 평가의 방법을 사용하고 있다.

정답 : ③

02 <보기>의 대화에서 평가의 개념과 목적을 잘못 이해하고 있는 지도자는?

< 보 기 >

• 박 코치 : 평가의 유사개념에는 측정, 사정, 검사 등이 있는 것으로 알고 있습니다.

• 정 코치 : 네, 측정이나 검사는 가치 지향적이고 평가는 가치 중립적인 활동입니다.

• 김 코치 : 평가는 학습자의 학습 상태와 지도에 관한 정보를 제공할 수 있습니다.

• 유 코치 : 그래서 평가는 지도 활동에 대한 피드백이 될 수 있습니다.

① 박 코치　② 정 코치　③ 김 코치　④ 유 코치

평가를 통해 수집된 정보를 활용하여 학습자뿐 아니라 교육의 내용과 과정 등에 대한 피드백도 가능해진다. 평가와 유사한 개념에는 측정, 사정, 검사 등이 있는데, 측정, 사정, 검사 등이 학습의 상태를 확인하는 객관적인 의미를 가진다면 평가는 교육의 결과에 대한 좋음과 나쁨을 판단하는 가치판단의 의미를 가지기도 한다.

정답 : ②

03 <보기>의 대화에서 각 지도자들이 활용하고 있는(활용하고자 하는) 평가 유형이 바르게 나열된 것은?

< 보 기 >

• 이 감독 : 오리엔테이션 때 학생들에게 최종 목표를 분명하게 얘기했어요. 그 목표의 달성 여부를 종합적으로 확인하기 위해 시즌 마지막에 평가를 실시할 계획이에요.

• 윤 감독 : 이번에 입학한 학생들은 기본기가 많이 부족했어요. 시즌 전에 학생들의 기본기 수준을 평가했어요.

• 김 감독 : 학교스포츠클럽에서 배구를 가르칠 때 수시로 학생들의 기본기능을 확인하고 있어요.

	이 감독	윤 감독	김 감독
①	총괄평가	형성평가	진단평가
②	총괄평가	진단평가	형성평가
③	진단평가	형성평가	총괄평가
④	진단평가	총괄평가	형성평가

• 형성평가 : 수업 과정에서 학생들의 성취정도를 파악하기 위한 평가이며, 형성평가는 학습자에 대한 평가만이 아니라 교사의 교수활동을 수정하는 자료로 활용된다.

• 진단평가 : 본 수업의 시작 전에 학생들의 수준을 미리 확인하기 위한 평가로 교사의 교수계획 수립에 중요한 정보를 제공한다.

• 총괄평가 : 일정기간의 학습과정을 끝마치고 학습목표의 달성 정도를 측정하는 평가이다.

정답 : ②

04 스포츠 교육에서 사용하는 평가 기법과 그 내용이 바르게 연결되지 않은 것은?

① 체크리스트 - 특정 행동, 특성 등을 목록으로 나열하여 O, X로 체크하도록 하는 방법이며, 제작과 사용이 어렵다는 단점을 가진다.

② 평정척도 - 매우 만족, 만족, 보통, 불만족, 매우 불만족 등 3~5 단계의 척도 중 하나를 선택하게 하는 기법이다.

③ 루브릭 - 수행 수준의 특징을 명세화하여 제공함으로써, 학습자가 자신의 수행 수준이 어느 정도인지를 알게 함으로써 향후 수행을 위해 필요한 것이 무엇인지를 분명히 알 수 있게 하는 장점이 있다.

④ 학습자에 대한 상담과 설문지 - 학습자의 생각이나 감정에 관한 정보를 알아내는데 가장 효과적인 방법이다.

체크리스트는 제작, 활용이 쉬운 평가기법이다.

정답 : ①

08강 스포츠 교육학 - 스포츠 교육자의 전문적 성장

1. 스포츠 교육 전문인의 전문역량

Introduction

교육 현장에서 지도를 담당하는 사람들은 지속적으로 연구하고 개발하여 더 나은 지도자가 되어야 한다. 스포츠 영역에서 활동하는 스포츠 교육자 또한 스포츠 기술에 관한 지식뿐만 아니라, 다른 다양한 전문적 지식이 요구된다.

따라서 스포츠 교육자들은 자신이 활동하는 분야에서 요구되는 전문 지식을 습득하고 발전시키기 위해 꾸준히 노력해야 한다.

학습목표: 교육자가 가져야 하는 전문적인 자질을 내용과 함께 암기하고, 교육자의 전문인으로서의 성장방법을 외웁니다.

<1> 스포츠 교육 전문인의 핵심역량 개발

스포츠 교육자가 전문적인 교육자로 발전하기 위해서는 단순히 스포츠 기술과 그 기술을 전달하는 능력만으로는 부족하다. 학습자가 훌륭한 퍼포먼스를 발휘할 수 있도록 하기 위해서는 각 종목별로 요구되는 기술뿐만 아니라, 운동 수행 중 발생할 수 있는 신체적·심리적 장애를 극복할 수 있는 지식이 필요하다. 또한, 건강하고 안전하게 스포츠를 즐길 수 있도록 돕기 위해 다양한 분야의 지식을 갖추어야 한다.

1) 스포츠 교육자의 전문적 자질 및 구성 요소 (Shulman)

구성요소		세부 내용
법제적 지식		체육과 관련한 국가의 정책과 법령에 관한 지식
지도대상 지식		참가자가 경험해 온 사회와 문화적 배경에 대한 지식
		참가자의 신체 발달 단계와 수준에 관한 지식
		참가자의 심리적, 사회적 특성에 따른 성향을 이해하기 위한 지식
지도내용 지식	교육과정 지식	참가자의 발달 단계에 적합한 지도 내용과 적절한 지도 프로그램에 관한 지식
	종목 전문내용 지식	각 스포츠가 요구하는 기술 및 전술 등과 관련한 지식
	스포츠과학 지식	스포츠 심리학, 영양학, 생리학, 해부학, 운동역학 등 스포츠와 관련한 기타 과학 영역에 관한 지식
지도방법 지식	종목 전문방법 지식	종목별로 특화된 기술의 개발과 훈련 방법에 관련한 지식
	일반 교수법 지식	각 종목이 요구하는 기술 및 동작을 관찰하고 분석하기 위한 지식
관리 지식	안전관리 지식	운동상해와 안전사고를 예방하기 위하여 관련 시설과 환경을 관리하기 위한 지식
	시설관리 지식	시설, 운동기구의 효율적인 배치와 관리를 위한 지식
	상담관련 지식	참가자를 대상으로 한 운동 상담의 기본 지식

3가지 범주의 지식 (Shulman)

- 명제적 지식
  교사가 말과 문서로 표현할 수 있는 지식
  예) 수업의 개념, 경기규칙 등에 관한 지식

- 절차적 지식
  수업관리와 학생의 학습을 촉진할 수 있는 방법에 관한 지식
  예) 교수학습과정안 작성, 피드백 제공 등에 관한 지식

- 상황적 지식
  특수한 상황에서 적절한 의사결정을 언제 왜 해야 되는지에 관한 지식
  예) 학습활동의 변형 방법, 수준에 맞게 설명하기, 학습동기 부여하기, 수업과제 전환 시기 등에 관한 지식

대표 기출 유형

01 <보기>에서 설명하고 있는 지식은?

< 보 기 >

체육지도자가 유소년에게 농구의 기본 기술을 지도하는 방법에 대한 지식

① 교육과정 지식
② 교육환경 지식
③ 내용교수법 지식
④ 내용 지식

정답은 해설지에

<2> 스포츠 지도를 위한 교사 교육의 모형

> 더 나은 교육현장을 만들기 위해서는 현장개선 연구가 필요하다. 이러한 연구는 지도자가 자신의 수업을 반성적으로 탐구하고 개선하는 과정이다. 지도자는 이 과정을 통해 교수내용과 관련된 지식을 습득하고, 자신의 교수과정을 보다 정밀하게 진행하는 교수기술을 훈련할 수 있다.

1) 교사의 교수 기능을 연습하는 방법 (D. Siedentop)

1인 연습	거울 앞이나 녹화 등의 방식으로 스스로 자신의 교수 행위를 확인하며 연습하는 방식
마이크로 티칭	수업시간, 수업내용, 교수기능, 학생 수, 교실 크기 등 실제의 수업을 축소한 모의수업이며 동료나 기타 소수의 참여자를 학습자로 설정하여 교수 기능을 연습하는 방법
동료교수	소집단의 동료들끼리 모의수업의 형태를 만들어 서로가 서로를 가르치는 상황을 통해 교수 기능을 연습하는 방법
실제 교수	일정 기간 동안 실제의 교육 환경에서 학급에 대한 여러 책임을 수행하며 교수기능을 실습하는 방법
반성 교수	실제 학생들에게 수업의 목표와 내용을 설명한 후, 수업 후 교수 내용과 방법에 대한 평가를 수집하여 스스로의 교수 방법을 수정하는 방법

☐ 교수 기능의 발달 단계 - Siedent

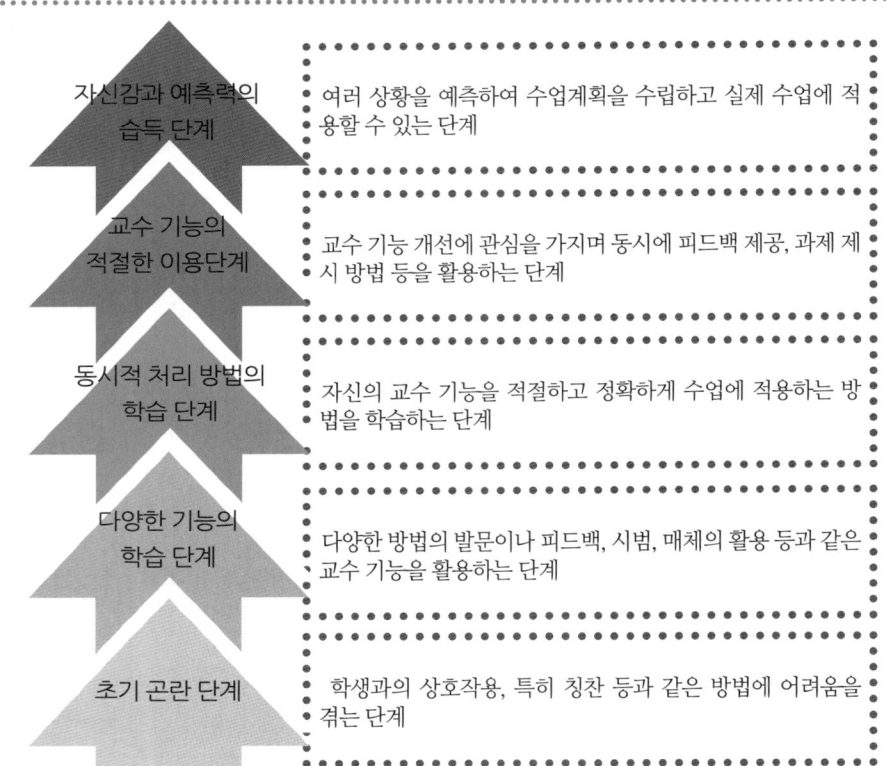

교사 교육의 유형
- 기능 중심 교사 교육
 학생의 성적 향상에 효과적인 교사를 만들어내기 위한 교사 교육의 방법
- 탐구 중심 교사 교육
 학생의 전인간적 성장을 이끄는 교사를 만들어내기 위한 교사교육의 방법

스포츠 교육자의 전문적 자질
- 인성적 자질
 교육자로서 갖추어야 할 바람직한 인성과 정서
- 인지적 자질
 체육교과, 스포츠의 룰 등에 관한 전문적 지식과 학습 참여자에 대한 이해
- 기능적 자질
 운동기능의 수행 능력과 기타 지도프로그램의 개발 및 관리 능력

대표 기출 유형

02 <보기>에서 설명하는 현장(개선)연구의 특징으로 적절하지 않은 것은?

< 보 기 >
현장(개선)연구는 체육 지도자가 동료나 연구자의 도움을 받아 자신의 강좌를 반성적으로 탐구하여 개선하는 데 목적이 있다.

① 집단적 협동과정이다.
② 자기 성찰을 중시한다.
③ 연속되는 순환 과정이다.
④ 효율성과 결과를 중시한다.

정답은 해설지에

2. 장기적 전문인 성장 및 발달

Introduction

스포츠 교육자들은 필요한 지식을 습득하고 개발함으로써 더 나은 교육 전문가로 성장할 수 있다. 전문적인 지식을 습득하는 방법은 학위나 자격증 취득에 국한되지 않는다.

개인적인 경험과 연구, 주변 사람들과의 대화, 스포츠 프로그램의 시청, 세미나 참여 등 다양한 기회를 통해 교육자로서의 역량을 향상시킬 수 있다.

학습목표: 자주 출제됩니다. 교육자의 성장방법을 구체적인 사례를 중심으로 이해해 두세요.

〈1〉 형식적 성장, 비형식적 성장, 무형식적 성장

스포츠 교육자는 다양한 학습 기회를 통해 교육 전문가로 성장할 수 있다. 가장 일반적인 방법은 제도화된 교육기관을 통해 학위와 자격증을 취득하는 방식이다. 이는 구체적인 교육기관과 교육과정이라는 형식을 갖추고 있어 형식적 성장으로 간주된다.

또한, 일정한 교육 형식이 없지만 스포츠에 참여하면서 얻는 다양한 경험도 교육자의 성장에 기여할 수 있다. 스포츠 활동에 참여하고, 동료들과의 관계 속에서 새로운 지식과 정보를 습득하는 과정은 비형식적 성장의 사례에 해당한다.

마지막으로, 상설 교육기관이 아닌 곳에서 특정 기간 동안 진행되는 세미나와 워크숍을 통해 전문 지식을 습득하는 경우도 있다. 이러한 자발적 참여를 통해 얻는 지식은 무형식적 성장으로 볼 수 있다.

□ 스포츠 교육자의 성장 유형

형식적 성장	• 체육 전문인을 위해 구체적인 형식을 갖추어 진행되는 공식적인 교육을 통한 성장 • 제도화된 교육과 학위·자격증 부여 등의 과정을 포함하는 절차에 의해 이루어짐
비형식적 성장	• 스포츠에 참여하면서 가지게 되는 다양한 경험을 통해 이루어지는 성장 • 선수시절의 경험, 코칭의 경험, 스포츠 활동 속에서의 대화, 스포츠 잡지의 구독이나 스포츠 영상의 시청 등을 통해 이루어짐
무형식적 성장	• 특정 기간에 진행되는 세미나나 워크숍 등에의 단기적인 참여를 통해 이루어지는 성장 • 학교와 같은 교육기관에서 공식적으로 진행되는 교육과정이 아닌 기타의 학습에 대한 자발적인 참여로 이루어짐

대표 기출 유형

03 체육 지도자의 전문가로서 성장 방법이 아닌 것은?

① 형식적 성장
② 무형식적 성장
③ 반성적 성장
④ 비형식적 성장

정답은 해설지에

대표 기출 유형

04 체육전문인으로 성장하기 위한 방안 중 무형식적인 성장 방법이 아닌 것은?

① 세미나 참여
② 워크숍 참여
③ 클리닉 참여
④ 개인적 경험

정답은 해설지에

Confirmation 이것만은 꼭!

01 지도자가 갖추어야 할 지식 중 각 스포츠에서 요구되는 기술이나 전략 혹은 전술과 관련한 지식은 지도의 (　　)과 관련한 지식이다.

02 지도자는 학습자를 가르치기 전에 학습자가 살아온 사회의 문화나 전통 등에 대한 이해를 필요로 하며 이런 것들과 관련한 지식을 지도의 (　　)과 관련한 지식이라고 한다.

03 지도자가 갖추어야 할 지식 중 각 스포츠 종목이 요구하는 기술과 전략을 잘 지도하기 위한 지식을 지도의 (　　)과 관련한 지식이라고 한다.

04 수업시간, 장소, 학습자의 수 등 실제 수업의 요소를 축소한 모의수업을 통해 교사의 교수기능을 연습할 수 있는데 이런 연습 방식을 (　　)라고 한다.

05 스포츠 교육자도 교육을 통해 더 나은 지도자로 성장을 할 수 있는데 특히 구체적인 형식을 갖춘 공식적 교육과 절차를 밟아 학위나 자격증 등을 취득하는 경우 이를 (　　)성장이라고 한다.

06 스포츠 교육자도 교육을 통해 더 나은 지도자로 성장을 할 수 있는데 그 중에서도 공식적인 교육과정이 아닌 개인적 경험이나 독서, 기타의 스포츠 경험 등을 통해 발전이 이루어지는 경우 이를 (　　)성장이라고 한다.

정답
1. 내용
2. 대상
3. 방법
4. 마이크로티칭
5. 형식적
6. 비형식적

Previous 단원 기출문제

01 아래의 <보기>는 Schempp(2006)가 제시한 스포츠지도자의 전문성의 구성 요소 중 어느 것에 해당하는가?

< 보 기 >

배려심, 선천적인 기질, 열정, 믿음 등의 심리적 측면의 전문성 요소이다.

① 기술
② 지식
③ 철학
④ 개인적 특성

Schempp에 따르면 스포츠 지도자의 전문성은 기술, 지식, 철학, 개인적 특성 등으로 구성된다. 그 중에서 배려심, 선천적인 기질, 열정 등 개인이 선천적으로 가지고 태어나는 성격이나 성품 등의 요소를 개인적 특성이라고 한다.

이런 유형의 문제를 모두 공부하는 것은 불가능하므로 상식적인 측면에서 접근하여 답을 찾는 것이 필요하다.

정답 : ④

02 <보기>에서 설명한 시든탑(D. Siedentop)의 교수(teaching)기능 연습법에 해당하는 용어로 적절한 것은?

< 보 기 >

- 박 코치는 소수의 실제 학습자들 앞에서 지도 연습을 했다.
- 자신의 지도 행동을 관찰하기 위해 비디오 촬영을 병행했다.

① 1인 연습(self practice)
② 동료 교수(peer teaching)
③ 축소 수업(micro teaching)
④ 반성적 교수(reflective teaching)

주어진 보기는 시든탑의 교수기능 연습법에 관한 내용 중 축소수업(마이크로티칭)과 반성적 교수기법에 관한 설명이 모두 들어 있다. 소수의 학습자들을 대상으로 수업을 한다는 점은 마이크로 티칭에 해당하며, 자신의 지도행동을 관찰하기 위해 비디오 촬영을 한다는 점은 반성적 교수에 해당한다. 출제기관에서는 처음에는 반성적 교수를 정답으로 발표했다가 소수의 실제 학습자들 앞에서 지도연습을 했다는 점에 초점을 두어 ③으로 정답을 정정하였다.

정답 : ③

03 <보기>는 김 감독과 강 코치의 대화이다. ㉠에서 강코치가 고려하지 못한 학습자 상태와 ㉡에 해당하는 적절한 교사 지식이 바르게 묶인 것은?

< 보 기 >

김 감독 : 요즘 강 코치님 팀 선수들 지도에 어려움은 없는지요?

강 코치 : 감독님. ㉠제가 요즘 우리 팀 승리에 집착하다보니 초보 선수들에게도 너무 어려운 기능을 가르친 것 같습니다.

김 감독 : ㉡그럼, 선수들의 수준에 맞게 적절한 기능을 선정하고 가르칠 수 있는 방법을 함께 생각해 봅시다.

	㉠	㉡
①	체격 및 체력	지도 방법 지식
②	기능 수준	지도 방법 지식
③	체격 및 체력	내용 교수법 지식
④	기능 수준	내용 교수법 지식

㉠이 학생들의 '기능수준'을 고려하지 않았다는 것은 '너무 어려운 기능을 가르쳤다'는 말을 통해 알 수 있다.. 그에 비해 ㉡은 '선수들의 수준에 맞게 적절한 기능을 선정하고 학생들의 이해를 촉진할 수 있도록 '가르치는 방법'에 대한 교수의 지식을 고민하자고 말하고 있다. ㉡과 관련한 지식을 '내용 교수 지식'이라고 한다.

정답 : ④

04 <보기>에서 설명하고 있는 교수기능 연습 방법은?

< 보 기 >

예비지도자가 모의 상황에서 동료 또는 소수 참여자들을 대상으로 일정한 시간 내에 구체적인 내용으로 지도기능을 연습한다.

① 실제 교수
② 마이크로 티칭
③ 스테이션 교수
④ 1인 연습

수업의 내용, 시간, 구성원의 규모 등을 소규모로 축소하여 수업을 진행하는 연습을 하고, 그 과정을 제3자인 수업분석가가 분석하여 교사의 수업을 개선하는 것을 '마이크로티칭'이라고 한다.

정답 : ②

잊지 마세요.
벽을 눕히면 다리가 된다는 것을.

스포츠 심리학

스포츠 심리학

1강 • 스포츠 심리학의 정의 및 의미 ········· 159	8강 • 스포츠 수행의 심리적 요인 4 ········· 227
2강 • 인간운동행동의 이해 - 운동제어 ········ 164	9강 • 스포츠 수행의 심리적 요인 5 ········· 237
3강 • 인간운동행동의 이해 - 운동학습 ········ 171	10강 • 스포츠 수행의 사회 심리적 요인 1 ····· 245
4강 • 인간운동행동의 이해 - 운동발달 ········ 186	11강 • 스포츠 수행의 사회 심리적 요인 2 ····· 255
5강 • 스포츠 수행의 심리적 요인 1 ········· 192	12강 • 운동심리학 1 ······················· 263
6강 • 스포츠 수행의 심리적 요인 2 ········· 204	13강 • 운동심리학 2 ······················· 272
7강 • 스포츠 수행의 심리적 요인 3 ········· 215	14강 • 스포츠 심리상담 ···················· 278

01강 스포츠 심리학의 정의 및 의미

1. 스포츠 심리학의 정의

Introduction

스포츠 심리학의 연구 목적은 개인의 운동 참가와 수행에 영향을 미치는 다양한 심리적 요인을 이해하는 데 있다. 이 학문은 개인의 운동 참여가 심리적 발달 및 정신적 건강에 어떤 영향을 미치는지도 규명하려 한다.

운동 심리학이 운동 참가자의 규칙적인 운동 실천에 초점을 맞추는 반면, 스포츠 심리학은 스포츠를 통한 개인의 성장과 수행 능력 향상에 중점을 둔다.

학습목표: 스포츠심리학의 정의와 연구 범위를 이해합니다.

<1> 스포츠 심리학의 정의

스포츠 심리학은 스포츠 상황에 심리학적 원리를 적용하여 운동 수행을 개선하거나 향상시키는 것을 목적으로 하는 학문이다. 이 분야는 선수 또는 운동을 수행하는 사람의 심리와 심리가 발현되어 나타나는 관찰 가능한 행동을 과학적으로 연구한다.

스포츠 심리학의 연구 대상은 조직화된 경쟁적 스포츠와 관련된 인물들, 즉 선수, 코치, 스포츠 행정가, 부모 등이다. 이 연구는 이들의 성격, 심리, 행동 등을 분석하여 그들의 스포츠 수행에 미치는 심리적 영향을 이해하고자 한다.

스포츠 심리학의 연구 분야

인간의 일반적인 행동이 아닌 스포츠에서의 동작 생성 및 제어, 감각과 정보처리 과정, 기억 체계, 운동 학습 계획, 운동 협응의 발달 등을 연구한다.

또한 선수들의 심리적 특성, 스포츠 행동에 따른 성격의 변화와 경기력 향상을 위한 정신훈련의 효과, 운동에의 참여 동기와 심리적 혜택 등에 대한 연구도 넓은 의미의 스포츠 심리학의 분야이다.

<2> 스포츠 심리학의 의미(광의 및 협의)

스포츠 심리학이라는 용어는 역사적으로 스포츠에 국한된 심리 영역뿐만 아니라 운동 학습, 운동 발달, 운동 제어 등의 분야를 포함하는 광의의 관점에서 사용되어 왔다. 이러한 광의의 스포츠 심리학은 심리적 원리가 스포츠 및 운동 전반에 어떻게 적용되는지를 탐구하는 학문을 의미한다.

그러나 최근에는 스포츠 관련 학문이 전문화되고 세분화됨에 따라, 광의의 스포츠 심리학의 관점은 점차 퇴색하고 있다. 현재는 운동 수행에 영향을 미치는 심리적 요인이나 운동 수행과 사회적 요인 간의 관계 등을 연구하는 협의의 스포츠 심리학으로 범위가 한정되는 경향이 있다.

□ 스포츠의 심리학의 정의와 연구 영역

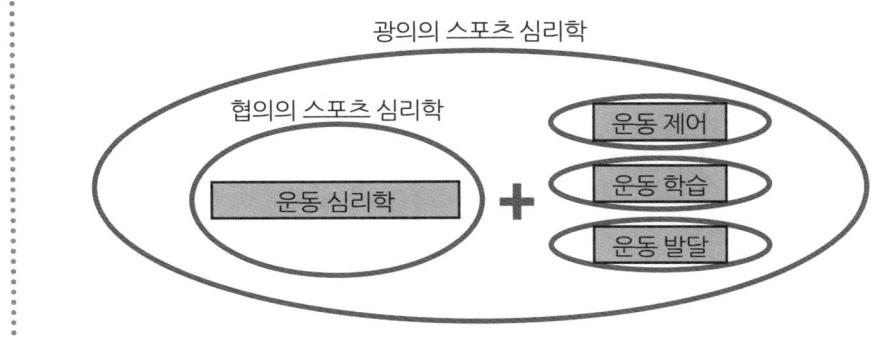

대표 기출 유형

01 협의의 스포츠 심리학에 관한 설명으로 적절하지 않은 것은?

① 심리적 요인이 운동수행에 어떤 영향을 미치는가를 규명하는 분야이다.
② 운동수행과 사회적 요인과의 관계를 연구하는 분야이다.
③ 스포츠나 운동수행이 개인과 팀의 심리적 기능에 어떠한 영향을 주는지 규명하는 분야이다.
④ 인간 운동의 기능적, 생태적 원리를 포괄하는 운동제어, 운동학습, 운동발달 등을 포함하는 연구분야이다.

정답은 해설지에

2. 스포츠 심리학의 역사

학습목표

최근에는 자주 출제되고 있지 않습니다. 노먼과 콜먼 관련 내용이 가끔 출제되었습니다.

Introduction

고대에도 스포츠를 통한 신체와 정신의 치료 연구가 히포크라테스에 의해 시작되어 스포츠 심리학의 단서를 찾을 수 있다. 하지만 본격적인 스포츠 심리학의 출발은 근대에 이르러 시작되었다.

노먼은 경쟁자가 있는 상황에서 싸이클 선수의 기록이 좋아진다는 점에 착안하여 사회적 촉진이라는 개념을 완성하였으며, 콜먼은 경쟁 속에서의 신체적 정신적 반응을 본격적으로 연구함으로써 스포츠 심리학의 태동을 이끌었다.

우리나라의 스포츠 심리학
- 1953년 한국 체육학회 창립, 1955년 한국 체육학회지 창간호 발간
- 1970년대에 체육 심리학 또는 운동 심리학이라는 용어로 연구 시작
- 1989년에 한국 스포츠심리학회 창립
- 1990년부터는 독자적인 학회지 발간 및 세미나 개최로 활성화

<1> 스포츠 심리학의 발전과정

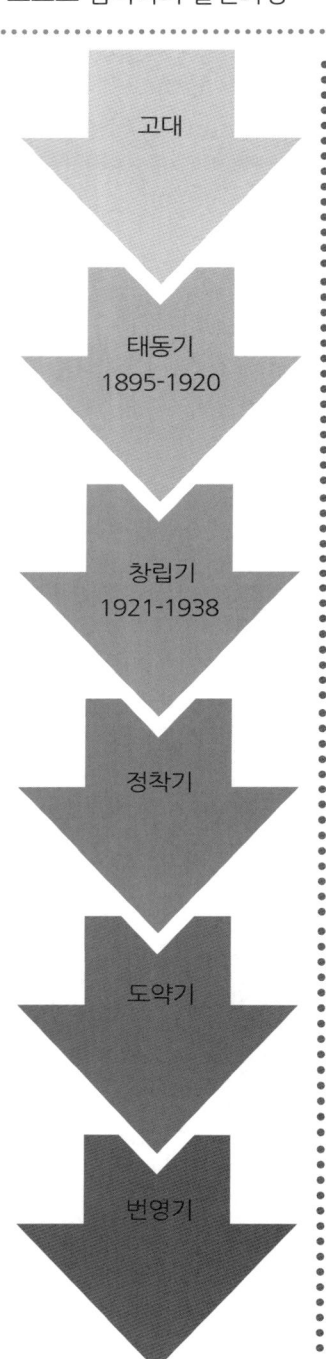

고대
- 헤로디커스(Herodicus)
  치료요법을 이용한 체조의학
- 히포크라테스(Hippocrates)
  운동의 치료 효과 연구

태동기 1895-1920
- 노먼 트리플릿(Norman Triplett)
  싸이클 선수를 대상으로 사회적 촉진 현상연구
- 콜먼 그리피스(Coleman Griffith)
  경쟁 속의 신체적인 반응과 심리적인 반응 연구

창립기 1921-1938
- 칼 디엠(Carl Diem)
  독일 라이프지히에 스포츠심리실험실 창립
- 콜먼 그리피스(Coleman Griffith)
  미국 일리노이주립대 운동연구소 설립

정착기
- 프랭클린 헨리(Franklin Henry)
  스포츠 심리학 대학원 과정 개설

도약기
- 레이너 마틴(Rainer Martens)
  현장관련연구를 통한 스포츠 심리학자의 양성
- ISSP, FEPSAC, NASPSPA 국제학회 창설
  스포츠 심리 연구의 활성화

번영기
- 스포츠 심리학의 중요성 부각
  멘탈 트레이너라는 직업 발생
- 각 스포츠팀에 스포츠 심리자문단 구성
  스포츠 심리학 활성화

3. 스포츠 심리학의 영역과 역할

Introduction

스포츠 심리학은 심리학의 한 하위 학문 영역 중 하나로 심리학과 연구 방법과 내용을 공유한다. 또한 경기력 향상을 목적으로 한다는 점에서 스포츠 과학(sport science)의 주요 하위 학문 영역으로 인정받고 있으면서, 동시에 독자적인 학문으로서의 영역을 형성하고 있다.

스포츠 심리학은 인간이 가진 여러 심리적 요인과 스포츠 수행과의 상호 영향관계를 연구하여, 수행자의 건강과 수행 능력의 향상에 기여한다.

학습목표

스포츠 심리학의 연구영역인 운동제어, 운동학습, 운동발달의 대략적인 의미를 이해합니다.

〈1〉 스포츠 심리학의 영역

스포츠 심리학은 심리학과 스포츠 과학을 포함한 다양한 학문과의 연계를 통해 연구를 진행한다. 이러한 통합적 접근은 스포츠 관련자의 수행에 영향을 미치는 심리적 요인을 이해하고, 운동 수행을 통해 성격이나 심리적 문제를 개선할 수 있는 방법을 모색하는 데 중점을 둔다.

주요 연구 분야로는 다음과 같은 것들이 있다:

- 성격: 운동 수행에 영향을 미치는 개인의 성격 특성동기: 운동 참여와 성과를 촉진하는 동기 요인
- 불안: 경기 중의 불안 수준이 수행에 미치는 영향
- 공격성: 스포츠에서의 공격적 행동과 그 관리
- 리더십: 스포츠 팀에서의 리더십 역할과 그 효과

또한, 스포츠 심리학은 다음과 같은 수행 향상 전략에도 초점을 맞춘다:

- 집단 응집성: 팀의 응집력이 수행에 미치는 영향
- 사회적 촉진: 타인의 존재가 개인의 운동 수행에 미치는 효과
- 심리 기술 훈련: 심리적 기술을 활용하여 수행 능력을 개선하는 방법

이러한 연구들은 스포츠 참여자들이 최상의 성과를 달성할 수 있도록 지원하며, 심리적 접근을 통해 운동 수행의 전반적인 질을 향상시키는 데 기여한다.

□ 스포츠 심리학과 다른 학문의 관계

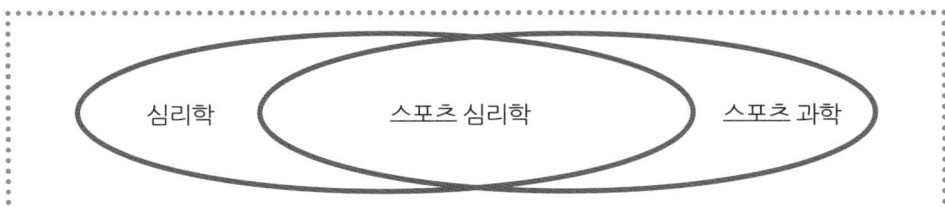

〈2〉 스포츠 심리학의 분야

운동 제어	• 인체에서 어떻게 운동이 발생하고 조절되는가를 연구 • 정보 처리와 운동제어 이론 등
운동 학습	• 인간이 운동기능을 어떻게 습득하는가를 연구 • 연습의 법칙, 피드백, 자동화 이론 등
운동 발달	• 인간의 성장과 발달에 따른 운동기능의 변화를 연구 • 유전, 적정연령, 노령화 이론 등
스포츠 심리	• 스포츠에 참여하는 사람의 심리적 요인을 연구 • 성격, 불안, 동기, 사회화 촉진 이론 등
건강 운동 심리	• 일반인의 운동 참여에 관한 심리적 요인을 연구 • 운동심리 관련 이론 등

대표 기출 유형

02 스포츠 심리학의 주요 연구 과제에 해당되지 않는 것은?

① 동기유발전략
② 상담기술 및 방법
③ 체육행정 정책수립
④ 불안감소전략

정답은 해설지에

Confirmation
이것만은 꼭!

01 싸이클 선수들의 기록을 분석하여 경쟁상황 속에서의 사회적 촉진현상을 규명한 학자는 (　　)이다.

02 경쟁적 상황 속에서 발생하는 신체적 심리적 변화를 심리학의 연구 대상으로 삼은 미국 일리노이즈주립대학의 운동연구소 설립자는 (　　)이다.

03 스포츠 심리학의 연구영역 중 운동 기술의 습득에 관한 분야는 (　　)이다.

정답
1. 노먼 트리플릿
2. 콜먼 그리피스
3. 운동학습

Previous 단원 기출문제

01 다음 중 스포츠 심리학에 대한 설명으로 옳지 않은 것은?

① 운동 수행을 개선하거나 향상시키는 것을 목적이다.
② 선수 또는 운동을 수행하는 사람만의 행동과 정신 과정을 과학적으로 연구하는 학문이다.
③ 심리학적 원리를 스포츠의 상황에 적용하는 학문이다.
④ 스포츠에 연관된 사람들 대부분이 연구의 대상이 되며 그들의 행동과 정신적 과정을 연구한다.

스포츠 심리학은 선수 등 운동을 수행하는 사람만이 아니라 스포츠 활동에 연관된 모든 사람들을 연구대상으로 한다.

정답 : ②

02 심리요인이 스포츠 수행에 미치는 영향과 관련된 연구문제로 적당하지 않은 것은?

① 불안이 축구 페널티킥 성공률에 어떠한 영향을 미치는가?
② 자신감의 수준이 아동의 수영학습에 어떠한 영향을 미치는가?
③ 성공과 실패의 경험은 골프퍼팅 학습에 어떠한 영향을 미치는가?
④ 태권도 수련 참가는 아동의 성격발달에 어떠한 영향을 미치는가?

문제는 심리적 요인이 스포츠 수행에 미치는 영향과 관련한 연구과제를 묻고 있다. 그런데 '태권도 수련에의 참가가 아동의 성격발달에 주는 영향'은 역으로 스포츠 수행이 인간의 심리에 영향을 주는 문제이다.

정답 : ④

03 <보기>의 괄호 안에 들어갈 스포츠심리학의 하위영역이 바르게 나열된 것은?

< 보 기 >

• (㉠)은 지속적인 운동참여와 그것을 통해 얻을 수 있는 개인의 정신건강에 관한 연구 분야
• (㉡)은 운동행동이 연령에 따라 계열적이고 연속적으로 변해가는 과정에 관한 연구 분야

	㉠	㉡
①	응용스포츠심리학	운동발달
②	건강운동심리학	운동발달
③	건강운동심리학	운동학습
④	응용스포츠심리학	운동학습

스포츠심리학의 하위영역과 연구분야는 반드시 외워야 하는 개념들이다.

정답 : ②

04 <보기>에서 ㉠에 해당하는 스포츠심리학의 하위 분야는?

< 보 기 >

야구에서 공을 잡은 외야수는 2루 주자의 주력과 경기상황을 고려하여 홈으로 송구하기로 결정한다. 그리고 홈까지의 거리와 위치를 확인하고 공을 던진다.

(㉠) 분야에서는 외야수가 경기상황에서의 여러 정보를 종합·판단하여 어떻게 동작을 생성하고 조절하는지와 관련된 원리와 법칙을 밝히는 데 관심을 가진다.

① 운동제어
② 운동발달
③ 운동심리학
④ 건강심리학

인간이 어떻게 동작을 생성하고 조절하는지와 관련된 원리와 법칙을 밝히는 연구분야는 운동제어이다.

정답 : ①

02강 스포츠 심리학 - 인간운동행동의 이해-운동 제어

1. 운동 제어

학습목표
운동 제어에 영향을 주는 요인, 운동을 제어하는 방법과 특히 운동프로그램의 개념을 잘 암기합니다.

Introduction

인간의 동작은 주어진 내적 및 외적 정보와 자극을 처리한 결과로 나타난다. 따라서 운동 제어에 대한 이해를 위해서는 기억 능력을 포함한 인간의 인지 체계에 대한 연구가 선행되어야 하며, 이러한 인지 체계와 운동의 과정을 연구하는 분야가 운동 제어이다.

본 장에서는 인간이 정보 처리 과정을 거쳐 운동을 생성하는 이론과 운동 제어의 자동화 과정에 대해 논의한다.

<1> 운동 제어의 개념

운동은 인간이 외부로부터 받아들인 정보를 선별하고 처리하여 필요한 반응을 결정한 후 그 반응을 조절함으로써 이루어진다. 이러한 일련의 과정—정보의 선별, 처리, 반응 생성 등—을 운동 제어라고 한다. 운동 제어는 자극, 지각, 변환, 실행, 동작, 피드백 등 동작과 관련된 모든 과정을 연구의 대상으로 삼는다.

효과적인 운동 제어에는 이동성, 안정성, 조절성 등 과제의 특성이 영향을 미친다. 또한 운동 수행자의 인지, 지각, 운동 능력 등 개인적 특성도 운동 제어의 요소가 되며, 환경적 요소 또한 중요한 영향을 미친다. 환경적 요소는 기후나 경기장 분위기와 같은 운동에 직접적인 영향을 미치는 조절 환경과, 공의 색깔 등 운동에 직접적인 영향을 미치지 않는 비조절 환경으로 구분될 수 있다.

이와 같은 과제의 특성, 개인의 특성, 환경의 특성은 운동 제어의 세 가지 주요 요소로 간주된다.

1) 운동 제어의 개요

(1) 운동 제어의 요소 (K. Newell)

과제의 특성	• 이동성 • 안정성 • 조절성
개인의 특성	• 인지능력 • 지각능력 • 동작능력
환경의 특성	• 조절 환경 (기온, 날씨, 경기장 상태 등) • 비조절 환경 (운동기구의 색상, 유니폼의 로고 디자인 등) • 사회적 환경(예: 문화적 규범, 관습)

(2) 운동 제어의 과정

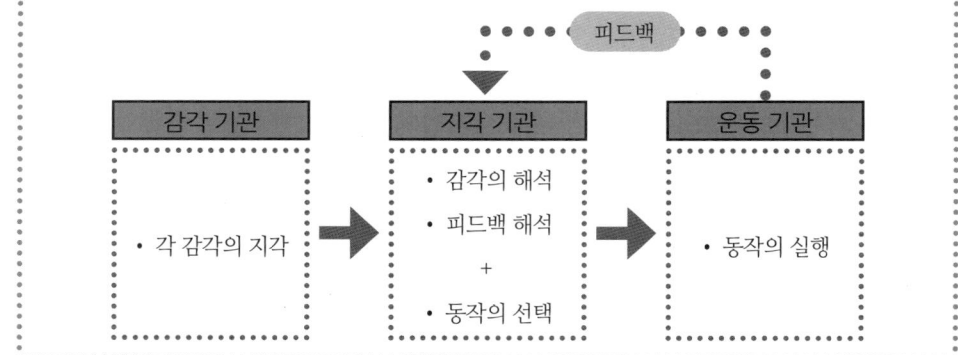

대표 기출 유형

01 뉴웰(K. Newell)이 제시한 움직임 제한(constraints) 요소의 유형이 다른 것은?

① 운동능력이 움직임을 제한한다.
② 인지, 동기, 정서 상태가 움직임을 제한한다.
③ 신장, 몸무게, 근육 형태가 움직임을 제한한다.
④ 과제목표와 특성, 규칙, 장비가 움직임을 제한한다.

정답은 해설지에

(3) 운동 제어와 타이밍

운동을 성공적으로 수행하려면 각 동작과 시간이 정확히 조화를 이루어야 하며, 이를 타이밍이라고 한다. 정확한 타이밍은 효과적인 운동 제어와 밀접하게 연관되어 있으며, 반복적인 연습을 통해 향상될 수 있다.

□ 타이밍의 유형

- 내적 타이밍 : 동작 자체가 가지는 타이밍
- 외적 타이밍 : 동작의 특정 위치와 목표물의 위치가 가지는 타이밍
- 절대적 타이밍 : 연습을 통해 만들어진 동작이 항상 동일한 시간 안에 이루어지는 타이밍
- 상대적 타이밍 : 실제 상황에서 동작의 시간이 달라질 때 각 구간마다에 필요한 동작 시간이 동일한 비율로 달라지며 타이밍이 유지되는 일

> **어트랙터(Attractor)**
> 연습을 통해 신체의 협응과 안정성이 향상되어 동작을 할 때 신체의 가변성이 최소화 된 것.
> 운동 동작의 타이밍이 적절하고 에너지를 가장 효율적으로 사용하는 상태이다.

2) 정보의 처리와 운동 프로그래밍

인체는 외부의 자극에 대응하여 〈운동 계획 → 실행 → 조정〉이라는 3단계의 정보처리 과정을 거쳐 동작을 실행하고 오류를 바로 잡는다. 이를 운동 프로그래밍이라고 한다.

이 과정에서 정보처리와 반응에 사용되는 시간이 짧고 정확할수록 좋은 선수라고 볼 수 있는데 이는 훈련을 통해 만들어진다.

(1) 정보처리의 과정

운동 계획	운동의 목표를 설정하고, 운동 수행에 필요한 전략과 방법을 계획하는 단계
운동 실행	운동 수행에 필요한 기술과 절차를 실제로 적용하는 단계
운동 조정	운동 수행 후 평가를 통해 향후 운동 계획을 수정하거나 개선하는 단계

> **반응의 유형**
> 1. 단순반응
> · 감각반응 – 자극에 주의를 집중하여 발생하는 반응
> · 근육반응 – 운동에 주의를 집중하여 발생하는 반응
> 2. 복잡반응
> · 재인반응 – 과거에 보았거나 접촉했던 경험에 의해 발생하는 반응
> · 변별반응(구분반응) – 두 개 이상의 자극을 구분하여 나타나는 반응
> · 인식반응 – 자극을 확실히 인식한 후에 나타내는 반응
> · 선택반응 – 자극에 따라 동작이 달라지는 반응

(2) 운동프로그래밍과 반응시간

① 운동 반응시간의 종류

단순반응	자극에 의해 반사적으로 발생하는 반응 예) 감각반응, 근육반응, 자연반응
복잡반응	자극을 해석하고 분석하여 발생하는 반응 예) 재인반응, 변별반응, 인식반응, 선택반응, 부자극반응, 연상반응

② 자극에 대한 운동 반응시간의 구분

자극제시	→	동작선택	→	동작발생	→	동작완료
	선택반응시간					
	반응시간					
			움직임시간			
	전체반응시간					

- 반응시간 : 자극이 주어진 후 운동이 일어나기까지
- 선택반응시간 : 자극에 대한 적절한 반응을 선택하는데까지
- 움직임시간 : 반응이 선택된 후 움직임이 발생할 때까지
- 전체반응시간 : 자극제시 후 반응이 종료될 때까지

> **심리적 불응**
> 두 가지 작업이나 자극에 대해 연속적으로 반응해야 할 때 발생하는 일시적인 지연 또는 병목 현상.
> 인간의 정보 처리 시스템은 동시에 여러 작업을 처리하기 어렵기 때문에 발생함. 연속적인 자극간의 간격이 짧을수록, 자극이 복잡할수록, 자극을 의식적으로 처리하려할수록 발생하기 쉽다.

> **대표 기출 유형**
> **02** 반응시간(reaction time)의 유형이 아닌 것은?
> ① 변별반응 시간(discrimination reaction time)
> ② 단순반응 시간(simple reaction time)
> ③ 자유반응 시간(free reaction time)
> ④ 선택반응 시간(choice reaction time)
> 정답은 해설지에

지각흔적과 기억흔적

인지 심리학에서 인간이 어떻게 정보를 저장하고 처리하는지를 설명하는 개념

- 지각흔적(Perceptual Traces)
  감각적 자극이 지각 과정을 통해 뇌에 남기는 흔적
- 기억흔적(Mnemonic Traces)
  기억이 형성될 때, 뇌에 저장된 정보의 물리적 또는 신경적 자취

<2> 기억 체계이론과 운동의 제어

성공적인 운동 수행을 위해서는 수행자의 지각 및 인지 능력도 중요한 요소로 작용한다. 특히 기억과 같은 지각 능력은 훌륭한 동작을 위해 필수적이며, 운동 제어 분야에서는 기억 체계의 역할을 중점적으로 다룬다.

지각 능력에 의해 생성된 정보를 구체적인 움직임으로 실현하기 위해서는 운동 동작을 적절히 조절하는 기능이 필요하며, 이를 운동 제어 체계라고 한다. 일반적으로 운동 제어 체계는 폐쇄회로 체계와 개방회로 체계로 구분된다.

폐쇄회로 체계는 기억 체계에 저장된 동작의 참조 준거와 실제 동작을 실행한 후의 피드백 정보를 활용하여 운동을 조절하는 시스템이다. 반면, 개방회로 체계는 기억 속에 저장된 참조 기제 없이 대뇌 피질에 저장된 운동 프로그램에 의해 운동이 생성되는 시스템을 의미한다.

1) 기억 체계

(1) 기억 체계의 구성

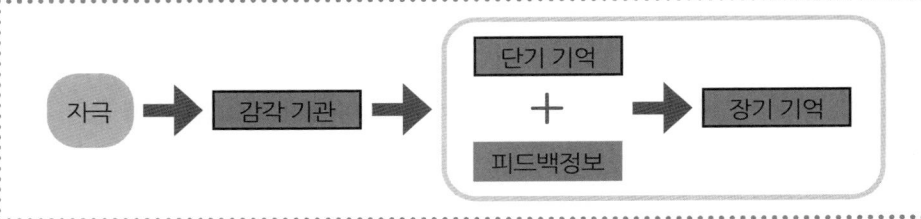

(2) 기억 체계의 유형

① 기억의 구조 (Atkinson & Shifrin)

감각 기억	• 짧은 순간의 감각 자극을 보존하는 기억
단기 기억	• 감각 기억으로부터 받아들인 정보를 30초 이내로 보관하는 기억
장기 기억	• 감각 기억과 단기 기억을 장기적으로 저장하여 활용하는 기억

② 기억의 유형 ((H. Ebbinghaus & R. W. Roger & Schachter)

일화적 기억 (Episodic Memory)	• 개인의 구체적 사건이나 경험에 대한 장기 기억
의미적 기억 (Semantic Memory)	• 일반적인 사실이나 지식, 개념에 대한 장기기억
절차적 기억 (Procedural Memory)	• 기술이나 습관 등에 대한 장기 기억

대표 기출 유형

03 <보기>가 설명하는 기억의 유형은?

< 보 기 >
- 학창시절 자전거를 타고 등교했던 A는 오랜 기간 자전거를 타지 않았음에도 불구하고 여전히 자전거를 탈 수 있다.
- 어린 시절 축구선수로 활동했던 B는 축구의 슛기술을 어떻게 수행하는지 시범을 보일 수 있다.

① 감각기억(sensory memory)
② 일화적 기억(episodic memory)
③ 의미적 기억(semantic memory)
④ 절차적 기억(procedural memory)

정답은 해설지에

대표 기출 유형

04 기억체계에 대한 설명으로 바르지 않은 것은?

① 기억의 과정은 지각, 저장, 인출의 단계를 거친다.
② 장기 기억은 무제한의 용량을 가진다.
③ 단기 기억은 활동 기억이라고도 불린다.
④ 단기 기억은 무제한의 용량을 가진다.

정답은 해설지에

2) 운동 제어 체계의 유형

(1) 운동 제어 체계의 종류와 특징

① 폐쇄회로 체계의 개념과 장단점

개념	기억 체계에 저장되어 있는 동작에 대한 참조준거와 실제 동작간의 매칭을 통한 피드백 정보를 활용하여 운동 행동을 조절하는 체계
장점	• 느리고 정밀한 운동 동작을 설명하는데 유용함
단점	• 참조기제와 관련한 신경을 차단한 뒤에도 운동과 반응이 정상적으로 발생하는 경우를 설명 못함 • 참조준거를 활용할 수 있는 충분한 시간적 여유 없이 빠르게 자동적으로 발현되는 동작을 설명 못함

② 개방회로 체계의 개념과 장단점

개념	특정한 자극들에 1:1로 대응하기 위해 대뇌피질에 저장되어 있는 프로그램들에 의해 운동 동작이 생성되는 체계
장점	• 감각체계의 활용없이 이루어지는 빠르고 순간적인 운동 동작을 설명하는데 유리한 이론
단점	• 기억 용량에 비해 매우 다양한 운동을 실행할 수 있다는 점을 설명 못함 • 동일한 자극에 대해 항상 동일한 동작으로 반응을 하지 않는다는 점을 설명 못함

(2) 운동 제어 체계의 구조

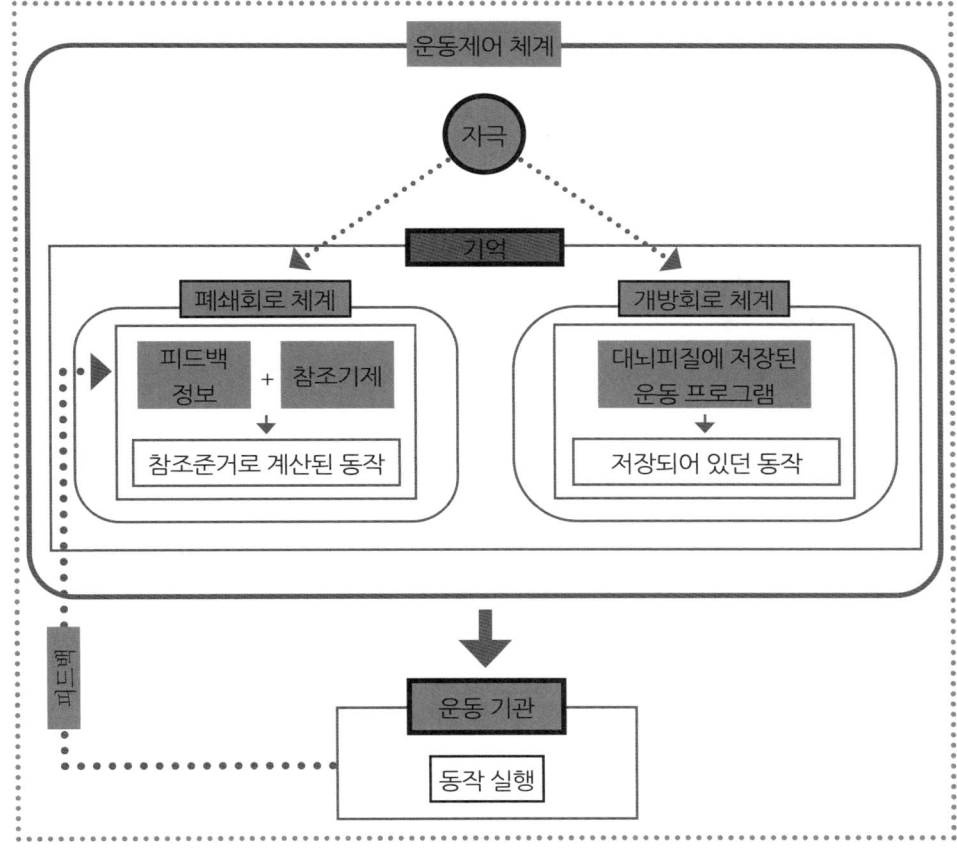

대표 기출 유형

05 운동 제어 체계에 대한 내용으로 바르지 않은 것은?

① 폐쇄회로 체계는 미리 저장된 참조기제에 출력을 피드백하여 이루어진다.
② 개방회로 체계는 동작이 참조기제를 통한 피드백없이 실행되는 체계이다.
③ 개방회로 체계는 운동 수행을 위해 감각체계가 반드시 필요하다.
④ 폐쇄회로 체계는 느리거나 정확한 동작을 설명하는데 유용하다.

정답은 해설지에

<3> 운동 프로그램

심리학에서는 개방회로 체계에서 특정 자극에 대한 반응(운동 동작)이 미리 계획된 형태로 대뇌피질에 저장된다고 보며, 이를 '운동 프로그램'이라고 한다. 자극이 유입되면 저장된 '운동 프로그램' 중에서 특정 자극과 일치하는 프로그램이 선택되어 필요한 운동이 실행된다고 설명된다.

운동 프로그램이 형성되면, 자극에 대한 반응이 자동화되어 동작의 속도가 빨라지고 운동 동작의 정확성이 향상된다. 따라서 스포츠 선수들이 훈련하는 중요한 목적 중 하나는 운동 프로그램을 정밀하게 만드는 것이다.

'운동 프로그램'은 고정된 형태로 저장된 불변 매개변수와 환경, 운동 수행의 결과 등 변화 가능한 가변 매개변수에 의해 다른 '운동 프로그램'으로 파생될 수 있다. 새로운 '운동 프로그램'으로의 파생은 연습 과정을 통해 이루어지며, 그렇게 형성된 '운동 프로그램'은 또 다른 새로운 '운동 프로그램'으로 전이될 수 있다.

운동 프로그램의 특성
- 운동의 실행 전에 변수가 주어진다.
- 주어진 변수에 의해 초기 제어 단계에서 결과가 결정된다.
- 정보의 방향이 일방향이다.
- 운동 실행 중에는 동작의 수정이 불가능하다.

속도-정확성 상쇄 현상
- 동작의 속도와 정확성은 일반적으로 반비례한다.
- 반복적 훈련으로 동작이 자동화되면 빠른 동작에서도 정확한 동작이 가능해진다.

1) 운동 프로그램의 개념과 특징

(1) 운동 프로그램의 개념과 장단점

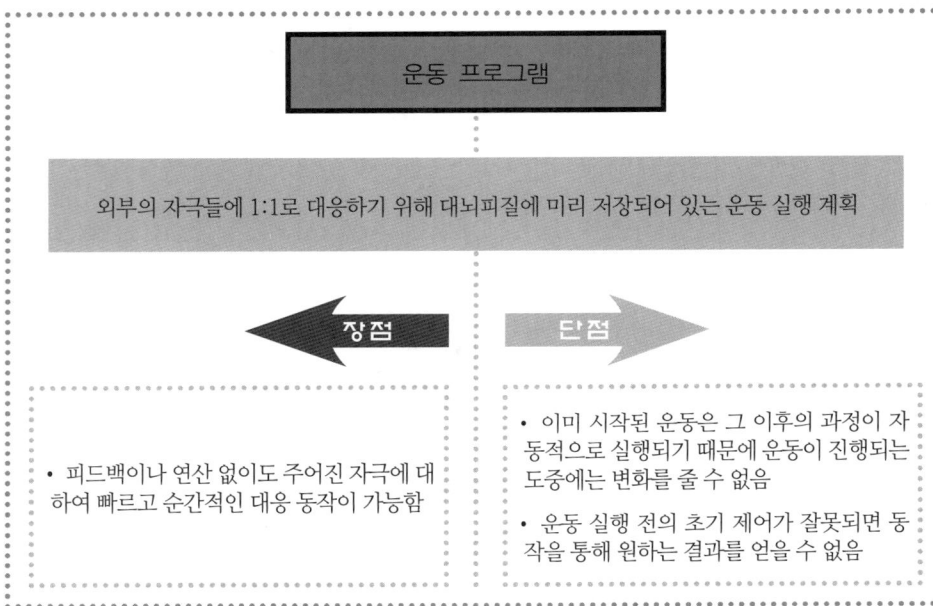

(2) 운동 프로그램의 전이(새로운 운동 프로그램의 생성)

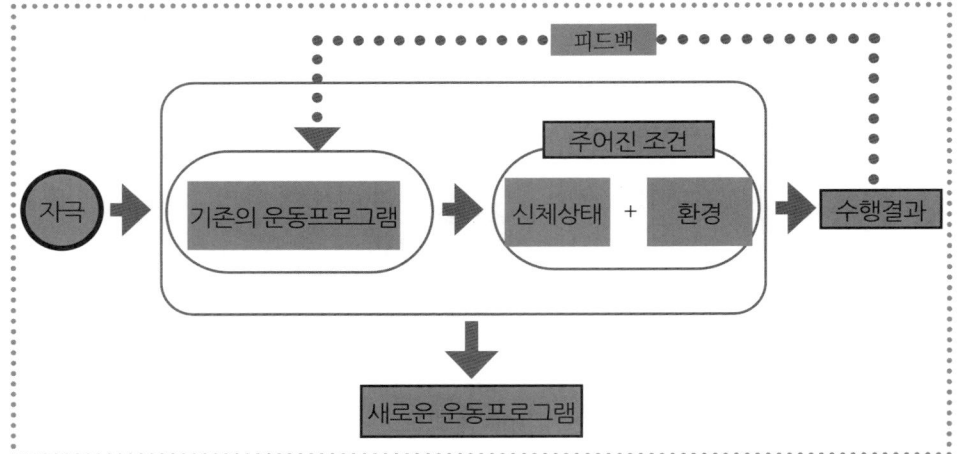

대표 기출 유형

06 운동 제어의 자동화에 대한 설명으로 옳지 않은 것은?

① 인간의 정보처리 능력은 한계가 있다.
② 적절한 운동 프로그램을 실행하기 위해서는 자동화 과정이 필요하다.
③ 느리더라도 정밀한 운동 동작을 위해서 유용하다.
④ 자동화는 운동 프로그램과 관련이 많다.

정답은 해설지에

Confirmation
이것만은 꼭!

01 인간의 운동제어에 영향을 주는 세가지 요인은 (　, 　, 　)이다.

02 운동제어체계 중 기억에 저장된 참조기제와 실제 동작 수행 후의 피드백을 활용하여 운동 행동을 조절하는 체계를 (　　)라고 한다.

03 운동제어체계 중 특정한 자극에 대응하기 위해 저장된 운동 프로그램을 활용하여 피드백 없이 빠르게 운동을 제어하는 체계를 (　　)라고 한다.

04 운동학습의 결과 특정한 자극에 1대1로 대응할 수 있는 운동동작이 프로그램화되어 기억 속에 저장되어 있다가 해당 자극이 발생하면 순간적으로 발현되는 경우가 있는데 이를 (　　)라고 한다.

05 운동학습을 통해 개방회로체계를 통해 구현되는 운동프로그램을 만들어가는 과정을 운동 의 (　　)라고 한다.

06 농구 경기에서 수비수가 공격수의 첫 번째 페이크 슛 동작에 반응하면서, 바로 이어지는 두 번째 실제 슛 동작에 제대로 반응하지 못하는 것처럼 인간은 다른 두 가지의 작업이나 자극에 대해 연속적으로 반응해야 할 때 발생하는 일시적인 지연 또는 병목 현상을 겪는다. 이를 (　　)라고 한다.

07 숙련된 운동 학습자는 동일한 운동 동작을 빠르게 혹은 느리게 해도 전체적인 시간의 비율을 동일하게 수행하게 된다. 예를 들어 테니스의 서브 동작을 빠르게 혹은 느리게 해도 동일한 시간 비율로 동작을 하는 것이다. 이를 (　　)이라고 한다.

정답
1. 과제의 특성, 개인의 특성, 환경의 특성
2. 폐쇄회로체계
3. 개방회로체계
4. 운동프로그램
5. 자동화
6. 심리적 불응기
7. 상대적 타이밍

Previous 단원 기출문제

01 정보처리 3단계의 관점에서 100m 달리기 스타트의 반응시간이 배구 서브 리시브 상황에서의 반응시간보다 짧은 이유로 옳은 것은?

① 100m 스타트에서는 자극확인(stimulus identification) 단계의 소요 시간이 상대적으로 짧기 때문이다.
② 100m 스타트에서는 운동 프로그래밍(motor programming) 단계의 소요 시간이 상대적으로 길기 때문이다.
③ 배구 서브 리시브 상황에서는 자극확인(stimulus identification) 단계의 소요 시간이 상대적으로 짧기 때문이다.
④ 배구 서브 리시브 상황에서는 반응선택(response selection) 단계의 소요 시간이 상대적으로 짧기 때문이다.

인간의 정보처리는 (자극 - 반응선택 - 반응의 실행)의 순서로 이루어진다. 100m달리기의 반응시간이 배구의 서브 리시브보다 반응시간이 짧은 이유는 100m달리기에서 출발신호인 자극을 확인하는 것이 배구에서 상대선수가 서브를 넣는 동작을 확인하는 것보다 짧은 시간이 소요되기 때문이다.

정답 : ①

02 <보기>의 ㉠, ㉡에 들어갈 정보처리 단계를 바르게 나열한 것은?

< 보 기 >
- (㉠): 테니스 선수가 상대 코트에서 넘어오는 공의 궤적, 방향, 속도에 관한 환경정보를 탐지한다.
- (㉡): 환경정보를 토대로 어떤 종류의 기술로 어떻게 받아쳐야 할지를 결정한다.

	㉠	㉡
①	반응선택	자극확인
②	자극확인	반응선택
③	반응/운동 프로그래밍	반응선택
④	반응/운동 프로그래밍	자극확인

자극이 주어진 후 적절한 운동동작이 발생하기까지의 시간을 운동 반응시간이라고 한다. 이 운동 반응시간 안에서 주어진 자극을 탐지하는 것을 '자극확인', 적절한 동작을 선택하는 것을 '반응선택' 혹은 '동작선택'이라고 한다.

정답 : ②

03 <보기>의 운동수행에 관한 예시를 가장 잘 설명하고 있는 이론은?

< 보 기 >
테니스 서비스는 공을 서비스 코트에 떨어뜨려야 한다. 퍼스트 서비스가 너무 길어 폴트가 된 것을 본 후, 손목 조절을 위해 시각 및 운동감각적 피드백을 이용하여 세컨드 서비스에서 공이 서비스 코트를 이탈하지 않도록 한다.

① 폐쇄회로 이론(closed loop theory)
② 개방회로 이론(open loop theory)
③ 다이나믹 시스템 이론(dynamic systems theory)
④ 생태학적 이론(ecological theory)

주어진 <보기>는 운동동작을 실행한 후, 실행된 동작을 자신이 가지고 있던 내적 준거와 비교하여 오류를 수정하고 있다는 내용이다. 이때 내적 준거를 '참조기제'라고도 하며 이처럼 참조기제를 통해 피드백이 이루어지는 체계를 설명하는 이론이 폐쇄회로 이론이다.

정답 : ①

04 <보기>의 ㉠, ㉡, ㉢에 해당하는 것은?

< 보 기 >
- ㉠은 지시와 반응 시작 간의 시간 간격을 의미한다.
- ㉡은 반응 시작과 반응 종료 간의 시간 간격을 의미한다.
- ㉢은 자극 제시와 반응 종료 간의 시간 간격을 의미한다.

	㉠	㉡	㉢
①	반응시간	움직임 시간	전체 반응시간
②	반응시간	전체 반응시간	움직임 시간
③	움직임 시간	반응시간	전체 반응시간
④	단순 반응시간	움직임 시간	전체 반응시간

인간의 운동동작은 외부의 자극에 대한 반응으로 발생하며 반응이 만들어져 실행되는 구간을 다음과 같이 구분할 수 있다.
- 반응시간 : 자극이 주어진 후 운동이 일어나기까지
- 움직임시간 : 반응이 선택된 후 실움직임이 발생할 때까지
- 전체반응시간 : 자극제시 후 반응이 종료될 때까지

정답 : ①

03강 스포츠 심리학 - 인간운동행동의 이해-운동 학습

1. 운동 학습

Introduction

인간의 운동 기능은 훈련과 학습을 통해 향상될 수 있다. 연습과 경험의 축적을 통해 운동 기능이 발달하며, 이를 위해서는 적절한 학습 방법을 수립하고 평가 방법을 계획하여 실천하는 것이 중요하다.

운동 학습에서는 운동 기능의 기억과 망각, 운동 기능의 전이 현상에 대한 이해가 필요하다. 또한, 능률적인 연습 방법의 선택과 효율적인 피드백 방법의 개발이 중요하다.

학습목표: 운동학습 관련 이론들과 운동학습의 구체적인 방법들을 반드시 암기합니다.

<1> 운동 학습의 개념

운동 학습은 새로운 운동 기술의 수행 능력을 개발하기 위한 경험 축적 과정이다. 스포츠 심리학에서 운동 학습의 결과는 반드시 올바른 연습과 경험을 통해 나타나는 운동 수행 능력의 향상이어야 한다. 일시적인 변화는 운동 학습의 결과로 간주되지 않는다. 운동 능력이 향상된다는 것은 유사한 조건에서 일관된 운동 동작이 나타난다는 것을 의미하며, 운동 학습의 본질적인 목표는 운동 수행을 안정적이고 자동적으로 만드는 것이다.

운동 수행 과정에서 외부 자극이 주어졌을 때, 수행자는 적절한 동작을 선택하고 정확하게 구현할 수 있어야 한다. 따라서 운동 학습은 수행자가 주어진 상황에 맞는 동작을 이해하고, 연습을 통해 동작을 안정화시킨 후, 유사한 특성을 가진 다른 상황에서도 적절히 대응할 수 있는 다양한 동작을 습득하고 실행하는 과정이다.

운동 학습의 특징
- 연습이나 경험의 결과로 나타남
- 숙련된 운동행동으로 비교적 영구적으로 변화함
- 운동 행동의 변화를 일으키는 과정은 내적인 것이므로 직접적으로 관찰할 수 없음
- 성숙이나 동기 또는 훈련 등에 의해 일시적으로 일어나는 변화는 포함하지 않음

운동 능력의 일반화
운동 학습을 통해 유사한 자극에 대한 반응의 빈도와 정확성이 늘어나는 현상
예) 잘 훈련된 야구 선수가 매번 달라지는 바운드의 땅볼을 손쉽게 처리하는 경우

1) 운동 학습의 개념과 의의

(1) 운동학습의 개요

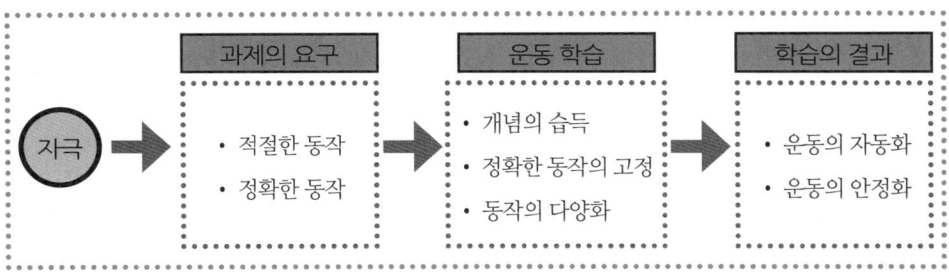

(2) 운동 학습의 역할 (정보처리의 자동화)

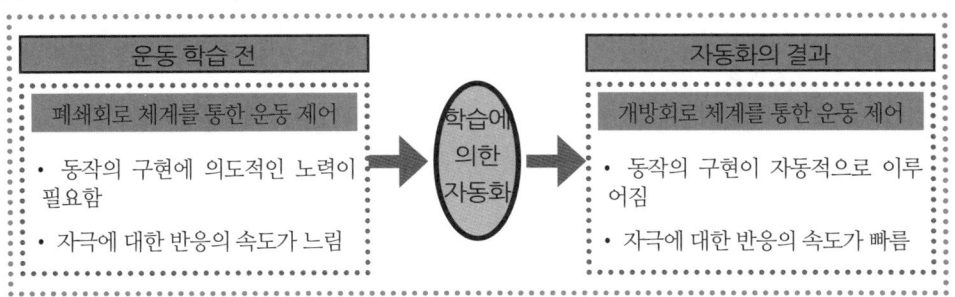

대표 기출 유형

01 운동학습의 개념에 대한 설명으로 옳지 않은 것은?

① 운동학습은 연습과 경험에 의해서 나타난다.
② 운동학습 과정은 직접적으로 관찰할 수 없다.
③ 운동학습은 비교적 영구적인 변화를 유도하는 내적과정이다.
④ 운동학습은 성숙이나 동기에 의한 일시적 수행 변화를 말한다.

정답은 해설지에

운동 기술의 일차원적 분류
1. 근육의 크기
   대근을 사용하는 운동과 소근을 사용하는 운동
2. 움직임의 연속성
   · 불연속성 운동 : 운동기술의 시작과 끝이 존재하는 운동
   · 계열성 운동 : 단계적인 운동기술이 과정을 이루며 전체의 운동기술을 완성하는 운동
   · 연속성 운동 : 특정한 움직임이나 운동기술이 계속적으로 반복되는 운동
3. 환경의 안정성
   · 폐쇄 운동 : 환경이 변화가 없는 운동
   · 개방 운동 : 변화하는 환경 속에서 수행하는 운동

운동 기술의 이차원적 분류
1. 환경적 맥락
   · 조절조건에 따라 : 안정상태의 운동과 동적상태의 운동
   · 동작 간 가변성에 따라 : 동작이 고정된 운동과 동작이 변화하는 운동
2. 동작의 기능
   · 신체가 이동하는 운동
   · 물체를 조작하는 운동

(3) 운동 학습의 주요 용어

· 분화 (Differentiation)

자극의 작은 차이에도 민감하게 반응하여 각기 다른 반응으로 대응하는 현상.

예를 들어, 축구에서 수비선수가 상대 공격수의 페인팅 모션과 실제 동작을 구분하여 각각 다른 방식으로 대응하는 현상이다.

· 파지 (Retention)

연습이나 경험을 통해 얻은 정보를 기억 속에 유지하는 것. 망각과 대비되는 개념으로, 흥분, 경험, 반응의 결과 등이 미래의 반응이나 행동의 기준이 되어 지속적으로 영향을 미치는 것을 의미한다.

· 전이 (Transfer)

학습을 통해 얻어진 기억이나 능력이 다른 과제의 학습이나 수행에 미치는 현상. 전이에는 이전의 학습이 긍정적인 영향을 미치는 정적 전이와 부정적인 영향을 미치는 부적 전이가 있다.

예를 들어, 테니스를 익힌 사람이 스쿼시를 쉽게 배우는 것은 정적 전이이고, 스쿼시를 배운 사람이 테니스를 배울 때 손목을 사용하는 오류를 범하는 것은 부적 전이이다.

· 맥락간섭효과 (Contextual Interference Effect)

연습 시 다양한 요소들 간에 간섭이 일어나는 현상. 주로 연습 내용과 연습 중에 개입된 사건이나 경험 사이에 발생하는 문제들로 인해 학습이나 기억에 방해를 받는 것을 의미한다. 연습계획의 방법으로 구획연습(blocked practice)과 무선연습(random practice)으로 조절할 수 있다.

· 운동등가 (Motor Equivalence)

동일한 동작이라고 해도 언제나 동일한 근육을 활용하는 것은 아니며, 전혀 다른 근육을 사용하여 유사한 동작을 수행할 수 있다는 개념이다.

· 맥락조건 가변성 (Contextual Variability)

근육의 수축 활동과 운동의 결과가 반드시 일치하지 않으며, 주어진 상황에 따라 변할 수 있다는 것.

· 자유도 (Degrees of Freedom)

운동이 복잡해짐에 따라 증가하는 수많은 운동 요소의 가짓수. 정확한 동작을 위해서는 이 자유도를 적절하게 제어하는 것이 중요하다.

2) 운동학습과 관련한 주요 정보처리이론

James의 개방회로 이론	특정한 운동 동작을 할 때에는 최초에만 주의자원이 사용되고 그 다음 부터는 먼저 행해진 동작에 대한 피드백에 의해 자동적인 수행이 가능하다는 이론
Adams의 폐쇄회로 이론	인간의 기억속에 저장되어 있는 참조준거(구심성 정보)를 통한 피드백에 의해 동작의 학습이 가능하다는 이론
Thorndike의 자극-반응 이론	특정한 자극에 대해 반응을 했을 때 주위의 긍정적인 반응이 있으면 강화가 이루어지고 부정적인 반응이 있으면 쇠퇴가 나타나면서 학습이 이루어진다는 이론
폐쇄회로, 개방회로 이론	빠른 행동은 개방회로체계에 의해 발생하며, 느린 행동은 폐쇄회로체계에 의해 발생한다고 설명하는 이론
일반화된 운동 프로그램 이론	개방회로체계의 한계를 보완한 이론으로 각각의 운동동작에 대해 각각의 운동 프로그램이 기억되는 것이 아니라, 유사한 종류의 동작들에 공통적으로 적용되는 일반화된 운동 프로그램이 만들어진다는 이론

3) 기타의 출제가능한 정보처리이론 - 도식이론

(1) 도식 (Schema) 이론의 개념

인간의 지식과 학습에 관한 심리학적 이론 중 하나는 **인지 스키마 이론 (Schema Theory)**이다. 이 이론은 인간이 정보를 습득하고 저장하는 방식을 설명하며, 지식을 스키마(schema)라고 불리는 조직적인 구조로 구성한다는 가정을 기반으로 한다. 스키마는 특정 상황에 대한 지식의 조직화된 패턴으로, 새로운 정보를 처리하고 해석하는 데 도움을 준다.

(2) 도식화 (Schema)의 주요원리

- 스키마의 적용 (Schema Application)

새로운 정보를 스키마에 맞추어 해석하거나 기존의 스키마를 수정하여 새로운 정보에 적응하는 과정이다. 이를 통해 새로운 학습이나 기억이 이루어진다.

- 스키마의 변화 (Schema Accommodation and Assimilation)

새로운 정보가 기존 스키마와 맞지 않을 때, 스키마를 수정하거나 새 스키마를 형성하여 새로운 정보를 수용하는 과정을 의미한다.

- 타당성 및 왜곡 (Relevance and Distortion)

관련성이 높은 정보와 스키마가 함께 작용할 때 정보 처리가 효과적으로 이루어지지만, 스키마와 일치하지 않는 정보는 무시되거나 왜곡되는 경향이 발생하여 잘못된 판단이 발생할 수 있다.

<2> 운동 학습의 진행

운동 학습의 주요 목적은 연습을 통해 운동 동작이 자동적이고 안정적으로 발휘되도록 하는 것이다. 이를 위해서는 훈련을 통해 습득된 운동 프로그램을 기억 체계에 영구적으로 저장해야 한다. 따라서 운동 학습 과정은 운동 프로그램의 형성을 통해 숙련된 운동 행동을 자동적으로 실행할 수 있는 능력을 획득하는 과정으로, 이는 '운동의 자동화 과정'과 동일하다.

운동 학습의 결과는 연습, 경험, 그리고 기억의 축적에 의해 발생하며, 이 과정은 인체의 정신적 및 신체적 내부에서 이루어지므로 직접적으로 관찰할 수 없다. 따라서 운동 기술의 발현 정확성을 측정함으로써 운동 학습의 진행 상황을 확인하게 된다.

또한, 운동 수행과 학습 경험은 기존의 운동 기술에 피드백을 제공하여 새로운 운동 기술의 수행 및 학습에 영향을 미치게 된다. 이러한 현상을 '학습의 전이'라고 한다. 학습의 전이는 기존의 기술이나 경험이 새로운 기술이나 과제에 어떻게 적용되는지를 설명하며, 이는 운동 학습의 중요한 요소로 작용한다.

1) 운동 학습의 과정과 자동화

(1) 정보처리와 운동학습

지각과정 (자극의 감지와 해석)	• 외부의 환경으로부터 주어진 자극과 정보를 감각을 통해 받아들이고 지각하는 단계
변환과정 (적절한 반응 선택)	• 자극과 정보에 대응하는 동작을 계획하고 선택하는 단계
반응실행 (근육으로 명령 방출)	• 근육과 관절을 조절하여 원하는 동작을 실행하는 단계
동작 (실제 동작의 발현)	• 실제 동작으로 나타나는 단계
피드백 (동작의 오류 여부 분석)	• 원래의 목표와 자신의 동작을 비교 검토하는 단계 ① 수행 중 동작에 대한 피드백 ② 수행 후 그 결과에 대한 피드백
기억	• 수행과 피드백의 결과를 기억체계에 저장하는 단계

대표 기출 유형

02 정보처리접근에 근거한 운동 행동모형 중에서 '자극을 해석한 상황에서 목표를 달성하기 위하여 동작패턴을 선택하고 계획하는' 과정은 무엇인가?

① 지각 과정
② 변환 과정
③ 실행 과정
④ 동작 과정

정답은 해설지에

(2) 운동학습의 자동화

운동기술 학습의 목표와 결과
1. 최대의 확실성
2. 최소의 인지적 노력
3. 최소의 움직임 시간
4. 최소의 에너지 소비

움직임에 대한 자각 단계
- 타인의 동작에 대한 시각적 정보를 통해 움직임과 관련한 정보를 습득하는 단계

동작의 구조와 수준 결정
- 동작과 관련한 근육과 관절의 종류와 동원 수준을 결정하는 단계

오류의 수정
- 운동 수행 후의 결과를 통한 느낌과 감각적 정보를 통해 동작을 수정하는 단계

자동화와 안정성 획득
- 연습을 통해 운동 기술의 수행에 질적인 변화가 발생하는 단계
- 가장 많은 시간과 노력이 필요한 단계임

대표 기출 유형

03 구스리(E. Guthrie)의 운동기술 학습으로 인한 변화에 관한 설명으로 옳은 것을 모두 고른 것은??

< 보 기 >

㉠ 최대의 확실성으로 운동과제를 수행할 수 있다.

㉡ 최소의 인지적 노력으로 운동과제를 수행할 수 있다.

㉢ 최소의 움직임 시간으로 운동과제를 수행할 수 있다.

㉣ 최소의 에너지 소비로 운동과제를 수행할 수 있다.

① ㉠, ㉡, ㉢
② ㉠, ㉢, ㉣
③ ㉡, ㉢, ㉣
④ ㉠, ㉡, ㉢, ㉣

정답은 해설지에

<3> 운동 학습 과정 이론

인체는 다양한 방향으로 움직일 수 있는 수많은 자유도를 가진다. 정확한 동작을 구현하기 위해서는 이러한 자유도가 상황에 맞게 제어되어야 한다. 이를 위해서는 동일한 상황에서 일관된 동작이 실행될 수 있도록 자동화 및 안정화 과정이 필요하다. 이 과정이 바로 운동 학습이다.

운동 학습의 본질은 인간이 움직임과 관련된 개념을 습득하고, 실제 동작과 피드백 정보를 활용하여 신체의 자유도를 제어하는 방법을 익히는 것이다. 이러한 학습을 통해 운동 수행자는 자동화된 방식으로 신체를 능숙하게 제어하고, 새로운 자극(환경) 속에서도 더 정확하고 안정된 동작을 구현할 수 있게 된다. 자동화와 안정화 과정은 동작의 일관성을 보장하며, 반복적인 연습을 통해 운동 기술을 고정화하는 데 기여한다.

> 고정화 (폐쇄 기술의 학습)
> - 운동 학습을 통해 일관된 수행을 만드는 것을 의미한다.
> - 실제와 동일한 조건에서 운동학습을 실시하는 것이 효과적이다.

> 다양화 (개방 기술의 학습)
> - 운동 학습을 통해 다양한 수행을 만드는 것을 의미한다.
> - 경기장에서 일어날 수 있는 다양한 상황을 미리 경험하도록 실시하는 것이 효과적이다.

1) 주요 운동학습 주요 이론

(1) 운동 학습의 3단계 이론 (Fitts & Posner)

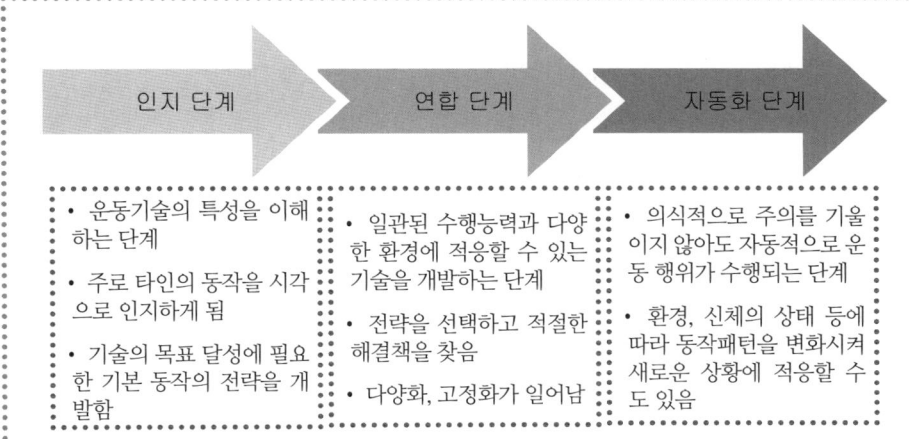

(2) 운동 학습의 2단계 이론 (Gentile)

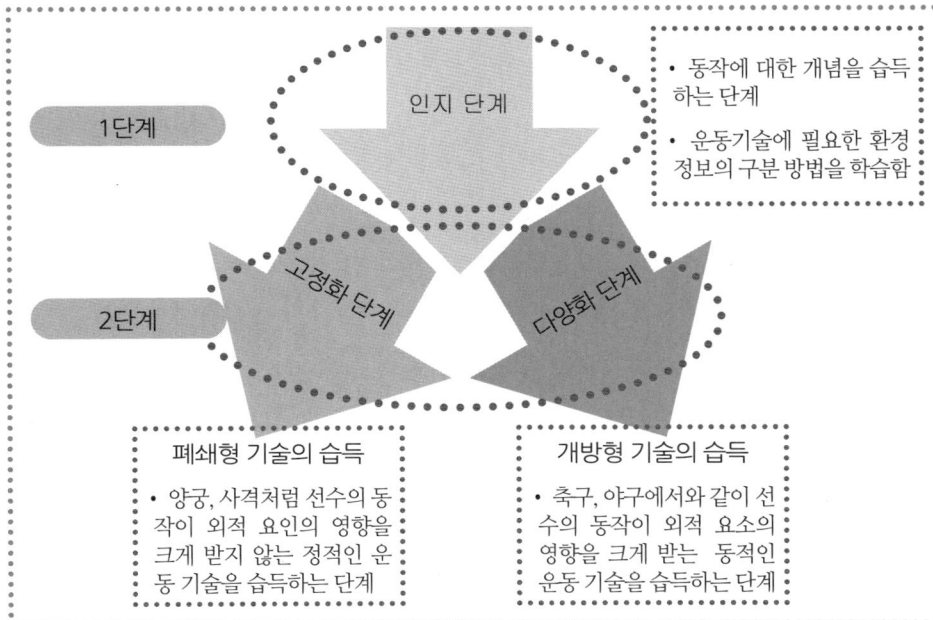

대표 기출 유형

04 피츠(P. Fitts)와 포스너(M. Posner)의 운동학습단계 설명으로 틀린 것은?

① 인지-연합-자동화의 단계에 따라 주의 요구 수준은 증가한다.
② 학습하여야 할 운동기술의 특성을 이해하고 과제수행을 위해 전략을 개발하는 단계를 인지단계라고 한다.
③ 과제를 수행하기 위한 전략을 선택하고, 잘못된 수행에 대한 적절한 해결책을 찾는 단계를 연합단계라고 한다.
④ 동작이 거의 자동적으로 이루어지게 되며 움직임 자체에 대한 의식적인 주의가 요구되지 않는 단계를 자동화단계라고 한다.

정답은 해설지에

대표 기출 유형

05 운동학습의 단계 중 Gentile의 2단계에 대한 설명으로 바르지 않은 것은?

① 움직임의 개념습득 단계와 고정화 및 다양화 단계로 구분한다.
② 고정화 및 다양화 단계는 운동기술의 유형에 관계없이 동일하게 적용한다.
③ 사격이나 양궁과 같은 폐쇄운동 종목에서는 운동기술 수행의 고정화가 필요하다.
④ 럭비나 축구와 같은 개방운동 종목에서는 운동기술 수행의 다양화가 필요하다.

정답은 해설지에

다이나믹 시스템이론

인간의 운동 행동을 제한하는 요소인 환경, 개인의 특성, 과제 등 세 가지 특성들의 상호작용 속에서 인간은 매번 적절한 운동을 생성하게 된다고 본다. 즉 환경적 특성이나 과제의 특성이 변화하게 되면 기존의 운동 방식이 새로운 조건에 적합한 운동의 형태로 다이나믹하게 전환되는 현상이 발생한다는 것이다.

중추신경계의 자유도 제어 (N. Bernstein)

- 공동작용

다양한 근육, 관절, 신경 제어 시스템이 서로 어떻게 협력하여 움직임을 조절하고 조화롭게 동작하는지를 설명하는 이론

중추신경계가 신체의 자유도를 개별적으로 제어하지 않고, 의미 있는 단위로 묶어서 조절한다고 설명한다.

(3) 다이나믹 시스템 이론 (N. Bernstein)

자유도의 고정	자유도의 풀림	반작용의 활용
• 새로운 운동기술의 학습을 위해 신체의 자유도를 고정하는 단계 • 운동에 동원되는 관절의 각도와 순서를 제한함 • 운동과 관련한 요소들을 단순화시킴	• 고정했던 자유도를 풀어 사용 가능한 자유도의 수를 늘리는 단계 • 관절과 근육 등 인체의 운동역학적 요인을 자유롭게 활용하면서 환경의 다양한 요구에 쉽게 적응하게 됨	• 자유도의 풀림 단계보다 더 많은 여분의 자유도를 활용하는 단계 • 운동 수행 중에 발생하는 마찰력이나 관성등을 이용하여 효율적인 동작을 형성하고 환경에 적응하게 됨

(4) 운동 기술의 완성 단계 이론 (Newell)

협응 단계	제어 단계	기술 단계
• 과제의 달성을 위한 기본적인 동작들의 협응을 형성하는 단계 • Bernstein의 이론 중 자유도 고정과 자유도 풀림 단계와 유사함	• 협응의 형태를 다양한 환경과 과제의 특성에 따라 변화시키는 단계 • 상황에 맞는 협응의 변화를 통해 수행의 효율성을 높이게 됨	• 동작의 협응과 제어를 통해 최적의 협응형태를 만들 수 있는 단계 • 최적화된 동작과 기술을 구현할 수 있게 됨

<4> 운동 학습 시 주요 요인

운동 제어에서의 <과제, 수행자, 환경>이라는 세 가지 요소가 운동 제어에 중요한 영향을 미쳤듯이, 운동 학습에서도 이 세 가지 제한 요소는 중요한 역할을 한다. 운동 학습은 이러한 제한 요소에 인간의 지각과 동작을 협응시키는 과정이다. 운동 학습이 성공적으로 이루어지면, '주의 자원'을 덜 소모하면서도 자동적으로 동작이 발현되어 동작의 효율이 향상된다.

이 중에서도 학습자의 특성은 특히 중요한 요인이다. 학습자의 기능 수준, 체격, 체력은 운동 학습의 결과에 결정적인 영향을 미치며, 인지 능력, 동기, 감정 조절 능력 등도 운동 학습에 영향을 미친다.

운동 학습은 수행자의 노력만으로 이루어지는 경우가 거의 없기 때문에, 지도자의 역할과 지도 방법도 중요한 역할을 한다. 학습자의 특성을 고려하여 운동 목표를 설정하고 동기를 부여하며, 효과적인 학습 방법을 선택하고, 적절한 피드백과 보상을 제공하는 등의 방법으로 운동 학습을 지원해야 한다.

□ 운동 학습의 영향 요인(Newell 운동제한요소)

운동 학습의 제한요소	• 과제의 특성 • 개인적 특성 • 환경적 특성
학습자의 특징	• 기능 수준 • 체격 및 체력 • 동기 • 인지능력 • 감정 통제 능력
지도 방법	• 지도의 목표 • 피드백 • 훈련 방법

대표 기출 유형

06 <보기>의 괄호 안에 들어갈 용어는?

< 보 기 >

운동기술의 요소와 처리과정이 유사하여 과거의 학습이 새로운 학습에 도움이 되는 것을 ( )(이)라고 한다.

① 부호화
② 정적 전이
③ 파지
④ 표상

정답은 해설지에

<5> 효율적인 운동 학습

운동 학습이 효율적으로 진행되기 위해서는 적절한 연습 계획을 마련하고 실행하는 것이 필수적이다. 연습 계획에는 학습자의 인지적 및 신체적 특징, 성별 등 다양한 특성을 고려해야 한다.

학습 과제를 시범으로 보여주는 것도 중요한 요소다. 특히 연령과 체격이 유사한 동료의 시범은 학습자의 자신감과 참여 동기를 높이는 데 효과적이다. 일반적으로 숙련된 수행자의 시범은 운동 기술의 질적 변화를 위한 단서를 제공하며, 초보자의 시범은 오류 탐지 능력을 향상시키는 데 도움을 준다.

학습자의 동기를 유발하기 위해서는 명확하고 성취 가능한 목표를 설정하는 것이 중요하다. 목표 설정은 학습자의 흥미를 유도하고 적극적인 참여를 촉진하는 방법이다.

연습 계획을 조직할 때는 다음과 같은 요소를 고려해야 한다.

- 연습 구간의 시간과 빈도
- 연습 활동의 유형
- 연습 순서
- 실제 연습에 할당된 시간

이러한 고려 사항에 따라 구획 연습, 무선 연습, 집중 연습, 분산 연습, 전습법, 분습법 등의 연습 방법을 선택하여 운동 학습을 진행한다.

> **운동 학습시 고려할 사항**
> - 연습구간의 시간과 빈도
> - 연습활동 유형
> - 연습순서
> - 실제 연습에 할당된 시간

1) 운동 학습의 계획

□ 운동 학습의 준비시 고려 사항

학습자의 특성	• 인지적 능력의 차이 • 신체적 특징과 발달 정도 • 성별 등의 기타 특징
동기유발 방법	• 성취 가능하며 명확한 목표의 설정
시범의 제공	• 정확한 운동 동작을 시범으로 제공
보강 정보의 활용	• 동작과 관련한 중요한 단서의 제공 • 학습자의 수준에 따른 적절한 정보의 제공

> **가이던스**
> 언어나 동작을 통해 학습자의 운동 수행에 직접적으로 도움을 제공하는 일

> **과학습(overlearning)**
> 수행목표에 도달하기 위해 필요한 양 이상의 연습을 지속하는 것.
> 적절한 과학습은 운동과제에 대한 파지 효과를 높이고 수행능력의 향상을 가져오기도 하지만 학습자들의 집중력을 약화시켜 수행능력을 저하시킬 수도 있다.

2) 운동 학습의 실제

(1) 구획 연습과 무선 연습

□ 맥락간섭 효과

맥락간섭 효과

- 어떤 동작의 연습 과정에서 특정한 사건이나 경험이 그 동작의 연습에 영향을 주는 현상
- 연습 내용과 연습 중에 개입된 사건이나 경험 등이 서로 영향을 주어 학습한 내용에 대한 기억과 실행에 방해 혹은 도움을 주는 사례가 대표적이다.

장점	단점
운동 수행의 파지와 전이에 도움을 줌	일반적으로 원활한 운동 수행의 효과를 낮춤

> **대표 기출 유형**
> **07** 연습시간이 휴식시간보다 상대적으로 긴 연습방법은?
>
> ① 집중연습
> ② 분산연습
> ③ 구획연습
> ④ 무선연습
>
> 정답은 해설지에

정적 전이와 부적 전이
- 정적 전이
  과거의 학습과 경험이 새로운 운동기술의 습득과 수행에 긍정적인 영향을 주는 일
- 부적 전이
  과거의 학습과 새로운 운동기술 사이에 유사성이 있지만 결정적인 특성이 다른 경우 새로운 운동기술의 습득에 방해가 발생하는 일

전이에 영향을 주는 요인
- 과제 간의 유사성
- 선행과제의 연습
- 훈련의 방법

□ 맥락간섭이 운동기술의 파지와 전이에 영향을 주는 요인

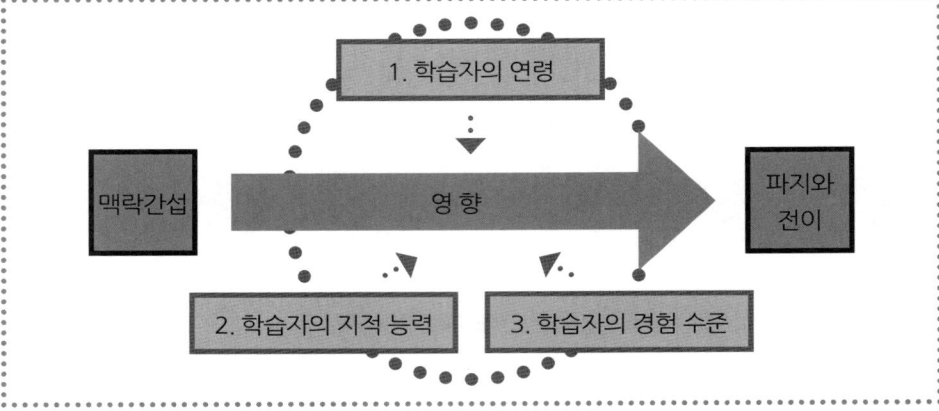

□ 구획연습과 무선연습을 통한 맥락간섭의 극복

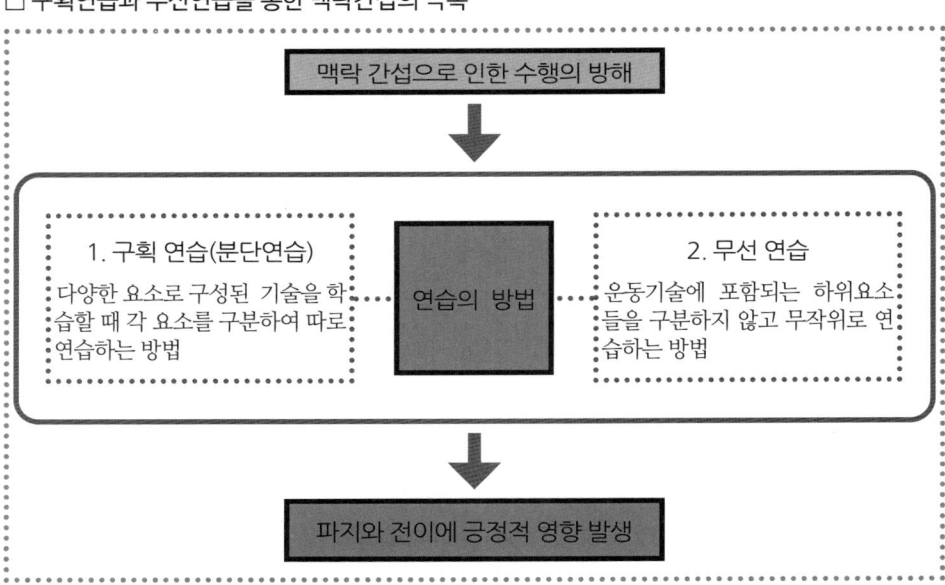

(2) 집중 연습과 분산 연습

□ 집중 연습과 분산 연습의 구분

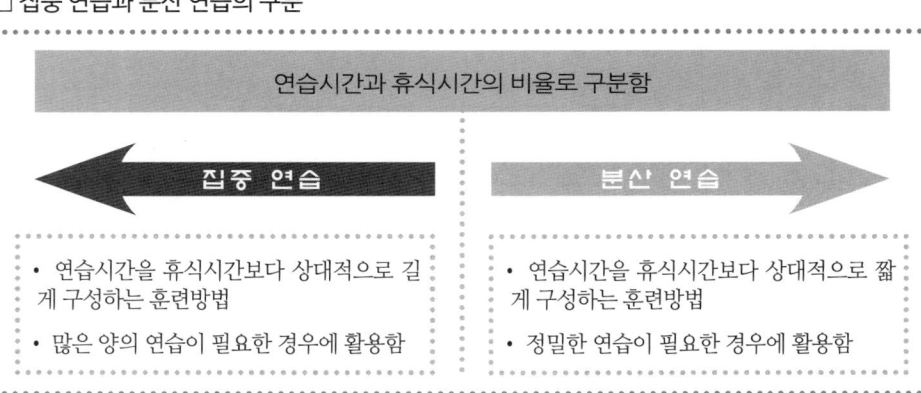

□ 집중 연습과 분산 연습의 활용 방법

집중 연습
- 복잡한 동작일 때
- 많은 부분 동작으로 구성되었을 때
- 학습자가 성숙할 때
- 학습자의 집중 능력이 우수할 때

분산 연습
- 단순한 과제일 때
- 높은 주의를 요구하는 과제일 때
- 학습자의 성숙도가 낮을 때
- 학습자의 주의가 산만하거나 피로할 때

(3) 전습법과 분습법

□ 전습법과 분습법의 구분

훈련 중 과제를 나누어 연습하는가로 구분함

전습법
- 운동기술 과제 전체를 한꺼번에 학습하는 방법

분습법
- 운동기술을 몇 개의 하위단위로 나누어 학습하는 방법

□ 전습법과 분습법의 활용

전습법	분습법
• 연속적으로 연결되는 동작으로 구성된 과제일 때 • 단순한 운동이어서 구분의 의미가 없을 때 • 학습자가 오래 집중할 수 있을 때 • 학습자의 기억 능력이 좋을 때 • 학습자의 기능이 숙달되었을 때	• 서로 독립적인 부분 동작으로 구성된 과제일 때 • 복잡하고 개별적인 기능으로 구성된 과제일 때 • 학습자의 주의력이 약할 때 • 학습자의 기억력이 나쁠 때 • 특정 부분의 동작에만 어려움이 있을 때

3) 운동 학습의 효과

□ 운동기술 연습의 효과

근신경의 효율성 증가	• 동작을 위해 움직이는 근육의 양은 적어지고, 근 운동의 타이밍이 정확해짐
운동의 협응성 증가	• 근육과 관절들의 유기적인 협응 능력이 발달함
주의요구의 감소	• 적은 주의집중만으로도 과제를 수행할 수 있는 능력이 향상됨
주의집중 능력 향상	• 유용한 정보에만 주의를 집중하는 능력이 향상됨

분습법의 유형
- 순수 분습법
 각 부분을 따로 연습한 후 전체 기술을 종합적으로 연습하는 방법
- 점진적 분습법
 전체 운동기술 중에 첫 번째와 두 번째 요소를 각각 연습한 후 그 두 요소를 결합하고 이후 다음 요소를 다시 연습하며 전체 기술을 습득하는 방법

전습법이 유리할 때
- 연습자의 능력이 우수할 때
- 연습이 어느 정도 숙달되었을 때
- 학습자의 나이가 많을 때
- 기술의 복잡성이 낮고 조직성이 높을 때

분습법이 유리할 때
- 비교적 독립적인 부분들로 구성된 과제일 때
- 특정한 동작을 집중적으로 연습할 때
- 과제의 복잡성이 높고 조직성이 낮을 때

대표 기출 유형

08 운동기술의 과제가 복잡성이 낮고 조직화 정도가 높은 경우에 사용하는 연습 방법은?

① 집중 연습
② 분산연습
③ 전습법
④ 분습법

정답은 해설지에

4) 운동 학습과 피드백

(1) 피드백의 개념

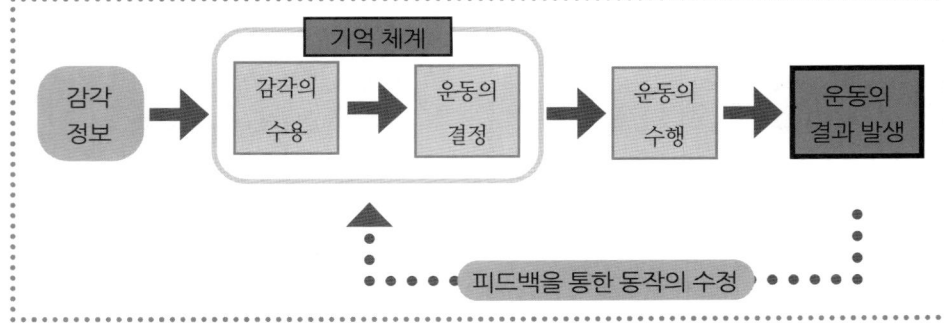

피드백 효과의 변인
- 제시 시기
  학습자가 오류의 수정을 처리할 수 있는 시간을 두고 제공해야 효과적임
- 제공 빈도
  학습 후기로 갈수록 제시 빈도를 차츰 적게 하는 것이 학습에 효과적임
- 정밀성
  학습 후기로 갈수록 세밀한 결과지식을 제공하는 것이 유용함

(2) 피드백의 유형과 특징

① 수행지식 피드백과 결과지식 피드백

수행지식 피드백
- 수행한 동작의 오류 여부에 관한 피드백
- 언어, 영상매체, 근전도기기 등을 이용하여 제공함

결과지식 피드백
- 학습자의 수행 결과에 관한 피드백
- 수행동작에 관한 수정정보와 함께 제공하는 것이 유용함

수행 지식 정보와 역할
동작의 유형에 대한 내용을 학습자에게 제공하는 정보로 운동학적 피드백이라고도 한다.
학습자로 하여금 수행한 동작이 제대로 선택되었는지 잘못 선택되었는지를 판단하게 하며, 학습자의 동기 유발에 영향을 준다.

결과 지식 정보와 역할
움직임의 결과에 대한 내용을 학습자에게 제공하는 정보이다.
수행한 동작이 제대로 실행되었는지에 대한 평가를 제공하며 오류를 수정할 수 있는 방안을 포함한다.

② 고유감각 피드백과 보강적 피드백

고유감각 피드백
- 내재적 피드백
- 운동 수행자 스스로의 감각적 정보를 활용하여 생성함
- 운동 기능 수준이 높아진 숙련자가 주로 활용함

보강적 피드백
- 외재적 피드백
- 지도자가 운동의 수행과 결과에 대한 내용을 언어와 비언어로 제공함
- 아직 숙련되지 않은 운동수행자가 주로 활용함

(3) 피드백의 제공 방법

언어적 설명	• 필요한 정보를 언어를 통해 제공함
영상매체 활용	• 영상 매체를 통해 구체적인 정보를 제공함
바이오 피드백	• 감각 시스템을 통해 얻을 수 있는 운동학적 정보를 제공함

(4) 피드백의 기능

정보제공의 기능	• 실행한 동작이 목표했던 동작과 얼마나 일치하였는가에 대한 정보를 제공하는 역할
동기유발의 기능	• 학습자의 기술 수행을 위한 동기를 유발시켜 지속적으로 목표를 위해 노력하게 하는 역할
강화의 기능	• 올바른 수행의 빈도를 늘리고 바람직하지 않은 동작의 빈도를 줄이는 역할
주의 집중의 기능	• 운동수행을 위해 반드시 필요한 중요한 정보에 주의를 집중하게 하는 역할

대표 기출 유형

09 학습자의 불필요한 행동을 줄여주고 무엇을 수정해야 하는지에 대한 정보를 제시해 주는 피드백의 기능은?

① 정보제공의 기능
② 동기유발의 기능
③ 처방의 기능
④ 주의집중의 기능

정답은 해설지에

대표 기출 유형

10 운동 기술의 학습과정에서 일시적으로 수행이 정체되는 현상을 무엇이라고 하는가?

① 슬럼프
② 고원현상
③ 태만
④ 일탈

정답은 해설지에

5) 운동 학습의 지체와 해결

(1) 고원현상과 슬럼프의 구분

← 고원 현상
- 어느 수준까지 증가하던 학습 효과가 학습자 및 환경의 다양한 변인으로 더 이상 발전하지 않고 정체되어 있는 현상
- 연습의 초기에 주로 발생함
- 진보의 과정에서 일시적인 정체를 보이는 것이 특징

슬럼프 →
- 스포츠의 학습 과정에서 어느 기간 동안 연습 효과가 올라가지 않거나, 의욕을 상실하여 실력이 낮아진 시기를 말함
- 비교적 연습의 후기에 발생함
- 기술의 악화, 심적 동요, 초조함 등이 특징

(2) 고원현상과 슬럼프의 원인

← 고원 현상의 원인
- 잘못된 습관(매너리즘)
- 동기의 저하
- 누적된 피로
- 주의력의 부족
- 과제가 지나치게 쉬울 때(상한효과)
- 과제가 지나치게 어려울 때(하한효과)

슬럼프의 원인 →
- 잘못된 학습으로 운동 동작이 잘못 자동화되었을 때
- 본인의 운동감각을 정확하게 해석하지 못할 때
- 갑자기 운동동작의 패턴이 변했을 때
- 노화나 질병 등으로 운동능력이 저하되었을 때
- 질병 피로 등으로 신체분절의 협응성이 약화되었을 때

고원 현상의 처치

고원 현상은 그 원인에 따라 처방이 달라지지만 일반적으로 흥미 있는 연습방법의 개발, 결과지식의 제공, 일정기간 동안의 연습 중단, 연습 속도의 조절, 적절한 목표의 재설정 등으로 극복이 가능하다.

슬럼프의 처치

슬럼프 현상 역시 그 처방이 다양하지만, 발생 원인에 따라 연습의 중단과 휴식, 적절한 피드백의 제공, 잘못된 동작 패턴의 수정, 새로 익히는 동작이 고정화·자동화 될 수 있는 연습의 실시, 근력 트레이닝 실시 등을 통해 극복할 수 있다.

Confirmation
이것만은 꼭!

01 경험과 학습을 통해 얻은 정보를 기억 속에 저장하여 유지하는 일을 (   )고 한다.

02 스포츠 심리학자인 피츠와 포스너의 운동학습 3단계 이론에 의하면 운동학습이 진행되는 과정은 다음과 같다. (→   →   )

03 스포츠 심리학자 젠타일의 운동학습 2단계 이론에서 농구나 핸드볼 경기처럼 경기 중 발생하는 다양한 변화 요인에 의해 영향을 받는 동적 기술을 습득하는 단계는 (   )의 습득 단계이며, 양궁이나 사격과 같이 정적인 상황에서 활용되는 기술을 습득하는 단계는 (   )의 습득 단계이다.

04 다이나믹 시스템이론에서 고정되었던 자유도를 풀고 더 나아가 운동중에 발생하는 마찰력이나 관성 등까지 이용하며 운동을 제어하는 단계를 (   )계라고 한다.

05 뉴웰의 운동제한요소로 운동학습에 영향을 주는 세가지 요인은 (,   ,   ) 이다.

06 운동학습의 과정에서 연습 중에 발생하는 여러 요인과 사건에 의해 학습과 기억에 방해가 발생하는 일을 (   )효과라고 한다.

Confirmation
이것만은 꼭!

07 쉽게 구분되는 다양한 하위요소들로 구성된 기술을 각 구성요소별로 나누어 연습하는 방식을 ( )이라고 한다.

08 학습자가 성숙하고 집중력이 좋을 때 연습시간을 휴식시간보다 상대적으로 짧게 구성하여 연습하는 방식을 ( )이라고 한다.

09 운동기술을 처음부터 끝까지 한꺼번에 학습하는 방식을 ( )이라고 한다.

10 수행의 결과에 대한 정보 없이 수행자의 동작에 나타나는 오류에 국한한 정보만을 제공하여 피드백을 할 때 이를 ( ) 피드백이라고 한다.

11 피드백이 기능 중 학습자가 노력을 계속하려는 의지를 자극하여 지속적으로 목표를 추구하도록 독려하는 역할을 ( )의 기능이라고 한다.

12 운동학습의 과정에서 기술의 약화, 심리적 초조함 등과 함께 나타나는 실력의 저하 현상을 ( )라고 한다.

정답

1. 파지
2. 인지단계, 연합단계, 자동화단계
3. 개방형 기술, 폐쇄형 기술
4. 반작용의 활용
5. 운동학습의 제한 요소, 학습자의 특징, 지도방법
6. 맥락간섭
7. 구획연습
8. 집중연습
9. 전습법
10. 수행지식
11. 동기유발
12. 슬럼프

Previous 단원 기출문제

01 <보기>에서 설명하고 있는 운동제어 이론은?

< 보 기 >
- 유기체, 환경, 과제의 상호작용 속에서 자기조직의 원리와 비선형성의 원리에 의해 인간의 운동이 생성되고 조절된다.
- 일반화된 운동프로그램과 같은 기억표상의 구조가 필요하지 않다고 주장한다.

① 정보처리 이론(information processing theory)
② 도식 이론(schema theory)
③ 다이내믹시스템 이론(dynamic systems theory)
④ 폐쇄회로 이론(closed-loop theory)

인간의 복잡한 운동을 인간의 기억체계에 저장된 운동프로그램의 발현으로만 설명할 수 없다고 보며, 인간은 환경과 과제와의 상호작용 속에서 매번 적절한 운동을 새롭게 생성할 수 있다고 보는 이론은 '다이내믹시스템 이론'이다.

정답 : ③

02 <보기>에서 지도자가 제공하는 보강적 피드백의 유형으로 적절한 것은?

< 보 기 >
지도자 : 창하야! 다운스윙 전에 백스윙이 제대로 이루어지지 않았어.

① 내적 피드백(intrinsic feedback)
② 감각 피드백(sensory feedback)
③ 결과지식(Knowledge of Result : KR)
④ 수행지식(Knowledge of Performance : KP)

주어진 보기에서 지도자는 수행자인 창하의 운동동작에서 발생한 오류만을 지적하고 있다. 이렇게 수행동작에 관한 내용을 피드백할 때 이를 수행지식 피드백이라고 한다.

정답 : ④

03 <보기>는 맥락간섭효과를 유발하는 연습방법에 대한 내용이다. 괄호 안에 들어갈 용어가 바르게 나열된 것은?

< 보 기 >
야구수업에서 오버핸드(A), 사이드 암(B), 언더핸드(C) 던지기동작을 지도하기 위해 다음과 같이 2가지 연습방법을 계획하였다.

※ 야구수업 연습구성의 예

- 방법 1 (㉠) 연습

  예) AAAAA(10분)→BBBBB(10분) → CCCCC(10분)

- 방법 2 (㉡) 연습

  예) ACBABACABCBACBC(30분)

	㉠	㉡
①	분단(blocked)	무선(random)
②	분단(blocked)	계열(serial)
③	분산(distributed)	무선(random)
④	분산(distributed)	계열(serial)

여러 형태의 기술을 각각 구분하여 따로 연습하는 방식을 '구획연습' 혹은 '분단연습', 구분 없이 무작위로 섞어 연습하는 방식을 '무선연습'이라고 한다.

정답 : ①

04 <보기>에 제시한 피츠(P. Fitts)와 포스너(M. Posner)의 <보기>의 운동학습단계와 <보기2>의 설명이 바르게 연결된 것은?

< 보 기 1 >
ⓐ 인지단계   ⓑ 연합단계   ⓒ 자동화단계

< 보 기 2 >
㉠ 동작 실행 시 의식적 주의가 거의 필요 없으며 정확성과 일관성이 매우 높다. 동작에 대한 오류를 탐지하고 수정할 수 있는 능력이 있다.

㉡ 학습해야 할 운동기술의 특성을 이해하고 그 과제를 수행하기 위한 전략을 개발한다. 오류 수정 능력을 갖추지 못했기 때문에 운동수행 시 일관성이 부족하다.

㉢ 과제에 대한 전략을 선택하고 잘못된 수행에 대한 해결책을 찾아 나갈 수 있게 된다. 동작의 일관성이 점점 좋아진다.

① ⓐ-㉠, ⓑ-㉡, ⓒ-㉢
② ⓐ-㉡, ⓑ-㉠, ⓒ-㉢
③ ⓐ-㉢, ⓑ-㉡, ⓒ-㉠
④ ⓐ-㉡, ⓑ-㉢, ⓒ-㉠

'피츠와 포스너의 운동학습단계'는 순서와 내용이 비교적 단순하지만 빈출이다. 교재에 수록된 내용을 반드시 암기해 두어야 한다.

정답 : ④

05 '개방운동기술(open motor skills)에 해당하지 않는 것은?

① 농구경기에서 자유투하기
② 야구경기에서 투수가 던진 공을 타격하기
③ 자동차 경주에서 드라이버가 경쟁하면서 운전하기
④ 미식축구 경기에서 쿼터백이 같은 팀 선수에게 패스하기

개방운동기술은 자신과 외부 환경의 위치가 변화하는 과정에서 이루어지는 운동기술을 말한다. 그런데 농구의 자유투, 테니스의 서브, 사격 등은 외부환경이 거의 고정되어 있으므로 개방운동기술과 대비하여 폐쇄운동기술이라고 분류한다.

정답 : ①

06 스미스(R. Smith)와 스몰(F. Smol)이 개발한 유소년 지도자 훈련 프로그램인 CET(Coach Effectiveness Training)의 핵심 원칙이 아닌 것은?

① 자기관찰
② 운동도식
③ 상호지원
④ 발달모델

스미스(R. Smith)와 스몰(F. Smoll)이 유소년 스포츠 코치들을 위한 효과적인 지도 방법을 개발하기 위해 고안한 프로그램
CET의 주요 목적은 다음과 같다.
- 유소년 선수들의 긍정적 경험 증대
- 심리적 안정감과 스트레스 관리
- 개인 맞춤형 지도
- 협력적 팀 분위기 조성

임용고사를 위해 스포츠 교육학에서는 공부할 필요가 있지만, 스포츠 지도사 시험의 스포츠 심리학에서는 범위를 넘어 출제된 문제이므로 가볍게 확인해 두면 된다.

정답 : ②

04강 스포츠 심리학 - 인간운동행동의 이해-운동 발달

1. 운동 발달

학습목표
운동발달과 성숙의 차이를 구분하고 생애주기별 운동기능의 발달과정을 이해합니다.

Introduction

운동 학습의 결과로 발생하는 발달은 단순히 신경계나 근육계의 변화만을 의미하지 않으며, 인지 능력을 포함한 전반적인 인간 능력이 환경과의 상호작용 속에서 발달하는 것을 의미한다.

따라서 운동 발달에는 다양한 내적 및 외적 요인이 영향을 미친다. 운동 발달은 운동 학습과 유사하게 여러 제한 요인들과의 상호작용을 통해 진행되며, 이는 개별적인 학습 경험과 환경적 요인에 따라 조절된다.

<1> 운동 발달의 개념

운동 발달은 인간의 성장과 발달에 따라 운동 기능이 어떻게 발달하고 변화하는지를 연구하는 분야이다. 이 분야의 주요 연구 과제는 신경계, 근육계, 인지 능력의 발달이 환경과의 상호작용을 통해 운동 능력의 발달에 어떻게 기여하는지를 밝히는 것이다.

인간의 운동 발달은 단순한 유전적 요인에 의해 발생하는 성장이나 성숙과는 구별되며, 다른 운동 기능의 발달이나 다양한 외부 요인들과의 상호작용을 통해 이루어진다.

운동 발달의 주요 전제 (A.Gesen & I. Ames)
- 운동 발달은 일정한 순서를 가지는 방향성 있는 발달이다.
- 발달은 계속적 과정이지만 속도는 일정하지 않다.
- 발달의 정도는 운동 수행자의 성숙과 학습에 따라 개인차가 발생한다.
- 발달의 각 측면은 서로 밀접하게 관련을 가진다.
- 운동발달은 연속선상에서 이루어지는 현상으로 각 단계별로 겹쳐지는 특성을 가지고 있다.
- 발달에는 유전적 요인과 환경적 요인이 함께 작용한다.
- 발달의 과정에서 운동기능의 분화와 통합이 일어난다.
- 발달은 신체의 중앙에서 말초의 방향으로 진행된다.

1) 운동 발달의 개요

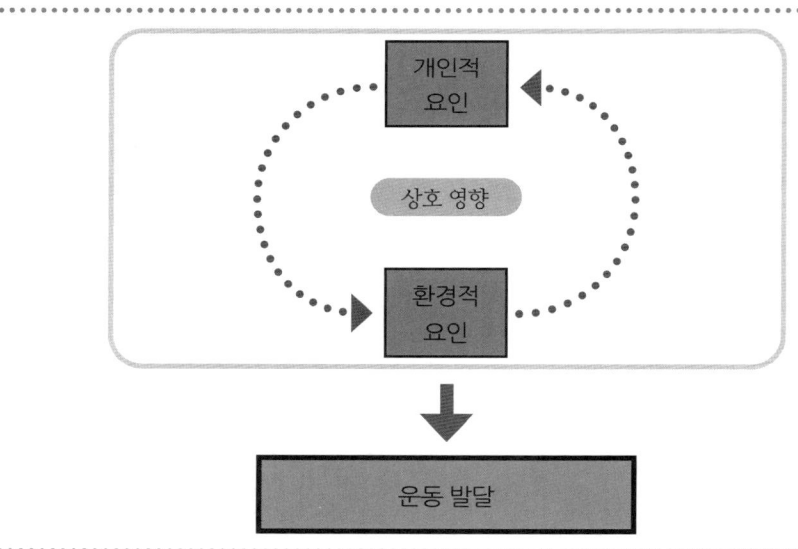

□ 발달, 성장, 성숙의 차이

발달	• 학습의 결과 얻어지는 운동능력의 진보 • 환경과 경험의 상호작용에 의해 발생함
성장	유전적 요인에 의해 얻어지는 신체적·지적·정신적 진보
성숙	성장에 의해 발생하는 생물학적인 측면의 질적 향상

대표 기출 유형

01 인간의 기능이 보다 높은 수준으로 질적 변화에 의해 정해진 순서에 따라 발전하는 것을 무엇이라고 하는가?

① 성장
② 성숙
③ 발달
④ 학습

정답은 해설지에

<2> 운동 발달 영향 요인

운동 발달은 인체의 유전적 발달과는 구분되는 개념이다. 운동 발달은 유전적 자질이나 심리 상태와 같은 개인적 요인뿐만 아니라, 주변 사람들과의 관계, 소속된 사회와 문화 등 사회적 상황에 의해서도 많은 영향을 받는다.

또한, 성장 과정에서 특정한 운동 기능의 발달이 더욱 활발하게 진행되는 시기인 '민감기'가 나타나는데, 이 시기에는 운동 학습의 효과가 다른 시기에 비해 더욱 크게 나타나기도 한다. 이러한 이유로 인간의 운동 기능은 개인적 요인, 성장 단계, 환경적 요인 등의 상호작용에 의해 발달하게 된다.

1) 운동발달의 영향 요인

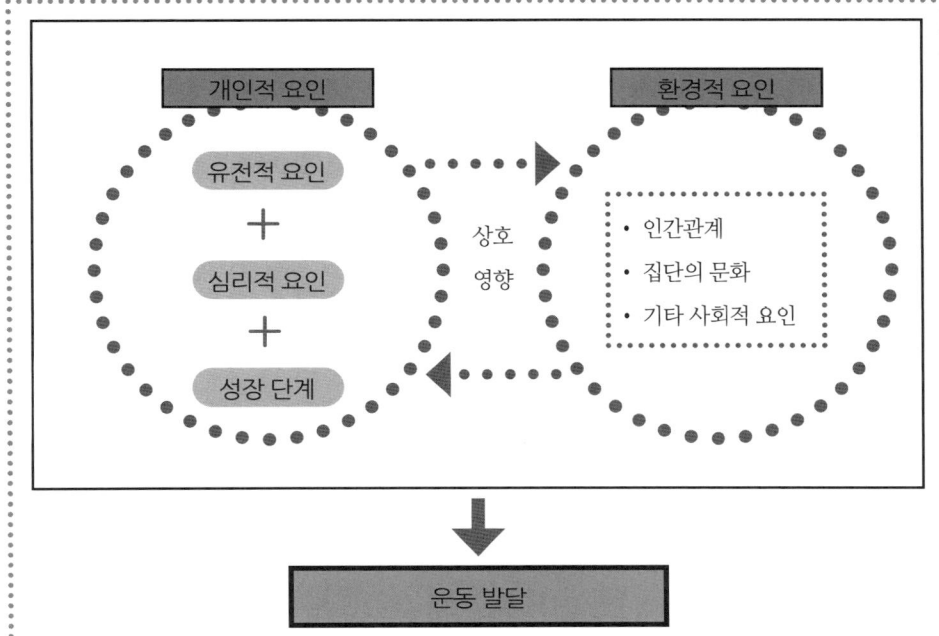

민감기 (sensitive period)

유아기(　　)에 볼 수 있는 여러 가지 발달에 민감한 시기

민감기는 오래 지속되지 않으며 어떤 특정한 학습에 대한 민감기가 일어난 다음에는 그 학습을 용이하게 하는 민감기는 다시 일어나지 않는다. 따라서 민감기에 일정한 능력을 얻지 못하면 그 능력의 발달 기회는 영원히 지나가 버린다.

인간의 운동 발달 과정에도 특정한 운동 능력이 발달하는 민감기가 존재하며 이 시기에 주어지는 자극은 운동의 발달 정도에 영향을 미친다.

운동 발달의 심리적 요인
- 동기
  어떤 이유로 운동을 하는가
- 자기개념
  자신에 대한 인식이 긍정적인가

운동 발달의 영향요인 -환경적 요인
- 인간관계
- 집단의 문화
- 기타의 사회적 요인

대표 기출 유형

02 운동 발달에 영향을 미치는 사회문화적 요인에 대한 설명으로 틀린 것은?

① 인종과 문화적 배경은 성장과 운동 발달에 영향을 미친다.
② 교사나 학교 사회에서의 성별 구분이 놀이 및 스포츠 사회화에 영향을 준다.
③ 놀이 공간은 스포츠 참여에 필요한 사회적 환경을 제공하며 놀이 공간과 놀이 활동이 아동의 운동발달에 영향을 미친다.
④ 민감기의 학습은 자극에 민감한 시간적 구조가 있음을 의미하지만, 민감기의 자극 정도가 발달에 영향을 미치지는 않는다.

정답은 해설지에

<3> 발달의 원리와 단계별 특징

운동 발달은 인체의 성장과 성숙과는 다른 개념이지만, 서로 관련이 있다. 운동 발달은 태아기로부터 성인기에 이르기까지 연속성과 축적의 특성을 가지며, 일반적으로 일정한 순서와 방향성을 가지고 나타난다. 각 발달 단계는 서로 밀접한 관련을 가지며, 앞 단계에서 일어난 발달은 다음 단계의 기초가 된다.

그러나 인체의 성장과 성숙이 유사하게 진행되더라도, 운동 발달은 개인의 학습에 따라 다르게 나타날 수 있다. 즉, 각 개인의 발달 속도와 방식은 일정하지 않으며, 개인의 특성과 기타 운동 발달의 제한 요인에 따라 차이를 보인다.

1) 운동 발달 단계의 일반적 특징

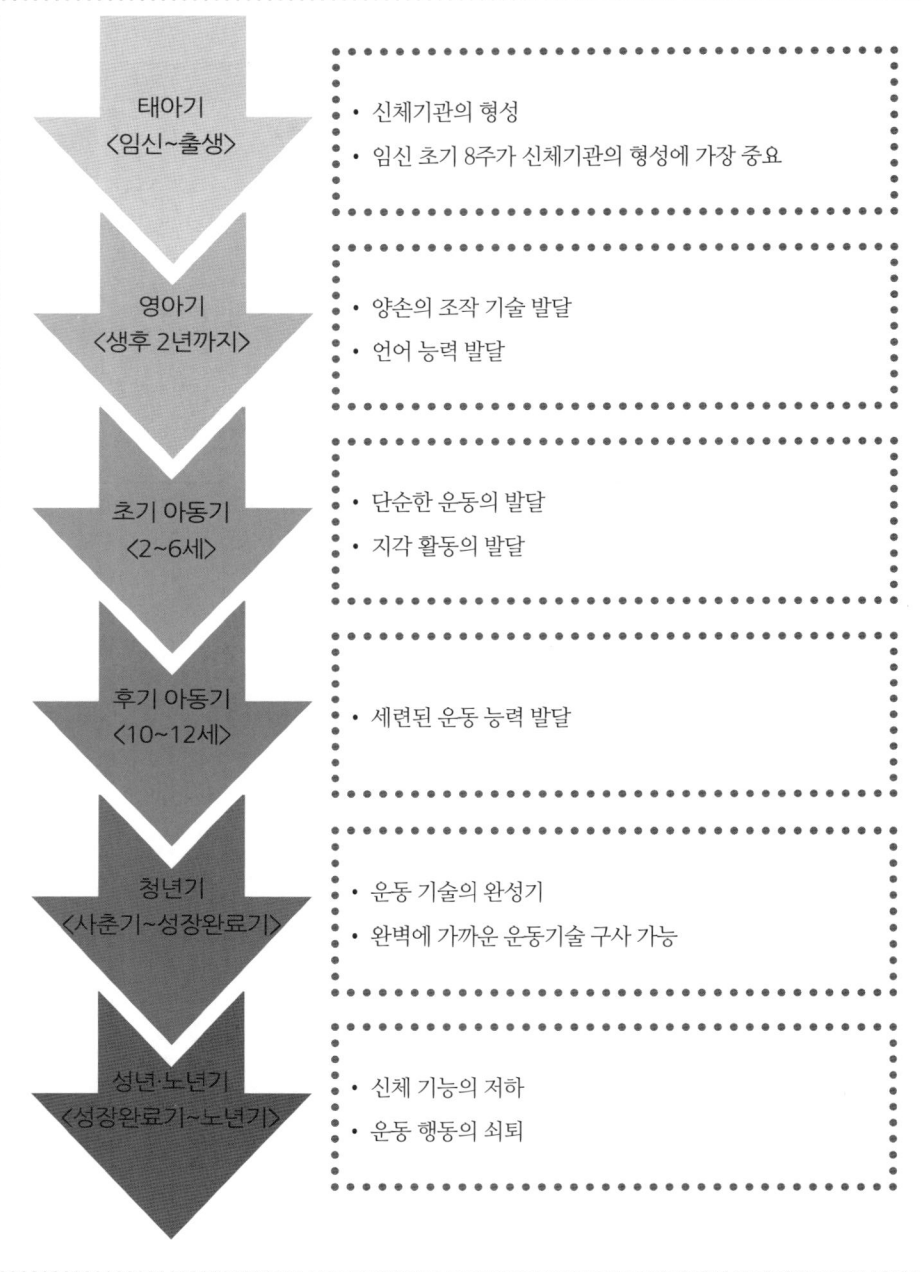

운동 동작의 유형

- 비이동 운동기능
  공간의 이동이 없고 물체 또는 도구를 사용하지 않는 운동기능
  예) 평균대에서 균형잡기, 팔굽혀펴기 등

- 이동 운동기능
  물체 또는 도구를 사용하지 않고 공간을 이동하는 신체운동
  예) 걷기, 뛰기, 두 발 뛰기, 한 발 뛰기 등

- 물체조작 기능
  손이나 몸에 고정시키지 않은 상태에서 어떤 도구를 조작하는 운동
  예) 훌라후프 던지고 받기, 배구공 토스하기 등

- 도구조작 기능
  다른 물체를 통제하기 위한 목적으로 특정한 용구나 기구를 한 손 또는 두 손으로 조작하는 운동
  예) 골프의 퍼팅, 야구의 배팅 등

- 전략적 움직임 기능
  실제 게임에서 특정한 결과를 산출하기 위해 상황에 맞는 의사결정과 움직임이 결합된 운동
  예) 야구에서의 도루, 축구에서의 패스 등

대표 기출 유형

03 운동 발달의 개념에 대한 설명으로 바르지 않은 것은?

① 태아기에서 사망까지의 지속적인 과정이다.
② 발달은 연령에 의해서만 결정되지 않는다.
③ 발달은 운동연습에 의해서만 결정된다.
④ 발달의 속도와 범위는 개인별로 과제의 특성에 의해 영향을 받는다.

정답은 해설지에

2) 운동발달의 시기적 특성 (Gallahue의 운동발달 이론)

반사 움직임 단계 <신생아기>
- 외적 자극에 무의식적인 반응을 보임
- 반사를 통해 환경에 대한 정보 획득
- 전형적 리듬의 움직임

초보적 움직임 단계 <출생~2 세>
- 의도적인 신체 움직임 출현
- 앉고 서기 뿐 아니라 이동 운동 및 조작적 운동 발달
- 앞으로의 발달 과정과 정도에 대한 예측이 가능함

기본 움직임 단계 <2~7 세>
- 기본 운동 능력과 기초 체력을 형성하는 시기
- 지각-운동능력이 본격적으로 발달함
- (시작단계 ➔ 초보단계 ➔ 성숙 단계)의 순서로 진행

전문 움직임 단계 <7~청소년기>
- 일반적인 운동 능력의 발달기(레크리에이션, 스포츠 등)
- (전환단계 ➔ 적응단계 ➔ 생애 활용단계)의 순서로 진행

성장 및 세련 단계 <청소년기~25 세>
- 질적·양적으로 가장 급격한 발달이 발생함
- 호르몬 분비의 증가로 근·골격계가 급성장
- 운동기술 발달에 성차가 두드러짐

최고 수행단계 <25~30 세>
- 최상의 운동 능력과 기술 수행력을 보임
- 남자 28~30세까지, 여자 22~25세까지

퇴보 단계 <30 세~　>
- 생리적, 신경학적 기능이 매년 0.75~1%씩 감소
- 심장 혈관, 근력, 지구력, 신경기능, 유연성 능력 등의 감소와 체지방의 증가에 따라 운동행동이 쇠퇴하기 시작함
- 운동 수행을 통해 퇴보를 지연시키는 것이 가능함

Confirmation
이것만은 꼭!

01 운동학습의 결과 나타나는 운동능력의 진보를 (　　)이라고 한다.

02 주로 유아기에 나타나면 인간의 운동능력 발달이 특히 잘 발달하는 시기를 (　　)라고 한다.

03 운동발달에는 개인의 특성과 환경이 영향을 준다.. 그 중 개인적 요인에는 (　　, 　　, 　　)이 있다.

04 학습에 의한 운동능력의 진보와 관계없이 유전적 요인에 의해 운동기능이 발달할 때 그것을 양적인 개념으로는 (　　)이라고 하고 질적인 개념으로는 (　　)이라고 한다.

정답
1. 운동 발달
2. 민감기
3. 유전, 동기, 자기 개념
4. 성장, 성숙

Previous 단원 기출문제

01 운동 발달의 개념을 적절하게 설명한 것은?

① 운동행동이 연령에 따라 계열적 혹은 연속적으로 변화해 가는 과정
② 어떠한 정보를 그 대상에게 되돌려주는 과정
③ 다른 사람의 행동을 관찰하고 나서 그들의 행동을 모방하기 위한 학습의 과정
④ 숙련된 수행에 필요한 역량을 비교적 영속적으로 변화시키는 연습의 과정

발달은 성장과 성숙에 따라 운동 수행 능력이 어떻게 발달하는가를 의미한다.

정답 : ①

02 운동발달의 원리에 대한 설명으로 옳지 않은 것은?

① 분화와 통합의 과정을 거친다.
② 일정한 순서와 방향성을 가진다.
③ 발달속도는 연령에 상관없이 일정하다.
④ 유전과 환경의 상호작용을 통해 발달한다.

운동 발달은 일정한 순서와 방향을 가지지만 그 발달의 정도에는 개인차가 존재한다.

정답 : ③

03 다음 중 인간 발달의 큰 원리로서 가장 적절하지 못한 것은 어느 것인가?

① 발달은 성숙과 학습에 의존한다.
② 말초에서 중심으로 발달해 간다.
③ 일정한 순서대로 발달해 간다.
④ 발달은 계속적 과정이지만 그 속도는 일정하지 않다.

발달의 주요전제 빈출! 다 외울 것! 발달은 항상 큰 근육에서 작은 근육, 중심에서 말초로 발달!

정답 : ②

04 다음 중 후기 아동기의 신체적 특징으로 알맞은 것은?

① 기본적 능력으로서 이동능력, 안정성 능력이 발달된다.
② 신체인식, 방향인식, 시간인식, 공간인식에서 혼돈이 일어난다.
③ 능동적이며 활동적이어서 걷는 것보다 이리저리 뛰어다니는 것을 좋아한다.
④ 대근육 통제는 급속히 발달되지만 소근육 통제는 잘 이루어지지 않는다.

각 이론마다 시기를 나누는 기준과 용어가 다르므로 이 문제는 상식으로 풀어야 함. ③은 청소년기의 특성, ②와 ④는 유아기의 특성

정답 : ①

05강 스포츠 심리학
스포츠수행의 심리적 요인-1

1. 성격

학습목표
최근 성격을 설명하는 이론들이 자주 출제됩니다. 각 이론의 구체적인 내용들을 잘 이해야 합니다.

Introduction

인간의 각기 다른 성향은 환경과 상황에 대한 개인의 대응 방식에 차이를 만들어 내고 운동 수행의 과정과 결과에 긍정적 또는 부정적인 영향을 미친다.

따라서 운동 수행자의 개인적 성향을 이해하고 이를 기반으로 수행 결과를 예측하는 것은 스포츠 심리학의 중요한 연구 과제 중 하나이다. 또한 부정적인 성향을 긍정적인 방향으로 변화시켜 운동 참여와 수행 결과를 개선하는 것도 스포츠 심리학의 주요 목표이다.

<1> 성격의 개념과 이론

성격은 인간의 행동을 특징적이고 일관성 있게 이끄는 중요한 요소로, 스포츠 분야에서도 두드러진 차이를 보인다. 연구에 따르면, 우수한 선수와 그렇지 않은 선수 사이에는 성격적 차이가 존재하며, 이러한 성격은 운동 참여와 수행 결과에 중대한 영향을 미친다. 따라서 각 선수의 성격을 분석하고 부정적인 성격을 긍정적으로 변화시키는 것은 선수의 운동 참여를 촉진하고 지속시키며, 최종적으로 더 나은 성과를 달성하는 데 기여할 수 있다. 이런 관점에서 선수들의 성격을 연구하는 것은 중요한 의미를 지닌다.

1) 성격의 구조와 특징

(1) 성격의 구조

성격의 특징
- 독특성
  다른 사람과 구별되는 그 사람만의 특징이 나타남
- 안정성(일관성)
  상황의 변화에도 달라지지 않는 고정된 특징을 가짐
- 반응의 차별성
  특정한 상황에 대한 사람마다의 반응과 대응방식이 다름

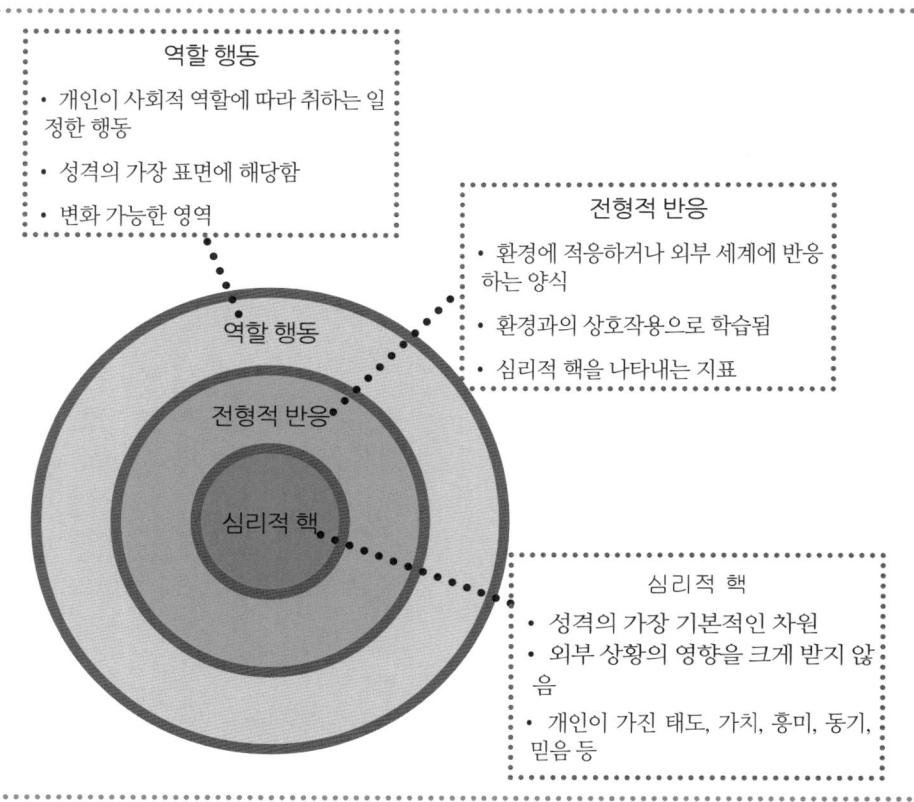

역할 행동
- 개인이 사회적 역할에 따라 취하는 일정한 행동
- 성격의 가장 표면에 해당함
- 변화 가능한 영역

전형적 반응
- 환경에 적응하거나 외부 세계에 반응하는 양식
- 환경과의 상호작용으로 학습됨
- 심리적 핵을 나타내는 지표

심리적 핵
- 성격의 가장 기본적인 차원
- 외부 상황의 영향을 크게 받지 않음
- 개인이 가진 태도, 가치, 흥미, 동기, 믿음 등

대표 기출 유형

01 환경에 적응하도록 결정지어 주는 개인의 내적인 심리적, 물리적 체계의 역동적 조직으로 개인을 유일하고 독특하게 만드는 특징들의 총합체를 무엇이라고 하는가?

① 인물
② 기질
③ 성격
④ 동기

정답은 해설지에

(2) 성격의 구성 요소별 특징

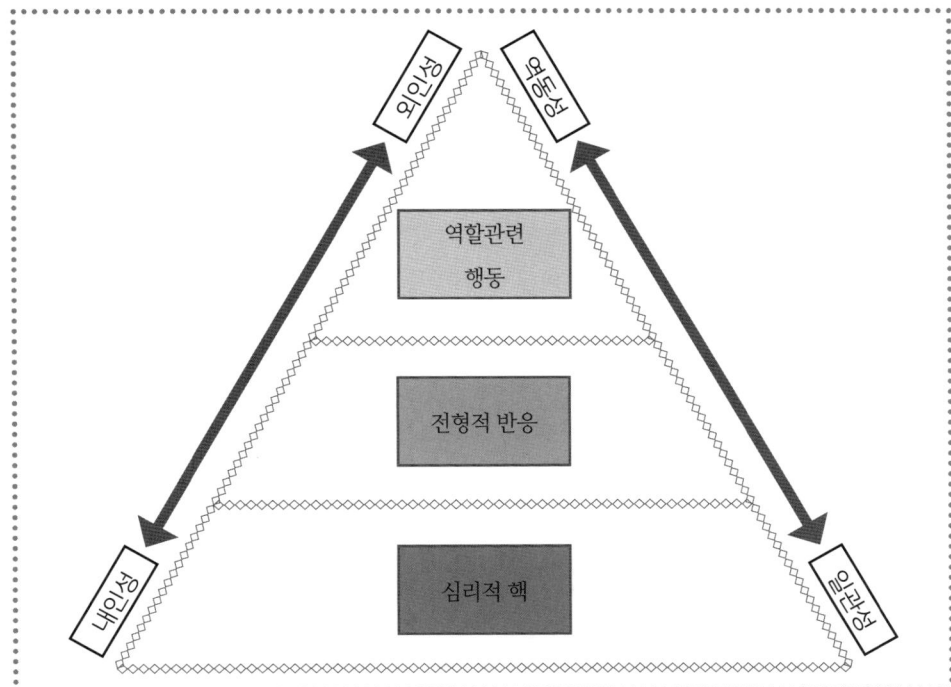

2) 성격의 5 요인 (Lewis Goldberg)

안정성	• 개인의 감정적 안정성 또는 불안 정도 • 스트레스에 대한 저항력, 불안, 적대감 등	
개방성	• 새로운 환경에 행동을 변형시키려는 경향 • 상상력, 심미성, 새로운 가치의 적극적 수용 등	
외향성	• 새로운 도전과 모험을 추구하는 경향 • 활동성, 새로운 자극과 흥미의 추구 등	BIG FIVE
호감성	• 다른 사람이나 문화에 잘 어울리는 경향 • 신뢰성, 진실함, 이타성, 적응성 등	
성실성	• 목표를 위해 욕망을 절제하려는 성향 • 충실성, 성취욕의 발현, 자기규제 능력 등	

성격 5요인 이론

개인의 특성을 규정하는 성격이 5가지의 요인으로 구성된다고 보는 이론이다.

성격 5요인 이론은 기존의 성격 이론들과 다양한 성격 검사를 통합하여 성격의 다양한 차원을 설명하기 위해 만들어졌으며, 개인의 정서, 대인관계, 경험, 태도, 동기 등을 설명하는 가장 효율적인 이론으로 인정되고 있다.

대표 기출 유형

02 성격의 구조에 포함되지 않는 것은?

① 심리적 핵
② 독특성
③ 전형적 반응
④ 역할 행동

정답은 해설지에

<2> 성격 이론

인간의 성격은 종종 고정된 특성으로 인식되지만, 실제로는 환경적 요인의 영향을 받아 변화할 수 있다. 개인의 기본 성격은 특정 자극에 대한 정서적 반응과 태도를 형성하며, 이로 인해 스포츠 활동에 참여하는 사람의 태도 또한 성격에 의해 영향을 받는다.

이 장에서는 인간의 성격을 구성하는 요소와 특성을 설명하는 다양한 이론을 살펴본다.

1) 정신 역동 이론

(1) 정신의 구조

> **정신 역동 이론**
> 인간의 성격은 정신 활동의 기저에 있는 원초아, 자아, 초자아가 갈등과 투쟁, 타협을 하며 인간의 행동이 결정된다는 이론.
> 인간의 성격은 원초아, 자아, 초자아라는 세 가지 요소로 구성된다. 이 세 요소는 갈등과 조화를 이루면서 인간의 행동을 결정한다.
>
> • 원초아(id): 본능적이며 충동적인 성향을 가지고 있으며, 즉각적인 만족을 추구한다.
> • 자아(ego): 현실 원리에 따라 원초아의 충동을 조절하고, 현실에 적합한 방법으로 문제를 해결하려고 한다.
> • 초자아(superego): 도덕적 기준을 내면화하여 원초아의 욕망을 억제하고, 행동이 도덕적으로 올바른지 평가한다.
>
> 이 세 가지 요소는 서로 상호작용하며, 자아는 환경에 적응하고 과거의 경험을 바탕으로 행동을 규정한다.

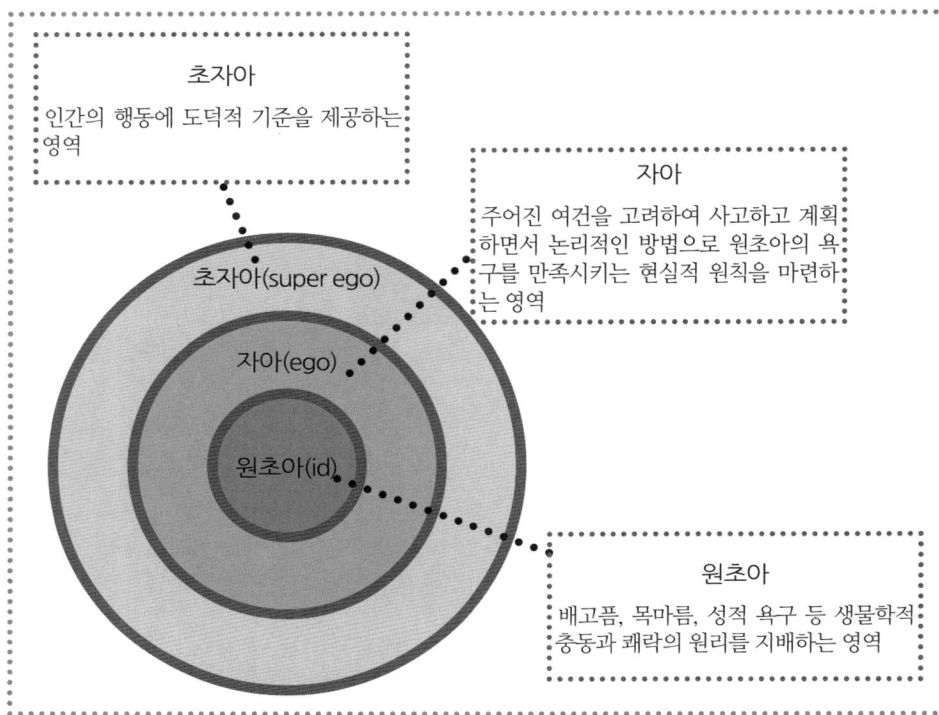

- **초자아**: 인간의 행동에 도덕적 기준을 제공하는 영역
- **자아**: 주어진 여건을 고려하여 사고하고 계획하면서 논리적인 방법으로 원초아의 욕구를 만족시키는 현실적 원칙을 마련하는 영역
- **원초아**: 배고픔, 목마름, 성적 욕구 등 생물학적 충동과 쾌락의 원리를 지배하는 영역

(2) 정신을 구성하는 요소들의 역할

원초아	• 본능적, 충동적 • 정신활동을 위한 에너지를 자아와 초자아에 공급함
자아	• 현실적, 이성적 • 충동적 행동의 억제 • 원초아와 세계 사이에서 자신을 성찰함
초자아	• 도덕적, 규범적 • 바람직한 역할 모델의 내면화 • 공격성과 파괴적 행동을 절제함

> **정신 역동 이론의 한계**
> • 과거의 경험을 지나치게 강조하여 현재의 상황에 대한 인간의 반응을 비관적으로 생각함
> • 스포츠 현장에서 선수들의 성격을 설명하는데 적용하기 어려움

2) 현상학적 이론 (A. Maslow)

(1) 현상학적 이론에 따른 성격의 구조 (인간 행동의 결정 요인)

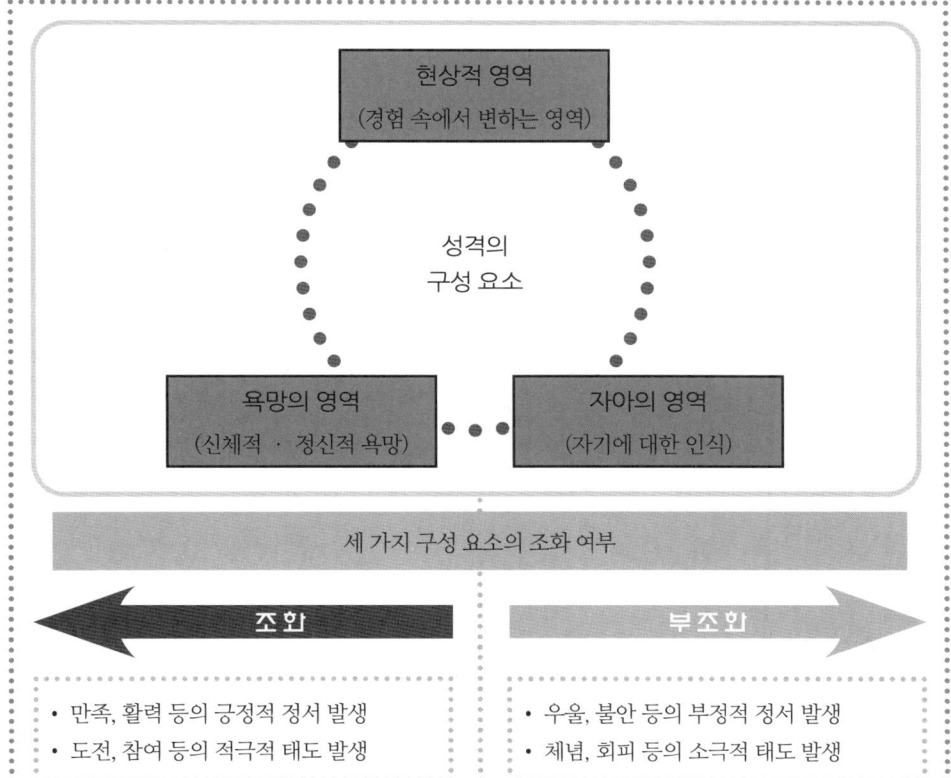

현상학적 성격 이론

인간의 성격과 주관적인 경향은 개인이 현상을 어떻게 인식하고 해석하는지에 따라 결정된다고 설명하는 이론이다. 이 이론에 따르면, 인간의 욕구는 중요성에 따라 계층적으로 배열되어 있으며, 낮은 단계의 욕구가 만족되어야만 더 높은 단계의 욕구를 추구할 수 있다.

또한, 인간의 성숙도와 정신 건강은 자기개념과 실제 욕구 간의 일치 정도에 따라 달라진다고 본다. 예를 들어, '성공하고 싶다'는 욕망과 '경쟁은 나쁘다'는 자기개념 사이에 불일치가 있으면 정신적인 문제가 생길 수 있다.

따라서 인간의 정서와 행동은 욕구와 자기개념 간의 일치 여부, 그리고 현재의 상황과의 조화에 따라 발생한다고 설명한다.

(2) 유기체로서의 인간이 가진 욕구의 단계

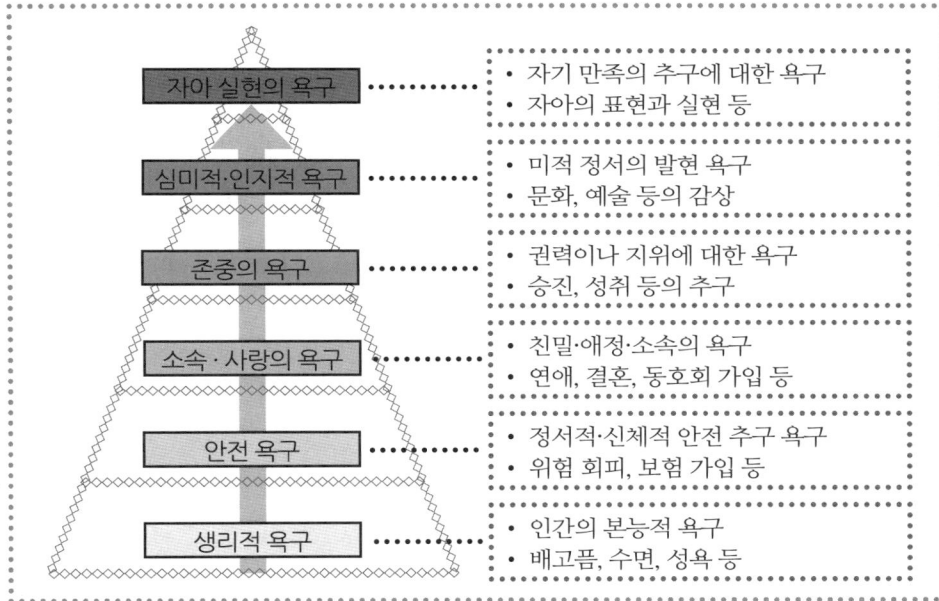

현상학적 이론의 한계

인간의 주관적 심리를 전제로 하기 때문에 과학적으로 증명하기가 어렵다.

대표 기출 유형

03 매슬로(A. Maslow)가 제안한 욕구위계이론에서 다른 욕구가 충족되었을 때 마지막에 나타나는 최상위 욕구는?

① 안전 욕구
② 생리적 욕구
③ 자아실현 욕구
④ 소속 욕구

정답은 해설지에

3) 특성적 접근(특성 이론) (G. W. Allport)

(1) '특성'의 의의

- 개인의 독특성을 만드는 결정적 소질
- 일관성과 안정성을 가지므로 환경적 요소의 영향을 적게 받음
- 개인이 가진 독특한 성질이기 때문에 개인·집단간의 차이를 비교할 수 있음

(2) 특성 이론에 따른 성격의 구조 (인간 행동의 결정 요인)

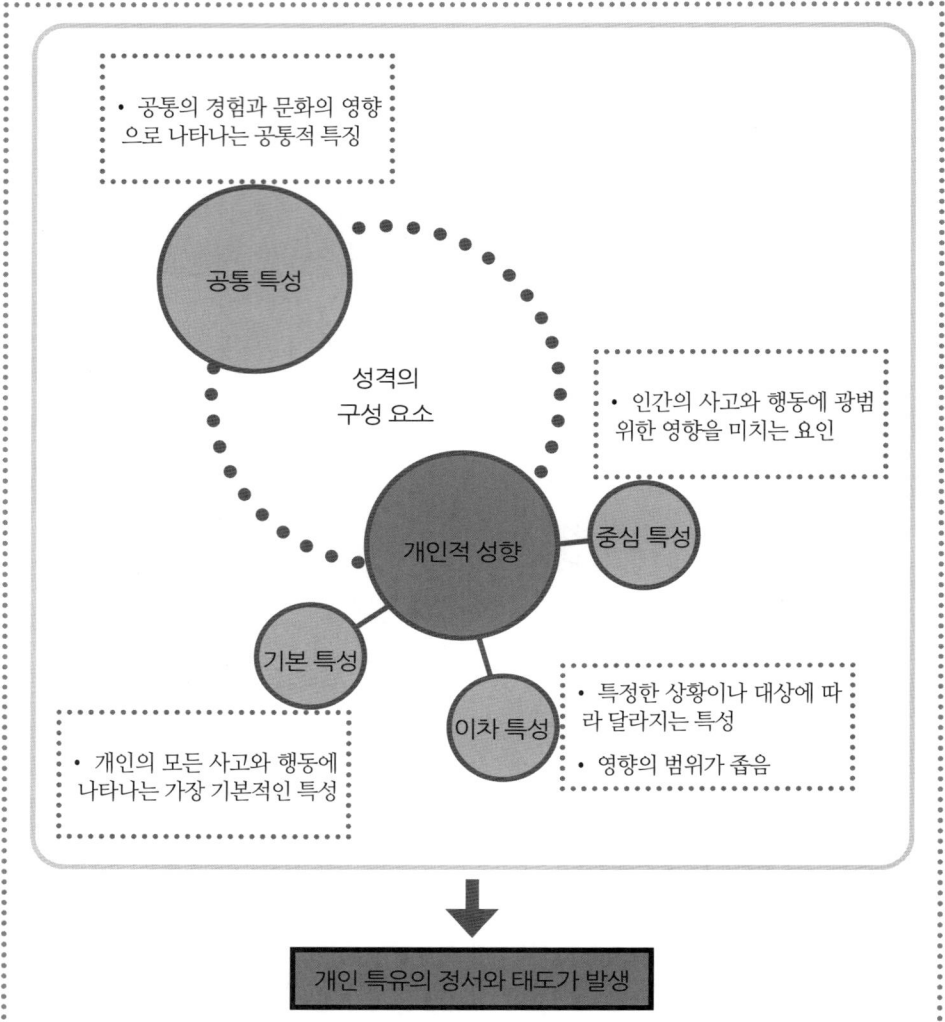

특성 이론

이 이론은 사람들이 공통적으로 가지는 여러 특성을 구분한 후, 개인이 가진 심리적 특성을 정도에 따라 분류하여 이해하려고 한다. 개인의 지속적인 행동 특징이나 반응의 경향성을 특성(trait)이라고 하는데, 이러한 특성은 누구에게나 공통적으로 나타나지만, 그 강도나 정도에 차이가 있을 뿐이라고 본다.

특성론에서 제시하는 인간의 공통적인 성격 특성으로는 충동성, 사회성, 책임성, 지배성, 안정성, 동조성, 우월성, 사려성 등이 있다. 이 특성들은 개인의 성격을 분류하는 데 사용될 수 있다.

또한, 특성론의 접근 방식은 성격에만 국한되지 않고, 적성, 흥미, 가치관, 능력 등과 같은 행동적 측면을 설명하는 데에도 유용하다.

특성적 접근의 한계

- 수집된 자료를 분석하는 방식에 따라 개인의 특성요인이 다르게 분류될 수 있음
- 인간의 행동이 상황적 요인들과의 상호작용이라는 점을 간과함

4) 사회학습 이론 (사회적 상호작용 관계 이론) (A. Bandura)

(1) 성격의 구조 (인간 행동의 결정 요인)

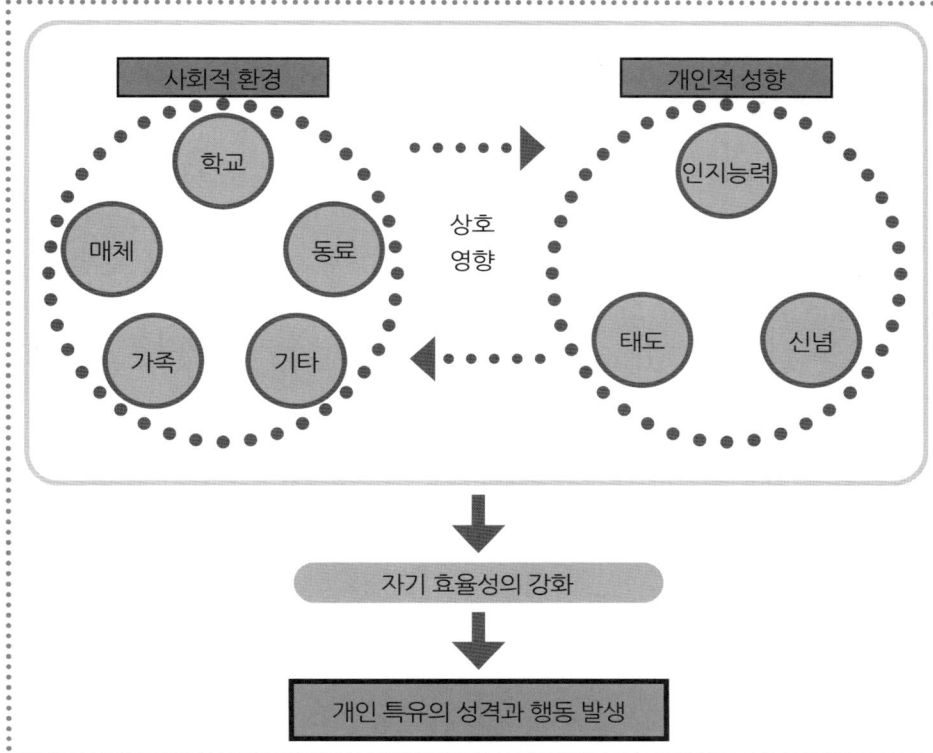

(2) 행동 실행 단계

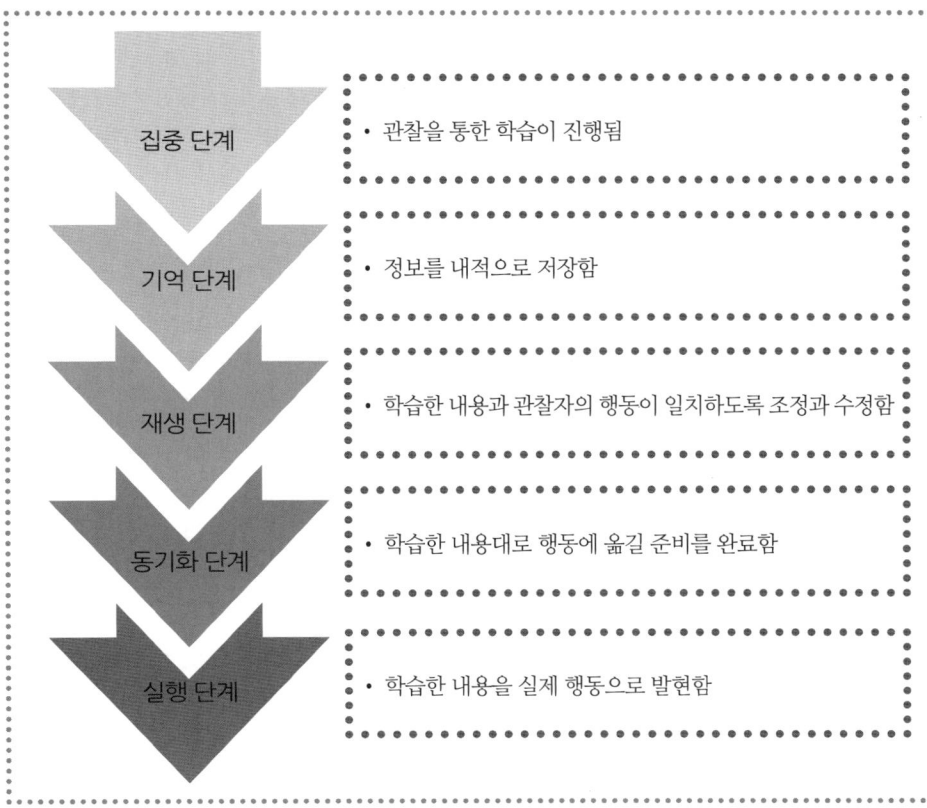

사회학습 이론

이 이론은 인간의 사회적 행동뿐만 아니라 개인의 성격 같은 심리적 특성도 사회적 과정, 특히 다른 사람과의 관계를 통해 학습된다고 설명한다.

사회학습 이론은 행동주의 학습 이론이 '인간의 행동'에만 초점을 맞추는 것과 달리, 인간의 내면에서 일어나는 인지 과정도 중요하게 여긴다. 관찰학습을 통해 얻은 정보는 자기 효율성이라는 강화를 통해 필요할 때 행동으로 옮겨진다. 관찰학습에서 행동 실천까지는 다음과 같은 단계가 필요하다:

- 집중 단계: 행동이나 상황이 관찰자의 주의를 끌어야 학습이 이루어진다.
- 기억 단계: 관찰한 정보를 기억하고 내적으로 보유하는 단계이다.
- 재생 단계: 학습한 내용과 행동이 일치하도록 자기 수정을 한다.
- 동기화 단계: 학습한 내용을 실제 행동으로 옮기기 전에 기대감을 가지는 단계이다.

사회학습 이론은 다른 사람의 행동, 인지 구조 외에도 대중매체에서 제시되는 모델과 여러 환경의 상호작용 등도 중요한 학습 요인으로 다룬다.

대표 기출 유형

04 〈보기〉가 설명하는 성격 이론은?

< 보 기 >

자기가 좋아하는 국가대표 선수가 무더위 속에 진행된 올림픽 마라톤 경기에서 불굴의 정신력으로 완주하는 모습을 보고, 자기도 포기하지 않는 정신력으로 10Km 마라톤을 완주하였다.

① 특성이론
② 사회학습이론
③ 욕구위계이론
④ 정신역동이론

정답은 해설지에

<3> 성격의 측정

성격의 측정 방법은 다음과 같은 주요 접근 방식으로 이루어진다.

- 평정척도법:

이 방법은 개인을 직접 면접하거나 일상적인 행동과 태도를 관찰하여, 미리 준비된 척도를 사용해 결과를 수량화하는 방식이다. 주관적 평가를 통해 성격 특성을 측정할 수 있다.

- 질문지법:

일련의 문장이나 형용사에 대해 응답자가 자신이나 타인의 행동이나 심적 상태를 얼마나 정확하게 기술하는지를 표시하도록 요구한다. 응답자는 특정 수치에 체크하거나 질문 항목의 적합성을 표시함으로써 성격을 파악할 수 있다.

- 투사법:

이 방법은 개인이 자신도 모르게 가지는 희망, 관심사, 충동 등을 다른 사건이나 사물에 투사한다고 가정한다. 표준화된 애매모호한 자극을 제시하고 이에 대한 반응을 분석하여 개인의 내면적 성격 요소를 파악하려는 방식이다.

이 외에도 다양한 성격 검사 방법이 존재하지만, 성격 검사는 완벽한 분석 도구라고 보기 어렵다. 각 검사 방법은 개인의 성격을 이해하는 데 도움을 줄 수 있으나, 성격을 단순한 도구로 완전히 분석하는 것은 불가능하다. 성격은 복잡하고 다면적이기 때문에, 여러 방법을 통합하여 분석하는 것이 필요하다.

1) 성격을 측정하는 대표적인 방법

(1) 질문지법

다면적 인성 검사	성격 특성, 정서적 적응 수준, 검사에 임하는 태도 등 다양한 심리 내적 영역을 양적으로 측정할 목적으로 실행되는 자기보고형 검사
성격의 5요인 검사	안정성, 외향성, 개방성, 우호성, 성실성 등 5가지 요인에 관한 질문에 답하게 하여 성격의 유형을 검사함
EPI 검사	내향성/외향성, 안정성/불안정성 등의 2차원으로 성격을 측정함
MBTI 검사	에너지의 방향, 인식, 판단, 생활 등의 항목을 통해 성격을 검사함
16PF 검사	성격의 요인을 16가지로 나누어 측정하는 검사

(2) 투사법

로르샤흐 잉크반점 검사	비구조화된 잉크반점들의 의미에 대한 응답자의 해석을 분석, 그의 내적 감정을 찾아내고, 그의 성격 구조를 해석하는 검사
주제 통각 검사	인물들이 들어 있는 모호한 그림에 대해 응답자가 만들어 내는 이야기에 기초하여 응답자의 동기, 관심사 그리고 그들이 세상을 바라보는 방식을 해석하는 검사
문장 완성 검사	미완성된 문장을 완성하게 하여 피시험자의 심리를 투사하는 검사

□ 성격 측정의 주의사항

- 심리검사의 목적을 미리 설명할 것
- 심리검사 결과만으로 선수를 선발하지 말 것
- 심리검사 결과에 대한 피드백을 제공할 것
- 검사 결과에 대해 타인에게 비밀을 유지할 것
- 다른 사람과의 비교 방법으로 활용하지 말 것

기타의 성격 검사 방법

- 평정척도법
 개인을 직접 면접하거나 일상적인 행동이나 태도를 관찰하여 그 결과를 일정한 척도에 따라서 수량화하는 방식

- 작업검사법
 일정한 작업을 시키고, 작업의 경과와 결과에서 성격을 파악함

<4> 성격과 경기력과의 관계

선수의 경기력과 성격 간의 상호연관성은 다양한 연구에 의해 입증되었다. 우수한 선수는 일반적으로 불안에 대한 대처 능력, 주의 조절, 심리 기술 활용 등에서 우수한 인지 전략을 구사한다. 이러한 성격적 특성은 경기력에 긍정적인 영향을 미친다.

우수한 선수는 긍정적인 성격적 특성을 지니고 있으며, 이는 경기 수행의 질을 높이는 데 기여한다. 성격은 경기력에 직접적인 영향을 미치며, 특정 성격적 특성이 경기력의 우수성에 기여한다고 볼 수 있다.

또한, 선수들이 경기 기능이 향상됨에 따라 성격적 특성이 유사해지는 경향이 관찰되기도 한다. 이는 특정 성격을 가진 선수가 경기에서 우수성을 보이며 생존할 가능성이 높아지기 때문일 수 있으며, 운동 참여를 통해 운동에 적합한 성격적 특성이 강화될 수 있음을 시사한다.

규칙적인 운동 참여는 성격에 긍정적인 영향을 미치며, A형 행동(공격적이거나 강박적인 성향)을 감소시키고 B형 행동(여유롭고 낙천적인 성향)을 강화하는 효과가 있다. 또한, 규칙적인 운동은 스트레스에 대한 심폐계 반응을 낮추어 성인 질환의 발생을 억제할 수 있다는 연구 결과도 있다. 이는 운동이 신체적, 심리적 건강에 미치는 긍정적인 영향을 강조한다.

우수 선수의 성격적 특성
- 정신 건강이 우수함
- 활력이 평균보다 높음
- 긴장, 우울, 분노, 피로, 혼동이 낮음
- 빙산형 프로파일을 보임
- 훈련과 시합 중 뛰어난 인지적 전략을 사용함

우수 선수의 심리적 전략
우수 선수와 비우수 선수 사이의 차이는 인지전략에서 크게 나타난다.
즉 우수 선수의 불안에 대한 대처 능력, 주의조절 능력, 심리기술 능력 등이 일반 선수에 비해 뛰어나다.

빙산형 프로파일과 경기력
우수 선수가 빙산형 프로파일을 보여주는 경우가 많지만, 선수의 빙산형 프로파일만을 근거로 팀 대표로 선발하거나 경기력을 예측하는 것은 바람직하지 않다.

1) 우수 선수의 특징

(1) 우수선수의 빙산형 프로파일 (K. Morgan)

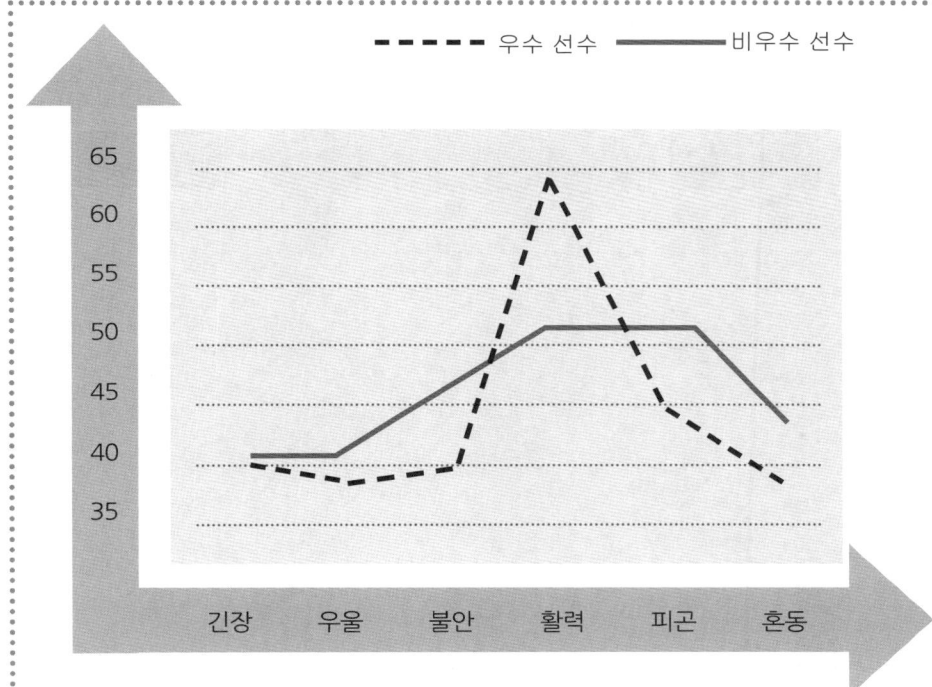

(2) 우수한 선수들의 심리적 전략과 특성

- 경기에 대한 구체적 계획을 수립함
- 돌발상황에 대한 전략을 수립함
- 경기 전 이미지 트레이닝과 같은 정신 연습을 수행함
- 본인의 각성과 불안을 조절함
- 자신의 능력과 노력으로 할 수 있는 일에만 집중함
- 경기에 대한 몰입 능력이 뛰어남

대표 기출 유형

05 우수 선수의 특징으로 알맞지 않은 것은?

① 불안의 발생을 차단하기 위해 구체적인 대처전략을 고민하지 않는다.
② 최적의 수행에 도움이 되도록 각성과 불안수준을 조절한다.
③ 자신에게 도움이 되는 고유한 심상을 실천한다.
④ 훈련과 시합상황에서 매우 뛰어난 인지 능력을 보인다.

정답은 해설지에

운동과 성격의 관계
- 12주간의 운동으로 A형 행동의 변화가 가능하다.
- 운동으로 A형 행동의 빈도가 낮아진다.
- 운동을 통해 스트레스에 대한 심폐계의 반응성이 낮아진다.

A형 행동과 운동
- A형 행동을 보이는 사람은 운동 실천율이 낮다.
- A형 행동을 보이는 사람은 부상을 당하는 빈도가 높다.
- A형 행동을 보이는 사람은 운동에 대한 노력을 더 많이 하고 운동강도를 다른 사람보다 더 높게 인식한다.

운동과 자기 개념
운동과 자기 개념 사이에도 긍정적인 관계가 성립한다. 규칙적인 운동은 자신에 대한 긍정적인 생각에 도움을 준다.

---

2) 성격과 운동 경기와 관계
- 운동선수는 일반인에 비해 불안의 수준이 낮고 외향적이며 사회성이 강함
- 단체경기 선수는 개인종목의 선수보다 불안이 높고, 의존적이며 외향적임
- 신체 접촉이 많은 종목의 선수가 신체 접촉이 적은 선수보다 독립적이며 이기심이 적음
- 구기종목에서는 공격수가 수비수보다 정서적으로 불안정하고 외향적임

3) 규칙적인 운동과 성격의 변화

(1) A형 행동과 B형 행동

A형 성격
- 경쟁심, 적대감, 과도한 성취욕구, 시간 강박증 등을 가진 성격
- 관상동맥 심장질환과 상관성이 높음

B형 성격
- 여유, 너그러움, 쾌활함, 협력적 태도 등을 가진 성격
- 높은 스트레스 저항력, 스트레스에 대한 심폐계의 반응 낮음

(2) A형 행동의 B형 행동으로의 변환

A형 행동 → 12주 동안의 유산소 운동 → B형 행동

대표 기출 유형

06 성격과 성격 연구에 관한 설명으로 바르지 않은 것은?

① 성격이란 어떤 사람이 다른 사람과 구별되도록 해주는 여러 특성들을 말한다.
② 선수의 빙산형 프로파일을 근거로 팀대표로 선발을 하거나 경기력을 예측하는 것이 적합하다.
③ 운동을 꾸준히 실천하면 A형 행동의 빈도가 낮아진다.
④ 대부분의 우수 선수는 훈련과 시합 상황에서 인지적 전략을 사용한다.

정답은 해설지에

<6> 불안, 스트레스 관리 기법

불안과 스트레스는 운동 수행에 밀접한 영향을 미친다. 적절한 수준의 불안과 스트레스는 운동 수행에 긍정적인 영향을 줄 수 있지만, 이러한 수준이 지나치게 높아지면 운동 성과에 부정적인 영향을 미친다. 따라서 선수의 경기력을 향상시키기 위해서는 불안과 스트레스를 적절히 관리하는 것이 필수적이다.

불안과 스트레스의 관리는 각성 수준의 조절을 통해 이루어진다. 즉, 불안과 스트레스 관리의 핵심은 각성을 조절하는 것이며, 이를 통해 각성 수준을 조절하거나 조절함으로써 운동 수행을 최적화하는 것이다. 다양한 방법을 통해 각성을 조절하는 것이 운동 수행에 긍정적인 영향을 미친다.

1) 각성의 조절 방법

심호흡	자신의 호흡에 집중하면서 호흡을 통해 체내의 산소의 양을 조절하여 불안을 감소시키는 방법
자생훈련(자기최면)	스스로 최면이나 명상으로 각성을 조절하는 방법
점진적 이완	조용한 장소에서 편안한 자세를 취한 후 긴장된 몸의 근육을 순서대로 이완하는 방법
체계적 둔감화	불안이나 스트레스를 유발하는 자극에 의도적으로 노출시켜 점차 둔감해지도록 훈련하는 방법
사고정지	불안이 상승되는 상황에서 사고를 정지함으로써 더 이상의 불안증가를 막는 기법
바이오 피드백	근전도나 심전도 등 신체의 각성 정도를 측정할 수 있는 장비를 이용하여 스스로를 모니터링하면서 각성을 조절하는 방법

2) 각성의 촉진 방법

- 목표의 설정
- 경기 전의 모의연습
- 심호흡
- 심상 훈련
- 스트레칭과 운동
- 자화(스스로에게 말하기)

불안의 조절 방법
- 자신이 할 수 있는 일에만 주의를 집중한다.
- 최악의 시나리오를 생각해 본다.
- 신체의 활동성을 유지한다.
- 부정적 생각을 긍정적 생각으로 바꾸는 인지적 전략을 활용한다.
- 심상 훈련을 실시한다.

불안과 운동의 관계
- 적정 수준의 운동은 도움이 되지만 낮거나 지나친 운동은 도움이 안 됨
- 우수 선수는 불안을 긍정적으로 해석함
- 유산소 운동은 불안을 감소시킴
- 유산소 운동들 사이의 불안감소 효과는 비슷함
- 장기적 운동 → 특성불안 감소
- 일회성 운동 → 상태불안 감소
- 웨이트 트레이닝과 같은 무산소 운동은 불안해소 효과가 거의 없음

Confirmation 이것만은 꼭!

01 성격을 이루는 하위요소 중 환경과의 상호작용으로 학습되어 만들어지며 외부 환경에 대응하여 나타나는 개인마다의 특수한 반응이나 행동양식을 (　　)이라고 한다.

02 성격의 가장 기본적인 차원으로 개인이 가진 태도, 가치관, 흥미 등을 결정하는 요인을 (　　)이라고 한다.

03 정신역동이론에서 말하는 정신을 구성하는 세 요소는 다음과 같다. (　　, 　　, 　　)

04 인간의 성격과 정신을 설명하는 이론 중 매슬로우의 이론에서 경험과 환경 속에서 변하는 인간의 성격영역을 (　　)이라고 한다.

05 여러 환경적인 요인이나 상황 속에 처한 사람들에게서 나타나는 특정한 행동적 특징이나 경향성이 있으며 그런 특징들의 양적인 차이에 따라 성격을 구분할 수 있다고 주장하는 성격이론은 (　　)이다.

06 주요타자들의 영향과 그들에 대한 관찰학습을 통해 개인의 사회적 행동이나 성격이 학습된다는 이론을 (　　)이라고 한다.

07 스포츠 심리학자 모건에 따르면 우수한 선수일수록 경기 중에 긴장이나 혼란, 불안보다 활력의 수준이 높게 나타나는데 이런 모델을 (　　)이라고 한다.

08 성격의 검사방법 중에서 애매모호한 그림 등을 제시하고 그에 대한 반응을 통해 개인의 내면에 숨겨진 희망, 관심사, 충동 등을 해석하는 방식을 (　　)이라고 한다.

정답

1. 전형적 반응
2. 심리적 핵
3. 원초아, 자아, 초자아
4. 현상학적 영역
5. 특성이론 혹은 특성적 접근 이론
6. 사회학습 이론
7. 빙산형 프로파일
8. 투사법

Previous 단원 기출문제

01 다음 중 가장 적절하지 못하게 서술한 것은 어느 것인가?

① 근래 경기력에 상관되는 심리적 요인을 종합적으로 접근하려는 심리 기술 연구가 활발하다
② Morgan의 빙산형 프로파일에서 성공적인 선수에게서 나타나는 빙산의 꼭지는 "긴장"항목이다.
③ 성격 구조가운데 가장 쉽게 변할 수 있는 단계는 역할 관련 행동이다.
④ 우수한 선수일수록 긍정적인 성격 영역이 높게 나타난다.

다른 이론에 비해 어렵지는않지만 MORGAN의 빙산형 프로파일은 과거에 빈출! 우수선수는 활력이, 비우수선수는 긴장이 높다.

정답 : ②

02 스트레스를 받기 쉬우며 극단적인 경쟁심과 적대감, 초조함, 높은 성취동기 등을 특징으로 하는 행동 특성을 가진 성격을 분류하여 이르는 용어는?

① A형 성격
② B형 성격
③ C형 성격
④ AB형 성격

A형 성격 - 경쟁심, 불안
B형 성격 - 활력, 긍정적

정답 : ①

03 <보기>에서 설명하는 홀랜더(E. P. Hollander)의 성격구조는?

< 보 기 >
• 깊숙이 내재되어 있는 실제 이미지를 의미한다.
• 자아, 태도, 가치, 흥미, 동기 등을 포함한다.
• 일관성이 가장 높다.

① 심리적 핵
② 전형적 역할
③ 역할행동
④ 전형적 반응

가장 깊숙이 있으며 일관성이 가장 높은 성격의 요소는 '심리적 핵'이다.

정답 : ①

04 성격의 측정법 중 하나로 잉크의 얼룩이나, 불분명한 그림 등 막연하고 애매한 자극을 제시한 후 그에 대한 반응을 분석하여 피험자의 성격을 파악하는 방법은?

① 질문지법
② 투사법
③ 작업검사법
④ 성격측정지법

비구조화된 잉크반점들의 의미에 대한 응답자의 해석을 분석하여 내적 감정을 찾아내고 성격의 구조를 해석하는 방식은 투사법 중 로르샤흐 잉크반점 검사라고 한다.

정답 : ②

06강  스포츠수행의 심리적 요인-2

1. 정서와 시합불안

학습목표
불안의 종류와 불안을 설명하는 이론들의 구체적인 내용이 자주 출제됩니다. 특히 각성과 운동수행능력의 관계가 중요합니다.

Introduction
인간은 경쟁 상황을 위협적으로 인식하고 이에 따라 긴장이나 불안 등의 정서를 경험하는 경향이 있다. 그러나 이러한 긴장을 어떻게 인식하느냐에는 개인적인 차이가 존재하며, 일반적으로 긴장을 긍정적으로 인식하는 수행자가 더 나은 경기 결과를 보인다.

따라서, 수행자가 느끼는 긴장을 효과적으로 관리하고 불안이 발생하지 않도록 유도하는 것은 경기 성과를 향상시키기 위한 중요한 요소로 간주된다.

<1> 재미와 몰입

인간은 스포츠 활동을 통해 다양한 이유로 참여하며, 그 중에서도 '재미'는 운동에 대한 흥미와 동기를 유발하고 운동의 지속적인 참여를 촉진하는 중요한 요인으로 작용한다.

스포츠 활동 중에는 때때로 무아지경의 상태와 유사한 '최상의 즐거움'과 '최고의 행복감'을 경험할 수 있으며, 이를 '몰입'이라고 한다. 몰입은 활동 자체가 목표와 완전히 일치하여 그 자체에 만족을 느끼며, 완전히 몰두하는 상태를 의미한다.

최상의 감정 상태인 몰입을 경험하기 위해서는 재미뿐만 아니라, 신체와 정신에 대한 자신감, 열정, 집중 등이 중요하다. 이러한 조건들이 갖추어질 때, 스포츠 참여자는 몰입을 통해 최상의 감정 상태를 경험할 수 있다.

재미의 영향요인 (M. Weiss & A. Amorose)
1. 소속감
2. 동작에 대한 감각적 체험
3. 숙달과 성취감

몰입 체험과 내적 동기
몰입은 수행자가 과제에 완전히 몰두하게 하여 내적 동기를 최고의 수준으로 높인다.
몰입은 수행자의 기술 수준과 과제의 난이도가 일치할 때 발생하며, 자신감과 기타의 긍정적인 생각 등이 몰입을 돕는 요인이 된다.

1) 몰입의 과정

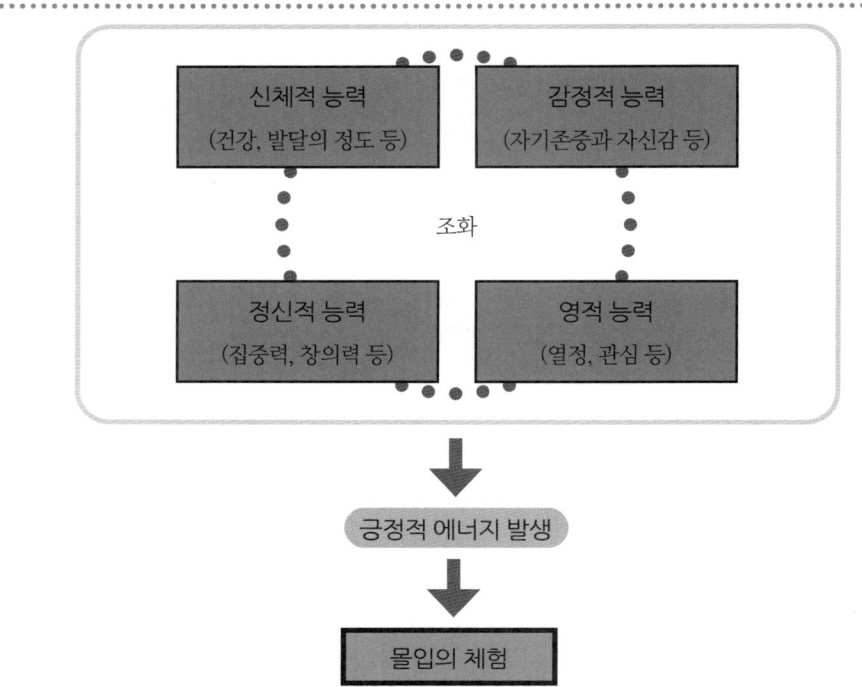

몰입을 가능하게 하는 조건
- 명확한 목표
- 긍정적 감정
- 건강한 신체
- 내재적 동기와 흥미
- 생산적 사고
- 자기 통제감
- 적절한 난이도의 과제
- 적절한 피드백

<2> 정서의 발생과 측정

정서는 다양한 감정, 생각, 행동과 관련된 정신적 및 생리적 상태를 의미한다. 일반적으로 정서는 기분, 기질, 성격 등과 관련이 있으며, 수행 과제의 도전성과 운동 수행자의 기량에 의해 영향을 받을 수 있다. 예를 들어, 과제의 도전성이 높으나 수행자의 기량이 낮을 때는 불안이 발생할 수 있으며, 반대로 과제의 도전성과 수행자의 기량이 모두 높을 때는 몰입 상태가 유도될 수 있다.

정서의 발생은 인지적 및 생리적 변화를 동반하며, 이러한 변화는 운동 수행 과정과 결과에 영향을 미친다. 스포츠 심리학에서는 각성, 불안, 스트레스 등 주요 정서 개념을 다루며, 이러한 정서들은 운동 참여와 수행에 중요한 영향을 미친다. 따라서 운동 수행자의 정서를 측정하고 이해하는 것은 정서와 운동 간의 상호 영향을 분석하는 데 필수적인 과정이다.

> **각성**
> 자극에 반응을 보이는 생리적·심리적 상태
>
> 완전한 이완상태에서 극도의 흥분에 이르기까지 연속적으로 변화하는 생리적·심리적 활성화의 정도를 말한다. 각성의 상승은 심박수의 증가와 혈압 상승, 자율신경계통과 내분비계통의 활성화를 수반한다.

1) 운동과 정서의 상관관계 (Csikszent Mihaly)

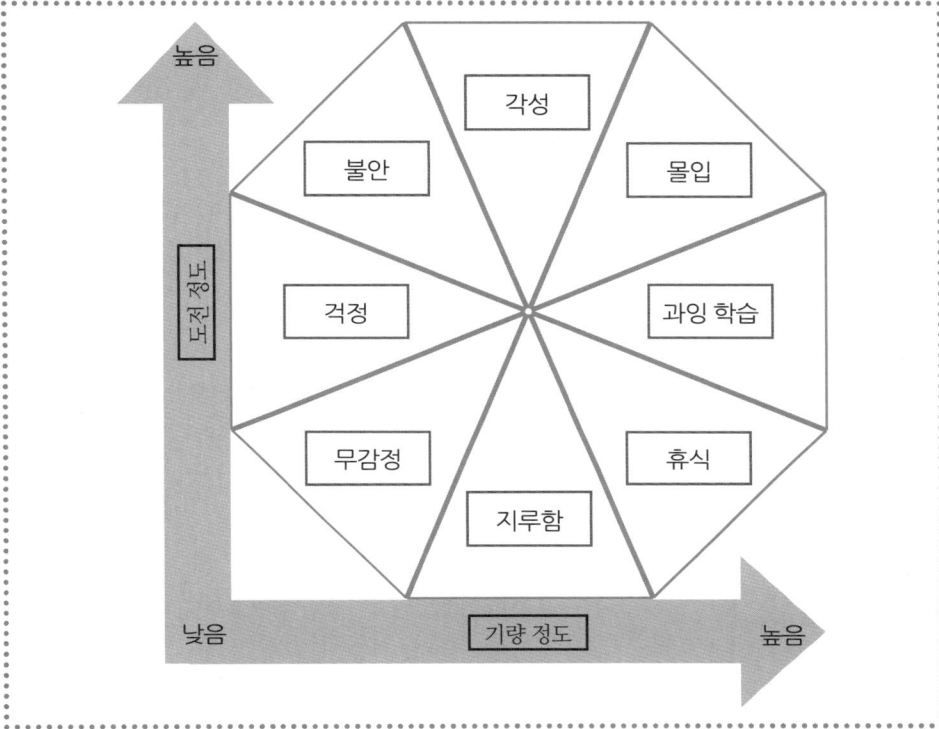

> **정서 흐름 모형**
> 인간의 운동 참여는 정서의 흐름과 상호관계를 가진다. '칙센트 미하이'의 연구에 따르면 인간은 특히 과제가 가진 도전성과 수행자가 가진 기량의 정도에 따라 정서에 변화가 발생하게 된다.
>
> 예를 들어 과제의 도전성이 높은데 기량은 낮으면 불안이 발생하며 과제의 수준과 수행자의 기량이 모두 높을 때 몰입이 이루어진다는 것이다.

2) 정서의 측정 방법

생리적 측정	• 신체의 생화학적·물리적 반응을 측정할 수 있는 심전도기기와 같은 기계를 활용함
행동적 측정	• 선수가 특정한 정서일 때 보이는 구체적인 행동들을 관찰 기록하여 활용함
심리적 측정	• 심리 상태를 측정할 수 있는 척도가 기록된 설문지, 검사지 등을 활용함

> **빈출하는 심리와 수행과의 관계 이론**
>
> • 스트룹 효과 : 특정한 색깔을 의미하는 단어와 그 단어를 표기한 글자의 색상이 일치하지 않을 때 반응속도가 늦어지는 현상
>
> • 지각 협소화 : 스트레스, 위협, 긴장 등의 상황에서 사람이 감각 정보를 선택적으로 처리하고, 그로 인해 지각의 범위가 좁아지는 현상
>
> • 칵테일 파티 효과 : 시끄럽고 어수선한 환경에서도 자신이 관심을 가진 대상에 주의를 집중할 수 있는 현상
>
> • 심리적 불응 : 두 가지 자극이 짧은 시간 간격으로 제시되었을 때, 두 번째 자극에 대한 반응 시간이 느려지는 현상
>
> • 무주의 맹시 : 시각적 정보를 충분히 볼 수 있는 상황에서도, 주의가 그 정보에 집중되지 않으면 그 정보를 인식하지 못하는 현상

<3> 불안의 유형과 측정

불안은 신체의 각성 상태를 동반하는 초조, 걱정, 우려 등의 부정적인 정서 상태를 의미하며, 이는 신체적 또는 정신적으로 명확한 위협을 인지할 때 나타나는 공포와는 구별된다. 불안은 아직 발생하지 않은 사건에 대한 감정이다. 불안은 다른 정서 상태에 비해 운동 수행과 결과에 가장 큰 영향을 미치므로, 불안을 제어하기 위해서는 우선 불안의 정도를 측정하는 것이 필요하다. 불안을 측정하는 방법은 생리적, 행동적, 심리적 상태를 측정할 수 있는 기기나 질문지를 활용하는 것이다.

불안의 유형 암기 팁
- 상태불안
  상태에 따라 달라지는 불안
- 특성불안
  성격적으로 타고나는 불안
- 인지불안
  머릿속으로 걱정하는 불안
- 신체불안
  몸의 증상으로 나타나는 불안
- 방해불안
  수행에 방해가 되는 불안
- 촉진불안
  수행에 도움을 주는 불안

1) 불안의 유형

(1) 발생 이유에 따른 불안의 유형

← 특성 불안 | 상태 불안 →

- 개인의 성격적 특성에 의해 발생하는 불안
- 특정한 상황 속에서 발생하는 불안

(2) 증상에 따른 불안의 유형

인지적 불안	자신감의 저하, 판단능력의 상실, 실패에 대한 걱정, 낮은 동기 등의 이유로 인지영역에서 발생하는 불안 증상
행동적 불안	의사소통 불능, 집중능력의 저하, 건망증, 떨림 등 행동을 통해 나타나는 불안 증상
생리적 불안	근육의 경직, 혈압 상승, 심박·호흡 증가 등 생리적 현상을 통해 나타나는 불안 증상

2) 불안의 측정

(1) 불안의 측정방법

심리적 측정	불안 측정 검사지, 신체 자각 설문지, 스포츠 경쟁 불안 검사 등을 활용하여 측정함
행동적 측정	안절부절, 주의 산만, 언어적 소통 능력 저하 등 수행자의 행동을 관찰하여 측정함
생리적 측정	뇌전도, 심전도, 근전도 등의 기기를 이용하여 피부저항, 발한율, 심박수, 혈압 등의 생리적 변화 정도를 측정함

(2) 불안 측정검사

STAI(상태특성불안검사)	상태불안척도, 지금 현재 느끼고 있는 불안(상태불안)과 언제나 느끼고 있는 불안(특성불안)의 정도를 측정하는 자기평가식 척도
SCAT(스포츠 경쟁 불안 검사)	스포츠 전문 불안검사의 필요성이 제기되면서 경쟁특성 불안을 측정하기 위해 개발된 검사법
CSAI-2(경쟁상태 불안검사)	인지적 상태불안, 신체적 상태불안, 상태자신감의 하위요인으로 나누고 총 27문항으로 구성된 자기 평가 질문지
16PF(다요인인성검사)	개인의 근본적인 성격특성을 파악하기 위해 외향성, 불안, 완고함, 독립심, 자기통제의 5가지 범주로 나누어지는 16가지 성격특성(따뜻함, 추리력, 정서안정성, 지배성, 쾌활성, 규칙준수성, 대담성, 민감성, 불신감, 추상성, 개인주의, 걱정, 변화 개방성, 독립심, 완벽주의, 긴장감)을 측정하기 위한 검사법

대표 기출 유형

01 불안에 대한 설명으로 바르게 연결된 것은?

① 촉진불안 - 긍정적으로 받아들여 수행에 도움이 되는 불안
② 상태불안 - 성격적으로 타고난 불안
③ 신체불안 - 머리속으로 걱정하는 불안
④ 특성불안 - 상황에 따라 달라지는 불안

정답은 해설지에

<4> 스트레스와 탈진

스트레스란 스트레스 요인에 대응하기 위한 심신의 변화 과정을 의미한다. 이러한 반응은 외부에서 위협을 받거나 도전에 직면했을 때 자신을 보호하기 위해 발생한다. 외부 압력을 받으면 긴장, 흥분, 각성, 불안 등의 생리적 반응이 일어나며, 이러한 외부 압력을 스트레스 요인(stressor)이라고 하고, 이에 대응하려는 반작용을 스트레스라고 한다. 심리학에서는 외부 압력인 스트레서와 그에 대한 반작용인 스트레스를 구별하여 사용해야 한다.

과도한 스트레스는 불안을 유발하고, 이로 인해 신체적, 생리적, 심리적 반응이 일어나 수행에 방해가 된다. 반면, 스트레스가 지나치게 낮으면 무기력이나 무동기 상태가 되어 수행에 장애를 초래할 수 있다.

운동에 참여하는 사람이 받고 있는 스트레스는 운동수행 능력에 영향을 주게 되므로 적절한 방법으로 스트레스를 특정하고 관리하는 것도 중요하다. 일반적으로 심박수, 발한, 체온, 호르몬의 변화 등으로 스트레스의 정도를 측정하거나 설문지 등을 통해 확인할 수도 있다.

1) 스트레스

(1) 스트레스의 발생 (스트레스와 스트레서)

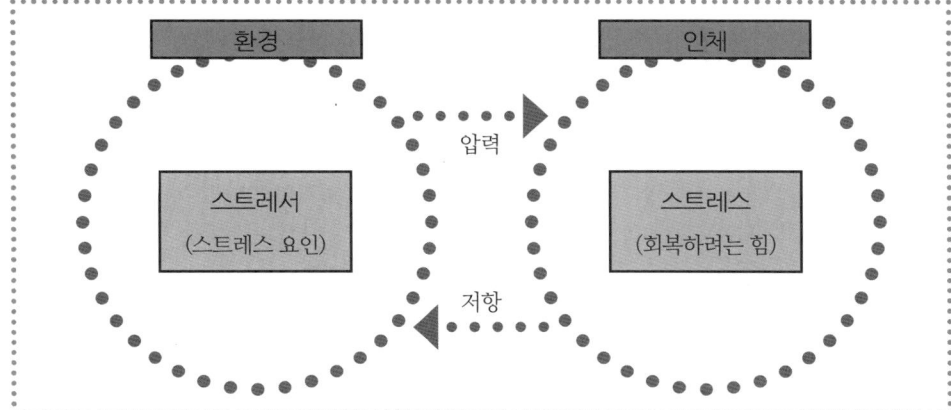

(2) 스포츠에서의 스트레스의 요인

(3) 스트레스의 과정

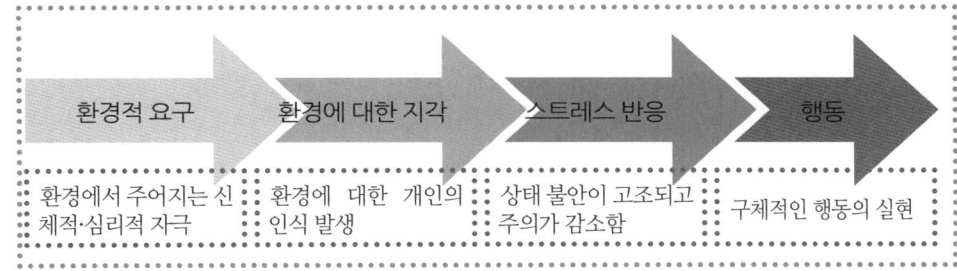

대표 기출 유형

02 운동 시 스트레스 측정에 활용되지 않는 것은?

① 심박수
② 피부반응
③ 호르몬 변화
④ 반응시간

정답은 해설지에

2) 탈진

(1) 탈진의 원인

- 신체적·정신적으로 쇠약할 때
- 성취욕구가 감소했을 때
- 무기력하고 폐쇄적 성격일 때
- 소외감과 고립감을 느낄 때

(2) 탈진의 영향

- 신체적·정신적 피로감 발생
- 무관심과 같은 부정적 태도 발생
- 자신의 직무에 대한 불만족 표출
- 짜증이나 우울감과 같은 스트레스 반응 발생

> 스포츠와 탈진
> (T. Raedeke & A. Smith)
> 스포츠 활동 중의 탈진으로
> 1. 정서적 고갈
> 2. 신체에너지 고갈
> 3. 스포츠 가치에 대한 평가 절하
> 4. 성취욕구의 감소
> 등의 심리적 증상이 발생한다.

<5> 경쟁 불안과 경기력 관계 이론

경쟁 불안이란 경쟁 상황에서 발생하는 불안을 의미한다. 경쟁 불안은 실패에 대한 두려움, 부적응, 자신에 대한 통제력 상실, 죄의식 등으로 인해 발생하며, 일반적으로 시합 전에는 상승하고, 시합 중에는 어느 정도 감소하며, 시합 후에는 다음 시합을 준비하는 과정에서 다시 상승하는 경향이 있다.

경쟁 불안과 경기력의 관계에서 '각성'이라는 개념은 특히 중요하다. 정서와 운동 수행 간의 관계를 설명하는 다양한 이론들은 대부분 각성이나 불안이 운동에 미치는 영향을 중심으로 연구되고 있다. 즉, 각성의 수준에 따라 불안이 어떻게 발생하며, 이로 인해 수행 능력과 결과에 어떤 변화가 일어나는지가 중요한 연구 대상이 된다.

> 수행자의 특성 불안과 각성
> 특성불안이 선천적으로 너무 높거나 낮은 선수는 부적절한 각성 수준이 발생하여 수행에 어려움을 겪을 가능성이 높다.
> 특히 경쟁상황에서의 특성불안이 높게 나타나는 선수는 경쟁불안도 높은 것으로 나타난다.

1) 불안과 경기력 관련 이론

(1) 추동 이론

① 추동 이론의 개요

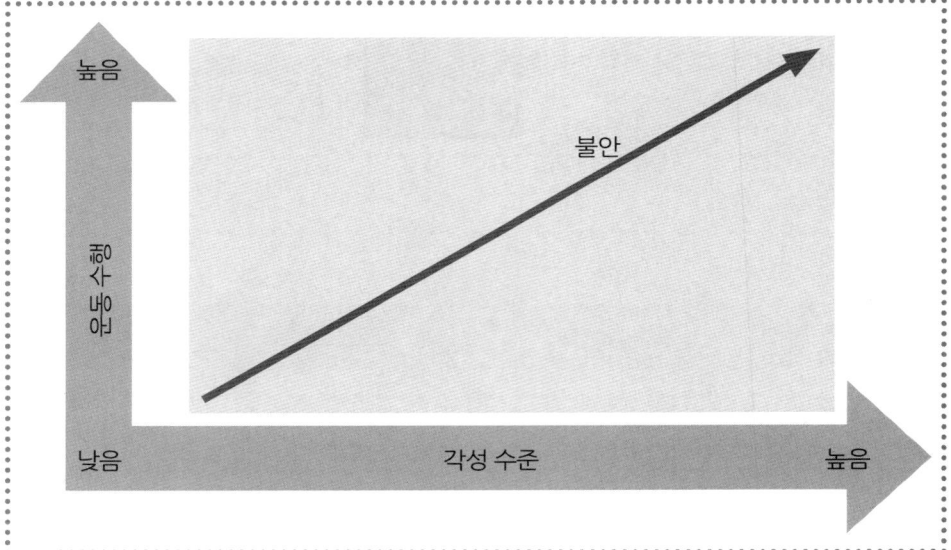

> 추동 이론
> 각성과 수행의 관계를 직선적 비례관계로 보는 이론.
> 즉, 각성의 수준이 높아지면 수행도 이와 비례하여 증가하는 것으로 본다.
> 단순한 과제나 학습이 잘된 과제의 수행을 설명하는데에는 유용하지만 복잡한 기술이 요구되는 운동 과제의 수행 능력을 설명하는데에는 한계가 있는 이론이다.

② 추동 이론의 장단점

- 단순한 과제나 학습이 잘된 과제의 수행의 설명에 유용함
- 복잡한 기술이 요구되는 운동 과제에 대한 인간의 수행 능력을 설명하는데 한계가 있음

(2) 적정 각성 수준 이론(역 U 가설)

① 적정 각성 수준 이론의 개요

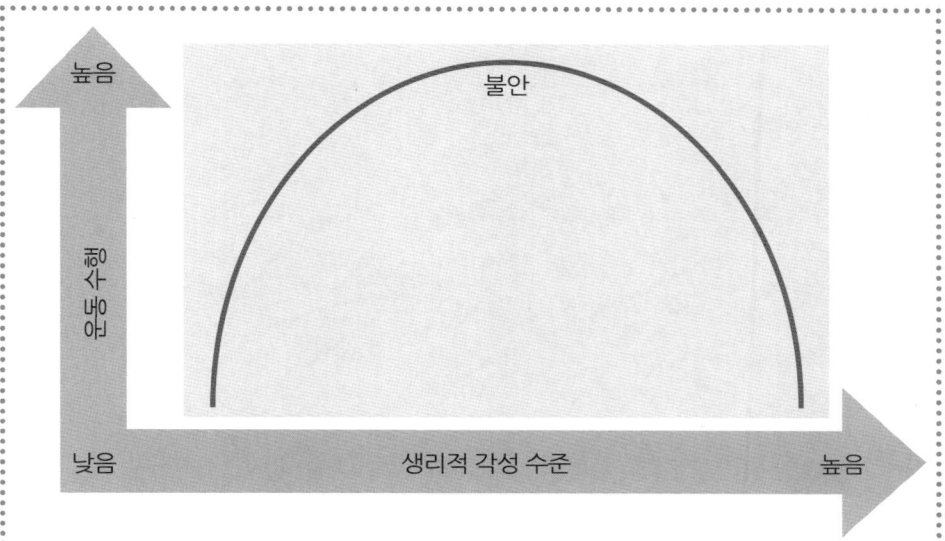

② 적정 각성 수준에 영향을 주는 요인

- 수행자가 느끼는 특성 불안의 수준
- 수행할 과제의 난이도
- 수행자의 과제에 대한 학습의 정도

③ 수행할 과제의 난이도와 각성수준

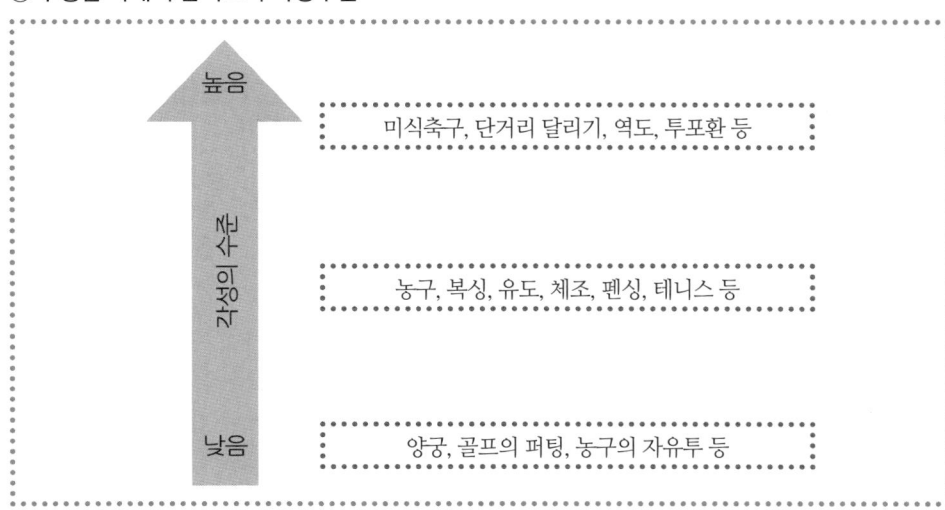

적정 각성 수준 이론 (역U가설)

불안과 수행의 관계를 뒤집어진 U자 형태의 곡선적 관계라고 보는 이론.

불안의 증가와 비례하여 수행은 증진되며 적정수준의 각성상태까지 운동수행이 극대화되다가 과각성상태가 되면 수행이 저하된다고 본다.

최적의 각성수준은 개인에 따라 차이가 있으며, 최적의 각성 수준에 영향을 미치는 요인은 개인의 특성불안 수준, 과제에 대한 학습정도, 과제의 난이도 등이다.

수행자의 학습단계와 각성

수행자의 학습 수준에 따라 운동수행과 관련한 적정 각성 수준이 다르다.
- 초급자 - 낮은 각성
- 중급자 - 중간 정도의 각성
- 고급자 - 높은 각성

수행할 과제의 난이도와 각성

수행 과제가 요구하는 각성의 정도는 종목에 따라 차이가 있다.

일반적으로 폭발적인 힘을 요구하는 종목이나 격렬한 경기일수록 요구되는 각성의 수준이 높다.

대표 기출 유형

03 불안과 운동수행의 관계를 설명하는 이론은 다양하다. 각성이 아주 낮거나 지나치게 높으면 수행에 방해가 되고, 적정한 수준의 각성이 최고의 운동수행을 가져온다고 주장하는 이론은?

① 최적수행지역이론
② 추동이론
③ 역U자 가설
④ 전환이론

정답은 해설지에

최적 수행지역 이론

선수들마다 최고의 수행을 발휘할 수 있는 적절한 수준의 각성과 불안 수준이 다르다는 이론.

따라서 선수들의 상태 불안 수준에는 개인차가 크며 최고의 수행을 발휘하는 공통된 수준의 불안이 정해져 있는 것이 아니라고 본다.

경쟁 전에 선수의 각성 수준이 최적 수행 범위 안에 있는지를 확인하면 수행의 결과를 예상할 수 있다는 장점이 있다.

다차원 이론

불안을 인지적 차원과 신체적 차원으로 구분하고 이들이 수행에 미치는 영향이 각기 다르다는 이론.

인지불안은 초조함, 걱정 등의 감정으로 운동수행에 부정적인 영향을 미치며, 신체불안은 생리적인 각성으로 적정수준일 때 운동수행에 긍정적인 영향을 준다고 본다.

인지불안이 높아지면 운동의 수행능력은 감소하며, 신체불안은 운동수행과 역U자의 관계를 가진다.

서로 다른 불안의 유형에 따라 각기 다른 감소기법이 필요하다고 본다.

(3) 최적 수행지역 이론

① 최적 수행지역 이론의 개요

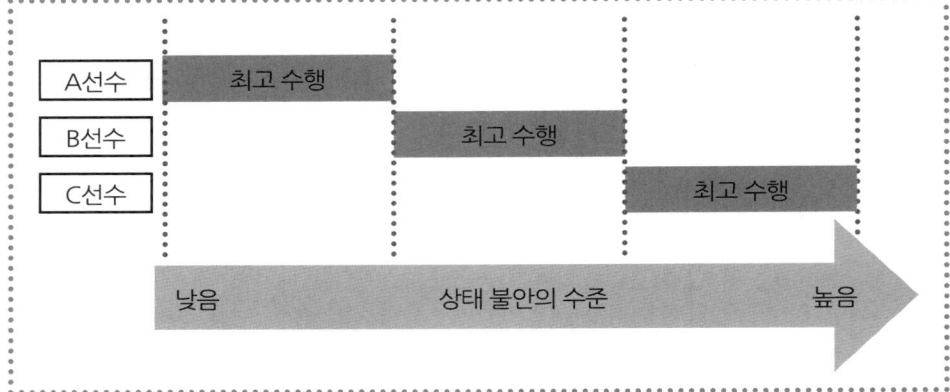

(4) 다차원 이론

① 다차원 이론의 개요

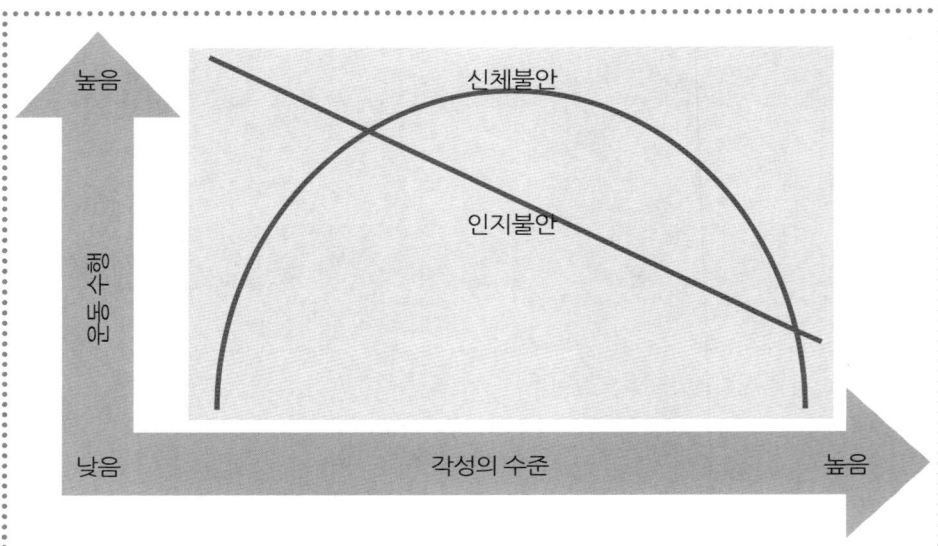

② 불안이 운동 수행에 미치는 영향

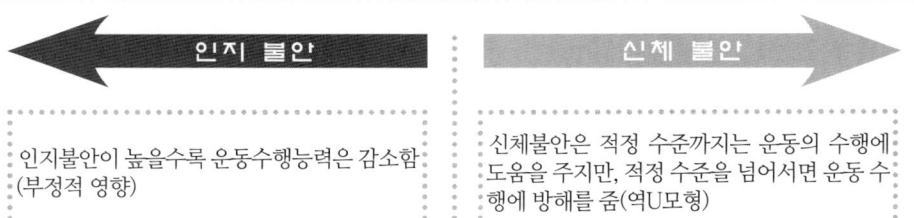

대표 기출 유형

04 개인차가 매우 크며, 최고의 수행을 발휘하는 데 자신만의 고유한 불안수준이 있다는 이론은?

① 최적수행지역이론
② 추동이론
③ 역U자 가설
④ 전환이론

정답은 해설지에

(5) 단서 활용 이론 (단서 유용 가설)

① 단서 활용 이론의 개요

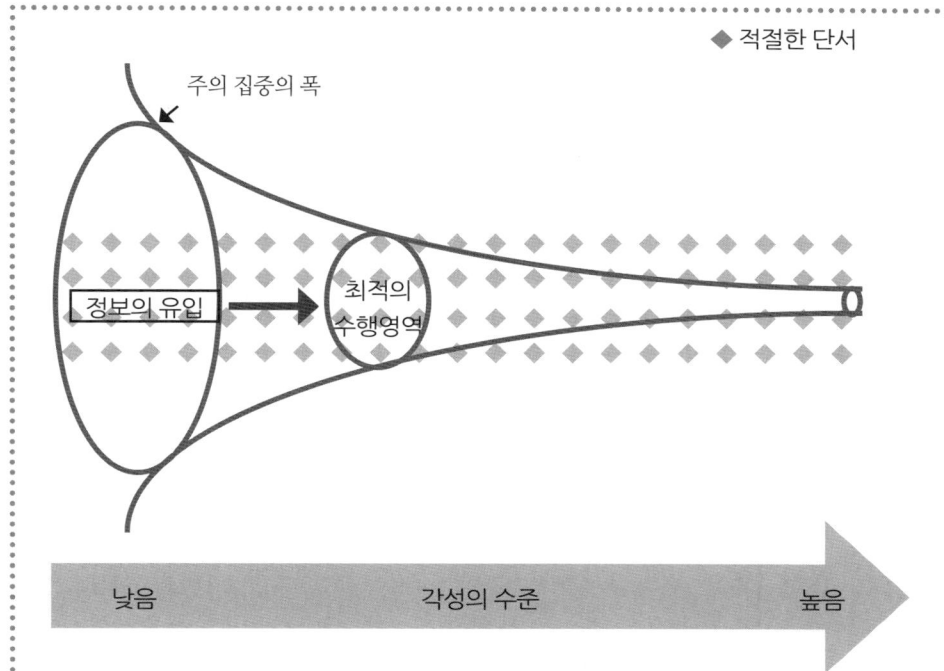

단서 활용 이론

최적 수행지역이론에서의 각성과 수행의 역 U 관계를 인지적으로 설명한 이론.

각성이 증가하기 시작해서 어느 단계에 이르면 주의의 폭(범위)이 좁아지면서 부적절한 단서(불필요한 정보)는 완전히 무시하고 꼭 필요한 정보만을 받아들이게 되어 수행이 최적 수준에 이른다고 본다.

그러나 각성의 수준이 지나치게 높아지면 주의의 범위가 너무 좁아지고 수행에 필요한 단서마저도 차단되어 수행에 장애가 발생하며, 이 과정에서 역U의 관계가 성립한다는 것이다.

(6) 카타스트로피 이론 (대격변 이론)

① 카타스트로피 이론의 개요

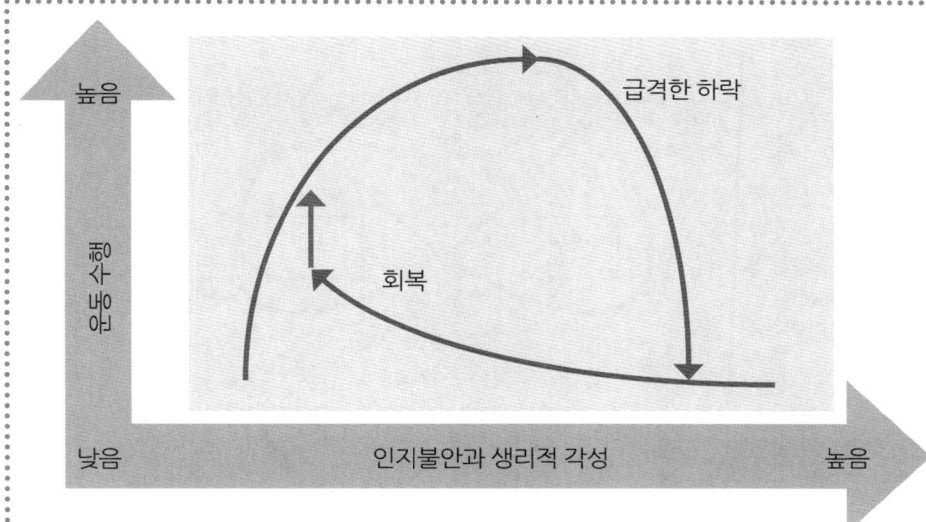

카타스트로피 이론

인지불안의 수준이 낮을 때는 생리적 각성과 운동수행 사이에 역U관계가 형성되지만, 인지불안의 수준이 지나치게 높아지면 생리적 각성도 적정 수준을 초과하게 되어 수행에 급격한 하락 현상이 발생한다는 이론.

적정각성이론이나 최적수행지역이론과 유사하지만 인지불안의 역할에 대한 견해에 차이가 있다. 즉, 인지불안의 수준이 낮을 때에는 역U자 형태의 관계가 성립하고, 인지불안의 수준이 높아지면 생리적 각성이 증가함에 따라 운동 수행 능력도 점차 증가하지만 최고점을 지나면서부터 수행에 급격한 하락 현상이(대격변) 일어난다고 본다.

② 적정수준 이론과 카타스트로피 이론의 차이

적정수준 이론	카타스트로피 이론
불안과 수행의 관계를 단순한 역 U의 형태로 설명하기 때문에 수행능력이 급격히 떨어지는 현상을 설명할 수 없음	최고점을 지난 후 급격하게 수행능력이 떨어지는 현상을 설명할 수 있음

대표 기출 유형

05 <보기>의 불안과 운동수행간의 관계를 설명하는 이론은?

< 보 기 >

인지불안이 높아지면, 생리적 각성이 증가함에 따라 운동수행도 점차 증가하지만 적정수준을 넘어서면 수행의 급격한 추락현상이 발생한다.

① 추동이론
② 역U이론
③ 카타스트로피(격변)이론
④ 심리에너지이론

정답은 해설지에

(7) 전환 이론

① 전환 이론의 개요

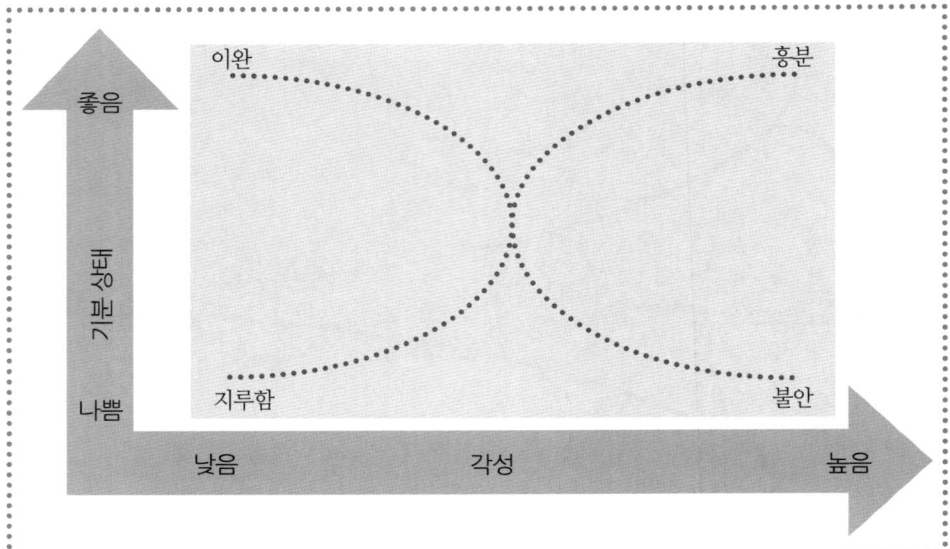

전환 이론

수행자가 자신의 각성수준을 어떻게 해석하는가에 따라 정서·각성·스트레스 등의 관계가 달라진다는 이론.

어떤 선수는 각성이 높은 상태를 기분 좋은 흥분 상태로 해석할 수도 있지만 다른 선수는 불쾌한 감정인 불안 상태라고 느낄 수도 있으며, 마찬가지로 어떤 선수는 각성이 낮은 상태를 이완(편안함)으로 해석하지만 다른 선수는 지루함(따분함)으로 해석하기도 한다.

즉 선수가 각성을 어떻게 받아들이는가에 따라 선수의 감정상태가 달라지며, 따라서 선수의 각성에 대한 해석을 바꿈으로써 기분 상태도 긍정에서 부정으로 혹은 부정에서 긍정으로 전환이 가능하다는 것이다.

② 각성과 정서의 관계

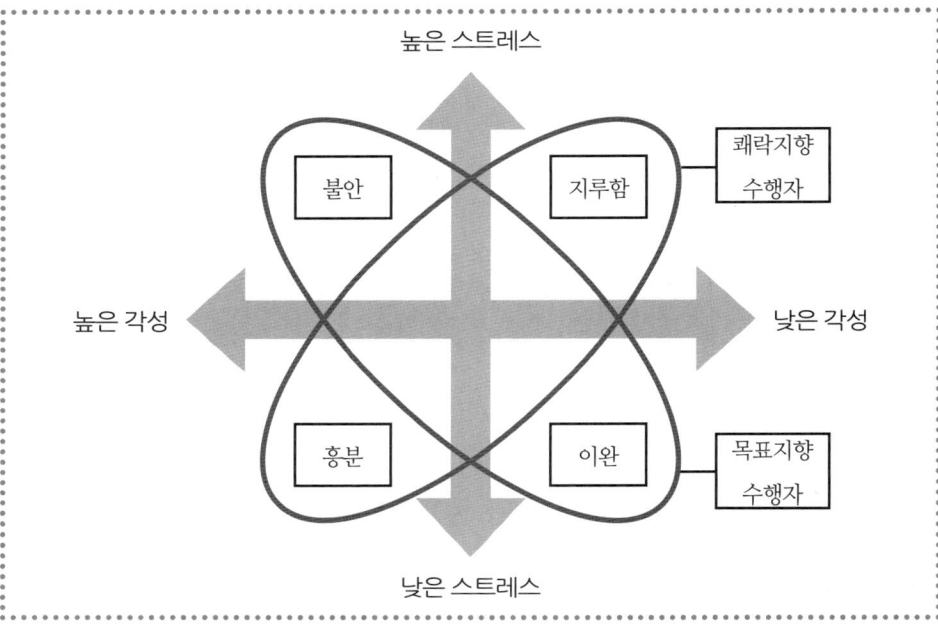

수행자의 성향에 따른 각성의 해석

- 목표지향적 수행자
  높은 각성을 불안(부정적 상태), 낮은 각성을 이완(긍정적 상태)로 해석함.
- 쾌락지향적 수행자
  높은 각성을 흥분(긍정적 상태), 낮은 각성을 지루함(부정적 상태)로 해석함.

③ 각성과 주의영역의 관계

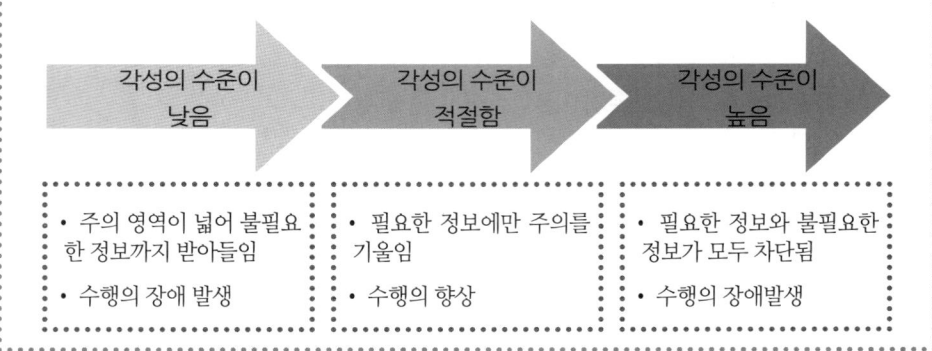

각성과 근긴장의 관계

각성과 불안의 상태가 높아지면 근육이 긴장하고 협응동작에도 지장이 발생한다. 따라서 신체에 불필요한 힘이 들어가게 되고 결과적으로 수행 능력이 낮아진다.

Confirmation
이것만은 꼭!

01 내적 외적 자극에 반응하여 변화를 보이는 생리적 심리적 활성화 정도를 (　　)이라고 한다.

02 어떤 일을 할 때 무아지경의 상태가 될 정도로 집중을 하면서 최상의 즐거움을 경험하는 경우가 있는데 이를 (　　)이라고 한다.

03 인간이 가지는 불안의 유형 중 개인의 성격적 요인에 따라 정도의 차이를 보이며 발생하는 불안을 (　　)이라고 한다.

04 불안 혹은 각성의 수준과 경기력이 직선적인 비례관계를 가진다고 보는 이론을 (　　)이라고 한다.

05 불안을 신체불안과 인지불안으로 구분하며 각각의 불안이 운동 수행능력에 미치는 영향도 각각 다르다고 설명하는 이론은 (　　)이라고 한다.

06 인지불안과 경기력을 설명하는 이론 중 인지불안의 수준이 높아지면서 생리적 각성의 정도도 높아지다가 적정 수준을 넘어서는 순간 수행능력에 급격한 하락이 발생한다고 설명하는 이론은 (　　)이라고 한다.

07 선수가 느끼는 각성의 수준에 대한 해석을 바꾸어줌으로써 선수의 정서를 변화시킬 수 있다고 보는 이론은 (　　)이라고 한다.

정답
1. 각성
2. 몰입
3. 특성불안
4. 추동이론
5. 다차원 이론
6. 카타스트로피 이론
7. 전환이론

Previous 단원 기출문제

01 특성불안을 측정하는 검사지는?

① SCQ(Sport Cohesion Questionnaire)
② SCAT(Sport Competitive Anxiety Test)
③ CSAI-2(Competitive State Anxiety Inventory-2)
④ 16PF(Cattell's Sixteen Personality Factor Questionnaire)

- STAI(상태특성불안검사) - 상태불안척도. 지금 현재 느끼고 있는 불안(상태불안)과 언제나 느끼고 있는 불안(특성불안)의 정도를 측정하는 자기평가식 측정
- SCAT(스포츠 경쟁 불안 검사) - 스포츠 전문 불안검사의 필요성이 제기되면서 경쟁특성 불안을 측정하기 위해 개발된 검사법
- CSAI-2(경쟁상태 불안검사) 인지적 상태불안, 신체적 상태불안, 상태 자신감의 하위요인으로 나누고 총 27문항으로 구성된 자기 평가 질문지
- 16PF(다요인인성검사) - 개인의 근본적인 성격특성을 파악하기 위해 외향성, 불안, 완고함, 독립심, 자기통제의 5가지 범주로 나누어지는 16가지 성격특성(따뜻함, 추리력, 정서안정성, 지배성, 쾌활성, 규칙준수성, 대담성, 민감성, 불신감, 추상성, 개인주의, 걱정, 변화 개방성, 독립심, 완벽주의, 긴장감)을 측정하기 위한 검사법

정답 : ②

02 <보기>의 대화 내용 중 지도자의 설명과 관련된 불안이론은?

< 보 기 >

선 수 : 감독님! 시합이 다가오니 초조하고 긴장이 되어 잠이 오질 않습니다.

지도자 : 영운아! 시합이 다가오면 누구나 불안을 느끼지만, 불안을 어떻게 해석하느냐에 따라 경기수행이 달라지는 거야! 시합을 좀 더 긍정적이고 희망적인 것으로 해석하도록 노력하렴! 나는 너를 믿는다!

① 추동(욕구) 이론(drive theory)
② 카타스트로피 이론(catastrophe theory)
③ 심리 에너지 이론(mental energy theory)
④ 최적수행지역 이론(zone of optimal functioning theory)

각성에 대한 해석에 따라 운동 수행의 능력에 영향이 발생한다고 보는 대표적인 이론은 '전환이론'과 '심리에너지 이론'이다. 그 중 각성을 긍정적으로 해석하면 긍정적인 심리에너지가 발생하여 운동수행에 긍정적 영향을 주며, 그 반대의 경우에는 운동수행에 부정적인 영향이 발생한다고 보는 이론이 '심리에너지 이론'이다.

정답 : ③

03 <보기>에서 설명하는 개념은?

< 보 기 >

철수는 처음으로 깊은 바닷속으로 다이빙하면서 각성 수준이 높아졌다. 높은 각성 수준으로 인해 깊은 바닷속에서 시야가 평소보다 훨씬 좁아졌다.

① 스트룹 효과(Stroop effect)
② 지각 협소화(perceptual narrowing)
③ 칵테일 파티 효과(cocktail party effect)
④ 맥락간섭 효과(contextual-interference effect)

스트룹 효과 : 특정한 색깔을 의미하는 단어와 그 단어를 표기한 글자의 색상이 일치하지 않을 때 반응속도가 늦어지는 현상
예) 빨간색으로 쓰인 '검정'이라는 글자를 읽는 속도가 검정색으로 쓰인 검정이라는 글자를 읽는 속도보다 느림
지각 협소화 : 각성 수준이 높아져 주의를 기울일 수 있는 폭이 점차 좁아지는 현상
예) 어린아이가 공놀이를 처음 배울 때 주변을 살피지 못하고 공만 쳐다보게 됨
칵테일 파티 효과 : 시끄럽고 어수선한 환경에서도 자신이 관심을 가진 대상에 주의를 집중할 수 있는 현상
예) 소음이 심한 파티장에서도 자신이 좋아하는 이성의 목소리를 들을 수 있음
맥락간섭효과 : 어떤 동작의 연습 과정에서 특정한 사건이나 경험이 그 동작의 연습에 영향을 주는 현상
예) 태권도에서 바로 전에 연습한 돌려차기 동작이 현재 연습하고 있는 앞차기에 영향을 주어 동작을 익히는데 방해가 됨

정답 : ②

04 <보기>에서 설명하는 이론은?

< 보 기 >

- 각성 수준에 대한 개인의 인지적 해석에 따라 정서 경험이 다를 수 있다.
- 각성 수준이 높은 상태를 기분 좋은 흥분상태나 불쾌한 정서로 해석할 수 있다.
- 결정적 순간에 발생하는 심판의 오심은 선수의 정서상태를 순간적으로 변화시킬 수 있다.

① 반전 이론(전환 이론)(reversal theory)
② 카타스트로피 이론(catastrophe theory)
③ 다차원불안 이론(multidimensional anxiety theory)
④ 최적수행지역 이론(zone of optimal functioning theory)

동일한 자신의 각성상태를 개인이 어떻게 해석하는가에 따라 기분 좋은 정서나 불쾌한 정서로 전환할 수 있다고 보는 이론은 반전 이론(전환이론)이다.

정답 : ①

07강 스포츠 심리학

스포츠수행의 심리적 요인-3

1. 동기

Introduction

동기는 욕구가 발생했을 때 그 욕구를 충족시키기 위해 나타나는 내적 상태를 의미한다. 동기란 어떤 목표를 달성하기 위해 행동을 시작하고 지속하도록 하는 심리적 요인을 말하며, 개인의 동기는 그 사람이 욕구를 충족하기 위한 노력의 정도를 통해 확인할 수 있다.

이 장에서는 인간의 동기 조건과 운동 참여자의 동기를 유발하여 운동 수행을 긍정적인 방향으로 변화시키는 방법에 대해 학습한다.

> **학습목표**
> 동기를 설명하는 이론들과 시합의 결과를 긍정적으로 해석하여 동기를 높이는 방법인 귀인의 방법이 중요합니다.

<1> 동기의 개념

'동기'란 인간이 특정한 행동을 선택하고 그 행동을 지속하는 이유를 설명하기 위한 심리학적 개념이다. 심리학에서는 동기를 '내적 동기', '외적 동기', '무동기'로 구분할 수 있다. 개인의 동기를 설명하는 이론은 동기이론이라고 하며, 이론에는 세 가지 주요 관점이 있다. 첫째, 개인의 동기가 개인적 특성에 의해 결정된다고 설명하는 '특성 지향적 관점'이 있다. 둘째, 주어진 상황의 영향으로 동기가 결정된다고 보는 '상황 지향적 관점'이 있다. 마지막으로, 개인의 특성과 상황, 또는 지도자와 같은 환경 요인의 상호작용을 통해 동기가 결정된다고 보는 '상호작용적 관점'이 있다.

> **추동**
> 욕구를 만족시키기 위해 각성된 동기를 의미한다.

1) 동기의 유형

(1) 출처에 따른 동기의 분류

외적 동기	• 외적 요인에 의해 영향을 받아 발생하는 동기 예) 트로피, 상장, 메달, 경제적 보상 등
내적 동기	• 즐거움이나 자신의 유능성을 확인하기 위해 스스로 가지게 되는 동기 예) 흥분, 재미 등의 경험이나 만족감, 자신의 능력을 확인하기 위한 도전 의지 등

> **대표적인 내적 동기**
> • 지식 습득 동기
> • 과제 성취 동기
> • 감각 체험 동기

(2) 목표의식과 자결성에 따른 동기의 분류

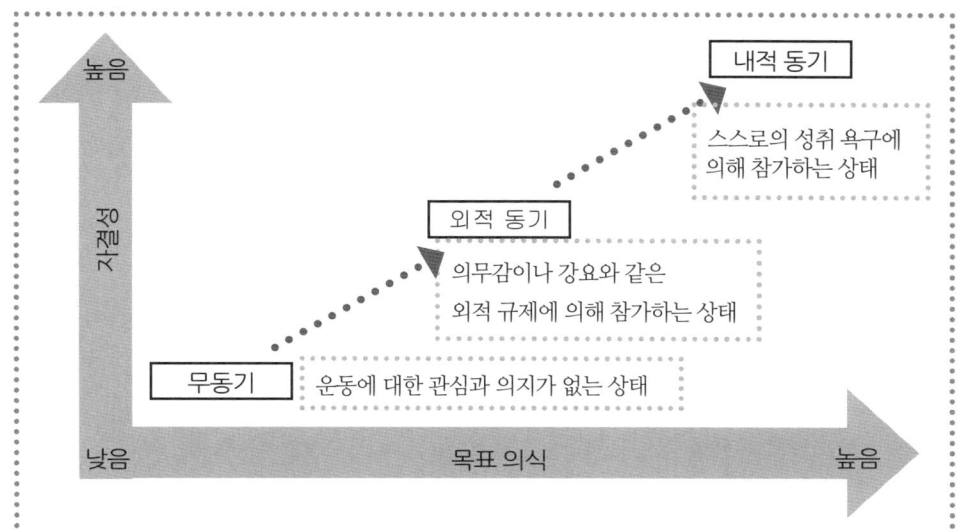

> **대표적인 외적 동기**
> • 확인규제동기
> 자신이 설정한 목표가 달성되고 있는지를 확인하여 위안이나 안심을 얻으려는 경우
> • 의무감 규제동기
> 주변의 반응에 대한 의무감 때문에 운동에 참여하는 경우
> • 외적규제동기
> 보상이나 처벌·강제 등에 의해 운동에 참여하는 경우

> **외적 동기와 내적 동기의 매개 요인**
> • 유능감의 정도
> • 자율성의 정도
> • 관계성의 정도

2) 동기에 대한 관점

특성지향 관점	개인의 성격, 욕구, 흥미, 목표 등에 의해 동기가 달라진다고 보는 관점 예) 철수는 성취욕과 경쟁심이 강하고 원래 이 운동을 좋아했으니 열심히 참여할 거야
상황지향 관점	운동시설, 지도자, 분위기 등 환경 등에 의해 동기가 달라진다고 보는 관점 예) 이렇게 훌륭한 장비와 시설에서는 누구나 운동을 열심히 하겠는 걸.
상호작용 관점	개인의 특성과 환경 간의 상호작용에 의해 동기가 영향을 받는다고 보는 관점 예) 의욕이 넘치는 민영이가 좋은 팀에 들어가게 되었으니 틀림없이 최선의 노력으로 좋은 성적을 거두겠군.

3) 동기와 노력의 관계

동기가 강한 선수	동기가 약한 선수
• 명확한 목표의식이 있음 • 목표를 이루려는 의지가 강함 • 노력의 강도가 강함	• 목표의식이 불명확함 • 목표에 대한 성취욕구가 약함 • 노력이 부족함

<2> 동기유발 전략의 기능과 종류

아무런 동기 없이 연습이나 경기에 참여하는 선수는 없으며, 동기가 높을수록 더 열심히 참여하게 된다. 따라서 지도자는 항상 명확한 목표를 제시하고, 선수들이 그 목표에 도달할 수 있도록 동기를 자극하는 전략을 갖추어야 한다. 동기를 높이기 위해서는 학습과제에 대한 학습자의 호기심을 자극하거나, 학습과제를 개인적 요구와 연결시키거나, 과제에 대한 학습자의 성공 가능성을 높여 수행의 만족감을 주는 등 다양한 방법을 고려할 수 있다. 효과적인 동기 유발을 위해서는 수행자의 개별적인 특성을 고려하여 적절한 동기 유발 전략을 선택하고, 그 전략을 체계적으로 적용하는 것이 필요하다.

1) 동기유발의 구체적인 방법

인지 수정 전략 방법	• 명확한 목표를 제시한다. • 수행자가 자신의 운동과정을 기록하게 한다. • 운동의 과정이나 결과에 대한 서약서를 작성한다. • 운동의 강도가 적정한가를 모니터링한다.
행동 수정 전략 방법	• 출석부를 활용한다. • 출석 상황에 따른 보상을 제공한다. • 기능 향상에 따른 보상을 제공한다. • 적절한 피드백을 제공한다.
내적 동기 강화 전략 방법	• 즐거운 운동 분위기를 조성한다. • 스포츠 활동을 통한 몰입 체험을 유도한다. • 유능감을 확인할 수 있는 기회를 제공한다. • 참가자의 자긍심을 강화한다.
기타의 전략 방법	• 운동의 이로움을 인식시킨다. • 운동을 방해하는 요인을 제거한다. • 경쟁에 참여해 볼 수 있는 기회를 제공한다.

인지 수정 전략

사고와 인지를 행동을 수정하여 바꿀 수 있다는 전제하에 마련되는 전략이다.

즉, 비합리적인 사고를 바꾸기 위한 일련의 행동을 수행자에게 제시하게 되는데, 수행자는 그런 행동을 수행하면서 자신의 생각을 수정하게 된다.

행동 수정 전략

개인의 외적, 내적 행동을 증진시키기 위하여 학습 원리와 다양한 기법들을 체계적으로 적용하는 전략을 말한다. 즉, 바람직한 행동으로의 변화를 유도하기 위하여, 긍정적인 행동을 유발하거나 행동에 따른 결과를 변화시킬 수 있는 자극이나 절차를 제공하는 모든 방법을 통칭한다.

내적 동기 강화 전략

인간 행동의 원인이 외적 동기보다 내적인 동기에 의해 영향을 받는다는 전제하에 보상이나 처벌 등 외적 자극을 통해서가 아닌 수행자 스스로 자긍심이나 즐거움을 가질 수 있는 방법을 제공하는 전략을 의미한다.

대표 기출 유형

01 동기에 대한 설명으로 옳지 않은 것은?

① 내적동기보다 외적동기가 더 중요하다.
② 내적동기와 외적동기로 나눌 수 있다.
③ 외적동기에는 경기 결과에 따른 상, 벌, 칭찬 등이 해당한다.
④ 내적동기에는 경기 자체에 대한 즐거움, 보람 등이 해당한다.

정답은 해설지에

2) 보상을 활용한 동기의 강화

(1) 보상과 내적 동기의 관계

① 보상이 통제적인 역할을 하는 경우

상금 등의 외적 보상	칭찬 등의 내적 보상
자결성의 감소 → 내적 동기 저하	자결성의 증가 → 내적 동기 고양

② 보상이 정보 제공의 역할을 하는 경우

부정적 정보의 제공	긍정적 정보의 제공
유능성의 감소 → 내적 동기 저하	유능성의 증가 → 내적 동기 고양

(2) 경쟁과 내적 동기의 관계

① 간접 경쟁과 내적동기의 관계

환경의 극복이나 기록을 목적으로 하는 간접 경쟁 스포츠

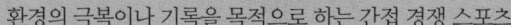

결과나 보상을 중시	참여 과정을 중시
부담감 발생 → 내적 동기 저하	유능감 증진 → 내적 동기 고양

② 직접 경쟁과 내적동기의 관계

다른 팀이나 선수와 경쟁하여 승리와 패배가 결정되는 직접 경쟁 스포츠

승리만이 목적일 때	참가 자체가가 목적일 때
부담감 발생 → 내적 동기 저하	유능감 증진 → 내적 동기 고양

외적 보상과 동기
외적 보상은 스스로의 유능감을 확인할 수 있는 긍정적 정보를 줄 때에만 내적 동기를 높일 수 있다.

목표와 보상의 관계
- 적절한 보상은 선수의 유능감을 높이는 방법이 된다.
- 목표를 달성하지 못한 경우의 보상은 유능감을 낮춘다.
- 성취에 맞는 적절한 보상이 필요하다.
- 외적 보상의 크기는 선수의 유능감과 자결성에 영향을 준다.
- 성취에 비해 큰 외적 보상은 오히려 자결성을 낮춘다.
- 좋은 퍼포먼스에 대한 칭찬은 유능감을 주면서 자결성을 손상시키지 않는다.
- 많은 칭찬은 내적 동기를 강화한다.

내적 동기와 경쟁
선수가 경기 참여 과정에 초점을 두면 경쟁과 같은 외적 요소들은 자신의 능력과 노력 등에 대한 정보적 측면을 가지게 되어 내적 동기를 높이게 된다.

대표 기출 유형

02 다음 중 동기유발을 위한 '상'의 사용에 대하여 가장 적절하게 서술한 것은 어느 것인가?

① 상은 그 규모가 어느 정도 커서 참여자를 조종할 수 있도록 하는 것이 좋다
② 상은 그것을 받는 사람의 능력을 인정해주는 측면이 강조된, 보다 상징적인 것이 좋다
③ 참여자가 자발적인 흥미를 느껴서 하는 일이라도 반드시 상으로 보답하여 동기 수준을 더욱 높여준다.
④ 참여자의 능력향상에 늘 주의를 기울이고 이를 강조해 상을 준다.

정답은 해설지에

<3> 동기 이론

동기를 유발하는 요인의 내용 및 동기 유발의 과정을 설명하는 이론을 동기 이론이라고 한다. 대표적인 동기 이론에는 동기 유발 요인의 내용을 설명하는 내용 이론(content theory)과 동기 유발의 과정을 설명하는 과정 이론(process theory)이 있다. 동기 이론들은 대개 인간의 동기를 내적 동기, 외적 동기, 무동기로 나눈다. 또한 모든 인간에게는 자결성의 욕구와 유능성의 욕구가 있다고 전제하고, 주어진 자극이 자결성과 유능성을 확인하려는 욕구에 긍정적인 영향을 주면 내적 동기가 상승하며, 부정적인 영향을 주면 내적 동기가 낮아진다고 본다. 결국 각 동기 이론들은 어떤 행위에 적극적으로 참여하는 근본적인 원인인 내적 동기를 유발하고 고양할 수 있는 방법을 제시하는 것이다.

1) 대표적인 동기 이론

(1) 자결성 이론 (E. L. Deci & R. M. Ryan)

① 자결성 이론의 개요

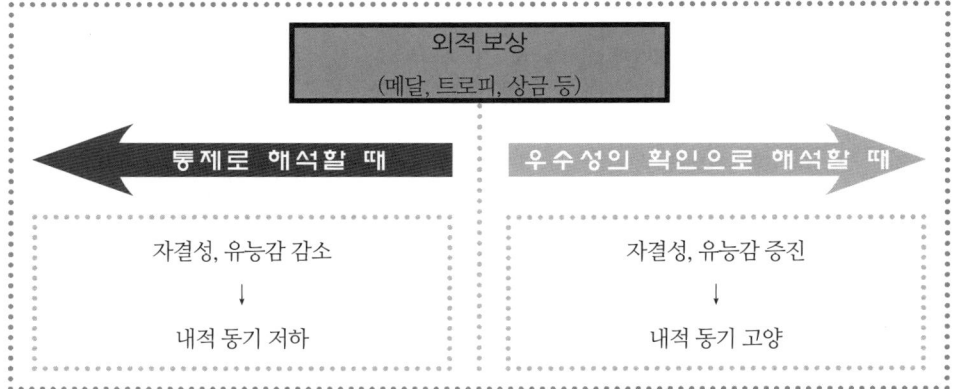

② 자결성으로 구분한 내적 및 외적 동기

구분	규제 스타일	동기유형	행동
무동기	무 규제	내적 또는 외적 동기가 존재하지 않음	자결성 낮음
외적 동기	외적 규제	외적인 보상을 받기 위해 스포츠에 참여함	자결성 보통
	의무감 규제	타인의 부정적인 평가나 처벌을 회피하기 위해 스포츠에 참여함	
	확인 규제	스스로의 능력이나 기능을 확인하기 위해 참여함	
내적 동기	내적 규제	내적 즐거움 자체를 추구하기 위해 참여함	자결성 높음

자결성 이론

외적 보상이 자결성에 영향을 주어 결과적으로 인간의 내적 동기를 높이거나 낮출 수 있다는 이론.

인간은 누구에게나 자결성 욕구, 유능감 욕구, 관계성 욕구가 있으며, 외적 보상은 그런 욕구에 긍정적 정보를 줄 때에만 내적동기를 높일 수 있다고 본다.

따라서 자결성 이론에서는 운동의 수행과정에 외적 동기보다는 내적 동기의 영향력이 크다고 설명한다.

자결성 욕구

사람이 스스로 어떤 행동을 시작하고 그 행동을 조절하는 책임자가 되고 싶어 할 때 자결성의 욕구를 가졌다고 말한다. 그리고 자결성 욕구는 사람의 내적동기에 결정적인 영향을 준다.

예를 들어 수행자가 외부의 사건을 스스로의 결정과 판단에 의한 것으로 생각하면 내적 동기는 높아지고, 타인의 강요나 강제에 의한 것으로 해석하면 내적 동기는 낮아진다.

대표 기출 유형

03 <보기>에서 설명하는 자결성 이론의 규제 유형은?

< 보 기 >

외적보상을 받으려는 욕구가 활동의 원동력이며, 외적보상을 얻기 위해 스포츠활동에 참여한다.

① 무규제
② 외적규제
③ 부적규제
④ 내적규제

정답은 해설지에

(2) 다차원 스포츠 동기 이론 (Vallerand)

① 다차원 스포츠 동기 이론의 개요

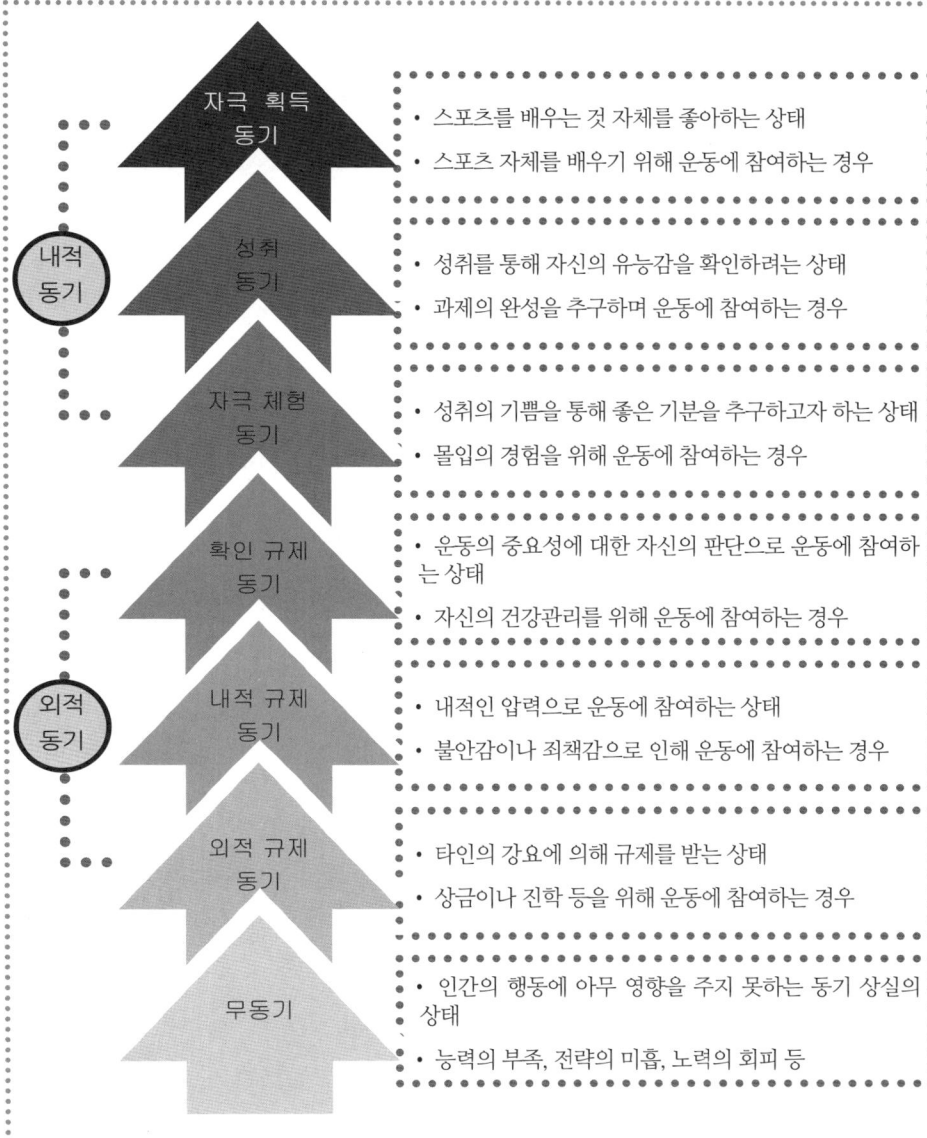

다차원 동기이론

기존의 동기 이론은 동기를 내적 동기와 외적 동기로 구분하였으나, 이를 발전시켜 새로운 이론에서는 내적 동기를 자극 획득 동기, 성취 동기, 체험 동기로 세분화하고, 외적 동기를 외적 규제, 내적 규제, 확인 규제로 나누며, 무동기라는 개념도 추가하였다.

이 이론에 따르면 인간의 운동 참여는 단순히 내적 동기와 외적 동기에 의해서만 발생하는 것이 아니라, 다양한 동기가 복합적으로 작용한다. 또한, 무동기에서 자극 획득 동기로 발전할수록 스포츠 수행자의 자발성이 높아진다고 본다.

(3) 유능성 동기 이론 (Harter)

① 유능성 동기 이론의 개요

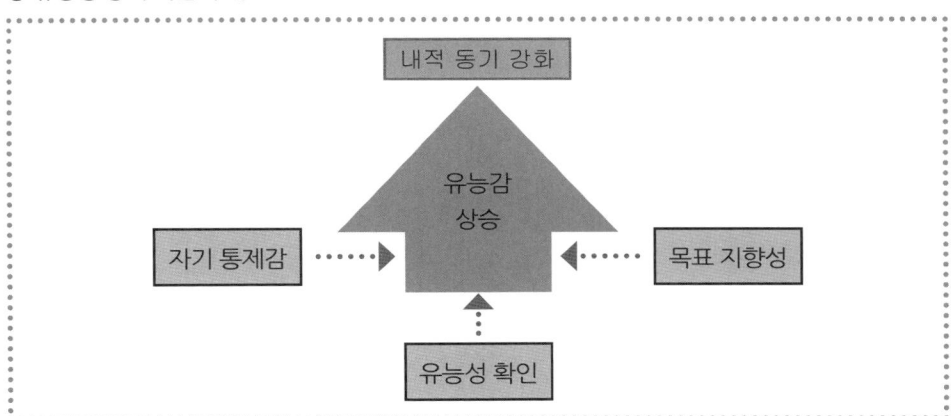

유능성 동기이론

이 이론은 유능감을 신체적, 사회적, 인지적 범주로 나누어 설명하는 다차원적 동기 이론이다.

이 이론에 따르면, 수행자의 유능성에 영향을 미치는 요소로는 목표 지향성(목표를 추구하는 정도), 유능감에 대한 지각(자부심), 통제감(책임의 소재) 등이 있다. 이러한 요소들이 높을수록 수행자의 내적 동기도 증가한다고 본다.

따라서 성공 경험이 많고 목표에 대한 열정이 크며 스스로 책임을 느끼며 운동에 참여할수록 유능감이 높아지고 내적 동기도 강화된다고 한다.

유능성

자신이 환경이나 자신의 상황을 바람직한 쪽으로 바꿀 수 있다는 자신감.

보상, 경고, 처벌 등의 외적 요소는 유능성을 높여 내적 동기를 높이는 쪽으로 작용할 수도 있고, 반대로 유능성을 낮추어 내적 동기를 약화시키는 쪽으로 작용할 수도 있다.

(4) 인지평가 이론 (Deci & Ryan)

① 인지평가 이론의 개요

> **인지평가이론**
> 인간에게는 기본적으로 자결성과 유능성의 욕구가 있으며, 동기는 자결성과 유능성 욕구에 의해 좌우된다고 보는 이론.
>
> 내적 동기는 유능성을 확인하려는 욕구와 자신과 관련된 사건을 스스로 결정하고자 하는 자결성에 의해 발생하며, 자신의 행위를 통해 자결성과 유능성을 느낄 수 있을 때 내적 동기가 높아진다고 본다.

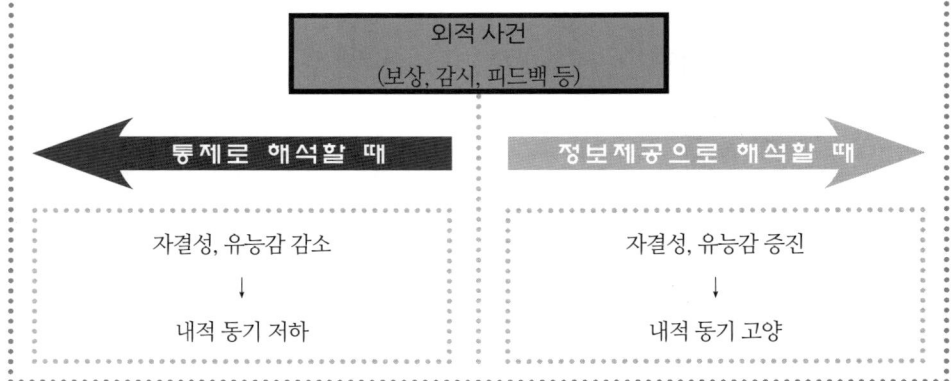

통제로 해석할 때	정보제공으로 해석할 때
자결성, 유능감 감소 ↓ 내적 동기 저하	자결성, 유능감 증진 ↓ 내적 동기 고양

2) 성취 동기와 선수의 특성

① 성취 동기에 따른 선수의 비교

성취 동기가 높은 선수	성취 동기가 낮은 선수
• 성공에 대한 관심이 많음 • 과제 성향 목표를 설정함 • 도전적인 과제를 선정함 • 평가 상황에서의 수행이 우수함	• 실패를 걱정함 • 낮은 수행 목표를 설정함 • 아주 쉽거나 어려운 과제를 선정함 • 평가 상황에서의 수행이 저조함
높은 내적 동기	낮은 내적 동기

<4> 귀인과 귀인 훈련 (B. Weiner)

운동 수행의 결과를 무엇으로 지각하는가에 따라 개인의 유능감, 통제감, 자신감 등이 달라지며, 결과적으로 내적 동기에도 영향을 미친다. 이때 사건의 원인을 규정하는 행위를 '귀인'이라고 한다. 스포츠 심리학에서는 귀인의 요인을 안정성, 인과성, 통제성의 세 가지로 구분하여 설명한다. 선수는 시합 결과를 이 세 가지 요인 중 어떤 것으로 귀인하는가에 따라 추후 운동을 계속하거나 중단하는지, 열심히 하거나 태만하게 하는지 등이 결정된다. 따라서 귀인의 요소를 적절히 활용함으로써 선수의 동기, 훈련에 대한 몰입, 그리고 향후 경기 결과에 영향을 미칠 수 있다고 설명된다.

또한 선수들이 성공과 실패의 원인에 대한 생각은 훈련을 통해 변화시킬 수 있으며, 이 변화는 수행 결과에 영향을 미친다. 귀인 훈련의 목적은 성공의 원인을 자신의 능력에서 찾고, 실패의 원인을 노력 부족이나 전략 미비 등으로 믿도록 선수의 생각을 바꾸는 데 있다. 결국 귀인 훈련에서는 선수의 자신감을 높이고 동기를 강화할 수 있는 구체적인 전략을 수립하는 것이 가장 중요하다.

귀인과 미래의 예측
- 승리가 안정적인 이유라고 생각하는 경우 미래에도 좋은 결과가 있을 것으로 생각하게 된다.
- 패배가 안정적인 이유 때문이라고 생각하면 다음 시합에서도 이기기 어렵다고 생각한다.
- 승리의 이유를 불안정적인 것에서 찾으면 다음에 좋은 결과가 있을 것이라고 믿기가 어렵게 된다.
- 불안정적인 이유로 인해 패했다고 생각한다면 다음에는 좋은 결과가 있을 것이라는 생각을 가지는데 도움이 된다.

1) 귀인의 요소

(1) 귀인의 3요소

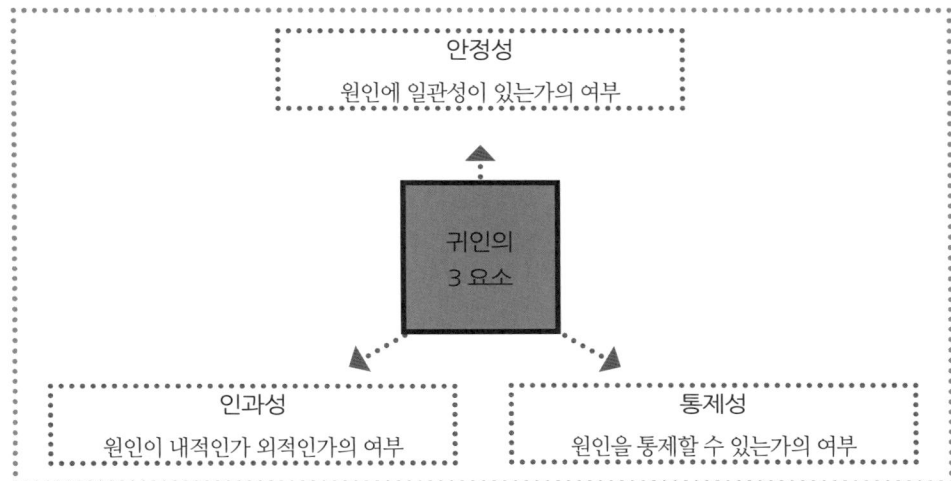

귀인의 주요 요소의 특징
- 개인의 능력은 내적, 안정적, 통제 불가능
- 개인의 노력은 내적, 불안정적, 통제 가능
- 과제의 난이도는 외적, 안정적, 통제 불가능
- 운은 외적, 불안정적, 통제 불가능

(2) 귀인의 3요소와 유형

		원인의 소재			
		내적 원인		외적 원인	
안정성		안정	불안정	안정	불안정
통제성	통제 가능	일관성 있는 노력	일관성 없는 노력	일관성 있는 지원	일관성 없는 지원
	통제 불능	선천적인 능력	그때그때의 감정과 기분	과제의 난이도	행운과 불운

대표 기출 유형

04 발생한 사건의 원인을 어떻게 생각하는가에 따라 개인의 동기에 차이가 발생한다는 이론을 무엇이라고 하는가?

① 인지평가 이론
② 귀인 이론
③ 자결성 이론
④ 동기 지향 이론

정답은 해설지에

2) 귀인의 결과

(1) 귀인의 결과와 정서의 변화

```
          성공과 실패에 대한 분석
                  ↓
       안정성과 통제성에 대한 원인 분석
```

← 안정성, 통제가능성	불안정성, 통제불가능성 →
원인이 안정적이고 통제가능하다고 여기면 미래도 현재와 같을 것이라는 생각이 발생함	원인이 불안정하고 통제 불가능하다고 여기면 미래가 현재와 다를 수도 있다는 생각이 발생함
• 운동수행을 성공한 경우 미래에 대한 확신이 발생함 • 운동수행을 실패한 경우 미래에도 같은 결과 발생할 것이라는 불안이 발생함	• 운동수행을 성공한 경우 미래에 대한 불안이 발생함 • 운동수행을 실패한 경우 미래에는 달라질 수 있다는 기대 발생함

(2) 귀인의 요소에 따른 선수의 변화

	안정성	인과성	통제성
변화의 결과	미래 성공의 기대 변화	정서의 변화	동기의 변화
	성공에 대한 기대감이 증가하거나 감소함	자신에 대한 자긍심과 부끄러움의 정도가 달라짐	운동 참여에 대한 동기가 강해지거나 약해짐

3) 바람직한 귀인 훈련 방법

```
      선수의 자신감과 동기를 높이는 귀인 방법
```

← 바람직한 귀인	잘못된 귀인 →
• 성공한 수행을 선수의 능력과 같은 내적·안정적인 원인으로 귀인한다. • 실패한 수행을 운이나 오심, 날씨 등의 외적이면서 불안정한 원인으로 귀인을 하거나, 선수의 노력 부족과 같은 통제 가능한 원인으로 귀인한다.	• 성공한 수행을 운이나 오심, 날씨 등의 외적·불안정적·통제 불가능한 원인으로 귀인한다. • 실패한 수행을 능력과 같은 내적이면서 안정적이고 통제 불가능한 원인으로 귀인한다.

귀인 연구의 결과
- 승자는 패자보다 내적·안정적인 요인에 귀인하는 경향이 강함
- 결과를 예측할 수 없거나 목표를 달성하지 못했을 경우에 귀인을 찾으려는 욕구가 발생함
- 귀인과 관련된 정보의 처리과정, 특히 능력·노력·결과의 구분 과정에 연령차가 존재함
- 과제지향적인 사람은 노력에, 자기ego성향적인 사람은 능력에 귀인함

대표 기출 유형

05 실패나 패배의 결과가 나왔을 때 선수의 원인찾기(attribution)를 가능하면 어디로 유도하는 것이 가장 좋은가?

① 과제의 어려움
② 운이나 심판 등의 상황
③ 자신의 능력
④ 자기가 들인 노력

정답은 해설지에

<5> 동기 유발

동기를 유발하는 전략을 실행하고 이를 통해 선수의 사고를 변화시키며, 변화된 사고가 훈련에의 참여를 증진시키고 수행 결과를 향상시키는 것이 동기 유발의 핵심 목표이다. 선수가 자긍심과 도전 의식을 높일 때 내적 동기도 상승한다. 충만한 도전 정신을 기르기 위해서는 목표 설정, 훈련, 경기 중, 경기 후의 귀인 등에서 철저한 기술적 접근이 필요하다.

따라서 운동 참여 동기를 강화하는 것은 적절한 목표 설정, 보상과 처벌의 활용, 다양한 경험과 훈련 방법 제공 등을 통해 선수의 내적 동기를 유발하고 강화하는 구체적인 전략을 수립함으로써 가능하다.

□ 동기 유발의 방법

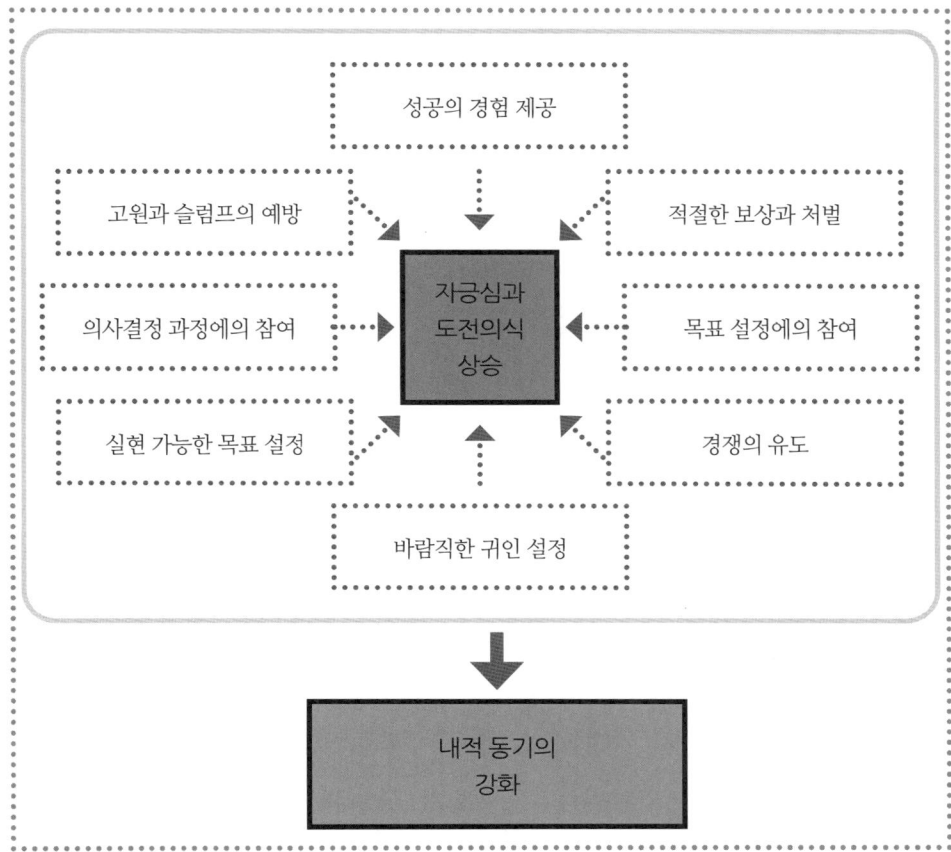

대표 기출 유형

06 다음 중 동기 유발에 가장 적절하지 못한 것은?

① 선수 자신에게 성공 혹은 승리를 이룰 능력이 있음을 강조해준다.
② 주어진 과제나 경기에서 선수에게 성공이나 승리의 경험을 제공한다.
③ 운동 계획을 짜는데 선수 자신이 직접 참여했다고 느끼도록 한다.
④ 경쟁을 자주 사용해 차이를 둔 상벌로 정신을 강화한다.

정답은 해설지에

Confirmation 이것만은 꼭!

01 자결성이론에 따르면 목표의식과 자결성의 정도에 따라 동기를 분류할 때 각 동기의 발달 순서는 다음과 같다. (→ →)

02 인간의 동기가 자결성과 유능성을 확인하려는 의지에 따라 결정된다고 보는 이론은 ( )이다.

03 성공의 경험이 많고 목표를 달성하려는 의지가 강하며 스스로 선택하여 운동에 참여한 사람의 유능감이 강해지고 그 결과 내적동기가 상승한다고 보는 이론은 ( )이다.

04 귀인이론에서 말하는 귀인의 3요소는 다음과 같다. (, ,)

05 선수가 훈련의 과정에서 보이는 일관성 없는 노력을 귀인의 3요소로 구분한다면 그것은 통제성의 측면에서는 ( ) 원인, 인과의 소재 측면에서는 ( ) 원인, 안정성의 측면에서는 ( ) 원인이다.

06 다차원 스포츠 동기이론에서 내적동기의 최상위 수준으로 스포츠를 배우는 것 자체를 좋아하기 때문에 스포츠에 참여하게 되는 동기를 ( )라고 한다.

정답

1. 무동기, 외적동기, 내적동기
2. 인지평가이론
3. 유능성 동기이론
4. 안정성, 인과성, 통제성
5. 통제가능, 내적, 불안정
6. 자극획득 동기

Previous 단원 기출문제

01 주어진 과제를 성공적으로 이루어낼 수 있다는 자기 유능감을 지각할 때 개인의 동기가 결정된다는 이론은 무엇인가?

① 인지평가 이론
② 귀인 이론
③ 자기 효능감 이론
④ 동기 지향 이론

빈출! 이론과 핵심 내용 다 외울 것! 자기가 잘 해낼 수 있다는 '자기 유능감'은 '자기 효능감'과 동의어이다.

정답 : ③

02 <보기>에 해당하는 와이너(B. Weiner)의 귀인 범주를 바르게 나열한 것은?

< 보 기 >

탁구 선수 A는 경기에서 패배한 것을 상대 선수의 능력이 자신보다 더 우수하였기 때문이라고 생각했다.

	안정성	인과성	통제성
①	안정적 요인	외적 요인	통제가능 요인
②	안정적 요인	외적 요인	통제불가능 요인
③	불안정적 요인	외적 요인	통제가능 요인
④	불안정적 요인	내적 요인	통제불가능 요인

탁구 선수 A가 패배의 원인으로 본 상대선수의 능력은 탁구 선수 A의 입장에서는 안정적이며, 그 원인이 자신에게 있지 않으므로 외적이며, 자신이 통제할 수 없다는 점에서 통제불가능한 요인으로 볼 수 있다.

정답 : ②

03 <보기>의 사례와 관련있는 데시(E. L. Deci)와 라이언(R. M. Ryan)의 자결성이론(self - determination theory)의 구성 요인이 바르게 연결된 것은?

< 보 기 >

㉠ 현우는 뛰는 것을 그다지 좋아하지는 않지만, 체중조절과 건강증진을 위해서 매일 1시간씩 조깅을 한다.

㉡ 승아는 필라테스를 그다지 좋아하지는 않지만, 개인 강습비를 지원해준 부모님에 대한 죄책감 때문에 학원에 다닌다.

	㉠	㉡
①	확인규제 (identified regulation)	의무감규제 (introjected regulation)
②	외적규제 (external regulation)	의무감규제 (introjected regulation)
③	내적규제 (internal regulation)	확인규제 (identified regulation)
④	의무감규제 (introjected regulation)	확인규제 (identified regulation)

자결성 이론에서는 인간이 가지는 동기를 무규제, 외적 규제, 의무감 규제, 확인 규제, 내적 규제로 구분한다.

그 중 스스로의 능력과 우수성을 확인하기 위해 스포츠에 참여하는 것은 확인 규제에 해당하며, 타인의 평가나 기대감을 만족시키려고 혹은 처벌을 피하기 위해 스포츠에 참여하는 일은 의무감 규제에 해당한다.

정답 : ①

04 데시(E. L. Deci)의 인지평가이론에 대한 내용이 아닌 것은?

① 칭찬과 같은 긍정적 정보를 제공하면 유능성이 향상되어 내적동기가 증가한다.
② 부정적 피드백을 제공하면 유능성이 낮아져 내적동기가 감소된다.
③ 지도자의 일방적 지시는 자결성을 낮추어 내적동기를 감소시킨다.
④ 선수들이 스스로 의사결정을 하게 되면 유능성이 향상되어 내적동기가 증가한다.

'인지평가이론'에 따르면 인간은 스스로 의사결정을 하는 '자결성'뿐 아니라, 자신의 행위를 통해 스스로의 '유능성'을 함께 확인할 수 있을 때, 즉 '자결성'과 '유능성'을 함께 가질 때 '내적 동기'가 높아진다고 본다.

정답 : ④

05 <보기>에서 하터(S. Harter)의 유능성 동기이론 모형에 관한 설명으로 옳은 것을 고른 것은?

< 보 기 >

㉠ 심리적 요인과 관련된 단일 차원의 구성개념이다.
㉡ 실패 경험은 부정적 정서를 갖게 하여 유능성 동기를 낮추고, 결국에는 운동을 중도 포기하게 한다.
㉢ 성공 경험은 자기효능감과 긍정적 정서를 갖게 하여 유능성 동기를 높이고 숙달을 경험하게 한다.
㉣ 스포츠 상황에서 성공하기 위한 능력이 있다는 확신의 정도나 신념으로 특성 스포츠 자신감과 상태 스포츠 자신감으로 구분한다.

① ㉠, ㉡   ② ㉠, ㉣   ③ ㉡, ㉢   ④ ㉡, ㉣

하터의 유능성 동기이론에서는 성공 경험이 많고 목표에 대한 열정이 크며 스스로 책임을 느끼며 운동에 참여할수록 유능감이 높아지고 내적 동기도 강화된다고 보며, 실패의 경험이 많아지면 그 반대의 결과가 발생한다고 설명한다. 이 이론은 '유능감'을 신체적, 사회적, 인지적 범주라는 다차원으로 설명한다.

자신감을 특성 스포츠 자신감과 상태 스포츠 자신감으로 구분하여 설명한다는 ㉣이론은 벨리의 스포츠 자신감 이론이다.

정답 : ③

08강 스포츠 심리학
스포츠수행의 심리적 요인-4

1. 목표 설정

Introduction

목표는 인간의 인지 및 사고 과정을 통해 운동 수행에 긍정적 또는 부정적인 영향을 미친다. 심리학에서는 목표를 달성하려는 의도가 동기의 근원이라고 보며, 이는 적절한 목표 설정이 인간의 내적 동기를 유발하거나 변화시킬 수 있음을 의미한다.

따라서 지도자는 수행자로부터 바람직한 운동 수행의 과정과 결과를 이끌어내기 위해 적절한 목표를 설정하고 이를 실천하는 원리를 이해하는 것이 중요하다.

학습목표

동기와 자신감, 운동의 지속과 관련지어 목표의 개념을 이해합니다.

<1> 목표 설정의 개념

목표란 특정한 행동을 통해 도달하려는 대상이다. 운동의 횟수나 경기에서의 점수 등과 같이 특정한 과제를 달성할 수 있는 구체적인 수행 능력 수준으로 이해하기도 한다.

목표는 일반적으로 두 가지 측면에서 이해할 수 있다. 첫째, 목표의 '내용'은 달성하고자 하는 목적과 결과를 의미하며, 둘째, 목표의 '강도'는 목표 달성을 위해 투자하는 시간과 노력을 의미한다. 즉, 목표란 달성하려는 목적이 무엇인지와 그 목적을 위해 얼마나 열심히 노력하는지를 포함하는 개념이다. 따라서 바람직한 목표 설정을 위해서는 수행의 명확한 목적을 정하고, 그 목적을 실현할 수 있도록 적절한 강도와 시간을 설정하는 것이 필요하다.

1) 목표의 유형

(1) 주관적 목표와 객관적 목표

- **주관적 목표**: 재미, 즐거움 등 수행자에 따라 다르게 해석되는 목표
- **목표의 종류**
- **객관적 목표**: 구체적인 장소와 시간, 횟수 등으로 명시된 목표

결과 목표의 사례
- 경기에서의 우승과 상금의 획득
- 상위 리그로의 승급
- 주전 선수로의 발탁

수행 목표의 사례
- 정확한 자세로 슛하기
- 스키 하강에서 손의 위치를 바로잡기
- 자유투의 성공률을 높이기 등

(2) 결과 목표와 수행 목표

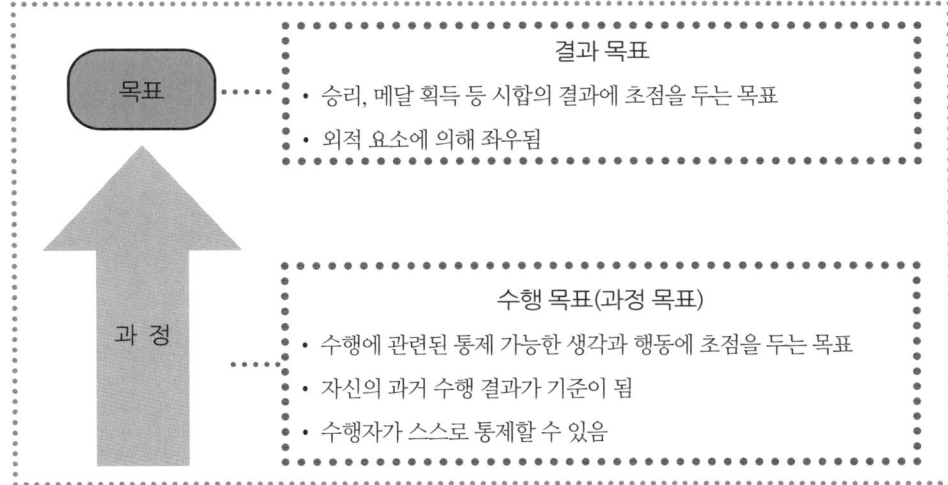

결과 목표
- 승리, 메달 획득 등 시합의 결과에 초점을 두는 목표
- 외적 요소에 의해 좌우됨

수행 목표(과정 목표)
- 수행에 관련된 통제 가능한 생각과 행동에 초점을 두는 목표
- 자신의 과거 수행 결과가 기준이 됨
- 수행자가 스스로 통제할 수 있음

대표 기출 유형

01 목표설정에서 수행목표로 적절한 것은?

① 한국시리즈에서 우승한다.
② 올림픽에서 메달을 획득한다.
③ 20km 단축 마라톤에서 1위를 한다.
④ 서브에서 팔꿈치를 완전히 펴서 스윙한다.

정답은 해설지에

<2> 목표 설정의 원리

목표는 수행자의 내적 동기를 강화함으로써 수행을 향상시키고, 훈련의 질을 높인다. 결과 목표와 과정 목표 등을 설정하는 것은 수행자로 하여금 더욱 과제의 핵심요소에 집중하게 하고 포기하지 않고 노력을 지속하게 하며, 더 나은 수행을 위한 학습 전략을 개발하도록 독려하는 방법이 되기 때문이다.

그런 점에서 수행자의 조건을 고려하여 실현 가능한 구체적인 목표를 장기와 단기로 나누어 설정하여야 한다. 또한 수행자가 과제에 집중하고 노력을 지속시킬 수 있도록 평가와 지원의 방안까지 마련하는 것이 필요하다.

목표 설정에 실패하는 이유
- 측정 가능한 목표가 아닌 막연한 목표를 설정한 경우
- 수행자에게 적합한 진도를 잘 못 파악하는 경우
- 너무 많은 목표를 한꺼번에 설정하는 경우
- 결과 목표만을 설정하고 수행 목표를 정하지 못하는 경우

1) 목표 설정의 원리와 효과

(1) 선수의 성향과 목표설정

① 선수의 성향(수행지향, 결과지향, 무동기)

수행 지향적 선수	도전적이고 어려운 목표를 설정하려 함
결과 지향적 선수	이미 숙달된 수준의 안전한 목표를 설정하려 함
무동기의 선수	지나치게 쉽거나 혹은 성공하기 어려울 정도의 아주 높은 목표를 설정하려 함

② 과제성향, 자기목표성향 (Nicholls)

과제목표성향 선수	• 비교의 준거를 자신으로 삼음 • 노력을 통해 기술이 향상되고 유능성을 가지게 되는 일을 성공으로 여김 • 내적 동기가 강함 • 자신이 노력에 대한 자부심이 강하며 실패할 경우 다시 도전하는 긍정적인 태도를 가짐 • 실현가능하면서도 약간 어려운 과제를 선택함 • 시합의 상황에서 긴장을 하지 않고 불안감이 적으며 수행이 우수함
자기목표성향 선수	• 비교의 준거를 타인으로 삼음 • 경기에서 승리하는 일을 성공으로 여김 • 내적 동기가 약함 • 자신의 노력에 대한 확신이 약하며, 과제 수행의 중도에 포기하거나 실패에 대해 변명을 하는 경우가 많음 • 아주 쉽거나 아주 어려운 과제를 선택함 • 실제의 시합이나 평가의 상황에서 타인을 의식하여 긴장과 불안감이 높으며 수행능력이 저조함

(2) 목표 설정의 원리

- 구체적인 목표를 설정한다.
- 수행자의 특성과 능력에 적절한 목표를 설정한다.
- 측정 가능한 목표를 설정한다.
- 단기 목표와 장기 목표를 구분하여 설정한다.
- 긍정적인 목표를 설정한다.
- 목표달성을 위한 구체적인 전략을 수립한다.
- 목표의 달성을 위한 지원방법을 함께 설정한다.
- 어렵지만 실현가능한 목표를 설정한다
- 실현이 불가능하다고 판단되면 적극적으로 수정한다.

대표 기출 유형

02 목표설정의 주요원리에 대한 설명으로 틀린 것은?

① 성공적인 수행을 이끌어 낼 수 있는 구체적인 목표를 설정한다.
② 시간의 제약을 받지 않는 목표를 설정한다.
③ 도전적이면서도 자신의 한계를 뛰어넘을 수 있는 성취 가능한 목표를 설정한다.
④ 팀의 목표와 선수 자신의 목표에 대한 충분한 검토를 통한 적절한 목표를 설정한다.

정답은 해설지에

대표 기출 유형

03 자기목표성향 보다 과제목표성향이 높은 선수의 특성으로 가장 적절한 것은?

① 달성하기 어려운 목표를 설정한다.
② 평가 상황에서는 평소보다 수행이 더 저조할 수 있다.
③ 상대 선수의 실수로 인해 승리하였다고 생각한다.
④ 자신의 노력 부족으로 인해 패배하였다고 생각한다.

정답은 해설지에

(3) 목표 설정의 효과

- 수행 중 중요한 요소에 대한 주의집중을 유도
- 동기와 인내심을 강화
- 연습과 노력의 증가
- 지루함의 예방하고 인내심을 고양
- 새로운 학습 전략의 개발을 촉진

<3> 목표 설정의 실제

목표 설정은 선수들의 내적 동기를 유발할 수 있는 실질적인 방법이어야 한다. 이를 위해서는 먼저 선수들의 특성을 충분히 이해하고, 이에 기반하여 가장 적절한 목표를 제시해야 한다. 또한, 선수가 목표 달성을 위해 구체적인 행동을 실행하고 있는지를 확인하고 관리할 수 있는 세밀한 방법들이 마련되어야 한다.

1) 성공적인 목표 설정의 단계

준비 단계	• 구체적이고 실현 가능한 전략을 수립하는 단계 • 선수의 기술과 체력, 흥미와 동기 등을 향상시킬 수 있는 방안을 고려한다.
교육 단계	• 선수를 대상으로 오리엔테이션을 실시하는 단계 • 한 번에 하나씩의 목표를 설정하며 수행자가 목표에 대해 성찰할 시간적 여유를 준다.
평가 단계	• 목표의 실천 단계에서 달성 여부를 주기적으로 평가하는 단계 • 목표가 너무 쉽거나 너무 어려운 경우 도전 의식을 줄 수 있는 수준으로 목표를 수정한다.

2) 목표가 수행의 과정에 미치는 영향

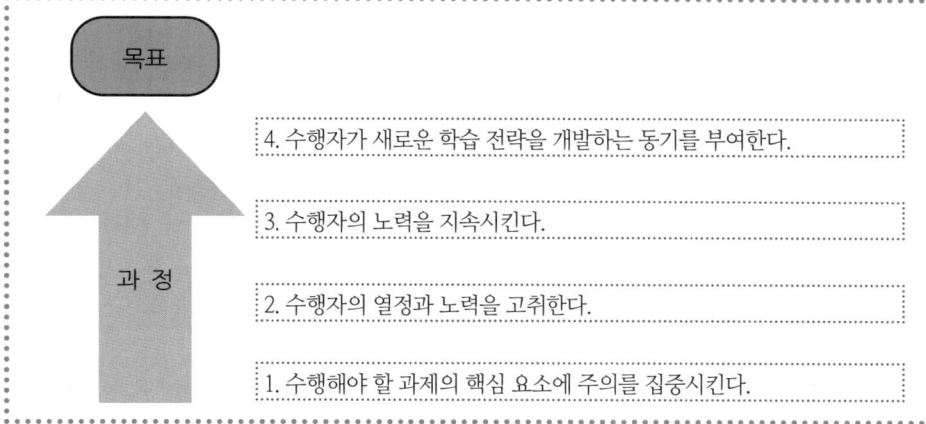

목표

과정
1. 수행해야 할 과제의 핵심 요소에 주의를 집중시킨다.
2. 수행자의 열정과 노력을 고취한다.
3. 수행자의 노력을 지속시킨다.
4. 수행자가 새로운 학습 전략을 개발하는 동기를 부여한다.

대표 기출 유형

04 스포츠 목표설정의 원리에 포함되지 않는 것은?

① 구체적인 목표
② 측정가능한 목표
③ 과도하게 높은 목표
④ 시간을 정해둔 목표

정답은 해설지에

2. 자신감

학습목표
1. 자신감의 유형
2. 자신감 이론
3. 자신감 향상 방법

Introduction
자신감은 수행자가 자신이 목표를 달성할 수 있다고 믿는 마음 상태이며, 성공에 대한 자기 확신을 포함한다.

자신감은 수행자의 심리에 영향을 미쳐 운동 수행을 방해하거나 촉진하며, 미래에 대한 기대감을 자극함으로써 결과적으로 수행자의 심리에 영향을 미친다. 이는 불안, 스트레스와 같은 부정적인 정서를 유발하거나, 유쾌함, 도전감 등의 긍정적인 정서를 촉진할 수 있다.

<1> 자신감의 개념

자신감은 개인이 특정 과제를 달성하는 데 필요한 능력을 가지고 있다고 스스로 믿는 상태를 의미한다. 스포츠 분야에서는 이러한 자신감이 경기에서의 경쟁 상황 속에서 수행자의 경기력을 결정짓는 중요한 요소로 작용한다. 자신감은 수행자가 경기 결과를 주관적으로 판단하고, 경기 결과에 대한 원인을 분석하며, 미래의 수행에 대한 예측에도 영향을 미친다. 또한, 자신감은 특정 스포츠에서의 수행뿐만 아니라, 다른 분야에 대한 도전에도 긍정적인 영향을 미친다.

1) 자신감의 유형 (Veaiey)

특성 자신감	선성격, 능력, 육체적 상태 등의 특성에 의해 발생하는 자신감
상태 자신감	주어진 환경과 상호작용을 하면서 가지게 되는 자신감

2) 자신감의 형성 원리 (Bandura)

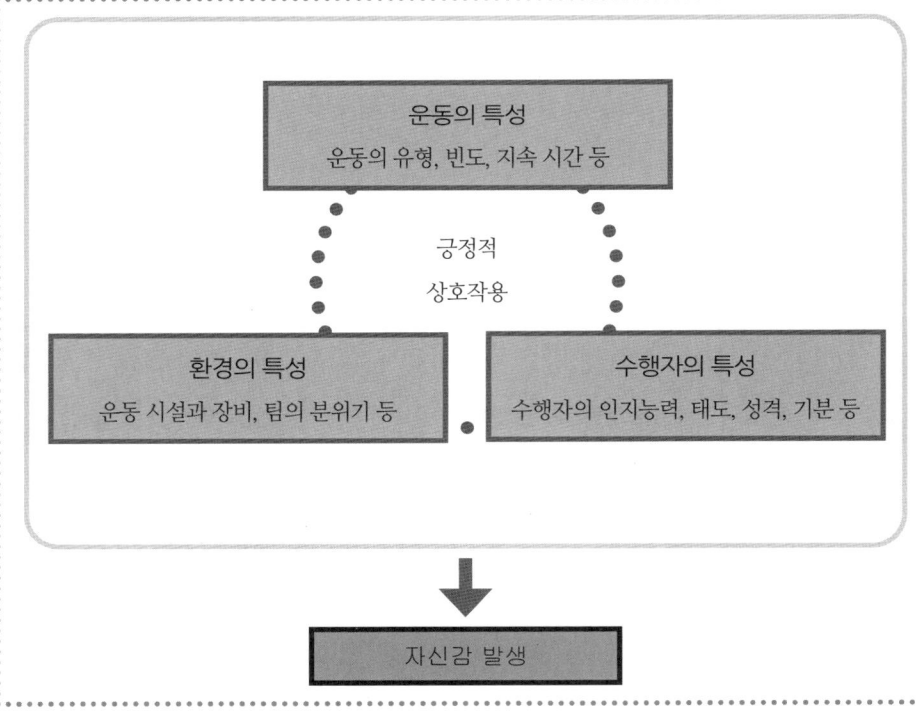

위계적 신체적 자기개념 가설 (K. Fox)

자신의 신체에 대한 개인의 자아개념은 위계적인 계층으로 구성되며 자신감과 관련이 있다.
1. 최상위 – '체력과 신체적 매력'
 '나는 매력이 있다.'와 같은 생각
2. 중위 – '신체적 외모와 이미지'
 '나는 날씬하다'와 같은 생각
2. 최하위 – '신체적 능력 및 믿음'
 '나는 운동을 잘한다'와 같은 생각

대표 기출 유형

05 <보기>에 제시된 폭스(K. Fox)의 위계적 신체적 자기개념 가설에 관한 설명으로 바르게 묶인 것은?

<보기>
㉠ 신체적 컨디션은 매력적 신체를 유지하는 능력이다.

㉡ 신체적 자기 가치는 전반적 자기존중감의 상위영역에 속한다.

㉢ 신체 매력과 신체적 컨디션은 신체적 자기가치의 하위영역에 속한다.

㉣ 스포츠 유능감은 스포츠 능력과 스포츠 기술 학습 능력에 대한 자신감이다.

① ㉠, ㉡
② ㉠, ㉢
③ ㉡, ㉣
④ ㉢, ㉣

정답은 해설지에

<2> 자신감 이론

자신감과 운동 수행을 설명하는 이론을 스포츠 자신감 이론이라고 한다. 이 이론들은 일반적으로 자신감의 형성 요인과 자신감이 운동 수행에 미치는 영향을 설명한다.

자신감을 설명하는 대표적인 이론에는 Bandura의 자기 효능감 이론, Vealey의 스포츠 자신감 모형, Harter의 유능성 이론 등이 있다.

이러한 이론들은 자신감이 어떻게 형성되며, 어떻게 운동 수행에 영향을 미치는지에 대한 통찰을 제공하며, 스포츠 심리학에서의 연구와 실천에 중요한 기초를 제공한다.

1) 자기 효능감 이론 (Bandura)

개인이 특정 과제를 성공적으로 수행할 수 있는 능력이 자신에게 있다고 믿는 정도인 '자기 효능감'을 중심으로 한다. 자기 효능감은 개인의 성공 경험, 대리 경험, 언어적 설득, 정서적 상태 등에 의해 형성되며, 이는 수행자의 동기와 행동에 영향을 미친다.

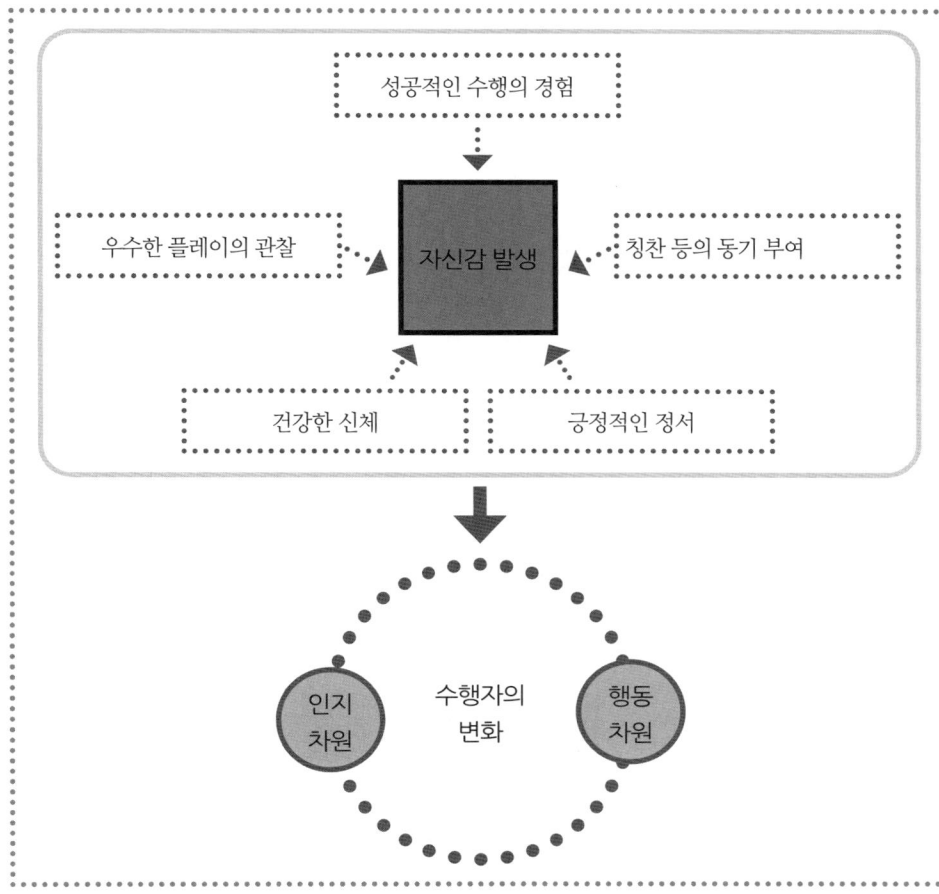

자기 효능감 이론

자기 효능감이란 개인이 어떤 상황에서 좋은 결과를 만들어내기 위해 필요한 일련의 조치들을 스스로 조직하고 실행할 수 있다는 확신을 말한다.

자기 효능감 이론에 따르면 수행자의 자신감은 특정한 조건들에 의해 형성·강화되며, 이렇게 형성된 자신감이 수행자의 효능감을 높여 인지 차원과 행동 차원의 긍정적인 태도를 강화한다는 것이다.

자기 효능감의 변화 요인
- 성공의 경험
- 우수한 선수의 퍼포먼스를 관람하는 간접 경험
- 주변 사람들의 설득과 격려
- 건강한 신체·정서의 상태

자신감을 향상시키는 방법 (Weinberg & Gould)
- 성공적인 수행 경험 제공
- 모델링의 제공
- 격려와 설득
- 자신감있는 생각과 행동 유도
- 정확한 정보의 제공
- 심상훈련
- 좋은 신체의 상태 유지

2) 스포츠 자신감 이론 (Vealey)

스포츠에서의 자신감을 크게 두 가지로 구분한다: 상태적 자신감(경기 상황에서의 자신감)과 특성적 자신감(일반적인 스포츠 능력에 대한 자신감). 이 모형은 자신감이 스포츠 수행에 미치는 영향을 다양한 요인과의 상호작용을 통해 설명하며, 스포츠 자신감을 높이기 위한 전략을 제시한다.

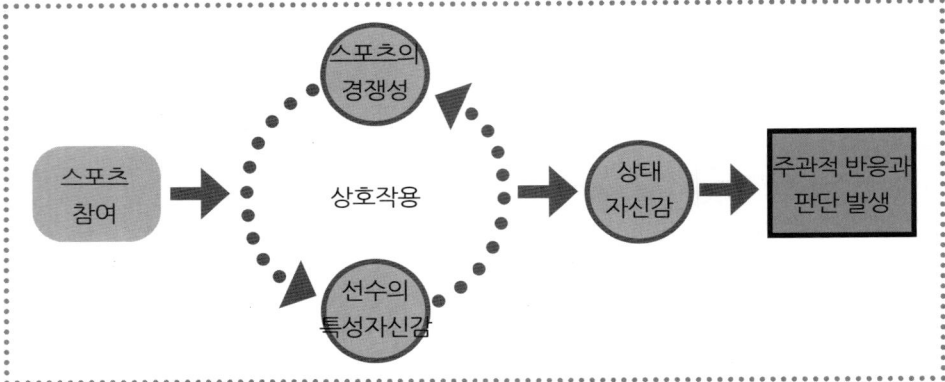

스포츠 자신감 이론

개인의 특성에 의해 발생하는 자신감과 스포츠가 가진 경쟁성이 결합하면 스포츠 참여하는 상태에서의 자신감이 발생하게 된다. 이를 상태 자신감이라고 하는데 결과적으로 상태 자신감이 수행자의 자신있는 반응과 행동을 만들게 되고 경기력을 결정하게 되는 것이다.

운동 수행자가 느끼는 경기의 결과는 객관적인 것이 아니라 만족감, 불만, 좌절, 기대감 등 수행자의 인식에 의해 형성되는 주관적인 것이다. 그러므로 수행자가 가지는 자신감은 결과에 대한 원인의 분석에도 영향을 주게 된다.

3) 유능성 동기 이론 (Harter)

개인의 유능성에 대한 인식이 자신감에 영향을 미친다고 설명한다. Harter는 유능성의 인식이 자신감에 어떻게 영향을 미치는지, 그리고 이러한 인식이 개인의 자기 평가와 동기 부여에 미치는 영향을 분석한다.

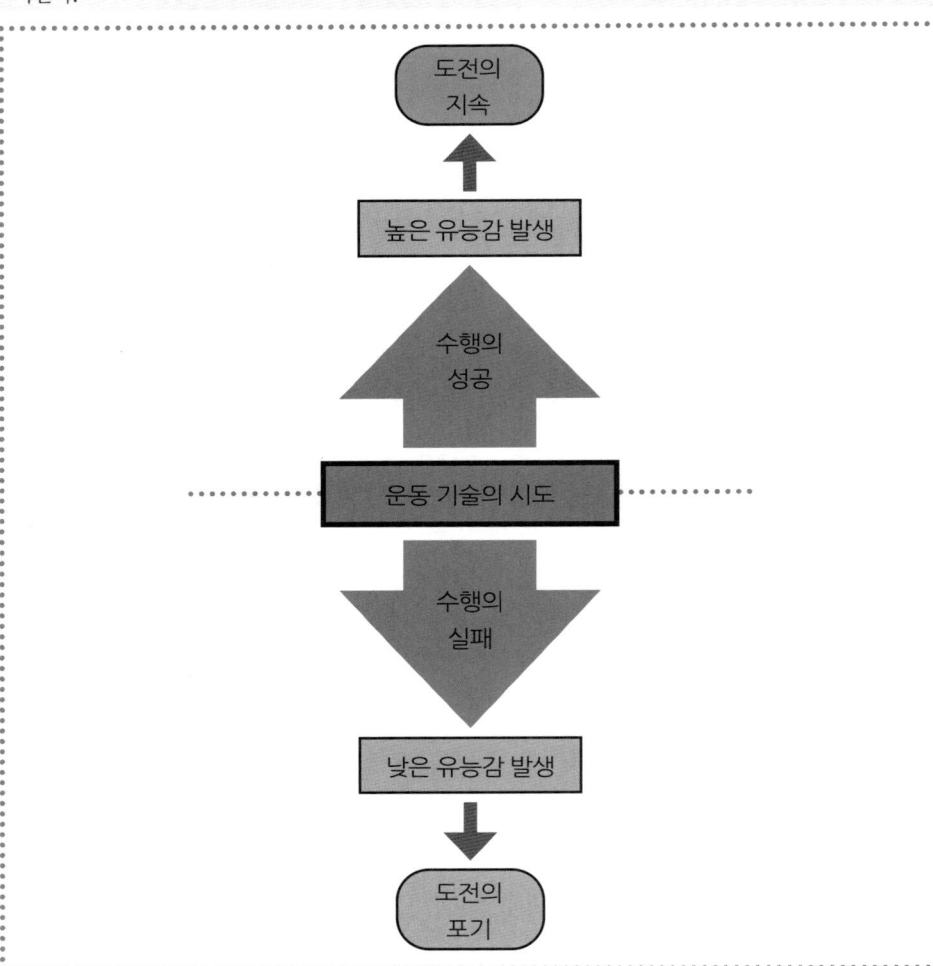

유능성 이론

유능성 이론은 수행자의 자신감이 유능성 동기와 관련을 가진다고 설명한다. 수행자가 운동에 참여하여 과제를 성공하면 긍정적 정서와 유능성 동기가 강화되고 그 결과 과제의 참여와 수행에 더 많은 노력을 기울이게 된다고 보는 것이다.

반면에 실패의 경험은 실망과 같은 부정적인 정서를 유발하고 유능성 동기를 약화시켜 운동 참여를 포기하게 한다고 설명한다.

유능성 동기의 요소

- 동기 지향성
  : 특정한 과제에 대한 개인의 심리적 태도
- 지각된 유능성
  : 특정한 과제를 해결할 수 있다는 스스로의 능력에 대한 자부심
- 자기 통제감
  : 자신의 성공과 실패에 대한 책임감의 정도

06 다음 중 유능성 동기이론에서 말하는 자신감의 변인이 아닌 것은?

① 동기 지향성
② 상태 불안 요인
③ 지각된 유능성
④ 자기 통제감

3. 심상

Introduction

훌륭한 선수들은 운동 수행 직전에 자신의 동작을 상상하는 과정을 거친다. 이러한 상상의 과정을 심상이라고 하며, 심상은 실제 운동 기능에 긍정적인 영향을 미쳐 수행을 향상시킬 수 있다. 더 나아가, 심상은 인지적 측면을 넘어 근육 조직을 활성화시켜 좋은 동작의 발현에도 영향을 미친다.

이 장에서는 심상 훈련에 영향을 미치는 요인과 심상의 유형, 그리고 심상 훈련을 통해 얻을 수 있는 효과에 대해 학습할 것이다.

학습목표: 이미지트레이닝의 한 종류인 심상의 구체적인 방법과 심상의 효과를 높이기 위한 고려사항을 암기합니다.

<1> 심상의 개념과 유형

심상이란 기억 속의 감각적 경험을 회상하여 외적 자극 없이 마음 속으로 운동 수행을 상상하는 것을 말한다. 연구에 따르면, 심상을 통해 운동 수행 능력과 신체 상태를 변화시킬 수 있으며, 심상이 운동 수행 능력의 향상에 영향을 미치는 주요 변인으로는 심상의 지향, 과제를 개념화할 수 있는 개인의 능력, 개인의 기술 수준 등이 있다.

심상은 그 방향에 따라 내적 심상과 외적 심상으로 구분될 수 있으며, 운동의 종목에 따라 심상의 효과가 다르게 나타난다. 수행자는 심상을 통해 자신의 수행을 머릿속에서 구체적인 감각으로 느낄 수 있는 선명도와, 실패나 패배하는 장면 대신 성공하는 장면으로 내용을 변경하는 조절력을 가져야 한다.

심상의 효과는 수행자의 기술 수준이 높을수록 더욱 크게 나타난다.

1) 효과적인 심상을 위한 변인

심상의 지향
- 내적 심상 – 자신의 입장에서 심상을 하는 것
- 외적 심상 – 관찰자의 입장에서 심상을 하는 것

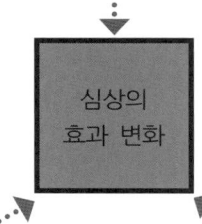

심상의 효과 변화

수행자의 능력
- 선명도 – 수행의 장면을 뚜렷하게 상상할 수 있어야 함
- 조절력 – 정확한 동작을 상상할 수 있어야 함

수행자의 기술 수준
- 초보 선수보다는 기술과 경험 수준이 높은 선수가 더 정확하고 높은 수준의 기술을 심상으로 떠올릴수 있음

심상의 조절력과 선명도
- 심상의 조절력:
  개인이 마음속에 형성된 심상을 조절하고, 수정하며, 구체화하는 능력
  심상의 세부 사항을 수정하거나, 심상을 다른 상황에 맞게 변화시키는 능력을 포함함
- 심상의 선명도:
  개인이 형성한 심상의 생생함과 세부 사항의 명확성을 나타내는 개념.
  심상은 더 많은 감각 정보를 포함할수록 더 현실감 있게 느껴짐

☐ 심상의 유형

내적 심상	외적 심상
자신의 관점에서 스스로의 수행 장면을 상상하는 것	타인의 관점에서 자신의 수행 장면을 상상하는 것

대표 기출 유형

07 <보기>의 ㉠에 들어갈 용어는?

< 보 기 >
- 복싱선수가 상대의 펀치를 맞고 실점하는 장면이 계속해서 떠오른다.
- 이 선수는 (㉠)을/를 높이는 훈련이 필요하다.

① 내적 심상
② 외적 심상
③ 심상 조절력
④ 심상 선명도

정답은 해설지에

<2> 심상 이론

심상 훈련은 수행자의 인지적 영역 뿐만 아니라 생리적 영역의 발달에도 효과를 미친다. 이를 설명하는 대표적인 이론으로는 심리 신경근 이론, 상징학습 이론, 심리·생리적 정보처리 이론, 각성 활성화 이론 등이 있다. 이러한 이론들은 심상 훈련이 수행자의 신체적 및 심리적 반응에 미치는 긍정적인 영향을 설명하는 데 기여한다.

□ 심상 효과의 설명 이론

심리 신경근 이론	심상 훈련을 통해 근육에 실제와 유사한 전기 자극이 전달된다고 설명. 심상 훈련을 통해 신경계가 활성화되어 근육의 반응이 실제 훈련과 유사하게 나타나며, 이는 훈련의 효과를 발생시킨다고 본다.
상징 학습 이론	심상 훈련이 특정 동작을 자동화하는 과정이라고 설명. 심상을 통해 반복적으로 동작을 상상함으로써 해당 동작이 자동적으로 수행될 수 있도록 학습된다고 한다.
심리·생리적 정보처리 이론	외부 자극과 이에 대한 모든 인체의 반응이 뇌에 저장되어 훈련의 효과가 나타난다고 본다. 따라서 심상 훈련은 육체적 반응 뿐만 아니라 심리적 반응까지 포함하여 수행되므로, 전체적인 효과가 더 크다고 설명한다.
각성 활성화 이론	심상 훈련을 통해 운동을 하기에 적합한 각성 수준으로 활성화된다는 이론

심상 훈련의 효과와 특징
- 스트레스 관리 혹은 정신적 기능의 치료나 향상을 위해 사용됨
- 근육 조직의 활동을 일으키며, 근육 조직의 강화에도 효과가 있음
- 실제의 연습과 병용하면 효과가 있으나, 단독으로는 효과가 적음

<3> 심상의 활용

심상 훈련은 스포츠 기술과 전략의 연습뿐 아니라 선수의 자신감과 집중력을 향상시키고 감정을 조절하거나 스트레스를 해소하여 심리적 안정감을 가지는 일을 돕는다. 더 나아가 부상으로 인해 신체적 훈련이 중단된 상황에서도 심상을 통해 지속적인 훈련이 가능하게 한다.

심상 훈련은 훈련의 효과에 대한 확신을 가지고 실제의 수행과 동일한 순서로 진행하는 것이 필요하다. 또한 실제의 상황과 유사한 뚜렷한 상과 함께 과제를 성공적으로 수행하고 있는 장면을 구체적으로 상상할 수 있어야 한다.

심상 훈련은 상상을 통한 인지 훈련이므로 방해받지 않고 훈련에 집중할 수 있는 편안한 장소를 선정하는 것도 중요한 일이다.

1) 실제 스포츠에서의 심상 활용

(1) 심상활용의 목적
- 기술과 전략의 연습
- 자신감과 집중력의 향상
- 스트레스 해소
- 부정적인 감정의 완화
- 부상 중의 대체 훈련

(2) 심상의 실천 방법
- 집중할 수 있는 적합한 장소에서 실시한다.
- 신체의 긴장을 이완시킨다.
- 심상 훈련의 이유와 효과에 대한 믿음을 가진다.
- 상상하고 있는 동작에 대한 선명성과 조절력을 가진다.
- 실제 상황과 유사한 속도의 동작을 상상한다.
- 심상 훈련에 관한 기록물을 작성한다.

대표 기출 유형

08 <보기>의 괄호 안에 들어갈 용어는?

< 보 기 >

( )은/는 모든 감각을 활용하여 과거의 성공 경험을 회상하거나 미래의 성공적 운동수행을 마음 속으로 상상함으로써 자신감을 향상시키고 집중력을 높인다.

① 심상
② 목표설정
③ 인지적 재구성
④ 체계적 둔감화

정답은 해설지에

대표 기출 유형

09 심상훈련 과정에서 주의해야 할 내용 중 바른 것은?

① 소음이 있는 장소에서 실시한다.
② 신체적 요소만을 사용하여 전체적으로 분절된 동작을 심상해야 한다.
③ 실제 경기 상황과 동일한 속도로 심상해야 한다.
④ 이미 실패한 수행장면만 심상한다.

정답은 해설지에

Confirmation
이것만은 꼭!

01 목표를 설정할 때 그 특성에 따라 목표의 유형을 나눌 수 있는데 승리나 기록의 단축, 상금의 획득 등 운동 참여의 결과에 초점을 두는 목표를 (   ), 정확한 수행의 동작이나 연습시 주의할 사항 등에 초점을 두는 목표를 (   )라고 한다.

02 자신감의 유형 중 선수가 가진 성격, 타고난 능력, 신체의 상태 등에 의해 발생하는 자신감을 (   ), 선수가 처한 환경 속에서 발생하는 자신감을 (   )이라고 한다.

03 반두라의 자신감 형성모형에서 말하는 자신감 발생의 변인은 (,   ,   )이다.

04 유능성 동기이론에서 말하는 자신감 발생의 변인은 (,   ,   )이다.

05 외적 자극이나 실제의 행동이 없이도 선수가 기억하는 감각적 경험을 회상하여 훈련을 하는 것을 (   )이라고 한다.

정답
1. 결과목표, 과정목표
2. 특성 자신감, 상태 자신감
3. 운동의 특성, 환경의 특성, 수행자의 특성
4. 동기지향성, 지각된 유능성, 자기 통제감
5. 심상 훈련

Previous 단원 기출문제

01 <보기>에서 정보처리이론에 관한 설명으로 옳은 것만을 모두 고른 것은?

< 보 기 >
ㄱ. 정보처리이론은 인간을 능동적인 정보처리자로 설명한다.
ㄴ. 도식이론은 기억흔적과 지각흔적의 작용으로 움직임을 생성하고 제어한다고 설명한다.
ㄷ. 개방회로이론은 대뇌피질에 저장된 운동프로그램을 통해 움직임을 생성하고 제어한다고 설명한다.
ㄹ. 폐쇄회로이론은 정확한 동작에 관한 기억을 수행 중인 움직임과 비교한 피드백 정보를 활용하여 움직임을 생성하고 제어한다고 설명한다.

① ㄱ, ㄴ
② ㄷ, ㄹ
③ ㄱ, ㄴ, ㄹ
④ ㄱ, ㄷ, ㄹ

'기억흔적(mnemonic traces)'과 '지각흔적(perceptual traces)'은 도식이론이 아닌 '인지 심리학'에서 인간이 어떻게 기억을 저장하고 인출하는가를 설명하기 위해 제안된 개념이다.

정답 : ④

02 <보기>에 제시된 내용과 관련된 반두라(A. Bandura)의 자기효능감 향상 요인은?

< 보 기 >
• 자신이 판단하기에 기술적으로 과거보다 향상되었음을 느꼈다.
• 시합 전 우승 장면을 자주 떠올린다.
• 결승골을 넣어 이겼던 적이 많다.

① 성공경험
② 간접경험
③ 언어적 설득
④ 신체·정서 상태 향상

'자기효능감'이론에서 말하는 중 '자기효능감'을 높이는 방법 중 <보기>에서 설명하고 있는 사례는 '성공의 경험'을 자주 제공하는 것이다.

정답 : ①

03 <보기>에서 설명하는 자기존중감(self-esteem) 향상과 관련된 가설로 가장 적절한 것은?

< 보 기 >
• 정기적으로 운동하여 체지방의 감량과 체형의 변화를 확인하였다.
• 피트니스 센터에 가면 정서적 안정감을 느낀다.
• 스포츠지도사로부터 칭찬을 자주 받는다.
• 가족들로부터 운동참여에 대한 지지를 받고 있다.

① 신체상(body-image) 향상설
② 자기도식(self-schema) 향상설
③ 자기효능감(self-efficacy) 향상설
④ 자기결정성(self-determination) 향상설

'자기효능감'이란 반두라(A. Bandura)가 사회인지이론에서 제시한 개념으로 한 개인이 자신의 능력으로 자신의 목표를 성취하기 위해 필요한 행동을 조직하고 실행하여 원하는 결과를 얻을 수 있다는 기대 또는 신념을 말한다. 사람은 자신의 수행을 관찰하거나, 더 나은 수행을 할 수 있는 모델의 수행을 관찰하거나, 타인의 응원과 칭찬 등을 경험하거나, 생리적 지표가 향상될 때 자기효능감을 향상시킬 수 있다고 본다.

정답 : ③

04 <보기>에 제시된 심상(imagery)의 요소로 바르게 나타낸 것은?

< 보 기 >
㉠ 선수 : 시합에서 느꼈던 자신감, 흥분, 행복감을 실제처럼 시각화한다.
㉡ 선수 : 부정적인 수행 장면을 성공적인 수행 이미지로 바꾼다.

	㉠	㉡
①	주의연합	주의분리
②	외적 심상	집중력
③	통계적 처리	자동적 처리
④	선명도	조절력

심상의 과정에서 머릿속에 떠오르는 이미지를 실제의 감각적 상황처럼 느끼는 것을 '선명도'라고 하며, 심상된 내용을 긍정적인 것으로 바꾸는 능력을 '조절력'이라고 한다. '선명도'와 '조절력'을 가질 때 심상훈련의 효과가 커진다.

정답 : ④

09강 스포츠수행의 심리적 요인-5

1. 주의집중

> **Introduction**
>
> 주의는 외부 세계의 정보를 지각하기 위해 감각과 인지 능력을 사용하는 과정이다. 그리고 주의 집중은 여러 자극 중에서 하나의 사건에만 몰두하고, 그 사건과 관련이 없는 자극을 배제하는 과정을 포함한다.
>
> 스포츠에서는 유용한 자극에만 주의를 집중할 수 있다면, 운동 수행 능력이 향상될 수 있다. 그래서 스포츠 심리학에서는 주의의 유형을 이해하고, 이를 향상시키는 방법을 연구한다.

학습목표

주의의 종류를 구체적인 스포츠상황에 적용하는 문제가 출제되고 있습니다

<1> 주의집중의 개념

주의 집중은 운동 수행과 관련된 정보와 단서에만 정신을 집중하는 능력과 밀접하게 관련되어 있다. 따라서 효과적인 주의 집중을 위해서는 다양한 단서들(동작, 기술, 반응, 선택 등) 중에서 가장 필요하고 적절한 단서를 선택하는 것이 중요하다.

일반적으로 주의는 범위와 방향이라는 두 가지 개념으로 정의할 수 있다. 주의의 범위는 선수가 주어진 시간 내에 주의해야 하는 정보의 양을 의미하며, 넓은 주의와 좁은 주의로 구분된다. 주의의 방향은 선수가 자신의 사고와 감정에 주의를 기울여야 하는지, 아니면 주변 상황에 집중해야 하는지를 뜻하며, 이 기준에 따라 내적 주의와 외적 주의로 나뉜다.

1) 주의의 효과적인 활용

□ 주의의 활용에 관한 이론

여과(필터) 이론	인간은 정보처리용량 내에서의 처리를 위해, 특정한 물리적 특성을 가지는 정보만을 받아들인다는 이론
감쇠이론	모든 정보가 완전히 차단되지 않고, 덜 중요한 정보는 약화된 형태로 처리된다는 이론
용량이론(주의배분모델)	인간은 정보처리용량의 한계를 극복하기 위해 주의 자원의 적절한 배분으로 과제를 수행한다는 이론
무주의 맹시 이론	사람들이 자신의 주의를 무언가에 집중하고 있을 때, 집중하지 않은 다른 물체나 사건은 인식하지 못하는 현상
선택적 주의 (칵테일 파티 효과)	시끄러운 경기장에서도 선수들이 코치의 지시에 귀를 기울일 수 있는 것처럼 여러 가지 자극(정보자원)이 있는 속에서도 필요한 정보에 선택적으로 주의를 기울여 정보를 처리한다는 이론

<2> 주의의 유형과 측정

1) 주의의 유형 (Nideffer)

(1) 주의의 범위

넓은 주의	좁은 주의
여러가지 사건에 동시에 주의를 기울임	한 두개의 단서에만 집중함

(2) 주의의 방향

외적 주의	내적 주의
외적 환경이나 조건에 주의를 집중함	자신의 생각이나 기억에만 주의를 집중함

(3) 주의의 유형과 스포츠 적용(골프의 사례)

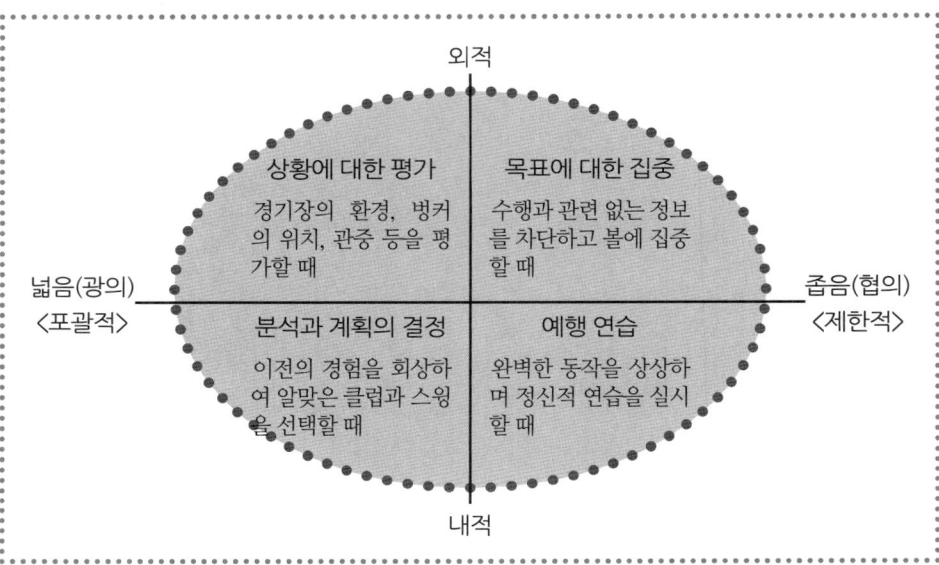

실제 경기에서 선수는 상황에 맞게 자신의 주의 자원을 적절히 활용해야 한다. 예를 들어, 축구 경기에서는 같은 팀의 공격수 움직임과 상대 수비수의 동작을 동시에 고려해 순간적으로 패스할 공간을 찾아야 하므로, 외적이면서 넓은 주의가 필요하다. 반면, 양궁 선수가 과녁을 겨냥할 때는 바람의 세기와 같은 소수의 외적 정보에만 집중하면 되므로 외적이면서 좁은 주의가 요구된다.

경기를 준비하는 코치는 다양한 경기 상황을 마음속으로 시뮬레이션해야 하므로 내적이면서 넓은 주의가 필요하다. 반면, 골프 선수가 시합 전에 퍼팅을 연습하며 잔디 상태나 경사 등 외적 상황 속에서 자신의 동작을 상상하는 경우에는 내적이면서 좁은 주의가 필요하다.

대표 기출 유형

01 주의집중은 범위와 방향에 따라 '넓은-좁은'과 '내적-외적' 유형으로 분류할 수 있다. 이러한 4가지 유형을 골프 경기 상황별로 단계화하여 연결한 설명으로 틀린 것은?

① 유형: 넓은 외적 주의집중 / 사례: 골프장의 바람, 코스 상황, 관중
② 유형: 넓은 내적 주의집중 / 사례: 정보분석(이전 경험 추출), 클럽 선택
③ 유형: 좁은 내적 주의집중 / 사례: 계획 수립 및 클럽 선택
④ 유형: 좁은 외적 주의집중 / 사례: 공 자체를 보고 샷

정답은 해설지에

2) 주의집중의 측정

개인의 주의 집중 능력과 패턴을 측정하여 경기력을 예측하는 방법 중 하나는 '주의 대인관계 유형검사(TAIS: Test of Attentional and Interpersonal Style)'를 활용하는 것이다. 이 검사는 피험자가 다양한 경기 상황에서 자신의 주의 습관이나 선호하는 주의 패턴을 스스로 보고하도록 하여 개인의 주의 스타일을 파악하는 자기보고 검사이다.

TAIS는 주의의 범위와 방향에 따른 6개의 하위 영역으로 구성되며, 각 하위 영역마다 12개의 질문이 포함된 총 72개의 항목으로 이루어진다. 이 검사를 통해 선수의 주의 스타일을 여섯 가지 유형으로 구분하고, 그 결과를 바탕으로 선수의 상태와 경기력을 예측할 수 있다.

(1) 주의 대인관계 유형검사 - TAIS(test of attentional and interpersonal style)

□ 주의 대인관계 유형검사의 하위요인

광의-외적	• 효과적인 포괄적·외적 주의력을 가진 상태 • 이 척도의 점수가 높은 선수는 많은 환경적인 정보를 동시에 소화할 능력을 가지고 있다.
외적-과부하	• 과중한 외적 정보로 인하여 심리적 부담감을 가진 상태 • 이 척도에서의 높은 점수는 능력에 비해 너무 외적 정보를 과중하게 받거나, 부적절한 정보에 의해 주의가 산만해져서 실수를 할 가능성이 높음을 의미한다.
광의-내적	• 포괄적·내적 주의력을 가진 상태 • 이 척도에서 높은 점수를 받은 선수는 한꺼번에 여러 가지 일들을 생각할 수 있으며, 결과를 예측하거나 앞일을 계획함에 있어 분석적이며 사려가 깊다.
내적-과부하	• 과중한 내적 정보로 인하여 심리적 부담을 가진 상태 • 이 척도가 높은 선수는 주의와 사고가 산만해져서 실수를 유발할 가능성이 높다.
효과적 주의집중	• 효과적인 주의집중력을 가진 상태 • 한가지 과제에 대해 효과적으로 주의를 집중할 수 있는 능력이 있음을 의미한다.
주의 확산 실패	• 주의집중이 약화된 상태. • 만성적으로 주의가 좁아져 있는 상태이며, 이런 선수는 폭넓은 주의를 가져야 할 때 그렇게 하지 못하여 실수를 저지른다.

> **TAIS**
> Nideffer이 제작한 주의집중의 유형을 측정하기 위한 검사지
>
> 처음에는 총 17개의 하위 척도와 144개의 문항으로 구성하였다가 후에 6개의 척도와 12개의 문항으로 간소화한 문항지를 다시 발표하였다.

<3> 주의와 경기력의 관계

우수한 선수와 그렇지 않은 선수 사이의 경기력 차이는 주의를 활용하는 능력에서 비롯된다. 경기가 진행되는 동안 외적·내적 상황이 끊임없이 변화하고 다양한 혼란스러운 자극이 발생하는 가운데, 이러한 상황에서도 주의를 효과적으로 집중할 수 있는 선수는 뛰어난 경기력을 발휘할 가능성이 크다. 이는 주의의 용량과 지속 시간, 경기 상황을 읽는 융통성과 판단력과 같은 요소들이 높을수록 경기력이 향상된다는 점과 연관된다.

특히 숙련된 선수와 초보자 간의 차이는 주의 자원의 사용 방식에서 두드러진다. 초보자는 운동 기술 학습 과정에서 불필요한 주의 자원을 소모하는 경우가 많지만, 연습을 통해 기술이 자동화된 숙련된 선수는 이러한 자원을 효율적으로 활용하며, 더 높은 수준의 경기력을 발휘할 수 있다.

1) 주의 집중 요소 (Etzel)

에너지의 소비량	• 용량(주의와 관련한 에너지의 총량) • 지속성(주의집중을 지속할 수 있는 시간)
경기를 읽는 시야	• 융통성(주의를 빨리 전환할 수 있는 능력) • 선택성(필요한 곳에만 주의를 집중할 수 있는 능력)

> **주의와 운동 수행의 관계**
> • 각성수준이 지나치게 높아지면 오히려 수행에 필요한 주의력이 감소하여 경기력이 저하됨
> • 수행 과제에 따른 주의 형태와 과제의 숙련도에 따라 경기력의 차이가 발생함
> • 불안의 수준이 높아지면 주의의 범위가 좁아지고 산만해짐
> • 수행 중 너무 많은 단서에 주의를 기울이면 효율적으로 기술을 수행할 수 없음

2) 자동화를 통한 주의자원의 절약과 경기력

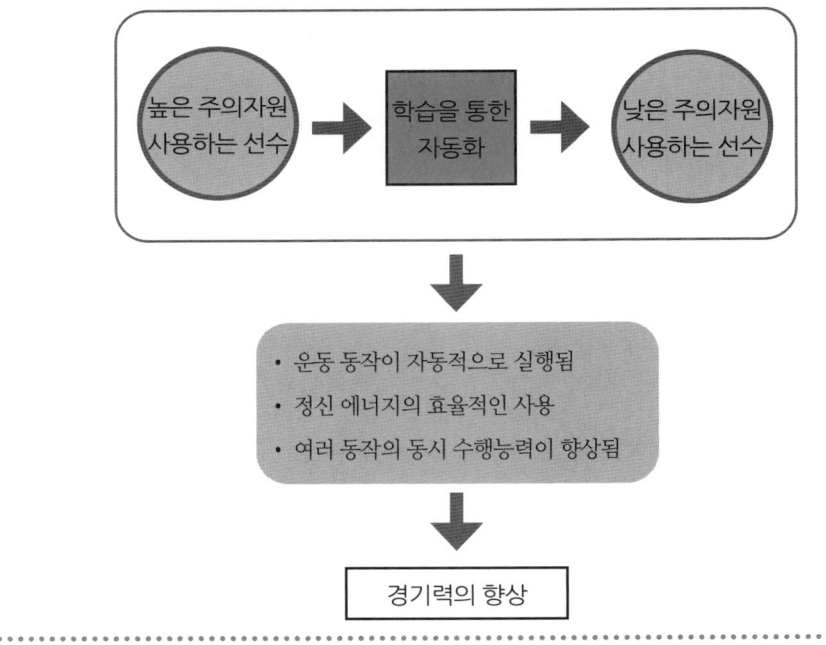

3) 주의와 경기력 관련 이론

산만-갈등 모형	한 과제의 수행 수준은 주의를 산만하게 하는 환경 자극들의 양에 의해 예측된다는 이론
과부하 가설	산만 자극들이 인지 과부하로 이어지고, 인지적 과부하 상태에서는 쉬운 과제는 더 잘하고, 어려운 과제는 더 못하게 된다는 주장
루프 모형	타인이 자신을 바라볼 때, 타인의 기대와 자신의 실제 행동 사이의 차이를 의식하고 그로 인해 수행이 좋아진다는 주장
용량 모형	과제의 유형에 따라 필요한 기억의 종류가 다르며 수행의 결과도 달라진다는 이론

<4> 주의 집중 향상 기법

주의 단서의 활용	주의 집중을 유발하는 신호나 문장을 개발하고 사용하여 필요한 경우 자신의 내적 주의에 집중할 수 있는 훈련을 한다.
주의집중 훈련	심상·명상·격자판 훈련 등을 통해 주의집중 능력을 향상시킨다.
모의훈련	실제의 경기와 동일한 조건을 만들어 연습을 실시한다.
기능의 과잉 학습	두 가지 이상의 수행을 동시에 연습하여 주의를 적절하게 배분하는 능력을 향상시킨다.
과정 지향 목표의 설정	스스로 통제가 가능한 과정 지향의 목표를 설정하여 훈련한다.
연습에 대한 신뢰	연습을 통해 특정한 기술을 자동적으로 수행할 수 있다는 것을 스스로 확인한다.
수행 루틴의 개발	자신만의 루틴을 개발하여 집중이 필요한 시점에서 활용한다.
산만한 상황에서의 훈련	시끄럽고 혼란스러운 환경에서 연습하여 적응한다.
심상 훈련	심상을 통해 자신의 내적 주의력을 향상시킨다.

대표 기출 유형

02 경기 중 흔히 사용하는 주의 집중 향상 기법이 아닌 것은?

① 심상 훈련
② 참선 훈련
③ 격자판 훈련
④ 감각회상 훈련

정답은 해설지에

2. 루틴과 인지재구성

Introduction

우수한 선수들은 경기가 잘 풀리지 않거나 집중이 필요한 서브나 프리킥 상황에서 자신만의 고유한 동작을 통해 호흡을 가다듬는 모습을 자주 보인다. 이러한 선수들마다 스스로 개발하여 활용하는 고유한 동작을 루틴이라고 한다.

루틴은 선수들이 일관된 운동 수행을 유지하고, 불안이나 긴장을 해소하게 한다. 심리적 안정감을 제공하여 중요한 순간에 더 나은 집중력을 발휘할 수 있도록 돕는 중요한 전략 중 하나이다.

학습목표: 루틴의 의미와 필요성을 암기하고 선수가 가진 불안 등의 부정적 생각을 긍정적으로 바꾸는 방법을 이해합니다.

〈1〉 루틴의 개념과 활용

선수가 자신만의 고유한 동작이나 절차를 통해 루틴을 개발하는 이유는 최상의 운동 수행을 발휘하기 위해 신체와 정신을 이상적인 상태로 조율하기 위함이다. 루틴은 사전에 설정된 과정을 반복적으로 실행함으로써 부적절한 내적·외적 방해 요소를 차단하고, 주의를 분산시키지 않으며, 중요한 과정에 집중할 수 있도록 돕는다. 이로써 선수는 일관된 수행을 유지할 수 있게 된다. 또한, 반복된 동작을 통해 다음 상황에 대한 익숙함을 느끼게 하여 심리적 안정감과 준비된 상태를 제공하는 역할도 한다.

1) 루틴의 목적과 유형

(1) 루틴의 역할

수행 전 루틴	장비의 준비, 준비 운동 등이 목적
수행 간 루틴	휴식, 재정비, 재집중 등이 목적 경기 시간이 긴 종목에서 활용
미니 루틴	과도한 긴장 완화가 목적 특정한 동작을 수행하기 직전에 실시 예) 골프의 티샷 전 스윙 연습
수행 후 루틴	경기나 수행 후 잘된 동작과 잘못된 동작을 회상하며 수행

(2) 루틴의 종류

← **행동 루틴**
- 특정한 행동을 반복하는 루틴
- 목표물이나 경기장에 대한 주의 집중, 자신만의 예비동작 실시 등
- 수행의 일관성 유지에 기여함

인지 루틴 →
- 특정한 생각을 반복하는 루틴
- 각성의 컨트롤, 심리 상태 컨트롤
- 심리적 긴장의 완화와 사고의 일관성 유지에 기여함

2) 루틴의 방법

(1) 행동 루틴의 방법

- 특정한 동작을 반복하는 방법
- 특정한 사물에 집중하는 방법

(2) 인지 루틴의 방법

- 특정한 단어의 암송
- 긍정적인 자기 암시의 반복
- 심상 등을 활용한 각성의 조절

대표 기출 유형

03 다음 중 루틴에 대한 설명으로 틀린 것은?

① 주의를 분산할 수 있는 부적절한 내적, 외적 방해를 차단한다.
② 다음 수행에서 중요한 과정에 집중하게 하고 다음 상황에 대한 익숙한 느낌을 제공한다.
③ 사전에 설정된 과정을 제공함으로써 일관된 수행을 도와준다.
④ 루틴은 상상 훈련이므로 실제 근육 강화에는 효과가 없다.

정답은 해설지에

<2> 인지 재구성의 개념과 활용

선수가 정서적 문제를 겪는 주요 원인은 구체적인 사건 자체보다는 그 사건을 지각하고 받아들이는 방식에 문제가 있을 때가 더 많다. 즉, 사건을 비합리적으로 해석함으로써 정서적 문제가 발생하는 것이다. 따라서 정서적 문제를 일으키는 이러한 비합리적인 생각을 확인하고, 이를 합리적인 사고로 전환하는 과정이 필요하다. 이 과정을 "인지 재구성"이라 하며, 이는 운동 수행을 향상시키는 데 유용한 방법이다.

☐ 인지 재구성의 방법

- 자신이 언제 부정적인 생각을 하는지를 확인한다.
- 생각하는 일이 스스로 통제할 수 있는 일인지를 생각해 본다.
- 통제할 수 있는 일에만 주의를 집중한다.
- 자주하는 부정적인 생각의 목록을 만들고 합리적이고 긍정적인 목록으로 대체한다.
- 심상을 활용하여 부정적인 느낌을 긍정적인 느낌으로 대체하는 연습을 한다.

<3> 자기 암시의 개념과 활용

훌륭한 선수들조차 경기 전 높은 긴장과 불안을 경험하며, 이러한 상태를 긍정적인 심리 상태로 전환하기 위해 스스로에게 자신감을 불어넣는 문장을 반복하는 경우가 있다. 이처럼 긍정적인 생각이나 문장을 반복하여 자신에게 긍정적인 암시를 주는 것을 "자기 암시"라고 한다. 자기 암시는 심리적 문제를 완화할 뿐만 아니라, 신체적 문제를 개선하는 데에도 효과적으로 활용되고 있다.

1) 자기 암시의 종류와 활용 효과

(1) 자기 암시의 종류

- 수행 능력 향상을 위한 자기 암시
  예) '몸에 힘을 빼고 라켓을 가볍게 휘둘러 보자.'
- 습관의 개선을 위한 자기 암시
  예) '항상 이 동작에서 자주 틀리니 집중해야겠다'
- 주의 집중을 위한 자기 암시
  예) '지금이 중요한 순간이야. 집중해야 해'
- 감정의 조절을 위한 자기 암시
  예) '마음을 가라앉혀. 한 번 정도 실수는 괜찮아.'
- 노력의 자극을 위한 자기 암시
  예) '이 정도로 되겠어? 더 힘을 내자구.'
- 마음의 준비를 위한 자기 암시
  예) '상대방이 공격적으로 나올거야. 긴장해야 해.'

(2) 자기 암시의 효과

- 부적절한 방해요인의 차단 부정적 사고를 중단하게 함
- 불합리하고 왜곡된 생각을 합리적인 생각으로 전환함

대표 기출 유형

04 다음의 불안의 감소기법 가운데 부정적인 생각을 찾아내어 긍정적인 생각으로 바꾸는 기법은?

① 호흡조절
② 인지재구성
③ 자생훈련
④ 바이오 테크닉

정답은 해설지에

Confirmation
이것만은 꼭!

01 주의집중 이론에 따르면 경기장의 환경, 경기장의 구조, 관중석의 배치 등에 관한 주의 영역은 (   )주의, (   )주의이다.

02 주의집중 이론에 따르면 이전에 자신이 했던 수행의 경험을 회상하면서 적합한 수행의 방법을 찾는 일은 (   )주의, (   )주의이다.

03 (   )주의자원을 사용하던 선수도 학습을 통해 자동화가 이루어지면 (   )주의자원을 사용하게 된다.

04 주의집중 이론에 따르면 경기 중 각성의 수준이 높아지면 수행과 관련한 단서들에 대한 선수의 주의력이 (   )하고 그에 따라 경기력도 (   )한다.

05 선수가 자신만의 고유한 동작이나 절차를 개발하여 경기중에 사용하는 경우가 있는데 이때 특정한 동작을 반복한다면 이를 (   )루틴이라고 하고, 특정한 생각을 반복한다면 이를 (   )루틴이라고 한다.

06 선수가 가진 부정적인 정서의 원인이 되는 생각을 긍정적인 것으로 바꿈으로써 선수의 정서를 개선하고 운동의 수행능력을 높이는 방법을 (   )이라고 한다.

07 선수가 경기 전후 불안을 느낄 때 자신감을 북돋울 수 있는 문장을 반복함으로써 긍정적인 정서를 만들고 결과적으로 운동 수행 능력을 높이는 경우가 있는데 이때 그런 문장을 반복함으로써 긍정적 암시를 만드는 일을 (   )라고 한다.

08 축구 선수들이 경기 중 공만을 집중적으로 쫓다 보면 다른 선수를 보지 못하고 충돌하는 경우가 종종있는데 이런 현상은 주의이론 중 (   )로 설명할 수 있다.

정답

1. 외적, 넓은
2. 내적, 넓은
3. 많은 혹은 높은, 적은 혹은 낮은
4. 감소, 하락
5. 행동, 인지
6. 인지재구성
7. 자기암시
9. 무주의 맹시

Previous 단원 기출문제

01 <보기>의 상황에 해당하는 니드퍼(R. M. Nideffer)의 주의 유형으로 가장 적절한 것은?

< 보 기 >
사격선수인 효운이는 시합에서 오로지 표적을 바라보며 조준하고 있다.

① 넓은 – 내적
② 좁은 – 내적
③ 넓은 – 외적
④ 좁은 – 외적

주의를 기울이는 대상이 적으면 '좁은', 그 대상이 선수의 마음이 아닌 외부에 있으면 '외적' 주의라고 한다.

정답 : ④

02 주의 집중 훈련의 기법으로 옳지 않은 것은?

① 실제 경기에서 일어나는 모든 상황을 똑같이 만들어 연습하는 훈련을 실시한다.
② 스스로 통제가 가능한 당면한 과제의 해결에만 주의를 집중한다.
③ 주의가 분산되지 않도록 한번에 한 가지의 수행만을 연습시킨다.
④ 동작이 자동적으로 이루어진다는 것이라는 믿음을 가지게 한다.

주의 집중의 능력을 높이기 위해 경우에 따라 여러 가지 수행을 동시에 시킴으로써 주의를 적절히 배분하는 능력을 향상시키는 훈련을 활용하기도 한다.

정답 : ③

03 루틴(routine)에 대한 설명으로 옳지 않은 것은?

① 경기력 향상에 도움을 준다.
② 경기력의 일관성을 위해 개발된 습관화된 동작이다.
③ 자신이 조절할 수 없는 요인에 주의를 기울이게 한다.
④ 최상수행을 위한 선수들 자신만의 고유한 동작이나 절차이다.

루틴이란 선수가 정확하고 일관된 수행을 위해 개발하여 습관화하는 고유한 동작을 말한다.

정답 : ③

04 스포츠 상황에서 루틴(routine)에 대한 설명으로 적절하지 않은 것은?

① 시합 당일에 수정한다.
② 불안을 감소시키고 집중력을 증대시킨다.
③ 심상과 혼잣말이 포함될 수 있다.
④ 상황이 달라져도 편안함을 유지시킨다.

루틴은 수행자의 안정과 운동수행의 일관성을 위해 활용한다. 그러므로 루틴을 시합 당일에 수정한다면 루틴의 원래 목적이 사라질 것이다.

정답 : ①

10강 스포츠 심리학 - 스포츠수행의 사회 심리적 요인-1

1. 집단 응집력

Introduction

최고의 선수들로 구성된 팀일지라도, 개개인의 능력을 더한 기대치보다 낮은 성과를 보이는 경우가 종종 발생한다. 이는 팀의 응집력이 충분히 발휘되지 않아, 잠재력에 비해 실제 생산성에서 손실이 발생하기 때문이다.

따라서 팀을 운영할 때 성과를 저해하는 요인을 찾아 제거하고, 집단의 응집력을 높이는 것은 매우 중요한 과제이다.

학습목표: 집단의 응집력이 낮아지는 이유와 개선방안 등을 이론들을 중심으로 이해합니다.

<1> 집단 응집력의 정의

집단 성원을 집단에 유지하고, 집단의 과제를 위해 헌신하게 만드는 힘의 총합을 응집력이라고 한다. 응집력은 팀의 목표 달성에 중요한 영향을 미치는 사회·심리적 요소로, 집단의 단결, 팀 정신, 일체감, 팀워크 등을 의미하기도 한다.

1) 응집력의 유형과 영향 요인

(1) 응집력의 유형

사회 응집력	과제 응집력
구성원 사이의 사회적·정서적 친화 정도	팀원들이 목표를 위해 함께 노력하는 정도

(2) 응집력 선행 요인 (Gill)

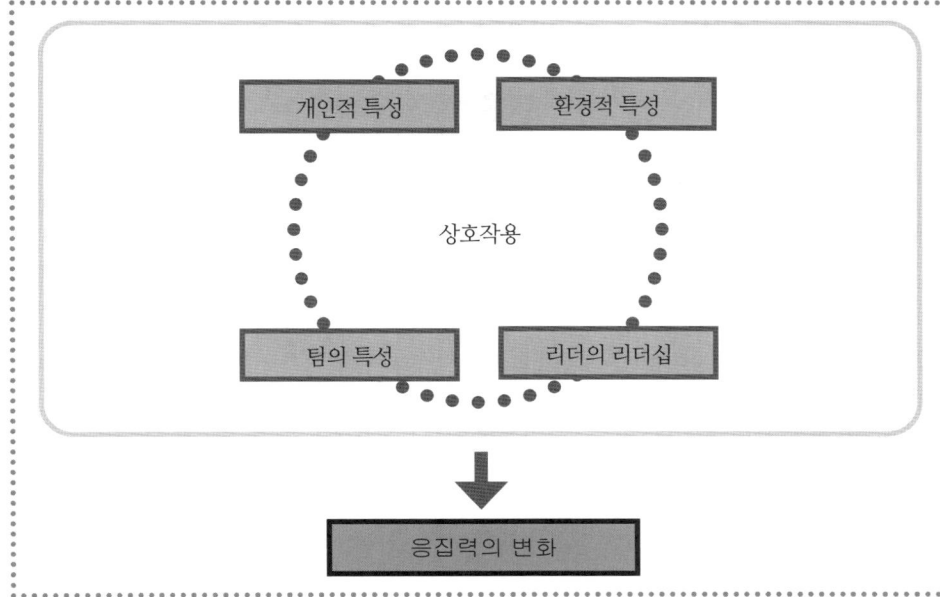

팀빌딩
새로운 팀을 구성하거나 팀을 재정비하여 팀의 발전을 도모하는 일을 말한다. 팀빌딩은 응집력과 관련이 높다.

대표 기출 유형

01 스포츠 상황에서 집단 응집력 모형(Gill)의 4가지 요소에 해당하지 않는 것은?

① 환경적 요인
② 개인적 요인
③ 심리사회적 요인
④ 리더십 요인

정답은 해설지에

(3) 응집력의 효과

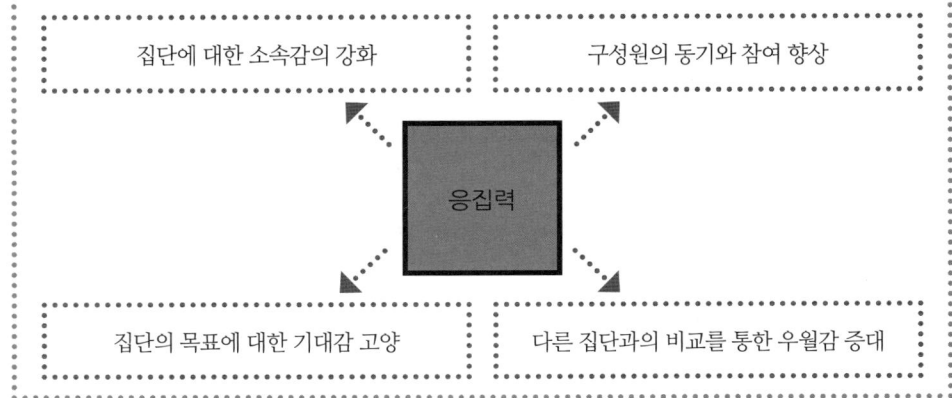

응집력의 향상 방안
- 팀의 동기를 높인다.
- 팀의 정체성을 발전시킨다.
- 다른 팀과의 차별성을 만든다.
- 각자의 역할을 명확히 한다.
- 집단의 구조를 명확하게 한다.
- 실현 가능한 목표를 설정한다.
- 원활한 의사소통이 가능케 한다.

(4) 응집력의 결과가 낮아지는 이유

조정손실	구성원 사이의 협력 타이밍이 맞지 않거나 잘못 수립된 전략으로 팀의 생산성이 낮아지는 경우
동기손실	구성원이 자신이 발휘할 수 있는 최대의 노력을 기울이지 않아서 팀의 생산성이 낮아지는 경우

<2> 집단에서 사회적 태만

집단의 규모가 증가하면 각 개인이 기울여야 할 노력에 대한 책임감이 감소하고, 이에 따라 개인들의 노력이 줄어드는 현상을 사회적 태만이라고 한다. 따라서 집단이 목표로 삼은 과제에서 최대 성과를 얻기 위해서는 사회적 태만을 방지하고 집단의 응집력을 강화하는 것이 필수적이다.

사회적 태만
집단에 속한 사람들이 공동의 목표를 달성하기 위해 함께 일하는 상황에서 혼자 일할 때보다 노력을 덜 들여 개인의 수행이 떨어지는 현상

링겔만 효과
구성원이 많아질수록 사회적 태만이 늘어나 책임감이 분산되는 현상

특히 집단의 잠재 능력에 비해 실제 능력이 줄어드는 이유는 구성원 각자가 공동작업에 열심히 참여하려는 동기가 약해지기 때문이다.

1) 사회적 태만의 발생 원인

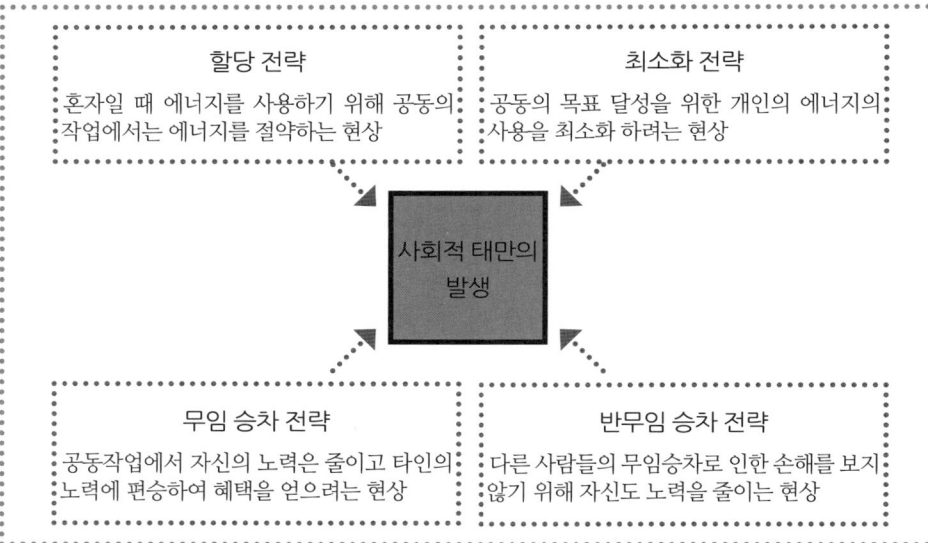

대표 기출 유형

02 <보기>에서 설명하는 사회적 태만 현상의 동기(motivation) 손실 원인은?

< 보 기 >

영운이는 친구들과 줄다리기를 할 때, 자신의 힘은 전혀 쓰지도 않고 친구들의 노력에 편승해서 경기에 이기려는 모습을 보이고 있다.

① 할당 전략(allocation strategy)
② 무임승차 전략(free ride strategy)
③ 최소화 전략(minimizing strategy)
④ 반무임승차 전략(sucker strategy)

정답은 해설지에

2) 사회적 태만의 극복 방안

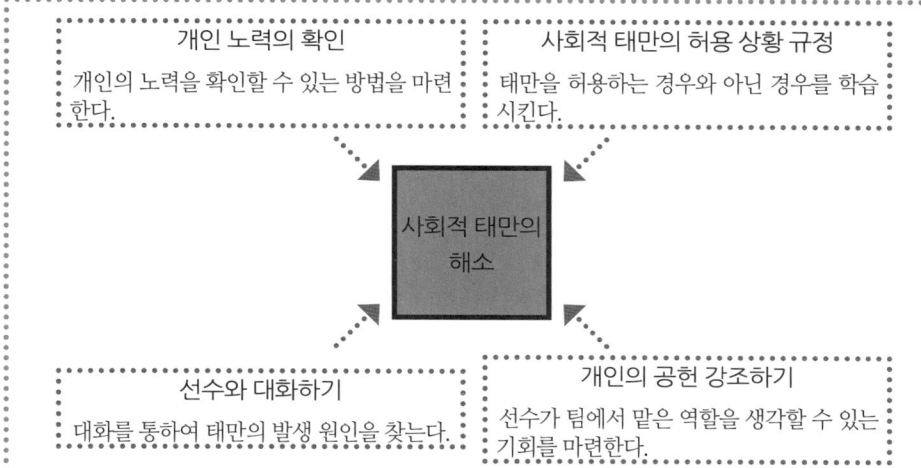

<3> 집단 응집력 이론

응집력과 관련된 주요 이론들은 집단의 응집력에 영향을 미치는 요소로 환경적 요인, 개인적 요인, 리더십 요인 등을 제시한다. 이러한 구성 요소와 선행 요인들은 집단의 응집력을 강화하며, 강화된 응집력은 집단과 구성원 모두에 영향을 미친다. 응집력이 집단 측면에 미치는 영향은 팀의 안정성과 수행 효율성 향상이며, 개인 측면에서는 집단에 대한 애착과 만족 강화, 참여도와 자부심의 증대가 포함된다.

□ 응집력의 모델 (Carron)

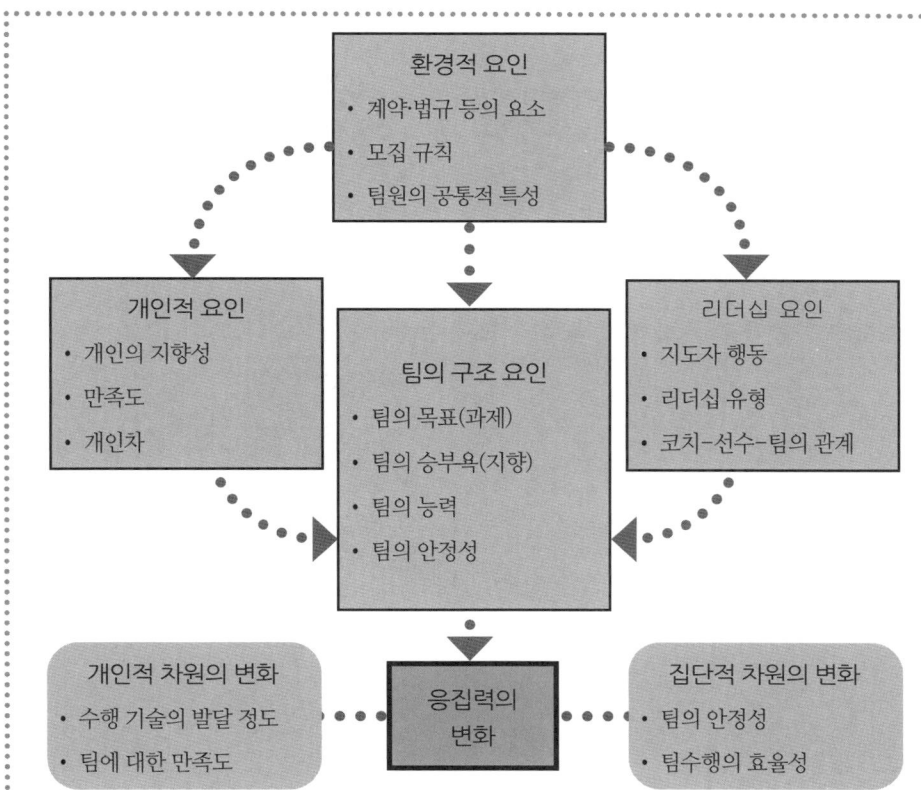

응집력의 영향요인 (Carron)
- 환경 요인
- 리더십 요인
- 개인 요인
- 팀 요인

대표 기출 유형

03 다음 중 집단에서 응집력을 강화하기 위한 사회적 태만의 방지 전략으로 적절하지 않은 것은?

① 성취하기 어려운 목표 설정하기
② 선수의 노력을 확인하고 칭찬하기
③ 선수와 대화하기
④ 개인의 공헌 강조하기

정답은 해설지에

⟨4⟩ 집단 응집력과 운동 수행 관계

집단의 응집력이 높을수록 팀의 과제 수행 결과가 향상되는 것은 자명하다. 그러나 모든 스포츠 팀이 동일한 수준의 집단 응집력을 요구하는 것은 아니다. 응집력의 필요 수준은 각 스포츠 종목의 특성에 따라 달라진다. 일반적으로 집단 구성원 간의 상호 의존성이 높을수록 응집력의 필요성이 커진다.

예를 들어, 양궁이나 볼링은 농구나 축구와 비교할 때 집단 응집력의 필요성이 상대적으로 낮다. 반면, 미식축구나 야구와 같은 종목은 상호 협력의 정도가 중간 수준으로, 응집력의 필요성도 중간 정도에 해당한다. 반대로, 농구, 축구, 핸드볼과 같은 종목은 고도의 팀워크가 요구되므로 매우 높은 수준의 응집력을 필요로 한다.

1) 스포츠 팀의 응집력에 영향을 주는 심리 요인

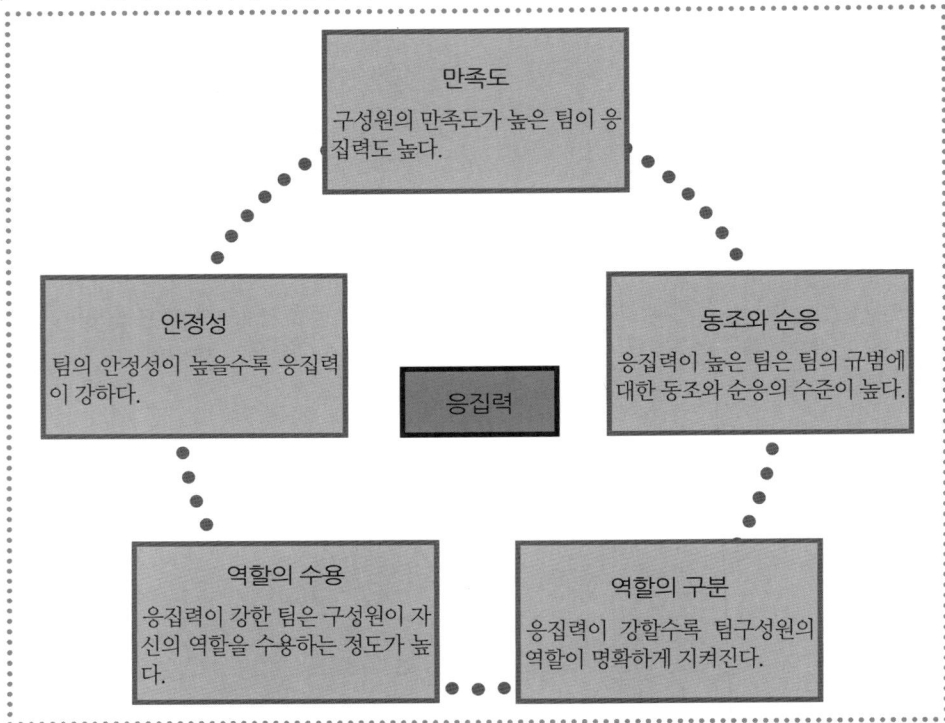

집단의 응집력과 운동 수행의 관계
- 집단의 응집력이 운동 수행의 결과와 반드시 비례하지는 않음
- 팀이 승리하는 경우 집단의 응집력은 높아짐
- 상호의존적인 스포츠 종목에서는 구성원 사이의 응집력이 팀의 수행결과와 비례함
- 상호의존성이 낮은 스포츠 종목에서는 구성원 간의 응집력이 팀의 성적과 큰 상관이 없음
- 경기 종목과 집단의 상황에 따라 집단의 응집력과 집단의 수행 결과가 정적일 수도 있고, 부적일 수도 있음

2) 스포츠 종목에 따른 과제 응집력의 요구 수준

집단 분류	상호 협력 집단	상호 협력-상호 반응 집단	상호 반응 집단
상호 의존성	낮은 단계	중간 단계	높은 단계
종목	양궁, 볼링, 육상(필드), 골프, 사격, 스키, 레슬링 등	미식축구, 야구, 피겨스케이팅, 조정, 육상(트랙), 줄다리기, 수영 등	농구, 필드하키, 아이스하키, 럭비, 축구, 핸드볼, 배구 등
집단 응집력의 필요 정도	낮음	중간	높음

04 팀 응집력 요구수준이 가장 높은 스포츠 종목은?

① 축구
② 양궁
③ 스키
④ 사격

<5> 팀 빌딩과 집단 응집력 향상 기법

팀의 유능성과 자원들을 방해하는 어려움을 제거하고 효율적인 작업을 돕는 과정을 팀 구축(팀 빌딩)이라고 한다. 잘 구축된 팀은 집단의 응집력이 높아지고, 자연스럽게 갈등이 해소되며, 팀 과제의 성과도 향상된다.

팀 구축 과정은 다음 세 가지 요인으로 나눌 수 있다.

- 팀의 환경적 요인: 팀만의 독특한 특성을 공유하게 하거나, 팀원 간의 신체적 거리를 가깝게 하는 방법을 고려한다. 예를 들어, 유니폼을 통해 팀의 일체감을 강화하거나 팀원 간의 물리적 거리를 줄이는 방안이 포함된다.
- 팀의 구조적 요인: 팀원이 자신의 역할을 명확히 이해하고, 팀의 규범에 순응하도록 유도하는 방법이 있다. 팀원의 역할을 명확히 하고 규범을 확립하여 팀 구조의 안정성을 높인다.
- 과정 요인: 팀의 목표를 설정하는 과정에 구성원이 참여하여 협동하고 상호 작용할 수 있는 환경을 조성하는 방법이 있다. 목표 설정에 팀원들이 참여함으로써 상호 협력과 상호 작용을 촉진한다.

1) 응집력의 향상 방법

(1) 팀구축의 과정

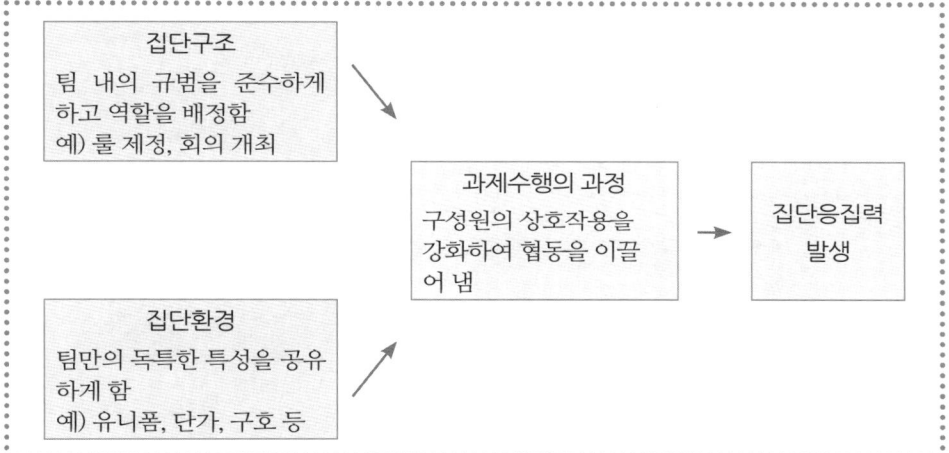

팀구축(팀빌딩)의 원칙
- 목표의 설정
- 임무의 분담
- 문제의 해결
- 구성원 간의 문제 해결

(3) 팀구축의 실제

- 팀만의 독특성을 만들기
  : 팀의 명칭, 유니폼, 팀의 상징 캐릭터 등의 설정
- 구성원의 지위를 확인시키기
  : 개인의 지위와 역할을 확인할 수 있는 표식의 활용하기
- 팀만의 규칙을 만들기
  : 팀만의 특별한 목표나 규범 만들기
- 구성원이 협력할 수 있는 장치를 만들기
  : 서로 인사하기, 파트너로 운동하기
- 구성원에게 팀에 기여할 수 있는 기회를 제공하기
  : 구성원이 돌아가며 팀의 단기적인 목표를 설정하게 하기나 신입회원 안내하기

대표 기출 유형

05 <보기>의 팀 구축 중재 전략과 요인을 바르게 연결한 것은?

< 보 기 >
- ㉠ 팀 구성원이 동일한 유니폼을 입는다.
- ㉡ 매주 한 번씩 팀 미팅을 열어 각자의 역할과 책임에 대해 논의한다.
- ㉢ 팀 구성원간 상호작용과 의사소통의 기회를 충분히 갖는다.

① ㉠환경 요인, ㉡구조 요인, ㉢과정 요인
② ㉠환경 요인, ㉡과정 요인, ㉢구조 요인
③ ㉠과정 요인, ㉡환경 요인, ㉢구조 요인
④ ㉠과정 요인, ㉡구조 요인, ㉢환경 요인

정답은 해설지에

2. 리더십과 강화

> **학습목표**
> 리더십을 설명하는 이론들의 구체적인 내용 출제되고 있습니다. 또한 강화의 방법과 강화물의 종류도 자주 출제됩니다.

리더십은 연구자들에 따라 다양하게 정의되며, 단일한 정의로 규정하는 것이 어려울 뿐만 아니라 바람직하지 않을 수도 있다. 그럼에도 불구하고, 긍정적인 리더십이 스포츠 팀의 응집력과 과제 수행 결과에 중대한 영향을 미친다는 점은 부정할 수 없다.

따라서 리더십 연구의 주요 관점과 리더십의 구성 요소를 이해하고, 긍정적인 리더십을 발휘하기 위한 구체적인 방법을 연구하는 것은 의미가 있다.

<1> 리더십의 정의

리더십은 집단의 목표나 내부 구조의 안정적인 유지를 위해 성원이 자발적으로 집단 활동에 참여하고 목표를 달성하도록 유도하는 지도자의 능력을 의미한다. 따라서 리더십은 집단 내에서 지도자의 역할을 가진 구성원이 다른 구성원의 행동에 대해 적극적인 영향력을 미치는 과정으로 볼 수 있다.

리더십은 리더만의 특성으로만 규정할 수 없으며, 효과적인 리더십을 발휘하기 위해서는 리더의 특성뿐만 아니라 리더십 스타일, 팀을 둘러싼 상황 요인, 구성원의 특성 등 다양한 요소를 고려한 상호작용이 필요하다.

1) 리더십의 형성과 유형

(1) 리더십의 영향 요인(구성 요인)

> **리더십에 영향을 주는 요인**
> 리더십은 지도자와 구성원간의 관계, 과제의 유형, 지도자의 권위, 지도자의 인간적 특성 등 여러 요인에 영향을 받는다.

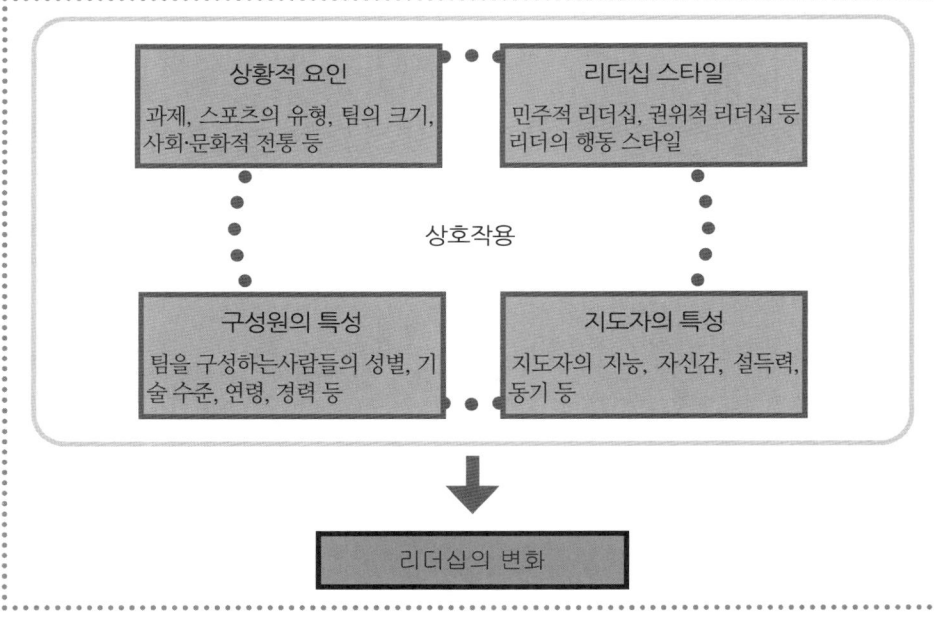

(2) 리더십의 유형 (리더십 스타일)

훈련과 지시 유형	운동수행 수준의 향상을 위한 열성적 훈련을 중시하는 유형
권위적 유형	팀 운영의 과정에서 권위를 강조하고 의사결정을 독점하는 유형
민주적 유형	팀의 목표설정과 운영의 주요 결정에 선수를 참여시키는 유형
사회적 지지 유형	선수들과 따뜻한 인간관계를 중요하게 여기는 유형

<2> 리더십 이론

리더십과 관련된 이론은 일반적으로 특성적 접근, 행동적 접근, 상황적 접근의 세 가지 유형으로 분류할 수 있다. 최근에는 이 세 가지 이론을 통합하여 다차원 리더십 모형으로 설명하기도 한다.

1) 주요 리더십 이론

(1) 특성적 접근 이론(위인 이론)

- 리더의 개인적 특성을 강조한다.
- 위대한 리더는 특정한 인성을 타고 나며, 이러한 특성은 선천적이라고 본다.

예) 민수는 적극적이고 다른 사람을 위한 배려심도 많으니 우리 팀의 주장이 될만한 자격이 있다.

(2) 행동적 접근 이론

- 성공적인 리더에게 나타나는 보편적인 행동 양식을 강조한다.
- 특정 행동 패턴이 집단을 효율적으로 이끄는 데 중요한 역할을 한다고 주장한다.
- 그런 보편적인 행동과 특성을 찾아내어 가르치면 누구나 훌륭한 리더가 될 수 있다고 본다.

예) 철수는 아직은 소심하고 내성적이지만 주장의 역할을 해내고 있는 민수의 특징을 발휘할 수 있는 기회를 준다면 언젠가는 주장으로서의 임무를 잘 수행할 것이다.

(3) 상황적 접근 이론

- 리더의 특성이나 행동뿐만 아니라, 구성원의 특성 및 팀을 둘러싼 상황 등의 상호작용을 중요시한다.
- 리더십의 효과가 상황에 따라 달라질 수 있음을 설명한다.

예) 아무리 자신감 넘치고 카리스마 넘치는 준호라도 요즘처럼 연패를 계속하고 있는 상황에서는 팀원들간의 의사소통을 통해 팀원들의 사기를 높이는 방법을 찾는 것이 좋겠어.

(4) 다차원 리더십 모형 (P. Chelladurai)

- 리더십의 행동은 상황속에서 정해진 규정행동, 리더의 특성에의해 나타나는 실제행동, 구성원들이 좋아하는 선호행동 등이 있으며, 이런 행동들이 일치하면 리더십의 효율이 높아진다고 보는 이론

예) A팀의 감독은 팀을 엄격하게 관리하지만 선수 하나의 고충에 귀 기울이고 공정하게 대하며 사적인 자리에서는 부모와 같은 자세로 부드럽게 대함으로써 팀의 응집력을 높이고 있다.

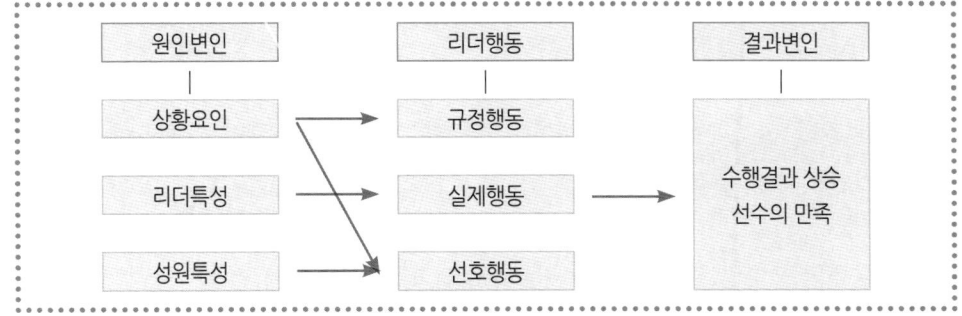

상황부합 리더십 모형 (F. Fiedler)

상황적 접근이론의 하나.

리더십의 효과성은 리더의 개인적 특성, 즉 리더십 스타일과 특정 상황의 특성 간의 일치여부에 따라 달라진다고 설명하는 이론

- 관계 지향적 리더십

구성원과의 관계를 중시하며, 팀워크와 상호 존중을 강조하는 스타일

- 과업 지향적 리더십

성과를 중시하며, 목표 달성을 위해 필요한 구체적인 지시와 관리에 집중하는 스타일

<4> 강화와 처벌

운동 참가자의 운동 수행을 제어하는 방법으로 강화와 처벌이 있다. 이 두 개념은 혼동하기 쉬우나, 반드시 구분하여 이해해야 한다.

강화란 수행자가 바람직한 행동을 보였을 때 긍정적인 자극을 제공하거나 부정적인 자극을 제거함으로써 그 행동이 미래에 반복될 가능성을 높이는 방법이다. 예를 들어, 운동 후에 칭찬을 하거나 좋아하는 음식을 제공하는 것이 강화에 해당한다.

처벌이란 수행자가 바람직하지 않은 행동을 했을 때 부정적인 자극을 제공하거나 긍정적인 자극을 제거함으로써 그 행동의 발생 확률을 감소시키는 방법이다. 예를 들어, 잘못된 동작을 했을 때 벌금을 부과하거나 훈련 시간을 추가하는 것이 처벌에 해당한다.

강화와 처벌의 구분
- 정적 강화 – 우수한 능력을 보인 선수를 주전선수으로 기용한다.
- 부적 강화 – 좋은 훈련 분위기의 결과로 오후 연습을 감면한다.
- 정적 처벌 – 연습 때 태만한 선수에게 운동기구의 뒷정리를 시킨다.
- 부적 처벌 – 훈련장에 지각한 선수를 팀의 전략 훈련에서 배제시킨다.

1) 강화

(1) 강화물의 유형

사회형 강화물	미소, 칭찬, 어깨 두드려 주기 등
활동형 강화물	자유 시간 제공, 주장으로의 임명, 일일 코치의 역할 부여 등
물질형 강화물	트로피 수여, 지위를 드러낼 수 있는 표창이나 완장 제공 등
특별행사형 강화물	회식, 프로팀 참관 기회 제공, 워크샵 참여 기회 제공 등

1차적 강화와 2차적 강화
- 1차적 강화
  상품, 상금 등 물질을 활용한 강화
- 2차적 강화
  칭찬, 격려 등 사회적 관계 형성을 통한 강화

(2) 정적 강화와 부적 강화

정적 강화	부적 강화
• 긍정적 자극을 제시함 • 칭찬, 포상, 휴식 등의 제공	• 부정적 자극을 제거함 • 뒷정리 시간에서의 제외 등

(3) 효과적인 강화의 방법
- 수행자에게 효과가 있는 강화물을 선택할 것
- 바람직한 반응이 나타난 직후에 제공할 것
- 수행의 결과보다는 바람직한 행동에 대한 강화를 제공할 것
- 초보자에게는 자주, 숙련자에게는 간헐적으로 제공할 것

처벌의 부정적 영향
- 체벌을 포함한 처벌은 공포를 불러 일으킨다.
- 처벌 위주의 지도는 기능 향상을 방해한다.
- 처벌의 효과를 예측하기 어렵다.

2) 처벌

(1) 정적 처벌과 부적 처벌

정적 강화	부적 강화
• 부정적 자극을 제시함 • 체벌, 마무리 뒷정리 등의 제공	• 긍정적 자극을 제거함 • 휴식시간에서의 제외 등

(2) 바람직한 처벌의 지침 (R.S. Weinberg & D. Gould)
- 규칙 위반에 대한 처벌규정을 만들 때 선수의 의견을 반영한다.
- 신체활동을 벌로 이용하지 않는다.
- 개인적 감정으로 처벌하지 않는다.
- 다른 사람 앞에서 창피를 주지 않는다.
- 처벌이 필요할 때는 단호함을 보인다.
- 처벌은 불쾌하거나 고통스러운 자극이어야 한다.
- 동일한 규칙의 위반에 대해서는 누구에게나 동일한 처벌을 하는 일관성을 가진다.
- 사람이 아니라 행동을 처벌한다.

대표 기출 유형

06 다음 중 선수가 바람직한 행동을 강화할 수 있도록 지도자가 사용하는 부적 강화를 설명하는 상황으로 올바른 것은?

① 선수가 그날의 훈련목표를 달성할 때마다 선수가 원하는 충분한 자유시간을 준다.
② 선수가 그날의 훈련목표를 달성할 때마다 선수가 하기 싫어하는 운동 뒷정리를 면제해준다.
③ 선수가 그날의 훈련목표를 달성할 때마다 선수가 보고 싶어 하는 영화표를 선물로 준다.
④ 선수가 그날의 훈련목표를 달성할 때마다 선수가 필요로 하는 운동도구를 새로이 구입해준다.

정답은 해설지에

Confirmation
이것만은 꼭!

01 집단을 이루는 구성원들이 정서적으로 서로 친밀감을 느끼며 동화될 때 (　　)이라고 하고, 구성원들이 집단의 목표를 위해 함께 힘을 합칠 때 이를 (　　)이라고 한다.

02 응집력은 여러 이유로 낮아질 수 있는데 그 중 구성원의 역할분담이 잘못되었거나 전략을 잘못 수립하여 발생하는 손실을 (　　)이라고 하고, 구성원들이 각각 발휘할 수 있는 최대한의 능력을 발휘하지 않아서 발생하는 손실을 (　　)이라고 한다.

03 집단의 구성원들이 각각 자신들의 노력을 절감하며 집단의 목표 달성에 소극적인 태도를 보이는 일을 (　　)이라고 한다.

04 어떤 사람이 자신의 공이 더 드러날 수 있는 과제에서 에너지를 사용하기 위해 공동작업에서는 노력과 성실성을 아낀다면 그런 현상은 사회적 태만의 발생원인 중 (　　)이라고 한다.

05 사회적 태만이 전이되어 성실하게 노력을 하던 사람들도 다른 사람의 태만에 맞서 자신들의 노력과 참여의 정도를 줄인다면 그런 현상은 사회적 태만의 발생원인 중 (　　)이라고 한다.

06 리더들에게서 발견되는 공동의 행동방식이 있고 그런 행동을 배우면 누구나 리더의 역할을 수행할 수 있다고 보는 이론은 (　　)이다.

07 팀의 공동체 의식을 강화하기 위해, 평소 팀의 분위기를 해치는 선수를 팀의 전술 훈련에서 배제시킨다면 이는 강화와 처벌의 전략 중 (　　)이다.

08 평소 팀의 전술과 전략에 대한 이해가 높고 팀의 승리를 위해 헌신하는 선수에게 지도자 과정을 미리 실습할 수 있는 워크샵에의 참여 기회를 제공한다면 이는 강화와 처벌의 전략 중 (　　)이다.

정답
1. 사회 응집력, 과제 응집력
2. 조정손실, 동기손실
3. 사회적 태만 혹은 링겔만 효과
4. 할당전략
5. 반무임 승차 전략
6. 행동적 접근
7. 부적 처벌
8. 정적 강화

Previous 단원 기출문제

01 <보기>의 괄호 안에 들어갈 용어는?

< 보 기 >

링겔만(M. Ringelmann)의 줄다리기 실험에 의하면, 줄을 당기는 힘은 혼자일 때 가장 크고, 줄을 당기는 인원이 증가할수록 개인이 쓰는 힘의 양은 줄어드는 것으로 나타났다. 이와 같이 집단 속에서 개인의 노력이 줄어드는 현상을 (   )이라고 한다.

① 사회적 태만
② 정적강화
③ 사회적지지
④ 부적강화

집단의 구성원이 늘어날수록 구성원의 개인적 노력과 헌신이 줄어드는 현상을 '사회적 태만' 혹은 '링겔만 효과'라고 한다.

정답 : ①

02 <보기>의 ㉠, ㉡에 해당하는 것은?

< 보 기 >

줄다리기에서 집단이 내는 힘의 총합이 개인의 힘을 모두 합친 것보다 적게 나타나는 현상은 (㉠)이며, 집단의 인원수가 증가할 때 발생하는 개인의 수행 감소는 (㉡) 때문이다.

	㉠	㉡
①	링겔만 효과	유능감 손실
②	관중 효과	동기 손실
③	링겔만 효과	동기 손실
④	관중 효과	유능감 손실

집단적인 활동을 할 때 소속된 개인은 자신이 기울여야 할 노력에 대한 책임감을 덜 느끼게 되고 이에 따라 개인들의 노력이 감소하여 구성원의 총합이 낼 수 있는 능력보다 낮은 능력을 발휘하는 경우가 발생하는데 이를 링겔만 효과라고 한다.

이처럼 구성원이 자신이 발휘할 수 있는 최대의 노력을 기울이지 않아서 링겔만 효과가 나타날 때 이를 동기손실이라고도 한다.

정답 : ③

03 <보기>의 쉘라두라이(P. Chelladurai) 다차원 리더십 모형에서 제시하는 리더행동이 바르게 나열된 것은?

< 보 기 >

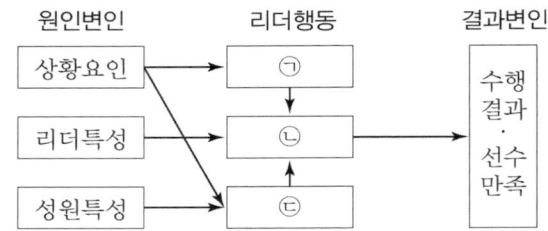

	㉠	㉡	㉢
①	규정행동	선호행동	실제행동
②	규정행동	실제행동	선호행동
③	선호행동	실제행동	규정행동
④	선호행동	규정행동	실제행동

특정한 상황에서 요구되는 리더의 행동을 '규정행동'이라고 한다. 구성원들이 좋아하는 리더의 행동은 '선호행동'이라고 하는데 리더의 실제행동이 이 두 행동과 일치할 때 수행의 결과와 선수의 만족도가 긍정적으로 나타난다고 보는 이론이 '다차원 리더십 모형'이다.

정답 : ②

04 <보기>는 피들러(F. Fiedler)의 상황부합 리더십 모형이다. <보기>의 ㉠, ㉡에 들어갈 내용을 바르게 나열한 것은?

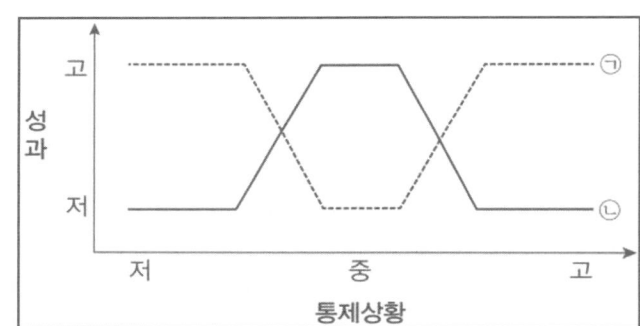

	㉠	㉡
①	관계지향 리더	과제지향 리더
②	과제지향 리더	관계지향 리더
③	관계지향 리더	민주주의 리더
④	과제지향 리더	권위주의 리더

피들러의 상황부합 리더십 모형은 리더십의 효과성을 상황에 따라 다르게 평가하며, 리더의 개인적 특성과 상황적 요인 간의 상호작용이 리더십의 성공에 영향을 미친다고 설명한다. 그에 따르면 리더의 유형은, 팀워크와 상호 존중을 강조하는 '관계 지향적 리더'와 과업의 성과와 목표 달성을 중시하는 '과제지향 리더' 두 가지가 있다.

정답 : ②

11강 스포츠 심리학 — 스포츠수행의 사회 심리적 요인-2

1. 사회적 촉진

Introduction

같은 일을 수행할 때 다른 사람이 옆에 있는 것과 없는 것에 따라 수행 결과에 차이가 발생한다는 이론. Triplett은 싸이클 경주 선수들이 혼자 연습할 때보다 다른 선수들과 함께 연습할 때 기록이 더 좋다는 점을 관찰하여 이 개념을 제안하였다.

사회적 촉진은 수행자의 수준과 욕구, 팀의 특성, 관중의 특성 등에 영향을 받으며, 수행의 결과에 긍정적 혹은 부정적인 영향을 미치게 된다.

학습목표
자주 출제되지는 않습니다. 사회적 축진과 관련한 이론들의 내용을 주변사람들의 영향 받는 이유를 중심으로 이해하세요.

<1> 사회적 촉진의 개념과 이론

타인의 영향으로 수행자의 수행 능력이 영향을 받는 현상을 사회적 촉진이라고 한다.
사회적 촉진에는 함께 수행에 참여하는 사람이 있을 때 수행의 결과에 영향이 발생하는 공통행동 효과(co-action effect)와 관중이 있을 때 수행의 결과에 영향이 발생하는 관중효과(audience effect)가 있다.

사회적 촉진 이론
Triplett의 연구에서 처음 시작
사이클 선수들이 다른 사이클 선수들이 있을 때 수행이 더 빨라지는 현상에 착안하여 경쟁자의 존재가 경쟁충동을 각성시키고, 큰 힘을 유도하여 수행을 촉진한다는 이론을 발표하였다.

1) 사회적 촉진

(1) 사회적 촉진에의 영향 요인

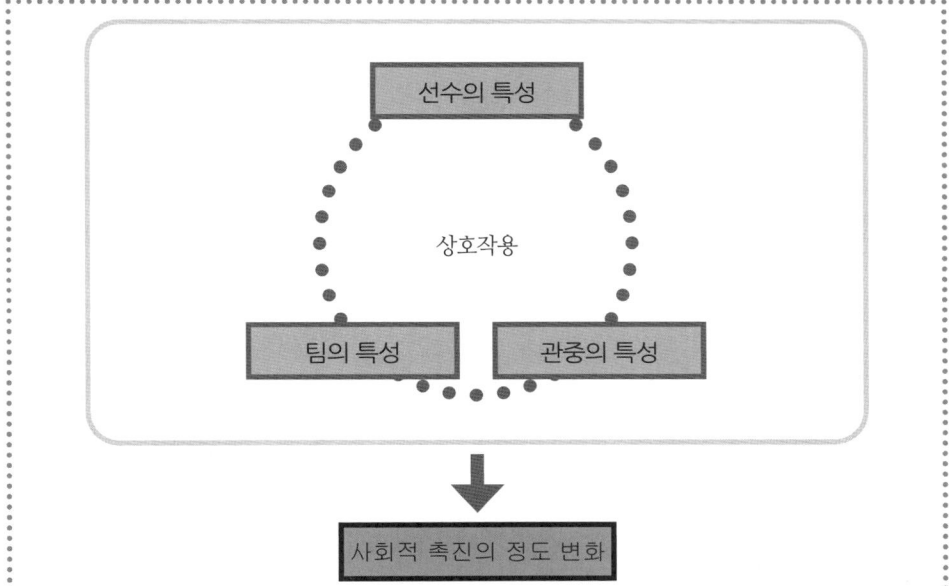

사회적 저하
타인의 존재가 능률을 저하시키는 경우도 있다. 이런 현상은 주로 과제가 어려울 때 나타나며 이를 사회적 저하라고 한다. 이런 현상이 나타나는 이유는 타인의 존재가 생리적 각성과 흥분을 유발시키기 때문이라고 본다.

(2) 사회적 촉진의 유형

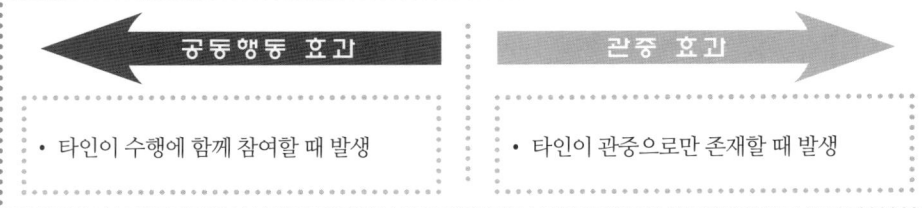

(2) 각 영향 요인들과 사회적 촉진과의 관계

선수의 특성	• 사회적 촉진이 있을 때 선수의 기술 수준이 높으면 수행이 향상되고, 낮으면 수행이 훼손된다. • 사회적 촉진이 있을 때 선수의 동기 수준이 높으면 수행이 향상되고, 낮으면 수행이 훼손된다.
팀의 특성	• 팀의 크기가 클수록 사회적 촉진의 영향이 적다. • 상호 의존적 스포츠일수록 사회적 촉진의 영향이 적다. • 팀의 응집력이 강할수록 사회적 촉진의 영향이 적다.
관중의 특성	• 홈경기에서는 사회적 촉진이 수행을 강화하지만, 원정경기에서는 수행이 약해진다. • 관중의 크기가 클수록 홈팀에 압력으로 작용하여 수행을 훼손한다.

2) 주요 사회적 촉진 이론

(1) 단순 존재 가설 (Zajonc)

> **단순 존재 가설**
>
> 수행자는 타인이 자신에 대해 무엇을 기대할지 모르기 때문에 경계반응이 자극되어 각성의 수준이 오르며, 이것이 수행의 결과에 영향을 미친다는 이론.
>
> 타인이 존재하는 것만으로도 수행이 달라진다고 본다.

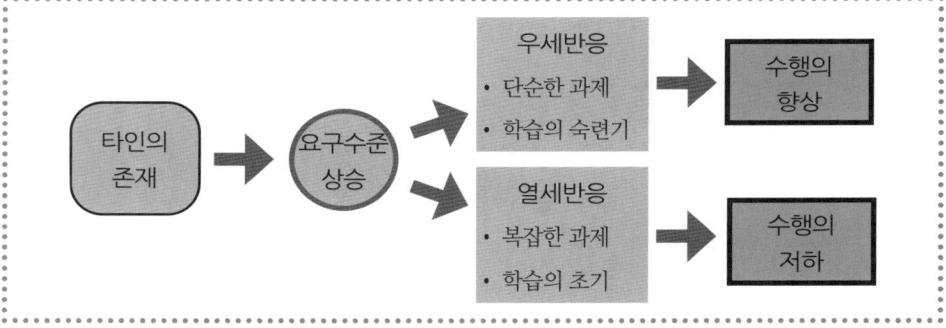

(2) 평가 우려 가설 (Cotrell)

> **평가 우려 가설**
>
> 수행자가 타인이 자신의 수행을 어떻게 평가하는지에 대한 인식을 가지면서 수행의 결과가 달라진다는 이론.
>
> 수행자가 자신을 바라보는 타인이 높은 전문성을 가졌다고 인식하게 되면 자신의 수행을 더 정확하게 파악할 것이라고 생각하게 되는데, 이때 단순한 과제이면 수행이 향상되지만 복잡한 과제이면 수행이 저하된다고 본다.
>
> 반면 타인이 낮은 전문성을 가졌다고 인식했을 때는 수행자의 욕구는 낮아지며, 복잡한 과제에서는 수행이 향상되지만 쉽고 단순한 과제의 수행능력은 저하된다고 본다.

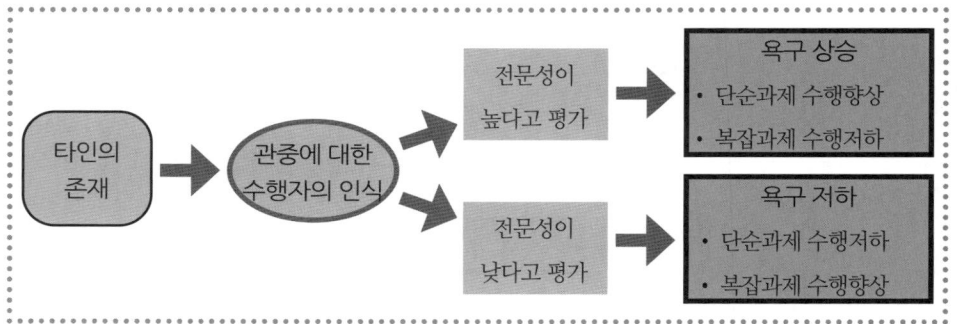

(3) 자아 이론 (Bond)

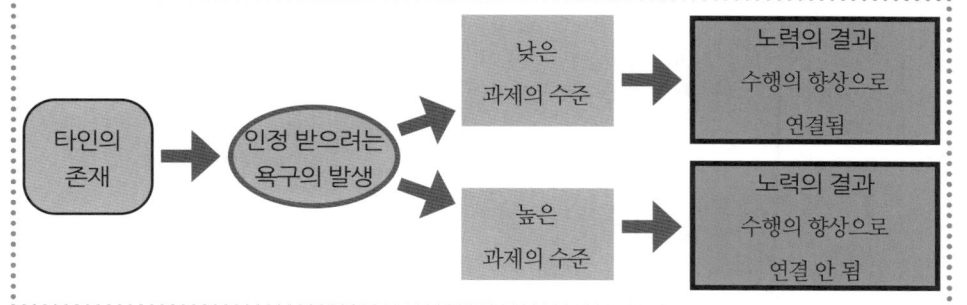

자아 이론
타인이 존재할 때 자아를 인정받고 싶은 욕구가 증대되어 동기가 촉진된다는 이론

자의식이 증진되면 수행자의 능력과 요구 수준의 불일치로 갈등이 발생하며 이 갈등으로 인해 노력이 발생한다는 것이다.

(4) 주의 분산 이론 (Sanders)

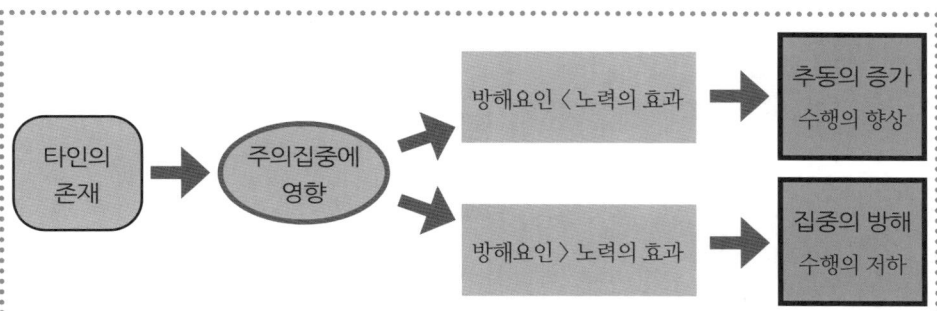

주의 분산 이론
타인의 존재가 수행자의 주의를 분산시켜 과제에 대한 집중을 방해하기도 하고, 개인의 추동 수준을 증가시켜 더 많은 노력을 기울이게 하는 측면도 있다는 이론

<2> 모델링 방법과 효과

모델링(modeling)은 개인이 다른 개인(모델)의 사고, 태도, 또는 외현적 행동을 모방하거나 순응하여 학습이 이루어지는 심리학 용어이다. 스포츠 심리학에서는 이를 시범 학습(demonstration learning)이라고도 번역한다. 모델링에서는 모델이 살아 있는 사람, 영화, 인쇄물 등 다양한 형태일 수 있으며, 상상의 모델도 포함될 수 있다. 또한, 의도적으로 관찰자가 자기 자신을 모델로 사용하는 경우를 자기 모델링(self-modeling)이라고 한다.

모델링 효과의 주요 개념
- 모델링 기법이 심상 훈련보다 효과적이다.
- 남성 선수들이 모델링 기법을 더 많이 활용한다.
- 개인 스포츠 선수는 모델링 기법으로 기술 기능을 주로 학습한다.
- 단체 스포츠 선수는 모델링 기법으로 전략 기능을 주로 학습한다.
- 모델링 기법은 동작의 협응성 개발에 효과적이다.
- 모델링 기법은 계열적 특성을 가진 과제에 효과적이다.

1) 모델링의 유형과 역할

(1) 모델링의 종류

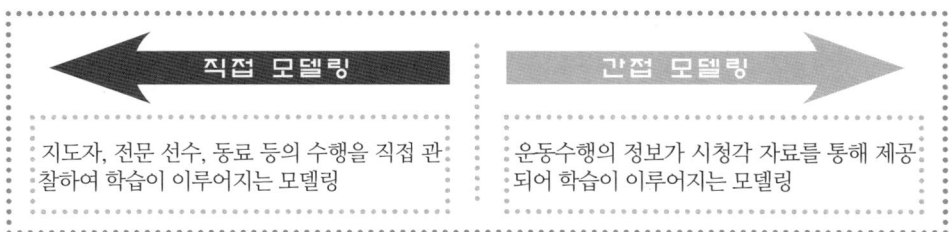

← 직접 모델링	간접 모델링 →
지도자, 전문 선수, 동료 등의 수행을 직접 관찰하여 학습이 이루어지는 모델링	운동수행의 정보가 시청각 자료를 통해 제공되어 학습이 이루어지는 모델링

(2) 모델링의 효과

학습 초기	• 학습의 수준이 유사한 수행자로부터의 모델링이 효과적 • 실수가 많은 모델과 적절한 피드백으로부터 훨씬 더 많이 배우게 됨
학습 후기	• 전문가나 수행이 우수한 선수로부터의 모델링이 효과적 • 세련된 기술을 이해할 수 있는 수행 능력이 갖추어졌기 때문임

<3> 주요 타자의 사회적 영향

인간의 운동 참여와 지속에는 여러 가지 요인이 영향을 미치며, 이러한 요인들은 주요 타자(significant others)라고 한다. 대표적인 주요 타자에는 친구, 학교, 지역사회, 대중매체 등이 있으며, 이들 요소는 인간의 스포츠 사회화에 지대한 영향을 미친다. 따라서 이들 요소는 사회화 주관자(socialization agents)라고도 불린다.

1) 주요 타자의 개념과 역할

(1) 주요 타자(사회화 주관자)의 유형

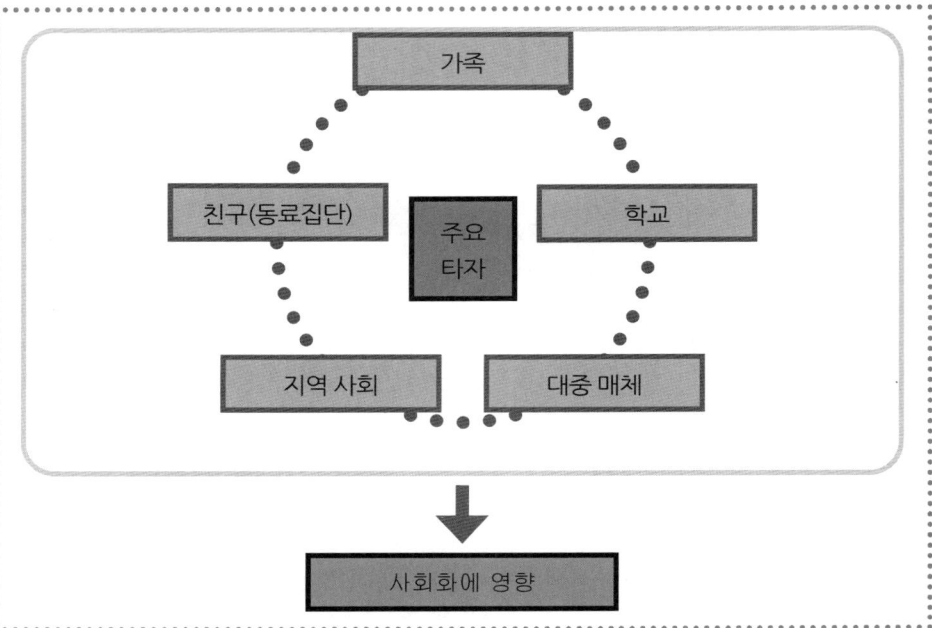

(2) 각 주요 타자(사회화 주관자)의 역할

가족	• 생애 최초의 사회가 이루어짐 • 스포츠의 유형이나 참가 방식 등의 특성에 영향을 줌
친구(동료집단·또래집단)	• 어린 시절에 영향을 행사함 • 성취동기나 욕구수준 및 우월감, 열등감, 사기 등의 정서에 영향
학교	• 청소년기에 영향을 행사함 • 학교 수업을 통해 체력향상, 스포츠기능 학습, 가치관 형성, 인격형성
대중 매체	• 청소년기의 스포츠참여에 영향 • 스포츠에 대해 친숙한 느낌을 형성하고 스포츠 참여의 동기를 유발함
지역 사회	• 전 생애에 걸쳐 영향을 행사함 • 유소년 스포츠, 지역 스포츠 클럽, 체육대회 등을 통해 기회 제공

2. 사회성 발달과 공격성

Introduction

스포츠는 인간의 사회성을 발달시키는 중요한 도구로 활용된다. 즉, 스포츠 참가를 통해 공격성과 같은 부정적인 정서를 간접적으로 표출하고, 다른 사람과의 협력 태도를 배움으로써 정서적 안정과 사회성을 획득하는 데 도움을 준다.

따라서 스포츠에서의 공격성 발현 과정을 이해하고, 스포츠를 통해 인간의 인성을 도덕적으로 발달시키는 방법을 연구하는 것은 스포츠 지도 측면에서 중요한 일이다.

학습목표

스포츠에서 공격성이 발생하는 심리학적인 이유를 이해하세요.

<1> 공격성의 개념과 이론

심리학에서 공격성(aggression)은 타인을 해치려는 의도를 가지고 행하는 신체적 또는 언어적 행동을 의미한다. 공격성에 대한 연구는 주로 공격성이 본능적으로 타고나는 것인지, 아니면 후천적으로 부모나 미디어 등의 영향으로 학습되는 것인지, 또는 공격성에 영향을 미치는 다양한 요인들이 무엇인지에 대한 중심으로 진행되고 있다.

1) 공격성의 유형

적대적 공격행위	분노에 의해 촉발되어 해를 입힐 의도로 자행되는 공격행위 예) 투수가 상대 타자의 머리에 던지는 빈볼
수단(도구)적 공격행위	분노와 관계없이 오직 승리의 획득을 위해 자행되는 공격행위 예) 축구에서 상대 공격수에 가하는 거친 태클
권리적 공격행위	스포츠 특유의 격렬함으로 인해 발생하는 합법적 행위 예) 아이스하키에서의 보디체크나 격투종목에서의 정당한 가격행위

2) 주요 공격성 이론

생물학적 본능 이론	본능에 들어있던 공격성이 표출되어 공격행동을 만든다는 이론
좌절·공격 가설	목표 달성 욕구가 좌절되었을 때 공격행동이 발생한다는 이론
사회 학습 이론	환경 속에서의 관찰과 강화에 의한 공격행동이 학습된다는 이론
단서촉발 이론	내재되어 있던 공격성이 특정단서로 인해 공격적 행위가 된다는 이론

대표 기출 유형

01 인간이 본능적으로 신체적, 언어적 공격을 한다는 이론은?

① 본능이론
② 좌절-공격 이론
③ 사회학습 이론
④ 인지행동 이론

정답은 해설지에

대표 기출 유형

02 <보기>에서 괄호가 설명하는 것은?

< 보 기 >

( )은 피해나 부상을 피하려고 하는 사람에게 피해나 상해를 입히기 위한 목적으로 가해지는 행동으로, 목표와 분노가 있었는지에 따라 적대적 ( )과 수단적 ( )으로 분류된다.

① 호전성
② 가학성
③ 공격성
④ 위해성

정답은 해설지에

<2> 스포츠에서 공격성

스포츠 현장에서 발생하는 공격 행동은 종목, 스코어, 경기의 중요성, 선수의 경력 등 다양한 요인에 의해 영향을 받는다. 일반적으로 신체접촉이 강한 종목일수록, 스코어의 차이가 클수록, 홈경기보다 원정경기에서, 경기의 후반보다는 전반에서, 선수의 경력이 많을수록 공격적 성향이 높아지는 경향이 있다. 또한 순위가 낮은 팀일수록 공격적 성향을 보이는 경우가 많다. 이러한 공격성의 근본적인 원인으로는 학습과 모방, 각성의 증가, 좌절감 등이 포함된다.

☐ 공격성의 원인

종목의 특성	신체 접촉이 많은 종목일 때 공격성이 증가함
스코어의 차이	많은 스코어의 차이로 발생한 좌절감이 공격성을 자극함
원정 경기 / 방문경기	원정 경기일 때 선수의 불안과 각성이 증가하여 공격적 성향이 표출됨
팀의 순위	팀의 순위가 낮을 때 발생하는 좌절감이 공격성으로 나타남
경기의 시점	경기를 하는 동안 선수들의 각성이 증가하게 되므로 주로 경기 후반에 공격성이 증가함
선수의 경력	경력이 많은 선수가 공격적 행위에 대한 학습 결과로 높은 공격성을 보임

스포츠 폭력의 또 다른 분류
- 격렬한 신체 접촉
 : 충돌, 가격, 태클 등 일부 스포츠에서 받아들여지고 있는 강한 신체적 접촉
- 경계 폭력
 : 야구의 빈볼과 같이 경기 규칙에는 위반되지만 일종의 경기 행위로 받아들여지는 행위
- 유사 범죄 폭력
 : 상대방을 위험에 빠뜨리는 것이 목적인 태클처럼 경기의 규범과 공공의 법을 함께 위반할 수도 있는 행위
- 범죄 폭력
 : 명백히 법을 위반하는 행위로, 심각한 부상이나 죽음이 초래될 것이 예상됨에도 사전에 계획하여 자행되는 폭력

Confirmation 이것만은 꼭!

01 타인의 영향으로 운동 수행자의 능력이 향상되는 경우 이를 (　　)이라고 한다.

02 사회적 촉진과 관련하여 개인이 다른 사람의 사고, 태도, 행동, 성품 등을 모방함으로써 사회화와 학습이 이루어지는 일을 (　　)이라고 한다.

03 주요 타자는 사회화 과정을 겪는 인간의 각 생애별로 각각 영향력을 행사한다. 그 중 유년 시절 특히 많은 영향력을 행사하는 주요타자는 (　　)과 (　　)이다.

04 인간의 전생애에 걸쳐 꾸준히 영향력을 행사하는 주요타자는 (　　)이다.

05 인간의 진화과정에서 본능 안에 공격성이 내재되어 있다는 이론은 (　　)이다.

06 특별한 사건이 계기가 되어 인간의 마음 속에 내재되어 있던 공격성이 밖으로 표출되어 공격적 행동을 하게 된다는 이론은 (　　)이다.

07 스포츠에서 발생하는 공격성 중 선수가 분노와 적개심과 관계없이 경기에서의 승리를 위해 공격적인 행위를 한다면 이를 (　　)공격행위라고 한다.

정답
1. 사회적 촉진
2. 모델링
3. 가족, 친구
4. 지역사회
5. 생물학적 본능 이론
6. 단서촉발이론
7. 수단적

Previous 단원 기출문제

01 사회적 촉진현상에 대한 설명으로 바르지 않은 것은?

① 스포츠 기술 습득정도에 따라 촉진 정도가 다르다.
② 관중의 유무에 따라 사회적 촉진효과가 다르다.
③ 관중의 종류에 따라 사회적 촉진효과가 다르다.
④ 관중은 초보선수의 운동수행능력을 향상시킨다.

초보선수는 관중이 없을수록, 숙련된 선수는 관중이 많을수록 촉진이 잘 이루어진다.

정답 : ④

02 스포츠 지도 현장에서 가장 많이 사용되는 기법으로 학습자의 관찰 학습과 그 이후의 모방을 통해 학습이 이루어 지는 것을 무엇이라고 하는 가?

① 감화
② 강화
③ 모델링 기법
④ 사회적 촉진

모델링은 모델이 되는 누군가를 모방하는 일이다.

정답 : ③

03 스포츠 및 운동참가가 인성발달에 어떤 영향을 주는지 설명한 내용이다. 다음 중 인성발달에 긍정적인 영향을 준 내용끼리 묶인 것은?

< 보 기 >

가. 올바른 스포츠 행동을 모방하게 하도록 격려한다.
나. 지도자가 항상 승부 결과에 대한 강한 의지를 강조한다.
다. 과제 자체에 대한 동기 및 협동심을 자극한다.
라. 경쟁심을 조장하고 보상과 처벌을 엄격하게 적용한다.
마. 선수(학생) 스스로가 선택하고 책임질 수 있도록 재량권을 준다.

① 가, 나
② 다, 라
③ 나, 라, 마
④ 가, 다, 마

지도자가 지나치게 승부의 결과에 집착하면 선수에게 승리지상주의라는 부정적인 영향을 줄 수 있다. 같은 이유로 경쟁심을 조장하거나 보상과 처벌을 지나치게 엄격하게 적용하는 것도 선수의 인성발달에는 부정적으로 작용할 수 있다.

정답 : ④

04 다음은 운동경기 상황에서 자주 나타나는 선수들의 공격성의 두 가지 형태인 적대적 공격과 수단적 공격에 대한 설명이다. 이 중 적절하지 않은 것은?

① 적대적 공격은 대상에게 가해지는 고통, 상처 등이 보상이다.
② 수단적 공격은 승리, 명예, 금전 등이 보상이다.
③ 적대적 공격성에는 야구의 빈볼(bean ball), 축구의 보복 공격이 있다.
④ 수단적 공격성은 상대방의 자극에 의한 반응으로 분노가 수반된다.

운동경기 중 나타나는 공격성 중에서 수단적 공격은 선수의 분노와 관계없이 오직 승리와 승리에 따른 보상의 획득을 위해 발생하는 것을 말한다.

정답 : ④

12강 스포츠 심리학 - 운동심리학-1

1. 운동의 심리적 효과

Introduction

규칙적인 운동 습관은 운동 참여자의 심리적 및 생리적 상태에 긍정적인 영향을 미친다. 운동이 참여자에게 미치는 긍정적인 영향은 운동 자체의 특성, 운동 종목, 운동 수행자의 특성 등 여러 조건에 의해 결정된다.

이 장에서는 운동이 심리적 변화를 일으키는 과정을 설명하는 이론을 통해, 심리적 효과가 발생하는 메커니즘을 이해하는 것을 목표로 한다.

학습목표

운동이 불안이나 스트레스와 같은 심리적인 문제를 해결할 수 있는 원리를 이해합니다.

<1> 운동의 심리·생리적 효과

운동은 혈압, 고지혈증 등 심혈관질환 위험 요인들을 개선하여 혈관을 튼튼하게 만들고 심혈관성 합병증을 예방한다. 또한 체력과 면역력이 향상되고 골밀도가 높아지는 등 전체적으로 건강에 긍정적인 효과도 얻을 수 있다.

뿐만 아니라 규칙적인 운동 습관은 심리·정서 상태를 개선하는데 도움을 준다. 적당한 운동은 스트레스를 해소하고 인지기능을 긍정적으로 변화시켜, 불안과 우울증을 예방하는데 효과적이다.

러너스 하이

달리기 과정에서 달리는 사람을 둘러싼 환경 자극과 달리기에 따른 신체적 스트레스에 의해 야기되는 행복감.

신체가 스트레스를 받는 상태에 놓였을 때 분비되는 엔돌핀이라는 호르몬과 연관성이 있다는 연구결과가 있다.

세컨드 윈드

격렬한 운동을 시작했을 때 발생한 고통이 줄어들면서 규칙적으로 호흡을 하게 되는 상태. 혈액 순환이 잘 되면서 운동 초기의 호흡곤란이나 가슴통증 등으로부터 몸이 적응하게 되는 상태이다.

운동을 지속하려는 의욕이 높아지게 된다.

1) 운동의 효과

(1) 생리적 효과

심장의 1회 박출량의 증가	심장의 수축으로 박출되는 혈액의 양이 증가함
최대 산소섭취량의 증가	박출되는 혈액양의 증가로 체내에 공급되는 산소의 양이 증가함
신경근육성 긴장의 완화	운동의 결과, 불안으로 발생한 근육의 긴장이 완화 됨
안정기 심박수의 감소	심장의 1회 박출량이 증가하여 안정기 심박수가 감소함(스포츠 심장)
스트레스 호르몬의 감소	스트레스로 인해 방출되는 호르몬의 양이 줄어들어 스트레스에 대한 저항이 높아짐
엔돌핀 등 호르몬의 발생	유쾌한 느낌을 만드는 호르몬이 증가하여 삶의 활력을 높임

(2) 심리적 효과

우울증의 감소	운동은 우울증의 치료에 도움을 주며 특히 운동기간이 길수록 효과적임
불안과 스트레스의 감소	불안과 스트레스의 감소를 위해서는 무산소 운동보다 유산소 운동이 효과적임
부정적 정서의 감소	운동으로 인해 활력의 수준이 증가하여 생리·심리적 효과가 발생함
자기 존중감의 상승	운동으로 인한 신체의 변화로 자존감이 향상됨
불안의 감소	장기적 운동은 특성불안, 단기적 운동은 상태불안의 해소에 도움을 줌
인지 능력의 향상	장년층 이상의 수행자가 운동에 참여할 때 특히 효과적임

대표 기출 유형

01 <보기>의 사례가 의미하는 용어는?

< 보 기 >

철인3종 선수 선우는 경기 중 힘이 들어 포기하려는 순간 예상치 않게 편안함, 통제감, 희열감을 느끼는 체험을 하였다. 선우는 그 순간에 시간과 공간의 장애를 초월한 느낌을 경험하였다.

① 자기 효능감
② 러너스 하이(runner's high)
③ 각성반응
④ 자기 존중감

정답은 해설지에

<2> 신체활동의 심리 측정

> 운동 수행의 정도는 다음 네 가지 요소로 설명할 수 있다: 운동 형태(type), 운동 빈도(frequency), 운동 강도(intensity), 운동 지속시간(duration). 이 중 운동 형태, 운동 빈도, 운동 강도를 이니셜로 줄여서 FIT라고 부르기도 한다.
>
> 운동 강도는 신체 활동의 강도를 표시하는 두 가지 방법으로 측정할 수 있다. 하나는 절대강도(MET, Metabolic Equivalent of Task)로, 이는 휴식 중의 산소 소비량을 기준으로 강도를 측정하는 방법이다. 다른 하나는 상대강도로, 이는 최대 산소 섭취량이나 최대 심박수를 기준으로 강도의 비율을 측정하는 방법이다.
>
> 이러한 다양한 방법을 통해 FIT나 신체 활동의 강도를 측정할 수 있으며, 측정 결과는 운동 처방이나 심리적 문제의 개선에 활용될 수 있다.

신체 활동의 측정법
- 질문지의 활용
- 일지의 기록
- 운동강도 척도표 활용
- 소모한 열량의 분석
- 행동의 관찰
- 측정 기기의 활용

1) 운동의 요소

운동 형태	• 운동시 사용되는 생리 시스템 • 유산소운동 / 무산소 운동
운동 빈도	• 일정기간 동안의 운동 횟수 • 일반적으로 1주일 간의 횟수
운동 강도	• 인체에 가해진 부하의 양 • 절대강도와 상대강도의 측정
운동 시간	• 운동의 지속 시간 • 일반적으로 분단위로 표시

2) 운동 강도의 측정

(1) 심리적 측정 방법

보그(Brog)의 주관적 운동강도 측정(REE)	운동 수행 중 운동강도에 대해 응답자가 느끼는 주관적 정도를 측정함 운동강도의 기록을 처방에 활용함
고딘(Godin) & 세파드(Shephard)의 여가활동 질문지	1주일 간 여가시간의 운동 양을 조사하고 운동 중 소비된 에너지의 양을 계산하여 절대강도(MET)로 표현함 10분 이상 운동을 한 횟수를 기준으로 질문지를 작성
맥네어(McNair)의 기분상태 검사	일주일 동안 운동 중에 느꼈던 느낌을 65개의 문항을 측정하는 방법 긴장, 분노, 우울, 피로, 혼동, 활력 등으로 구분하여 정서를 측정함
왓슨(Wartson)의 긍정적·부정적 감정 스케줄	현재의 느낌과 정서를 20개의 문항으로 구성한 척도를 이용하여 측정하는 방식 현재의 감정과 일주일 간의 감정을 비교하여 측정함

운동강도의 생리적 측정

운동강도는 운동 중 소비하는 산소의 양을 통해 측정하거나 최대 산소섭취량과 최대심박수의 몇 퍼센테이지에 해당하는 운동을 하고 있는지를 통해 측정할 수도 있지만 운동 심리학에서는 심리적 측정을 주로 이용한다.

<3> 심리적 효과의 과정

운동은 긍정적인 정서를 높이는 효과가 있으며, 더 나아가 우울증과 불안의 치료와 해소에도 효과를 보인다. 모든 운동의 형태가 정서와 심리의 문제를 개선하는데 유용한 것은 아니며, 특히 무산소 운동보다는 유산소운동의 양식의 효과가 더욱 큰 것으로 본다.

운동의 이런 긍정적인 효과가 발생하는 이유와 과정은 아직 명확히 밝혀지지는 않았지만 여러 이론을 통해 가설이 제기되고 있다.

1) 우울증과 운동

□ 우울증과 운동의 관계
- 유산소운동과 웨이트트레이닝 모두 우울증의 개선에 효과가 있다.
- 유산소 운동의 우울증 개선 효과는 심리 치료의 효과와 유사한 수준이다.
- 우울증의 치료 초기에는 약물이 효과가 크지만 장기적으로는 운동의 효과가 더 크다.

2) 불안 및 스트레스와 운동

(1) 유스트레스와 디스트레스 (Selye)

- 긍정적 스트레스
- 삶에 활력을 제공함

- 부정적 스트레스
- 지루함이나 불안감을 유발함

3) 우울증과 불안에 대한 운동의 효과 이론

인류학적 가설	유전적으로 운동을 해야만 하기 때문에 운동의 부족이 여러 문제를 만든다는 이론
사회적 상호작용 가설	운동의 과정에서 다른 사람과 상호작용을 하며 심리가 개선된다는 이론
모노아민 가설	운동으로 인간의 감정조절에 유용한 신경 전달 물질이 분비된다는 이론
기분전환 가설	운동을 하는 동안 일상으로부터 벗어날 수 있어 우울증이 개선된다는 이론
엔돌핀 가설	운동으로 엔돌핀이라는 호르몬이 분비되어 유쾌한 감정을 느낀다는 이론
심리·사회적 가설	운동에 대한 기대와 위약효과 자신감의 상승 등으로 우울증이 개선된다는 이론
열발생 가설	운동을 통한 체온 상승과 근육의 이완을 뇌가 불안의 감소로 인식한다는 이론
생리적 강인함 이론	운동이라는 규칙적인 스트레스에 노출되어 스트레스에 대한 저항력이 생긴다는 이론

정서와 운동
- 운동은 긍정적인 정서를 높이고 부정적인 정서를 감소시킨다.
- 운동 후에는 에너지가 회복되는 느낌을 만든다.
- 중간 정도의 운동일 때 긍정적 정서의 발생 효과가 크다.
- 높은 운동 강도에서는 운동 중에는 정서가 나빠지며 운동 후에 회복된다.

불안과 운동
- 유산소 운동은 불안을 감소시키며, 무산소 운동은 불안을 약간 높인다.
- 유산소 운동의 경우 일회성 운동은 상태 불안을 감소시키며, 장기간의 운동은 특성 불안을 감소시킨다.
- 무산소 운동의 경우 고강도 운동은 불안을 낮추는 효과가 전혀 없으며, 저강도일 때는 불안의 출현이 지연된다.
- 일회성 운동의 효과는 2~4시간 정도 지속된다.

스트레스와 운동
- 꾸준한 운동을 한 사람은 스트레스 증상을 덜 느낀다.
- 유산소 운동이 스트레스 감소의 효과가 크다.
- 운동의 스트레스 감소 효과는 교감신경계의 적응, 자기 효능감의 향상, 체력의 향상 등이 원인이다.

대표 기출 유형

02 운동의 심리적 효과를 설명한 것 중 옳지 않은 것은?

① 연령과 성별에 관계없이 긍정적 효과가 나타난다.
② 불안감소를 위해서는 무산소 운동만이 효과적이다.
③ 운동참여 후 스트레스 해소 효과를 느낀다.
④ 운동참여자가 비참여자에 비해 자긍심이 높다.

정답은 해설지에

2. 운동심리 이론

Introduction

운동이 신체적·심리적 건강에 도움을 주며, 일부 치료의 효과까지 가지고 있다는 사실을 모르는 사람은 없다. 하지만 모든 사람들이 자연스럽게 운동을 실천하는 것은 아니며, 이미 운동을 실천하고 있는 사람들도 운동 참여의 이유나 과정이 다를 수 있다.

사람들이 운동을 실천하는 이유를 설명하는 이론이 운동심리 이론이며, 이 이론들을 살펴보는 것은 운동실천의 중재전략을 마련하는 첫걸음이 된다.

<1> 합리행동 이론과 계획행동 이론

개인의 운동 참여 의도를 설명하는 두 가지 주요 이론은 합리행동 이론과 계획행동 이론이다.

합리행동 이론 (Theory of Reasoned Action)은 개인의 운동에 대한 태도(긍정적·부정적 생각)과 운동에 대한 주관적 규범,(운동 참여를 통해 타인의 기대에 부응하려는 동기)이 중요하다고 본다. 이 이론은 개인의 행동이 그들이 가진 태도와 사회적 압력에 의해 결정된다고 설명한다.

계획행동 이론 (Theory of Planned Behavior)은 합리행동 이론을 기반으로 하여 태도와 주관적 규범에 행동통제 인식(perceived behavioral control)을 추가한다. 행동통제 인식은 개인이 특정 행동을 수행할 수 있는 능력에 대한 믿음을 의미하며, 이는 자기효능감과 유사한 개념이다. 계획행동 이론은 운동 참여 의도뿐만 아니라 실제 운동 실천의 이유까지 설명하는 이론이다.

이 두 이론은 운동 참여의 동기를 이해하고 실천을 촉진하는 데 중요한 역할을 한다.

1) 합리행동 이론의 개요

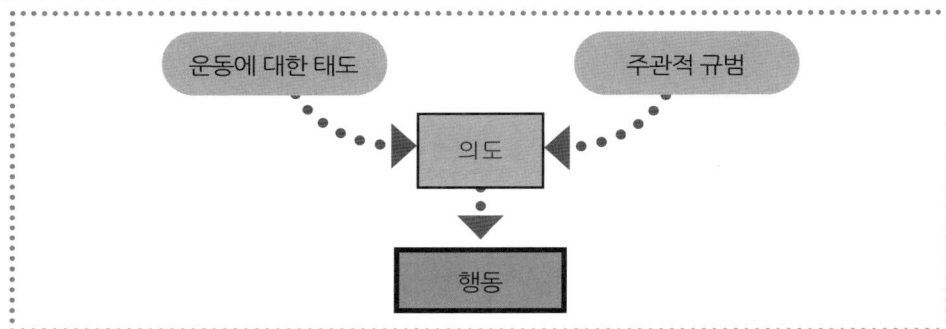

2) 계획행동 이론의 개요

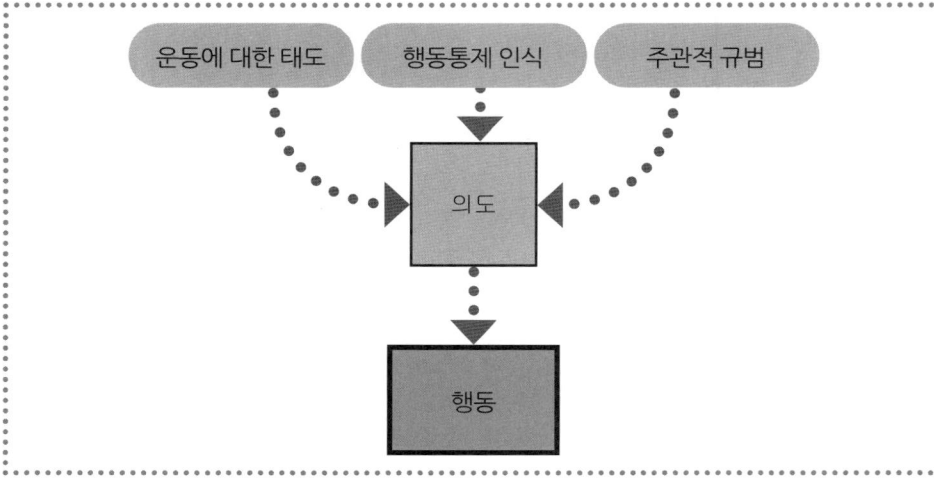

학습목표
사람들이 운동에 참여하는 이유를 설명하는 이론들을 비교하여 공통점과 차이점을 구분하세요.

합리행동 이론
인간의 행동은 개인의 의도와 깊은 관련을 가지며 그 의도는 개인의 대상에 대한 태도와 주요 타자의 기대와 그 기대에 부응하고자 하는 동기에 의해 형성되는 주관적 규범에 의에 영향을 받는다고 본다.

계획행동 이론
합리행동이론에 스스로의 행동에 대한 통제감을 얼마나 느끼는가라는 '행동통제 인식'을 추가한 이론이다. 특히 '행동통제 인식'이 운동의 실천에 직접적인 영향을 준다고 본다.

행동통제 인식
행동을 결정하고 통제하는 주체가 누구인가에 대한 인식. 행동통제의 주체가 본인이라고 생각할 때 운동에의 참여와 지속 의지가 높아진다.

대표 기출 유형

03 아젠(I. Ajzen)과 피시바인(M. Fishbein)의 합리적 행동이론(Theory of Reasoned Action)의 주요 변인이 아닌 것은?

① 행동에 대한 태도
② 주관적 규범
③ 행동통제 인식
④ 의도

정답은 해설지에

<2> 변화단계 이론

변화단계 이론은 개인이 운동 참여와 지속 과정에서 어느 단계에 머무르고, 그 단계에서 얼마나 오래 머무르는지, 그리고 어떻게 변화하는지를 분석한다. 일반적으로 사람들은 운동 참여와 지속 과정에서 일정한 순서로 규칙적으로 변화하지 않고, 매우 불규칙적인 패턴을 보인다. 이 이론은 특정 단계에 머물고 있는 사람들이 공통적으로 직면하는 장애를 지적하며, 이러한 장애를 극복하는 것이 다음 단계로의 진행에 필수적이라고 설명한다.

변화단계 이론의 의의
운동 실천의 심리적 준비 정도를 5단계로 구분하고, 각 단계에 맞춘 중재 전략을 적용하는 이론이다. 이 이론은 운동 실천과 관련된 심리적 단계를 세분화하여 개인의 특성에 맞는 개별화된 전략을 마련하는 데 유리하다.

1) 변화단계 이론의 개요 (Prochaska & DiClemente)

- 유지 단계
  - 운동을 계속 유지하며 습관으로 만드는 단계
  - 6개월 이상 규칙적으로 운동에 참여하고 있다.
  - 운동과 관련한 의사결정 균형 (혜택 〉 손실)

- 실행 단계
  - 실제로 운동을 시작하고 행동으로 옮기는 단계
  - 아직 하위 단계로 내려갈 가능성이 있다.
  - 운동과 관련한 의사결정 균형 (혜택 〉 손실)

- 준비 단계
  - 변화의 결정을 내리고 계획을 세우는 단계
  - 규칙적인 운동을 위해 준비를 한다.
  - 운동과 관련한 의사결정 균형 (혜택 ≥ 손실)

- 관심단계 (고민단계)
  - 운동의 필요성을 느끼고 변화를 고려하지만 행동으로 옮기지는 않는 단계
  - 6개월 이내에 운동을 시작할 의도를 가지고 있다.
  - 운동과 관련한 의사결정 균형 (혜택 〈 손실)

- 초기단계 (고민없음)
  - 운동의 필요성을 느끼지 않고 변화할 의사가 없는 단계
  - 현재 운동을 하지 않으며 6개월 이내에도 운동을 할 의도가 없다.
  - 운동과 관련한 의사결정 균형 (혜택 〈 손실)

행동 변화의 요인
- 자기효능감
  자기 효능감이 높을수록 운동실천의 단계가 높다.
- 의사결정의 균형
  원하는 행동을 했을 때 기대되는 손실과 혜택을 평가하는 것을 말하며 단계가 높아질수록 운동의 혜택을 크게 생각하게 된다.
- 변화 과정
  운동에 대한 정보를 얻는 과정인 경험적 과정과 운동실천을 위해 구체적인 행동을 하는 과정인 행동적 과정이 포함된다.

2) 행동변화의 결정 요인
- 자기 효능감 - 자신을 얼마나 유용하다고 여기는가
- 의사결정의 주체 - 운동참여를 누가 결정했는가
- 변화의 진행 단계 - 운동참여 단계중 어디에 속하는가

대표 기출 유형

04 운동심리학의 단계적 변화모형에서 신체활동 단계에 대한 설명으로 바르지 않은 것은?

① 준비전단계 : 현재 운동을 규칙적으로 하고 있으며 시작한지 6개월이 지난 단계
② 계획전단계 : 현재 운동을 하고 있지 않으며 앞으로 6개월 내에도 운동을 할 의도가 없는 단계
③ 계획단계 : 현재 운동을 하고 있지 않으나 6개월 내에 운동을 할 의도를 가지고 있는 단계
④ 준비단계 : 규칙적으로 운동을 하고 있지 않으나 1개월 내에 운동을 할 의도를 가지고 있는 단계

정답은 해설지에

<3> 통합 이론

통합이론은 변화 단계 이론을 바탕으로 여러 이론의 장점을 결합하여 제시된 이론이다. 이 이론은 기존의 운동 참여 단계를 6단계로 구분하며, 여기에는 종결 단계가 추가된다. 종결 단계는 특정 행동을 5년 이상 유지하여 변화의 순환 과정에서 벗어나며, 이전 행동으로 되돌아갈 우려가 없는 단계로 간주된다.

또한, 행동 변화의 결정 요인을 변화 과정에서의 체험과 행동을 각각 5가지로 세분화하여 설명한다. 이 이론은 단계의 변화 요인에 자신감과 충동의 개념도 추가한다. 자신감은 목표 달성을 위해 필요한 행동을 수행할 수 있다는 개인의 판단을 의미하며, 운동 실천의 단계가 높아질수록 상승한다고 본다. 충동은 특정 상황에서 특정 행동을 하려는 욕구의 강도를 나타낸다. 변화 단계에서 자신감과 충동은 각각 반대의 관계에 있으며, 이들 관계가 운동의 단계가 상승하거나 퇴보하는 데 영향을 미친다고 설명한다.

1) 통합 이론의 개요

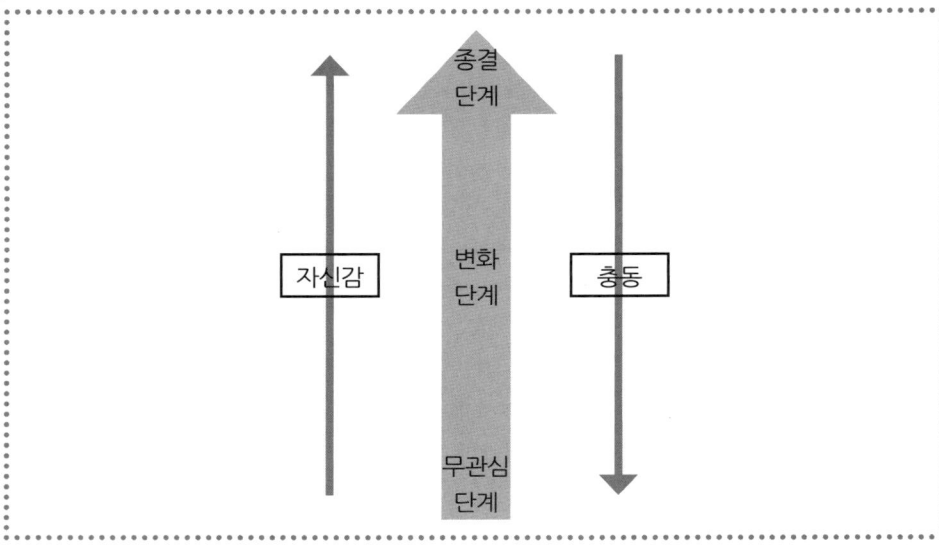

2) 통합 이론의 장단점

장점
- 개인의 다양한 요구에 맞는 중재 기법의 마련이 가능하다.
- 단계의 변화 요인을 여러 이론을 통하여 설명하려 한다.

단점
- 변화 단계가 6가지라는 근거를 제시하지 못하고 있다.
- 성, 나이, 인종 등의 중재요인을 반영하지 못했다.
- 여러 이론이 통합되어 이론 간의 조화가 부족하다.

<4> 사회생태학 이론

운동 실천을 설명하는 기존 이론들이 개인의 생각과 감정을 주요 요인으로 설명하는 반면, 사회생태학 이론은 개인적 차원뿐만 아니라 물리적 환경, 지역 사회, 정부 등 다양한 사회적 차원을 고려할 것을 제안한다. 이 이론은 운동 실천이나 동기와 관련한 여러 이론들을 통합하여 다양한 측면에서 해결책을 모색할 수 있는 장점을 가진다. 따라서 사회생태학 이론은 일종의 통합 이론으로 볼 수 있다.

□ 사회생태학 이론의 개요

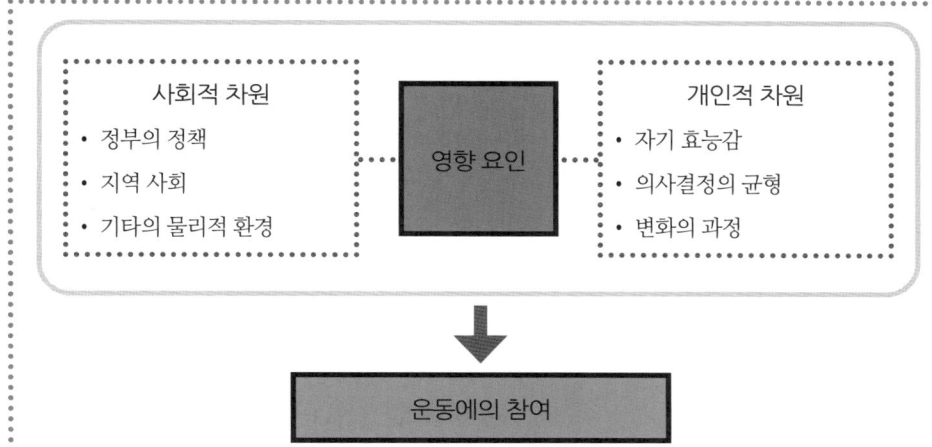

Confirmation 이것만은 꼭!

01 운동에 참여하는 사람은 신체적 스트레스의 상황에 놓이게 되며 이에 대항하여 인체에서 방출되는 엔돌핀이라는 호르몬에 의해 순간적인 행복감을 느끼는 경우가 있다. 이를 (   )라고 한다.

02 운동에 참여하는 사람의 운동 수행 정도는 네 가지 요소로 특정할 수 있다. 이때 그 네 가지 요소는 (,   ,   ,   )이다.

03 운동심리이론 중 계획행동이론에서의 운동참여 주요 변인은 (,   ,   ,   )이다.

04 운동심리이론 중 변화단계이론에서의 다섯 가지 운동참여 변화단계는 (,   ,   ,   ,   )이다.

05 인간의 운동실천은 정부의 정책, 기타 물리적 사회적 환경과 자기효능감, 자결성 등 개인의 심리적 요인이 결합하여 발생한다고 설명하는 이론은 (   )이다.

06 우울증과 불안의 해소를 위해서는 단기적 운동과 장기적 운동 중 (   )이, 유산소 운동과 무산소 운동 중 (   )이 효과가 크다.

정답

1. 런너스 하이
2. 운동형태, 운동빈도, 운동강도, 운동시간
3. 행동에 대한 태도, 행동통제 인식, 주관적 규범, 의도
4. 무관심 단계, 관심단계, 준비단계, 실천단계, 유지단계
5. 사회생태학 이론
6. 장기적 운동, 유산소 운동

Previous 단원 기출문제

01 다음 중 운동의 생리적 효과가 잘못된 것은?

① 심장의 1회 박출량의 증가
② 신경근육성 긴장의 완화
③ 운동시의 최대 심박수 감소
④ 스트레스 호르몬의 감소

운동 중 최대 심박수는 운동을 오래한 사람도 큰 변화가 생기지 않는다. 스포츠심리학보다는 운동생리학에서 자주 출제되는 문제이다.

정답 : ③

02 <보기>에서 설명하는 가설은?

< 보 기 >

운동이 우울증에 긍정적 효과가 있는 이유는 세로토닌, 노르에피네프린, 도파민과 같은 뇌의 신경전달물질의 변화 때문이다. 즉, 운동을 하면 신경원에 의한 신경전달 물질의 분비와 수용이 촉진되어 신경원 간의 의사소통이 향상된다.

① 생리적 강인함 가설
② 모노아민 가설
③ 사회심리적 가설
④ 열발생 가설

운동으로 인간의 감정조절에 유용한 여러 신경 전달 물질이 분비되어 우울증 개선의 효과가 발생한다는 이론은 '모노아민 가설'이다.

정답 : ②

03 프로차스카(J. O. Prochaska)의 운동행동변화단계이론에 대한 설명으로 옳지 않은 것은?

① 무관심단계 : 현재 운동을 하고 있지 않으며 6개월 이내에도 운동을 시작할 의도가 없다.
② 관심단계 : 현재 운동을 하고 있지 않지만 6개월 이내에 운동을 시작할 의도가 있다.
③ 준비단계 : 현재 운동을 하고 있지만 운동가이드라인을 충족하지 못하는 수준이다.
④ 실천단계 : 운동가이드라인을 충족하는 수준의 운동을 6개월 이상 해왔다.

교재에 수록된 '운동행동변화단계'를 꼼꼼히 암기할 필요가 있다. '운동가이드라인을 충족하는 수준의 운동을 6개월 미만' 수행하는 단계를 '실천단계'라고 한다.

정답 : ④

04 합리 행동이론에 따른 운동 참가요인이 아닌 것은?

① 행위에 대한 신념
② 행위에 대한 평가
③ 타인의 의견
④ 경제적 여유

빈출! 각 이론의 핵심을 기억해야 한다. 운동 참가의 이유를 자신의 합리적 판단에 의해 결정한다는 것이 합리 행동 이론으로, 이 이론에서는 수행자가 자신의 평소 신념, 행위에 대한 평가, 타인의 의견을 고려하여 운동에 참가하게 된다고 본다.

정답 : ④

13강 스포츠 심리학 - 운동심리학-2

1. 운동실천의 중재전략

Introduction

사람들이 운동에 참여하지 않는 이유는 운동의 유용성에 대한 인식이 운동 실천을 방해하는 요소를 극복할 만큼 크지 않기 때문이다.

따라서 참여자가 운동의 혜택을 더 크게 인식하게 하고, 운동 실천의 방해 요인을 극복할 수 있도록 긍정적인 영향 요인을 조성하여 개인의 운동 실천과 지속을 이끌어내는 방안을 마련해야 한다. 이러한 방안을 운동 실천의 중재 전략이라고 한다.

<1> 운동실천 영향 요인

운동 실천의 영향 요인은 개인 요인과 환경 요인으로 구분할 수 있다. 개인 요인은 성별, 연령, 직업, 교육 수준, 건강 상태 등의 요소로, 이들은 개인의 운동 참여에 영향을 미친다. 환경 요인은 지도자, 집단의 응집력, 개인을 둘러싼 사회적 환경과 연결망, 기후나 날씨 등으로, 이들은 운동의 참여와 지속에 영향을 준다.

1) 운동 실천의 요인

(1) 운동실천의 영향 요인

개인적 요인
- 개인적 배경
- 심리상태
- 운동의 특성 등

사회적 요인
- 지도자의 특성
- 운동집단의 특성과 시설
- 사회적 지지

(2) 개인적 요인의 구성 요소

개인의 배경	연령, 성별, 직업, 교육수준, 건강상태 등의 요소
심리적 요인	자기효능감, 운동에 대한 태도, 흥미, 자신의 신체에 대한 이미지, 운동에 대한 지식 등의 요소
운동의 특성 요인	운동강도, 운동지속시간, 운동 빈도 등의 요소

(3) 사회적 요인의 구성 요소

운동 지도자의 특성	• 동기유발의 기회를 제공하는 역할을 함 • 운동의 지속에 가장 중요한 영향을 줌
운동 집단의 분위기	• 집단 응집력 등의 요인 • 응집력이 높을수록 운동지속에 긍정적인 역할 수행
사회적 지지의 존재	• 다른 사람으로부터 도움을 받는 것을 의미함 • 사회적 지지가 높을수록 운동이 지속과 실천에 긍정적임

학습목표

사람들을 운동에 참여시키기 위한 구체적인 방법들을 이해합니다.

운동실천 중재 전략의 의의
- 운동을 안 하는 사람이 운동을 시작하게 만들기 위해 동기유발 전략을 적용하는 것
- 운동을 중도에 포기하지 않도록 여러 조치를 취하는 것
- 다양한 중재전략이 사용될 수 있음

운동실천을 촉진하는 사회적 지지의 유형
- 도구적 지지
  : 휴식 시간이나 상금 등의 보상
- 정서적 지지
  : 칭찬이나 격려
- 정보적 지지
  : 운동방법에 대한 안내나 조언
- 동반적 지지
  : 함께 운동에 참여
- 비교확인 지지
  : 비슷한 수준이나 특성을 가진 사람을 비교

대표 기출 유형

01 운동실천에 영향을 주는 요인에 대한 설명으로 옳지 않은 것은?

① 운동시설 근접성이 좋을수록 운동 참여율이 높아진다.
② 지도자의 지도방식은 운동실천에 영향을 주지 않는다.
③ 운동참여의 즐거움이 클수록 운동 참여율이 높아진다.
④ 가족, 친구, 동료의 사회적 지지는 운동 실천에 영향을 준다.

정답은 해설지에

<2> 이론에 근거한 운동실천 촉진

이론에 근거한 운동 실천 중재 전략은 건강신념 모형, 합리적 행동 이론, 계획행동 이론 등을 활용하여 운동 참여와 지속을 유도하는 방법을 의미한다. 운동 참여를 촉진하기 위해서는 우선 운동의 혜택을 인식시키는 것이 중요하다.

이를 위해 각 이론에서 제안하는 다양한 방법을 활용하여 운동 참여를 통해 얻을 수 있는 이익에 관한 정보를 제공하고, 운동의 방해 요인을 극복하기 위한 전략을 마련해야 한다. 방해 요인은 실제 방해 요인(물리적 요인)과 인식된 방해 요인(인지적으로 느끼는 요인)으로 구분되며, 이를 제거하기 위해 여러 이론이 제시하는 방법을 활용할 수 있다. 또한, 운동의 지속을 유도하기 위해서는 자기 효능감을 높이는 요인을 제공하는 방법이 사용되기도 한다.

중재 전략의 효과

- 집단 전체보다 개인에게 중재 전략을 제공하는 것은 효과가 큼
- 회사나 팀 등의 집단의 구조를 가진 경우에도 중재전략은 효과가 큼
- 행동수정 전략 유형이 운동의 실천을 높이는 효과가 큼
- 우편이나 전화 등을 통한 매개 중재 방식의 전달방식이 효과가 큼
- 가족 전체를 대상으로 하는 중재의 효과는 낮음

1) 혜택의 인식과 운동의 참여

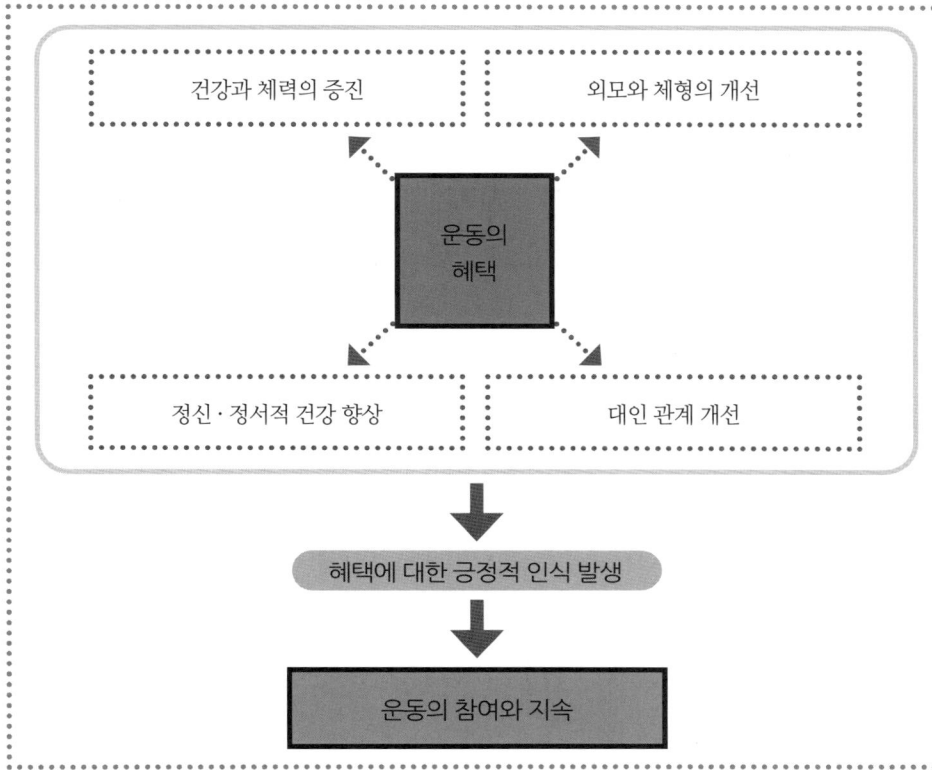

2) 방해요인의 극복 방안

물리적 방해요소 제거	• 접근이 쉬운 시설 마련 • 충분한 장비의 비치 • 편리한 환경 마련
시간 부족의 해결	• 운동 시간표 작성 • 업무 처리의 효율 개선 • 운동 계약서의 작성
지루함의 제거	• 다양한 활동의 제공 • 지도자의 의욕적 강습 • 파트너와 함께 운동하기

대표 기출 유형

02 운동 참여자들의 운동 실천을 촉진하기 위한 설명으로 적절하지 않은 것은?

① 운동의 과정보다는 결과를 중요시한다.
② 자기효능감을 향상시킨다.
③ 운동실천으로 인한 혜택을 개인의 상황과 특성에 맞게 제공한다.
④ 운동실천의 방해요인을 극복하기 위한 전략들을 마련한다.

정답은 해설지에

3) 운동 지속을 위한 자기 효능감 향상 방법

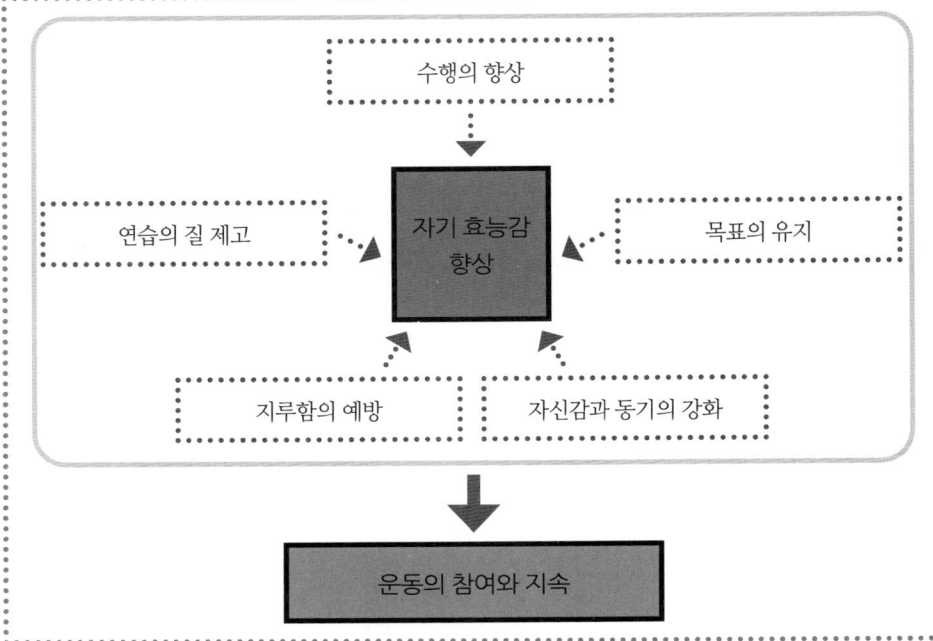

내적 동기를 높이는 전략
- 즐거움의 경험을 제공한다.
- 몰입의 경험을 제공한다.

<3> 행동 수정 및 인지전략

운동 참여를 유도하기 위해 다양한 전략을 활용하면 참가자의 행동과 인식을 변화시키고 동기를 부여하여 궁극적으로 운동에 대한 참여와 지속 의지를 강화할 수 있다. 앞서 운동 참가와 지속을 촉진하는 이론적 배경을 살펴본 바, 이 장에서는 운동 참가자의 행동과 인지를 변경할 수 있는 구체적인 방법을 행동 수정 전략, 인지 전략, 동기 유발 전략으로 구분하여 다룬다.

1) 행동 수정 전략
- 본인의 운동의 참여와 진행에 대하여 의사결정에 참여할 수 있는 기회를 제공함
- 운동에 대한 출석 상황을 보이는 곳에 게시함
- 운동 성취에 따른 보상을 제공함
- 운동 수행에 대한 피드백을 제공

2) 인지 수정 전략
- 구체적 목표의 설정
- 의사결정의 기록 작성
- 운동 계약서 작성
- 운동강도의 모니터링
- 운동 일지의 작성
- 내적, 외적 집중과 몰입의 유도

대표 기출 유형

03 지속적인 운동프로그램의 참여자들이 지니고 있는 긍정적인 자기 존중감은 사회심리적 발달에서 비롯될 가능성이 높다. 다음의 사회심리적 발달요인 중 긍정적인 자기 존중감과 거리가 먼 것은?

① 신체적 유능감과 외모에 대한 지각의 증진
② 자주성과 신체에 대한 통제감의 증진
③ 두뇌활동의 감소
④ 운동참여로 인한 사회적 소속감의 증진

정답은 해설지에

Confirmation
이것만은 꼭!

01 운동실천에 영향을 주는 요인은 개인적 요인과 사회적 요인이 있다. 그 중 사회적 요인들은 다음과 같다 (,   ,   ,   )이다.

02 개인의 운동실천을 중재할 수 있는 전략 중 성취에 따른 보상이나 운동 수행과 관련한 피드백을 제공하는 등의 방법으로 수행자의 참여 행동을 바꾸는 방법을 (   )이라고 한다.

03 개인의 운동실천을 중재할 수 있는 전략 중 운동의 목표설정에 참여시키거나 운동일지를 작성하게 하고, 운동참여의 과정에서 몰입의 체험을 유도함으로써 참여자의 운동에 대한 심리적 태도를 변화시키는 방법을 (   )이라고 한다.

04 운동에의 지속적인 참여를 돕기 위한 전략 중 운동 수행에 대한 피드백과 함께 성취에 따른 보상을 제공하였다면 이는 운동 참여자의 행동과 인지 중 (   )을 수정하기 위한 전략이다.

정답

1. 지도자의 특성, 운동집단의 특징, 운동 시설, 사회적 환경, 사회적 지지 등 중에서 세 개 이상 기재할 수 있을 것
2. 행동수정전략
3. 인지수정전략
4. 행동

Previous 단원 기출문제

01 다음 중 운동 실천 중재전략에서 말하는 운동 특성 요인이 아닌 것은?

① 운동의 강도
② 운동에 대한 자신감①
③ 운동 지속시간
④ 운동의 빈도

운동 특성 요인이란 수행하고 있는 운동 종목 자체의 특성을 말한다. 운동에 대한 자신감은 운동의 특성이 아닌 수행자 개인에 관한 특성 요인이다.

정답 : ②

02 다음 중 운동 중재 전략의 효과와 관련한 내용으로 적절하지 않은 것은?

① 가족 전체를 대상으로 하는 중재의 효과가 크다.
② 우편이나 전화 등을 통한 매개 중재 방식의 전달방식이 효과가 크다.
③ 행동수정 전략 유형이 운동의 실천을 높이는 효과가 크다
④ 집단보다 개인에게 중재전략을 제공하는 것이 효과가 크다

집단보다는 개인에게 중재전략을 제공하는 것이 효과적인데 이는 집단 중 한 두사람의 영향으로 운동참여가 중단되는 경우가 있기 때문이다.

정답 : ①

03 다음 중 집단 차원의 운동 실천 중재 전략 요소가 아닌 것은?

① 집단의 응집력
② 리더십
③ 사회적 지지
④ 자기 효능감

집단 차원과 개인차원의 중재전략을 구분해야 한다. 자기 효능감은 수행자 개인적 차원의 요인이다.

정답 : ④

04 운동 실천의 중재 전략 중 행동 수정 전략의 내용으로 바르지 않은 것은?

① 본인이 의사 결정의 주체가 될 수 있도록 단서만을 제공한다.
② 운동 참여의 실천에 따른 적절한 보상을 제공한다.
③ 필요한 시기에 적절한 피드백을 제공한다.
④ 출석상황의 공개는 수행자의 부담을 늘리므로 삼간다.

출석의 공개는 수행자의 심리적 만족감 혹은 긴장감 등에 자극을 주어 운동 참여를 촉진하게 된다.

정답 : ④

05 다음 중 운동 실천의 영향 요인 중 개인의 심리적 요인이 아닌 것은?

① 자신의 신체에 대한 자신감
② 운동에 대한 흥미와 관심
③ 지도자의 리더십 스타일
④ 운동 참여의 변화 단계

지도자의 스타일에 대한 문제는 개인의 심리적 요인이 아닌 외적 요소이다.

정답 : ③

06 운동 실천의 중재 전략 중 인지 행동 전략의 내용으로 바르지 않은 것은?

① 운동 참여의 명확한 목표를 설정한다.
② 참여자가 운동 일지를 작성하도록 유도한다.
③ 운동 참여 전 운동 계약서를 작성한다.
④ 운동의 강도는 본인이 가진 능력의 최대치가 되도록 유도한다.

운동의 강도는 언제나 적절한 수준이어야 한다.

정답 : ④

14강  스포츠 심리상담

1. 스포츠 심리 상담의 기초

학습목표
심리상담의 목표와 구체적인 기법들이 자주 출제됩니다.

Introduction

스포츠 심리 상담은 스포츠와 관련된 개인의 특성과 그들이 놓인 환경을 분석하고, 상담을 통해 운동 참가와 지속을 중재하는 역할을 수행한다.

이를 통해 스포츠 상담은 운동 참가자의 스트레스나 불안과 같은 심리적 문제를 해결하고, 운동 수행의 만족도와 능력을 향상시켜 운동 참여의 지속 시간을 증가시키는 것뿐만 아니라, 타인과의 의사소통 및 대인 관계를 개선하는 데 목표를 둔다.

<1> 스포츠 심리 상담의 개념

1) 스포츠 상담의 대상
  - 참가자의 운동 만족도
  - 참가자의 운동 지속시간
  - 운동 참가자의 성장과 발달
  - 참가자와 주변 환경의 상호작용

2) 스포츠 상담의 목표
  - 낮은 자존감, 불안 등 해결
  - 사회적 관계의 개선
  - 운동참가 시간의 증가
  - 운동 만족도의 향상
  - 운동 수행 능력의 향상
  - 기타 운동 심리의 개선

스포츠 심리상담의 역할
- 치료적 역할
- 예방적 역할
- 교육
- 발달적 역할

3) 스포츠 상담의 기본 원리
  - 내담자의 개인차를 인정한다.
  - 내담자가 감정을 솔직하게 표현하도록 돕는다.
  - 내담자의 감정에 민감하고 적절하게 반응한다.
  - 내담자를 있는 그대로 이해하고 존중한다.
  - 내담자를 판단하거나 비판하지 않는다.
  - 상담의 참여와 진행을 내담자 스스로 선택하고 결정하게 한다.
  - 상담과정의 모든 사항을 제3자에게 알리지 않는다.

대표 기출 유형

01 스포츠심리학자의 역할 중 바르지 않은 것은?

① 자신의 연구성과를 발표하고 검증 받기도 한다.
② 운동선수를 대상으로 한 상담만을 실시한다.
③ 스포츠심리학, 운동학습, 운동제어, 운동발달 등을 가르친다.
④ 상담을 통해 선수가 필요로 하는 심리기술 훈련을 하기도 한다.

정답은 해설지에

<2> 공식적 상담과 비공식적 상담

1) 공식적 상담

체계적이고 구조화된 방식으로 진행되는 상담 과정
상담자의 전문적인 기술과 경험을 바탕으로 구체적인 목표를 가지고 진행된다.

(1) 특징

- 체계적 접근:

상담 과정이 명확하게 계획되고 구조화되며, 상담자는 상담의 목적과 절차를 사전에 정의하고 계획한다.

- 전문성:

상담자는 전문적인 교육과 훈련을 받은 전문가로, 심리적, 정서적, 행동적 문제를 해결하기 위한 지식과 기술을 보유한다.

- 구체적인 목표 설정:

상담의 목표가 명확하게 설정되며, 상담자는 이 목표를 달성하기 위해 다양한 방법과 기술을 사용한다.

- 비밀 유지:

상담 과정에서 얻어진 정보는 비밀로 유지되며, 상담자의 윤리적 의무와 법적 요구 사항에 따라 보호된다.

- 기록과 평가:

상담 과정에서 중요한 사항은 문서화되고, 상담의 효과를 평가하기 위해 정기적인 기록과 평가가 이루어진다.

(2) 공식적 상담의 과정

- 초기 상담(접수 면접):

상담의 목적과 기대, 상담자의 역할과 절차에 대한 설명을 포함하며, 상담자가 상담자의 문제를 이해하기 위한 기본 정보를 수집한다.

- 문제 정의:

상담자가 상담자의 문제를 명확히 정의하고, 상담 목표를 설정한다. 이 단계에서는 상담자가 상담자의 상황을 이해하고 분석한다.

- 목표 설정:

상담자는 상담자와 함께 구체적이고 실현 가능한 목표를 설정하며, 목표 달성을 위한 계획을 수립한다.

- 상담 진행:

상담자는 다양한 상담 기법과 방법을 사용하여 상담자의 문제를 해결하고 목표를 달성하도록 지원한다. 이 단계에서는 상담자가 문제 해결을 위한 전략과 기법을 적용한다.

- 평가 및 피드백:

상담 과정과 결과를 평가하고, 상담자에게 피드백을 제공한다. 상담자는 상담의 효과를 검토하고 필요에 따라 조정을 한다.

- 종결:

상담 과정이 종료되며, 상담자는 상담자의 성과와 앞으로의 계획에 대해 논의하고, 상담의 종결을 공식적으로 알린다.

2) 비공식적 상담

전문적인 상담 절차나 구조 없이 일상적인 대화나 조언을 통해 이루어지는 상담

> **비공식 상담**
> 운동이 진행되는 과정에서 참여자의 행동이나, 진보의 정도, 출석률 등과 관련하여 관심을 보여주거나, 기분 좋은 짧은 멘트나 동작을 보여주는 경우도 비공식적 상담으로 볼 수 있다.

2. 스포츠 심리 상담의 적용

학습목표
1. 스포츠 심리상담의 절차
2. 스포츠 심리상담의 윤리

Introduction

스포츠 심리 상담은 스포츠와 관련을 가진 사람들의 참여와 행동을 긍정적인 방향으로 이끌어 가는 과정이다. 그러므로 운동에 참여하는 모든 사람을 대상으로 관심을 기울이며 그들의 언어적·비언어적 메시지를 경청하는 기술과 자세가 필요하다.

이 장에서는 스포츠 심리 상담의 절차와 경청의 방법, 경청의 방해요인 등과 함께 상담자가 갖추어야 할 윤리적 자세를 이해한다.

라포
상담자와 피상담자 사이의 상호 신뢰관계를 말한다.
정신치료, 카운슬링, 심리테스트 등에서 성공적인 상담의 기반이 되는 조건이다.
라포는 단순한 접촉(contact)이나 소통과는 구별된다.

<1> 스포츠 심리 상담의 절차와 기법

1) 스포츠 심리 상담의 절차

□ 스포츠 심리 상담의 과정

초기 단계	• 상담의 성격과 절차를 결정한다. • 내담자와의 라포를 형성하고 강화한다. • 내담자가 가진 현재의 상황, 개인사, 다른 사람과의 관계, 기타의 스트레스 요인 등을 탐색한다.
중기 단계	• 내담자를 관찰하고 그의 이야기를 경청하면서 문제를 파악한다. • 내담자가 스스로를 통찰하고 자신이 가진 문제의 실마리를 찾아 낼 수 있도록 돕는다. • 내담자에 대한 치료와 문제해결의 방법을 모색한다.
종결 단계	• 상담이 성공한 경우 • 내담자의 사정으로 상담이 중단된 경우 • 내담자와의 불화로 상담이 중단된 경우 • 어떤 경우든 내담자 자신이 스스로의 문제를 직면할 수 있도록 돕는다.

2) 스포츠 심리 상담의 구체적 기법

(1) 관심의 표명

□ 관심 집중을 보여주는 방법

- 마주 봄
  : 내담자를 향하여 똑바로 앉아 바라본다.
- 개방
  : 팔짱을 끼거나 다리를 꼬지 않는다.
- 기울임
  : 상대를 향하여 몸을 기울인다.
- 눈맞춤
  : 부드러운 시선으로 상대를 바라본다
- 편안함
  : 자연스러운 몸짓과 표정을 짓는다.

대표 기출 유형

02 스포츠 심리상담의 절차에 대한 설명으로 틀린 것은?

① 상담 초기에는 지도자와 선수 간의 친밀한 관계와 상호 신뢰의 형성이 중요하다.
② 상담 중기에는 상담실뿐만 아니라 훈련장이나 경기장에서도 상담이 이루어질 수 있다.
③ 상담의 후기에는 면담이나 질문지 검사를 통해 상담 초기 선수가 지닌 목표를 평가한다.
④ 상담은 자발적으로 원하는 선수에게만 실시해야 한다.

정답은 해설지에

(2) 경청

① 경청의 방법
- 주의 산만 요소 제거하기
- 잘 들을 마음의 준비 갖추기
- 수용적 태도를 가지기
- 감정을 이입하기
- 내담자에게 주의를 집중하기
- 주제에 집중하기

② 신뢰(라포)를 형성하는방법
- 적절한 고개 끄덕임
- 관심어린 질문
- 적절하고 단순한 음성 반응

③ 경청의 방해 요인
- 무성의한 경청
  : 상담자가 내담자를 이해하지 못하거나 이해하려는 노력없이 내담자에게 집중하지 못하는 경우
- 평가적 경청
  : 상담자가 내담자의 행동과 심리를 평가하려는 경우
- 여과된 경청
  : 상담자의 편견으로 내담자의 이야기를 걸러 듣는 경우
- 라벨(분류표)에 의한 경청
  : 상담의 내용을 미리 정해 놓은 분류표를 기준으로 유형화하여 기계적으로 상담하는 경우
- 사실 중심의 경청
  : 사실만 충분히 수집하는 것으로 모든 상담이 끝나는 것처럼 정보수집에 집중하여 질문만 하는 경우
- 리허설
  : 내담자의 말에 좋은 답을 생각하느라 내담자가 하는 이야기에 집중하지 않는 경우
- 동정적 경청
  : 내담자의 고통이나 희생에 대한 동정심으로 사실을 왜곡 해석하는 경우
- 끼어들기
  : 내담자가 하는 말을 자르고 끼어드는 경우

3) 스포츠 심리 상담의 윤리

(1) 스포츠 심리 상담가의 윤리적 의무

상담의 기본 사항 안내	상담과 관련한 기본 사항(목적, 목표, 기법, 규칙, 제한점 등)을 미리 알려준다.
적절한 도구의 사용과 해석	적합한 측정도구를 사용하고 상담의 결과를 정확하게 해석하는 능력을 가진다.
전문성 제고	상담을 위한 전문적인 지식과 기술을 숙지한다.
비밀의 준수	상담 중 알게 된 내용에 대한 비밀을 지킨다.
한계의 설정	자신의 능력으로 제공할 수 있는 상담 서비스와 그 한계를 명확히 안다.
타 기관과의 협력	상담자가 해결하지 못하는 문제일 경우 다른 상담자나 기관에 의뢰한다.

상담가가 비밀을 지키지 않아도 되는 경우
- 내담자가 위험한 행동을 할 때
- 내담자가 범죄의 희생자라고 생각 될 때
- 내담자가 입원할 필요가 있다고 판단될 때
- 정보가 법적인 문제가 될 때

(2) 상담가의 윤리 강령 10대 원칙

- 역할에 대한 책임감
- 동물 윤리에 대한 주의
- 내담자의 인권 보호
- 전문가로서의 능력과 기술
- 의사소통의 기술
- 진실한 정보 제공
- 전문적 서비스의 제공
- 중요한 정보의 비밀 보장
- 사회도덕과 법적 기준 숙지
- 측정도구의 해석 및 평가 기술

(3) 응용스포츠심리학회 (AAASP)의 스포츠 심리상담 윤리규정 주요 내용

- 심리상담가의 한계를 인식하고 자신의 역량 범위 내에서만 상담을 진행한다.
- 나이, 성별, 인종, 민족성, 국적, 종교, 성적 지향, 언어 또는 사회 경제적 지위 등의 요인으로 내담자를 차별하지 않는다.
- 자신의 상담 내용이 타인의 삶에 영향을 줄 수 있다는 것을 깨닫고 오용되지 않도록 경각심을 가져야 한다.
- 타인과 다중관계를 맺어서는 안 되며, 가족, 친구와 같은 대상에 대한 상담을 지양한다. 물론 내담자와 성적인 관계를 맺어서는 안 된다.
- 내담자의 이익을 최우선으로 두고 상담을 진행하며, 필요한 경우 다른 전문가에게 의뢰해야 한다.

대표 기출 유형

03 응용스포츠심리학회(Association for the Advancement of Applied Sport Psychology: AAASP)가 제시하는 스포츠심리상담의 윤리규정이 아닌 것은?

① 평소 알고 지내는 사람(가족, 친구 등)과의 상담과정은 전문적으로 진행한다.
② 나이, 성별, 국적, 종교, 장애, 사회 경제적 지위 등의 개인차를 존중한다.
③ 교육, 연수, 수련 경험 등을 통해 인정받은 전문 지식과 기법을 제공한다.
④ 내담자의 이익을 최우선에 두고 상담을 진행하며 필요한 경우 다른 전문가에게 의뢰한다.

정답은 해설지에

Confirmation
이것만은 꼭!

01 상담자와 피상담자 사이의 상호신뢰관계를 의미하는 용어는 (　　)이며, 이 (　　)의 형성이 상담의 성패에 중요한 영향을 미친다.

02 지도자가 선수의 진보의 정도, 출석률 등과 관련하여 관심을 보여주거나, 기분 좋은 짧은 멘트나 특유의 행동을 통해 선수를 응원하는 일도 상담의 방법이 되는데 이를 (　　)이라고 한다.

03 상담가가 내담자의 말에 주의를 기울이며 잘 들어주는 일을 (　　)이라고 한다.

정답
1. 라포
2. 비공식적 상담
3. 경청

Previous 단원 기출문제

01 다음은 무엇에 관한 정의인가?

< 보 기 >

운동이 진행되는 과정에서 참여자의 행동이나, 진보의 정도, 출석률 등과 관련하여 관심을 보여주는 것으로, 기분 좋은 짧은 멘트나 축구선수들의 골세레모니 동작과 같은 지도자 특유의 행동을 개발해서 참여자의 기분을 고양시켜주는 피드백으로 활용한다.

① 구조화 면담
② 접수 면접
③ 공식 상담
④ 비공식 상담

상담은 언제나 공식적인 면담으로만 이루어지지는 않으며, 평소 격려나 칭찬 등의 행위도 충분한 상담이 될 수 있는데, 이런 상담을 비공식적 상담이라고 한다.

정답 : ④

02 스포츠 심리상담과 관련한 설명으로 옳지 않은 것은?

① 상담은 상담자와 내담자의 상호 협력 관계에 기초 한다.
② 스포츠 심리상담은 인간적 성장과 경기력 향상을 목표로 한다.
③ 상담자는 상담 시작 전에 상담의 전 과정을 내담자에게 안내한다.
④ 심리기술(psychological skill)에는 루틴, 자화, 심상 등이 있다.

심리기술이란 선수들이 생각과 감정을 조절하여 자신이 느끼는 극한적 긴장상태에서의 스트레스를 극복함으로써 자신의 실력을 최대한 발휘할 수 있도록 하는 심리적 훈련을 말하며, 스포츠 심리상담의 영역에 해당하지 않는다.

정답 : ④

03 스포츠 심리상담의 적용과 관련된 설명으로 적절 하지 않은 것은?

① 라포는 내담자와 상담자 사이의 공감적 관계이다.
② 신뢰형성 기술에는 내담자 향해 앉기, 개방적 자세 취하기, 적절한 시선 맞추기 등이 있다.
③ 경청은 상담자가 내담자의 언어적 메시지는 물론 비언어적 메시지를 듣는 과정이다.
④ 공감적 이해의 증진을 위해 생각할 시간을 갖고, 반응시간을 짧게 하고, 내담자에 맞게 반응해야 한다.

정답이 두 개인 문제이다. 선택지 ②의 내용은 신뢰를 형성하기 위한 기법이 아닌 관심을 보여주는 방법의 내용이다. 또한 ④에서 공감적 이해를 위해 내담자의 이야기에 대해 생각할 시간을 가지거나 내담자에 맞는 반응이 필요한 것은 맞지만, 언제나 지나치게 빠르게 반응을 보이려고 노력하는 것은 내담자가 진짜 이야기하고 싶어 하는 내용을 놓치는 부작용이 생길 수 있다.

정답 : ②, ④

04 운동상담에서 어떠한 상담기술과 관련된 내용인가?

< 보 기 >

• 내담자를 바로 바라본다.
• 개방적인 자세를 취한다.
• 상대방 쪽으로 가끔 몸을 기울인다.
• 부드러운 시선접촉을 유지한다.
• 편안하고 자연스러운 자세를 취한다.

① 신뢰의 형성
② 성실한 응대
③ 공감적 이해
④ 객관적 해석

〈신뢰의 형성〉과 〈경청〉의 내용 구분할 것! 문제의 보기 부분은 성실한 자세를 통해 경청하는 태도를 보여주는 상담기법의 내용이다.

정답 : ②

한국 체육사

한국 체육사

1강 • 체육사의 의미 ··· 287
2강 • 선사 - 삼국시대 ··· 291
3강 • 고려시대 ·· 299
4강 • 조선시대 ·· 305
5강 • 한국 근현대사 - 개화기 ·· 312
6강 • 한국 근현대사 - 일제 강점기 1 ·· 318
7강 • 한국 근현대사 - 일제 강점기 2 ·· 326
8강 • 한국 근현대사 - 광복 이후의 체육 1 ······································· 331
9강 • 한국 근현대사 - 광복 이후의 체육 2 ······································· 339

01강 한국 체육사 - 체육사의 의미

1. 체육사의 연구 분야

Introduction

체육사는 체육활동에 영향을 주는 교육 및 문화와 관련성을 연구하는 학문이다. 체육과 관련된 시간, 공간, 인간이라는 세 가지 요소에 대한 연구를 통해 신체와 정신에 대한 관념을 통찰하고, 시대별로 어떻게 실천되고 발전해 왔는가를 고찰하는 것이다.

체육사 교육을 통해 역사에 대한 올바른 인식과 신체활동의 역사적의의, 신체활동의 올바른 실천적 태도를 형성하는데 기여한다.

학습목표
최근 빈출단원이며 사료와 사관의 의미를 알고 시대구분에 대하여 이해합니다.

<1> 역사란 무엇인가?

1) 역사의 의미

사실로서의 역사	과거에 일어난 사실자체(객관적인 역사) 예) 랑케 : "역사적 사실을 있는 그대로 서술하라"
기록으로서의 역사	역사가가 과거사실을 선택하여 기록한 것(주관적인 역사) 예) E. H. 카 : "현재와 과거의 끊임없는 대화"

2) 역사 연구 자료(사료)의 의미

물적 사료	유물·유적 – 선사시대·역사시대 연구자료
기록 사료	문헌(서적, 편지, 문서, 비문 등)·구전 – 역사시대 연구자료

* 꾸며낸 이야기 – 전설, 예언은 사료가 아님

선사시대
문자, 기록이 없던 시대

역사시대
문자, 기록을 남긴 시대

3) 역사 연구 방법

연구 순서	사료수집 → 사료비판 → 역사가의 해석 → 역사서술
역사가의 역할	역사가의 주관적 판단에 따라 과거 사실을 선택하여 연구

4) 역사를 공부하는 이유

- 과거의 사실을 알고 현재의 생활을 이해하여 살기 좋은 미래를 창조
- 교훈 획득: 삶의 지혜를 얻을 수 있으며 당면한 문제점을 해결할 수 있는 능력을 배양
- 사고력과 판단력을 배양
- 공동체 의식 강화

대표 기출 유형

01 체육사 연구에서 사관(史觀)에 관한 설명으로 적절하지 않은 것은?

① 유물사관, 관념사관, 진보사관, 순환사관 등이 있다.
② 체육 역사에 대한 견해, 해석, 관념, 사상 등을 의미한다.
③ 체육 역사가의 관점으로 다양한 과거의 역사적 사실을 해석한다.
④ 과거 체육과 관련된 사실을 담고 있는 역사 자료를 의미한다.

정답은 해설지에

<2> 체육사란 무엇인가?

체육사의 연구 대상은 체육활동이 이루어졌던 시간과 공간 그리고 활동에 참여했던 인간이다. 체육사 연구는 이 세가지 요소를 문화와 교육, 그리고 정책이라는 측면에서 연구한다.

체육사를 연구하는 과정에서는 체육사의 종합적인 이해와 서술을 돕기 위해 시대를 구분하게 되는데, 그런 시대 구분은 연구의 편의를 위한 임의적인 수단일 뿐 절대적인 기준은 아니다.

1) 체육사의 의미
체육의 변천과정과 그속에서 인간의 신체운동을 연구하며 신체를 통한 운동, 수련, 교육, 문화등과 유기적 관점을 연구하는 학문

2) 체육사의 연구 대상

사회·경제사	체육과 관련한 사회와 경제의 변천사
문화사	체육과 관련한 문화와 교육의 변화 과정
지성사	체육과 관련한 철학, 윤리 등의 역사
과학사	체육과 관련한 과학과 기술의 발달사

3) 체육사의 시대구분

1. 생활 체육 시대	• 원시시대 • 생활·생존을 위해 체육 활동이 행해지던 시기
2. 무예 체육 시대	• 부족 국가~조선 시대 • 국방을 위한 무예수련이 중심이던 시대
3. 학교 체육 시대	• 갑오개혁 이후 • 근대식 학교를 통해 체육이 시행되던 시기

4) 체육사연구 의의
체육과 관련된 여러 가지 사회, 역사적 요건의 연관성을 연구함으로써 체육과 관련한 미래를 통찰하고 올바른 역사적, 실천적 태도를 형성함

한국체육사의 연구

한국 체육사연구가 본격적으로 이루어진 시기는 광복(1945)이후 부터였다.- 나현성의 「한국스포츠사」(갑오개혁을기준으로 전통체육시대와 근대체육시대로 구분)

개화기 이전 까지는 무예와 체육을 구분하지 않았으며, 체육의 중요성도 인식하지 못하였다. 일제강점기시기에는 일제의 탄압정책으로 체육사 연구가 어려웠다.

체육사시대구분

체육사의 종합적 이해와 서술을 돕기 위해 임의적으로 구분한다.

대표 기출 유형

02 체육사에 대한 내용 중 바르지 않은 것은?

① 신체를 통한 운동, 수련, 교육 및 문화 등의 유기적 관련성을 연구하는 학문이다.
② 체육사의 연구를 통해 체육과 관련한 미래를 통찰하고 올바른 역사적·실천적 태도를 형성한다.
③ 일반적인 역사연구의 방법과는 상이한 체육사만의 연구 방법을 활용한다.
④ 체육과 관련한 시대적·사회적 배경과 각 시대의 체육활동에 대해 연구한다.

정답은 해설지에

Confirmation
이것만은 꼭!

01 부족국가가 성립하기 전의 시기로 생활과 생존을 위한 신체활동이 자연스럽게 체육이 되었던 시대를 체육사에서는 (   )시대라고 부른다.

02 우리나라의 부족국가에서 조선시대까지의 시기이며 전쟁 중의 전투를 위한 무예의 수련이 체육활동의 중심이던 시대를 체육사에서는 (   )시대라고 부른다.

03 갑오개혁 이후 근대식 학교가 설립되고 학교 교육을 통해 서양의 선교사들을 통해 도입된 서구의 체육활동이 시행되던 시대를 체육사에서는 (   )시대라고 부른다.

04 한국의 체육사에 대한 연구는 역사적 상황과 조건 때문에 (   ) 이후에서야 비로소 가능했다.

정답
1. 생활체육
2. 무예체육
3. 학교체육
4. 광복 혹은 해방

Previous 단원 기출문제

01 체육사 연구에서 시대를 구분하는 이유로 가장 적절한 것은?

① 체육사의 종합적인 이해와 서술을 돕기 위해서
② 체육사의 옳고 그름을 판단하기 위해서
③ 체육사의 현재를 설명하기 위해서
④ 체육사의 사료를 비판하기 위해서

체육사 연구에서 시대를 구분하는 이유는 통시적인 측면에서 체육의 변화양상과 발전과정을 이해하고 기술하기 위해서이다.

정답 : ①

02 체육사 연구에서 사료(史料)에 대한 설명으로 옳지 않은 것은?

① 유물, 유적 등의 유산은 물적 사료이다.
② 공문서, 사문서, 출판물 등은 문헌 사료이다.
③ 과거의 기억에 대한 증언 등은 구술 사료이다.
④ 각종 트로피, 우승기, 메달, 경기 복장 등은 구전 사료이다.

구술 자료란 어떤 사건과 관련있거나 그 사건을 경험한 사람들의 진술을 말한다. 각종 트로피, 우승기, 메달, 경기 복장 등은 구체적인 물건이므로 구술자료가 아닌 물적 자료에 해당한다.

정답 : ④

03 체육사 연구에서 사관(史觀)이 갖는 의미로 가장 적절한 것은?

① 체육의 현상을 개념화 한다.
② 체육에 대한 기록으로의 역사와 사실로서의 역사를 기술한다.
③ 체육에 대한 문헌사료를 제시한다.
④ 역사가의 가치관에 따라 체육의 역사를 해석한다.

사관(史觀)이라 함은 역사에 대한 관점을 말한다. 즉 역사를 해석하는 역사가의 가치관을 의미하는 것이다.

정답 : ④

04 <보기>의 ㉠, ㉡에 들어갈 용어는?

< 보 기 >
- 나현성의 『한국체육사』에 따른 시대구분이다.
- 갑오경장(甲午更張) 이전은 무예를 중심으로 하는 (㉠) 체육을 강조하였다.
- 갑오경장 이후는 「교육입국조서(敎育立國詔書)」를 중심으로 하는 (㉡)체육을 강조하였다.

	㉠	㉡
①	현대	전통
②	근대	전통
③	전통	근대
④	전통	현대

나현성의 한국체육사에서는 갑오개혁 이전의 체육을 전통체육, 이후의 체육을 근대체육으로 구분한다.

정답 : ③

02강 한국 체육사

선사 – 삼국 시대

1. 선사 및 부족 국가 시대의 체육

Introduction

선사시대는 문자 기록이 없었던 구석기시대부터 초기 철기시대를 말한다. 석기시대는 생존을 위한 본능적인 활동 즉 음식물 획득을 위한 수렵,어로,채집 활동 중심이었다. 청동기시대 이후 국가가 등장하는 과정에서 잦은 전쟁을 하게 되어 전투술이 중시되었고 지배계급의 무예를 연마하기 위한 무사 체육이 있었을 것이다. 신석기시대 이후 농경이 시작되어 주술적 의미의 원시 신앙이 출현 하였고 성인의식을 행하였다. 부족국가는 제천의식이 있었으며 이 행사에서 음주 가무와 민속놀이를 즐겼다.

학습목표

국가별 제천행사 명칭과 제천행사에서 즐겼던 민족 스포츠를 암기합니다.

<1> 선사 시대의 생활과 신체문화

선사시대는 평등한 사회였으며 음식물을 얻기 위한 신체활동이 주된 체육활동이었다. 돌도끼, 활, 창 등 도구를 사용하는 방법은 생존을 위한 중요한 기술 이었다.

구석기시대	수렵, 어로, 채집생활 – 이동생활
신석기시대	• 농경시작–정착생활,토기사용 • 원시신앙(애니미즘, 샤머니즘, 토테미즘, 태양숭배)

<2> 청동기 철기시대 생활과 신체문화(부족국가)

본격적인 농경이 이루어졌으며 계급이 출현하고(분업), 국가가 등장 하였는데 고조선, 진, 부여, 고구려, 옥저, 동예, 삼한 등이 있었다.

잦은 전쟁으로 백성은 집집마다 병기와 갑옷을 구비하고 유사시 전투에 참여하였다. 체계적인 교육기관은 존재하지 않았으나 지배 계급을 중심으로 교육적 신체활동이 이루어졌는데, 전투와 직결된 궁술과 기마술이었다. 성인식이 거행되고 제천행사가 있었으며 사냥과 풍요를 기원하는 바위그림(울주 반구대)을 남겼다..

고조선
- 단군신화
- 8조법

성인식에 대한 기록

「삼국지위지동이전」 – 등가죽을 뚫어 줄을 꿰고 나무를 꽂는 의식

'큰사람' : 정신적, 육체적인 고통을 참고 이겨야만 하는 의식으로 통과한 사람만을 사회구성원으로 인정

1) 성인식과 주술적 신체문화

제천 행사와 유희

제천행사기간 중에는 주야로 술과 음식을 베풀고 가무(歌舞)를 마음껏 즐겼다. 이러한 행사에서 행해지던 농악을 비롯한 온갖 유희·오락들이 전형적인 민속 가무의 유희와 운동의 시초였을 것으로 추측된다.

제천 행사와 관련된 대표적인 놀이나 민속 스포츠로는 수박, 격검, 사예(궁술), 기마, 씨름, 윷놀이, 덕견이, 깨금질 등이 있었다.

특히 저포(윷놀이)는 대개 정월 초하루부터 대보름날까지 행해지기도 했다.

2) 제천행사 – 친족간의 공동체의식 강화

부여	영고
고구려	동맹
동예	무천
삼한	5월제 / 10월제
신라	가배

대표 기출 유형

01 선사시대 신체활동의 특징으로 올바른 것은?

① 식량의 획득 수단이자 몸을 지키는 전투술
② 신체건강을 유지하는 수단
③ 인간성 회복을 위한 체육활동
④ 다양한 스포츠활동

정답은 해설지에

3) 부족국가시대의 체육과 신체활동

부족 국가 시대의 지배층들은 무예를 통하여 신체를 연마할 뿐 아니라, 무술의 연마와 유희를 겸하여 궁술을 활용한 사냥 등을 즐겼다.

궁술 이외에도 다양한 무예적 유희가 나타났으며, 그 대표적인 사례가 삼국 시대부터 유행한 석전(石戰), 수박(手搏), 각저, 저포 등이다.

(1) 궁술과 유희의 발달

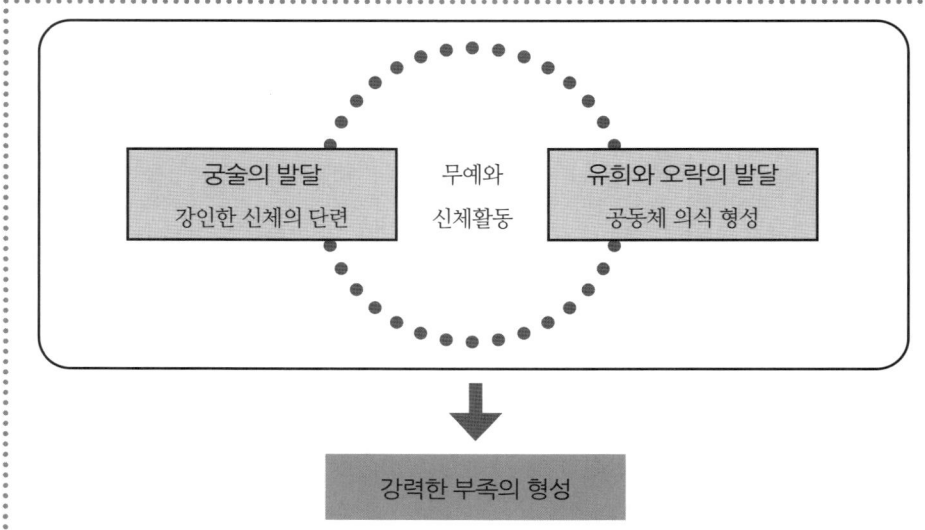

무예에 대한 기록
- 궁술
  주몽신화(동명성왕)
  삼국지위지동이전
- 기마술
  주몽신화
  부여의 명마, 동예의 과하마

동이족의 의미
동쪽의 활을 잘 쏘는 사람을 의미하며, 고구려 동명성왕의 주몽이란 이름도 명궁수를 뜻하는 것이었다.

(2) 저포놀이

우리 민족의 전래 오락 중 가장 오래된 놀이.

사희라고도 불림

"도, 개, 걸, 윷, 모"라는 호칭은 당시 부여의 사출도라는 이름에서부터 연유하였는데, 이는 돈(豚), 견(犬), 양(羊), 우(牛), 마(馬)라는 짐승의 크기와 빠르기에서 유래 하였다.

대표 기출 유형

02 <보기>에서 설명하고 있는 부족국가 시대의 민속스포츠는?

<보기>
- 여러 사람이 모여 즐기던 놀이 중 하나로 지금까지 행해지고 있다.
- 저포라는 용어로 지칭되었다.
- 다섯 개(현재 4개)의 나무막대기를 이용하여 승부를 겨루는 놀이이다.

① 윷놀이
② 투호
③ 추천
④ 수박

정답은 해설지에

2. 삼국 및 통일신라 시대의 체육과 민속 스포츠

Introduction

고구려, 백제, 신라 3국은 4세기경부터 고대국가(중앙집권)체제로 변신을 도모 하였다. 각 국은 영토확장, 불교수용, 율령반포를 통하여 독자적인 제도와 문화를 형성하였다. 대외적으로는 삼국간에 우호 관계를 맺거나 대립 항쟁 하였으며, 대륙과 왜구의 침략을 받았다. 이 과정에서 국방력강화에 필요한 개인의 신체적 능력의 연마를 위한 무예가 중시되었다. 결국 신라가 통일을 달성 하였으나 대동강에서 원산만 이남의 영토만을 확보한 불완전한 통일이었다.(676년 문무왕)

학습목표

고구려의 경당, 신라의 화랑, 삼국의 무예와 스포츠, 체육사상을 이해합니다.

<1> 삼국 시대의 사회와 교육

전쟁이 잦았던 삼국 및 통일신라시대는 무술이나 무예를 연마한 무사의 능력이 필수적이었다. 따라서 삼국은 모두 전국민을 군사조직으로 체계화하여 국민들에게 무예(武藝)를 연마하도록 장려하고 병사(兵事)를 훈련시켰으며 민속놀이를 통해서도 체력과 무예를 연마하게 하였다.

삼국은 각각 고유의 교육기관과 제도를 마련하여 귀족의 자제들과 평민의 자제들에게 문무일치(文武一致)의 교육을 목표로 예(禮), 서(書), 악(樂) 등과 무예를 함께 가르쳤고 각종 무술 대회를 개최하여 우수한 인재들을 선발하기도 했다.

율령반포
- 백제:고이왕(3C)
- 고구려:소수림왕(4C)
- 신라: 법흥왕(6C)

불교수용
- 고구려:소수림왕
- 백제:침류왕
- 신라:법흥왕

1) 삼국시대 사회와 사상

불교가 도입되어 전통적인 무속신앙과 낭가사상이 조화를 이루었다. 불교는 백성들의 사상을 통합하여 왕권강화에 기여 하였으며, 호국적 성격이 강하여(불국토사상) 국방력강화에 기여하였다.

2) 고구려의 태학과 경당

(1) 태학

설립	소수림왕, 중앙(수도)
목적	• 교육을 통한 유능한 관리양성 • 귀족 자제만 입학
교육내용	• 5경(시경, 서경, 역경, 예기, 춘추) • 3사(사기, 한서, 후한서)
의의	최초의 관학으로 고등교육기관의 효시

태학의 교육 내용

최초의 관학이며, 고등교육기관의 효시.

국가의 관리 양성을 목적으로 귀족 자제들의 교육을 담당했던 곳으로, 교육과정은 오경(시경(詩經), 서경(書經), 역경(易經), 예기(禮記), 춘추(春秋))과 삼사(사기(史記), 한서(漢書), 후한서(後漢書))로 보인다.

(2) 경당

설립	장수왕, 지방
목적	• 문무를 겸비한 인재양성, • 평민의 자제까지
교육내용	서민자제에게 경서암송과 무예교육(활쏘기)
의의	사립교육기관으로 군사훈련기관의 성격이 강함 (신라의 화랑도, 개화기 원산학사와 유사)

3) 백제의 박사제도

백제에 교육기관이 있었다는 기록은 아직 발견되지 않았으나 교육과 학문 수준이 상당히 높았던 것으로 보이며, 교육제도로서 모시박사, 의박사, 역박사, 오경박사 등 박사제도를 두고 있었다.

또한 시조인 온조왕이 고구려 왕실의 왕자였다는 점에서 백제가 고구려의 문화를 전수받았을 것은 자명하다. 따라서 백제의 국민 역시 말을 타고 활쏘는 것에 능했을 것이라는 점은 쉽게 상상할 수 있다.

대표 기출 유형

03 <보기>의 ㉠에 해당하는 용어는?

<보기>
'구당서(舊唐書)'에 따르면, "고구려의 풍속은 책 읽기를 좋아하며, 허름한 서민의 집에 이르기까지 거리에 큰 집을 지어 이를 (㉠)이라고 하고, 미혼의 자제들이 여기에서 밤낮으로 독서하고 활쏘기를 익힌다."라고 되어 있다.

① 태학
② 경당
③ 향교
④ 학당

정답은 해설지에

4) 신라의 화랑도와 국학

(1) 화랑도

기원	씨족사회 청소년단체 → 진흥왕때 국가조직으로 개편
구성	왕족, 귀족, 평민까지 15~18세, (국선,화랑,낭도)
교육내용	• 유교경전, 무예(궁술, 마술, 검술, 창술)연마 • 편력과 입산수행, 가무, 축국, 수렵을 통한 건강한 신체와 인격을 배양 • 군사적 측면: 용감한 군사육성 • 교육적 측면: 도의교육(세속오계)
목적	• 건전한 신체와 도덕적품성 • 선악의 가치판단 능력을 갖춘 전인적 인재양성
의의	• 우리나라는 삼국시대부터 체계적인 체육활동이 존재하였음 • 인격도야와 신체단련을 아우르는 심신일여사상을 바탕으로 한 전인교육으로 오늘날까지 계승되고 있음

□ 화랑의 훈련방법

"도의(道義)로써 서로 닦고, 가락(歌樂)으로써 서로 기뻐하고, 혹은 산수에서 즐거이 놀되, 멀리 이르지 않는 곳이 없는" 이라는 기록을 통해, 단체 생활과 여행을 통해 심신을 연마하였음을 알 수 있다.

□ 세속오계 - 유불선의 조화

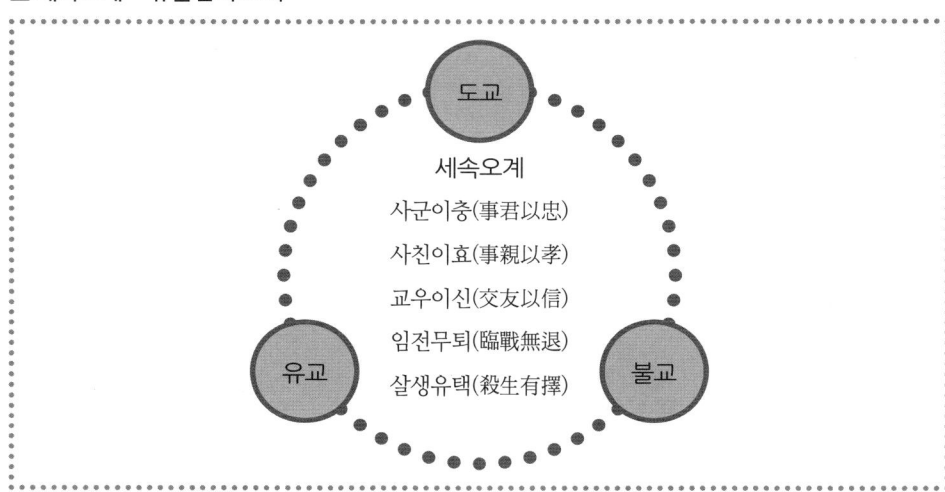

(2) 국학 (통일신라 신문왕~)

목적	유능한 관리양성, 귀족자제를 대상으로함.
교육내용	유교경전 학습을 통한 인격함양
의의	• 국립교육기관 • 과거제도 효시인 독서삼품과 운영(원성왕)

화랑의 체육사적 의미

화랑도는 일명 국선도, 풍월도, 풍류도, 원화도라고도 불려졌다.

'화랑'이라는 명칭은 꽃과 같이 용모가 수려한 자를 의미하며, 처음에는 여성이 우두머리인 집단으로부터 출발하여 진흥왕대에 남성집단으로 체계화되었다.

민간수양 단체의 성격도 지니고 있었으나 국가의 비상사태를 위해 전사교육도 실시하였다.

신체단련을 단순한 군사적인 훈련의 수단만이 아닌 인격 함양의 과정으로도 인식했던 고대인의 사고방식을 찾아볼 수 있으며 화랑들이 취했던 체육 활동과 철학은 현대에 있어서까지 계속 이어지고 있다.

세속오계

원광법사가 지은 계율이다. 화랑도의 신조로 받아들여져 화랑도가 발전하고 삼국통일의 기초를 이룩하는 데 크게 기여하게 되었다.

발해의 국립교육기관
주자감

신라의 인재 선발
• 독서삼품과 : 유교 경전에 대한 이해를 측정
• 궁전법 : 궁술 능력을 측정

대표 기출 유형

04 신라시대 화랑도에 대한 설명으로 맞지 않은 것은?

① 세속오계(世俗五戒)
② 서민을 대상으로 경서와 활쏘기를 익히는 교육목적 수행
③ 심신일원론적 사상에 기반한 전인교육 지향
④ 편력이라는 야외교육활동 수행

정답은 해설지에

<2> 삼국 시대의 무예

삼국이 통일전쟁을 치르며 대치하고 있던 삼국 시대에 무예가 발달했을 것이라는 것은 자명하다.
삼국의 대표적인 무예는 기마술과 궁술, 각저, 수박 등의 형태가 있었으며, 고구려 고분 벽화를 통해 그 모습을 유추할 수 있다.
고분 벽화를 통해서는 무예뿐 아니라 가무와 각종 유희 모습도 확인된다.

삼국 시대의 무예와 고분 벽화
삼국 시대의 무예는 주로 고분 벽화를 통해 확인된다. 특히 고구려 고분에 남아 있는 수렵도, 기마도, 각저도, 수박도, 무용도 등을 통해 궁술, 기마술, 각저, 수박 등을 비롯하여 창술, 검술, 석전 등을 확인할 수 있다.

1) 고분 벽화 속 무예도

수렵・기마도	• 말을 탄 상태에서 활을 쏘며 사냥을 하는 그림 • 승마 자세와 활, 칼, 창, 복장 등의 무예의 모습을 추측할 수 있음 • 약수리 고분, 덕흥리 고분, 안악 3호 고분 등
각저도	• 씨름과 거의 동일한 형태의 자세를 취하고 있는 그림 • 각저, 각력, 각희, 상박, 쟁교 등으로 불림 • 다른 나라에 남아 있는 유사한 종목(썰렘, 쎄기유, 삼보, 스모)
수박도	• 서로 거리를 둔 상태에서 때리거나 막는 동작을 하고 있는 그림

수박
고분 벽화에 남아 있는 모습이 주먹을 쥐지 않고 무릎을 상당히 구부린 채 상대방과 한 걸음 정도의 거리를 두고 있는 모습으로 그려진 것으로 보아 공격을 위한 가격이나 수비를 위한 꺽기 등의 기술을 함께 사용하는 맨손 격투술로 보인다.

2) 수련 방법

□ 입산 수행과 편력

입산 수행	• 산 속에서의 고행을 통한 신체와 정신의 강화를 목적으로 했던 활동 • 종교적 의미와 함께 신체와 정신을 단련함
편력	• 명산대천을 두루 돌아다니던 일종의 야외활동 • 시와 음악과 관련된 활동을 비롯하여 각종 신체적 활동을 포함하는 수련 방법

입산수행과 편력
편력과 입산수행은 신체적 단련뿐 아니라 종교, 문예, 교양 등의 정신적 측면을 함께 수양한다는데 의의가 있다.

<3> 삼국 시대의 민속 스포츠와 오락

고대 국가의 시대부터 이미 민속 스포츠와 오락은 발달해 있었다. 또한 그것은 단지 유희의 목적 뿐 아니라 구성원의 단결과 통일전쟁에 대비한 무예 수련의 의미를 가지고 있었다. 거기에 더하여 투호, 편력 등은 군자로서의 자질을 갖추거나 심신을 수양한다는 정신적인 측면까지도 포함하는 활동이었다.

□ 삼국 시대의 주요 놀이와 스포츠

- 수렵 – 사냥활동. 여가이면서 동시에 군사훈련의 한 수단으로 활용됨
- 석전 – 변전, 편전, 편쌈이라고도 불리던 마을 단위의 돌팔매 싸움
- 방응 – 매사냥으로 귀족이 주로 즐기던 유희
- 저포 – 지금의 윷놀이와 유사하며 마을 전체가 함께 하던 공동체적 유희
- 투호 – 항아리에 화살을 던져 놓던 놀이로 선비들이나 여성들도 즐김
- 죽마 – 대나무로 만든 다리를 타고 걷는 놀이
- 축국 – 가죽공을 차고 놀던 놀이로 여러 형태가 있었으며 군사훈련의 의미도 함께 가졌음
- 추천 – 그네
- 농주 – 여러 개의 구슬을 던졌다가 다시 받으며 노는 놀이
- 풍연 – 연날리기
- 약삭 – 주사위로 겨루는 일종의 보드 게임
- 마상재 – 달리는 말 위에서 여러 기예를 보이는 놀이
- 위기 – 바둑

축국
축국은 가죽 주머니로 공을 만들어 발로 차던 공차기로 오늘날의 축구와 제기차기 형태의 놀이로 출발했다. 특히 신라의 귀족이 많이 즐겼고 처음에는 인원수에 제한을 두지 않았다.
이런 축국은 군사들의 훈련을 위한 방편으로도 활용되었는데 그 형태는 1인~8인까지 참여할 수 있는 경기의 형태였다.

대표 기출 유형
05 삼국시대 민속놀이의 명칭이 바르게 연결된 것은?

① 석전(石戰) – 제기차기
② 마상재(馬上才) – 널뛰기
③ 방응(放鷹) – 매사냥
④ 수박(手搏) – 장기

정답은 해설지에

<4> 삼국 시대의 체육 사상

고대국가에서는 몸과 마음이 분리될 수 없는 하나라는 심신일원론이 지배적 사고 방식으로 작용하였다. 아름다운 신체는 아름다운 정신을 의미하였기에 뛰어난 외모와 체격을 가진 사람만이 지도자의 자격을 가진 것으로 여겨지기도 했다.

따라서 삼국 시대의 체육은 건강한 몸과 건강한 마음이 조화를 이루며 발달하는 전인적 인간을 길러내기 위해 활용되었다. 뿐만 아니라 국가가 위기를 맞을 때 국가를 위해 자신을 던질 수 있는 용맹스러운 인재의 육성을 위해서도 무예의 수련이 강조될 수 밖에 없었기에 체육은 군사적 성격을 가질 수밖에 없었다.

무예체육의 실천방법은 입산수련과 편력의 방식이 대표적이었으며, 이는 천신과 산신의 숭배라는 종교의식과도 연관된 활동이면서 동시에 국토를 부처의 공간이므로 신성하고 존엄하게 생각하며 목숨을 걸고서라도 지켜야 한다는 불국토(佛國土) 사상과도 연계되어 있었다.

□ 삼국 시대 체육사상의 주요 특징

신체미 숭배	뛰어난 외모와 체력을 가진자가 군주가 되었고, 귀족 자제 중 외모가 수려한 자들이 화랑으로 선발
심신 일원론	신체수련을 통한 덕의 함양(궁도,편력,입산수행)
국가주의	개인의 안위 보다는 국가를 우선시 여김(임전무퇴)
불국토 사상	조국을 부처의 나라로 여겨 국토를 신성시 하고 지켜야 하는 존엄한 존재로 인식(편력,입산수행)

심신일원론 (심신일여사상)

정신과 신체는 원래 하나로 작용하는 주체(主體)의 양면이므로, 이것을 두 개의 실체로 나누어진 것으로 이해하는 것은 잘못이라고 생각하는 견해이다.

즉, 인간의 심신이 일체적·일원적이라고 보며 절대 나눌 수 없다는 입장으로 심신일여론, 신심불가리론이라고도 한다.

대표 기출 유형

06 신라 화랑의 체육사상으로 옳지 않은 것은?

① 신체의 미(美)와 탁월성을 중시하였다.
② 불국토사상은 편력활동과 연계되었다.
③ 신체관은 심신일체론에 바탕을 두었다.
④ 임전무퇴는 개인을 위한 계율이었다.

정답은 해설지에

Confirmation
이것만은 꼭!

01 부족국가 시대에는 각 국가마다 고유한 제천행사가 있었는데 그 이름은 고구려 - (   ), 부여 - (   ), 동예 - (   ), 신라 - (   )이다.

02 부족국가 이후 조선시대까지 우리 민족의 역사 속에서 중요하게 취급을 받던 무예체육활동은 (   )와(과) (   )이다.

03 원광법사가 지은 규칙으로 화랑이 반드시 지켜야 하는 신조로 받아들여진 계율은 (   )이다.

04 고대 사회에서 흔히 활용되던 교육의 방법으로 경치가 좋은 산과 들을 여행하며 심신을 수양하던 방식을 (   )이라고 한다.

05 고구려에서 관리의 양성을 목적으로 운영되며 군사교육을 병행했던 고등교육기관은 (   )이다.

06 신라에서 화랑제도가 전쟁에 대비하여 문무를 겸비한 인재의 양성이 목적이었다면 그에 비해 관리의 양성을 목적으로 운영된 국립 교육기관은 (   )이다.

07 씨름과 유사한 방식으로 서로를 붙잡고 넘어뜨리는 것으로 승부를 겨루던 고대의 무예는 (   )이다.

08 현대의 입식타격기와 유사하며 타격과 꺽기 등의 기술이 혼재되었던 경기로 그려지거나 기록되어 전해지는 종목은 (   )이다.

09 신체사상으로 몸과 마음이 분리될 수 없는 하나라는 관념은 (   )이다.

정답
1. 동맹, 영고, 무천, 가배
2. 기마술, 궁술
3. 세속오계
4. 편력
5. 태학
6. 국학
7. 각저
8. 수박
9. 심신일원론(심신일여론)

Previous 단원 기출문제

01 <보기>의 ㉠, ㉡에 들어갈 알맞은 용어는?

< 보 기 >

선사시대에는 애니미즘(animism, 만유정령설)에 대한 믿음을 바탕으로 놀이와 신체활동이 포함된 제천의식을 시행하였다. 부족국가와 삼국시대의 제천의식으로는 부여의 영고, 동예의 무천, 고구려의 (㉠), 신라의 (㉡) 이/가 있었다.

	㉠	㉡
①	가배	동맹
②	동맹	10월제
③	동맹	가배
④	가배	10월제

빈출이므로 반드시 암기한다.
부여-영고, 동예-무천, 고구려-동맹, 신라-가배

정답 : ③

02 <보기>에서 설명하는 의례는?

< 보 기 >
- 부족의 신화를 계승하는 춤을 익혔다.
- 식량 확보를 위한 수렵과 채집 활동을 하였다.
- 『삼국지』의 「위지동이전」에 '큰사람'으로 부른 기록이 있다.

① 영고(迎鼓)
② 무천(舞天)
③ 동맹(東盟)
④ 성년의식(成年儀式)

보기에서 설명하고 있는 내용은 성인식이다. 성인식은 부족사회의 일원으로 적합한 사람인지를 평가하는 통과의례였으며 각 부족마다 특색 있는 성인식이 치러졌지만 그 핵심은 부족의 수호하고 부족원들의 식량을 확보할 수 있는 능력을 지배하는 것이었다. 나머지 선택지인 영고, 무천, 동맹은 부족국가 시대의 제천행사들이다.

정답 : ④

03 <보기>의 괄호 안에 들어갈 용어는?

< 보 기 >

삼국시대에는 오늘날 체육의 한 유형인 각종 무예교육이 시행되었다. 고구려의 대표적인 무예는 (㉠)과 궁술이다.

평민층 교육기관인 경당의 주된 교육 내용은 경서의 암송과 (㉡)이다.

① ㉠기마술, ㉡궁술
② ㉠기창, ㉡수박
③ ㉠기창, ㉡축국
④ ㉠기마술, ㉡방응

삼국시대의 대표적인 무예는 기마술과 궁술이며, 이는 고분벽화와 당대의 기록을 통해 확인할 수 있다.

정답 : ①

04 <보기>의 괄호 안에 들어갈 용어는?

< 보 기 >

신라 화랑은 야외활동을 통해서 호연지기를 함양하고, (㉠)에 대한 신성함과 존엄성을 교육받았다. 이를 (㉡)이라고 한다.

① ㉠편력, ㉡신체미 숭배 사상
② ㉠풍류, ㉡심신일체론 사상
③ ㉠국선, ㉡세속오계 사상
④ ㉠국토, ㉡불국토 사상

우리 민족은 호연지기를 기르고 국토의 소중함을 교육하는 방법으로 '편력'이라는 야외활동을 장려했는데, 여기에 불교의 영향으로 조국이 곧 부처의 나라라는 사고방식이 결합한 것이 '불국토 사상'이다.

정답 : ④

03강 한국 체육사 고려시대

1. 고려시대의 체육

Introduction

고려시대에는 정치는 유교, 관습은 불교사상이 지배하는 사회였다. 유교는 치국의 도였으며, 불교는 수신의 도였다. 유교정치이념에 입각한 문치주의가 정착되면서 과거제가 실시되었다.(광종~) 문학과 유학의 능력으로 관리를 등용하는 문과는 실시 되었으나, 숭문천무의 풍조로 무과는 거의 실시되지 않았고 일부 무예종목은 유희와 오락의 대상이 되었다.

사회적으로는 불교사상이 관습을 지배하여 여성의 지위는 남성과 거의 대등하였다.

<1> 고려 시대의 사회와 교육

고려 초기의 사회와 교육제도는 신라의 교육제도를 계승한 것이었으나 고려 특유의 유교적 정치이념이 강화되기 시작했다. 유교의 정치 이념은 불교의 공덕사상을 배격하고 도덕적 합리주의에 입각한 중앙집권적 귀족정치의 실현에 초점을 맞추었다.

그런 사회적 분위기 속에서 유교적 인재를 배양할 수 있는 교육기관들이 건립되어 귀족의 자제뿐 아니라 서민의 자제에게도 교육의 기회가 주어졌으며 과거 제도가 마련되었다. 하지만 유교를 치국의 도로 삼았기 때문에 무과는 거의 설치되지 않았으며, 고려 말 공양왕 때 무과를 설치했으나 그를 통해 무인이 크게 양성되거나 하는 실효를 거두지는 못했다.

1) 국자감

설립	성종때, 중앙(개경), 관립
운영목적	유능한 관리양성
특징	국자학(3품 이상 관료의 자제), 태학(5품 이상 관료의 자제), 사문학(7품 이상 관료의 자제), 잡학(8품 이하 관료 및 평민의 자제) → 신분에 따라 교육내용이 달랐으며 기술학까지 교육(평민)
전문강좌	7재(여택재, 대빙재, 경덕재, 구인재, 복응재, 양정재 + 강예재) → 경사6학(인종, 강예재 폐지)
계승	고려말 성균관으로 계승

2) 향교(향학)

설립	성종~, 지방, 관립
교육내용	국자감과 유사(기초교육), 궁사와 음악교육도 병행

3) 동서학당

설립	중앙(수도), 관립
특징	서민자제까지 유학교육
변화	처음에는 개경에 동서학당을 두었으며 공민왕때 5부학당으로 증설, 조선시대 4부학당으로 계승
구성	• 처음엔 개성의 동서에 설치 • 공민왕 이후 5부학당으로 증설

학습목표

고려시대의 교육기관과 무인의 선발방법, 귀족의 체육활동과 평민층의 체육활동을 구분하는 문제가 자주 출제됩니다.

고려집권층의 변화
호족 → 문벌귀족 → 무신 → 권문세족 → 신진사대부

고려시대의 음서제도
공신, 5품이상 고위관리의 자손은 무시험으로 관직진출
(귀족사회의 특징)

고려시대의 유학
훈고학 → 성리학

강예재(무학재)
무술교육(예종 때)

대표 기출 유형

01 고려시대의 무학(武學) 전문 강좌인 강예재(講藝齋)가 개설된 교육기관은?

① 국자감(國子監)
② 성균관(成均館)
③ 응방도감(鷹坊都監)
④ 오부학당(五部學堂)

정답은 해설지에

4) 사학(私學)

(1) 12도

특징	유명한 학자들이 설립한 사립교육기관 관학보다 융성함
입학자격	귀족자제
목적	과거시험을 위한 교육(최충, 9재학당) → 국자감쇠퇴
구성	최충이 설립한 문헌공도(최공도) + 11도 ⇒ 사학 12도

(2) 서당

민간사설 교육기관(사립)으로 기초교육 – 서긍의 「고려도경」에 민간자제의 미혼자가 무리지어 스승에게 경을 배운다는 기록이 남아있음

5) 과거제도

목적	광종때 신구세력 교체를 통한 왕권강화
원칙	• 예부에서 주관 • 3년마다 실시(식년시)
내용	• 문과(제술업, 명경업), 잡과(기술관), 승과(승려) • 무과는 거의 실시되지 못함(숭문천무풍조) – 군사령관(상장군,정 3품)도 문신이 겸직 → 무신정변의 원인

<2> 고려 시대의 무예

고려시대에는 유학에 바탕을 둔 문치주의 통치 방식의 정착으로 인해 무예의 중요성은 앞 시대에 비해 낮게 평가되었다. 이러한 문치주의에 입각한 귀족정치는 무신 계층의 사회적·경제적 몰락을 초래했다. 특히 과거 시험에서 무과가 본격적으로 마련되지 않았기 때문에 무인은 특별한 채용 형식으로 발탁될 수밖에 없었는데 이때 주로 다루어진 무예 종목은 '수박희'였다.

하지만 이렇게 무예에 대한 인식이 낮았음에도 문신들도 무예를 연마할 정도로 무예에 대한 관심은 계속 유지되고 있었으며 무인집권기에는 무예가 더욱 발달하기도 하였다.

고려시대의 수도
개성, 송도, 송악

고려시대의 무과
공민왕 때 무과를 설치하였으나 실효를 거두지 못하고, 마지막 왕인 공양왕 때 실시함

무신멸시
김돈중, 한뢰

최씨무신집권기
군사기반(사병): 도방, 삼별초

대표 기출 유형

02 <보기>의 ( ) 안에 들어갈 용어는?

< 보 기 >

고려시대 최고의 교육기관인 국자감에는 7재(七齋)를 두었는데, 그 중 무학을 공부하는 ( )가 있었다. 이를 통해 고려의 관학에서는 무예교육이 중시되었음을 알 수 있다.

① 강예재(講藝齋)
② 대빙재(待聘齋)
③ 경덕재(經德齋)
④ 양정재(養正齋)

정답은 해설지에

<3> 고려시대의 민속 스포츠와 오락

고려 시대의 문반 귀족들은 각종 무예와 경기에 유희적인 요소를 가미시켰다. 그 결과 고려의 무예는 오락과 관람의 대상으로 전락하기도 했지만 오히려 사회 구성원이 함께 즐거움을 누릴 수 있는 민속 스포츠의 성격이 나타나고 각 체육의 세밀한 기술이 발전하는 계기가 되기도 했다.

□ 귀족 체육의 변화 양상

장점	한계
• 경기적인 요소와 함께 기술적인 발전이 진행됨	• 무예와 유희적인 요소가 첨가되어 오락의 대상으로 변질됨

1) 고려시대 귀족 체육

□ 고려 시대의 주요 무예 체육

수박	• 고려시대 무인들에게 적극 권장 • 수박을 통해 무관을 선발함(명종, 최충헌 – 무신집권기) • 격투기로 기법은 비협(치기), 당(주먹지르기) 등
궁술	• 국방력 강화가 목적(포상, 승진) • 문무관 동일 • 운동경기의 성격을 가지기 시작함
기마술	• 무마, 원기, 마상재라고도 함 • 승마 능력을 군자의 덕으로 간주하여 장려함 • 말을 타고 여러 가지 자세나 기예를 보여 주는 것(기사, 기창, 기검) • 6예의 어(御)에 속하는 승마 능력은 군자의 중요한 덕목 중 하나로 격구 등과 연계되어 발달함

□ 기타 귀족 체육의 종류

투호	• 항아리에 화살을 던져 넣는 놀이 • 고려시대 왕실과 귀족 사회에서 성행하였음 • 삼국통일 이전부터 유행하였으며 고려 시대에도 널리 행해지던 유희
격구	• 말을 타고 공채로 공을 친 폴로와 유사한 경기 • 귀족사회에서 크게 유행했던 오락 및 여가 활동 • 군사훈련의 수단으로 채택되기도 하였음 • 부유한 귀족계층만 향유가 가능하였고 사치로 인한 폐단이 발생함
방응	• 삼국시대부터 유행하여 고려시대에 특히 성행한 매사냥 • 수렵 활동이자 무예 훈련의 성격도 지닌 유희활동 • 충렬왕 이후 국가적으로 응방이라는 관청을 만들어 관리하기도 함 • 매사냥을 위하여 길들인 매는 원나라에 대한 조공의 물품이 될 정도로 유명하였음

고려의 무예와 체육

고려시대 무예훈련 성격의 체육은 수박, 궁술, 기마술, 격구, 방응, 석전등이 있다. 하지만 문치주의 영향으로 무신의 지위는 하락하였다.

육예[六藝]

예(禮)·악(樂)·사(射)·어(御)·서(書)·수(數) 등 6 종류의 기술이다. 예는 예용(禮容), 악은 음악, 사는 궁술(弓術), 어(御)는 마술(馬術), 서는 서도(書道), 수는 수학(數學)이다. 경대부(卿大夫)가 인물을 선발할 때 표준으로 삼았으며, 덕행에 뛰어난 사람을 현자(賢者), 육예에 뛰어난 사람을 능자(能者)라고 했다.

격구

격구는 군사 훈련의 일종으로 기마술,기창,기검,기사능력 향상에 기여함

방응

방응은 왕족, 귀족이 즐겼으며 궁술, 체력, 용맹성을 기르는데 기여함

대표 기출 유형

03 <보기>에서 고려시대 무예의 특징으로 옳은 것만을 모두 고른 것은?

<보기>

㉠ 격구(擊毬)는 군사훈련의 수단이었다.

㉡ 수박희(手搏戲)는 무인 인재 선발의 중요한 방법이었다.

㉢ 마술(馬術)은 육예(六藝) 중 어(御)에 속하며, 군자의 중요한 덕목 중 하나였다.

㉣ 궁술(弓術)은 문인과 무인의 심신 수양과 인격도야의 방법으로 중시되었다.

① ㉠
② ㉡, ㉢
③ ㉡, ㉢, ㉣
④ ㉠, ㉡, ㉢, ㉣

정답은 해설지에

2) 서민의 유희와 오락

□ 서민 체육의 종류

석전	• 무예적 기능으로 인해 군사조직의 한 영역으로 인정됨 • 서민들만 참여 • 귀족은 관람만하였음
추천(그네)	• 가장 유행한 여성의 놀이 • 서민들의 민속적 유희였던 동시에 공식적인 연회의 여흥을 위한 수단으로 활용 • 대회의 성격을 가지기도 함
각저	• 각력, 상박, 각희라 불림 • 씨름의 원형 • 궁중에서도 실시할 정도로 유행 • 군사제도의 정비와 총포사용으로 인해 무예로서의 기능이 약화되었음
축국	• 가죽공을 차고 놀던 놀이 • 군사 훈련의 성격도 가짐

고려의 서민 체육
고려 시대 서민들의 체육활동과 유희는 주로 팔관회와 같은 불교 행사나 단오절과 같은 명절날에 주로 많이 시행되었다.

씨름, 그네, 연, 축국, 석전 등이 그 대표적인 종목이다.

고려의 여성 체육
고려시대에는 여성들도 체육활동에 자연스럽게 참가했던 것으로 보인다. 투호와 같은 활동뿐 아니라 격구와 같은 격렬한 스포츠에도 여성이 참여했다는 기록이 발견된다.

각저(씨름)의 명칭
씨름: 썰렘(몽골), 쎄기유(중국), 삼보(러시아), 스모(일본)등과 유사

그 밖의 유희
풍연(연날리기)
- 전쟁에도 활용(김유신,최영)

---

04 고려시대의 스포츠와 놀이 중 그 성격이 다른 하나는?

① 방응
② 그네
③ 연
④ 씨름

정답은 해설지에

Confirmation
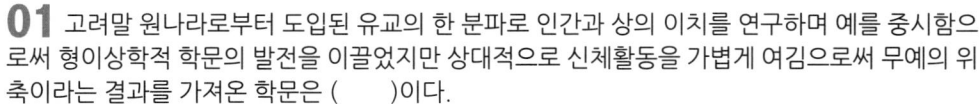

01 고려말 원나라로부터 도입된 유교의 한 분파로 인간과 상의 이치를 연구하며 예를 중시함으로써 형이상학적 학문의 발전을 이끌었지만 상대적으로 신체활동을 가볍게 여김으로써 무예의 위축이라는 결과를 가져온 학문은 (   )이다.

02 고려시대 국가에서 운영한 중앙교육기관이며 귀족의 자제를 대상으로 문무를 겸비한 인재를 양성하기 위해 6개의 유학재와 1개의 무학재를 가르친 교육기관은 (   )이다.

03 국자감의 하위학교로 국가에서 개경의 동서 두 곳에 설립 운영하였으며 후에 5개의 학교로 증설하였던 교육기관의 이름은 (   )이다.

04 고대부터 전해온 무예이며 고려시대 무인들에게 장려되고 무인의 선발을 위한 기준으로도 활용될 정도로 중시된 무예체육은 (   )이다.

05 다른 나라에 썰렘, 쎄기유, 삼보 등의 유사한 종목이 남아 있으며, 궁중에서도 실시될 정도로 인기가 있었지만 총포의 사용과 함께 무예로서의 기능을 점차 상실하고 관람과 유희의 수단으로 전락하게 된 각저, 각력, 상박 등의 이름으로 불렸던 종목은 (   )이다.

06 고려시대는 유학의 유행으로 신체활동을 천한 것으로 인식하는 사고가 발생했다. 그 과정에서 무신에 대한 차별이 나타나기도 하였는데 이처럼 문을 높이고 무를 낮추어 여기는 사고방식을 (   )의식이라고 한다.

정답
1. 성리학
2. 국자감
3. 학당
4. 수박
5. 씨름
6. 숭문천무

Previous 단원 기출문제

01 고려시대의 무예에 대한 설명으로 옳지 않은 것은?

① 수박희(手搏戱)는 무인 선발의 중요한 수단이었다.
② 무인정신은 충, 효, 의에 기반을 두었다.
③ 무예도보통지(武藝圖譜通志)가 편찬되었다.
④ 강예재(講藝齋)에서 무예를 장려하였다.

무예를 위한 서적들은 조선시대의 임진왜란 이후 전쟁에 필요한 무예를 정리하기 위한 목적으로 편찬되기 시작하였다.

정답 : ③

02 <보기>의 ( ) 안에 들어갈 용어는?

< 보 기 >
고려시대 최고의 교육기관인 국자감에는 7재(七齋)를 두었는데, 그 중 무학을 공부하는 ( )가 있었다. 이를 통해 고려의 관학에서는 무예교육이 중시되었음을 알 수 있다.

① 강예재(講藝齋)
② 대빙재(待聘齋)
③ 경덕재(經德齋)
④ 양정재(養正齋)

고려시대의 중앙 교육기관이었던 국자감에서 무학은 강예재를 통해 교육되었다.

정답 : ①

03 다음 중 고려 시대의 최충이 설립한 사학 교육기관 12개의 총칭은?

① 십이지신
② 향교
③ 사학십이도
④ 국자감

고려시대 최충의 사학 교육기관은 '사학 12도'이다.

정답 : ③

04 <보기>에서 고려시대 서민의 민속놀이를 모두 고른 것은?

< 보 기 >
㉠ 축국(蹴鞠)   ㉡ 격구(擊毬)
㉢ 추천(鞦韆)   ㉣ 투호(投壺)
㉤ 각저(角觝)   ㉥ 방응(放鷹)

① ㉠, ㉢, ㉤
② ㉡, ㉤, ㉥
③ ㉢, ㉣, ㉥
④ ㉣, ㉤, ㉥

축국, 추천, 각저 등이 대표적인 민속놀이였으며, 격구와 방응은 많은 비용으로 인해 귀족 계층이 향유할 수 있었다. 또한 투호는 비용이 크게 들어가는 놀이는 아니었지만 왕실과 귀족사회의 여성들에게 유행하였다.

정답 : ①

04강 한국 체육사 - 조선시대

1. 조선시대의 체육

Introduction

조선은 유교적 관료국가였다. 신분제도는 유교적 원칙에 따른 사농공상으로 분화되었고 양반도 문반과 무반으로 나뉘면서 모든 등급과 특권 및 의무의 차별이 법률에 의해 규정되었다. 또한 문존무비와 숭문천무의 사회 분위기 속에서 신체 활동에 대한 인식은 높지 않았다.

하지만 임진왜란 이후 국방에 대한 필요와 함께 무예훈련을 위한 연구가 체계적으로 이루어지고, 보건에 대한 관심도 높아지면서 실내 운동법과 안마법 등이 보급되기도 하였다.

학습목표
조선시대는 대사례, 무예교육기관, 무과, 육예, 무에서 등의 내용이 빈출됩니다.

<1> 조선 시대의 사회와 교육

유학(성리학)이 교육의 중심이었으며 학문은 과거를 통한 입신출세의 주된 수단이 되었지만, 무예체육의 발달은 부진했다. 무관의 선발을 위한 무과가 시행되고 있었음에도 무인의 교육은 아직 즉흥적인 수준에 머무르고 있었다.

조선 시대에는 문존무비, 숭문천무 사상이 만연하였고, 문과와 관련된 교육기관은 성균관, 사학, 향교 등이 있었으나 무과와 관련된 교육기관은 훈련원 정도로 무인교육에는 적극적이지 않았다.

대사례 [大射禮]
나라에 행사가 있을 때 임금이 신하들을 모아 함께 활쏘기를 하는 의식.
보통은 성균관에서 거행되었으며, 과녁을 맞힌 자에게는 상을 주고 맞히지 못한 자에게는 벌주를 내려 뒷날을 경계하였다.

조선시대 사학(私學)
- 서당(초등교육)
- 서원(고등교육, 16c~)

1) 조선 시대의 교육기관

(1) 성균관

관할 및 자격	• 중앙 교육 기관 • 초시에 합격한 유생
운영 목적	• 유교적 덕목을 갖춘 인재 양성 • 과거를 통한 관리의 모집
특징	• 국자감의 계승 • 재원생 및 졸업생에게 대과 응시 자격부여, 대사례 시행(육일각)

(2) 사학(사부학당)

관할 및 자격	• 관립 교육 기관 • 수도에 설치 • 중등 수준의 교육기관
운영 목적	• 유교적 덕목을 갖춘 인재 양성 • 향교와 유사한 목적으로 운영
특징	• 고려의 오부학당을 계승 • 성균관의 예비학교

(3) 향교

관할 및 자격	• 관립 지방 교육 기관 • 중등 수준의 교육기관
운영 목적	• 유교적 덕목을 갖춘 인재 양성 • 지방민 교육을 위한 기관
특징	• 고려시대부터 계승되어 조선시대에 크게 발전함 • 유교경전과 각종 제술의 교육 실시

대표 기출 유형

01 <보기>에서 설명하는 조선시대의 고등교육기관은?

< 보 기 >
- 교육목표 중 덕의 함양을 위해 활쏘기를 실시 하였다.
- 육일각(六一閣)에서 대사례를 거행하였다.
- 대사례에서 사용된 궁은 예궁(禮弓) 또는 각궁(角弓)이었다.

① 향교(鄕校)
② 성균관(成均館)
③ 대학(大學)
④ 국학(國學)

정답은 해설지에

2) 조선 시대의 선비들의 교육 덕목

□ 선비 교육의 필수 덕목 - 육예

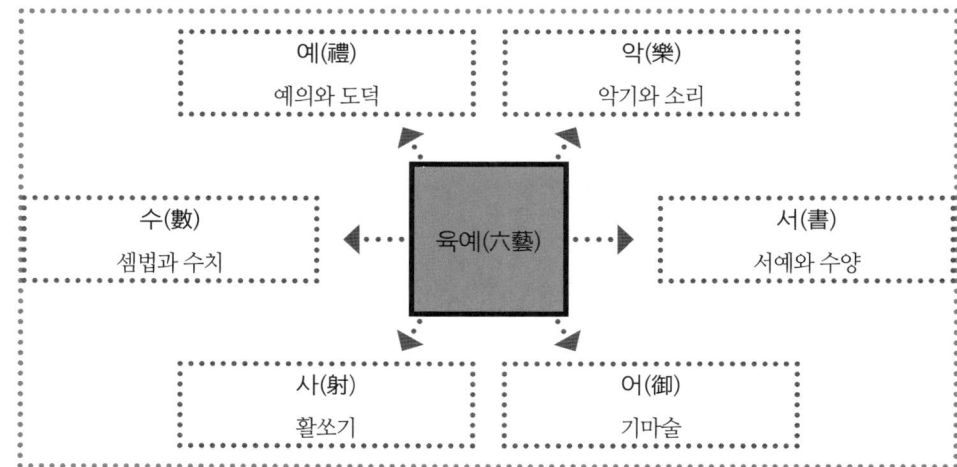

학사사상

활쏘기는 군사 훈련의 수단이었지만 단지 군사적 필요에 그친 것이 아니라 선비들이 심신을 수련하기 위한 교육 수단으로 중요하게 활용되기도 하였다.

공자는 활쏘기를 인간 형성에 목적을 둔 수련행위로 보았다. 공자가 주창한 유교를 받아들인 조선에서 활쏘기가 특히 강조된 것은 당연한 결과이다.

<2> 조선시대의 무예

조선 시대에는 무관 채용을 위한 과거 시험이 마련되고 무예 훈련을 위한 기관과 서적이 정비되기 시작했다. 특히 정조 시대에 '무예도보통지'의 편찬으로 앞 시대에 출간되었던 무예 서적들이 집대성되었다. 또한 궁술 이외의 전(箭)·기창(騎槍)·총(銃)·격구·편(鞭) 등의 다른 무술도 함께 발전할 수 있게 되었다.

하지만 유교적 문치주의의 영향으로 무예 및 기타 체육의 발달은 전반적으로 부진하였다고 볼 수 있다. 무예를 너무 일찍 시작하면 학문을 하는데 지장을 초래할 수 있다는 분위기로 인해 활쏘기나 마술 등은 어느 정도 나이가 든 이후에 실시하는 것으로 인식되고 있었다. 또한 대부분의 무사 교육은 궁마나 병서를 익히기 쉬운 환경에 있던 사람들에 의해 개인적으로 전수되거나 과거 시험을 앞두고 이루어지는 즉흥적인 것이었다.

조선시대의 무예정책의 의의

조선은 문치주의를 표방하고 무예를 천시했지만 무과를 통해서 인재를 등용할 수 있는 방법을 택하고 무학에 정통한 자를 양성하여 무학의 침체를 막고자 노력하기도 하였다.

특히 앞시대의 무예를 계승하여 궁술과 기마술 등을 통한 심신의 단련을 장려하였다.

1) 국란과 무예

1592년 임진왜란 때 조선은 의병과 명나라의 도움으로 위기를 벗어났다. 이후 1597년 정유년에 재차 침입하였으나 조선도 훈련도감을 설치하고 군대를 살수(창, 검), 사수(활), 포수(총과 포)의 삼수로 나누어 훈련하여 일본을 패퇴시킬 수 있었다.

임진왜란 중 쓰여진 이순신의 난중일기에는 충무공이 동료 및 부하들과 무예훈련을 실시하고 여흥으로 각종 체육 행사를 실시하였다는 기록이 남아 있다.

1636년 정묘년에 청이 침략하였고(정묘호란), 병자호란 후 조선의 국방 무예는 점차 쇠퇴하게 된다.

2) 무예 교육기관과 무예서

(1) 무예교육 기관

훈련원	사정
• 공식적인 교육 기관 • 무과시험과 각종 시재(試才)를 관장하고 무예 훈련을 실시함 • 병요, 무경칠서, 통감, 박의진법 등 병서를 강습함	• 비공식적 교육 기관 • 각 지역에서 무사 양성 기능을 담당함 • 궁술, 병장기 사용법, 기마술 등의 교육을 실시함

조선 시대의 무예 교육

조선조의 교육 형태는 크게 유학교육, 무학교육, 기술교육으로 구분되었다. 문과와 무과를 치렀으며, 그 중 무과 시험에는 무예와 병서가 포함되었다.

시재(試才)

무사들의 무예를 시험하고 포상하여 사기를 진작시키기 위해 실시한 행사

(2) 무예교육의 주요 이론서

무예제보	• 1598 (선조) • 한교가 편찬한 우리나라에서 가장 오래된 무예서 • 임진왜란 직후 전쟁에 시급한 무예서의 필요에 따라 명(明)나라 척계광의 [기효신서(紀效新書)]를 토대로 6기(六技: 곤봉·등패·장창·당파·낭선·쌍수도)에 대한 내용을 만들어 편찬함
무예신보(무기신식)	• 1759 (영조) • 사도세자의 명으로 편찬한 무예서 • 무예제보를 바탕으로 죽장창(竹長槍), 기창(旗槍), 예도(銳刀), 왜검(倭劍), 교전(交戰), 월도(月刀), 협도(挾刀), 쌍검(雙劍), 제독검(提督劍), 본국검(本國劍), 권법(拳法), 편곤(鞭棍) 등 12가지 기예를 더 넣어 18기에 대한 내용으로 편찬함
무예도보통지	• 1790 (정조) • 조선 정조 때 편찬 • 다른 무예서를 보완하고 집대성하여 편찬한 종합무예서 • 무예통지·무예보·무예도보라고도 함 • 4권 4책으로 145권의 서적을 참고하여 24가지의 무예를 그림과 함께 수록함

3) 무예와 관련한 시험 제도

(1) 시험 제도

시취(취재)	• 무과를 보기 위한 예비적인 시험 • 기예 중심 • 무과에 급제한 자를 관직에 임명하고 해임된 자에게 다시 관직을 임명하거나 봉록 없는 군관에게 봉록을 주기 위해서도 실시함
과거(무과)	• 초시, 복시, 전시로 구성됨 • 주로 병조와 훈련원에서 관할 • 3년에 1회 보는 정시 + 부정기적 시험 • 무예와 유교 경전의 강서로 시험을 실시함 • 문과와 달리 대과·소과의 구분이 없음 • 전시의 시험과목에 격구(기격구, 보격구)가 포함됨

(2) 무과의 시험 종목

활쏘기	목전, 철전, 편전 등 여러 종류의 활을 사용함
기사	말을 달리면서 활로 5개의 표적을 쏨
기창	말을 달리면서 창으로 3개의 표적을 찌름
격구	말을 달리며 지팡이로 공을 쳐서 구문에 넣음
주	휴대용 물시계인 동호를 들고 물이 없어질 때까지 달림
력	양손에 각각 50근씩을 들고 달림

4) 일상 생활과 무예

조선 시대에는 일상적인 오락 행위를 통한 무예가 장려되었다. 특히 활쏘기는 무인뿐 아니라 일반 백성들 사이에서도 크게 유행했다.

무예도보통지

조선 정조 때 이덕무(李德懋)·박제가(朴齊家)·백동수(白東修) 등이 왕명에 따라 편찬한 종합 무예서.

4권 4책의 목판본으로 1790년(정조 14)에 완간되었다. ≪무예통지≫·≪무예도보≫·≪무예보≫라고도 한다.

임진왜란 후 군사의 무예훈련을 위한 필요성에 따라 1598년(선조 31) 간행된 한교(韓嶠)의 ≪무예제보 武藝諸譜≫와 1759년(영조 35)에 간행된 ≪무예신보 武藝新譜≫를 집대성하고 한중일 삼국의 145권에 이르는 서적을 참고하여 24가지의 무예에 대해 설명하였다.

궁술, 칼과 창술, 타격술을 그림과 글로 해설한 실전 훈련서다.

조선시대의 무과제도

조선시대부터 무과가 본격적으로 시행 되었는데 3년마다 정기적으로 실시되는 식년시, 필요에 따라 수시로 시행되는 부정기 시험이 있었다. 시험은 무예(궁술, 기창, 격구, 조총 등) 뿐만 아니라 경서, 병서를 포함하고 있어 문무를 겸비한 인재를 선발 하였다. 소과, 대과의 구분이 없었으며 3단계로 실시되었다.

초시에서 230명, 복시에서 28명을 선발하고, 전시에서 28명에게 등급을 부여 하였다. 주관은 병조와 훈련원이었다.

대표 기출 유형

02 조선시대의『무예도보통지』에 대한 설명으로 맞지 않은 것은?

① 한국, 중국, 일본의 서적 145 종을 참고한 종합무예서이다.
② 영조의 지시로 이덕무, 박제가, 백동수 등에 의해 간행되었다.
③ 『무예도보통지』에서 무예(武藝)란 무(武)에 관한 기예를 뜻한다.
④ 『무예도보통지』에는 총 24가지의 무예가 실려 있다.

정답은 해설지에

<3> 조선 시대의 민속 스포츠와 오락

상류계층에서는 특히 활쏘기 대회가 스포츠의 단계로서까지 발전하였으며, 정책적으로 말타기, 씨름, 바둑, 장기, 투호 등 신체와 정신의 수양에 도움이 되는 체육 활동이 장려되었다.

한편 평민들은 주로 농한기와 각종 절기를 중심으로 연날리기, 윷놀이, 씨름 등의 유희와 오락 생활을 즐겼다. 평민들이 즐겼던 세시풍속은 농경문화를 반영하고 있어 농경의례라고 불리기도 한다.

스포츠적 성격의 체육활동

조선 시대에는 사정이라는 활터를 통해 양반뿐 아니라 평민들 사이에도 궁술이 유행하였다. 체육 클럽의 성격을 가지는 사정들 사이에 대항 경기가 개최되는 등 궁술은 스포츠의 형태로까지 발달할 수 있었다.

이런 풍토는 근대적 체육 발전의 기반을 제공하게 되었다.

그밖의 스포츠적 성격을 가진 체육 활동으로는 격구, 봉희, 방응, 투호 등이 있었다.

1) 조선시대 주요 양반 체육

궁술	• 궁술이 스포츠의 성격을 가지기 시작함 • 활과 화살의 종류가 세분화 • 교육활동으로서의 가치가 인정됨 • 궁술 대회가 장려됨
격구	• 고려에서 계승된 귀족 스포츠 • 승마기술과 체력의 필요성으로 인해 국방 훈련의 성격을 가짐 • 유희와 스포츠의 성격으로 변화되기 시작함
수박	• 조선 개국 초기부터 장려됨 • 군인을 선발하기 위한 종목으로 활용 • 조선 후기 민속경기로 보급되면서 스포츠적 성격을 가짐

2) 편사의 유행

- 조선시대 경기적인 궁술대회
- 5인 이상이 조를 이루어 화살의 총 수로 승부를 겨룸

편사의 성격

편사는 편을 나누어 활을 쏜다는 의미로, 팀을 구성하여 실시하던 궁술 대회이다. 주로 각 지역의 사정에서 이루어졌으며, 5인 이상으로 구성된 단체나 각지의 궁수가 자기 사정을 대표하여 서로 승부를 겨루는 형태로 실시되었다.

□ 편사의 종류

사정 편사	= 터편사, 사정 사이의 경기
골 편사	= 동편사, 구역 간의 경기(동네 간에 열리던 경기)
장안 편사	지역 사이의 연합으로 편을 편성하였던 경기
사랑 편사	사랑을 중심으로 편성하여 행해진 경기
한량 편사	사정 간의 편사로 한량들만 참가하는 경기
아동 편사	16세 미만의 아동으로 구성하는 경기
한출 편사	사정의 한량과 출신(무과에 급제한 사람)사이의 경기
사계 편사	계원 사이에 행해지던 경기
삼동 편사	당상관급의 퇴직자, 출신, 한량 3계급의 연합 경기

3) 조선시대 서민의 유희와 오락

석전	군사훈련의 성격을 가진 민속 놀이. 왕이나 양반의 관람 스포츠의 성격을 가지기도 함
장치기	봉희 = 보격구. 조선 후기까지 유행한 장정들의 집단 경기. 오늘날의 필드하키와 비슷한 유형의 경기
초판희	널뛰기 = 도판 = 답판희. 주로 단오와 같은 명절에 즐김
추천	그네뛰기. 주로 단오와 같은 명절에 즐김
도색희	줄넘기. 어린아이의 신체 단련의 의미를 가짐
인색희	줄다리기. 삭전(索戰), 갈전(葛戰)으로도 불림. 마을 구성원 단결을 강화하고 새해의 길흉을 점치던 기능을 함
유상	자연을 즐기는 들놀이. 오리엔티어링 또는 등산대회와 유사
등고	가을 단풍을 즐기는 행사. 모든 계층에서 즐김
투호	= 방퉁이, 조선 후기에 민중들의 유희로 널리 확산되었으며 도박의 도구로 변질되기도 함

대표 기출 유형

03 조선시대의 체육과 스포츠 문화에 대한 설명으로 옳지 않은 것은?

① 무반은 문반에 비해 사회적 지위와 대우가 낮았다.
② 활쏘기는 조선의 장기로서 무인뿐만 아니라 문인 그리고 백성들도 익히고 즐겨한 무예이며, 스포츠였다.
③ 무예 시험은 목전, 철전, 편전과 같은 활쏘기와 기사, 기창이 있다.
④ 상류층의 양반들만이 활쏘기를 즐기고 사정이라는 체육클럽을 만들어 클럽대항경기를 개최하였다.

정답은 해설지에

□ 조선 시대 체육의 변화 양상

- 궁술이 스포츠의 단계로까지 발전함
- 일부 무예가 민속경기로 발전하며 사회체육의 기능을 가지기 시작함

- 숭문천무의 분위기 속에서 전반적인 신체활동이 위축됨
- 대부분의 무예가 무사 양성을 위한 영역으로 축소됨

<4> 조선 시대의 체육 사상

조선 시대에는 문존무비, 숭문천무 사상의 만연으로 인해 무예나 활동적인 신체문화가 활성화되지 못함으로써 민족의 기질과 역동성을 약화시키는 결과를 낳았다.

하지만 이에 대항하여 문과 무를 함께 갖추어야 한다는 사고도 나타났다. 특히 정조는 문과 무를 양립시키는 것이 국가를 부강하게 하는 계책이라고 생각하여 규장각과 장용영을 설립하고 무예도보통지와 같은 무예서를 편찬하며 군사력을 강화하려 하였다.

한편 심신일원론의 전통은 계속 이어지면서 마음의 문제가 신체의 활동에 따라 달라진다는 의식은 여전히 유행하고 있었다. 이에 따라 심신단련을 위해 궁술은 중요한 교육의 수단으로 다루어졌다. 또한 건강에 대한 보건적 관심이 고양되면서 도가에서 유래한 실내 운동과 의료 체조와 지압 등의 방법이 유행하기도 하였다.

□ 조선시대의 주요 체육 사상

심신합일론	• 심신일원론 = 심신일여론 = 심신불가리론 • 몸과 마음이 분리할 수 없는 하나라는 사고방식
숭문천무와 문무겸전의 대립 심화	• 숭문천무 의식 – 성리학의 변질로 발생한 무예를 천하게 여기던 사고방식 • 문무겸전 의식 – 정조시대 이후 부활한 문과 무를 함께 갖추어야 한다는 사고방식
보건의 개념 발생	• 실내 운동법 등 개인 보건을 위한 노력과 방법이 유행 • '바라문 안마법'이나 이황의 '활인심방' 등이 유행함

퇴계 이황의 신체관

정통 유학파인 이황은 신체의 문제는 결국 마음의 문제이지만 마음의 문제 역시 신체활동을 어떻게 하느냐에 따라 달라질 수 있다는 심신합일의 관점을 주장하였다.

특히 도가의 서적인 '활인심방'을 신봉하여 자신의 철학에도 반영하고 자신의 병을 스스로 다스리려 노력하기도 했다.

활인심방

명나라 주권(1378-1448)이 저술한 도가류의 의서.

병이 마음에서 비롯된다고 보고 목 돌리기, 정신통일, 마찰, 침 삼키기, 다리의 굴신동작으로 구성된 정좌 중심의 실내 운동을 행함으로써 병의 예방을 위한 보건 체조의 수행을 장려하는 내용이다.

퇴계 이황과 투호

퇴계는 투호의 본질적 가치를 오락이나 사교가 아닌 덕성의 함양에 두고 투호를 통해 제자들의 도덕교육을 실시하려 하였다.

또한 투호를 화와 엄, 격식과 규범, 오만하지 않고 승부에 승복하는 마음이 고루 교차되는 경기로 보고 투호를 수련의 도구로 활용하였다.

대표 기출 유형

04 이황이 활용할 정도로 유행한 도가서적으로 정좌중심의 실내 운동을 장려하는 내용의 책은?

① 무예보통지
② 삼국유사
③ 균여전
④ 활인심방

정답은 해설지에

Confirmation
이것만은 꼭!

01 주로 성균관에서 거행되었으며 나라에 큰 행사가 있을 때마다 왕과 신하들이 모여 함께 활을 쏘던 의식은 (　　)이다.

02 조선시대에는 선비들이 반드시 익혀야 하는 6개의 교육의 덕목이 있었으며 이를 (　　)라고 한다. 여기에는 예, 악, 수, 서, 사. 어 등이 포함되는데 그 중 신체활동은 (　　)과(와) (　　)이다.

03 조선시대 무예의 교육기관은 두가지로 볼 수 있다. 그 중 (　　)은 공식적인 교육기관으로 군사들에게 병법과 병서를 교육하였으며, (　　)은 마을단위의 비공식 기관으로 각 지역에서 궁술, 마술, 병장기 사용법 등의 교육을 실시하였다.

04 정조가 발간한 무예도보통지에 직접적인 영향을 준 병서로, 사도세자의 명으로 편찬되었던 18가지의 무예를 다룬 서적의 이름은 (　　)이다.

05 조선시대에는 무예를 측정하는 시험제도가 시행되었는데 그 중 (　　)은/는 무과의 예비시험이나 기존의 무관들을 대상으로 치러지는 재시험의 성격을 가지고 있었다면, (　　)는 초시, 복시, 전시로 치러지는 정규 시험이었다.

06 조선시대에는 무예활동이 스포츠적인 성격을 가지기 시작했는데 그 대표적인 예가 (　　)이며, 5인 이상의 인원으로 구성된 팀들이 활쏘기를 겨루어 승부를 가르던 형태였다.

07 조선시대 서민들의 민속 놀이 중 하나로 전투에 대비한 군사훈련의 성격까지 가지던 마을 단위의 돌팔매 싸움은 (　　)이다.

08 도판희, 초판희 등의 이름으로도 불리며 단오 등의 명절에 향유되었던 서민의 유희는 (　　)이다.

정답
1. 대사례
2. 육예, 사, 어
3. 훈련원, 사정
4. 무예신보
5. 시취, 과거(무과)
6. 편사
7. 석전
8. 널뛰기

Previous 단원 기출문제

01 <보기>의 ㉠, ㉡에 알맞은 용어는?

< 보 기 >

조선시대는 유교의 영향으로 인하여 (㉠) 사상이 만연하였다. 그러나 정조는 (㉡) 사상이 국가를 부강하게 한다고 생각하였다.

	㉠	㉡
①	단련주의(鍛鍊主義)	문무겸전(文武兼全)
②	숭문천무(崇文賤武)	문무겸전(文武兼全)
③	숭문천무(崇文賤武)	심신일여(心身一如)
④	금욕주의(禁慾主義)	단련주의(鍛鍊主義)

유학 특히 성리학의 발달로 무예와 같은 신체활동을 천하게 여기는 숭문천무(崇文賤武)이 발생하고 무예는 위축되었다. 그러나 정조 시대에 다시 문예와 무예를 함께 갖추어야 한다는 문무겸전(文武兼全)의식이 부활하였다.

정답 : ②

02 조선시대 무과 시험에 대한 설명으로 옳지 않은 것은?

① 무과는 초시(初試), 복시(覆試), 전시(展試)로 이루어져 있다.
② 복시는 병조와 훈련원에서 주관하였다.
③ 전시는 기격구(騎擊毬)와 보격구(步擊毬)를 시행하였다.
④ 초시, 복시, 전시 모두 동일한 인원을 선발하였다.

조선시대의 무과시험은 초시, 복시, 전시의 단계로 시행하여 더 우수한 인원을 선발하였으므로 각 단계를 거칠 때마다 선발인원은 적어졌다.

정답 : ④

03 조선시대 사정(射亭)에 관한 설명으로 옳지 않은 것은?

① 전국에 사정(射亭)을 설치하고 습사(習射)를 장려하였다.
② 관설사정(官設射亭)과 민간사정(民間射亭)이 있었다.
③ 병서(兵書) 강습과 마상(馬上) 무예 훈련을 주로 하였다.
④ 민간사정(民間射亭)으로 오운정(五雲亭), 등룡정(登龍亭) 등이 있었다.

조선시대의 사정은 비공식 무예교육기관으로 각 지역에서 궁술, 병장기의 사용, 기마술 등의 교육이 이루어졌다. 그 중 가장 대표적인 무예 종목은 궁술이었다.

정답 : ③

04 <보기>의 괄호 안에 들어갈 알맞은 용어는?

< 보 기 >

정조(正祖, 1752~1800)는 문무겸비를 강조한 왕으로서 문과 무를 양립시키는 것이 국가를 부강하게 하는 계책이라고 여겼다. 그는 규장각의 이덕무, 박제가와 장용영의 백동수를 통해 (   )를 편찬케 하였다. 이 책은 조선시대를 대표하는 병서이자 무예교범서였다.

① 무예도보통지(武藝圖譜通志)
② 무예신보(武藝新譜)
③ 무예제보(武藝諸譜)
④ 임원경제지(林園經濟誌)

정조 시대에 편찬된 무예서는 무예도보통지이다. 매우 빈출하는 서적이니 반드시 암기해야 한다.

정답 : ①

05강 한국 체육사

한국 근·현대사 – 개화기

1. 개화기의 체육

학습목표
개화기의 교육기관, 체육의 특징, 운동회, 스포츠종목, 체육단체 및 사상가, 일제 강점기와 시기를 구별하는 문제가 빈출됩니다.

Introduction

개화기(1876~1910)의 조선은 대내적으로 위정척사 세력과 개화세력의 갈등으로 혼란 하였으며, 대외적으로 서세동점과 일본의 제국주의 정책으로 문호를 개방(강화도조약,1876)하여 근대화의 계기가 되었으나 반면에 열강의 각축장이 되었다.

개화기는 고난과 시련의 시기였으나 근대적인 교육, 체육, 스포츠가 도입되는 중요한 시기이기도 했다.

<1> 개화기의 사회와 교육

1) 근대적 교육 기관의 설립

동문학 설립	1883	• 1883 • 관립, 열강과 수교 → 통역관 육성필요 • 영어교육(직업교육성격 - 졸업생들이 통역관으로 활동)
통변학교	1883	• 관립, 묄렌도르프(정부의 외교고문) • 영어교육
원산학사	1883	• 민간인이 설립한 최초의 근대식 사립학교-원산 주민과 덕원부사 정현석이 협력하여 설립 - 평민까지 교육 • 무예반(200명), 문예반(50명) - 교육과정에 전통무예(병서,사격)까지 편성 • 동래 무예학교의 영향을 받아 설립
광혜원 (제중원)	1885	• 미국인의사 호레이스 알렌이 설립한 최초의 서양식 병원(정부 → 1894년 미국 북장로회) • 의료인 양성을 위한 교육기관 겸 병원 • 세브란스 의학전문학교로 개명 → 연희전문학교와 합침 → 연세대학교
배재학당	1885	• 미국인 아펜젤러가 설립(감리교)한 사립교육기관(명칭 고종이 하사) • 일반교육을 목적으로 설립된 최초 근대식 중등학교 • 초기에는 정규 교과의 체육은 없었으나 과외로 야구, 축구, 정구 등 시행 • 1897, 체육이 정규 교과에 편성
육영공원	1886	• 최초의 근대식 관립학교(푸트의 도움) • 1894년 폐교 • 양반자제만 입학, 외국어 능력을 갖춘 관리양성 목적
이화학당	1886	• 기독교 감리교계열 사립학교 • 미국인 메리스크랜튼 부인 설립(명칭 – 명성황후가 하사) • 여성을 위한 최초의 근대식 학교 • 우리나라 최초로 체육과 개설 • 1890, 체조가 정식 교과로 편성
경신학교 (← 언더우드 학당)	1886	• 미국인 언더우드가 고아들을 위해 설립(사립, 장로회) • 1891, 체조를 정식 교과로 편성 • 민족운동가 배출(안창호, 김규식등)

대표 기출 유형

01 원산학사에 대한 설명으로 바르지 않은 것은?

① 최초의 근대 학교이다.
② 문예반과 무예반으로 구성되었다.
③ 한국 최초로 체육과를 개설하였다.
④ 교과과정에 전통무예를 포함하였다.

정답은 해설지에

2) 개화기 정부의 교육개혁

교육입국조서(1895)

- 교육은 국가중흥의 기본
- 2차 갑오개혁에서 신분제와 과거제 폐지
- 덕, 체, 지의 3육론과 실용교육강화 (근대적인 전인교육으로 전환, 체육을 교육의 중요한 영역으로 인정)
- 소학교, 중학교, 사범학교 – 교육과정에 체조가 편성
- 외국어학교 – 체조가 정식과목으로 채택 되지는 않았으나 과외활동으로 병식체조와 기계체조를 통해 신체단련, 최초운동회 개최(화류회 – 허치슨)

3) 개화기 일제의 교육개편

통감부시대(1905~)	식민지 교육정책 입안 – 체조(체육)가 정식 교과목으로 편성(보통학교, 고등보통학교, 고등여학교, 관립한성학교등)
사립학교령(1908)	병식체조 중심의 학교체육이 실시되고 교육과정 속에서 체육이 교과목으로 위치 확보

<2> 개화기의 체육

1876년 개항 이후 서구 문화가 도입되면서 전통적인 무예 및 민속적 유희에 국한되었던 체육이 체조, 유희, 스포츠 등으로 확대되었다. 또한 1894년 갑오개혁의 결과 근대 학교에서 서구식 체육이 공식적으로 채택되고 각종 운동회를 수시로 개최하면서 조선은 체육과 스포츠의 역사에 전환기를 맞았다.

체육 현실에는 아직 전통적인 사고방식과 새로운 사고방식이 혼재하며 갈등의 불씨를 가지고 있었지만 전체적으로는 서민적 체육이 발현되는 시기였다.

한편 을사조약 이후 일제의 식민지 정책에 의해 유희, 병식 체조, 학교 체조과목이 필수 교육 과정으로 포함됨으로써 체육이 학교 제도에 정착되었지만, 체육이 군사주의적 요소를 가지게 되는 부작용도 있었다.

또한 이에 맞서 체육활동을 통해 애국심을 고취하려는 민족주의적 노력으로 전통체육이 부활하는 시기이기도 했다.

1) 근대 체육 도입의 시대 구분

제 1기 근대 체육의 태동기	1876 – 1884	• 근대 학교 체육 성립 • 정규 교육 과정 속에 무예 체육이 포함됨
제 2기 근대 체육의 수용기	1885 – 1904	• 학교 체육이 전인 교육을 목적으로 전환됨 • 서구 스포츠가 도입되고 운동회가 활성화됨
제 3기 근대 체육의 정립기	1905 – 1910	• 학교 교육에 체육 정착 • 학교 체육에 병식체조와 유희가 필수 과목으로 지정됨 • 애국심을 고취하려는 민족주의적 노력이 활발하게 전개됨

2) 근대 체육의 특징

유럽 문화의 수입, 모방	• 유럽 제국주의 국가들의 영향으로 유럽 문화가 유입됨 • 유럽 문화에 대한 모방과 지향 현상이 나타남
동양적 사고와 서양적 사고의 혼재	• 동양적 유교적 요소와 유럽의 민주적 요소가 혼재된 형태 • 동서양 문화의 차이로 문화적 갈등이 존재함
향유 계층의 확대	• 체육이 교과 과목으로 정착되면서 서민적 체육으로 변화 • 무예적 체육에서 탈피하여 보건과 유희적 요소가 확대됨

교육입국조서와 삼양

고종이 반포한 교육입국조서는 교육기회가 전 국민으로 확대되고 교육 방향이 전통적 유교 중심의 교육에서 근대적 전인 교육으로 전환되는 계기가 되었다.

또한 교육의 영역에서는 덕양, 체양, 지양을 강조함으로써 체육을 교육의 중요한 영역 중 하나로 인정하게 되었다.

근대 체육 정립기의 특징

기독교계 사립학교와 일반 학교 체계에 학교체조, 병식체조, 유희가 필수 교과목으로 지정되었다. 특히 을사조약 체결 이후 1908년 사립 학교령에는 '병식체조' 중심의 학교체육이 실시되는 등 체육의 목적 개념이 정립되고 교육과정 속에서 체육이 교과목으로 위치를 확보하게 되었다.

대표 기출 유형

02 개화기 교육입국조서(敎育立國詔書)가 반포된 이후의 체육사적 사실이 아닌 것은?

① 한국 YMCA가 설립되어 서구 스포츠가 본격적으로 도입되었다.
② 한국 최초의 운동회가 화류회(花柳會)라는 이름으로 개최되었다.
③ 우리나라 최초의 근대적인 체육 단체인 대한체육구락부가 결성되었다.
④ 언더우드(H. G. Underwood)학당이 설립되어 체조가 정식교과목에 편성되었다.

정답은 해설지에

3) 근대 체육의 정착 과정

고종 〈교육입국조서〉 반포	1895	• 학교 관련 규약 제정
최초의 화류회 개최	1896	• 근대적 운동회의 기원 • 영국인 선교사 허치슨
황성 기독교 청년회 발족	1903	• YMCA의 전신 • 근대적 스포츠 보급에 기여
최초의 연합 운동회 개최	1905	• 황성 기독교 청년회가 개최 • 본격적인 운동회 시대 개막
대한 체육 구락부 발족	1906	• 최초의 스포츠 단체 • 스포츠 클럽 시대 개막
대한국민 체육회	1907	• 체육 정책 개혁 추구

〈3〉 개화기의 스포츠

우리나라는 근대화 과정에서 다양한 스포츠가 체계적으로 발달하지는 못했다. 하지만 영어 학교나 기독교계 선교학교를 중심으로 서구식 스포츠가 소개되기 시작했고, 정규수업 이외의 과외활동으로 운동회도 활성화되었다. 특히 1896년 5월 2일 최초의 운동회였던 '화류회' 이후 운동회가 점차 확산되었는데 이런 운동회를 통해 학교 스포츠가 발달하였다.

이후 개화기 동안 다양한 스포츠 단체의 설립과 활동을 통해 우리나라 사회 스포츠는 비약적으로 발달할 수 있었다. 외세의 침탈이라는 현실 속에서 민족주의 계열의 단체들은 학문으로서의 체육에 대한 연구와 조선인의 강건한 체력의 육성을 목적으로 하는 체육 계몽운동을 통해 강력한 국가 건설을 지향하였고 그 과정에서도 다양한 스포츠가 소개된 것이다.

1) 개화기 주요 체육단체와 사상가

(1) 개화기 주요 체육단체

대한 체육구락부	1906.3	현양운 외 30인	우리나라 최초 근대적인 체육단체. 축구, 높이뛰기, 멀리뛰기, 씨름, 달리기 등을 보급, 지도(훈련원, 장충단 등)
황성기독교 청년회·운동부	1906.4	회장 : 터너 총무 : 질레트	운동회(홍천사), 시내대운동회(훈련원) 농구, 야구, 배구, 유도, 철봉, 역도, 권투, 무용 등 보급에 큰 역할
대한국민체육회	1907	노백린	체육의 올바른 이념 정립과 체육정책개혁을 통한 강력한 국가 건설을 지향
회동구락부	1908.2	탁지부 관리	최초의 연식정구 활동, 직장체육의 시초
대동체육구락부	1908	권성연, 조상호, 이기환 등	사회진화론적 자강론에 입각하여 체육 발달을 통한 부강한 국가수립
무도기계체육부	1908.9	윤치오 외	최초의 기계 체조단 군인 체육기관의 시초
궁사회	1909.7	이상필 외	민족 스포츠인 궁술의 계승, 발전
체조연구회	1909.10	조원희, 김성집, 이기동	체육지도방법 개선 국민의 심신 강화
청강체육부	1910.1	중동학교 학생	최초의 교내 체육단체 축구클럽(수, 일요일)

화류회와 운동회

화류회는 1896년 5월 외국어 학교에서 처음 시작된 근대식 운동 경기 대회이다.

영국인 교사 허치슨과 핼리팩스에 의해 시작되어 현재의 운동회라는 행사의 전신이 되었다.

그 후로 운동회가 점차 확산되어 학교 간 연합운동회로 발전하였고 그 결과 학교 스포츠가 발달되었다.

초창기 운동회는 주로 육상이었지만 점차 놀이 및 스포츠 종목이 다양해져 오산학교에서는 달리기, 줄다리기, 이인삼각, 마라톤, 높이뛰기와 축구와 씨름 경기도 개최했다.

운동회의 의의

운동회는 주민들의 공동체 의식과 연대감을 강화시키는 향촌 축제 성격을 지니고 있었다.

또한 민족의식과 애국심을 고취시키는 역할을 하여 자주독립의 의지를 강화시키는 장으로 활용되었다.

뿐만 아니라 국민의 스포츠 사회화에 영향을 미쳐 사회체육의 발달을 촉진하고 일반 사회인들의 체육에 대한 의식의 변화를 촉진시키게 되었다.

대표 기출 유형

03 개화기의 체육단체에 관한 설명으로 옳은 것은?

① 청강체육부: 탁지부 관리들이 친목 도모를 위해 1902년에 조직하였고, 최초로 연식정구를 도입하였다.
② 회동구락부: 최성희, 신완식 등이 1910년에 조직하였고 정례적으로 축구시합을 하였다.
③ 무도기계체육부: 우리나라 최초의 기계체조 단체로서 이두희와 윤치오가 1908년에 조직하였다.
④ 대동체육구락부: 체조교사인 조원희, 김성집, 이기동 등이 주축이 되어 보성중학교에서 1909년에 조직하였고, 병식체조를 강조하였다.

정답은 해설지에

(2) 개화기 체육 사상가

문일평	교사, 역사학자. "체육론" : 신체는 뿌리고 정신은 가지 《지, 덕, 체 중 체를 강조》 →체육이 국가 건설의 근간. '조선심' 체육학교를 특설하고 체육교사 양성, 과목에 체조, 승마 등을 넣을 것을 주장 품행이 단정하고 신체 강장한 청년을 해외에 파견할 것을 제안
노백린	신민회 조직에 참여. 대한 국민 체육회 발기인, 체조강습회 개최(1907) 국민군단창설(하와이), 체육이 국방의 기초
이종만	서북학회 월보에 "체육이 국가에 대한 효력"이란 논설을 기재 - 국난의 이유는 체육을 경시 했기 때문~ • 체육을 통해 용맹스런 국민을 육성 할 수 있다. • 체육을 통해 국민의 내부 단합을 이끌 수 있다. • 체육은 강력한 국가 건설의 기초가 된다.
박은식	황성신문, 대한 매일 신보 주필. 역사학자. 임시정부 국무총리, 대통령 역임 학교 체육의 중요성 강조, 체육강화를 통해 강건한 인재육성 주장, 민족혼을 강조(나라는 형이요. 역사는 신이다)
여운형	'체육조선의 건설'이라는 글에서 여러 교육의 기초는 체육이다라고 주장

개화기 스포츠의 의의
• 체육의 가치에 대한 근대적 각성 발생
  - 근대 체육에 대한 개념이 형성되고 서민을 위한 체육으로 방향이 변화함
• 교육체계 속에서 체육의 위상 정립
  - 교과목으로서의 입지가 확보되고 체육 교과의 위상이 높아짐
• 근대적 체육 및 스포츠 문화 창출
  - 근대적 스포츠가 보급되면서 국민의 스포츠 사회화가 진전됨

2) 민족주의 계열의 교육활동

대성학교	• 안창호(安昌浩)가 설립 • 평양 • 중등 교육기관 • 1908년 설립, 1912년 일제에 의해 해체됨 • 독립정신 및 주체적 정신을 강조하고, 무실역행(務實力行)과 성실한 생활을 인격 양성의 기본철학으로 제시함
오산학교	• 이승훈(李昇薰)이 안창호의 영향으로 설립 • 평북 정주군(定州郡) • 중고등학교 • 1907년 설립 • 민족정신의 고취와 인재양성에 기여함

개화기의 체육사상
• 민족주의
  식민지배에 맞선 민족 감정의 표출 수단으로 체육을 활용함
• 애국 계몽운동
  애국 계몽운동의 일환으로 서구의 신문물과 함께 서구의 스포츠가 도입 장려됨
• 국권 회복 운동
  민족주의 계열의 사립학교들이 설립되고, 군사교육과 체력단련이 수업의 과정에 포함됨

3) 개화기 서구의 체육과 스포츠 도입 연표

정구(연식 테니스)	1884. 미국인 푸트에 의해 도입
축구	1890. 구기종목 중 가장 먼저 도입
빙상	1890. 미국인 알렌 부부에의해 도입
체조	1895. 조원희에 의해 한성 사범학교의 교과목으로 처음 채택
육상	1896. 개화기에 유행했던 화류회 등의 운동회를 통해 시작
검도	1896. 경무청 경찰 교습과목으로 도입
수영	1898. 무관학교칙령에서 도입
씨름	1898. 민족단체에 의해 부활되어 각 운동회에서 정식 종목으로 시행
사격	1904. 육군연성학교에서 정규과목으로 채택
야구	1905. 미국인 선교사 질레트에 의해 YMCA에서 처음 도입
농구	1905. 미국인 선교사 질레트에 의해 도입
사이클	1906. 첫 사이클 대회 개최
유도	1906. 일본인 우치다에 의해 도입
승마	1909. 근위 기병대들이 참가하는 경마회 개최

대표 기출 유형

04 <보기>에서 설명하는 개화기 민족사립학교는?

< 보 기 >
• 1907년에 이승훈이 설립하였다.
• 대운동회를 매년 1회 실시하였다.
• 체육은 주로 군사훈련의 성격을 띠었다.

① 오산학교
② 대성학교
③ 원산학사
④ 숭실학교

정답은 해설지에

Confirmation
이것만은 꼭!

01 개화기에 외세의 침탈에 맞서기 위해 민간의 노력으로 설립되었으며 전통무예교육을 가르치는 과정이 교육내용에 포함되어 있던 학교의 이름은 (　　)이다.

02 고종이 공포 하달하여 교육의 실용성이 강화되고 교육의 기회가 확대되었으며 교육의 목적과 방향이 근대적인 전인교육으로 전환되는 계기가 된 사건은 (　　)이다.

03 YMCA의 전신으로 전국적으로 본격적인 운동회의 시대를 개막하였으며 훗날 조선체육회로 이어지는 단체의 이름은 (　　)이다.

04 마을 단위 주민들의 연대의식을 강화하고 외세의 침탈에 맞선 민족의식과 애국심을 고취하는 역할도 하였으며 사회체육의 발달에 기여하면서 체육에 대한 일반인의 의식에 변화를 가져온 개화기의 체육과 관련한 행사는 (　　)이다.

05 1896년 외국어 학교를 중심으로 개최되었던 근대식 운동회의 이름은 (　　)이며 최초의 화류회는 영국의 선교사 (　　)이 시작하였다..

정답
1. 원산학사
2. 교육입국조서
3. 황성 기독교 청년회
4. 운동회
5. 화류회, 허치슨

Previous 단원 기출문제

01 개화기 교육입국조서(敎育立國詔書)가 반포된 이후의 체육사적 사실이 아닌 것은?

① 한국 YMCA가 설립되어 서구 스포츠가 본격적으로 도입되었다.
② 한국 최초의 운동회가 화류회(花柳會)라는 이름으로 개최되었다.
③ 우리나라 최초의 근대적인 체육 단체인 대한체육구락부가 결성되었다.
④ 언더우드(H. G. Underwood)학당이 설립되어 체조가 정식 교과목에 편성되었다.

언더우드(H. G. Underwood)는 1986년 3월 자신의 집에 붙어있던 건물을 임대하여 교사를 설립하고 언더우드 학당이라고 이름을 붙였다. 고종의 교육입국조서는 1895년에 발표되었으므로 언더우드 학당은 교육입국조서 발표 이전에 세워진 교육시설이다.

정답 : ④

02 개화기 배재학당에 대한 설명으로 옳은 것은?

① 스크랜턴(M.F. Scranton)에 의해 설립된 학교로 정기적으로 체조수업을 실시했다.
② 알렌(H. N. Allen)에 의해 설립된 학교로 건강 및 보건을 위한 활동을 실시했다.
③ 아펜젤러(H. G. Appenzeller)가 설립한 학교로 서구 스포츠가 과외활동을 통해 보급되었다.
④ 조선 정부가 영어교육을 위해서 세운 학교로 다양한 서구 근대 스포츠 문화를 소개했다.

배재학당은 최초의 근대식 중등교육기관이다. 미국인 선교사였던 아펜젤러가 설립하였으며 서구의 근대 스포츠도입에 기여하였다.

정답 : ③

03 개화기에 발생한 체육사적 사실이 아닌 것은?

① 관서체육회(關西體育會)가 결성되어 전조선빙상대회가 개최되었다.
② 최초의 근대 학교인 원산학사에서는 무사 양성을 위한 무예반을 개설했다.
③ 선교사들이 미션 스쿨을 설립하고, 서구의 체조 및 근대스포츠를 도입하였다.
④ 한국 최초의 여성교육기관인 이화학당이 설립되고, 정규수업에 체조 수업을 실시하였다.

관서체육회는 개화기가 아닌 일제 강점기인 1925년 창설된 기독교청년회이다. 관서체육회는 민족주의적 활동을 주도하면서 많은 체육대회를 개최하였는데 그 대표적인 대회가 일제강점기였던 1934년의 전조선 빙상대회이다.

정답 : ①

04 개화기 체육사상가인 문일평이 체육발전을 위하여 제안한 내용으로 옳지 않은 것은?

① 체육학교를 설치하고, 체육교사를 양성하자.
② 과목에 체조, 승마 등을 개설하자.
③ 체육에 관한 학술을 연구하기 위하여 청년을 해외에 파견하자.
④ 체육활동을 통괄할 단체를 설립하자.

호암 문일평 선생은 개화기에 체육의 중요성을 강조한 대표적인 사상가로 민족의 체육 발전을 위해 최초로 체육 학교를 설치할 것과 체육 교사 양성, 체육 연구를 위해 해외에 유학생을 파견할 것 등을 주장하였다. 하지만 체육을 통괄할 단체의 필요성은 일제강점기에 대두되었다는 점에서 ④는 문일평 선생과는 관련이 없는 내용이다.

정답 : ④

06강 한국 체육사 - 일제 강점기 1

1. 일제 강점기의 사회와 교육

학습목표
조선교육령의 내용, 특히 시기별로 체육교육 변화과정과 특징을 이해합니다.

Introduction

1910년 8월29일 일본은 조선을 강제 병합(경술국치, 총독부)하고 경제적 수탈과 민족문화 말살을 자행 하였다. 교육을 동화주의 수단으로 활용 하였는데 조선교육령과 체조교수요목의 내용에 잘 드러나 있다.

이런 열악한 상황 속에서도 민족의식을 고취하기 위한 체육교육은 계속 되었는데 학교 간 대항 경기는 학교체육을 넘어 사회체육 발전에 기여하였다.

<1> 일제 강점기의 사회

일제 강점기의 사회와 교육은 일제의 식민통치 단계와 깊은 상관성을 가진다. 우선 조선을 합병한 일제는 1911년 제1차 조선 교육령을 통해 조선의 우민화 교육에 착수하여 민족의 전통과 생활양식을 일본과 동화시키는 책략을 펼쳤다. 이 시기를 무단 통치기라고 한다.

1919년 3월 조선인의 강력한 저항의지를 확인한 일제는 식민지 정책을 수정하여 소위 문화 정치를 시작하고 자유를 부분적으로 허용하였지만 이는 민족주의적 저항을 피하기 위한 회유 정책에 불과했다. 이 시기가 문화 통치기이다.

일제 말기는 한민족에게는 암흑기였다. 일제는 조선의 민족성을 말살하고 조선을 대륙에 대한 침략 전쟁의 병참기지로 삼기 위해 수탈을 강화했다. 이 과정에서 교육과정과 교수요목들은 황국신민화의 명목으로 대폭 수정되었고 학교는 단지 전쟁에 필요한 인력을 확보하기 위한 기관으로 전락했다.

무단통치
일본은 우리나라를 강점한 1910년부터 1919년 3·1 운동까지 헌병경찰을 이용하여 강압적이고 비인도적인 무단 통치를 시행하였다.

헌병들이 경찰의 임무를 맡아 모든 정치·언론·집회의 자유를 박탈하고, 교원들조차도 제복을 입고 칼을 차고 다녔으며, 곳곳에 일본군을 주둔시켰다.

문화통치
3·1 운동 이후 무력과 강압만으로는 우리 민족을 지배하기 어렵다는 것을 깨닫게 된 일본은 헌병경찰을 보통 경찰로 바꾸고, 교육의 기회 확대와 민족 신문의 간행을 허가하였다.

그러나 실제로는 이 기간 동안 경찰의 수는 더욱 늘어났으며, 일본의 식민 통치에 비판적 내용의 기사를 실은 신문은 정간과 폐간, 기사 삭제 등이 이루어졌다.

황국 신민화 정책
중일전쟁과 태평양 전쟁을 수행하던 일본은 극단적인 탄압정책을 실시하였다.

총동원령을 선포하여 전쟁에 필요한 물자와 인력을 수탈 하였으며 한국인의 정체성을 말살하려는 민족말살 정책을 실시하였다.

1) 일제 강점기의 식민 통치 3단계

무단 통치기	1910~1919.3	• 제1차 조선교육령 • 민족교육기관 폐교 • 자유박탈 • 교원들이 제복, 칼 착용
문화 통치기	1919.3~1931	• 3·1운동을 계기로 교육기회 확대(제2차조선교육령) • 민족신문간행허가(조선, 동아일보)
민족 말살기	1931~1945	• 만주사변을 계기로 병참기지화 정책 • (총동원령 - 전쟁물자수탈, 징용, 징병) • 황국신민화정책

□ 식민통치 기간 중의 일제의 만행

< 무단통치기의 양민 학살 >

< 문화통치기의 양곡 수탈 >

< 민족 말살기의 강제 징병 >

<2> 일제 강점기의 교육

일제는 1911년 조선 교육령을 공포하였다. 이를 계기로 체육은 보다 근대적인 개념으로 재설정되었으나 실질적인 의도는 체육의 자주성을 박탈하고, 우민화 교육을 실시하는 것이었다.

또한 학교 체육 교육에 보통체조가 등장하고 다양한 스포츠와 유희가 도입되는 등 근대적 체육의 모습으로 변화하고 있었지만 일제는 근본적으로 민족주의적 체육을 규제하고 압살하려 하였다.

1) 일제의 조선 교육령 시행과 체육

(1) 일제의 조선 교육령 시행

제1차조선교육령(1911~1922)	• 목적: 천황에게 충성하는 신민육성, 우리 민족을 우민화, 일본어 보급을 통해 일본 생활양식과 문화에 동화시키는 것 • 내용: 사범학교폐지, 일본어가 국어, 교육연한 단축(보통학교 4년, 고등보통학교 4년, 여자고등 보통학교 3년, 실업학교 2년)
제2차 조선교육령 (1922~1938)	• 목적: 한국인의 불만 무마, 민족의식 말살을 통해 일본 문화에 동화시키는 것 • 내용: 각 급 학교의 편제와 수업 연한을 일본과 유사하게 개편, 경성제국대학 설립, 일본어와 일본사 교육을 강화
제3·4차조선교육령 (1938~1943~1945)	• 목적: 황국신민육성, 일제의 침략전쟁에 활용(3대 교육강령 발표: 국체명징, 내선일체, 인고단련) • 3차내용: 보통학교, 고등보통학교, 여자고등보통학교→소학교, 중학교, 고등학교 개칭, 일본어·일본사, 수신, 체육교과 비중을 늘림 • 4차내용: 학교수업 연한을 1년씩 단축, 교육목적을 '황국신민 양성'에서 '국가 유용 인물 양성'으로 바꿈

교수 요목

교과에서 다루게 되는 내용을 교수에 편리하도록 논리적으로 체계를 세워서 조직해 둔 것.

우리나라는 일제 강점기 조선교육령과 함께 교수요목이 시행되기 시작하였다. 따라서 이 시기를 교수요목기라고 한다.

교수 요목기의 학교 대항 대회

교수 요목기에는 학교 간 경기대회가 성행하였다. 오늘날의 '연고전'의 효시라고 할 수 있는 연희전문학교와 보성전문학교 간 경기를 비롯하여 여러 종목의 학교 대항 경기가 활성화되었으며, 학교 경기는 사회체육으로 이어져 민족의식을 고취시키는 기능을 담당하기도 했다.

초등학교명칭변화

1895~ : 소학교
1906~ : 보통학교
1938~ : 소학교
1941~ : 국민학교
1996~ : 초등학교

(2) 일제 강점기 체육교육의 변화

제1기(1910~1914) 조선교육령 공포시기	• 목표: 신체의 각 부분을 고르게 발육, 정신을 쾌활, 규율을 지키고 절제를 숭상하는 습관을 기른다 • 명분: 보다 근대적인 체육 • 의도: 체육의 자주성 박탈, 우민화교육 지향 • 내용: 학교체조라는 명칭 대신 보통체조라는 명칭 등장하고 병식체조가 스웨덴 체조로 대치, 각종 유희(놀이)가 도입, 체조 교원을 일본 군인이 담당하여 민족주의 체육 활동 통제
제2기(1914~1927) 학교체조교수요목의 제정과 개정시기	• 목표: 학교의 체조교육을 통일(체육목적: 심신발달) • 내용: 보통제조 → 체조(턱걸이,도약포함),병식체조 → 교련, 유희(경쟁적 유희, 표현동작적 유희 - 일본유희), 과외활동 - 야구, 수영, 테니스 권장, 운동의 생활화, 위생문제에 관심, 학교교육에서 체육이 필수화, 교재는 총독부에서 편찬 • 의의 및 한계: 체육이 근대적인 모습으로 변화 하였으나 총독부가 식민지주의 교육정책을 토대로 민족주의 체육을 억제하려고 함
제3기(1927~1941) 체조교수요목 개편기	• 내용: 체조중심체육이 유희, 스포츠중심 체육으로 전환 • 학교대항 운동경기대회 성행 - 연고전의 효시(육상,축구, 야구, 농구 등) → 사회체육으로 연결, 국제무대에 진출 • 황국신민체조 보급(1937): 병식체조로 일제에 충성할 군인정신을 소유한 식민지인 양성 목적
제4기(1941~1945) 체육 통제시기	• 배경: 태평양전쟁(1941) - 병참기지화, 민족말살 정책 실시 • 내용: 국민학교령반포(1941)로 전시동원 체제에 맞는 학제로 개편, 체육도 군사화(체조과 → 체련과, 체육활동 - 중량 운반, 수류탄 투척, 행군 등)

대표 기출 유형

01 일제강점기의 시기별 학교체육의 내용으로 알맞지 않은 것은?

① 조선교육령공포기(1911~1914) - 일본군 체조교원을 채용하여 민족주의 체육을 규제하였다.
② 학교체조교수요목의 제정과 개정기(1914~1927) - 군국주의를 바탕으로 군사훈련을 강요하였다.
③ 학교체조교수요목개편기 (1927~1941) - 체조 중심에서 유희와 스포츠 중심으로 변화하였다.
④ 체육통제기(1941~1945) - 체조과를 체련과(體鍊科)로 변경하고 체육을 점차 교련화하였다.

정답은 해설지에

2. 일제 강점기의 체육

Introduction

일제는 "조선체육협회"를 설립하고 각종 운동회의 개최를 탄압하는 등 조선인의 자생적 체육활동을 억압했다. 이에 맞서 조선의 독립 운동가들은 체육단체를 설립하고 체육 활동을 통한 민족주의 운동을 전개하며 일제에 저항하였다.

이런 과정에서 YMCA를 비롯한 단체들을 통해 이루어진 전통 스포츠의 보존 운동, 운동 경기를 통한 저항 운동, 스포츠 보급 운동 등이 민족주의적 색채를 가지게 된 것은 자연스러운 일이다.

학습목표
일제의 탄압에 맞선 민족주의 계열의 활동을 중심으로 공부하면서 특히 YMCA와 조선체육회는 잘 암기합니다.

<1> 일제 강점기의 사회와 체육

일제는 체육을 군사적 목적을 달성하기 위한 수단으로 이용하려고 하였다. 또한 일제는 민족주의적 정서가 강하게 내재된 연합운동회를 금지하고, '조선체육협회'와 그 산하단체들을 조직하여 조선의 체육계를 장악하고 자생적인 체육활동을 탄압하였다.
이에 맞서 조선은 각 지역의 청년회와 기독교 단체를 중심으로 민족주의 계열의 체육 단체를 설립하여 민족의식과 저항 정신을 고취하려 노력하였다. 그 구체적인 활동으로 전통 스포츠의 발굴과 보존 운동이 전개되었고, 각 지역의 연합 운동회 성격의 체육 대회는 점차 전국 단위의 행사로 발전할 수 있었다.
이에 일제는 조선의 체육단체를 일제가 설립한 체육단체로 흡수 통합하는 방식으로 조선의 민족 정신이 부활하는 것을 억압하였다.

민족운동과 체육
1910년 일본에 주권을 상실한 이후 많은 독립 운동가들은 체육 활동을 통한 저항 운동을 전개하였다. 따라서 우리 민족의 체육활동도 자연스럽게 민족주의적 성격을 가지게 되었다.

특히 YMCA를 비롯한 단체들은 전통 스포츠의 발굴과 보존, 운동 경기를 통한 민족의 자긍심 고취 등을 위해 노력했다.

1) 일제의 체육정책과 민족주의 계열의 대응

(1) 일제의 정책과 민족주의 계열의 대립

민족주의 계열의 정책	일제의 체육정책
• 주도세력 : 민족독립운동가, 체육교사 • 체육단체 및 청년회 활동을 통한 저항- 조선체육회, YMCA등 • 전통 스포츠 보존운동(국궁,씨름) • 연합운동회의 개최 → 민족독립의식 고취	• 체육 단체의 해산과 흡수통합(조선체육협회가 주도- 조선체육회, 조선학생체육총연맹) • 각종 체육활동 탄압 • 체육의 군사 훈련화,황국신민화 → 조선인의 자주성 말살정책

일제의 체육에 대한 탄압
일제는 1943년 학교체육을 군사 교육체계로 전환하여 군사적 훈련의 성격으로 변질시키는 방식으로 정상적인 체육을 억압하였다.

일제는 또한 '조선체육협회'단체를 조직하여 우리의 체육계를 장악하고 우리의 체육 활동을 탄압하였다.

□ 일제의 교련 교육과 민족주의 계열의 전통 스포츠 부활 운동

< 일제강점기의 군사교육 >

< 일제강점기에 열린 울산 씨름대회 >

대표 기출 유형

02 개화기에 설립된 체육단체가 아닌 것은?

① 조선체육협회
② 대한체육구락부
③ 대한국민체육회
④ 대한흥학회운동부

정답은 해설지에

<2> 일제 강점기의 민족적 체육 단체와 활동

일본에게 주권을 빼앗긴 상태에서 많은 독립 운동가들은 민족주의 운동을 전개하였다. 1900년을 전후로 민족주의적 성격을 띤 '사회 스포츠 운동'을 주도한 세력은 세 그룹으로 나눌 수 있다.

첫 번째는 구한국 군 출신으로서 일선학교의 교사로 근무한 체육교사 그룹이다. 이들을 중심으로 한 19C 말 한국의 학생운동은 한국 최초의 미션스쿨이었던 배재학당의 기독교학생회 '협성회'에서 시작되었다. 이 단체가 훗날 YMCA의 탄생 계기가 된다.

두 번째는 노백린, 안창호, 이상재, 이동휘 등 독립 운동단체를 이끌던 민족운동가 그룹으로, 이들을 중심으로 황성 기독교 청년회가 출범하였다. 이는 한국의 민족주의 운동과 YMCA의 결속을 의미한다.

세 번째는 근대적 학문을 배워 신교육을 담당했던 지식인 그룹이다. 이들을 중심으로 1904년 독립협회의 지도자들이 집단적으로 YMCA에 가입하여 활동하였는데 이는 일본의 체육탄압정책 아래에서도 YMCA는 비교적 자유롭게 활동할 수 있었기 때문이다.

이렇게 각 지역의 청년회와 기독교 단체를 중심으로 자생적인 체육 단체를 설립하여 민족의식과 저항 정신을 고취하려 노력하였다. 이에 따라 자연스럽게 전통 스프츠의 발굴과 보존 운동이 전개되었고, 각 지역의 연합 운동회 성격의 체육 대회는 점차 전국 단위의 행사로 발전할 수 있었다.

1) YMCA

(1) 개요

황성 기독교 청년회가 전신.

1914년부터 조선 기독교청년회 전국 연합회를 발족, YMCA 스포츠 사업도 전국적인 청년운동으로 발전하였다. 한국 역사상 최초로 실내체육관을 건립하는 등 순수체육을 장려하였으며, 농구, 야구, 배구 등 서구 스포츠를 한국에 도입했을 뿐만 아니라 스포츠 활성화에 기여했다. 민족주의적인 정서를 바탕으로 체육활동을 전개하며 수많은 스포츠지도자를 배출하고 일제 강점기 조선인에게 스포츠에 대한 올바른 인식을 심기 위해 노력했다.

(2) YMCA의 역사와 사업

창설	• 1903, 황성기독교 청년회로 출범 → 1905, 체육부조직
주요 사업	• 서구스포츠 소개, 스포츠 지도자 양성, 스포츠 대중화 운동 • 한국전통 스포츠 발굴과 보존(국궁, 씨름, 그네)
주요 영향	• 운동회개최 • 강연회를 통한 계몽활동(스포츠에 대한 올바른 인식을갖게 함) • 1914 조선기독교 청년회 전국연합회 발족 – 스포츠의 전국 확산에 기여 • 최초의 실내체육관 준공(윤치호, 1916)

YMCA의 전통 스포츠 발굴
- 국궁
  1910. 성계 구락부
  1916. 조선 궁술 연합대회

- 씨름
  전조선 씨름대회
  – YMCA주최, 동아일보 후원

대표 기출 유형

03 <보기>에서 설명하는 단체의 활동으로 옳은 것은?

< 보 기 >

• 1903년 '황성기독교청년회'라는 이름으로 창설된 단체이다.

• 외국인 선교사를 주축으로 근대스포츠를 도입, 보급하여 한국 근대스포츠 발전에 많은 영향을 미쳤다.

• 1910년 한일병합 이후에도 스포츠 보급 활동에 기여하였다.

① 첫 사업으로 제1회 전조선야구대회를 개최했다.
② 1916년 우리나라 최초의 체육관을 개관하여 스포츠 활동의 활기를 도모했다.
③ 조선에서 최초의 종합경기대회라고 할 수 있는 조선신궁경기대회를 개최했다.
④ 우리나라 근대체육의 선구자였던 노백린이 병식체조 중심의 체육을 비판하며 설립한 단체였다.

정답은 해설지에

2) 조선 체육회

(1) 조선 체육회의 역사와 사업

창설 및 해산	• 1914, 조선 기독교청년회로 출범 • 일제의 문화통치실시를 배경으로 1920.7.13.창설 • 1938 일제에 의해 해산되어 조선체육협회로 통합
주요 사업	• 일제강점기의 올림픽 운동이나 체육, 스포츠 발전 주도 • 일제가 조직한 조선체육협회에 저항 – 민족주의적 체육활동 • 운동구점 운영
주요 업적	• 1920, 제1회 전조선 야구대회 개최(전국체전기점) → 전조선 경기 대회라는 종합대회 개최(야구,정구,육상 등) • 현 대한체육회의 전신(1945 조선체육회 동지회가 재건)

(2) 조선체육회 연표

1914	• YMCA 조선 기독교 청년 연합회 발족
1920	• 조선체육회 창립을 위한 발기인 대회 개최 • 전조선 야구대회 개최 – 전국체전의 기원이 됨
1934	• 전조선종합경기대회 개최 – 경기 종목의 다양화
1938	• 조선체육협회에 강제 통합
1945	• 조선체육동지회의 주도로 부활 • 자유해방 경축 전국종합경기대회 개최 – 제 26회 전국체전으로 인정됨

(3) 조선체육회 vs 조선체육협회

조선 체육회 ← → **조선 체육협회**

조선 체육회	조선 체육협회
• 조선체육협회에 맞선 반일 체육단체 • 1920, 창립 • 1920, 전조선 야구대회 개최 • 1934, 전조선 종합경기대회 개최 • 1938, 조선체육협회에 통합 • 1945, 부활	• 일인 중심의 친일 단체 • 1919, 창립 • 조선내 체육단체 관리가 목적 • 1924년부터 메이지신궁대회 개최 • 1925년부터 조선신궁대회 개최 • 1938, 조선체육회를 합병

3) 기타의 주요 단체

(1) 관서 체육회의 역사와 사업

창설	• 1925년 2월 평양기독교청년회관에서 결성
주요 사업	• 민족주의적 체육활동 주도 • 전국 규모의 체육 대회의 개최
주요 업적	• 1934년 1월 전조선 빙상대회

(1) 한용단의 역사와 사업

창설	• 1920년. 인천에서 만들어진 청년회
주요 업적	• 전인천 야구대회 개최(1923년)

청년회의 체육활동

1920년대 전국적으로 조직된 수많은 청년단체들은 운동부를 두고 있었으며, 반일민족운동단체의 성격을 띠고 있었다.

고려구락부

조선체육회의 발전을 위해 조직된 일종의 청년연합회. 기타의 구체적인 활동에 대한 기록이 없어 조선체육회의 전신으로 보지 않는 견해도 있다.

조선 체육회

1920년 7월 13일 창립, 현 대한체육회의 모체이다.

1920년 11월 4일 전국체육대회의 기점인 제1회 전조선야구대회를 개최한 이후 종목별 전국대회를 주최하다가 1934년 종목별 경기대회를 통합하여 전조선종합경기대회를 열었다.

조선체육회는 1938년 7월 4일 일제에 의해 강제 해산되고 조선체육협회에 통합되었으나, 1945년 11월26일 해방과 함께 부활했다.

전조선 야구대회

1920년 '조선체육회'가 창설된 기념으로 가진 첫 대규모 체육 행사.

1934년 육상, 야구, 축구, 농구, 테니스 등 5개 종목의 종합대회로 형식이 바뀌게 되면서 현재의 형태를 갖추었다.

제1회 전조선야구대회를 전국체육대회의 기원으로 삼아, 이 대회를 제1회 전국체육대회로 인정하여 오늘날까지 전국체육대회가 개최되고 있다.

대표 기출 유형

04 일제강점기에 설립된 체육 단체가 아닌 것은?

① 대한국민체육회
② 관서체육회(關西體育會)
③ 조선체육협회(朝鮮體育協會)
④ 조선체육회(朝鮮體育會)

정답은 해설지에

Confirmation 이것만은 꼭!

01 황성 기독교 청년회로부터 출발하였으며 서구의 스포츠를 도입하고 일제에 맞서 전통 민속 스포츠를 발굴 보존하는데 기여하였으며 최초로 실내체육시설을 준공하였던 단체의 이름은 (　　)이다.

02 황성 기독교 청년회, 조선 기독교 청년회를 거쳐 1920년 창립되었으며, 일본이 조직한 조선체육협회에 저항하며 민족주의적 체육활동을 주도하였던 단체의 이름은 (　　)이다.

03 조선 기독교 청년회의 후신인 단체가 1920년에 개최하였으며 훗날 전국체전이 기원이 된 대회의 이름은 (　　)이다.

04 일인이 중심이었던 친일 단체로 1919년 창립되었으며, 1924년 메이지신궁대회, 1925년 조선신궁대회 등을 개최하고 1938년 조선체육회를 합병한 단체의 이름은 (　　)이다.

정답
1. YMCA
2. 조선체육회
3. 전조선 야구대회
4. 조선체육협회

Previous 단원 기출문제

01 일제강점기의 학교체조교수요목(1914)에 대한 설명으로 옳지 않은 것은?

① 식민지통치하 학교체육을 본격적 궤도에 올려놓았다.
② 유희, 보통체조, 병식체조가 체조과 교재로 도입되었다.
③ 일본식 유희가 도입되었다.
④ 체조과 교수시간 이외에 여러 가지 운동을 실시하였다.

병식체조와 유희는 1910년 이전에 이미 학교 체육의 필수 과목으로 지정되었다.

정답 : ②

02 <보기>에서 설명하는 인물은?

< 보 기 >

• 1903년 황성기독교청년회 초대 총무를 역임하였다.
• 우리나라 최초로 야구와 농구를 소개하였다.
• 개화기 YMCA를 통해서 우리나라 근대스포츠의 발달에 큰 역할을 담당했다.

① 푸트(L. M. Foote)
② 반하트(B. P. Barnhart)
③ 허치슨(W. D. Hutchinson)
④ 질레트(P. L. Gillett)

<보기>에서 설명하고 있는 인물은 황성기독교청년회 초대 총무였으며 훗날 YMCA에서 활동했던 질레트이다.

정답 : ④

03 <보기>에 해당하는 체육단체에 관한 설명으로 옳지 않은 것은?

< 보 기 >

• 고려구락부를 모체로 설립된 단체이다.
• 1920년 7월 동아일보사의 후원으로 일본유학생과 국내체육인들이 조선인의 체육을 장려할 목적으로 설립하였다.

① 1920년 전조선야구대회를 개최했다.
② 스포츠 보급의 일환으로 운동구점을 설치하고 운영하였다.
③ 1925년 경성운동장 개장을 기념하기 위해 조선신궁경기대회를 개최했다.
④ 육상경기의 연구를 위한 육상경기위원회 조직과 육상경기 규칙을 편찬했다.

<보기>의 ①, ②, ④는 조선체육회의 활동에 관한 설명이지만 ③의 '조선신궁경기대회'는 조선의 체육활동을 억압하기 위해 일제가 조직한 '조선체육협회'가 주최한 대회이다.

정답 : ③

04 <보기>에서 설명하는 사립학교는?

< 보 기 >

• 1908년 국권회복운동의 일환으로 도산 안창호가 설립하였다.
• 구(舊) 한국군 출신이 체육교사로 부임하였다.
• 일반 체조를 포함하여 군대식 조련을 실시하였다.

① 대성학교
② 오산학교
③ 배재학당
④ 원산학사

<보기>는 대성학교에 관한 설명이다. 대성학교는 독립정신 및 책임정신과 주체적 정신을 강조하며 운영되었지만 1912년 일제의 탄압으로 폐교되었다.

정답 : ①

07강 한국체육사 한국 근·현대사 – 일제 강점기 2

1. 일제 강점기의 스포츠

학습목표
근대 스포츠 도입 종목을 일제 강점기 인지, 개화기인지 구별 하고 일장기 말소사건 관련 내용을 숙지 해야 합니다.

Introduction

한일합병 이후 1910년부터 스포츠는 민족의식의 고취라는 목적과 결합되어 활성화될 수 있었다. 야구, 정구, 자전거(사이클링), 빙상 등은 매년 정기적인 대회가 개최될 정도로 인기가 있는 종목이었으며 민족적 자긍심을 고취하는 역할을 하기도 하였다.

하지만 일제는 스포츠 활동을 통해 조선인의 민족의식이 부활하고 고양되는 것을 경계하였고 대부분의 스포츠 단체는 일인이 장악하여 조선인의 체육활동에 대한 억압과 제재를 자행하였다.

<1> 일제 강점기의 스포츠

일제 강점기에도 다양한 스포츠 대회가 개최되고 있었다. 스포츠가 가진 민족주의적 속성으로 인해 스포츠 대회에서 일본 선수에 대한 조선 선수의 승리는 조선인 전체의 자부심과 자긍심을 고취하는 역할을 하며 일제에 대해 쌓인 울분과 한을 달래는 창구가 되었다.

따라서 일제의 탄압에도 불구하고 조선인의 스포츠에 대한 관심과 열망은 강렬하였으며, 외국인 선교사들의 활동으로 스포츠가 소개되거나 전파되던 개화기와는 달리 조선인의 자생적 의지와 노력으로 발생한 스포츠 단체와 대회가 나타나기 시작했다.

싸이클, 빙상, 역도, 마라톤 등의 스포츠에서는 국제대회에서 우수한 성과를 만들어내기도 했다. 하지만 일장기 말소 사건이 계기가 되어 조선인의 저항의지를 두려워하게 된 일제의 강력한 탄압이 발생하고 스포츠 현실은 위기를 맞았다.

1) 일제의 스포츠에 대한 탄압

(1) 일장기 말소사건

① 내용
- 1936년 베를린 올림픽에서 손기정 선수가 금메달, 남승룡 선수가 동메달 획득.
- 동아일보는 손기정 선수의 유니폼에 그려진 일장기를 삭제(이상범)한 사진을 게재함

② 결과
- 동아일보의 무기정간 및 사건 관련 기자 구속(이길용, 현진건, 최승만, 신낙균, 서영호)
- 체육 단체 통폐합 및 각종 경기 대회 폐지
- 스포츠의 군사 훈련화
※ 1937년 동아일보 복간

(2) 체육단체의 해산과 통합

계기	일장기 말소사건-스포츠를 통해 우리 민족의식이 고양된다고 판단
결과	• 조선체육회 → 조선체육협회로 통합(1938) • 무도계 : 조선무도관, 조선연무관, 조선강무관, 조선중앙기독교청년회 유도부 → 동경강도관 조선지부로 흡수통합(1938) • 조선학생체육총연맹 → 조선체육협회로통합(1941)

대표 기출 유형

01 일제강점기 일장기 말소사건에 대한 내용으로 알맞지 않은 것은?

① 1936년 베를린 올림픽 대회에서 우승한 손기정의 사진에 일장기가 지워진 것이다.
② 일본인 단체였던 조선체육협회를 해산시키고 조선체육회를 결성하는 계기가 되었다.
③ 체육을 통해 일제에 항거하는 민족주의적 투쟁 정신이 표출된 대표적 사례이다.
④ 동아일보는 무기 정간을 당하고 일장기를 말소한 이길용 기자 등이 구속 수감되어 옥고를 치렀다.

정답은 해설지에

2) 일제 강점기의 스포츠 도입 연표

종목	내용
권투	• 1912, 유각 권투구락부 조직(단성사 주인 박승필) • 1925, YMCA 체육부의 실내 운동회 정식 종목
탁구	• 1914, 경성구락부 원유회 탁구시합 • 1924, 제1회 핑퐁경기대회 개최
경식정구	• 1919, 조선철도국에서 소개 • 1927, 제1회 경식정구선수권대회 개최(철도국 테니스 코트) • 경구구락부 조직(세브란스의원+체신국직원)
배구	• 1916 반하트가 지도했다는 설 • 1917 친선경기(YMCA회원과 재경서양인) • 1925, 전조선 배구 대회
골프	• 1924, 경성골프구락부 개설 • 1937, 조선골프연맹 설립 • 1941, 최초 프로 골퍼 연덕춘 일본오픈골프 선수권대회 우승
럭비	• 1924 조선철도국 사카구찌가 소개 • 1929, 조선럭비축구협회 발족
스키	• 1921, 일인 나카무라에 의해 도입 • 1930, 전조선스키대회 개최
역도	• 1926, 서상천에 의해 도입 • 1928, YMCA 주최 역도대회 개최
레슬링	• 1937 YMCA레슬링부 창단 • 김종석, 곽동윤, 황병관, 김석영 등은 일본 레슬링 선수권 대회에서 우승

3) 근대식 경기장 설립

□ **경성 운동장**

일제는 1925년 일본 황태자의 결혼식을 기념하기 위해 훈련원 자리에 경성운동장을 건립 하였다. 제10회 전조선 경기대회와 제 15회 전조선 종합 경기대회가 개최(1934년)되었다. 광복과 더불어 서울운동장으로 개명 되었으며 이후 동대문운동장으로 개명 되었다. 철거시작(2007~)

□ **경성 운동장의 명칭 변화**

경성운동장(1925) → 서울운동장(1945) → 동대문운동장(1984 or 1985) → 철거(2007)

대표 기출 유형

02 일제강점기에 도입되지 않은 스포츠 종목은?

① 권투
② 테니스
③ 탁구
④ 체조

정답은 해설지에

2. 일제 강점기의 체육 사상

학습목표

일제의 탄압에 맞선 민족주의 계열의 활동이 가진 의의를 이해합니다.

Introduction

개화기와는 달리 일제 강점기에는 민족주의 계열의 자생적 요구에 의해 스포츠가 도입되고 우리 민족의 스포츠 활동은 민족 정신을 함양하고 자긍심을 고취시키는 역할을 했다.

저항을 위한 스포츠 활용은 전국적으로 조직된 청년회를 통해 이루어졌다. 그들은 서구의 스포츠를 보급하는데 그치지 않고 잊혀졌던 민속스포츠를 발굴하고 부활시키는데에도 앞장섰다. 또한 보건체육의 민중화에도 힘썼다는 점에서 스포츠는 애민 애족의 강한 도구이기도 했다.

<1> 일제 강점기 체육 사상의 특징과 의의

일제 강점기에는 전국적으로 조직된 청년회에서 체육부를 운영하며 체육활동을 장려하였다. 특히 각 지역의 청년회는 일제의 식민 정책에 맞선 민족정신의 고양이라는 측면에서 활쏘기와 씨름 등 조선의 민족전통경기를 발굴하여 부활시키려고 노력했다. 또한 애민 애족의 구체적 활동으로 민중 스스로 심신과 건강을 관리하고 증진할 수 있는 방안으로 스포츠를 권장하기도 하였다.

한편 YMCA와 같은 단체를 중심으로 순수 체육을 지향하려는 움직임도 나타났는데 그 결과 야구, 축구, 배구, 농구, 육상, 체조, 권투, 유도 등과 같은 근대스포츠가 널리 보급될 수 있었다.

□ 일제 강점기 민족주의 체육 활동의 특징과 의의

- 청년회가 중심이 되어 일제의 탄압에 저항하는 민족운동
- 일제가 학교체육을 군사 훈련화 하려는 움직임에 대항하여 순수 체육을 지향(YMCA)
- 민족의 전통경기를 부활, 보급 및 근대스포츠 보급과 확산
- 민중스포츠 발달과 보건체육의 민중화 운동

민족주의와 스포츠

스포츠가 가지는 대중적 속성 때문에 스포츠는 쉽게 민족주의와 결합하게 된다. 즉 민족의 전통경기를 통해 민족적 자부심과 단결을 끌어내려 하거나, 국제 대회에서 좋은 성적을 내는 것을 민족 전체의 승리로 포장하여 정치적 선전도구로 활용하려는 경향이 발생하는 것이다.

일제 강점기의 스포츠도 자연스럽게 민족주의와 연계되었으며, 일제는 민족주의 운동의 확산을 막기 위해 조선의 체육활동을 억제하기도 하였다.

대표 기출 유형

03 일제 강점기의 체육 사상으로 바르지 않은 것은?

① 일제의 식민 정책에 맞선 민족운동으로서의 의미가 있었다.
② 활쏘기와 씨름 등 조선의 민족전통경기가 부활했다.
③ 궁술은 심신과 건강의 관리를 위해 권장되었다.
④ 씨름은 일제에 의해 장려되었다.

정답은 해설지에

Confirmation
이것만은 꼭!

01 일장기 말소 사건은 1936년 베를린 올림픽의 우승자 였던 (   )선수의 가슴에 그려져 있던 일장기를 (   )의 기자들이 일제의 탄압에 항거하는 의미로 삭제한 사건이다.

02 일제가 1925년 일본 황태자의 결혼식을 기념하는 명분으로 조선시대 훈련원의 자리를 허물고 세운 근대식 스포츠 경기장은 (   )이다.

03 1924년 제1회 핑퐁경기대회가 개최되었으며, 2024년 파리 올림픽에서 신유빈, 임종훈 혼합복식에서 동메달을 획득한 종목은 (   )이다.

정답
1. 손기정, 동아일보
2. 경성운동장
3. 탁구

Previous 단원 기출문제

01 일장기말소사건(1936)과 관련이 없는 것은?

① 손기정
② 이길용
③ 베를린올림픽
④ 조선일보

일장기말소사건은 매년 출제되고 있다. 반드시 꼼꼼하게 암기해 두어야 한다. 일장기말소사건이 발생한 계기는 동아일보의 기자였던 이길용의 사진 조작이었다.

정답 : ④

02 일제강점기 스포츠 종목의 도입에 대한 설명으로 옳지 않은 것은?

① 권투 – 1914년 경성구락부에서 소개하였다.
② 경식정구 – 1919년 조선철도국에서 소개하였다.
③ 스키 – 1921 나카무라(中村)가 소개하였다.
④ 역도 – 1926년 서상천이 소개하였다.

개화기와 일제강점기를 거쳐 서양의 스포츠가 국내에 도입되었다. 그 구체적인 내용은 빈출이므로 년도와 관련 인물을 암기할 필요가 있다. 그 중 권투는 1912년 유각 권투구락부가 조직되고 1925년 YMCA 체육부의 실내 운동회에 정식 종목으로 채택되면서 본격적으로 도입되었다.

정답 : ①

03 <보기>에서 설명하는 일제강점기의 체육시설은?

< 보 기 >
- 축구장, 야구장, 정구장, 수영장 등이 있다.
- 전국규모의 대회와 올림픽경기대회 예선전 등이 열렸다.
- 1925년에 건립되었고, 1984년에 동대문운동장으로 개칭되었다.

① 경성운동장
② 효창운동장
③ 목동운동장
④ 잠실종합운동장

보기는 경성운동장에 대한 설명이다. 경성운동장은 조선시대 훈련원의 자리를 허물고 일본 황태자의 결혼식을 기념하는 명분으로 축구장, 육상경기트랙, 야구장, 테니스장, 수영장 등을 아우르는 '동양 최대의 종합경기장'을 목표로 건립된 운동장으로 동대문운동장의 전신이다.

정답 : ①

04 일제 말기의 스포츠에 대한 내용으로 바르지 않은 것은?

① 전반적으로 스포츠 활동에 대한 탄압이 있었다.
② 조선체육진흥회를 통해 민족의 전통경기의 맥이 계승되었다.
③ 체육 단체들의 해체와 통합 등 억압이 자행되었다.
④ 체육 대회는 중단되고 군사 훈련을 강요하였다.

반드시 암기할 것!
- 조선체육회 – 대한체육회의 전신
- 조선체육동지회 – 조선체육회의 후신
- 조선체육진흥회 – 일제가 설립한 단체
- 조선체육협회 – 일제가 설립한 단체

정답 : ②

08강 한국 체육사
한국 근·현대사 - 광복 이후의 체육 1

1. 광복 이후의 사회와 교육

Introduction

광복 직후 남과 북에는 각각의 단독정부가 수립되고 6·25 전쟁이 발발하였다. 전쟁의 결과 국토는 폐허가 되었고 정치적 혼란, 사회적 불안정, 경제적 궁핍이라는 심각한 후유증을 겪게 되었다.

1960년대 이후 산업화와 도시화가 급진전되면서 경제의 외적 성장이 가능해졌으며, 교육 분야의 개혁도 이어져 민주시민을 양성할 수 있는 제도적 장치들이 하나 둘 자리를 잡아갈 수 있었지만, 반대급부로 여러 가지 사회적 갈등과 부작용이 심화되기도 하였다.

학습목표

광복 이후 체육교육이 정상화되며 마련된 각 교육과정의 주요 내용을 이해합니다.

<1> 광복 이후의 사회

광복의 기쁨도 잠시 한국 사회는 미·소의 군정과 신탁통치에 대한 좌우의 대립으로 인해 극심한 혼란을 경험하였다. 이어진 한국 전쟁의 결과 자주적인 근대화는 지연될 수밖에 없었으며 정치적 혼란, 사회적 불안정, 경제적 궁핍 상황 등으로 인해 스포츠 문화가 성장할 수 있는 상황이 아니었다.

1960년대 시작된 경제개발 정책과 새마을 운동의 성과로 경제의 성장과 삶의 질 개선을 이루어낼 수 있었지만, 도농간 소득 불균형, 산업간 불균형, 농촌 사회의 몰락 현상도 두드러지게 된다. 1980년 이후에는 놀라운 경제적 성장뿐 아니라 민주화의 급진전이라는 성과를 거두게 되었다. 하지만 외국 문화의 무분별한 유입과 그로 인한 전통 문화의 소외, 외국 자본에 의한 국내 경제 기반의 잠식, 빈부의 격차 심화 등 심각한 폐단이 발생하기도 했다.

모스크바 3상 회의와 신탁통치

신탁통치란 강대국이 독립할 능력이 없는 나라를 일정 기간 동안 통치해 주는 것을 말한다.

1945년 12월 모스크바 3국 외상회의의 결정 사항으로 '한국은 정부 수립 능력이 없으므로 5년간 미·영·중·소 4개국이 신탁 통치한다.'라는 내용을 결정하였다.

이로 인해 한반도에서는 신탁 통치 반대 운동이 치열하게 전개되었다. 북쪽에서는 처음에 신탁 통치 반대를 주장하다가 나중에 신탁 통치를 찬성하였고 남쪽에서는 신탁 통치 반대 운동이 전개되었다.

1) 광복 이후의 국내 정세

(1) 광복 직후 ~ 6·25

건국 준비 과정의 갈등	신탁통치에 대한 찬반 갈등으로 좌우익 건국 준비 단체들의 대립이 심화됨
미·소의 38선 분할	정부 수립과정에서 사회적 혼란이 발생하고 남한과 북한에 각각 단독 정부가 수립됨
6·25 발발	전쟁의 과정에서 산업 시설이 파괴되고 국토는 황폐화되었으며, 대규모 인명 피해가 발생하였고 남북의 분단이 고착화되었음

(2) 1960년대 ~ 1970년대

긍정적 측면
- 산업화와 도시화로 인한 경제 성장
- 농어촌의 근대화로 인한 소득의 증가
- 교육 기회의 확대
- 국민의 보건 환경 개선
- 경제 성장으로 인한 삶의 질 개선

부정적 측면
- 도농간 소득격차 심화
- 농가부채문제의 발생
- 이촌향도 현상으로 인한 농촌 인구 고령화
- 도시 빈민 발생

(3) 1980년대 ~ 현재

긍정적 측면	부정적 측면
• 경제 규모의 확대 • 국가 위상의 제고 • 민주화 진전과 다양한 시민단체 결성 • 언론의 자유와 새로운 매체의 등장 • 사회보장제도 마련 • 대중 문화 발달	• 빈부의 격차 심화 • 외국 자본에 대한 국내 시장 개방 • 고령화와 출산율 저하 • 공교육의 위상 위축 • 전통 문화의 소외와 향락 문화의 조장

<2> 광복 이후의 교육

광복 이후 교육 분야의 핵심은 교육 기회의 확대이다. 한국사회의 교육은 다른 영역과 마찬가지로 민주주의의 정신을 실현할 수 있는 제도들을 도입하고 실천하는 과정을 거치며 발전해 왔다.

미군정기에는 민주시민의 양성을 목표로 6-3-3 학제를 도입하게 되어 현재까지 이어지고 있다. 6·25 전쟁 이후 초등학교 의무교육제를 시작함으로써 교육의 기회는 더욱 넓어질 수 있었으며, 1970년대에는 도시 지역의 중·고등학교 무시험제가 시행되었다. 1980년대 이후 각종 학교의 설립이 늘어나면서 교육의 양적 확대가 이루어졌지만, 교육과 관련한 과열 경쟁으로 발생하게 된 사교육으로 인해 공교육이 위축되는 부작용을 낳기도 하였다.

체육 교육에서는 광복 이후 미국의 진보적인 신체육의 개념이 유입되어 스포츠가 중요한 체육교육 내용으로 채택되기 시작하였으며, 현재까지 다양한 스포츠 활동이 체육교육 내용으로 다루어지고 있다. 스포츠 활동을 통해 학습자의 신체적 발달을 촉진하고 사회성의 발달과 함께 건전한 인격 함양을 이루는 것이 체육교육의 목적이 된 것이다.

또한, 광복 이후의 교육 재건활동에 힘입어 1954년 4월 20일 문교부령으로 제1차 교육과정을 제정 공포한 이래 현재의 7차 교육과정에 이르기까지, 스포츠는 중요한 체육 교육 내용으로서 종목의 다양화 및 기능의 세분화 등 지속적인 발전이 진행되었다.

1) 교육 과정과 교육 차수

(1) 광복 이후 교육 과정의 변화

미군정기	• 6-3-3학제 도입
1950년대	• 초등학교 의무 교육 실시
1970년대	• 도시지역 중·고등학교 무시험 입학제 실시
1980년대	• 교육 기회의 양적 확대 실현

(2) 교육 차수별 교육의 목표

미군정 과도기 (교수요목기) 1946~1954	• 민주주주의적 자주 교육으로 전환 • 교육과정 및 교과서와 관련한 법률 제정 • 6-3-3 학제를 확정 • 체육과 국방력강화의 연계 • '체육'의 교과목명이 '체육·보건'으로 변경
제 1 차 교육과정기 1954-1963	• 전인교육 강조 – 특별활동의 설정 • 남녀별 교육 내용의 구분 • 교과중심 교육과정 시작 • 보건과 체육을 독립된 항목으로 설정 • 진보주의 교육사상 도입 • 경험과 생활중심 교육, 여가활동 강조
제 2 차 교육과정기 1963~1973	• 경험·생활 중심 교육과정 • 고등학교에 단위제 도입 • 남녀별 교육 내용의 구분 • 보건 및 체육의 명칭이 체육으로 통일 • 체육 교과 과정에서 '레크리에이션' 추가
제 3 차 교육과정기 1973~1981	• 학문 중심 교육과정 • 남녀별 교육 내용의 구분 • 유신 이념의 구현 – 순환운동과 질서운동 추가 • 초등학교에서 '놀이' 대신 '운동'이라는 용어 사용 • 구체적이고 계획적인 신체활동의 실행
제 4 차 교육과정기 1981~1987	• 개인, 사회, 학문을 고루 강조한 인간 중심교육과정 • 남녀별 교육 내용의 구분 • 통합교육과정 교과서 개발 • 교과의 목표에 여가, 평생스포츠, 야외활동 개념 도입 • 움직임 교육과정 도입
제 5 차 교육과정기 1987~1992	• 제 4차 교육 과정기 유지 및 일부 개정 • 통합 교육 과정의 개발과 운영에 자율성 부여 • 남녀 공통 이수 과목 신설 • 체육수업에 학문성과 전문성 제고 조치 반영 • 체육 교과의 목표를 심동·인지·정의 영역으로 구분
제 6 차 교육과정기 1992~1997	• 교육과정의 분권화와 지역화 • 지역과 학교에 재량권 부여 • 체육에서 건강체력과 게임 중시 • 체력운동 영역 신설 • 문제해결능력과 협동심을 지닌 인간 양성 추구
제 7 차 교육과정기 1997 ~	• 국민 공통 기본 교육과정 도입 • 수준별 교육과정 도입 • 선택 중심 교육과정 도입 • 체육과의 목표와 내용 일원화 • 체육과의 평가 지침의 구체화

대표 기출 유형

01 각 차수별 교육과정에서 체육목표의 내용으로 가장 알맞은 것은?

① 제1차 교육과정은 순환운동, 질서운동을 체육의 내용으로 새롭게 채택하였다.
② 제2차 교육과정부터 '보건·체육'에서 '체육'으로 교과목 명칭을 통일하였다.
③ 제3차 교육과정은 생활 경험을 중요시하여 여가 활동을 강조하였다.
④ 제4차 교육과정부터 초등학교에서는 놀이를 벗어난 '운동'이라는 용어를 사용하였다.

정답은 해설지에

2. 광복 이후의 체육

학습목표
체력장, 교기육성제도, 소년체전 등 체육활동을 진작하기 위한 제도를 공부합니다.

Introduction

1950년대까지 한국의 체육에는 일본 제국주의 교육의 잔재가 남아 있었고 한국 전쟁의 후유증으로 반공교육과 국방교육이 강조됨으로써 체육의 내용도 군사훈련의 성격을 띠고 있었다.

체육진흥운동이 본격화된 것은 1960년대부터이다. 이 시기부터 국민체육진흥운동이 전개되어 체육 교육의 목표도 점차 신체적, 사회적, 지적, 정서적으로 다양한 목표를 지향하고, 안전과 레크리에이션 등이 교육의 내용으로 채택되었다.

〈1〉 학교 체육의 발달

1960년대부터 각종 학교체육진흥책이 수립되고 1970년대부터 본격적인 학교체육진흥운동이 펼쳐지면서 학교 체육은 과거의 잔재로 부터 벗어날 수 있었다.

한국 사회의 학교 체육 정책의 특징은 일반 청소년들의 체력 강화를 위한 '체육정책'과 우수선수를 육성하기 위한 '엘리트 스포츠 정책'으로 구분할 수 있다. 광복 이후의 학교체육 정책은 학교 체육의 활성화 등에 순기능적인 역할을 했지만, 학교 간의 과열 경쟁으로 학생 선수의 수업권을 빼앗는 등 파행적으로 운영되면서 많은 교육적 문제를 야기하기도 하였다.

1) 학교 체육의 주요 정책과 제도

(1) 학교체육의 목표와 발달사

① 광복 이후 교육 정책에 따른 제도의 운영

체력장 제도

1970년대 학생들의 기초체력 향상을 위하여 교육부에서 실시하였던 중·고등학생에 대한 체력검정. 1972년부터 상급학교에 진학하고자 하는 중·고등학생을 대상으로 체력장제도를 실시하였으며 윗몸앞으로굽히기, 윗몸일으키기, 왕복달리기, 턱걸이, 던지기, 도움닫기멀리뛰기, 100미터 달리기, 오래 달리기 등의 기본 운동 능력을 측정하였다.

학생들의 체격 및 체력이 향상되었을 뿐만 아니라 기초체력 증강을 위한 기본운동종목이 널리 보급되어 운동을 생활화하는 데 공헌을 하였지만, 검사기준치의 불합리성, 검사시설·인원의 부족 등 문제와 함께 학생들의 입시에 대한 부담을 가중한다는 부정적인 측면도 가지고 있었다.

② 학교 체육 연표

한국 체육회 발족	• 1953 • 아마추어 스포츠에 대한 총괄적 관리 시작
보건과 안전의 강화	• 1958 • 보건과 관련한 학교 시설 설치 기준령 발표
국민체육진흥법 공포	• 1962 • 체육을 보급하고 국민의 체육의식 고취는 하는 것이 목적
학교보건법 제정	• 1967 • 학교보건관리 규정이 마련되고 보건체육의 시수가 증가함
대학입시에 체력장 도입	• 1973 • 학생의 기초 체력이 중시됨
학교체육진흥법	• 2012 공포, 2013 시행 • 일반 학생들을 위한 학교체육의 정상화와 학생선수의 권리 보호가 목적

대표 기출 유형

02 정부가 체육정책의 운영에 있어 법적근거를 마련하기 위해 최초로 제정한 체육관련법은?

① 학교체육진흥법
② 국민체육진흥법
③ 스포츠산업진흥법
④ 전통무예진흥법

정답은 해설지에

(2) 소년 체전 개최

① 소년체전의 역사

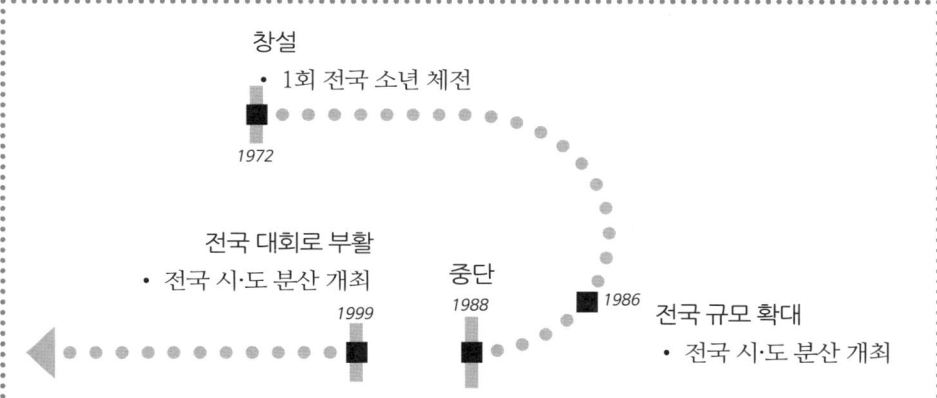

② 소년체전의 의의

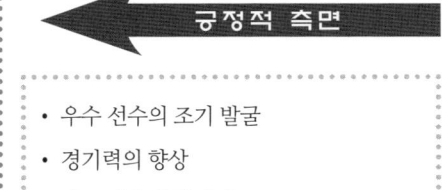

긍정적 측면	부정적 측면
• 우수 선수의 조기 발굴 • 경기력의 향상 • 학교 체육의 활성화	• 시도간 과열 경쟁 • 무리한 기술 훈련 실시 • 선수들의 정상 수업 기회 박탈

(3) 교기 육성 제도

① 교기 육성 제도의 목적

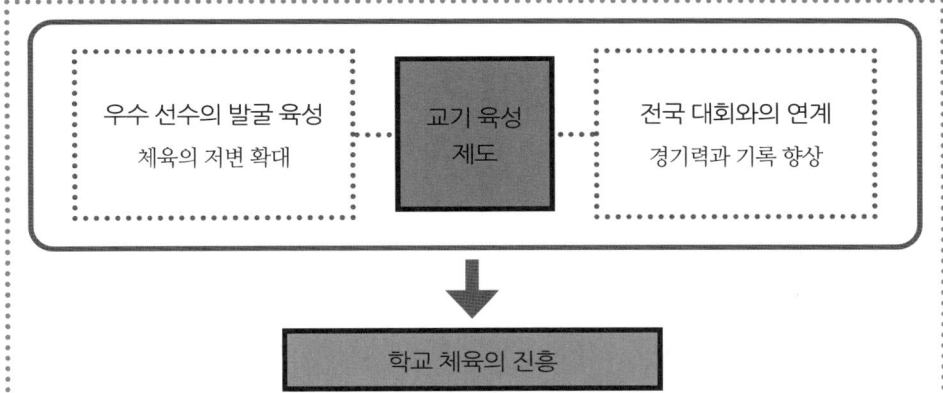

② 교기 육성 제도의 의의

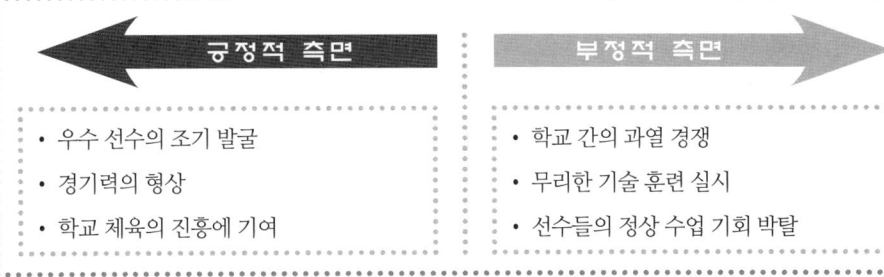

긍정적 측면	부정적 측면
• 우수 선수의 조기 발굴 • 경기력의 형상 • 학교 체육의 진흥에 기여	• 학교 간의 과열 경쟁 • 무리한 기술 훈련 실시 • 선수들의 정상 수업 기회 박탈

전국 소년 체육 대회

1972년부터 1980년 말까지 대한체육회의 주최로 개최되었던 전국적 규모의 소년·소녀체육대회.

'몸도 튼튼, 마음도 튼튼, 나라도 튼튼'이라는 구호 아래 개최되었다.

1971년 이전에는 전국체육대회의 중등부에서 실시되어 왔으나, 1972년 초에 전국적으로 스포츠소년단이 조직되면서 전국스포츠소년대회로 분리, 독립되었다.

1972년 6월 16일 동대문운동장(구 서울운동장)에서 11개 시·도의 스포츠소년단이 참가한 가운데 제1회 전국스포츠소년대회를 개최하였으며, 1975년 제4회 대회 때부터 전국소년체육대회라는 이름으로 변경하였다.

교기 육성 제도

모든 중·고등학교가 지리적 환경이나 사회적 상황에 적합한 종목의 스포츠를 채택하여 그 분야의 우수선수를 발굴·육성하도록 한 스포츠 정책이다.

전국소년체육대회나 전국체육대회와 연계하여 우수선수의 육성 체계를 확립하기 위한 조치로 마련되어 한국 학교체육 진흥에 지대한 역할을 했다.

<2> 사회 체육의 발달

미군정기부터 시작된 민족체육의 재건운동은 박정희 정권 이후부터 정권의 지원을 바탕으로 본격화되었다. 1961년 군사정부의 재건국민운동본부가 '체력은 국력'이란 슬로건으로 '국민재건체조'를 제정(1961. 7. 10)하고 당시 민간 단체였던 대한체육회에 예산을 지원하기로 결정한 것이다.

박정희 정권기의 스포츠 진흥 정책 중 중요한 한 축은 스포츠의 대중화를 통해 전 국민이 건전한 정신과 강인한 체력을 길러 국가발전에 기여할 수 있도록 한다는 것이었다. 여기에는 박정희 대통령이 좋아하던 상무정신이 반영된 것으로 평가된다. 즉 체육을 무의 기반으로 여기고 체육을 통해 튼튼한 국가를 만들겠다는 의지의 일환이었던 것이다.

이렇게 시작된 체육진흥운동은 1970년대에 절정에 달했으며, 전두환 정권과 노태우 정권으로 계승되어 꽃을 피울 수 있었다.

□ 사회 체육 발달 연표

국민체육진흥법 공포	• 1962 • 국민체육의 진흥을 위한 17개 조문 발표
사회체육진흥 5개년 계획 수립	• 1976 • 체육의 범국민화를 목표로 계획 수립
국민체육진흥 장기계획수립	• 1986 • 생활체육이라는 용어 처음 사용
국민생활체육진흥을 위한 종합 계획 (호돌이 계획) 수립	• 1989년 • 국민체육진흥공단 설립
국민생활체육협의회 창립	• 1991 • 국민체육진흥기금으로 운영
1차 국민체육진흥 5개년 계획 수립	• 1993 ~ 1997 • 생활체육의 범국민적 확산이 목표
2차 국민체육진흥 5개년 계획 수립	• 1998 ~ 2002 • 지역 공동체 중심의 체육활동 조성이 목표
3차 국민체육진흥 5개년 계획 수립	• 2003 ~ 2007 • 차별없는 체육활동 기반 조성이 목표
문화체육관광부로 개편	• 2008 • 문화관광부에서 문화체육관광부로 개편

국민체육진흥법
국민 체육을 진흥하여 온 국민의 체력을 증진하고 건전한 정신을 강화하기 위하여 1962년 9월 17일 법률 제1146호로 제정 공포한 법률로 수차에 걸쳐 개정되었으며 현재 1993년 12월 31일 법률 제4689호로 개정 시행중이다.

사회체육진흥 5개년 계획
1976년 대한체육회 주관으로 사회체육 진흥을 위해 마련된 계획

호돌이 계획
건강한 가정, 건강한 사회, 건강한 국가건설을 위해 전국민의 생활체육 참여가 바람직하다는 취지에서 1989년 11월 수립한 국민생활체육진흥을 위한 종합계획.
이 계획에 따라 1990년 11월 30일까지 15개 시도에 협의회를 결성한 뒤 1991년 1월에 이르러 국민생활체육협의회를 창립하였다.

Confirmation
이것만은 꼭!

01 교육차수별 체육교육의 변화과정 중 초등학교에서 '놀이' 대신 '운동'이라는 용어가 처음 사용된 시기는 제 (　) 차 교육과정기이다.

02 학생들의 기초체력을 향상시키기 위해 상급학교에 진학하는 중고등학생들을 대상으로 실시한 체력검정제도의 이름은 (　) 이다.

03 일반 학생을 위한 학교체육의 정상화와 학생 선수의 학습권과 생활권 보장을 목표로 2012년 공포된 법안의 이름은 (　) 이다.

04 우수 선수를 조기발굴하고 학교체육을 활성화하기 위해 몸도 튼튼, 마음도 튼튼, 나라도 튼튼이라는 구호아래 1972년에서 1980년까지 개최되었던 소년 소녀를 위한 체육대회의 이름은 (　) 이다.

05 각급 학교가 그 학교의 지리적·환경적 상황에 적합한 스포츠 종목을 채택하여 학생들을 가르침으로써 해당 스포츠 분야의 우수한 선수를 발굴 육성하는 것을 목적으로 시행되는 스포츠 정책은 (　) 이다.

06 국민 체육을 진흥함으로써 국민의 체력증진과 건전한 정신을 강화하기 위해 1962년 17개 조문으로 공포된 법률은 (　) 이다.

07 체육의 전국민화를 목표로 사회체육을 진흥하기 위해 1976년 대한체육회가 주관이 되어 마련된 체육활성화 계획은 (　) 이다.

08 건강한 가정, 건강한 사회, 건강한 국가의 건설을 목표로 전국민의 생활체육 참여를 촉진하기 위해 1989년 수립된 국민체육진흥을 위한 종합계획의 이름은 (　) 이다.

정답

1. 3
2. 체력장
3. 학교체육진흥법
4. 전국 소년 체육대회 혹은 소년 체전
5. 교기육성제도
6. 국민체육진흥법
7. 사회체육진흥 5개년 계획
8. 호돌이 계획

Previous 단원 기출문제

01 광복 이후의 체육사상으로 바르지 않은 것은?

① 유럽의 영향으로 진보적인 신체육의 개념이 유입되었다.
② 체육교과에서 스포츠가 중요한 내용으로 채택되기 시작했다.
③ 스포츠 활동은 다양성이 강조되고 있다.
④ 스포츠 참여자의 신체·정서·사회적 발달과 인격의 함양에 목표를 두고 있다.

개화기는 유럽의 영향, 광복 이후는 미국의 영향이 강했다.

정답 : ①

02 '국민체육 진흥계획'에 대한 설명으로 바르지 않은 것은?

① 1962년 국민체육진흥법이 제정되었다.
② 1982년 서울 올림픽 준비 계획에 국민체육진흥방안이 추가되었다.
③ 1986년 국민생활체육진흥 3개년 계획(일명 호돌이 계획)이 수립되었다.
④ 1993년 국민체육진흥 5개년 계획이 수립되었다.

'호돌이 계획'은 88 올림픽 이후 89년에 수립되었다.

정답 : ③

03 〈보기〉에서 설명하는 체육 단체는?

〈 보 기 〉
- 제24회 서울올림픽경기대회를 기념하여 1989년 공익법인으로 설립되었다.
- 체육지도자 국가자격시험을 전담하고 있다.
- 경정, 경륜, 스포츠토토 등의 기금조성사업을 하고 있다.

① 대한체육회
② 문화체육관광부
③ 대한장애인체육회
④ 국민체육진흥공단

〈보기〉에서 설명하고 있는 기구는 '국민체육진흥공단'이며, 이 기구의 정확한 명칭은 '서울올림픽기념국민체육진흥공단'이다. 국민체육진흥, 체육과학연구, 청소년건전육성과 관련된 사업을 지원하고 서울올림픽대회를 기념하는 사업을 수행하기 위하여 국민체육진흥기금을 조성, 운용 및 관리하는 것을 목적으로 설립되었다.

정답 : ④

04 1970년대 실시한 체력장 제도에 대한 설명으로 옳지 않은 것은?

① 국민체력검사표준위원회에서 기준과 종목을 선정하였다.
② 체력증진이라는 교육 목적으로 전국적으로 실시되었다.
③ 입시과열 현상 등 부작용이 발생하였다.
④ 기본운동과 구기운동 종목으로 구성되었다.

윗몸 앞으로 굽히기, 윗몸 일으키기, 왕복 달리기, 턱걸이, 던지기, 도움닫기 멀리뛰기, 100m달리기, 오래 달리기 등의 기본 운동 능력만을 측정하였다.

정답 : ④

09강 한국체육사
한국 근·현대사 - 광복 이후의 체육 2

1. 광복 이후의 스포츠

Introduction

광복 직후 민족 체육의 재건은 민간체육단체를 중심으로 모색되었다. 조선체육회가 재건되었으며, 전국체육대회가 열리는 등 민족체육의 발전을 위한 노력이 시작되었다.

하지만 1960년대 이후의 스포츠 발달은 정권의 주도로 이루어졌으며, 정권의 지원을 받은 엘리트 스포츠가 먼저 발달한 후 뒤이어 대중 스포츠도 발달하게 되었다. 국가 주도의 스포츠 진흥 운동은 성공을 거두게 되어 세계 스포츠 강국들과 어깨를 나란히 할 수 있게 되었다.

학습목표: 국제대회 출전과 성과, 전국체전의 역사, 각 정권별 스포츠관련 업적이 빈출하고 있습니다.

<1> 한국 스포츠의 배경

한국 스포츠의 발전은 우선 1960년대와 1970년대에 걸쳐 펼쳐진 박정희 정권의 스포츠 진흥 정책의 결과였다. 박정희 정권은 건강한 신체와 강인한 정신력을 갖춘 국민교육정책을 의미하는 '건민정책'을 펼치기 시작하였고, '체력은 국력'이라는 슬로건을 채택하고 전 국민에게 '국민재건체조'를 보급했다. 1962년에는 '국민체육진흥법'을 공포하는 등 다양한 스포츠 문화 정책을 펼쳐 1988년 서울 올림픽 게임의 유치 계획을 확정하기도 하였다.

한국 스포츠 운동의 성공의 주요 배경으로 경제적 성장도 빼놓을 수 없다. 1970년대 이후 산업화의 진전과 경제적 성장으로 인한 사회 환경의 변화와 자본의 축적이 한국 스포츠의 발달의 중요한 토양이 된 것이다.

또한 한국 정치의 핵심 세력들은 정치적 입지를 넓히고 정권의 안정성을 확보하기 위해 스포츠 내셔널리즘을 활용하였다. 스포츠를 통해 국민의 국가주의 의식을 고양하고 일체감을 조성하여 정권의 지지기반을 확보하려고 한 것이다. 이 과정에서 우수 선수의 발굴과 육성, 대표팀에 대한 지원, 세계 대회에의 적극적 출전 등이 진행되어 스포츠 문화가 놀라운 속도로 발전할 수 있었다.

1) 한국 학원 스포츠의 발달

(1) 한국 스포츠의 발달 배경

- 스포츠 진흥 정책
  - 1960~70년대 박정희 정권의 각종 스포츠 정책과 국민체육진흥 정책 등
- 경제적 성장
  - 70년대 이후의 급속한 경제 성장과 그에 따른 사회 환경의 변화
- 스포츠 내셔널리즘
  - 1980년대 이후 정권과 사회의 안정을 위해 스포츠를 적극적으로 활용

(2) 한국 스포츠의 발달 특징

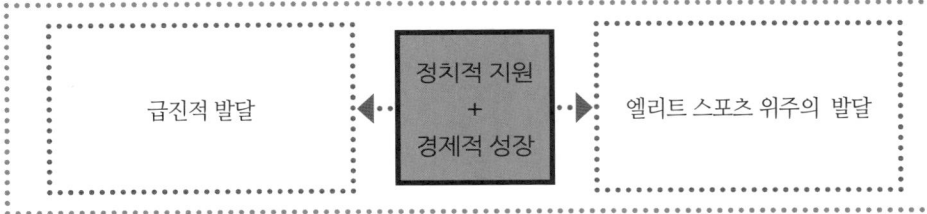

<2> 스포츠 발달사

> 대한민국의 스포츠 진흥 정책은 두 가지 목적을 지향하며 실시되었다. 그 하나는 우수 선수의 육성을 통해 국위를 선양하는 것이었으며, 다른 하나는 스포츠의 대중화를 통해 전 국민이 건전한 정신과 강인한 체력을 길러 국가발전에 기여할 수 있도록 한다는 것이었다. 그러나 그 내면에는 민족주의적 요소와 함께 정권의 안정과 유지를 위한 정치적 의도가 숨어 있었다.
> 따라서 근대화 시기의 체육은 어쩔 수 없이 엘리트 스포츠를 중심으로 발달하게 되었으며, 그 과정에서 성취한 국제대회에서의 눈부신 성과도 부정할 수 없는 사실이다.

1) 한국 엘리트 스포츠의 발달

(1) 국제 대회 참가 연표

대회	내용
보스톤 마라톤 대회	• 1947 • 서윤복 선수 우승
IOC 가입	• 1947
세계 역도 선수권대회	• 1947 • 김성집(미들급3위) • 남수일(페더급2위)
제5회 생모리츠 동계 올림픽	• 1948 • 대한민국 국호로 최초 참가
제14회 런던 하계 올림픽 참가	• 1948 • 대한민국 국호로 최초 참가 • 한수안(권투)-동메달 • 김성집(역도)-동메달
제24회 마닐라 하계 아시안 게임	• 1954 • 대한민국 국호로 최초 참가
제21회 몬트리올 하계 올림픽	• 1976 • 양정모(레슬링) 선수 최초의 금메달 획득 • 배구(국기종목 최초 동메달)
제23회 로스앤젤레스 하계 올림픽	• 1984년 • 종합10위 • 레슬링(금2)-유인탁,김원기 • 유도(금2)-안병근, 하형주 • 복싱(금1) - 신준섭 • 양궁(금1)-서향순 • 여자농구, 여자핸드볼(구기 종목사상 첫 은메달)
제1회 삿포로 동계 아시안게임	• 1986 • 대한민국 국호로 최초 참가
제 10회 서울 하계 아시안 게임 개최	• 1986 • 종합 2위 달성
제 24회 88 서울 올림픽 개최	• 1988 • 종합 4위 (금12, 은10, 동11) • 주요 금메달 종목 여자핸드볼-구기종목중 한국최초 금메달 레슬링(김영남,한명우) 복싱(박시헌,김광선) 양궁(남자단체전, 여자단체전,김수녕) 유도(김재엽,이경근) 탁구(유남규,여자복식-양영자,현정화) • 태권도, 배드민턴,야구,볼링이 시범종목으로 시행 • 공산국가들이 대거 참가

역도 세계신기록 수립 역사

1939년 제10회 메이지신궁대회에서 남수일(60kg급)이 세계신기록으로 우승

1940년 제11회 메이지신궁대회에서 박동욱(56kg급)과 김성집(75kg급)이 세계신기록으로 우승

최초의 올림픽 참가

대한민국은 1948년 8월에 개최된 런던 올림픽에 공식적인 초청을 받아 참가하게 되면서 한국 스포츠의 국제적인 활동이 본격화되었다. 이 대회가 대한민국이라는 국호로 최초 참가한 올림픽으로 알려져 있는데 이는 하계 올림픽에 국한된 내용이며, 그보다 먼저 같은 해 1월 생모리츠 동계올림픽에도 참가한 기록이 있다.

제6회 아시안 게임 개최 반납

한국은 1970년 제 6회 아시안 게임을 개최하기로 결정하였다가 거액의 벌금을 물고 반납하였다. 북한의 군사 도발의 위협과 국가경제발전을 최우선 과제로 삼고 있던 대한민국이 과도한 대회개최 비용을 감당하기 어렵다는 박정희 대통령의 판단으로 개최권을 반납한 것이다.

대표 기출 유형

01 대한민국의 국제대회 참가사로 바르지 않은 것은?(정답 두 개)

① 1948년 - 생모리츠동계올림픽 최초 참가
② 1950년 - 런던하계올림픽 최초 참가
③ 1954년 - 뉴델리하계아시안게임 최초 참가
④ 1986년 - 삿포로동계아시안게임 최초 참가

정답은 해설지에

제16회 프랑스 알베르빌 동계 올림픽	• 1992 • 종합 10위(금2, 은1, 동1) 동계 올림픽 사상 최초 금메달(김기훈-쇼트트랙 1,000m, 남자 5,000m 계주) 은메달(김윤만-스피드스케이팅 사상 최초 메달) 동메달(이준호-쇼트트랙1000m)
제25회 바르셀로나 하계 올림픽	• 1992 • 종합 7위(금12, 은5, 동12) • 배드민턴 정식종목으로 첫 시행 • 주요 금메달 종목 배드민턴에서 금메달 2개(남자복식-박주봉, 김문수, 여자복식-황혜영, 정소영) 마라톤 금메달(황영조-몬주익의영웅) • 북한: 종합16위(금4)
제26회 애틀랜타 하계 올림픽	• 1996 종합 10위(금7,은15,동5) 배드민턴 금메달(방수현, 혼합복식-김동문, 길영아)
제4회 강원 동계 아시아 경기 대회 개최	• 1999 • 종합 2위
제27회 시드니 하계 올림픽	• 2000 • 태권도가 정식 종목으로 첫 시행 금3 • 남북 선수단 공동 입장(국호: KOREA, 국기: 한반도기)
제17회 월드컵 개최	• 2002 • 일본과 공동 개최 • 종합 4위 달성
제14회 부산 하계 아시안게임	• 2002 • 종합 2위 • 북한선수단 및 응원단 참가(북한종합 9위)
제29회 베이징 하계 올림픽	• 2008 • 종합 7위(금13, 은11, 동8) • 한국 최초 수영종목에서 금메달(박태환-자유형400m)
제21회 벤쿠버 동계 올림픽	• 2010년 • 종합 5위(금6, 은6, 동2) • 한국 최초 피겨스케이팅 금메달(김연아)
제30회 런던 하계 올림픽	• 2012년 • 종합 5위(금13, 은9, 동8) • 올림픽 최초 여자복싱 채택 • 양궁-남자 개인전 최초 금메달(오진혁) • 체조-한국 최초 금메달(양학선)
제17회 인천 하계 아시아 경기 대회 개최	• 2014 • 종합 2위
제31회 리우데자네이루 하계 올림픽	• 2016 • 종합 8위(금9, 은3, 동9) • 골프 종목 최초 정식 시행 • 한국 최초 골프 금메달(박인비)
제 23회 평창 동계 올림픽 대회 개최	• 2018 • 여자 아이스하키 남북단일팀 출전
제32회 도쿄 하계올림픽	• 2021 • 종합16위(금6, 은4, 동10) • 근대5종-남자개인전 한국 최초 메달(동-전웅태)
제 33회 파리 하계올림픽	• 2024 • 종합 8위 (금13, 은9, 동10) - 최다 메달 획득 • 양궁- 여자 단체전 10회 연속 금메달, 남자단체전 3회 연속 금메달, 김우진·임시현 3관왕

한국 체육사

대표 기출 유형

02 대한 체육회의 설립 목적이 아닌 것은?

① 엘리트 체육의 집중 양성
② 국민의 체력향상으로 건전하고 명랑한 기풍을 진작
③ 아마추어 경기단체를 통합 지도
④ 우수한 경기자를 양성하여 국위선양을 도모

정답은 해설지에

조선 체육동지회의 의의

조선체육회 재건을 위해 설립된 단체.

1945년 11월 26일 서울YMCA 회관에서 제1회 평의원회를 열어 헌장을 제정하고 임원을 선출하였으며, 일제에게 강제 해산당한 지 7년 만에 조선체육회를 재건했다.

태릉 선수촌

서울특별시 노원구 화랑로 727 (공릉동, 태릉선수촌)에 소재한 국가대표 선수 훈련을 위해 설립된 합숙기관이다. 설립 주체는 국가가 했으나 세부적인 운영은 문화체육관광부 산하 특수법인인 대한체육회가 위탁 운영하고 있다.

1966년 6월 30일에 최초의 건물이 착공되었으며 2000년에 핸드볼, 배드민턴, 육상을 위한 실내 훈련관인 오륜관을 건립하면서 2012년 기준으로 각종 트레이닝 시설과 기숙사, 체육관 등 총 24동의 건물이 입주했다.

현재는 진천과 태백 등에도 선수촌이 마련되어 있다.

(2) 대한 체육회 연표

연도	내용
1945	• 조선체육회 부활 • 조선체육동지회 주도
1948	• 대한 체육회 출범 • 조선 체육회에서 명칭 변경
1961	• 대한체육회에 국고 지원 시작 • 체육정책 변화로 인한 지원시작
1963	• 장충 체육관 개관 • 전국 시·도에 체육관 건립 확산
1966	• 태릉 선수촌 완공(노원구 공릉동 위치) • 일선지도자와 대표 선수 트레이닝
1968	• 체육 조직 일원화 방침 공포(대한체육회로 일원화) • 대한올림픽위원회, 대한학교체육회가 대한체육회의 산하 기구로 편입
1983	• 대한체육회의 특수법인체 전환 • 국내 아마추어 단체를 총괄·지도 역할
2009	• 대한 올림픽 위원회와 통합

☐ 대한 체육회의 의의

국민체육진흥법상에 명시된 특수법인이자 민법상 사단법인으로 한국의 아마추어 스포츠를 육성하고 경기단체를 지도·감독한다. 체육운동의 범국민화, 학교체육 및 생활체육의 진흥, 우수선수 양성으로 국위선양, 가맹경기단체 지원·육성, 올림픽운동 확산 및 보급을 목적으로 하며, 2009년 대한 올림픽 위원회와 통합하였다.

국제적으로는 대한민국을 대표하는 국가올림픽위원회(NOC)이다.

(3) 전국 체전의 역사

제 1회 전 조선 야구대회	• 1920년 11월 • 조선체육회 주관으로 개최 • 전국 체전 기점이 됨
전조선 종합 경기대회	• 1934 • 최초의 종합 경기 대회 • 제 15회 전국체전으로 인정됨
중단	• 1938 • 조선체육회가 조선체육협회에 강제 합병
자유해방경축 전조선 종합 경기대회	• 1945 • 제 26회 전국체전으로 인정됨
조선 올림픽으로 개칭	• 1946 • 제 27회 전국체전으로 인정됨
전국 체육대회로 개칭	• 1948 • 자유참가에서 시·도 대항으로 변경됨

대표 기출 유형

03 〈보기〉에서 설명하는 정부가 시행한 체육 정책에 해당하지 않은 것은?

< 보 기 >

이 정부는 '체력은 국력'이란 슬로건을 채택했으며, '국민재건체조'를 제정하고 대한체육회의 예산을 정부가 지원하기로 결정했다. 그 외 국민체육진흥법공포(1961), 체육진흥법 시행령 공포(1963), 체육의 날 제정(1962), 매월 마지막 주의 '체육주간' 제정 등과 같은 조치가 이루어졌다.

① 태릉선수촌의 건립
② 국군체육부대의 창설
③ 우수선수 병역면제 시행
④ 메달리스트 체육연금제도 도입

정답은 해설지에

(4) 정권별 스포츠 발달사

① 미군정기

의의	• 미군정청에 의해 교육부에 체육과 설립 • 민간체육단체에 의한 민족 체육의 재건
주요 사건	• 조선 체육회 부활 • 자유해방경축 전국종합경기대회 개최
주요 단체	• 조선 체육 동지회(조선체육회 부활 단체) • 조선육상경기연맹, 조선축구협회
국제 활동	• IOC 가입 • 생모리츠 동계올림픽 참가, 런던 하계올림픽 참가

② 이승만 정권기

의의	• 스포츠 문화의 발흥기 • 뚜렷한 스포츠 진흥 정책 없음
주요 사건	• 조선 체육회가 대한 체육회로 명칭 변경 • 1948년 제 14회 런던 하계올림픽에 대한민국 국호로 출전 • 한국 전쟁으로 스포츠 문화 단절
주요 단체	• 조선체육회가 대한체육회로 명칭 변경
국제 활동	• 1952 헬싱키 올림픽 대회에서 37위

③ 박정희 정권기

의의	• 스포츠 문화의 혁명기 • 스포츠를 위한 지원 강화, 사회체육 기반 조성
주요 사건	• 사회체육 진흥 5개년 계획 시작 • 장충체육관, 태릉선수촌, 대한체육회관 등 건립 • '국민재건체조' 제정 • 국민체육진흥법 공포 • 체육진흥법시행령 공포 • 우수 선수 병역면제 시행 • 메달리스트 연금제도 도입 • 보건체육의 시수 증가 • 입시전형에서 체력장 제도 도입
주요 단체	• 대한 체육회 (대한체육회에 대한올림픽위원회, 대한학교체육회 편입) • 대한 체육회 예산 지원 시작
국제 활동	• 서울 올림픽 게임의 유치 계획 확정

④ 전두환 노태우 정권기

의의	• 스포츠 문화 결실기 • 박정희 정권의 정책 계승 • 엘리트스포츠 중심에서 대중 중심 스포츠로 전환
주요 사건	• 각종 프로 스포츠 출범 • 국제 대회 개최 • '스포츠 포 올 무브먼트'의 생활체육 확산 • 국민생활체육진흥 3개년 종합계획 추진
주요 단체	• 대중 스포츠 중심으로 전환 • 국민의 스포츠에 대한 의식 수준 향상
국제 활동	• 86 아시안게임 개최 • 88 올림픽 게임 개최

대표 기출 유형

04 1980년대에 출범한 프로스포츠 종목이 아닌 것은?

① 프로야구
② 프로축구
③ 프로씨름
④ 프로농구

정답은 해설지에

한국 프로 스포츠의 출범

우리나라에서 인기있는 프로스포츠 종목은 야구, 축구, 농구, 배구이다.

이 종목들은 1970년대만 해도 프로가 아닌 실업팀으로 운영이 되다가 1980년대 제 5공화국 전두환 정권하에 국민의 관심과 시선을 정치에서 벗어나게 하려는 3S 정책의 일환으로 프로화가 추진되어 출범하였다.

1982년 프로야구부터 시작되어 1983년에는 프로축구가 뒤를 이었고, 1997년 프로농구, 2005년에는 프로배구까지 시작되었다.

(5) 프로 스포츠 발달사

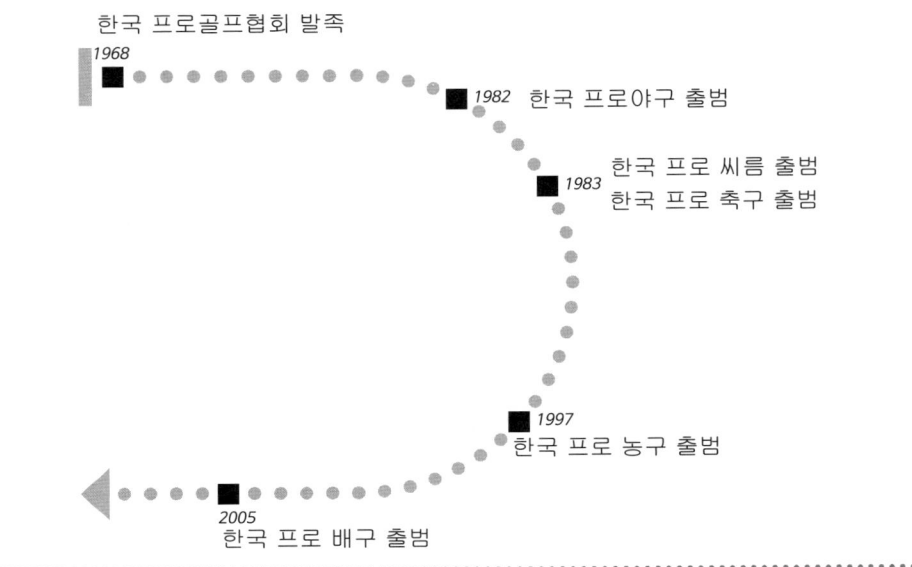

3) 남북한 스포츠 교류

(1) 남북한 스포츠 교류사

경·평 아이스하키전 등 남북 교류전 진행	• 1945~46년 • 서울에서 개최 • 남북 교류전 진행
동경 올림픽 예선전	• 1964년 • 배구 예선전 대결 • 17년만의 남북 교류 재개
경평축구대회 부활	• 1990년 • 경평축구대회 44년만의 부활 • 평양과 잠실에서 개최
남북 단일팀 기본 합의서 마련	• 1991년 2월 • 분단 이후 최초의 합의
지바 세계 탁구 선수권 대회 포루투칼 세계 청소년 축구 대회	• 1991년 • 분단 이후 최초의 단일팀 구성
남북 노동자 축구 대회 남북 통일 농구 대회	• 1999년 • 남북정상회담에 앞선 축하 이벤트
시드니 올림픽 개막식	• 2000년 9월 • 한반도기 사용 • 남북 공동입장 • 이후 국제대회 9차례 공동 입장 실행
부산 아시안게임	• 2002년 • 북한 선수단 파견 • 대규모 북한 응원단 방문
대구 유니버시아드 대회	• 2003년 • 북한 선수단 파견 • 대규모 북한 응원단 방문
동아시아연맹 축구선수권대회	• 2005년 • 북한 여자축구팀 남한 파견
남아공월드컵 예선전	• 2010년 • 북한 남자축구팀 남한 파견
동아시아연맹 축구선수권대회	• 2013년 7월 • 북한 여자축구팀 남한 파견
아시안컵 역도 대회	• 2013년 9월 • 남한 선수단 최초 북한 파견 • 북한에서 최초로 애국가 연주

□ 1991년 남북 단일팀 구성 합의서 주요 내용

- 선수단의 호칭 : 코리아, KOREA
- 선수단의 단기 : 흰색 바탕에 하늘색 우리나라 지도
- 선수단의 단가 : 아리랑
- 선수의 선발 : 경기를 통해 선발
- 선수·임원의 수 : 경기 참가 정원 수 정도로 하되 종목별 특성에 따라 조정
- 훈련 방법 : 상대방의 고유 훈련 방법 존중함
- 그 밖의 사항은 공동추진기구에서 협의해 결정

북한에서의 태극기 게양과 애국가 연주

분단 이후 북한은 그동안 애국가와 태극기 게양을 거부해왔다.

2008년 평양에서 열릴 예정이었던 남북 축구대표팀의 월드컵 아시아지역 예선전이 무산된 것도 그런 이유였다. 결국 남북 양팀은 결국 중국 상하이에서 경기를 치러야 했다.

북한에서 한국의 애국가가 연주된 것은 2013년 아시안컵 역도 대회가 처음이다.

86 아시안게임, 88올림픽과 북한

86년아시안게임에서는 중국을 제외한 북한과 대부분의 공산권 국가들이 참가하지 않았다.

그러나 88올림픽에서는 북한만 참가하지 않았으며 대부분의 공산권 국가들은 참가하였다.

대표 기출 유형

05 남북체육교류협력 내용 중 바르게 연결되지 않은 것은?

① 1991년 : 세계 탁구 및 축구 남북한 단일팀 구성 참가
② 2000년 : 시드니올림픽 개회식 남북한 공동 입장
③ 2002년 : 부산아시안게임 남북한 개폐식 공동 입장
④ 2008년 : 베이징올림픽 남북한 개폐회식 공동 입장

정답은 해설지에

2. 광복 이후의 체육사상

학습목표

1. 대한민국 체육사상의 의의
2. 각 체육 사상의 개념

Introduction

우리나라의 체육과 스포츠 문화는 민족주의나 국가주의라는 이데올로기를 바탕으로 성장했다. 그리고 20세기 후반 한국의 체육 및 스포츠 진흥운동도 국가주의적 색채가 짙었으며, 스포츠의 정치적 활용을 위해 엘리트 주의가 발생하는 일은 당연한 것이었다.

박정희 정권은 특히 스포츠의 기능을 무예의 연장으로 파악하여 강인한 정신력과 굳센 체력을 지닌 강건한 국민성을 함양하려는 '상무'와 '건민'의 정신을 강조하였다.

국가주의와 엘리트 주의

우리나라의 체육과 스포츠 문화도 민족주의나 국가주의라는 이데올로기를 바탕으로 성장했다. 현대 한국의 체육 및 스포츠 진흥운동도 국가주의적 색채가 강하며, 국가의 위상을 높이는 대표 선수의 양성을 중심으로 하는 엘리트 주의가 결합하게 되었다.

민족주의와 국가주의적 국가에서 엘리트 선수들은 마치 국가와 민족의 자존심과 탁월성을 상징하는 전사처럼 여겨진다.

이는 스포츠를 정치적으로 활용하려할 때 흔히 나타나는 현상이다.

□ 광복 이후의 체육 사상

국가 주의	• 스포츠를 통한 애국심 고취 • 국가와 대표팀의 업적을 동일시
엘리트 주의	• 스포츠를 통한 국위 선양 중시 • 국가의 전사로 선수를 양성
상무 정신	• 무를 높이고 중시하는 정신 • 스포츠와 무예를 동일시
건민 사상	• 건전하고 강인한 국민성 중시 • 대중 스포츠의 보급과 국민의 신체와 정신의 단련

대표 기출 유형

06 광복 이후 우리나라에 나타난 체육 사상이나 운동으로 옳지 않은 것은?

① 엘리트스포츠 육성을 통한 스포츠 민족주의
② 체육진흥운동을 통해 강건한 국민성을 함양하는 건민체육사상
③ 서양체육사상과 전통체육사상이 융합된 양토체육 사상
④ 국민 모두의 생활체육을 강조한 대중스포츠운동

정답은 해설지에

Confirmation 이것만은 꼭!

01 대한민국의 국호로 최초 참가한 동계올림픽의 명칭은 1948년 (　)동계 올림픽이며, 하계 올림픽의 명칭은 1948년 (　)하계 올림픽이다.

02 한국이 종합 4위라는 성적을 달성하였으며 한국의 태권도가 시범종목으로 채택되었던 하계 올림픽은 (　)이다.

03 제29회 베이징 하계 올림픽에서 대한민국 선수로는 최초로 400m 자유형 수영에서 금메달을 획득한 선수는 (　)이다.

04 조선체육동지회가 먼저 설립되고 1945년 11월 26일 서울YMCA회관에서 제1회 평의원회를 열어 일제에게 강제 해산당한 지 7년 만에 재건된 단체는 (　)이다.

05 제 33회 파리 하계올림픽에서 여자단체전 10회 연속 금메달을 획득한 종목은 (　)이다.

정답
1. 생모리츠, 런던
2. 1988 서울 올림픽
3. 박태환
4. 조선체육회
5. 양궁

Previous 단원 기출문제

01 <보기>의 ㉠, ㉡에 알맞은 용어로 바르게 묶인 것은?

< 보 기 >
- (㉠) 경기대회는 한국전쟁 중 우리나라가 참가한 대회로, 올림픽에 대한 한국의 열정을 극명하게 보여 주었다.
- (㉡) 경기대회는 우리나라가 최초로 금메달을 획득한 대회로, 금 1개, 은 1개, 동 4개로 종합순위 19위를 차지하였다.

	㉠	㉡
①	헬싱키올림픽	동경올림픽
②	헬싱키올림픽	몬트리올올림픽
③	뮌헨올림픽	동경올림픽
④	뮌헨올림픽	몬트리올올림픽

헬싱키 올림픽대회는 1952년 핀란드의 헬싱키에서 개최된 제15회 하계 올림픽 경기대회로 한국은 전쟁 중이었음에도 선수단을 파견하여 '금 0, 은 0, 동 2'의 성과를 거두었다. 또한 몬트리올 올림픽대회는 우리나라의 국호로는 최초로 양정모 선수가 레슬링에서 금메달을 획득하였다.

정답 : ②

03 <보기>의 ㉠~㉣을 연대순으로 바르게 연결한 것은?

< 보 기 >
㉠ 태권도가 하계올림픽경기대회에서 정식 종목으로 채택되었다.
㉡ 손기정은 하계올림픽경기대회 마라톤 종목에서 금메달을 획득했다.
㉢ 한국은 하계올림픽경기대회에 'KOREA'라는 정식 국호를 달고 최초로 참가했다.
㉣ 양정모는 하계올림픽경기대회 레슬링 종목에서 한국선수 최초로 금메달을 획득했다.

① ㉣-㉠-㉡-㉢
② ㉡-㉢-㉠-㉣
③ ㉡-㉢-㉣-㉠
④ ㉢-㉡-㉠-㉣

<보기>에 제시된 대회의 이름과 연대는 다음과 같다.
㉡-1936 베를린 올림픽
㉢-1948 런던 하계올림픽
㉣-1976 몬트리올 하계올림픽
㉠-2000 시드니 하계올림픽

정답 : ③

02 <보기>에서 설명하는 올림픽 경기대회는?

< 보 기 >
- 분단 후 남한과 북한의 선수가 최초로 동시에 입장한 대회였다.
- 남한과 북한의 대표선수단은 KOREA라는 표지판과 한반도기를 앞세우고 함께 입장하여 세계인의 박수를 받았다.
- 태권도가 올림픽 정식 종목으로 시행되었다.

① 1996년 제26회 애틀란타올림픽경기대회
② 2000년 제27회 시드니올림픽경기대회
③ 2004년 제28회 아테네올림픽경기대회
④ 2008년 제29회 베이징올림픽경기대회

분단 이후 남북한이 최초로 단일팀을 구성하여 참가했던 올림픽대회는 2000년 시드니올림픽경기대회였다. 이 대회에서는 단가는 아리랑, 단기는 한반도기를, 선수단의 호칭은 KOREA를 사용하였다.

정답 : ②

04 1990년대 남북한 단일팀 구성에서 합의한 내용이 아닌 것은?

① 선수단의 단복은 남과 북을 구별한다.
② 선수단의 단가는 1920년대 '아리랑'으로 한다.
③ 선수단의 호칭은 한글로 '코리아'와 영문으로는 'KOREA'이다.
④ 선수단의 단기는 '흰색 바탕에 하늘색 한반도 지도'를 넣는다.

남북한 단일팀의 단복은 하늘색 상의와 흰색 하의로 통일하는 것으로 결정되었다.

정답 : ①

잊지 마세요.
벽을 눕히면 다리가 된다는 것을.

잊지 마세요.
벽을 눕히면 다리가 된다는 것을.

운동 생리학

운동 생리학

1강 • 운동 생리학의 개관 ································· 353
2강 • 에너지의 대사와 운동 ······························ 359
3강 • 신경 조절과 운동 ································· 382
4강 • 골격근과 운동 ···································· 394
5강 • 내분비계와 운동 ·································· 408
6강 • 호흡 순환계와 운동 ······························· 422
7강 • 환경과 운동 ····································· 446

01강 운동 생리학

운동 생리학의 개관

1. 주요 용어

Introduction

인체의 조직과 기관은 외부 환경에 반응하여 일시적으로 변화하거나 장기적으로 적응한다. 이러한 변화와 적응 덕분에 인체는 변동이 큰 외부 환경에 비해 상대적으로 안정적인 상태를 유지하는데, 이를 항상성이라고 한다.

항상성 덕분에 체온, 혈압, 산소와 이산화탄소의 분압, 혈당, 산과 염기 등이 조절되며, 이러한 조절 작용을 통해 인간은 건강과 생명을 유지할 수 있다.

학습목표

최근에는 자주 출제되지 않습니다. 항상성을 중심으로 인체의 특징을 이해하면 됩니다.

<1> 운동 (exercise)

생리학적 의미의 운동이란 역학에서 말하는 운동의 개념과는 다르다. 생리학에서의 운동은 건강과 생명의 유지와 관련한 신체활동들을 의미하는 것이다. 즉 생리학에서의 운동은 건강이나 체력을 증진하기 위한 계획적이고 구체적인 신체활동들을 의미하는 개념이다.

1) 운동과 항상성

□ 인체의 항상성 조절 시스템

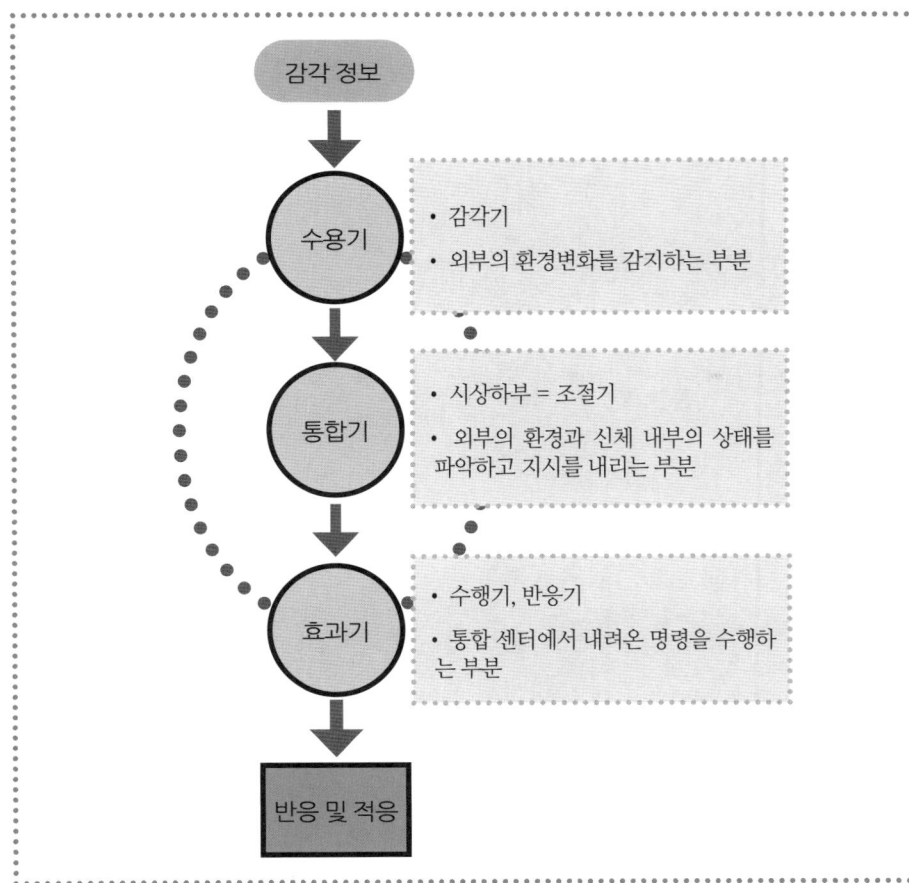

항상성

생명체가 비교적 안정된 내부 환경을 유지하는 상태를 의미한다. 생체는 고정된 상태가 아니며 자극으로부터 발생된 변화가 이에 상응하는 보상적인 생리적 반응에 의해 최소화되는 유동적인 상태이다.

운동 중의 항상성 조절
- 체온조절
- 혈압조절
- 산소/이산화탄소 분압 조절
- 혈당조절
- 체내의 산-염기조절

대표 기출 유형

01 환경의 변화에 상응하는 보상적 생리반응에 의해 내부 환경을 작은 범위 내에서 일정하게 유지하려고 하는 것을 무엇이라 하는가?

① 반응(response)
② 적응(adaptation)
③ 스트레스(stress)
④ 항상성(homeostasis)

정답은 해설지에

주요 개념 1

- **신체조성** : 근육, 뼈, 지방 등 신체를 구성하는 조직의 상대적인 양으로 체지방율과 제지방율로 나타냄
- **체지방율** : 인체 체중에 대한 체지방의 비율을 백분율로 나타낸 것
- **제지방율** : 총 체중에서 체지방율을 뺀 부분, 인체의 지방이 아닌 부분 즉, 근육, 뼈, 피부 및 내장기관을 포함한 모든 신체조직을 일컫는 말

주요 개념 2

- **건강(health)** : 질병이 없거나 허약하지 않을 뿐 아니라 신체적·정신적·사회적으로 완전히 안녕(wellbeing)한 상태에 놓여 있는 것을 의미한다.(1946년 세계보건기구(WHO))
- **웰니스(wellness)** : 신체적·정신적·정서적·지적·사회적으로 조화로운 발달을 이루어 최고의 능력을 발휘할 수 있는 최고 수준의 건강 상태를 의미한다.

운동 훈련의 원리

- **과부하의 원리**
  운동의 빈도, 강도, 지속시간 등을 통한 운동량을 일상생활 수준 이상의 부하로 늘리면 심혈관계나 골격근의 능력이 향상됨
- **가역성의 원리**
  과부하가 이루어지지 않거나 운동을 하지 않으면 운동능력이 빠르게 감소됨
- **특이성의 원리**
  운동에 사용된 근섬유에만 특이적으로 훈련의 효과가 나타나는 원리로 활동 형태에 따라 근섬유의 발달 부분이 달라짐

대표 기출 유형

02 운동기술 관련 체력(skill-related fitness) 요소가 아닌 것은?

① 민첩성
② 순발력
③ 신체조성
④ 스피드

정답은 해설지에

<2> 신체활동 (physical activity)

신체 활동은 골격근이 수축하여 에너지를 소비하며 신체를 움직이는 모든 활동을 의미한다. 반면, 운동은 체력을 향상시키거나 유지하기 위해 계획적이고 의도적으로 수행되는 신체 활동을 말한다. 즉, 신체 활동은 운동을 포함한 모든 신체의 움직임을 포괄하는 개념이고, 운동은 그중에서도 목적성이 더 강한 활동을 의미하는 것이다.

□ 신체활동과 운동

신체 활동	운동
에너지를 소비하며 이루어지는 신체의 모든 움직임을 의미함	체력을 향상시키기 위한 계획적이고 구체적인, 좁은 의미의 신체 활동을 의미함

<3> 체력 (fitness)

체력은 인간이 활동을 더 원활하고 활기차게 할 수 있도록 돕는 힘을 의미한다. 체력은 크게 두 가지로 나뉘는데, 사람의 행동에 직접 영향을 미치는 행동체력과 생존을 위해 필요한 방위체력이 있다. 행동체력은 다시 두 가지로 구분되며, 하나는 건강을 유지하는 데 중요한 건강 관련 체력이고, 다른 하나는 스포츠에서 기술을 효과적으로 발휘하는 데 필요한 운동 기술 관련 체력이다.

1) 체력의 유형

(1) 행동체력과 방위체력

행동체력	행동을 일으키는 능력	근력	근육이 수축하며 힘을 발생시키는 능력
		순발력	근육이 순간적으로 힘을 발휘하는 능력
	행동을 지속하는 능력	근지구력	근력을 반복적으로 발휘하는 능력
		심폐지구력	지속적인 운동을 위해 근육에 산소와 에너지를 공급하는 심혈관계의 능력
	행동을 조정하는 능력	평형성	동적, 정적 상태에서 균형 유지 능력
		민첩성	외적상황에 빠르게 반응하는 능력
		유연성	관절의 가동 범위와 근육의 신장 능력
		협응력 (교차성)	복잡한 운동 기능을 수행하기 위해 신체의 여러 부분이 조화롭게 움직이는 능력
방위체력	물리·화학적 저항력		기후, 기압, 오염물질 등
	생물적 저항력		병원균, 바이러스, 기생충 등
	생리적 저항력		공복, 불면, 피로, 갈증 등
	정신(심리)적 저항력		불쾌감, 긴장, 고민, 슬픔 등

(2) 건강 관련 체력과 운동 기술 관련 체력

건강 관련 체력	운동 기술 관련 체력
• 건강유지에 도움이 되는 체력 요소 • 근력, 근지구력, 심폐지구력, 유연성, 신체조성(체지방율, 제지방율) • 오래달리기, 윗몸일으키기, 몸 앞으로 굽히기	• 스포츠에서 필요한 기술을 효과적으로 발휘하는데 필요한 체력 요소 • 평형성, 민첩성, 협응력, 순발력, 스피드 • 100m 달리기, 제자리 높이뛰기, 제자리 멀리뛰기

2. 운동 생리학의 개념

Introduction

운동 생리학은 운동이라는 자극에 대한 인체의 반응과 적응 과정을 연구하는 학문이다. 정상적인 인체는 외부 자극에 적절히 반응하고 환경에 맞춰 적응하는 능력을 가지며, 이러한 반응과 적응이 운동 생리학의 주요 연구 대상이다.

다시 말해, 운동 생리학은 운동에 따른 인체의 기능적 변화를 분석하고, 규칙적이고 반복적인 트레이닝에 의해 나타나는 적응 현상을 다루는 학문이다.

학습목표

최근에는 거의 출제되지 않습니다. 운동생리학의 연구영역과 목표 정도를 이해합니다.

<1> 운동 생리학의 정의

운동 생리학은 운동 자극에 대한 인체의 기능뿐만 아니라 환경 적응력, 신체 구조, 각 구조의 기능까지도 다루는 포괄적인 학문이다. 인체는 성별, 연령, 체력과 관련된 신체 조건 등을 바탕으로 다양한 운동 자극과 환경에 맞춰 변화하며 반응하고 적응한다. 운동 생리학은 이러한 반응과 적응을 연구하며, 인체의 특성을 다루기 때문에 인체 구조를 연구하는 인체해부학을 비롯한 여러 관련 학문과 밀접한 연관성을 가진다.

1) 운동 생리학의 개념

① 운동 생리학의 지위

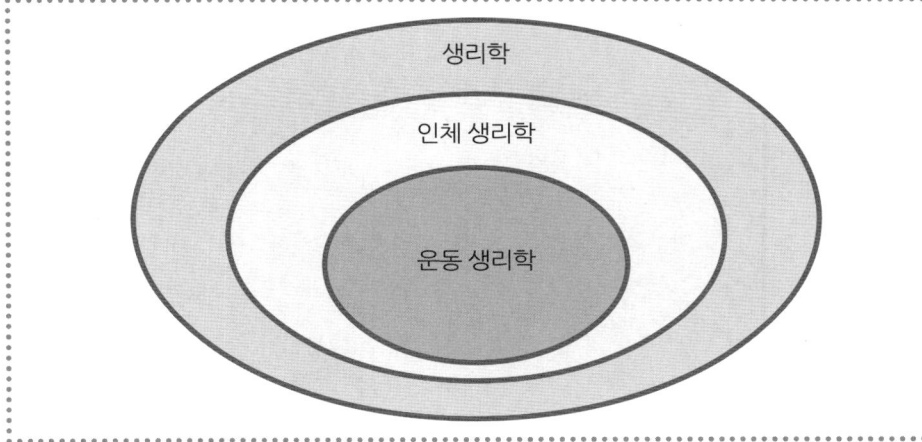

② 운동 생리학의 연구과제

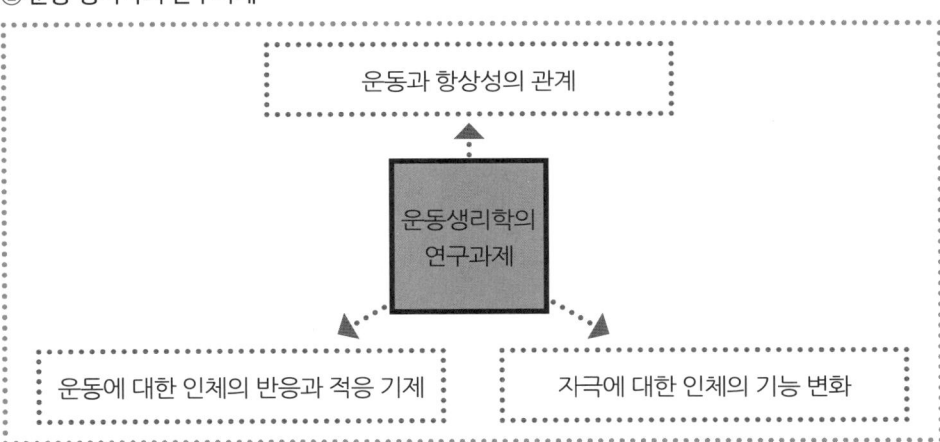

대표 기출 유형

03 다음 괄호 안에 가장 적합한 단어를 순서대로 표기한 보기를 선택하시오.

<보기>

운동 생리학은 운동 중 생명체가 어떻게 생리학적으로 반응하는가를 관찰하는 학문이다. 그러므로 운동이라는 (㉠)을(를) 이용하여 인체가(를) (㉡)하는 과정을 생리학적으로 관찰함과 동시에 인체가 궁극적으로 어떻게 변화하는지를 연구하는 학문이다.

그러나 21세기에 접어들면서 운동 생리학의 연구영역은 인체의 (㉢)(이)라는 생리학적 수준에서 점차 진화하여 (㉣)와(과) 신호전달체계 및 단백질 합성 및 발현이라는 세포생물학 또는 분자생물학 분야로 진화하고 있다.

① ㉠자극, ㉡적응, ㉢기관, ㉣조직
② ㉠적응, ㉡자극, ㉢세포, ㉣조직과 기관
③ ㉠자극, ㉡적응, ㉢조직과 기관, ㉣세포
④ ㉠적응, ㉡자극, ㉢조직과 기관, ㉣세포

정답은 해설지에

<2> 운동 생리학의 인접 학문

앞서 말한 것처럼 운동 생리학은 인체를 연구하는 수많은 다른 학문들과 밀접하게 연관을 가지면서 발전하였다.

운동 생리학과 관련을 가진 대표적인 학문으로는 생리학, 인체 생리학, 해부학, 트레이닝론, 운동처방, 운동 영양학, 운동 생화학, 스포츠 의학 등이 있다.

1) 운동 생리학과 인접 학문과의 연관성

생리학	생물의 기능 및 내적 환경요인의 조절을 연구함
인체 생리학	인체의 기관의 기능과 기능발현의 조건을 연구함
해부학	인체의 구조 및 기능을 연구함
운동 생화학	운동시 인체내 생화학적 반응을 연구함
운동 영양학	스포츠 활동을 위한 영양과 식이를 연구함
트레이닝론	훈련의 방법과 계획을 연구함
운동 처방	적절한 운동의 양과 질을 연구함
스포츠 의학	운동수행에 관련된 의학적 접근에 대해 연구함

2) 운동 생리학의 역사

1889년	페르난드 라그레인지	• 처음으로 운동생리학 교재 'Physiology of Biology Exercise' 출간
1920년대	힐	• 근피로, 근수축, 힘의 관계, 최대산소섭취량 연구 • 하버드 피로연구소에서 활동
	오토 마이어호프	근육내 젖산과 산소소비량의 관계 규명
	크리스티안 보어	• 보어 연구소 설립 • 산소-헤모글로빈 해리곡선의 변화 연구
	아우구스트 크로그	• 근육내 대사작용 연구로 노벨상 수상 • 보어 연구소에서 인간의 호흡과 운동에 대해 연구
	홀데인	• 육상선수를 대상으로 한 생리학 연구 처음 수행 (호흡가스분석기 적용)
	핸더슨	• 하버드 피로연구소 설립 • 미국 운동생리학의 시초 • 현대 운동생리학, 환경생리학, 임상생리학 등 여러 분야 연구
	더글라스	• 환경생리학의 기반 마련 • 하버드 피로 연구소에서 연구
1930년대	호우 크리스텐센, 오울 한센, 퍼 올리프 어스트랜드	• 탄수화물과 지방 대사, 체력과 지구성 능력에 관한 연구
1960년대	존 할러지, 찰스 팁턴, 벵거트 살틴, 필 골닉, 로저 에저턴	• 운동생리학의 생화학적 접근
최근		• 분자생물학적 분석, 유전학의 발달로 생리학적 기능부터 세포 수준의 유전적 반응까지 폭넓게 연구

대표 기출 유형

04 운동 생리학의 기본 영역에서 파생된 학문으로 관련성이 가장 적은 것은?

① 운동처방
② 트레이닝 방법론
③ 운동역학
④ 운동영양학

정답은 해설지에

대표 기출 유형

05 <보기>에서 괄호에 들어갈 명칭은?

<보기>
미국 운동 생리학의 역사는 1920년대 호흡생리학의 권위자인 L. 핸더슨이 설립한 (   )에서 시작되었으며, 이곳에서 최대산소섭취량과 산소부채, 탄수화물과 지방대사, 환경생리학, 임상생리학, 노화, 혈액 및 체력 등 여러 분야의 연구가 수행되었다.

① 하버드피로연구소
② 아우구스트크로그연구소
③ 크리스티안보어연구소
④ 카롤린스카연구소

정답은 해설지에

Confirmation
이것만은 꼭!

01 외부환경이 변하더라도 생체내의 상태를 일정하게 유지하려는 성질을 (　　)이라 한다.

02 (　　)는 신체적·정신적·정서적·지적·사회적으로 조화로운 발달을 이루어 최고의 능력을 발휘할 수 있는 최고수준의 건강상태를 의미한다.

03 (　　)은 에너지를 소비하며 이루어지는 신체의 모든 움직임을 의미한다.

04 (　　)은 인간의 활동을 보다 원활하고 역동적으로 잘 이루어질 수 있도록 하는 힘을 의미한다.

05 (　　)은 체력을 강화할 수 있는 구체적인 방법으로 좁은 의미의 신체활동을 의미한다.

정답
1. 항상성
2. 웰니스
3. 신체활동
4. 체력
5. 운동

Previous 단원 기출문제

01 운동 생리학의 연구 과제로 옳지 않은 것은?

① 운동과 항상성의 관계를 연구함
② 운동에 대한 기관계 기능의 반응과 적응 기제를 연구함
③ 자극에 대한 인체의 기능 변화를 연구함
④ 운동 수행의 촉진 방안을 연구함

운동 수행의 촉진방안을 연구하는 학문은 스포츠 심리학과 스포츠 사회학이다.

정답 : ④

02 외부환경이 변하더라도 생체 내의 상태를 일정하게 유지하려는 성질을 무엇이라 하는가?

① 항상성
② 적응
③ 조절
④ 유전

항상성이란 외부환경이 변하더라도 생체 내의 상태를 일정하게 유지하려는 성질이다.

정답 : ①

03 운동 생리학 관련 연구에 대한 설명 중 옳지 않은 것은?

① 운동 시 신체의 기능이 어떻게 변화하는지를 연구한다.
② 운동능력을 향상시키기 위한 훈련 과정에 적용하는 학문이다.
③ 장기간 운동에 대한 신체적 효과 및 적응에 대해 연구한다.
④ 운동손상에 대한 수술방법을 연구하는 학문이다.

운동으로 인한 손상의 수술방법은 의학 분야에서 연구한다.

정답 : ④

04 <보기>에서 설명하는 운동훈련의 원리는?

< 보 기 >
• 운동훈련에 의한 효과는 운동량이 일상생활 수준보다 높을 때 일어난다.
• 운동량은 운동의 빈도, 강도 또는 지속시간을 증가시킴으로써 늘릴 수 있다.

① 가역성의 원리
② 개별성의 원리
③ 과부하의 원리
④ 특이성의 원리

운동량을 일상생활 수준 이상의 부하로 늘려 운동효과를 얻는 것은 과부하의 원리이다.

정답 : ③

02강 운동 생리학 - 에너지의 대사와 운동

1. 에너지의 개념과 대사작용

Introduction

신체활동은 인체가 섭취한 에너지원이 화학적 에너지로, 다시 기계적 에너지로 변환되면서 이루어진다. 이 과정에서 일부의 에너지는 열로 바뀌기도 한다. 이러한 물질과 에너지의 변환과정을 전체를 '대사'라고 한다. 인체의 근수축에 사용되는 직접적인 에너지는 ATP(아데노신삼인산)이며, 음식물 섭취를 통해 얻는 영양소가 ATP로 전환된 후 이용되는 것이다. 따라서 이 장에서는 각 에너지원이 ATP로 변환되는 대사시스템과 각 에너지 시스템의 동원 순서를 이해하는 것이 필요하다.

학습목표

반드시 출제됩니다. 각 에너지 대사 시스템의 특징과 순서를 철저하게 암기합니다.

<1> 에너지 발생 과정과 형태

ATP(아데노신 삼인산)은 인간 활동에 가장 중요한 에너지원이다. 우리가 섭취하는 음식물에 들어 있는 탄수화물, 지방, 단백질은 세포에서 분해될 때 약 40%가 ATP로 전환되어 에너지원으로 사용되고, 나머지 60%는 열로 방출된다. 음식물 속 영양소는 주로 탄소, 수소, 산소로 이루어진 큰 분자 형태라서 세포가 바로 이용할 수 없다. 세포에서 분해되어 나오는 ATP는 다른 형태의 에너지로 바꾸기 쉬운 고에너지 물질로, 근육 수축, 신경 활동, 체온 유지, 물질 합성 등 세포 내 여러 과정에서 직접 사용된다.

인체 에너지 관련 주요 개념
- 신체활동에서 화학적 에너지가 기계적 에너지로 변환하면서 일부는 열로 바뀜
- 근수축에 사용되는 직접적인 에너지는 ATP
- 음식물 섭취를 통해 얻는 에너지 중 약 40%는 ATP로 전환된 후 이용되고 나머지 60%는 열에너지로 방출됨

1) 인체의 에너지

☐ ATP의 생성과 운동의 생성

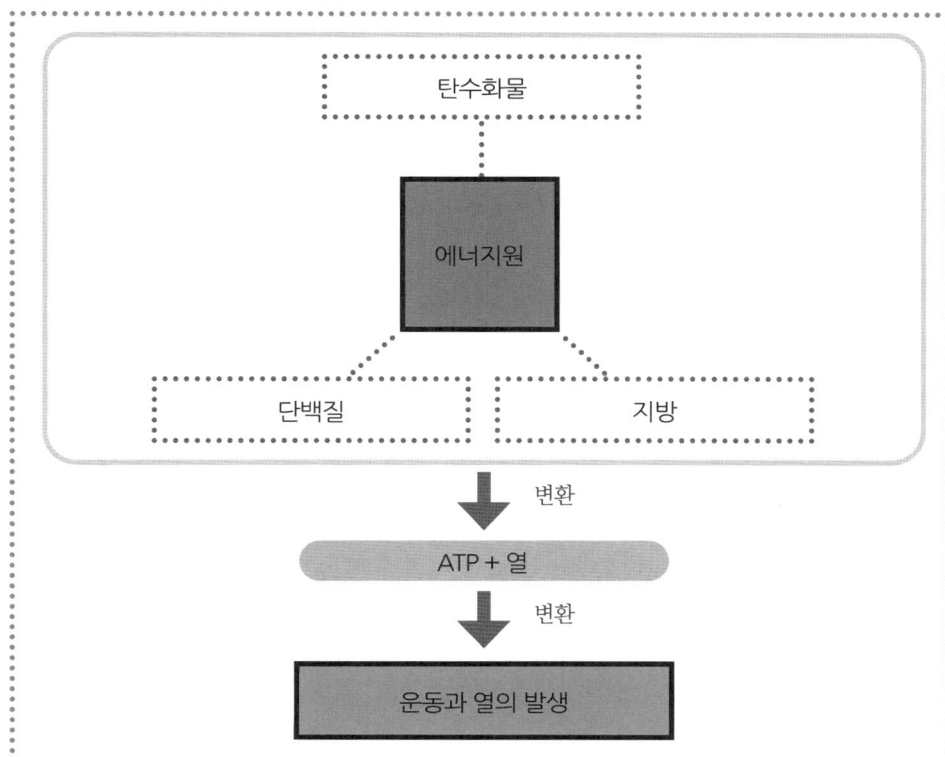

대표 기출 유형

01 인체운동에 관한 다음 설명에서 ( ) 안에 들어갈 단어를 올바른 순서대로 짝지어 놓은 것은?

<보기>

( )에너지를 ( )에너지로 전환시키는 생체 에너지 과정은 연속적인 화학작용에 의하여 조절된다.

① 화학적 - 기계적
② 기계적 - 화학적
③ 물리적 - 전기적
④ 전기적 - 물리적

정답은 해설지에

2) 대사과정에 사용되는 주요 열량소

(1) 탄수화물

구성원소	탄소(C), 수소(H), 산소(O)	
특징	• 세포의 구성성분 • 영양소 중 1차적인 에너지원(특히 고강도 운동시) • 운동 강도에 따라 탄수화물에서 공급되는 에너지 비율이 달라짐 (휴식시 : 신체가 필요로 하는 에너지의 35-40% 공급, 가벼운 운동시 : 50%이상, 격렬한 운동시 : 대부분의 에너지 공급) • 지방과 단백질의 신진대사를 조절함 • 여분의 탄수화물은 글리코겐이나 지방으로 전환되어 저장됨	
1g당 열량	4kcal	
종류	단당류 (당 한 개로 구성)	• 포도당(글루코스) • 과당(프락토오스) • 갈락토오스
	이당류 (당 두 개의 결합)	• 맥아당(말토오스) : 포도당 + 포도당 • 설탕(슈크로오스) : 포도당 + 과당 • 젖당(락토오스) : 포도당 + 갈락토오스
	다당류 (당 여러 개의 결합)	• 녹말, 글리코겐, 셀룰로오스

(2) 지방

구성원소	탄소(C), 수소(H), 산소(O)	
특징	• 가장 많은 에너지 저장 • 장시간 지속적인 운동시, 중정도 강도의 운동시 총에너지의 50% 공급, 휴식상태의 총에너지 중 70% 제공 • 세포의 구성성분 (세포막과 신경섬유의 필수 구성성분) • 중요 기관을 지지, 완충작용으로 보호함 • 체내에서 지용성 비타민의 흡수와 운반 • 대부분 중성지방 형태로 지방세포에, 일부는 근육세포에 저장됨 • 중성지방은 리파아제에 의해 지방산과 글리세롤로 분해됨 • 체내의 모든 스테로이드 호르몬은 콜레스테롤로부터 생산됨	
1g당 열량	9kcal	
종류	중성지방 (트리글리세리드)	• 포화지방산 – 상온에서 고체, 동물성 • 불포화지방산 – 상온에서 액체, 식물성
	스테로이드	콜레스테롤, 성호르몬, 부신피질호르몬
	인지질	세포막의 주성분

(3) 단백질

구성원소	탄소(C), 수소(H), 산소(O), 질소(N)	
특징	• 운동 중 에너지원으로서의 사용은 미미함. (전체 에너지원의 1-2%정도, 고강도 장시간 운동시 에너지가 부족할 때, 장기간 굶었을 때 사용) • 세포, 근육, 머리카락 등 몸의 주요 구성성분 (가장 중요한 기능) • 효소, 호르몬, 항체를 생성 • 생리 작용 조절	
1g당 열량	4kcal	
종류	성인의 필수 아미노산	로이신, 이소로이신, 페닐알라닌, 트레오닌, 라이신(리신), 메티오닌, 트립토판, 발린 (총 8개)
	어린이의 필수 아미노산	성인의 필수아미노산 + 아르기닌, 히스티딘 (총 10개)

에너지원과 영양소
- 에너지원 : 에너지를 공급할 수 있는 물질
- 영양소 : 몸을 구성하거나 에너지원으로 쓰이는 물질. 생리작용을 조절하기도 함.
  - 주영양소 : 에너지원, 몸의 구성성분
    예) 탄수화물, 지방, 단백질
  - 부영양소 : 에너지원이 아닌 몸의 구성성분
    예) 비타민, 무기염류, 물

체내 열량소 이용률
- 체내 열량소 이용률은 탄수화물 - 지방 - 단백질의 순서
- 탄수화물 : 운동 초기나 운동 강도가 높을수록 이용률이 증가함
- 지방 : 중정도 강도의 장시간 운동시 이용률이 증가함
- 단백질 : 탄수화물이나 지방이 부족할 때, 고강도의 장시간 운동시 이용률이 증가함

대표 기출 유형

02 다음 중 인간 활동에 있어서 가장 중요한 에너지 형태를 하나 고르시오.

① 기계적 에너지
② 핵 에너지
③ 전기 에너지
④ 화학 에너지

정답은 해설지에

<2> 물질대사 과정의 경로

물질대사란 생물이 생명을 유지하기 위해 외부로부터 필요한 물질을 받아들여 분해하거나 합성하는 현상을 말한다. 물질대사 과정에는 효소가 필요하며 이런 물질대사의 과정 중에 ATP가 생성되거나 소모된다.

1) 물질대사의 유형

① 물질대사의 과정

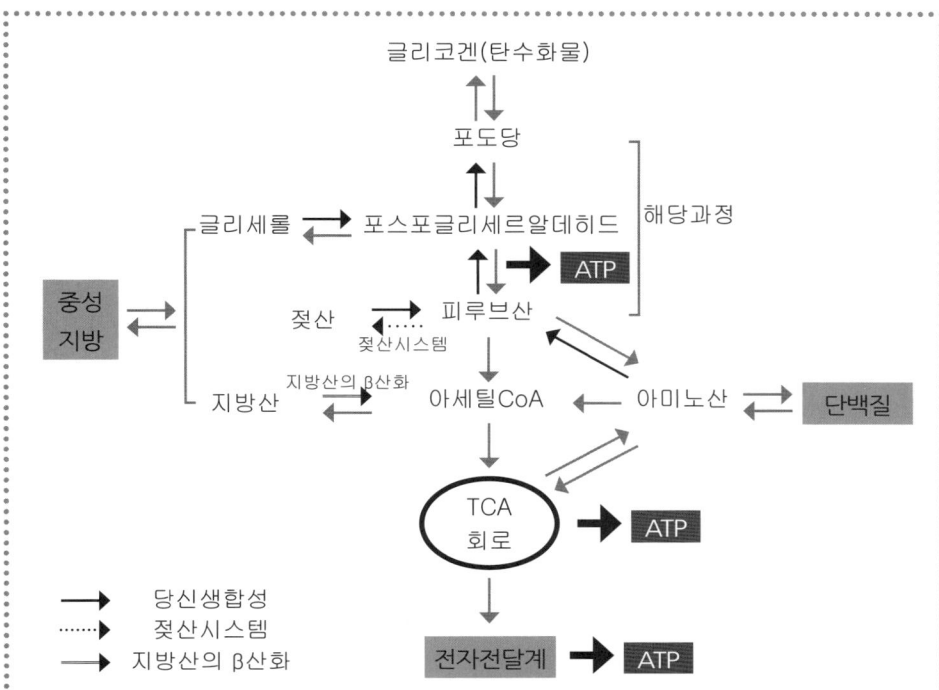

② 동화작용과 이화작용

구분	물질의 변화	에너지 출입	예시
동화 작용	작은 분자 → 큰 분자 (합성)	에너지 흡수 (흡열반응)	단백질 합성 (아미노산 → 단백질)
이화 작용	큰 분자 → 작은 분자 (분해)	에너지 방출 (발열반응)	소화(탄수화물 → 포도당) 호흡(해당과정, TCA회로)

대표 기출 유형

03 에너지 대사 측면에서 탄수화물과 지방의 특성으로 관련이 없는 설명은?

① 지방은 산화를 통한 ATP 생산을 위하여 반드시 산소가 필요하다.
② 1그램의 지방은 약 9 kcal의 열량을 생산한다.
③ 포도당 1분자와 비교하여 지방 1분자가 생산하는 ATP의 양이 적다.
④ 탄수화물은 높은 운동강도에서 지방보다 선호되는 에너지원이다.

정답은 해설지에

(1) 탄수화물의 대사

① 무기호흡(무산소성 과정) - 무산소성 해당과정과 젖산시스템

- 젖산시스템 (젖산발효) 또는 무산소성 해당과정과 젖산시스템을 통칭
- 대사과정에 산소를 이용하지 않음

해당과정 (glycolysis)	• EM pathway라고도 함 • 세포질에서 포도당(6탄당)이 2분자의 피루브산(3탄당)으로 분해되는 과정 • 포도당 → 2피루브산 + 2ATP + 2NADH
젖산시스템	• 해당과정 결과 생성된 피루브산이 산소가 없을 때 TCA회로로 들어가지 않고 젖산을 생성하는 과정 • 피루브산 + $2H^+$ → 젖산

② 유기호흡(유산소성 과정)

- 산소를 이용해 포도당이 물과 이산화탄소로 분해되면서 에너지를 방출하는 과정
- 포도당 + 산소 + ADP + Pi → 이산화탄소 + 물 + ATP

유산소성 해당과정 (glycolysis)	• 산소를 이용하지 않는 과정이지만 산소가 있는 환경에서도 산소 소모 없이 포도당을 분해하는 과정 • 세포질에서 포도당(6탄당)이 2분자의 피루브산(3탄당)으로 분해되는 과정 • 포도당 → 2피루브산 + 2ATP + 2NADH
TCA 회로 준비 단계	• 피루브산이 미토콘드리아에서 acetyl-CoA로 전환되는 과정 • 2피루브산 → 2acetyl-CoA + 2NADH + $2CO_2$
TCA 회로 (Tricarboxylic acid cycle)	• 크렙스사이클, 구연산회로, 시트르산회로라고도 함 • 미토콘드리아 기질에서 일어남 • acetyl-CoA가 옥살아세트산과 결합하여 시트르산이 된 후 회로를 돌면서 CO_2로 분해되고 에너지를 생산하는 과정 • 해당과정 결과 피루브산이 2몰 생성되므로 TCA회로도 2번 돌게 됨 • (acetyl-CoA → $2CO_2$ + 3NADH + 1FADH + 1ATP) x 2
전자전달계 (Electron Transport System : ETS)	• NADH와 $FADH_2$가 지니고 있던 전자가 전자전달계를 따라 전달되는 과정 • 전자가 최종적으로 산소로 전해지고, 이 과정에서 총 32~38ATP 생성 (1NADH당 3ATP(또는 2.5ATP)생성, 1$FADH_2$당 2ATP(또는 1.5ATP) 생성 • 미토콘드리아의 내막에서 일어남

③ 오탄당회로(PPP회로)

- 세포에서 ATP이외의 필요한 산물을 얻기 위한 2차 대사
- 6탄당인 포도당으로부터 5탄당인 리보오스를 생성하여 핵산 생합성에 이용함

④ 당신생합성 (glyconeogenesis)

- 당이 아닌 물질(글리세롤, 젖산, α-케토산, 피루브산 등)로부터 당이 만들어지는 과정
- 해당과정의 역반응과 유사함

⑤ 코리회로

- 근육과 간 사이에서 포도당과 젖산이 변환되어 이동하는 회로
- 해당과정과 젖산발효를 통해 골격근에서 만들어진 젖산은 혈액을 통해 간으로 이동되고, 간에서 당신생합성을 통해 포도당으로 전환됨. 간에서 새로 만들어진 포도당은 다시 혈액을 통해 근육으로 보내져 운동에 필요한 에너지를 생산하는데 쓰임

주요 용어

- 3탄당 : 탄소 3개로 이루어진 당
예) 글리세르알데히드
- 5탄당 : 탄소 5개로 이루어진 당
예) 리보오스, 데옥시리보오스
- 6탄당 : 탄소 6개로 이루어진 당
예) 포도당, 과당(프락토오스), 갈락토오스

□ 코리 회로

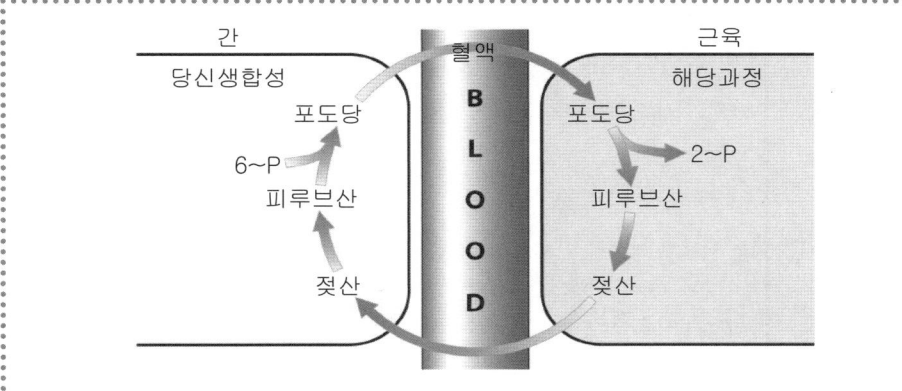

(2) 지방의 대사

- 지방조직에 저장된 중성지방은 글리세롤과 지방산으로 분해된 후 에너지를 필요로 하는 조직으로 운반됨
- 글리세롤은 간세포에서 해당과정을 통해 피루브산으로 전환되거나, 당신생합성을 통해 포도당으로 전환됨
- 지방산은 미토콘드리아에서 지방산 β 산화 과정을 통해 아세틸CoA로 전환된 후 TCA회로와 전자전달계를 통해 에너지를 생산함
- 지방산 β 산화 과정은 산소를 필요로 하며, 지방 1분자가 산화될 때에는 포도당 1분자가 분해될 때보다 ATP를 더 많이 생산함

□ 지방의 대사 과정

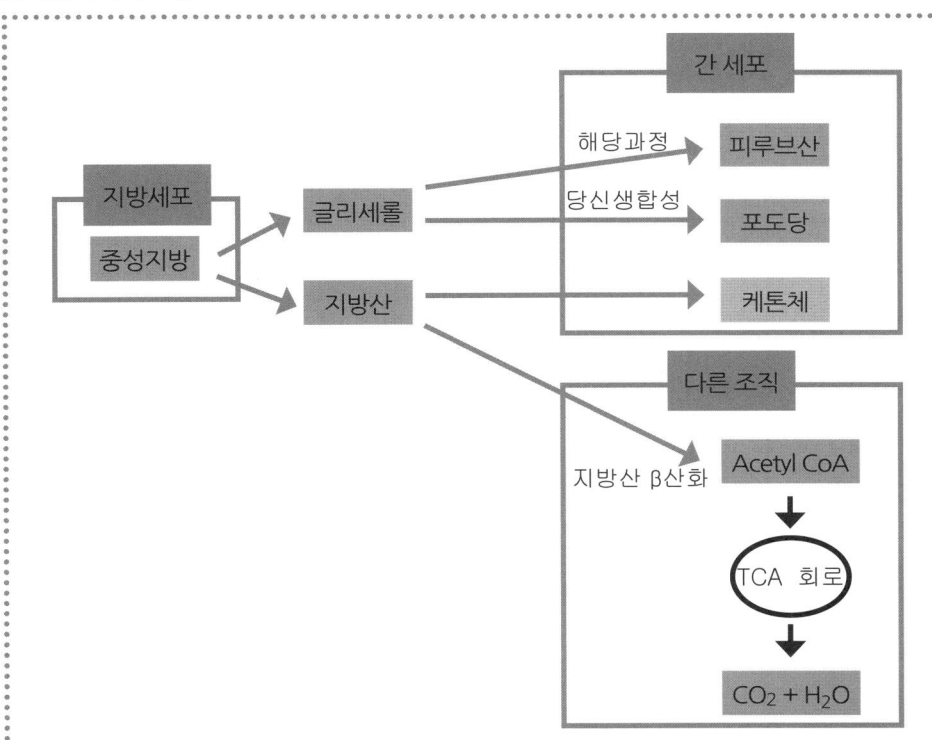

(3) 단백질 대사

- 단백질은 아미노산으로 분해된 후 골격근에서 직접 이용됨
- 아미노산은 당신생합성(글루코스 신생합성)과정을 통해 포도당형태로 전환된 후 이용됨
- 아미노산은 아세틸CoA로 전환되거나 TCA회로의 중간 산물로 전환되어 이용되기도 함

<3> 에너지 전환 및 보존 법칙

ATP-PCr 시스템은 신체가 처음으로 사용하는 에너지 시스템으로, 세포 내 ATP가 고갈될 때 또 다른 고에너지 물질인 포스포크레아틴(PCr)을 이용해 ATP를 다시 생성한다. 이 시스템은 체내 인산염의 양이 적기 때문에 짧고 강도가 높은 운동에서 주로 활용된다.

음식물을 분해할 때 그 속의 에너지는 화학적 에너지로 변환된다. 인체의 모든 세포는 음식물로부터 얻은 에너지를 생체 내에서 사용할 수 있는 형태로 바꿀 수 있는 능력을 가지고 있다. 이 과정에서 에너지의 총량은 변하지 않고 보존된다. 인체의 생체에너지는 열에너지나 운동에너지로 변환되며, 다른 화합물을 합성하는 데도 사용되지만, 총 에너지는 항상 보존된다.

□ 에너지의 전환과 보존

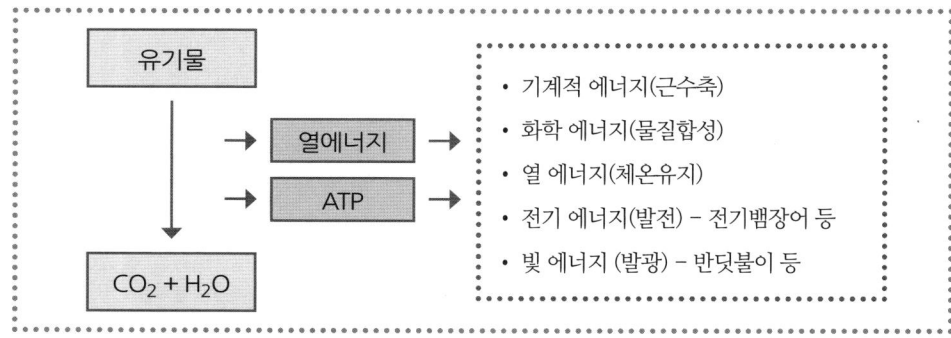

2. 인체의 에너지 대사

Introduction

인체는 탄수화물, 단백질, 지방을 대사하여 ATP를 생성한다. ATP 생성 과정은 무산소성 시스템과 유산소성 시스템으로 나뉜다. 무산소성 시스템은 에너지 생성량이 적지만 산소 없이도 에너지를 생산할 수 있는 장점이 있다. 반면 유산소성 시스템은 산소가 있으면 지속적으로 많은 양의 에너지를 공급할 수 있다. 인체는 이 두 시스템을 적절히 사용하여 에너지를 얻으며, 운동 강도에 따라 에너지 공급 방식이 달라진다.

학습목표: 인체에서 이루어지는 에너지 대사의 유형과 동원 순서를 운동의 강도와 관련하여 암기합니다.

<1> 인체의 에너지 대사 개요

인체는 에너지 대사를 통해 ATP를 생성한다. ATP를 생성하는 시스템에는 산소가 필요없는 무산소성 시스템과 산소가 필요한 유산소성 시스템이 있다. 무산소성 시스템은 < 인원질(ATP-PCr)시스템·무산소성 해당과정·젖산 시스템 > 등이며, 유산소성 시스템은 < TCA회로·전자전달계 >이다.

□ ATP 생성 시스템

시스템의 명칭	시스템의 유형
무산소성 시스템	• 인원질(ATP-PCr)시스템 • 무산소성 해당과정과 젖산시스템
유산소성 시스템	• TCA회로와 전자전달계

대사 경로에 따른 속도 조절 효소
- ATP-PCr시스템 : 크레아틴키나아제
- 해당과정 : PFK (포스포프락토키나아제 = 인산과당인산화효소)
- 젖산시스템 : LDH(젖산탈수소효소)
- TCA회로 : isocitrate dehydrogenase (이소시트르산 탈수소효소 = 이소구연산 탈수소효소)
- 전자전달계 : 산화효소

<2> ATP-PCr 시스템 (인원질 시스템)

ATP-PCr 시스템은 인체에서 가장 먼저 이용하는 에너지 시스템으로, 세포가 가지고 있는 ATP가 고갈되는 경우 세포내에 저장된 또 다른 고에너지 화합물인 포스포크레아틴(PCr)을 ATP로 변환하여 ATP를 재생산하는 시스템이다. 이 시스템은 체내 인산염이 소량이기 때문에 단시간·고강도의 운동에 이용된다.

1) ATP(Adenosine triphosphate) - 아데노신 삼인산

- ATP는 인체 세포가 직접적으로 사용하는 에너지원임
- ATP는 인원질 시스템, 무산소성 해당 과정, 산화적 인산화(산소시스템) 과정을 통해 공급받을 수 있음
- 1차 연료로 크레아틴 인산, 2차 연료로 탄수화물(무산소성 해당과정, 유산소성 과정), 지방(유산소성 과정), 단백질(유산소성 과정)로부터 공급됨
- ATP는 아데노신 1개와 인산기 3개로 구성되어 있고, 인산에는 높은 에너지 결합 형태인 2개의 연결고리가 있음. 이 연결 고리 중 하나의 결합이 분해되면 ATP가 ADP와 유리인산염(Pi)으로 변하며, 이때 7~12kcal 에너지가 방출됨
- ATP → ADP + Pi + energy(7~12kcal)
- ATPase 효소에 의해 ATP가 분해되면서 방출되는 에너지가 근수축에 이용됨

에너지의 공급 순서
① 저장되어 있던 ATP와 PCr을 우선 사용함
② 그 사이에 대사과정이 가동됨
③ 산소의 가용성과 에너지 생산 속도 및 효율을 바탕으로 사용 순서 및 속도를 결정함
④ 적절한 대사과정을 통해 부족한 ATP를 보충함

아데노신
아데닌이라는 염기에 리보오스라는 당이 결합한 것

AMP (Adenosine monophosphate)
아데노신1인산

아데노신에 인산기가 하나 붙은 것을 말하며, ADP에서 인산기가 하나 떨어지면 AMP가 된다.

ADP (Adenosine diphosphate)
아데노신2인산

아데노신에 인산기가 두 개 붙은 것을 말하며, ATP에서 인산기가 하나 떨어지면 ADP가 된다.

공액반응(coupled reaction)
공액반응이란 에너지를 주고 받을 때 동시에 진행되는 두 반응을 말하며, 짝반응이라고도 한다.

예를 들어 포스포크레아틴이 크레아틴으로 될 때 떨어져 나간 인산기가 ADP와 결합하여 ATP를 생성하고, 크레아틴이 포스포크레아틴으로 될 때 ATP로부터 인산기를 받는 것처럼 두 반응이 짝을 이루며 맞물려 일어나는 반응이다.

공액반응의 개요도

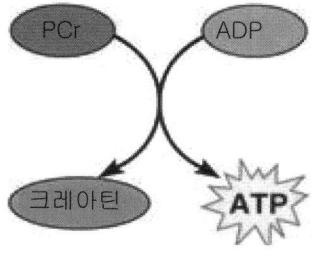

인원질 시스템이 가장 빨리 에너지원으로 이용될 수 있는 이유
- 장시간의 복잡한 화학적 반응에 의존하지 않는다.
- 환기 작용에 의한 활동 근육까지의 산소 공급에 의존하지 않는다.
- ATP와 PCr이 모두 근육내 수축 기전에 직접 저장되어 있기 때문이다.

□ ATP의 구조

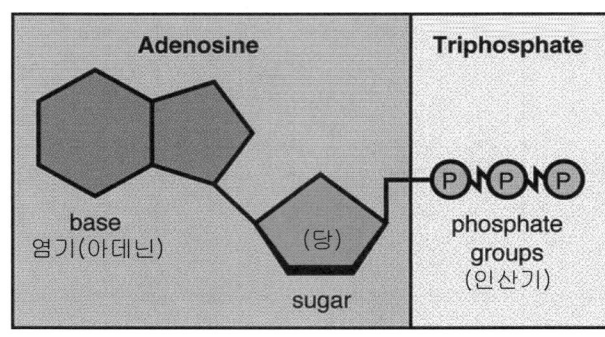

2) ATP-PCr 시스템 (인원질 시스템)

- 인체에서 가장 간단한 에너지 시스템
- 세포가 가지고 있는 ATP가 고갈되는 경우 세포내에 저장된 또 다른 고에너지 화합물인 포스포크레아틴(PCr = PC)을 크레아틴과 인산으로 분해할 때 나오는 에너지를 이용하여 ATP를 재생산하는 것
- ATP와 PCr의 공액 반응(coupled reaction)에 의해 ATP가 재합성 됨
- ATP는 운동 중 에너지로 사용되고, 운동 후에는 PCr를 재합성하는 데 이용됨
- PCr은 운동 중 분해된 에너지가 ADP와 유리인산염을 결합해 ATP를 재합성
- 포스포크레아틴 + ADP-크레아틴키나아제 → 크레아틴 + ATP
- ADP + ADP-마이오키나아제 → AMP + ATP
- 체내 인산염이 소량이기 때문에 단시간·고강도의 운동에 이용됨(단거리 달리기, 높이뛰기, 투포환 등 수 초 만에 끝나는 폭발적인 운동)
- 고갈된 PCr은 30초 이내에 70%, 3~5분만에 100% 충당됨

<3> 무산소성 해당과정과 젖산시스템

근육 세포내에 산소 공급이 없을 때 에너지를 얻는 방법이며, 글루코스가 피루브산으로 분해되는 무산소성 해당과정과 피루브산이 젖산으로 전환되어 축적되는 젖산시스템이 연속으로 일어난다.

무산소성 해당과정과 젖산시스템에서 얻을 수 있는 ATP의 양은 소량이지만 산소의 공급 없이도 에너지를 공급한다는 측면에서 의의가 있다.

1) 무산소성 해당과정

- 무산소성 해당과정은 글루코스가 피루브산으로 분해되는 과정을 말하며, 산소가 필요없어서 무산소성 해당과정이라고 함
- 글루코스(포도당) → 2피루브산 + 2ATP + 2NADH
- 글루코스(포도당)는 무산소성 해당 과정을 통해 부분적으로만 대사됨
- 근육 세포의 세포질 내에서 일어남
- 얻을 수 있는 ATP의 양은 소량이지만 산소의 공급 없이도 에너지를 공급한다는 측면에서 의의가 있음
- 제한적 (1~3분)으로만 이용됨

2) 젖산 시스템

- 해당과정 결과 생성된 피루브산은 산소가 없으면 TCA회로로 들어가지 못하고 젖산을 생산하는 젖산 시스템으로 들어간다.
- 젖산의 축적은 근피로를 유발하며, 세포내액을 산성으로 만든다.
- 젖산시스템은 1분 이내의 지속시간을 가진 활동에 이용된다.
- 피루브산 + $2H^+$ → 젖산 됨

젖산 시스템과 스포츠
- 1,500 m 달리기와 같은 중거리 달리기의 마지막 스퍼트에서 사용
- 운동 중 근육에 젖산이 과도하게 축적되면 통증을 유발하고 운동능력이 제한됨
- 축적될 수 있는 젖산의 양에는 상한선이 있음

<4> 유산소성 시스템 (산화적 인산화 과정)

유산소성 시스템은 TCA회로와 전자전달계를 말한다.

해당과정 결과 생산된 피루브산이 산소가 존재할 경우 아세틸CoA로 변환되어 미토콘드리아내로 들어가 TCA회로와 전자전달계를 거쳐 많은 양의 ATP를 합성하게 된다. 이 과정에서 산소가 사용되므로 유산소성 시스템이라고 한다.

유산소성 시스템은 시간적 제한 없이 계속적으로 에너지를 공급할 수 있으며 낮은 강도의 장시간 운동에 사용된다.

미토콘드리아의 에너지 생산
운동 중의 에너지 생산은 미토콘드리아에서 이루어진다.

1) TCA회로 (Tricarboxylic acid cycle)

- 크렙스사이클, 구연산회로, 시트르산회로라고도 함
- 미토콘드리아 기질에서 일어남
- 유산소성 해당과정에서 형성된 피루브산이 아세틸CoA로 전환되어 이산화탄소가 빠지고, 수소이온과 전자가 분리됨
- 아세틸CoA가 TCA회로로 들어가 처음 생성된 물질이 시트르산(구연산)이어서 시트르산회로라 함
- 시트르산이 회로를 돌면서 이산화탄소와 에너지를 생성함

□ TCA회로의 구조

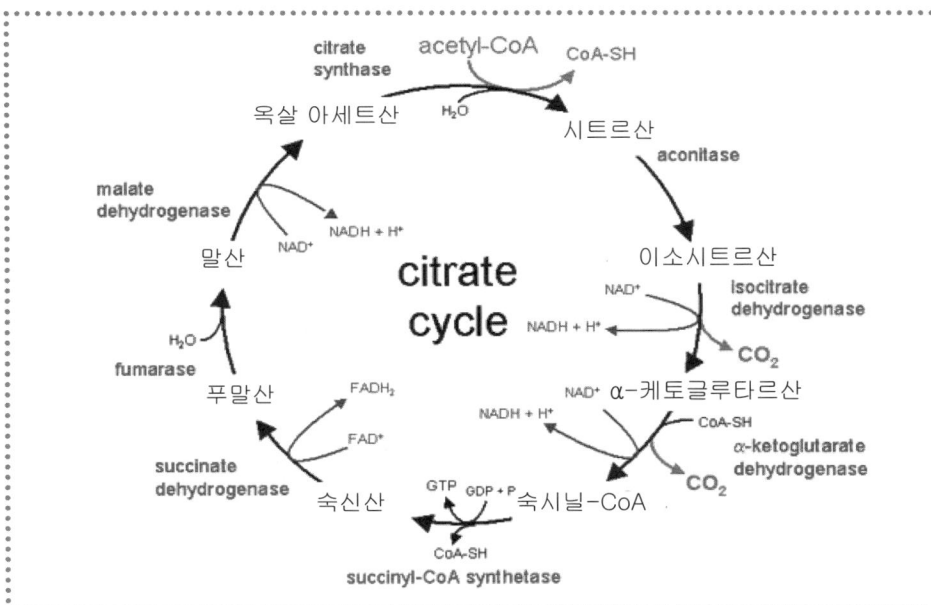

2) 전자전달계 (Electron Transport System : ETS)

- 산화적 인산화
- 유산소성 ATP 생산은 NADH와 $FADH_2$와 같은 수소이온 전달체가 잠재적 에너지를 제공하기 때문에 ADP를 인산화하여 ATP를 생성함
- 수소이온 전달체는 산소와 직접적으로 반응하지 않음
- 수소원자들에서 떨어져 나온 전자들이 시토크롬으로 알려진 일련의 전자운반체에서 사용됨
- 이러한 전자전달체계를 통하여 충분한 에너지가 생산되어 ADP를 인산화하여 ATP를 형성
- NADH 1분자당 2.5-3ATP, $FADH_2$ 1분자당 1.5-2ATP 생성함
- 결과적으로 포도당 1분자가 해당과정과 TCA회로, 전자전달계를 모두 거치는 유산소성 시스템을 통해 32-38ATP를 생성함

① 전자전달계의 구조

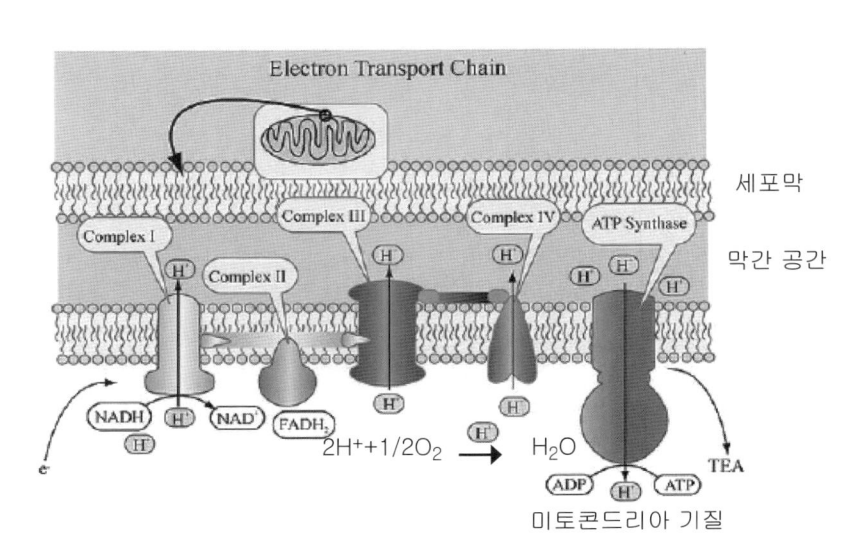

② 해당과정, TCA 회로, 전자전달계

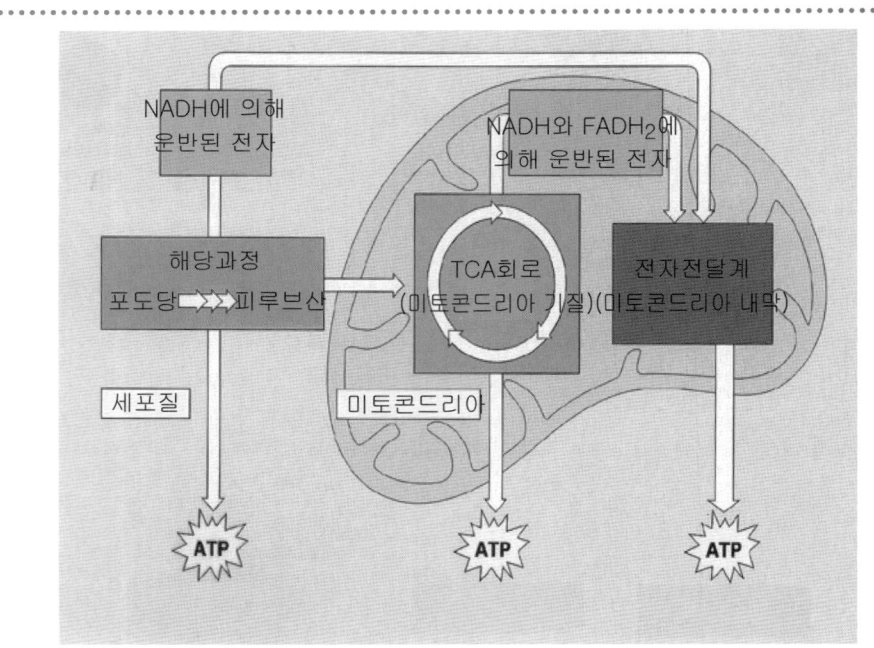

<5> ATP 생성과 에너지 시스템의 특성

인체에서 ATP를 생산하는 에너지 시스템은 ATP-PCr 시스템, 해당 과정과 젖산 시스템, 산화 시스템이 있다. 이 중 산화시스템만이 대사과정에 산소를 필요로 하며 나머지 과정은 산소가 필요없는 시스템이다. 또한 운동 강도와 시간에 따라 체내에 주로 이용되는 시스템이 다르다.

1) ATP 생성에 관한 에너지 시스템의 특성

ATP-PCr 시스템	해당과정과 젖산시스템	유산소 시스템(산화시스템) (TCA회로와 전자전달계)
• 무산소성 • 매우 빠름 • 화학적 연료: PCr • 극히 한정된 ATP 생산 • 한정적으로 근에 축적 • 높은 파워와 짧은 지속 시간이 필요한 활동에 이용 예) 포환던지기, 원반던지기, 웨이트리프팅 • 장소 : 세포질	• 무산소성 • 빠름 • 음식물 연료: 글리코겐 • 한정된 ATP 생산 • 부산물인 젖산이 근피로를 유발 • 1분 이내의 지속 시간을 가진 스피드를 내는 활동에 이용 예) 100~400m 달리기 • 장소 : 세포질	• 유산소성 • 느림 • 음식물 연료: 글리코겐, 지방, 단백질 • 무한정의 ATP 생산 • 부산물에 의한 피로가 없음 • 지구력 또는 오랜 지속 시간을 갖는 활동에 이용 예) 1,500m 달리기, 마라톤 • 장소 : 미토콘드리아
• 산소사용 없음 • 지속시간 : 15 초	• 산소사용 없음 • 지속시간 : 30~60 초	• 산소 사용 필요함 • 지속시간 : 거의 무제한

2) ATP생성 시스템과 생성되는 ATP량

ATP 생성 시스템	생성되는 ATP
• 해당 작용	• 3ATP(근글리코겐) • 2ATP(간글리코겐)
• 크렙스 사이클 자체에서 생성	• 2ATP
• 전자전달계로 가는 NADH의 전달을 통해 생성 (NADH 1개는 3(2.5)ATP를 생성함)	• 30(25)ATP
• $FADH_2$ 의 전달을 통하여 생성 ($FADH_2$ 1개는 2(1.5)ATP를 생성함)	• 4(3)ATP

대표 기출 유형

04 유산소시스템에 대한 설명으로 옳지 않은 것은?

① 일부 아미노산은 크렙스회로로 직접 진입할 수 있다.
② 이 과정은 크게 크렙스회로와 전자전달계로 구분된다.
③ 이 과정은 세포 내 소기관인 골지장치에서 산소를 이용하여 일어난다.
④ 크렙스회로는 주로 시트르산 탈수소효소에 의해 조절된다.

정답은 해설지에

<6> 운동과 에너지 공급

운동 중에는 운동 강도와 지속 시간에 따라 주로 이용되는 에너지 시스템이 다르다. 안정시와 일상적인 활동 혹은 장시간의 격렬하지 않은 운동시에는 주로 유산소성 시스템에 의해 에너지가 공급된다. 반면에 단기간의 격렬한 운동시에는 무산소시스템이 주로 이용된다.

안정시와 운동 중에 사용되는 에너지원은 주로 탄수화물과 지방이며, 운동초기와 고강도의 운동에는 탄수화물의 이용 비율이 높고, 장시간 또는 중강도의 운동에는 지방의 이용 비율이 높아진다.

1) 운동의 단계에 따른 에너지의 공급

안정시의 에너지 시스템	• 주로 유산소성 시스템 • 주된 에너지원은 2/3는 지방, 1/3은 탄수화물
단시간의 격렬한 운동	• 운동 시작 후 수초 이내는 ATP-PCr 시스템, 그 후에는 젖산시스템 • 주된 에너지원은 대부분 탄수화물과 약간의 지방 • 피로의 주된 원인은 PCr의 고갈, 젖산 축적, 혈액 내 pH감소
장시간의 격렬한 운동	• 무산소 시스템에서의 격렬한 운동은 젖산 축적량 증가와 체액의 산성화로 피로를 야기 • 유산소 시스템에서의 장시간의 운동은 간과 근육의 글리코겐이 고갈되어 피로를 야기
장시간의 격렬하지 않은 운동	• 주로 유산소 시스템으로부터 에너지를 공급 • 거의 피로를 느끼지 않음

2) 에너지 연속체

에너지 연속체란 신체의 활동 특성에 따라 작용하는 에너지 시스템의 공헌도가 달라지는 일련의 과정을 나열한 것을 말한다. 운동 중에는 무산소성, 유산소성 에너지 시스템이 모두 사용되지만, 일반적으로 종목 특성에 따라 어느 한 시스템이 더 많이 사용된다.

① 운동시간에 따른 ATP 생성 비율

• ATP-PCr 시스템 → 해당과정과 젖산 시스템 → 유산소시스템

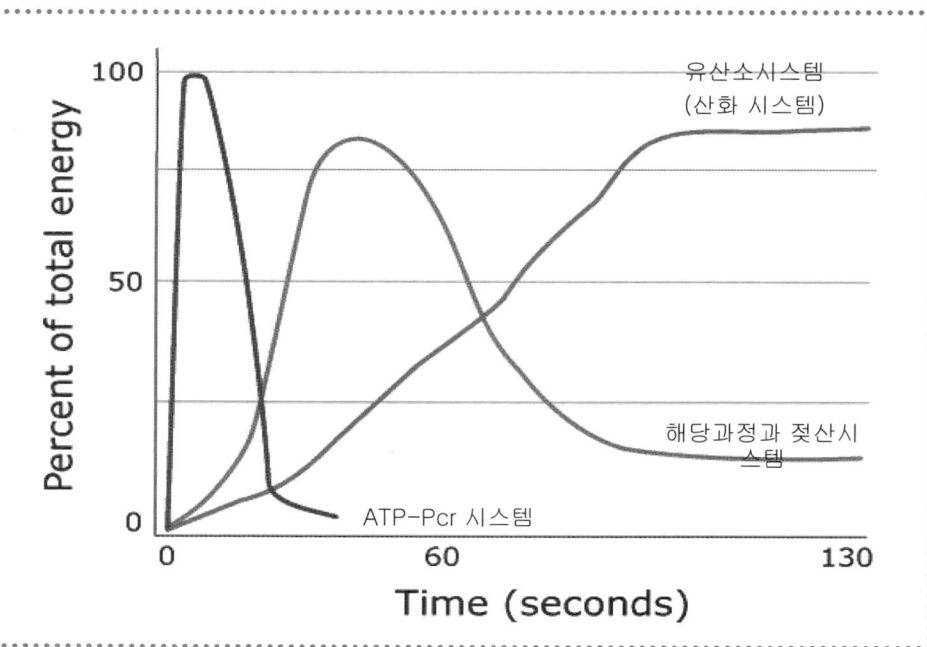

운동 대사량

운동을 함으로써 생기는 에너지 대사 과정에서 소비된 에너지를 운동 대사량이라고 한다.

작업 대사 또는 노동 대사라고도 하는데, 특히 운동을 대상으로 한 경우에만 한정하여 사용하기도 한다.

운동 시간과 에너지 시스템의 작동

안정시부터 초등~중등도의 운동까지의 과정에는 초기에 곧바로 산소섭취량이 정상적인 양까지 증가하지 않는데 그것은 운동 초기에는 대부분의 에너지를 무산소 과정에 의해 생산하기 때문이다.

운동 후 일정 시간이 지나면 에너지가 유산소 과정에 의해서 공급되며, 그 시간은 훈련자가 비훈련자보다 짧다.

에너지 시스템에 영향을 주는 요인

운동 중에는 유산소성 에너지 시스템과 무산소성 에너지시스템이 모두 ATP를 재합성하는데 활용되며 그 활용은 세가지 요인에 따라 달라진다.

• 운동의 양식
• 트레이닝의 단계
• 운동수행자의 음식섭취

대표 기출 유형

05 <보기>에서 괄호에 들어갈 용어를 바르게 연결한 것은?

< 보 기 >

인체는 다음의 3가지 대사 경로를 통해 ATP를 생성한다. (㉠)과 (㉡)은/는 산소 없이도 일어날 수 있기 때문에 무산소 대사로 구분되며, (㉢)은 산소를 필요로 하기 때문에 유산소 대사로 구분된다.

① ㉠산화 시스템-㉡ATP-PCr 시스템-㉢해당과정(젖산 시스템)
② ㉠ATP-PCr 시스템-㉡해당과정(젖산 시스템)-㉢산화 시스템
③ ㉠해당과정(젖산 시스템)-㉡베타 산화-㉢ATP-PCr 시스템
④ ㉠ATP-PCr 시스템-㉡베타 산화-㉢해당과정(젖산 시스템)

정답은 해설지에

② 에너지 연속체와 운동 종목

30초 이내	• 인원질 시스템 • 100m 달리기, 투포환, 다이빙, 역도
30초 ~ 1분 30초	• 인원질 시스템, 젖산 시스템 • 200m, 400m달리기, 200m 수영
1분 30초 ~ 3분	• 인원질 시스템, 젖산 시스템, 약간의 산소 시스템 • 800m, 1500m달리기, 체조경기, 권투, 레슬링
3분 이상	• 산소 시스템 • 마라톤, 축구, 조깅, 크로스컨트리스키

3) 무산소성 역치 (anaerobic threshold)

- 젖산역치(lactic threshold : LT)
- 젖산축적 개시점(on set of blood lactate accumulation : OBLA)
- 점증적으로 운동부하가 증가할 때 혈중 젖산이 급속하게 증가하는 시점을 말한다.
  (근세포에 산소량이 부족하여 근수축시 무산소성 대사작용이 증가되기 때문에 일어남)
- 유산소성 에너지 생산과 무산소성 에너지 생산 사이의 분기점이 되는 운동 강도에서 발생한다.
- 지구성 운동 경기의 수행능력을 평가하는데 있어 유용한 지표, 훈련 기준의 설정, 훈련 효과의 평가를 위해 많이 활용된다.

□ 젖산역치 발생기전

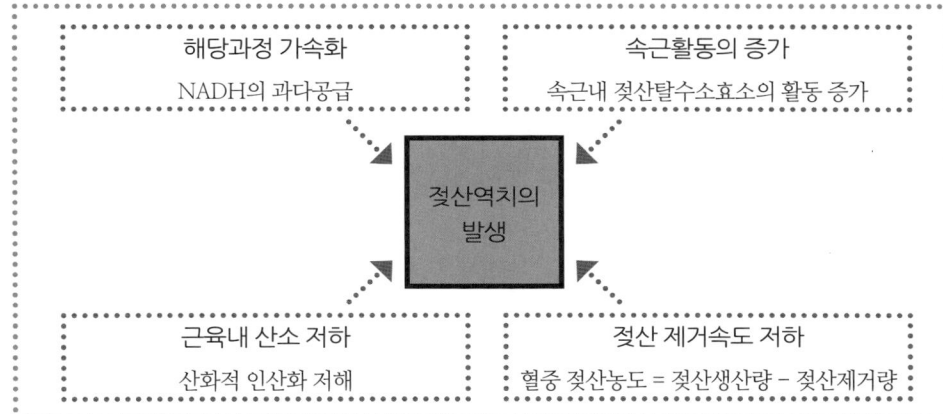

> 무산소성 역치
> 운동강도가 증가함에 따라 젖산의 농도는 낮은 비율로 증가하는 양상을 보이다가 무산소성 대사과정으로 전환되면서 갑자기 젖산의 농도가 증가하는 시점.
> 이 때부터 산소부채가 발생하여 수 분이내에 탈진(운동을 지속하지 못하는 상태)하게 된다.

대표 기출 유형

06 주 에너지 공급 시스템이 다른 종목은?

① 100m 달리기
② 800m 수영
③ 다이빙
④ 역도

정답은 해설지에

4) 운동 후 회복기 중의 산소 소비 이론

(1) 산소 부채 이론 (O$_2$ debt)

산소부채란 운동 시작 후 항정 상태에 이르기 전 산소 부족 현상을 의미한다. 이때 생긴 젖산을 산화하기 위하여 운동 후 회복기에 산소 소비량이 증가하게 된다. 고갈된 에너지를 재합성하고, 운동 중 축적된 젖산 제거 과정에 산소의 소비량이 증가하게 되는 것이다.

□ 산소 부채의 유형

최대 산소 부채량	• 비젖산 산소 부채와 젖산 산소 부채를 합한 값 • 최대 산소 부채량이 큰 선수가 순발성 운동에 유리함
젖산 산소 부채	• 회복기 후기로 젖산의 제거에 대부분의 산소가 소비됨 • 젖산 산소 부채가 큰 선수는 지속적 파워에 유리함
비젖산 산소 부채	• 회복기 초기 2~3분까지의 급격한 산소 소비량의 감소 시기로 주로 ATP와 PCr의 보충에 산소가 소비됨 • 비젖산 산소 부채가 큰 선수는 순발적 파워에 유리함

(2) 운동 후 초과 산소 소비량(EPOC: excess post-exercise oxygen consumption) 이론

EPOC이론에서 제시하는 산소 소비량이 증가하는 원인

- 운동 중 사용한 에너지 보충
- 젖산의 제거, 체온의 증가
- 환기 작용을 위한 산소 소비
- 글리코겐의 재합성
- 카테콜아민(에피네프린, 노르에피네프린) 효과
- 심장 작용을 위한 산소 소비 등

운동 후 초과 산소 소비의 원인
- 근육에서 PCr 재합성
- 젖산 제거
- 근육과 혈액의 산소를 저장
- 체온 상승
- 운동 후 심박수 및 호흡수 상승
- 호르몬의 상승

초과 산소 소비량과 운동 운동 후 초과 산소 소비량이 큰 선수가 순발성 운동에 유리하다.

□ 산소 소비 증가의 원인

빠른 회복기의 산소 소비	느린 회복기의 산소 소비
ATP-PCr의 보충, 마이오글로빈의 보충, 혈액의 산소 보충, 증가된 환기량에 대한 에너지 소비, 체온 상승, 에피네프린과 노르에피네프린의 상승 등에 산소가 이용됨	젖산의 제거, 환기 작용, 글리코겐의 재합성을 위해 산소가 이용되며 카테콜아민 효과 상승, 심장 박동, 체온의 상승이 원인이 되어서도 산소 소비가 증가함

<7> 휴식과 운동 중 인체 에너지 사용의 측정 방법

휴식과 운동 중 인체 에너지 사용의 측정 방법에는 인체가 방출한 열량을 측정하는 직접 측정 방법과 유산소 운동시 산소 섭취량을 측정하는 간접 측정방법이 있다.

음식 + 산소 (산소량 측정 : 간접 열량측정법)
↓
열생산 + 이산화탄소 + 물 (열량 측정 : 직접 열량측정법)

1) 직접 측정

- 직접 열량계를 이용하여 열생산을 직접 측정함
- '열역학 제1법칙'의 응용 (인체가 방출한 열량 = 대사작용으로 생산한 에너지량)
- 신체의 열을 측정하여 사용된 에너지를 역추정하는 개념

(1) 직접 측정의 장단점

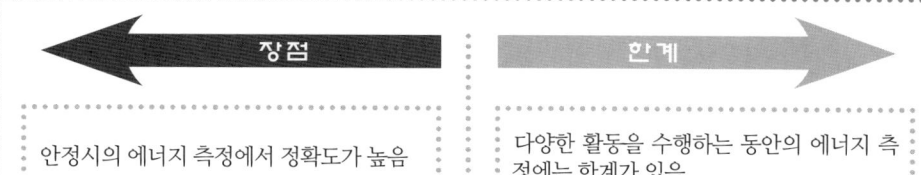

장점	한계
안정시의 에너지 측정에서 정확도가 높음	다양한 활동을 수행하는 동안의 에너지 측정에는 한계가 있음

> **열역학 제1법칙과 에너지의 측정 원리**
>
> 에너지는 다른 형태의 에너지로 전환될 뿐이며 사라지거나 새로 생성되지 않는다는 법칙.
>
> 즉, 열은 다른 에너지의 전환으로 발생하므로 열을 측정하면 전환되기 전의 에너지 양을 측정할 수 있음

2) 간접 측정

- 호흡한 산소와 이산화탄소의 농도를 측정하여 에너지 대사에 관여한 호흡가스의 양과 성분의 변화를 측정하는 방법

(1) 간접 측정의 장단점

장점	한계
• 간단하고 경제적임 • 측정 결과의 신뢰성이 높음	• 장비의 사용과 착용이 필요함

(2) 간접 측정의 종류

폐쇄회로 측정법	• 병원이나 실험실에서 활용 • 휴식시 에너지 소비를 측정 • 산소로 채워진 폐쇄된 통의 공기를 지속적으로 재호흡하고 이때 발생하는 이산화탄소의 양을 측정하여 소비된 산소량을 계산하는 방법 • 부피가 크고, 피검자가 항상 가까이 있어야 하며, 호흡량이 많이 요구되는 운동시에는 장비가 피검자에게 부담이 됨
개방회로 측정법	• 대기중의 공기를 들이 마신 후 특정 장치에 내쉬는 방법으로 산소 소비량을 측정 • 들이 마신 공기와 내쉰 공기의 구성비 차이에 의해 산소 소비량을 산출하고 에너지 소비량을 계산하는 방법 • 측정에 사용되는 휴대용 폐활량계는 착용이 간편하고 신체활동에 큰 제약을 주지 않음

3) 호흡상(호흡률) (respiratory quotient : RQ)

① 에너지원에 따른 호흡률

	호흡상(호흡률)
탄수화물	1
지방	0.7
단백질	0.8

② 비단백성 호흡률

- 단백질을 제외한 탄수화물과 지방의 호흡교환율을 비단백성 호흡률이라고 함
- 실제 운동 중 사용되는 에너지원은 탄수화물과 지방이 주로 사용되고, 단백질은 장시간 고강도 운동 시 탄수화물과 지방이 부족할 때 사용되어 에너지원으로서의 영향력이 적음
- 비단백성 호흡률이 0.85일 때 탄수화물과 지방이 같은 비율로 사용되고, 0.85 미만일 때 지방이 주에너지원으로 사용되며, 0.85 초과일 때 탄수화물이 주에너지원으로 사용됨

③ 비단백성 호흡률과 대사연료의 기여도

비단백성 호흡률	탄수화물(%)	지방(%)
0.70	0	100
0.75	16	84
0.80	33	67
0.85	50	50
0.90	67	33
0.95	84	16
1.00	100	0

4) 에너지 소비량

① 기초대사량(BMR)과 안정시 대사량(RMR)

기초대사량(BMR)	안정시 대사량(RMR)
깨어있는 상태에서 생명유지를 위해 필요한 최소한의 에너지 수준	가벼운 식사를 하고 3~4시간 후에 측정한 에너지 사용 수준

② 안정시 대사량 계산 방법

- 남자 : RMR(Kcal) = 66.473 + 13.751 x 체중 + 5.003 x 신장 − 6.755 x 나이
- 여자 : RMR(Kcal) = 655.0955 + 9.463 x 체중 + 1.8496 x 신장 − 4.6756 x 나이

☐ 안정시 산소섭취량에 따른 에너지 소비율

- 안정시 산소섭취량 : 체중 1kg당 3.5ml/min
- 1MET(Metabolic EquivalenT) = 3.5ml/kg/min : 체중 1kg당 1분에 3.5ml의 산소를 소비하는 운동
- 산소 1L당 낼 수 있는 에너지 : 약 5Kcal

호흡상(RQ)
- 생물이 일정한 시간 동안 흡수한 산소 부피와 배출한 이산화탄소의 부피 비율
- CO_2의 생성량 / O_2의 소비량
- 일반적으로 RQ라고 약칭하여 부른다. RQ값은 섭취하는 영양소 종류에 따라 다르게 나타난다.
- 호흡상의 측정으로 소비된 에너지원의 종류를 추정할 수 있다.
- 탄수화물은 1, 지방은 0.7, 단백질은 0.8

호흡교환율(RER)
- 허파 수준에서 측정된 기체교환
- 안정 상태에서 호흡상과 호흡 교환율은 동일함

안정시 대사량에 영향을 미치는 요인
- 체표면적이 클수록,
- 남성이 여성보다,
- 젊을수록
- 안정시 대사량이 높음

대표 기출 유형

07 체중이 80kg인 사람이 분당 10MET로 10분간 조깅했을 때의 운동소비 칼로리는 대략 얼마인가?

① 130Kcal
② 140Kcal
③ 150Kcal
④ 160Kcal

정답은 해설지에

3. 트레이닝에 의한 대사적 적응

Introduction

트레이닝에 의해 인체의 기능에는 변화가 발생한다. 유산소 트레이닝으로 단련된 훈련자는 최대산소섭취량이 증가하고, 젖산 역치가 늦게 발생하며, 동일 운동 강도에서 낮은 심박수를 나타내어 운동 지속시간이 증가한다.

무산소 트레이닝 중 ATP-PCr 시스템에서 나타나는 변화는 순발적 파워의 증가이며, 무산소성 해당과정과 젖산시스템에서 나타나는 변화는 젖산에 대한 완충 능력과 지속적 파워의 증가이다.

학습목표
유산소 트레이닝과 무산소트레이닝의 결과 발달하는 에너지 대사시스템의 종류를 이해합니다.

<1> 유산소 트레이닝에 의한 적응

유산소 트레이닝의 목적은 심폐 기능을 강화하여 근육에 영양분과 산소를 더 잘 공급하고, 이를 이용하는 대사 능력을 향상시키는 것이다. 유산소 트레이닝에 따른 인체의 적응 현상에는 다음과 같은 것들이 있다:

- 모세혈관 밀도가 증가하여 산소와 유리지방산의 공급 능력이 향상된다.
- 미토콘드리아의 수와 크기가 증가하며, 근 세포의 마이오글로빈 수가 증가하여 산화효소의 활성화와 산화 능력이 개선된다.
- 무산소성 역치점이 증가하여 젖산역치가 늦게 발생한다.

1) 유산소 트레이닝에 의한 인체의 적응

(1) 심폐조직의 유산소 능력 향상
- 산소의 섭취 및 운반 능력 강화
- 최대 산소 섭취량 증가 (최대하 운동시는 최대 산소 섭취량 감소)
- 1회 박출량 증가
- 최대하 운동 중 심박수 감소
- 최대 심박출량 증가
- 혈액량과 헤모글로빈 증가

(2) 근육 조직의 유산소성 대사능력 향상
- 지근섬유(ST섬유)의 비대, FTa섬유의 비율 증가
- 근섬유를 둘러싼 모세혈관의 밀도 증가
- 미토콘드리아와 미오글로빈 수 증가
- 산화적 인산화에 관여하는 효소 증가
- 근섬유의 항산화 능력 향상
- 젖산 역치가 늦게 발생
- 운동 지속시간 증가

(3) 기타의 적응
- 지방의 사용을 증가시키고, 글리코겐의 소모를 줄임

유산소트레이닝과 에너지대사1
(최대하 운동시 최대산소섭취량이 감소하는 이유)

심박출량의 변화가 없거나 약간 감소하기 때문이다. 1회 박출량이 증가되어도 심박수가 감소하므로 최대 산소섭취량이 줄어든다.

유산소트레이닝과 에너지대사2
(젖산축적이 감소하는 이유)

- 심박출량이 일정할 때 간으로 흐르는 혈류가 증가하면 코리사이클을 통한 젖산 제거량이 늘어난다.
- 근육의 낮은 혈류 하에서 산소 추출 증가와 유리지방산 섭취 증가, 미토콘드리아의 산화능력 증가 등으로 인해 젖산의 생성이 감소된다.

대표 기출 유형

08 부하 운동으로 유산소성 기능을 비교하려고 한다. 비훈련자와 비교하여 유산소성 트레이닝으로 단련된 훈련자의 생리학적 현상은?

① 젖산역치가 늦게 발생
② 동일운동강도에서 높은 심박수
③ 운동지속시간의 감소
④ 최대산소섭취량이 낮게 발생

정답은 해설지에

<2> 무산소 트레이닝에 의한 적응

무산소 트레이닝의 목적은 근육이 최대한의 수축력을 발휘할 수 있도록 에너지를 폭발적으로 사용하는 것이다. 무산소 트레이닝에 의해 나타나는 적응 현상은 ATP-PCr 시스템과 젖산 시스템에서 각각 발생한다.

- ATP-PCr 시스템에서는 포스포크레아틴(PCr)의 저장량이 증가하고, 크레아틴키나아제와 마이오키나아제 같은 효소의 활성화로 인해 순발적 파워가 증가한다.
- 무산소성 해당과정과 젖산 시스템에서는 글리코겐의 저장량이 증가하고, 해당 효소의 활성화로 인해 젖산에 대한 완충 능력과 지속적인 파워가 향상된다.

1) 근비대와 근력의 증가
- 속근섬유(FT섬유)의 근비대
- 근력의 증가로 피로에 견디는 능력 향상

2) 기타의 적응
- 근육세포내에서 ATP-PCr 시스템과 해당과정 시스템에 관련된 효소 활성화
- ATP와 PCr의 저장량 증가로 에너지 공급을 원활하게 함
- 유산소 시스템의 산화적 인산화 능력 향상에도 도움
- 젖산 역치가 늦게 발생
- 젖산에 대한 완충 능력 향상

Confirmation 이것만은 꼭!

01 인체의 근수축에 사용되는 직접적인 에너지 형태는 (　　)이다.

02 인체의 대사과정에 사용되는 주요 열량소는 (　　), (　　), (　　)이다.

03 주요 열량소 중 1g당 가장 많은 에너지를 얻을 수 있는 열량소는 (　　)이다.

04 (　　)란 생물이 생명을 유지하기 위해 외부로부터 필요한 물질을 받아들여 분해하거나 합성하는 현상이다.

05 물질대사 과정 중 작은 분자를 큰분자로 합성하는 과정을 (　　)이라 하고, 큰분자를 작은 분자로 분해하는 과정을 (　　)이라 한다.

06 탄수화물 대사과정 중 무산소성 과정은 (　　), (　　)이 있다.

07 탄수화물 대사과정 중 유산소성 과정은 (　　), (　　)가 있다.

08 운동 시간에 따라 인체가 ATP를 생산하는 에너지 시스템의 순서는 (　　), (　　), (　　)이다.

Confirmation 이것만은 꼭!

09 인체가 이용하는 에너지 시스템 중 가장 많은 양의 ATP를 생산할 수 있는 시스템은 (　　) 이다.

10 단시간의 고강도 운동시 주로 사용되는 에너지 시스템은 (　　)이다.

11 운동 강도가 증가함에 따라 무산소성 해당과정으로 전환되면서 갑자기 젖산의 농도가 증가하는 시점을 (　　)이라 한다.

12 (　　)란 신체의 활동 특성에 따라 작용하는 에너지 시스템의 공헌도가 달라지는 일련의 과정을 나열한 것을 말한다.

13 에너지원에 따른 호흡교환율(호흡률)은 탄수화물이 (　　), 지방이 (　　), 단백질이 (　　) 이다.

14 무산소 트레이닝에 의한 적응현상으로 (　　)섬유의 근비대가 일어난다.

15 트레이닝에 의한 적응현상 중 훈련자는 비훈련자보다 젖산역치가 (　　) 발생한다.

정답

1. ATP
2. 탄수화물, 지방, 단백질
3. 지방
4. 물질대사
5. 동화작용, 이화작용
6. 해당과정, 젖산시스템
7. TCA회로, 전자전달계
8. ATP-PCr시스템, 해당과정과 젖산시스템, 유산소시스템
9. 유산소시스템
10. ATP-PCr시스템
11. 무산소성 역치 또는 젖산역치
12. 에너지 연속체
13. 1, 0.7, 0.8
14. 속근
15. 늦게

Previous 단원 기출문제

01 다음은 에너지 대사연료 중 무엇에 관한 설명인가?

< 보 기 >

이 에너지원은 안정 상태나 운동 강도가 아주 낮을 때 에너지원으로 이용되며, 1~2시간의 장시간 운동 시에 주된 에너지원으로 동원된다. 지구력 훈련은 이 에너지원의 연소를 촉진시키는데 효과가 있으며, 지구력 훈련이 잘 된 선수는 최대 운동능력의 80% 수준까지 이 에너지원을 이용한 에너지 공급에 의존하며 운동을 지속할 수 있다.

① 탄수화물
② 지방
③ 단백질
④ 글리코겐

안정 상태나 강도가 아주 낮은 운동에서는 지방이 에너지원으로 사용된다.

정답 : ②

02 <보기>의 지방(fat)에 대한 설명 중 옳은 것으로만 묶인 것은?

< 보 기 >

㉠ 지방은 유리지방산의 형태로 지방조직과 골격근 등에 저장된다.
㉡ 중성지방은 탄수화물이 고갈되더라도 에너지원으로 사용되지 않는다.
㉢ 중성지방은 리파아제(lipase)에 의해 지방산과 글리세롤(glycerol)로 분해된다.
㉣ 운동강도가 증가함에 따라 에너지 생산을 위한 주연료는 지방에서 탄수화물로 전환된다.

① ㉠, ㉡   ② ㉠, ㉣
③ ㉡, ㉢   ④ ㉢, ㉣

지방은 중성지방 형태로 대부분 지방세포에 저장되고, 일부는 근육세포에 저장된다.
중성지방은 리파아제에 의해 지방산과 글리세롤로 분해된다.
운동초기에는 탄수화물이 에너지원으로 사용되지만, 중간 강도에서는 지방이 주에너지원으로 사용되며, 운동 강도가 증가하면 다시 탄수화물이 에너지원으로 사용된다.

정답 : ④

03 <보기>에서 설명하는 에너지 시스템은?

< 보 기 >

- 순간적인 고강도 운동을 위한 주요 에너지 시스템
- 운동 시작 시기에 가장 빠르게 에너지를 생산하는 방법
- 역도, 높이뛰기, 20m 달리기 등에 사용되는 주요 에너지 시스템

① ATP-PC 시스템
② 무산소성 해당과정(glycolysis)
③ 젖산 시스템(lactic acid system)
④ 산화적 인산화(oxidative phosphorylation)

ATP-PC 시스템은 운동 초기에 에너지를 가장 빠르게 생산하는 방법이며, 포스포크레아틴이 크레아틴과 인산으로 분해될 때 나오는 에너지를 이용하여 ATP를 재생산한다. 체내의 인산염이 소량이기 때문에 단시간, 고강도의 운동에 이용된다.

정답 : ①

04 운동 종목에 따른 근섬유 유형 및 에너지 대사에 관한 설명으로 옳은 것은?

① 장대높이뛰기 선수는 경기 시 ATP-PCr 시스템을 주로 사용한다.
② 100m 달리기 선수는 VO_2max의 약 50% 수준으로 훈련해야 한다.
③ 마라톤 선수는 Type Ⅱx 의 근섬유를 많이 가지고 있다.
④ 10,000m 달리기 선수는 크레아틴 키나아제(creatine kinase)의 활성도가 높다.

장대높이뛰기, 포환던지기 등 단시간에 폭발적인 힘을 발휘하는 운동을 할 때는 주로 ATP-PCr 시스템이 사용되며, 이때 활성화되는 효소는 크레아틴 키나아제이다.
마라톤 선수와 같은 지구성 운동을 하는 선수는 지근인 Type Ⅰ 섬유가 발달한다.

정답 : ①

05 근피로와 에너지원 고갈의 관계에 대한 설명으로 바르지 않은 것은?

① 고강도 운동시 근육내 PC는 급격히 감소되지만 ATP농도는 감소되지 않는다
② 고강도 운동시에는 근육에 저장된 PC로부터 대부분의 ATP를 재합성하게 된다.
③ ATP는 운동초기에 약간 감소하지만 PC가 고갈될 때까지는 일정한 수준을 유지한다.
④ 근육의 글리코겐 고갈도 장시간의 운동 중에 나타나는 피로와 밀접한 관련이 있다.

고강도 운동시에는 근육내의 ATP가 고갈되며 PCr도 ATP로 변환되어 급격히 감소한다.

정답 : ①

06 운동 후 초과산소섭취량(Excess Post-exercise Oxygen Consumption : EPOC)이 발생하는 원인으로 적절하지 않은 것은?

① 운동 중 증가한 혈압 감소
② 운동 중 증가한 젖산 제거
③ 운동 중 증가한 체온 저하
④ 운동 중 증가한 산소 제거

운동 후 초과산소섭취량은 운동 중 사용한 에너지를 보충하기 위해 발생한다. 주요 원인으로는 운동 중 증가한 젖산 제거, 체온 상승에 따른 대사율 증가, 근육에서 PCr의 재합성, 근육과 혈액의 산소보충, 환기작용과 심장박동을 위한 산소 소비 등이다.

정답 : ④

07 <보기>의 내용 중 옳은 것으로만 묶인 것은?

< 보 기 >

㉠ 유산소 시스템 : 장시간의 운동 시 글루코스 외에도 유리지방산을 이용하여 ATP 합성
㉡ 유산소 시스템 : 세포질에서 크렙스회로와 전자전달계를 통해 ATP 합성
㉢ 무산소 해당 시스템 : 혈액 혹은 글리코겐으로부터 얻어진 포도당을 피루브산으로 분해
㉣ 무산소 해당 시스템 : 산화적 인산화를 통해 피루브산을 젖산으로 분해
㉤ ATP – PCr 시스템 : 세포 내 ADP 또는 Pi의 농도가 증가할 때 포스포프록토키나아제(PFK)를 활성화시켜 ATP 합성
㉥ ATP – PCr 시스템 : 단시간의 폭발적인 힘을 발휘하는 운동 시 PCr이 분해되며 발생한 에너지를 이용하여 ATP 합성

① ㉠, ㉢, ㉥
② ㉠, ㉣, ㉤
③ ㉡, ㉢, ㉥
④ ㉡, ㉣, ㉤

ATP – PCr 시스템은 단시간 폭발적인 힘이 필요할 때 근육에 저장되어 있던 ATP를 사용하고 ATP가 고갈되면 PCr을 ATP로 변환하여 ATP를 재생산하는 시스템이다.

근육 내의 ATP가 고갈되면 인체는 포도당을 피루브산으로 분해하며 ATP를 생성하는데, 이 때 산소가 이용되지 않으므로 무산소 해당 시스템이라고 부른다.

무산소 해당 시스템은 짧은 시간에 큰 힘을 사용할 수 있지만 얻을 수 있는 ATP의 수가 적고 젖산이라는 피로물질이 발생하여 짧은 시간 동안 제한적으로만 이용된다.

장시간에 걸친 중저강도의 운동에서는 글루코스와 유리지방산을 이용하여 세포 내의 미토콘드리아에서 크렙스회로와 전자전달계를 통해 ATP 합성하는 유산소 시스템이 작동한다. 이 과정을 산화적 인산화 과정이라고 한다.

정답 : ①

08 안정 시와 운동 중 에너지 소비량 측정 및 추정에 관한 설명으로 옳지 않은 것은?

① 직접 열량 측정법은 열 생산을 측정함으로써 에너지 소비량을 측정한다.
② 간접 열량 측정법은 산소 소비량과 이산화탄소 배출량을 이용하여 에너지 소비량을 추정한다.
③ 호흡교환율은 질소 배출량과 산소 소비량의 비율을 의미하며, 체내 지방과 단백질의 대사 이용 비율을 추정한다.
④ 이중표식수(doubly labeled water) 검사법은 동위원소 기법을 사용해 에너지 소비량을 추정한다.

호흡교환율은 이산화탄소의 배출량을 산소 소비량으로 나눈 값으로 구한다.

정답 : ③

09 호흡교환율(Respiratory Exchange Ratio: RER)이 〈보기〉와 같을 때의 생리적 현상에 대한 설명으로 가장 적절한 것은?

< 보 기 >
호흡교환율(RER) = 0.8

① 이산화탄소 생성량이 산소 소비량보다 많다.
② 에너지 대사의 주 연료로 지방을 사용하고 있다.
③ VO_2max 80% 이상의 고강도 운동을 수행하고 있다.
④ 에너지 대사의 연료로 탄수화물은 전혀 사용되지 않고 있다.

호흡교환율 = 이산화탄소의 생성량/산소의 소비량

한 가지 에너지원만 사용했을 때 에너지원에 따른 호흡교환율은 탄수화물이 1, 지방이 0.7, 단백질이 0.8이다.

호흡교환율이 0.8일 때 한 가지 에너지원만 사용되었다면 단백질만 사용된 것이지만, 운동 중에는 탄수화물과 지방이 주에너지원으로 사용되고, 에너지원으로서의 단백질의 영향력이 적다.

선택지 모두를 고려하면 보기의 호흡률은 단백질을 제외한 비단백성 호흡률로 이해하는 것이 좋다.

비단백성 호흡률이 0.85일 때 탄수화물과 지방이 같은 비율로 사용되고, 0.85 미만일 때 지방이 주에너지원으로 사용되며, 0.85 초과일 때 탄수화물이 주에너지원으로 사용된다.

정답 : ②

03강 운동생리학 - 신경 조절과 운동

1. 신경계의 구조와 기능, 특성

Introduction

신경계는 뉴런이라는 신경세포로 구성되며, 뉴런은 신경 정보를 발생시키고, 신경 정보의 전도가 이루어지는 장소이다. 뉴런은 기능에 따라 감각을 받아들이는 감각뉴런, 근육을 움직이게 하는 운동뉴런, 감각뉴런과 운동뉴런을 연결하는 연합뉴런으로 구성된다.

신경계는 뉴런을 통해 자극을 감지하고, 근육과 관련 기관을 조절하여 항상성을 유지할 수 있게 한다.

<1> 뉴런의 구조

뉴런은 신경을 구성하여 신호를 전달하는 세포로 신경계의 구조적, 기능적 단위이다.
하나의 뉴런은 수상돌기, 신경세포체, 축삭돌기로 구성되며, 인접한 뉴런으로 자극을 전달한다. 신경계의 주요기능은 감각을 수용하는 지각기능, 자극에 대하여 적절한 반응을 실행하는 운동기능, 내분비기관의 활성을 조절하고 항상성을 유지하는 자율기능, 각 자극을 통합하는 연합기능 등이 있다.

1) 뉴런의 구조

① 뉴런의 구조

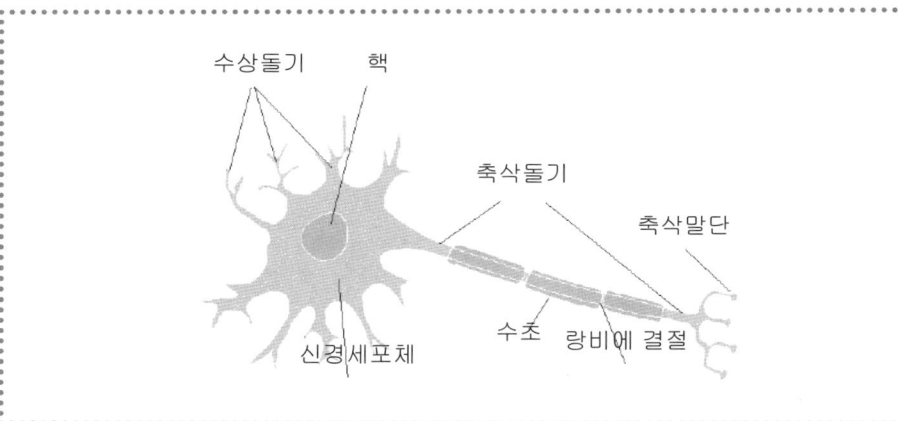

② 뉴런의 구성

수상(가지)돌기	신경세포체	축삭돌기
• 신경세포체에서 뻗어 나온 여러 개의 짧은 돌기 • 다른 뉴런이나 기관에서 오는 자극을 받아들여 세포체로 자극을 전달함	• 핵과 세포질이 있는 곳 • 뉴런이 살아가는데 필요한 생명 활동이 일어남	• 신경세포체에서 길게 뻗어 나온 돌기 • 다른 뉴런이나 반응 기관으로 자극을 전달함

③ 신경세포에서 자극의 전달 과정

신경자극 → 수상돌기 → 신경세포체 → 축삭돌기 → 축삭말단

학습목표
매년 한 문제가 출제됩니다. 뉴런의 구조와 자극 전도 원리를 암기합니다.

뉴런
• 신경을 구성하여 신호를 전달하는 역할을 하는 세포
• 신경계의 구조적, 기능적 단위이며, 신경 정보를 발생시키고 신경 정보의 전도가 이루어지는 장소이다.

시냅스
• 하나의 뉴런과 다른 뉴런이 연결될 때 앞에 위치한 뉴런의 축삭돌기 말단과 다음 뉴런의 가지돌기와의 미세한 간격.
• 두 뉴런 사이에는 축삭 돌기 말단에서 신경 전달 물질이 분비되어 인접한 뉴런의 수상돌기로 자극이 전달된다.
• 신경 전달 물질은 뉴런과 뉴런의 축삭돌기에서 수상돌기로 한 방향으로만 자극이 전달된다.

대표 기출 유형
01 뉴런은 신경계의 기능적 단위이며, 해부학적으로 세포체, 수상돌기, ( )의 세 가지 기본영역으로 구성된다. ( )에 알맞은 단어는?

① 핵
② 축삭
③ 미토콘드리아
④ 골지체

정답은 해설지에

2) 뉴런의 종류

(1) 기능에 따른 분류

감각 뉴런 (구심성뉴런)	• 감각 기관에서 받아들인 자극을 연합 뉴런으로 전달
연합 뉴런 (혼합뉴런)	• 감각 뉴런에서 전달된 자극에 적절한 명령을 내림 • 감각 뉴런과 운동 뉴런 연결 • 뇌와 척수를 구성함
운동 뉴런 (원심성뉴런)	• 연합 뉴런의 명령을 반응 기관으로 전달 • 전체 신경의 약 60%에 해당함

(2) 구조에 따른 분류

유수신경	수초 있음	• 전달 속도 빠름 • 랑비에 결절에서의 도약 전도가 일어남
무수신경	수초 없음	• 전달 속도 느림 • 축삭돌기를 따라 자극의 전도가 일어남

> **유수신경의 전달속도가 빠른 이유**
> 수초는 전기가 통하지 않는 절연체이므로 수초가 있는 유수신경은 랑비에 결절에서 다음 랑비에 결절로 도약 전도가 일어나 자극의 전달 속도가 빠르다.

3) 뉴런과 자극 전달

□ 자극 전달의 과정과 예시

외부의 자극	굴러오는 축구공
감각기관의 활용	눈으로의 관찰함
감각뉴런 가동	자극을 연합 뉴런으로 전달함
연합뉴런 가동	대뇌에서 공을 차도록 명령을 내림
운동뉴런 가동	다리근육에 명령을 전달함
운동기관 가동	다리근육이 움직임
반응 발생	축구공을 발로 참

4) 신경계의 주요 기능

□ 신경의 기능

지각 기능	감각기관을 통해 외부의 상태와 자극을 감지함
운동 기능	근수축에 필요한 자극을 주고, 운동단위를 동원해 필요한 동작을 할 수 있게 함
연합(연상)기능	감각기관에서 받아들인 자극을 통합하고 운동기관으로 자극을 전달함
자율적 기능	체내 상황을 감지하고 외부환경에 따라 내분비계의 활성정도를 조절하여 항상성을 유지함

> **신경계**
> 신경계는 감각 기관에서 받아들인 자극을 전달하고, 이 자극을 판단하여 적절한 반응이 나타나도록 신호를 보내는 체계로, 여러 개의 신경세포(뉴런)로 이루어져 있다.

⟨2⟩ 뉴런의 전기적 활동

살아있는 세포막은 세포막을 사이에 두고 서로 다른 전하가 분리되어 세포막 전위를 형성한다. 뉴런이 역치 이상의 자극을 받으면, 세포막의 안과 밖의 전하가 바뀌면서 활동전위가 발생하고, 이로 인해 흥분이 전도된다.

뉴런 내에서 흥분이 전도되는 과정은 다음과 같다:

1. 탈분극: 세포막의 분극 상태에서 세포막 밖의 나트륨 이온(Na^+)이 세포막 안으로 들어오면서 막전위가 바뀐다.
2. 활동전위의 이동: 탈분극된 영역에서 나트륨 이온이 옆으로 이동하며 흥분이 전도된다.
3. 재분극: 탈분극된 부분의 세포막 안의 칼륨 이온(K^+)이 세포막 밖으로 나가면서 원래의 분극 상태로 돌아온다.

안정 시 막전압에 영향을 미치는 요인

- 이온들의 농도차
 (세포막 밖은 나트륨, 안은 칼륨의 농도가 더 높음 → 나트륨/칼륨 펌프의 역할로 농도차가 유지됨)
- 이온들에 대한 세포막의 투과성
 (나트륨보다 칼륨의 투과성이 더 높음)

분극상태에서 세포막 밖은 Na^+(나트륨 이온)이 많이 존재하고, 세포막 안은 K^+(칼륨 이온)과 음이온이 많이 존재한다. 세포막에는 K^+ leak 채널이 Na^+ leak 채널보다 많이 분포해서 세포막 밖으로 K^+이 더 많이 나가므로 세포막 안은 더욱 (-)전하를 띠게 된다. 그리고, leak 채널로 빠져나간 이온들은 나트륨-칼륨 펌프가 작동해 나트륨 이온은 밖으로, 칼륨 이온은 안으로 이동시켜 분극상태를 유지한다.

안정막 전압과 활동 전압의 전위차

안정막 전압과 활동전압의 전위차는 약 105mV정도의 차이가 있다.

1) 세포막 전위(membrane potential)

- 모든 살아있는 세포막은 막전위를 갖고 있으며, 막전위는 세포막을 사이에 두고 반대되는 전하가 분리되어 있는 것을 의미한다.
- 신경 자극의 전달은 세포막 안과 밖으로 나트륨이온과 칼륨이온의 이동으로 인해 세포막의 안과 밖에 전위의 변화가 연속적으로 발생하여 이루어지는 것이다.

① 안정막 전압과 활동 전압

안정막 전압(휴지막 전위)	활동 전압(활동 전위)
자극을 받지 않았을 때 세포막 안팎에 나타나는 전위. 약 -70mV 정도	역치이상의 자극을 받았을 때 발생하는 전위. 약 +35mV 정도

② 불응기

절대 불응기	활동전위가 일어나는 동안 아무리 큰 자극을 가해도 활동전위가 중첩해서 일어날 수 없는 구간
상대 불응기	평상시의 자극보다 큰 자극이 가해졌을 때에만 활동전위가 발생할 수 있는 구간

③ 세포막 전위

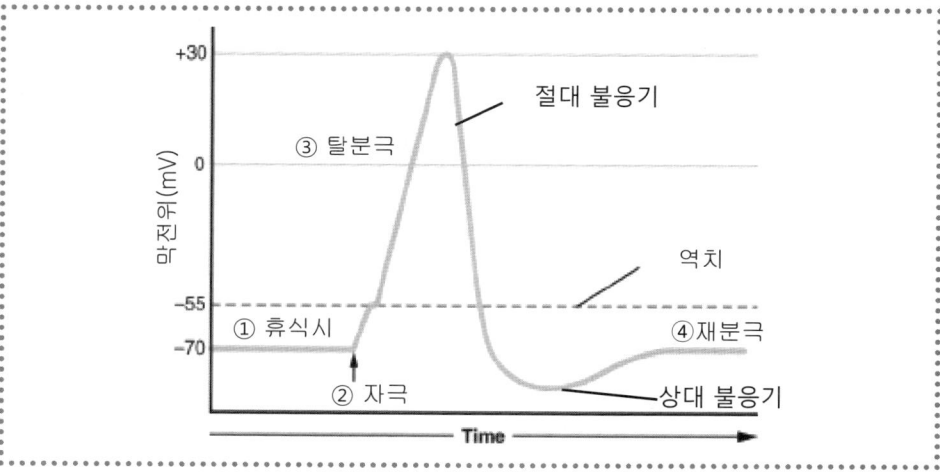

2) 뉴런에 의한 흥분의 전도

□ 흥분의 전도 과정

	전하의 분포	막전압	특징
분극 (안정막전위, 휴지막전위)	세포막 밖 : + 세포막 안 : −	−70mV	• 세포막 밖에는 나트륨(Na^+)이, 안에는 칼륨(K^+)과 음이온이 다량 분포 • 나트륨-칼륨 펌프와 K^+ leak채널이 작동하여 분극상태 유지
탈분극 (활동전위, 흥분의 전도)	세포막 밖 : − 세포막 안 : +	−55~30mV	• 역치 이상의 자극을 받으면 나트륨 채널이 열려 Na^+이 밖에서 안으로 이동하면서 막 전위가 역전되어 활동전위 생성 • 나트륨이 유입된 옆부분으로 탈분극이 되어 흥분이 전도
재분극 (안정의 회복)	세포막 밖 : + 세포막 안 : −	−70mV	• 탈분극되었던 부분은 K^+이 세포 안에서 밖으로 이동하면서 다시 분극 상태로 돌아감
과분극	세포막 밖 : + 세포막 안 : −	−70mV 이하	• 일부 K^+ leak채널이 열려 칼륨 이온이 밖으로 이동하면서 세포 안이 더욱 −전하를 띰

※ 하나의 뉴런 내에서 발생하는 흥분의 전도는 세포막 안과 밖으로 나트륨 이온과 칼륨 이온의 이동에 따른 분극-탈분극-재분극의 과정을 통해 이루어짐

□ 신경계의 흥분 전도

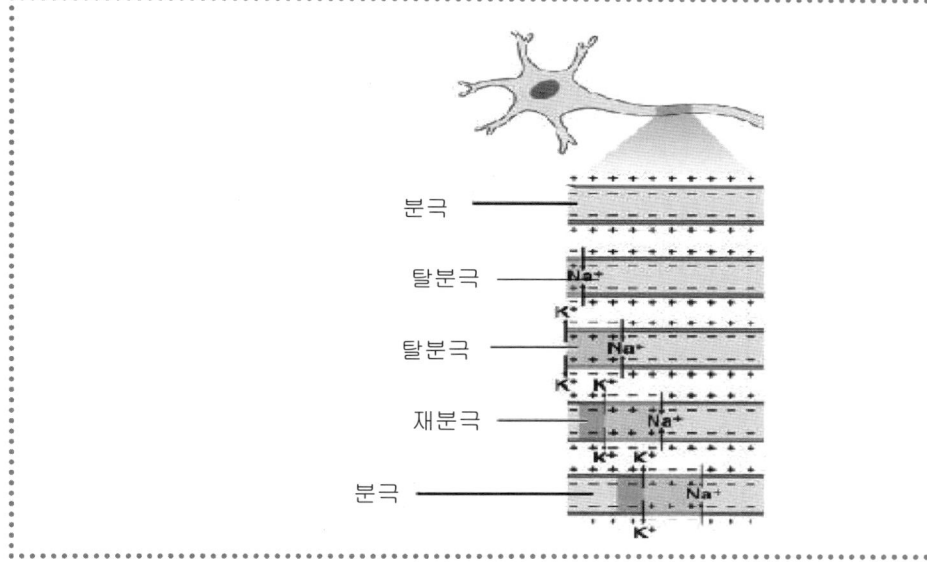

세포막 전위에 영향을 미치는 요인

① 나트륨-칼륨 펌프

에너지를 소비하면서 저농도에 고농도로 이온이 이동하는 것을 펌프라 한다. 나트륨-칼륨 펌프는 나트륨 이온 3분자가 세포막 안에서 밖으로 이동할 때, 칼륨이온 2분자가 세포막 밖에서 안으로 유입된다. 이런 불균등한 수송이 세포내부와 외부에서의 이온들의 농도기울기를 형성한다.

② K^+ leak 채널

고농도에서 저농도로 에너지 소비 없이 이온이 이동하는 것을 채널이라 하며, K^+ leak 채널은 항상 열려있어 K^+이 세포밖으로 빠져나간다.

③ 전압 의존성 나트륨 채널, 전압 의존성 칼륨 채널

역치 이상의 자극에서 열리는 채널로 탈분극이나 재분극시 나트륨과 칼륨의 이동 통로

대표 기출 유형

02 신경자극에 대한 설명으로 옳지 않은 것은?

① 탈분극은 Na^+이 세포 밖에서 안으로 유입되면서 양전하가 세포내에 증가하는 현상이다.
② 과분극은 K^+ 통로의 열린 상태가 유지되어 추가적으로 K^+이 세포 밖으로 나가는 현상이다.
③ 세포막의 자극이 역치를 넘어서지 않으면 활동전위 (action potential)가 생성되지 않는다.
④ 안정막전위는 세포 밖은 K^+, 세포 안은 Na^+이 많은 상태로 분리되어 있다.

정답은 해설지에

2. 신경계의 특성

학습목표
용어의 의미를 중심으로 암기합니다.

Introduction

신경계의 특성은 역치 이상의 자극을 받아 활동전위가 생성되어 발생한다.

이 활동전위에 의해 신경은 흥분성과 흥분된 자극을 전달하는 전달성, 전달된 자극을 통합하고 조절하는 통합성이 발생하여 자극과 운동명령이 전달되는 것이다.

<1> 흥분성

역치 이상의 자극을 받으면 나트륨 채널이 열려 Na^+이 세포막 밖에서 안으로 이동하면서 막 전위가 역전되어 탈분극되면서 활동전위가 생성된다.

1) 역치와 실무율

 (1) 역치
- 세포가 활동전위를 일으킬 수 있는 최소한의 자극의 세기. (약 -50mV)
- 자극이 너무 약해서 역치에 도달하지 않으면 반응이 일어나지 않음

 (2) 실무율 (all or none law)
- 역치 이상의 자극일 때에만 일정한 크기의 활동전위가 생성됨
- 단일 세포에서 역치 이상의 자극을 가했을 때부터는 자극의 세기가 증가해도 반응의 크기는 일정함
- 단, 근육이나 신경다발과 같은 조직에서는 실무율이 적용되지 않음

<2> 전달성

뉴런의 특징 중 전달성이란 하나의 뉴런 내에서 일어나는 '흥분의 전도'와 뉴런과 뉴런 사이의 시냅스에서 일어나는 '흥분의 전달'을 말한다.

먼저 '흥분의 전도'는 하나의 뉴런 내에서 '분극-탈분극-재분극' 과정을 거쳐 한 뉴런 내에서 자극이 전도되어 발생하는 흥분의 전달을 의미한다. 또한 '흥분의 전달'이란 뉴런 사이의 시냅스에서 신경전달물질의 분비를 통해 '시냅스 전 뉴런'의 흥분이 '시냅스 후 뉴런으로' 전달되는 것을 의미한다.

이렇게 흥분을 전달 받은 '시냅스 후 뉴런'에서는 신경전달물질의 자극이라는 화학적 신호가 다시 전기적 신호로 바뀌어 '분극-탈분극-재분극'을 통한 '흥분의 전도'가 일어나고 그 다음의 '시냅스 후 뉴런'에 대한 '흥분의 전달'이 반복되면서 자극이 이동하는 것이다.

흥분의 전도와 전달
1. 흥분의 전도
 한 뉴런내에서 흥분이 이동함
 분극 → 탈분극 → 재분극

2. 흥분의 전달
 시냅스를 통해 한 뉴런에서 다른 뉴런으로 흥분이 이동함
 시냅스 소포가 있는 축삭돌기 말단에서 다음 뉴런의 수상돌기 쪽으로만 흥분이 전달됨

□ 자극 전달의 종류

뉴런 내의 전도	시냅스에서의 전달
뉴런 내에서의 분극-탈분극-재분극을 통한 전도	뉴런 사이의 신경전달물질에 의한 전달

1) 뉴런에 의한 흥분의 전도 (한 뉴런 내에서 흥분이 이동)

- 역치 이상의 자극을 받아 탈분극이 되면 세포막 안으로 유입된 나트륨 이온이 옆으로 이동하면서 자극이 옆으로 전도됨 → 탈분극된 곳은 칼륨이 세포 밖으로 빠져나가면서 재분극됨
- 분극 → 탈분극 → 재분극

2) 시냅스에서의 흥분 전달 (한 뉴런에서 다른 뉴런으로 흥분이 이동)

① 자극 전달의 종류

전기적 시냅스	화학적 시냅스
• 간극연접(gap junction)을 통한 전기 신호 전달 • 이웃한 세포에만 전달 예) 심근세포 • 전달 속도 빠름 • 양방향 전달	• 시냅스 전 뉴런의 축삭말단에서 시냅스 후 뉴런의 수상돌기로 전달 • 뉴런 사이에서 신경전달물질 분비에 의해 전달 예) 대부분의 신경 세포 • 전달 속도 느림 • 단일 방향 전달

② 화학적 시냅스의 흥분 전달 과정

① 활동전위가 시냅스 전 뉴런의 축삭말단에 도달
② 칼슘채널 열림(세포내로 칼슘 유입)
③ 시냅스 소포에서 시냅스의 틈으로 신경전달물질(아세틸콜린) 분비
④ 인접한 뉴런(시냅스후뉴런)의 수상 돌기로 아세틸콜린 확산
⑤ 나트륨에 대한 막투과성이 커져 탈분극 → 활동 전위 발생 → 흥분 전달

③ 시냅스에서의 흥분 전달

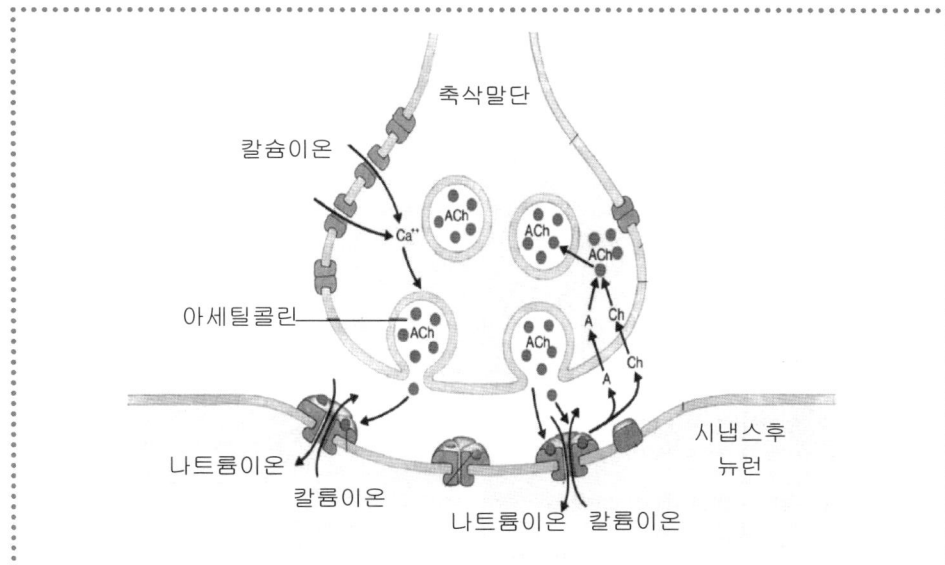

흥분성 신경전달물질
시냅스 후막에 탈분극을 일으켜 신경자극을 계속 전달하는 물질
예) 아세틸콜린 (대부분 흥분성, 일부 억제성), 글루탐산

억제성 신경전달물질
시냅스 후막에 과분극을 일으켜 신경자극을 억제하는 물질
예) 글리신(글라이신), GABA(가바), 엔돌핀(일반적으로 억제성), 세로토닌(일반적으로 억제성, 일부 흥분성)

수용체에 따라 흥분성 또는 억제성으로 작용하는 신경전달물질
예) 에피네프린, 노르에피네프린, 일산화질소(NO)

자율신경말단에서 분비되는 신경전달물질
- 교감신경말단 – 아세틸콜린, 노르에피네프린
- 부교감신경말단 – 아세틸콜린

신경계의 통합성
감각뉴런을 통해 전달된 자극은 중추신경계(뇌와 척수)의 연합뉴런에서 통합된 후 운동신경을 통해 효과기에 전달된다.

3. 신경계의 운동기능 조절

Introduction

사람의 신경계는 크게 중추신경계와 말초신경계로 나뉜다. 말초신경계의 감각뉴런에서 받아들인 자극을 중추신경계로 전달하고, 중추신경계는 자극을 통합하고 조절하여 말초신경계의 운동뉴런에 명령을 내림으로써 각 부위의 운동기능을 조절한다.

운동신경의 말단과 근원섬유가 연결된 부분을 운동종판이라고 하는데, 이 운동종판을 통해 대뇌로부터의 운동명령이 근육에 전달된다.

학습목표
각 신경계의 위치와 역할, 말초신경계에서의 운동기능 조절 장치 등을 암기합니다.

인체의 평형 담당 기관

① 소뇌
몸의 균형과 평형유지의 제1중추 전정기관과 반고리관에서 받아들인 정보와 대뇌의 운동 정보를 통합 조정
② 뇌교(교)
대뇌와 소뇌사이의 평형 감각, 머리의 위치 등 정보 전달
③ 전정기관
머리의 위치와 속도감각을 인지해 신체의 균형 유지, 귀 안쪽(내이)에 위치함
④ 반고리관
회전감각 인지, 귀 안쪽(내이)에 위치함

〈1〉 인체 움직임과 신경조절

인체의 신경계는 크게 중추 신경계와 말초 신경계로 구성된다.

중추 신경계는 뇌와 척수로 구성되고, 주로 고등 정신 활동, 항상성 유지, 감각과 운동기능 조절, 말초신경계의 자극을 통합하고 명령을 내리는 역할을 한다. 그에 비해 말초신경계는 몸의 각 부분의 자극을 받아들이고 중추신경계에서 내린 명령을 받아 몸의 각 부위의 운동기능을 조절하는 역할을 한다.

1) 인체 신경계의 구성

중추신경계	뇌		대뇌, 소뇌, 간뇌, 중뇌(중간뇌), 뇌교(교), 연수
	척수		자극전달의 통로, 무조건 반사
말초신경계	감각계 (구심성뉴런)		미각, 촉각, 후각, 청각, 시각, 피부, 근육과 건(고유수용기)
	운동계 (원심성뉴런)	체성신경계	뇌신경
			척수신경
		자율신경계	교감신경
			부교감신경

신경계와 반사

자극에 대한 자동적이고 즉각적인 신경계의 반응으로, 의식적인 사고 과정 없이 신속하게 반응하는 생리적 메커니즘
• 반사의 경로(반사궁):
 (자극-감각신경-중추신경계-운동신경-효과기)
• 반사의 형태

① 도피반사: 불쾌하거나 위험한 상황에서 신체를 빠르게 안전한 위치로 이동시키기 위한 본능적인 반응.
② 교차신전반사: 한쪽 신체 부위에 자극이 가해질 때, 수축하고 반대쪽은 신전되는 형태의 반사.
③ 복합반사: 발과 손의 협응 동작 – 복잡한 운동을 조절하고 조화롭게 반응하는 반사.

〈2〉 중추신경계의 운동기능 조절

□ 중추신경의 기능

대뇌		고등 정신 활동(기억, 추리, 판단, 감정) 감각기능(시각, 청각, 온각, 촉각 등), 운동기능(의식적 운동 지배), 연합기능(기억, 사고, 판단, 정서)
간뇌	시상	감각조절중추(냄새제외)
	시상하부	체온조절, 물질대사조절, 혈당량 조절, 체액의 삼투압 조절 등 항상성을 조절하는 중추
소뇌		고유수용기의 정보를 활용 몸의 자세와 동작 수정, 몸의 근육 통합조절
뇌간	중뇌	안구 운동 및 홍채의 작용 조절, 동공반사
	뇌교(교)	호흡조절, 얼굴과 머리의 감각기능, 평형감각과 청각
	연수	심장 박동, 소화 운동, 호흡의 중추 재채기 등 무조건 반사의 중추 좌우 신경의 교차가 일어남
척수		뇌와 말초 신경사이의 자극과 명령을 전달하는 통로 무릎반사 등 무조건반사의 중추

망상형성체(망상활성계)

뇌간의 표면에 널리 퍼져있는 신경그룹으로 뇌의 각성과 수면 등의 의식 상태를 조절함

<3> 말초 신경계의 운동기능 조절

말초 신경계는 정보의 전달방법에 따라 감각신경(감각계)과 운동신경(운동계)으로 나뉜다.
감각신경은 감각기관에서 감지한 정보를 중추신경계로 전달하는 구심성 뉴런이며 이에 비해 운동신경은 중추신경계의 명령을 운동기관에 전달하는 원심성 뉴런이다.
말초신경계는 중추신경계와 함께 온몸의 조직이나 기관을 연결하여 운동을 제어한다.

1) 감각계

(1) 감각 수용체

- 기계적 수용체 : 압력, 접촉, 늘어남과 같은 기계적 힘에 반응
- 온도 수용체 : 온도의 변화에 반응
- 통각 수용체 : 통증 자극에 반응
- 광각 수용체 : 시각적으로 전자기적 광선에 반응
- 화학 수용체 : 음식, 냄새, 혈액 물질의 응집의 변화 등과 같은 화학적 자극에 반응

(2) 고유수용기

고유수용기는 근육과 관절에 있는 특별한 감각 기관으로 근육, 힘줄, 인대, 관절에서 오는 여러 가지 감각 정보를 중추신경계로 전달해 부드럽고 협응적인 운동을 가능하게 해준다. 운동 감각과 관련된 중요한 3가지 감각기관은 근방추, 골지건, 관절 수용기가 있다.

① 골지건기관과 근방추의 위치

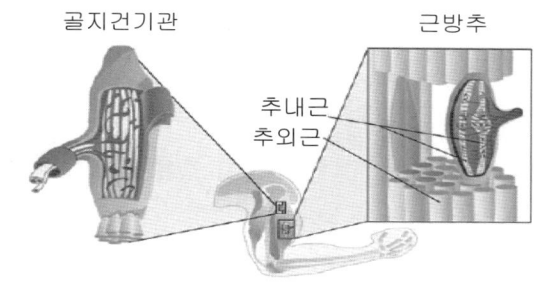

② 골지건기관, 근방추, 관절수용기

	골지건기관	근방추	관절수용기
위치	• 근육과 힘줄사이 • 추외근섬유와 병렬연결 • 힘줄기관과 직렬연결	• 근육내 • 방추외 골격근 섬유와 평행	• 힘줄, 인대, 근육, 관절막
기능	• 근육의 과도한 수축 억제 • 주동근 운동단위의 세포체에서 억제성 시냅스 후전위 일으킴	• 근육의 과도한 신장을 억제함 • 길이의 변화속도나 비율에 반응하며 길이 자체에 반응하지 않음	• 관절의 각도, 관절의 가속도, 압력에 의해 변형된 정도에 관한 정보를 중추신경계에 전달함

대표 기출 유형

03 중추신경계에 속해 있으며 뇌의 역할을 조절하는 중요한 역할을 수행하며, 갈증, 체온조절, 혈압, 수분 균형 및 내분비계의 활동 등을 조절하면서 항상성을 유지하는 역할을 하는 부위는?

① 척수
② 시상하부
③ 소뇌
④ 대뇌피질

정답은 해설지에

대표 기출 유형

04 운동 중 소뇌의 기능에 대한 설명으로 옳은 것을 모두 고른 것은?

< 보 기 >

㉠ 골격근 운동 조절의 최종 단계 역할
㉡ 빠른 동작의 정확한 수행을 위한 통합 조절
㉢ 고유수용기로부터 유입되는 정보를 활용하여 동작 수정

① ㉠, ㉡
② ㉡, ㉢
③ ㉠, ㉢
④ ㉠, ㉡, ㉢

정답은 해설지에

대표 기출 유형

05 다음 근육의 고유수용기 중 무엇에 관한 설명인가?

< 보기 >

( )는 힘줄섬유에 둘러싸인 고유수용기로 근육과 힘줄 섬유의 연접근 근처에 위치하는 건 섬유의 작은 다발을 지니는 감각수용체이다. 이러한 감각 수용체는 실제로 과도한 장력 발생을 저지하여 상해 가능성을 줄이는 보호기능을 수행하며, 자극이 일어났을 때, 주동근을 억제시키고 길항근을 흥분시킨다.

① 골지건기관
② 근방추
③ 운동단위
④ 관절수용기

정답은 해설지에

2) 운동계(운동신경)

운동계는 대뇌의 지배를 받아 의식적 조절이 가능한 체성신경과 대뇌의 지배를 받지 않고 무의식 조절이 가능한 자율신경으로 나뉜다.

(1) 체성신경과 자율신경

체성 신경	• 대뇌의 지배를 받음 • 의식적 조절 • 자세와 운동조절	뇌신경 (12쌍)	• 뇌에서 나온 신경
		척수신경 (31쌍)	• 척수에서 나온 신경
자율 신경	• 대뇌의 지배를 받지 않음 • 무의식적 조절 • 호흡, 순환, 소화와 관련된 내부기관 조절	교감신경	• 몸을 위기 상황에 대처하기 좋은 상태로 만듦 (싸움, 도망)
		부교감신경	• 몸을 안정된 상태로 만듦 (휴식, 소화)

(2) 자율신경계의 종류와 기능

교감신경	부교감신경
동공 확대	동공 축소
침 분비 억제	침 분비 촉진
호흡 운동 촉진	호흡 운동 억제
심장 박동 촉진	심장 박동 억제
소화액 분비와 소화관 운동 억제	소화액 분비와 소화관 운동 촉진
방광 확장	방광 수축
혈당량 증가	혈당량 감소
피부 혈관 수축, 근육 혈관 확장	피부 혈관, 근육 혈관 작용 없음
기관지 이완	기관지 수축
땀 나게 함	땀샘 없음

<4> 신경근의 연접(neuromuscular)

운동 신경의 말단 부분은 근육 섬유에 연결되어 대뇌로부터의 운동명령을 근육에 전달한다. 그렇게 운동신경과 근육섬유가 연결된 부분을 신경근의 연접 또는 운동종판이라고 한다.

□ 신경근 연접(운동종판)의 기능

신경섬유를 통해 전해온 충격이 신경의 말단에 도달하면 아세틸콜린이 분비되어 종판막을 탈분극시켜 종판전위를 발생하게 하는데 이것이 커지면 근섬유에 충격을 유발시켜 수축을 일으킨다.

• 운동 신경의 말단과 근육 섬유를 접합함
• 신경에서 오는 자극을 근육에 전달함

운동 신경

운동신경은 중추신경계로부터 발생된 전기적 신호를 골격근으로 전달하여 근수축을 일으키도록 매개 역할을 한다.

전체 신경의 60%를 차지한다.

체성신경계와 자율신경계

• 체성신경계
 의식적인 운동을 할 때, 중추신경계로부터의 명령을 각 근육에 전하는 운동신경, 운동과 관련한 정보를 각 감각기에서 중추신경계로 전하는 감각신경으로 이루어진 신경계

• 자율신경계
 말초신경 중 호흡·순환·소화와 같은 생명 유지에 직접 관계하는 장기의 기능 등 의지와 관계없이 작용하는 불수의성(   ) 신경계

대표 기출 유형

06 자율신경계의 기능에 대한 설명으로 옳은 것은?

< 보기 >

(   )는 힘줄섬유에 둘러싸인 고유수용기로 근육과 힘줄섬유의 연접근 근처에 위치하는 건 섬유의 작은 다발을 지니는 감각수용체이다. 이러한 감각 수용체는 실제로 과도한 장력 발생을 저지하여 상해 가능성을 줄이는 보호기능을 수행하며, 자극이 일어났을 때, 주동근을 억제시키고 길항근을 흥분시킨다.

① 교감신경계 활성은 심박수를 안정시킨다.
② 수의적인 신경조절로 운동수행력을 향상시킨다.
③ 심장근, 내분비선, 평활근을 자극한다.
④ 부교감신경의 말단에서 에피네프린(epiniphrine)을 분비한다.

정답은 해설지에

Confirmation
이것만은 꼭!

01 (　　)은 신경을 구성하여 신호를 전달하는 세포로 신경계의 구조적, 기능적 단위이다.

02 (　　)는 뉴런이 살아가는데 필요한 생명활동이 일어나는 곳으로 핵과 세포질이 있는 곳이다.

03 뉴런에 의한 흥분의 전도 과정은 (　　), (　　), (　　)의 순서로 이루어진다.

04 분극상태에서는 세포막 밖이 (　　) 전하를 띠고, 세포막 안은 (　　) 전하를 띤다.

05 탈분극은 (　　) 이상의 자극을 받으면 (　　)이 세포막 밖에서 세포막 안으로 유입되면서 막전위가 역전되는 현상이다.

06 활동전위가 시냅스 전 뉴런의 축삭말단에 도달하면 (　　)이 세포내로 유입되고, 시냅스틈으로 (　　)이 분비되면서 화학적 시냅스에서의 흥분의 전달 과정이 이루어진다.

07 중추신경계는 크게 (　　)와 (　　)로 구성된다.

08 말초신경계 중 자율신경은 (　　)와 (　　)로 구성된다.

09 체온조절, 혈당량 조절, 체액의 삼투압 조절 등의 항상성을 조절하는 중추는 (　　)이다.

10 심장박동, 소화운동, 호흡조절의 중추는 (　　)이다.

11 근육과 힘줄 사이에 존재하면서 근육의 과도한 수축을 억제하는 고유수용기는 (　　)이다.

12 근육 내에 위치하면서 근육의 과도한 신장을 억제하는 고유수용기는 (　　)이다.

13 말초 신경계의 (　　)은 동공을 확대하고, (　　)은 동공을 축소한다.

정답
1. 뉴런
2. 신경세포체
3. 분극, 탈분극, 재분극
4. +, −
5. 역치, 나트륨이온(Na+)
6. 칼슘이온(Ca++), 신경전달물질 또는 아세틸콜린
7. 뇌, 척수
8. 교감신경, 부교감신경
9. 간뇌 (간뇌의 시상하부)
10. 연수
11. 골지건기관
12. 근방추
13. 교감신경, 부교감신경

Previous 단원 기출문제

01 다음( )안에 들어갈 말을 적합하게 짝지어 놓은 것은?

< 보 기 >

( )은 중추신경계로부터 발생된 전기적 신호를 골격근으로 전달하여 근 수축을 일으키는 매개역할을 하며, 그것의 세포체는 뇌간이나 척수에서 시작되며 축색은 근육 주위에서 분지하여 여러개의 근섬유에 ( )을 형성하면서 부착된다.

① 운동종판 - 운동신경
② 운동신경 - 운동종판
③ 란비에 결절 - 운동신경
④ 란비에 결절 - 운동종판

중추의 명령을 골격근에 전달하는 역할은 운동신경이 담당하는데, 운동 신경의 축색이 여러 개의 근섬유와 접합하여 운동종판을 형성하고 근섬유를 자극하여 운동을 발생시킨다.

정답 : ②

02 근섬유 수축을 위한 신경 활동전위(action potential)의 단계 중 <보기>가 설명하는 것은?

< 보 기 >

신경 뉴런(neuron)의 활동전위(action potential)가 생성되는 첫 번째 단계로서 나트륨 이온(Na^+)의 세포막 투과성을 높여 세포 내 양(+)전하를 만들고 활동전위를 역치수준에 이르게 한다.

① 탈분극(depolarization)
② 재분극(repolarization)
③ 과분극(hyperpolarization)
④ 불응기(refractory period)

탈분극의 개념에 대한 설명이니 잘 숙지할 것!

정답 : ①

03 <보기>의 신경세포 구조 및 전기적 활동에 관한 적절한 설명을 고른 것은?

< 보 기 >

㉠ 안정 시 신경세포 막의 안쪽은 Na^+의 농도가 높고, 바깥쪽은 K^+의 농도가 높다.
㉡ 역치(threshold)는 신경세포 막의 차등성전위(graded potential)가 안정막전위(resting membrane potential)로 바뀌는 시점을 말한다.
㉢ 활동전위(action potential)는 신경세포 막의 탈분극(depolarization)을 유도한다.
㉣ 신경세포는 신경 - 근접합부(neuromuscular junction)를 통해 근섬유와 상호신호전달을 한다.

① ㉠, ㉡ ② ㉠, ㉣ ③ ㉡, ㉢ ④ ㉢, ㉣

신경계에서 나타나는 흥분의 전도와 전달은 매우 빈출하는 개념이다. 특히 신경세포 내에서의 흥분의 전도과정은 그 순서와 내용을 반드시 암기하고 있어야 한다. 역치란 특정한 변화를 발생시키는 최소한의 자극의 정도를 의미한다. 안정시 전하가 분극되어 있는 상태에서는 세포막 밖에는 나트륨이온이, 안에는 칼륨이온이 더 많이 분포하여 농도차가 유지된다. 신경세포에 역치를 넘어서는 자극이 가해지는 경우 분극이 되어 있던 나트륨이온이 세포막 밖으로 이동하면서 세포막 안팎의 전위가 역전되어 안정막전위가 활동전위로 바뀌게 된다.

정답 : ④

04 뇌(brain)에서 <보기>의 기능을 모두 가진 영역은?

< 보 기 >

㉠ 골격근 기능의 조절
㉡ 근 긴장 유지
㉢ 심혈관계와 호흡계의 기능조절
㉣ 의식상태의 결정(각성과 수면)

① 사이뇌(간뇌, diencephalon)
② 소뇌(cerebellum)
③ 바닥핵(기저핵, basal ganglia)
④ 뇌줄기(뇌간, brainstem)

중뇌, 뇌교, 연수를 통칭하여 뇌간이라고 하며 이는 뇌와 척수를 이어준다.
중뇌는 안구운동, 뇌교는 대뇌와 소뇌간의 중계역할 및 호흡 조정, 연수는 심혈관계와 호흡계의 기능 조절을 한다. 또한 뇌간의 표면에 널리 퍼져있는 신경그룹인 망상형성체는 각성과 수면 등의 의식상태를 결정한다.

정답 : ④

05
<보기>는 신경 세포의 안정 시 막전위에 영향을 주는 Na+과 K+에 대한 그림이다. ㉠~㉣에 들어갈 내용이 바르게 연결된 것은?

< 보 기 >

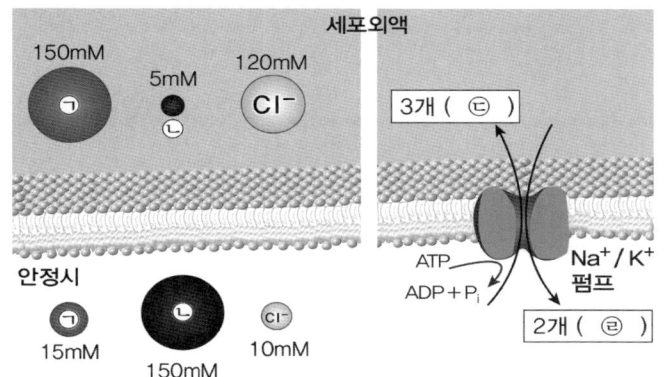

	㉠	㉡	㉢	㉣
①	K+	Na+	Na+	K+
②	Na+	K+	Na+	K+
③	K+	Na+	K+	Na+
④	Na+	K+	K+	Na+

정답 : ②

　안정시에는 나트륨 칼륨 펌프의 작동으로 나트륨 이온 3분자가 세포막 안에서 밖으로 이동할 때, 칼륨이온 2분자가 세포막 밖에서 안으로 유입된다. 칼륨 채널을 통해 칼륨이온이 세포막 바깥으로 이동하지만 나트륨 칼륨 채널의 역할에 의해 결과적으로는 세포막 바깥에 나트륨이온이 세포막 안쪽에는 칼륨이온이 다량으로 분포하고 전체 이온의 개수는 세포막 바깥쪽이 더 많게 된다. 나트륨이온과 칼륨이온 모두 +이온이지만 이렇게 이온의 분포 차이에 의해 세포막 안쪽과 바깥쪽에 전위차가 발생한다.

07
<보기>에서 설명하는 근육 기관은?

< 보 기 >

- 골격근에서 발견된다.
- 근육의 길이를 감지한다.
- 근육의 급격한 신전(신장) 시 반사적 근육활동을 촉발시킨다.

① 근방추　② 동방결절　③ 모세혈관　④ 근형질세망

　근방추는 골격근 내의 방추외골격근 섬유와 평행하게 위치하며, 근육의 길이를 감지하여 근육이 급격히 늘어날 때 반사적 근육활동을 촉발한다.

정답 : ①

08
<보기>는 도피반사(withdrawal reflex)와 교차신전반사(crossed-extensor reflex)를 나타낸 것이다. 이에 관한 설명으로 옳지 않은 것은?

< 보 기 >

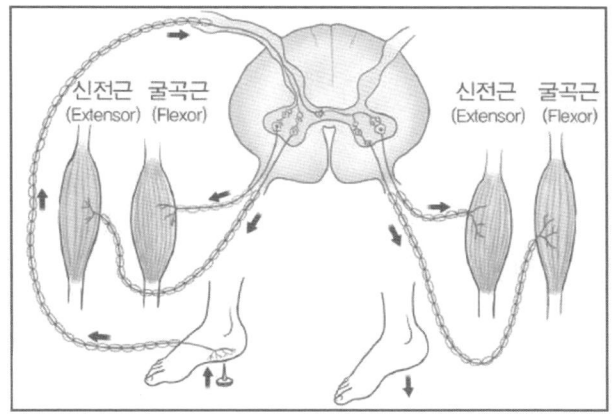

① 반사궁 경로를 통해 통증 자극에 대한 빠른 반사가 일어난다.
② 통증 수용기로부터 활동전위가 발생하여 척수로 전달된다.
③ 신체 균형을 유지하기 위해 반대편 대퇴의 굴곡근 수축이 억제된다.
④ 통증을 회피하기 위해 통증 부위 대퇴의 굴곡근과 신전근이 동시에 수축된다.

정답 : ④

- 도피반사: 불쾌하거나 위험한 상황에서 신체를 빠르게 안전한 위치로 이동시키기 위한 본능적인 반응. 일반적으로 굴근이 수축하는 형태로 나타남.
- 교차신전반사: 한쪽 신체 부위에 자극이 가해질 때, 반대쪽 신체 부위에서 일어나는 신경 반응. 자극을 받은 쪽은 수축하고 반대쪽은 신전되는 형태로 나타남.
- 반사궁: 자극이 감지된 후, 신속하게 반사 반응을 유도하기 위한 신경계의 경로

04강 운동생리학 - 골격근과 운동

1. 골격근의 구조와 기능

Introduction

뼈에 붙어 있는 근육을 골격근이라 한다. 골격근의 수축에 의해 신체의 움직임이 일어나며, 근수축은 신경계에 의해 조절되고 액틴과 마이오신필라멘트의 활주에 의해 발생한다.

골격근은 내장근에는 없는 가로무늬가 있어 가로무늬근이라고도 하며, 의지에 따라 움직일 수 있는 수의근이다. 골격근은 근다발 〉 근섬유 〉 근원섬유 〉 근세사로 구성되어 있으며, 그 중 근섬유는 근수축의 속도와 ATP의 생산경로에 따라 속근섬유와 지근섬유로 구분된다.

〈1〉 근섬유

1) 근섬유의 특성

- 근섬유는 근육을 구성하는 세포로 핵이 많은 다핵세포이며, 수축성 섬유이다.
- 골격근은 의지에 따라 움직일 수 있어서 수의근이라 한다.
- 골격근은 액틴필라멘트와 마이오신필라멘트의 규칙적인 배열로 가로무늬가 나타나서 횡문근이라고 한다.
- 근육의 수축 속도와 수축을 위한 에너지원으로 사용되는 ATP를 어떤 대사경로를 통해 생산하느냐에 따라 속근섬유와 지근섬유로 구분된다.
- 지근섬유는 근수축의 속도가 느리고, 미토콘드리아의 수가 많아 유산소대사를 통해 에너지를 얻고, 지구성 운동의 특성을 가진다.
- 속근섬유는 근수축의 속도가 빠르고, 미토콘드리아의 수가 적어 무산소성 해당과정을 통해 에너지를 얻고, 순발성 운동의 특징을 가진다.
- 성인은 약 50%의 지근과 약 25%씩의 속근a 및 속근b(속근x)로 구성된다.
- 유전에 따라 지근섬유와 속근섬유 구성의 차이가 나타난다.

2) 근섬유의 구조

- 골격근은 근섬유의 다발인 근다발로 구성되며 근섬유는 근원섬유와 근형질로 구성된다.
- 근원섬유는 근세사로 구성되며, 근세사는 액틴필라멘트와 마이오신필라멘트로 구성된다.
- 근육 〉 근다발 〉 근섬유 〉 근원섬유 〉 근세사 (액틴필라멘트, 마이오신필라멘트)

① 운동단위의 구조

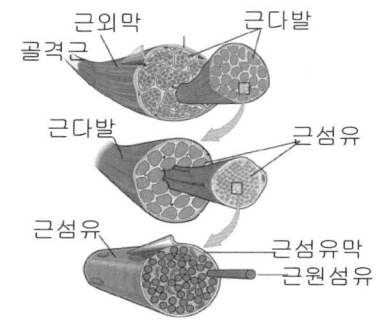

학습목표

근육의 구조와 근수축의 순서가 매년 각각 출제되고 있습니다. 철저하게 암기합니다.

수의근과 불수의근
- 수의근 : 체성신경계의 지배를 받으며, 의지에 따라 움직일 수 있는 근육
  예) 골격근
- 불수의근 : 자율신경계의 지배를 받으며, 의지와 상관없이 움직이는 근육
  예) 심장근, 내장근(평활근)

대표 기출 유형

01 인체 근육조직은 여러 가지 조직으로 결합되어 있다. 근육의 구조를 올바르게 나열한 것은?

① 근섬유 〉 근원섬유 〉 필라멘트 〉 근다발
② 근원섬유 〉 필라멘트 〉 근다발 〉 근섬유
③ 필라멘트 〉 근다발 〉 근섬유 〉 근원섬유
④ 근다발 〉 근섬유 〉 근원섬유 〉 필라멘트

정답은 해설지에

② 근섬유의 구조와 기능

- 근섬유막(원형질막, 근초, sarcolemma) : 근섬유를 싸고 있는 막. 활동전압의 전도
- 근형질(sarcoplasm) : 근섬유의 액체부분으로 세포질에 해당. 글리코겐과 미오글로빈 저장
- 근형질세망(근소포체, sarcoplasmic reticulum) : 근형질에 있는 막으로 된 망상조직. 칼슘 저장, 근수축시 칼슘 방출
- 가로세관(T세관, transverse tubule) : 근섬유막이 연장되어 근원섬유 사이를 지나가는 세관. 신경자극을 근원섬유로 전달

근형질(세포질)

- 근섬유에서 근원섬유를 제외한 액체로 되어있는 부분
- 신경 자극 전달 경로와 물질의 이동 경로의 역할
- T세관과 근형질세망으로 구성됨
- 에너지원인 ATP-PCr, 근글리코겐, 중성지방 등이 저장됨
- 화학적 완충 물질인 인산염과 단백질이 세포 내 소량 저장됨

<2> 근원 섬유

1) 근원섬유의 특성
- 하나의 근섬유는 1,000 ~ 2,000개의 근원섬유로 구성된다.
- 지름 1마이크로미터 정도의 원통 형태이다.

2) 근원섬유의 구조
- 근원섬유는 가는 액틴 필라멘트와 굵은 마이오신 필라멘트라는 근세사로 구성된다.
- 근원 섬유가 적은 근섬유는 강한 장력은 없지만 근지구력을 가진다.

□ 근원 섬유의 구조

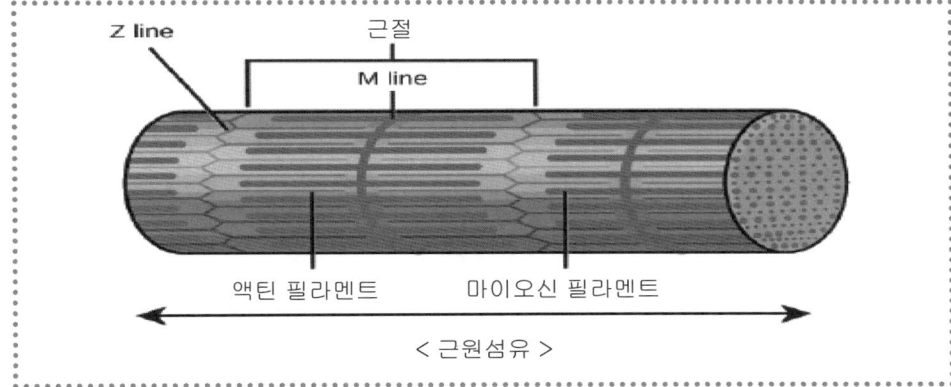

< 근원섬유 >

장력(tension)

- 근육이 당기는 힘을 근장력이라 한다.
- 근원섬유가 많을수록 근육의 장력이 커진다.
- 근절이 최적 길이의 60-180% 사이일 때 장력이 발생함
- 안정시의 근섬유의 길이(쉬고 있는 상태의 근육의 길이)가 너무 길지도 짧지도 않은 최적의 길이일 때 최대 장력을 나타냄

대표 기출 유형

02 근섬유의 구조와 기능에 대한 설명으로 옳지 않은 것은?

① 근형질세망 : 칼슘 저장
② 가로세관 : 산·염기 평형 유지
③ 근형질 : 글리코겐과 미오글로빈 저장
④ 근초 : 뼈에 부착된 건과 융합

정답은 해설지에

<3> 근섬유의 작용

근수축은 신경계에 의해 조절되는데, 신경계의 자극을 받은 근육이 수축하여 뼈를 잡아 당겨 운동이 이루어진다. 이때 근수축은 액틴필라멘트와 마이오신필라멘트의 활주에 의해 발생하는 것으로 밝혀져 있는데, 이 이론을 활주설이라고 한다.

근육 운동의 원리
- 신경계의 조절→근육의 수축→뼈를 당김→운동

근수축의 주요 개념
- 액틴과 마이오신의 활주는 마이오신 머리에서 인산기와 ADP가 방출되면서 발생하는 에너지에 의해 일어난다.
- 근 수축이 일어나는 데 필요한 에너지의 원천은 ATP이다.

1) 근수축의 원리

(1) 근수축의 원리

- 근수축은 액틴필라멘트와 마이오신필라멘트의 작용에 의해 발생한다.
- 액틴필라멘트(가는 필라멘트)가 마이오신필라멘트(굵은 필라멘트) 위의 근섬유 마디 중심 쪽으로 미끄러져 들어가면서 근수축이 일어나는데 이를 근세사활주설이라고 한다.
- 근수축시 액틴과 마이오신 자체의 길이(A대) 변화는 없으며 H대와 I대, 근절의 길이가 짧아진다.

□ 근절의 구조

근절의 구조
- 근절 : 근수축의 기능적 단위로, Z선과 Z선 사이를 의미함
- H대 : 굵은 마이오신 필라멘트만 존재하는 중앙 영역
- I대 : 마이오신 필라멘트는 없고 액틴 필라멘트만 존재해서 밝은 부분
- A대 : 굵은 마이오신 필라멘트의 길이

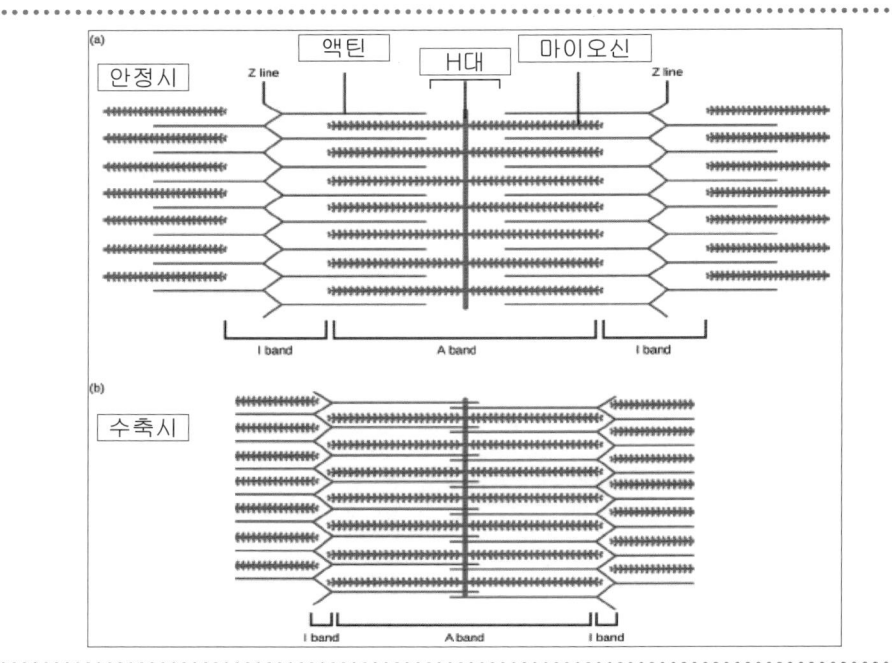

(2) 근수축의 과정

① 칼슘과 트로포닌의 결합

근수축의 과정 그림 설명
① 칼슘이 트로포닌과 결합하여 트로포마이오신의 위치를 변화시켜 액틴에 있는 마이오신 결합 부위가 노출됨

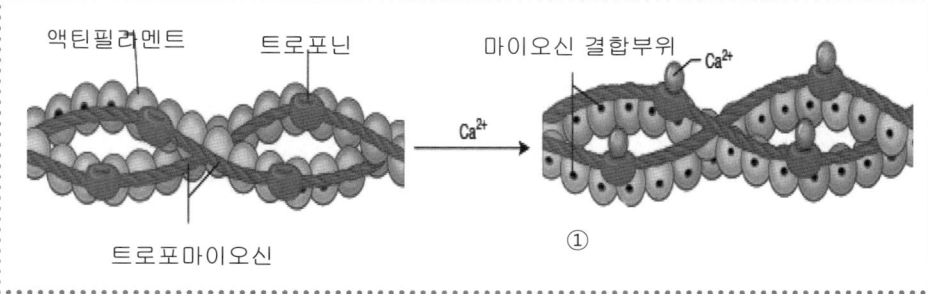

② 근수축의 과정

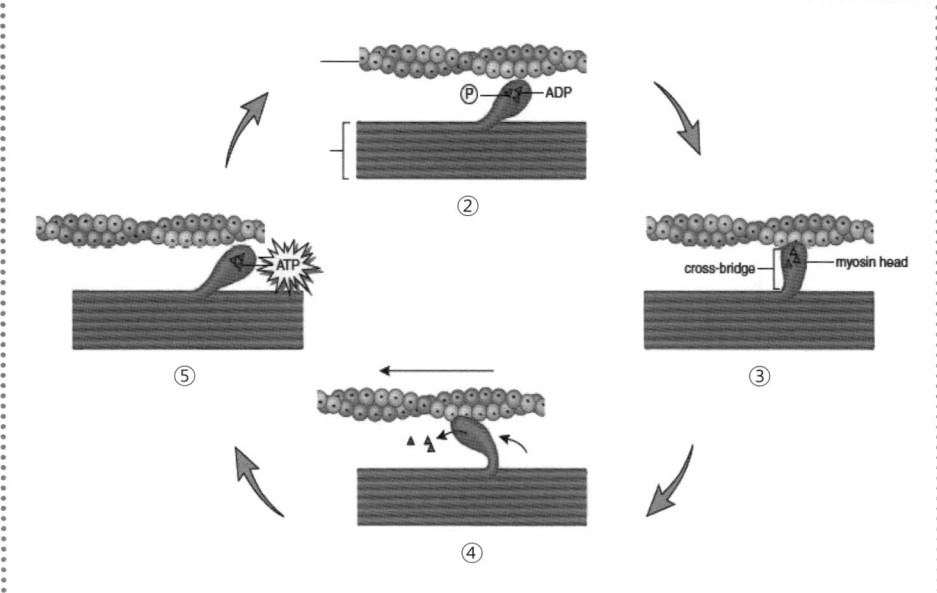

근수축의 과정 그림 설명

② ATPase가 ATP를 ADP와 Pi으로 가수분해시킴

③ 마이오신 머리가 액틴 결합 부위에 결합하여 십자형 가교 (cross-bridge, 교차가교) 형성

④ 마이오신 머리에서 ADP와 Pi이 방출되면서 마이오신 머리의 위치가 변화하여 액틴 섬유가 근절 안쪽으로 활주

⑤ 마이오신 머리에 ATP가 결합하면서 마이오신과 액틴의 결합이 풀림

③ 근수축의 단계

① 안정단계
- 액틴과 마이오신은 결합되지 않음
- ATP가 마이오신에 결합되어 있는 상태
- 칼슘은 근형질세망에 저장된 상태

② 자극 결합 단계
- 신경 자극 → 근신경연접에서 아세틸콜린 분비 → 근육세포의 활동전위 발생 → 근형질세망의 소포체에서 칼슘방출 → 트로포닌에 칼슘 부착 → 트로포마이오신 위치를 변화시킴 → 액틴 섬유에 있는 마이오신 결합 장소가 노출됨 → 액틴과 마이오신이 결합하여 액토마이오신 형성

③ 수축 단계
- ATPase가 ATP를 ADP와 Pi으로 가수분해
- 마이오신의 머리가 액틴에 결합하여 교차다리를 형성
- 마이오신의 머리에서 Pi과 ADP가 방출되면서 강한 힘 발생 → 액틴이 근절 안쪽으로 미끄러져 들어가면서 근 수축

④ 재충전 단계
- ATP 재합성(재충전) → ATP가 마이오신에 결합하면서 액틴과의 결합이 풀림 → 액토마이오신이 액틴과 마이오신으로 분해 → 액틴과 마이오신의 재순환 → 칼슘존재시 수축단계로 재순환

⑤ 이완 단계
- 신경 자극이 중단되면 아세틸콜린이 더 이상 분비되지 않음
- 칼슘이 칼슘 펌프에 의해 근형질세망으로 재이동
- 안정시 근육 상태로 재순환

대표 기출 유형

03 신경세포와 근육의 흥분-수축-결합 단계를 순서대로 바르게 나열한 것은?

<보기>

㉠ 마이오신 머리가 액틴세사를 잡아당긴다.

㉡ 활동전위가 축삭 종말에 도달하면 아세틸콜린이 방출된다.

㉢ 근형질세망에서 분비된 Ca2+이 트로포닌에 부착되어 트로포마이오신을 들어올린다.

① ㉠-㉡-㉢
② ㉡-㉠-㉢
③ ㉡-㉢-㉠
④ ㉢-㉡-㉠

정답은 해설지에

2. 골격근과 운동

학습목표
지근과 속근의 차이, 경기력과의 관계, 운동의 형태에 따른 지근과 속근의 발달, 근수축의 종류 등이 중요합니다.

Introduction

골격근은 구성하고 있는 근섬유의 형태와 특성에 따라 지근과 속근으로 구분된다. 지근은 근수축 속도가 느리고, 모세혈관 밀도와 마이오글로빈 함유량이 높아 붉은색을 띠며, 유산소 대사로 에너지를 공급하기 때문에 지구성운동에 적합하다.

속근은 근수축 속도가 빠르고, 모세혈관 밀도와 마이오글로빈 함유량이 낮아 백색을 띠며, 무산소성 해당과정에 의해 에너지를 공급하기 때문에 순발력을 요하는 운동에 적합하다.

<1> 근섬유의 유형 (속근과 지근)

근섬유는 수축의 속도와 피로의 강도, 근섬유의 색, ATP를 공급하는 대사경로, 근섬유의 효소의 종류 등과 같은 근섬유의 형태 및 생화학적 특성에 따라 속근과 지근으로 구분된다.

1) 근섬유의 형태 및 생화학적 특성

(1) 지근과 속근의 특성

	지근 ST (slow-twitch muscle fiber)	속근 FT (fast-twitch muscle fiber)
동일 용어	적근, Type I	백근, Type II
특성	• 모세혈관 밀도 및 마이오글로빈 함유량이 높음 • 지구성 운동 특성을 가짐 • 느린 수축 • 피로에 대한 저항이 높음 • 미토콘드리아의 수나 크기가 발달 • 산화 효소가 발달함 • 미토콘드리아의 산화 능력이 높음	• 모세혈관 밀도 및 마이오글로빈 함유량이 낮음 • 순발성 운동 특성을 가짐 • 빠른 수축 • 피로에 대한 저항이 적음 • 미토콘드리아의 수가 적음 • 해당 효소가 발달함 • 해당 능력이 높음

(2) 속근 섬유가 지근 섬유에 비해 수축 속도가 빠른 이유

- 신경 세포의 세포체가 큼
- 신경 섬유의 직경이 큼
- 신경 세포의 축삭이 더 발달함
- 1개의 신경 세포가 지배하는 근섬유 수가 지근보다 많음
- 근섬유의 근형질세망이 지근에 비해 발달함
- 지근보다 빠르게 ATP가를 이용함

□ 운동종목에 따른 지근과 속근의 비율

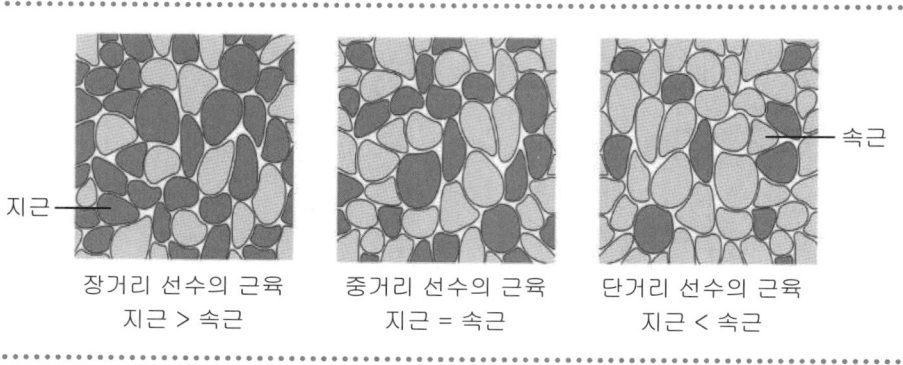

장거리 선수의 근육   중거리 선수의 근육   단거리 선수의 근육
지근 > 속근   지근 = 속근   지근 < 속근

대표 기출 유형

04 <보기>에서 속근에 대한 옳은 설명만으로 묶인 것은?

<보기>
㉠ 빠른 수축 속도
㉡ 강한 피로 내성
㉢ 높은 산화 능력
㉣ 높은 해당 능력

① ㉠, ㉡
② ㉡, ㉢
③ ㉢, ㉣
④ ㉠, ㉣

정답은 해설지에

2) 근섬유의 구조 · 기능적인 특성

□ 근섬유의 구조·기능과 스포츠 적용

특징		근섬유 형태		
		지근(ST)	속근a(FTa)	속근b (FTb=FTx)
신경적인 면	운동 신경 섬유의 크기	작다	크다	
	운동 신경 전도 속도	낮다	빠르다	
	운동 신경 동원 역치	낮다	높다	
구조적인 면	근섬유의 지름	작다	크다	
	근형질세망의 발달	낮다	높다	
	미토콘드리아의 밀도	높다	높다	낮다
	모세혈관의 밀도	높다	중간	낮다
	마이오글로빈 함유량	높다	중간	낮다
에너지 기질	크레아틴 인산의 저장량	낮다	높다	
	글리코겐의 저장량	낮다	높다	
	중성 지방 저장량	많다	중간 정도	적다
효소적인 면	해당 효소	낮다	높다	
	산화 효소	높다	높다	낮다
	ATPase 활성도	낮다	높다	
	대사작용	유산소대사	무산소성 해당과정	
기능적인 면	수축 속도	늦다	빠르다	
	이완 시간	늦다	빠르다	
	힘의 발생	낮다	높다	
	에너지 효율	높다	중간	낮다
	피로에 대한 저항(내성)	높다	중간	낮다
	탄성도	약하다	강하다	
스포츠 적용	스포츠 적용	지구성운동에 적합	스피드와 순발력을 요하는 운동에 적합	
	운동방법	저중량, 고반복 운동	고중량, 저반복 운동	

대표 기출 유형

05 <보기>에서 Type I 근섬유에 대한 설명으로 옳은 것은?

<보기>
㉠ 빠른 수축 속도
㉡ 강한 피로 내성
㉢ 빠른 ATPase 효소
㉣ 낮은 해당능력

① ㉠, ㉢
② ㉠, ㉣
③ ㉡, ㉢
④ ㉡, ㉣

정답은 해설지에

<2> 근섬유의 동원

하나의 운동 신경과 그 운동신경에 의해 활성화되는 모든 근섬유를 합한 단위를 운동단위라 한다. 근섬유에는 운동신경이 분포되어 있으며 운동단위를 기준으로 근섬유가 활성화된다.

1) 운동단위의 특징

- 운동단위란 하나의 운동 신경과 그 운동신경에 의해 활성화되는 모든 근섬유를 합한 것을 말함
- 1개의 운동뉴런은 여러 개의 근섬유를 지배할 수 있지만, 각각의 근섬유는 단지 하나의 뉴런에 의해 활성화됨
- 하나의 운동단위에 있는 모든 근섬유는 같은 섬유의 유형을 가짐
- 하나의 운동단위가 동시에 지근섬유와 속근섬유를 수축시키지 않음
- 속근섬유는 지근섬유보다 신경세포가 지배하는 근섬유의 수가 더 많아 수축 속도가 빠름
- 신경과 근섬유의 비율이 높은 것은 큰 힘을 요구할 때 사용됨
- 신경과 근섬유의 비율이 적은 것은 정교하고 정확한 동작에 사용됨

<3> 근섬유의 형태와 경기력

근섬유의 형태는 경기력에 큰 영향을 미친다. ST섬유(지근섬유) 비율이 높으면 지구력 운동에 유리하고, FT섬유(속근섬유) 비율이 높으면 순발력이 필요한 운동에 유리하다. 또한 운동 강도가 높아질수록 ST섬유에서 FTa섬유, 그리고 FTb섬유 순으로 동원된다.

골격근의 트레이닝을 통해 근섬유의 특성이 변화할 수 있다. 트레이닝에 의해 나타나는 변화로는 근비대, 모세혈관 밀도 증가, 미토콘드리아 산화 능력 향상, 근섬유의 에너지 저장 및 해당 능력 향상, 근력 증가, 그리고 운동 효율성의 향상 등이 있다.

1) 운동 강도에 따라 동원되는 근섬유

저강도의 운동	중간 정도의 강도	고강도 운동
ST섬유	ST와 FTa 섬유	ST, FTa, FTb 섬유 이용

2) 트레이닝에 따른 속근(FT)과 지근(ST)의 상대적 변화

- 트레이닝에 따른 골격근의 유산소성 능력은 두 섬유 모두에서 공통적으로 증가함
- ST 섬유는 FT섬유에 비하여 트레이닝 전뿐 아니라 후에도 더 큰 유산소성 능력을 가짐
- 해당 능력은 FT섬유에서 더 큼
- 운동 형태에 따른 선택적인 비대가 나타남
- 지구성 운동 후 : 지근 섬유가 더 비대, 순발성 운동 후 : 속근 섬유가 더 비대
- 트레이닝으로 FT와 ST 섬유의 상호 전환이 일어나지 않음

운동 단위

운동신경은 여러 개의 근섬유를 지배하고 있어 수축이나 이완을 동시에 하는데, 이때 하나의 운동 신경에 지배되는 근섬유의 단위를 운동 단위라 한다.

FTb형 섬유와 FTa형 섬유

FT와 ST 섬유 간 상호 전환은 일어나지 않지만, 유산소성 훈련을 통해 FTb형 섬유가 FTa형 섬유로 점진적으로 변화하는 것은 가능하다.

대표 기출 유형

06 운동강도의 증가에 따라 동원되는 근섬유 유형의 순서로 올바른 것은?

① FTa → FTx → ST
② FTx → FTa → ST
③ ST → FTa → FTx
④ ST → FTx → FTa

정답은 해설지에

3) 골격근의 트레이닝 효과

(1) 근비대(hypertrophy)와 효과

- 근섬유당 근원 섬유의 수와 크기의 증가
- 마이오신 세사를 중심으로 수축 단백질 양의 증가
- 섬유당 모세혈관 밀도의 증가
- 결체 조직, 힘줄 그리고 인대 조직의 양 증가

 근력의 향상

> **근비대**
> 근섬유의 지름이 증가하는 것을 근비대라고 한다.

(2) 모세혈관의 밀도 증가와 효과

- 골격근의 비대로 인한 모세혈관의 수와 밀도의 증가
- 총혈액량과 헤모글로빈의 수 증가

 산소 및 기타 영양 성분 공급 능력 향상

(3) 근섬유의 미토콘드리아 산화 능력 향상과 효과

- 지근, 속근 모두에서 미토콘드리아의 수와 크기 증가
- 미토콘드리아에 작용하는 산화 효소 발달
- 미토콘드리아의 산화 능력 향상

 ATP 생성능력 향상

> **트레이닝에 따른 근력의 증가 원인**
> - 초기 변화 : 주로 신경 적응에 기인함
> - 시간이 흐른 후 : 근비대에 의한 횡단면적의 증가가 더욱 중요함
> - 수년간의 트레이닝 후 : 아나볼릭 스테로이드와 같은 물질에 의한 근비대가 발생함

(4) 근섬유의 에너지 저장 능력 및 해당 능력 향상과 효과

- ATP-PCr, 근글리코겐, 중성 지방의 저장 능력 향상
- 해당 효소(PFK) 발달

→ 무산소성 대사능력 향상

(5) 결체 조직에서의 변화와 효과

뼈에서의 변화	• 낮은 강도의 트레이닝 : 길이나 둘레, 밀도에 변화가 없음 • 높은 강도의 트레이닝 후 : 길이나 둘레는 성장이 억제되고, 밀도는 증가함 • 뼈의 효소 활동과 근력이 증가함
인대와 힘줄에서의 변화	• 인대와 힘줄에서 근력이 증가함 • 부상의 예방 효과가 발생함
관절과 연골에 대한 변화	• 관절에서 연골이 굵어짐

대표 기출 유형

07 지구성 훈련을 통하여 기대할 수 있는 근섬유 내의 생화학적 변화로 관련성이 없는 것은?

① 근섬유 내 모세혈관의 밀도가 증가하여 산소, 이산화탄소 및 포도당과 같은 화학물질의 확산 및 이동 거리가 짧아진다.
② 근섬유의 모세혈관 밀도는 Type I 보다는 Type II 근섬유에서 더욱 현저하게 증가한다.
③ 미토콘드리아 내의 유산소성 효소의 증가가 이루어지기에 크렙스 사이클 및 전자전달계의 효율성이 좋아진다.
④ 미오글로빈의 농도가 증가하여 근육 내 산소 운반 능력이 좋아진다.

정답은 해설지에

(6) 효율성의 향상

- 근신경의 조화가 잘 이루어짐
- 불필요한 지방조직을 없앨 수 있음
- 산소의 이용률이 높아짐

➡ 효율성의 향상

4) 지구성 트레이닝을 통한 골격근의 생화학적 변화

□ 지구성 트레이닝의 효과(유산소성 변화)

신체의 변화	트레이닝 효과
• 모세혈관의 밀도 증가 • 마이오글로빈 농도 증가	산소 운반 능력 증가
• 미토콘드리아의 수와 크기 증가 • 미토콘드리아 내 유산소성 효소 증가 • TCA 회로와 전자전달계의 대사 작용 증가 • 근육 내 글리코겐 저장 증가	글리코겐의 산화 능력 향상
• 근육 내 중성 지방 저장 증가 • 연료로서 지방의 활용 능력 증가 • 지방산의 운반과 산화에 작용하는 효소의 활동 증가	지방 산화 증가

<4> 근육의 수축 형태와 기능 (근력, 파워, 근지구력)

근육의 길이와 장력 변화에 따른 근수축 유형은 두 가지로 나뉜다. 첫 번째는 근육 길이가 변하지 않는 정적 수축이고, 두 번째는 근육 길이가 변하는 동적 수축이다. 동적 수축은 다시 두 가지로 나뉘는데, 장력이 일정한 상태에서 이루어지는 등장성 수축과 장력이 변하는 등속성 수축이 있다. 등장성 수축은 근육 길이가 짧아지는 동안 장력이 발생하는 단축성 수축과 근육 길이가 늘어나는 동안 장력이 발생하는 신장성 수축으로 구분된다.

또한, 근육이 발휘하는 힘에는 세 가지 유형이 있다. 근력은 근육이 발휘할 수 있는 최대의 힘을 의미하고, 순발력은 힘을 빠르게 발휘할 수 있는 능력이다. 마지막으로, 근지구력은 부하를 반복적으로 들어 올릴 수 있는 능력을 말한다.

1) 근수축의 형태

□ 근육의 길이 변화와 장력 변화에 따른 수축의 유형

구분			근육의 길이 변화	장력 변화
정적수축(등척성 수축)			변화없음	변함
동적수축	등장성수축	단축성수축	짧아짐	변화 없음
		신장성수축	늘어남	변화 없음
	등속성수축		변함	변함

(1) 정적수축 (등척성 수축)

- 근섬유의 길이가 일정한 근육 수축 운동
- 특별한 장비 없이 수행이 가능함
- 예) 벽 밀기, 일정한 자세로 물건 들고 있기 등

근수축의 주요 개념
- 연축 : 한 번의 자극에 대해서 한 번 빠르게 수축하는 것
- 강축 : 자극의 빈도가 증가하여 자극 사이에 이완할 시간 없이 지속적인 수축이 일어나는 것
- 섬유성 수축 : 근섬유가 따로 따로 수축되어 불규칙하게 운동이 이루어지는 것. 주로 심장 질환에서 볼 수 있다.

대표 기출 유형

08 <보기>에서 근육의 힘, 파워, 속도의 관계에 대한 설명 중 옳은 것만을 모두 고른 것은?

< 보 기 >

ㄱ. 단축성(concentric) 수축 시 수축속도가 빨라짐에 따라 힘(장력)생성은 감소한다.

ㄴ. 신장성(eccentric) 수축 시 신장 속도가 빨라짐에 따라 힘(장력)생성은 증가한다.

ㄷ. 근육이 발현할 수 있는 최대 근파워는 등척성(isometric) 수축 시에 나타난다.

ㄹ. 단축성 수축 속도가 동일할 때 속근섬유가 많을수록 큰 힘을 발휘한다.

① ㄱ, ㄴ, ㄷ
② ㄱ, ㄴ, ㄹ
③ ㄱ, ㄷ, ㄹ
④ ㄴ, ㄷ, ㄹ

정답은 해설지에

(2) 동적수축 (등장성 수축)

- 근육수축 시 길이가 달라지는 근육 수축 운동

□ 등장성 수축의 유형

단축성 수축(구심성 수축)	신장성 수축(원심성 수축)
• 근육의 길이가 짧아지는 동안 장력 발생 • 근육이 주어진 저항을 능가하여 짧아질 때 발생 • 저항과 반대방향으로 발생함 예) 바벨 들기, 데드리프트, 턱걸이에서 팔을 굽히는 동작에서 주관절 상완이두근의 수축	• 근육의 길이가 늘어나는 동안 장력 발생 • 저항을 이기지 못하여 근육의 길이가 늘어날 때 발생 • 부상과 통증이 발생할 수 있음 예) 바벨 내리기, 턱걸이에서 내려오는 동작, 팔굽혀 펴기에서 팔굽히는 동작에서 주관절 상완삼두근이 신장하면서도 긴장이 유지됨

② 등속성 수축

- 관절각이 동일한 속도로 움직임
- 근이 짧아질 때 근에서 발생하는 장력이 운동의 전 범위에 걸친 모든 관절각에서 최대치임
- 근기능의 진단, 재활 훈련, 근력보강 훈련 등 주로 재활치료에 활용함

2) 근력, 파워, 근지구력

(1) 근력

- 근육이 발휘할 수 있는 최대의 힘
- 근육의 굵기 또는 횡단면적에 비례한다.
- 근력은 트레이닝을 통한 근육의 비대로 증가할 수 있다.

(2) 파워(순발력=힘)

- 힘을 빠르게 발휘할 수 있는 능력
- 순발력 = 근력 x 속도
- 자기 최대근력의 30% 정도의 근력을 발휘할 때 가장 큰 순발력 발휘할 수 있음

(3) 근지구력

- 운동을 계속 수행할 수 있고, 운동 피로를 견뎌내는 능력
- 근력을 바탕으로 발휘되는 힘
- 턱걸이, 팔굽혀펴기, 윗몸일으키기 등으로 측정할 수 있음

근수축의 원리
- 골격근은 신경의 자극에 의해서만 수축함
- 근육은 당기기만 하고 밀지는 않는다.
- 근육이 수축하면 관절을 기점으로 해서 뼈를 잡아당김으로써 동작이 발생함
- 뼈와 관절은 지렛대의 역할을 한다.

근육의 특이장력과 근파워
- 특이장력:
  근육의 단위 면적당 작용하는 힘
  근력÷근단면적
- 근파워:
  단위 시간당 발생하는 근육의 힘
  힘×수축속도

근력에 영향을 미치는 요소
- 활성화된 운동 단위의 수
- 활성화된 운동 단위에 가해지는 충격 빈도
- 활성화된 운동 단위의 형태
- 활성화될 때 근육의 최초 길이
- 근육의 크기(근비대의 정도)
- 관절의 각도
- 근육의 운동 속도

대표 기출 유형

09 골격근의 수축 특성을 결정하는 요인에 대한 설명 중 〈보기〉의 ㉠, ㉡에 들어갈 용어가 바르게 연결된 것은?

< 보 기 >
- 특이장력=근력/(㉠)
- 근파워=힘×(㉡)

	㉠	㉡
①	근횡단면적	수축속도
②	근횡단면적	수축시간
③	근파워	수축속도
④	근파워	수축시간

정답은 해설지에

Confirmation
이것만은 꼭!

01 근섬유는 크게 (   )와 (   )으로 이루어진다.

02 근원섬유는 근세사로 이루어지며, 근세사는 (   )와 (   )로 이루어진다.

03 근세사 활주설은 (   )필라멘트가 근절 안쪽으로 미끄러져 들어가면서 근수축이 일어나는 것을 말한다.

04 근수축시 칼슘이 (   )과 결합하면 트로포마이오신의 위치가 변화되어 액틴 섬유에 있는 마이오신 결합부위가 노출된다.

05 근섬유의 유형 중 피로에 대한 저항성이 높고, 산화효소가 발달하며, 수축 속도가 느린 섬유는 (   )이다.

06 하나의 운동 신경과 그 운동신경에 의해 활성화되는 모든 근섬유를 합한 단위를 (   )라고 한다.

Confirmation
이것만은 꼭!

07 (   )는 신경세포가 지배하는 근섬유의 수가 많아 수축 속도가 빠르다.

08 저강도의 운동에 주로 동원되는 근섬유 유형은 (   )이다.

09 근비대란 근섬유당 근원섬유의 (   )와 (   )가 증가하는 현상을 말한다.

10 근수축시 근육의 길이가 일정한 수축 형태는 (   )이다.

정답
1. 근원섬유, 근형질세망
2. 액틴필라멘트, 마이오신필라멘트(미오신필라멘트)
3. 액틴
4. 트로포닌
5. 지근 섬유(적근, ST, TypeI 섬유)
6. 운동단위
7. 속근 섬유
8. 지근 섬유
9. 수, 크기
10. 정적수축 또는 등척성 수축

Previous 단원 기출문제

01 다음 중 근섬유에 대한 일반적 설명으로 가장 옳은 것은?

① 근섬유에는 미토콘드리아가 많이 분포하지는 않는다.
② 근섬유는 우리의 의지에 따라 움직일 수 없다.
③ 운동선수나 일반인이나 근섬유 주위에 모세혈관은 거의 동일하다.
④ 하나의 근섬유 위에 운동신경이 접합되는 지점을 운동종판이라고 한다.

① 지근섬유는 미토콘드리아의 수가 많아 유산소성 대사작용이 활발하며, 속근섬유는 상대적으로 미토콘드리아 수가 적어 무산소성 해당과정에 주로 의존한다.
② 인간의 의지에 따라 움직일 수 있는 수의근이 있다.
③ 운동선수는 일반인에 비해 근섬유 주위에 모세혈관이 발달해서 산소와 영양분의 공급이 활발하다.

정답 : ④

02 다음 근섬유의 체계적 동원에 대한 설명이다. ( )에 들어갈 말을 적합하게 짝지어 놓은 것은?

< 보 기 >

낮은 강도의 운동 중에는 근력의 대부분이 (㉠)섬유에 의하여 발생되며, 조깅과 같이 더 높은 운동 강도에서는 필요한 근장력이 증가함에 따라 (㉡)섬유가 추가로 동원된다. 마지막으로 전력질주와 같은 최대근력이 필요한 운동에서는 (㉢)섬유가 동원된다.

① ㉠-FTa 섬유, ㉡-FTb 섬유, ㉢-ST 섬유
② ㉠-FTa 섬유, ㉡-ST 섬유, ㉢-FTb 섬유
③ ㉠-ST 섬유, ㉡-FTb 섬유, ㉢-FTa 섬유
④ ㉠-ST 섬유, ㉡-FTa 섬유, ㉢-FTb 섬유

속근은 수축 속도가 빠르며, 높은 해당 능력을 가지고, 피로에 대한 내성이 약하다.
지근은 수축 속도가 느리며, 높은 산화 능력을 가지고, 피로에 대한 내성이 강하다.

정답 : ④

03 <보기>에서 괄호에 들어갈 용어를 바르게 연결한 것은?

< 보 기 >

걷기와 같은 저강도 운동 중에는 주로 (㉠)가 동원되며, 달리기와 같은 더 높은 강도의 운동 중에는 추가적으로 (㉡)가 동원된다. 나아가 전력질주와 같은 최고 강도의 운동 시에는 (㉢)가 최종적으로 동원된다.

① ㉠속근섬유(Type IIa)-㉡속근섬유(Type IIx/IIb)-㉢지근섬유(Type I)
② ㉠속근섬유(Type IIx/IIb)-㉡속근섬유(Type IIa)-㉢지근섬유(Type I)
③ ㉠지근섬유(Type I)-㉡속근섬유(Type IIa)-㉢속근섬유(Type IIx/IIb)
④ ㉠지근섬유(Type I)-㉡속근섬유(Type IIx/IIb)-㉢속근섬유(Type IIa)

운동 강도에 따라 주로 동원되는 근섬유의 종류가 다르다. 저강도 운동 중에는 지근섬유, 중정도 강도의 운동 에는 속근섬유a, 고강도의 운동 중에는 속근섬유b가 주로 동원된다.

정답 : ③

04 운동단위(motor unit)에 관한 설명으로 적절한 것은?

① 하나의 근섬유와 연결되는 여러 개의 알파운동뉴런을 말한다.
② Type I 운동단위는 Type II 운동단위 보다 단위 당 근섬유 수가 많다.
③ Type I 운동단위는 Type II 운동단위 보다 일반적으로 먼저 동원된다.
④ Type I 운동단위는 Type II 운동단위 보다 알파운동뉴런의 크기가 크다.

운동단위란 하나의 운동신경과 그 운동신경에 의해 활성화되는 모든 근섬유를 합한 단위를 의미한다. 이때 근섬유를 지배하는 척수운동신경세포를 알파운동뉴런이라고 한다. 운동신경의 지배를 받는 근섬유는 크게 Type I (지근섬유)과 Type II (속근섬유)로 나눌 수 있다. Type I은 Type II에 비해 동원의 속도가 빠르지만 Type II가 운동단위당 더 많은 근섬유와 연결되어 있어 폭발적인 파워를 발휘하기에는 Type II가 유리하다.

정답 : ③

05 근육 형태의 분류에 대한 내용 중 바르지 않은 것은?

		Type 1	Type 2
①	속도	느림	빠름
②	피로저항	작음	큼
③	미토콘드리아	많음	적음
④	적절한 운동	지구성운동	짧고 강한 운동

Type 1은 지근섬유, Type 2는 속근섬유에 대한 설명이다. 지근섬유는 피로저항이 크고, 속근섬유는 피로저항이 작다.

정답 : ②

06 근세사 활주설(sliding filament theory)에 관한 설명으로 적절하지 않은 것은?

① 액틴(actin)은 근절(sarcomere)의 중앙부위로 마이오신(myosin)을 잡아당긴다.
② 마이오신 머리(myosin head)에 있는 인산기(Pi)가 방출되면서 파워 스트로크(power stroke)가 일어난다.
③ 활동전위는 근형질세망(sarcoplasmic reticulum)으로부터 나온 칼슘을 근형질(sarcoplasm) 내로 유입하게 된다.(칼슘)
④ 칼슘은 액틴 세사의 트로포닌(troponin)과 결합하고 트로포닌은 트로포마이오신(tropomyosin)을 이동시켜 마이오신 머리가 액틴과 결합할 수 있도록 한다.

근세사 활주설은 매년 출제되고 있는 개념이므로 그 순서와 개념을 정확하게 이해하고 있어야 한다. 근수축과정에서는 마이오신의 머리가 액틴에 결합하고 마이오신의 머리에서 인산기가 방출되면서 강한 힘(파워 스트로크)가 일어나 액틴이 근절 안쪽으로 미끄러져 들어가게 된다.

정답 : ①

07 골격근의 수축과정 중 근형질세망(sarcoplasmic reticulum)에서 분비되어 트로포닌(troponin)과 결합하는 물질은?

① 아데노신 삼인산(ATP)
② 칼슘이온(Ca^{2+})
③ 무기인산(Pi)
④ 아세틸콜린(Ach)

골격근의 수축과정 중 트로포닌과 결합하는 물질은 칼슘이온이다.

정답 : ②

08 <보기>에 제시된 운동단위(motor unit)에 대한 설명 중 옳은 것을 있는 대로 고른 것은?

< 보 기 >

㉠ 하나의 운동신경과 그 신경에 의해 지배되는 근육섬유들로 정의된다.
㉡ 운동신경에 연결된 근섬유 수가 많을수록 큰 힘을 내는 데 유리하다.
㉢ 자극비율(innervation ratio)이 낮은 근육은 정교한 움직임에 적합하다.

① ㉠
② ㉠, ㉡
③ ㉡, ㉢
④ ㉠, ㉡, ㉢

운동단위란 하나의 운동신경과 그 신경에 의해 활성화되는 모든 근섬유들을 합한 것이다. 운동신경에 연결된 근섬유의 수가 많을수록 큰 힘을 내는데 유리하며, 운동신경과 근섬유의 비율이 적은 것은 자극 비율이 낮아 정교한 움직임에 적합하다.

정답 : ④

05강 운동생리학 - 내분비계와 운동

1. 내분비계

학습목표
호르몬과 신경계의 차이를 이해한 후 호르몬의 분비위치와 역할을 암기합니다.

Introduction

내분비샘에서 만들어져 혈액으로 분비되어 생리작용을 조절하는 물질을 호르몬이라 하며, 호르몬의 작용으로 체내의 항상성이 유지된다. 항상성 유지를 위한 호르몬의 분비 조절방법에는 음성 피드백 조절과 양성 피드백 조절이 있다.

이 장에서는 내분비선에서 분비되는 호르몬의 종류와 기능을 정확히 이해하고 암기한다.

<1> 호르몬의 정의와 특성

호르몬이란 내분비선에서 생산되는 화학물질의 총칭으로 몸속의 특정한 내분비샘에서 분비되며 신체를 구성하는 세포나 기관으로 신호를 전달하여 몸에서 일어나는 여러 가지 작용을 조절하는 화학물질을 말한다.

1) 호르몬의 특성

- 내분비샘에서 분비된 후 혈액을 통해 이동하여 표적 기관이나 표적세포에만 작용함
- 매우 적은 양으로 생리 작용을 조절 함
- 분비량이 많으면 과다증, 적으면 결핍증이 나타남
- 신경계보다 신호 전달 속도는 느리지만, 작용 범위가 넓고 효과가 오래 지속됨

호르몬의 종 특이성
척추동물 사이에서는 호르몬의 종 특이성이 없다. 즉, 호르몬의 종류가 같으면 종이 다르더라도 대체로 같은 기능을 나타낸다.
예) 돼지의 인슐린을 당뇨병 환자에게 투여할 수 있다.

(1) 호르몬과 신경계

호르몬	신경계
• 혈관으로전달 • 전달속도가 느림 • 지속시간이 긺 • 작용 범위가 넓음	• 뉴런으로 전달 • 전달속도가 빠름 • 지속시간이 짧음 • 작용 범위가 좁음

(2) 외분비와 내분비

내분비샘과 외분비샘

1. 내분비샘
호르몬을 만들어 혈액으로 직접 분비하는 기관
· 뇌하수체, 갑상샘, 이자 등
2. 외분비샘
물질을 분비관을 통해 분비하는 기관
· 땀샘, 침샘, 소화샘 등

외분비	내분비
타액선 등과 같은 도관을 통해 화학물질을 방출하는 현상	도관이 없는 세포에서 혈액으로 직접 화학물질을 분비하는 현상

<2> 호르몬의 작용

호르몬이 작용하려면 표적 세포 안으로 들어가 특정 유전자를 활성화해야 한다. 이 과정은 호르몬의 성질과 수용체의 위치에 따라 달라진다.

스테로이드성 호르몬과 갑상선 호르몬은 지용성이기 때문에 세포막을 쉽게 통과할 수 있다. 세포막을 통과한 후에는 세포질 내 수용체와 결합하여 유전자를 활성화시킨다.

반면, 폴리펩티드계 호르몬과 카테콜아민계 호르몬은 수용성이어서 지질 성분으로 이루어진 세포막을 직접 통과할 수 없다. 이들은 세포막에 있는 수용체와 결합한 후, 세포 내로 들어가 신호를 전달해 유전자를 활성화시키는 연속적인 신호전달 과정을 촉진한다.

1) 호르몬의 종류와 작용

(1) 스테로이드성 호르몬

- 지질성분인 콜레스테롤에서 만들어진 호르몬
- 호르몬의 수용체가 세포 안의 세포질이나 핵에 존재
- 호르몬이 지용성이므로 지질성분인 세포막을 쉽게 통과해 핵이나 세포질내의 수용체와 결합하여 유전자를 활성화시킴

□ 스테로이드성 호르몬의 종류

- 성호르몬: 에스트로겐, 프로게스테론, 테스토스테론
- 부신피질호르몬: 코티졸, 알도스테론

비스테로이드성 호르몬
스테로이드성 호르몬을 제외한 모든 호르몬을 비스테로이드성 호르몬이라 한다.

(2) 폴리펩티드계 호르몬 (단백질계 호르몬)

- 단백질이나 폴리펩티드에서 만들어진 호르몬
- 호르몬의 수용체가 세포막 위에 존재
- 호르몬이 수용성이므로 지질성분인 세포막을 쉽게 통과하지 못하고 세포막에 있는 수용체와 결합하여 세포안으로 들어감
- 호르몬-수용체 복합체는 세포내의 2차전달자(2차메신저)의 생성을 포함한 연속적인 신호전달을 촉진하여 유전자를 활성화시킴

□ 폴리펩티드계 호르몬의 종류

- 인슐린, 글루카곤, 성장호르몬

단백질과 폴리펩티드, 아미노산
단백질의 기본 단위인 아미노산이 펩티드 결합이라는 화학결합을 하여 폴리펩티드를 형성하고, 폴리펩티드에 아미노산이 더 결합하거나 구조가 변하면 단백질이 된다.

(3) 아미노산유도체호르몬 (아민계 호르몬)

① 카테콜아민계 호르몬

- 하나의 아미노산에서 만들어진 호르몬
- 폴리펩티드계 호르몬과 작용기전이 같음

□ 카테콜아민계 호르몬의 종류

- 카테콜아민: 에피네프린, 노르에피네프린

② 갑상선 호르몬

- 하나의 아미노산에서 만들어진 호르몬
- 스테로이드성 호르몬과 작용기전이 같음

□ 갑상선 호르몬의 종류

- 티록신, 삼요오드티로닌, 칼시토닌

갑상선 호르몬의 특징
갑상선 호르몬은 크게 분류하면 비스테로이드성 호르몬이지만 호르몬의 성질이나 작용기전이 스테로이드성 호르몬과 같으므로 주의할 것.

(4) 스테로이드성 호르몬과 폴리펩티드계(단백질계) 호르몬의 작용

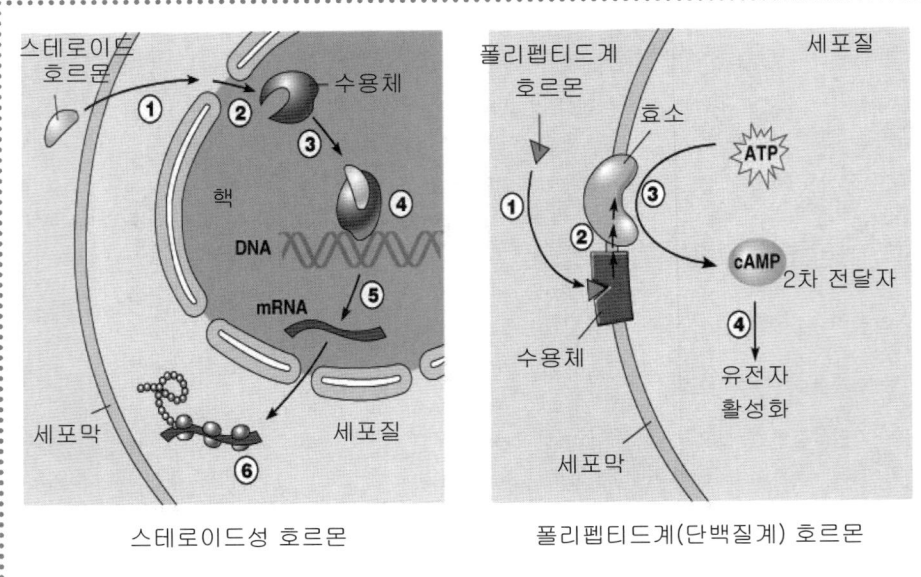

스테로이드성 호르몬   폴리펩티드계(단백질계) 호르몬

⟨3⟩ 호르몬의 조절

생체는 외부 환경이 변해도 내부 상태를 일정하게 유지하려는 성질을 가지며, 이를 항상성이라고 한다. 외부환경에 변화가 발생하면, 간뇌의 시상하부가 신경 흥분과 호르몬 분비를 조절해 항상성을 유지한다. 이 과정에서 호르몬의 분비를 조절하는 방법으로는 음성 피드백과 양성 피드백이 있다.

1) 호르몬 분비 조절 (항상성 조절 기구)

(1) 피드백 조절

① 음성피드백과 양성 피드백

음성 피드백	양성 피드백
• 중추에 의해서 최종적으로 분비된 호르몬이나 변화가 중추의 기능을 억제하여 호르몬의 분비량을 일정하게 유지하는 방식 • 대부분의 호르몬 분비량 조절 방식	• 호르몬이 분비된 결과가 호르몬 분비를 더욱 촉진하도록 조절하는 방식 • 뇌하수체 후엽에서 분비되는 옥시토신의 자궁 수축 촉진 등

② 음성피드백에 의한 호르몬 분비 조절

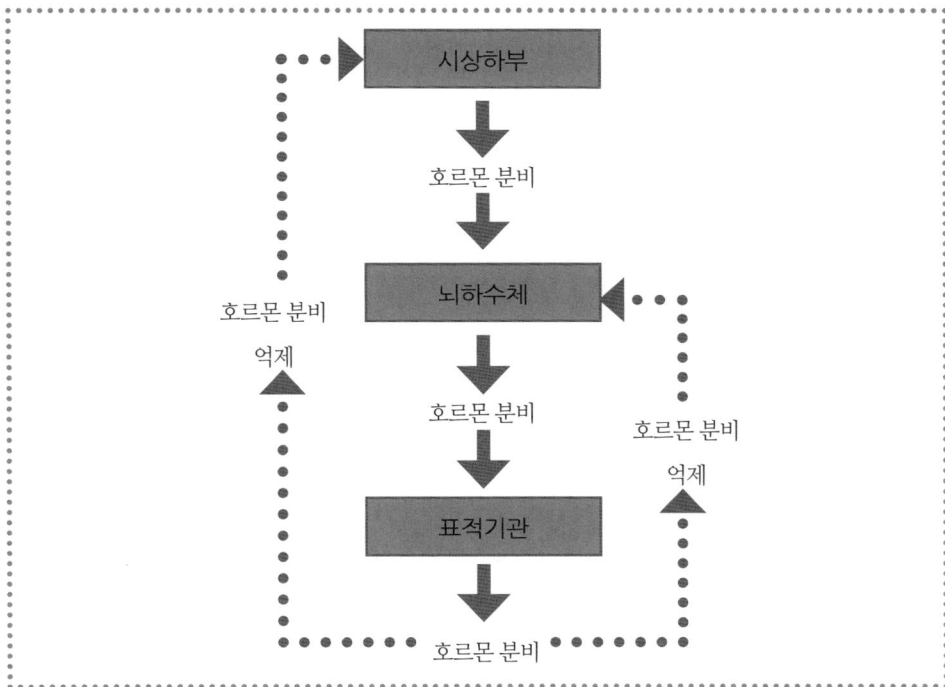

호르몬의 피드백 조절작용

분비된 호르몬이 자신의 분비 조절 과정에 다시 개입해 체내의 호르몬 양을 일정하게 유지하는 작용을 한다

음성피드백의 사례-티록신의 조절

시상하부에서 갑상선자극호르몬 방출호르몬(TRH) 분비 → 뇌하수체에서 갑상선자극호르몬(TSH) 분비 → 갑상선에서 티록신 분비 → 티록신은 시상하부와 뇌하수체를 자극해 TRH와 TSH 분비 억제 → 뇌하수체에서 TSH 분비 억제 → 갑상선에서 티록신 분비 억제

양성피드백의 사례 -옥시토신의 조절-

뇌하수체 후엽에서 분비되는 옥시토신은 자궁 수축을 촉진하며, 자궁 수축이 촉진될수록 옥시토신 분비가 촉진되어서 출산이 이루어짐

<4> 내분비샘과 호르몬

1) 시상하부

시상하부 (간뇌)	① 성장호르몬 방출호르몬 (GHRH)	• 성장호르몬(GH)분비 촉진
	② 성장호르몬 억제호르몬 (GHIH)	• 성장호르몬 분비 억제
	③ 갑상선자극호르몬 방출호르몬 (TRH)	• 갑상선자극호르몬(TSH) 분비 촉진
	④ 부신피질자극호르몬 방출호르몬 CRH	• 부신피질자극호르몬(ACTH) 분비 촉진
	⑤ 생식선자극호르몬 방출호르몬 (GnRH)	• 여포자극호르몬(FSH), 황체형성호르몬(LH) 분비촉진
	⑥ 프로락틴방출 호르몬 (PRH)	• 프로락틴 분비 촉진
	⑦ 멜라닌세포 자극호르몬 방출호르몬 (MSHRH)	• 멜라닌세포자극호르몬(MSH) 분비 촉진

2) 뇌하수체 전엽

뇌하수체 전엽	① 성장호르몬 (GH)	• 뼈와 근육의 성장 • 혈당량 증가 (간에서 당신생합성 증가) • 지방 동원과 지방에너지 사용 증가 • 지방조직으로의 당 이동 제한 • 단백질 합성 속도 증가
	② 갑상선자극호르몬 (TSH)	• 티록신분비 촉진
	③ 부신피질자극호르몬 (ACTH)	• 부신피질을 자극 (부신피질에서 코티졸 분비하도록 함)
	④ 여포자극호르몬 (FSH)	• 난소 자극 : 여포 및 난자 발달 촉진 • 정소 자극
	⑤ 황체형성호르몬 (LH)	• 난소 자극 : 황체형성촉진, 배란유도 • 정소 자극
	⑥ 프로락틴	• 젖샘 성장과 젖 생성 촉진
	⑦ 멜라닌세포자극호르몬 (MSH)	• 멜라닌 세포를 자극하여 피부색 검게 되도록 함 • 배고픔을 느끼는 것을 방해함

3) 뇌하수체 후엽

뇌하수체 후엽	① 항이뇨호르몬(바소프레신) (ADH)	• 신장(콩팥)에서 수분의 재흡수 촉진 • 오줌의 양과 몸속의 수분량 조절
	② 옥시토신	• 젖 분비 촉진 • 분만시 자궁 수축

4) 갑상선

갑상선 (갑상샘)	① 티록신(T4), 삼요오드티로닌 (T3)	• 물질대사 촉진, 세포호흡 촉진 • 열발생(체온이 낮을 때) • 유아의 성장, 중추신경계 발달 촉진
	② 칼시토닌	• 혈중 칼슘 농도 감소

대표 기출 유형

01 뇌하수체 전엽에서 분비되는 성장호르몬의 기능에 대한 설명으로 적합하지 않은 것은?

① 간조직의 글리코겐 분해 자극
② 간 조직의 당신생과정 자극
③ 지방조직으로의 당 이동 제한과 지방 동원자극
④ 단백질 합성 및 골 성장 자극

정답은 해설지에

5) 부갑상선

부갑상선	① 파라토르몬 (PTH)	• 혈중 칼슘 농도 증가

6) 부신피질

부신피질	① 코티졸(코티솔) (당질코르티코이드)	• 혈당량 증가 (간: 당신생합성, 근육 : 단백질 분해, 지방세포 : 지방분해) • 면역계 억제 (염증 및 알레르기 억제) (스테로이드성 호르몬) • 장기적인 스트레스에 대한 조절 (투쟁 혹은 도피)
	② 알도스테론 (무기질코르티코이드)	• 신장에서 나트륨 재흡수 및 칼륨 분비 촉진, 수분재흡수, 혈압상승

7) 부신수질

부신수질	① 아드레날린(에피네프린)	• 혈당량 증가 (글리코겐 → 포도당)
	② 노르아드레날린 (노르에피네프린)	• 혈관의 수축 • 혈압의 상승

에피네프린과 노르에피네프린의 특징

에피네프린(아드레날린)과 노르에피네프린(노르아드레날린)은 아민계호르몬으로 카테콜아민이라 부른다.

부신수질이 교감신경계에 의해 자극되면 에피네프린(80%), 노르에피네프린(20%)이 분비된다.

8) 이자(랑게르한스섬(췌장))

이자 (랑게르한스섬)	α세포	글루카곤 • 혈당량 증가 (간: 글리코겐 → 포도당, 당신생합성 촉진, 지방세포: 지방 분해)
	β세포	인슐린 • 혈당량 감소 (간: 포도당 → 글리코겐)

9) 성호르몬

난소	여포	① 에스트로겐	• 여성의 2차 성징 발현 • 자궁 내벽 발달 촉진
	황체	① 프로게스테론	• 자궁 내벽 발달 유지 및 임신 유지 • 배란 억제
정소		① 테스토스테론	• 남성의 2차 성징 발현 • 정자형성 촉진

□ 내분비샘과 호르몬

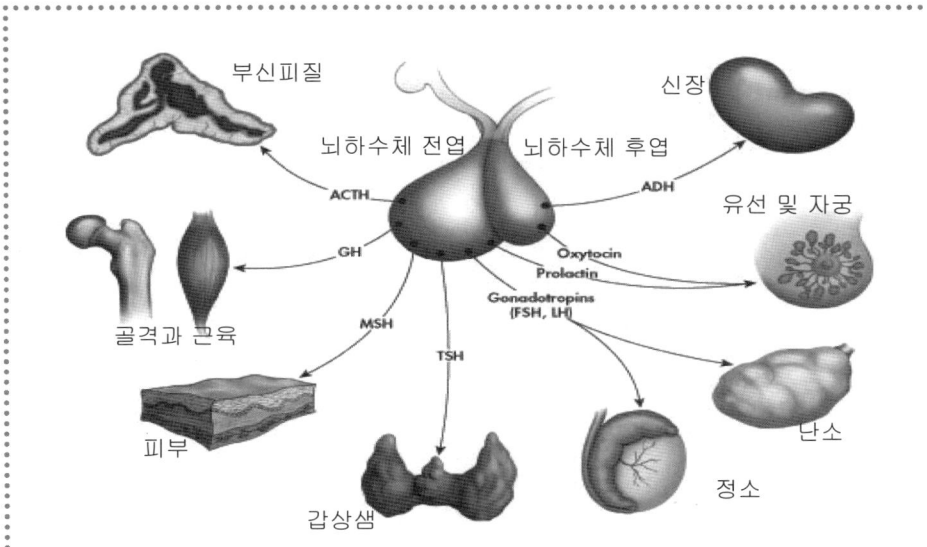

대표 기출 유형

02 부신수질에서 분비되는 호르몬의 80%를 차지하는 것은?

① 에피네프린
② 무기질 코르티코이드
③ 당질 코르티코이드
④ 성 스테로이드

정답은 해설지에

대표 기출 유형

03 혈중 글루코스 수준을 증가시키는 호르몬과 분비장소를 바르게 연결한 것은?

① 인슐린-췌장 베타세포
② 글루카곤-췌장 알파세포
③ 인슐린-췌장 알파세포
④ 글루카곤-췌장 베타세포

정답은 해설지에

2. 운동과 호르몬 조절

학습목표
혈당량, 수분, 전해질 양의 조절은 반드시 출제되며, 운동에 대한 인체의 호르몬의 반응도 가끔 출제됩니다.

Introduction

운동 중 에너지를 얻기 위해서는 글루코스를 분해해야 하므로, 혈당량을 증가시키는 호르몬의 분비가 증가된다.

또한 운동 중에는 땀을 통해 수분이 배출되고 그에 따라 수분의 불균형이 발생하는데 이는 전해질의 불균형까지 초래된다. 그런 불균형을 바로잡기 위해 수분의 균형을 회복하는 것은 전해질의 균형, 특히 나트륨량의 조절과 병행해서 이루어지게 된다.

운동과 호르몬 조절

운동 중 에너지를 얻기 위해서는 글루코스를 분해해야 하므로, 혈당량을 증가시키는 호르몬인 글루카곤, 코티졸, 에피네프린, 노르에피네프린, 티록신, 성장호르몬의 분비가 증가되고, 혈당량을 감소시키는 호르몬인 인슐린의 분비는 감소된다.

운동 중 근육에 필요한 포도당을 공급하여도 포도당 농도는 항상성을 유지해야 하므로, 우리 몸은 혈장 내 포도당의 절약을 위해 지방세포에서 유리지방산을 동원해 연료로 사용하고, 간에 저장된 글리코겐을 포도당으로 분해하여 사용하거나, 간에서 당신생합성 과정을 통해 포도당을 합성하여 이용한다.

운동시 혈당의 항상성 유지
- 간에 저장된 당원으로부터의 포도당 동원
- 혈장 내 포도당의 절약을 위해서 지방세포 조직으로부터 혈장 유리지방산을 동원함
- 간에서는 아미노산, 젖산, 글리세롤로부터 새로운 포도당을 합성(당신생합성)
- 유리지방산을 연료로 사용하기 위해서 포도당이 세포 내로 들어가는 것을 차단함

<1> 대사와 에너지에 미치는 호르몬의 영향

운동 중 근육의 에너지는 탄수화물과 지방 대사를 통해 공급된다. 이때 호르몬은 혈장 포도당의 절약을 위해 간에서 글리코겐 분해를 통한 포도당 동원과 당신생합성을 통해 포도당을 이용하고, 지방세포에서 유리지방산을 동원할 수 있도록 작용한다.

1) 혈당량 조절

고혈당일 때
- 혈당량 감소 방향으로 조절
- 부교감신경, 인슐린 작용
- 부교감신경의 작용으로 이자의 랑게르한스섬의 β 세포에서 인슐린이 분비되어 포도당을 글리코겐으로 합성하여 혈당량을 낮춤

저혈당일 때
- 혈당량 증가 방향으로 조절
- 교감신경, ACTH, 글루카곤, 아드레날린, 코티졸 작용
- 교감신경의 작용으로 이자의 랑게르한스섬의 α 세포에서 분비된 글루카곤과 부신수질에서 분비된 아드레날린(에피네프린)이 글리코겐을 포도당으로 분해함
- 뇌하수체전엽에서 부신피질자극호르몬(ACTH)가 분비되고, 부신피질에서 코티졸이 분비되어 단백질과 지방을 포도당으로 전환시켜 혈당량을 높임

□ 혈당량 조절의 기제

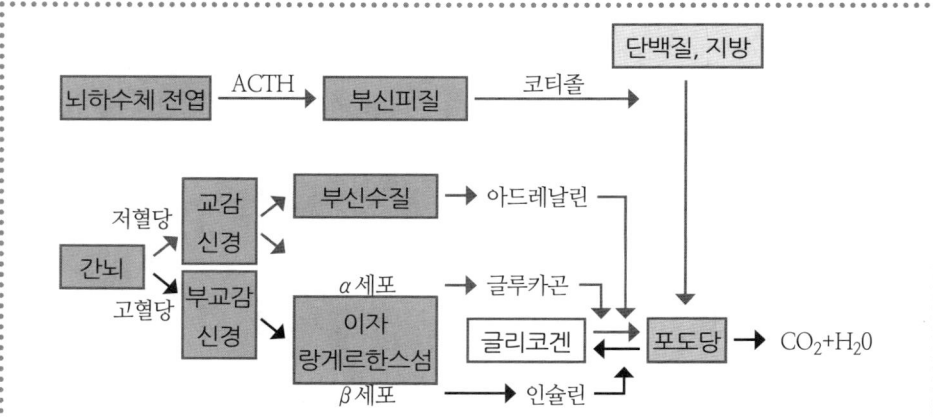

2) 혈당량 조절 이상(당뇨병)

	제1형 당뇨 (인슐린 의존형)	제2형 당뇨 (인슐린 비의존형)
종류	소아당뇨	성인당뇨
증상	진행이 빠름	서서히 진행
비율	10%	90%
원인	β세포 파괴로 인한 인슐린결핍 (자가면역질환)	인슐린 저항성(인슐린에 내성) (좌식생활습관, 비만)
비만 관련	없음	대부분
인슐린분비	감소	다양 (감소, 정상, 증가)
케톤증	일반적	매우 드묾
치료	인슐린 투여 식이요법 및 운동요법	경구 혈당저하 약물 투여 식이요법 및 운동요법

> **당뇨병**
> 인슐린 분비량이 부족하거나 정상적인 기능이 이루어지지 않아 발생하는 병으로, 고혈당으로 인해 여러 증상 및 증후를 일으키고, 소변으로 포도당을 배출하는 병.
> 이자의 β 세포가 파괴되어 인슐린 결핍으로 인한 제1형 당뇨와 인슐린에 대한 반응성이 떨어져 나타나는 제2형 당뇨가 있다.

3) 운동 중 글루코스 대사 조절

- 혈당량을 증가시키고, 근육에서 글루코스 흡수를 촉진하는 방향으로 조절
- 글루카곤, 에피네프린, 노르에피네프린, 코티졸, 성장 호르몬, 티록신 증가
- 간글리코겐을 글루코스로 분해, 간에서 단백질을 분해하여 당신생합성에 이용
- 인슐린 감소
- 혈장의 글루코스가 조직으로 흡수되는 것을 억제하여 간으로부터 글루코스의 동원을 촉진함
- 만약 운동 중 인슐린의 농도가 증가한다면 혈장 포도당이 빠른 비율로 모든 조직으로 섭취되어 즉각적인 저혈당을 유발하므로, 운동 중 인슐린의 감소를 통해 혈당의 항상성을 유지한다.

4) 운동 중 지방 대사 조절

- 지방을 유리지방산으로 분해하여 에너지를 얻는 방향으로 조절
- 탄수화물 저장량이 감소하면 내분비계는 지방 산화를 가속시켜 근육의 에너지 요구량을 충족시킴
- 트라이글리세라이드(중성지방)는 라이페이스(리파아제)라는 효소에 의해 유리지방산과 글리세롤로 분해되며, 지방 대사는 코티졸, 에피네프린, 노르에피네프린, 성장호르몬에 의해 활성화됨

대표 기출 유형

04 제2형 당뇨의 원인으로 알려지고 있는 주된 호르몬은?

① 카테콜라민(catecholamine)
② 인슐린(insulin)
③ 글루카곤(glucagon)
④ 코티졸(cortisol)

정답은 해설지에

<2> 운동 중 수분과 전해질에 대한 호르몬의 반응

운동 중 내분비계는 신체의 수분 상태를 감지하고 불균형을 조절하는 중요한 역할을 한다. 신체 수분의 균형은 전해질, 특히 나트륨의 조절과 함께 이루어진다. 운동 중에는 땀으로 인해 혈장 내 수분이 빠져나가 혈액이 농축되며, 나트륨도 함께 빠져나가 전해질 불균형이 발생할 수 있다. 또한, 충분한 수분 섭취 없이 장시간 운동을 하면 탈수가 발생하고, 이는 혈압 저하를 초래할 수 있다.

수분 불균형은 항이뇨호르몬인 바소프레신(ADH)에 의해 조절되며, 나트륨과 같은 전해질의 불균형은 레닌-안지오텐신-알도스테론계에 의해 조절된다.

1) 수분량의 조절

(1) 항이뇨호르몬(ADH)

← 수분 과다 시
체내 수분량 과다 → 뇌하수체 후엽에서 항이뇨호르몬(ADH) 분비 감소 → 신장에서 수분 재흡수 억제 → 오줌량 증가 → 체내 수분량 감소

수분 부족 시 →
체내 수분량 부족 → 뇌하수체 후엽에서 항이뇨호르몬(ADH) 분비 증가 → 신장에서 수분 재흡수 촉진 → 오줌량 감소 → 체내 수분량 증가

2) 전해질 양의 조절

(1) 나트륨량의 조절 - 무기질코르티코이드(알도스테론)

← 나트륨 과다 시
부신피질에서 무기질코르티코이드의 분비량 감소 → 신장의 세뇨관에서 나트륨의 재흡수 감소

나트륨 부족 시 →
부신피질에서 무기질코르티코이드의 분비량 증가 → 신장의 세뇨관에서 나트륨의 재흡수 증가

(2) 칼슘량의 조절 - 칼시토닌과 파라토르몬

← 혈중 칼슘 농도가 높을 때
갑상선에서 칼시토닌 분비 → 칼슘 농도 감소

혈중 칼슘 농도가 낮을 때 →
부갑상선에서 파라토르몬 분비 → 칼슘 농도 증가

알도스테론의 나트륨양의 조절

레닌-안지오텐신-알도스테론계
(renin-angiotensin-aldosteron system, RAAS)

부신피질에서 분비되는 알도스테론은 단독으로 작용하지 않고 레닌-안지오텐신-알도스테론이 같이 작용함

혈압감소, 혈액공급 감소, Na+ 감소 → 신장에서 감지, 레닌 생성 → 안지오텐신 활성화 → 부신피질에서 알도스테론 분비 → 나트륨 재흡수, 칼륨 재분비 촉진, 수분 함유량 증가 → 혈장량 보충 → 혈압을 정상 상태로 상승시킴

안지오텐신 활성화

안지오텐신은 우리 몸에 불활성화 상태인 안지오텐시노겐이라는 상태로 존재한다. 신장에서 분비된 레닌은 안지오텐시노겐을 안지오텐신Ⅰ으로 전환시키고 안지오텐신전환효소는 안지오텐신Ⅰ을 안지오텐신Ⅱ로 전환하여 활성화시킨다.

대표 기출 유형

05 <보기>에서 괄호에 들어갈 용어를 바르게 연결한 것은?

<보기>

체액(혈압) 감소 → 간에서 안지오텐시노겐 분비 → 신장에서 분비된 (㉠)이/가 안지오텐시노겐을 안지오텐신-Ⅰ으로 전환 → (㉡)이/가 안지오텐신-Ⅰ을 안지오텐신-Ⅱ로 전환 → 안지오텐신-Ⅱ가 부신피질로부터 (㉢)의 생성 및 분비 → 분비된 (㉢)이/가 신장의 세뇨관에서 수분 및 전해질의 재흡수 촉진 → 체액(혈압) 증가

① ㉠레닌-㉡알도스테론-㉢안지오텐신 전환효소
② ㉠레닌-㉡안지오텐신 전환효소-㉢알도스테론
③ ㉠안지오텐신 전환효소-㉡레닌-㉢알도스테론
④ ㉠안지오텐신 전환효소-㉡알도스테론-㉢레닌

정답은 해설지에

<3> 운동에 대한 호르몬의 반응

운동 중에는 글루카곤, 성장호르몬, 코티졸, 에피네프린, 노르에피네프린의 분비가 증가하고 인슐린 분비는 감소하여 혈당량이 증가하게 된다. 이는 에너지를 얻기 위한 반응이다. 그러나 지구성 훈련 후에는 에피네프린과 노르에피네프린의 농도가 감소하여 호르몬에 대한 민감도가 높아진다. 이로 인해 낮은 농도의 에피네프린과 노르에피네프린으로도 혈당을 유지할 수 있게 되며, 근육에서 포도당의 흡수를 줄이고 더 많은 지방을 연료로 사용하게 된다.

□ 운동 단계에 따른 호르몬의 작용

운동 전 단계	① 부신피질자극호르몬 분비 ② 코티졸 분비(부신피질) ③ 교감신경 → 부신수질 → 아드레날린, 노르아드레날린 분비	⇒	• 혈당량 상승 (간: 포도당신생합성 증가, 근육: 단백질 합성 저하) • 땀샘 활동의 항진 • 혈압 상승 (심박수 상승, 심근 수축력 증대)
운동초기	① 코티졸 분비 일정 ② 아드레날린, 노르아드레날린 분비 증가	⇒	• 혈당량 상승 (포도당신생합성, 글리코겐분해) • 심근대사 및 수축력 증대 • 활동근 내 개방모세혈관수의 증가
적응기	① 코티졸 분비 저하 (2분이상 운동지속시)	⇒	• 혈당량 저하
	② 아드레날린, 노르아드레날린 분비지속 ③ 코티졸, 성장호르몬, 글루카곤, 티록신 분비 ④ 항이뇨호르몬 분비	⇒	• 지방조직에서 지방분해 촉진 • 혈당량 증가 • 혈액농축(혈액의 삼투압 상승) → 신장에서 수분의 재흡수 촉진
피로탈진기	① 부신수질 호르몬 분비 저하 ② 코티졸 분비 저하	⇒	• 에너지원 물질 공급 감소 • 피로 발생
회복기	① 교감신경자극 저하 → 아드레날린과 노르아드레날린 분비 감소	⇒	• 심박수 감소 • 피부혈관 이완 • 혈압저하
	② ADH 분비 증가, 알도스테론 분비 증가 ③ 성장호르몬 분비	⇒	• 혈압상승 • 근의 아미노산 섭취, RNA 및 단백질합성 촉진

지구성 트레이닝과 호르몬

지구성 트레이닝 후 에피네프린과 노르에피네프린의 분비가 감소된다.
그 결과 근육에 대한 포도당의 흡수가 감소하고, 더 많은 지방을 연료로 이용하게 된다.

운동 중 분비되는 호르몬
- 서서히 작용하는 호르몬 (티록신, 코티졸, 성장호르몬)
- 빠르게 작용하는 호르몬 (에피네프린, 노르에피네프린, 인슐린, 글루카곤)

대표 기출 유형

06 일회성 운동 시 호르몬 반응에 대한 설명으로 올바르지 않은 것은?

① 카테콜라민의 혈중 농도는 운동강도에 비례하여 증가한다.
② 인슐린의 혈중 농도는 운동지속시간에 비례하여 증가한다.
③ 글루카곤의 혈중 농도는 운동지속시간에 비례하여 증가한다.
④ 코티졸의 혈중 농도는 운동지속시간에 비례하여 증가한다.

정답은 해설지에

대표 기출 유형

07 1시간 이내의 중강도 운동 시 시간 경과에 따라 혈중 농도가 점차 감소하는 호르몬은?

① 에피네프린(epinephrine)
② 인슐린(insulin)
③ 성장호르몬(growth hormone)
④ 코르티솔(cortisol)

정답은 해설지에

Confirmation
이것만은 꼭!

01 호르몬은 내분비샘에서 분비된 후 (　　) 을 통해 이동하여 표적 기관에서 작용하며, 매우 적은 양으로 생리작용을 조절하는 물질이다.

02 중추에 의해서 최종적으로 분비된 호르몬이나 변화가 중추의 기능을 억제하여 호르몬의 분비량을 일정하게 유지하는 현상을 (　　) 이라고 한다.

03 카테콜아민은 하나의 아미노산에서 만들어진 호르몬으로 (　　) 와 (　　) 있다.

04 이자에서 분비되며 혈당량을 감소시키는 호르몬은 (　　) 이다.

05 글루카곤, 에피네프린(아드레날린), 코티졸, 성장호르몬, 티록신의 공통점은 (　　) 에 관여하는 호르몬이다.

06 뇌하수체 후엽에서 분비되어 신장에서 수분의 재흡수를 촉진시키는 호르몬은 (　　) 이다.

Confirmation
이것만은 꼭!

07 부신피질에서 분비되어 신장에서 나트륨과 수분의 재흡수를 촉진하는 호르몬은 (   )이다.

08 같은 기관에 상반된 두 가지 요인이 동시에 작용하여 그 효과를 서로 상쇄시켜 항상성을 유지하는 작용을 (   )이라 한다.

09 체내 칼슘량 조절에 길항작용을 하는 호르몬은 (   )과 (   )이다.

10 부신피질에서 분비되어 혈당량증가, 면역계 억제, 장기적인 스트레스에 대한 조절에 관여하는 호르몬은 (   )이다.

정답

1. 혈액
2. 음성피드백
3. 노르에피네프린
   에피네프린
4. 인슐린
5. 혈당량 증가
6. 항이뇨호르몬
   (바소프레신, ADH)
7. 무기질코르티코이드
   (알도스테론)
8. 길항작용
9. 칼시토닌, 파라토르몬
10. 코티졸(코티솔)

Previous 단원 기출문제

01 카테콜라민(Catecholamine)을 의미하는 두 가지 호르몬으로 바르게 연결된 것은?

① 인슐린 (insulin) - 글루카곤 (glucagon)
② 코티졸 (cortisol) - 티로신 (tyrosine)
③ 아드레날린 (adrenaline) - 코티졸 (cortisol)
④ 에피네프린 (epinephrine) - 노르에피네프린 (norepinephrine)

에피네프린과 노르에피네프린을 카테콜라민(카테콜아민)이라 한다.

정답 : ④

02 운동 시 호르몬이 분비되는 내분비선과 주요기능에 관한 설명으로 옳지 않은 것은?

	호르몬	내분비선	주요기능
①	알도스테론	부신피질	나트륨(Na+) 흡수 수분 손실 억제
②	코티졸	부신피질	당신생 유리지방산 동원 증가
③	에피네프린	부신수질	근육과 간 글리코겐 분해 유리지방산 동원 증가
④	성장호르몬	뇌하수체 후엽	단백질 합성 증가 유리지방산 동원 증가

성장호르몬은 뇌하수체전엽에서 분비된다.

정답 : ④

03 〈보기〉에서 설명하는 호르몬은?

< 보 기 >
- 췌장의 베타세포에서 분비된다.
- 혈당(glucose) 조절에 관여한다.
- 장시간의 운동 중 혈액 내 농도는 감소된다.

① 인슐린(insulin)
② 글루카곤(glucagon)
③ 알도스테론(aldosterone)
④ 에피네프린(epinephrine)

인슐린은 혈액 내 포도당의 농도가 높을 때 췌장(이자)의 베타세포에서 분비되어 혈당량을 감소시키는 역할을 한다.
장시간 운동 시에는 혈중 포도당의 농도가 낮아져서 인슐린이 분비될 필요가 없으므로, 인슐린의 혈중 농도도 감소한다.

정답 : ①

04 혈중 칼슘과 인 수준을 조절하는 호르몬으로 바르게 짝지어진 것은?

① 칼시토닌 - 부갑상선 호르몬
② 항이뇨 호르몬 - 옥시토신
③ 스테로이드 - 에피네프린
④ 부신피질 자극 호르몬 - 성장 호르몬

갑상선에서 분비되는 칼시토닌은 혈중 칼슘농도를 낮추고, 부갑상선 호르몬(파라토르몬)은 혈중 칼슘농도를 증가시킨다.

정답 : ①

05 <보기>가 설명하는 호르몬은?

< 보 기 >
- 부신수질로부터 분비된다.
- 운동의 강도와 시간이 증가함에 따라 분비가 증가하며, 지방조직과 근육 내 지방의 분해를 촉진하는 역할을 한다.

① 인슐린(insulin)
② 글루카곤(glucagon)
③ 에피네프린(epinephrine)
④ 알도스테론(aldosterone)

객관식 선택지에 주어진 호르몬들은 시험에 빈출하고 있으니 반드시 암기해 두어야 한다. 그 중 보기에서 설명하고 있는 호르몬은 에피네프린이다.

정답 : ③

07 운동 중 지방분해를 촉진하는 요인으로 옳지 않은 것은?

① 인슐린 증가
② 글루카곤 증가
③ 에피네프린 증가
④ 순환성 AMP 증가

- 인슐린: 혈중 포도당 농도를 낮추고, 세포 내에서 포도당을 에너지로 사용하도록 촉진하고, 지방 분해를 억제하며 지방 합성을 촉진함
- 글루카곤: 간에서 글리코겐의 분해를 촉진하여 혈중 포도당 농도를 증가시킴
- 에피네프린: 간에서 글리코겐을 분해하고 혈당 수준을 높여 에너지 공급을 증가시킴
- 순환성 AMP: 에피네프린, 노르에피네프린 등의 호르몬이 세포에 미치는 효과를 매개하여 심장 박동수 증가, 혈당 수준 상승 등의 생리적 반응을 유도하고 결과적으로 지방분해를 촉진함

정답 : ①

06 <보기>의 ㉠, ㉡에 들어갈 호르몬이 바르게 연결된 것은?

< 보 기 >
규칙적인 신체활동을 통해 골형성을 자극하거나 활동부족으로 골손실을 자극하는 칼슘(Ca^{2+}) 조절 호르몬의 역할에 대한 설명이다.

- (㉠)은 혈중 칼슘 농도가 증가하면 뼈의 칼슘 방출을 감소시킨다.
- (㉡)은 혈중 칼슘 농도가 감소하면 뼈의 칼슘 방출을 증가시킨다.

	㉠	㉡
①	인슐린	부갑상선호르몬
②	안드로겐	티록신
③	칼시토닌	부갑상선호르몬
④	글루카곤	티록신

혈중 칼슘(Ca^{2+})농도를 조절하는 호르몬은 칼시토닌과 부갑상선호르몬이다. 칼시토닌은 칼슘 농도를 감소, 부갑상선호르몬은 칼슘 농도를 증가시키는 역할을 한다.

정답 : ③

08 항상성 유지를 위한 신체 조절 중 부적 피드백(negative feedback)이 아닌 것은?

① 세포 외액의 CO_2
② 체온 상승에 따른 땀 분비 증가
③ 혈당 유지를 위한 호르몬 조절
④ 출산 시 자궁 수축 활성화 증가

생리학에서 부적 피드백(음성 피드백)이란 신체의 항상성을 유지하기 위한 중요한 조절 메커니즘으로 신체의 변화를 감지하여 그 변화를 줄이는 방향으로 발생하는 피드백을 말한다. 그 반대 개념으로는 양성 피드백이 있다.

부적 피드백(음성 피드백)에는 체온 조절을 위한 땀의 분비와 혈관 확장, 혈당 조절의 기제, 체내의 산-염기 균형을 위한 호흡 조절 등이 있다.

반면 출산 시에는 옥시토신이라는 호르몬이 분비되는데 이 호르몬의 분비로 인한 자궁의 수축은 다시 옥시토신의 분비를 촉진하는 기제를 촉발하는 양성 피드백으로 작동한다.

정답 : ④

06강 운동생리학

호흡 · 순환계와 운동

1. 호흡계의 구조와 기능

학습목표
호흡의 의미와 종류, 운동을 통한 호흡계의 변화가 출제됩니다.

> **Introduction**
>
> 호흡계는 코, 비강, 인두, 후두, 기관, 기관지, 폐포, 폐로 구성되며, 인체는 호흡을 통해 산소와 이산화탄소를 교환하고, 영양소와 산소를 반응시켜 필요한 에너지를 얻는다.
>
> 폐는 수많은 폐포로 이루어져 있어서 표면적이 매우 넓으므로 기체 교환이 효율적으로 일어나는데, 기체의 교환은 기체의 분압 차에 의한 확산에 의해 발생한다. 이 때 폐포와 모세혈관 사이의 기체교환을 외호흡, 모세혈관과 조직세포 사이의 기체교환을 내호흡이라 한다.

<1> 호흡계의 구조

호흡계는 공기의 이동 통로가 되는 기도부와 기체교환이 이루어지는 호흡역으로 구성된다.
기도부는 코, 비강, 인두, 후두, 기관, 기관지로 구성되며, 체내로 들어오는 공기의 온도와 습도를 조절하고, 세균과 먼지를 걸러내는 역할을 한다. 호흡역은 폐포로 구성된 폐를 의미하며 산소와 이산화탄소의 기체 교환이 일어나는 곳이다.

호흡계의 주요 용어
- 호흡
 들이마신 산소와 흡수한 영양소를 반응시켜 살아가는 데 필요한 에너지를 얻는 과정
- 호흡계
 외부로부터 산소를 받아들이고, 호흡 결과 발생한 이산화탄소를 배출하는 시스템

□ 호흡계의 구조

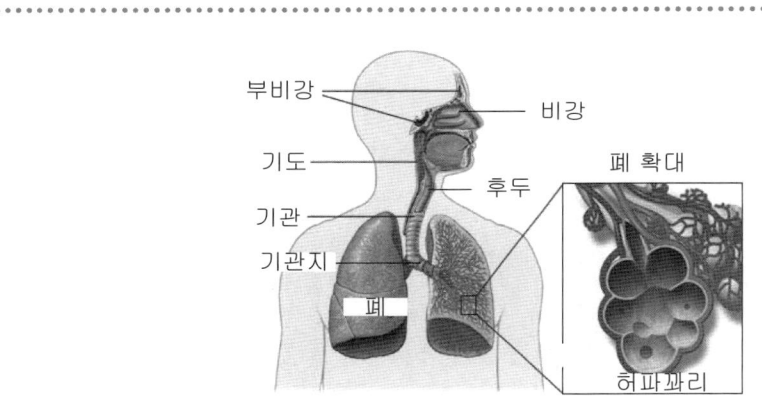

1) 전도영역

(1) 기도부

코	• 세균과 먼지 여과	
비강	• 코 안의 빈 공간	
인두 (목구멍)	• 기도나 소화관의 현관 역할 • 코 통로와 입을 후두로 연결시키는 공기 통로	외부 공기를 알맞은 온도와 습도로 조절
후두 (목소리 상자)	• 소리가 생성되는 공기통로	
기관, 기관지	• 폐 내로 공기가 들어가는 통로 • 세균, 먼지 등의 여과	

대표 기출 유형

01 호흡계통의 이동경로를 순서대로 바르게 연결한 것은?

① 기관-기관지-세기관지-허파꽈리
② 기도 - 허파꽈리 - 기관지-세기관지
③ 기도-세기관지-기관지-허파꽈리
④ 기관-기도 - 기관지-허파꽈리

정답은 해설지에

2) 호흡영역

(1) 폐
- 횡격막과 갈비뼈로 둘러싸인 흉강에 좌우 한쌍 존재
- 왼쪽 폐는 2개의 엽(2장), 오른쪽 폐는 3개의 엽(3장)으로 구성됨
- 폐는 근육이 없어서 스스로 운동하지 못함
- 폐포(허파꽈리)로 구성

(2) 폐포
- 기관지 끝에 포도송이처럼 달려 있는 공기 주머니
- 한 겹의 얇은 세포층으로 이루어짐
- 모세혈관에 둘러싸여 있음
- 수많은 폐포는 공기와 닿는 면적을 넓혀주어 폐포와 모세혈관사이에 기체교환이 효율적으로 일어남
- 폐포의 환기는 1회 호흡량, 호흡 수, 사강의 크기에 따라 달라짐

<2> 호흡계의 기능

> 호흡계의 핵심 기능은 기체 교환과 에너지 생산이다. 기체의 교환은 기체의 분압 차에 의한 확산에 의해 일어난다.
> 폐포와 모세혈관 사이의 기체교환을 외호흡, 모세혈관과 조직세포 사이의 기체교환을 내호흡이라 한다. 이런 호흡의 결과 조직세포에서는 산소를 이용, 유기물을 분해하여 에너지를 얻고 이산화탄소를 배출하는데 이를 세포호흡이라고 한다.

1) 호흡을 통한 기체 교환

① 외호흡과 내호흡

외호흡	내호흡
• 폐에 있는 폐포와 이를 둘러싼 모세 혈관 사이의 기체 교환 • 모세 혈관 속 혈액이 폐포로부터 산소를 받아들이고, 이산화탄소를 폐포로 내보냄	• 온몸에 분포한 조직세포와 이를 둘러싼 모세 혈관 사이의 기체 교환 • 모세 혈관 속 혈액이 조직세포에 산소를 공급하고, 이산화탄소를 받아들임

② 외호흡과 내호흡에서의 기체교환

		외호흡	내호흡
정의		• 폐포와 모세 혈관 사이의 기체 교환	• 모세 혈관과 조직세포 사이의 기체 교환
기체 농도	산소	폐포 > 모세혈관	모세혈관 > 조직세포
	이산화탄소	폐포 < 모세혈관	모세혈관 < 조직세포
기체의 이동		⟨폐포⟩ 산소 ↓ ↑ 이산화탄소 ⟨모세혈관⟩	⟨모세혈관⟩ 산소 ↓ ↑ 이산화탄소 ⟨조직세포⟩

흉막(늑막, 가슴막)
폐는 이중벽으로 구성된 흉막에 의해 분리되며, 허파쪽 가슴막(장측늑막)과 벽쪽 가슴막(벽측늑막)이 서로 밀착하여 흉강이 확장된다. 이 두 가슴막 사이를 가슴막 공간이라 하며, 공기가 존재하지 않고, 윤활액이 있어 호흡시 마찰력을 줄여주고 흉막이 서로 분리되지 않게 한다.

사강
호흡경로에 남아있으면서 가스교환에 참여하지 않는 공기를 지닌 공간

폐환기의 주요 개념
- 1회 호흡량
  한번에 들이쉬거나 내쉬는 공기량
- 분당환기량 (1분동안의 호흡량)
  1회 호흡량 x 분당 호흡수
- 폐활량
  최대로 들이쉰 후 내쉬는 호흡량

호흡의 주요 원리
- 호흡은 중추신경의 호흡조절중추에 의해 조절됨
- 호흡은 갈비사이근(늑간근)과 가로막(횡격막)과 같은 호흡근육들에 인체의 내부와 외부의 기압차가 발생하여 발생
- 기체교환은 농도가 높은 곳에 낮은 곳으로 기체의 분압차에 의해서 발생
- 허파는 오른쪽과 왼쪽의 크기가 다름

산소와 이산화탄소의 교환
모세혈관에서의 산소와 이산화탄소의 교환은 압력의 차이로 이루어진다.
모세혈관의 얇은 막 양쪽에서 압력의 차이가 발생하고 이런 압력의 차이에 의해 압력이 높은 곳에서 낮은 곳으로 확산되며 기체의 교환이 일어난다.

2) 호흡을 통한 에너지 생산

(1) 세포호흡(진호흡)

- 세포내에서 산소를 이용하여 유기물을 분해하여 에너지를 얻고 이산화탄소를 배출하는 과정
- 진정한 의미의 호흡
- 포도당 + 물 + 산소 → 이산화탄소 + 물 + 에너지

□ 외호흡과 내호흡에서의 기체교환 개요도

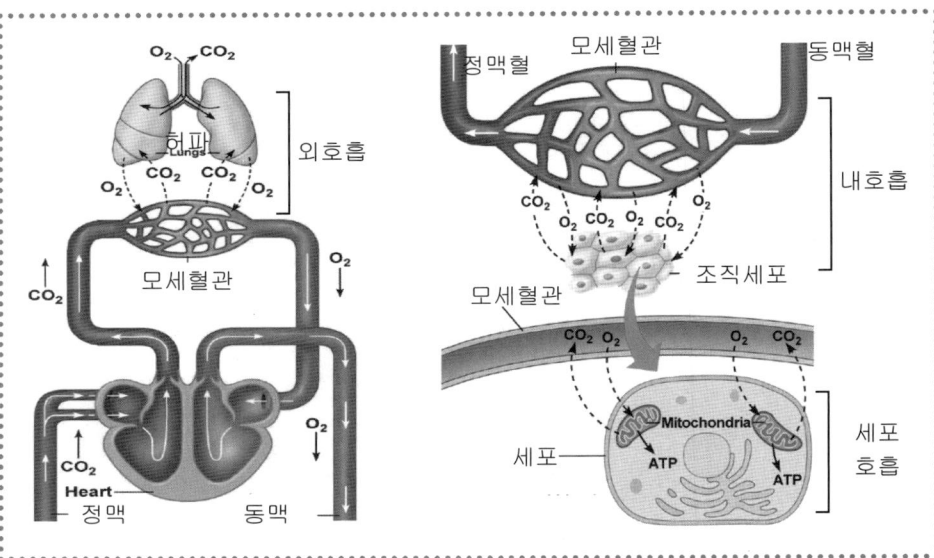

3) 호흡운동의 원리

폐는 근육이 없어서 스스로 수축, 이완하지 못하고, 횡격막과 늑골의 상하 운동에 의해 폐의 부피가 변화되면서 호흡운동이 이루어진다.

① 외호흡과 내호흡에서의 기체교환

	흡기(들숨)	호기(날숨)
외늑간근, 사각근	수축	이완
내늑간근, 복근	이완	수축
늑골	올라감	내려감
횡격막	수축(내려감)	이완(올라감)
흉강 부피	커짐	작아짐
흉강 내 압력	낮아짐	높아짐
폐부피	커짐	작아짐
폐내부압력	낮아짐	높아짐
공기	들어옴	나감

② 주요 호흡근

	흡기 과정	호기 과정
휴식시 호흡근	• 횡격막 • 외늑간근	없음(수동적으로 이루어짐)
운동시 호흡근	• 횡경막 • 사각근 • 외늑간근 • 흉쇄유돌근	• 내늑간근 • 복근

대표 기출 유형

02 다음 중 호흡활동에 대한 설명이 맞지 않는 것은?

① 횡경막이 수축하여 가슴안(흉강)이 확장된다.
② 바깥갈비사이근(외늑간근)이 수축하여 가슴안(흉강)이 수축한다.
③ 흉강의 확장에 의해 허파꽈리(폐포)의 내압이 감소한다.
④ 허파쪽 가슴막(장측늑막)과 벽쪽가슴막(벽측늑막)이 서로 밀착하여 흉강이 확장된다.

정답은 해설지에

2. 운동에 대한 호흡계의 반응과 적응

Introduction

운동시에는 에너지 생산을 위해 산소 소비가 늘어나므로, 인체에는 1회 호흡량과 호흡수 증가, 환기량 증가, 이산화탄소 생성량의 증가 등의 반응이 나타난다.

트레이닝 후 호흡계는 환기효율 상승으로 산소가 부족한 상태에서도 견딜 수 있는 능력과 동정맥 산소차는 증가하고, 운동에 대한 적응 현상으로 호흡수와 전체 환기량은 감소한다. 그러나 최대운동시에는 호흡수와 호흡량의 증가로 인해 환기량이 증가하게 된다.

학습목표
1. 운동과 호흡계의 반응
2. 혈중가스분압의 변화
3. 운동과 호흡계의 적응

<1> 운동과 호흡계의 반응

1) 호흡작용 관련 용어

(1) 분당환기량

- 1분 동안 흡기와 호기되는 공기의 양
- 분당환기량 (VE) = 1회호흡량(TV) x 호흡수(f)
- 폐포환기량 = (1회호흡량 – 사강환기량) x 호흡수

(2) 폐용적과 폐용량

폐용적	1회 호흡량(TV)	• 1회 호흡시 들이마시거나 내쉰 공기량
	흡기 예비 용적(IRV)	• 1회 호흡량에서 최대한 더 들여 마실 수 있는 양
	호기 예비 용적(ERV)	• 1회 호흡량에서 최대한 배출시킬 수 있는 양
	잔기 용적(RV)	• 가능한 한 공기를 모두 배출한 상태에서 폐에 남아 있는 양
폐용량	흡기 용량(IC)	• 정상 호흡에서 최대한 흡입할 수 있는 양 • 흡기용량 = 1회 호흡량 + 흡기예비용적
	기능적 잔기 용량 (FRC)	• 정상 호흡에서 1회 호흡량을 배출하고 남아 있는 양 • 호기예비용적 + 잔기용적
	폐활량(VC)	• 최대한 공기를 들여 마신 후 최대한 배출시킬 수 있는 공기의 양 • 흡기예비용적 + 1회호흡량 + 호기예비용적
	총폐용량(TLC)	• 총폐용량 = 폐활량 + 잔기용적

폐용적과 폐용량

폐에 함유되어 있는 공기의 양은 폐용적과 폐용량으로 나타낼 수 있으며, 성, 연령, 체력, 신체운동 여부에 따라 그 양이 변한다.

- 폐용적(폐부피, lung volume)
: 흡기와 호기에 따라 나눈 개별적인 폐기능의 정도
- 폐용량 (lung capacity)
: 두 가지 이상의 폐용적을 합하여 기능적으로 구분되는 통합적인 폐기능

□ 폐용적과 폐용량

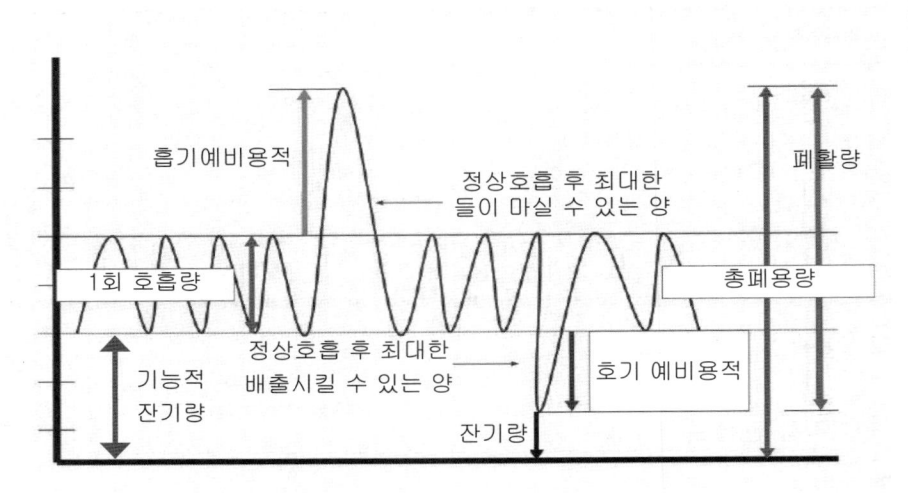

(3) 폐포환기와 해부학적 사강

① 폐포환기

- 폐포에 도달하는 공기가 가스 교환에 참여해 폐의 모세혈관에 산소를 공급하고, 생성된 이산화탄소를 제거해 주는 역할을 함
- 폐포환기량 = (1회호흡량 – 사강환기량) x 호흡수
- 호흡의 깊이(1회 호흡량), 호흡수, 사강의 크기에 영향을 받음. 분당 환기량이 동일하더라도 1회 호흡량이 적고 호흡수가 많으면, 폐포 환기에 참여하는 공기량이 상대적으로 적어 충분한 기체 교환이 이루어지지 않음

② 해부학적 사강

- 호흡 경로(코, 입, 인두, 후두, 기관, 기관지, 세기관지)에 남아 있으면서 가스 교환에 참여하지 않는 공기를 지니고 있는 공간
- 안정시 들이마시는 공기 0.5L의 70%(0.35L)정도만이 폐포 환기에 참여하고 나머지 30%는 사강에 남아있음

대표 기출 유형

03 안정 시 폐용적과 폐용량의 개념에 대한 설명으로 옳지 않은 것은?

① 1회 호흡량(Tidal Volume): 안정 시 호기 후 최대 흡기량
② 기능적 잔기량(Functional Residual Capacity): 안정 시 호기 후 폐의 잔기량
③ 폐활량(Vital Capacity): 최대 흡기 후 최대 호기량
④ 총폐용적(Total Lung Capacity): 최대 흡기 시 폐내 총 가스량

정답은 해설지에

2) 운동과 호흡계의 반응

- 운동시 호흡계의 반응으로 1회 호흡량과 호흡수, 환기량, 이산화탄소 생성량이 증가한다.
- 운동시 환기량은 운동 초기에는 급속히 증가하고, 중기 이후 느리게 증가하다가 최대하운동시에는 더 이상 증가하지 않는다. 운동 후 회복기 초기에는 환기량이 급속히 감소하다가 후기에는 느리게 감소한다. 그러나, 최대운동시에는 운동 후기에도 환기량의 증가가 느리게 계속된다.
- 운동 강도에 따른 환기량은 무산소성 역치(젖산역치)까지는 운동 강도에 비례하여 증가하지만, 무산소성 역치 이후에는 운동 강도에 비례하지 않고 급격히 증가한다.

① 운동 중 환기량의 변화

		변화	조절기전
안정시		거의 없음	• 중추와 말초 화학수용기
운동전		어느 정도 증가	• 중추명령(약간 증가)
운동중	초기	급속한 증가	• 중추명령 • 근/관절수용기의 활성으로 연수에 대한 신경자극
	중기	안정 혹은 느린 증가	• 이산화탄소분압의 증가 • pH의 감소
	후기	유지(최대하운동) 혹은 계속적 증가(최대운동)	• 이산화탄소분압의 증가 • pH의 감소 • 혈액 내 칼륨, 카테콜아민, 체온, 중추의 부가적 자극
회복기	초기	급속한 감소	• 중추명령
	후기	느린 감소	• 이산화탄소와 pH가 정상화됨에 따른 중추와 말초화학 수용기 자극

② 점증부하운동시 운동 강도에 따른 환기량의 변화

- 운동 강도에 따른 환기량의 변화는 무산소성 역치(젖산역치)까지는 운동 강도에 비례하여 증가하지만, 무산소성 역치 이후에는 운동 강도에 비례하지 않고 급격히 증가한다.

③ 무산소성 역치

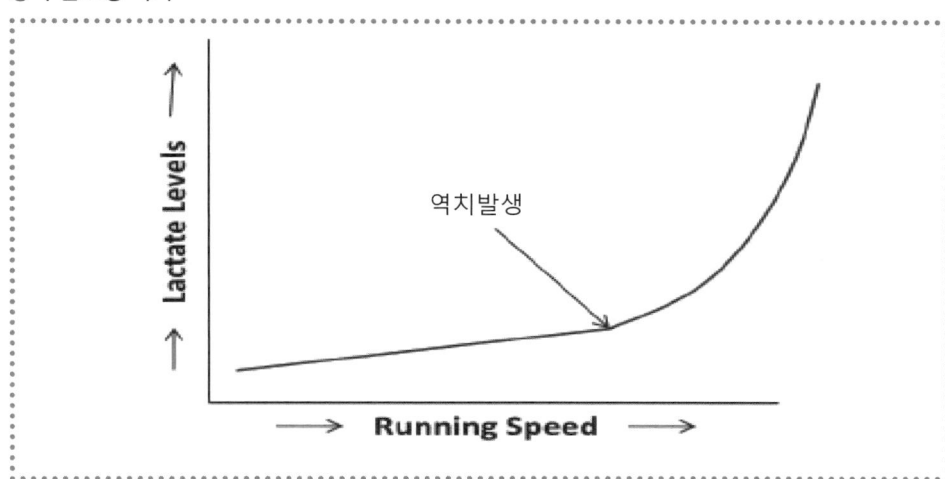

사점

격렬한 운동이나 지속적인 운동을 할 때 운동 초기에 심한 호흡 곤란, 빠르고 얕은 호흡, 가슴에 통증, 두통이나 현기증, 근육에 통증을 느끼게 되는 시기를 말한다.

사점의 발생 원인

- 운동에 의해 내장 혈관이 수축하여 혈액의 공급이 제한되기 때문
- 축적된 젖산 때문에 혈액이 산성화되어 호흡이 곤란해지기 때문

세컨드 윈드

사점이 지난 후 땀이 나면서 혈액 속의 젖산이 제거되고, 심박출량의 증가로 인해 혈액량이 증가하여 호흡이 부드럽게 됨으로써 편안하게 운동을 할 수 있는 시기.

운동 초기 호흡과 순환의 부적응이 운동을 함에 따라 적응되어 나타나는 현상이다.

세컨드 윈드의 원인

- 운동 초기에 느린 환기 적응에 의한 호흡 곤란으로부터 회복
- 활동중인 근육에서 운동 초기에 혈류 변화의 지연에 의해 축적된 젖산 제거
- 국소근 특히 호흡근(횡격막)의 피로 회복
- 심리적인 원인

무산소성 역치 = 젖산역치

- 운동 중 분당 환기량과 이산화탄소 생성량이 급격히 증가하는 시점
- 점증부하 운동시 무산소성 대사 작용의 증가로 혈중 젖산이 급속히 증가하는 시점
- 지구성 운동 수행능력의 지표가 됨

동정맥 산소차
- 동맥혈과 정맥혈의 산소 농도 차이
- 근육 세포의 산소소비량에 비례

트레이닝 후 동정맥 산소차의 증가
- 트레이닝 후 동정맥 산소차의 증가는 혼합정맥혈의 산소농도(산소분압)가 낮아지기 때문
- 트레이닝을 해도 동맥혈의 산소농도는 거의 변화가 없음
- 단련자는 일반인보다 정맥혈에 더 적은 양의 산소를 포함하지만, 조직에서 더 많은 산소를 추출하여 쓰고 활동조직에 더 많은 혈액을 보냄(효율적 배분)

호흡 교환율과 호흡상
- 호흡교환율(RER)
  : 허파 수준에서 측정된 기체 교환
- 호흡상(RQ)
  : 세포 내에서 실제적인 기체 교환
- 안정 상태의 호흡상과 호흡 교환율은 동일함
- 호흡교환율(R) = 이산화탄소 생성량/산소 섭취량
- 탄수화물은 1, 지방은 0.7, 단백질은 0.8
- 호흡교환율이 1 이상인 경우(이산화탄소 생성량이 많은 경우)
  : 스트레스에 의한 과환기시, 최대하수준의 유산소운동을 시작한 후 1분 정도까지, 단시간의 격렬한 운동시

<2> 운동과 호흡계의 적응

1) 운동을 통한 폐기능의 변화와 적응

- 트레이닝 후 호흡계의 적응으로 호흡수 감소, 전체 환기량 감소, 동정맥 산소차 증가, 환기효율 상승으로 산소가 부족한 상태에서도 견딜 수 있는 능력이 증대된다.
- 최대운동시에는 호흡수, 호흡량, 환기량이 증가한다.

□ 운동을 통한 폐기능의 변화

	안정시	최대하운동시	최대운동시
폐용량	총 폐용량은 변화 없음 (폐활량은 약간 증가, 잔기량은 약간 감소)		
1회 호흡량	변화없음	항정상태 유지	증가
호흡수	감소	감소	증가
폐환기량	변화없음	변화없거나 약간 감소	증가
폐확산	변화없음	변화없음	증가
동정맥 산소차	증가	증가	증가
환기효율 상승	상승	상승	상승

2) 운동이 호흡에 미치는 효과

호흡량의 확대	폐용적의 증가로 폐활량이 커지고 호흡수가 빨라진다.
호흡 기관의 기능 강화	사점과 세컨드윈드 과정의 반복으로 호흡 기관의 기능이 강화됨
산소 섭취 능력 증대	근육의 혈액 속 산소소비 능력이 발달하고 산소섭취량이 늘어남
산소 부족에 견디는 능력의 증대	산소가 부족한 상태에서도 격렬한 운동을 계속 할 수 있음

대표 기출 유형

04 체중 80kg인 사람이 10MET로 10분간 달리기 했을 때 소비칼로리는? (단, MET 3.5㎖·kg-1·min-1, O2 1L당 5Kcal 생성한다.)

① 130Kcal
② 140Kcal
③ 150Kcal
④ 160Kcal

정답은 해설지에

3) 호흡·순환계의 산·염기 평형 조절

(1) 산염기 평형 조절에 관한 주요 개념

① 수소이온농도 : [H+]로 표시

② pH : 수소이온농도지수
- pH = -log10[H+]
- 수소이온 농도 [H+]가 높을수록 pH는 낮은 값을 가짐

예) [H+] = 10^{-2} 일 경우 pH = 2,
    [H+] = 10^{-7} 일 경우 pH = 7

- pH는 1~14까지의 값을 가짐
- 산성 : pH가 7미만일 때
- 중성 : pH가 7일 때
- 염기성 : pH가 7보다 클 때

③ 완충작용
어떤 용액에 소량의 산이나 염기를 첨가해도 완충제가 산이나 염기를 제거해 pH 변화가 거의 없는 현상

(2) 운동 중 근육과 혈액의 pH 감소 요인

- 유산소성 대사 과정 중 생산되는 CO_2로부터 유도되는 탄산에 의해 H+ 생성
- 젖산 대사과정 중 생산되는 젖산의 이온화에 의해 H+ 생성

(3) 호흡·순환계의 산·염기 평형 조절 과정

- $CO_2 + H_2O \leftrightarrow H_2CO_3$ (탄산) $\leftrightarrow H^+ + HCO_3^-$ (중탄산염이온)

① 세포 호흡으로 생성된 CO_2는 혈액에서 중탄산염이온(HCO_3^-)형태로 운반되면서 혈중 수소이온농도를 증가시킴

② 혈액 내 헤모글로빈 또는 중탄산염이온이 H+와 결합하여 완충작용을 함

③ 중탄산염이온 형태로 운반된 CO_2는 폐에서 폐환기작용을 통해 체외로 배출됨

(4) 운동 중 근육세포의 산성화가 근수축에 미치는 영향

- 근육세포 내에 수소이온농도의 증가는 대사과정 중 ATP 생성에 관여하는 효소의 활성을 억제하여 ATP 생산 능력을 감소 시킴
- H+가 트로포닌과 칼슘의 결합을 방해하여 근수축을 방해함

산과 염기
- 산 : 화학반응에서 H+를 낼 수 있는 물질
- 염기 : 화학반응에서 H+를 받을 수 있는 물질

혈액 내 완충제
중탄산염, 헤모글로빈, 단백질

폐환기 호흡조절중추
- 중추화학수용기 – 연수
: 이산화탄소분압의 변화, pH변화 감지
- 말초화학수용기 – 경동맥소체, 대동맥소체
: 산소분압의 변화, pH변화 감지

호흡성산증과 호흡성알칼리증
- 정상 혈액의 pH : 7.35 ~ 7.45 사이
- 호흡성산증 : 호흡저하 (저환기)로 인해 혈중 CO_2 와 H_2CO_3 농도가 증가해서 생기며, 혈중 pH가 7.35 이하인 상태
- 호흡성알칼리증 : 과도호흡 (과환기)로 인해 혈중 CO_2 와 H_2CO_3 농도가 부족해서 생기며, 혈중 pH가 7.45 이상인 상태

3. 순환계의 구조와 기능

> **Introduction**
>
> 순환계는 심장과 혈관으로 구성되며, 심장에서 나온 혈액이 온몸을 순환하면서 조직세포에 산소와 영양분을 공급하고, 이산화탄소와 노폐물을 운반한다. 그밖에도 순환계는 호르몬의 운반기능, 체온과 pH유지기능, 감염을 방지하는 방어기능 등을 가진다.
>
> 순환계는 혈액의 순환이라는 기능을 수행하기 위해 독특한 구조와 조절의 기제를 가지는데 이 장에서는 그런 구조와 조절의 원리를 이해하는 것이 중요하다.

심장의 구조, 심장의 자극전도 순서, 혈액의 순환 순서가 빈출하며, 최근에는 심전도파형에 관한 문제가 나오기도 했습니다.

순환계의 기능
- 운송기능(delivery) : 산소, 영양분
- 제거기능(removal) : 이산화탄소, 노폐물
- 운반기능(transport) : 호르몬을 목표 수용체까지 운반
- 유지기능(maintenance) : 체온유지, pH유지
- 방어기능(prevention) : 기관의 감염을 방지

<1> 심장

1) 심장의 구조

- 2개의 심방(좌심방/우심방)
- 2개의 심실(좌심실/우심실)
- 심방과 심실은 중격으로 분리
- 각각의 심방과 심실은 사이막으로 분리되어 있어, 좌측과 우측 심장의 혈액 성분들이 섞이지 않음
- 혈액의 역류를 막는 4개의 판막이 있음

심장과 맥박의 주요 개념
- 심장 박동으로 방출된 혈액이 혈관에 미치는 진동을 맥박이라고 한다.
- 맥박 수와 심장 박동수는 같다.
- 운동을 하면 세포에 더 많은 산소를 공급하기 위해 심장 박동이 빨라지고, 이에 따라 맥박수도 많아진다.

판막
- 혈액의 역류를 막는 심장 구조
- 한 방향으로만 혈액이 흐르게 함
- 방실판 : 심방과 심실 사이의 판막
- 반월판 : 우심실과 폐동맥 사이의 판막, 좌심실과 대동맥 사이의 판막

☐ 심장의 구조

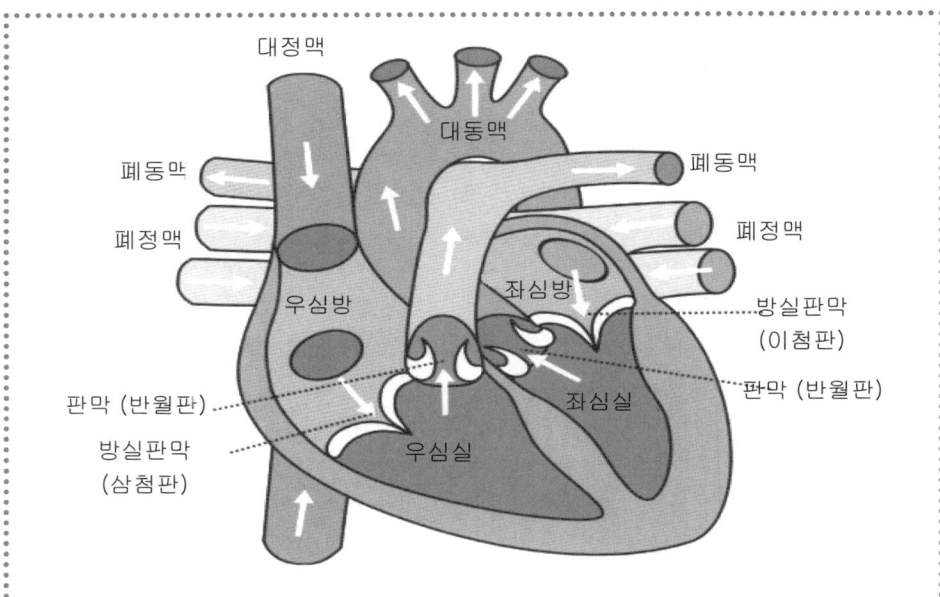

심방과 심실의 두께

심실은 수축하여 혈액을 심장 밖으로 보내야하기 때문에 심방보다 두꺼운 근육 벽으로 이루어져 있다.

온몸으로 혈액을 보내는 좌심실은 높은 압력으로 혈액을 보내기 위해 근육 벽이 가장 두껍다.

2) 심근의 특징

- 골격근 세포보다 크기가 작고, 세포 당 한 개의 핵을 지님
- 세포들 사이에 간극연접이 발달되어 전기적 시냅스를 통한 자극전달이 이루어짐
- 골격근보다 T-소관이 잘 발달됨
- 흥분시 칼슘이온이 세포 밖에서도 유입됨
- 미토콘드리아 및 미오글로빈이 풍부함
- 대동맥에서 직접 분지된 관상동맥을 통해 산소를 공급받음
- 심근 수축에 관여하는 수축세포와 활동전위를 만들고 전달하는 자동 조율세포(동방결절, 방실결절, 히스속, 퍼킨제섬유)가 있음

3) 심장의 자극 전도 시스템

- 동방결절(심방탈분극, 심방수축) → 방실결절 → 히스속 → 퍼킨제섬유(심실탈분극, 심실수축)

① 심장의 자동 조율 장치

- 동방결절 (Sinoatrial node : SA node) : 우심방과 상대정맥이 만나는 곳에 위치하며, 스스로 전기적 신호를 발생시키는 박동원. 심장의 박동 조율기(페이스메이커)라 함. 1분당 60~80회 정도로 자극을 발생시킴.
- 방실결절(Atrioventricular node : AV node) : 심방 사이막 근처의 우심방 아래쪽에 위치하며, 심방과 심실 사이의 활동전위 전도가 일어나는 곳
- 히스속(히스색, 방실다발, Bundle of His) : 방실결절과 퍼킨제섬유를 이어주는 근육다발
- 퍼킨제섬유(푸르키네섬유, 심장전도 근육섬유, purkinje) : 방실다발이 작은 가지로 분지되어 심실벽 전체로 퍼져있는 섬유
- 삼첨판막 : 심장에서 오른쪽 심방과 심실 사이의 구멍을 여닫는 판막

② 심장의 자극 전도 시스템

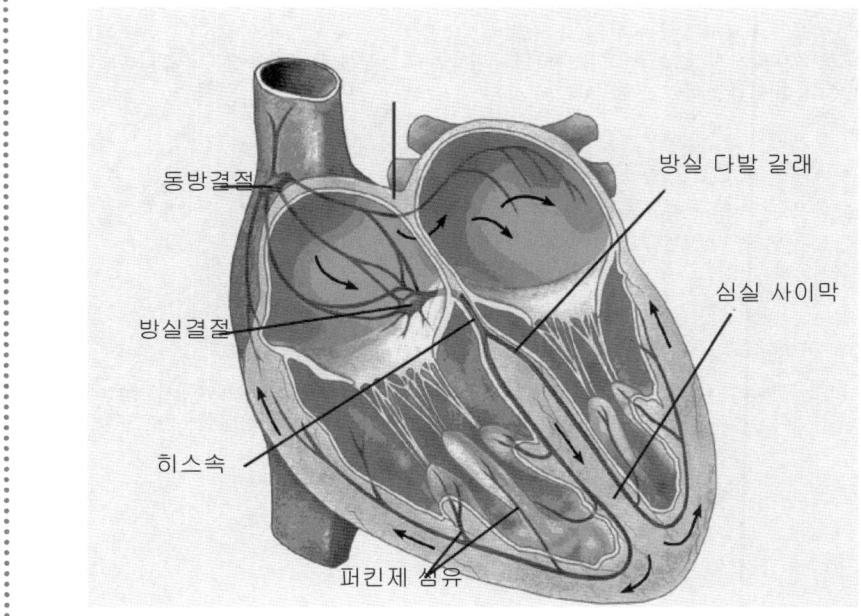

방실결절의 지연
- 활동전위가 방실결절을 천천히 통과하기 때문에 심방의 혈액이 심실로 전달될 시간을 확보해 줌
- 심방과 심실이 동시에 수축하지 않음

대표 기출 유형

05 <보기>의 심장 자극 전도체계 순서를 바르게 나열한 것은?

<보기>

㉠ 방실다발 (AV bundle)

㉡ 동방결절 (SA node)

㉢ 퍼킨제섬유 (Purkinje fibers)

㉣ 방실결절 (AV node)

① ㉡-㉠-㉣-㉢
② ㉡-㉣-㉠-㉢
③ ㉣-㉡-㉢-㉠
④ ㉣-㉠-㉡-㉢

정답은 해설지에

4) 심장의 박동과 심전도(Electrocardiogram, ECG)

- 심전도

심장은 혈액을 전신에 순환시키기 위해 수축과 확장을 규칙적으로 반복하고 있다. 심장의 펌프작용은 심근이 수축을 통해 이루어지는데 심장이 박동할 때마다 미약한 전기가 생기며, 그것으로 인하여 신체 내에 전류가 흐르게 되고 신체의 표면에 전위의 분포가 발생된다.

심장의 활동으로 생긴 작은 전위변화를 신체 표면의 적당한 부위에서 일정한 방법으로 유도해서 증폭하여 기록한 것이 심전도(Electrocardiogram, ECG)이다.

① 심전도의 파형(PQRST)

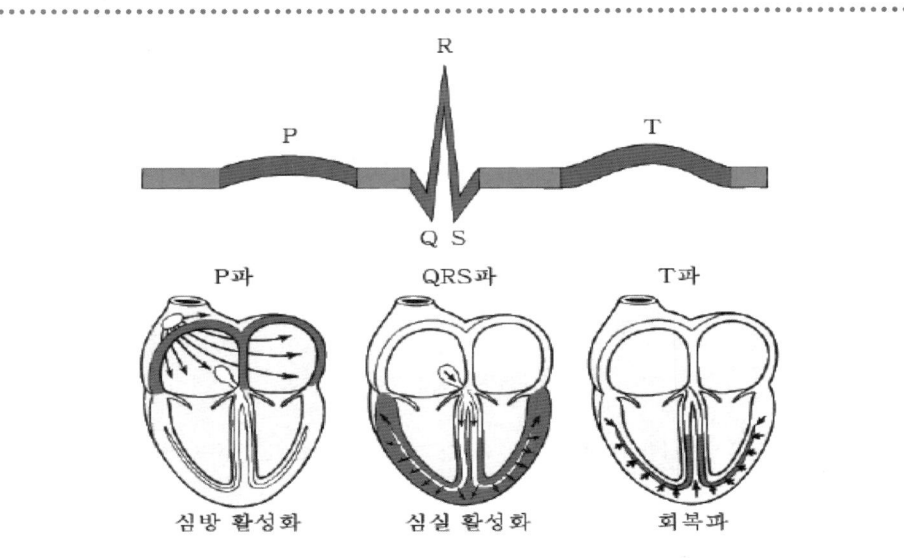

② 심전도 파형(PQRST)의 분석

- p파 - 심방 탈분극 시기에 발생(심방 활성화)

심방의 탈분극은 동방결정 부근에서 시작되며, 심방을 가로질러 오른쪽에서 왼쪽으로 진행된다. 따라서 P파의 첫 부분은 우심방의 탈분극을 나타내며, P파의 뒷 부분은 좌심방의 탈분극을 나타낸다. 정상적으로 P파는 심실 이완기 동안에 일어난다.

- qrs복합파 - 심실 탈분극 시기에 발생(심실 활성화)

심실의 탈분극은 방실접합부 부근의 심실간 중격의 왼쪽 부분에서 시작되어 심실간 중격을 가로질러 왼쪽에서 오른쪽으로 진행된다. 따라서 Q파는 심실간 중격의 탈분극을 나타내며, QRS군의 나머지 부분은 동시적으로 일어나는 좌/우 심실의 탈분극을 나타낸다.

- T파 - T파는 심실 재분극 시기에 발생(회복파)

정상 T파는 심실의 정상 재분극을 나타낸다. 정상 재분극은 심실의 심외막 표면에서 시작하여 심실벽을 통하여 심내막을 향하여 진행된다. T파는 심실수축기 마지막 동안에 일어난다.

5) 심박출량의 조절

- 심박출량 = 박동수 x 1회 박출량

심박출량은 분당 박동수와 1회 박출량에 의해 결정된다. 분당 박동수의 조절은 교감신경과 부교감신경에 의해 조절 된다. 1회 박출량은 내인성조절과 외인성 조절로 결정되는데, 내인성 조절은 심실의 이완기말 용적에 비례해서 박출량이 조절되는 것이고, 외인성 조절은 교감신경의 자극에 의해 박출량이 조절되는 것이다.

□ 심박출량의 조절 시스템

1회 박출량 조절	내인성조절	정맥환류량 증가 → 심실의 이완기말 용적 증가 → 근섬유 길이 신장 → 심근 수축력 증가 → 혈액배출량 증가
	외인성조절	교감신경 자극 → 정맥 수축 → 정맥의 혈액 저장용량 감소 → 심장으로 돌아오는 정맥환류량 증가 → 심박출량 증가
분당 박동수 조절	교감신경	박동수 증가
	부교감신경	박동수 감소

6) 심장과 혈액의 순환

(1) 혈액 순환의 종류

① 폐순환

- 심장과 폐 사이의 혈액 순환. '소순환'이라고도 함
- 우심실 → 폐동맥 → 폐 조직 내의 모세혈관 (폐포 내에서 산소와 이산화탄소를 교환) → 폐정맥 → 좌심방

② 체순환

- 혈액이 심장으로부터 온몸을 돌아 각 조직세포에 산소를 공급하고 다시 심장으로 돌아오는 순환
- 좌심실 → 대동맥 → 조직 내 모세혈관(산소와 이산화탄소를 교환) → 대정맥 → 우심방
- 동맥혈은 세포에 산소를 전달하고 정맥으로 돌아올 때에는 이산화탄소와 노폐물을 가지고 옴

□ 혈액의 순환

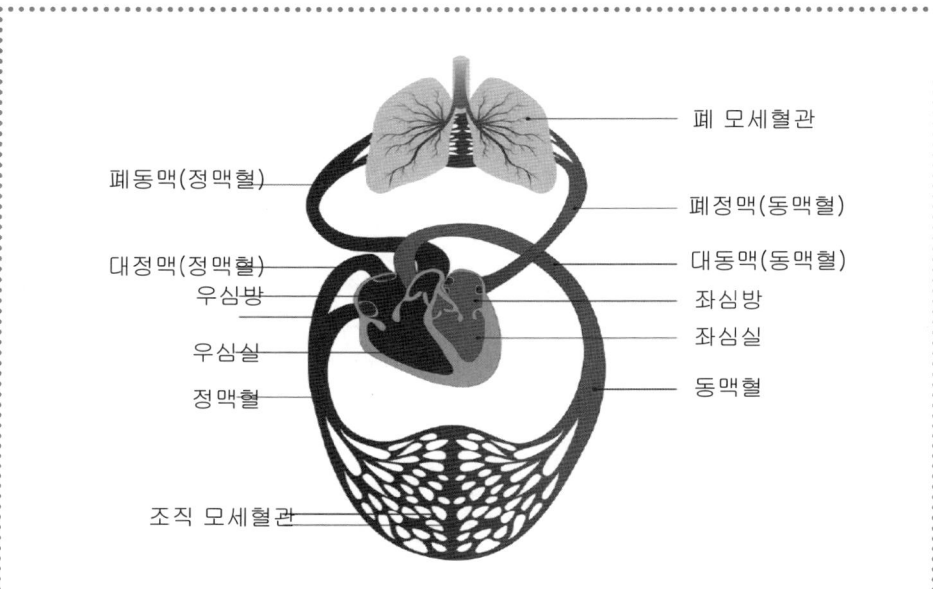

폐순환과 혈액의 색
폐순환의 결과 폐동맥에는 산소가 적은 검붉은 색의 정맥혈이 흐르고 이와 반대로 폐정맥에는 선홍색을 띠는 신선한 동맥혈이 흐른다.

폐순환에서 산소교환율을 증가시키는 원인
폐동맥의 낮은 산소량은 폐포와 폐모세혈관 사이에서 산소교환율을 증가시키는 직접적인 원인이다.

심장 내의 혈액 교환
심장의 오른쪽과 왼쪽 공간 사이에서는 직접적인 혈액의 교환이 이루어지지는 않는다.

대표 기출 유형

06 심혈관계에 대한 설명으로 옳은 것은?

① 혈액은 우심실에서 박출되어 인체의 모든 기관에 순환된다.
② 산소가 포화된 혈액은 폐정맥을 통해 좌심방으로 이동된다.
③ 폐순환은 산소를 인체의 모든 조직에 직접 전달하는 것이다.
④ 우심방으로 들어온 혈액은 우심실을 거쳐 바로 좌심방으로 이동된다.

정답은 해설지에

<2> 혈관

1) 혈관의 특성과 기능
- 혈액의 통로
- 산소, 이산화탄소, 영양소, 수분, 전해질 및 노폐물의 교환으로 생리적 기능에 영향을 줌
- 혈관의 벽은 민무늬근으로 구성
- 정맥혈관의 판막이 혈액의 역류를 막음
- 적절한 밀도와 탄성의 유지가 건강을 위해 중요함

2) 혈관의 유형과 역할

(1) 동맥, 정맥, 모세혈관

① **동맥**
- 심장에서 조직으로 나가는 혈액이 흐르는 혈관
- 혈관벽이 두껍고 탄력성이 큼
- 혈압이 높음
- 혈류 속도가 빠름
- 몸속 깊은 곳에 분포
- 대동맥>소동맥>세동맥 순으로 직경 감소

② **정맥**
- 조직에서 심장으로 들어오는 혈액이 흐르는 혈관
- 혈관벽이 얇고 탄력이 낮음
- 혈압이 낮음
- 혈액의 역류를 막기 위해 판막이 존재함
- 혈류 속도가 동맥보다 느림
- 피부 표면 가까이에 분포
- 안정시 전체의 약 60%에 해당하는 혈액을 저장함

③ **모세혈관**
- 동맥과 정맥을 연결하는 혈관
- 한 층의 표피세포로 이루어져 혈관벽이 매우 얇음
- 총 단면적이 다른 혈관보다 훨씬 넓고, 혈류속도가 느려 물질 교환에 유리함
- 산소, 이산화탄소, 전해질, 영양소, 수분 등의 물질교환이 일어남

혈관과 혈압
- 동맥혈은 정맥혈에 비해 혈압이 높은데 특히 모세혈관에서 물질의 교환이 일어난 후 세정맥혈관으로 혈액이 이동할 때 혈압의 저하가 크게 발생한다.

각 혈관의 특징 비교
- 혈압
  동맥 > 모세 혈관 > 정맥
- 혈관벽 두께
  동맥 > 정맥 > 모세 혈관
- 혈류 속도
  동맥 > 정맥 > 모세 혈관
- 총 단면적
  모세 혈관 > 정맥 > 동맥
- 혈관내부직경
  정맥 > 동맥 > 모세혈관

정맥혈 회귀 조절
- 정맥 압력:
  체내의 정맥 압력이 높아지면 더 많은 혈액이 심장으로 돌아와 회귀량이 증가함
- 정맥의 수축:
  교감 신경계의 활성화로 인한 정맥의 수축으로 회귀량이 증가함
- 심장 펌프 작용:
  정맥혈 회귀량이 증가하면 심장의 수축력이 더 강해지며 다시 회귀량이 증가함
- 근육 펌프:
  골격근이 수축할 때, 주변의 정맥이 압박을 받아 혈액이 심장쪽으로 이동함
- 호흡 펌프:
  호흡 운동에 따라 흉강 내압이 변화하면서 정맥혈 회귀가 증가함
- 혈액량:
  혈액량이 많을수록 더 많은 혈액이 정맥을 통해 심장으로 회귀함

대표 기출 유형

07 운동 중 정맥혈 회귀(venous return)를 조절하는 요인이 아닌 것은?

① 근육 펌프
② 호흡 펌프
③ 정맥 수축
④ 모세혈관 수축

정답은 해설지에

<3> 혈액

1) 혈액의 구성과 역할

혈장 (액체성분) 55%		• 전체 혈액의 55% • 엷은 노란색을 띠는 혈액의 액체 성분 • 약 90%가 물이며, 약 7%의 단백질과 포도당, 아미노산과 같은 영양소와 노폐물 포함하는 염기성 액체 • 세포로 영양소 운반, 세포에서 생긴 노폐물 운반, 체온 조절 등의 역할
혈구 (세포성분) 45%	적혈구	• 핵이 없으며 둥글고 납작한 원반 모양 • 골수에서 생성 • 헤모글로빈의 작용으로 산소와 이산화탄소를 운반하는 역할 • 부족하면 산소 공급이 안 되어 빈혈 발생 • 혈구성분 중 99% 차지
	백혈구	• 핵이 있으며, 적혈구보다 크고 모양이 불규칙 • 인체의 방어기전에 중요한 역할 • 혈관 밖에서 몸에 침입한 세균을 잡아먹는 식균작용 • 병원균에 감염되면 수가 증가
	혈소판	• 핵이 없고 모양이 불규칙 • 무색 세포로 아주 작음 • 출혈 시 혈액을 굳게 하는 혈액 응고 작용 • 부족하면 지혈이 안 됨

헤마토크릿
• 혈액의 구성성분 중 세포성분의 비율
• 세포성분 중 대부분(99%)을 적혈구가 차지하므로 전체 혈액에 대한 적혈구의 비율을 의미함
• 혈액의 점액성에 영향을 주는 것은 적혈구의 농도이므로, 혈액의 점액성이 증가하면 헤마토크릿이 증가함
• 빈혈시 헤마토크릿과 혈액의 점액성이 감소함

헤모글로빈과 미오글로빈
• 헤모글로빈 : 적혈구에 존재하는 단백질. 산소와 이산화탄소 운반 기능
• 미오글로빈 : 근육세포에 존재하는 단백질. 산소 저장 및 운반 기능

2) 혈액의 기능
• 산소와 영양소의 운반 및 저장
• 생리환경의 완충작용 (산, 염기 평형 유지)
• 체온조절
• 호르몬과 같은 생리조절물질의 운반
• 노폐물의 운반

3) 정맥혈과 동맥혈 비교

동맥혈	정맥혈
• 폐를 돌고 와 산소가 풍부함 • 선홍색 • 대동맥, 폐정맥에서 흐름 • 좌심방, 좌심실에서 흐름	• 온몸을 돌고 와 산소가 부족함 • 암적색 • 대정맥, 폐동맥에서 흐름 • 우심방, 우심실에서 흐름

대표 기출 유형
08 호흡 시 혈액 내의 이산화탄소를 폐로 운반하는 방법이 아닌 것은?

① 혈장 내에 용해되어 운반
② 헤모글로빈과 결합하여 운반
③ 중탄산염(HCO_3^-) 형태로 운반
④ 미오글로빈(myoglobin)과 결합하여 운반

정답은 해설지에

4) 혈액 내 산소와 이산화탄소 운반형태

(1) 산소의 운반

헤모글로빈과 결합하여 운반	• 적혈구 내 헤모글로빈과 결합한 산화헤모글로빈의 형태로 운반 • 전체 산소 운반량의 98%
혈장을 통해 운반	• 혈장에 용해되어 운반 • 전체 산소 운반량의 2%

(2) 이산화탄소의 운반

중탄산염이온의 형태로 운반	• $CO_2 + H_2O \leftrightarrow H_2CO_3 \leftrightarrow H^+ + HCO_3^-$ • 전체 이산화탄소 운반량의 70%
카바미노헤모글로빈의 형태로 운반	• 적혈구 내 헤모글로빈과 결합하여 운반 • 전체 이산화탄소 운반량의 20%
혈장을 통해 운반	• 혈장에 용해되어 운반 • 전체 이산화탄소 운반량의 10%

4. 운동에 대한 순환계의 반응과 적응

학습목표

운동에 의한 심혈관계의 변화를 이해합니다.

Introduction

운동의 결과 인체에는 변화가 발생한다. 인체에 나타나는 변화는 운동으로 인해 일시적으로 나타나는 '반응'과 운동의 결과 비교적 장기적으로 나타나는 변화인 '적응'으로 구분할 수 있다.

인체의 '반응'과 '적응'은 순환계에서도 나타나는데 이 장에서는 지구성 트레이닝을 통한 순환계의 변화와 '스포츠 심장'에 대해 공부하고 그 원리를 이해하는 것이 중요하다.

<1> 1회 박출량, 심박수, 심박출량의 반응

운동은 에너지를 많이 필요로 하므로 운동중에는 에너지의 생산을 위해 산소섭취량이 증가하고, 심장의 1회 박출량과 심박수, 심박출량도 증가한다.

1) 1회 박출량

(1) 1회 박출량의 주요 개념

- 한번의 수축으로 심실에서 방출되는 혈액량을 1회 박출량이라고 하며, 일반인은 70ml 정도이다
- 1회 박출량 = 확장 말기량 – 수축 말기량
- 확장말기량이 크거나 수축말기량이 작을 경우 1회 박출량이 커진다.
- 수축말기량은 심실 수축력과 심장이 혈액을 뿜어내는 압력에 의해 좌우된다.
- 운동 강도에 따라 1회 박출량은 최대 산소 섭취 능력의 40% 정도에 해당하는 운동(최대하운동) 부하에서 최대이다.
- 여자는 선천적으로 심장용적이 작기 때문에 남자보다 1회 박출량과 최대산소섭취량이 적다.

(2) 1회 박출량을 결정하는 3가지 변인

- 심실에 채워지는 혈액량
- 심실의 수축력
- 대동맥 및 폐동맥의 평균 압력

(3) 심장 박동의 강도(1회 박출량)를 조절하는 요인

기계적 요인	• 스탈링의 심장 법칙
신경적 요인	• 교감신경계의 작용
화학적 요인	• 카테콜아민(에피네프린, 노르에피네프린) 등 호르몬의 작용

동정맥 산소차의 증가

- 트레이닝 후 동정맥 산소차의 증가는 혼합 정맥혈의 산소농도(산소분압)가 낮아지기 때문에 발생함
- 트레이닝을 해도 동맥혈의 산소농도는 거의 변화가 없음
- 단련자는 신체조직에서 더 많은 산소를 추출하여 쓰고 활동조직에 더 많은 혈액을 보내는 등의 효율성이 높기 때문에 일반인보다 정맥혈에 더 적은 양의 산소가 남아 있게 됨

스탈링 법칙

1회 박출량은 심장으로의 혈액유입량(정맥 환류량)에 의해 결정되며, 정맥환류량이 증가하면 이완기용량이 증대하고, 심근이 커져 그 길이에 비례하여 심실수축력도 증대하게 되는 법칙

대표 기출 유형

09 1회 박출량을 조절하는 요인이 아닌 것은?

① 심실이완기말 혈액량
② 평균 대동맥혈압
③ 폐활량
④ 심실수축력

정답은 해설지에

2) 심박수

(1) 심박수의 주요 개념

- 1분동안의 심장의 박동수
- 심박수는 운동 강도의 증가에 비례해 증가
  (운동 강도가 증가 → 산소섭취량이 비례적으로 증가 → 심박수 증가)
- 운동 강도에 따른 심박수의 증가는 교감신경 충격의 증가에 의해 이루어짐
- 장기간의 운동으로 안정시 심박수는 낮아짐
- 심박수는 달리기와 같은 지구성 운동보다 웨이트 리프팅과 같은 근력 운동을 할 때 더 낮다.
- 동일한 파워 출력에서 심박수는 하지 운동보다는 상지 운동 중에 더 높다.

3) 심박출량의 변화

(1) 심박출량의 주요 개념

- 심장 수축에 의해 1분간 펌프되는 혈액량을 심박출량이라 한다
- 심박출량 = 심박수 x 1회 박출량
- 운동 중 심박출량은 운동 강도에 따라 비례하여 증가한다
- 일반인에 비해 운동 선수의 경우가 운동 중 심박출량이 크다
- 일반인의 안정시 심박출량은 5L/min이고, 운동 중에는 휴식시의 5배정도인 20~25L/min가 되며, 운동 선수의 운동 중 심박출량은 40L/min가 된다
- 심박출량은 최대 산소 섭취량에 비례
- 최대산소섭취량 = 최대 심박출량 × 최대 동정맥 산소차
- 최대산소섭취량의 40~50% 운동강도(최대하 운동강도)에서 1회박출량이 최대치이고, 그 이상에서는 정체상태이며, 이보다 높은 운동 강도에서 심박출량의 증가는 심박수의 증가에 의존한다.

순환계의 주요 용어

- 심박출량 = 심박수 x 1회박출량
- 최대산소섭취량 = 최대 심박출량 x 최대 동정맥 산소차
- 최대산소섭취량은 심근의 산소소비량과 같은 의미
- 심근산소소비량 = 심박수 x 수축기 혈압

최대산소섭취량에 영향을 미치는 요인

- 폐환기량의 크기
- 혈액 중의 헤모글로빈의 양
- 우수한 심장 기능
- 분당 박출량
- 모세혈관망의 분포수와 기능
- 근육내 마이오글로빈의 수
- 호흡할 수 있는 산소의 양

<2> 혈류, 혈압, 혈액의 반응

운동 중에는 에너지가 많이 필요한 골격근에 혈류가 집중되고, 내장근의 혈류는 감소하는 혈류 재분배가 일어난다. 이때 세동맥이 확장되어 골격근으로 더 많은 산소가 공급되며, 심장으로 돌아오는 정맥 환류량이 증가해 심박출량도 늘어난다. 또한 심박수가 증가함에 따라 혈류 속도가 빨라지고 혈압이 상승한다. 동시에 혈액 내 혈장 단백질과 혈장량이 증가해 전체적인 혈액량도 늘어난다.

1) 혈류

(1) 혈류의 재분배

- 운동 중 대사작용이 활발한 조직세포는 에너지를 더 많이 필요하므로 혈류량이 증가함
- 운동 중 교감신경에 의해 에너지가 많이 필요한 활동근(골격근)쪽 혈관은 확장되어 혈류량이 증가하고, 내장근쪽 혈관은 수축되어 혈류량이 감소하는 혈류의 재분배가 일어남
- 안정시에는 총 심박출량의 15-20% 정도, 최대운동시에는 총 심박출량의 80-85% 정도가 골격근 쪽으로 감
- 강한 운동시 피부와 복부조직에서 혈류량이 감소하고, 뇌에 도달하는 절대혈류량은 안정시보다 약간 증가함

대표 기출 유형

10 분당 산소섭취량을 결정하는 요인은 무엇인가?

① 1회 박출량
② 동·정맥산소차
③ 심박수
④ 위(①, ②, ③) 전부

정답은 해설지에

(2) 운동 중 근육으로 혈류량이 증가하는 이유

- 산소공급 – 더 많은 산소를 근육으로 공급하여 에너지 생성 및 대사 활동을 지원함.
- 대사부산물제거 – 이산화탄소 및 젖산과 같은 대사 부산물 제거함
- 열 조절 – 더 많은 혈액으로 근육의 열을 신체의 피부로 운반하여 열을 방출함
- 혈액을 통해 영양소와 에너지를 근육으로 공급함
- 혈소판 활성화 – 부상으로 인한 출혈을 방지하기 위해 혈액을 통해 더 많은 혈소판을 근육에 보냄
- 혈관내피세포활성화 – 운동은 혈관 내피 세포를 활성화시키고 이산화질소(NO)와 같은 화학물질을 생성하는데 이산화질소는 혈관을 확장시켜 혈류량을 증가시킴
- 혈관벽의 압력 – 운동으로 혈관 벽에서 발생하는 압력이 상승하면 인체가 혈관을 확장시켜 혈류량을 늘리려 함
- 호르몬의 작용 – 카테콜아민 등 호르몬의 작용

2) 혈액

(1) 혈장량 증가

- 운동은 항이뇨호르몬과 알도스테론의 분비를 증가시켜 신장에서 수분이 재흡수되어 혈장량이 증가된다.
- 알부민과 같은 혈장 단백질의 양도 증가되어 삼투압이 증가하는 것도 수분 재흡수를 촉진해 혈장량이 증가된다.

(2) 적혈구 양 증가

- 운동시 교감신경의 자극에 의해 에피네프린의 분비량이 증가하면 에피네프린은 지라를 수축시켜 적혈구의 방출을 증가시킨다. 따라서 장기적인 운동시 적혈구의 수가 증가하여 산소 운반 능력을 증대시킨다.
- 적혈구의 양이 증가하면 전체적인 혈액량도 증가한다.

<3> 운동과 순환계의 적응

1) 지구성 트레이닝을 통한 순환계의 변화

(1) 안정시의 변화

변화의 원인	변화의 결과
• 좌심실 내강의 크기 증가 • 심근층 두께의 증가	• 심장의 비대
• 부교감신경의 자극 증가 • 교감신경의 작용 감소 • 동방결절의 박동률 감소	• 심박수 감소
• 심장의 비대와 정맥환류량 증가 • 심실의 수축력 증가	• 1회 박출량 증가
• 혈류속도 증가로 혈관내 노폐물 정화	• 혈압 감소
• 미토콘드리아의 수나 크기 증가 • 마이오글로빈 수 증가 • 산화효소 발달 • 지방 산화 촉진	• 미토콘드리아의 산소 확산능력 향상
• 총 혈액량과 총 헤모글로빈양 증가	• 모세혈관 밀도 증가
• 분당 환기량, 총폐활량은 변하지 않음	

운동 중 정맥혈 회귀를 촉진시키는 요인
- 근육에 의한 펌프 작용
- 호흡에 의한 펌프 작용
- 정맥 혈관 압축에 의한 펌프 작용

지구력 트레이닝에 의한 순환계의 변화
- 심장의 무게, 부피, 좌심실벽 두께, 용적 등이 증가하여, 1회 박출량이 최대 두 배까지 증가함
- 심장의 이완기 연장
- 스포츠 심장-안정시 심박수 감소
- 적혈구는 10 ~ 20%, 혈장량은 20 ~ 30%가 증가하여 혈장량 증가가 많아져서 혈액의 희석 현상이 발생하며 산소의 운반능력이 증가함

대표 기출 유형

11 운동하는 근육으로의 혈류량을 증가시키는 국소적 내인성 자율조절 요소로 적절하지 않은 것은?

① 수소이온, 이산화탄소, 젖산 등 대사 부산물
② 부신수질로부터 분비된 카테콜아민(catecholamine)
③ 혈관 벽에 작용하는 압력에 따른 근원성(myogenic) 반응
④ 혈관내피세포(endothelial cell)에서 생성된 산화질소, 프로스타글랜딘(prostaglandin), 과분극인자(hyperpolarizing factor)

정답은 해설지에

(2) 최대하운동 중의 변화

변화의 원인	변화의 결과
• 심장의 비대	• 1회 박출량 증가
• 교감신경의 자극 감소 • 동방결절의 박동률 감소	• 심박수 감소
• 미토콘드리아의 수나 크기가 증가 • 산화효소 발달	• 최대산소섭취량 감소 (= 산소소비량 감소)
• 근육으로부터 산소 적출량 증가 • 동정맥 산소차 증가	• 활동근 1kg당 공급되는 혈류량 감소
• 인체 효율성 증대 (산소 소비량 감소)	• 심박출량에 변화가 없거나 약간 감소
• 근글리코겐 사용량 감소 • 지방산 산화 증가 • 대사 연료로 젖산 이용률 증가	• 미토콘드리아의 산화 능력 향상
• 지방산 산화 증가에 따른 근글리코겐 이용 감소 • 운동후 초과산소소비량(EPOC) 감소 • 대사적 연료로서 젖산의 사용 증가 • 미토콘드리아의 산화능력 개선 • 동정맥 산소차 증가	• 젖산 축적 감소 • 젖산 역치 증가

(3) 최대운동 중의 변화

변화의 원인	변화의 결과
• 총 혈류량 증가(심박출량 증가) • 근육의 산소 적출 증가	• 최대산소섭취량 증가
• 심장의 비대(심실의 용적 증가) • 심근의 수축력은 변화가 없거나 약간 증가 • 혈류량 증가	• 1회 박출량 증가
• 1회 박출량 증가	• 심박출량 증가
• 심실의 용적 증가 • 교감신경의 자극 감소 • 동방결절의 박동 감소	• 심박수는 변화가 없거나 약간 감소
• 1회 호흡량 증가 • 호흡 빈도 증가	• 분당 환기량 증가
• 폐의 혈류량 증가	• 폐의 확산 능력 증가
• 해당 능력의 향상	• 젖산 축적 증가
• 혈류량의 증가만큼 근육량이 증가 • 혈류의 재분배	• 활동근 1kg당 공급되는 혈류량은 변화가 없음
• 모세혈관 밀도의 증가 • 미토콘드리아의 산화 능력의 향상	• 동정맥 산소차 증가

2) 무산소성(저항성) 트레이닝의 생리학적 효과

무산소성 능력	• ATP의 저장량 증가, 효소활동 활성화 • PCr의 저장량 증가 • 글리코겐 저장량 증가, 해당효소 활성화
골격근	• 속근섬유의 선택적 비대 • 근섬유간 상호전환은 일어나지 않음 • 골무기질 함량증가 • 액틴 단백질량의 증가
심장	• 좌심실과 우심실 사이의 심실중격과 후벽면의 두께 증가 • 좌심실의 크기 증가, 좌심실의 확장말기 용적은 약간 변화하거나 거의 변화없음

최대하 운동 중 근혈류량
- 동일한 최대하운동 중에서 운동할 때 선수는 비선수에 비해 근혈류량이 낮음 (인체 효율성 증대 때문)
- 선수의 경우 활동 근육은 적은 혈류량 하에서도 많은 산소를 추출할 수 있으며 이것은 동정맥 산소차가 크다는 것으로 산소 이용의 효율성이 높다는 것을 의미함

안정시 심박수의 감소
- 심박수의 감소는 트레이닝의 종류나 심장의 크기와 관계 없이 대부분의 운동 선수에게서 일반적으로 나타나고, 지구성 운동 선수에게서 더 크게 나타남(운동성 서맥)
- 안정시 심박수 감소는 부교감신경의 제어에 의해 이루어지고, 운동 중 심박수 감소는 교감신경 충격 감소에 의해 이루어짐

최대 운동 중 심박출량의 증가
- 최대 심박출량의 증가가 지구성 운동 선수에게 더 높게 나타나는 이유는 최대 심박수가 훈련 후에 조금 감소하거나 변하지 않고, 훈련 후의 심박출량의 증가는 주로 1회 박출량의 증가에 기인하기 때문이다.

근력트레이닝에 의한 심장의 변화
- 심장근육의 크기와 수축력이 증가하여 결과적으로 심박출량이 증가함

대표 기출 유형

12 인체 운동에 따른 신체적응에 대한 설명으로 올바른 것은?

① 단련자는 비단련자보다 최대 심박출량이 높게 나타난다.
② 단련자는 비단련자보다 동일조건의 운동에서 심박수가 높게 나타난다.
③ 단련자는 비단련자보다 안정시 심박수가 높게 나타난다.
④ 단련자는 비단련자보다 최대 심박수가 낮게 나타난다.

정답은 해설지에

Confirmation 이것만은 꼭!

01 외호흡은 (　　)와 (　　) 사이의 기체 교환을 의미한다.

02 내호흡은 (　　)과 (　　)사이의 기체 교환을 의미한다.

03 (　　)은 세포내에서 산소를 이용하여 유기물을 분해하여 에너지를 얻고 이산화탄소를 배출하는 과정이다.

04 호흡작용 중 최대한 공기를 들이마신 후 최대한 배출시킬 수 있는 공기의 양을 (　　)이라 한다.

05 점증부하운동 중 분당 환기량과 혈중 젖산이 급속히 증가하는 시점을 (　　)이라 한다.

06 (　　)는 동맥혈과 정맥혈의 산소 농도의 차이를 의미하며, 근육 세포의 산소소비량에 비례한다.

07 트레이닝 후 호흡계의 적응으로 동정맥 산소차가 (　　)하고, 환기효율의 상승으로 산소가 부족한 상태에서도 견딜 수 있는 능력이 증대된다.

08 (　　)은 우심방과 상대정맥이 만나는 곳에 위치하며, 스스로 전기적 신호를 발생시키는 박동원으로 심장 박동 조율기라고도 한다.

Confirmation
이것만은 꼭!

09 혈액의 폐순환 과정은 (　) → (　) → 폐포의 모세혈관 → (　) → (　)이다.

10 혈액의 체순환 과정은 (　) → (　) → 조직 내 모세혈관 (　) → (　) 이다.

11 심방과 심실사이, 심실과 동맥(폐동맥 또는 대동맥)사이, 정맥혈관에는 혈액의 역류를 막는 (　)이 있다.

12 혈액은 크게 액체성분인 (　)과 세포성분인 (　)로 구성된다.

13 (　)은 심장수축에 의해 1분간 펌프되는 혈액량을 의미하며, 최대산소섭취량과 운동 강도에 비례하여 증가한다.

14 (　)은 심근의 산소소비량과 같은 의미로, 심박수와 최대 동정맥 산소차에 비례한다.

15 지구성 트레이닝에 의한 적응현상으로 동일 운동 강도에서 심박수는 (　)한다.

16 심전도에서 심실간 중격의 탈분극과 그와 동시적으로 일어나는 좌/우 심실의 탈분극을 나타내는 파는 (　)이다.

정답
1. 폐포, 모세혈관
2. 모세혈관, 조직세포
3. 세포호흡
4. 폐활량
5. 무산소성 역치(젖산역치)
6. 동정맥산소차
7. 증가
8. 동방결절
9. 우심실, 폐동맥, 폐정맥, 좌심방
10. 좌심실, 대동맥, 대정맥, 우심방
11. 판막
12. 혈장, 혈구
13. 심박출량
14. 최대산소섭취량
15. 감소
16. QRS복합파

Previous 단원 기출문제

01 다음 호흡과정에 대한 설명 중, ①~④에 해당하는 용어가 순서대로 알맞게 들어간 것은?

< 보 기 >

호흡과정은 크게, 산소가 풍부한 신선한 공기가 폐로 들어가고, 이산화탄소가 많이 포함된 폐 속의 공기가 몸 밖으로 배출되는 (①), 폐와 혈액사이에 산소와 이산화탄소가 교환되는 (②), 근 세포막에서 산소와 이산화탄소가 교환되는 (③), 세포에서 산소를 이용하여 에너지를 생산하고 이산화탄소를 배출하는 (④)으로 구분된다.

① 폐환기 - 내호흡 - 외호흡 - 진호흡
② 폐환기 - 외호흡 - 내호흡 - 진호흡
③ 외호흡 - 폐환기 - 진호흡 - 내호흡
④ 진호흡 - 폐환기 - 외호흡 - 내호흡

빈출! 진호흡이라는 용어는 외우지 말것! 나머지 폐환기, 외호흡, 내호흡 등의 용어는 시험에 빈출하니 외워야 한다.

정답 : ②

02 <보기>에서 운동 중 호흡계 전도영역의 기능으로만 묶인 것은?

< 보 기 >

㉠ 호흡하는 공기에 습기를 제공한다.
㉡ 폐포의 표면장력을 감소시키는 표면활성제(surfactant)를 제공한다.
㉢ 공기를 여과하는 역할을 한다.
㉣ 호흡가스 확산을 증가시킨다.

① ㉠, ㉡   ② ㉠, ㉢   ③ ㉡, ㉢   ④ ㉢, ㉣

호흡계의 전도영역은 코, 비강, 인두, 후두, 기관, 기관세지, 세기관지 등으로 구성되며 공기 중의 먼지와 세균을 여과하고 온도와 습도를 조절하는 기능을 한다.

정답 : ②

03 <표>는 참가자의 폐환기 검사 결과이다. <보기>에서 옳은 것만을 모두 고른 것은?

< 보 기 >

참가자	1회 호흡량	호흡률	분당 환기량	사강량	폐포 환기량
주은	375	20	( )	150	( )
민재	500	15	( )	150	( )
다영	750	10	( )	150	( )

ㄱ. 세 참가자의 분당 환기량은 동일하다.
ㄴ. 다영의 폐포 환기량은 분당 6L/min이다.
ㄷ. 주은의 폐포 환기량이 가장 크다.

① ㄱ, ㄴ   ② ㄱ, ㄷ   ③ ㄴ, ㄷ   ④ ㄱ, ㄴ, ㄷ

분당환기량 = 호흡률 × 1회 호흡량
호흡률 = 1분 동안의 호흡 횟수
폐포환기량 = 분당환기량 - 사강

호흡률의 원래 의미는 생체가 산소호흡을 할 때 방출하는 이산화탄소와 산소의 비율을 의미한다. 그런데 이 문제에서는 1분당 호흡수라는 의미로 사용되고 있다.
세 명의 분당환기량은 7500ml/min으로 모두 동일하다.
세 명의 폐포 환기량은 7500ml/min - 150 = 5250ml/min으로 모두 동일하다.

정답 : ①

04 다음 중 안정시 및 최대운동시 혈중가스분압의 변화로 바르지 않은 것은?

① 단련자가 일반인보다 활동근 정맥혈에서의 산소 분압이 더욱 높게 나타난다.
② 단련자가 일반인보다 산소를 추출하여 운동을 수행하는 능력이 높다.
③ 단련자는 일반인에 비해 동정맥 산소차가 크게 나타난다.
④ 단련자는 일반인과 비교해 동맥혈 산소함량에는 큰 차이가 없다.

단련자는 일반인보다 정맥혈의 산소분압이 낮아져 동정맥 산소차가 크게 나타난다.
단련자가 일반인보다 정맥혈에 더 적은 양의 산소를 포함하지만, 조직에서 더 많은 산소를 추출하여 쓰고, 활동조직에 더 많은 혈액을 보내 혈액을 효율적으로 배분한다.

정답 : ①

05 <보기>가 설명하는 것은?

< 보 기 >
- 우심방 벽에 위치한다.
- 심장수축을 위한 전기적 자극이 시작되므로 페이스메이커(pacemaker)라고 한다.

① 동방결절(SA node)
② 퍼킨제섬유(purkinje fibers)
③ 방실다발(AV bundle)
④ 삼첨판막(tricuspid valve)

보기에서 설명하고 있는 내용은 동방결절이다.
동방결절 : 우심방과 상대정맥이 만나는 곳에 위치하며, 스스로 전기적 신호를 발생시키는 박동원
퍼킨제섬유 : 방실다발이 작은 가지로 분지되어 심실벽 전체로 퍼져있는 섬유
방실다발 : 심방 사이막 근처의 우심방 아래쪽에 위치하며, 심방과 심실 사이의 활동전위 전도가 일어나는 곳
삼첨판막 : 심장에서 오른쪽 심방과 심실 사이의 구멍을 여닫는 판막

정답 : ①

06 유산소트레이닝이 엘리트 선수의 인체 적응효과에 미치는 영향으로 옳지 않은 것은?

① 최대 산소섭취량이 더 이상 증가하지 않더라도 지구성 트레이닝을 계속하면 지구력이 증가된다.
② 개인의 유전적 소질은 유산소 능력 향상에 영향을 주지 않는다.
③ 고도로 단련된 남녀 지구력 선수의 비교에서 여자선수는 남자선수보다 최대 산소섭취량이 10% 가량 낮다.
④ 심폐지구력을 최대화시키면 경기력 향상에 도움이 된다.

개인의 유전적 소질은 유산소 능력 향상에 영향을 준다.

정답 : ②

07 <보기>의 심전도(ECG)에 관한 설명 중 옳은 것으로만 묶인 것은?

< 보 기 >

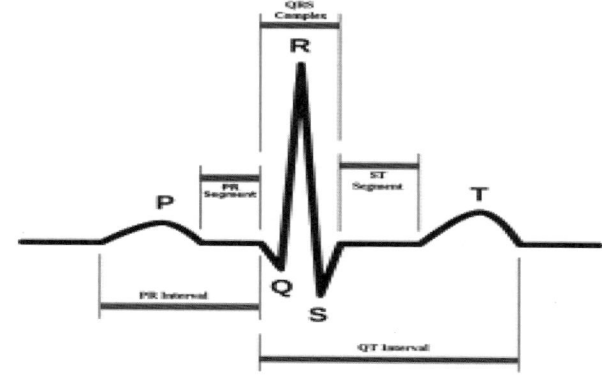

㉠ 심방을 통한 전도속도가 감소하면 P파는 넓어진다.
㉡ PR간격은 심방의 탈분극부터 심실의 탈분극 전까지 걸리는 시간이다.
㉢ QRS복합파를 이용해서 심박수를 측정할 수 없다.
㉣ QRS복합파는 심실에서의 탈분극을 일컫는다.
㉤ ST분절은 심실 재분극에 소요되는 총 시간이다.

① ㉠, ㉡, ㉣
② ㉠, ㉡, ㉤
③ ㉡, ㉢, ㉣
④ ㉢, ㉣, ㉤

- P파 – 심방의 수축(탈분극)기에 발생하는데 P파의 시작 부분은 우심방의 탈분극을, P파의 뒷부분은 좌심방의 탈분극을 나타낸다.
- QRS복합파 – 심실의 수축기(활성화)에 발생하며 심실의 탈분극은 방실접합부 부근의 심실간 중격의 왼쪽 부분에서 시작되어 심실간 중격을 가로질러 왼쪽에서 오른쪽으로 진행된다. Q파는 심실간 중격의 탈분극을, QRS군의 나머지 부분은 좌/우 심실의 탈분극을 나타낸다.
- T파 – 심실 재분극(회복)기 즉, 심실수축기 마지막 동안에 나타난다.
- 심방을 통한 전도속도가 감소하면(느려지면) P파의 구간은 넓어진다.
- PR 사이의 간격은 심방의 탈분극부터 심실의 탈분극 직전까지의 구간이다.
- QRS복합파는 심실에서의 수축(탈분극)을 보여주며, 이를 통해 심박수를 측정할 수 있다.
- 심실의 재분극에 소요되는 총시간은 RST의 구간이다.

정답 : ①

07강 운동생리학

환경과 운동

1. 체온 조절과 운동

Introduction

인체는 인체의 외부와 내부의 온도 변화에 대해서 열방출과 열생산이라는 체온조절 기능을 통해 체온을 일정하게 유지한다. 체내의 대사과정, 신경조직의 자극전도 속도, 근수축 등을 비롯하여 운동 능력은 체온의 증감에 깊은 관련을 가지므로 체온조절 능력은 대단히 중요한 기능이다.

이 장에서는 고온과 저온 환경에서 나타나는 신체의 변화와 그런 환경에 신체가 적응하는 기제를 알아보고 건강을 유지하는 방법에 대해 공부한다.

학습목표
외부의 온도 변화에 따른 인체의 변화와 적응과 반응을 구분하여 이해 합니다.

<1> 체온 조절의 기전

인체는 외부와 내부의 온도 변화가 생길 때 체온 조절 기능을 통해 내부 환경을 적절하게 유지해야 신진대사가 원활하게 이루어진다. 체온 변화는 피부에 있는 감각 수용기에 의해 감지되며, 이 수용기에서 받은 자극은 시상하부라는 조절 센터에서 처리된다. 이후 시상하부는 효과기에 명령을 내려 열을 생성하거나 방출함으로써 체온을 조절한다.

1) 체온 조절과 열평형

인체의 열평형은 체열 생산과 체열 손실에 의해서 역동적으로 유지됨

(1) 체온 변화의 원인

체열 손실의 기전 1

(체열보다 외부온도가 낮을 때)

- 복사 : 신체와 다른 물체의 물리적 접촉 없이 열이 이동함
  예) 체열이 공기를 통해 발산
- 전도 : 신체와 물질의 접촉을 통해 일어남
  예) 심부의 열이 조직을 통해 차가운 피부표면 및 공기로 이동함
- 대류 : 인체와 공기접촉을 통해 열이 이동함
  예) 공기의 흐름에 의한 열손실(피부로 전도된 열이 효과적으로 방출되기 위해 피부와 접촉하고 있는 공기가 순환되어 열손실 일어남)

체열 증가의 원인
- 기초대사
- 근육활동
- 호르몬
- 자세변화

체열 손실의 원인
- 체온이 외부온도보다 높을 때는 복사, 전도, 대류에 의해 체온이 손실됨
- 체온이 외부온도보다 낮을 때는 땀의 증발을 통해 체온이 손실 됨

체열 손실의 기전 2
(체열보다 외부온도가 높을 때)
- 증발 : 땀의 분비와 호기를 통한 수분의 증발로 체열이 이동함

(2) 열평형의 유지 원리

- 낮은 기온에서 근육 떨림으로 대사율이 3~5배 증가하여 체온이 높아짐
- 격렬한 운동시 안정시의 20~30배가량 대사율이 증가하여 체온이 높아짐
- 격렬한 운동시 5분마다 심부온도가 약 1도씩 증가함
- 복사, 전도, 대류, 피부나 기도를 통한 수분의 증발로 체온이 낮아짐
- 체표면에서 물 1그램의 증발은 0.58kal의 열 에너지를 손실시키며 체온을 낮춤
- 고온상태에서 격렬한 운동을 하면 시간당 3.5리터의 발한량이 증가하여 체온을 조절함
- 혹한상태에서 떨림작용으로 분당 1리터의 산소가 추가로 소비되며 체온이 올라감

<2> 고온 환경과 운동

고온 환경에서 운동할 때는 체열을 방출하기 위해 발한량이 증가되며, 발한 시점이 조기화된다. 또한 피부 밑 혈관이 확장되고, 과다한 체액 손실에 따른 혈장량의 감소로 순환기능이 저하된다. 특히 고온 환경에서는 탈수현상이 발생될 수 있으므로 수분 보충에 유의해야 한다.

체열 손실의 원리
피부의 모세혈관 확장과 발한을 통해 이루어진다.

1) 고온 환경에서의 체온 조절

□ 체온조절과 서열 작용

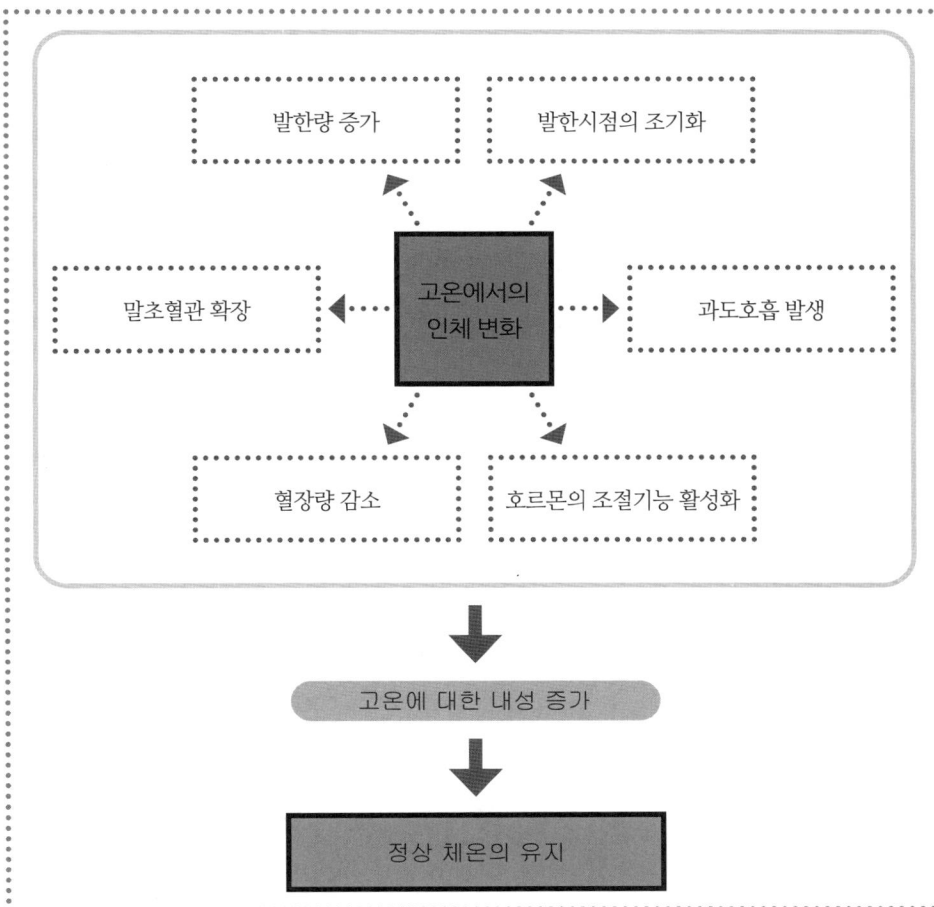

열순응
- 열에 대한 내성이 증가되는 생리적 적응현상이며, 주로 순환계 및 체온조절의 기능이 개선되는 현상
- 고온 환경에서 약 5~8일간 훈련함으로써 실현됨
- 피부혈류 증가와 발한 반응을 촉진시켜 체열을 효과적으로 발산할 수 있도록 점진적으로 이루어짐
- 발한 시점의 조기화 (체온이 현저하게 증가되기 전부터 냉각과정을 작동시켜 체온 조절을 효과적으로 함)
- 열순응 후 발한량이 증가되고 전해질의 농도는 희석되며, 혈액의 피하 순환량이 감소되고 그로 인해 발생한 여유 심박출량은 활동근으로 분배되어 운동능력이 향상됨

2) 고온 환경에서의 운동과 건강

(1) 고온 환경과 신체의 변화

- 심부 온도 증가
- 교감 신경계 자극 증가로 호르몬 조절 기능 활성화
- 피부 혈류량 증가
- 발한량 증가
- 땀으로 인한 체액 손실로 혈장량 감소
- 정맥혈 환류 감소
- 감소된 환류에 따른 보상작용으로 심박수 증가
- 1회 박출량 감소로 최대유산소 능력 감소

(2) 고온 환경에서의 건강 유지

① 수분의 보충 원칙

- 운동 10 ~ 20분 전의 수분 섭취로 탈수를 지연시킬 수 있으나 효과는 크지 않음
- 운동 전(약 3시간 전)에 400-800ml 수분 섭취할 것
- 지속적인 운동 중에는 운동 중 수분공급이 필수적임
- 운동 중 15-20분 간격으로 150-300ml 수분 섭취할 것
- 운동 후 충분한 수분을 보충할 것

② 수분의 보충시 고려사항

- 위에서 시간당 흡수 할 수 있는 양은 800ml 정도이고 장거리 경주의 경우에 수분의 증발은 시간당 2~3 리터이므로 균형을 맞추기가 어려움
- 5℃의 찬물이 가장 빨리 위에서 비워져 흡수가 빠름
- 위의 잔량이 100ml에서 600ml 까지일 때 수분의 흡수가 빠르므로 10~15분 간격으로 약 250ml 씩을 섭취할 것
- 안정시보다 최대하운동시에 흡수 속도가 더 빠름
- 포도당, 과당 등 단당류의 농도가 높은 음료는 흡수가 느림
- 수분과 탄수화물을 동시에 보충 할 때는 15분 간격으로 7%의 포도당 중합체 용액을 200 ~ 300ml 정도씩 섭취하는것이 효과적임

전해질의 보충

- 물과 소량의 전해질을 함께 섭취하면 물만 섭취하는 경우보다 체액을 효과적으로 보충 할 수 있음
- 고온 환경에서 장시간 운동 시 염분은 하루에 13 ~ 17g (땀 1L 당 2.3 ~ 3.4g) 손실
- 칼슘이나 칼륨이온을 보충하기 위해 땀 2 ~3 L당 150ml정도의 오렌지 주스나 토마토 주스를 복용
- 고온 환경에서는 물 1L에 티스푼 1/3 정도의 식염을 섭취하는 것이 좋음

3) 고온 환경과 상해

□ 열질환과 처치

	증상	원인	처치
열경련	• 통증을 동반한 근경련	• 과다한 발한 작용으로 인한 체액과 전해질 농도의 불균형으로 발생 • 수분과 염분 손실시 물만 섭취했을 때	• 시원한 곳에서 안정을 취할 것 • 생리식염수 주사 • 식사시 약간의 소금 섭취
열탈진 (일사병)	• 심부체온은 40℃이하 • 정신상태는 정상 • 심박수의 증가, 정상 혈압(직립자세에서 혈압저하), 두통, 구토, 현기증, 무기력증, 발한량의 감소	• 고온다습한 날씨에 갑자기 노출되거나 격렬한 트레이닝 후에 주로 발생	• 서늘한 곳에서 발을 높게 하고 휴식 • 의식이 있으면 수분이나 전해질음료 섭취 • 생리식염수 정맥주사
열사병	• 심부체온은 40℃이상 • 정신혼란, 중추신경계 이상, 체온조절 기능 마비, 땀 멎고 건조한 피부, 탈수, 구토, 저혈압, 빠른 맥박	• 과도한 고온 환경에 오랜 시간 노출되었을 때 지나친 체온 증가로 체온조절기전이 작동하지 못해서 발생	• 즉시 구급차를 부르고 몸을 차게 유지 • 얼음주머니 마사지나 알코올로 전신을 닦음

대표 기출 유형

01 운동 시 탈수현상을 예방하기 위한 지침서의 내용으로 가장 적절한 것은?

① 운동 전(약 3시간 전)에 400-800 mL 수분섭취
② 운동 중 15-20분 간격으로 150-300 mL 수분섭취
③ 운동 후 충분한 수분보충
④ 위(①, ②, ③) 전부

정답은 해설지에

<3> 저온 환경과 운동

저온 환경에 오래 노출되면 열손실이 지나치게 일어나므로 건강과 생명에 위험이 발생할 수 있다. 따라서 체내에서는 열을 생산하고 보존하는 방법을 통해 항상성을 유지하려 한다. 그러나 저온 환경에서의 운동은 의복의 착용과 운동에 의한 열 생성이 증가하므로 고온 환경에서의 운동보다 영향이 덜 심각하다.

1) 저온 환경에서의 신체 변화
- 심부 온도 저하로 심박수 감소
- 최대산소섭취량 감소
- 혈액온도 저하로 산소운반능력 감소
- 에너지대사에 관여하는 효소의 활성 저하로 에너지 동원능력 감소
- 근육 내 화학반응속도 감소로 인해 최대 근육수축 도달 시간 증가
- 말초 혈관 수축
- 근육의 떨림으로 열발생
- 티록신, 에피네프린 등 호르몬의 증가

2) 저온 환경에 대한 순응
- 안정시 대사율 증가
- 근떨림 반응 감소
- 노출부위의 피부 혈류량 증가로 피부 상해 예방

3) 저온 환경에서의 건강 유지
- 바람은 열손실을 가중시키며, 습도가 높을 때에는 열손실이 더욱 심해짐
- 추운 계절에는 발한이 시작되면 겉옷을 벗어 땀의 발생을 최소화시켜야 함
- 옷이나 장갑 등이 땀에 젖었을 때는 마른 것으로 갈아입을 것

4) 저온 환경과 상해

□ 저온 환경의 질환과 처치

	증상	원인	처치
저체온증	• 혈압저하 • 사지강직 • 정신기능에 문제 발생	• 체온이 섭씨 35도 이하로 저하될 때 발생	• 따뜻한 음료를 마시게 하고 병원으로 이송
동상	• 피부가 붉어짐 • 통증 • 물집 발생 • 조직의 괴사	• 체액이 얼어 세포가 파괴되어 발생	• 손상 부위를 따뜻하게 함 • 37° ~ 42° 정도의 따뜻한 물에서 녹일 것

저온 환경과 건강
- 저온환경에 장시간 노출시 심부온도가 저하되었을 때는 운동능력의 저하가 초래됨
- 저온환경이라도 운동시 대사열이 증가되므로 적절한 운동복을 착용하면 체온저하의 위험은 거의 없음

저온 환경에서의 운동
추운 환경에서 운동할 경우에는 고온에서의 운동시에 비해 생리적으로 심각한 문제가 야기될 가능성이 비교적 적다.

저온 환경과 근력
정적인 최대근력은 영향을 받지 않지만 동적인 근력은 현저히 감소된다.

대표 기출 유형

02 다음 중 저온환경에서 순발력 저하의 원인으로 바르지 않은 것은?

① 근육온도의 저하로 인해 근육세포내 수분의 점도 증가
② 근육세포내 ATP합성을 위한 화학반응의 속도 증가
③ 근육내 화학반응속도 감소로 인해 최대근육수축의 도달시간 증가
④ 교차결합과 액틴의 움직임에 대한 물리적 저항 증대

정답은 해설지에

2. 인체 운동에 대한 환경의 영향

Introduction

인체는 다양한 환경 변화에 대한 적응 능력을 갖고 있어서 다양한 환경하에서 효과적인 운동을 수행할 수 있다. 그러나, 환경 조건을 고려하지 않고 무리한 운동을 하면 상해를 입거나 건강상의 심각한 문제를 초래하게 된다.

이 장에서는 고지 환경, 수중 환경, 대기 오염에 의한 신체의 변화와 함께 그런 환경에서 발생할 수 있는 상해에 대해 알아본다.

<1> 고지 환경의 특성과 영향

고지 환경은 낮은 기압으로 인한 산소 분압의 감소로 호흡을 통해 유입되는 산소의 분압이 감소하기 때문에 조직들이 충분한 산소를 공급받지 못한다. 산소 부족 현상에 적응하기 위해 인체는 에리스로포이에틴이라는 호르몬을 방출시켜 적혈구 생성을 증가시킨다. 적혈구와 헤모글로빈, 미토콘드리아의 증가는 조직에서 더 많은 산소를 이용할 수 있도록 한다.

고지 환경에 인체가 완전히 적응하기 위해서는 일반적으로 최소 4~6주가 필요하다.

1) 고지 환경에서의 운동과 건강

(1) 고지 환경에서의 신체의 변화

- 동맥혈의 산화헤모글로빈 포화도 감소
- 최대 산소 섭취량 감소
- 수분 손실
- 수면 장애
- 급성고산병 발생
- 인지능력 감소 (해발 7,000m 이상)
- 과호흡 (폐환기량 증가)
- 최대하운동 시 심박출량 증가 (심박수 증가에 기인)
- 최대운동 시 최대심박출량 감소 (1회박출량 감소, 최대심박수 감소에 기인)

(2) 고지 환경에서 운동시 신체의 적응

- 폐환기량의 증가
- 폐확산능력의 증대(폐모세혈관의 증가에 의한 것으로 추정)
- 적혈구 수(또는 헤모글로빈 농도)의 증가
- 근육내의 모세혈관 증가
- 미토콘드리아 증가, 미토콘드리아 산화 효소 증가
- 말초에서의 산소 이용의 증가
- 근 미오글로빈 농도의 상승
- 소변으로 중탄산염이온의 배출을 통해 pH 조절

(3) 고지 환경과 스포츠

- 고지 환경에서는 단거리 달리기, 도약, 던지기 등의 종목에서 유리
- 유산소성 에너지 생성에 의존하는 종목일수록 고지 환경에서 경기력이 감소함

학습목표

고도의 변화, 수중환경 등에서 인체의 반응과 적응을 이해하고, 그런 환경에서 발생할 수 있는 신체의 상해를 암기합니다.

에리스로포이에틴
- 신장에서 생성되는 호르몬
- 골수에서 적혈구의 생성을 조절함

고산병

고산병은 낮은 지대에서 고도가 높은 해발 2,000~3,000m 이상의 고지대로 이동하였을 때 산소가 희박해지면서 나타나는 신체의 급성반응이다.

고산병은 대개 저산소증에 순응하지 못한 사람에게 발생하는 다양한 병리학적 증후군을 말하며, 급성산악병(Acute Mountain Sickness, AMS), 뇌와 폐에 물이 차는 고산뇌수종(High Altitude Cerebral Edema, HACE), 고산폐수종(High Altitude Pulmnary Edema, HAPE) 등이 이에 포함된다.

대표 기출 유형

03 고지대 환경에서 시합 시, 경기력의 저하가 가장 크게 나타나는 종목은?

① 100m
② 200m
③ 400m
④ 마라톤

정답은 해설지에

<2> 대기 오염의 영향

일산화탄소, 이산화황, 이산화질소, 오존 등의 대기오염 물질은 심폐기능에 악영향을 초래하므로 대기오염이 심각한 상황에서는 운동을 자제해야 한다.

□ 대기오염물질의 영향

일산화탄소	• 일산화탄소가 산소 대신 헤모글로빈과의 결합하여 결과적으로 조직으로 공급되는 산소량이 감소 • 일산화탄소 중독시 동·정맥산소차가 감소하게 되어 인체에서 요구되는 산소소비량을 충족시키기 위해 심박수와 심박출량이 비정상적으로 증가 • 인체의 산소소비량을 충족시키지 못하므로 동맥혈의 젖산농도도 증가
이산화황	• 운동 중에 가장 큰 악영향을 초래 • 기도의 윗부분과 기관지에 자극을 주어 기도수축 현상을 초래 • 천식증상 유발
이산화질소	• 질소산화물질들 중 운동 중 인체에 미치는 영향에 대한 연구가 이루어진 유일한 오염물질 • 200 ~ 400ppm에 해당하는 고농도에서는 심각한 폐손상 또는 사망을 초래
오존	• 호흡할 때 가장 많은 영향을 초래하는 성분 • 폐기능 저하를 유발 • 눈의 따가움, 가슴의 답답함, 기침, 구토 등의 증상 초래 • 0.3ppm의 오존농도 하에서 65%의 최대산소섭취량 운동강도로 운동수행시 폐기능의 저하 현상 초래 • 75% 운동강도에서는 0.2ppm의 오존농도에서도 같은 영향 발생

<3> 수중 환경의 특성과 영향

수중 환경에서는 대기보다 높은 압력과 온도 차이로 인해 기체 분압이 급격히 변하므로, 잠수나 스킨 스쿠버와 같은 활동 중 산소 부족으로 인한 신체 손상에 주의해야 한다. 또한, 수중에서는 열의 이동이 대기보다 빠르게 일어나 체온이 급격히 손실될 수 있으며, 이로 인해 체온 저하로 인한 상해가 발생할 수 있다.

1) 수중 환경과 신체의 변화

- 신체 내부의 수분량의 재분배 현상으로 인한 방뇨현상
- 근육 떨림을 통한 열생산
- 산소 운반 능력 감소
- 최대 심박출량, 최대 심박수 감소
- 말초혈관 수축
- 근육으로의 관류저하와 젖산축적

2) 수중 환경에서 운동시 신체의 적응

- 폐용량의 최대흡기압과 폐활량 증가
- 혈액내 고농도의 이산화탄소(고탄산혈증)에 대한 호흡계의 민감도 감소
- 저산소증에 적응
- 서맥현상
- 심박출량 감소

> **고탄산혈증**
> 혈액내에 이산화탄소의 농도가 증가하는 현상

> **고탄산혈증에 대한 민감도**
> 호흡조절중추는 혈액 내의 산소농도 보다는 이산화탄소의 높은 농도에 민감하게 반응하여 호흡의 속도나 깊이를 조절한다. 수중환경에서 운동시 신체가 적응하면 혈액 내 고농도의 이산화탄소에 대한 호흡계의 민감도가 감소한다.

3) 수중 환경과 신체의 상해

뇌에 산소 공급 중단	• 과호흡 상태의 잠수로 혈액의 산소분압이 매우 낮아져 혈액 중의 산소가 폐포 내로 역행하여 확산될 수 있음 • 산소가 역행하면 뇌에 산소공급이 중단되어 의식을 잃게 됨
폐압착 (lung squeeze)	• 깊은 곳으로의 잠수시 흉강에 가해지는 압력이 커짐으로써 폐압착(lung squeeze) 현상이 발생 • 심한 경우 외부압에 의해 흉강이 안으로 압축되면서 늑골골절이 발생함
공기 색전 (air embolus)	• 수중과 수면의 압력차로 스쿠버 장비로 흡입한 공기의 부피가 수면에 가까워질수록 늘어남 • 급하게 수면으로 올라오면 폐포 안의 공기가 급격히 팽창하여 폐포가 파열 • 파열된 공기방울이 혈관으로 유입되어 심장의 관상동맥이나 뇌동맥의 혈류의 순환을 차단
벤드증상 (bends)	• 너무 빨리 수면으로 올라오게 되면 혈액 중에 용해되어 있던 질소가 기포를 형성하여 감압증(dysbaris)이 발생함
산소중독 (oxygen poisoning)	• 체내에 산소와 이산화탄소가 과다하게 축적되면 말초조직에서 얼얼한 감각, 시각장애와 환청, 근경련, 호흡장애, 현기증 등이 나타남

잠수병

깊은 바다 속은 수압이 매우 높기 때문에 호흡을 통해 몸 속으로 들어간 질소기체가 체외로 잘 빠져나가지 못하고 혈액 속에 녹게 된다. 이 때 수면 위로 빠르게 올라오면 체내에 녹아 있던 질소기체가 갑작스럽게 기포를 만들면서 혈액 속을 돌아다니게 된다. 이것이 몸에 통증을 유발하게 되는데, 이러한 병을 잠수병이라 한다.

스킨스쿠버와 기흉

폐조직의 파열로 흉막강 내로 공기가 유입되는 현상을 기흉이라고 한다. 이처럼 폐포내 공기의 팽창으로 인한 폐포파열과 공기색전 및 기흉을 예방하기 위해서는 수면으로 올라오기 전에 숨을 내쉬어 폐 안의 공기를 내보내야 한다.

Confirmation
이것만은 꼭!

01 체온조절을 담당하는 중추는 (   )이다.

02 체온이 외부온도보다 낮을 때에는 (   )을 통해 체열이 이동한다.

03 고온 환경에서 운동 시 신체의 반응은 심박수 (   ), 정맥혈 환류 (   ), 최대 유산소 능력 (   ) 등이 있다.

04 고온 환경에서 운동 시 신체의 적응 현상으로는 열순응 현상, 발한시점의 (   ), 고온에 대한 내성 (   ) 등이 있다.

05 저온 환경에서 운동 시 신체의 생리적 반응현상으로는 심박수 (   ), 산소 운반 능력 (   ), 에너지 동원 능력 감소, 근육의 떨림 등이 나타난다.

06 고지 환경에서의 생리적 반응 현상으로는 산소 분압의 저하, 최대 산소섭취량 (   ), 과호흡 등이 나타난다.

07 수중 환경에서 운동 시 신체의 적응 현상으로는 폐활량 (   ), 심박출량 (   ), 저산소증에 적응, 서맥현상 등이 있다.

08 수중 환경에서의 상해 현상 중 잠수후 급하게 수면위로 올라오면 수중과 수면의 압력차로 인해 폐포 안의 공기가 급격히 팽창하여 폐포가 파열되는 현상을 (   ) 이라고 한다.

09 일산화탄소 중독은 일산화탄소가 산소대신 (   )과 결합하여 조직으로 공급되는 산소량이 감소하여 나타나는 현상이다.

10 기도의 윗부분과 기관지에 자극을 주어 기도수축현상을 초래하고, 천식을 유발하는 대기오염물질은 (   )이다.

정답
1. 간뇌의 시상하부
2. 증발
3. 증가, 감소, 감소
4. 조기화, 증가
5. 감소, 감소
6. 감소
7. 증가, 감소
8. 공기 색전
9. 헤모글로빈
10. 이산화황

Previous 단원 기출문제

01 고온환경에서 운동의 생리적 변화로 옳지 않은 것은?

① 고온환경에서 운동을 할 때 피부순환량이 증가되어 정맥혈 환류가 증가하게 된다.
② 동일한 강도로 운동을 할 때 심박출량은 산소 섭취량과 비례하기 때문에 저온과 고온환경 사이에 차이가 없다.
③ 근육의 글리코겐 이용률이 증가되고 젖산의 생성량도 증가하게 된다.
④ 최대산소섭취량의 50% 강도로 운동하면 심부 온도는 37.3℃ 정도로 유지하게 된다.

빈출! 고온 환경에서는 발한으로 인한 혈장량의 감소로 혈액의 순환량이 줄어든다. 순환량의 축소를 보상하기 위해 심박수가 증가하며, 글리코겐의 이용률이 증가하고 젖산의 생산량이 증가하게 되어 피로와 경기력의 저하가 나타난다. ②는 고온 환경에서 심박출량은 평소보다 줄어들지만, 운동시 산소의 섭취량에는 고온환경이나 저온환경에 따른 큰 변화가 없으므로 심박출량에 큰 차이가 나타나지는 않는다.

정답 : ①

02 수분과 전해질의 보충에 대한 설명으로 옳지 않은 것은?

① 물은 250㎖ 정도를 10~15분 간격으로 섭취한다.
② 더운 계절에 운동을 할 경우에는 갈증을 느끼지 않더라도 의도적으로 수분을 보충하여야 한다.
③ 고온환경에서 장시간 운동을 할 때 1ℓ의 물에 티스푼 1/3 정도의 식염을 타서 마시는 것이 좋다.
④ 고온 환경에서 운동을 할 때 전해질을 보충하면 운동능력이 향상되거나 근경련과 같은 생리적 긴장이 감소된다.

빈출! 고온 환경에서의 수분과 전해질 보충은 상해에 대한 예방의 의미를 가질 뿐 운동 능력의 향상과 직접적인 관련이 없다.

정답 : ④

03 ( ) 안에 들어갈 단어를 바르게 연결시켜 놓은 것은?

< 보 기 >

1. 체온이 환경온도보다 높을 경우에는 체열이 공기를 통하여 발산되는 것을 (㉠)라고 한다.
2. 심부의 열이 조직을 통해 차가운 피부표면 및 공기로 이동되는 것을 (㉡)라고 한다.
3. 피부로 전도된 열이 효과적으로 방출되기 위해서는 피부와 접촉하고 있는 공기가 잘 순환되어야 하는데, 공기의 흐름에 의한 열손실을 (㉢)라고 한다.

① ㉠ - 대류, ㉡ - 전도, ㉢ - 복사
② ㉠ - 복사, ㉡ - 전도, ㉢ - 대류
③ ㉠ - 대류, ㉡ - 복사, ㉢ - 전도
④ ㉠ - 증발, ㉡ - 대류, ㉢ - 복사

용어 암기! 복사-체열이 공기로 발산되는 현상, 전도 - 열이 다른 부분으로 옮겨 가는 현상, 대류- 피부와 접촉하고 있는 공기의 순환에 따라 열이 손실되는 현상

정답 : ②

04 고지대에서 장기간 노출 시 나타나는 생리적 적응 현상으로 적절하지 않은 것은?

① 적혈구 수 증가
② 혈액의 산소운반능력 향상
③ 근육의 모세혈관 밀도 감소
④ 주어진 절대강도 운동 시 폐환기량 증가

고지대에서 장기간 노출 시 적혈구의 수가 증가하고, 근육의 모세혈관이 증가하여 혈액의 산소운반능력이 향상된다. 또한 폐환기량이 증가하여 조직에서 더 많은 산소를 이용할 수 있게 된다.

정답 : ③

운동 역학

운동 역학

1강 • 운동 역학의 개요 ·· 457
2강 • 운동역학의 이해 ·· 464
3강 • 인체 역학 ·· 475
4강 • 운동학의 스포츠 적용 ··· 487
5강 • 운동 역학의 스포츠 적용 ····································· 497
6강 • 일과 에너지 ··· 512
7강 • 다양한 운동기술의 분석 ······································ 519

01강 운동 역학 - 운동 역학의 개요

1. 운동 역학(Sports biomechanics)의 정의

Introduction

운동 역학은 인체의 운동, 그 중에서도 스포츠와 관련된 움직임을 전문적으로 다루는 학문이다. 따라서 운동 역학은 신체가 자기 자신이나 다른 물체를 움직이게 하는 힘에 관심을 가진다.

운동 역학은 인체의 운동에 대한 역학적 법칙과 체계를 연구하는 학문이므로 생물학적 근육 활동의 역학적 기초와 거기에 포함된 원리나 관계를 연구하며, 체육·스포츠·리허빌리테이션·바이오닉스·인간공학 등의 넓은 응용분야를 가진다.

학습목표: 운동역학의 연구범위와 발달사를 개략적으로만 이해합니다.

<1> 운동역학의 용어 변천

운동역학이라는 용어는 'Kinesiology (신체 운동학)'으로부터 출발하여 'Biomechanics (생체 역학)', 'Sports biomechanics(운동 역학)'의 순서로 변화하였다.

우선 'Kinesiology'가 해부학, 생리학, 역학 등이 결합하여 인간 동작을 설명하려는 학문이었다면, 'Biomechanics (생체 역학)'는 'biology(생물학)'과 'mechanics(기계학)'이 결합한 용어로 생물학적 체계의 구조와 기능에 대한 연구에 역학적 원리와 방법을 적용하는 용어였다.

이에 비해 'Sports biomechanics (운동 역학)'는 생체 역학에 비해 인체의 스포츠 활동과 관련한 움직임에 한정된 영역을 연구하는 의미로 사용되고 있다.

운동 역학과 생체 역학의 차이

- **운동 역학**: 운동 역학은 특히 스포츠와 관련된 인체의 움직임을 전문적으로 연구한다.

- **생체 역학**: 생체 역학은 인체뿐 아니라 동물을 포함한 생물체의 운동과 그 운동을 일으키는 힘에 대하여 물리학을 적용하여 연구한다.

□ 운동 역학의 용어 변화

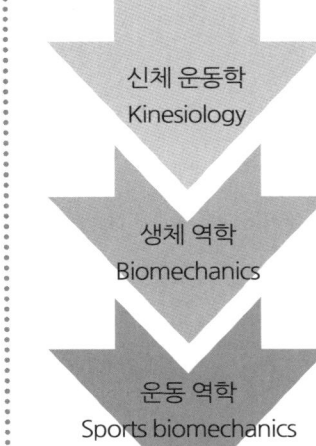

신체 운동학 Kinesiology	인간의 동작을 설명함 / 운동학, 체육학 또는 기능 해부학이란 용어로도 사용됨
생체 역학 Biomechanics	인간과 동물의 생물학적 체계의 구조와 기능에 대한 연구에 역학적 원리와 방법을 적용함
운동 역학 Sports biomechanics	인체의 운동 수행 원리들을 스포츠의 수행의 영역에 적용함

- 정역학 – 정지 상태에서의 운동
- 동역학 – 운동 상태에서의 운동
- 운동학 – 힘과 직접 관련 없는 것 (위치, 각도, 속도)
- 운동역학 – 힘과 관련된 것

<2> 운동 역학의 연구 분야

1) 정역학 (statics)

- 작용하는 힘들 사이의 관계가 평형을 이룬 상태(물체에 가해진 힘의 합력이 0인 상태)를 연구하는 학문
- 균형을 이루는 상태에서 작용하고 있는 힘들을 분석함
- 정지해 있는 물체, 가속도가 없는 물체, 등속운동을 하는 물체 등을 연구 대상으로 삼음
- 예) 덤벨을 들고 정지한 상태에서의 근력의 크기, 근에 작용하는 부하를 구할 때

2) 동역학 (dynamics)

- 작용하는 힘들 사이에 평형이 이루어지지 않은 상태에서 운동을 일으키는 힘의 작용과 물체의 운동을 연구함
- 정지 혹은 운동하는 물체의 상태를 변화시키는 데 어느 정도의 힘이 필요한가를 연구함
- 작용하는 힘들의 합이 0을 초과하는 상태를 연구함
- 근력, 토크, 관성 모멘트, 마찰력, 충격량 등을 인간의 운동에 적용하여 인체의 운동과 관련한 시간·공간적인 인체의 운동 방향, 위치, 속도, 가속도 등의 변화를 다룸

(1) 운동학 (kinematics)

- 공간이나 시간을 고려하여 움직임을 기술하는 학문
- 운동이 일어난 현상을 그대로 기술(describe)하는 학문 분야. 운동 기술학이라고도 함
- 운동의 원인이 되는 힘과는 직접적으로 관계없는 위치, 속도, 각도, 각속도 등과 같은 운동 상태를 다룸
- 스포츠 현장의 지도자들과 선수들에게 스포츠 활동과 관련한 정보를 가장 빠르게 제공함
- 운동의 정량적 분석에 관심을 가지며 내적 또는 외적인 힘과는 관계없이 동작의 기하학적인 면에 초점을 둠
- 예) 골프 드라이버 스윙 시 클럽헤드의 최대속도 계산, 축구에서 드리블하는 동안 이동 거리 측정, 100m 달리기 시 신체중심의 구간별 속도 측정, 멀리뛰기 발구름 시 발목관절의 각도 측정, 농구의 자유투 시 농구공의 궤적 측정, 야구의 스윙시 배트의 각속도 측정, 테니스의 스트로크 시 팔꿈치 각도 측정

(2) 운동 역학 (kinetics)

- 운동을 유발하거나 변화시키는 원인인 힘에 대해서 연구하는 학문
- 스포츠와 관련된 움직임을 전문적으로 다루는 분야를 한정하여 부르는 용어
- 운동의 정성적 분석에 초점을 둠
- 근력, 지면반력, 토크, 관성모멘트, 운동량, 충격량, 마찰력, 양력, 족압력 등을 연구
- 예) 보행시 지면반력 측정, 축구 헤딩 후 착지 시 무릎관절의 모멘트 계산, 컬링의 스윙 시 브러쉬에 가해지는 압력

3) 유체역학 (fluid dynamics)

- 기체와 액체 등 유체의 운동을 연구하는 학문
- 예) 비행기의 날개가 받는 양력의 계산

4) 기능해부학 (functional anatomy)

- 인체의 구조와 기능에 대해 연구하는 학문
- 예) 신체의 움직임 시 해당 부위 내 근육에서 일어나는 수축반응과 관절면에 따른 움직임 연구

대표 기출 유형

01 인체의 운동분석은 운동학(kinematics)과 운동역학(kinetics)로 나눌 수 있다. 이에 대한 설명으로 옳지 않은 것은?

① 운동학 : 운동의 변위, 속도, 가속도를 기술
② 운동역학 : 속도를 기준으로 분석
③ 운동학 : 무게중심, 관절각 등을 기술
④ 운동역학 : 운동의 원인이 되는 힘을 측정

정답은 해설지에

대표 기출 유형

02 운동학(Kinematics)적 분석의 예로 옳은 것은?

① 테니스 포핸드 스트로크에서 그립 압력(grip pressure)의 크기 측정
② 스쿼트 동작에서 대퇴사두근의 근 활성도 측정
③ 축구 헤딩 후 착지 시 무릎관절의 모멘트 계산
④ 골프드라이버 스윙시 클럽헤드의 최대 속도 계산

정답은 해설지에

<3> 운동역학의 역사

□ 운동역학의 주요 학자

아리스토텔레스	• 운동 역학의 아버지 • 인간의 보행 운동을 기술하고 분석 • 동물의 근육 움직임 연구
아르키메데스	• 아르키메데스의 원리(부력의 원리) 발견 • 유체 정역학 발견 • 지레의 법칙 서술
갈렌	• 최초로 실제 인간 운동에 관한 연구 • 최초의 팀닥터, 스포츠의사 • 해부학적, 신경생리학적 연구 (신경과 근육 연구)
다빈치	• 인체의 구조 연구 • 인체 중심과 균형성 연구
갈릴레이	• 근대 과학의 아버지 • 물리학의 연구로 신체운동학의 발달에 기여
보렐리	• 운동학의 실제 창시자 • 현대 생체역학의 아버지 • 근과 관련된 연구
뉴턴	• 현대 동역학의 창시자 • 관성의 법칙, 가속도의 법칙, 작용·반작용의 법칙 연구
머이브리지	• 최초의 연속 영상 분석 • 말의 운동을 연속사진으로 촬영하여 연구
머레이	• 사진 표기법을 도입하여 동물과 인체의 운동을 연구
루스 글라소	• 스포츠 기술의 운동기능학적 분석
힐	• 운동 중의 생리적 변화와 근기능의 연구
헉슬리	• 근생리학에 물리학을 적용함 • 근 수축의 원리로 활주설을 제기

대표 기출 유형

03 근대 운동 역학의 기초가 되는 세 가지 운동법칙(관성의 법칙, 가속도의 법칙, 작용-반작용의 법칙)을 발표한 학자는?

① 아리스토텔레스
② 레오나르도 다빈치
③ 갈릴레오
④ 뉴턴

정답은 해설지에

2. 운동 역학의 목적과 내용

Introduction

운동 역학의 연구목적은 동작의 효율적 수행을 통한 운동 기술의 향상, 동작 수행시 상해의 원인 규명 및 예방을 통한 안전성 향상, 과학적인 스포츠 장비 개발, 분석방법 및 자료처리 기술 개발, 효과적인 지도방법의 개발 등이다.

따라서 운동 기술 자체를 개발하거나 운동 수행의 효율을 돕는 운동장비를 개발하고, 나아가 보다 정확한 운동 분석 방법을 연구하고 개발하는 것이 그 내용이 된다.

<1> 운동 역학의 목적과 필요성

운동 역학의 연구목적은 크게 동작의 효율적 수행을 통한 운동 기술의 향상에 있다. 또한 선수의 동작 수행시 상해의 원인을 규명함으로써 부상의 예방을 통한 안전성 향상에 기여하며, 과학적인 스포츠 장비 개발에도 도움을 준다. 마지막으로 운동역학은 선수의 동작에 대한 분석방법 및 자료처리 기술을 개발하여 효과적인 지도 방법을 마련하는 역할을 하기도 한다.

① 운동 역학의 효용성

지도자의 측면	• 지도의 효율성 높임
선수의 측면	• 부상의 예방 • 운동 수행의 극대화 및 경기력 향상
학습자의 측면	• 학습효과의 높임

② 운동역학의 목적

- 경기력 및 운동 기술의 향상
- 운동 상해의 원인 규명 및 예방
- 안전하고 효율적인 스포츠 장비의 개발
- 효과적인 지도방법의 개발

<2> 운동 역학의 내용

운동 역학의 내용은 분석 방법 및 자료처리 기술 개발, 운동 기구의 평가 및 개발, 운동 기술의 분석 및 개발에 관한 것이다.

운동 역학의 연구방법에는 정성적 방법과 정량적 방법이 있으며 각각의 연구 방법에 따라 장점과 한계가 존재한다. 일반적으로 운동 역학의 연구라는 개념을 이야기할 때는 정량적 방법을 일컫는 경우가 많으며, 연구의 대상이나 활용하는 기구의 특성에 따라 힘 분석, 동작 분석, 근전도 분석 등이 활용된다.

1) 운동 기술의 분석 및 개발

- 운동 기술을 분석하고 새로운 기술을 개발하여 경기력 향상에 도움이 되도록 피드백을 제공함

2) 운동 기구의 평가 및 개발

(1) 운동 수행 능력 향상 측면

- 운동 수행 능력 및 기록단축을 위해 운동 기구를 개발함

예) 전신수영복, 클랩스케이트, 마라톤 선수의 운동화, 장대높이뛰기의 유리섬유질장대, 탁구라켓의 이질 라버 등

학습목표

거의 출제되지 않습니다. 운동 역학의 연구목적 정도만 이해합니다.

운동 역학의 활용

- 스포츠지도자는 운동역학적 지식을 토대로 운동학습의 효과를 극대화시킬 수 있다.
- 스포츠과학자는 운동역학적 지식을 현장에 적용시키기 위해 스포츠지도자와 협력적인 관계를 지속적으로 유지해야 한다.
- 스포츠과학자는 운동역학적 이론을 현장에 적용하여 경기력 향상에 크게 기여한다.

대표 기출 유형

04 운동 역학의 필요성을 잘못 설명한 것은?

① 스포츠지도자는 운동역학적 지식을 토대로 운동학습의 효과를 극대화시킬 수 있다.
② 스포츠과학자는 운동역학적 지식을 현장에 적용시키기 위해 스포츠지도자와 협력적인 관계를 지속적으로 유지해야 한다.
③ 스포츠과학자는 운동역학적 이론을 현장에 적용하여 경기력 향상에 크게 기여한다.
④ 선수들을 지도할 때 운동역학적 지식은 풍부한 운동경험과 관찰능력보다 항상 우위에 있다.

정답은 해설지에

(2) 상해 예방 측면

- 운동 중 발생할 수 있는 부상을 방지하기 위해 보호 장비를 개발함
  예) 축구 선수의 무릎 보호대, 야구 선수의 헬맷, 아이스하키 선수의 보호장비, 태권도 선수의 헤드기어 등

3) 분석방법 및 자료처리 기술 개발

객관적인 분석방법 및 자료처리 기술을 개발하여 경기력 향상에 기여하고, 효과적인 지도를 할 수 있도록 함

3) 운동 역학의 연구방법

□ 정성적 분석과 정량적 분석

	정성적 분석	정량적 분석
특징	분석자의 경험이나 지식 등을 바탕으로 수행자의 동작을 분석하는 방법	측정이나 실험을 통해 얻은 객관화된 수치적 자료를 이용하여 동작을 분석하는 방법
장점	현장에서 즉각적 활용이 가능함	인체의 움직임에 대한 과학적인 분석을 활용하므로 객관적 연구가 가능함
단점	분석에 주관적인 판단이 개입되어 선수에게 잘못된 피드백을 제공할 수 있음	현장에서 즉각적 이용에 한계가 있음
분석방법	영상분석방법, 직접 관찰방법	영상분석방법, 근전도분석법, 힘분석법, 동작분석법

대표 기출 유형

05 운동 역학의 목적에 적합한 내용이 아닌 것은?

① 무릎 관절의 상해 기전에 대해 알아보기 위하여 도약 후 착지 시 무릎에 가해지는 힘을 측정하는 방법을 개발한다.
② 드라이버 비거리를 향상시키기 위하여 영상분석을 통해 다운스윙 시 손목의 동작을 분석함으로써 피드백을 제공한다.
③ 태권도 시합 중 발생할 수 있는 뇌진탕을 방지하기 위하여 최적의 헤드 기어를 연구 개발한다.
④ 재활치료 중 운동수행의 중단 효과를 감소시키기 위한 이미지 트레이닝 방법을 연구 개발한다.

정답은 해설지에

대표 기출 유형

06 스케이팅의 클랩 스케이트, 장대높이뛰기의 유리섬유질 장대, 탁구 라켓의 이질 라버와 관계되는 운동역학의 연구 내용 분야는?

① 트레이닝 방법의 평가 및 개발
② 운동 기술의 분석 및 개발
③ 운동 기구의 평가 및 개발
④ 분석방법 및 자료처리 기술 개발

정답은 해설지에

Confirmation 이것만은 꼭!

01 운동역학 (sports biomechanics)이라는 용어의 변천은 (　　)라는 용어로 사용되기 시작하여 생체역학, 운동역학으로 변화하였다.

02 (　　)는 신체운동학을 처음 연구한 학자이며, 운동 역학의 아버지라고도 불린다.

03 (　　)는 신체운동학의 발달에 기여한 학자이며, 근대 과학의 아버지라고도 불린다.

04 (　　)는 현대 동역학의 창시자이며, 관성의 법칙, 가속도의 법칙, 작용반작용의 법칙 등을 연구한 학자이다.

05 운동역학(sports biomechanics)의 연구 분야 중 (　　)은 힘과 직접적으로 관련이 없는 위치, 각도, 속도 등과 같은 운동 상태를 다루는 학문으로 운동기술학이라고도 한다.

06 운동역학(sports biomechanics)의 연구 분야 중 (　　)은 운동을 유발하거나 변화시키는 힘, 즉 근력, 토크, 마찰력, 지면반력 등을 연구하는 학문이다.

07 운동 역학의 연구 목적은 경기력 및 (　　)의 향상, (　　)의 원인 규명 및 예방, 안전하고 효율적인 (　　)의 개발 등이 있다.

08 운동 역학의 연구 방법 중 (　　)방법은 측정이나 실험을 통해 얻은 객관화된 수치적 자료를 이용하여 동작을 분석하는 방법이다.

09 운동 역학의 연구 방법 중 (　　)방법은 분석자의 경험이나 지식 등을 바탕으로 수행자의 동작을 분석하는 방법이다.

10 정지해 있는 물체, 가속도가 없는 물체, 등속운동을 하는 물체 등에 작용하는 힘을 연구하는 학문은 (　　)이다.

정답

1. 키네시올로지 또는 신체운동학 또는 기능해부학
2. 아리스토텔레스
3. 갈릴레이
4. 뉴턴
5. 운동학(kinematics)
6. 운동역학(kinetics)
7. 운동기술, 상해, 스포츠 장비
8. 정량적 분석
9. 정성적 분석
10. 정역학

Previous 단원 기출문제

01 운동역학(kinetics)적 변인이 아닌 것은?

① 토크(torque)
② 각속도(angular velocity)
③ 족압력(foot pressure)
④ 양력(lift force)

각속도는 운동학(kinematics)의 변인이다.

정답 : ②

02 운동 역학의 연구 방법 중 정량적 분석의 기법에 대한 설명으로 바르지 않은 것은?

① 동작을 촬영하여 그 영상을 활용한다.
② 분석의 안정성을 위해 2차원(평면)적인 분석만을 사용한다.
③ 근육 내부에서 일어나는 활동을 연구하는데 유용하다.
④ 인체의 힘에 의해 기구에 변화가 발생하는 정도를 전기의 세기의 변화로 변환하여 측정한다.

정량적이라는 용어는 어떤 대상을 수치로 변환하여 객관적으로 다룬다는 의미를 가진다. 정량적 분석 기법에는 2차원 영상, 3차원 영상, 지면반력, 근전도 등 다양한 방법이 사용된다.

정답 : ②

03 다음에 대한 설명으로 바른 것으로 모두 묶어 놓은 것은?

< 보 기 >

A. 생체역학은 살아있는 생물체를 의미하는 bio와 역학을 뜻하는 mechanics의 합성어다.
B. 생체역학은 체육 분야에서만 다루는 학문 분야이다.
C. 운동역학 연구의 목적은 경기력 극대화, 운동 동작의 효율성, 안정성에 있다.
D. 생체역학은 크게 운동학(kinematics)과 운동역학(kinetics)으로 구분할 수 있다.
E. 운동역학(sport biomechanics)은 스포츠 생체역학과 전혀 다른 학문이다.
F. 스포츠 시설, 장비 등은 스포츠 생체역학 연구대상에 포함되지 않는다.

① A, B, C   ② B, C, E   ③ A, C, D   ④ D, E, F

운동 역학의 전체적인 개요를 묻는 문제이다. 반드시 외운다는 생각보다는 운동역학의 기본적인 특성을 이해한다는 느낌으로 공부해 둘 필요가 있다.

정답 : ③

04 수영 동작의 운동학(kinemastics)적 분석이 아닌 것은?

① 저항력(drag force) 분석
② 턴 거리(turn distance) 분석
③ 스트로크 길이(stroke length) 분석
④ 추진 속도(propelling velocity) 분석

운동학이란 공간이나 시간을 고려하여 움직임을 기술하는 학문으로 운동과 관련한 위치, 속도, 각도, 각속도 등과 같은 요인을 연구한다. 반면에 운동역학은 운동의 원인이 되는 '힘'을 연구하는데 그런 점에서 '저항력의 분석'은 운동역학의 연구분야이다.

정답 : ①

02강 운동 역학

운동 역학의 이해

1. 해부학적 기초

학습목표
인체의 축과 면을 나타내는 용어와 관련 운동동작을 암기합니다. 최근에는 관절의 유형을 축의 개념과 엮어 출제하기도 합니다.

> **Introduction**
>
> 인체의 운동은 근골격계를 통해 이루어진다. 따라서 인체가 움직이는 원리를 올바르게 이해하기 위해서는 뼈, 관절, 근육 등 인체의 구조와 물리적 특성을 이해하는 것이 중요하다.
>
> 또한 뼈와 관절, 근육의 움직임에 나타나는 인체 운동을 면과 축의 개념으로 이해하는 것과 각 움직임과 관련한 관절의 특성을 이해하는 것은 효율적인 움직임을 만들어 내고 부상을 예방하는 등의 의의를 가지며, 운동역학 연구의 기초가 된다.

근골격계와 운동
- 운동이란 근육의 수축과 이완에 의해 골격간의 거리와 각도를 변화시키는 것
- 근골격계는 운동과 가장 많은 영향을 주고 받음
- 인체의 움직임은 뼈와 근육으로 가능
- 뼈는 연골과 관절의 형태로 서로 연결
- 뼈는 관절운동에 대한 근육의 지렛대 역할

<1> 인체의 근골격계

인체의 움직임을 올바르게 이해하기 위해서는 뼈, 관절, 근육 등의 구조와 물리적 특성을 파악하는 것이 중요하다. 인체의 움직임은 뼈와 근육에 의해 이루어지며, 각 뼈는 연골과 관절로 서로 연결되어 있다. 근육의 수축과 이완에 의해 골격 간의 거리와 각도가 변화하면서 운동이 발생하고, 이 과정에서 뼈는 관절 움직임에 대한 근육의 지렛대 역할을 한다.

1) 근육계
- 근육세포들의 결합조직으로 수축과 이완을 통해 움직임과 자세 유지 기능을 하는 기관

근육계의 기능
- 인체의 운동
- 자세의 유지
- 조직의 지지
- 섭취, 소화, 배출의 조절
- 체온유지
- 영양소의 저장

(1) 근육계의 분류

① 구성 위치에 따른 분류

골격근	• 골격에 부착되는 근육 • 가로무늬근으로 구성
내장근	• 각종 장기나 혈관벽을 구성하는 근육 • 민무늬근으로 구성
심장근	• 심장의 벽을 구성하는 근육 • 가로무늬근으로 구성

② 현미경적 구조에 따른 분류

← 가로무늬근(횡문근)

- 근섬유에 가로무늬가 있는 근육
- 골격근, 심근

민무늬근(평활근) →

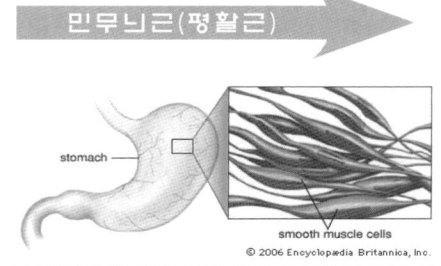

- 근섬유에 가로무늬가 없는 근육
- 내장근

③ 통제 가능성에 따른 분류

수의근
- 자신의 의지대로 움직일 수 있는 근육
- 골격근

불수의근
- 자신의 의지대로 움직일 수 없는 근육
- 심장근, 내장근

(2) 운동시 동원되는 근육군

- 주동근 : 인체의 움직임을 위해 필요한 힘의 대부분을 발휘하는 근육
- 협응근 : 주동근의 작용에 도움을 주고 움직임을 정밀하게 조절하도록 도와주는 근육
- 길항근 : 주동근이 어떤 작용을 할 때 주동근과 반대되는 작용을 하는 근육
- 굴근 : 관절이 굴곡시에 단축성 수축을 하는 근육군
- 신근 : 관절이 신전시에 단축성 수축을 하는 근육군

2) 골격계

(1) 골격계의 특징

- 동물의 몸을 지탱하고 체형을 형성하는 기관
- 자세를 유지하고, 내장기관을 보호
- 사람의 골격은 206개의 뼈로 구성

(2) 골격계의 명칭

	두개골	뇌와 눈 등 특수 감각기관을 보호
체간골	동골 - 척추	• 목과 등, 허리, 엉덩이, 꼬리뼈에 이르기까지 주요 골격을 유지 • 경추, 흉추, 요추, 선추, 미추 등으로 구성
	동골 - 흉곽 (가슴우리)	• 심장, 폐 등 흉강장기를 보호 • 흉골(복장뼈), 늑골(갈비뼈), 늑연골 등으로 구성
체지골	상지골 (팔뼈)	• 쇄골(빗장뼈)과 견갑골(어깨뼈)이 상지대(팔이음뼈)를 구성 • 상완골(위팔뼈), 척골(자뼈), 요골(노뼈), 수근골(손목뼈), 중수골(손허리뼈), 지골(손가락뼈)로 구성
	하지골 (다리뼈)	• 좌우의 관골(볼기뼈)이 하지대(골반대)를 구성 • 대퇴골(넙다리뼈), 슬개골(무릎뼈), 경골(정강이뼈), 비골(종아리뼈), 족근골(발목뼈), 중족골(발등뼈, 발허리뼈), 지골(발가락뼈)로 구성
	골반	• 체간골 지탱, 골반장기를 보호 • 관골(볼기뼈), 천골(엉치뼈), 미골(꼬리뼈)로 구성

근수축의 형태

1. 등척성 수축
: 근육의 길이에 변화는 없지만 장력이 변하는 수축. 주로 정적인 신체유지를 위한 근수축 형태

2. 등장성 수축
: 장력의 변화는 없지만 근육의 길이가 달라지는 수축

· 단축성 수축 : 근육의 길이가 짧아지는 동안 장력이 발생하는 수축. 근육이 주어진 저항을 능가하여 짧아질 때 발생함

· 신장성 수축 : 근육의 길이가 늘어나는 동안 장력이 발생하는 수축. 근육이 저항을 이기지 못하여 근육의 길이가 늘어날 때 발생함

뼈의 기능
- 인체 지지 및 자세 유지
- 주요 기관의 보호
- 지렛대 작용으로 인체의 운동
- 조혈작용 (혈액 세포의 생산)
- 인산과 칼슘의 저장고

대표 기출 유형

01 다음 중 근육의 신장(원심)성 수축(eccentric contraction)이 아닌 것은?

① 스쿼트의 다리를 굽히는 동작에서 큰볼기근(대둔근, gluteus maximus)의 수축
② 팔굽혀펴기의 팔을 펴는 동작에서 위팔세갈래근(상완삼두근, triceps brachii)의 수축
③ 턱걸이의 팔을 펴는 동작에서 넓은등근(광배근, latissimus dorsi)의 수축
④ 윗몸일으키기의 뒤로 몸통을 펴는 동작에서 배곧은근(복직근, abdominis)의 수축

정답은 해설지에

(3) 골격계의 결합 방법

관절결합	• 뼈와 뼈가 관절을 통해 연결되어 있으며 움직임이 가능함 • 대부분의 관절
봉합결합	• 뼈와 뼈가 톱니바퀴처럼 결합되어 있으며 움직임이 불가능함 • 두개골
연골결합	• 뼈와 뼈가 연골조직으로 결합되어 있으며 움직임이 거의 불가능함 • 척추뼈, 좌우 치골

<2> 해부학적 자세와 방향 용어

해부학적 자세란 인체의 위치, 자세, 움직임 또는 구조를 쉽게 기술하고 설명할 때 필요한 기준 자세를 말한다. 각 분절의 운동축과 운동면은 해부학적 자세를 기준으로 한다.

1) 해부학적 자세

□ 해부학적 자세

바르게 선 자세에서 정면을 바라보고 양팔을 몸통 양 옆으로 늘어뜨린 채 손바닥이 전방을 향하게 하며 양발을 가지런히 붙이고 선 직립 자세이다. 경우에 따라 양발을 어깨 넓이정도로 벌리고 선 자세로 말하기도 한다.

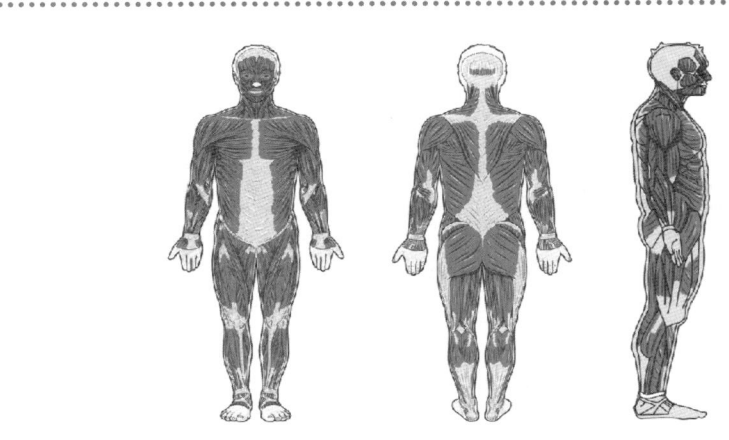

대표 기출 유형

02 다음 중 해부학적 자세에 대한 설명으로 바르지 않은 것은?

① 시선은 전방을 향한다.
② 인체를 곧게 세운 직립자세를 말한다.
③ 각 분절의 운동축과 운동면은 해부학적 자세를 기준으로 한다.
④ 팔은 엄지손가락이 전방을 향하여 손바닥이 몸통을 향하게 한다.

정답은 해설지에

대표 기출 유형

03 해부학적 자세(anatomical position)에서 방향용어의 표현으로 적절한 것은?

① 코는 귀의 외측(바깥쪽 : lateral)에 위치한다.
② 가슴은 엉덩이의 하측(아래쪽 : inferior)에 위치한다.
③ 어깨는 목의 내측(안쪽 : medial)에 위치한다.
④ 머리는 가슴의 상측(위쪽 : superior)에 위치한다.

정답은 해설지에

2) 방향 용어

상부(위쪽)	머리방향
하부(아래쪽)	발 방향
전부(복부)	앞 방향
후부(배부)	뒷 방향
내측(안쪽)	인체의 중심선 방향
외측(바깥쪽)	인체의 중심선 바깥 방향
근위	인체의 중심 방향(몸의 중앙에서 가까운 쪽)
원위	인체의 중심에서 바깥 방향(몸의 중앙에서 먼 쪽)
천부	몸의 외부 방향
심부	몸의 내부 방향

<3> 인체의 축과 운동면

역학에서는 인체를 좌우, 전후, 상하로 양분하는 3개의 평면으로 나누고 이를 기준으로 신체의 부위와 운동방향을 설명한다. 이때 인체의 면은 다음과 같이 구분할 수 있다.

- 전후면 : 인체의 전후를 지나는 수직면, 인체를 좌우로 양분한 평면
- 좌우면 : 인체의 좌우를 지나는 수직면, 인체를 전후로 양분한 평면
- 수평면 : 인체를 상하로 양분한 평면, 인체의 중심을 상하로 양분한 면

이 세개의 평면은 서로 직각으로 만나면서 축을 이루고 각각의 면에서 일어나는 모든 동작은 이 축을 중심으로 나타나는 회전운동이다. 인체의 축도 인체의 면처럼 인간의 운동동작을 이론적으로 설명하기 위해 설정하는 가상의 선이다.

- 수직축 : 인체를 상하로 통과하면서 수평면을 수직으로 관통하는 축
- 좌우축 : 인체를 좌우로 통과하면서 전후면을 수직으로 관통하는 축
- 전후축 : 인체를 전후로 통과하면서 좌우면을 수직으로 관통하는 축

인체가 운동을 할 때는 위의 축 중 어느 하나의 축을 중심으로 그 주위를 신체의 다른 부분이 회전하게 되는 것이다.

1) 인체의 운동면

(1) 인체면의 종류

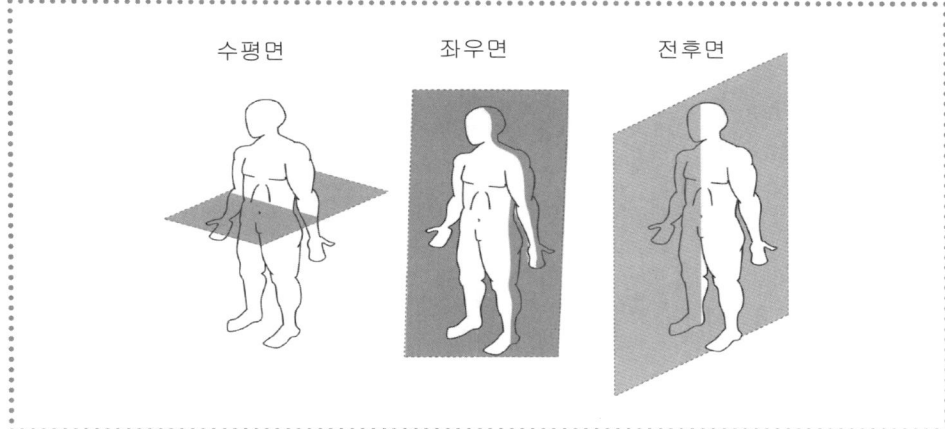

(2) 인체의 면과 운동

수평면 (횡단면, 가로면) (Horizontal Plane) (Transverse Plane)	• 해부학적 자세를 기준으로 인체를 상하로 나누는 가상의 면 • 장축을 중심으로 수평면에서 일어나는 운동-회내와 회외 • 몸통비틀기, 좌·우 머리 돌리기, 상완골의 내·외측 회전 등
전후면 (시상면, 정중면) (Sagittal Plane)	• 해부학적 자세를 기준으로 인체를 전후로 통과하여 좌우로 나누는 평면 • 전후면에서 일어나는 운동-굴곡·신전 • 걷기, 달리기, 앞·뒤구르기 등
좌우면 (관상면, 전두면, 이마면) (Frontal Plane)	• 해부학적 자세를 기준으로 인체의 측면을 통과하여 전후로 나누는 평면 • 좌우면에서 일어나는 운동-내전·외전 • 손 짚고 옆돌기, 허리 옆으로 굽히기, 다리 옆으로 벌리기 등

대표 기출 유형

04 인체의 시상(전후)면(sagittal plane)에서 수행되는 움직임이 아닌 것은?

① 인체의 수직축(종축)을 중심으로 회전하는 피겨스케이팅 선수의 몸통과 분절의 움직임
② 페달링하는 사이클 선수의 무릎관절 굴곡/신전 움직임
③ 100m 달리기를 하는 육상 선수의 발목관절 저측배측굴곡 움직임
④ 앞구르기를 하는 체조 선수의 몸통 분절 움직임

정답은 해설지에

2) 인체의 축

(1) 인체축의 도해

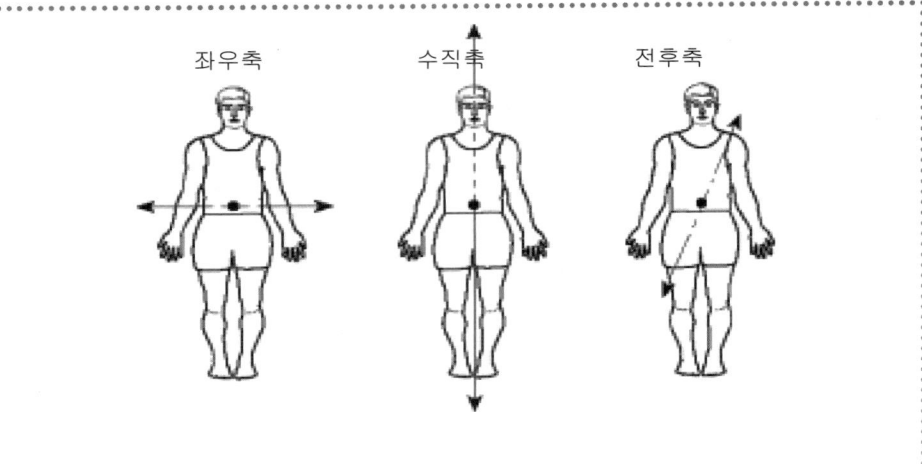

(2) 인체의 축과 운동

좌우축 (가로축, 횡축) (Transverse Axis)	• 좌우면과 수평면이 직각으로 교차하여 형성된 축 • 인체를 좌우로 통과하면서 전후면을 수직으로 관통함
수직축 (장축, 종축) (Logitudinal Axis)	• 전후면과 좌우면이 수직으로 교차하여 형성된 축 • 인체를 상하로 통과하면서 수평면을 수직으로 관통함
전후축 (세로축) (Sagittal Axis)	• 전후면과 수평면이 직각으로 교차하여 형성된 축 • 인체를 전후로 통과하면서 좌우면을 수직으로 관통함

<4> 관절 운동

인체의 뼈는 어떤 형태로든 연결되어 있으며, 두 개 또는 그 이상의 뼈들이 서로 연결되어 있는 상태를 관절(joint, articulation)이라고 한다.

관절은 뼈를 서로 연결할 뿐 아니라 뼈 사이에서 발생하는 움직임을 가능하게 한다.

1) 관절의 개념과 운동

□ 관절의 운동과 인체의 축

전후면(좌우축) 관절운동	굴곡	• 굽힘, 관절 각도가 줄어들면서, 두 뼈가 가까워짐 예) 아령을 들어 올릴 때 예) 배측굴곡(발등굽힘) : 발등이 정강이를 향하게 굽힘 예) 족저굴곡(발바닥쪽 굽힘) : 발바닥이 정강이에서 멀어지게 발바닥쪽으로 굽힘
	신전	• 폄, 관절 각도가 늘면서 두 뼈가 멀어짐 예) 아령을 내릴 때
좌우면(전후축) 관절운동	외전	• 벌림, 팔다리가 중앙선에서 멀어짐 예) 피겨에서 회전 시 팔을 벌릴 때
	내전	• 모음, 팔다리가 정중선에 가까워짐 예) 피겨에서 회전 시 팔을 가슴쪽으로 모을 때
	외번	• 발이 회외하는 경우 예) 발바닥을 외축으로 드는 경우
	내번	• 발이 회내하는 경우 예) 발바닥을 내축으로 드는 경우
	거상(거양)	• 어깨를 들어 올리는 운동 예) 바벨을 위로 밀어올림
	강하	• 어깨를 아래로 내리는 운동 예) 바벨을 아래로 밀어내림
수평면(수직축) 관절운동	회전	• 신체 분절을 하나의 축을 중심으로 돌림 예) 목을 축으로 머리 돌리기
	회내	• 전완과 손의 내측 회전 예) 농구의 드리블
	회외	• 전완과 손의 외측 회전 예) 볼링 시 회전을 주기 위해 손을 회전시키는 경우
	회선	• 한 점을 축으로 원뿔 형태로 회전 예) 어깨 돌리기
	내선	• 몸의 수직축을 중심선으로 회전 예) 제자리 돌기
기타의 관절 운동	상향	• 올림, 위쪽으로 올리는 운동 예) 팔을 위로 들어 올릴 때
	하향	• 내림, 아래쪽으로 내리는 운동 예) 들었던 팔을 내릴 때
	휘돌리기	• 어깨 관절에서처럼 종축이 아닌 축에 대해 굴곡, 신전, 벌림, 모음 등의 운동이 계속 일어나는 관절 운동
	대립	• 두 뼈가 서로 마주 보며 힘을 가할 때 예) 물건을 집을 때의 엄지와 검지 손가락

관절과 운동면
- 인체의 관절은 대부분 전후면 상의 운동에 유리하도록 형성되어 있다.
- 운동량의 전달이나 가속력의 증가에는 수평면상의 관절 운동이 큰 역할을 한다.

관절의 과신전
관절의 가동범위를 넘은 펼침 운동

이종격투기의 '암바'가 과신전을 시켜 상대에게 고통을 주는 대표적인 기술이다.

대표 기출 유형

05 팔굽관절(주관절)을 축으로 시행하는 암컬(arm-curl) 동작은 어떻게 이루어지는가?

① 벌림과 모음(외전과 내전)
② 굽힘과 폄(굴곡과 신전)
③ 휘돌림과 돌림(회선과 회전)
④ 손바닥 안쪽돌림과 바깥쪽돌림(회내와 회외)

정답은 해설지에

2) 움직임에 따른 관절의 종류

부동관절	• 연결되는 두 뼈 사이에 틈새가 없고, 결합 조직 및 연골로 채워져 있음 예) 두개골
반관절	• 관절의 움직임이 제한됨 예) 척추뼈, 치골, 노자관절
가동관절	움직임이 자유로운 모든 윤활관절 예) 팔굽관절, 무릎관절

3) 회전축에 따른 가동 관절의 종류

무축관절	미끄럼 관절 (활주 관절)	• 표면이 서로 평평하거나 약간 오목하고 볼록한 표면이 마주보는 구조 • 관절이 미끄러지며 운동이 발생 예) 손목뼈, 발목뼈, 견쇄관절
1축성관절	경첩 관절 (접번 관절)	• 경첩처럼 볼록한 표면이 오목한 표면과 마주한 구조 • 굴곡, 신전운동에 사용 예) 팔꿈치, 무릎, 손가락 관절
	중쇠 관절 (차축 관절)	• 세로축 방향으로 형성된 오목한 뼈에 축모양의 돌기를 가진 뼈가 회전하는 구조 • 회전운동에 사용 예) 팔꿈치에서 아래팔이 회내 또는 회외 동작을 할 때, 요골과 척골이 만나는 근위부의 접점부위
2축성관절	타원 관절 (과상 관절)	• 타원 모양의 오목한 뼈의 면이 타원형의 볼록한 뼈의 면과 만나는 형태 • 타원의 장축과 단축을 중심으로 회전하는 운동에 사용 예) 손목관절 (요골손목관절)
	안장 관절 (안상 관절)	• 한쪽 관절 표면이 한 방향은 오목하게 들어가 있고 다른 쪽은 볼록하게 나와 있고, 마주하는 뼈의 관절은 상호보완적으로 볼록하거나 오목한 형태 • 굽힘, 신전, 모음, 벌림 운동에 사용 예) 손목 손바닥뼈 관절 (손목뼈와 엄지손가락의 허리뼈 사이의 관절)
3축성관절	절구공이관절	• 공 모양의 뼈머리가 절구처럼 오목하게 들어간 뼈에 끼워진 형태 • 모든 운동면에서 회전이 가능한 운동에 사용 예) 어깨관절, 엉덩관절

□ 관절의 사례

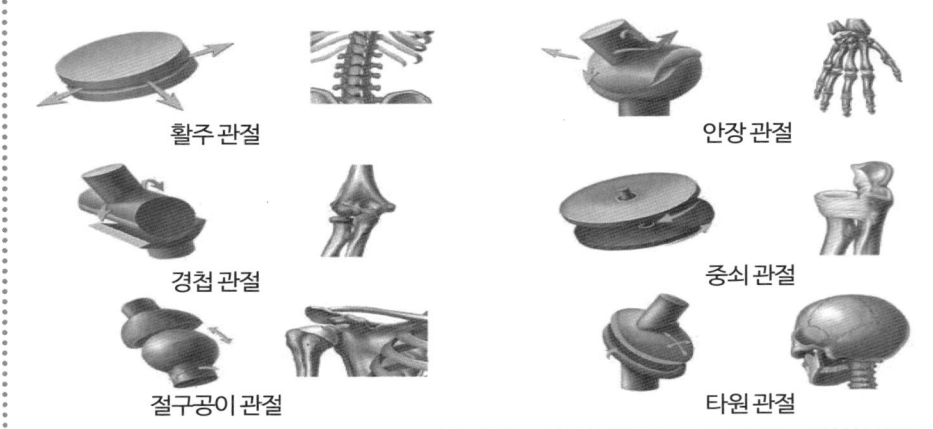

대표 기출 유형

06 인체 관절의 종류 중에서 절구공이관절(절구관절, ball and socket joint)에 대해 잘못 설명한 것은?

① 관절을 이루는 뼈의 표면이 각각 볼록하고 오목하다.
② 모든 운동면에서 회전이 가능하다.
③ 어깨관절, 엉덩관절 등이 절구공이관절에 해당된다.
④ 절구공이관절은 타원의 장축과 단축만으로 회전하는 운동을 하기 때문에 2축 관절이다.

정답은 해설지에

2. 운동의 종류

Introduction

인체의 운동은 크게 병진 운동, 회전 운동, 복합 운동으로 나뉜다. 병진 운동은 직선궤도 위를 움직이는 운동이고, 회전 운동은 축을 중심으로 회전하는 운동이며, 복합운동은 병진 운동과 회전 운동이 함께 나타나는 운동이다.

대부분의 스포츠 동작은 이러한 세가지 운동을 바탕으로 실현되므로 병진 운동, 회전 운동, 복합 운동의 의미와 구체적 사례를 이해하는 것이 중요하다.

학습목표

거의 출제되지 않습니다. 병진, 회전, 복합의 의미 정도만 개략적으로 이해합니다.

<1> 운동의 정의와 원인

인체의 운동은 인체의 분절이나 전신이 시간의 흐름에 따라 위치가 변화하는 것을 의미한다. 운동을 일으키는 원인은 힘이며, 힘이 작용해야 신체의 운동 상태가 변한다.

<2> 병진 운동 (선운동, translational motion)

병진운동이란 어떤 물체가 이동할 때 물체의 모든 부분이 같은 거리, 방향, 속도로 평행이동하는 운동 이다. 병진운동은 선운동과 같은 의미로 사용하기도 한다. 병진운동의 대표적인 사례는 직선 주로에서의 달리기와 스케이팅 혹은 수영에서의 다이빙 등이 있다.

□ 병진 운동의 유형

직선적 병진운동	곡선적 병진운동
• 신체의 중심이 직선으로 이동함 • 직선 주로에서의 달리기와 스케이팅	• 신체의 중심이 곡선으로 이동함 • 회전없이 던져진 물체나 신체의 중심의 이동궤적 • 수영의 다이빙, 스카이다이빙, 멀리뛰기의 공중 동작, 활강하는 스키어, 선수의 손을 떠난 투포환

병진 운동의 특징

- 자유로운 물체에 힘을 가할 때 병진운동은 물체의 중심을 향해 일어난다.
- 궤도가 직선이고 그 위를 운동하면 힘의 작용점과 관계없이 병진운동이 일어난다.
- 평탄한 면에서 밀거나 끌 때 병진운동이 일어난다.
- 신체의 일부를 회전시켜 전체 몸이 운동할 때 병진 운동이 일어난다.

선운동과 병진운동

병진운동과 선운동은 구분해야 하는 다른 개념이다.

하지만 물체가 이동한 경로만을 따지는 경우, 병진 운동을 한 물체가 이동한 경로만을 고려하면 결국 선운동과 동일한 결과를 가지므로 선운동과 병진운동의 개념을 혼용하여 사용하기도 한다.

<3> 회전 운동 (각운동, rotational motion)

회전 운동이란 차의 바퀴나 팽이처럼 물체가 하나의 축을 중심으로 원을 그리면서 회전하는 운동을 의미한다. 흔히 각운동이라고도 하며 스포츠 현장에서 회전 운동, 스핀, 스윙, 원운동 등의 용어가 혼용되고 있다. 가장 대표적인 회전운동은 팔과 다리에서 발생한다.

□ 회전 운동의 유형

내축에 의한 회전운동	외축에 의한 회전운동
던지기의 팔 동작, 축구의 킥 동작, 배구의 스파이크 동작 등	뜀틀, 마루 운동, 철봉, 다이빙 등에서의 공중 동작 등

대표 기출 유형

07 선운동에 해당되지 않는 것은?

① 스키점프 비행구간에서 신체중심의 이동궤적
② 선수의 손을 떠난 투포환 질량중심의 투사궤적
③ 100m달리기 시 신체중심의 이동궤적
④ 체조의 대차돌기 시 신체중심의 이동궤적

정답은 해설지에

<4> 복합 운동 (Complex motion)

복합운동은 회전운동과 병진운동이 함께 일어나는 운동이다. 걷거나 달리기를 할 때처럼 팔과 다리의 여러 분절들은 관절을 축으로 회전운동을 하지만 전신은 병진운동을 하는 경우가 여기에 해당한다.

인체와 물체의 운동은 병진운동 혹은 회전운동만으로 이루어지는 경우는 거의 없으며, 회전운동과 병진운동 등이 결합되어 복합 운동으로 이루어지는 경우가 많다.

인체의 복합운동

인체의 운동에서 각 분절은 회전운동을 하더라도 전신에는 병진운동(선운동)이 일어날 수 있다.

마찬가지로 자전거나 자동차의 바퀴는 회전운동을 하지만 차체는 선운동을 한다.

이런 종류의 운동을 복합운동이라고 한다.

대표 기출 유형

08 각운동에 대한 설명으로 옳은 것은?

① 직선 경로로 움직이는 운동과 축을 중심으로 회전하는 운동이 복합된 운동 형태
② 물체나 신체를 구성하는 모든 질점(particle)의 경로가 평행하게 곡선을 이루는 운동 형태
③ 물체나 신체를 구성하는 모든 질점이 일정한 시간동안 같은 거리, 같은 방향으로 평행하게 움직이는 운동 형태
④ 물체나 신체가 고정된 축을 중심으로 일정 시간 동안 회전하는 운동 형태

정답은 해설지에

Confirmation
이것만은 꼭!

01 (　　)란 바르게 선 자세에서 (　　)을 바라보고 양팔을 몸통 양 옆으로 늘어뜨린 채 손바닥이 (　　)을 향하게 하며, 양발을 (　　)로 벌리고 선 직립자세이다.

02 (　　)이란 해부학적 자세를 기준으로 인체를 상하로 나누는 가상의 면이다.

03 (　　)이란 해부학적 자세를 기준으로 인체를 전후로 통과하여 좌우로 나누는 면이다.

04 (　　)이란 해부학적 자세를 기준으로 인체의 측면을 통과하여 전후로 나누는 면이다.

05 (　　)이란 인체를 좌우로 통과하면서 전후면을 수직으로 관통하는 축이다.

06 (　　)이란 인체를 상하로 통과하면서 수평면을 수직으로 관통하는 축이다.

07 (　　)이란 인체를 전후로 통과하면서 좌우면을 수직으로 관통하는 축이다.

08 굴곡이나 신전은 (　　)면에서의 관절운동에 해당한다.

09 (　　)관절은 모든 운동면에서 회전이 가능한 3축성관절이며, 어깨관절, 엉덩관절 등이 여기에 해당된다.

10 인체 운동의 종류 중 (　　)은 신체의 모든 부위가 같은 거리와 방향으로 평행이동하는 운동이다.

정답
1. 해부학적 자세, 정면, 전방, 어깨넓이
2. 수평면(횡단면, 가로면)
3. 전후면(시상면, 정중면)
4. 좌우면(관상면, 전두면, 이마면)
5. 좌우축(가로축, 횡축)
6. 수직축(장축, 종축)
7. 전후축(세로축)
8. 전후
9. 절구공이
10. 선운동(병진운동)

Previous 단원 기출문제

01 관절 움직임에 따른 운동의 종류와 운동 설명이 바르게 연결된 것은?

① 굽힘(flexion) : 관절각도가 줄면서 두 뼈가 멀어짐
② 벌림(abduction) : 팔다리가 정중선에서 가까워짐
③ 회전(rotation) : 신체 분절을 하나의 축을 중심으로 돌림
④ 엎침(pronation) : 아래팔 손등이 위를 보다가 다시 손바닥이 보이게 돌림

신체 분절 전체가 축을 중심으로 동일한 각거리만큼씩 이동하는 것을 회전, 어깨를 돌리는 것처럼 축을 중심으로 원뿔을 그리며 신체 분절이 돌아가면 회선, 신체의 분절을 몸의 중심선 쪽으로 모으듯 회전시키면 내선, 몸의 중심선으로부터 바깥쪽으로 펼치듯 회전시키면 외선이다.

정답 : ③

02 관절과 손상에 대한 설명으로 옳지 않은 것은?

① 부동관절은 윤활관절이라 부르기도 한다.
② 관절의 운동 여부에 따라 부동관절, 부전동 관절 및 가동관절로 분류할 수 있다.
③ 가동관절은 운동 형태에 따라 단축, 이축, 삼축 관절로 분류할 수 있다.
④ 과부하가 걸리면 근육이 이를 모두 소화하기 어렵기 때문에 관절의 손상을 입기 쉽다.

부동관절은 움직이지 못하는 관절로 두개골이 여기에 속한다.

정답 : ①

03 그림에서 다리의 벌림(외전 : abduction)과 모음(내전 : adduction)이 발생하는 면(plane)은?

< 보 기 >

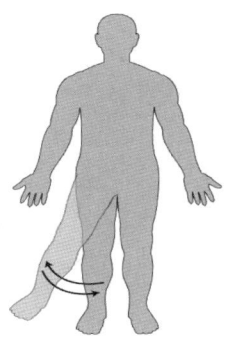

① 수평면(횡단면 : horizontal or transverse plane)
② 좌우면(관상면 : frontal plane)
③ 전후면(시상면 : sagittal plane)
④ 대각면(diagonal plane)

다리의 벌림과 모음이 발생하는 면은 인체의 측면을 통과하여 전후로 나누는 면인 좌우면(관상면, 전두면, 이마면)이다.

정답 : ②

04 <보기>의 ㉠, ㉡에 알맞은 내용으로 바르게 나열된 것은?

< 보 기 >

신장성 수축(eccentric contraction)은 근육군에 의해 발휘되는 힘 모멘트가 외력에 의한 저항 모멘트보다 (㉠), 근육이 (㉡) 발생하는 수축형태이다.

	㉠	㉡
①	작아서	길어지며
②	작아서	짧아지며
③	커서	길어지며
④	커서	짧아지며

신장성 수축은 근육이 저항을 이기지 못하여 근육의 길이가 늘어날 때 발생하는 수축형태이다.

정답 : ①

03강 운동 역학

인체 역학

1. 인체의 물리적 특성

Introduction

인체는 뼈와 근육이라는 물질로 구성된다. 또한 다른 물질들과 마찬가지로 인체의 질량, 무게, 부피 등 물질로서의 특징은 인체가 운동 역학적 특성을 가지는데 결정적인 요인으로 작용한다.

그 중에서도 질량은 운동의 수행과정에서 힘과 가속도 등에 영향을 주며, 인체의 무게중심은 운동 수행 중의 안정성에 작용한다는 점에서 중요하다.

학습목표
안정성의 개념을 이해하고 안정성을 지켜야 하는 경우와 깨뜨려야 하는 경우를 공부합니다.

<1> 질량과 무게

질량과 무게는 일상에서는 흔히 혼용되는 용어이지만 역학에서는 엄정하게 구분하여 사용되어야 한다.

질량이란 어떤 물체에 포함되어 있어 그 물체의 무게를 결정하는 물질의 양으로 장소나 중력의 변화에 따라 변하지 않는 절대적인 값이다. 반면에 무게란 물체에 작용하는 중력의 크기로 장소에 따라 달라지는 상대적인 값을 의미한다.

국제표준 MKS 단위계
- 길이(m)
- 질량(kg)
- 시간(s, sec.)

중력
- 지구가 물체를 지구 중심을 향해 끌어당기는 힘
- 질량에 비례
- 질량 × 중력가속도

중력가속도(g)
- 중력에 의해 물체가 받는 가속도
- 지구의 중력가속도는 $9.8 m/s^2$
- 달의 중력가속도는 지구의 중력가속도의 1/6 이다.

따라서 지구에서 몸무게가 60kg중인 사람이 달에 가면 몸무게가 10kg중이 된다.

□ 질량과 무게의 구분

질량(mass)	무게(weight)
• 어떤 물체에 포함되어 있어 그 물체의 무게를 결정하는 물질의 양 • 장소에 따라 변하지 않는 절대적인 값 • 단위 : kg	• 물체에 작용하는 중력의 크기 • 장소에 따라 달라지는 상대적인 값 • 동일한 장소(동일한 중력의 범위)에서 무게는 질량에 비례함 • 단위 : kgf, N, kg중 (1kgf = 9.8N) • 질량(m) × 중력가속도(g)

<2> 인체의 무게중심

무게 중심은 물체의 질량과 무게가 모든 방향에서 평형을 이루는 지점을 말하며, 이 지점에서 물체는 균형을 유지할 수 있다. 동일한 밀도의 강체에서는 물체의 중심과 무게 중심이 일치하지만, 대부분의 경우 이 두 지점은 일치하지 않는다. 회전 운동에서는 무게 중심이 토크의 합이 0인 지점으로, 회전 균형이 유지되는 지점이다.

인체 역시 모든 질량이 한 점에 집중된 무게 중심을 가지고 있지만, 이 위치는 자세에 따라 달라지고 때로는 신체 바깥에 위치할 수 있다. 무게 중심은 성별, 나이, 인종에 따라 차이가 있으며, 일반적으로 남성의 무게 중심은 여성보다 높고, 서양인의 무게 중심은 동양인보다 높다. 해부학적 자세에서는 인체의 무게 중심이 일정하게 유지된다고 가정된다.

대표 기출 유형

01 인체의 무게중심에 대하여 잘못 설명한 것은?

① 여자는 남자보다 골반이 넓고 어깨의 폭이 좁기 때문에 무게중심이 남자보다 높다.
② 자유롭게 움직이는 분절은 인체 전체의 무게중심점의 위치를 수시로 변하게 한다.
③ 서양인은 동양인에 비해 하지장의 길이가 길기 때문에 무게중심이 동양인보다 높다.
④ 인체의 무게중심이 높으면 불안정해진다.

정답은 해설지에

2. 인체 평형과 안정성

학습목표
안정성을 무게중심과 기저면의 개념과 엮어 이해합니다.

Introduction

올바른 평형과 안정성을 유지하는 것은 모든 운동에서 중요한 문제이다. 안정성에 영향을 주는 요인으로는 기저면의 크기, 중심의 높이, 중심선의 위치, 신체의 중량, 마찰, 외력, 시각적 요인, 심리적 요인, 생리적 요인 등이 있다.

이 장에서는 안정성과 기저면의 개념, 안정할수록 유리한 종목과 최소한의 안정성만을 요구하는 종목의 예를 아는 것이 중요하다.

안정에 영향을 미치는 요소
- 중심의 높이
- 기저면의 크기
- 중심선의 위치
- 신체의 중량
- 마찰
- 외력의 운동량과 충격
- 시각, 심리, 생리적 요인

<1> 안정성의 유형

균형 감각이 뛰어난 선수는 다양한 힘에 의해 방해받는 자세를 효과적으로 조절하여 평형 상태를 유지한다. 이와 같은 평형을 유지하려는 저항 능력을 안정성이라고 한다. 즉, 높은 안정성은 선수의 자세를 방해하는 힘에 대항하여 더 많은 저항력을 발휘할 수 있음을 의미한다.

운동 중 균형을 방해하는 요소로는 중력, 마찰력, 공기 저항 등과 기타 외력이 있다. 선수가 평형을 유지하고 있다는 것은 그 자세에 작용하는 모든 힘의 합력이 0이 되는 상태를 의미한다. 다시 말해, 선수가 균형을 잘 유지한다는 것은 다양한 방해 요소에 맞서 자신의 자세를 조절하여 힘의 합력을 0으로 만드는 능력이 뛰어나다는 것을 의미한다..

1) 정적 안정과 동적 안정

(1) 정적 안정과 동적 안정의 비교

정적 안정	동적 안정
• 일시적으로 동작이 중지되어 안정이 유지된 상태 • 평형의 유지와 관련이 있는 경기의 경기력에 중요한 역할을 함 • 육상의 스타트 자세, 사격, 양궁의 조준 자세	• 움직이고 있는 상태에서 균형이 유지된 상태 • 무게 중심선이 기저면 밖으로 이동하는 경우가 있음 • 쇼트트랙경기의 코너링 자세, 육상의 곡선주로에서의 자세

스포츠에서의 동적 안정
달리기에서처럼 연속적인 동작으로 새로운 기저를 만들거나 일시적으로 기저면 밖으로 무게중심을 이동시킴으로써 동적인 상황에서도 안정이 유지될 수 있다.

동적 안정성과 마찰
마찰이란 두 물체의 접촉면 사이에 운동을 방해하는 저항이다.
곡선주로를 달리는 스케이트 선수는 빙면을 밀어내는 힘(마찰력)에 의해 구심력을 증가시키며, 원운동에 의한 구심력의 작용으로 동적인 안정을 취할 수 있다.

□ 정적 안정과 동적 안정의 사례

< 정적 안정 >

< 동적 안정 >

대표 기출 유형
02 인체의 안정성과 관련이 가장 적은 것은?

① 무게중심의 높이
② 근력
③ 기저면의 크기
④ 마찰력

정답은 해설지에

2) 선 안정성과 회전 안정성

(1) 선 안정성과 회전 안정성의 비교

선 안정성	회전 안정성
• 정지해 있던 물체를 특정한 방향으로 움직이게 하려는 외력에 저항하거나, 움직이는 물체의 방향이나 속도를 바꾸려는 외력에 저항하는 힘 • 체중이 많이 나갈수록 관성이 커지며, 관성이 클수록 안정성은 증가함 • 선안정성이 큰 경우 빠른 속도의 반작용이 요구되는 운동기능 수행시는 불리함 예) 스키의 활강시 방향 전환에 불리함	• 정지해 있던 물체를 기울이거나 뒤집거나 또는 원 주위를 회전시키려는 외력에 저항하는 힘 • 회전 안정성이 클수록 균형을 무너뜨리기 위해서는 많은 토크가 필요함 • 균형을 무너뜨리는 토크의 효과는 중력, 공기저항, 상대방이 가하는 힘 등의 외력에 의해 발생하거나, 외력의 상호작용에 의해 발생함

3) 안정성과 운동의 관계

(1) 외력이 없는 경우 안정성을 높이는데 영향을 주는 요인

- 낮은 무게중심
- 기저면 상에 위치하는 무게중심
- 신체의 중앙에 위치하는 중심선
- 힘이 가해지는 방향에 위치하는 중심선
- 넓은 기저면
- 무거운 중량
- 높은 마찰력

(2) 외력이 있는 경우 안정성을 높이는데 영향을 주는 요인

- 낮은 무게중심
- 작은 외력
- 힘이 가해지는 방향에 위치하는 중심선
- 힘이 가해지는 방향으로 넓은 기저면
- 무거운 중량
- 높은 마찰력

(3) 최소한의 안정성만 요구하는 운동기능

- 수영·단거리의 출발 동작
- 골키퍼의 움직임
- 배구의 서브 리시브 자세

안정성의 주요 개념

무게중심이 기저면에 가깝고, 기저면이 넓고, 중심선이 기저면의 중심에 가까울 때 안정성이 높다.

- 안정성은 기저면과 물체의 중심까지의 거리에 반비례함
- 지면에서의 운동에서는 무게중심이 낮을 수록 안정적임
- 철봉에 매달린 상태에서는 두 손으로 매달릴 때가 한 손으로 매달릴 때보다 기저면이 넓어서 안정적임

대표 기출 유형

03 인체의 안정성에 대한 설명으로 옳은 것은?

① 기저면이 넓을수록 안정성은 향상된다.
② 100m 크라우칭스타트 자세는 안정성과 기동성을 모두 향상시킨다.
③ 몸무게가 무거울수록 안정성은 나빠진다.
④ 무게중심이 높을수록 안정성은 향상된다.

정답은 해설지에

<2> 기저면

기저면이란 주로 바닥에 신체의 중심이 미치는 면적을 의미하며 신체와 그 신체를 지지하는 부분이 만나는 면, 혹은 그 면들 사이의 면적을 의미하기도 한다. 운동의 수행에서 기저면은 인체의 안정과 관련하여 매우 중요한 요소가 되는데, 기저면의 크기뿐 아니라 모양과 방향도 안정성에 중요한 요인으로 작용한다.

□ 기저면의 모양과 안정성

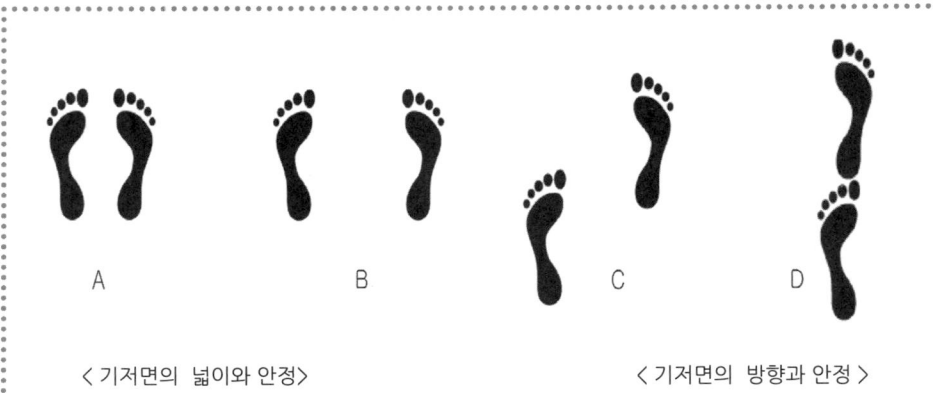

< 기저면의 넓이와 안정 >   < 기저면의 방향과 안정 >

기저면의 넓이, 방향과 안정
일반적으로 기저면의 넓이가 넓을수록 안정적이다.
오른쪽의 그림들에서 첫번째 그림의 경우 A보다는 B의 형태가 더 안정적인 것이다.
하지만 두번째 그림에서는 정면에서 오는 힘을 받아야 하는 경우라면 C의 경우보다 D의 경우가 안정감이 높다고 할 수 있다.

<3> 중심의 높이

중심의 높이란 무게중심의 높이를 의미한다. 운동 시 인체의 자세에 따라 중심의 위치가 달라지며, 그에 따라 안정성에도 변화가 발생하는 것이다. 중심의 높이는 인체의 안정성과 관련이 높으며 동작의 분석과 기술 습득에 중요한 요인이 된다. 무게중심의 높이가 낮을수록 안정성이 높다. 따라서 스포츠에서는 중심을 조절하는 운동능력이 능숙하도록 훈련하는 것이 필요하다.

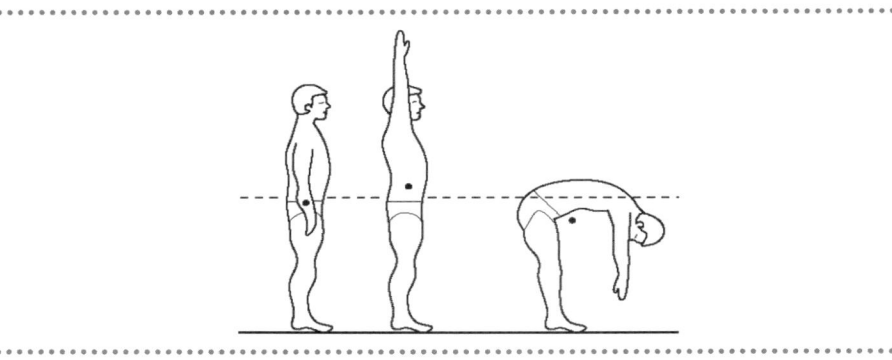

스포츠와 무게중심의 위치
스포츠 동작에 따라 인체의 무게중심은 항상 변하며 인체 바깥에 있는 경우도 있다.
예) 달리기에서 인체의 무게중심은 인체가 이동하는 방향인 인체 바깥쪽으로 이동함
예) 높이뛰기 선수의 배면뛰기 자세는 ⌒자형의 빈공간에 무게중심이 위치하여 작은 에너지로도 바를 효율적으로 넘을 수 있게 함

□ 무게중심과 운동 종목

레슬링, 유도의 수비 자세	무게중심을 낮추고, 기저면을 넓혀 안정성을 높인다.
배구의 스파이크 자세	무게중심을 높여 타점을 높인다.
농구의 수비 자세	무게중심선을 발뒤축 가장자리에 두어 안정성을 빨리 깰 수 있도록 대비한다.
높이뛰기 선수	바를 효과적으로 넘기 위해 무게중심을 최대한 낮춘 배면뛰기 기술을 구사한다.
단거리 달리기의 크라우칭 스타트 자세	무게중심선을 가능하면 기저면 앞쪽으로 치우치게 함으로써 출발시 안정성을 빨리 깨뜨려 빠른 출발을 가능하게 한다.

대표 기출 유형

04 경기력 향상을 위해 무게중심을 효과적으로 활용하는 상황이 아닌 것은?

① 높이뛰기 선수가 바를 효과적으로 넘기 위해 배면뛰기 기술을 구사한다.
② 레슬링 선수가 안정성 증가를 위해 무게중심을 낮춘다.
③ 단거리 크라우칭 스타트 시 빠른 출발을 위해 무게중심을 낮춘다.
④ 배구 스파이크 시 타점을 높이기 위해 무게중심을 높인다.

정답은 해설지에

<4> 중심선의 위치

중심선은 물체의 무게 중심을 통과하는 수직선을 말한다.

인체의 중심선 위치는 이동운동, 자세, 안정성 등에서 중요한 지표가 되므로, 여러 가지 동작을 분석하는 경우 중심선의 위치를 파악하는 것이 매우 중요하다.

정적인 상태에서 중심선이 기저면 안에서 유지되면 인체는 평형을 유지하며, 중심선이 무너질 정도로 한 쪽이 무거워졌을 때 균형을 계속 유지하려면 반대 쪽에도 비슷한 무게의 보상이 필요하다. 그 보상이 없어 중심선이 기저면 밖으로 이동하면 균형을 잃고 쓰러지게 된다.

또한 걷거나 뛰는 동작처럼 안정이 깨지는 경우에는 달라진 중심의 위치에 따른 새로운 기저를 만들어 안정을 유지해야 하는 경우도 있다.

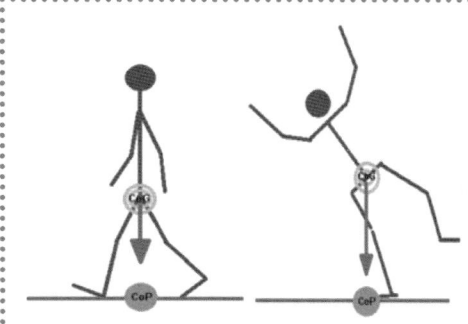
< 인체의 중심선과 평형 >

< 인체의 중심선과 평형 >

신체중심의 이동

신체 운동시에 신체의 모양이나 상태가 바뀌면 중심의 위치도 변하며 이는 운동기술을 발휘하는데 중요한 요인이다.

예) 높이뛰기 경기, 200m 달리기 시 트랙을 돌 때, 쇼트트랙 스케이팅과 같이 회전운동을 요구하는 운동시 중요함

기저면과 운동

달리기와 같은 운동에서는 기저면 밖으로 인체의 중심선이 이동하는 경우가 있다.

이때 왼쪽의 그림에서처럼 A에서 B로 새로운 기저면을 만들며 운동이 진행된다.

3. 인체의 구조적 특성

학습목표
지레의 개념과 종류를 암기하고 운동시 인체에서 발견할 수 있는 지레에 적용할 수 있어야 합니다.

Introduction

인체는 골격과 근육으로 구성된 일종의 기계적 구성을 가진다. 우선 각각의 독립된 활동을 수행할 수 있는 8개의 분절이 인체의 움직임을 가능하게 한다. 각각의 분절은 그 크기나 부피의 차이가 있으며 따라서 역학적 특성에도 차이가 있다.

각각의 분절은 인체 지레라는 기계적 특성을 가진다. 즉 운동 시 뼈를 지렛대로 삼아 근육의 수축과 이완을 통한 지레의 원리에 따라 힘과 이동거리의 이익을 얻으며 운동을 수행하는 것이다.

<1> 인체의 분절 모형

인체의 분절이란 골격과 골격근으로 이루어진 하나의 활동단위로서 일반적으로 머리와 목, 몸통, 위팔, 아래팔, 손, 넙적다리, 종아리, 발 등 8 개의 부분으로 나눈다. 이 중 몸통의 질량과 부피가 가장 크며, 따라서 몸통에서 먼 분절일 수록 움직임이 쉽고 동작이 커지게 되어 운동의 속도가 빨라지게 된다

인체의 8분절
- 머리와 목
- 몸통
- 위팔
- 아래팔
- 손
- 넙적다리
- 종아리
- 발

□ 인체의 8분절

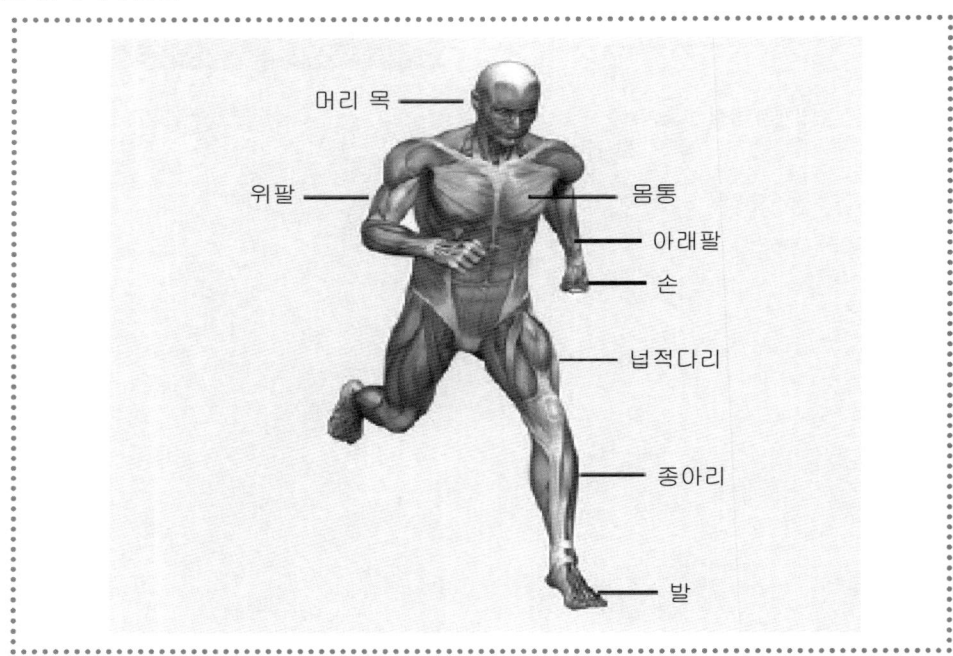

<2> 인체 지레의 종류

지레는 축을 중심으로 회전할 수 있는 비교적 단단한 막대기로 구성된 단순한 기계 장치이다. 지레는 다음의 균형 상태에서 움직임이 일어나지 않는다:

힘×힘팔=저항×저항팔

이 균형이 깨지면 지레의 움직임이 발생한다.

인체의 각 분절도 지레의 특성을 가진다. 즉, 뼈는 지렛대 역할을 하고, 근육은 힘점 역할을 하여 외부 저항에 대해 힘을 발휘한다. 인체의 지레는 1종, 2종, 3종으로 구분된다. 기계 지레는 적은 힘으로 큰 저항이나 중량을 처리하는 데 목적이 있지만, 인체의 지레는 힘의 손해를 감수하면서 운동의 범위나 속도를 증가시키기 위해 사용된다.

지레와 같은 도구에서 힘의 크기가 확대되는 정도를 기계적 확대율이라고 한다. 인체 지레는 힘의 손해가 발생하므로 기계적 확대율이 1보다 작다.

1) 지레의 특성

(1) 지레의 구성과 종류

① 지레의 3요소

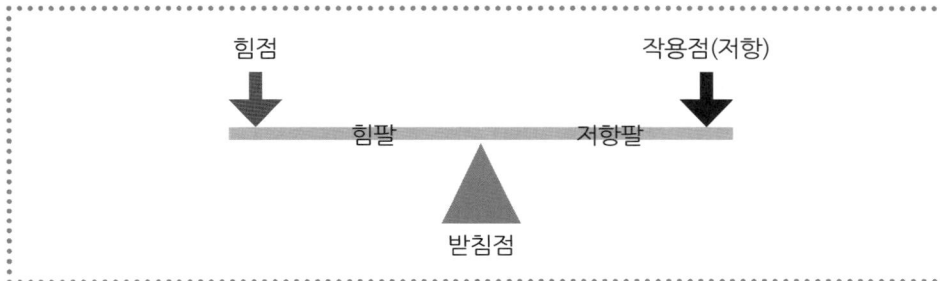

② 지레의 종류

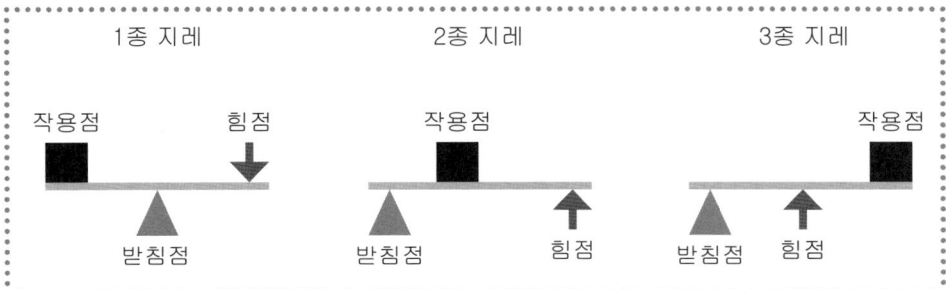

지레의 3요소

- 작용점(저항점) : 지레가 물체에 힘을 가하는 지점
- 받침점(축) : 지레를 받쳐주는 지점
- 힘점 : 사람이 지레에 힘을 가하는 지점

지레의 종류 암기법

- 1종 지레 : 작-받-힘
- 2종 지레 : 받-작-힘
- 3종 지레 : 받-힘-작

지레의 평형

힘 x 힘팔 = 저항 x 저항팔

(예시문제) 시소의 중심에서 2m 지점에 100N인 물체가 놓여있다면, 시소의 평형을 유지하기 위해 400N인 물체는 중심에서 몇m인 지점에 놓아야 하는가?

(정답)
100N · 2m = 400N · X
X = 0.5m

인체 지레의 특징
• 인체에 가장 많이 포함된 단순 기계 형태
• 신체의 뼈, 관절, 근육은 함께 지레 시스템으로 작용하여 운동을 효과적으로 수행
• 인체지레는 대개 힘점과 받침점 사이의 길이가 작용점과 받침점 사이의 길이보다 짧음
• 인체는 3종 지레가 대부분

인체 지레의 구성요소
• 지렛대 : 뼈
• 힘점 : 근육의 부착점
• 작용점 : 외부의 부하가 위치한 곳(무게가 실리는 곳), 이동 분절의 무게 중심
• 받침점 : 해당 관절의 위치

지레와 토크
• 지레는 한개의 축을 중심으로 회전하기 때문에 항상 토크라고 불리는 회전효과를 생성한다.
• 토크를 크게 하기 위해서는 힘팔의 길이를 길게 하는 것이 중요한다.
• 상완 이두근의 컬동작의 경우 상완이두근의 짧은 힘팔로 작용한다.
• 토크(T) =힘(F)×축에서 힘까지의 수직거리(d) =관성모멘트(I)×각가속도(a)

(2) 1·2·3종 지레의 특징

① 1종 지레

- 받침점이 작용점(저항)과 힘점 사이에 있는 지레 (작·받·힘)
- 힘점과 작용점의 움직이는 방향이 반대이며, 힘의 방향을 전환하는 효과가 있음
- 힘팔>저항팔 : 힘의 이득, 운동의 속도와 운동의 범위(이동거리)는 불리함
- 힘팔<저항팔 : 운동 범위나 속도에 이득, 힘에 불리함
- 가위, 시이소, 양팔 저울, 장도리, 삽질(삽으로 땅 속의 흙이나 돌을 파 낼 때) 등

② 2종 지레

- 작용점(저항)이 받침점과 힘점 사이에 있는 지레 (받·작·힘)
- 적은 힘으로 큰 무게를 움직일 수 있음
- 힘팔이 저항팔보다 항상 길다.
- 외발 손수레, 작두, 병따개, 손톱깎이의 덮개부분

③ 3종 지레

- 받침점과 작용점(저항) 사이에 힘점이 있는 지레 (받·힘·작)
- 저항팔이 힘팔보다 항상 길다.
- 운동의 범위와 속도에서 유리
- 핀셋, 젓가락, 윗몸 일으키기, 손톱깎이에서 손톱이 깎이는 부분, 삽질(삽으로 흙을 퍼서 들어올리는 동작)

(3) 지레 사용의 목적

☐ 지레의 사용과 힘의 이득

힘팔과 저항팔의 길이	1종 지레			2종 지레	3종 지레
	힘팔>저항팔	힘팔<저항팔	힘팔=저항팔	힘팔>저항팔	힘팔<저항팔
힘의 크기	이익	손해	방향만 바꿈	이익	손해
이동거리	손해	이익	변화 없음	손해	이익
일의 양	변화 없음				

대표 기출 유형

05 다음 보기에서 설명하는 인체 지레의 종류로 올바른 것은?

<보기>

물체의 저항점이 힘의 작용점과 회전축 사이에 있으며, 힘팔이 저항팔 보다 항상 긴 구조를 갖는다.

예) 엎드려 팔굽혀 펴기

① 1종 지레
② 2종 지레
③ 3종 지레
④ 4종 지레

정답은 해설지에

2) 인체 지레

(1) 인체 지레의 구성

① 인체 지레의 구성

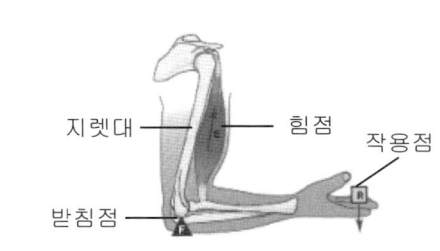

② 인체 지레의 유형

1종 지레	2종 지레	3종 지레
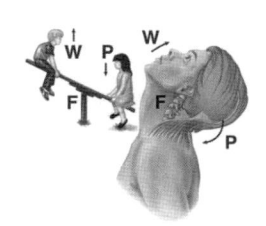	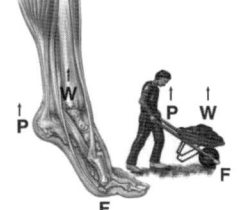	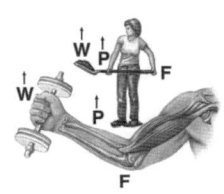

• P : 힘점 • F : 받침점 • W : 작용점

③ 인체 지레의 원리와 스포츠에서의 사례

1종 지레	• 팔을 펼때 • 공을 던질 때 • 머리를 앞뒤로 움직일 때 • 정지상태의 V자 싯업 • 상완삼두근의 수축에 의해 전완이 신전될 때
2종 지레	• 선 채로 발뒤꿈치를 들 때 • 엎드려 팔굽혀 펴기를 할 때
3종 지레	• 팔을 위로 들어 올릴 때 • 테니스에서 서브를 넣을 때 • 윗몸 일으키기를 할 때 • 상완이두근에 의해 전완이 굴곡될 때

운동과 지레의 효율성

순발력(power) = 근력(force) × 속도(velocity)이므로, 지렛대의 길이가 긴 경우가 유리하다.

같은 회전 운동을 하는 경우 짧은 지레보다 긴 지레가 같은 시간 안에 더 많은 거리를 움직여야 하므로 이동속도가 더 빠르다.

따라서 긴 팔이나 다리를 가진 선수가 동일한 근력을 가졌다면 팔이나 다리의 이동속도가 빠르므로 더 큰 파워를 낼 수 있게 된다.

인체지레와 분절의 길이에 따른 장·단점

신체분절의 길이가 길수록 매우 가벼운 저항을 움직이는 데에도 거대한 근력을 발휘해야 하기 때문에 그만큼 힘이 더 든다. 따라서 분절이 더 길수록 근력이 더 요구되는 것이다.

강한 순발력을 내기위해서는 강한 근력과 긴팔이 유리하지만 반대로 분절이 짧으면 긴 분절보다 힘의 손실은 상대적으로 더 적어 효율은 높을 수 있다.

대표 기출 유형

06 10kg의 아령을 손에 들고 굴곡(굽힘) 운동(curl)을 할 때 아령과 아래팔(전완)의 무게는 저항이고, 팔꿈치 관절(주관절)은 축이라 할 때 작용하는 힘은 어디인가?

① 위팔두갈래근(상완이두근)
② 위팔세갈래근(상완삼두근)
③ 등세모근(승모근)
④ 넙다리네갈래근(대퇴사두근)

정답은 해설지에

Confirmation
이것만은 꼭!

01 (　　)은 어떤 물체에 포함되어 있는 물질의 양으로 장소에 따라 변하지 않는 절대적인 값을 갖는다.

02 (　　)는 물체에 작용하는 중력의 크기를 의미하며, 장소에 따라 달라지는 상대적인 값을 갖는다.

03 국제표준 MKS단위계는 길이 (　　), 질량 (　　), 시간 (　　)으로 표시한다.

04 (　　)은 물체의 질량과 무게가 모든 방향에서 평형을 이루는 지점이다.

05 (　　)은 신체와 그 신체를 지지하는 부분이 만나는 면 혹은 면들 사이의 면적이다.

06 인체의 안정성은 기저면의 크기가 (　　), 무게중심이 (　　) 증가한다.

07 지레의 3요소는 (　　), (　　), (　　)이다.

08 인체 지레에서 가장 많은 형태의 지레는 (　　) 지레이다.

09 받침점이 작용점과 힘점 사이에 있는 지레는 (　　) 지레이다.

10 받침점 - 작용점 - 힘점의 형태를 갖는 지레는 (　　) 지레이다.

11 골프 스윙에서 손이 잡고 있는 클럽의 그립 부분은 지레의 (　　)에 해당한다.

12 야구의 타자가 지레 원리를 잘 활용하면 상대적으로 적은 힘으로도 더 큰 (　　)를 낼 수 있다.

정답
1. 질량
2. 무게
3. m, kg, s
4. 무게중심
5. 기저면
6. 넓을수록, 낮을수록
7. 힘점, 작용점(부하점, 저항점), 받침점
8. 3종
9. 1종
10. 2종
11. 받침점
12. 속도

Previous 단원 기출문제

01 <보기>의 ㉠, ㉡, ㉢에 알맞은 내용은?

< 보 기 >

직립자세에서 안정성을 높이기 위해서는 기저면(base of support)을 (㉠), 무게중심을 (㉡), 수직무게중심선을 기저면의 (㉢)에 위치시키는 동작이 효과적이다.

	㉠	㉡	㉢
①	좁히고	높이고	안
②	좁히고	높이고	밖
③	넓히고	낮추고	안
④	넓히고	낮추고	밖

안정성을 높이기 위한 기본개념이므로 잘 숙지할 것!
기저면은 넓게, 무게중심은 낮게, 수직무게중심이 기저면의 안쪽에 위치할수록 더 안정적인 자세이다.

정답 : ③

02 평형과 안정에 대한 설명으로 옳은 것은?

① 평형 상태를 유지하기 위해서는 외력의 합이 0(zero)이 되어서는 안 된다.
② 무게중심의 중력 방향 수직선이 기저면 내에 있으면 이 물체는 안정상태에 있게 된다.
③ 안정성을 높이려면 기저면을 넓히고, 무게중심의 높이를 높혀야 한다.
④ 물체의 질량은 안정성에 영향을 주는 요소로서, 가벼울수록 안정성이 높다.

일반적인 상황에서 무게중심은 기저면 안쪽에 있을 때 안정적이다.

정답 : ②

03 기저면이 좁은 자세에서 넓은 자세 순으로 바르게 열거한 것은?

① 차렷 자세 – 태권도 주춤 서기 자세 – 평균대 위에서 한 발 서기 – 레슬링에서 옆굴리기 저항 자세
② 평균대 위에서 한 발 서기 – 태권도 주춤 서기 자세 – 차렷 자세 – 레슬링에서 옆굴리기 저항 자세
③ 평균대 위에서 한 발 서기 – 차렷 자세 – 태권도 주춤 서기 자세 – 레슬링에서 옆굴리기 저항 자세
④ 차렷 자세 – 평균대 위에서 한 발 서기 – 레슬링에서 옆굴리기 저항 자세 – 태권도 주춤 서기 자세

두 발 사이를 많이 벌릴수록 기저면이 넓은 자세이다.

정답 : ③

04 불안정할수록 유리한 종목자세에 따른 역학적 요인으로 올바른 것은?

① 유도의 방어자세-기저면을 좁히고, 몸의 중심을 낮춘다.
② 씨름의 방어자세-기저면을 넓히고, 몸의 중심을 높인다.
③ 레슬링의 방어자세-무게중심이 기저면의 가장자리에 위치하게 한다.
④ 육상의 100미터 크라우칭 스타트자세-무게중심이 진행방향의 기저면 가장자리에 위치하게 한다.

유도, 씨름, 레슬링의 방어자세는 안정성이 클수록 유리한 종목이므로 기저면을 넓히고, 몸의 중심을 낮추고, 무게중심이 기저면의 중심쪽으로 위치해야 한다.
크라우칭 스타트 자세는 최소한의 안정성만 요구되는 자세로 무게중심이 진행방향의 기저면 가장자리에 위치하게 하여야 선수의 양 다리를 강력하게 추진시킬 수 있고, 출발시 안정성을 빨리 깨뜨려 빠른 출발이 가능하다.

정답 : ④

05 기저면의 변화를 통해 안정성을 증가시킨 동작으로 옳지 않은 것은?

① 산에서 내려오며 산악용 스틱을 사용하여 지면을 지지하기
② 씨름에서 상대방이 옆으로 당기자 다리를 좌우로 벌리기
③ 평균대 외발서기 동작에서 양팔을 좌우로 벌리기
④ 스키점프 착지동작에서 다리를 앞뒤로 교차하여 벌리기

기저면이란 물체가 지면에 접촉하는 면적을 의미한다. 따라서 '평균대 외발서기 동작에서 양팔을 좌우로 벌리기'는 기저면과 관련없이 인체의 질량 분포를 넓히고 관성을 크게 하여 안정성을 늘리는 행위이다.

정답 : ③

06 시소의 중심으로부터 1.50m지점에 몸무게가 500N의 사람이 앉아있다. 몸무게가 600N인 사람이 반대편에 앉아 시소의 평형을 유지하기 위해서는 시소의 중심으로부터 몇 m지점에 앉아야 하는가?

① 1.20m
② 1.25m
③ 1.30m
④ 1.35m

시소를 지레로 보면 힘 x 힘팔 = 저항 x 저항팔이다. 몸무게가 600N인 사람이 앉아야 할 지점을 A라고 한다면, 1.50 x 500N = A x 600N에서 A = 1.25이다.

정답 : ②

07 〈그림〉에서 카누선수가 보트 위에서 오른손으로 패들의 끝을 잡고, 왼손으로 패들을 잡고 당기는 순간에 적용되는 지레는?

< 보 기 >

A : 오른손 받침점
F : 왼손 힘
R : 물의 저항력

① 1종 지레
② 2종 지레
③ 3종 지레
④ 1종과 2종 지레의 혼합

보기 그림은 받침점 - 힘점 - 작용점의 순서이므로 3종 지레이다.

- 1종 지레: 작용점 - 받침점 - 힘점
- 2종 지레: 받침점 - 작용점 - 힘점
- 3종 지레: 받침점 - 힘점 - 작용점

정답 : ③

08 다음 아래의 그림은 몇 종 지레인가?

< 보 기 >

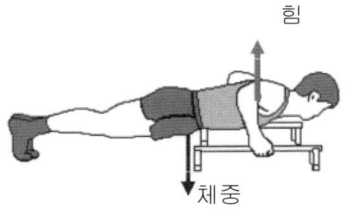

① 1종 지레 ② 2종 지레 ③ 3종 지레 ④ 4종 지레

빈출! 인체 지레의 유형 암기할 것! 팔굽혀펴기에서 받침점은 발 부분, 작용점은 몸 부분, 힘점은 팔에 해당한다. 〈받-작-힘〉의 형태이므로 2종지레이다.

정답 : ②

04강 운동역학 - 운동학의 스포츠 적용

1. 선운동의 운동학적 분석

Introduction

물체의 궤적이 직선상에서 움직이는 운동을 선운동이라 한다. 선운동을 분석할 때 물체의 물리량은 크기만을 갖는 스칼라량과 크기와 방향을 모두 갖는 벡터량으로 구분할 수 있다.

이 장에서는 스칼라량과 벡터량의 예와, 거리와 변위, 속력과 속도의 차이를 이해하는 것이 중요하며, 가속도의 의미와 포물선 운동에서 투사거리에 영향을 주는 요인들을 알 수 있어야 한다.

학습목표
1. 거리와 변위, 속도와 속력의 개념을 구분합니다. 그리고 포물선 운동에 영향을 주는 요인도 출제되었습니다.

<1> 변위와 거리

변위란 물체가 운동하였을 때 출발점에서 도착점을 연결한 직선거리와 그 직선의 방향을 의미하는 벡터량으로 물체가 처음의 위치에서 변화한 정도를 말한다. 반면 거리란 방향을 따지지 않고 물체가 실제로 움직인 경로의 길이를 의미하는 스칼라량이다.

따라서 변위는 이동경로와는 무관하게 직선의 방향으로 변한 위치의 정도만을 따진다면 이동거리는 경로에 따라 달라지게 된다.

벡터와 스칼라
- 벡터
  크기와 방향을 갖는 물리량을 말한다.
  예) 위치, 변위, 속도, 가속도, 힘, 운동량, 충격량, 전기장, 자기장, 각운동량
- 스칼라
  크기만 갖는 물리량을 말한다.
  예) 거리, 시간, 온도, 질량, 속력, 에너지, 일

1) 변위와 이동거리의 구분과 사례

(1) 변위와 거리의 비교

변위	이동거리
• 출발점에서 도착점을 연결한 직선거리와 그 직선의 방향 • 벡터량 • 출발·도착점을 화살표로 표시함	• 물체가 실제로 움직인 경로의 길이 • 스칼라량 • 물체가 이동한 경로를 모두 표시함

거리와 변위

이동 거리가 경로에 따라 달라지는 반면, 변위는 이동 경로와 무관하다.

즉, 한 지점에서 출발하여 같은 지점으로 돌아와야 하는 마라톤의 경우 거리는 42.195Km이지만, 변위에는 0Km.

(2) 변위와 거리의 사례

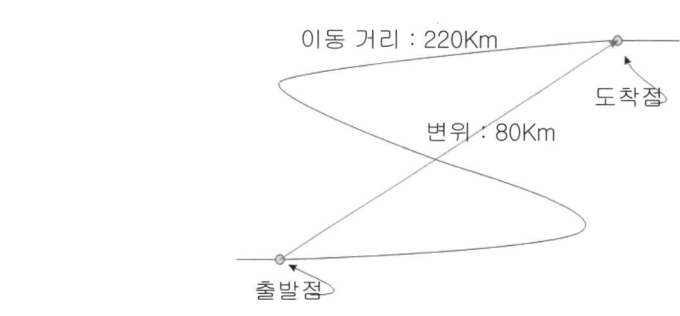

대표 기출 유형

01 다음 중 거리와 변위를 설명한 것 중 바른 것은?

① 거리와 변위는 똑같이 스칼라량이다.
② 400m 곡선 트랙을 달릴 경우 거리와 변위는 모두 400m이다.
③ 거리는 벡터량이고 변위는 스칼라량이다.
④ 거리는 단지 크기만을 가지고 있고, 변위는 크기와 방향을 모두 가지고 있다.

정답은 해설지에

<2> 속도와 속력

속도는 변위가 시간에 따라 연속적으로 변화하는 경우, 시간에 따른 변위의 변화율을 의미한다. 즉, 물체가 얼마나 빠르게 운동하는지를 나타내며, 물체의 방향과 함께 표현된다. 속도는 벡터량으로, 방향과 크기를 모두 고려한다.

반면, 속력은 단위 시간 동안 이동한 거리를 의미하며, 물체의 빠르기를 나타내는 스칼라량이다. 방향을 고려하지 않고 총 이동 거리를 기준으로 계산되므로 속도와는 구별된다.

속도와 속력

두 사람이 동일한 지점에서 출발하여 동일한 지점에 동시에 도착했다면 두 사람의 속도는 같다.

속도는 직선거리 즉 변위를 기준으로 계산하기 때문이다.

하지만 한 명은 지그재그로 다른 한 명은 직선의 형태로 도착하였다면, 속력은 이동거리를 기준으로 계산하므로 지그재그의 형태로 달린 사람의 속력이 더 빨랐다고 말한다.

1초 동안 어떤 사람이 반지름이 5m인 원 주위를 한 바퀴 돌아 제자리로 돌아왔다고 가정할 때
- 속력
  : 이동 거리 ÷ 걸린 시간 = 31.4 ÷ 1 = 31.4m/s
- 속도
  : 변위 ÷ 걸린 시간 = 0 ÷ 1 = 0m/s

1) 속도와 속력의 구분

□ 속도와 속력

속도	속력
• 시간에 따른 변위의 변화율 • 단위 시간 동안에 이동한 위치 벡터의 변위로서 물체의 빠르기를 나타내는 벡터량 • 물체의 빠르기를 이동한 방향과 함께 나타냄 • 속도(V) = 변위(D)/걸린 시간(t) • (단위: m/s)	• 단위 시간 동안 이동한 거리 • 물체가 얼마나 빠르게 운동하는가를 나타낼 때 사용하는 스칼라량 • 방향을 표시하지 않고 크기만을 나타냄 • 속력(S) = 이동거리(d)/걸린 시간(t) • (단위: m/s)

평균속도
- 평균속도=전체변위/걸린 시간
- (단위: m/s)

<3> 가속도

운동하는 물체는 속도의 크기나 방향이 바뀔 때 가속도가 발생한다. 가속도는 단위 시간 동안 속도가 얼마나 변화하는지를 나타내며, 속도의 변화율을 의미하는 개념이다. 즉, 물체의 속도가 변할 때, 그 변화량을 가속도로 표현한다.

가속도는 물체의 속도뿐만 아니라 방향까지 고려하여 물체의 움직임을 나타내는 벡터량이다. 따라서, 가속도의 방향은 합력의 방향과 일치한다.

가속도와 힘, 질량과의 관계
- 힘(F) = 질량(m) x 가속도(a)

가속도는 가해준 힘에 비례, 질량에 반비례한다.

즉, 동일한 힘을 가했을 때 질량이 적은 물체의 가속도가 크다.

A와 B라는 두 물체의 가속도가 동일할 때 A가 B보다 질량이 작다면, A의 힘이 더 약한 것으로 볼 수 있다.

1) 가속도의 개념과 특성

(1) 가속도의 개념

가속도(a) = (나중 속도−처음 속도) ÷ 걸린 시간 = 속도변화량(ΔV)/걸린 시간(t) (단위: m/s²)

(2) 가속도의 방향과 속력의 관계

가속도와 운동방향이 같음	가속도와 운동방향이 다름
속력이 증가함	속력이 감소함

대표 기출 유형

02 가속도에 대한 설명으로 옳은 것은?

① 가속도는 시간의 변화에 따른 변위의 변화 정도이다.
② 가속도의 단위는 m/s이다.
③ 가속도의 방향은 속도의 방향과 항상 같다.
④ 가속도의 방향은 합력의 방향과 항상 같다.

정답은 해설지에

<4> 포물선 운동 (parabolic motion)

포물선 운동이란 일정한 크기와 방향을 가지는 힘이 작용하는 공간에서 물체가 일정 각도로 던져졌을 때, 그 이동 경로가 포물선을 그리는 운동을 말한다. 이때 던져진 물체를 투사체라고 하며, 농구공, 골프공, 높이뛰기에서의 선수 등이 이에 해당한다.

포물선 운동을 분석할 때는 수직 방향과 수평 방향의 운동을 분리해야 한다. 수평 방향에서는 작용하는 힘이 없으므로 등속도 운동이 일어나며, 수직 방향에서는 중력 가속도가 작용하여 등가속도 운동이 발생한다. 이로 인해 투사체는 포물선 형태의 궤적을 그린다.

수학적으로는 지면과 45도 방향으로 던진 물체가 가장 먼 거리를 이동하게 되지만, 투사위치와 투사체가 떨어지는 지면의 높이차에 따라 이 각도는 달라지게 된다.

1) 포물선운동의 개념과 특성

(1) 포물선 운동의 개념

중력이 작용하는 공간에서 힘의 방향과 일정한 각도를 이루며 던져진 물체가 포물선을 그리며 이동하는 운동

(2) 포물선 운동에 작용하는 힘과 운동 (조건: 공기 저항을 무시할 때)

- 수평방향 (x축방향) : 작용하는 힘이 없으므로 등속도 운동을 함. 즉, 속도가 일정함
- 수직방향 (y축방향) : 중력가속도 작용하여 등가속도 운동을 함. 즉, 속도가 변하고, 가속도가 일정함. 올라갈 때는 속도가 감소하다가 최고점에서의 속도는 0m/s, 운동방향이 바뀌어 내려오면서 속도가 증가함

□ 포물선 운동에서의 방향, 속도, 힘, 가속도, 운동

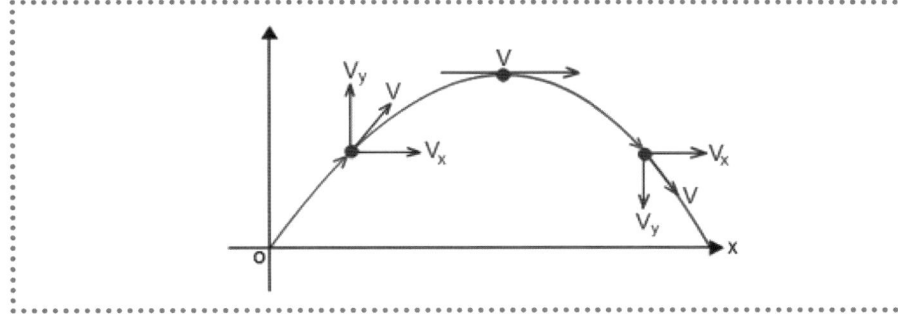

	x축방향	y축방향
처음 속도	있음	있음
작용하는 힘	없음 ($F_x = 0$)	있음 ($F_y = -mg$) (m:질량, g:중력가속도)
가속도	없음 ($a_x = 0$)	있음 ($a_y = -g$) (g : 중력가속도)
운동	등속도 운동	등가속도운동

대표 기출 유형

03 농구 자유튜의 투사체 운동에 대한 설명으로 옳은 것은(공기저항을 무시함)?

① 농구공 무게중심의 가속도는 수직하방으로 작용하는 중력가속도이다.
② 농구공 무게중심의 수평 가속도는 0m/s2이 아니다.
③ 농구공 무게중심의 속력(speed)은 일정하다.
④ 농구공 무게중심의 수평 속도는 최고점에서 0m/s가 된다.

정답은 해설지에

투사거리와 속도의 관계

투사거리(수평거리)에 가장 큰 영향을 미치는 요인은 투사속도이다.

(3) 투사거리(범위)에 영향을 주는 요인

투사 속도	• 투사속도가 빠를수록 투사거리가 증가함 • 체조나 다이빙선수의 경우 수직 속도를 증가시키면 투사거리와 체공시간이 길어져 공중에서의 다양한 동작을 연출할 수 있음 • 야구의 경우 빠른 송구를 위해서는 수직 속도를 감소시키고 수평 속도를 크게 해야 함
투사 각도	• 투사체의 비행경로 형태는 투사각도에 의해 결정됨 • 투사체를 45° 이상으로 던지면 수평거리보다는 높이에서 유리(높이 올라감) • 투사체를 45° 이하로 던지면 길고 낮은 비행경로를 가지며 높이보다 거리가 유리(멀리 날아감)
투사 높이	• 투사점이 착지점보다 특정한 정도만큼 높은 위치에서 투사운동을 일으켰을 때 하강 거리는 상승 거리보다 그 특정한 정도만큼 더 길게 날아감

(4) 투사위치와 투사거리의 관계

던지는 위치가 떨어지는 위치보다 높을 때	45°보다 작은 각도로 던질 때 가장 멀리 날아감
던지는 위치와 떨어지는 위치가 같을 때	45° 각도로 던질 때 가장 멀리 날아감
던지는 위치가 떨어지는 위치보다 낮을 때	45°보다 높은 각도로 던질 때 가장 멀리 날아감

(5) 운동 종목별 적정투사각도

• 포환 던지기 : 42도
• 원반 던지기 : 35~40도
• 창던지기 : 34~36도
• 멀리뛰기 : 18~27도

운동종목과 투사각도의 관계

• 45도 > 포환 던지기 > 원반 던지기 > 창 던지기 > 멀리뛰기
• 대부분의 경기는 던지는 위치가 떨어지는 위치보다 사람의 키 정도만큼 약간 높으므로, 던지는 사람의 키를 고려하면 45°보다 약간 작은 각도로 던져야 가장 멀리 날아간다.

대표 기출 유형

04 공기저항을 무시할 때 투사체의 투사거리에 영향을 미치는 요인이 아닌 것은?

① 투사높이
② 투사속도
③ 투사형태
④ 투사각도

정답은 해설지에

2. 각운동의 운동학적 분석

Introduction

각운동이란 차바퀴나 팽이처럼 물체가 한 정점의 주위를 원을 그리면서 회전하는 운동으로 회전운동이라고도 한다. 각운동이라는 용어는 물체가 회전운동을 하는 경우 회전운동의 중심축에서 각이 달라지기 때문이다.

회전체의 각이 달라지는 변화량은 결국 회전하는 물체의 원둘레에서의 특정한 위치가 처음의 위치에서 달라진 정도와 같은 의미이므로 거리와 변위의 개념으로 바꾸어 측정할 수 있다.

<1> 각거리와 각변위

각거리란 관측 장소에서 두 점 사이의 각도의 크기를 나타내며, 축을 중심으로 회전하는 물체의 이동에 따라 중심축에서의 각이 어떻게 달라지는지를 측정하는 개념이다. 예를 들어, 자전거의 바퀴가 회전할 때 바퀴의 축을 중심으로 각의 변화량을 측정하여 각거리를 알 수 있다. 자전거가 후진하여 바퀴가 반대방향으로 돌아가면서 이동한 거리도 각거리의 개념에 포함된다.

반면, 각변위는 회전하는 물체의 위치 변화량을 의미한다. 즉, 회전 운동을 하는 물체가 한 위치에서 다른 위치로 회전할 때의 위치 변화량을 나타낸다. 각변위는 방향을 가지며, 시계바늘처럼 한 방향으로의 위치 변화를 포함하는 개념이다.

□ 각거리와 각변위

각거리	각변위
• 회전하는 물체가 움직인 전체 각도 • 방향을 가지지않음 • 스칼라량	• 회전하는 물체의 각위치의 변화량 • 방향가짐 (시계방향회전 : –, 반시계방향회전 : +) • 벡터량

<2> 각속력과 각속도

각속력이란 각속도의 크기. 즉, 각속도의 절댓값을 의미하며 유사벡터이다. 이에 비해 각속도란 회전체가 단위시간동안 회전한 각 즉, 회전운동의 속도를 특징짓는 기본적인 양으로 ω(오메가)로 표시한다. 방향을 가지는 개념이므로 시계바늘처럼 한 방향으로의 위치변화를 포함하는 개념이다.

□ 각속도와 선속도

자전거가 직진할 때 자전거 바퀴는 회전운동을 하며 각속도를 가진다. 이때 자전거 바퀴가 남긴 흔적의 시작점과 끝점을 통해 자전거의 속도를 구할 수도 있다. 즉, 각속도는 선속도로 바꾸어 계산할 수 있으며 이때의 공식은 아래와 같다.

$$선속도(v) = 회전\ 반경(r) \times 각속도(\omega)$$

따라서 같은 시간 동안 한바퀴를 구를 때 반지름이 큰 바퀴가 반지름이 작은 바퀴보다 더 긴 거리를 굴러가는 것처럼 같은 각속도라도 회전체의 반지름이 더 크면 선속도가 더 크다.

각속도를 구하는 공식은 아래와 같다.

$$각속도(\omega) = 각변위(\theta)/이동시간(t)\ (단위:\ rad/s)$$

학습목표

각속도를 물체의 선속도와 관련하여 이해할 수 있어야 합니다. 또한 선속도에 영향을 주는 요인도 암기하고 스포츠에 적용해 봅니다.

각도의 단위

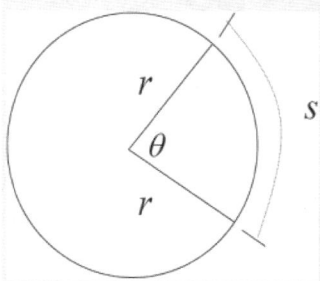

- 도(degree), 라디안 (radian), 회전(revolution)
- rad(라디안) : 원호의 길이 s를 반지름 r로 나눈 것으로 θ(쎄타) =s/r로 표시함
- 1 rad은 호의 길이가 반지름과 같을 때의 중심각이다.
- 1 rad = 360°/2π = 57.3°
- 1° = 1rad/57.3°
  = 0.0175 rad
- 360° = 2π rad = 1회전

각속력과 선속력

물체의 속력은 단위 시간당 움직인 거리로 구할 수 있다.

하지만 원운동에서는 단위 시간당 변화한 중심각도의 크기를 측정하여 구하는 것이 유용하다. 이를 각속력이라고 한다.

이와 구분하기 위해 접선 방향으로의 속력을 선속력이라고 한다.

같은 각속력이라도 회전체의 반지름이 더 크면 선속력이 더 크다.

<3> 각가속도 (angular acceleration)

각가속도란 원운동을 하는 물체에 힘의 모멘트가 작용하여 속도나 방향을 변화시킬 때 생기는 물리량이다. 즉, 일정 시간에 대한 각속도의 변화량을 나타내는 벡터량을 의미하며 각가속도가 크면 방향 전환에 유리하다.

<4> 선속도와 각속도와의 관계

선속도란 선운동에서의 속도를 말하며, 각속도와 구분하기 위해 사용되는 용어로, 일반적으로 '속도'라는 용어로 사용된다.

모든 회전하는 물체는 연속적인 선운동을 하고 있는 물체가 구심점(중심점)에 잡혀 있어 회전운동을 하는 것으로 볼 수 있다. 예를 들어 해머돌리기에서 선수가 돌리던 해머를 놓으면 회전하던 해머의 운동의 상태는 선운동으로 바뀐다. 이때 해머를 빠르게 돌리다가 놓으면 직선으로 날아가는 해머의 속도도 **빠르다**. 즉 물체의 선속도와 각속도에는 비례관계가 성립하며 차이가 있다면 각속도가 얼마나 빨리 도느냐의 문제라면 선속도는 얼마나 멀리 가느냐의 문제이다.

선속도(v) = 각속도(ω) x 회전반경(r) = 회전반경(r) x 각변위(θ)/이동시간(t)

1) 선속도와 각속도의 관계

□ 선속도와 각속도

각속도가 일정할 때	선속도가 일정할 때
• 물체의 선속도는 회전반경의 길이에 비례한다. • 트랙 경기에서 같은 각속도로 이동하려면 중심으로부터 바깥쪽에 있는 선수가 더 많은 거리를 이동해야 한다. • 아래 그림에서 B가 A보다 더 많은 거리를 이동하므로 선속도가 더 크다.	• 물체의 각속도는 회전반경의 길이에 반비례한다. • 바퀴의 지름이 다른 자전거로 같은 거리를 이동하려면 바퀴의 지름이 작은 것이 더 많이 회전해야 된다.

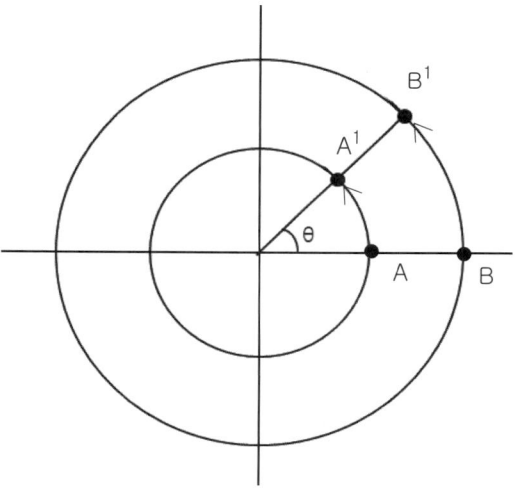

<선속도와 회전반경의 관계>

선운동과 각운동의 관계
• 회전하는 물체의 선운동은 회전 반경에 직각이 되거나 곡선 궤적의 접선 방향에서 이루어지므로 접선운동이라 한다.
• 신체 분절의 운동이나 라켓 등의 말단부의 선속도는 회전 반경의 길이를 증가시킴으로써 크게 할 수 있다.

각가속도와 방향 전환
각가속도가 클수록 방향의 전환에 유리하다.

선속도와 회전반경
• 선속도 = 각속도 x 회전반경
• 회전체의 각속도가 일정할 때 그 물체의 선속도는 회전 반경의 길이에 비례한다. 따라서 배팅을 하는 야구선수는 배트를 길게 잡을수록 배트의 선속도가 높아져 더 빠르게 공을 때릴 수 있게 된다.

대표 기출 유형

05 소프트볼 투수가 공을 던지는 동작의 설명으로 바르지 않은 것은?

① 던지는 팔의 회전 속도는 공의 선속도에 영향을 미친다
② 투수의 팔 길이가 길면 공의 선속도를 증가시키는데 유리하다.
③ 공의 선속도는 던지는 팔의 길이와 팔의 각속도의 곱으로 나타난다.
④ 공을 던지는 순간 투수의 던지는 팔 길이를 길게 하면 팔의 회전 각속도는 크다.

정답은 해설지에

2) 선속도와 각속도의 스포츠적용

□ 회전반경과 스포츠

회전반경이 크면 유리할 때	회전반경이 짧으면 유리할 때
• 선속도 = 각속도 x 회전반경 • 회전체의 각속도가 일정할 때 그 물체의 선속도는 회전 반경의 길이에 비례 • 신체 분절의 각속도가 최대에 이르렀을 때의 선속도는 회전 반경의 길이를 길게 함으로써 증가시킬 수 있다. • 배구의 스파이크나 테니스의 서브, 골프의 스윙 등에서는 팔꿈치 관절을 곧게 펴 회전 반경을 길게 함으로써 선속도를 증가시켜 보다 큰 운동량을 얻을 수 있다.	• 각속도 = 선속도 / 회전반경 • 회전체의 선속도가 일정할 때 그 물체의 각속도는 회전 반경의 길이에 반비례 • 회전 반경이 짧을수록 각속도는 증가하기 때문에 체조의 공중 회전이나 수영의 다이빙경기 등에서 빠른 회전을 위해 활용한다. • 공중 동작에서 공중 회전수를 많게 하기 위해서는 빠른 속도로 회전하여야 하며 이를 위해서는 허리를 구부린 터크 자세를 취하여 회전 반경을 짧게 함으로써 각속도를 증가시킨다.

Confirmation
이것만은 꼭!

01 ( )는 크기만 갖는 물리량이며, 시간, 거리, 질량, 온도, 속력, 일, 에너지 등이 여기에 속한다.

02 ( )는 크기와 ( )을 갖는 물리량이며, 위치, 변위, 속도, 가속도, 힘, 운동량, 충격량 등이 여기에 속한다.

03 ( )은 단위 시간 동안 이동한 거리를 의미하며, 단위는 m/s 이다.

04 ( )는 시간에 따른 변위의 변화율을 의미하며, 단위는 m/s 이다.

05 ( )는 단의 시간 동안 속도의 변화량을 의미하며, 단위는 m/s^2 이다.

06 ( )는 단위시간당 회전한 각을 의미하며, 단위는 rad/s 이다.

07 각속도가 일정할 때 물체의 선속도는 ( )에 비례한다.

08 선속도가 일정할 때 물체의 각속도는 회전반경의 길이에 ( )한다.

09 포물선 운동에서는, x축 방향으로는 ( )운동을 하며, 작용하는 힘이 없고, y축 방향으로는 ( )운동을 하며 작용하는 힘이 있다.

10 물체를 던졌을 때 투사거리에 주로 영향을 주는 요인은 ( ), ( ), ( )가 있다.

정답
1. 스칼라
2. 벡터, 방향
3. 속력
4. 속도
5. 가속도
6. 각속도
7. 회전반경의 길이
8. 반비례
9. 등속도, 등가속도
10. 투사속도, 투사각도, 투사높이

Previous 단원 기출문제

01 다음 보기 중 괄호 안에 들어갈 용어를 바르게 나열한 것은?

< 보 기 >

(㉠)은(는) 단위시간에 움직인 거리를 나타내는 (㉡)량이고 (㉢)는(은) 단위시간에 움직인 변위를 나타내는 (㉣)량이다.

① ㉠ 속력 ㉡ 벡터 ㉢ 속도 ㉣ 스칼라
② ㉠ 속도 ㉡ 벡터 ㉢ 속력 ㉣ 스칼라
③ ㉠ 벡터 ㉡ 속력 ㉢ 스칼라 ㉣ 속도
④ ㉠ 속력 ㉡ 스칼라 ㉢ 속도 ㉣ 벡터

속력은 단위시간에 움직인 거리를 나타내는 스칼라량, 속도는 단위시간에 움직인 변위를 나타내는 벡터량이다.

정답 : ④

02 길이 50 m 수영장에서 자유형 100 m 경기기록이 100초였을 때 평균속력과 평균속도는? (단, 출발과 도착 지점이 동일하다고 가정)

① 평균속력 : 1 m/s, 평균속도 : 1 m/s
② 평균속력 : 0 m/s, 평균속도 : 0 m/s
③ 평균속력 : 1 m/s, 평균속도 : 0 m/s
④ 평균속력 : 0 m/s, 평균속도 : 1 m/s

속력은 스칼라량으로 이동한 총거리를 시간으로 나누어 계산한다. 반면에 속도는 변위이므로 물체의 위치가 변한 양을 시간으로 나누어 계산한다. 길이 50 m 수영장에서 열린 100 m 경기라면 총이동거리는 100m이므로 평균 속력은 100m를 100초로 나눈 값인 1 m/s이다.

반면 선수가 출발점으로 길이 50 m 수영장에서 열린 100 m 경기에서는 선수는 출발점으로 돌아와야 하고 따라서 변위는 0이므로 평균속도도 0 m/s가 된다.

정답 : ③

03 <보기>의 그래프에 대한 설명으로 옳은 것은?

< 보 기 >

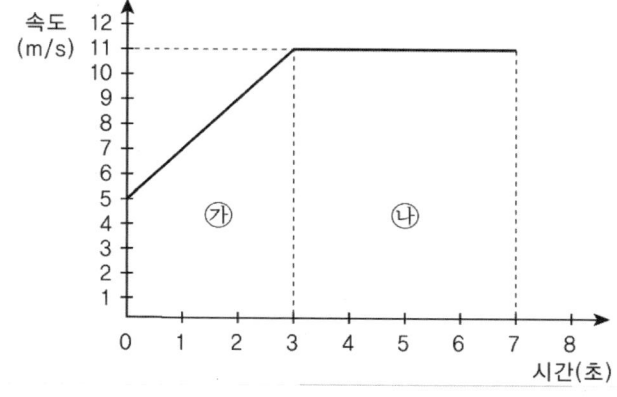

① ㉮구간의 가속도는 증가한다.
② ㉯구간의 가속도는 $1m/s^2$ 이다.
③ ㉮구간의 가속도가 ㉯구간의 가속도보다 크다.
④ ㉯구간은 정지한 상태이다.

가속도는 단위 시간에 일어나는 속도의 변화율을 나타내는 개념이다. 주어진 그래프에서는 0~3초 사이에 속도의 변화가 있으므로 그 구간에 가속도가 작용한다고 볼 수 있다. 〈가속도(a) = (나중 속도-처음 속도) ÷ 걸린 시간〉로 계산되는 가속도를 적용할 때 그래프의 ㉮구간의 가속도는 2m/s2 이다. ㉯구간은 물체가 등속운동을 하고 있으므로 가속도는 0이며 따라서 ㉮구간의 가속도가 ㉯구간의 가속도보다 크다.

정답 : ③

04 골프에 관한 운동학(kinematics)적 또는 운동역학(kinetics)적 개념에 관한 설명으로 옳은 것은? (단, 샤프트(shaft)는 휘어지지 않는다고 가정함.)

① 드라이버 스윙 시 헤드(head)와 샤프트의 각속도는 다르다.
② 골프공의 반발계수를 작게 하면 더 멀리 보낼 수 있다.
③ 샤프트의 길이가 길어지면 샤프트의 관성모멘트는 작아진다.
④ 7번 아이언 헤드의 선속도는 헤드의 각속도와 샤프트의 길이에 비례한다.

문제에 샤프트가 휘어지지 않는다는 조건이 주어졌으므로 스윙시 헤드와 샤프트는 같은 시간 동안 동일한 각을 이동하는 것(동일한 각속도를 가짐)으로 보아야 한다. 샤프트의 길이가 길어지면 관성모멘트는 커져서 회전운동을 일으키는 것이 어려워진다. 또한 헤드에 맞은 골프공은 반발계수는 탄성의 크기를 나타내는 값이므로 반발계수가 클수록 골프공은 멀리 날아가게 된다.

모든 회전하는 물체의 선속도는 물체의 각속도와 회전반경에 비례하므로 정답은 ④번이다.

정답 : ④

05 야구공이 야구배트의 회전축에서부터 0.5m 지점에서 타격되었다. 야구공이 타격 되는 순간 배트의 각속도가 50 rad/s이면 타격지점에서 배트의 선속도는?

① 12.5 m/s
② 12.5 rad/s
③ 25 m/s
④ 25 rad/s

선속도(v) = 회전 반경(r) × 각속도(ω)로 구할 수 있다.
정답 : ③

06 원반던지기의 투사거리에 중요한 영향을 미치는 3가지 요소는?

① 투사각도 - 투사속도 - 투사높이
② 투사속도 - 조파항력 - 부력
③ 투사높이 - 부력 - 투사속도
④ 조파항력 - 투사각도 - 투사속도

투사거리에 중요한 영향을 미치는 3가지 요소는 투사각도, 투사속도, 투사높이이다.
정답 : ①

07 <보기>는 200 m 달리기 경기에서 경과시간에 따른 평균속도 변화이다. 이에 관한 설명으로 옳지 않은 것은?

< 보 기 >

경과시간	0	1	3	5	7	9	11	13	15	17	19	21	23
평균속도	0	2.4	8.4	10	10	9.6	9.5	8.9	8.7	8.6	8.5	8.4	8.3

· 경과시간 : (초)   · 평균속도 : (m/s)

① 평균가속도가 0인 구간이 존재한다.
② 처음 1초 동안 2.4 m를 이동하였다.
③ 후반부의 평균속도는 감속되고 있다.
④ 최대 평균가속도는 5초와 7초 사이에 나타난다.

가속도는 단위시간(1초) 동안 속도의 변화량을 의미하므로 주어진 표에서 최대 평균가속도가 나타난 구간은 1~3초 사이이다.
정답 : ④

08 공의 포물선 운동에 대한 설명으로 옳지 않은 것은? (단, 공기저항은 무시함)

① 공의 속력은 항상 일정하다.
② 공의 수평가속도는 0m/s2이다.
③ 공의 수직가속도는 중력가속도와 같다.
④ 공의 투사각도는 투사거리에 영향을 미친다.

포물선 운동은 중력이 작용하는 공간에서 힘의 방향과 일정한 각도를 이루며 던져진 물체가 포물선을 그리며 이동하는 운동이다.
공기저항을 무시할 때, 수평방향으로는 등속도 운동을 하며, 수직방향으로는 속도가 변하고, 가속도가 일정한 등가속도 운동을 한다.
투사거리에 영향을 미치는 요인은 투사속도, 투사각도, 투사높이가 투사거리이다.
정답 : ①

05강 운동역학

운동역학의 스포츠 적용

1. 선운동의 운동역학적 분석

Introduction

힘은 물체의 운동 상태를 변화시키는 원인이며, 벡터적 특성을 가진다. 힘을 이해하는 것은 운동의 역학적 특성을 이해하는데 기초가 되므로 매우 중요하다.

힘과 관련한 법칙으로 뉴턴의 운동법칙이 있으며 다시 뉴턴의 선운동 법칙은 관성의 법칙, 가속도의 법칙, 작용·반작용의 법칙이 있다. 뉴턴의 운동법칙에 따르면 물체에 외력이 작용하지 않는 한 선운동량은 보존된다.

학습목표

운동역학에서의의 힘의 개념을 공식과 함께 이해하고 힘과 관련한 운동량이나 충격량 등에 적용할 수 있어야 합니다.

<1> 힘의 정의와 단위

힘이란 운동 방향이나 운동 속도와 같은 물체의 운동 상태에 변화를 일으키는 원인을 말한다. 힘은 질량과 가속도에 비례한다.

$$힘(F) = 질량(m) \times 가속도(a) = 질량 \times [(나중속도 - 처음 속도) / 걸린 시간]$$

힘의 단위는 N(뉴턴)과 kgf(킬로그램힘, 킬로그램중)이다. N은 물체에 힘이 작용할 때 속력이 변하는 정도를 비교하여 약속한 힘의 단위로 힘을 나타내는 절대 단위이며, kgf는 지구에서의 중력과 관련된 무게의 단위이다.

힘의 크기

힘은 질량과 가속도에 비례한다. 질량이 무거울수록 가속도가 빠를수록 커진다.

힘과 무게

무게는 중력에 의해 결정되므로 힘과 무게의 단위는 같다.

□ 힘의 단위

N(뉴턴)	kgf(킬로그램힘, 킬로그램중)
• 물체에 힘이 작용할 때 속력이 변하는 정도를 비교하여 정한 힘의 단위 • 힘을 나타내는 절대 단위 • $1N = 1kg \times m/s^2$	• kgf은 지구에서의 중력과 관련된 무게의 단위 • $1kgf = 1kg중 = 9.8N$ • $1kg중 = 1kg \times 9.8m/s^2 = 9.8N$

힘과 운동량의 차이

• 힘 = 질량 × 가속도
• 운동량 = 질량 × 속도

<2> 힘의 벡터적 특성

힘은 크기 외에 작용하는 방향 및 방향의 물리적 양, 즉 벡터적인 속성을 가진다. 힘은 크기와 방향 그리고 작용점을 가지며, 그 중 어느 한 가지만 변하여도 전체적인 운동의 성질이 변하게 된다.

스포츠와 힘의 벡터적 특성

스포츠에서는 힘 자체도 중요하지만 그 힘을 어떻게 효과적으로 사용하는가도 중요하다.

그러므로 힘의 벡터적인 특징인 힘의 크기, 작용점, 힘의 방향 등을 조정하여 힘이 물체에 주는 영향을 적절하게 조절하는 것이 중요한 일이다.

□ 힘의 3요소

힘의 크기	거리와 속도를 결정함
힘의 방향	물체의 이동 방향을 결정함
힘의 작용점	힘의 능률이나 회전을 결정함

대표 기출 유형

01 힘(force)에 대한 설명으로 옳지 않은 것은?

① 힘은 움직임을 일으키는 원인이다.
② 힘의 3요소는 크기, 방향, 작용점이다.
③ 힘의 단위는 N(newton)이다.
④ 힘은 크기가 0보다 큰 스칼라(scalar)양이다.

정답은 해설지에

□ 힘의 벡터적 특성

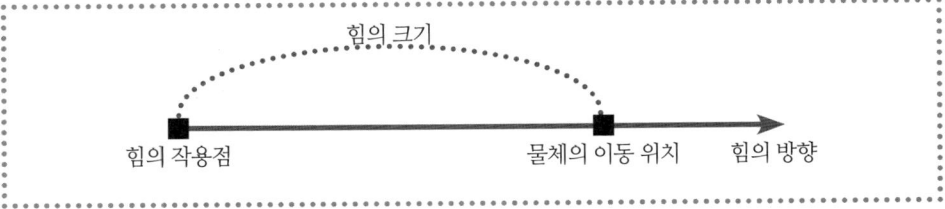

<3> 힘의 종류

역학에서의 운동에 영향을 미치는 힘의 종류는 중력, 마찰력, 부력, 항력, 양력, 압력, 탄성력 등이 있다. 이런 힘을 이해하는 것은 운동의 역학적 특성을 이해하는데 기초가 되므로 매우 중요하다.

1) 역학적 힘의 종류

(1) 힘의 종류

중력	• 지구의 만유인력과 자전에 의한 원심력을 합한 힘 • 지표 근처의 물체를 연직 아래 방향으로 당기는 힘
마찰력	• 운동방향과 반대방향으로 작용하며 운동을 방해하는 힘 • 두 물체가 스칠 때 표면에 평행한 마찰력이 작용한다.
부력	• 유체에 잠기거나 떠 있는 물체에 중력과 반대 방향으로 작용하는 힘 • 부력은 물체와 같은 부피의 그 유체의 무게와 같다.
항력	• 물체가 유체 내에서 운동하거나 정지해 있을 때 운동방향의 정면에서 받는 저항력 • 유체저항이라고도 한다.
양력	• 유체 속에서 이동하는 물체의 이동방향에 수직으로 작용하는 힘 • 유체에 닿은 물체를 밀어내리려는 힘에 대한 반작용
압력	• 물체가 누르는 힘 • 중력에 비례하고 접촉면적에 반비례한다.
탄성력	• 외부의 힘에 의해 변형된 물체가 원래의 모양으로 되돌아가려는 힘
근력	• 근육의 수축에 의해 생성된 힘

□ 마찰력의 종류

정지 마찰력	정지해 있는 두 물체의 접촉면 사이에 있으며, 운동시작을 방해하는 저항력을 발생시킴
미끄럼 마찰력	두 물체가 접촉한 상태에서 미끄러질 때 각각의 물체가 서로의 표면에 발생시키는 상대적 마찰력
구름 마찰력	공이나 바퀴 등이 물체가 지지하거나 접촉하는 면 위를 구를 때 어느 한쪽 또는 양쪽 물체의 형태가 접촉면에서 변형되기 때문에 나타나는 마찰력

마찰력
• 마찰력 = 마찰계수 × 수직항력
• 수직항력 : 두 물체의 접촉면에 수직으로 작용하는 모든 힘의 합력

마찰력에 영향을 미치는 요인
• 접촉면의 형태, 재질, 접촉환경
• 물체간의 상대적 운동 상태
  : 최대정지마찰력은 미끄럼 마찰력보다 큼
• 물체간의 운동 유형
  : 미끄럼 마찰력은 구름 마찰력보다 큼

마찰력과 스포츠
스포츠에서 선수가 쉽게 방향전환을 할 수 있는 이유는 운동화 바닥의 스파이크가 운동화와 지면 사이의 마찰력을 극대화시키기 때문이다.

대표 기출 유형

02 힘의 종류에 대한 설명 중 바르지 못한 것은?

① 추진력은 운동을 유발하는 힘이다.
② 저항력은 운동을 방해하는 힘이다.
③ 양력은 '떠오르게 하는 힘'으로 중력에 반대되는 힘이다.
④ 탄성력은 접촉면의 형태, 성분 등에 의해 결정되는 힘이다.

정답은 해설지에

2) 유체에 작용하는 힘의 종류

(1) 유체와 관련한 힘의 종류

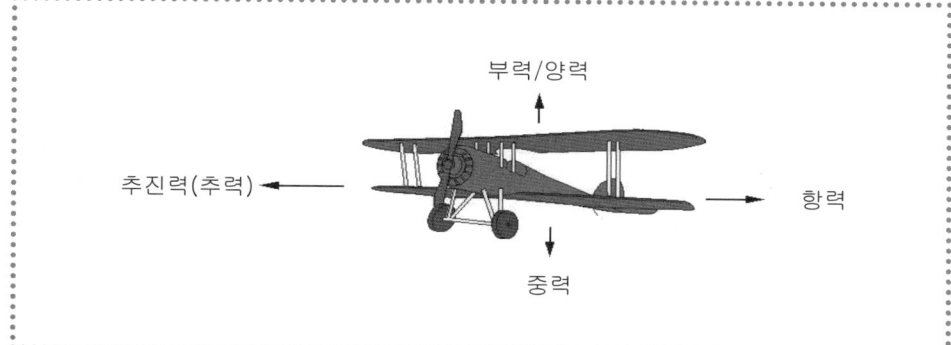

> **스포츠와 양력**
> 스키선수가 슬로프(slope)를 활강할 때에는 항력과 양력을 동시에 감소시켜 최대한의 속도를 내려한다. 이때는 슬로프와 평행이 되도록 허리를 구부려 항력과 양력의 영향을 덜 받는 자세를 취해야 한다.

(2) 출제가 예상되는 양력에 적용되는 이론들

베르누이의 정리	• 유체의 흐름이 빠른 곳이 유체의 흐름이 느린 곳보다 상대적으로 압력이 낮아지는 현상 예) 비행기의 날개는 위쪽이 아래쪽보다 굴곡이 있어서 날개 위쪽이 공기의 흐름이 더 빠르고 압력이 더 낮다. 따라서 압력이 높은 날개 아래쪽에서 압력이 낮은 날개 위쪽방향으로 날개를 밀어올리는 양력이 발생한다.
마그누스의 효과	• 커브볼에 적용된 베르누이의 정리 • 유체 속에서 회전하는 물체에 양력이 작용하여 경로가 휘어지는 현상 • 공이 회전하며 직진할 때 회전방향과 공기의 진행 방향이 같은 쪽은 압력이 낮고 속력이 빠르지만, 반대쪽은 압력이 높고 속력이 느려서, 공기의 압력이 상대적으로 높은 쪽에서 낮은 쪽으로 경로가 휘어진다. • 마그누스의 효과가 적용된 힘을 마그누스의 힘이라고 하며, 스핀을 가한 반대방향으로 마그누스의 힘이 작용한다. 예) 야구 투수의 커브볼, 축구의 코너킥, 테니스나 배구의 탑스핀, 백스핀

> **골프공의 딤플과 항력**
> 딤플은 골프공 표면의 움푹 들어간 홈을 의미한다.
> 구형의 물체는 유선형의 물체에 비해 항력이 높다. 하지만 골프공처럼 공의 표면에 홈이 있으면 공의 표면에 작은 난기류가 발생하여 공기가 뒤쪽으로 가지 않고 공의 표면에 더 오래 붙어 있게 된다.
> 결과적으로 공의 앞과 뒤쪽의 압력차으로 인한 항력이 줄어들어 공은 더 빠르고 멀리 날아가게 된다.

<4> 뉴턴의 선운동 법칙

선운동량과 관련한 뉴턴의 법칙은 제1법칙인 관성의 법칙, 제2법칙인 가속도의 법칙, 제3법칙인 작용과 반작용의 법칙 등 모두 세 가지가 있다.

1) 제1법칙 : 관성의 법칙

개념	• 물체가 외력의 영향이 없을 때 현재의 상태를 계속 유지하려는 성질 • 관성의 크기는 물체의 운동량에 비례한다. (질량과 속도에 비례)
의미	• 정지 상태에서는 속도가 없으므로 물체의 질량에 비례한다. • 운동 중에 있는 물체의 관성은 물체의 질량과 속도에 비례한다.
사례	• 정지관성의 예 : 차가 급히 출발할 때 몸이 뒤로 넘어지는 것 • 운동관성의 예 : 차가 급제동할 때 몸이 앞으로 넘어지는 것

> **가속도**
> • 단위시간(1초) 동안 속도의 변화량
> • 가속도
> = (나중속도−처음속도)/걸린시간
> • 가속도 = 힘/질량

2) 제2법칙 : 가속도의 법칙

개념	• 움직이는 물체에 같은 방향으로 힘이 작용하면 그 힘만큼 가속도가 발생한다. • 힘 = 질량 × 가속도 (F = m × a) • 가속도 = 힘/질량
의미	• 가속도는 작용하는 힘의 크기에 비례하고 질량에 반비례한다.
사례	• 볼링에서 속도가 일정할 경우에는 무거운 무게의 공을 사용하는 것이 유리하며, 같은 무게일 때는 속도를 높이는 것이 핀과 충돌할 때 힘이 더 커진다.

> **축구와 관성, 가속도, 작용, 반작용**
> • 관성 : 공을 차고 나서도 선수는 계속 진행 방향으로 움직인다.
> • 가속도 : 공 쪽으로의 이동속도와 다리의 스윙 속도를 증가시키면 공에 가해지는 힘이 커진다.
> • 작용·반작용 : 발이 공과 부딪히는 순간에 반대방향으로 반작용이 발생한다.

충격량과 충격력과 시간의 관계

충격량은 힘 x 시간이므로 받는 힘이 클수록, 힘을 받는 시간이 길수록 커진다.

또한 충격량이 고정되어 있다면, 힘 (충격력)이 작용하는 시간이 길수록 충격력은 작아진다.

스포츠와 충격력

야구공을 받을 때 글러브를 낀 손을 뒤로 많이 빼면서 받을 때와 조금 빼면서 받을 때 손이 받는 충격력을 비교하면 많이 빼면서 받는 것이 더 작다. 손이 받는 충격량은 같지만 충격력이 작용하는 시간을 길게 하여 충격력을 줄였기 때문이다.

충격량의 응용

야구에서 타자는 가능한 한 무거운 배트를 사용한다. 또한 충격량을 크게 하기 위해 배트의 각속도를 최대로 하고, 회전 반경을 최대한 길게 하여 빠른 선속도를 만들어 임팩트시 시간을 길게 함으로써 장타를 칠 수 있게 된다.

대표 기출 유형

03 다음 괄호에 들어갈 법칙을 바르게 나열한 것은?

<보기>

- (ⓐ) – 버스가 급출발하거나 급정거 할 경우 버스안의 승객들이 뒤로 혹은 앞으로 쏠리는 것은 버스의 운동 변화와는 달리 승객들은 원래 운동상태를 유지하려고한다.

- (ⓑ) – 보트를 타고 노로 물을 뒤로 밀면 배는 앞으로 간다.

- (ⓒ) – 자전거를 타고 페달을 강하게 밟을수록 자전거는 외력이 커져 가속되면서 앞으로 간다.

① ⓐ 관성의 법칙, ⓑ 가속도의 법칙, ⓒ 작용반작용의 법칙
② ⓐ 가속도의 법칙, ⓑ 작용반작용의 법칙, ⓒ 관성의 법칙
③ ⓐ 작용반작용의 법칙, ⓑ 관성의 법칙, ⓒ 가속도의 법칙
④ ⓐ 관성의 법칙, ⓑ 작용반작용의 법칙, ⓒ 가속도의 법칙

정답은 해설지에

---

3) 제3법칙 : 작용과 반작용의 법칙

□ 작용과 반작용의 법칙의 개념

개념	• 모든 힘의 작용에는 항상 크기가 같고 방향이 반대인 힘의 반작용이 있다.
의미	• 물체가 다른 물체와 부딪히면 가해진 힘만큼 반대방향으로 튀어 나옴
사례	• 농구공을 바닥에 튀기면 공이 튀어 오르는 현상 • 단거리 달리기에서 스타팅 블록의 사용

<5> 선운동량과 충격량

선운동량은 운동을 하는 물체의 운동량으로 물체가 얼마나 빠르게 움직이는가가 아닌 얼마나 강하게 움직이는가를 의미하는 물리량이다. 질량이나 속도 중 어느 하나 또는 이 두 가지 모두를 증가시키면 운동량이 증가한다.

선운동량의 공식은 다음과 같다.

선운동량(P) = 질량(m) x 선속도(v) (단위 : Kg·m/s, N·s)

충격량이란 물체가 받는 힘의 효과를 나타내는 (물체의 운동량에 변화를 주는) 물리량을 의미한다. 물체가 다른 물체에 충돌할 때 선운동량과 충격량은 비례한다.

충격량의 공식은 다음과 같다.

충격량 = 충격력(힘) × 충격력이 작용하는 시간 = 질량 x 가속도 x 작용시간

= 운동량의 변화량 = 충돌후 운동량 − 충돌전 운동량 (단위 : Kg·m/s, Ns)

1) 선운동량

(1) 선운동량의 증가 요인

질량	• 라켓이나 배트의 무게를 증가시키면 선운동량이 늘어남 • 무거운 선수가 가벼운 선수에 비해 동일한 속도에서 보다 큰 운동량을 가짐
속도	• 축구의 페널티킥에서 선수가 선속도를 증가시키면 운동량이 늘어남 • 가벼운 선수가 매우 빠른 속도를 낼 수 있다면 무거운 선수보다 더 많은 운동량을 가질 수 있음

2) 충격량

(1) 충격량의 증가 요인

힘	야구 배팅에서 배트의 무게를 늘리거나 스윙의 속도를 빠르게 하여 힘을 증가시키면 공에 가해지는 충격량이 늘어남
작용 시간	야구 배팅에서 배트의 무게와 스윙의 속도가 일정할 경우 공과의 접촉 시간을 길게하면 공에 가해지는 충격량이 늘어남

(2) 충격력(힘) 감소요인

충격력 분산	• 유도의 낙법은 충격 면적을 크게 하여 충격력을 분산시키는 기술 • 포수 글러브의 패딩은 접촉 시간을 연장시켜 주고 공과 접촉 면적을 넓힘
작용 시간	• 야구공을 받을 때 글러브를 몸 쪽으로 끌어당기며 받음 • 점프 후 착지할 때 발목과 무릎, 고관절을 구부려 충격을 완화함

<6> 선운동량의 보존

물체에 작용하는 외력이 없다면 물체의 전체 선운동량은 항상 일정하게 보존된다. 직선 운동에서는 선운동량의 시간에 대한 변화를 결정하는 것은 힘(force)이므로, 외부로부터 힘이 작용하지 않으면, 선운동량은 시간에 따라 변하지 않으며 선운동량이 보존되는 것이다.

물체가 충돌하거나 폭발할 때에도 외력이 작용하지 않는 한 운동량의 총합은 같다.

☐ 뉴턴의 선운동량 보존의 법칙

뉴턴의 제3법칙에 따르면 두 개 이상의 물체들이 충돌할 때 외부의 힘이 작용하지 않는 한 서로 크기가 같고 방향이 반대인 운동량을 전달하며 충돌 전후에 총운동량은 변하지 않고 일정하다.

즉, 충돌 시 운동량이 사라지지 않고 한 물체에서 다른 물체로 옮겨갈 뿐이라는 것을 의미한다.

<7> 충돌

두 물체가 충돌하는 과정에서는 두 물체 사이에 작용하는 힘의 크기가 같고, 힘이 작용하는 시간이 같기 때문에 두 물체는 각각 같은 크기의 충격량을 반대 방향으로 받게 된다. 또한 다른 힘이 작용하지 않는 이상적인 상황에서는 충돌 전과 충돌 후의 운동량의 총합은 같다.

에너지 보존의 법칙은 충돌상황에서도 적용된다. 이를 나타내는 개념이 탄성계수이다. 탄성계수는 충돌 후의 상대 속도를 충돌 전의 상대 속도로 나누어 구하는데 충돌로 인한 에너지의 손실이 전혀 없는 경우 탄성계수는 1이다. 하지만 일상에서는 대부분 충돌시 에너지가 다른 에너지로 전환되면서 속도도 달라지므로 탄성계수는 0보다 크고 1보다 작다.

화살이 과녁에 꽂히는 것처럼 충돌로 두 물체가 완전히 접합되는 경우가 있는데 그런 경우 탄성계수는 0이 된다.

> **탄성계수**
> • 탄성계수 = 충돌 후의 상대 속도 / 충돌 전의 상대 속도

1) 충돌의 종류와 특성

(1) 충돌의 종류

완전 탄성 충돌	• 충돌체 상호간의 충돌 전과 충돌 후의 상대 속도가 같은 경우 • 충돌에 의한 에너지 손실이나 에너지 형태의 전환이 없음 • 탄성 계수는 1
불완전 탄성 충돌	• 충돌 시 물체가 일시적으로 변형되었다가 다시 충돌 전의 형태로 복원되는 경우 • 탄성 계수는 0보다 크고 1보다 작음 • 농구의 리바운드, 야구의 배팅 등
완전 비탄성 충돌	• 충돌체가 충돌 후에 서로 분리되지 않는 경우 • 탄성 계수는 0 • 화살이 과녁에 꽂히는 경우, 야구에서의 포구

(2) 충돌시 힘에 영향을 주는 요인

충돌체의 역학적 에너지	물체의 운동에너지가 클수록 충돌할 때 힘이 크며, 작을수록 힘이 작아짐
힘이 가해진 시간	동일한 충격량일 때 충돌 순간 힘이 작용되는 시간이 길면 충돌 힘은 작아지고, 짧으면 커짐
충돌 면적	충돌하는 물체의 면적이 넓을수록 힘을 감소시키는 효과가 발생함

대표 기출 유형

04 6m/s의 속도로 오른쪽으로 움직이는 체중 90kg인 럭비선수(A)와 7m/s의 속도로 왼쪽으로 움직이는 80kg인 선수(B)가 정면으로 충돌한다면 각 선수들의 운동량은 얼마나 되는가?

① A 선수 560kg·m/s
  B 선수 540kg·m/s
② A 선수 540kg·m/s
  B 선수 560kg·m/s
③ A 선수 90kg·m/s
  B 선수 80kg·m/s
④ A 선수 80kg·m/s
  B 선수 90kg·m/s

정답은 해설지에

2) 스포츠 상황에서 충돌의 응용 (탄성력)

□ 탄성력과 스포츠

탄성을 추진력으로 활용	탄성력을 저항·완충으로 활용
• 스프링보드 다이빙에서 탄성이 높은 발구름판 이용하여 수직속도를 증가시킴 • 체조의 뜀틀에서 스프링이 장착된 발구름판 사용하여 도약력을 높임	• 높이뛰기에서 사용되는 매트는 지면과 신체의 충격량이 변화하는 시간을 증가시켜 충격력을 감소시킴 • 스프링이 설치된 마루운동 매트는 착지할 때 충격력을 완화시킴

탄성력

외부의 힘에 의해 변형된 물체가 원래의 모양으로 되돌아가려는 힘을 탄성력(복원력)이라고 한다.

탄성력의 크기와 방향은 훅(Hooke)의 법칙으로 알려져 있다. 탄성한계 내에서 물체가 변형되었을 때 탄성력의 크기는 변형된 정도에 비례하고 방향은 변형된 방향과 반대로 작용한다.

2. 각운동의 운동역학적 분석

Introduction

회전하는 물체의 운동과 관련해서는 각운동량, 토크, 관성모멘트, 구심력과 원심력의 개념을 이해하는 것이 중요하다.

물체를 회전시켜 각운동량을 만드는 힘을 토크라 하며, 외부에서 토크가 작용하지 않는 한 각운동량은 보존된다. 물체가 회전운동의 변화에 저항하려는 성질을 관성모멘트 즉, 회전관성이라 하며, 각운동량은 관성모멘트가 클수록 증가한다.

학습목표
토크의 개념과 관성의 개념을 이해하고 스포츠의 구체적인 상황에 적용할 수 있어야 합니다.

<1> 토크(힘의 모멘트 = 회전효과 = 돌림힘)

물체를 회전시켜 각운동량을 만드는 힘을 토크라고 한다.

토크는 중심 이외의 부분에 힘(편심력)을 가했을 때 물체가 축을 중심으로 회전하면서 발생한다. 이때 편심력이 회전체의 축과 수직일 때 토크가 가장 큰 값을 가지게 된다.

토크는 회전운동의 원인이 되며 외부에서 돌림힘을 가하지 않는 한 각운동량은 보존되는 각운동량 보존의 법칙이 적용된다.

토크(T) = 작용하는 힘(F, 편심력) x 모멘트암(d, 힘의 작용선부터 회전축까지의 거리, 모멘트팔)
 = 관성모멘트(I) x 각가속도(a)

토크와 스포츠 1
공을 회전시키려면 공의 중심으로부터 어느 정도 벗어난 지점에 힘을 작용시켜야 하는데 이 거리를 증가시킬수록 회전량은 증가한다.

예) 당구에서의 백스핀은 당구공의 중심보다 하단을 겨냥하여 스트로크를 할 때 발생하는데 큐가 공을 맞추는 지점이 중심에서 멀어질수록 회전량은 커진다.

<2> 관성 모멘트 = 회전관성

회전 운동중에 외부에서 힘이 작용하지 않는 한, 정지하고 있는 물체는 계속 정지해 있으려 하고, 회전 운동을 하고 있는 물체는 그 운동을 지속하려고 하는 성질을 관성 모멘트라고 한다. 즉, 물체가 회전운동의 변화에 저항하려는 성질을 말한다.

정지 시에는 회전에 대한 저항, 회전 중에는 회전을 지속하려는 특성으로, 모든 물체나 선수가 초기에는 회전에 저항하고 토크가 가해져서 회전하기 시작하면 회전을 계속하려는 경향이 생긴다.

관성 모멘트의 공식은 다음과 같다.

$$\text{관성모멘트(I)} = \text{질량(m)} \times \text{회전반경}^2(r^2)$$

공식을 통해 확인할 수 있는 것처럼 관성모멘트는 물체의 질량이 클수록, 회전반경이 클수록 증가한다.

토크와 스포츠 2
회전(각)운동은 작용점의 위치에 따라 달라진다.

야구에서 타자가 배트를 길게 잡고, 테니스 선수가 팔을 쭉 펴고 라켓을 길게 잡는 것은 회전축으로부터 거리를 증가시켜 토크를 크게 하여 큰 운동량을 얻기 위해서이다.

질량과 관성모멘트
무거운 야구배트는 관성 때문에 가벼운 야구 배트보다 스윙하기가 더 어렵다. 야구 배트가 무거울수록 야구 배트를 움직이게 하고 조절하고 멈추는데 더 많은 힘이 필요하다. 야구 배트를 효과적으로 가속시키기 위해 배트의 안쪽을 원통 모양으로 잘라내고 그 안에 코르크와 같은 가벼운 소재로 채워 넣어 관성모멘트를 줄이기도 한다.

(1) 회전하는 물체의 관성의 크기를 결정하는 주요 요인

물체의 질량	물체가 회전운동을 할 때 물체의 질량이 클수록 회전 관성이 더 크다.
질량분포	물체의 질량분포가 회전축으로부터 멀수록 회전관성이 증가한다.

(2) 회전 관성과 스포츠

회전 관성과 다이빙

- 다이빙 선수가 공중회전시 몸을 구부린 터크 자세 → 관성모멘트 감소

- 다이빙 선수가 공중회전시 몸을 편 자세 → 관성모멘트 증가

회전관성은 각운동량을 보존하려는 법칙이므로 일반적으로 질량의 분포가 축에서 멀어질수록 커진다. 또한 동일한 각운동량을 가진 물체의 경우 질량의 분포가 넓어질수록 회전속도는 줄어들게 된다. 다이빙 선수가 회전을 하다가 몸을 일자로 펴면, 회전축으로부터의 질량분포가 넓어져서 회전 관성은 커지는 대신 회전 속도가 작아지므로 안정된 자세로 입수가 가능한 것이다.

대표 기출 유형

05 어떤 선수들은 야구 배트를 효과적으로 가속시키기 위해 배트의 위쪽을 원통 모양으로 잘라내고 그 안에 코르크와 같은 가벼운 소재로 채워 넣는 부정행위를 한다. 배트의 무엇을 줄이기 위한 것인가?

① 관성 모멘트
② 배트의 회전 속도
③ 탄성에너지
④ 마찰력

정답은 해설지에

선운동의 힘과 각운동의 토크 유사성

- 선운동 : 힘 = 질량×가속도
- 각운동 : 토크 = 관성모멘트×각가속도

외줄타기의 경우 장대와 안정성

- 정역학 : 장대와 사람을 합친 무게 중심이 낮아지기 때문에 안정적이다.
- 운동역학 : 관성모멘트가 커져 회전에 대한 저항이 커진다.
- 긴 장대는 회전관성이 크므로 회전하는 시간이 길다. 회전하는 시간을 이용하여 몸의 균형을 잡게 된다.
- 뉴턴의 법칙 : 시계방향으로 기울어질 때 시계방향의 토크를 주면 막대는 곡예사의 반대 방향에 동일한 토크를 작용해 균형을 되찾을 수 있다.

각관성의 법칙과 스포츠

다이빙 선수는 보드에서 이륙할 때 신체를 최대로 신전시켜 관성모멘트를 크게 한다. 그 후 공중에서 회전시 몸을 웅크려 신체의 모든 분절이 인체 중심에 가깝게 분포하도록 함으로써 관성모멘트를 극소화시키고 각속도를 증가시켜서 빨리 회전할 수 있도록 한다. 입수 직전에는 신체를 다시 신전시켜 관성모멘트를 크게 하고 각속도를 감소시킴으로써 안정된 상태로 입수를 하게 되는 것이다.

대표 기출 유형

06 일상생활 또는 스포츠 상황 속에서 토크(torque)를 올바르게 활용하는 방법이 아닌 것은?

① 유도의 업어치기 시 상대와 자신의 신체중심 거리를 최대한 넓히는 것
② 볼트(bolt)를 쉽게 돌리기 위하여 렌치(wrench)를 이용하는 것
③ 테니스 서브를 강하게 하기 위해 공을 임팩트할 때 신체를 최대한 신전하는 것
④ 역도에서 바벨을 몸의 중심에 가까이 유지하면서 들어 올리는 것

정답은 해설지에

<3> 뉴턴의 각운동법칙

각운동과 관련한 뉴턴의 운동법칙은 각관성의 법칙, 각가속도의 법칙, 각반작용의 법칙 등 모두 세가지이다.

- **제1법칙 : 각관성의 법칙[각운동량 보존의 법칙]**

외적 토크가 작용하지 않는 한 회전체는 동일 축을 중심으로 일정한 각운동량을 가지고 회전 상태를 계속 유지한다.

$$각운동량 = 관성 모멘트 \times 각속도 = 질량 \times 회전반경^2 \times 각속도$$

- **제2법칙: 각가속도의 법칙**

강체에 비평형의 토크(힘의 모멘트)를 가하면 가해진 토크에 비례하고 관성모멘트에 반비례하는 각가속도가 토크의 방향과 동일한 방향으로 발생한다. 각가속도를 크게 하기 위해서는 토크를 증가시키고, 관성모멘트를 줄이면 된다.

가해진 토크(T) = 관성 모멘트(I) × 각 가속도(a) ∴ a = T/I

또한 각운동량은 각충격량(순수한 토크 × 시간)에 의해 결정되며 각 충격량이 클수록 각운동량도 커진다.

- **제3법칙: 각반작용의 법칙**

어떤 물체에 각운동량을 유발시키는 토크를 가하면 그 물체에 토크와 반대방향으로 각운동량을 유발시키는 크기가 같고 방향이 반대인 반작용토크가 발생한다.

□ 토크를 크게 하는 방법 - 스프링다이빙의 사례

스프링보드 다이빙의 예시	토크를 발생시키는 힘(이심력, 편심력)은 다이빙 선수가 스프링보드에 작용한 힘의 반작용력이기 때문에 다이빙 선수가 더 큰 토크를 얻으려면 스프링보드를 강하게 밟아야 한다.
	회전축과 힘의 방향의 수직거리(d)는 신장(h)과 힘을 작용하는 방향(d = h × sin θ)에 따라 결정된다. 수직거리를 증가시키려면 신장의 길이는 변화시킬 수 없으므로 각도 θ를 크게 해야 한다.
	스프링보드에 힘을 주는 시간을 길게 하면 각 충격량이 늘어난다. 따라서 스프링보드의 변형리듬에 맞추어 발을 오랫동안 밀착시키고 있어야 한다.

보드에서 충격량과 경사각도를 크게함

<4> 각운동량과 회전충격량

각운동량이란 각운동을 하는 물체의 운동량을 말한다. 각운동량은 회전속도와 관성모멘트의 크기에 의해 결정된다.

　　각운동량 = 관성모멘트 x 각속도 = 질량 x 회전반경^2 x 각속도

회전 속도(각속도)는 각운동량과 비례하므로, 회전 속도가 빠를수록 각운동량도 커지며 각운동량이 큰 물체는 다른 물체와 충돌할 때 그 충격량도 비례하여 커진다. 예를 들어 회전하는 총알의 파괴력이 회전이 없는 총알의 파괴력보다 큰 것이다.

> 각운동량 (angular momentum)
> • 회전 운동이 얼마나 강하게 일어나는지를 나타내는 개념으로 회전운동하는 물체의 운동량을 의미함
> • 각운동량 = 회전체 각 부분의 운동량(질량x각속도) x 회전축으로부터의 거리^2(회전반경^2)

□ 각운동량을 구성하는 요인

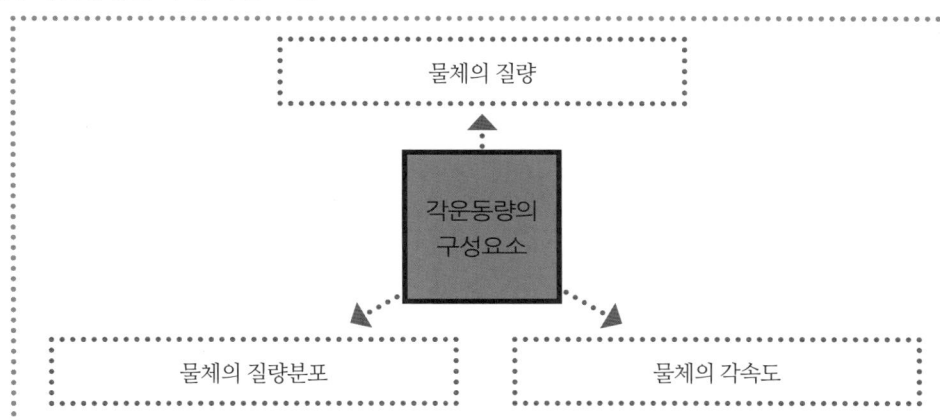

<5> 각운동량 보존 및 전이

선운동을 하는 물체의 선운동량에 에너지보존의 법칙이 적용되는 것처럼, 외력이 작용하지 않는다면 회전하는 물체의 각운동량은 보존된다. 높이뛰기, 멀리뛰기, 다이빙 등에서 도약 시 만들어지는 각운동량이 공중에 있는 동안 보존되는 것이다.

그런데, 투창, 2단평행봉 등에서는 전체 운동량은 변하지 않는 상태에서 각운동량은 선운동량으로, 또는 선운동량은 각운동량으로 전환되기도 한다. 이를 각운동량의 전이라고 한다.

> 운동량의 보존과 스포츠
>
> 투창을 멀리 던지려면 릴리스되는 순간 투창의 선운동량이 커야 한다. 릴리스 순간 창의 선운동량은 릴리스 직전의 각운동량과 동일하므로 릴리스 직전 선수의 몸이 만드는 각속도가 빠를수록 유리하다.
>
> 던지는 동작에서의 각운동량은 도움닫기에서 생긴 선운동량에서 전환된 각운동량과 던지는 동작 중에 팔과 상체에 의하여 생성된 각운동량을 합한 것이다. 따라서 선운동량을 증가시키기 위해서는 도움닫기 속도도 빨라야만 한다.

□ 각운동량의 보존과 전이 - 투창의 사례

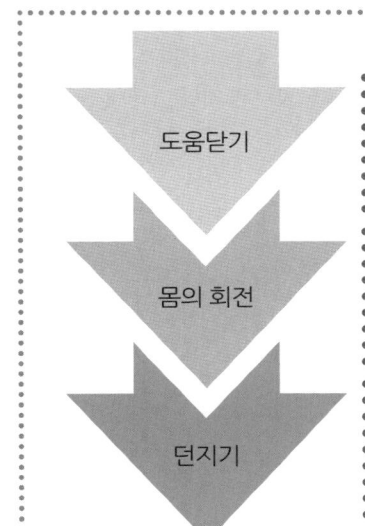

도움닫기	투창선수가 도움닫기를 하여 투창을 던지는 동작에서 각운동량은 선운동량으로, 또는 선운동량은 각운동량으로 전이된다.
몸의 회전	선수는 창을 잡고 있는 팔과 상체를 전방으로 회전시키면서 창의 각운동량을 증가시키며, 창은 선운동량과 각운동량을 함께 갖게 되어 총운동량이 증가한다.
던지기	투창을 던지는 순간 회전운동을 하던 창은 선운동으로 전환되며, 이 때 각운동량은 선운동량으로 전환된다.

대표 기출 유형

07 운동 상황에서 운동량 보존과 전이에 대한 설명으로 옳지 않은 것은(공기저항을 무시함)?

① 다이빙의 공중 동작에서 각운동량은 보존된다.
② 체조 도마의 제2비약(도마이륙 후 착지 전까지 동작)에서 상·하체 각운동량의 합은 일정하지 않다.
③ 축구의 인프론트킥에서 발끝 속도는 몸통의 각운동량이 하지로 전이되어 발생한다.
④ 높이뛰기에서 이륙 후 인체의 총 각운동량은 일정하다.

정답은 해설지에

<6> 구심력과 원심력

구심력은 물체가 원운동을 할 때 원의 중심 방향으로 향하는 힘이며, 원심력은 구심력과 크기가 같지만 역방향인 반작용이다. 따라서 원심력과 구심력은 크기는 같고 방향이 반대인 힘이다.

관성과 구심력, 원심력 사이에는 항상 상호작용이 발생한다. 회전은 관성과 구심력간의 대립으로 일어나는데 물체가 움직일 때 관성은 직선으로 가려는 경향을 나타내며 그런 직선운동을 곡선이나 회전운동으로 바꾸려면 구심력이 필요하다. 따라서 원운동을 하고 있는 물체에서 구심력이 없어진다면 원심력도 없어지므로 물체는 결국 직선 방향으로 일정한 속도로 운동하게 된다.

1) 구심력과 원심력의 관계

(1) 원심력과 구심력

구심력	원심력
물체가 원운동을 할 때 원의 중심 방향으로 향하는 힘	구심력과 크기는 같고 방향이 반대인 힘

(2) 각운동에서의 구심력·원심력·선속도의 관계

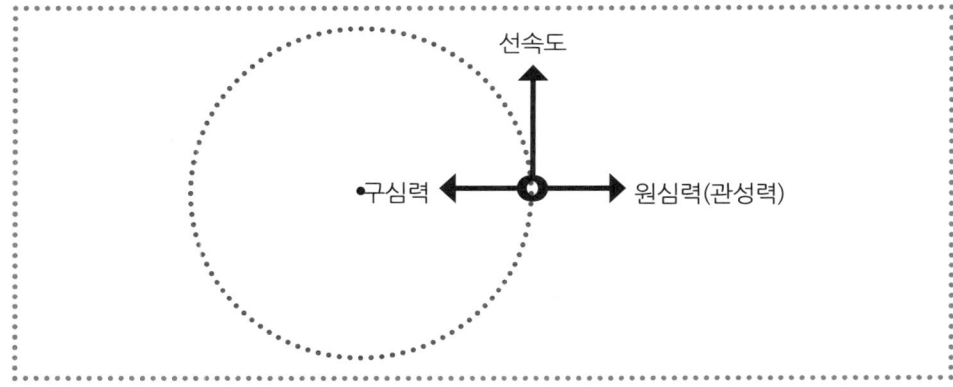

2) 구심력의 스포츠 적용

선속도가 일정할 때 (등속도운동)	각속도가 일정할 때 (등각속도운동)
• 구심력은 반지름에 반비례 • 구심력(Fr) = mv^2/r • 구심력은 질량에 비례, 선속도의 제곱에 비례, 회전반지름에는 반비례 • 반경이 작은 안쪽 트랙 선수가 구심력이 큼	• 구심력은 반지름에 비례 • 구심력 = $mr\omega^2$ • 구심력은 물체의 질량, 회전반지름, 각속도의 제곱에 비례 • 해머의 회전반경이 큰 선수가 구심력이 큼

□ 스포츠에서의 구심력과 반지름의 관계

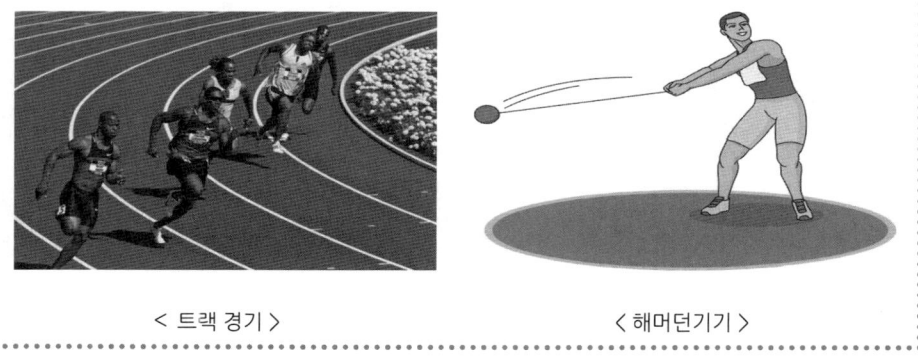

< 트랙 경기 >   < 해머던지기 >

스포츠와 원심력

해머던지기의 경우 해머는 선수의 손에 의해 구심력이 발생하고, 해머에는 회전에 의해 원심력이 발생한다.

선수가 해머를 놓는 순간 해머에는 구심력과 그 반작용인 원심력이 소멸되고 운동의 방향을 따라 직선으로 움직이려는 관성만 남아 해머는 직선방향으로 운동하게 된다.

스포츠와 원심력의 조절

스포츠에서 원심력을 줄이기 위한 경사각을 결정할 때는 운동체의 무게·속도·반경을 고려해야 한다.

운동하고 있는 선수의 속도가 클수록, 그리고 회전반경이 짧을수록 안쪽으로 원심력과 구심력이 커지므로 몸을 기울여 경사각을 작게 만들어야 하는 것이다.

---

08 ( ) 안에 들어갈 말을 알맞게 짝지어 진 것은?

〈 보기 〉
원반던지기 기술은 크게 두 가지의 요인을 들 수 있다. 첫째, ( )을 증가시키는 것이고, 두 번째는 ( )를 증가시키는 것이다.

① 회전 반지름 – 거리
② 회전 반지름 – 회전속도
③ 회전속도 – 무게
④ 회전속도 – 자유낙하

정답은 해설지에

Confirmation 이것만은 꼭!

01 힘은 물체의 운동방향이나 속도와 같은 운동 상태를 변화시키는 원인이며, (　)과 (　)에 비례한다.

02 힘의 단위는 (　), (　), (　), (　)로 나타낼 수 있다.

03 힘의 3요소는 (　), (　), (　)이다.

04 뉴턴의 운동법칙 중 제1법칙인 (　)은 물체가 외력의 영향이 없을 때 현재의 상태를 계속 유지하려는 성질이며, (　)과 (　)에 비례한다.

05 뉴턴의 운동법칙 중 제2법칙인 (　)은 움직이는 물체에 같은 방향으로 힘이 작용하면 그 힘만큼 (　)가 발생하는 것이다.

06 뉴턴의 운동법칙 중 제3법칙인 (　)은 모든 힘의 작용에는 항상 크기가 (　), 방향이 (　)인 (　)이 있다는 법칙이다.

07 물체의 운동량은 물체가 얼마나 강하게 움직이는가를 나타내는 물리량이며, (　)과 (　)에 비례한다.

08 (　)은 물체의 운동량에 변화를 주는 물리량이며, 물체가 받는 힘의 효과를 나타내고, (　)과 (　)에 비례한다.

Confirmation 이것만은 꼭!

09 물체를 회전시켜 각운동량을 만드는 힘을 (　　)라고 하며, 편심력과 (　　)에 비례한다. 또한 (　　)와 각가속도에도 비례한다.

10 물체가 회전운동에 저항하려는 성질을 (　　)라고 하며, (　　)과 회전반경의 제곱에 비례한다.

11 물체가 원운동할 때 원의 중심방향으로 작용하는 힘을 (　　)이라 한다.

12 (　　)은 구심력과 힘의 크기는 같고, 방향이 반대인 힘이다.

13 선속도가 일정한 등속도운동의 경우 구심력은 반지름에 (　　)한다.

14 각속도가 일정한 등각속도운동의 경우 구심력은 반지름에 (　　)한다.

15 투창이나 2단평행봉 등의 운동을 할 때 전체 운동량은 변하지 않는 상태에서 각운동량이 선운동량으로 변하는 현상을 (　　)이라고 한다.

16 100m 달리기경기에서 80kg인 선수가 출발 3초 후 12 m/s의 속도가 되었다면 달리는 방향으로 발휘한 평균 힘의 크기는 (　　)N이다.

정답

1. 질량, 가속도
2. N, kgf, kg중, kg·m/s²
3. 힘의 크기, 힘의 방향, 힘의 작용점
4. 관성의 법칙, 질량, 속도
5. 가속도의 법칙, 가속도
6. 작용반작용의 법칙, 같고, 반대, 반작용
7. 질량, 속도
8. 충격량, 충격력, 작용시간
9. 토크 (힘의 모멘트, 회전효과, 돌림힘), 모멘트암(힘의 작용선에서 회전축까지의 거리), 관성모멘트
10. 관성모멘트 (회전관성), 질량
11. 구심력
12. 원심력
13. 반비례
14. 비례
15. 각운동량의 전이
16. 320

Previous 단원 기출문제

01 A상태의 물체가 B의 상태로 변하였을 때, ㉠~㉢에 들어갈 내용을 바르게 나열한 것은? (단, 각운동량 그리고 줄과 공의 질량은 변화가 없는 것으로 가정)

< 보 기 >

A

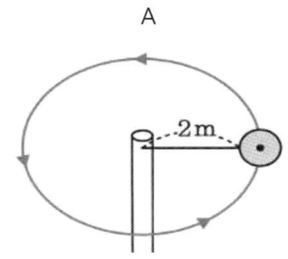

- 회전축에서 공의 중심까지의 거리: 2m
- 회전속도: 1회전/sec

B

회전축에서 공까지의 거리를 1m로 줄어듦

회전반경이 (㉠)로 줄어들고 관성모멘트가 (㉡)로 감소하기 때문에 공의 회전속도는 (㉢)로 증가한다.

	㉠	㉡	㉢
①	1/2	1/2	2회전/sec
②	1/2	1/4	2회전/sec
③	1/4	1/2	4회전/sec
④	1/2	1/4	4회전/sec

회전반경: 물체가 회전운동을 할 때 중심에서 물체까지의 거리
관성모멘트(I) = 질량(m) × 회전반경²
각속도(ω) = 각변위(θ)/이동시간(t)

주어진 조건에 따르면 회전반경은 2m에서 1m로 1/2가 줄었고, 관성모멘트는 회전반경의 제곱으로 구하므로 1/4가 줄어든다.
물체의 회전속도는 선속도로 바꾸어 이해할 수도 있는데 회전반경이 1/2로 줄어들면 물체의 선속도=회전속도×반지름/2로 구할 수 있다. 주어진 조건에서는 회전반경만 변하였다고 했으니 원래의 선속도가 변하지 않았다고 가정했을 때 새로운 회전속도 = 2×원래의 회전속도가 된다. 따라서 회전속도는 2회전/sec가 된다.
출제기관에서는 정답을 ④로 잘못 발표하였지만 정답은 ②이다.

정답 : ②

02 <보기>에서 항력과 관련된 설명으로 옳은 것만 고른 것은?

< 보 기 >

ㄱ. 육상의 원반 투사 시 최적의 공격각은 항력/양력이 최대일 때의 각도이다.

ㄴ. 야구에서 투구 시 공에 회전을 넣어 커브 구질을 만든다.

ㄷ. 파도와 같이 물과 공기의 접촉면에서 형성된 난류에 의하여 발생하기도 한다.

ㄹ. 날아가는 골프공의 단면적(유체의 흐름 방향에 수직인 물체의 면적)에 비례한다.

① ㄱ, ㄴ   ② ㄱ, ㄹ   ③ ㄴ, ㄷ   ④ ㄷ, ㄹ

정답 : ④

항력이란 물체의 운동에 저항으로 작용하는 힘을 말한다.
ㄱ. 육상의 원반투사에서는 공기와 중력이 항력으로 작용하는데 45°보다 작은 각도로 던져 항력/양력을 최소화한다. 따라서 틀린 문장이다.
ㄴ. 야구에서의 커브볼은 회전하는 물체가 공기라는 유체 속에서 받는 압력의 차이를 응용한 것으로 마구누스 효과로 설명이 가능하다. 일반적으로 운동역학에서는 이 마구누스 효과를 공기라는 유체의 압력차로만 설명하려 하는데 원칙적으로는 유체의 압력을 항력으로 설명할 수도 있어서 답에 포함시킬 수도 있다. 하지만 출제자는 공기의 압력을 항력으로 보지 않아 답에 포함시키지 않았다.
ㄷ. 수영이나 카누와 같은 스포츠에서는 물과 공기의 접촉면에 난류가 발생하는데 이런 난류가 운동을 방해하는 항력으로 작용한다.
ㄹ. 공기나 액체와 같은 유체 속에서 운동을 하는 물체는 유체의 흐름과 수직방향의 면적이 클수록 저항을 많이 받는데 이를 항력의 개념으로 설명할 수 있다.

정답 : ④

03 <보기>의 ㉠~㉣에 들어갈 내용이 바르게 제시된 것은?

< 보 기 >

- (㉠)가 커질수록 부력도 커진다.
- (㉡)가 올라갈수록 부력은 작아진다.
- (㉢)는 수중에서의 자세 변화에 따라 달라진다.
- (㉣)은 물에 잠긴 신체의 부피에 비례하여 수직으로 밀어 올리는 힘이다.

	㉠	㉡	㉢	㉣
①	신체의 밀도	신체의 온도	무게중심의 위치	부력
②	유체의 밀도	신체의 온도	무게중심의 위치	부력
③	신체의 밀도	물의 온도	부력중심의 위치	항력
④	유체의 밀도	물의 온도	부력중심의 위치	부력

힘 = 질량 × 가속도로 구한다. 가속도는 속도의 변화량으로 (나중속도 − 처음속도) ÷ 시간이므로 선수의 가속도는 4m/s²이고, 힘은 80 × 4 = 320N이다.

정답 : ②

04 <보기>의 ㉠, ㉡에 알맞은 내용으로 연결된 것은?

< 보 기 >

투수가 야구공을 톱스핀으로 회전시켜 커브볼을 던졌을 때

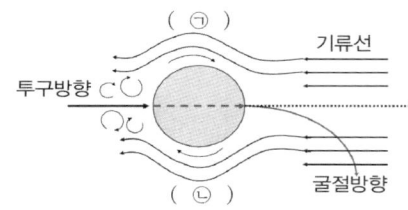

	㉠	㉡
①	고기압대 - 기류감속	저기압대 - 기류가속
②	고기압대 - 기류가속	저기압대 - 기류감속
③	저기압대 - 기류감속	고기압대 - 기류가속
④	저기압대 - 기류가속	고기압대 - 기류감속

야구공을 톱스핀으로 회전시켜 던졌을 때 공의 진행방향과 공기의 진행방향이 반대인 위쪽부분(㉠)은 공기의 흐름이 느려서 압력이 높고(고기압대), 공의 진행방향과 공기의 진행방향이 같은 아랫부분(㉡)은 공기의 흐름이 빨라서 압력이 낮다(저기압대). 따라서, 공기의 압력이 상대적으로 높은 위쪽(㉠)에서 공기의 압력이 낮은 아래쪽(㉡)으로 공의 경로가 휘어진다.

정답 : ①

06 <그림>은 A 선수와 B 선수가 제자리에서 수직점프 후 착지할 때 착지구간에서 시간에 따른 수직 힘의 변화를 나타내는 그래프이다. 이에 관한 설명으로 옳은 것은?

(단, 가와 나의 면적은 동일)

< 보 기 >

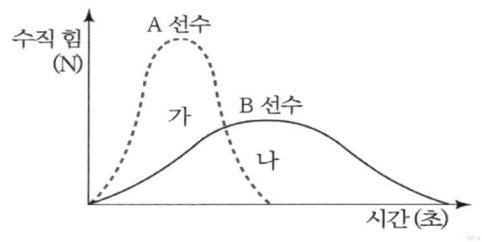

① A 선수와 B 선수의 수직 충격량은 동일하다.
② A 선수와 B 선수에서 수직 운동량의 변화량은 다르다.
③ A 선수와 B 선수의 수직 충격력이 다르기 때문에 수직 충격량이 다르다.
④ A 선수와 B 선수의 수직 힘의 작용시간이 다르기 때문에 수직 충격량이 다르다.

충격량이란 물체가 다른 물체에 충돌할 때 물체가 받는 힘의 효과를 말한다. 충격량은 (충격력(힘)×충격력이 작용하는 시간)으로 구하는데, 문제의 조건에서 '가와 나의 면적은 동일'하다고 했으니 충격량도 동일한 것이다.

정답 : ①

05 해머던지기에서 구심력과 원심력에 관한 설명으로 옳지 않은 것은?

① 7kg의 해머와 비교해도 14kg의 해머를 동일한 각속도로 회전시키려면 선수는 구심력을 두 배로 증가시켜야 한다.
② 직선으로 운동하려는 해머의 관성을 이겨내고 원형경로를 유지하려면 안쪽으로 당기는 힘이 요구된다.
③ 해머의 각속도를 두 배로 증가시키려면, 선수는 두 배의 힘으로 해머를 안쪽으로 당겨야 한다.
④ 선수가 해머를 안쪽으로 당기는 힘을 증가시키면 해머도 선수를 당기는 힘을 증가시킨다.

회전운동을 하는 물체에는 물체가 원의 중심 방향으로 향하는 힘인 구심력과 구심력과 크기는 같고 방향이 반대인 힘인 원심력이 동시에 작용한다. 물체에 작용하는 구심력은 물체의 질량, 회전반지름, 각속도의 제곱에 비례한다. 그러므로 해머의 각속도를 두 배로 증가시키려면 각속도의 제곱에 해당하는 구심력이 요구된다.

정답 : ③

07 다이빙 동작의 각 단계에서 각운동량 보존의 법칙의 적용 결과에 대한 설명으로 옳은 것은?

① 도약 시 몸을 최대로 신전시켜서 관성모멘트를 최소화 한다.
② 공중동작에서 몸을 최대로 굴곡시켜서 관성모멘트를 최대화하고 각속도를 크게 한다.
③ 공중동작에서 몸을 최대로 굴곡시켜서 관성모멘트를 최소화하고 각속도를 작게 한다.
④ 입수 시 수면과 수직방향으로 몸을 최대로 신전시켜서 관성모멘트를 최대화하고 각속도를 최소화 한다.

각운동량 = 관성모멘트×각속도이다. 도약시의 각운동량이 다이빙 동작의 단계에서 보존되므로 도약 시 몸을 최대로 신전시켜서 관성모멘트를 최대화하여 각운동량을 크게 한다.

공중동작에서는 몸을 최대로 굴곡시켜서 관성모멘트를 최소화하고 각속도를 크게 하며, 입수 시에는 수면과 수직방향으로 몸을 최대로 신전시켜서 관성모멘트를 최대화하고 각속도를 최소화하여 안정된 상태로 입수한다.

정답 : ④

08 <보기>의 그림 과 같이 공이 지면(수평 고정면)에 충돌하는 상황에 관한 설명으로 옳은 것은? (단, 공의 충돌 전 수평속도 및 수직속도는 같음)

< 보 기 >

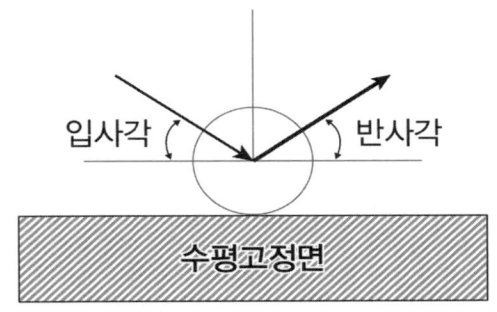

① 충돌 후 무회전에 비해 백스핀된 공의 수평속도가 크다.
② 충돌 후 무회전에 비해 톱스핀된 공의 수직속도가 크다.
③ 충돌 후 무회전에 비해 톱스핀된 공의 반사각이 크다.
④ 충돌 후 무회전된 공과 백스핀된 공의 리바운드 높이는 같다.

① 백스핀된 공은 충돌 후 수평속도가 적어진다.
② 톱스핀된 공은 충돌 후 수평속도가 커지고 수직속도는 적어진다.
③ 톱스핀된 공은 충돌 후 반사각이 작아진다.
④ 작용 반작용의 법칙에 의해 무회전된 공과 백스핀된 공의 리바운드 높이는 같다.

정답 : ④

09 <보기>의 ㉠~㉣에 들어갈 내용을 바르게 연결한 것은?

< 보 기 >

다이빙 선수의 공중회전 동작에서는 다이빙 플랫폼 이지(take-off) 직후에 다리와 팔을 회전축 가까이 위치시켜 관성모멘트를 (㉠)시킴으로써 각속도를 (㉡)시켜야 한다. 입수 동작에서는 팔과 다리를 최대한 펴서 관성모멘트를 (㉢)시킴으로써 각속도를 (㉣)시켜야 한다

	㉠	㉡	㉢	㉣
①	증가	감소	증가	감소
②	감소	증가	증가	감소
③	감소	감소	증가	증가
④	증가	증가	감소	감소

관성모멘트는 회전축으로부터 질량의 분포가 넓어질수록 커지고 좁아질수록 작아진다. 다이빙 선수가 몸을 쪼그려서 다리를 몸에 붙이고 상체를 굽힌 상태에서 회전하면 질량이 회전축에 더 가까이 분포되어 있어 회전하기가 상대적으로 쉬워지고 회전 속도가 빨라진다. 반면에 몸을 곧게 펴고 팔과 다리를 넓게 펼치면 관성모멘트가 커지고 회전하기가 상대적으로 어려워 결과적으로 회전 속도가 느려진다.

정답 : ②

10 <보기>의 그림에서 달리기 선수의 질량은 60kg이며 오른발 착지 시 무게중심의 수평속도는 2m/s이다. A와 B의 면적이 각각 80N·s와 20N·s일 때, 오른발 이지(take-off) 순간 무게중심의 수평속도는?

< 보 기 >

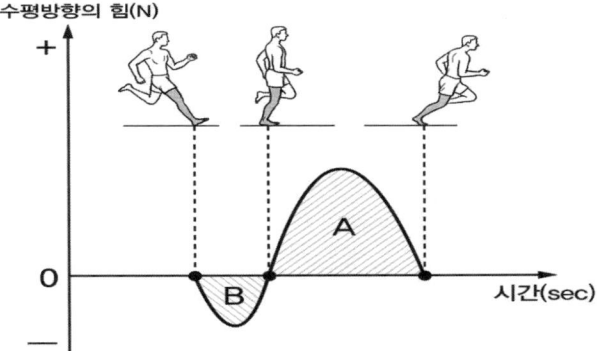

① 3m/s
② 4m/s
③ 5m/s
④ 6m/s

주어진 조건은 다음과 같다.
선수의 몸무게: 60kg / 무게중심의 수평속도: 2m/s
면적 A: 80 N·s (착지 때의 힘) / 면적 B: 20 N·s (이지 때의 힘)

• 착지 순간의 운동량 = 몸무게 × 속도
  = 60kg × 2m/s = 120 kg·m/s
• 운동량의 변화량 = 면적 A + 면적 B
  = 80 N·s + 20 N·s = 100 N·s
• 이지 순간의 운동량 = 착지 순간의 운동량 − 운동량 변화량
  = 120 kg·m/s − 100 kg·m/s = 20 kg·m/s
• 속도 = 운동량 ÷ 무게
  = 20 kg·m/s ÷ 60kg = 0.33m/s이다.

발표된 정답은 ①의 3m/s이었지만 이는 속도를 무게 ÷ 운동량으로 잘못 계산한 결과이며 이후 정답이 수정되지 않았다. 올바른 정답은 0.33m/s이어야 한다.

정답 : 없음

06강 운동역학 - 일과 에너지

1. 일과 일률

학습목표
역학에서의 일의 개념을 이해하고 일과 일이 아닌 경우를 구분합니다. 또한 일의 효율을 높이는 요인들도 암기합니다.

Introduction

일반적인 의미에서의 일과 달리 역학적 의미의 일은 물체에 힘이 작용하여 힘의 방향으로 이동한 거리의 변화가 있어야 한다. 역학적으로 일이 아닌 경우는 작용한 힘이 없거나, 이동거리가 없거나, 힘과 이동 방향이 수직일 때이다.

일률이란 파워 혹은 순발력이라고도 하며, 1초 동안 한 일의 양을 말한다. 일률이 클수록 같은 시간동안 일을 할 때 한 일의 양이 많고, 같은 양의 일을 할 때 속력이 빠를수록 일률이 크다.

일과 에너지

물체 A가 물체 B에게 일을 하면 그 일의 양만큼 B는 에너지를 얻고 A는 에너지를 잃는다. 따라서 물체B는 운동에너지를 얻어서 힘이 없어진 후부터 일정한 속력으로 움직인다.

고무줄이나 용수철을 당기면 당기는 동안 사람이 한 일은 용수철의 탄성에너지로 저장된다. 용수철이 다시 줄어들면서 물체에게 일을 하면 탄성에너지는 다시 물체의 운동에너지로 바뀐다.

이처럼 일과 에너지는 서로 교환할 수 있는 등가( )의 물리량이다.

지면의 방향으로 행한 일의 양

지면에 대해 θ 만큼의 각도를 가지고 힘을 가해 일을 했을 때에는 힘의 x방향 성분인 $F\cos\theta$ 를 수평 이동거리(s)에 곱하여 일의 양을 구한다.

일반적으로 수평면에서 힘의 방향으로 물체를 이동시킬 때에는 $\cos\theta$ 의 값이 1 이므로, $F\cos\theta = F$가 되어서 $F \cdot s$로 일의 양을 구하는 것이다.

대표 기출 유형

01 다음 설명 중 역학적 일과 거리가 먼 것은?

① 바벨을 머리 위에서 3초 동안 움직이지 않게 버티고 있었다.
② 바닥에 있는 바벨을 머리 위까지 올렸다.
③ 머리 위에서 바닥으로 바벨을 내려놓았다.
④ 바벨을 다시 바닥에서 가슴 높이까지 올렸다.

정답은 해설지에

<1> 일

역학적 의미의 일이란 물체에 힘이 작용하여 힘의 방향으로 움직일 때, 힘과 힘의 방향으로 이동한 거리의 곱으로 계산되는 스칼라량이다.

일(W) = 힘(F) x 힘 방향의 이동거리 (s) = 힘 x 힘 방향의 변위 = $F\cos\theta \cdot s$ (단위 : N·m, kgf·m, J)

일반적인 의미에서의 일과 달리 역학적 의미의 일은 작용한 힘에 대해 힘의 방향으로 이동한 거리의 변화가 있어야 하며, 역학적으로 일인 경우와 일이 아닌 경우를 구분할 수 있어야 한다.

1) 역학적으로 일인 경우와 일이 아닌 경우

(1) 역학적으로 일이 아닌 경우

작용한 힘이 0 (F=0)	• 마찰이나 저항이 없는 곳에서 관성에 의해 운동하는 경우 • 마찰이 없는 얼음판 위에서 등속 직선 운동 • 우주 공간에서 우주선이 일정한 속력으로 날아가는 경우
이동거리가 0 (S=0)	• 힘은 들였지만 거리가 달라지지 않는 경우 • 벽을 밀어도 벽이 움직이지 않는 경우 • 가방을 메고 그냥 서 있기만 하는 경우 • 철봉에 매달려만 있는 경우
힘과 이동 방향이 수직일 때	• 물체를 든 채 수평면 위를 걸어가는 경우 • 인공위성이 지구 주위를 돌 때 • 쥐불놀이 통을 원운동시킬 때

(2) 역학적으로 일이 아닌 경우의 사례

< 일이 아닌 경우 1 - 마찰력 없는 등속직선운동>

< 일이 아닌 경우2 - 등속원운동 >

(3) 일의 계산

	수평면에서 물체를 등속으로 이동시킬 때	물체를 등속으로 들어 올릴 때
일	마찰력에 대한 일	중력에 대한 일
힘의 크기	작용한 힘의 크기 = 마찰력의 크기	작용한 힘의 크기 = 물체의 무게 = 9.8 x 질량(m)
일의 양	일 = 힘 (마찰력) x 이동거리	일 = 힘 x 이동거리 = 9.8 x 질량 x 들어올린 높이

> **수평면에서 물체의 운동과 마찰력**
> - 등속운동 : 마찰력과 힘의 크기가 같다.
> - 속력이 변하는 운동 : 마찰력과 힘의 크기가 같지 않으므로, 일의 양을 구할 때 마찰력이 아닌 작용한 힘의 크기로 구한다.

<2> 일률 (power)

일률이란 단위 시간(1초)동안 한 일의 양을 말한다. 일률의 단위는 W(와트) 혹은 HP(마력)이며 파워 혹은 순발력이라고도 표현한다. 도약이나 투척과 관련한 경기에서 중요하게 다루어진다.

일률의 공식은 다음과 같다.

일률(P) = 일의 양(W)/걸린 시간(t)=힘(F)×속도(V), P = W/t

> **순발력과 일률**
> 힘 × 속도로 계산되는 일률은 스포츠에서는 순발력의 의미를 가진다.
> 그러므로 투척, 도약 등의 속성을 가진 많은 스포츠 현장에서는 중요한 개념으로 다루어진다.

1) 일률의 단위

1W
- 1초 동안 1J의 일을 할 때의 일률
- 1W = 1J/s = 1N m/s

1HP
- 말 한 마리가 내는 평균 일률
- 1HP = 735W

> **일률이 0인 경우**
> 일률은 가한 힘과 이동 거리로만 계산하므로 물체에 힘을 가했지만 물체가 이동하지 않았으면 일률은 0이다.

2) 일률과 일의 양 및 시간과의 관계

일률과 일의 양	같은 시간 동안 일을 할 때 한 일의 양이 많을수록 일률이 큼
일률과 걸린 시간	같은 양의 일을 할 때 걸린 시간이 짧을수록 일률이 큼
일률과 속력	같은 양의 일을 할 때 속력이 빠를수록 일률이 큼

대표 기출 유형

02 체중 900 N의 역도 선수가 1000 N의 바벨을 들고 가만히 서 있었다면 바벨에 대한 일은 몇인가?

① 0J
② 25J
③ 50J
④ 100J

정답은 해설지에

2. 에너지 (energy)

Introduction

에너지란 물리적인 일을 할 수 있는 능력을 의미하며, 하나의 에너지는 다른 형태의 에너지로 전환되기도 한다. 위치에너지와 운동에너지 사이에서도 그 형태가 변환될 수 있으며 이때에도 역학적 에너지의 총량은 항상 일정하게 보존된다.

일과 에너지는 서로 전환될 수 있는데 물체가 일을 할 때 물체가 가진 에너지는 일로 전환된다.

학습목표
에너지가 다른 에너지로 전환되면서도 보존되는 상황을 스포츠에 적용하여 설명할 수 있어야 합니다.

<1> 에너지의 정의와 종류

에너지란 물리적인 일을 할 수 있는 능력. 즉, 어떤 물체에 힘이 작용하여 그 방향으로 물체가 움직이게 만드는 능력을 의미한다. 그 에너지가 무엇이든 다양한 형태의 에너지는 모두 일을 할 수 있는 능력을 가지고 있다. 또한 어떤 형태의 에너지는 손실이 없이 다른 형태의 에너지로 전환되기도 한다.

에너지의 단위는 J (Joule)이다. 1Joule은 1N의 힘을 작용하여 1m의 거리를 움직였을 때 한 일이다.

$$\text{에너지} = \text{일} = \text{힘} \times \text{거리}$$

에너지의 종류와 변환
에너지란 힘을 들여 뭔가를 움직일 수 있는 능력을 말한다.
운동에너지, 화학에너지, 퍼텐셜에너지, 열에너지, 소리에너지, 빛에너지, 전기에너지 등 종류가 많다.
고립된 계의 에너지는 그 총량이 보존되는 한도 안에서 모든 가능한 형태로 바뀔 수 있다.

□ 역학적 에너지의 종류

운동 에너지	• 운동하는 물체가 가지고 있는 에너지 • 운동 에너지 = 1/2 x 질량 x (속력)², $E_k = 1/2 mv^2$ • 풍력 발전, 요트, 볼링, 풍차, 야구방망이로 공을 침
위치 에너지	• 기준면으로부터 높은 곳에 있는 물체가 중력에 의해 갖는 에너지 • 위치 에너지 = 무게 x 높이 = 9.8 x 질량 x 높이 $E_p = wh = 9.8mh$ • 수력 발전, 물레방아, 디딜방아, 널뛰기
탄성 에너지	• 탄성이 있는 물체가 변형되었을 때 본래의 형태로 되돌아가려는 탄성력에 의해 갖는 에너지 • 위치 에너지의 한 유형 • 탄성에너지 = 1/2 x 탄성계수(k) x 변형의 크기(l) • 양궁, 트램펄린, 완력기, 다이빙, 장대높이뛰기, 번지 점프, 고무동력기, 고무줄새총

위치 에너지의 특징
기준면에서 물체의 위치 에너지는 0 이며 기준면에서 멀어질수록 에너지는 커진다.
따라서 기준면에 따라 위치 에너지의 크기는 다르다.

<2> 역학적 에너지 보존의 법칙

역학적 에너지란 위치 에너지(E_p)와 운동 에너지 (E_k)의 합을 의미한다.

- 위치에너지= 9.8mh(9.8×질량×높이)
- 운동에너지= $1/2mv^2$ (1/2×질량×속도²)
- 역학적 에너지 = 위치 에너지 + 운동 에너지
- $E = E_p + E_k$

마찰이나 공기 저항 등의 외력이 없다면 운동하고 있는 물체의 역학적 에너지는 항상 일정하게 보존된다는 법칙이다.

위치에너지와 운동에너지의 합으로 이루어진 역학적 에너지는 위치에너지가 운동에너지로, 운동에너지가 위치에너지로 그 형태가 변환되지만 에너지의 총량은 항상 일정하게 보존된다.

대표 기출 유형

03 다음 보기 중 ㉠, ㉡, ㉢에 들어갈 용어와 공식을 바르게 나열한 것은?(정답 두 개)

<보기>
역학적 에너지= ㉠ + ㉡ = ㉢ + 9.8mh = ㉣

① ㉠ 위치에너지 ㉡ 운동에너지 ㉢ 일정 ㉣ 1/2mv²
② ㉠ 위치에너지 ㉡ 운동에너지 ㉢ 1/2mv² ㉣ 일정
③ ㉠ 운동에너지 ㉡ 위치에너지 ㉢ 1/2mv² ㉣ 일정
④ ㉠ 위치에너지 ㉡ 운동에너지 ㉢ 일정 ㉣ 1/2mv²

정답은 해설지에

□ 역학적 에너지의 변환

	위치 에너지	운동 에너지	역학적 에너지 전환
물체가 위로 올라갈때	높이 증가 ⇨ 위치 에너지 증가	속력 감소 ⇨ 운동 에너지 감소	운동 에너지 ⇨ 위치에너지
물체가 아래로 내려올 때	높이 감소 ⇨ 위치 에너지 감소	속력 증가 ⇨ 운동 에너지 증가	위치 에너지 ⇨ 운동 에너지

스포츠와 에너지 보존의 법칙 1

활강하는 스키선수는 높은 곳에서 낮은 곳으로 위치가 낮아짐에 따라 위치에너지가 감소하는데, 이때 위치에너지는 사라지는 것이 아니라 운동에너지로 변환되어 속도가 증가하게 된다.

스포츠와 에너지 보존의 법칙 2

다이버가 높은 스프링보드에 서 있는 상황에서는 지상에서 보드 높이만큼의 위치에너지를 가진다.

다이버가 다이빙을 시작하면 다이버의 위치에너지는 스키선수의 활강 때와 마찬가지로 운동에너지로 변환된다.

<3> 인체 에너지의 효율

인체의 운동에서도 에너지 보존의 법칙은 적용된다. 인체는 하나의 에너지를 다른 에너지로 변환할 수 있는 특성을 가지고 있으며, 그런 변환의 과정을 통해 에너지 사용의 효율을 높인다.

예를 들어 뛰어오르고 있는 장대높이뛰기 선수, 질주 후 뛰어오르는 피겨스케이팅 선수는 운동에너지를 위치에너지로 전환하는 것이며, 스프링보드 다이빙과 스키의 활강, 양궁 등은 위치에너지를 운동에너지로 전환하는 것이다.

□ 장대 높이 뛰기에서의 에너지 변환

도약	운동에너지가 축적됨
장대 사용 시작	운동에너지가 위치에너지(탄성에너지)로 변환됨
장대가 펴짐	위치에너지(탄성에너지)가 운동에너지로 변환됨
선수의 몸이 상승	운동에너지가 위치에너지로 변환됨
바를 넘어 하강	위치에너지가 운동에너지로 변환됨

대표 기출 유형

04 스키점프 동작에서 이륙 후 역학적 에너지에 대한 설명으로 옳지 않은 것은(공기저항을 무시함)?

① 역학적 에너지는 착지 직전까지 보존된다.
② 위치에너지는 수직 최고점에서 가장 작다.
③ 운동에너지는 착지 직전에 가장 크다.
④ 위치에너지는 수직 최고점에서 가장 크다.

정답은 해설지에

대표 기출 유형

05 다음 중 운동, 탄성, 위치에너지가 모두 작용하는 종목으로 가장 적합한 것은?

① 높이뛰기
② 단거리 달리기
③ 장대높이뛰기
④ 멀리뛰기

정답은 해설지에

<4> 일과 에너지의 관계

일과 에너지는 서로 전환될 수 있다. 서 있는 차를 미는 것처럼 물체에 일을 해 줄 때 에너지는 일을 통해 물체의 에너지로 전환된다. 물체가 일을 할 때 물체가 가진 에너지는 일로 전환 되는 것이다.

운동 에너지의 감소량 = 일의 증가량

☐ 일과 에너지의 전환

물체에 일을 해줄 때	물체가 일을 할 때
• 물체의 에너지 증가 • 일 → 물체의 에너지로 전환	• 물체의 에너지 감소 • 물체의 에너지 → 일로 전환

Confirmation
이것만은 꼭!

01 역학적 의미의 일은 (　　) x (　　)로 계산되는 스칼라양이다.

02 역학적으로 일이 아닌 경우는(　　), (　　), (　　)이다.

03 일의 단위는 (　　), (　　), (　　)이다.

04 단위시간 동안 한 일의 양을 (　　)이라고 한다.

05 일률의 단위는 (　　), (　　), (　　), (　　)이다.

06 물리적인 일을 할 수 있는 능력을 (　　)라고 한다.

07 위치에너지와 운동에너지의 합을 (　　)라고 하며, 외력이 없다면 항상 일정하게 보존된다.

08 물체를 위로 던졌을 때 높이가 증가할수록 위치에너지가 (　　)하고 운동에너지가 (　　)한다.

09 위치에너지는 기준면으로부터 높은 곳에 있는 물체가 중력에 의해 갖는 에너지이며, 9.8x(　　) x(　　)로 계산할 수 있다.

10 운동에너지는 운동하는 물체가 가지고 있는 에너지이며, 1/2 x (　　)x(　　)으로 계산할 수 있다.

정답

1. 힘, 힘 방향의 이동거리
2. 작용한 힘이 0일 때, 이동거리가 0일 때, 힘과 이동방향이 수직일 때
3. J, N·m, kgf·m
4. 일률
5. W, HP, J/s, N·m/s
6. 에너지
7. 역학적에너지
8. 증가, 감소
9. 질량, 높이
10. 질량, 속도^2

Previous 단원 기출문제

01 파워에 대한 설명으로 옳은 것은?

① 야구경기에서 배트 스윙속도를 높이는 것은 파워를 증가시키는 것과 무관하다.
② 파워는 단위시간당 수행한 일량으로서, 단위는 뉴튼(N)을 사용한다.
③ 파워는 일정 시간 동안 물체에 가해진 힘의 총량을 의미한다.
④ 파워는 일량을 시간으로 나눈 값으로서, 힘과 속도의 곱으로 구한다.

파워는 일률과 같은 개념으로 단위 시간당 일의 양을 나타내는 개념이다. 속도가 빠를수록, 일의 양이 많을수록 일률은 높아진다.
파워(일률) = 일의 양/시간, 일 = 힘 x 거리 이므로, 파워 = 힘 x 거리/시간 이고, 힘 x 속도로도 구할 수 있다.

정답 : ④

02 <보기>에서 근수축 형태와 기계적 일(mechanical wor)과의 관계를 설명한 것 중 옳은 것만을 모두 고른 것은?

< 보 기 >

㉠ 위팔두갈래근(상완이두근, biceps brachii)의 신장성 수축(eccentric contraction)은 팔굽관절(elbow joint)에 대해 양(positive)의 일을 한다.
㉡ 위팔두갈래근의 단축성 수축(concentric contraction)은 팔굽관절에 대해 음(negative)의 일을 한다.
㉢ 위팔두갈래근의 등척성 수축(isometric contracticn)이 팔굽관절에 대해 한 일은 0이다.

① ㉠, ㉡, ㉢   ② ㉠, ㉢   ③ ㉡, ㉢   ④ ㉢

역학에서의 일이란 물체에 힘이 작용하여 힘의 방향으로 움직일 때, 힘과 힘의 방향으로 이동한 거리의 곱으로 계산한다. 벡터량으로 방향성을 가지며 양(+)의 일과 음(-)의 일로 표현할 수 있다. 상완이두근의 수축은 팔굽관절을 기준으로 아래팔을 들어올리는 운동을 만든다는 점에서 양의 일을 하는 것으로 볼 수 있다. 반면에 아래팔이 팔굽관절을 기준으로 펼쳐지는 운동이 일어날 때에는 상완이두근이 신장되지단 실제로 그 동작을 일으키는 근육은 상완삼두근이므로 상완이두근은 일을 하지 않는다고 보아야 한다.
등척성 수축이란 근육의 길이에 변화가 없는 수축을 의미하는데 이 경우에는 팔굽관절을 기준으로 아래팔의 위치가 달라지지 않으므로 일은 0으로 보아야 한다.

정답 : ④

03 <보기>의 수직점프 동작에 관한 운동역학적 특성을 바르게 설명한 것은? (단, 공기 저항은 작용하지 않는 것으로 가정한다.)

< 보 기 >

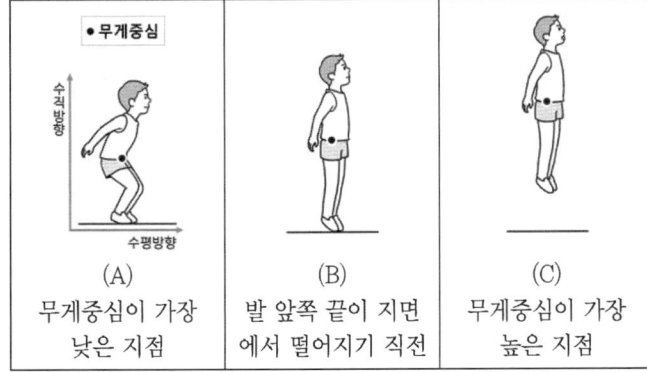

(A)	(B)	(C)
무게중심이 가장 낮은 지점	발 앞쪽 끝이 지면에서 떨어지기 직전	무게중심이 가장 높은 지점

① A부터 B까지 한 일은 위치에너지의 변화량과 같다.
② A부터 B까지 넙다리네갈래근은 신장성 수축을 한다.
③ B부터 C까지 무게중심의 수직가속도는 증가한다.
④ C지점에서 인체 무게중심의 수직속도는 0m/sec이다.

물체가 운동을 할 때 운동에너지와 위치에너지는 서로 교환되거나 일로 변환되는데 이때 에너지의 총량은 보존된다.
① 근육을 수축하여 A부터 B까지 일을 한 후에도 인체에는 관성이 작용하여 C까지의 위치변화가 나타날 수 있다. 그러나 관성에 의한 위치에너지 변화는 일에 포함시키지 않으므로 일과 에너지변화량은 다르다.
② 점프 동작시 넙다리네갈래근(대퇴사두근)은 단축성 수축을 한다.
③ 수직가속도는 A에서 B까지만 증가한다.
④ C지점에서 인체 무게중심의 수직속도는 0m/sec이며 이후 인체의 위치에너지는 운동에너지로 바뀌며 낙하한다.

정답 : ④

04 트램펄린 위에서 점프 동작을 할 때 신체의 위치에너지에 대한 설명으로 옳은 것은? (단, 공기 저항은 무시함)

① 위치에너지는 신체의 점프 높이에 상관없이 일정하다.
② 위치에너지는 신체가 트램펄린에 닿을 때 최대가 된다.
③ 위치에너지는 신체가 트램펄린에 근접할 때 최대가 된다.
④ 위치에너지는 신체가 수직으로 가장 높이 올라갔을 때 최대가 된다.

트램펄린 위에서 점프동작을 할 때 위치에너지는 신체가 수직으로 가장 높이 올라갔을 때 최대가 되고, 신체가 트램펄린에 닿을 때 최소가 된다.

정답 : ④

07강 운동 역학

다양한 운동 기술의 분석

1. 동작분석

Introduction

인체의 움직임을 기술하고 연구하기 위해 인체 분절의 위치를 기록하는 방법은 매우 오랜 역사를 가지고 있다.

최근에는 각종 기기와 기술의 발달로 인체의 동작을 영상을 통해 시각적으로만 분석하는 것에 그치지 않고 근육이 발생시키는 힘의 크기나 순서 등을 측정하여 보다 복잡한 운동학적 정보를 수집하는 방법들이 가능해지고 있다.

학습목표

인체의 운동동작을 분석하는 기술적 방법들을 이해합니다.

<1> 영상분석의 개요

1) 영상분석의 방법과 종류

□ 동작분석의 방법

정성적 분석 방법	정량적 분석 방법
• 지도자의 경험을 토대로 분석하여 피드백을 제공하는 방법 • 현장에서의 빠른 피드백 제공이 가능해짐 • 분석하는 사람의 역량에 따라 분석의 결과가 달라질 수 있음	• 장비를 통해 산출된 데이터를 수치화하여 피드백을 제공하는 방법 • 장비의 활용과 데이터 분석과정에 시간과 능력이 요구됨 • 장비를 통해 얻어진 수치를 활용하므로 객관성을 확보할 수 있음

동작분석의 목적

운동기술의 동작분석은 인체운동의 움직임을 정확히 측정하여 운동기술과 동작에 대한 정확한 묘사와 분석을 함으로써 그 기술과 동작의 원리를 체계적으로 해석하는데에 목적이 있다.

2) 영상분석의 활용

(1) 영상분석의 활용 순서

영상의 촬영	선수의 운동 동작을 영상으로 촬영함
영상의 분석	촬영된 영상을 통해 선수의 동작을 분석함
피드백	선수의 동작을 수정함
분석결과의 활용	부상의 예방, 장비의 개발, 경기력의 향상 등에 활용함

영상분석 기술의 발전과 스포츠

초기에는 2차원적인 영상분석을 활용했으나, 최근에는 정확한 분석이 가능한 3차원적 영상분석이 활용되고 있다.

육상, 수영, 빙상 등에서 1,000분의 1까지 측정되는 전자시계가 이용되고 되고 있고, 사진판독기 등의 발달로 판정의 신뢰성이 높아졌다.

(2) 영상분석의 장점

- 우수 선수의 기술 내용이나 전술과의 비교 분석이 쉽다.
- 난이도가 높은 기술요인에 대한 다각적 분석을 통해 선수들의 훈련에 활용도가 높다.
- 촬영한 내용을 저장하여 적절한 시기와 조건에 따라 쉽게 활용할 수 있다.
- 정성적 피드백과 연계하여 분석의 효율을 높일 수 있다.

대표 기출 유형

01 인체의 움직임을 카메라 등의 장비를 통해 기록하고 기록된 영상으로부터 인체 운동의 정보를 추출해 내는 분석 방법은?

① 가속도계 분석
② 영상 분석
③ 압력판 분석
④ 전자 각도계 분석

정답은 해설지에

(3) 영상분석의 활용 영역

- 경기력의 향상
- 운동장비의 개발
- 보호장구의 개발

영상분석과 왜곡
카메라가 피사체에 지나치게 가까울 경우 거리감이 왜곡되어 대상의 동작이나 크기가 과장되어 보일 수 있다.

또한 카메라의 렌즈가 지나치게 광각계열일 때도 마찬가지의 왜곡과 과장이 발생하므로 영상분석을 위해서는 정확한 카메라의 위치와 렌즈의 선택이 필요하다.

<2> 2차원 영상분석의 활용

2차원 영상 분석은 동작이 평면에서 일어나는 것으로 가정하고 움직이는 운동체의 운동정보를 얻는 방식이다. 대부분의 동작이 3차원에서 일어남에도 2차원으로 촬영한 영상을 분석하므로 왜곡이 발생할 수 있어 영상의 왜곡을 줄이기 위한 보조 기법을 활용하는 경우가 많다.

3차원 분석의 장점
초기에는 운동에 대한 평면적인 분석위주의 2차원적인 영상분석을 활용했으나, 최근에는 다양한 각도에서의 분석이 가능한 3차원적 영상분석이 활용되고 있다.

<3> 3차원 영상분석의 활용

3차원 영상분석은 여러 대의 카메라를 다양한 각도로 설치한 후 촬영된 영상을 3차원으로 합성한 후 분석하는 방식이다. 2차원 영상 분석기법의 투시오차를 극복하고, 인체와 같이 복합적인 운동이 일어나는 대상을 분석할 때 유리하다.

□ 3차원 영상분석의 순서

운동 분석과 시간
시간은 운동을 분석하기 위한 여러 가지 물리량을 산출하는 기본 데이터이다.

최근에는 동작을 영상에 담아 소요시간을 측정하는 방법이 많이 활용되고 있다.

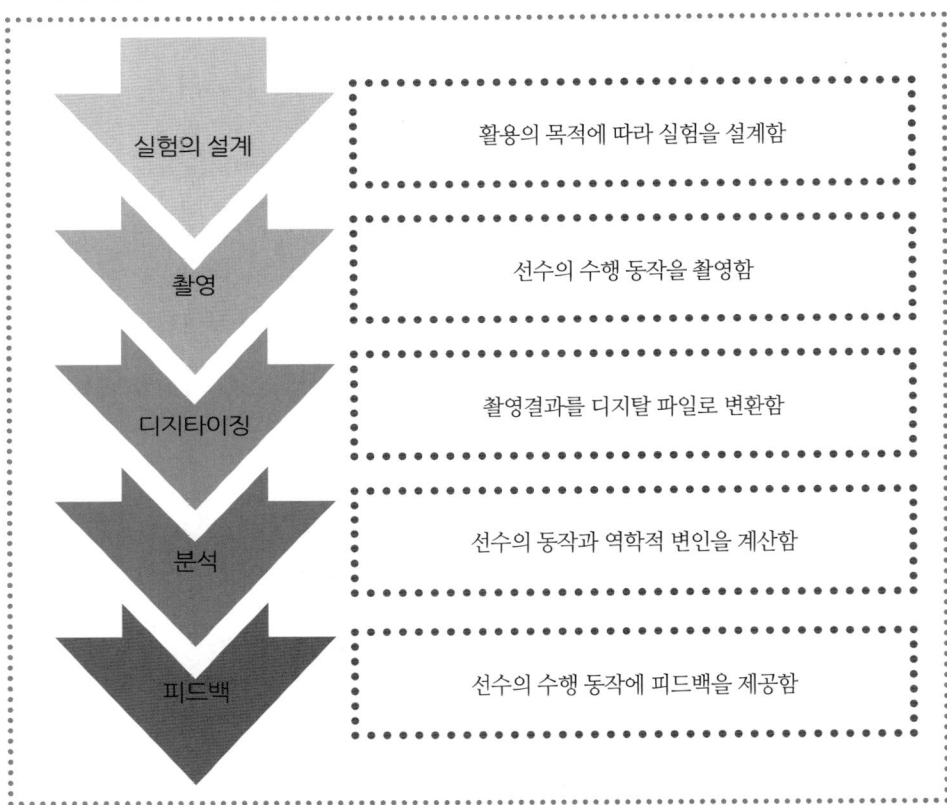

실험의 설계 — 활용의 목적에 따라 실험을 설계함
촬영 — 선수의 수행 동작을 촬영함
디지타이징 — 촬영결과를 디지털 파일로 변환함
분석 — 선수의 동작과 역학적 변인을 계산함
피드백 — 선수의 수행 동작에 피드백을 제공함

대표 기출 유형
02 영상분석으로 추출할 수 있는 변인이 아닌 것은?

① 압력중심의 위치
② 각도(자세)
③ 가속도
④ 속도

정답은 해설지에

2. 힘 분석

Introduction

힘을 측정하는 방법은 힘의 유형에 따라 다양하며, 힘 자체는 직접 관찰하거나 측정하는 것이 어려워서 주로 간접적인 방법으로 측정한다.

운동역학에 적용되는 다양한 힘을 측정하고 분석하는 것은 운동 기술의 향상 및 상해의 예방, 운동 수행 능력을 향상시키는 용기구의 개발 등에 활용되고 있다.

학습목표

인체의 운동을 만드는 힘을 관찰하고 측정하는 방법을 이해합니다.

<1> 힘 측정의 원리

힘 측정이란 인체가 힘을 사용하여 어떤 물체를 변형시키는 정도를 측정한 후, 측정된 결과를 전기의 세기로 변환하여 사용된 힘의 양을 측정하는 기법을 말한다.

힘의 측정

힘 자체는 직접 관찰하거나 측정하는 것이 어려워 주로 간접적인 방법으로 측정된다.

1) 직접측정과 간접측정

직접 측정 방법	간접 측정 방법
• 장점 : 힘을 정확하게 측정할 수 있다. • 단점 : 힘 측정시 실제 동작에 영향을 준다.	• 장점 : 실제 동작에 영향을 적게 준다. • 단점 : 산출과정이 복잡하고 정확성이 떨어진다.
• 가속도계 • 전자체중계	• 영상촬영 및 디지타이징 장치

<2> 다양한 힘 측정 방법

역학적 힘을 측정하는 방법으로는 인체가 운동수행의 과정에서 바닥을 누르는 힘을 측정하는 지면반력기, 지면반력기보다 더 많은 센서를 활용하거나 신발의 안쪽에 센서를 장치하는 인솔방식의 압력분포 측정기, 근육에서 발생하는 전기신호를 측정하는 근전도기 등이 활용되고 있다.

1) 근력

직접 측정 방법	• 스트레인 게이지 이용
간접 측정 방법	• 영상분석과 시뮬레이션 활용법 • 근전도 측정 : 근육이 수축할 때 발생하는 활동전위를 측정하는 방법

2) 중력

- 중력 측정 장비 : 중력이 클수록 용수철이 많이 늘어나는 원리를 이용

3) 지면반력

- 센서가 달린 바닥판 위에서의 동작으로 지면반력을 측정

4) 마찰력

- 장력측정기를 설치하여 일정한 힘으로 물체를 당겨서 측정

5) 항력과 양력

- 풍동실험 : 정지해 있을 때의 지면반력과 일정한 속도로 상대적인 바람이 발생할 때의 지면반력을 비교하여 측정
- 영상분석 : 영상촬영후 디지타이징의 과정을 거쳐 측정

대표 기출 유형

03 운동 상황에서 힘을 직접 측정하는 방법이 아닌 것은?

① 영상분석 방법
② 스트레인 게이지(strain gauge) 측정 방법
③ 마찰력 측정 방법
④ 지면반력 측정 방법

정답은 해설지에

6) 부력

- 유체에 잠긴 물체의 부피 정도를 측정
- 저울을 이용하여 부력의 크기를 직접 측정

<3> 지면반력측정의 활용

> 역학에서는 센서가 달린 바닥판을 설치하고 그 위에서 선수가 운동을 수행하게 함으로써 전후, 좌우로 작용하는 반력과 지면과의 마찰에 의해 발생되는 마찰력의 크기 등을 측정하여 부상의 예방, 장비의 개발 등에 활용하고 있다.

1) 지면반력 분석

(1) 수직 성분의 힘 (Fz)

- 중력의 영향을 받는 힘
- 위아래 방향의 힘
- 사람이 정지상태로 서 있을 때 수직 지면 반력의 크기는 몸무게와 같음
- 제자리에서 수직 점프 시 올라갈 때는 지면반력이 추진력으로, 착지 시에는 충격력으로 작용함

(2) 수평 성분의 힘 (Fx, Fy)

- 전후 성분 (Fy) - 전후 방향의 운동 변화를 나타냄
  : 보행시 뒤꿈치가 닿을 때 전후성분의 힘은 제동력, 앞꿈치가 닿을 때 지면반력은 추진력으로 작용함.
- 좌우 성분 (Fx) - 좌우 방향의 운동 변화를 나타냄
  : 방향전환시 좌우 성분의 지면 반력이 추진력으로 작용함

☐ 지면반력의 측정과 적용

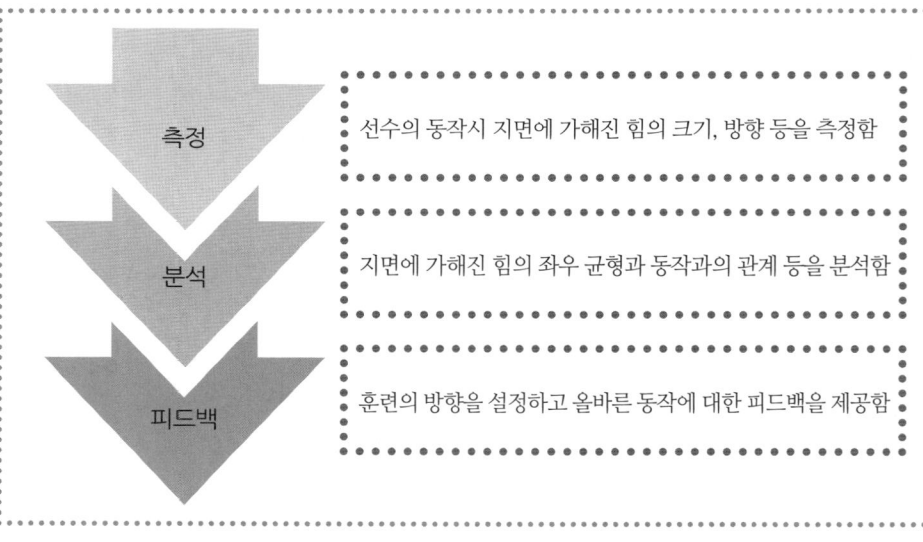

지면반력의 의미

지면위에 있는 사람이 지면을 향해 힘을 가할 때 그 반작용으로 힘을 가한 사람에게 되돌아오는 힘을 의미한다.

원래 가해진 힘과 크기가 같고 방향만 반대이므로 지면반력의 수직성분은 중력의 방향을 누르는 힘의 크기와 동일하다.

또한 전후, 좌우로 작용하는 반력은 전후, 좌우로 누르는 힘과 지면과의 마찰에 의해 발생되는 마찰력의 크기와 동일하다.

대표 기출 유형

04 지면반력기(force plate)를 통해 얻을 수 있는 변인이 아닌 것은?

① 걷기 동작에서 디딤발에 가해지는 힘의 방향
② 외발서기 동작에서 디딤발 압력 중심의 이동거리
③ 서전트 점프 동작에서 발로 지면에 힘을 가한 시간
④ 달리기 동작의 체공기(non-supporting phase)에서 발에 작용하는 힘의 크기

정답은 해설지에

3. 근전도 분석

> **Introduction**
>
> 근전도란 근세포가 흥분하여 수축작용을 일으킬 때 발생하는 미세한 활동전위를 증폭시켜 기록한 것을 말한다.
>
> 근전도 분석법은 중추신경의 활성도와 근활동 상태를 파악할 수 있을 뿐 아니라 이를 시각적 정보로 기록할 수 있어 신경질환이나 예후진단 등 임상적 측면에서, 그리고 생체역학, 운동생리학의 연구분야에서 신체활동을 해석하는 수단으로 널리 활용되고 있다.

학습목표: 인체의 운동을 만드는 근육의 힘을 측정하는 근전도의 원리를 이해합니다.

<1> 근전도의 측정 원리

근전도 분석의 원리는 근육이 수축할 때 발생하는 활동전위(action potential)를 측정하여 운동 수행시 사용되는 근육과 힘의 크기 및 활성화의 정도를 측정하는 것이다.

□ 근전도 측정의 과정과 원리

장치의 설치	근전도 측정을 위한 장치를 설치함
자극	근섬유를 자극함
활동전위 발생	세포막 내외의 물질이동으로 전위차가 발생함
데이터 수집	전기신호를 수집함
분석 및 피드백	신호를 분석하여 피드백을 제공함

선형포락선

근전도를 통해 추출된 신호는 여러 주파수를 포함하고 있는데 더 명확한 근육의 활동을 알아내기 위해 이런 신호를 필터링하는 과정을 거치며 그렇게 얻어진 신호를 선형포락선이라고 한다.

<2> 근전도의 분석과 활용

□ 근전도 측정의 방식

삽입전극 방식	표면전극 방식
• 침전극이나 미세전극을 사용함 • 근육의 미세한 활동을 측정하거나 깊은 근육을 측정할 때 사용한다. • 실제 스포츠 상황에서는 불리하다.	• 지름 1cm 정도의 은과 염화은으로 만들어진 금속제 원판을 사용한다. • 얕은 근육의 평균적인 활동정도를 측정하는데 사용된다. • 실제 경기 중 사용에 유리하다.

근전도기의 활용
- 주동근 확인
- 근의 동원 순서 확인
- 근육의 활용 정도 확인
- 근육의 피로 확인

대표 기출 유형

05 운동 시 각각의 근육에 대한 수축 및 활성도 정보를 얻을 수 있는 분석방법은?

① 가속도계 분석
② 근전도 분석
③ 영상 분석
④ 지면 반력 분석

정답은 해설지에

Confirmation 이것만은 꼭!

01 (　　)은 인체의 움직임을 카메라 등의 장비로 촬영하여 인체 운동의 정보를 분석하는 방법이다.

02 3차원 영상 분석의 장점은 2차원 영상 분석의 (　　)을 줄일 수 있는 점이다.

03 (　　)은 지면위에 있는 사람이 지면을 향해 힘을 가할 때 그 반작용으로 힘을 가한 사람에게 되돌아오는 힘이다.

04 사람이 정지상태로 서 있을 때 수직 지면 반력의 크기는 그 사람의 (　　)와 같다.

05 (　　)은 근육이 수축할 때 발생하는 활동전위를 측정하여 분석에 활용하는 방법이다.

정답
1. 영상분석
2. 왜곡
3. 지면반력
4. 몸무게
5. 근전도분석

Previous 단원 기출문제

01 정성적 관찰과 정량적 측정에 대한 설명 중 올바른 것은?

① 정성적 관찰의 가장 큰 장점은 '즉시성' 이다.
② 정성적 관찰을 통한 피드백이 가장 객관성을 가진다.
③ 정량적 측정은 구체적인 숫자 및 단위 보다는 지도자의 경험에 의존한다.
④ 정량적 측정은 시각적 관찰을 통해 주관적으로 선수의 움직임을 평가한다.

정량적 분석은 객관적이고 정확한 분석이 가능하다는 장점이 있으며, 정성적 분석은 바로 현장에서 선수를 잘 아는 지도자에 의해 이루어진다는 즉시성이 장점이다.

정답 : ①

02 운동 상황에서 측정된 지면반력에 대한 설명 중 옳은 것은?

① 달릴 때와 걸을 때 최대 수직 지면반력의 크기는 항상 같다.
② 인체가 수평 정지 상태에 있으면 수직 지면반력의 크기는 몸무게와 항상 같다.
③ 전진 보행에서 뒤꿈치가 지면에 닿을 때 발생하는 전후 지면반력은 추진력이다.
④ 수직점프 할 때 반동동작은 수직 지면반력의 크기에 영향을 주지 않는다.

인체가 수평 정지 상태에 있으면 수평 방향의 힘은 작용하지 않고, 수직 방향으로는 중력만 작용하므로 수직 지면 반력의 크기는 몸무게와 같다.

정답 : ②

03 영상분석에서 사용하는 2차원과 3차원 분석법에 대한 설명 중 옳은 것은?

① 3차원 분석법에 요구되는 최소 카메라 수는 1대이다.
② 3차원 분석법은 2차원 분석법에서 발생하는 투시오차를 해결할 수 있다.
③ 체조의 비틀기 동작분석에서 2차원 분석법이 3차원 분석법보다 더 적절하다.
④ 2차원 분석법에서 하나의 인체 분절 정의에 필요한 최소 반사마커 수는 3개이다.

2차원 영상 분석법은 한 대의 카메라로 촬영한 영상을 활용하여 동작을 평면적으로만 분석하는 방식이다. 따라서 인체 분절의 운동도 두 개의 마커를 설정하여 마커들의 각도와 거리의 변화만을 해석하는데 이 과정에서 왜곡이 발생하게 된다. 3차원 영상분석은 최소 2대 이상의 카메라를 설치하여 다양한 각도에서 촬영된 영상을 3차원으로 합성하여 분석하므로, 2차원 분석법에서 발생하는 투시오차를 해결할 수 있다.

정답 : ②

04 근전도(electromyography, EMG) 신호에 관한 설명으로 옳은 것은?

① 양과 음의 값을 모두 가지고 있다.
② 신호의 분석을 통해 각도를 측정할 수 있다.
③ 측정 시간을 곱한 값을 선형 포락선(linear envelop)이라고 한다.
④ 진폭(amplitude)과 근력과의 관계는 근육의 수축 형태와 상관이 없다.

근전도 분석은 근육이 수축할 때 발생하는 활동전위(action potential)를 측정하여 운동 수행시 사용되는 근육과 힘의 크기 및 활성화의 정도를 측정하는 것이며 근육이 더 강하게 수축할수록 측정된 값이 커지게 된다. 근전도로 특정된 수치는 특정한 시점을 기준으로 측정된 힘의 크기가 커지거나 작아질 수 있으므로 양(+)과 음(-)의 값을 가지게 된다. 근전도를 통해 추출된 신호는 여러 주파수를 포함하고 있는데 더 명확한 근육의 활동을 알아내기 위해 이런 신호를 필터링하는 과정을 거치며 그렇게 얻어진 신호를 선형포락선이라고 한다.

정답 : ①

잊지 마세요.
벽을 눕히면 다리가 된다는 것을.

스포츠 윤리학

스포츠 윤리학

1강 • 스포츠와 윤리 ··· 529
2강 • 경쟁과 페어플레이 ··· 544
3강 • 스포츠와 불평등 ··· 553
4강 • 스포츠에서의 환경과 동물윤리 ·· 563
5강 • 스포츠와 폭력 ··· 571
6강 • 경기력 향상과 공정성 ··· 579
7강 • 스포츠와 인권 ··· 585
7강 • 스포츠 조직과 윤리 ··· 594

01강 스포츠 윤리학 - 스포츠와 윤리

1. 스포츠의 윤리적 기초

Introduction

현대 스포츠에서는 승리에 따른 물질적 보상이 커지면서 승리지상주의가 만연하고 있다. 이로 인해 스포츠에 참여하는 사람들의 '스포츠맨십'에 대한 인식이 위협받고 있다.

스포츠의 본래 가치인 스포츠맨십과 페어플레이를 회복하기 위해서는 먼저 '윤리'와 '도덕'의 개념을 명확히 하고, 스포츠에서 윤리적 문제가 발생하는 근본적인 이유를 탐구하는 것이 중요하다.

학습목표
최근에는 자주 출제되지 않습니다.
도덕·윤리·선의 개념을 구분하고 스포츠에서 윤리적 쟁점이 발생하는 이유를 이해합니다.

<1> 도덕, 윤리, 선

'선'은 '나쁜 것'이나 '옳지 않은 것'과 대비되어 '좋은 것'이나 '착한 것'을 의미하는 도덕적 지향을 나타낸다. 즉, 인간으로서 추구해야 할 '좋음'이나 '훌륭함'을 함축하는 단어이다.

윤리와 도덕은 '선'을 추구하는 원리나 행위를 나타내는 개념으로, 일반적으로 동일한 의미로 사용되는 경우가 많다. 그러나 '윤리'는 사회 집단에서 인간이 지켜야 하는 도덕적 기준을 의미하며, '도덕'은 인간이 지켜야 하는 규범과 그 규범의 실천적 의미를 포함하는 점에서 구별된다.

1) 도덕, 윤리, 선의 구분

선	• 인간의 좋은 행동의 근거가 되는 원칙과 원리 • 긍정적 평가의 대상이 되는 가치를 가지는 모든 것
도덕	• 인간이 지켜야하는 규범과 도리를 의미하며 실천적 의미를 포함함 • 사회에서 일반적으로 받아들이고 있는 행동 관습의 기준
윤리	• 특정한 사회와 집단에서 인간이 지켜야 하는 도덕의 원리 • 도덕적 판단의 기준

도덕과 윤리의 적용 사례
체육교사가 배우자의 명의로 배우자와 함께 아무도 모르게 술집을 운영하는 것은 도덕적으로는 크게 문제가 되지 않지만 윤리의 측면에서는 문제가 된다. 그가 속한 교직사회에서는 비윤리적이라는 평가를 받게 된다.

2) 개인 윤리와 사회 윤리

개인 윤리	• 개인의 도덕성을 평가하는 척도로 작용하는 규범
사회 윤리	• 사회구조나 제도와 관련하여 윤리문제를 해결하기 위한 도덕적 규범

사회윤리의 필요성
• 개인이 도덕적이라고 해도 그가 속한 사회집단은 이기적이고 부도덕할 수 있다.
• 현대사회에서는 개인 윤리만으로는 해결하기 어려운 윤리적 문제들이 발생하고 있다.

3) 도덕성의 교육과 검사

(1) 도덕성의 구성요소 (레스트(J. Rest))

도덕적 민감성	• 도덕적 판단이 필요한 상황에서 어떻게 행동해야 하는가에 대해 느끼는 일
도덕적 판단력	• 주어진 상황에서 어떻게 행동하는 것이 옳은가를 판단하는 일
도덕적 동기화	• 도덕적 가치를 다른 가치들보다 우선시 여기게 되는 것
도덕적 품성화	• 도덕적 행동을 실천할 의지와 용기 등 좋은 품성을 가지는 일

(2) 도덕 교육 이론

루소 (J. Rousseau)	• 인간이 가진 양심이 선과 악을 구분할 수 있는 도덕의 핵심 • 어린 시절부터 교육을 통해 도덕적 행동을 실천하는 것이 습관이 되도록 해야 한다고 주장
맥 페일 (P. Mcphail)	• 이성과 판단력을 강조하는 도덕교육보다는 '성숙'을 의미하는 창의적인 관심(주의:care)을 높이는 도덕교육을 중시 • 교사나 부모 등 주요 타자들에 의한 관찰학습을 통해 도덕성이 학습되며 도덕적 성숙이 이루어진다고 주장
뒤르켐 (E. Durkheim)	• 도덕 관념은 사회적 규칙들과 활동으로 구성되어 있는 사회적 현상인 동시에 사회적 사실(Social fact) • 도덕 교육은 사회의 전체 이익을 위하여 도덕적으로 행동하는 사람을 만들 수 있도록 사회화시키는 과정이라고 주장
맥킨타이어 (Alasdair MacIntyre)	• 도덕적 판단과 윤리적 행동이 역사적, 문화적 맥락에서 형성된다고 주장 • 현대 사회가 전통적인 도덕적 틀을 상실하고 상대주의와 개인주의에 빠졌다고 비판 • 공동체를 위해 헌신했던 역사적 인물들을 모델로 삼아 덕 윤리와 공동체 중심의 도덕적 전통의 회복이 필요하다고 주장
베닛 (W. Bennett)	• 도덕적 문해력을 중시 • 전통과 역사, 고전 문학 등에 도덕에 관한 기본 원리가 들어 있으므로 그런 텍스트를 통해 학습자에게 도덕적 문제 상황에 대한 해결방안과 지침을 가르쳐야 한다고 주장
위인 (E, Wynne)	• 과거의 전통 속에 도덕적 원리가 있음 • 그런 원리는 사람과 사람 사이의 친숙한 상호작용을 통해 전수되므로 사회(집단) 속에서의 삶을 통해 도덕적 교화가 이루어져야 한다고 주장
킬패트릭 (W. Kilpattrick)	• 도덕교육은 학생들에게 영웅적인 도덕적 모델들에 접하게 함으로써 도덕 생활에 대한 하나의 비전을 제시해 주고 이야기를 통하여 구체적인 덕목들을 전수하는 데 초점을 두어야 한다고 주장
피아제 (J. Piaget)	• 도덕성의 발달에서는 특정한 도덕적 행동을 할 것인가 안 할 것인가에 대한 복잡하고 보편적인 이유들을 구성해 나가는 과정이 중요함 • 교육자는 그런 도덕성의 발달 과정에서 학생들과 이성적이고 도덕적인 방식으로 교류하는 동등한 협조자여야 한다고 주장
콜버그 (L. Kohlberg)	• 도덕성의 발달을 위해서는 도덕성의 자연적 발달을 도울 수 있는 조건을 제공하는 것이 중요함 • 학생들이 다른 학생들과의 도덕적 토론에 참여함으로써 도덕적 추론을 통해 보다 복잡한 도덕적 구조들을 이해할 수 있게 된다고 주장

대표 기출 유형

01 <보기>의 사례에서 나타나는 윤리적 태도와 가장 밀접한 관련이 있는 것은?

< 보 기 >

선수는 윤리적 갈등을 겪을 때면 우리 사회에서 오랫동안 본보기가 되어 온 위인들을 떠올린다. 그리고 그 위인들처럼 행동하려고 노력한다.

① 맥킨타이어(A. MacIntyre)
② 의무주의(Deontology)
③ 쾌락주의(Hedonlsm)
④ 메타윤리(Metaethics).

정답은 해설지에

(3) 도덕 원리의 검사

□ 도덕 원리 검사의 전제

- 도덕원리와 사실 근거 모두를 검사해야 한다.
- 올바른 도덕 판단 : 도덕원리와 사실 근거가 모두 타당해야 한다.

□ 도덕 원리 검사 방법

포섭 검사	• 선택한 도덕원리를 더 일반적이고 포괄적인 도덕원리에 따라 판단해 보는 방법 예) 스포츠 폭력은 허용되어야 한다. 〈판단〉 일반 사회에서도 폭력은 부도덕한 일이므로 사회 안에서 이루어지는 스포츠에서도 폭력은 부도덕한 것이다.
반증 사례 검사	• 제시된 도덕원리에 반대되는 사례를 제시함으로써 제시된 도덕원리의 적절성을 검사하는 방법 예) 선수에게도 이익을 추구할 자유가 있으므로 승부를 조작하여 이익을 얻는 일은 부도덕하지 않다. 〈반론〉 그 어떤 사람도 이익을 추구하는 방법과 과정에 대해 무제한의 자유를 인정받지는 않으며 부도덕하거나 불법적인 행위에 대해서는 제한를 받고 있다.
역할교환 검사	• 제시된 원리를 자기 입장에 적용했을 때에도 그 결과를 받아들일 수 있는지를 통해 적절성을 평가하는 방법 예) 상대방이 부상을 당할 수도 있지만 승리를 위해서는 거친 파울을 하는 일이 정당하다. 〈반론〉 상대방의 거친 파울로 부상을 입어 선수 생활이 불가능해지는 일을 스스로 감수할 수 있을까?
보편화 결과 검사	• 제시된 행위를 모든 사람이 실천했을 때 나타날 수 있는 결과를 예상하여 도덕 원리의 적절성 여부를 검토하는 방법 예) 승리를 위해서라면 심판을 속이거나 매수하는 일도 나쁘지 않다. 〈반론〉 모든 팀과 선수가 심판을 속이거나 매수한다면 그것을 스포츠라고 할 수 있을까?

<2> 사실판단과 가치판단

사실 판단은 어떤 명제의 객관적인 참 또는 거짓 여부를 의미한다. 예를 들어, '이것은 물이다.'와 같은 명제에 대한 판단은 도덕적이거나 윤리적 대상이 아니다. 반면, 가치 판단은 '맹목적인 승리의 추구보다는 페어플레이 정신의 준수가 가치 있는 일이다.'와 같이 옳음과 그름에 대한 주관적 견해를 요구하기 때문에 윤리적 대상이 된다.

1) 사실판단 · 가치판단

사실 판단	가치 판단
• 객관적 사실의 진위 여부로 증명되는 판단 • 참/거짓의 판단 대상	• 어떤 대상의 의의나 중요성에 대한 주관적 판단 • 좋음/나쁨, 옳음/그름의 판단 대상

2) 사실판단 · 가치판단 · 도덕 판단의 차이와 사례

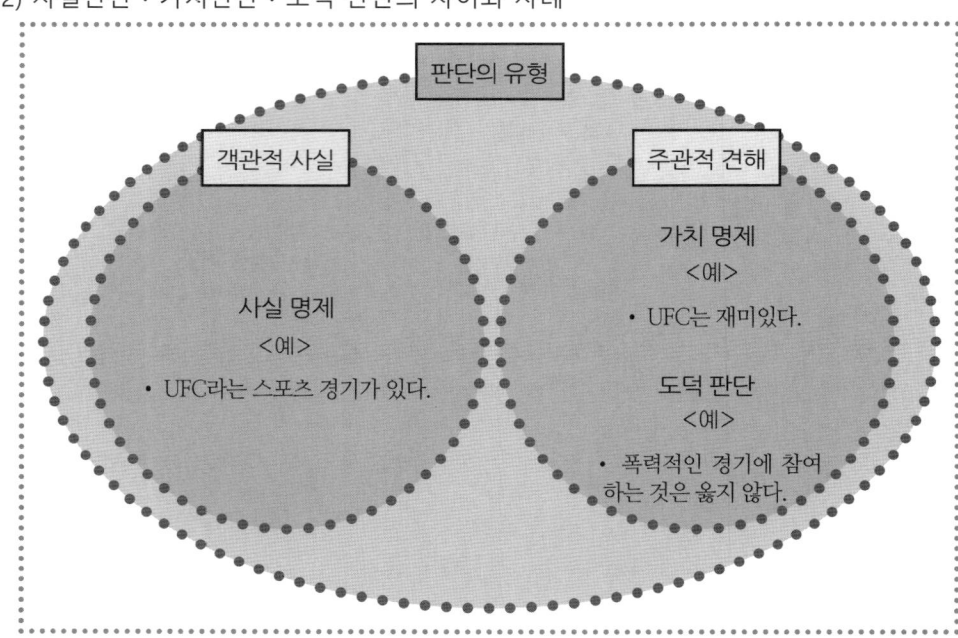

가치의 서열 (M. Scheler)

인간 도덕성과 도덕적 판단은 그 사람이 추구하는 가치로 이해할 수 있는데 가장 높은 심층적 가치로부터 가장 낮은 감각적 가치로 구분된다.
1. 심층적 가치
   진리, 미, 도덕성, 종교성 등
2. 실용적 가치
   생존, 안전, 경제력, 기술 등
3. 감각적 가치
   감각적 즐거움과 쾌락 등

<3> 스포츠와 윤리의 관계

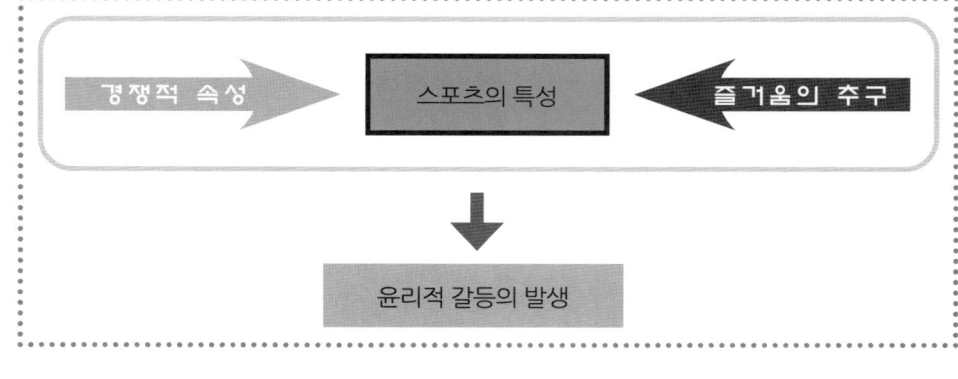

대표 기출 유형

02 가치 판단적 진술이 아닌 것은?

① 추신수는 정직한 선수이다.
② 페어플레이는 좋은 행위이다.
③ 감독은 선수를 체벌해서는 안 된다.
④ 김연아는 올림픽경기에서 금메달을 땄다.

정답은 해설지에

2. 스포츠 윤리의 이해

> **Introduction**
>
> 일반 윤리는 사회 전체가 공유하는 문화와 도덕적 가치를 대상으로 하는 반면, 스포츠 윤리는 스포츠라는 영역에 적용되는 도덕적 규범을 다룬다. 스포츠 윤리는 '스포츠에 참여하는 사람들이 스포츠 활동에서 준수해야 하는 도덕적 행동 방식'을 규정한다.
>
> 그러나 스포츠인은 스포츠인일 뿐만 아니라 사회 구성원이기도 하므로, '스포츠맨십'과 '페어플레이 정신'뿐만 아니라 일반 사회 구성원으로서의 윤리적 기준도 준수해야 한다.

학습목표
일반 사회에서의 윤리적 원칙과 스포츠에서 요구되는 윤리적 원칙의 차이를 이해합니다.

<1> 일반 윤리와 스포츠 윤리: 스포츠 윤리의 독자성

1) 스포츠 윤리의 특징

(1) 일반 윤리와 스포츠 윤리의 차이

- 사회 전체 구성원의 행위와 사고의 영역에 작용함
- 관습, 문화 등에 의해 규정됨

- 스포츠 행위의 영역에 작용함
- 스포츠 규칙에 의해 규정됨

스포츠 윤리와 일반 윤리

스포츠에서 요구되는 좋은 가치들은 인간이 지켜야 하는 윤리 규범을 스포츠라는 한정된 영역에 적용한 것이다.

그런 점에서 진실, 용기, 인내, 자기 통제, 존중, 예의, 공정, 협동, 관대함 등 일반 사회에서 요구되는 보편적인 원칙들은 스포츠에서도 동일하게 요구되고 있다.

(2) 스포츠 윤리의 두가지 지향점

스포츠 윤리의 특수성
- 스포츠 규칙의 준수 여부를 다룸
- 스포츠에서 규칙 위반은 경기의 일부로 인정되기도 함
  예) 승리를 위한 규칙 내에서의 파울 행위
- 규칙을 자발적으로 준수하는가의 여부는 도덕적 선수와 비도덕적 선수의 구별기준이 아님

(3) 체육인이 지켜야 하는 윤리 강령

1. 스포츠 고유 가치에 대한 존중	• 스포츠의 고유 가치 구현 • 스포츠의 독자적 위상 확립 • 과도한 승부욕의 자제 • 기회의 균등
2. 존경받는 체육인상의 정립	• 건전한 조직 문화의 형성 • 권한 남용과 금품 수수 등의 방지 • 사회 구성원의 의무 준수 • 객관적 윤리관의 정립
3. 국가와 사회에 대한 역할	• 건전한 스포츠의 보급 • 우수한 경기력의 유지 • 국민에 대한 봉사 • 자연과 환경 보호

대표 기출 유형

03 스포츠인의 윤리에 대한 설명으로 가장 바르지 않은 것은?

① 스포츠인의 윤리는 일반윤리 덕목과 크게 다름
② 스포츠인이 갖추어야 할 도덕적 품성
③ 스포츠 활동을 하면서 상호작용하는 사람들 사이에서 갖추어야 할 덕목
④ 진정한 스포츠인으로 거듭날 수 있도록 하는 도덕적 품성

정답은 해설지에

3. 윤리 이론

학습목표
스포츠와 관련없이 이론 자체를 출제하고 있으니 각 이론의 핵심을 반드시 암기합니다.

Introduction

윤리적 행위는 도덕적 의무를 다하는 것을 의미한다. 따라서 어떤 행위 이전에 올바른 도덕적 기준을 설정하는 것은 그 행위의 정당성을 확보하는 데 필수적이다.

어떤 행위가 윤리적인지에 대한 기준을 설명하는 이론들을 윤리 이론이라고 하며, 특정한 윤리적 관점을 받아들인다는 것은 결과적으로 여러 윤리적 견해 중 하나를 선택한 것을 의미한다.

<1> 스포츠에 적용 가능한 윤리설

1) 서양의 주요 윤리설

(1) 공리주의 윤리설(결과론, 목적론)

특징	• 가장 좋은 결과를 가져오는 행위가 옳다고 여기고 행위의 결과가 가져다 줄 쾌락과 행복을 중시함 • 유용한 행위를 추구함으로써 효율적인 정책과 제도의 확립에 기여하였고 근대 민주주의의 성립에 영향을 줌
한계	• 전체의 행복이나 다수의 이익을 중시하여 소수나 개인의 인권을 침해할 수 있음 • 고려의 대상에서 배제되는 사람에게는 차별이 발생하게 됨
예시	• 평범한 일반인이 더 많으므로 소수의 장애인 때문에 새로운 시설을 건립하는 것은 옳지 않다고 봄

① 벤담의 공리주의

최대 다수의 최대 행복	• 도덕과 입법의 원리 • 더 많은 사람이 행복을 누리는 것이 더 좋은 일
양적 공리주의	• 모든 쾌락은 질적으로 동일하므로 고려해야 할 것은 오직 쾌락의 양뿐임
쾌락 계산법	• 강도, 지속성, 확실성, 근접성, 생산성, 순수성, 범위 • 쾌락과 고통의 양을 측정할 수 있는 일곱 가지 기준
의의	• 개인적 차원의 행복주의를 사회적 차원으로 확대함

② 밀의 공리주의

질적 공리주의	• 쾌락의 양뿐만 아니라 질적인 차이도 고려해야 함 • 다양한 경험과 합리성을 지닌 사람들의 전문적인 판단에 의해 질적으로 우월한 쾌락이 결정됨 (선호 공리주의)
지속적·정신적 쾌락 추구	• 감각적 쾌락보다 정신적 쾌락이 더 수준 높은 쾌락이며, 정상적인 인간은 질적으로 높고 고상한 쾌락을 더 추구함 • "배부른 돼지가 되기보다는 배고픈 인간이 되는 편이 낫다."
의의	• 공리주의에 객관성과 합리성 부여

공리주의의 형태

1. 행위 공리주의
   인간의 행동이 최대의 행복이나 유익을 창출하는지로 윤리성을 판단
2. 규칙 공리주의
   특정 규칙이나 원칙이 전반적으로 사회에 최대의 유익을 가져올지로 윤리성을 판단
3. 제도적 공리주의
   특정 제도나 사회 구조가 사회의 최대 행복을 증진시키는지를 평가하여 윤리성을 판단
4. 직관적 공리주의
   규칙이나 제도보다는 개인의 도덕적 직관에 의하여 윤리성을 판단

결과론적 윤리설

결과론적 윤리설은 어떤 행위의 결과와 목표를 중요하게 여기는 입장. 더 많은 이익을 만드는 행위를 윤리적으로 좋은 것으로 본다. 소피스트, 쾌락주의, 공리주의 등이 대표적이다.

목적론적 윤리설

특정한 목적을 추구하는 행위를 윤리적이라고 본다. 그런 윤리적 목적은 인간이 마음대로 정할 수 있거나 행위의 결과에 의해 결정되는 것이 아니라 이미 선험적으로 주어져 있다고 본다.

그리고 인간이 하는 좋은 행위의 최종 목표는 행복이어야 한다고 본다.

(2) 의무론적 윤리체계

특징	• 인간이 언제 어디서나 지켜야 할 행위의 근본적인 원칙이 있다고 봄 • 도덕적 원칙은 이익이나 손해와 관계없이 마치 의무처럼 행해져야 한다고 봄
한계	• 근거가 되는 규범의 정당성을 현실적으로 검증하기가 어려움 • 그 규범에 대한 사회 구성원 전체의 상식적 합의를 이루는 것이 쉽지 않음
예시	• 평소 사이가 나쁜 사람이라해도 그 사람이 위험에 빠졌다면 마치 인간으로서의 의무처럼 반드시 구호를 하는 것이 윤리적인 일이라고 봄

① 칸트의 의무론

선의지	• 도덕 법칙을 따르려는 의지 • 무조건적이고 그 자체만으로 선한 것임 • 행위의 선악은 결과가 아닌 동기, 선의지 여부에 따라서만 결정됨
자율	• 실천 이성을 통해 스스로 명령하고 스스로 따르는 것
도덕적 행동	• 도덕 법칙에 대한 자발적인 존중으로부터 나온 자율적인 행위 • 아무런 조건이나 제약 없이 선의지에서 비롯된 행위, 의무 의식에 따른 행위
정언 명령	• 제1명령 : "네 의지의 격률이 언제나 동시에 보편적 입법의 원리가 될 수 있도록 행위하라." 　- 행위할 때 항상 보편적 관점에서 판단할 것을 강조함 • 제2명령 : "너 자신과 다른 모든 사람의 인격을 결코 단순히 수단으로 취급하지 말고, 언제나 동시에 목적으로 대하도록 행위하라." 　- 절대적 가치를 지닌 인격체로서 인간 존엄성의 정신을 내포함

② 공리주의와 칸트의 사상 비교

	공리주의	칸트
장점	인간의 행복과 복지를 증진시킨다는 구체적이고 현실적인 지침을 제공	언제 어디서나 동일하게 작용하는 보편적인 도덕원칙을 추구하며, 인간 존엄성의 정신을 잘 표현함
단점	인간의 내면적 양심 등의 동기를 간과하며, 인간 존엄성이나 정의에 관한 문제를 다루지 못함	도덕의 기준이 이상적이고 엄격하여 구체적인 삶 속에서 우리의 상식과 맞지 않을 수 있음
난점	• 난점 : 매 행위마다 결과를 예측하기 어려움	• 난점 : 도덕적 의무가 상충할 경우 선택이 불분명함

칸트의 자연법

모든 인간에게 자연적으로 주어져 있는 보편적인 법으로, 인간의 본성의 법이며 성문화되어 있지는 않으나 사람이라면 누구든지 알 수 있고 존중해야 하는 보편적인 법

주요 윤리이론의 적용

예를 들어 도핑행위에 대해서도 각각의 윤리 이념마다 그 행위에 대한 평가는 달라진다.

먼저 결과론적 의무론은 그 행위가 비록 부정행위였다고 해도 금메달이라는 좋은 결과를 가져왔기 때문에 그 선수를 응원하는 자국민에게는 좋은 일이라고 평가한다.

목적론적 윤리론에서는 그 행위가 얼마나 많은 행복감을 가져왔는가를 따져서 좌절감을 느낀 사람들이 더 많았다면 나쁜 행동, 긍정적 쾌감을 느낀 사람들이 더 많았다면 좋은 일이라고 평가한다.

마지막으로 의무론적 윤리론에서는 어떤 행위로 인해 발생한 사람들의 쾌감(즐거움)이 얼마나 많았는가가 아니라 오직 그 행위가 도덕적 원칙 자체에 부합하는가를 가지고 평가한다. 즉, 그 결과가 아무리 좋았다고 해도 공정함, 신뢰 등 도덕적 원칙 자체에 위배되는 것이므로 나쁜 일이라고 평가하는 것이다.

대표 기출 유형

04 스포츠에 있어서 경기 결과의 좋고 나쁨이 아니라 그 행위가 도덕적 의무를 준수했는가를 판단의 기준으로 하는 윤리이론은?

① 결과론적 윤리체계
② 의무론적 윤리체계
③ 덕론적 윤리체계
④ 목적론적 윤리체계

정답은 해설지에

(3) 아리스토텔레스의 덕윤리

특징	• 개인이 아닌 공동체의 구성원으로서의 바람직한 성품에 초점을 두는 윤리설로 행위자의 품성과 덕성을 중시함
한계	• 공동체의 이상을 중시하고 실천할 때 도덕적이라고 평가한다는 점에서 개인의 자유와 권리를 축소시킬 가능성이 있음
예시	• 어린 시절부터 국가와 사회를 먼저 생각하고 그것을 위해 희생하는 사람을 훌륭한 인물이라고 가르침

① 덕의 종류

지성적 덕	• 종류 : 지성, 철학적 지혜. 실천적 지혜 • 실천적 지혜 : 품성적 덕을 갖추기 위한 필수 요소로서, 도덕적 실천에 있어서 이성의 기능을 잘 발휘할 수 있게 해 줌 • 무엇이 좋고 나쁘며, 구체적 상황에서 어떻게 하는 것이 중용의 상태인지를 알려줌 • 형성 과정 : 이성에 의한 이론적인 탐구와 교육을 통해 형성
품성적 덕	• 의미 : 인간의 감정이나 행위와 관련된 덕으로 중용의 특성을 지님 • 중용 : 지나침과 모자람의 중간 상태, 인간의 비이성적인 부분이 이성의 올바른 명령에 따를 때 갖출 수 있음 • 형성 과정 : 실천적 지혜를 바탕으로 의지에 따른 지속적인 실천과 습관을 통해 형성

② 중용의 덕

부족함 (악덕)	중용의 상태 (덕)	과도함 (악덕)
비겁	용기	만용
무감각	절제	방종
인색	절약	낭비
심술	친절	비굴

※ 현대의 덕윤리

- 현대에 들어서는 인간의 공동체적 삶을 중시하여 도덕 공동체를 지향하는 일을 덕을 실천하는 행위로 보고 있음
- 선한 것을 자연스럽고 즐겁게 행하는 사람이 곧 선한 사람임
- 추상적 의무나 원칙 대신 욕구, 감정 등에 주목하여 윤리의 실천 가능성을 높게 보고 있음

아리스토텔레스의 윤리설

아리스토텔레스는 "모든 종류의 의도적인 활동은 어떤 선(공동체의 행복)을 달성할 목표를 갖고 있다."고 하였다.

인간의 모든 행위는 어떤 목적을 가진 것이어야 한다고 보았다는 점에서 목적론적 윤리설로 볼 수도 있지만, 특히 공동체의 선을 달성하기 위한 개인의 덕성에 초점을 두었다는 점에서 덕윤리설로 구분하기도 한다.

2) 동양의 주요 윤리설

(1) 유교 사상

① 공자의 사상

인	• 의미 : 인간의 본질인 사랑의 정신, 사회적 존재로 완성된 인격체의 인간다움 • 실천 덕목 : 효제충신(孝悌忠信)과 서(恕) • 특징 : 존비친소의 구별을 전제로, 시비선악을 분별해서 실천하는 단계적 · 분별적 사랑
예	• 외면적인 사회 규범 • 사욕을 극복하여 진정한 '예'를 회복(극기복례)할 것을 강조
정명	• 사회 구성원들이 신분과 지위에 따라 맡은 바 역할을 충실히 수행할 것을 강조하는 규범 • "임금은 임금답고 신하는 신하다우며, 부모는 부모답고 자식은 자식다워야 한다"
덕치	• 도덕과 예의에 의한 교화를 강조 • 통치자가 먼저 군자다운 인격을 닦고 백성을 다스려야 함
군자	• 이상적 인간상 • 인을 바탕으로 예를 실천하는 사람
대동 사회	• 인륜이 구현되고 재화가 균등하게 분배되어 모든 사람들이 더불어 살 수 있는 이상 사회

□ 인의 실천

공자는 '효제충신서'의 실천을 '인'을 실형할 수 있다고 보았음

- 효(孝): 부모에 감사하고 극진히 봉양하는 일
- 제(悌): 형제 간에 우애를 다하는 일
- 충(忠): 특정 대상이나 원칙에 대한 진심 어린 헌신과 충성
- 신(信): 사람 사이에 신의를 가지는 일
- 서(恕): 타인의 잘못을 이해하고 용서하는 마음가짐. "자신이 원하지 않는 것을 남에게 하지 말라"는 원칙

② 맹자의 사상

성선설	• 인간은 본래 사덕과 사단을 갖고 태어났으므로 선한 존재 • 사사로운 욕심이나 혈기 때문에 선한 본심이 가려져서 악행을 행하게 됨
인의	• '인'은 따뜻하고 포용적인 사랑, '의'는 옳고 그름을 구분하는 사회 정의 • 인보다 의를 중시
호연지기	• '지극히 크고 굳세며 올곧은 도덕적 기개' • 언제나 옳은 일을 추구함 [집의(集義)]으로써 형성
왕도 정치	• 부국강병책에 의존하는 패도 정치를 배척하고 인의의 덕으로 나라를 다스릴 것을 강조

□ 맹자의 사단

- 수오지심 – 옳지 못함을 부끄러워하고 착하지 못함을 미워하는 마음. 의(義)의 단서
- 측은지심 _ 남의 불행(不幸)을 불쌍히 여기는 마음. 인(仁)의 단서
- 시비지심 – 옳고 그름을 가릴 줄 아는 마음. 지(智)의 단서
- 사양지심 – 겸손히 남에게 사양하는 마음. 예(禮)의 단서

대표 기출 유형

05 〈보기〉의 ㉠~㉢에 해당하는 용어가 바르게 제시된 것은?

< 보 기 >

공자의 사상은 (㉠)으로 설명할 수 있다. (㉡)은/는 마음이 중심을 잡아 한 쪽으로 치우치지 않는 상태를 의미하고, (㉢)은/는 나와 타인의 마음이 서로 다르지 않다는 뜻으로 배려와 관용을 나타낸다. 공자는 (㉢)에 대해 "내가 원하지 않은 일은 남에게 하지 말라."는 정언명령으로 규정한다. 이는 스포츠맨십과 상통한다.

　　㉠　㉡　㉢
① 충효　충　효
② 정의　정　윤리
③ 정명　정　명
④ 충서　충　서

정답은 해설지에

③ 순자의 사상

성악설	이기적 욕구를 지니고 있으므로 인간의 본성은 악함
화성기위	인위적인 노력을 통해 이기적 욕구를 억제하고 본성을 선하게 교화시켜야 함
예	• 인간의 생활을 외적으로 규제하여 질서를 유지하는 도덕규범 • 예(禮)의 실천과 교육을 통한 예치(禮治)의 필요성 강조 • 덕을 헤아려서 지위의 순서를 정하고, 능력을 헤아려서 관직을 맡길 것을 주장
천인분이	• 하늘은 단순히 물리적인 자연 현상일 뿐이며, 자연 현상과 인간의 일은 독립적으로 무관하다고 주장 • 도덕적인 하늘관을 거부

(2) 도교 사상

- 노자와 장자
- 인간의 의도가 배제된 자연 그대로의 상태를 강조
- 인위적 제도와 규범에 의해 구속되지 않는 '무위'의 상태, 즉 '자연'을 '덕'으로 여기는 사상

① 노자의 사상

무위자연	• 자연 본성과 어긋나는 인위적인 작위를 강제하지 않음 • 자연의 법칙과 본성에 순응하는 자연 그대로의 모습
상선약수	• "으뜸이 되는 선은 물과도 같다." • 물은 만물을 이롭게 하면서도 남들과 다투지 않고 (부쟁) 낮은 곳에 처함(겸허)
소국과민	• 작은 나라와 적은 백성으로 이루어진 사회 • 문명의 발달이 없는 무위와 무욕의 이상 사회
유교 비판	• 유가에서 중시하는 인의예지 및 덕 및 예악과 같은 규범·가치들은 인간의 자연스런 본성에 어긋나며 심지어 해롭기까지 하다고 봄(가치 상대주의)

② 장자의 사상

도	• 도는 차별이 없으며, 모든 사물에 두루 퍼져 있음 • 만물은 제각기 서로 다른 본성을 지니며, 타고난 본성을 충분히 자유롭게 발휘할 때 행복하게 됨
만물제동	• "도의 관점에서 보면 만물은 평등하다." • 귀천, 고하, 시비, 선악의 구별은 자기 중심적 사고에 따른 편견임

(3) 유교와 도교에서 보는 좋은 인간관의 차이

유교에서 보는 인간	도교에서 보는 인간
도덕적 본성을 가진 사회적 존재	소박한 본성을 가진 자연 그대로의 존재

3) 그 밖의 출제 가능한 윤리설

(1) 스토어 학파와 아퀴나스의 자연법 윤리설

특징	• 신이 인간에게 '자기보존, 종족의 보존, 신과 사회에 대한 진리의 파악' 등 세가지 본성을 부여함 • '선'은 인간의 세 가지 본성을 지키는 일이며, 선을 행하는 일이 윤리적인 행위
한계	• 의무론적 윤리설과 비슷하게 근거가 되는 규범의 정당성을 검증하기가 어렵고, 그 규범에 대한 사회 구성원 전체의 보편적 합의를 이루는 것이 쉽지 않다.

(2) 요나스의 책임 윤리

특징	• 행위의 결과에 대해서도 충분히 고려하고 그에 따른 책임을 져야 한다고 주장하는 이론 • 과학 기술의 발달과 과학기술을 따라가지 못하는 윤리 사이의 간극을 해결하기 위해 제시된 새로운 윤리설 • 과학 기술의 발전이 먼 미래에 끼치게 될 결과를 예측하여 생명에 대한 도덕적 책임을 져야 한다는 주장 • 따라서 미래 세대와 자연에 해악을 끼치는 과학 기술 연구는 중단해야 한다고 주장함
한계	• 인간은 책임을 질 수 있는 능력이 있는 유일한 존재이므로 책임을 져야만 하는 의무가 있다고 주장하지만, 구체적인 행위의 기준을 제시하지 못한다는 점에서 현실 안에서 실천되기가 쉽지는 않음

(3) 니부어의 사회 윤리

특징	• 사회와 집단은 윤리적이기보다는 정치적이며 개인의 도덕성은 집단 속에서 약화될 수밖에 없으므로, 사회의 구조와 제도에 사랑과 정의라는 도덕성을 실현하기 위한 노력이 필요하다고 보는 이론 • 개인의 도덕적 행위는 집단의 도덕성을 결정하지 못할 뿐 아니라 오히려 사회의 구조와 제도가 개인 행위의 도덕성을 결정한다고 봄 • 개인의 이기심은 개별적일 때보다 집단적이 될 때 더욱 심각한 이기주의로 나타난다고 설명함
한계	• 사회의 구조와 제도에 실현되어야 하는 사랑과 정의의 궁극적 목적을 설명하지 않음 • 도덕성을 위한 선한 목적이라면 폭력과 같은 수단도 용인할 수 있다고 주장함

(4) 나딩스의 배려 윤리

특징	• 인간의 실제 생활과 인간 사이의 상호작용을 초월한 도덕의 근원은 없다고 보는 이론 • 배려관계는 상호적이며 어머니와 자녀관계가 배려윤리의 좋은 사례라고 주장함 • 가부장적 세계에서 무시되었던 연민과 공감, 동정, 모성애 등의 여성적 가치의 회복을 통해 도덕성을 확립하자고 주장함 • 배려는 결국 관계 속에서 정의되기 때문에 배려자와 피배려자 모두의 역할을 강조함 • 배려가 학교에서 교육되어야 한다고 주장하며 교육의 방법으로 모델링, 도덕적 대화, 실천, 인정과 격려 등을 제시함
한계	• 배려자와 피배려자를 설명하는 과정에서 지나치게 불평등한 관계에만 초점을 둠 • 여성의 헌신적 모습을 강조함으로써 오히려 여성을 억압하는 관점을 가짐 • 도덕성의 정의적 측면에만 초점을 두어 인지적 영역의 중요성을 무시함

(5) 담론 윤리

특징	• 현대 다원주의 사회에서 가치들의 충돌 시 합리적 조정 또는 공정한 해결을 위해 사람들 사이의 대화와 소통을 통한 상호 이해가 필요하다고 보며, 공정하고 합리적인 담론을 통해 윤리적 문제를 해결할 수 있다고 주장하는 이론
한계	• 현대 사회의 불평등, 비민주성 등을 극복하는데 필요한 시사점을 제공하지만 사회 구성원의 이기심 때문에 현실에서는 공정하고 합리적인 합의를 만들기가 쉽지는 않음

<2> 가치 충돌의 문제와 대안

1) 가치 충돌의 발생 원인

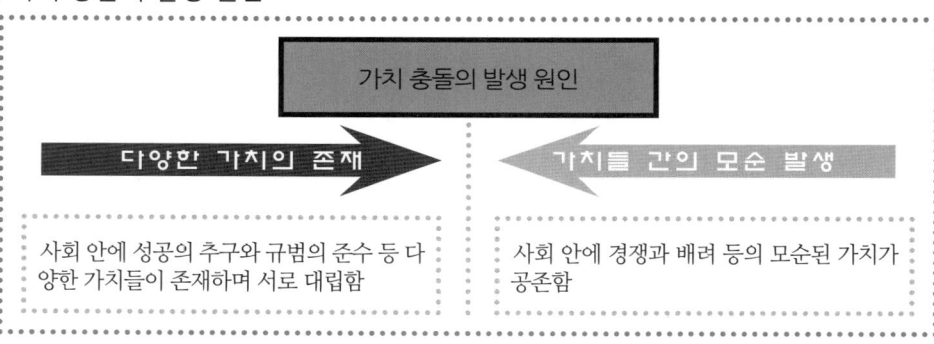

2) 가치 충돌의 발생 유형

개인과 관련된 갈등	가치 충돌의 유형	집단과 관련된 갈등
개인의 내적 갈등 개인과 개인 간의 갈등		개인과 집단 간의 갈등 집단과 집단 간의 갈등

가치 충돌의 해결 방안
• 서로 다른 의견에 대해서도 존중의 태도를 가진다.
• 폭력과 힘의 논리를 지양한다.
• 합리적인 규범과 제도를 마련한다.

대표 기출 유형

06 <보기>의 상황과 관련된 학자와 이론이 바르게 연결된 것은?

< 보 기 >

학생선수 A는 양심적으로 교칙을 준수하고, 다친 친구 대신 가방을 들어주는 등 도덕적 성품을 지니고 있다. 하지만 축구 경기에서는 상대 선수를 심판 모르게 공격하는 등 반칙을 하거나 상대 선수를 배려하지 않고 팀의 이익을 위해 행동하는 팀 분위기에 동화되고 있다.

① 베버(M. Weber) - 책임윤리
② 요나스(H. Jonas) - 책임윤리
③ 니부어(R. Niebuhr) - 사회윤리
④ 나딩스(N. Noddings) - 배려윤리

정답은 해설지에

대표 기출 유형

07 스포츠 상황에서 도덕적 가치가 충돌할 때 바람직한 판단 방법으로 적절하지 않은 것은?

① 주어진 윤리적 상황을 다각도로 분석하는 것이 필요하다.
② 주어진 상황에 적용할 수 있는 다양한 윤리이론을 고려해본다.
③ 윤리적 상황에 직면한 행위자의 관점이 아니라 재판자의 관점에서만 판단하는 것이 바람직하다.
④ 윤리적 상황에 적용되는 도덕규칙과 결과의 공리성을 비교·분석하여 최선의 방안을 찾으려는 노력이 필요하다.

정답은 해설지에

Confirmation 이것만은 꼭!

01 인간 사회 전반에 걸쳐 적용되는 규범과 도리를 (　　)이라고 한다면 비교적 적은 범위의 사회와 집단 안에서 요구되는 도덕적 원리를 (　　)라고 한다.

02 2018년 평창동계 올림픽에서 남북 단일팀이 구성되었다라는 문장은 객관적인 사실만을 다룬다는 점에서 (　　)명제라고 하며, 그에 비해 남북 단일팀의 구성은 남북의 화해분위기 조성에 기여했고 그런 점에서 바람직하다라는 문장은 객관적 사실을 넘어선 평가와 판단을 담고 있다는 점에서 (　　)명제라고 할 수 있다.

03 스포츠 윤리가 지향하는 두 개의 목표는 스포츠활동 중 실천되어야 하는 (　　)과 (　　)의 실현이다.

04 인간의 행위의 결과가 얼마나 긍정적인 결과나 효과를 거두었는가를 통해 그 행위의 선과 악의 정도를 판단하는 윤리설로 결과의 유용성에 치중함으로서 바람직하지 않은 수단을 통해 얻어진 결과까지도 옹호할 수 있다는 한계를 가진 학설은 (　　)윤리설이다.

05 옳음이나 선함을 결정하는 기준으로서의 특정한 목적이 이미 정해져 있으며 그 목적을 실현하는 행동을 선함이라고 판단하는 윤리설로 목적의 달성을 위해 사용되는 수단의 부당함까지 정당화한다는 문제를 발생시킬 수 있는 입장을 (　　)윤리설이라고 한다.

06 인간의 행위가 만들어내는 결과와 관계없이 어떤 행위를 선함이라고 규정할 수 있는 원칙이 선험적으로 존재하며 그 원칙은 마치 의무처럼 지켜져야 한다고 보는 윤리설은 (　　)윤리설이다.

07 스포츠 선수들은 책임윤리에 따라 경기 중 자신의 행동이 팀과 사회에 미칠 장기적 영향을 생각해야 한다고 주장한 윤리학자는 (　　)이다.

정답
1. 도덕, 윤리
2. 사실, 가치
3. 스포츠맨십, 페어플레이
4. 결과론적
5. 목적론적
6. 의무론적
7. 요나스

Previous 단원 기출문제

01 <보기>의 ( ) 안에 들어갈 사상가는?

< 보 기 >

( )은/는 "도덕적 가치들은 중요한 타자들(significant others)이 어떻게 행동하고 있는가를 관찰하는 것에 의하여 학습된다."고 하였다. 스포츠 도덕교육에서 스포츠지도자는 중요한 타자에 해당된다. 스포츠의 도덕적 가치는 스포츠지도자의 도덕적 모범에 의해 학습되어지며, 참여자는 스포츠지도자를 통해 관찰학습과 사회적 모델링을 하게 된다.

① 맥페일(P. McPhail)
② 피아제(J. Piajet)
③ 피터스(R. Peters)
④ 콜버그(L. Kohlberg)

<보기>는 '맥페일'에 대한 설명이다. 그는 학생들의 창의적인 주의력을 높이는 도덕교육을 중시하였는데, 학생들이 주요 타자들을 관찰하고 따라함으로써 도덕적 성숙이 이루어진다고 주장하였다.

정답 : ①

02 <보기>에서 A 선수의 행위를 판단하는 윤리적 관점으로 옳은 것은?

< 보 기 >

프로야구 A 선수는 매 경기마다 더위에 고생하고 있는 어린 볼보이들을 위해 시원한 음료를 제공했다.

① 의무론적 관점에서 A 선수의 행위는 선수로서 긍정적인 이미지를 구축하기 위한 행동으로 볼 수 있다.
② 덕론적 관점에서 A 선수의 행위는 유덕한 품성으로부터 나온 선한 행동으로 볼 수 있다.
③ 결과론적 관점에서 A 선수의 행위는 어린 볼보이들을 안쓰럽게 여겼기 때문에 나온 행동이라고 볼 수 있다.
④ 상대론적 관점에서 A 선수의 행위는 도덕법칙에 따라 행동한 것이라고 볼 수 있다.

구체적인 상황에 대한 판단은 각 윤리설의 판단 기준에 따라 달라진다. 의무론적 관점에서는 인간이라면 반드시 지켜야 하는 원칙에 맞게 행동할 때 올바른 행동이라고 말하고, 덕론의 관점에서는 인간의 도덕적 품성에서 비롯된 행동일 때 올바른 것이라고 말한다. 결과론적 윤리설에서는 더 많은 좋은 결과(행복)를 만들 수 있는 행동을 좋은 것이라고 판단하며, 상대론적 관점에 따르면 도덕적 원칙은 정해져 있는 것이 아니라 주어진 상황에 따라 변할 수 있는 것이라고 말한다. 그러므로 가장 가까운 답은 ②이다.

정답 : ②

03 <보기>의 ㉠에 해당하는 레스트(J. Rest)의 도덕성 구성요소는?

< 보 기 >

상빈 : 직업 선수에게 가장 중요한 것은 무엇이라고 생각해?

미라 : 연봉이지! 직업 선수의 연봉이 그 선수의 능력을 나타내는 것이라고 생각해. 나는 작년 성적이 좋아서 올해 연봉이 200% 인상되었어.

은숙 : 연봉은 매우 중요하지. 하지만 ㉠ 나는 연봉, 명예 등의 가치보다 스포츠인으로서 스포츠맨십과 페어플레이가 가장 중요한 가치라고 생각해.

① 도덕적 감수성(moral sensitivity)
② 도덕적 판단력(moral judgement)
③ 도덕적 동기화(moral motivation)
④ 도덕적 품성화(moral character)

• 도덕적 감수성 : 도덕적 판단이 필요한 상황에서 어떻게 행동해야 하는가에 대해 느끼는 일
• 도덕적 판단력 : 주어진 상황에서 어떻게 행동하는 것이 옳은가를 판단하는 일
• 도덕적 동기화 : 도덕적 가치를 다른 가치들보다 우선시 여기게 되는 것
• 도덕적 품성화 : 도덕적 행동을 실천할 의지와 용기를 가지는 일

은숙은 도덕적 가치를 돈보다 중요하게 여기고 있으므로 도덕적 동기화가 되어 있는 사람으로 볼 수 있다.

정답 : ③

04 <보기>에서 지영이의 윤리적 입장에 대한 설명으로 적절하지 않은 것은?

< 보 기 >

상화 : 스포츠윤리는 선수들이 규칙과 도덕적 원리만 따르면 확립될 수 있다고 생각해.

지영 : 아니야. 나는 스포츠윤리에서 중요한 것은 도덕적 원리가 아니라 행위자의 내면적 품성과 도덕적 행위의 실천이라고 생각해.

① 행위의 주체보다는 행위 자체에 초점을 맞추고 있다.
② 인간에게 내재되어 있는 감정을 도덕적 동기로 인정한다.
③ '무엇을 해야 하는가'보다 '어떻게 살아야 하는가'가 중요하다.
④ 인간 내면에 있는 도덕성의 근원과 개인의 인성을 중요시한다.

지영은 행위자의 내면적 품성과 도덕적 행위의 실천을 중요하게 여긴다고 말하고 있다. 주어진 규범을 잘 따르기만 하는 것이 아니라 행위자의 내면에서 우러나온 심성에 따라 도적적 행위를 실천해야 한다는 입장이므로 행위자의 주체성에 초점을 둔다고 보아야 한다.

정답 : ①

05. <보기>에서 A팀 주장이 취한 윤리적 입장의 난점으로 볼 수 없는 것은?

< 보 기 >

프로축구 A팀 감독은 주장을 불러 상대팀 선수에게 의도적 반칙을 하여 부상을 입히라는 작전지시를 내렸다. A팀 주장은 고민 끝에 실행에 옮겼고, 결과적으로 팀의 승리를 가져왔다.

① 결과만 놓고 보면 부상을 입힌 선수의 행위는 옳은 것으로 간주될 수 있다.
② 팀 전체의 이익보다 선수 개인의 이익이 더 중요할 수 있다.
③ 선수가 갖는 상식적이고 보편적인 도덕적 직관과 충돌하는 결론을 이끌어 낼 수 있다.
④ 우리 팀이 행복할 수 있다고 해서 축구경기에 참가한 모든 사람이 행복한 것은 아니다.

A팀 주장은 결과론적 입장에서 자신의 행동을 결정한 것이다. 최대 다수의 최대의 이익을 고려하여 행동할 때 이를 결과론적 윤리설이라고 한다. 이에 반해 의무론적 윤리설은 행위의 결과가 가져오는 손익을 따지지 않고 모든 사람을 동일하게 배려하라고 요구한다는 점에서 현실에서 통용되는 상식과는 대립하는 경우가 발생한다. 그런 점에서 ③은 결과론의 난점이라기보다는 의무론의 난점으로 보아야 한다.

정답 : ③

07. 사상가와 스포츠를 통한 도덕교육 방법이 바르게 연결되지 않은 것은?

① 루소(J. Rousseau) – 어린 시절부터 다양한 신체활동을 통해 성평등, 동료애, 공동체에서의 협력과 책임을 지는 습관을 길러준다.
② 베닛(W. Benneitt) – 스포츠 상황에서 발생하는 다양한 사건에 대한 논리적 추론과 가치명료화 등을 통해 도덕적 판단 능력을 길러준다.
③ 위인(E. Wynne) – 스포츠 경기의 전통을 이해하고, 규칙 준수 등의 바람직한 행동을 습관화할 수 있도록 가르친다.
④ 콜버그(L. Kohlberg) – 스포츠에서 발생하는 도덕적 딜레마에 대한 토론을 통해 도덕적 갈등상황을 이해하고, 자율적으로 대처할 수 있도록 가르친다.

베닛은 전통과 역사, 고전 문학 등에 도덕에 관한 기본 원리가 들어있으므로 그런 텍스트를 읽음으로써 도덕적 딜레마에 대한 해결방안을 가르쳐야 한다고 주장했다.

정답 : ②

06. <보기>의 ㉠, ㉡에 해당하는 도덕 원리의 검토 방법이 바르게 묶인 것은?

< 보 기 >

㉠ '나 혼자 의도적 파울을 하는 것은 괜찮겠지'라는 판단은 '모든 선수가 의도적 파울을 한다면'이라는 원리에 비추어 검토한다.
㉡ '부상당한 선수를 무시하고 경기를 진행하라'는 주장의 지시에 '자신이 부상당한 경우를 가정하여 판단해보라'고 이야기한다.

	㉠	㉡
①	포섭검토	보편화 결과의 검토
②	반증 사례의 검토	포섭검토
③	역할 교환의 검토	반증 사례의 검토
④	보편화 결과의 검토	역할 교환의 검토

㉠처럼 개별적인 사례를 보편적인 상황으로 확장하여 도덕적 원리의 적절성을 판단하는 것을 보편화 결과 검사라고 하며, ㉡처럼 제시된 도덕원리를 자신의 상황에 적용하여 받아들일 수 있는지를 통해 그 적절성을 판단하는 방법을 역할교환 검사라고 한다.

정답 : ④

08. <보기>의 내용에 해당하는 윤리적 태도는?

< 보 기 >

나는 경기에 참여할 때마다 나의 행동 하나하나가 가능한 많은 사람이 만족하는데 기여할 수 있도록 노력한다.

① 행위 공리주의
② 규칙 공리주의
③ 제도적 공리주의
④ 직관적 공리주의

구체적인 행동을 통해 사회 안의 행복을 늘리는 것이 옳다는 윤리적 판단이며 이를 행동적 공리주의라고 할 수 있다.

정답 : ①

02강 스포츠 윤리학

경쟁과 페어플레이

1. 스포츠 경기의 목적

학습목표
스포츠가 추구하는 두 가치인 아곤과 아레테의 개념을 이해하고 더 나아가 놀이의 유형을 구분하는 이론까지 암기합니다.

Introduction

인간의 스포츠 활동은 자신의 탁월한 능력을 증명하고 드러내는 의미를 가진다. 또한 스포츠에서는 이러한 탁월함을 증명하기 위한 방법으로 경쟁 요소가 수반되기도 한다.

스포츠 행위의 목적을 '탁월성'과 '경쟁' 중 어느 쪽에 두느냐는 스포츠 참가의 목적과 방식에 따라 달라진다. '탁월성'보다 '경쟁'을 더 중요한 가치로 여길 경우 '승리지상주의'와 '폭력성'이 발생할 가능성이 높으므로, '탁월성'과 '경쟁'의 조화가 필요하다.

<1> agon과 arete

Roger Caillois는 인간의 놀이를 그 특징에 따라 여러 유형으로 구분한다. 스포츠는 놀이에서 분화된 형태이므로, 스포츠에는 이러한 놀이 유형의 특징이 남아있는 경우가 많다. 특히 'agon'과 'arete'는 스포츠 행위에서 윤리적 쟁점이 발생하는 근원적 특성을 지닌 놀이로, 스포츠 윤리학에서 중요하게 다뤄진다.

'agon'은 '경쟁' 또는 승리를 지향하는 태도를 의미하며, 'arete'는 '덕' 또는 '인간다운 자질'을 뜻하며 때로는 '가장 훌륭한 상태'로 사용되기도 한다. 'agon'은 대결을 통해 자신의 '비교우위'를 확인하려는 태도와 관련이 있고, 'arete'는 자신의 탁월함을 증명하려는 행위와 관련이 있다.

1) 놀이의 유형 (Roger Caillois)

파이디아(paidia)	통제되지 않은 일시적인 기분표출로서의 놀이
루두스(ludus)	어려운 변칙들을 계속 만들어내고 이를 극복하는 놀이
아곤(agon)	경쟁자와 겨뤄서 자신의 우수성을 인정받는 놀이
알레아(alea)	의지와 상관없는 운수나 요행, 또는 운명에 놀이의 결과를 맡기는 놀이
미미크리(mimicry)	시간적 또는 공간적 한계를 정해놓고 일시적으로 내가 아닌 다른 사람이 되어보는 놀이
일링크스(illinx)	일시적인 패닉이나 공포 상태에 들어가는 것을 즐기는 놀이

아곤(agon)과 알레아(alea)
아곤(agon)이 플레이어의 의지나 능력에 의하여 행해지는 것임에 비하여, 알레아는 의지나 노력 없이 행운을 얻고자 하는 것이다. 알레아는 일반적으로 '우연'이라든가 '운'이라고 번역된다.

2) agon과 arete의 차이

Agon VS Arete

Agon
- '경쟁'의 의미 ('요행' 혹은 '운'이라는 의미의 '알레아'와 대비됨)
- 스포츠에서는 경쟁을 통해 승리를 추구하는 형태로 나타난다.

Arete
- 탁월성, 유능성, 기량, 뛰어남 등을 의미하는 말
- 스포츠에서는 자신이 가진 탁월성을 실현하려는 태도로 나타난다.

대표 기출 유형

01 <보기>에서 괄호 안에 들어갈 용어는?

<보기>
스포츠 선수의 ( )은/는 자신에게 주어진 모든 가능성을 최대한 활용하여 최고의 실력을 정당하게 발휘하고자 하는 마음가짐과 태도라고 할 수 있다.

① 로고스(Logos)
② 에토스(Ethos)
③ 아곤(Agon)
④ 아레테(Arete)

정답은 해설지에

<2> 승리 추구와 탁월성의 성취

스포츠에는 경쟁과 승리를 지향하는 'agon'의 요소와 선수의 탁월한 기량을 완성하고 드러내려는 'arete'의 요소가 함께 나타난다. 바람직한 스포츠 활동을 위해서는 'agon'과 'arete'의 조화가 필요하다.

□ agon과 arete의 추구 대상

승리의 추구(Agon)
- 인간은 탁월성을 증명하기 위해 승리를 추구한다.
- 경쟁적 스포츠는 인간적 탁월성을 증명하는 방법이다.

탁월성의 추구(Arete)
- 인간은 승리가 아닌 자신의 탁월성 자체를 추구한다.
- 반드시 경쟁을 통하지 않더라도 도전과 성취를 통해 탁월성을 확인할 수 있다.

<3> 스포츠 참여자의 태도와 인품

스포츠에 참여하는사람은 다양한 행동방식을 가진다. 그런 행동방식의 차이는 그 사람의 인품과 성향에 의해 발생하고 그 사람이 추구하는 목적이 무엇이가에 의해 강화될 것이다.

□ 스포츠 참여자의 성향

테크네	• 실용적인 목적을 달성하기 위한 기능적이고 실용적인 기술
에피스테메	• 일반적인 원리나 법칙에 대한 이론적이고 학문적인 지식
프로네시스	• '실천적 지혜' 또는 '적절한 판단력' • 도덕적, 윤리적 상황에서 올바른 결정을 내리는 능력
아크라시아	• 자신의 이성적 판단에 따라 행동하지 않는 상태 • 감정이나 충동에 의해 행동하는 것

대표 기출 유형

02 현대스포츠에서 발생하는 문제의 윤리적 원인에 대한 해결방안으로 바른 것은?

① 승리를 최우선 목적으로 설정
② 권위주의 기반의 상하 교육체계
③ 스포츠 경기를 위한 전술 훈련
④ 인간성 회복과 감성 회복을 위한 스포츠 교육

정답은 해설지에

대표 기출 유형

03 <보기>의 사례로 나타나는 품성으로 스포츠인에게 권장하지 않는 것은?

< 보 기 >
- 경기 규칙의 위반은 옳지 않음을 알면서도 불공정한 파울을 행하는 것이다.
- 도핑이 그릇된 일이라는 점을 알고 있지만, 기록갱신과 승리를 위해 도핑을 강행한다.

① 테크네(techne)
② 아크라시아(akrasia)
③ 에피스테메(episteme)
④ 프로네시스(phronesis)

정답은 해설지에

2. 스포츠맨십

학습목표

스포츠에서 스포츠맨십이 요구되는 이유를 이해합니다.

Introduction

스포츠맨십은 페어플레이 정신을 가지고 스포츠에 참여하는 것을 의미한다. 스포츠맨십은 도덕적 태도, 진실성, 용기, 인내력, 자기 통제력, 존중과 배려, 예의, 공정성, 협동, 관대함 등 다양한 구성 요소를 포함한다.

스포츠는 경쟁적 성향과 격렬한 신체활동을 수반하는 경우가 많아, 참가자에게는 더욱 엄격한 스포츠맨십 준수가 요구된다.

<1> 투쟁적 놀이로서 스포츠

스포츠는 일반적으로 놀이로부터 발전한 것으로 본다. 그러나 놀이가 재미와 즐거움을 추구하는 반면, 경쟁성과 규칙이 상대적으로 약하다. 이에 비해 스포츠는 놀이에 비해 경쟁의 속성이 강하고, 따라서 더욱 강화된 규칙을 필요로 한다.

□ 놀이와 스포츠의 차이

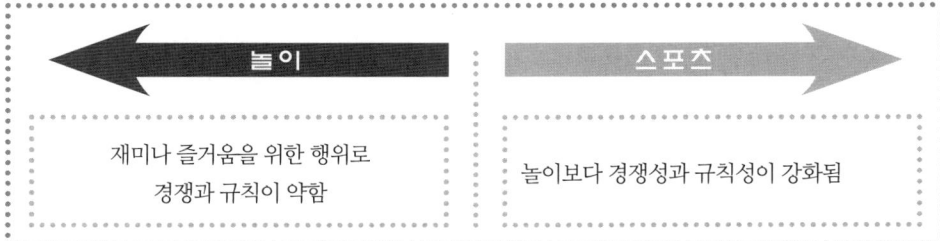

<2> 스포츠에서 요구되는 도덕적 행동과 스포츠맨십

스포츠 활동에 참가하는 선수는 경쟁적 상황 속에서 자신의 탁월한 기량을 드러내야 하므로, 상대 선수에 대한 배려나 규칙 준수와 같은 도덕적 갈등을 겪게 된다. 그러나 선수가 스포츠의 고유한 가치를 훼손하지 않으면서 참여하기 위해서는 규칙 준수, 최선의 노력, 적대감 억제, 공정한 행위 등의 스포츠맨십을 준수해야 한다.

스포츠맨십의 형태
- 규칙의 준수
- 최선의 노력
- 지나친 경쟁심의 억제
- 공정성의 유지

1) 스포츠맨십의 필요성

□ 스포츠에서 발생하는 도덕적 갈등의 원인

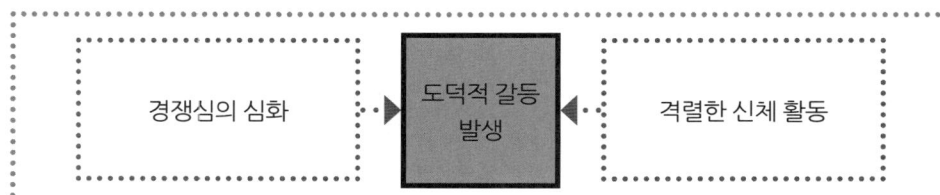

3. 페어플레이

Introduction

'페어플레이'는 '공정성'이라는 개념을 내포하며, 상대방을 나와 대등한 존재로 여기고 스포츠에 참여하는 것을 의미한다. '페어플레이'는 성문화된 룰의 준수에 국한되지 않고, 진실과 성실의 정신으로 스포츠에 참가하는 것까지 포함하는 개념이다.

즉, 외적인 규칙과 제도를 준수하는 것뿐만 아니라, 스포츠 규칙의 바탕이 되는 도덕적, 윤리적 정신을 가지는 것을 의미한다.

학습목표
페어플레이의 바탕인 공정함을 주요 학자들의 이론과 함께 암기합니다.

<1> '페어'하게 '플레이'한다는 의미

페어플레이는 규칙을 지키며 정정당당하게 스포츠 경기에 참여하는 것을 의미한다. 일반적으로는 성문화된 룰을 엄수하고, 진실과 성실의 정신(spirit of truth and honesty)을 바탕으로 한 태도를 실천하는 것을 의미한다. 또한 '공정한 행동', '정정당당한 싸움', '다른 사람에 대한 배려와 이해심' 등을 포함하는 용어로 사용되기도 한다.

1) 페어(Fair)의 의미

공정함	누구에게나 동일한 규범을 제시하는 것
타당함(옳음)	보편적인 인식에 비추어 옳은 것
좋음	긍정적인 가치를 추구하는 것

관련 개념
에토스(ethos)
사람에게 도덕적 감정을 갖게 하는 보편적인 도덕적·이성적 요소를 말한다.
스포츠에서 형식적 규칙 뿐 아니라 비형식적 규칙까지 성실하게 준수하는 행위는 에토스의 발현으로 볼 수 있다.

2) 페어 플레이의 실현

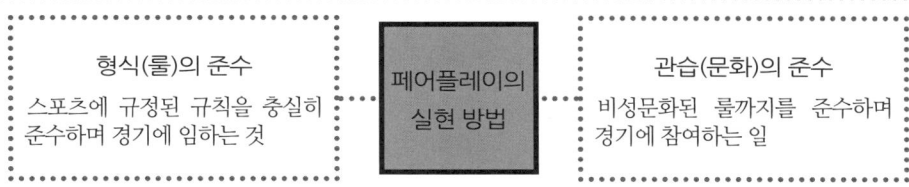

3) 스포츠 공정성과 규칙의 유형

(1) 구성적 규칙과 규제적 규칙

구성적 규칙	• 게임이나 스포츠의 진행에 대한 기본적이고 포괄적인 규칙 예) 축구 경기에서의 경기장의 넓이, 선수의 수, 유니폼, 경기 시간 등에 관한 규정
규제적 규칙	• 개별적인 행위 하나하나에 적용되는 구체적인 규정. 일반적으로 명령의 형태로 서술되는 규칙 예) 축구 경기에서는 플레이가 진행되는 상황 중 골키퍼 이외의 선수가 손으로 공을 만지면 안된다.

(2) 형식적 규칙과 비형식적 규칙

형식적 규칙	• 스포츠에서 룰로 명문화된 규칙 예) 각종 스포츠 규칙
비형식적 규칙	• 룰로 명문화되지는 않았지만 일반적인 관습으로 지켜지는 규칙 예) 축구경기에서 부상선수를 위해 공을 라인 밖으로 차내는 경우

대표 기출 유형
04 페어플레이에 대한 설명으로 적절하지 않은 것은?

① 선수 개인의 의도나 목적에 따라 변화하는 도덕적 행위이다.
② 규칙 준수, 상대 존중 등 근대적 시민의 도덕규범과 일치한다.
③ 규칙의 준수로서 페어플레이는 행위에 대한 요구와 제재를 의미한다.
④ 패자 앞에서 과도한 승리 세리모니를 하는 것은 규범으로서의 페어플레이를 위반한 것이다.

정답은 해설지에

대표 기출 유형
05 스포츠에서 형식적 공정 유지를 위해 가장 필요한 것은?

① 승리
② 기술
③ 행운
④ 규칙

정답은 해설지에

4) 스포츠 공정성의 확보 방안(정의의 실현 방안)

(1) 정의의 실현 원리

형식적 정의의 원리	• 분배 원칙이 공평하고 일관되게 적용될 것 • 같은 경우에는 같게 다른 경우에는 다르게 적용할 것 예) 똑같은 노력과 기여를 한 사람들에게 같은 금액의 월급을 주지만, 기여가 적은 사람에게는 적은 월급을 주는 일
실질적 정의의 원리	• 분배원칙이 모두에게 실질적으로 공평할 것 • 분배 상황에 따라 분배 기준이 다를 수 있을 것 예) 타고 태어난 조건 등의 차이에 의해 삶의 질이 달라질 때 저소득계층에게 특별한 지원을 하여 생계를 지원하는 일

(2) 출제 가능한 정의의 유형

평균적 정의		• 사회적 이익을 평균적으로 공정하게 하여 균형을 맞추는 것 예) 비슷한 시간 동안 비슷한 업무를 담당한 직원들에게 거의 같은 정도의 임금을 주는 일
분배적 정의		• 사회적 이익과 부담을 공정하게 나누어 가지는 것 예) 축구경기에서 같은 크기의 진영과 골대, 같은 수의 선수로 경기를 치르는 일
절차적 정의		• 분배적 정의를 실현하는 과정에서 분배방식을 결정하는 논의의 절차와 원칙에 공정성을 유지하는 것 예) 축구에서 전후반 그라운드의 사정이나 바람의 방향이 다를 때 동전던지기로 진영을 선택하는 일
교정적 정의 (법적 정의)	배상적 정의	• 손해나 손실을 똑같은 가치로 회복시켜 주는 것
	형벌적 정의	• 범법자에 대하여 응분의 처벌을 내리는 것

(3) 스포츠에서의 정의의 실현방안

분배적 정의의 실현	• 조건을 동일하게 적용하여 공정성을 확보하는 방법 예) 축구에서 전반과 후반에 양팀의 진영을 바꾸는 일
절차적 정의의 실현	• 합리적으로 결정된 과정을 따름으로서 공정성을 확보하는 방법 예) 축구에서 제비뽑기, 동전 던지기로 어떤 진영을 먼저 선택할지를 결정한 후 그 결정에 따르는 일

대표 기출 유형

06 <보기>의 괄호 안에 들어갈 정의(justice)의 유형은?

< 보 기 >

운동선수의 신체는 훈련으로 만들어지기도 하지만 유전적 요인으로 결정되는 경우가 많다. 농구와 배구선수의 키는 타고난 우연성에 해당한다. 일반적으로 스포츠 경기에서는 이러한 불평등 문제에 (　　)정의를 적용하지 않는다. 왜냐하면 스포츠는 전적으로 개인의 자발적인 선택의 문제이기 때문이다.

① 자연적
② 절차적
③ 분배적
④ 평균적

정답은 해설지에

(4) 주요 학자들의 정의론

① 롤스의 분배의 정의

- '공정으로서의 정의'를 주장함
- 분배의 절차가 공정하면 그 결과도 공정하다고 봄
- 개인의 노력과 무관한 우연적 요소로 나타나는 사회 불평등을 조정하고자 함
- 제1원칙은 제2원칙에 우선하며 제2원칙 내에서는 기회균등의 원칙이 차등의 원칙에 우선한다.

□ 롤스의 정의 원칙

제1원칙(자유의 원칙)		• 사회의 모든 가치는 기본적으로 모든 사람에게 평등하게 배분되어야 한다는 원칙
제2원칙	차등의 원칙	• 가치의 불평등한 배분은 사회의 최소 수혜자에게 유리한 경우에만 허용될 수 있다는 원칙
	기회균등의 원칙	• 사회·경제적 불평등은 그 원천이 되는 모든 직무와 지위를 획득하기 위한 공평한 기회가 제공된 이후에 발생한 것이어야 한다는 원칙

② 노직의 분배적 정의

- '소유 권리로서의 정의'를 주장함
- 재화의 취득, 양도, 이전 절차가 정당하면 그로부터 얻은 소유물에 관해서는 개인이 절대적 소유 권리를 가짐
- 국가를 포함한 어느 누구도 개인의 소유권을 침해할 수 없음
- 타인의 침해로부터 개인을 보호하기 위한 역할만을 수행하는 최소 국가만이 정당함

□ 노직의 정의 원칙

최초 취득의 원칙	• 최초로 어떤 것을 취득할 때 타인에게 부정이나 불법을 저지르지 않는 한 그 소유물에 대한 합법적 권한을 가짐
양도 또는 이전의 원칙	• 자신의 노동에 의한 결과를 포함하여 타인에 의해 정의롭게 이전된 것에 대해서도 정당한 소유권을 가짐
교정의 원칙	• 소유권의 취득과 양도에 있어서 과오가 있거나 절차가 잘못되었을 경우 부정의를 바로잡기 위한 교정이 요구됨

③ 왈처의 분배적 정의

복합 평등으로서의 정의	• 특정 영역의 사회적 가치가 지배적 역할을 하여 다른 영역의 가치를 쉽게 얻는 것을 금지하는 것을 의미 • 하나의 가치를 가진 어떤 사람이 다른 가치도 쉽게 가질 수 있는 사회는 정의롭지 않다고 봄
다원적 정의	• 정의의 기준은 공동체마다 다를 수 있으며 따라서 각 영역에 따라 다른 기준을 적용해야함

<2> 의도적인 파울

'의도적인 파울'이란 선수가 승리를 위해 고의로 스포츠의 규칙을 위반하는 행위를 말한다. '의도적 파울'이 스포츠 내에서 허용하는 행위인가와 별개로 페어플레이의 정신을 훼손하는 행위인가에 대한 윤리적 논쟁이 발생할 수 있다.

스포츠에서 허용하는 의도적인 파울의 사례
- 농구 경기에서 지고 있던 팀이 파울 작전을 통해 역전에 성공하여 승리함
- 축구 경기에서 역습을 막기 위해 상대선수의 진로를 방해함

1) 의도적 파울의 조건

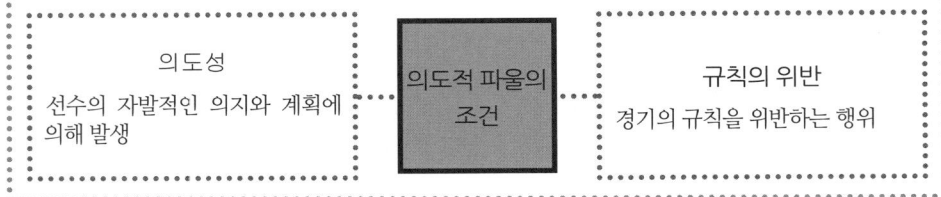

- **의도성**: 선수의 자발적인 의지와 계획에 의해 발생
- **의도적 파울의 조건**
- **규칙의 위반**: 경기의 규칙을 위반하는 행위

2) 의도적 파울에 대한 견해

찬성론
- 반칙도 경기의 일부이며 스포츠의 본질을 손상시키지 않는다.
- 의도적인 반칙은 승리를 위해 허용된 전략으로 할 수 있다.
- 의도적 반칙을 수행할 수 있는 능력도 스포츠에 통용되는 탁월함이다.

반대론
- 규칙위반은 스포츠의 본질을 훼손한다는 윤리적 문제를 야기한다.
- 반칙을 통해 얻어진 승리는 정당하지 않으며, 그렇게 얻어지는 승리는 스포츠의 가치를 훼손한다.
- 반칙 행위가 선수의 탁월함을 드러내는 수단이 될 수 없다.

<3> 승부조작의 윤리적 문제와 해결방안

'승부조작'이란 '승리'라는 스포츠 자체의 목적이 아닌 기타의 이익을 위해 의도적으로 경기의 결과를 미리 정하고 승부를 조작하는 행위를 말한다. '승부조작'은 당연히 스포츠맨십을 위반하는 행위이므로 윤리적 성찰과 함께 '승부조작'을 방지할 방안의 마련이 필요하다.

승부조작의 해결방안
- 승부조작 방지를 위한 규정 마련
- 감시 시스템 구축
- 비도덕적인 관행 개선
- 관련 단체의 법적지위 강화
- 관련자의 윤리 교육 강화

1) 승부조작의 발생원인

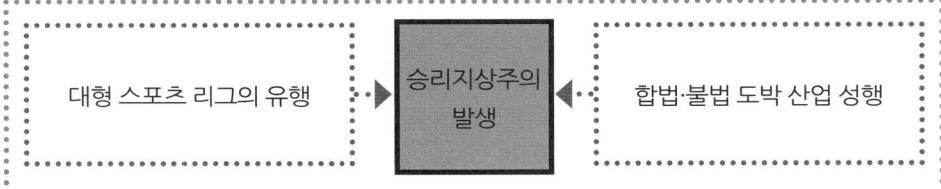

대형 스포츠 리그의 유행 ▶ 승리지상주의 발생 ◀ 합법·불법 도박 산업 성행

2) 승부조작의 윤리적 쟁점

- 스포츠의 형식적 규칙을 위반한 행위이다.
- 스포츠에서 전해 온 관습과 같은 비형식적 규칙을 위반한 행위이다.
- 스포츠맨이 가져야 하는 성실의 의무를 위반한 행위이다.
- 스포츠에서 지켜져야 하는 공정성을 깨뜨리는 행위이다.

대표 기출 유형

07 선수의 내적통제를 통한 승부조작을 최소화 할 수 있는 방안은?

① 윤리교육 강화
② 법적처벌 강화
③ 비디오 판독 시스템 구축
④ 심판의 수 증가

정답은 해설지에

Confirmation 이것만은 꼭!

01 로져 카이와의 놀이론에서는 다른 사람과의 경쟁 속에서 자신의 탁월함과 우수성을 증명하는 것을 목적으로 행하는 놀이를 (   )이라고 한다.

02 로져 카이와의 놀이론에서는 경쟁이나 의지 등과 관계없이 오직 요행과 운에 의해 승부가 결정되는 놀이의 유형을 (   )라고 한다.

03 스포츠 참여자에게는 아곤과 달리 타인과의 경쟁이 아닌 혼자만의 도전과 노력 그리고 그를 통한 성취의 과정에서 자신의 탁월한 기량과 유능성 등을 드러내려는 경향이 있는데 이를 (   )라고 한다.

04 스포츠에 참여하는 사람이 가져야 하는 가장 기본적인 원칙으로 도덕성, 용기, 인내, 상대방에 대한 배려 등의 다양한 구성 요소를 가진 규범은 (   )이다.

05 공정성이라는 의미를 가진 용어로 스포츠에 참여하는 사람이 스포츠의 외적 규칙과 스포츠 규칙의 바탕이 되는 도덕성, 윤리적 정신 등의 내적 규범까지를 모두 가지고 스포츠에 참여하는 것을 의미하는 원칙은 (   )라고 한다.

06 스포츠의 규칙 중 축구를 축구답게, 야구를 야구답게 만드는 포괄적인 규칙으로 각 스포츠 종목의 진행원칙과 구성요소를 규정하는 규칙을 (   )이라고 한다.

07 각 종목 안에서 선수들이 지켜야 하는 개별적이고 구체적인 규정으로 각 종목 안에서의 선수의 행위를 주로 금지나 명령의 형태로 규정하는 규칙을 (   )이라고 한다.

08 스포츠 리그에서 더 많은 자원을 가진 팀이 우수한 선수를 먼저 선발하지 못하게 하고, 약한 팀이 먼저 선발하도록 한다면 이는 롤스의 (   )의 원칙을 적용한 것이다.

09 리그에서 우승한 스포츠팀의 구성원들이 우승상금을 똑같이 나누어 가진다면 이는 (   ) 정의를 적용한 것이다.

10 실력이 제각각인 팀들이 참여하는 월드컵 경기에서 제비뽑기로 조와 경기순서를 정한 후 경기를 치른다면 이는 롤스의 (   )정의를 적용한 것이다.

정답

1. 아곤
2. 알레아
3. 아레테
4. 스포츠맨십
5. 페어플레이
6. 구성적 규칙
7. 규제적 규칙
8. 차등
9. 평균적
10. 절차적

Previous 단원 기출문제

01 <보기>의 ㉠, ㉡에 들어갈 용어로 바른 것은?

<보기>

스포츠에는 (㉠)적 요소와 (㉡)적 요소가 모두 내자 되어 있다. (㉠)적 요소는 경기에 긴장과 흥미를 불러일으킨다. 선수들은 승리하려는 강렬한 욕망으로 인해 경기에 돌입하고, 스포츠팬들 역시 승부로 인해 응원의 동기를 갖게 된다. 그러나 경쟁심이 과열되고 승리가 절대화될 경우 제도화된 규칙이 무시될 우려가 있으며, 스포츠는 폭력의 투쟁으로 변질될 수 있다. 이것이 스포츠에서 (㉠)적 요소보다 (㉡)적 요소를 더욱 중시하는 이유이다.

	㉠	㉡
①	도덕(morality)	윤리(ethics)
②	미미크리(mimicry)	일링크스(ilinx)
③	아곤(agon)	아레테(arete)
④	사실판단	가치판단

선택지에서 설명하고 있는 내용은 Roger Caillois과 분류한 놀이의 유형 중 아곤과 아레테에 관한 것이다.

'agon'은 '경쟁' 혹은 승리를 지향하는 태도를 의미하며 대결을 통해 자신의 '비교우위'를 확인하는 태도와 관련을 가진다면, 'arete'란 '덕 혹은 인간다운 자질'을 의미하며 스스로의 탁월함을 증명하려는 행위와 관련을 가진다.

정답 : ③

02 <보기>의 ㉠, ㉡에 알맞은 용어는?

< 보 기 >

- (㉠)은/는 스포츠인이 마땅히 지켜야 할 준칙과 갖추어야 할 태도를 의미한다.
- (㉡)은/는 스포츠인이 지켜야 할 정정당당한 행위로서 경쟁자에 대한 배려를 포함한다.
- 이처럼 (㉠)은/는 (㉡)에 비해 보다 일반적이고, 보편적인 윤리규범이라 할 수 있다.

	㉠	㉡
①	페어플레이	스포츠맨십
②	스포츠맨십	페어플레이
③	규칙준수	페어플레이
④	규칙준수	스포츠맨십

스포츠맨십과 페어플레이의 개념은 반드시 철저하게 암기해 두어야 한다.

정답 : ②

03 에토스(ethos)의 실천으로 적절하지 않은 것은?

① 축구에서 상대 선수가 부상으로 쓰러져 걱정되는 마음에 공을 경기장 밖으로 걷어냈다.
② 배구에서 블로킹할 때 훈련한 대로 네트에 손이 닿지 않도록 주의를 기울였다.
③ 야구에서 투수가 던진 공에 상대팀 타자가 맞아 투수는 모자를 벗어 타자에게 미안함을 표현했다.
④ 농구에서 경기 종료 1분을 남기고, 우리 팀이 큰 점수 차로 이기고 있는 상황에서 감독은 상대를 배려하는 마음에 작전 타임을 부르지 않았다.

에토스란 사람이라면 누구나 가지고 있는 도덕적·이성적 요소로 사람은 에토스로 인해 도덕적인 감정을 가질 수 있다.

스포츠에서는 페어플레이와 스포츠맨십을 준수하며 참여하는 선수의 행위가 에토스를 실천하는 행위로 볼 수 있다.

정답 : ②

04 <보기>의 ㉠, ㉡과 스포츠에서의 정의(justice)에 대한 개념이 바르게 묶인 것은?

<보기>

㉠ 핸드볼 – 양 팀에 동일한 골대의 규격을 적용
㉡ 테니스 – 시합 전 동전 던지기로 선공/후공을 결정

	㉠	㉡
①	평균적 정의	분배적 정의
②	평균적 정의	절차적 정의
③	분배적 정의	평균적 정의
④	분배적 정의	절차적 정의

보기에는 분배적 정의와 절차적 정의의 사례가 주어져 있다.

양팀이 공정한 경기를 위해 동일한 조건에서 경기를 하는 것은 분배적 정의에 해당하며, 분배의 방식을 정하기 위해 합리적으로 절차를 정하고 그 절차를 따르는 것은 절차적 정의에 해당한다. 그런데 다른 고려없이 재화나 자본을 공평하게 똑같이 나누는 것을 '평균적 정의'라고도 한다. 따라서 ②, ④ 모두 답이다.

정답 : ②, ④

03강 스포츠 윤리학

스포츠와 불평등

1. 성차별

Introduction

스포츠 현장에서는 언제나 성차별이 존재해 왔다. 스포츠에서 성차별은 남성 중심적 사고방식과 여성성에 대한 왜곡된 인식 때문에 발생한다.

현대에 들어 여성의 처우를 개선하기 위한 많은 노력의 결과, 표면적으로는 여성에 대한 차별이 상당히 사라진 것처럼 보이지만, 여성성을 시각적 대상으로 전락시키거나 성을 상품화하는 등의 차별적 요인은 더욱 교묘한 형태로 자행되고 있는 것도 사실이다.

학습목표

성차별의 역사와 해소과정, 성전환 선수의 문제 등을 이해합니다.

<1> 성차별의 과거와 현재

과거에는 여성의 특성이 스포츠에 어울리지 않는다는 편견으로 인해 여성의 스포츠 참여가 엄격히 제한되었다. 고대 올림픽에서는 여성의 참여뿐만 아니라 관람조차 금지되었으며, 여성에게 적합한 스포츠 활동으로는 무용 정도만이 인정되었다. 근대 올림픽의 창시자인 쿠베르탱조차도 여성의 스포츠 참여에 찬성하지 않았으며, 여성 스포츠 참가의 확대는 미국의 Title IX 법안 통과 이후에 이루어졌다. 2012년 올림픽 이후에는 여성이 참여하지 못하는 스포츠 종목이 완전히 사라졌다.

그러나 현대에는 여성을 성적인 눈요깃거리로 활용하는 스포츠 종목의 유행이나 선정적인 유니폼 착용 등, 성의 상품화와 같은 또 다른 형태의 성차별이 문제로 제기되고 있다.

생물학적 환원주의
- 성차별을 옹호하는 가장 대중적인 이론
- 남성과 여성은 생물학적으로 다르기 때문에 사회적인 역할의 차이가 발생한다고 봄

1) 성차별의 역사

(1) 성차별의역사

고대의 성차별	• 여성의 스포츠 행사 참여 및 관람 제한 • 여성은 무용 등의 유희적 활동만을 수행
중세의 성차별	• 남성만의 기사 훈련 장려 • 여성은 무용 등의 유희적 활동만을 수행
근대의 성차별	• 근대 올림픽에서도 여성의 스포츠 참여는 제한됨 • 스포츠가 여성성을 파괴한다는 인식이 존재함

(2) 성차별의원인

성별분업	남성과 여성이 담당하는 일이 구분되었고 그 중 남성이 담당하는 사회적 역할이 더 중요하다고 평가받게 됨
차별의 사회화	사회화 과정에서 성역할에 대한 선입견과 편견이 학습됨
남성중심의 사회구조	가부장제, 남성에게 우선권이 있는 사회진출의 기회, 여성에게 집중된 가사노동과 양육의 부담 등으로 여성에 대한 차별이 발생함

대표 기출 유형

01 다음 중 스포츠에 있어서 여성 경기에 관한 과거와 현재의 내용 중 사실과 다른 것은?

① 고대 그리스 올림픽에서 여성은 관람을 할 수 있었으나 참가는 할 수 없었다.
② 근대올림픽의 부활에 있어서 여성 경기인들의 참여는 제한적이었다.
③ 2012년 런던올림픽에서 여성이 참가하지 못한 종목은 하나도 없었다.
④ 현대 올림픽에서는 싱크로나이즈드스위밍이나 리듬체조 등 여성들만 참가할 수 있는 경기종목들이 있다.

정답은 해설지에

<2> 스포츠에서 성 평등을 이루기 위한 방안

성차별의 근본적인 원인은 남성 중심적 가치관과 성역할의 고착화에 있다. 즉, 여성성은 신체활동이 필요한 스포츠와 어울리지 않으며, 신체활동에 참여하더라도 무용과 같은 덜 격렬한 활동이 적합하다는 왜곡된 인식이 지배해왔다. 최근에는 스포츠의 상업화와 대중매체의 선정성이 여성의 스포츠 참여와 관련한 차별을 부추기고 있다.

이러한 성차별을 극복하고 양성 평등의 스포츠 환경을 조성하기 위해서는 근본적인 인식의 변화와 함께 제도적인 노력이 필요하다.

1) 스포츠 성차별의 원인과 해결

(1) 성차별의 원인

대표적인 스포츠 성차별
- 참여 종목의 차별
- 유니폼의 선정성
- 여성지도자의 기회 불평등
- 여성에 대한 지원 불평등

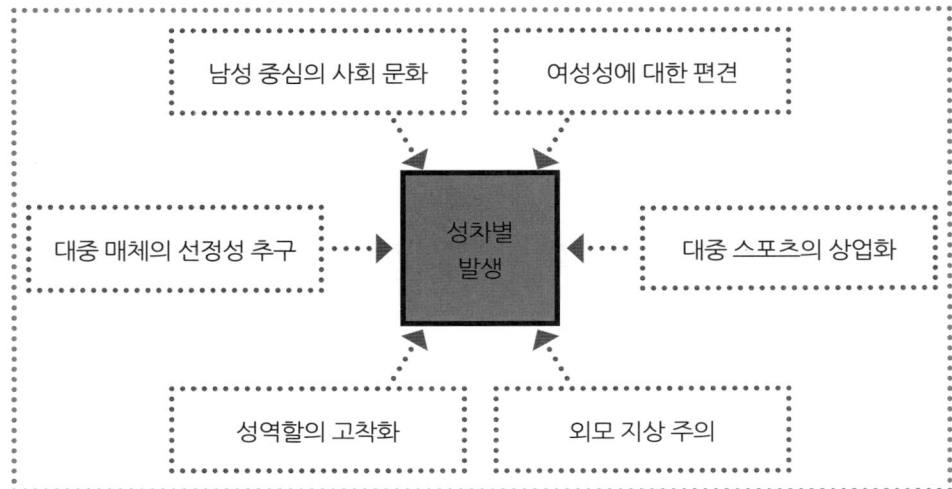

(2) 성평등의 실현 방안

- 성차별에 대한 사회적 인식의 변화
- 여성에 대한 가족과 사회의 지지
- 성평등을 보장할 수 있는 법안과 제도의 마련
- 성평등을 위한 교육의 강화

Title IX
1972년 미국에서 통과된 성차별 금지 법안

보조금이나 장학금 등과 관련하여 연방재정의 지원을 받는 학교에서 성차별이 발생하는 경우 그 학교에 대해 연방정부의 보조금을 제한하는 내용을 담고 있다.

이 법안을 계기로 교육계에 남아 있던 차별적인 관습들이 상당히 완화되었고 여성의 스포츠 참여의 기회가 확대되었다.

대표 기출 유형

02 스포츠에서 성차별을 극복하기 위한 방안으로 볼 수 없는 것은?

① 전통적인 여성상에서 탈피하려는 노력
② 인기 종목 위주의 스포츠 보도
③ 남성 선수와의 연봉 불균형 개선
④ 능력에 대한 공정한 평가

정답은 해설지에

<3> 성전환 선수의 문제

성전환 선수에 대한 문제는 스포츠에서 공정성을 확보하는 측면에서 매우 민감한 윤리적 논제이다. 예를 들어, 남성에서 여성으로 성을 전환한 선수가 원래의 남성 신체적 특징을 그대로 가지고 있다면, 여성으로서 스포츠에 참가하여 다른 여성들과 겨루는 것이 공정성 문제를 야기할 수 있다. 반면, 성전환이나 수술의 결과 원래의 신체적 특징이 사라졌음에도 스포츠 참가를 막는다면, 그 선수에 대한 차별이 발생할 수 있다.

스포츠 현장에서는 성별에 대한 다양한 검사가 이루어졌으며, 성전환 선수의 참가에 대한 첨예한 입장 차이가 존재한다. 그러나 최근에는 성전환 수술과 정기적인 호르몬 주사를 통해 신체에 근본적인 변화가 발생한다는 입장이 우세하다. 실제로 IOC는 성전환 수술 후 2년이 지나면 후천적 성별로 경기에 참가하는 것을 허용하고 있다.

1) 성별 검사의 역사

초기	• 신체의 형태를 육안으로 검사함
중기	• 염색체 검사를 통해 성별을 판정함
현재	• 2000년 이후 일괄적인 검사는 중단함 • 의심 선수에 한하여 제한적으로 실시하고 있음

2) 성전환 선수의 스포츠 참여에 대한 대한 관점

찬성론	반대론
• 성전환수술과 호르몬 주사로 신체에 근본적인 변화가 발생한다. • 성전환 선수의 스포츠 참여는 일반선수에 대한 불평등이 아니며, 참여금지가 오히려 성전환 선수에 대한 불평등을 야기한다.	• 성전환수술 이후에도 원래의 신체 능력이 유지된다. • 성전환 선수의 스포츠 참여는 일반선수에 대한 불평등이다.

3) 최근의 결론

염색체보다 생식기와 호르몬의 상태를 성별의 기준으로 적용함

생식기와 호르몬의 변화가 있는 경우
수술 2년 후부터
올림픽 참가 허용

대표 기출 유형

03 <보기>의 대화 내용에서 나타나는 스포츠에서의 차별에 대한 설명으로 적절한 것은?

< 보 기 >

아나운서 : A선수의 파워와 스피드, 그리고 순발력 앞에서 아무도 버틸 수 없을 것 같네요.

해설위원 : 맞습니다. A선수는 흑인 특유의 탄력과 유연성뿐만 아니라 파워까지 겸비하고 있기에 지금까지 승승장구해 왔다고 할 수 있지요.

아나운서 : 위원님, 그렇다면 이번 대결에서 B선수는 어떤 방법으로 대처하는 것이 좋을까요?

해설위원 : 아무래도 B선수는 백인들의 장점이라 할 수 있는 냉철한 판단력을 바탕으로 A선수의 허점을 공략하는 것이 가장 좋을 것 같습니다. A선수는 신체능력이 우수한 반면에 심리적으로 약할 가능성이 큽니다.

아나운서 : 저도 그렇게 생각합니다. 신체능력을 극복하는 판단력과 의지, 그것이 백인의 우수성 아니겠습니까?

① 단일 민족에게는 해당되지 않는 문제이다.
② 여성 스포츠에서 성의 상품화는 문제가 될 수 있다.
③ 여성의 스포츠 참여 제한은 차별에 해당하지 않는다.
④ 피부색에 따른 정신적·신체적 능력의 차이는 절대적이지 않다.

정답은 해설지에

2. 인종차별

학습목표
인종차별이 발생하는 이유와 극복방안을 이해하고 최근 우리나라에 발생하고 있는 다문화 문제에 확장하며 생각해봅니다.

Introduction

인류의 역사에서 성차별만큼이나 오랜 기간 인종에 대한 편견이 존재해왔다. 서구 열강의 식민 지배 과정에서 백인 지배의 정당성을 확보하고 헤게모니를 장악하기 위해 의도적으로 인종에 대한 우생학적 편견을 강요함으로써 인종차별이 고착화되었다.

현대 스포츠에서도 유색인종의 참여를 제한하거나, 흑인 선수의 우수한 퍼포먼스를 동물적 본능의 발현으로 폄훼하여 그들의 노력을 의도적으로 무시하려는 경향이 존재한다.

<1> 스포츠에서 인종차별의 과거와 현재

스포츠에서는 흑인 및 유색인종에 대한 차별이 존재해왔다. 백인 중심의 지배력을 강화하기 위해 흑인이나 유색인종의 스포츠 참여를 제한해 왔다. 현대에도 인종차별의 요소는 여전히 남아 있지만, 지속적인 인권운동의 성과와 다양한 인종이 참여할 수 있는 프로 스포츠의 세계화 등이 인종차별 해소에 기여하고 있다.

1) 인종 차별의 역사

(1) 인종차별의 원인 - 자민족(자국가) 중심주의

의미	자기 민족이나 국가가 타민족이나 국가보다 더 우월하다고 믿고 자기 민족과 국가의 이익만을 추구하며 타민족이나 국가를 배척하는 부정적인 태도
문제점	다른 민족 및 국가와의 갈등과 대립, 소수 민족이나 외국인 등에 대한 억압 등
극복 방안	맹목적 애국주의에서 벗어나 인간 존중이라는 보편적 가치 위에서 다른 민족, 국가와 호혜적 관계를 유지해 나가야 함

아파르트헤이트

1948~1994년까지 남아프리카 공화국의 백인 정권에 의하여 법률로 공식화된 인종분리(유색인종에 대한 차별) 정책.

1990년부터 1993년까지 벌인 남아공 백인 정부와 흑인 대표인 아프리카 민족회의와 넬슨 만델라 간의 협상 끝에 급속히 해체되기 시작했고, 민주적 선거에의해 당선된 넬슨 만델라가 1994년4월 27일에 완전 폐지를 선언하였다.

(2) 현재의 인종차별

- 스포츠에서 유색인종에 대한 사회·경제적 장벽이 존재한다.
- 우생학적 편견이 작용하여 흑인 선수의 노력이 폄훼되고 있다.
- 스포츠 순혈 주의로 유색인종의 참여 기회가 제한되고 있다.
- 지배층이 정치적·경제적 권력을 강화하려는 목적으로 차별이 계속되고 있다.

인종 차별의 해소 방안
- 실력으로 평가하는 사회분위기 조성
- 사회 구성원의 도덕적 태도 함양
- 차별 방지를 위한 법안 및 제도의 운용
- 평등한 권력 구조의 편성

(3) 스포츠 세계화와 인종차별의 해소

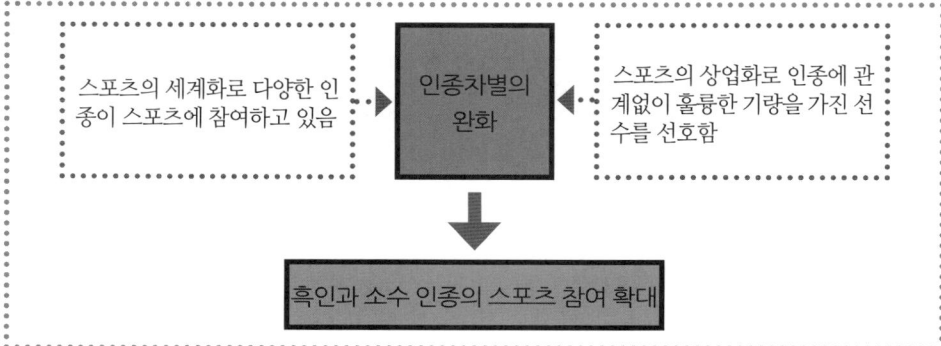

<2> 다문화 사회의 도래와 예상되는 갈등들

한국은 2014년 7월 현재 전체 인구의 3.2%가 다문화 가정이며, 2020년에는 다섯 가구 중 한 가구, 즉 전체 인구의 20%가 다문화 가정일 것으로 예상된다. 한국은 단일 민족 의식이 강하게 지배하는 사회로, 다문화 사회로의 진입에 따라 다양한 갈등이 발생하고 있다. 다문화 사회에서의 갈등은 사회적 소외와 분열을 심화시킬 수 있으므로, 인종 차별 문제와 함께 그 해소 방안에 대해 사회 전체가 심각하게 고민할 필요가 있다.

> **다문화 사회**
> 한 국가나 한 사회 속에 다른 인종·민족·계급 등 여러 집단이 지닌 문화가 함께 존재하는 사회를 다문화 사회라고 한다.

1) 문화의 다양성과 관점

(1) 문화의 다양성이 발생하는 원인
- 서로 다른 환경이나 상황에 적응하는 과정에서 독특한 생활양식이 형성되기 때문
- 각 사회 구성원이 추구하는 가치관이 다양하기 때문

(2) 문화에 대한 관점

자문화 중심주의	자신의 문화를 가장 우월하다고 내세우며 다른 문화를 부정적으로 평가하거나 배척하는 태도
문화 사대주의	타 문화를 동경하며 자신의 문화를 업신여기는 태도
문화 상대주의	각각의 문화가 지닌 고유성과 상대적 가치를 존중하는 태도

2) 다문화 사회에의 진입과 문제점

(1) 한국의 다문화 사회의 진입 원인

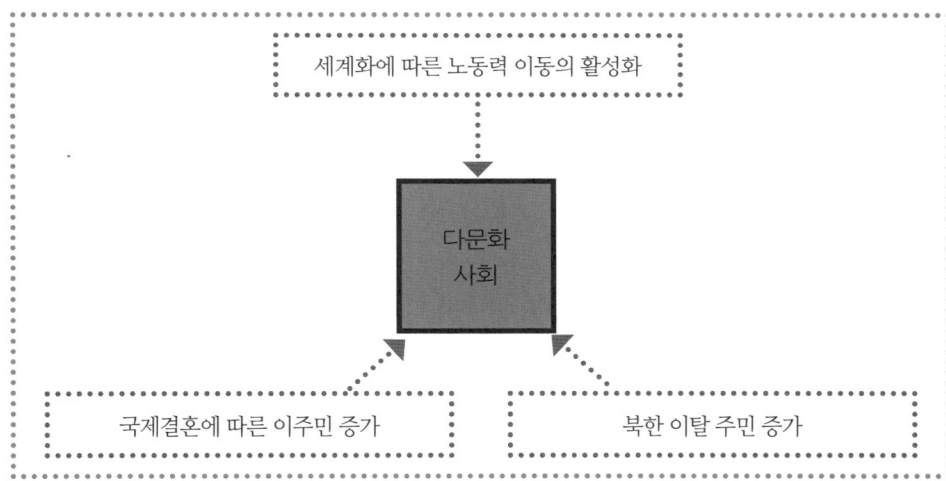

(2) 한국의 다문화 사회 갈등의 배경

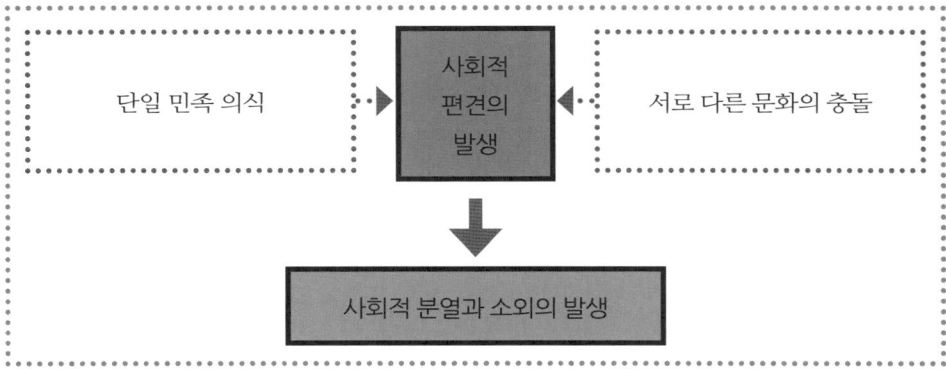

> **대표 기출 유형**
> **04** 오늘날 한국스포츠 현장에서는 각 종목에서 하프-코리안 선수들이 증가하고 있는 추세이다. 하프-코리안 선수들의 운동경험에서 나타나는 문화적 적응과정에서 발생하는 갈등요인을 가장 적절하게 표현한 것은?
>
> ① 엄격한 위계질서에 의한 선후배 관계
> ② 시즌 합숙훈련
> ③ 새로운 감독의 만남
> ④ 시즌 경기일정
>
> 정답은 해설지에

(3) 한국 다문화 사회의 갈등 양상

- 사회 구성원 사이에 언어를 포함한 사회적 소통에 장애가 나타나고 있다.
- 한국의 주류 문화와 다문화 가정 사이에 문화적 부적응 현상이 발생하고 있다.
- 다문화 가정 자녀들에 대한 편견과 차별이 존재하며, 교육기회의 차별이 나타나고 있다.
- 결과적으로 사회적 화합이 훼손되고 갈등이 심화될 수 있다.

3) 다문화 사회에의 대응과 극복 방안

(1) 다문화 사회의 갈등원인과 극복

(2) 다문화 사회를 위한 정책

용광로 정책	• 다양한 문화를 모두 녹여 새로운 문화를 형성하는 정책 • 동화주의로 나타남
샐러드 볼 정책	• 서로 다른 문화들이 고유한 특성을 유지하면서 공존하게 하는 정책
동화주의	• 소수의 비주류 문화를 주류 문화에 편입시켜 일방적으로 통합시키는 정책 • 소수문화를 무시하고 문화의 다양성을 훼손함
문화 다원주의	• 문화의 다양성을 주장하면서도 주류문화가 있어야 함을 주장함 • 외래의 문화가 가진 정체성을 인정하지만 사회를 지배하는 주류문화의 필요성을 중요시함

(3) 다문화 사회를 위한 극복 방안

- 외국인 이주민에 대한 취업, 교육의 지원
- 다문화 사회에 대한 인식의 개선을 통한 다문화 수용성 강화
- 문화의 차이를 인정하고 존중하는 관용의 태도 함양

다문화 시대의 정체성 혼란
- 전통문화에 대한 관심과 자긍심을 잃고 외래문화를 무비판적으로 수용하여 문화 사대주의가 발생함
- 사회에 대한 소속감과 연대의식을 약화시킴

보편 윤리의 필요성
각 문화가 가진 특수성과 다양성을 인정하되, 특정한 문화권에서 나타나는 인간의 존엄훼손, 자유와 평등의 침해 등 인간의 가치를 훼손하는 상황을 비판할 수 있는 보편적인 기준이 필요하다.

3. 장애차별

Introduction

세계 인권 선언은 '모든 인간은 태어나면서부터 자유와 존엄, 권리에 있어 평등하다'고 선언하고 있으며, 장애인 권리 선언에서는 '장애인은 인간으로서의 존엄이 존중되며, 같은 연령의 다른 모든 시민과 동등한 기본적인 권리를 가지고 있다'고 명시하고 있다.

한국도 헌법을 통해 인간의 기본권을 규정하고 있지만, 현실에서는 장애인에 대한 차별이 여전히 존재하므로, 장애인에 대한 차별을 극복하기 위한 지속적인 노력이 필요하다.

〈1〉 장애인의 스포츠권

한국은 장애인의 스포츠 참여를 법률에 따라 보장하고 있으며, 장애인에게 신체적·정신적 재활과 건전한 문화생활의 향유, 건전한 경쟁을 통한 발전과 개발의 기회를 제공하고 있다. 그러나 장애인의 스포츠 참여에는 긍정적인 측면에도 불구하고 몇 가지 현실적인 제약 요인이 존재하는 것도 부정할 수 없다. 이러한 제약 요인에는 장애인을 위한 시설 부족, 시설과 스포츠 정보에 대한 접근 제약, 교육이나 직업 선택 기회와 관련된 불평등 등이 포함된다.

학습목표

거의 출제되지 않습니다.
장애인의 스포츠 참여권이 가진 의의와 한국의 장애인 스포츠권 발달사를 이해합니다.

장애인 차별금지법

장애를 이유로 한 차별을 금지하고 장애를 이유로 차별받은 사람의 권익을 효과적으로 구제함으로써 장애인의 완전한 사회참여와 평등권 실현을 통하여 인간으로서의 존엄과 가치를 구현함을 목적으로 하는 법.

2007년 4월 10일 제정되어 1년 후인 2008년 4월 11일부터 시행되었다.

1) 한국의 장애인 스포츠권의 발달

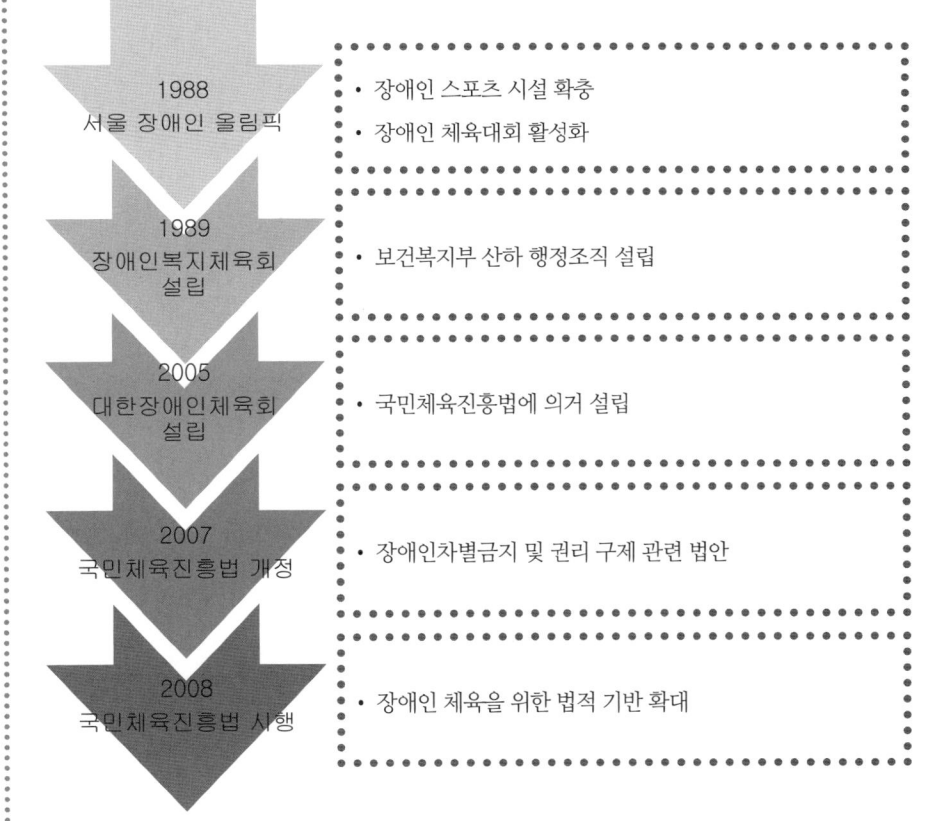

- 1988 서울 장애인 올림픽
  - 장애인 스포츠 시설 확충
  - 장애인 체육대회 활성화
- 1989 장애인복지체육회 설립
  - 보건복지부 산하 행정조직 설립
- 2005 대한장애인체육회 설립
  - 국민체육진흥법에 의거 설립
- 2007 국민체육진흥법 개정
  - 장애인차별금지 및 권리 구제 관련 법안
- 2008 국민체육진흥법 시행
  - 장애인 체육을 위한 법적 기반 확대

2) 장애인 스포츠권의 제약 요인

- 장애인은 스포츠활동이 불가능할 것이라는 사회적 편견이 존재한다.
- 스포츠와 관련한 교육을 받을 기회가 부족하다.
- 컴퓨터 등 통신장비의 사용이 어려워 스포츠와 관련한 정보에의 접근 기회에 제약이 있다.
- 스포츠 시설에의 이동과 이용에 제한이 있다.

3) 장애인 스포츠 참가의 의의

- 스포츠를 통한 장애인의 신체적·심리적 치료 효과
- 사회 구성원 간의 이해와 소통의 기회 제공
- 사회 전체의 조화와 화합 분위기 조성

〈2〉 스포츠에서 장애인 차별

장애인의 스포츠 참여는 신체적·생리적 특수성, 안전한 참여를 위한 시설 부족, 그리고 장애인이 참가할 수 있는 스포츠 대회의 부족 등으로 제한받는다. 그러나 장애인의 스포츠 참여는 사회 구성원 간의 화합과 소통, 장애에 대한 신체적·심리적 치료 등 중요한 의의를 가진다. 따라서 장애인의 차별 없는 스포츠 참가를 위한 방안을 연구하고 실천하는 것이 필요하다.

1) 스포츠에서의 장애인 차별의 현황

- 장애인의 특수성에 맞는 시설과 장비의 부족
- 장애인을 위한 대회와 경기수의 부족
- 장애인 선수의 일반 대회 참가에 대한 규제

2) 스포츠에서의 장애인 인권을 위한 방안

- 장애인의 인권 보장을 위한 교육과 홍보를 실시한다.
- 장애인 스포츠를 위한 과학적 연구와 지도방안을 모색한다.
- 스포츠 현장에의 인권 현황을 지속적으로 모니터링한다.
- 사회 전반에 만연된 장애인 스포츠에 대한 편견을 제거하기 위한 근본적인 노력을 계속한다.

> 사회적 소수자에 대한 해결방안
> - 다양한 가치를 인정하는 관용의 자세와 평등 의식을 가져야 함
> - 사회적 소수자를 위한 지원정책이나 제도의 마련

〈3〉 장애 차별 없는 스포츠의 조건

차별은 일부 집단이 지배력을 가진 다수 집단에 비해 불평등한 선택권을 가질 때 발생한다. 스포츠에서 장애인에 대한 차별도 장애인이 일반인에 비해 불평등한 권리를 가지기 때문에 발생한다고 볼 수 있다. 따라서 장애인 스포츠에서 발생하는 차별적 요소를 제거하기 위해서는 단순히 무조건적인 참여를 강요하거나 기회를 제공하는 것을 넘어, 장애인이 자유롭게 참여할 수 있는 환경을 마련하고, 장애인이 자신의 특수성을 고려하여 스스로 참가 여부를 선택할 수 있도록 권리와 기회를 제공하는 것이 필요하다.

☐ 스포츠에서의 장애인 차별의 해결 방안

- 장애인에 대한 사회 전체의 인식과 분위기의 전환
- 재활과 치료를 병행할 수 있는 지도자의 양성
- 누구나 평등하게 스포츠에 접근할 수 있는 환경 구축

대표 기출 유형

05 장애인의 스포츠 활동 참여를 어렵게 만드는 요인이 아닌 것은?

① 장애인의 접근이 어려운 지역사회 스포츠시설
② 장애인에 대한 이해와 교수방법이 부족한 지도자
③ 동료참여자들의 편견과 부정적 시선
④ 장애인스포츠 관련 법 규정의 부재

정답은 해설지에

Confirmation
이것만은 꼭!

01 1972년 미국에서 통과된 성차별 금지조항으로 교육과 스포츠에 만연하던 성차별의 완화에 기여하고 결과적으로 여성들의 스포츠 참여 기회의 확장에 영향을 준 법안은 (　　)이다.

02 스포츠뿐 아니라 사회전반에서 나타나는 현상으로 성차별적이고 남성 중심적인 사고방식 때문에 발생하는 여성에 대한 차별에 저항하려는 여성 해방 이데올로기를 (　　)이라고 한다.

03 성차별을 옹호하는 이론 중 하나로 남성과 여성의 생물학적 차이에 의한 사회적 역할과 기여도에 차이가 있으므로 남녀의 차별이 타당하다고 주장하는 이론은 (　　)이다.

04 스포츠계에서 선수의 성별을 판단하는 기준은 염색체와 생식기 및 호르몬의 상태 중 (　　)이다.

05 현대의 스포츠에 나타나는 중요한 특징인 (　　)와 (　　)는 인종차별의 존재를 표면화하면서 동시에 인종차별의 완화에도 기여하고 있다.

06 여러 인종과 문화, 계층 등이 하나의 사회 안에 혼재하는 사회를 (　　)사회라고 하며, 특히 한국의 스포츠계에서도 이로 인한 사회적 갈등과 그에 대한 해결이 중요한 이슈로 떠오르고 있다.

07 현실에서 발생할 수 있는 장애인에 대한 차별을 금지하고 장애인의 권익을 보호하며 장애인의 사회참여와 평등권을 보장하기 위해 2007년 제정되어 2008년부터 시행되고 있는 법안은 (　　)이다.

정답
1. Title IX
2. 페미니즘
3. 생물학적 환원주의
4. 생식기 및 호르몬의 상태
5. 세계화, 프로화
6. 다문화
7. 장애인 차별금지법

Previous 단원 기출문제

01 <보기>에서 주장하는 이론적 입장은?

< 보 기 >

남성은 여성에 비해 선천적으로 우월한 신체 능력을 갖고 태어나기 때문에 신체 능력에 크게 의존하는 스포츠에서 남녀차별은 불가피하다.

① 자유주의적 페미니즘
② 생물학적 환원주의
③ 사회주의적 페미니즘
④ 여성 보호주의

성차별과 관련한 이론은 매우 많으므로 모든 이론을 다 암기하는 것은 불가능하며 필요하지도 않다. 대부분의 이론이 상식으로 이해가 가능한 정도이니, 쉽게 답을 구할 수 있다. 생물학적 환원주의란 남성과 여성의 성별로 인한 신체적 차이를 남녀의 권리분배의 기준으로 삼는다는 사고를 의미하며 남녀차별 현상을 옹호하는 관점이다.

정답 : ②

02 <보기>의 대화 내용과 성차별적인 인식이 다른 것은?

< 보 기 >

보연 : 내 친구 수현이는 얼마 전부터 권투를 시작했어. 남자들이나 하는 거친 운동을 여자가 겁도 없이 한다기에 내가 못 하게 적극적으로 말렸어.

지웅 : 잘했어. 여자에게 어울리는 스포츠도 많잖아. 요가나 필라테스처럼 여자에게 어울리는 종목을 추천해 줘.

① 남자라면 거칠고 투쟁적인 스포츠를 즐겨야 한다.
② 남성다움, 여성다움을 강조하는 스포츠 참여를 권장한다.
③ 권투에 참여하는 여성은 여성성을 잃게 되어 매력적이지 않다.
④ 여자보다 남자의 근력이 강하기 때문에 권투와 같은 종목은 여자에게 적합하지 않다.

주어진 선택지의 ①, ②, ③은 모두 사회에 통용되는 남성성과 여성성을 기준으로 여성이 참여해도 되는 스포츠와 남성이 참여해도 되는 스포츠를 구분한다는 점에서 문화적 상징을 바탕으로 한 성차별적 인식을 보여준다. 반면에 선택지④는 여성과 남성의 근력의 차이를 이유로 여성의 격투 스포츠 참가를 반대한다는 점에서 생물학적 이유를 근거로 들고 있는 것이며 이런 사고를 생물학적 환원주의라고 한다.

정답 : ④

03 <보기>에서 ㉠, ㉡, ㉢, ㉣에 알맞은 용어로 바르게 묶인 것은?

< 보 기 >

스포츠에서의 장애차별이란 장애로 인해 스포츠 참여의 권리와 기회를 비장애인과 동등하게 누리지 못하는 불평등을 말한다. 장애를 이유로 스포츠 참여를 원하는 장애인에 대한 (㉠), (㉡), (㉢), (㉣)는 기본권의 침해에 해당한다.

	㉠	㉡	㉢	㉣
①	제한	배제	분리	거부
②	권리	의무	추구	자유
③	노동	배제	차별	분리
④	감금	체벌	구속	착취

스포츠에서 발생할 수 있는 장애인 차별적 요인들을 생각해 보면 쉽게 답을 찾을 수 있다.

정답 : ①

04 스포츠에서 나타나는 인종차별에 대한 내용으로 볼 수 없는 것은?

① 남아프리카공화국에서는 1960년까지 백인선수만 올림픽에 참가하였다.
② 흑인선수의 경기력은 발생학적이고, 백인선수는 후천적 노력의 결과이다.
③ 스포츠에서 인종간의 승패여부는 민족적·생물학적 의미를 가지지 않는다.
④ 미디어에서는 흑인선수가 수영종목에 적합하지 않은 신체조건을 갖고 있다고 설명한다.

인종에 따른 민족적·생물학적 특성에 차별적 의미를 부여하면서 인종차별이 발생한다. 따라서 ③처럼 승패여부에 인종간의 민족적·생물학적 의미를 부여하지 않는다면 인종차별적인 사고가 개입하지 않은 것으로 볼 수 있다.

정답 : ③

04강 스포츠 윤리학

스포츠에서 환경과 동물윤리

1. 스포츠와 환경윤리

Introduction

스포츠는 인간 중심의 활동이지만, 최근 인간의 스포츠 활동이 확대되고 규모가 커짐에 따라 환경 파괴와 생태계에 대한 부정적인 영향이 증가하고 있다. 또한, 일부 스포츠 종목은 본질적으로 동물을 활용하는 속성을 가지고 있어 동물에 대한 도구화와 학대가 발생하며, 이로 인해 윤리적 논쟁이 일어나기도 한다.

이 장에서는 환경과 동물에 대한 윤리적 문제를 성찰하고 논의할 것이다.

학습목표

아직은 자주 출제되지 않았습니다. 환경윤리와 관련한 이론들을 암기하세요.

<1> 스포츠에서 파생되는 환경 윤리적인 문제들

최근에는 인간의 행위가 생태계의 자정능력을 초과함으로써 문제가 발생하고 있다. 유기적으로 연결된 생태계의 속성상 생태계의 파괴는 국경을 초월하여 전 지구적으로 그 영향이 확산됨에도 책임의 소재가 불분명하다는 점과 오랜 시간 동안 불특정 다수에게 피해를 남긴다는 점이 심각한 문제이다. 또한 스포츠 활동도 환경에 크고 작은 영향을 미친다는 점에서 성찰이 필요하다.

1) 환경에 대한 스포츠의 영향

스포츠 행위 자체로 인한 영향	산악자전거, 오토바이와 자동차의 오프로드 경기 등
인프라 사업으로 인한 영향	도로, 교통수단으로 인한 환경의 변화
스포츠 시설로 인한 영향	대형 경기장 건설, 골프장 건설, 수상스포츠 코스개발, 대형 스키장의 건설

□ 스포츠행위가 이루어지는 환경의 분류(P. Vuolle)

순수환경	자연 그대로의 상태에서 스포츠 행위가 이루어짐 예) 카누, 등산, 요트 등
개발환경	자연의 상태를 변형한 후 스포츠 행위가 이루어짐 예) 골프, 테니스, 축구, 야구 등
시설환경	완전한 실내 공간에서 스포츠 행위가 이루어짐 예) 스쿼시, 피겨 스케이팅 등

환경이 스포츠에 미치는 영향
- 특정한 스포츠는 자연 환경의 영향을 특별히 많이 받게 됨
  예) 서핑보드, 스키 등
- 자연의 개발로 인한 환경의 변화와 오염으로 다시 스포츠가 영향을 받기도 함
  예) 해양의 오염이 심한 지역에서의 해양 스포츠의 중단

환경 문제의 해결 방안
- 과학 기술을 활용한 방식
- 사회 제도적 장치의 마련
- 근본적인 인식 전환

2) 스포츠와 환경의 윤리적 쟁점

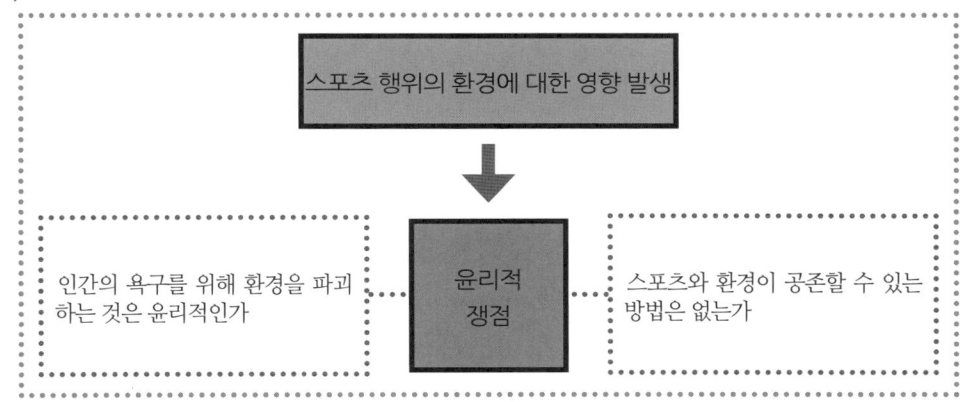

대표 기출 유형

01 지속가능한 스포츠발전을 위한 노력으로 옳지 않은 것은?

① 스포츠행사에서 쓰레기를 줄이기 위한 각종 대책의 마련
② 생태계에 미치는 영향을 최소화한 레져시설의 건립
③ 에너지소비의 최소화를 통한 스포츠시설의 효율적 운영
④ 오염되지 않은 자연환경을 스포츠 공간으로 활용

정답은 해설지에

환경과 올림픽

IOC에서도 '스포츠', '문화', '환경'을 올림피즘의 3가지 주요 차원으로 다루고 있다. 1996년에 IOC 내에 '스포츠와 환경 분과위원회'를 설립하고 민간환경단체 및 UN환경프로그램과 협력적 관계를 유지하고 있다.

〈2〉 스포츠에 적용 가능한 환경윤리학의 이론들

인간의 행위로 인한 환경 파괴 문제는 윤리학적 논의의 중요한 대상이 된다. 이 문제에 대한 입장은 크게 세 가지로 나눌 수 있다. 첫째, 인간을 모든 자연적 존재보다 우월한 것으로 여기고 자연을 도구적 존재로 생각하는 '인간 중심주의'가 있다. 둘째, 자연을 구성하는 모든 개체가 각각 고유한 가치를 가진다고 보는 '개체론적 윤리설'이 있다. 셋째, 인간과 자연이 모여 하나의 통합된 생태를 이룬다고 보는 '생태론적 윤리설'이 있다.

우리가 어떤 윤리적 입장을 취하느냐에 따라 인간과 환경, 더 구체적으로는 스포츠와 환경의 관계 설정과 공존 방안을 마련하는 출발점이 달라지게 될 것이다.

1) 인간 중심주의

특징	인간의 이성과 존엄을 강조하는 이론으로 자연은 인간을 위한 도구적 가치만을 가진다고 본다.
의의	인간의 도덕적 의무와 도덕적 권리에 대한 보다 신중한 반성이 가능하다.
한계	인간 행위의 한계에 대한 반성과 규제가 없을 경우, 자연을 인간을 위한 도구로만 여겨 환경에 대한 무제한적인 파괴를 정당화하게 된다.

2) 개체론적 윤리설

특징	생명체 하나하나의 도덕적 지위와 권리를 인정하고 그들에 대한 도덕적 배려로 자연 환경과 생태계를 보전할 수 있다고 본다.
의의	인간 중심적 윤리학에서 탈피하여 환경과 동물의 개별적 가치를 인정한다.
한계	생태계의 모든 종에 대한 배려가 불가능하며 특정한 종에게 좋은 행위가 다른 종에게는 반드시 좋은 결과를 나타내지 않을 수도 있다.

3) 생태적 윤리설

특징	인간과 모든 생물은 평등하다는 전제에서 출발하여 인간과 환경도 절대 평등한 관계를 가져야 한다는 입장
의의	인간우월주의와 인간중심주의에서 탈피한 이론이다.
한계	환경문제의 극복은 인간이 중심이 될 수밖에 없으며, 환경 문제를 해결할 도덕 행위자에 인간 이외의 존재들을 포함시키기 어렵다.

4) 기타의 전통 사상

불교	연기설 : 만물이 서로 밀접한 관계를 맺고 상호의존한다고 봄
도교	무위자연 : 인위적으로 자연을 통제하거나 조작해서는 안 된다고 봄
유교	천인합일 : 자연과 인간이 합일을 이룰 때가 가장 좋은 상태라고 여김

대표 기출 유형

02 스포츠 활동에 참여하고 스포츠 이벤트를 개최하는데 있어 발생할 수 있는 환경적 이슈가 아닌 것은?

① 생물다양성 보존
② 생태계 보호
③ 스포츠시설의 대중화
④ 문화유산의 안전보호

정답은 해설지에

<3> 지속 가능한 스포츠 발달의 윤리적 전제

지속 가능한 발전이란 현재 세대의 필요를 충족시키면서도 미래 세대의 삶의 조건과 가능성을 손상시키지 않는 발전을 의미한다. 이를 실현하기 위해서는 현재 세대의 행위가 환경에 미치는 영향력을 최소화하고, 생태계 전체의 다양성과 건강성을 고려해야 한다.

따라서 인간의 스포츠 활동도 생태계를 존중하고, 인간만이 아닌 생태계를 구성하는 모든 종의 이익을 고려하는 환경 친화적인 방향으로 나아가야 한다.

1) 성장과 보존의 딜레마

(1) 개발론

의의	인간의 복지와 풍요를 위해 경제 성장이 필요함
한계	경제성장의 과정에서 환경 파괴의 가능성이 높음

(2) 보존론

의의	안전하고 건강한 삶을 위해 자연환경을 보호하고 유지해야 함
한계	경제 성장을 둔화시키며, 개발도상국에 대한 차별이 발생함

2) 지속 가능한 발달의 실현

(1) 지속 가능한 발달의 윤리적 전제

자연 전체의 이익 평가	스포츠 활동과 시설이 자연 전체의 이익에 미치는 영향을 평가할 것
생태계의 존중	스포츠 활동과 시설이 생태계의 조화와 공존을 파괴하지 않는지를 고려할 것
생물 다양성의 존중	스포츠 활동과 시설로 인해 생물 종의 다양성이 훼손되지 않도록 노력할 것

(2) 환경적으로 지속가능한 발전의 실현

개인적 차원	• 대중교통의 이용, 일회용품 사용의 절제, 친환경제품 사용 등
사회적 차원	• 환경을 고려한 개발과 환경친화적 기술의 사용 • 환경보전 자체를 성장의 동력으로 삼는 성장방안 모색
국제적 차원	• 환경문제에 대한 국제협력체제 구비 • 환경을 위한 협약의 실천

> **지속 가능한 발전의 의미**
> 미래 세대가 그들의 필요를 충족시킬 수 있는 가능성을 손상시키지 않는 범위에서 현재 세대의 필요를 충족시키는 발전.

대표 기출 유형

03 스포츠와 환경에 대한 내용으로 바르지 않은 것은?

① 인간 중심적 사고방식으로 환경의 파괴가 발생한다.
② 스포츠로 인한 환경의 파괴가 다시 스포츠에 영향을 주기도 한다.
③ 스포츠 행위 자체는 환경을 직접적으로 파괴하지는 않는다.
④ 지속 가능한 발전이라는 개념과 관련이 있는 쟁점이다.

정답은 해설지에

2. 스포츠와 동물윤리

Introduction

인간의 스포츠 활동에 동물이 이용되는 경우 윤리적 문제가 발생할 수 있다. 동물이 스포츠에 이용되는 사례로는 동물을 대상으로 인간의 공격 능력이나 사냥 기술을 겨루는 방법, 동물을 경주에 참여시키는 방법, 동물끼리의 싸움을 통해 대리만족을 느끼는 방법 등이 있다.

이러한 종차별적인 행위들은 그동안 인간 중심적 사고에 의해 큰 반성 없이 이루어져 왔으나, 최근 들어 윤리적 논의의 대상이 되고 있다.

학습목표

빈출입니다. 동물의 권리를 주장하는 각 이론가들과 주요 내용을 암기합니다.

종차별이 나타나는 스포츠 종목
- 승마
- 경마
- 투우
- 투견
- 투계
- 동물 경주
- 사냥

<1> 인간 중심주의와 종차별의 발생

스포츠 현장에서의 종차별에 대한 논의는 인간과 자연과의 관계에 대한 근본적인 인식의 차이에 배경이 된다. 즉, 인간이 다른 동물에 대해 차별적 지위를 가진다고 보는 입장과 지구에 살아가는 모든 종들이 평등한 권리를 가진다고 보는 입장에 따라, 종차별을 도덕적 판단의 대상으로 삼거나 도덕적으로 문제가 되지 않는다고 보는 시각이 나뉜다.

1) 인간 중심주의와 문제점

특징	인간만이 자율적이며 가치를 선택하고 도덕적 행위를 결정할 수 있는 윤리적 존재라고 보며, 자연과 나머지 동물들을 인간의 욕구와 이익, 필요에 의해 이용할 수 있는 도구로 여김
한계	• 자연에 대한 지배와 착취, 남용과 훼손을 정당화함 • 인간 이외의 다른 생명체와 생태계를 도덕적으로 배려하지 못하게 함

2) 종차별에 대한 윤리적 쟁점

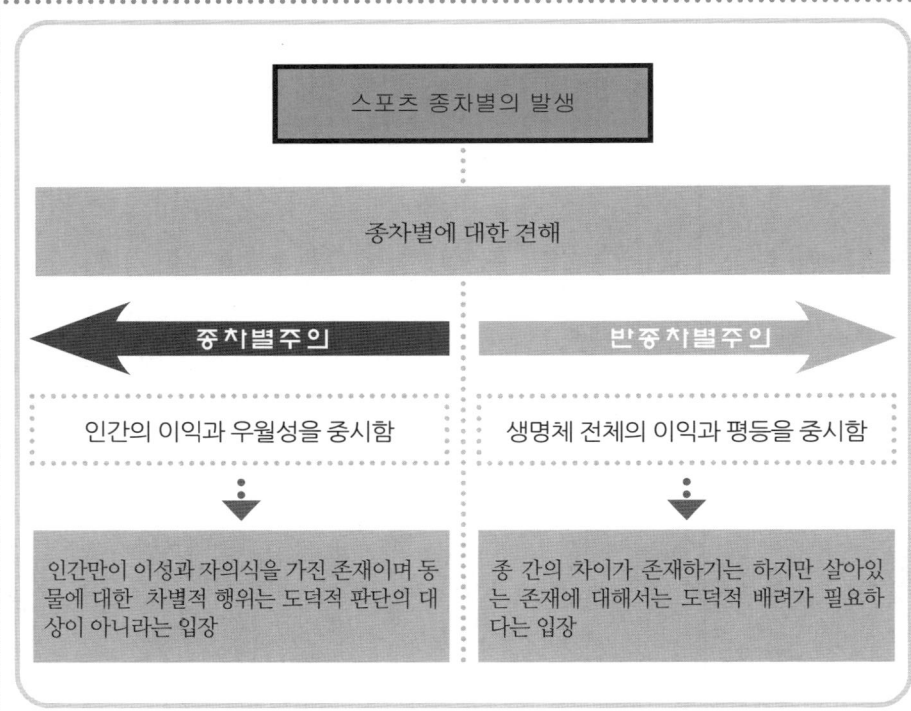

대표 기출 유형

04 스포츠와 관련하여 종차별주의로 희생되고 있는 동물윤리의 문제로 볼 수 없는 것은?

① 경쟁을 위한 수단
② 유희를 위한 수단
③ 연구를 위한 수단
④ 이동을 위한 수단

정답은 해설지에

<2> 동물 중심주의(동물 해방 윤리설)

1) 주요 동물 해방론

벤담	동물을 대우하는 데 있어서 고려해야 할 것은 이성을 지니는지, 말을 할 수 있는지가 아니라 '고통을 느낄 수 있는지'로 봄
밀	도덕은 인간만이 아니라 쾌락과 고통을 느낄 수 있는 존재 전체에 영향을 미치는 인간의 행위에 관한 규칙과 계율이라고 봄
피터 싱어의 동물 해방론	• 공리주의적 입장 • 쾌고감수능력-쾌감과 고통을 느끼는 능력-의 유무로 동물에 대한 배려의 정도를 결정하려는 감정중심주의의 입장에서 동물해방론을 주장하고 있는 생태 윤리학자 • 쾌고감수능력을 가진 개체들은 인간과 동등한 입장에서 이익을 분배하고 대우해야 하며, 그런 점에서 동물에 대한 차별은 타당하지 않다고 봄
레건의 동물 해방론	• 의무론적 입장 • 살아있는 존재라면 누구나 자신만의 삶을 영위할 권리를 가지며, 따라서 동물의 권리도 인정되어야 한다고 보는 윤리학자 • 동물도 도덕적 지위를 가지므로 동물을 인간을 위한 수단으로 취급하는 것은 옳지 않다고 봄

2) 동물 해방론의 한계
- 이익과 권리를 보장해야 하는 동물을 명확하게 규정하기 어려움
- 동물 이외의 생명체에 대한 고려가 없음

<3> 생명 중심주의 윤리설

1) 주요 생명중심론

슈바이쳐의 생명 외경론	• 살아있는 모든 생명체를 진심으로 존중하고 조심스러워하며 사랑하자는 입장 • 생명을 유지, 촉진, 고양하는 행위는 '선'이며, 생명을 억압하고 파괴하는 행위를 '악'으로 정의함 • 인간과 동등한 권리를 가진 생명체를 불가피하게 파괴해야 하는 경우 책임의식을 가져야 한다고 주장함
테일러의 생명중심주의	• 모든 생명체는 자신의 성장, 발전, 생존, 번식이라는 목적과 가치를 추구하고 있는 존재 • 모든 생명체는 내재적 가치를 지닌 존재이므로 도덕적으로 존중받아야 함 • 생명체에 대한 네 가지 의무 : 악행 금지의 의무, 불간섭의 의무, 성실의 의무, 보상적 정의의 의무를 제시함 • 자신의 고유한 가치를 지니는 생명체를 도덕적으로 존중하는 태도를 가져야 한다고 주장함

2) 생명 중심론의 한계
- 인간과 자연을 엄격하게 분리할 수 없고, 인간이 생명체에 부정적으로만 간섭하는 것은 아님
- 생명을 가진 존재만을 도덕적으로 고려함으로써 생태계 전체에 대한 고려로 확대하지 못함
- 모든 생명체에 대한 존중을 강조하여 인간의 삶이 유지되는 것을 어렵게 만들 수 있음

테일러의 4가지 의무
- 비상해의 의무
  생명체를 해치지말 것
- 불간섭의 의무
  생태계에 인위적인 제한을 가하지 말 것
- 신뢰의 의무
  자연 생태계와 신뢰를 유지할 것
- 보상적 정의의 의무
  인간에 의해 생태계의 균형이 깨졌을 때 회복시키도록 노력할 것

대표 기출 유형

05 스포츠 활동과정에서 다른 생명체를 해치는 행위는 테일러(P. Taylor)가 제시한 인간의 4가지 의무 중 어떤 조항에 위배되는가?

① 신뢰의 의무
② 불간섭의 의무
③ 불침해의 의무
④ 보상적 정의의 의무

정답은 해설지에

<4> 생태 중심주의 윤리설

1) 주요 생태중심론

레오폴드의 대지 윤리	• 도덕 공동체의 범위를 동물, 식물, 흙, 물을 비롯한 대지까지로 확대함 • 인간의 지위를 자연에 대한 지배자에서 생명공동체의 대등한 구성원으로 바꾸어 생각하는 이론 • 생태계 안의 모든 것은 존재의 이유가 있고 생태계는 무생물과 동식물 등 다양한 존재가 균형을 이루며 살아가는 유기적 공동체라고 봄 • 인간은 자연의 지배자가 아니라 구성원에 불과하며, 생태계의 안정을 유지할 의무가 있다고 주장함 • '대지 피라미드': 생명 공동체의 각 집단은 먹이 사슬에 따른 고유한 생태학적 역할을 하며 생태계를 구성한다는 개념
네스의 심층 생태주의	• 환경 문제 해결을 위해 세계관과 생활 양식 자체를 생태 중심적으로 바꿔야 한다고 주장함 • '큰 자아실현'과 '생명 중심적 평등'을 제시함 • 인간중심주의를 넘어선 큰 자아의 실현, 생명중심적 평등이라는 심층적 세계관을 주장하는 이론 • 모든 자연적 존재들과 평등한 관계 속에서 더불어 살 때 큰 자아실현이 가능하다고 여기고, 대지윤리보다 더욱 강력한 실천을 강조함

(1) 생태중심주의 의의

- 환경 문제를 해결하기 위해 자연에 대한 인식을 근본적으로 바꾸어야 한다는 점을 일깨움
- 인간과 자연의 공존을 모색하는 새로운 관점을 제시함

(2) 생태중심주의의 한계

- 생태계에 대한 개입을 허용하지 않아 환경 보전을 위한 현실적 방안의 마련에도 어려움이 있음
- 선진국과 개발도상국에 환경문제에 대한 동등한 책임을 요구함
- 개별 생명체의 가치보다 생명공동체의 선을 우선시하기 때문에 특정한 생명체에게는 희생을 강요할 수 있음

<5> 경쟁·유희·연구의 도구로 전락된 동물의 권리

(1) 동물의 권리에 관한 전제

- 동물의 권리에 대한 근본적인 인식의 전환을 모색한다.
- 관련자들에 대한 체계적이고 지속적인 교육의 실시한다.
- 명확한 지침과 제도를 마련한다.

(2) 동물의 권리 보호를 위한 대안 - 동물실험윤리위원회의 3R 의 원칙

Replacement (대체)	고등동물보다 하등동물을, 동물보다 식물을 활용할 것
Reduction (감소)	실험에 동원되는 동물의 숫자를 최소화할 것
Refinement (개선)	동물들의 복지와 처우를 개선할 것

Confirmation
이것만은 꼭!

01 부올레의 환경에 대한 분류 중 골프나 스키처럼 자연의 상태를 일부 변형한 후 변형된 환경에서 스포츠 활동이 이루어지는 환경을 (　　)이라고 한다.

02 부올레의 환경에 대한 분류 중 외부의 환경과 완전히 차단된 건물의 안에서 스포츠 활동이 이루어질 경우 그런 환경을 (　　)이라고 한다.

03 생태계의 수용 능력과 자원의 순환 가능 한계 안에서 환경의 오염을 최소화하고 세대를 이어 스포츠 활동을 지속할 수 있음을 고려하여 스포츠 활동을 발달시킬 때 이를 (　　)한 스포츠 발달이라고 한다.

04 피터 싱어가 대표적인 학자로, 생명체 하나하나의 권리와 지위를 인정하고 도덕적인 배려를 할 것을 요구하는 환경 윤리설을 (　　)이라고 한다.

05 투견, 투우나 기타 여러 유형의 동물 실험에서 발생하는 현상으로, 인간과 동물의 지위에 근본적인 차이가 있음을 전제로 동물을 인간을 위한 도구로 이용하거나 착취하는 일을 (　　)이라고 한다.

06 동물실험윤리위원회에서 동물의 권리 보호를 위한 대안으로 발표한 3R의 원칙은 (　　, 　　, 　　)이다.

07 피터싱어는 고통과 쾌감을 느낄 수 있는 종에 대해서는 도덕적인 배려가 필요하므로 이익을 함께 나누어야 한다고 주장했는데 이를 (　　)의 법칙이라고 한다.

정답
1. 개발환경
2. 시설환경
3. 지속 가능
4. 개체론적 환경 윤리설
5. 종차별
6. 대체, 감소, 개선
7. 이익평등고려

Previous 단원 기출문제

01 스포츠에 적용 가능한 환경윤리 이론과 그 내용으로 바르지 않은 것은?

① 인간 중심적 윤리론 - 인간의 자연에 대한 지배를 옹호하고 자연의 도구적 가치를 인정한다.
② 개체론적 윤리론 - 생명체 하나하나의 가치와 지위를 인정하며, 인간 중심적 사고로 환경의 문제에 접근하는 입장이다.
③ 생태론적 윤리론 - 인간과 모든 생명체와 환경이 동일한 지위를 가지며 그들이 모여 자연이라는 전체를 이룬다고 본다.
④ 인간 중심적 윤리론 - 자연과 동물을 인간을 위한 수단으로 여기는 태도에 근거를 제공한다.

개체론적 윤리론은 인간중심적 사고에서 탈피한 윤리이론이다.

정답 : ②

02 부올레(P. Vuolle)는 스포츠와 자연의 관계를 기준으로 스포츠 환경을 순수환경, 개발환경, 시설환경으로 구분하였다. 이 중 개발환경에 해당하는 스포츠는?

① 카누, 등산, 요트
② 역도, 유도, 탁구
③ 골프, 야구, 테니스
④ 윈드서핑, 스키, 체조

개발환경이란 자연의 상태를 일부 변형한 후 스포츠 행위가 이루어지는 환경을 말한다. 스포츠 행위가 건물의 밖에서 이루어진다는 점에서 스쿼시, 쇼트트랙, 레슬링, 배구 등의 시설환경과는 구분된다.

정답 : ③

03 <보기>의 (가)에 해당하는 윤리적 관점에서 제기할 수 있는 (나) 상황의 문제점으로 가장 적절한 것은?

< 보 기 >

(가)	만약 한 존재가 고통이나 행복이나 즐거움을 느낄 수 없다면, 고려해야 할 것은 아무것도 없다. 이러한 것이 타자의 이익을 고려할 때, '쾌고감수능력'이라는 기준이 유일하게 옹호되는 이유이다.
(나)	경마( )는 일정 거리를 말을 타고 달려 그 빠르기를 겨루는 경기이다. 이를 위해 말들은 자신의 의지와 무관하게 고통스러운 훈련을 받고 비좁은 축사에 갇혀 살아가게 된다.

① 동물도 이익에 맞는 동등한 대우를 받아야 한다.
② 모든 생명이 지니고 있는 고유한 가치를 존중해야 한다.
③ 인간의 생존을 위해 동물을 더욱 효율적으로 사육해야 한다.
④ 생태계 전체의 이익을 고려하여 그들의 정체성을 존중해야 한다.

(가)는 생태철학자 중 한 명인 피터 싱어의 주장이다. 그는 인간만이 권리와 이익을 독점할 것이 아니라 쾌감과 고통을 느낄 수 있는 존재 즉, '쾌고감수능력'을 가진 존재라면 동물이라고 해도 인간과 동등하게 이익을 나누어야 한다고 주장했다. 따라서 그는 (나)의 상황에 대해 반대하고 경마(競馬)의 권리와 이익을 보장하라고 주장할 것이다.

정답 : ①

04 다음과 같은 원칙과 이를 주장한 사람을 바르게 짝지은 것은?

< 보 기 >

쾌락을 극대화하고 고통을 최소화하는 것은 감각을 가진 모든 생명체의 이익에 동등하게 고려되어야 한다. 따라서 인간뿐 아니라 감각을 가진 동물도 도덕적 배려의 대상이 되어야 한다.

① 동물학대 금지의 원칙 - 플라톤
② 이익평등 고려의 원칙 - 피터 싱어
③ 인간종족 배려의 원칙 - 베이컨
④ 쾌락 고통의 평등원칙 - 벤담

쾌락과 고통을 느낄 수 있는 동물에 대해 그 이익을 동등하게 고려하자고 주장한 철학자는 피터 싱어이다.

정답 : ②

05강 스포츠 윤리학

스포츠와 폭력

1. 스포츠 폭력

Introduction

스포츠는 본래 경쟁적 속성으로 인해 공격성을 내포하고 있다. 현대 스포츠의 승리 지향적 구조는 이러한 공격성을 더욱 부추기는 요인으로 작용한다. 스포츠는 공격적 성향이 사회적 관습으로 인정되는 영역이지만, 폭력에 대한 도덕적 성찰과 통제가 부족할 경우, 스포츠에 내재된 공격성은 쉽게 폭력으로 변질될 수 있다. 이는 페어플레이라는 긍정적 가치를 훼손하고, 사회의 다른 영역으로 폭력성을 전이시키는 결과를 초래할 수 있다.

학습목표: 스포츠와 관련없이 폭력현상을 설명하는 이론들이 그대로 출제되었습니다.

<1> 스포츠 고유의 공격적 특성과 폭력성

스포츠에서는 경쟁을 통해 참가자의 우월함이 증명되는 경우가 많으며, 이 과정에서 인간의 본능적 공격성이 드러나기도 한다. 스포츠의 격렬한 신체활동과 승리에 대한 열망은 때때로 인간의 공격성을 폭력적 행위로 변질시킬 수 있다. 이러한 공격성과 폭력성을 본능의 차원에서 이해하는지, 아니면 사회적 학습이나 사회적 관계에 의해 촉발된 것으로 보는지에 따라, 스포츠의 공격성에 대한 윤리적 입장이나 찬반의 입장이 달라질 수 있다.

1) 폭력의 유형

(1) 직접적 폭력과 간접적 폭력

① 직접적 폭력
- 물리적, 언어적으로 상대방에게 심리적 또는 감정 피해를 주는 행동

② 간접적 폭력

구조적 폭력	사회의 제도나 시스템이 특정 집단이나 개인에게 불리한 영향을 미치는 경우 예) 사회적, 경제적, 정치적 불평등
문화적 폭력	특정 문화나 사회적 규범이 폭력적인 태도나 행동을 정당화하거나 지원하는 경우 예) 성차별적 관습, 인종적 편견
정서적/심리적 폭력	직접적인 신체적 폭력 없이 피해자의 정서적 또는 심리적 상태를 해치는 경우 예) 간접적인 협박, 사회적 배제
사회적 폭력	특정 사회적 집단이나 개인에 대한 간접적인 해를 끼치는 경우 예) 사회적 낙인, 사생활에 대한 정보의 왜곡

대표 기출 유형

01 <보기>에서 스포츠에서 발생하는 폭력의 유형과 특징으로 옳은 것만을 고른 것은?

< 보 기 >

ㄱ. 직접적 폭력은 가시적, 파괴적이다.

ㄴ. 직접적 폭력은 상해를 입히려는 의도가 있는 행위이다.

ㄷ. 구조적 폭력은 비가시적이며 장기간 이루어진다.

ㄹ. 구조적 폭력은 의도가 노골적이지 않지만 관습처럼 반복된다.

ㅁ. 문화적 폭력은 언어, 행동양식 등의 상징적 행위를 통해 가해진다.

ㅂ. 문화적 폭력은 위해를 '옳은 것'이라 정당화하여 '문제가 되지 않게' 만들기도 한다.

① ㄱ, ㄷ, ㅁ
② ㄱ, ㄷ, ㄹ, ㅂ
③ ㄱ, ㄴ, ㄷ, ㄹ, ㅁ
④ ㄱ, ㄴ, ㄷ, ㄹ, ㅁ, ㅂ

정답은 해설지에

2) 폭력에 관한 이론과 스포츠 쟁점

(1) 인간의 공격성에 관한 이론

학자	내용
아리스토텔레스(Aristoteles)	• 중용을 지키지 않는 분노와 복수 • 중용의 원리를 넘어서는 분노심으로 과도한 복수를 행하려 할 때 폭력이 발생함
홉스(Thomas Hobbes)	• 자연 상태에서 사람들은 서로에 대해 탐욕과 폭력을 행사하는 만인의 만인에 대한 투쟁의 상태 • 그런 상태를 해결하기 위해 자신의 권리를 국가에 양도하여 국가 권력이 탄생함 • 사람들은 스스로 국가에 자신의 권리를 양도하고 위임하였으므로 국가의 폭력에 복종할 의무를 가짐
푸코(Michel Foucault)	• 파놉티콘: 눈에 보이지 않지만 작동하는 국가의 규율과 권력 • 현대사회에서는 강화된 위계질서와 같은 규율이 권력이 되어 사람들을 통제하고 억압하는 폭력으로 작용한다고 봄
아렌트(Hannah Arendt)	• 악의 평범성 • 소속된 사회와 문화 속에서 오랫동안 폭력적인 행위가 벌어지면 사람들은 그런 현상에 길들여짐 • 폭력적인 문화에 대한 길들여져 성찰의 능력을 잃으면 지극히 평범한 사람도 쉽게 폭력적인 행위를 하게 됨
르네 지라르(Rene Girard)	• 모방 욕망 • 인간이 근본적으로 자신의 진정한 욕망을 지닌 게 아니라 타자의 욕망을 모방하여 내면화하는 존재 • 서로가 서로를 모방하여 같은 대상을 욕망하기 때문에 경쟁과 갈등, 증오가 발생함 • 증오도 모방을 낳기 때문에 사람들은 쉽게 획일화됨

(2) 스포츠의 공격성의 기원에 대한 관점

본능설
- 플라톤, 아리스토텔레스 등의 이론
- 인간의 본성 자체에 폭력성이 존재하며, 그 폭력성이 스포츠를 통해 표출된다고 본다.

사회적 관행설
- 마르크스, 엘리아스 등의 이론
- 사회·문화적 전통 속에서 스포츠의 폭력적 측면이 조장되었으며, 다른 영역으로 전이된다고 본다.

(3) 스포츠의 공격성에 대한 찬반론

찬성론
- 인간의 근원적 본능을 드러내는 자연스러운 행위로 볼 수 있다.
- 부정적 에너지를 건전하게 해소하는 방법이다.

반대론
- 인간의 공격성을 더욱 강화하는 계기가 된다.
- 스포츠 활동중의 폭력성이 일상에서의 폭력성으로 전이되기도 한다.

대표 기출 유형

02 폭력을 설명한 학자의 개념과 그에 대한 설명으로 바르게 연결되지 않은 것은?

① 푸코(M. Foucault)의 규율과 권력
- 스포츠계에서 위계적 권력 관계는 폭력적으로 변질되어 작동한다.
② 아렌트(H. Arendt)의 악의 평범성
- 스포츠계에서 폭력과 같은 잘못된 관행에 복종하는 데 익숙해진 나머지 이를 지속시키는데 기여한다.
③ 아리스토텔레스(Aristotle)의 분노
- 스포츠 현장에서 인간 내면의 분노 감정에서 시작된 폭력은 전용되고 악순환을 반복하는 경향이 있다.
④ 홉스(T. Hobbes)의 폭력론
- 자기가 좋아하는 운동선수의 폭력을 따라하게 되듯이 인간 폭력의 원인을 공격 본능이나 자연 상태가 아닌 모방적 경쟁 관계라 주장한다.

정답은 해설지에

2) 스포츠의 공격성의 쟁점과 해결

(1) 스포츠 폭력의 문제점

- 스포츠맨십에 대한 위반행위이다.
- 스포츠 룰을 벗어나 범죄 행위로 확대될 수 있다.
- 상대 선수의 부상이 발생할 수 있다.
- 일반 사회에서 모방행위가 발생하게 된다.

(2) 스포츠에서의 폭력성의 해결방안

- 합리적 기준의 설정
- 제도와 규범의 마련
- 구성원에 대한 교육의 실시

〈2〉 격투 스포츠의 윤리적 논쟁 : 이종 격투기

스포츠 폭력성이 극대화된 경기 형태로 최근 유행하는 것이 이종 격투 스포츠이다. 이종 격투 스포츠에서는 기반이 다른 무술가들이 서로의 기량을 겨루는 과정에서, 다른 스포츠에서는 볼 수 없었던 위험한 공격기술이 사용된다. 또한, 잔인한 유혈 장면이 매체를 통해 시청자에게 전달되며, 이로 인해 그 위해성에 대한 윤리적 쟁점이 제기되고 있다.

이종 격투 스포츠에 대한 논의는 두 가지 주요 쟁점으로 요약될 수 있다. 첫째, 이종 격투 스포츠를 '스포츠의 한 유형으로 받아들일 것인가'라는 문제와, 둘째, 이종 격투 스포츠가 인간의 폭력성에 어떤 역할을 수행하는가에 대한 문제이다.

□ 이종 격투기의 윤리적 쟁점과 입장

긍정적 측면
- 규칙 내에서 탁월한 신체능력을 드러내는 스포츠행위이다.
- 폭력적이었던 사람을 교화하는 역할을 수행하기도 한다.

부정적 측면
- 청소년 폭력적 행동에 노출되고 모방할 가능성이 있다.
- 폭력이 일반화되는 사회를 조장할 가능성이 있다.

대표 기출 유형

03 이종격투기에서 나타나는 사회 윤리적 측면의 문제는?

① 폭력에 대한 무감각 및 중독 초래
② 자기신체방어 기술의 증가
③ 경기 패배로 인한 자신감 감소
④ 신체수련을 통한 정신력 강화

정답은 해설지에

2. 선수 폭력

Introduction

스포츠 현장에서는 승리지상주의, 엄격한 상하관계, 스포츠 자체의 격렬함 등으로 인해 폭력행위가 쉽게 발생할 수 있다. 이러한 폭력행위는 남자다움의 증거로 간주되거나, 폭력이 선수의 수행 능력을 높인다는 왜곡된 인식과 결합되면서 오랜 관행으로 자리잡기도 한다.

그러나 폭력은 단지 가해자와 피해자의 문제를 넘어, 스포츠가 가진 신뢰를 훼손하고 인간의 존엄성에 대한 윤리적 문제를 야기한다.

학습목표
선수의 폭력행위를 앞 단원에서 공부한 이론들로 설명하며 공부하세요.

스포츠에서 발생하는 폭력의 형태
- 육체적 폭력(성폭행 포함)
- 정신적 폭력
- 언어적 폭력

<1> 경기 중, 후 선수들 간의 폭력

스포츠 현장에서의 선수 간 폭력은 다양한 형태로 발생할 수 있다. 어떤 형태이든 폭력은 상대방의 보복이라는 또 다른 폭력 행위를 유발하고 심각한 부상을 초래할 수 있으며, 이는 공정함과 상대에 대한 존중이라는 스포츠맨십을 훼손하는 행위이다.

따라서 스포츠에 참여하는 모든 참가자는 페어플레이 정신과 스포츠맨십 같은 스포츠 고유의 가치를 깊이 성찰하고, 폭력의 근절을 위한 지속적인 노력을 기울여야 한다.

1) 원인과 해결

(1) 폭력이 근절되지 않는 이유

- 스포츠팀 특유의 위계질서
- 선수간의 폭력 세습
- 지도자의 신분이 불안정한 상태에서 선수에게 폭력을 행사하여 좋은 성적을 거두려는 욕심
- 폭력에 의한 일시적인 성적의 상승효과
- 폭력행위에 대한 지도자와 관련 기관의 소극적 대응

아리스토텔레스의 폭력에 대한 성찰
인간의 분노는 자제력의 상실이며, 단지 욕망에 의해 나타나는 행위이다. 분노가 중용에 의해 조절될 때 도덕과 용기의 무기가 되지만 그렇지 않으면 증오와 폭력으로 나타난다.

(2) 선수 간 폭력의 문제점

- 스포츠맨십을 훼손한다.
- 상대선수의 부상을 야기한다.
- 보복행위와 학습효과를 통해 또다른 폭력을 유발한다.
- 일반 사회 구성원에게 스포츠에 대한 오해를 만들 수 있다.

(3) 선수 간 폭력의 해결방안

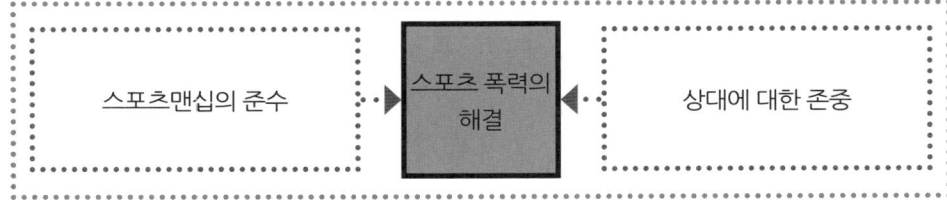

<2> 선수의 심판이나 관중에 대한 폭력

선수가 심판의 판정에 불만을 품거나 관중의 야유에 민감하게 반응하여 폭력을 행사하는 경우가 있다. 그러나 선수는 경기장 내에서 발생하는 모든 사건들을 경기의 일부로 받아들이고 그 결과를 수용해야 하며, 어떠한 경우에도 폭력을 행사해서는 안 된다.

스포츠 현장에서의 폭력 문제를 해결하기 위한 방안은 두 가지로 제시될 수 있다. 첫째, 공정한 경기의 진행을 보장하기 위해 스포츠의 제도나 구조를 개선하는 것이 필요하다. 둘째, 보다 근본적인 접근으로는 선수와 관련자들이 '스포츠맨십'을 준수하며 폭력을 예방하고 스포츠의 고유 가치를 유지하는 것이 요구된다.

1) 원인과 해결

(1) 선수의 심판과 관중에 대한 폭력의 문제점

- 스포츠맨십을 훼손하는 행위이다.
- 스포츠에 대한 일반인의 관심과 애정을 훼손한다.
- 청소년의 모방행위를 유발할 수 있다.
- 사회 전체의 폭력성을 높일 수 있다.

(2) 선수의 심판·관중 폭력의 해결방안

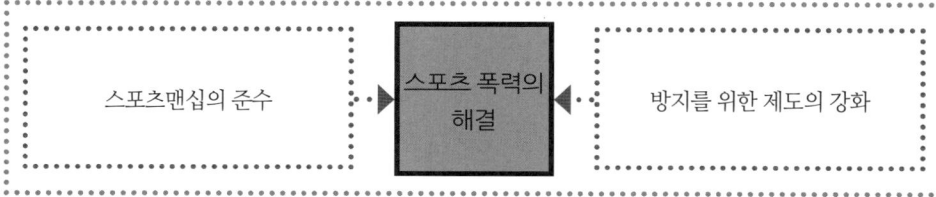

<3> 일상생활에서 선수의 폭력

일반 사회에서는 폭력 사건이 가끔 발생한다. 스포츠 선수도 일반 사회의 일원으로서 폭력 사건에 연루될 수 있다. 그러나 일반인과 스포츠 선수가 폭력을 행사하는 경우에 대한 사람들의 반응은 다르다. 연구에 따르면, 사람들은 스포츠 선수의 폭력을 더 심각하게 인식하는 경향이 있다. 이는 스포츠의 경쟁적 성격 때문에 선수들이 일반인보다 더 폭력적일 것이라는 선입견이 작용하기 때문이다.

따라서 스포츠 선수들은 일반인들이 가지고 있는 오해를 불식시키고, 스포츠의 긍정적인 가치를 일반 사회에 전달하기 위해 모범적인 생활 태도를 가져야 한다.

□ 일상 생활에서의 선수 폭력의 문제점

- 스포츠맨십을 훼손하는 행위이다.
- 일반 사회로 폭력성이 전이될 수 있다.
- 스포츠에 대한 일반인의 관심과 애정을 훼손한다.
- 스포츠 선수는 폭력적이라는 왜곡된 관념을 형성한다.

대한 체육회 선수위원회 규정

• 목적

위원회는 선수 및 지도자의 권익을 보호 증진하여 건전한 운동 환경을 조성하고 페어플레이 정신 함양을 통해 존경받는 체육인 상을 확립함으로써 올림픽 정신의 보급·확산에 기여함을 목적으로 한다.

• 제 18조 – 징계

1. 폭력 행위를 한 선수 또는 지도자

가. 스포츠 인권 침해가 인정되나 극히 경미한 경우 : 6개월 미만의 자격정지 또는 경고

나. 경미한 경우 : 6개월 이상 3년 미만의 자격정지

다. 중대한 경우 : 3년 이상의 자격정지 또는 영구 제명

2. 성추행, 성희롱, 강간, 강제추행 등 성폭력 범죄행위를 한 선수 또는 지도자

가. 무조건 영구 제명

〈중략〉

대표 기출 유형

04 선수 또는 지도자가 판정에 불만을 갖게 됨으로써 심판에게 가하는 폭력의 원인으로 지목되는 것은 무엇인가?

① 선수 및 지도자의 분노조절 실패
② 승부에서의 패배
③ 경기에서 부상
④ 관중폭력

정답은 해설지에

3. 관중 폭력

학습목표
관중폭력이 발생하는 이유를 익명성과 책임감의 약화라는 이유 정도로 이해합니다.

Introduction

스포츠 현장에서 관중의 폭력적인 행동이 자주 발생한다. 이러한 행동은 경기의 중요성이 커지고 관중의 열기가 과열될 때, 혹은 심판의 판정이 편파적이거나 경기의 통제 장치가 부족할 때 자주 나타난다. 관중의 폭력에 대한 해석은 여러 가지가 있다.

첫째, 스포츠가 가지는 경쟁적 요소와 공격성이 관중의 내면에 잠재된 폭력성을 자극한다고 본다. 둘째, 집단 속에서 인간의 비합리적인 성향이 드러나면서 폭력이 발생한다고 설명하기도 한다.

<1> 관중의 폭력

관중 폭력의 대표적인 사례로는 훌리건 행동이 있다. 이 외에도 경기장에서 상대팀 선수에게 언어폭력을 가하거나, 선수의 경기력에 영향을 미치는 경우가 있다. 최근에는 사이버 공간에서 비하나 비아냥과 같은 새로운 형태의 폭력도 등장하고 있다.

관중은 스포츠에 관심을 가지고 참여하는 순간부터 건전한 스포츠 문화를 유지하는 데 책임이 있다. 따라서 스포츠맨십을 준수하려는 노력을 기울여야 한다.

1) 원인과 해결

(1) 관중 폭력의 문제점

- 스포츠맨십을 훼손하는 행위이다.
- 건전한 스포츠 문화를 파괴한다.
- 일반 사회의 법과 제도를 깨뜨린다.

(2) 관중 폭력의 해결방안

- 건전한 시민의식을 고양한다.
- 스포츠맨십을 준수하고 바람직한 스포츠 참여 방법에 대해 성찰한다.

훌리건

경기장 난동꾼. 훌리건은 영국 런던에서 폭력적 행위를 했던 아일랜드 출신 불량배에서 유래한 말이다.

축구장에 본격적으로 훌리건이 등장한 것은 80년대초로, 사회복지의 축소, 빈부격차 심화에 반발한 실업자와 빈민층이 축구장에서 분노를 폭발시키는 일이 잦아지면서 그런 사람들을 훌리건으로 부르기 시작했다.

1985년 벨기에 브뤼셀 헤이젤경기장에서 열린 리버풀(영국)과 유벤투스(이탈리아)의 경기에서 양측 응원단이 충돌, 39명이 사망한 사건이 훌리건의 대표적인 난동 사례이다.

관중 폭력의 형태
- 육체적 폭력
- 언어적 폭력
- 사이버 폭력
- 훌리거니즘

대표 기출 유형

05 경기장에서 발생하는 관중 폭력에 대한 설명으로 옳지 않은 것은?

① 신체 접촉이 많은 종목일수록 증가하는 경향이 있다.
② 개별성과 책임성이 강한 개인화된 구성원에 의해 일어난다.
③ 경기 성격, 라이벌 의식, 배타적 응원문화 등이 원인이다.
④ 선수폭력에 동조하는 관중에 의해 발생하는 경향이 있다.

정답은 해설지에

Confirmation
이것만은 꼭!

01 마르크스와 같은 학자들은 사회 안에 존재하는 계층 간의 갈등이 사회 문화적 전통 속에서 폭력적인 현상으로 나타나게 되며 그렇게 발생한 폭력성이 다른 영역으로 전이된다고 설명하는데 이런 이론을 (   )이라고 한다.

02 대한 체육회 선수위원회의 규정에 따르면 1. 폭력행사의 정도가 극히 경미한 선수나 지도자는 (   )개월 미만의 자격정지 또는 경고, 2. 비교적 경미한 선수나 지도자는 6개월 이상 (   )년 미만의 자격정지, 그 정도가 중대한 선수나 지도자는 (   )년 이상의 자격정지 또는 영구제명의 처벌을 가한다.

03 대한 체육회 선수위원회의 규정에 따르면 성추행, 성희롱 등 성과 관련한 범죄를 한 선수 또는 지도자에게는 범죄행위의 경중에 관계없이 (   )의 처벌을 가한다.

04 영국 아일랜드 출신의 불량배에서 유래된 용어로 경기장을 몰려 다니며 폭력적 행위를 하는 사람들을 일컫는 말은 (   )이다.

05 푸코의 이론에 따르면, 선수들이 카메라나 팬들의 시선을 의식하여 더욱 스포츠맨십을 유지하게되는데 이를 (   )효과로 볼 수 있다.

06 선수들이 스포츠에서 발생하는 부당한 행동이나 폭력을 목격하고도 이를 묵인하거나 더 나아가 이를 수용하고 스스로도 폭력적인 행동을 하는 경우가 있는데, 한나 아렌트는 이런 현상을 (   )이라고 한다,

정답
1. 사회적 관행설
2. 6, 3, 3
3. 영구제명
4. 훌리건
5. 파놉티콘
6. 악의 평범성

Previous 단원 기출문제

01 격투스포츠에 대한 논쟁으로 그 태도가 다른 것은?

① 격투스포츠의 유행이 돌발적인 폭력행위의 발생 가능성을 높인다.
② 다양한 무술이 룰을 정하여 경연할 수 있는 스포츠의 한 유형이다.
③ 모든 스포츠는 경쟁과 승리를 지향하는 과정에서 어느 정도의 폭력성을 가진다.
④ 폭력적인 사람을 교화하여 우수한 스포츠 선수로 바꾸는 역할도 한다.

긍정적인 태도와 부정적인 태도를 나누어 생각한다. 돌발적인 폭력행위의 유발은 격투스포츠가 초래할 수 있는 대표적인 부정적 현상이다.

정답 : ①

02 다음 중 선수의 폭력 행위에 대한 설명으로 바르지 않은 것은?

① 선수의 폭력적 행위는 스포츠의 목적과 정신을 훼손한다.
② 관중의 스포츠에 대한 관심과 애정을 훼손한다.
③ 스포츠 선수의 폭력은 일반인의 폭력보다 중요하게 인식되지 않는다.
④ 페어플레이에 어긋나는 폭력행위는 스포츠맨십에 어긋나므로 용인되어서는 안 된다.

스포츠 선수의 폭력은 일반인의 폭력보다 훨씬 큰 이슈가 된다.

정답 : ③

03 〈보기〉의 내용을 가장 잘 설명할 수 있는 개념과 학자가 바르게 연결된 것은?

< 보 기 >

스포츠계에서는 오랫동안 폭력이 아무런 죄책감 없이 습관처럼 행해지고 있다. 폭력에 길들여진 위계질서와 문화가 폭력을 폭력으로 인식하지 못하게 하고 있다. 이러한 사회에서는 사유(思惟)의 부재로 인해 폭력적이고 억압적인 행위가 지속될 수밖에 없다.

① 악의 평범성 – 한나 아렌트(H. Arendt)
② 책임의 원칙 – 한나 요나스(H. Jonas)
③ 분노 – 아리스토텔레스(Aristoteles)
④ 본능 – 로렌츠(K. Lorenz)

'한나 아렌트'는 나치의 유태인 학살정책에 참여했던 전범들이 자신들의 행위가 도덕적으로 어떤 의미를 가지는지에 대해 무감각하다는 점에 착안하여, 평범한 사람들도 폭력에 길들여지면 쉽게 폭력의 가해자가 될 수 있다고 결론을 내린다. 이 개념이 '악의 평범성'이다.

정답 : ①

04 〈보기〉의 폭력에 관한 설명과 관계 깊은 사상가는?

< 보 기 >

• 학교 스포츠에서 선수에게 폭력을 가하는 감독도 한 가정의 평범한 가장이다.
• 운동 중 체벌을 가하는 것은 좋은 성적을 거두어야 하는 감독의 직업적 행동이다.
• 후배들에게 체벌을 가한 것은 감독의 지시에 따른 행동으로 나의 책임이 아니다.
• 폭력은 괴물이나 악마처럼 괴이한 존재가 아니라 평범한 일상 속에 함께 있다.
• 악(폭력)을 멈추게 할 유일한 방법은 생각과 반성이다.

① 뒤르켐(E. Durkheim)
② 홉스(T. Hobbes)
③ 지라르(R. Girard)
④ 아렌트(H. Arendt)

〈보기〉의 내용은 한나 아렌트의 악의 평범성에 관한 내용이다.

정답 : ④

06강 스포츠 윤리학

경기력 향상과 공정성

1. 도핑

Introduction

스포츠에서는 순수한 인간의 노력과 능력을 겨루는 것이 중요하며, 약물의 사용은 철저히 금지된다. 그럼에도 불구하고 약물을 사용하는 선수가 여전히 적발되고 있으며, 그 방법도 점점 더 교묘해지고 있다.

1999년에 세계반도핑기구(WADA)가 창설되어 매년 금지약물 목록을 발표하고 도핑에 대한 제재를 강화하고 있지만, 과학기술의 발전으로 '도핑과의 싸움'은 점점 더 어려워지고 있다.

학습목표

도핑의 의미와 범위를 이해합니다. 세계반도핑규약에서 금지한 약물과 행위도 출제되니 암기해야 합니다.

<1> 도핑

도핑이란 경기에 영향을 주기 위해 금지약물이나 허용되지 않는 의학적 처치를 사용하는 부정행위를 말한다. 이는 선수의 노력이 아닌 의학의 힘으로 승리와 성공을 추구하는 것으로, 스포츠맨십을 훼손하며 선수의 건강에도 심각한 문제를 일으킬 수 있다. 때문에 도핑은 엄격히 관리되고 처벌의 대상이 된다.

또한, 선수가 자신의 부상이나 질병 치료를 위해 사용하는 약물이 국제 표준 금지약물 목록에 포함되어 있다면, 의도와 관계없이 처벌받을 수 있다. 따라서 선수는 병원 진료를 받을 때 자신이 도핑검사의 대상이라는 사실을 반드시 밝혀야 한다.

치료목적 사용면책

치료를 위해 금지약물을 복용하는 경우 미리 신고를 한 경우 처벌에서 제외하는 것.

일부 종목의 선수들은 이 제도를 악용하여 도핑검사를 피하기도 한다.

1) 도핑의 문제점
- 스포츠맨십과 공정성을 훼손한다.
- 선수의 건강에 부작용 발생한다.
- 도핑을 통해 좋은 성적을 거두려는 풍토가 다른 선수들에게 확산된다.
- 지도자의 강요에 의해 이루어질 경우 선수 인권을 침해하는 행위가 된다.

세계반도핑규약에서 규정한 금지행위
- 화학적 조작 - 인체의 기능을 향상시키기 위한 이학적 처치
- 물리적 조작 - 장비의 성능을 비정상적으로 증가시키는 행위
- 유전자 도핑 - 인체의 운동기능을 향상시키기 위한 유전자의 조작

□ 금지약물 목록 국제 표준

S0비승인약물		상시 금지약물
S1동화작용제		
S2펩티드호르몬, 성장인자 및 관련 약물		
S3베타-2 작용제		
S4호르몬 및 대사 변조제	경기중 금지약물	
S5이뇨제 및 기타 은폐제		
S6흥분제		
S7마약류		
S8카나비노이드		
S9부신피질호르몬		
P1알콜	특정스포츠 금지약물	항공스포츠, 양궁, 모터사이클, 자동차경주, 모터보트
P2베타차단제		골프, 자동차경주, 당구, 스키/스노우보드, 다트, 양궁, 사격

대표 기출 유형

01 다음 중 세계 도핑방지 위원회에서 '상시금지약물'을 지정한 것이 아닌 것은?

① P1.알코올
② S1.동화작용제
③ S3.베타-2작용제
④ S5.이뇨제 및 기타 은폐제

정답은 해설지에

2. 유전자 조작

학습목표
유전자 조작과 더불어 기타의 도핑행위를 암기하고 금지해야 하는 이유를 이해합니다.

Introduction

2004년에는 유전자 조작을 통해 일반 쥐에 비해 25배 이상의 운동 능력을 가진 슈퍼쥐를 만드는 실험이 성공했다. 현재까지 스포츠 현장에서 유전자 도핑이 발각된 사례는 없지만, 유전자 조작을 통한 운동 능력 향상 가능성은 매우 높다. 이에 따라 세계반도핑위원회와 국제올림픽위원회는 유전자 도핑을 금지 행위로 규정하고 있다.

<1> 스포츠에서 유전자 조작의 현황

2005년에는 인슐린 유사생장인자(IGF-1)를 생산하는 유전자를 이용한 동물 실험이 성공했다. IGF-1을 바이러스를 통해 체내에 주입하면, 바이러스가 세포 내부로 들어가 유전자에 변이를 일으켜 정상 IGF-1보다 훨씬 많은 IGF-1을 생성하게 된다. 이로 인해 손상된 근육과 연골의 회복 속도가 빨라지고, 근육 생성에도 영향을 미친다. 유전자 공학의 발전과 도핑 적발 사례를 고려할 때, 유전자 도핑이 스포츠에서 활용될 가능성은 점점 더 높아지고 있다.

1) 스포츠에 활용 가능성이 있는 유전자 조작 기술 - Munthe
   - 우수한 배아의 선별 기술
   - 생식세포 계열의 재구성 기술
   - 체세포의 변형 기술
   - 게놈의 편집 기술

2) 유전자 도핑의 문제점
   - 스포츠맨십을 훼손하는 행위이다.
   - 스포츠에서의 성과를 목적으로 인간의 존엄성을 파괴하는 행위이다.
   - 유전자 도핑을 인간의 신체에 변화가 생길 경우 인간이라는 종의 정체성에 혼란이 발생한다.
   - 문제 발생 시 후세대에게 지속적인 고통을 줄 수 있다.
   - 유전자 조작이 가져 올 위험성을 통제할 대안이 마련되어 있지 않다.
   - 유전자 풀(pool)의 다양성 훼손 - 모든 인간들이 동일한 유전자를 가지게 될 가능성이 있다.
   - 열성 인류의 존재 권리가 박탈될 수 있다.

3) 유전자 도핑의 해결 방안
   - 방지를 위한 법안과 제도의 마련
   - 체계적 연구를 통한 검사도구의 개발
   - 교육의 강화

기타의 도핑방법

- 혈액도핑
  선수의 혈액의 일부를 채혈하여 보관했다가, 경기 직전에 적혈구를 재수혈함으로써 산소 보급량을 증가시켜서 근육의 지구력을 높이는 방법
  주로 지구력을 요구하는 종목의 선수들이 활용함

- 브레인 도핑
  일반적인 약물 도핑과 달리 헤드폰처럼 생긴 도핑 장비를 착용하고 뇌에 전기 자극을 주어 운동 능력을 향상하는 방법

대표 기출 유형

02 유전자도핑이 금지되어야 하는 이유로 가장 적절한 것은 무엇인가?

① 일반인 및 선수생명의 보호 때문에
② 에이즈 및 전염병 발생 때문에
③ 인위적 기록 향상이 인간의 탁월성을 침해하기 때문에
④ 안전성이 검증되지 않았기 때문에

정답은 해설지에

3. 용기구와 생체 공학 기술 활용

Introduction

스포츠는 순수한 인간의 능력과 노력으로 이루어진 퍼포먼스를 겨루는 분야이다. 그러나 장대 높이뛰기나 카누·카약처럼 장비 의존성이 큰 종목이 있으며, 육상 종목의 운동화처럼 우수한 장비가 기록에 영향을 미치기도 한다.

이런 관점에서 장비와 관련한 공정성 문제는 장비의 사용 자체보다 장비의 구입과 활용에서 불공정성이나 불평등이 발생할 가능성을 기준으로 판단해야 한다.

학습목표
스포츠에서 더 진보한 용기구를 사용하는 일이 발생시키는 윤리적 쟁점을 이해하고 허용과 금지의 기준을 생각해 봅니다.

<1> 스포츠와 공학기술의 결합으로 파생되는 윤리문제

장비 의존성이 낮은 종목에서도 고가의 첨단 보조장비가 일부 선수에게만 제공되어 경기의 승패와 기록에 절대적인 영향을 미친다면, 이는 페어플레이 정신에 위배될 수 있다. 따라서 용기구와 생체공학기술의 활용 문제를 해결하기 위해서는 선수의 퍼포먼스나 기록 단축에 찬사를 보내기 전에, 사용되는 장비가 공정성과 형평성의 원칙에 부합하는지에 대한 윤리적 성찰이 필요하다.

1) 생체공학 기술의 유형

- 운동 수행 능력의 향상 기술
  예) 공기저항을 줄이는 유니폼, 탄성을 높인 장대높이 뛰기의 바
- 선수의 보호 기술
  예) 헬멧등 보호장비
- 부정행위의 감시 기술
  예) 마이크로 촬영장비나 압력측정 센서 등

장비도핑
공식적인 용어가 아니다.

기록의 향상을 위해 경기에 사용되는 장비 혹은 기계를 조작하는 부정행위를 말한다. 약물을 사용하여 직접 신체의 능력을 향상시키는 행위가 아니라는 점에서 '도핑'과 구분된다.

- 사이클에의 모터설치
- 프로야구에서의 압축배트 사용
- 전신 수영복 착용

2) 생체공학 기술의 윤리적 쟁점

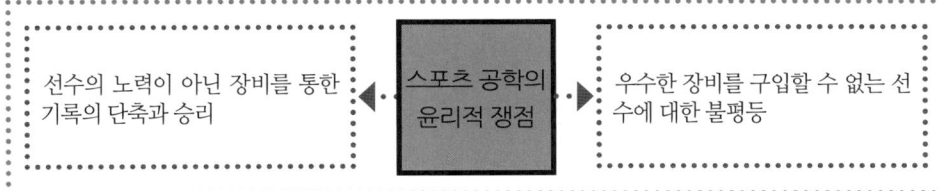

<2> 전신 수영복 착용을 금지하는 이유

전신 수영복은 상어의 피부돌기를 모방한 생체모방기술을 사용하여 물의 저항을 줄이고, 근육을 압착하여 피로를 유발하는 젖산의 축적을 막는 역할을 한다. 이는 선수의 수행능력을 향상시키고 기록을 단축하는 데 큰 효과를 발휘한다. 그러나 장비 의존성이 낮은 수영이라는 종목의 특성을 훼손하고, 고가의 특수 수영복을 착용할 수 있는 선수에게만 유리해질 수 있는 점에서 현재는 사용이 금지되고 있다.

□ 전신 수영복의 윤리적 쟁점

- 일종의 '기술도핑'이라고 볼 수 있으므로 스포츠맨십에 대한 위배되는 행위이다.
- 장비가 아닌 선수의 노력과 능력을 통해 우수성을 드러내는 수영 종목의 특성에 맞지 않는 행위이다.
- 스포츠를 기술력과 자본력의 싸움으로 변질시키며, 스포츠 내에 불공정을 야기한다.

대표 기출 유형

03 스포츠경기에서 오심이나 편파 판정을 최소화하여 공정성을 향상시켜 주는 공학기술은?

① 안전을 위한 기술
② 건강을 위한 기술
③ 감시를 위한 기술
④ 수행증가를 위한 기술

정답은 해설지에

<3> 의족 장애 선수의 일반 경기 참가

2011년 대구 세계육상선수권대회에서는 남아프리카공화국의 장애인 선수 오스카 피스토리우스가 특수 제작된 의족을 착용하고 일반 선수들과 경쟁했다. 이 의족은 탄소섬유로 제작되어 탄성이 뛰어나 운동 능력을 향상시키는 역할을 했고, 이에 따라 일반 선수와의 형평성 문제를 야기했다. 스포츠중재재판소는 그의 의족이 기록 향상에 큰 장점이 있다는 증거가 부족하다는 이유로 그의 출전을 허용했다. 그러나 장애인이 일반 경기대회에 참가하는 것이 일반인과 장애인 모두에게 불공정을 초래할 수 있다는 점에서 윤리적 논쟁이 일어나고 있다.

□ 의족 장애 선수의 윤리적 쟁점

- 장비를 이용하는 '기술도핑'으로 볼 수 있어 공정성의 문제가 발생한다.
- 장애인 선수의 참가를 막을 경우 장애인에 대한 차별의 문제가 발생한다.
- 우수한 장비를 착용한 장애인 선수를 참여시킬 경우 일반 선수에 대한 역차별의 문제가 발생한다.

Confirmation
이것만은 꼭!

01 스포츠에서 약물의 힘을 빌어 기록을 향상시키거나 경기력을 향상시키는 일을 (　　)이라고 한다.

02 국제 표준 금지약물의 목록 중 상시 금지약물의 기호는 S(　) ~ S(　)까지이다.

03 특정 스포츠에서 금지하고 있는 약물은 (　　)과 (　　)이다.

04 치료를 위해 금지약물을 복용하는 경우 미리 신고를 하면 처벌에서 제외하는 제도를 (　　)라고 하는데 최근에는 이 제도를 악용하여 도핑에 악용하는 경우도 늘어가고 있다.

05 스포츠에서 활용하는 공식적인 용어는 아니지만 경기에 활용되는 장비와 기기를 조작하여 경기력을 향상시키는 방법을 (　　)이라고 한다.

정답
1. 도핑
2. 0, 5
3. 알콜, 베타차단제
4. 치료목적 사용면책
5. 장비도핑

Previous 단원 기출문제

01 도핑검사에서 선수의 역할 및 책임으로 적절하지 않은 것은?

① 시료채취가 언제든 가능하도록 해야 한다.
② 의료진에게 운동선수임을 고지해야 한다.
③ 도피방지규정위반을 조사하는 도핑방지기구에 협력해야 한다.
④ 치료목적으로 처방되어 사용(복용)한 물질에 대해서는 책임지지 않는다.

도핑이란 신체와 심리의 능력을 강화하여 경기의 결과에 영향을 줄 수 있는 금지약물을 사용하는 행위를 말한다. 금지약물의 목록은 국제표준으로 정해져 있으며 경기에 참여하는 선수와 관계자는 도핑방지기구의 검사에 협조할 의무를 가진다. 도핑행위는 고의적으로 약물을 사용한 것뿐 아니라 다른 질병의 치료를 목적으로 처방받은 약물에 금지약물이 포함되어 있어도 처벌의 대상이 될 수 있어 운동선수는 병원진료시 운동선수임을 반드시 알려야 한다.

정답 : ④

02 유전자 도핑을 금지해야 하는 이유로 바르지 않은 것은?

① 유전자 조작을 통한 운동 능력의 향상은 스포츠가 추구하는 탁월함을 실현하고 강화하는 촉매가 된다.
② 자연적인 종의 경계를 무너뜨림으로써 종의 정체성에 혼란을 야기한다.
③ 스포츠맨십과 페어플레이의 정신과 같은 스포츠가 지향하는 이상을 무의미하게 만든다.
④ 유전자 조작의 위험성이 완전히 밝혀지지 않아 인체에 미치는 결과를 예측하기 어렵다.

유전자 조작은 인간의 신체적 능력을 본인의 노력으로 개발하는 것이 아니기 때문에 스포츠맨십과 페어플레이 정신에 어긋난다.

정답 : ①

03 도핑을 금지해야 하는 이유 중 <보기>의 사례와 가장 관련이 깊은 것은?

< 보 기 >

러시아는 국가가 주도적으로 자국의 선수들에게 원치 않는 금지약물을 사용하게 하고, 도핑 검사결과를 조작하였다.

① 공정성
② 역할모형
③ 강요
④ 건강상의 부작용

모든 '도핑'은 스포츠의 공정성을 훼손하는 행위이다. 또한 선수를 롤모델로 삼는 청소년에게 부정적인 영향을 줄 수도 있고 도핑으로 인해 건강상의 부작용이 발생할 수도 있으며, 대부분의 도핑이 지도자나 선배선수의 강요로 발생하게 된다는 등의 문제점이 있다. 그런데 지금 문제에서는 국가가 선수에게 금지약물의 사용을 강요했고, 도핑 검사의 결과를 조작했다는 내용이 있으므로 여기에 초점을 둔다면 '공정성, 강요'를 답으로 찾을 수 있다.

정답 : ①, ③

04 전신 수영복을 기술 도핑으로 간주하고 금지하는 이유로 바르지 않은 것은?

① 인간의 노력보다 장비의 성능이 기록의 단축에 결정적인 역할을 수행하기 때문이다.
② 고가의 장비이기 때문에 경제력이 없는 국가의 선수에게 형평성의 문제를 야기하기 때문이다.
③ 장비의 성능에 대한 과학적 근거가 밝혀지지 않았기 때문이다.
④ 스포츠의 본질을 벗어난 자본과 기술력의 대결이 되기 때문이다.

스포츠에서 활용되는 장비는 많은 연구와 실험을 거쳐 성능과 안전성을 검증받은 후 실제 현장에서 이용되고 있다. 다만 인간의 신체적 능력을 더 중요한 요소로 여기는 수영이라는 종목에서 전신 수영복이 사용되는 일이 수영종목의 중요한 본질에 어긋나는 행위이기 때문에 금지하는 것이다.

정답 : ③

07강 스포츠 윤리학 — 스포츠와 인권

1. 학생 선수의 인권

Introduction

학생 운동선수의 인권 상황에 대한 조사 결과, 중·고등학교 학생 선수 10명 중 8명이 폭력을 경험했고, 64%는 성폭력 피해를 겪었다. 학생 선수에 대한 폭력과 성폭력은 즉시 근절되어야 하며, 학습권도 항상 보호받아야 한다.

학생 선수의 인권을 보호하기 위한 대안으로는 합숙소 폐지, 학생 선수와 지도자, 학부모를 위한 인권 교육 실시, 최저 학력제 도입 등이 제시되고 있다.

학습목표: 학생선수의 인권이 쉽게 침해되는 이유를 이해하고 인권침해를 막는 방안을 암기합니다.

<1> 인권 사각지대인 학교 운동부

스포츠에서 승리지상주의와 결과중심주의는 학생 선수들에게 폭력과 도구화 같은 비인간적인 문제를 초래하고 있다. 학생 선수들은 선수로서의 역할 외에도 학습권을 보장받아야 하지만, 많은 학생 선수들이 학습권이 보장되지 않아 운동선수 은퇴 후 사회에 적응하기 어려운 부작용을 겪고 있다. 학생 선수의 학습권과 인격체로서의 권리를 보장하기 위한 방안으로는 최저학력제, 주말 리그제, 동일 계열 지원제도 등이 제시되고 있다.

1) 학교 운동부에서 발생하는 인권침해의 형태
   - 학생 선수에 대한 체벌 및 욕설
   - 학생을 팀의 승리를 위한 도구로 여기는 행위
   - 학생의 학습권을 침해하는 행위

2) 학교 운동부 인권침해의 발생 이유
   - 승리지상주의
   - 지도자의 실적에 대한 집착
   - 스포츠 팀의 관행과 주변의 묵인

3) 학교 운동부 인권침해의 해소 방안
   - 학기 중 상시 합숙 훈련의 지양
   - 합숙 훈련이 필요한 경우에는 합숙소보다는 기숙사를 운영
   - 인권 보호를 위한 교육의 강화
   - 주말리그제 운영을 통한 학습권의 보장
   - 체육특기생의 동일계 지원 제도 정착

지도자 폭력의 문제점
- 학생선수에 대한 인권의 침해
- 수동적 태도의 고착화
- 스트레스로 인한 탈선 유발
- 일시적 성적 향상에 대한 과신

학교운동부 문제 해결의 전제
- 특기생 선발제도 개혁
- 학업의 보장
- 취업의 보장

대표 기출 유형

01 선수체벌 금지 이유로 적절하지 않은 것은?

① 인권을 침해하는 행위이기 때문에
② 경기력 향상에 효과가 없기 때문에
③ 과도한 스트레스의 원인이 되기 때문에
④ 수동적 태도를 길러주기 때문에

정답은 해설지에

4) 스포츠 폭력 근절 대책 (문화관광부, 2013년 1월 15일)

대책	내용
피해선수 보호와 지원 강화를 위한 대책	• 스포츠인 권익센터 상담·신고 기능을 장애인·프로선수로 확대 • 장애인선수 전담 상담 인력 추가 배치 • 장애인선수의 이용 접근성 및 편의성 제고 • 직접 찾아가는 교육 및 상담의 확대 실시 • 피해 선수에 대한 의료·심리치료 등 통합 지원 강화 • 신고자 불이익처분 강화 • 신고상담 시 비밀보장 기능 강화
공정하고 투명한 처리시스템 구축을 위한 대책	• 체육단체별 '징계양형기준'을 마련 • '무관용원칙'을 적용 • 조사권과 징계권을 분리 • 각 단체별 조사단 구성으로 사전 조사 기능 강화 • 조사 및 징계 과정에 외부 전문가 참여 제도화 • 각 경기단체에 대한 조직운영평가 '윤리성' 지표를 세분화하고 가중치를 확대 • 평가 결과를 매년 공개 • 결과에 따라 운영비를 차등 지원
폭력 예방활동 강화를 위한 대책	• 지도자 등록시스템을 구축하고 이를 취업지원시스템과 연계하여 채용 시 활용할 수 있도록 제공 • 과학적 훈련 기법을 개발, 보급하고 지도자 리더십 우수모델을 발굴·홍보 • 리더십 우수지도자에 대한 시상을 확대 • 학생 선수 참여 대회 시상제도 개선 등 운동부 민주적 운영에 대한 인센티브를 확대 • 시도 교육청 주관 학교운동부 컨설팅, 학교 내 학생선수 상담을 상시 실시 • 학교 스포츠지도자 인성 교육을 체계화 • 선수, 학부모, 지도자를 대상으로 하는 연중 폭력 예방 교육의 실시를 확대

<2> 학생 선수의 생활권과 학습권: 최저학력제도

최저학력제는 학생 선수의 학습권과 인권을 지키기 위해 도입된 제도다. 이 제도는 학생 선수의 성적에 따라 최저 성적 기준을 정하고, 이 기준에 미치지 못하는 학생 선수에게는 활동을 제한한다. 성적 기준은 단계적으로 높아진다. 하지만 학교에서는 지도자, 학부모, 학생들의 인식 부족으로 이 제도가 잘 정착되지 않고 있다.

1) 학습권의 필요성과 보장 방안

(1) 학습권의 보장이 필요한 이유
- 학생이 교육을 받을 권리를 존중하기 위해서
- 스포츠 기술 뿐 아니라 일반사회인으로서 갖추어야 할 사고력을 발달시키기 위해서
- 은퇴 후의 다양한 직업에 대비하기 위해서

(2) 학습권 보장 방안
- 정규 수업과정의 이수를 보장한다.
- 학사 관리를 철저하게 시행한다.
- 최저 학력제를 운영한다
- 전국대회에의 출전횟수를 제한한다.
- 일과시간 중 운동 시간을 제한한다.
- 합숙 훈련이 필요하다면 합숙소보다는 기숙사를 운영한다.

<3> '공부하는 학생 선수' 만들기 프로젝트

'공부하는 선수 만들기'는 학생 선수가 스포츠에서 중도에 탈락하거나 은퇴할 때 사회에 잘 적응할 수 있도록 교양, 논리적 사고, 소통 능력 등을 갖추게 하려는 제도다. 이를 위해 최저학력 이상의 소양을 제공하고, '최저학력제'와 '주말리그제' 같은 보조 제도들이 시행되고 있다.

□ 학습권 보장을 위한 대표적인 제도

최저학력제의 기준

해당 학년의 1, 2학기 기말 고사의 전교생 평균성적을 기준으로 학생선수의 학력이 초등학교는 하위 50%, 중학교는 하위 40%, 고등학교는 하위 30%를 넘어야 최저학력을 넘은 것으로 판단한다.

또한 초등학교와 중학교는 국어, 영어, 수학, 과학, 사회 등 교과과목의 기말고사 성적으로, 고등학교는 국어, 영어, 수학교과의 기말고사 성적으로 평균점수를 구하고 이를 기준으로 초등학교는 하위 50%, 중학교는 하위 40%, 고등학교는 하위 30%를 넘어야 최저학력을 넘은 것으로 규정한다.

미국의 최저학력제 (NCAA)

최저학력제의 대표적인 예로는 스포츠 선진국인 미국의 미국대학스포츠평의회(NCAA)의 학생선수 관리규정을 들 수 있다. NCAA는 고등학교 성적 2.0이상(만점 4.0)의 고교선수에 대해 대학선수 선발을 인정하며, 평균학점 C+이상의 학생에게만 대회출전자격을 주는 등 엄격한 성적제한 규정을 두고 있다.

대표 기출 유형

02 미국 학생선수들의 최저학력제를 관리 감독하는 조직은?

① NCAA
② PTA
③ PGA
④ ESPN

정답은 해설지에

<4> 체육특기자의 진학과 입시제도의 문제

체육특기자 제도는 1972년 10월 5일 체육진흥계획의 일환으로 공포된 '학교체육강화방안'에 따라 시행되었으며, 교육법 시행령에 명시되어 있다. 이 제도는 학업 성적과 관계없이 일정한 경기 실적을 보유하면 상급학교에 진학할 수 있도록 하고, 등록금 및 수업료 감면 등의 혜택을 제공하여 학생 선수들이 운동에만 집중할 수 있도록 한다.

그러나 이 제도는 학습권 침해, 진로 선택권 제한, 교양 및 상식 습득 기회 차단 등의 부작용을 일으키고 있다. 또한 상급학교 진학 과정에서 '사전 스카우트제'와 같은 부조리, 학교 운동부의 부적절한 운영, 체육계열이 아닌 학과로의 진학 시 일반 학생에게 역차별 문제 등이 발생하고 있어 제도 개선이 필요하다는 지적이 있다.

1) 체육특기자제도의 문제점과 해결 방안

(1) 체육특기자 제도의 문제점
- 인식 부족으로 입시 비리가 관행적으로 발생하고 있다.
- 관련 기관의 관리 감독이 철저하지 못하다.
- 상급학교 진학을 목표로 운동부가 파행 운영되고 있다.

(2) 체육특기자 제도의 해결방안
- 입시비리의 처벌 제도 확립
- 입학 기준에 학업능력 반영
- 선발 기준의 객관성 확보

대표 기출 유형

03 <보기>의 대화에서 ㉠, ㉡에 들어갈 학교체육진흥법과 관련된 용어가 바르게 나열된 것은?

< 보 기 >

A : (㉠)가 도입되면서부터 운동할 시간이 줄어들었어.

B : 그것은 지금까지 우리가 (㉡)을 보장 받지 못했기 때문이야.

A : 그래도 갑작스러운 (㉠) 도입은 형평성에 문제가 있어. 일반 학생들은 공부하기 싫으면 안 해도 되지만, 우리는 시합 출전을 위해 어쩔 수 없이 해야 되는 제도잖아.

B : 그것도 틀린 말은 아니지만, (㉡)은 우리가 정당하게 누려야 하는 권리이면서 의무이기도 해. 그것을 보장받기 위해 이런 제도가 도입된 거야.

	㉠	㉡
①	최저학력제	학습권
②	기초학력제	학습권
③	최저학력제	경기출전권
④	기초학력제	경기출전권

정답은 해설지에

2. 스포츠 지도자 윤리

Introduction

학교 운동부에서 지도자는 선수의 미래에 대한 거의 모든 결정을 내리지만, 지도자를 통제하거나 감시하는 장치가 부족하여 폭력이 용인되는 경우가 많다. 지도자는 교육자로서 자신의 책임을 되새기고, 개인의 지위나 이익보다 선수의 이익과 결정권을 우선시해야 한다. 또한 인권과 민주주의 가치를 실현할 수 있는 교육 방안을 고민하고 실천해야 한다.

학습목표
스포츠에서 지도자의 폭력이 쉽게 용인되는 이유를 이해하고, 근절방안들을 암기합니다.

<1> 지도자에 의한 폭력이 가능한 이유

학교 운동부에서 지도자는 선수의 진로와 경기 참가뿐 아니라 일상생활과 학습 등 거의 모든 분야에서 큰 권한을 가진다. 지도자의 폭력이 선수의 수행능력을 향상시킬 수 있다는 잘못된 인식과 지도자에 대한 감시나 통제 장치의 부족으로 인해, 이러한 폭력은 관행처럼 계속되고 있다.

지도자 폭력의 개선 방안
- 선수를 우선하는 방향으로의 지도자의 인식 전환
- 지도자의 권한과 권력에 대한 통제 장치의 마련
- 선수의 자율성과 선택권 확보 방안의 마련

1) 지도자 폭력의 원인과 해결

(1) 지도자의 폭력이 용인되는 이유
- 선수의 출전과 팀의 운영 등 거의 모든 결정권을 독점하고 있다.
- 선수의 미래에 대한 강력한 영향력을 가지고 있다.
- 지도자의 폭력행위에 대한 감시와 통제 장치가 미비하다.

(2) 지도자의 폭력에 대한 개선 방안
- 지도자의 인식 전환
- 지도자에 대한 통제 장치 마련
- 선수의 자율성과 선택권 보장

<2> 선수 체벌 문제

스포츠 현장에서는 여러 제도가 있지만 지도자에 의한 폭력이 여전히 자행되는 경우가 많다. 이런 폭력이 용인되는 이유는 여러 가지가 있다. 우선, 지도자와 부모의 실적지상주의와 체벌이 단기간에 성적을 높일 수 있다는 잘못된 인식이 그 바탕에 깔려 있다. 또한, 지도자의 지위가 불안정할 때 팀과 선수의 성적을 높이기 위해 폭력을 사용하려는 경향이 있으며, 선수에 대한 폭력을 당연하게 여기는 사회적 관행도 폭력을 근절하는 데 방해가 되고 있다.

1) 선수 체벌의 원인과 해결

1) 선수에 대한 체벌이 발생하는 이유
- 성적 지상주의
- 지도자의 불안한 지위
- 스포츠 팀에 만연되어 있는 군대식 문화의 관행
- 체벌의 효과에 대한 편견

대표 기출 유형

04 스포츠 지도자의 비윤리적 행위의 원인으로 볼 수 없는 것은?

① 학부모의 지도자 금품 제공
② 스포츠클럽 지도자의 부족
③ 팀 성적에 대한 부담
④ 지도자의 불안정한 근무형태

정답은 해설지에

2) 선수 체벌의 해결 방안

- 체벌의 효과에 대한 왜곡된 인식을 전환한다.
- 폭력행위가 발생할 경우 관련 기관과 연계하여 해결한다.
- 선수의 인권 보호를 위한 가이드 라인을 마련하고 프로그램을 운영한다.
- 지도자를 검증할 수 있는 제도를 운영한다.

<3> 성폭력 문제

스포츠 조직에서는 성폭력이 매우 다양하고 은밀하게 발생할 수 있다. 성폭력은 불평등한 권력 구조와 관행화된 위계 문화에 의해 자행되며, 다른 폭력의 발생과 유사하게 복잡한 양상을 보인다.

성폭력을 근절하려면 관련자들의 인식을 변화시키는 교육이 가장 우선적으로 필요하다. 또한, 성폭력을 감시하고 예방할 수 있는 체계적인 시스템을 구축해야 하며, 성폭력을 고발하는 것이 당당하게 이루어질 수 있는 분위기를 조성하는 것이 중요하다.

스포츠 현장의 성폭력 사례
성과 신체에 대한 불건전한 언어적 표현, 외설스러운 몸짓, 불건전한 신체접촉, 성과 관련한 용어의 사용, 성적 협박이나 내기 등

1) 성폭력의 근절 방안

- 선수와 지도자에 대한 교육을 실시한다.
- 내부고발 장치를 마련한다.
- 피해자를 위한 상담과 치료 시설을 운영한다.
- 가해자에 대하여 엄격하고 일관성있는 처벌을 집행한다.

<4> '교육자'로서의 책임과 권한

스포츠팀의 지도자는 감독과 코치 역할 외에도 교육자로서 책임과 권한을 가진다. 따라서 기술을 가르치고 승리를 강요하는 것에 그치지 않고, 학생이 학업과 운동을 병행하며 인격체로서 성장할 수 있도록 도와야 한다.

스포츠 지도자는 선수의 인격과 결정을 존중하고, 비폭력적이며 민주적인 교육 방법을 고민해야 한다. 이러한 접근은 선수의 전인적 성장과 건강한 스포츠 환경을 만드는 데 기여할 것이다.

1) 스포츠 지도자의 역할

- 미래에 대한 비전을 제시한다.
- 팀과 선수의 목표를 설정하고 동기를 유발한다.
- 긍정적 가치관을 제시한다.
- 안전하고 즐거운 환경을 조성한다.
- 끊임없이 선수와 소통하며 선수나 팀이 가진 갈등을 해결한다.

2) 교육자로서의 책임과 역할

- 선수를 인격적으로 대우한다.
- 폭력적인 방법을 지양한다.
- 민주적인 교육 태도를 견지한다.
- 선수의 스포츠 기술의 향상만이 아니라 전인적 성장을 도모한다.

대표 기출 유형

05 스포츠 성폭력 방지책으로 적당하지 않은 것은?

① 체육지도자와 청소년들의 성별융합 학습교육 실시
② 주변사람의 묵인과 사회적 무관심
③ 체육단체들의 의무적 예방교육의 필요성
④ 스포츠성폭력 전문상담원 배치

정답은 해설지에

대표 기출 유형

06 체육 지도자가 지녀야 할 덕목이 아닌 것은?

① 책임감
② 창의적 사고
③ 스포츠맨십
④ 맹목적 승리추구

정답은 해설지에

3. 스포츠와 인성 교육

Introduction

스포츠는 인성을 기르는 데 큰 역할을 한다. 사람들은 스포츠를 통해 정직, 공정, 성실, 최선, 협동, 존중 등 다양한 사회적·도덕적 가치를 실제로 체험하면서 배운다. 또한, 스포츠는 폭행과 폭언 등의 문제를 가진 청소년들이 회복하고 치유하는 데 활용되기도 한다.

이처럼 스포츠는 신체를 사용하는 선의의 경쟁을 통해 바람직한 인성을 가르치는 최고의 교사이자 최적의 체험장 역할을 한다.

학습목표

거의 출제되지 않으며, 출제되어도 상식의 선에서 풀리는 문제일 겁니다.

<1> 어린이 운동선수를 보호하기 위한 방안

스포츠 영재 교육이라는 이름으로 어린이 선수들을 발굴하여 훈련하는 경우가 많아지고 있다. 그러나 어린 선수에게 폭력적인 훈련을 강요하거나 승리만을 목표로 하는 것은 스포츠에 대한 부정적인 인식을 심어줄 수 있으며, 인격 형성에도 나쁜 영향을 미칠 수 있다.

따라서 어린 선수를 보호하고 올바르게 교육하는 방안을 모색하는 것은 반드시 필요하다.

□ **어린이 선수에 대한 보호 방안**
- 운동과 공부를 병행할 수 있도록 가르친다.
- 훈련의 과정에서 스포츠의 즐거움과 재미를 추구한다.
- 기초 기술의 훈련을 중심으로 진행한다.
- 체벌 등의 폭력행위를 사용하지 않는다.

사회적 인성과 도덕적 인성
– Beller & Stoll
- 사회적 인성
 : 팀워크, 충성심, 희생정신, 인내 등
- 도덕적 인성
 : 정직, 정의로움, 연민, 책임감 등

<2> 학교 체육의 인성 교육적 가치

스포츠가 추구하는 명예, 페어플레이, 상대 선수에 대한 존중 등은 긍정적인 가치와 인성 발달에 기여한다. 따라서 학교 체육활동에서 스포츠는 학생의 정서, 인지능력, 사회성, 도덕성 발달에 중요한 역할을 한다.

이러한 이유로 스포츠의 교육적 효과를 극대화하기 위한 교육 환경 조성 및 프로그램 개발이 필요하다.

□ **학교체육의 교육적 효과**
- 스포츠맨십을 습득하여 도덕적 정서가 발달한다.
- 부정적 정서를 해소하고 긍정적 정서를 고양한다.
- 전략적 사고·창의적 사고·비판적 사고 등이 함께 발달한다.

<3> 새로운 학교 문화를 위한 스포츠의 역할

대한민국의 학교 교육은 입시 중심으로 운영되어 건강한 학교 문화를 형성하기 어려운 특성이 있다. 이러한 환경에서 학교 교육의 본래 목적은 대학 입시 경쟁으로 변질되었고, 비민주적이고 권위적인 교육 문화가 용인되고 있다. 이러한 현실 속에서 스포츠는 인성 교육의 가치를 제공하며, 새로운 대안의 실마리를 제시할 수 있을 것이다.

1) 새로운 학교 문화를 위한 스포츠의 역할
- 스포츠의 페어플레이 정신을 배우며 바람직한 인성 교육이 이루어진다.
- 스포츠 활동을 통해 부정적인 정서가 해소되어 학교 폭력을 예방한다.
- 팀플레이를 통해 협동정신을 습득하고 공동체 정신을 배운다.

대표 기출 유형

07 2013년에 발표한 '스포츠 폭력 근절대책'에서 '폭력 예방활동 강화'를 위한 방안에 해당하지 않는 것은?

① 폭력지도자 체육현장에서 배제
② 선수지도 우수모델 확산
③ 폭력가해선수 보호 및 지원 강화
④ 인성이 중시되는 학교운동부 정착

정답은 해설지에

Confirmation 이것만은 꼭!

01 학생선수의 학습권과 생활권을 보장하기 위해 마련된 제도로 학생선수의 석차백분율에 의거하여 최저성적기준을 설정하고 그에 미치지 못하는 학생선수에 대해 선수로서의 활동에 제한을 두어 불이익을 감수하도록 하는 제도는 (　　)이다.

02 최저학력제에 따르면 해당 학년의 1, 2학기 기말 고사의 전교생 평균성적을 기분으로 학생선수의 학력이 초등학교는 하위 (　　)%, 중학교는 하위 (　　)%, 고등학교는 하위 (　　)%를 넘어야 최저학력을 넘은 것으로 판단한다.

03 한국의 최저학력제에 영향을 준 미국의 제도로 미국대학스포츠평의회의 학생선수 관리규정의 약자는 (　　)이다.

04 체육진흥계획의 일환으로 학교체육강화방안이 공포되고 1972년 11월에 제정된 교육법시행령에 따라 시행된 제도로 학업 성적과 관계없이 일정 수준 이상의 경기력을 보유한 학생에게 상급학교에의 진학을 허용하고 등록금 및 수업료 감면 등의 혜택을 제공하는 제도는 (　　)이다.

정답
1. 최저학력제도
2. 50, 40, 30
3. NCAA
4. 체육특기자제도

Previous 단원 기출문제

01 다음 중 학생 선수의 인권 보호 방안으로 잘못된 것은?

① 선수의 자긍심을 고양하기 위해 많은 전국 대회에의 참가를 권장한다.
② 권역별 지역대회 중심의 대회 운영으로 학생의 시간과 노력을 줄여준다.
③ 주말리그 제도를 도입하여 학생의 학습권이 침해되지 않도록 배려한다.
④ 지도자는 선수 개개인의 특성을 바탕으로 한 인격적인 지도를 실시한다.

많은 전국대회에 참가하게 되면 우선 학생선수의 학습권이 보장되지 않고, 대회기간 중의 장기간의 합숙과정에서 지도자와 선수, 선후배 사이에서 비인권적 행위가 발생할 가능성이 높아진다.

정답 : ①

02 스포츠정책의 윤리적 측면에서 초등학교 스포츠강사사업을 공리주의적 관점으로 긍정적 가치와 부정적 가치로 나누어 볼 수 있다. 그 긍정적 가치에 해당하지 않는 것은?

① 체육수업운영의 전문성 확보를 통한 내실화
② 전문 인력 남용과 동시에 저소득 양산
③ 초등교사의 수업부담 감소
④ 방과 후 체육활동 활성화

초등학교 스포츠 강사사업의 의의를 긍정적 가치와 부정적 가치로 구분할 때 ②는 부정적 가치에 해당한다.

정답 : ②

03 스포츠 인권에 대한 설명으로 옳지 않은 것은?

① 스포츠에서 가져야 할 인간의 존엄성을 말한다.
② 스포츠에서 가져야 할 인간의 자유에 대한 권리이다.
③ 스포츠의 종목이나 대상에 따라 상대적으로 보장되는 권리이다.
④ 인종이나 성별에 관계없이 누구나 스포츠를 동등하게 누릴 수 있는 권리이다.

'인권'이란 모든 사람에게 평등하게 보장되어야 하는 권리이며 이는 '스포츠 인권'도 마찬가지이다.

정답 : ③

04 <보기>의 괄호에 들어갈 용어로 적절한 것은?

< 보 기 >

스포츠윤리 교육의 목적은 스포츠인의 도덕적 ( ) 함양이라고 할 수 있다. 도덕적 ( )이란 "도덕적 문제에 대한 비판, 독립적인 사고를 바탕으로 스포츠상황에 적용하는 능력"을 의미한다.

① 민감성
② 존엄성
③ 자율성
④ 우월성

스포츠 윤리학에서 출제되는 모든 개념을 암기하는 것은 불가능하며 그럴 필요도 없는 경우가 많다. 주어진 보기를 정확하게 분석하기만 해도 정답을 찾을 수 있는 문제이다. 보기에서 주어진 문장 중 '스포츠인이 어떤 상황에 대하여 비판적이고 독립적인 사고를 할 수 있는 능력'과 가장 관련이 깊은 단어를 찾으면 '자율성'일 것이다.

정답 : ③

08강 스포츠 조직과 윤리

1. 스포츠와 정책윤리

학습목표
거의 출제되지 않습니다.
정치가 스포츠를 활용하는 이유와 그 과정에서 발생할 수 있는 윤리적 쟁점을 이해합니다.

Introduction

스포츠는 본질적으로 정치와 밀접한 관련이 있다. 스포츠의 대중성은 정치 권력 강화를 위해 쉽게 활용될 수 있다. 스포츠가 정치로부터 독립적이어야 한다는 주장은 오랫동안 강조되어 왔으나, 역사적으로 스포츠가 정치로부터 완전히 자유로웠던 적은 없다.

따라서 스포츠와 정치의 공생이 항상 긍정적인 결과를 가져오는 것은 아니며, 이 둘의 관계에 대한 윤리적 성찰이 필요하다.

<1> 정치와 스포츠의 관계

스포츠 선수나 팀이 사회를 대표하거나 스포츠와 관련된 의식과 제도에서 정치성이 드러나는 것은 흔히 발생하는 현상이다. 정치 권력은 이러한 스포츠의 속성을 상징화하거나 동일시하는 방법으로 활용하여 사회를 통합하거나 통제하려고 한다. 정치 권력의 스포츠 이용에 대한 윤리성 평가는 판단 주체의 윤리적 기준에 따라 달라질 수 있는 주관적인 문제이다.

1) 스포츠와 정치의 결합 방법

상징	선수의 승리를 선수 개인이 아닌 성별, 인종, 지역, 민족, 국가 등의 승리인 것처럼 활용한다. 예) 자랑스러운 대한의 건아가 승리를 거두어 대한민국의 위상을 드높였습니다.
동일화	대중으로 하여금 국가대표 선수나 국가대표팀과 일체감을 느끼게 하여 공동체적 사고와 애국심을 고취한다. 예) 대한민국 붉은 악마의 승리는 우리 국민의 승리입니다.
조작	정부가 스포츠의 상징이나 동일화의 효과를 극대화하기 위해 여러 정책 등을 펼치며 스포츠 활동에 적극적으로 개입한다. 예) 국가대표팀과 국가 대표 선수를 정책적으로 지원하는 일

2) 사회의 통제와 통합을 위한 활용

사회 통합	스포츠를 활용하여 사회 구성원의 일체감을 형성한다.
사회 통제	스포츠를 활용하여 사회 구성원에게 도덕과 규범의식을 전파하고 바람직하지 않은 행위를 감소시킨다.
위광 효과	스포츠 경기를 통해 지배층의 권위를 높임으로써 사회 구성원의 충성심을 강화한다.

3) 스포츠의 정치적 기능

긍정적 기능	부정적 기능
• 국민의 통합 • 외교적 승인(친선의 도구) • 국위선양 • 국민의 건강과 행복 증진	• 정치적 선전의 도구 • 체제 강화의 도구 • 사회의 통제 • 국가간의 정치적 시위

4) 대표적인 철학자들의 스포츠 정책에 대한 도덕적 판단 기준

아리스토텔레스	공직자가 자신의 욕망을 절제할 수 있는 덕성과 윤리의식을 갖추었는가?
의무론(칸트)	스포츠 정책의 목표가 언제 어디서나 적용될 수 있는 보편적이고 합리적인 이성의 판단인가?
공리주의자	스포츠 정책을 통해 최대 다수의 최대 행복을 추구하고 있는가?
구조기능주의자	스포츠 정책이 사회 전체의 안정과 균형에 기여하는가?
사회주의 철학자	스포츠 정책이 스포츠가 계급 갈등을 얼마나 완화할 수 있는가?

<2> 스포츠 정책과 윤리성 문제

스포츠는 본질적으로 정치 권력에 의해 이용될 가능성이 크다. 따라서 정치적 목적에 따라 결정되고 운영될 수밖에 없는 스포츠 정책은 윤리적이고 건전한 방향으로 나아가기 위해 도덕적이고 합리적인 성찰이 필요하다. 모든 국가적 정책은 사회적 자원의 배분과 연관되어 있으며, 자원의 배분 과정에서 공평성, 정당성, 합리성이 보장될 때 그 사회의 정책은 윤리적이라고 할 수 있다. 이 원칙은 스포츠 정책에도 동일하게 적용되어야 하며, 스포츠 정책에서도 공평성, 정당성, 합리성의 원칙은 반드시 지켜져야 한다.

□ 스포츠 정책의 윤리성 확보의 기준

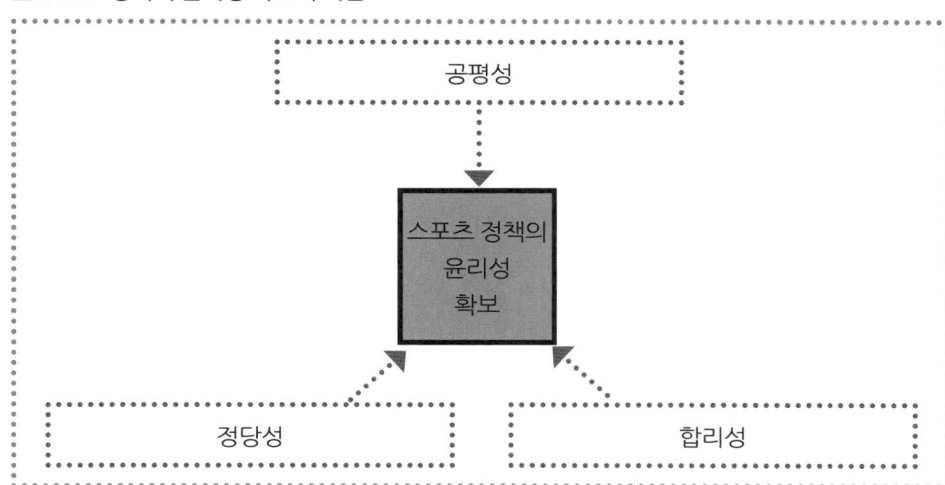

2. 심판의 윤리

학습목표

심판에게 요구되는 도덕 조건을 암기합니다.

Introduction

심판은 스포츠 경기를 규칙에 따라 엄격하고 원활하게 진행하며 판정을 내리는 역할을 수행한다. 이로 인해 경기는 공정성을 확보하고 선수는 탁월한 능력을 마음껏 발휘할 수 있다. 따라서 심판에게는 어떤 권력으로부터도 독립된 심판권과 공정하고 청렴한 직무 수행을 위한 윤리 의식이 요구된다.

<1> 심판의 도덕적 조건과 역할

심판이 자신의 책임을 소홀히 하는 것은 자신의 권위와 명예를 실추시키는 것뿐만 아니라 경기의 공정성을 훼손하여 선수, 지도자, 관중 등 모든 경기에 관련된 사람들의 기대와 신뢰를 망가뜨리는 결과를 초래한다. 따라서 심판에게는 다른 스포츠 관련자보다 더욱 엄격한 윤리적 의무와 책임이 필요하며, 그에 따라 자율성(독립성), 공정성, 청렴성 등이 요구된다.

□ 심판에게 요구되는 도덕적 조건과 역할

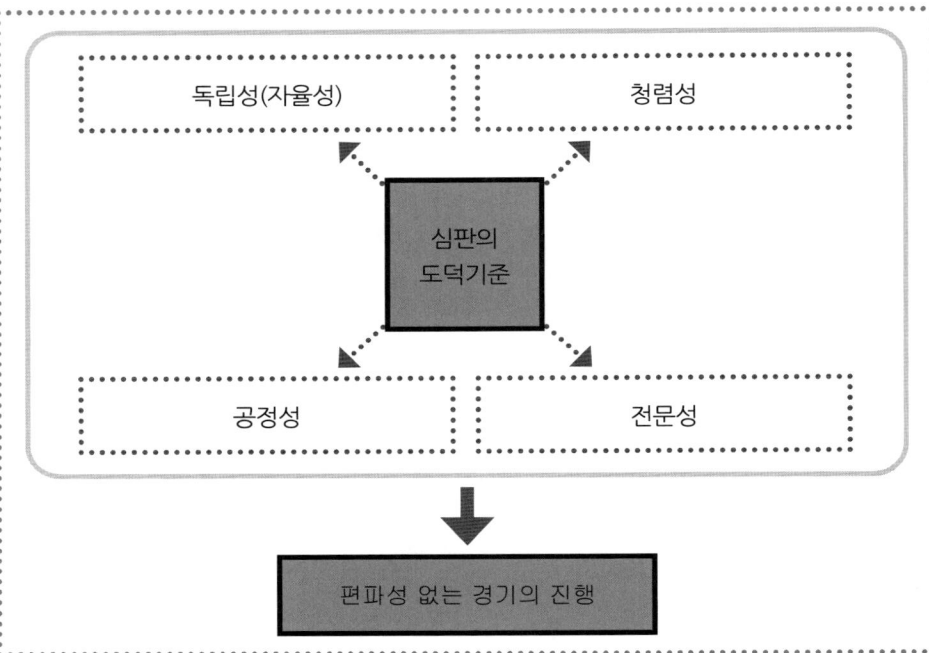

대표 기출 유형

01 심판의 오심을 바로잡기 위한 방안으로 적절하지 않은 것은?

① 심판의 판정능력 향상을 위한 반복훈련
② 심판의 권위의식 강화 및 명예심 고취
③ 상임심판 제도의 확립과 적절한 보수를 통한 전문성 제고
④ 심판의 질적 향상을 위한 교육기회 확대

정답은 해설지에

3. 스포츠 조직의 윤리경영

Introduction

사회 구성원들은 자신이 속한 사회와 사회 구성원들이 요구하는 윤리적 기준을 준수할 의무와 책임이 있다. 스포츠 조직도 이와 같은 윤리적 기준의 적용을 받으며, 스포츠가 가진 사회적 파급 효과를 고려할 때 그 윤리적 책임은 더욱 중요하다.

따라서 스포츠 조직을 경영하는 주체들은 경영 철학, 경영 절차, 조직 구성 등 다양한 영역에서 윤리적 책임과 의무를 지녀야 한다.

학습목표

거의 출제되지 않고 있으며, 스포츠 전반의 문제인 스포츠 4대 악이 출제된 적이 있습니다.

<1> 스포츠 경영자의 윤리적 의식 : 윤리적 리더십

기업 경영자의 윤리성은 외부적으로 기업에 긍정적인 이미지를 형성하고, 내부적으로는 조직원들의 자긍심과 충성도를 높여 경영 성과를 향상시키는 효과가 있다. 따라서 스포츠 기업의 경영자도 경영 성과를 높이기 위해 경영, 조직과 제도의 구축, 운영 등 전반에 걸쳐 윤리적인 리더십을 발휘해야 한다.

□ 스포츠 경영자에게 요구되는 윤리적 책임

- 윤리적 경영을 위한 원칙을 설정해야 한다.
- 공정한 조직을 구축해야 한다.
- 경영의 투명성을 확보해야 한다.
- 기업 문화의 윤리성을 유지하고 실천해야 한다.

□ 스포츠 4대 악

문화체육관광부가 2015년 초 체육계의 지속가능한 개혁을 목표로 지목한 스포츠계의 4대 악습

- 승부 조작 및 편파 판정
- 폭력(성폭력)
- 입시 비리
- 조직 사유화

대표 기출 유형

02 스포츠 조직의 윤리적 문화 조성에 필요한 효과적인 행동 수칙 내용으로 바르지 않은 것은?

① 수칙은 애매모호하지 않아야 한다.
② 수칙은 그 수칙이 적용될 사람들에게 확실히 명시되어야 한다.
③ 수칙은 위반의 결과를 명확히 해야 한다.
④ 수칙은 반드시 예외 조항을 다루어야 한다.

정답은 해설지에

Confirmation 이것만은 꼭!

01 문화체육관광부에서 체육계의 지속가능한 개혁을 목표로 지목한 스포츠계의 4대 악습은 (,   ,   ,   )이다.

02 심판은 스포츠 경기의 규칙을 엄격히 적용하고 경기를 원활하게 진행하며 공정한 판정을 내려야 한다. 심판이 그런 역할을 잘 수행하기 위해 요구되는 조건이 있다면 그것은 (,   ,   )이다.

정답

1. 승부조작, 폭력성, 입시비리, 조직의 사유화
2. 독립성, 공정성, 청렴성

Previous 단원 기출문제

01 스포츠윤리의 실천과제로 적당하지 않은 것은?

① 스포츠윤리 의식의 패러다임 전환
② 우수 선수의 연금수혜에 대한 과제
③ 스포츠행위자에 대한 법적 과제
④ 스포츠윤리강령 제정 및 조정시스템 구축

연금의 수혜문제는 윤리적 과제에 포함되지 않는다. 연금제도나 포상을 실시한다고해서 페어플레이나 스포츠맨십이 직접적으로 해결되지 않을 것이기 때문이다.

정답 : ②

02 <보기>는 개인윤리와 사회윤리에 대한 내용이다. 괄호 안에 공통으로 들어갈 용어는?

< 보 기 >
공정한 스포츠는 스포츠인의 도덕적 자율성과 (   )의 조화에서 찾을 수 있다.
하지만 (   )이 집중되면 조직의 감시와 통제, 억압, 착취를 받을 가능성이 높다.

① 제도적 자율성
② 개인적 존엄성
③ 개인적 정당성
④ 제도적 강제성

스포츠는 경쟁과 승리에 대한 열망으로 인해 공정성이 훼손될 가능성이 높은 분야이다. 스포츠에서의 공정성은 스포츠맨십이나 페어플레이 정신을 준수하려는 개인적인 도덕성만으로는 지켜지지 않는 경우가 많으므로 강제성을 가지는 제도가 반드시 필요하며 개인의 도덕성과 제도적 강제성 사이의 조화가 요구되는 것이다.

정답 : ④

03 <보기>의 법 또는 헌장이 지향하고 있는 개념으로 가장 적절한 것은?

< 보 기 >
• 모든 국민은 인간으로서 존엄과 가치를 가지며, 행복을 추구할 권리를 가진다(헌법 제10조).
• 어느 국가 또는 개인에 대해서도 인종·종교 또는 정치상의 이유로 차별대우해서는 안 된다(올림픽 헌장 6조).
• 학교의 장은 학생선수가 일정 수준의 학력기준에 도달하지 못한 경우에는 별도의 기초학력보장 프로그램을 운영하여 최저학력이 보장될 수 있도록 노력하여야 하며, 필요할 경우 경기대회 출전을 제한할 수 있다(학교체육진흥법 제11조).

① 스포츠와 평등
② 스포츠와 인권
③ 스포츠와 환경
④ 스포츠와 교육

<보기>에 주어진 헌법 제 10조의 내용은 대한민국 국민이라면 반드시 가질 수 있는 권리를 규정하고 있다. 인종·종교 또는 정치상의 이유로 차별대우를 받지 않는다는 올림픽 헌장의 내용 또한 올림픽에 참가하는 선수가 가질 수 있는 권리의 문제를 진술하고 있으며, 마지막으로 학교체육진흥법에 의해 규정되고 있는 학생 선수의 학습권에 대한 진술 역시 선수이기 이전에 학생인 학생선수가 가질 수 있는 권리를 보장하기 위한 방안이다.
따라서 이 진술들을 포괄하는 개념은 '인권'으로 압축할 수 있다.

정답 : ②

04 <보기>의 ㉠, ㉡에 알맞은 용어는?

< 보 기 >
심판의 윤리는 (㉠)와 (㉡)가 복합적으로 얽혀 있어 상호 보완적 관계를 가진다. (㉠)는 심판 개인의 공정성, 청렴성 등의 인격적 도덕성을 의미하며, (㉡)는 협회나 기구의 도덕성과 밀접한 연관을 가진다.

	㉠	㉡
①	개인윤리	사회윤리
②	책임윤리	심정윤리
③	덕윤리	의무윤리
④	배려윤리	공동체윤리

심판 개인의 공정성, 청렴성 등은 개인적 윤리, 심판이 속한 협회나 기구의 도덕성 등은 사회윤리이다.

정답 : ①

모든 우연처럼 보이는 것들은
그것을 간절히 원했던 사람의 소망이 만든 필연적인 것들이다.

REFERENCE

강신복 (2009). 현대 스포츠 교육학의 이해. 레인보우북스, 4.

강신욱 (2003). 학교운동부의 운동과 학업 수행 및 운영 실태조사. 한국체육학회지, 43(3). 97-109.

강준호 (2005). 스포츠산업의 개념과 분류. 체육과학연구. 16(3).

경기도교육청 (2014). 학생선수 학습보장 제도 운영 계획. 경기도교육청 체육건강과 2014년 1월.

교육과학기술부 (2011). 체육과 교육과정. 교육과학기술부고시 제 2011-36호.

국민체육진흥공단 체육과학연구원 (2013). 1급 생활체육지도자 연수교재. 서울 : 대한미디어.

국민체육진흥공단 체육과학연구원 (2007). 2급 경기지도자 연수교재. 서울 : 대한미디어.

국민체육진흥공단 체육과학연구원 (2010). 2급 생활체육지도자 연수교재. 서울 : 대한미디어.

국민체육진흥공단 체육과학연구원 (2012). 3급 생활체육지도자 연수교재. 서울 : 대한미디어.

권오륜 (2008). 스포츠 윤리철학의 동양철학적 접근. 한국체육철학회. 16(4). 59-70.

김대진 (2012). 스포츠교육학 총론. 서울 : 교육과학사.

김동현, 윤양진 (2010). 학생선수 학습권 보호를 위한 법, 제도적 과제. 스포츠와 법. 13(4), 57-81.

김병준 (2006). 운동심리학 이해와 활용. 서울 : 레인보우북스.

김완수 (2003). 운동검사·운동처방지침. 서울 : 현문사.

김종만 역 (2010). 근골격계의 기능해부 및 운동학. 서울 : 정담미디어.

대한운동사회 (2003). 치료적 운동의 원리와 실제. 서울 : 대한미디어.

대한장애인체육회 (2013). 2012 장애인체육 (성)폭력 실태조사.

문화체육관광부 (2007). 장애인체육백서. 서울 : 문화체육관광부

문화체육관광부 (2012). 국민생활체육참여 실태조사 2012.

문화체육관광부 (2013). 2012 장애인 생활체육 실태조사 보고서.

박성순 외2009), 운동역학 : 대경북스

박성주 (2013). 스포츠윤리 교육의 내용과 방법. 한국체육학회지. 87-94

박홍규 외 2인 (1992). 스포츠사회학. 서울 : 나남신서.

서경화 (2012). 엘리트스포츠에서 규율권력과 운동선수사회 : 푸코의 규율권력 이론을 중심으로. 한국체육학회지 51(3). pp. 17-23.

서울시교육청 (2014). 2014학년도 학교체육 업무 매뉴얼.

서지영 외 4인 (2014). 학교스포츠클럽 활동의 교육 성과 분석. 한국교육과정평가원 연구보고 RRC 2014-11.

위승두 (2012). 핵심 운동생리학. 서울 : 대경북스.

유정애 (2007). 체육과 교육과정 총론. 서울 : 대한미디어.

이상구 (1996). 사회계층별 스포츠 참여에 관한 연구. 국민대학교 스포츠과학연구소 논총, 45, 41-47.

이승훈, 김동규 (2011). 도핑의 변천과 반도핑의 정당성 논의. 한국체육철학회지, 19(1). 15-32.

이승훈, 김동규 (2013). 스포츠일탈의 대처유형과 양상에 대한 사회 철학적 쟁점. 한국체육철학회지, 57-77.

이승훈, 이정식 (2013). 스포츠에서 나타난 종차별주의와 동물의 도덕적 지위 문제. 한국체육철학회지, 21(4). 52-103.

이종은 (2010). 정치와 윤리. 서울 : 책세상.

임번장 (1994). 스포츠사회학개론. 서울 : 동화문화사.

임번장 (2008). 사회체육개론. 서울 : 대한미디어.

장윤수, 김영필 (2012). 한국 다문화사회와 교육. 파주 : 양서원.

주명덕, 이기청 역 (2002). 대한 미디어

최병문(2009). 스포츠폭력의 유형과 대책. 스포츠와 법. 12(4). 257-278

최영옥, 이병기, 구봉진 (2002). 스포츠 행동의 심리학적 이해. 서울 : 대한미디어.

최의창 (2003). 스포츠교육학. 도서출판무지개사.

최훈 (2011). 동물의 도덕적 지위와 종 차별주의. 인간·환경·미래. 6, 87-111.

한국체육사학회 (2011). 체육과 스포츠의 역사. 진주 : 경상대학교 출판부, 51-62.

황경식 (1994). 환경윤리학이란 무엇인가? - 인간중심주의인가 자연중심주의인가-. 철학과현실 통권21호. 172-185.

Bandura, A. (1986). Social Foundations of thought and actions : A social cognitive thepry. Englewood Cliffs, NJ : Prentice Hall.

Capbell. 전상학 역. (2008). 생명과학 8판. 서울 : 도서출판 바이오사이언스(주).

David. B. J. (2003). Functional Anatoy of the libs and back. 8nd. ed.

David Halliday 외 2인 (2011). 일반물리학 개정9판. 서울 : 범한서적.

Fox. 박인국 역. (2016). 생리학 제 14판. 서울 : ㈜라이프사이언스

Gray.J.(1968). Anial Locoortion. : Norton and Copany

Peter. B. & Kari K. (2007). Clinical Sports Medicine. 3nd. Sydney : Magraw-Hill.

Schurr, K. T., Ashley, M. A., & Joy, K. L. (1977). A Multivariate analysis of ale athlete characteristics : Sport type and success. Multivariate Experiental Clinical Research, 3, 53-68.

Silverthorn. 고영규 외 13인 역. (2011). 인체생리학 5판. 서울 : 라이프사이언스

Willia E. P. (1999). Rehabilitation Techniques in Sports Medicine. 3nd. ed. Boston. : Mcgraw-Hill.

Willias J. M. (1980). Personality characteristics of the successful feale athlete. In W. F. Straub(Ed.), Sport Psychology : An analysis of athlete behavior. Ithaca, NY : Mouveent.

최고 수준의 스포츠 지도자를 양성하는 **ORUM**

**생활 전문 스포츠지도사 2급 필기
단박에오름 올인원 2025**

펴 낸 날 : 2024년 10월 07일
저　　자 : 전지호, 이지영, 성아론, 김민, 김철기, 장성석
발 행 처 : 오름
주　　소 : 경기도 광주시 오포읍 능평동 194-23
대표전화 : 010-2631-0155
등록번호 : 제 2011 - 000059

값 33,000원

ISBN 979-11-982406-3-7 (13690)
Copyright© ORUM

이 책에 실린 모든 내용과 구성의 저작권은 오름에 있습니다. 무단으로 복사, 복제, 유도 등의 불법행위를 할 경우 민형사상의 책임을 묻습니다.

스포츠 지도사
단박에오름
부록

이 책의 차례

노인 유소년 장애인 스포츠지도사 필수과목

▶ 노인 체육론 필수 요점정리 ··· 005

▶ 노인 체육론 24년도 기출문제 ··· 037

▶ 유아 체육론 필수 요점정리 ··· 041

▶ 유아 체육론 24년도 기출문제 ··· 062

▶ 특수 체육론 필수 요점정리 ··· 067

▶ 특수 체육론 24년도 기출문제 ··· 096

모의고사

▶ 10분 미니 모의고사 ··· 103

▶ 실전모의고사 ··· 119

정답 · 해설

▶ 대표기출문제 정답해설 ··· 143

▶ 10분 미니 모의고사 정답해설 ··· 161

▶ 실전모의고사 정답해설 ··· 167

노인 · 유소년 · 장애인
핵심요점정리
+
기출문제

노인 체육론

1강 노화의 개념과 노화의 특성 ················ 06

2강 노인의 운동 효과 ················ 11

3강 노인 운동 프로그램의 설계 ················ 16

4강 질환별 프로그램 설계 ················ 22

5강 지도자의 효과적인 지도 ················ 30

기출문제 ················ 37

노화의 개념과 노화의 특성

1. 노화의 개념

<1> 노화에 대한 정의

1) 노인 사회의 분류
- 고령화 사회 : 노인인구의 증가에 따라 65세 이상 노인의 수가 전체 인구수의 7%에 달하는 사회
- 고령사회 : 65세 이상 노인의 수가 전체 인구수의 14%에 달하는 사회
- 초고령사회 : 65세 이상 노인의 수가 전체 인구수의 20%인 사회

2) 노인의 개념

① 연소 노인(young-old)	65세~74세
② 중고령 노인(middle-old)	75~84세
③ 고령 노인(old-old)	85~99세
④ 초고령 노인(oldest-old)	100세 이상

3) 노인의 분류 - Spirduso(1995)

① '신체적으로 잘 단련된'	• 경쟁스포츠를 즐겨 시니어올림픽에 출전하거나 행글라이더, 웨이트 리프팅 같은 고위험군 스포츠나 파워스포츠를 즐기는 부류
② '신체적으로 단련된'	• 중강도의 신체활동이나 지구력 스포츠와 게임을 즐기는 부류
③ '신체적으로 독립적인'	• 아주 가벼운 신체활동을 하고 있으며, 걷기나 정원 일을 취미로 하고 있고, 비교적 신체적 부담이 적은 골프, 사교댄스, 수공예, 여행, 운전 등을 할 수 있는 노인들
④ '신체적으로 연약한'	• 조리나 식료품 구매 등 기본적인 일상생활과 도구를 이용하는 활동을 할 수는 있으나 집 밖으로의 이동은 자유롭지 못한 노인들
⑤ '신체적으로 의존적인'	• 걷기, 목욕, 의복 착용, 식사, 이동 등과 같은 기본적인 일상생활이 일부 혹은 모두 불가능한 노인

4) 노인 체육론
- 노인을 대상으로 하며, 신체활동이 노인의 건강과 행복에 미치는 영향, 노화에 미치는 영향을 이해하는 데 초점을 두는 학문
- 노인학(gerontology)과 체육학(kinesiology)의 합성어

※ 참고 개념

- 역연령 : 출생 이후의 햇수
- 기능적 연령 : 나이와 성을 기준으로 한 기능적 체력과 관계가 있는 연령. '신체 연령'이라고도 함
- 건강수명 : 건강과 일상생활의 기능성을 유지하는 기간을 '건강수명'이라고 함
- 기대수명 : 성별·연령별로 앞으로 몇 년을 더 살아갈 것인지 통계적으로 추정한 기대치로 생존 연수
- 기능적 연령 혹은 신체적 연령 : 나이와 성을 기준으로 한 기능적 체력과 관계가 있는 연령

2. 노화와 관련된 이론

<1> 노화와 관련된 생물학적 이론

1) 유전학적 이론
- 생체의 노화 속도를 결정하는 데 유전적인 역할에 초점을 두는 이론
- 생애 중 일어나는 신체의 변화는 각 세포의 계획에 의해 조절된 결과로 봄

※ 참고 개념

　　Hayflick 한계 : 인간의 세포는 제한된 횟수만큼만 분열 가능하며, 분열의 횟수가 많아지면서 노화가 진행된다는 개념

2) 손상 이론
- 세포 손상의 누적이 세포의 기능장애에 결정요소로 작용하여 노화를 발전시킨다고 보는 이론

자유기(활성산소) 이론	• '활성산소'는 산소 대사 작용의 산물로서 생명체에 에너지를 제공하고 박테리아를 죽이지만, 과도할 경우 세포막 및 유전물질과 세포 대사와 분열의 조절에 요구되는 효소를 손상시켜 동맥경화, 암 등의 질환의 발병 위험을 증가시킨다는 이론 • 인체의 대사 작용 외에도 태양 자외선 및 담배연기, 방사선 등에 의한 활성산소에 의해서도 세포 손상이 누적되어 노화가 진전됨
교차결합 이론	• 세포 분자들 간의 비정상적인 교차결합이 세포 내부의 영양소와 화학적 전달물질의 수송을 방해하며, 폐, 신장, 혈관, 소화계, 근육, 인대, 건의 탄력성을 감소시키고, 결과적으로 노화를 진행시키는 내적 스트레스 요인으로 작용한다는 이론

3) 점진적 불균형 이론
- 노화의 진행으로 내분비계의 신경세포들이 약간씩 줄어든다는 것
- 뇌 시상하부(hypothalamus)의 신경세포의 손실의 결과 점차적으로 불균형 상태가 되면서 인체 기능에 노화가 발생한다는 이론

<2> 노화와 관련된 심리학적 이론

1) Baltes(1990)의 보상이 수반된 선택적 적정화 이론
- 성공적 노화를 '선택', '최적화', '보상'이라는 3가지 전략이 조화를 이루는 과정으로 보는 이론

※ 성공적인 노화의 조건
① '선택' – 주어진 환경 속에서 활동의 종류 및 양과 질을 선택하는 것
② '최적화' – 여러 가지 방법으로 개인이 선택한 목표를 최대한 달성하는 것
③ '보상' – 긍정적인 역할의 수행과 주변 자원의 활용을 통해 지속적인 성장을 이뤄나가면서 얻는 삶의 만족

2) Rowe와 Kahn(1998)의 성공적 노화 이론
- 건강, 사회적 관계, 심리적 특성, 신체적·인지적 기능, 생산 활동의 5가지 영역으로 성공적인 노화의 개념을 설명하는 이론
- 나이가 들수록 생활습관이나 삶의 태도 등이 신체와 정신건강에 더 중요한 결정 요인이라고 설명함
- 성공적인 노화 : 높은 수준의 인지적·신체적 기능을 유지하며 활기찬 인간관계 및 생산적 활동에 적극적으로 참여하는 것

3) Erikson(1986)의 자아통합 단계 이론

- 인간은 전 생애의 과정 속에서 여러 가지 갈등이나 위기를 만나며 살아가게 되는데 성공적인 노화를 가져오기 위해서는 이러한 위기가 잘 해결되어야 한다는 이론

※ 자아의 통합 단계

단계	연령	긍정적 결과	부정적 결과
신뢰 VS 불신	0~1세	사람들에게 신뢰를 갖게 되며, 자신의 요구를 해결해 줄 것으로 믿는다.	다른 사람들을 믿을 수 없으며, 자신의 요구는 충족되지 않을 것으로 믿는다.
자율 VS 수치와 회의	1~3세	기본적인 일들을 독자적으로 수행하는 자신의 능력에 자신감을 갖는다.	영아의 자신감이 약해진다.
주도 VS 죄책감	3~5세	새로운 것을 시도해도 좋다고 느낀다.	새로운 것을 시도하는 것이 두려우며, 새로운 것을 시도할 때에는 실패 또는 비난을 두려워한다.
역량 VS 열등감	6~12세	보편적으로 기대되는 작업을 수행할 수 있다는 것에 대해 자부심을 갖는다.	다른 어린이들이 쉽게 하는 것을 자신이 할 수 없기 때문에 열등감을 느낀다.
독자성 VS 역할 혼동	13~18세	자신이 누구인지, 어떻게 삶을 살기를 원하는지에 대한 느낌을 발달시킨다.	독자성을 확립할 수 없거나(역할 혼동) 부정적인 독자성을 수용한다.
친분 VS 고독	젊은 성인	친구 및 연인과 밀접한 관계를 형성할 수 있다.	친밀한 관계를 형성하거나 유지하는데 어려움이 있다.
생산적 VS 정체	중년 성인	가족의 부양 또는 어떤 형태의 일을 통해 생산적이 된다.	생산성이 떨어진다.
자아 주체성 VS 절망	노년기	자부심과 만족을 느끼면서 자신의 삶을 되돌아볼 수 있으며 죽음을 위엄있게 받아들일 수 있다.	삶에서 달성해야 하는 것들을 달성하지 못했다고 느끼며 삶의 종말이 다가오는 것에 대해 좌절감을 느낀다.

<3> 노화와 관련된 사회학적 이론

1) 분리 이론
- 노화에 따른 사회적 역할의 감소와 사회로부터의 분리를 정상적이며 불가피한 것으로 보는 이론
- 노인들 스스로 이런 소극적인 노후생활에 만족한다고 보기 때문에 대부분의 노년기에는 모든 적극적인 활동으로부터 심리적 에너지를 거두어들이게 되며, 이러한 과정이 정상적인 노화과정이라고 설명함

2) 활동 이론
- 성공적인 노화는 높은 활동수준을 유지하는 데 달려 있으며, 활동의 참여는 삶의 만족과 밀접한 관련이 있다는 이론
- 노년기의 역할상실에 대한 보상으로 새로운 역할과 활동을 하게된다고 설명함
- 선택 가능한 활동의 수가 많으면 많을수록 사회적 역할의 축소로부터 발생하는 부정적 영향을 줄일 수 있다고 봄

3) 지속성 이론
- 개인이 성인이 되면서 가지게 되는 성향들이 각기 다른 노화 패턴을 만들어낸다는 이론
- 노인은 일반적인 활동에서 과거에 자신이 했던 역할과 비슷한 형태의 역할을 유지하고자 하는 경향이 강하다고 봄

3. 노화에 따른 신체적 및 심리 · 사회적 변화

<1> 신체적 특성의 변화

1) 심혈관계와 호흡계의 기능

(1) 유산소 능력의 변화

- 유산소 능력 : 활동적인 근육으로 혈액(산소와 에너지원)을 공급하는 심폐계의 능력

최대산소섭취량	• 인체가 신체활동에서 1분당 사용할 수 있는 최대 산소량 • 노화의 과정에서 폐에서부터 미토콘드리아까지 거의 모든 심폐계 구성요소가 기능적으로 퇴화하고 그 결과 최대산소섭취량이 점진적으로 저하됨 • 25~65세 사이에 10년당 약 10%의 최대산소섭취량이 감소
최대 심박출량	• 최대운동 중에 심장에서 1분간 박출하는 최대 혈액량인 최대 심박출량(maximal cardiac output) • 최대 심박출량도 노화와 함께 감소함
최대심박수(HR)	• 20세 때 정점에서부터 10년마다 평균 5~10회 감소
동정맥 산소차	• 동맥혈에 운반된 산소량과 정맥혈에 혼합된 산소량의 차이 • 노화에 따라 감소 • 25세 남성에 비해 65세 남성의 측정치는 안정시 20~30% 낮고, 운동 시에는 약 10~12% 정도 낮음

(2) 심혈관계의 변화

심장의 변화	• 25세 이후 좌심실벽 두께는 30% 정도 증가되며, 크기도 커짐 • 안정 시 심박수는 거의 변화가 없음 • 최대 심박수 감소 • 최대 심박출량 감소 • 최대 1회 박출량 감소 • 심장근육의 수축 시간 연장 • 운동하는 동안 분비된 카테콜아민(catecholamine)에 대한 심장근육 반응의 감소
혈관의 변화	• 대동맥과 동맥 가지의 경화 • 세동맥의 반지름이 감소 • 총 말초저항은 매년 1%가량 증가
심혈관계 변화의 결과	• 근육으로의 혈액 흐름 감소 • 동정맥 산소차 감소 • 근육의 산화능력 감소 • 근육 미토콘드리아의 숫자와 밀도 감소 • 수축기혈압과 이완기혈압 증가

(3) 호흡계의 변화

① 호흡계의 변화

- 20~70세 사이에 폐포 표면적의 15% 정도 감소(폐포 수의 감소)
- 폐의 탄력성 감소
- 흉곽의 경직성 증가
- 호흡기의 근력 감소
- 호흡기 중추신경 활동에 대한 민감성 감소
- 해부학적 사강(생리학적 사강)의 증가

② 호흡계 변화의 결과
- 가스교환을 위해 필요한 공간의 축소
- 잔기량은 25% 증가
- 1회 호흡량은 40~80세에 이르기까지 25% 감소

2) 근육 기능

(1) 근력의 변화

원인	• 근감소증(sarcopenia) - 골격근이 노화와 함께 점차적으로 감소하는 현상 • 근육 위축(muscle atrophy) - 근육의 크기, 기능이 감소하는 상태. 이는 다양한 원인과 상황에서 발생할 수 있는데, 주로 질환 또는 손상에 의해 근육을 충분히 사용하지 못할 때 발생 • 운동단위 숫자의 감소 • type I 섬유는 거의 변화가 없음 • type II 섬유는 근섬유의 숫자와 크기에서 25~50%의 감소
결과	• 근력은 50~70세 사이에 평균적으로 약 30% 감소 • 80세 이후부터 급격하게 감소 • 하체에서 더욱 큰 근력이 상실됨

(2) 근파워(순발력)의 변화

원인	• 신체활동의 감소 • type II 근섬유의 선택적 위축 • 운동단위 숫자의 감소
결과	• 노화의 결과 근력보다 근파워가 더 큰 폭으로 감소함

(3) 관절 가동성(유연성)

원인	• 관절 주위의 인대, 건, 관절낭, 근육, 근막 및 피부가 경화되거나 짧아지면서 발생
결과	• 30~70세 사이에 관절 가동성(joint ability)이 20~50% 감소 • 평형성과 안정성 상실

(4) 연골의 변화

원인	• 연골 내로의 영양물질 공급이 줄어듦 • 대사산물들이 연결기질에 정체됨
결과	• 유리질 연골이 섬유연골로 변화 • 관절 기능의 상실

(5) 골밀도의 변화

원인	• 칼슘의 상실 • 골기질의 퇴화
결과	• 50세 이후 점진적으로 골밀도의 상실(제지방량의 상실도 함께 발생)

(6) 신경 기능의 변화

원인	• 신경기능의 퇴행(노화 과정에서 발생하는 신체장애의 가장 보편적인 원인)
결과	• 인지, 운동기능, 특수감각(시각, 청각, 미각, 후각)에서의 진행성 퇴화

〈2〉 노화에 따른 사회·심리적 특성의 변화

- 감정적 웰빙의 약화
- 자아개념 저하, 자부심 저하, 자기효능감 저하

02강 노인의 운동 효과

1. 운동의 개념과 역할

<1> 운동의 개념

1) 운동(physical exercise)의 개념
   - 체력을 향상시키기 위해 수행되는 계획되고 구조화된 반복적인 신체 움직임

2) 운동 유형별 분류

유산소성 운동	• 주로 대근육을 사용하며, 인체가 안정 시에 비해 더 많은 산소를 사용하여 에너지를 얻는 신체활동 예) 사이클링, 수영, 활발한 걷기(brisk walking), 줄넘기, 조정(rowing), 도보여행(hiking), 테니스 등
무산소성 운동	• 운동 시 주로 산소를 사용하지 않으며 에너지 생산체계를 이용하는 운동 예) 중량훈련(weight training), 인터벌 훈련(interval training), 단거리 고강도 인터벌 훈련(sprinting and high-intensity interval training) 등
유연성 운동	• 스트레칭 동작

3) 운동 강도별 분류

중강도 활동	• 산소섭취량의 40~60% 수준에서 행하는 운동 • 3~6 MET(에너지당량) 수준의 비경쟁적이고 약 45분간 편안하게 유지될 수 있는 강도 혹은 운동을 하면서 대화가 가능한 수준의 운동 강도
격렬한/고강도 활동	• 6 MET를 초과하는 운동 또는 최대산소섭취량의 60%의 수준을 초과하는 운동 • 땀이 흐르면서 숨이 차는 운동 강도

※ 기타 주요 개념

신체활동	• 에너지를 소모하는 골격근에 의한 신체의 움직임, 일상생활 활동이 포함됨 • 골격근의 수축에 의해 생성되며, 에너지 소비가 증가하는 신체의 움직임
비활동	• 정기적(규칙적)으로 운동을 수행하지 않는 생활방식, 즉 신체활동 부족(lack of physical activity)을 의미함 • 좌업생활방식(sedentary lifestyle)과 동의어로 사용될 수 있음
건강	• 질병이나 손상이 없거나 허약하지 않을 뿐 아니라 육체적·정신적·사회적으로 안녕한 상태
웰빙	• 육체적·정신적 건강의 조화를 통해 행복하고 아름다운 삶을 추구하는 삶의 유형이나 문화를 통틀어 일컫는 개념
웰니스	• 웰빙(well-being), 행복(happiness), 건강(fitness)의 합성어로 신체와 정신은 물론 사회적으로 건강한 상태
체력	• 건강과 웰빙의 전반적인 상태(general state) 혹은 특정 스포츠나 작업을 수행하는 일련의 종합적능력을 의미한다. 인간의 생활 활동에 기초가 되는 신체적 능력

※ 체력의 분류

행동체력	건강관련 체력	• 근력, 근지구력, 심폐지구력, 유연성, 신체조성
	운동관련 체력	• 파워, 민첩성, 평형성, 협응성, 스피드, 반응시간
방위체력		• 외부 자극(기온, 기압, 병원균, 불안, 스트레스 등)에 대해 인체가 방어, 유지 및 적응하는 능력으로서 질병에 대한 면역과 회복 능력을 포함할 수 있음

※ 운동(수행) 관련 체력과 효과(국민체력 100, 2015)

운동관련 체력	순발력	빠르게 큰 힘을 내는 능력
	민첩성	신체의 동작이나 운동방향을 신속하게 바꿀 수 있는 능력
	평형성	정적 또는 동적 상태에서 몸의 균형을 유지하는 능력
	협응성	신체의 각 부위가 조화를 이루면서 원활하게 움직일 수 있는 능력
	반응시간	자극(빛, 소리, 접촉 등)에 반응하는 데 요구되는 시간
	스피드	신속하게 움직일 수 있는 능력

<2> 운동의 역할

1) 운동의 긍정적 역할

(1) 심리적 역할

건강 증진	• 허약한 노인일수록 운동에 의한 건강증진 효과가 더 큼
심리적 행복	• 노인의 스트레스, 불안 및 우울 증상을 개선 • 감정을 조절하는 호르몬이나 신경전달물질 분비, 체온 상승, 수면의 질 향상, 만성질환에 의한 통증 완화, 신체상(body image) 개선, 자긍심 및 진정효과 등의 효과

(2) 생리적 역할

운동에 대한 생리학적 적응	• 근섬유와 모세혈관 증가 • 인체의 에너지 불균형 개선 • 신체구성 조절 효과 • 심폐능력 향상과 심혈관계 장애를 개선(심박수 저하, 혈압 저하, 혈관 탄성 증가) • 근육과 건 및 인대 강화 • 근비대(muscle hypertrophy) 발생
비만과 혈액 변인 개선	• 인체에 해로운 복부 내장지방 감소에 효과적 • 심혈관질환이나 당뇨병을 일으키는 변인들(지질, 지단백, 호르몬 및 당내성 등)을 효과적으로 개선
질병 예방 및 생존율 증진	• 대장암과 유방암 등의 발병을 현저히 낮춤
신체 기능의 향상	• 골관절염이나 요통 등에 의한 통증 완화 • 근골격계 강화

(3) 인지적 능력 향상

원인	• 뇌의 혈류의 개선 • 뇌신경(brain neurons) 성장 증진
결과	• 기억력과 인지능력 저하의 예방 혹은 지연

(4) 의료비용 절감

• 노후의 의료비 절감 효과

2) 운동의 부정적 역할

(1) 근골격계 상해

원인	• 근육 약화, 골조직 감소 • 운동의 빈도, 강도, 지속시간이 과도할 경우
결과	• 노인은 운동 중 가벼운 충격에도 골절이 발생하기 쉬움 • 급성 혹은 만성적 손상 및 피로 골절 발생

(2) 심혈관계 상해

원인	• 운동 시 부하가 높거나 큰 힘의 지속적 사용으로 혈압 상승
결과	• 혈관계 장애 정도가 심한 노인들의 경우 운동 중 돌연사 같은 심각한 결과를 초래

(3) 체온 및 수분 조절 장애

원인	• 요실금, 소화기 장애 및 신장 기능 저하 등을 이유로 수분을 충분히 섭취하지 않는 경우 • 체내 수분 조절 기능이 원활하지 못한 경우
결과	• 운동은 탈수 발생

(4) 저혈당 위험성 증가

원인	• 탄수화물 대사 능력 저하 • 내당능력 장애(impaired glucose tolerance) 혹은 당뇨병
결과	• 운동 중 혈액의 글루코오스 농도가 낮아지면서 저혈당이 발생

(5) 운동 중독

원인	• 심리적 사회적 불안 • 과도한 운동량 추구
결과	• 직업적·사회적 교류나 기타의 다른 여가활동을 포기 • 운동에 대한 지나친 집착 • 부상이 있는데도 무리하게 운동을 지속

2. 운동의 효과

<1> 운동의 신체적 효과

1) 근골격계

- type I 과 type II 섬유의 크기, 근육의 횡단면적, 근력의 증가
- 물건을 들어 올리는 능력 및 보행속도 향상
- 뼈의 질량과 강도의 증가
- 골 대사와 호르몬 분비 증가

2) 심혈관계와 호흡계

- 심장 및 혈관의 기능 향상
- 심혈관질환의 발병위험 감소
- 혈관 기능 및 대사 이상을 개선
- 최대산소섭취량 증가
- 심박수 감소
- 1회 박출량 증가
- 말초혈관의 저항 감소
- 혈관탄력성 증가
- 혈관 확장력 증가
- 적혈구 및 헤모글로빈의 양과 모세혈관 수 증가
- 혈액의 산소운반 능력 증가
- 분당 환기량 증가
- 안정 시 호흡 감소
- 폐활량 증가

3) 내분비계

- 노인의 당뇨병 예방 및 개선 (유산소 운동이 효과적)
- 혈당 개선 (유산소 운동과 저항성 운동 모두)
- 근육량의 증가로 인슐린에 대한 감수성 증가
- 당뇨병의 고위험군에서도 대사 상태 개선
- 복부지방 감소
- 대사증후군 개선 효과

4) 신경계의 변화

- 운동에 동원되는 기관과 신경계 간의 협응력 향상
- 운동 감각 개선
- 인지적인 정보처리 속도 및 근신경의 협응력 증진
- 자극에 대한 반응시간 단축, 신체의 제어 능력 및 협응력 향상

<2> 운동의 심리적 효과

삶의 질 향상	• 심리적 웰빙의 효과 발생 • 삶의 질 향상 • 자아효능감과 자아존중감 발생
우울증 개선	• 우울증 치료제 복용이 유산소 운동보다 우울증 환자에게 빠른 효과 • 가벼운 우울증을 보이는 노인들에게 운동의 효과가 높음

<3> 운동의 사회적 효과

- 사회적 관계의 유지
- 사회적 역할의 유지
- 사회적 생산성의 제고

03강 노인 운동 프로그램의 설계

1. 운동 프로그램의 요소

<1> 운동 빈도(exercise frequency)

1) 개념
- 일주일 동안 실행하는 운동의 횟수
- 과거 운동경험과 각 개인의 건강과 체력 수준에 따라 운동 빈도를 결정

2) 노인에게 적절한 운동 빈도
- 1주일에 3일 이상
- 운동 능력이 3METs 이하인 경우 1회 5분 정도 매일 여러 번 실시, 3~5 METs인 경우 매일 1~2회 실시, 5 METs 이상인 경우 주당 최소 3회 이상 실시
- 유산소 운동은 1주일에 3~5회
- 근력운동은 1주일에 적어도 2~3회(모든 주요 근육, 8~12회 2~3세트)
- 유연성 운동은 매 운동시마다 주요 근육과 건(힘줄)에 대하여 10~30초를 유지하고, 3~4회 반복(주 2~3일 이상 실시)
- 무게의 양이나 운동 빈도는 점진적으로 증가시킬 것

<2> 운동 강도(exercise intensity)

1) 개념
- 신체에 가해지는 생리적 스트레스 또는 과부하의 정도

2) 노인에게 적절한 운동 강도 설정

(1) 심박수 이용 방법

① 목표심박수의 활용
- 목표 심박수 = (220 - 연령) × 운동 강도(%)
- 노인의 경우 최대 심박수의 개인차가 매우 크므로 직접 최대 심박수를 측정하지 않았다면 목표 심박수를 정하는 데 주의할 것

※ 안전한계 및 유효한계의 운동 강도

운동 강도	유효한계	안전한계
최대 심박수의	60% 이상	80% 이하
최대산소섭취량의	50% 이상	70% 이하

자료: 노인들의 운동, 이양균, 대한의사협회

② 여유 심박수(HRR)의 활용
- 여유 심박수 = (최대 심박수 - 안정 시 심박수) × 운동 강도(%) + 안정 시 심박수
- 노인들의 경우 여유 심박수를 이용해 목표 심박수를 정하는 방법이 적절함

③ 여유산소소비량(VO₂R)의 활용

- 목표산소비량 = (최대 강도의 백분율) × (최대산소소비량 − 안정 시 산소소비량) + 안정 시 산소소비량
- 여유산소소비량(VO₂R)의 40~85%의 강도를 권장

(2) 자각인지도 방법(RPE)

- 보그스케일 기준 12~17 정도수준 권장

※ 자각적 운동 강도(보그 스케일)

6.	
7. very very light	몹시 가볍다
8	
9. very light	매우 가볍다
10.	
11. light	가볍다
12.	
13. fairly hard	약간 힘들다
14.	
15. hard	힘들다
16.	
17. very hard	매우 힘들다
18.	
19. very very hard	몹시 힘들다
20.	

□ 관련 개념

1. MET(Metabolic Equivalent Task)

- 휴식상태에서 체중 1kg 당 1분 동안 사용할 수 있는 산소량
- 절대적 운동 강도
- 1MET = 3.5㎖/kg

2. 1RM

- 1회에 들어 올릴 수 있는 최대 중량
- 노인이나 체력이 약한 사람들에게는 부적합한 기준
- 초기에는 최대 부하의 65~75%가 적절
- 2~3 세트 실시(세트에 8~12회)
- 1RM이 매우 낮은 노인들은 1RM의 60~80%로 3~5회 반복수행 혹은 1RM의 40~50%로 시작하여 점증적으로 증가시키는 것이 적절함
- 운동자각도 12~13 정도의 강도로 시작하여 점차 증가

□ 1RM 산출 공식

- RM = $W_0 + W_1$
- $W_1 = W_0 × 0.025 × R$

[W_0: 무겁다는 느낌이 드는 중량(10회 미만) / R: 반복 횟수]

예) W_1 = 50kg(W_0) × 0.025 × 10(R)

1RM = 50(W_0) + 12.5(W_1) = 62.5kg

<3> 운동 시간(exercise duration, time)

1) 노인에게 적절한 운동 시간
- 적절한 강도의 신체활동으로 하루에 30분, 주 5일 주 150분(2시간 30분)과 최소 주 2일의 근력 운동을 실시
- 격렬한 강도의 신체활동으로 하루 20분, 주 3일, 주 75분(1시간 15분)과 최소 주 2일의 근력 운동을 실시
- 적절한 강도의 신체활동과 격렬한 강도의 신체활동을 조합하고 최소 주 2일의 근력운동을 실시

2) 숙련된 노인에게 적절한 운동시간
- 적절한 강도의 신체활동으로 주 300분(5시간)과 최소 주 2일의 근력 운동을 실시
- 격렬한 강도의 150분(2시간 30분)과 최소 주 2일의 근력 운동을 실시
- 적절한 강도와 격렬한 강도의 신체활동을 조합하고 최소 주 2일의 근력 운동을 실시

<4> 운동 양식
- 걷기, 수영, 자전거 타기, 낮은 강도의 유산소 운동 등은 노인의 심폐지구력 증진에 좋은 효과
- 유산소 운동뿐 아니라 근력 및 근지구력, 유연성 및 균형을 향상시키기 위한 포괄적인 운동을 권장함

1) 유산소 운동
- 심폐 기능과 신체적 작업능력(physical working capacity)을 향상시킴
- 중강도의 유산소 운동, 최대 능력의 약 60%에 해당되는 운동이 적합

※ 유산소 운동 시의 권장 사항
- 준비운동: 5~10분의 스트레칭과 약 50% 강도의 활동
- 지구력: 최대 심박수의 약 60~90%로 적어도 20~30분의 지구력 운동
- 정리운동: 5~10분의 스트레칭과 약 50% 강도의 활동을 포함

2) 저항성 운동
- 근력 및 근지구력, 골밀도, 대사율 등의 증가
- 운동자각도(RPE) 12~13, 1세트에 8~12회가 적합
- 완벽하게 8~12회가 가능할 때 무게의 2~5%를 증가

※ 저항성 운동 시의 주의 사항
- 반드시 간단한 준비운동을 할 것
- 정확한 동작과 호흡으로 실시할 것
- 다음 저항운동과의 사이에는 48시간의 휴식
- 가능한 한 동료나 친구와 함께 할 것
- 질환, 영양상태, 운동 진행상황 등을 평가하여 개인의 조건에 맞는 운동을 정할 것

3) 유연성 운동
- 유연성 감퇴를 완화하고, 평형성을 개선함
- 상해 위험이 적은 정적 스트레칭이 권장됨
- 가벼운 불편함을 느끼는 정도의 강도로 주 2~3회 이상 실시

2. 지속적 운동 참여를 위한 동기 유발 방법

<1> 행동 변화 이론

1) 학습 이론
   - 학습이라는 행동이 형성, 지속, 중단되는 요인이 무엇인가를 설명하는 이론
   - 운동 행동에 보상(rewards)을 통한 강화(reinforcement)가 필요하다고 설명함
   - 신체활동을 포함한 대부분의 행동들은 미래의 보상에 대한 기대와 강화를 통한 명확하고도 복잡한 계획에 따라 유지되는 것으로 봄

2) 건강 신념 모형
   - 인간의 운동행동이 지각된 이익과 장애를 평가하고, 후유증의 심각성을 인식하여 스스로 행동을 실천할 수 있다는 신념이 있을 때 발생한다고 설명하는 이론

3) 범이론적 모형
   - 운동 행동이 변화되는 과정과 전략을 설명하는 이론

   □ 인간의 행동 변화 단계

단계	설명
① 고려 전 단계	가까운 미래(6개월 안)에 건강행동을 시작하려는 의도가 없거나 변화의 필요성을 못 느끼는 단계
② 고려 단계	6개월 안에 건강한 행동을 시작하려는 의도를 가지는 단계
③ 준비 단계	30일 안에 행동의 변화를 시작할 준비가 되어 있는 단계
④ 행동 단계	지난 6개월 안에 행동을 변화시켜왔으며, 지속적으로 실천하기 위해 더욱 더 노력하는 모습을 보이는 단계
⑤ 유지 단계	6개월 이상 지속적인 행동의 변화를 실천하고 있는 단계

4) 상호결정론
   - 개인의 특성과 사회적 환경, 개인의 행동방식 등이 상호 영향관계를 형성하여 인간의 자아효능감을 자극하고 이로 인해 어떤 행동이 발생하거나 달라진다고 설명하는 이론

   (1) 인간 행동의 영향 요인

요인	설명
① 개인(personal)	인지적 능력, 신체적 특성, 신념과 태도
② 행동(behavior)	운동 반응, 정서적 반응, 사회적 상호작용
③ 환경(environment)	물리적 환경, 가족과 친구, 사회적 환경

   (2) 자아효능감의 형성 요인

   - 경험(experience) · 사회적 모델(social model) · 사회적 설득(social persuasion) · 긍정적 사고(positive mode)

5) 계획된 행동 이론

   신념(beliefs)과 행동(behavior) 사이의 관계를 설명하는 이론.

   인간의 운동행동이 개인의 태도(행동의 결과에 대한 가치나 신념)와 주관적 규범들(일반적인 사회적 압력 또는 개인의 행동에 대하여 타인이 어떻게 생각하는지에 대한 신념) 그리고 인지된 행동 제어(perceived behavioral control)에 영향을 받아 발생한다고 설명함

<2> 동기 유발 및 목표 설정

1) 동기 유발

(1) 개념
　동기 : 행동의 필요, 바람, 행동 등을 하는 이유, 반복되는 행동을 계속해서 하거나 새롭게 시작하는 데 영향을 미치는 동인

(2) 성공적인 동기 유발 계획 수립
- 소속감을 줄 것
- 적절한 규칙을 정할 것
- 집단 근력운동 프로그램이나 균형운동 프로그램에 참여시켜 사회적 활동을 제공할 것

(3) 동기 유발의 장애 요인
- 불가능한 효과의 강조
- 기능의 유지가 아닌 기능 향상에 대한 강조
- 불편한 교통시설
- 시설의 편의성 부족

2) 목표설정의 원리
　① S: Specific(구체적인)
　② M: Measurable(계측 가능한)
　③ A: Attainable(이룰 수 있는)
　④ R: Relevant(적절한)
　⑤ T: Time-based(시간에 근거한)

3. 운동권고 지침 및 운동 방안

<1> 노인 신체활동 권고 지침

1) 일반적 권고사항
   - 운동은 천천히 시작하고 여유 있게 진행할 것
   - 준비운동, 정리운동을 충분히 실시할 것
   - 심하게 근육을 긴장시키거나 경쟁적인 운동을 피할 것
   - 운동에 적합한 복장을 갖출 것
   - 생활습관과 조화를 이루면서 운동을 실시할 것

2) 운동 시 주의사항
   - 낙상, 사고의 위험성 제거할 것
   - 피로하지 않는 범위 내에서 신체를 많이 사용할 것
   - 노인의 욕구, 건강 상태, 장비와 시설, 가용시간 등을 고려할 것
   - 관절 부위 및 활동근육에 무리를 주지 않는 적절한 강도로 운동 할 것
   - 단시간에 큰 힘을 발휘하는 무산소 운동과 민첩성을 필요로 하는 운동을 피할 것
   - 항상 몸 상태를 확인하며, 운동의 강도 조절할 것
   - 운동 전후에 항상 스트레칭을 할 것
   - 운동 시 혹은 운동 후 수분공급에 신경을 쓸 것
   - 매일 몸 상태를 체크하며, 상태에 따라 운동량 조절할 것
   - 충분한 휴식을 취하며, 충분한 영양을 섭취할 것

3) 운동 후 주의사항
   - 운동 후에는 반드시 정리운동을 할 것
   - 운동 후 샤워는 10분 정도의 휴식을 취한 후에 심박수가 안정 시의 정상 상태로 돌아오기를 기다렸다가 약간 미지근한 물로 할 것
   - 운동 후에는 운동의 강도에 따라 적어도 10~20분 정도의 시간이 지난 뒤 식사를 할 것
   - 운동량이 많은 날은 충분한 수면을 취할 것

※ 운동 전 혹은 운동 시의 유의사항(Anderson의 권고 기준)

운동을 하지 않는 편이 나은 경우	• 휴식 맥박수 120/분 이상 • 확장기혈압 120㎜Hg 이상 • 수축기혈압 200㎜Hg 이상 • 현재 협심증을 앓고 있음 • 1개월 이내에 심근경색 병력이 있음 • 울혈성 심부전의 소견 • 심방 세동 이외의 현저한 부정맥 • 운동 전 안정 시에 이미 통증, 호흡곤란이 있음
도중에 운동을 중단해야 할 경우	• 중강도의 호흡곤란, 현기증, 구역질, 협심통증 등의 출현 • 맥박수가 1분간 140 이상이 되는 경우 • 부정맥이 1분간 10회 이상 출현 • 빈맥성 부정맥 • 서맥의 출현 • 수축기혈압이 40㎜Hg 이상 또는 확장기혈압이 20㎜Hg 이상 상승했을 때
운동을 일시 중단했다가 회복 후 재개해야 하는 경우	• 맥박수가 운동 전에 비하여 30%이상 증가했을 때 • 맥박수가 120/분 초과 • 1분간 10회 이하의 부정맥(심실 조기 수축) 출현 • 가벼운 호흡곤란의 출현

04강 질환별 프로그램 설계

1. 호흡·순환계 질환 운동프로그램

<1> 심혈관계 질환

1) 심혈관계질환의 종류

(1) 협심증(angina pectorialis)
: 심장에 피를 공급하는 관상동맥(coronary artery)이 좁아지고 동맥 내에 핏덩어리(혈전)가 생기거나 동맥이 수축하면서 가슴에 통증이 생기는 증상

※ 유형

안정형 협심증	• 흉통이나 불편감의 발생에 대한 예측이 가능 • 주로 계단을 오르거나 달리는 등 신체활동이나 심한 정신적 스트레스를 받는 상황에서 흉부에 불편감 발생
불안정형 협심증	• 흉통이나 불편감의 발생에 대한 예측이 불가능 • 응급으로 치료해야 하는 급성관상동맥 증후군
이형성 협심증	• 일시적인 관상동맥의 경련에 의해 유발 • 자정부터 아침 8시 사이에 발생 • 신속히 적절한 진단과 치료를 요구하는 증상

(2) 심근경색(myocardial infarction)
: 심장의 근육에 혈액을 공급하는 관상동맥이 여러 가지 원인에 의해 갑자기 막혀서 심근에 괴사가 일어나는 질환

※ 유형

급성 심근경색	증상 발생으로부터 1개월 이내의 경우
만성 심근경색	증상 발생으로부터 1개월 이후의 경우

(3) 고혈압
: 혈관 속을 흐르는 혈액이 혈관에 부딪치는 압력이 수축기 140㎜Hg/이완기 90㎜Hg 이상인 경우

※ 유형

증후성 고혈압	고혈압에는 혈압을 올리는 질병 요인이 있음
본태성 고혈압	확실한 발병 원인이 밝혀지지 않음

2) 심혈관질환의 운동 프로그램

※ 주의사항

- 회복기에는 고혈압이나 부정맥에 대한 모니터링이 필요
- 수영 등 심박수 및 혈압 모니터링이 곤란한 운동은 절대로 회복기에는 금지
- 안전한 범위 내에서 운동을 실시할 것
- 혈압 상승을 주의할 것

(1) 유산소성 운동

① 운동 처방

운동 강도	• 점진적 운동부하검사의 결과에 따라 운동강도를 설정 • 심박수로 처방하는 경우는 카보넨공식을 사용하여 설정 • 산출된 심박수의 ±5회를 목표 심박수로 설정
운동 시간	• 적정 운동 강도에서 15~20분 • 준비운동과 정리운동도 각각 3~5분 • 준비운동 중증의 당뇨병이나 심부전증을 동반하고 있는 경우에는 준비운동 시간을 충분히 길게 해야 한다. • 정리운동 운동을 반드시 실시할 것 (혈압저하, 정맥환류의 저하, 심박출량 및 관상동맥 혈류량 저하 등의 방지)
운동 빈도	• 유산소성 운동의 빈도는 주 3회 이상 • 오전보다는 오후 시간을 활용 • 짧게 여러 번으로 나누어 실시

(2) 무산소 운동

① 운동 처방

운동 강도	• 근력강화운동은 대상으로 하는 부위의 최대 근력(1RM)의 40~60% 수준
반복 횟수	• 각 근육부위 당 10~20회 정도 • 횟수 간의 휴식시간을 길게 할 것
운동근군	• 하체는 보행에 관련한 하중력근 중심 • 상체는 물건을 잡거나 들어 올리는 데 주로 사용되는 근육군 중심

※ 운동요법 금지대상

- 치료방침이 확립되지 않은 경우
- 운동요법에 의욕이 없는 경우
- 치료 안 된 중증 관상동맥 병변(좌측 관상동맥 주간부 병변이나 중증 병변)의 경우
- 협심증 발작의 악화시기
- 심부전 징후가 발현된 경우
- 고혈압이나 부정맥의 약물 컨트롤이 잘되지 않는 경우
- 당뇨병으로 혈당 컨트롤이 잘되지 않는 경우
- 만성 신부전의 악화시기
- 염증성 질환의 급성기
- 고온다습 또는 추운 환경 조건인 경우
- 증상에 치료 시작 후 3~4주가 경과되지 않은 경우
- 고혈압 중증자, 고혈압으로 인한 중증의 합병증이 있는 경우
- 순환기 장애가 있는 경우

<2> 호흡계 질환

1) 호흡계 질환의 종류

 (1) 천식(asthma)
  : 기관지의 협착, 기도폐색 혹은 염증 발생으로 발생하는 폐질환

 (2) 만성폐쇄성폐질환(COPD)
  : 만성기관지염과 폐기종을 포함하는 개념으로, 천식과도 매우 유사한 호흡곤란과 기침, 객담의 증상이 특징

(2) 호흡계 환자의 운동 프로그램

 ※ 주의사항
  - 천식 환자는 운동 유발성 천식(exercise-induced asthma)이 발생할 수 있음
  - 반드시 운동 전에 필요한 약물처방을 해야 하며, 응급 시를 대비하여 구급약을 소지할 것
  - 중등도 이상의 증상을 나타내는 질환자들의 경우에는 운동 중 긴급히 산소를 공급할 수 있는 의료적 운동센터에서만 운동을 실시할 것

 (1) 천식 환자의 운동 프로그램

운동 강도	• 운동의 강도는 대략 환기역치(ventilatory threshold) 이하의 수준 • 6분 보행 테스트에서 얻어진 최대 보행속도의 약 60~70% 수준 • 노인의 경우에는 이보다 더 낮은 강도에서 수행
운동 시간	• 아주 낮은 강도로 15분 정도 이상의 준비운동을 수행 • 운동 지속시간은 약 20~30분
운동 빈도	• 운동은 주 2~3회 • 가능한 한 짧게 자주 할 것

 (2) 만성폐쇄성폐질환(COPD)의 운동 프로그램

운동 강도	• 최대작업능력의 약 30~40% 미만의 저강도에서 지속적인 운동
운동 시간	• 10분 ~ 30분 정도
운동 빈도	• 최소 주 3~5회가 권장 • 가능한 한 짧게라도 자주 실시할 것

2. 대사성 질환 운동프로그램

<1> 대사성 질환

1) 당뇨병

(1) 당뇨병의 분류

제1형 당뇨병	• 췌장의 β-세포의 파괴에 따라 인슐린을 분비하지 못하여 인슐린 절대 결핍에 따라 발생 • 당뇨병 환자 중 약 5~10%
제2형 당뇨병	• 인슐린 분비는 가능하지만 분비가 저하되거나 인슐에 대한 내성으로 인하여 혈중 인슐린이 상대적으로 부족하여 발생

(2) 당뇨병 환자의 운동 프로그램

※ 운동 프로그램 처방 적용대상

- 공복혈당(FBG)이 160mg/dl 이하이거나 식후 혈당이 250mg/dl 이하인 경우
- 당화혈색소(HbA1C)가 10% 이하인 경우

※ 당뇨병 환자를 위한 운동처방 원칙

- 운동 강도를 점증적으로 올릴 것
- 운동 강도에 따라 신체활동량을 계산할 수 있는 운동으로 선택할 것
- 환자의 신체기능과 활동환경이 고려된 운동일 것

① 당뇨 환자의 운동 프로그램

운동 강도	• 각 개인에 대사효과가 나타나는 적절한 정도로 설정할 것 • 최대산소섭취량의 30 ~ 40%에서부터 서서히 증가시켜 최대산소섭취량의 40 ~ 60% 정도에 상당하는 중·저강도의 운동을 지속적으로 유지할 것	유산소 운동	• 낮은 강도(최대 심박수의 30~50%)에서 시작
		무산소 운동	• 최대근력(1RM)의 30~50% 수준으로 15회 이상 반복 • 운동부위는 상체, 몸통, 하체부위에서 총 8부위를 운동
운동 시간	• 운동 지속시간은 1회 20~60분		
운동 빈도	• 3일 이상 간격을 두지 말 것 • 1주에 3~5회 • 가능한 한 운동 빈도를 높이는 것이 효과적		

※ 운동 요법 금지대상

절대적 금지 사항	• 케톤산혈증(ketoacidosis)이 발생한 경우 • 심혈관 장애나 감염증을 합병하고 있는 경우 • 망막증에서는 Scott III 이상의 새로운 출혈이 나타나는 경우
상대적 금지 사항	• 증식성 망막증 전 단계에서 망막의 신생혈관의 치료를 시행한 경우 • 신장 합병증이 나타난 경우 • 지속성 단백뇨가 나타나는 경우 • 미세혈관 질환이 있는 경우

2) 비만증(obestiy)

: 비만에 기인한 또는 비만과 관련하여 건강상 장애를 유발하거나 임상적으로 합병증이 예측되는 경우로서 의학적으로 체지방 감량이 요구되는 상태

- BMI 값이 25 이상이면 비만
- 체질량지수(BMI)=체중(kg) ÷ 키(m)^2

(1) 비만의 유형

하체 비만	• 주로 상복부보다 하복부와 엉덩이, 허벅지에 피하지방이 많이 분포하는 것 • 운동 등으로 쉽게 감소되지 않음
상체 비만	• 내장형 비만과 피하지방형 비만으로 분류 • 운동으로 체지방이 잘 감소됨

(2) 비만증 환자의 운동 프로그램

운동 강도	• 점진적 운동부하검사를 통한 운동 강도 설정 • 최대산소섭취량(VO_{2max})의 50~60% 수준 • 최대 심박수의 50% 전후(60~70대는 110회/분)를 목표 • 카보넨 공식: {(220 - 연령) - 안정 시 심박수} × 운동 강도 + 안정 시 심박수 • 고혈압 또는 심혈관질환 약물복용자인 경우에는 반드시 자각도(RPE)를 적용할 것
운동 시간	• 1회 운동 시간은 20분 이상
운동 빈도	• 주 3~4회를 하루걸러 실시 • 주 3회 이상

※ 비만증 환자를 위한 운동처방 원칙

- 국소적 운동보다 큰 근육들을 사용하는 전신운동을 선택할 것
- 장시간 지속할 수 있는 운동 형태를 선택하여 에너지소비량을 늘릴 것

※ 운동 요법 금지대상

① 일반적인 금지 조건

- 잘 조절되지 않는 고혈압 환자, 당뇨병 및 간 기능 질환자, 신장 기능 질환자 등의 경우
- 심혈관질환의 증상을 확실히 보이고 있는 경우
- 급성 감염증을 지닌 경우
- BMI가 35 이상을 나타내는 경우

② 당뇨병을 동반한 비만자의 운동 금지 조건

- 소변에 케톤체가 나올 때
- 심전도에 협심증의 소견이 있을 때
- 흉부 X선에 뚜렷한 심장비대가 있을 때
- 과거에 심근경색이나 뇌졸중이 발생한 경우가 있을 때
- 최근 안저(眼底) 출혈이 있을 때
- 당뇨병에 의한 신장질환이 있을 때
- 간기능 저하나 나타날 때
- 감염증으로 발열이 나타날 때
- 70세 이상의 고령자일 때

③ 고혈압을 동반한 비만자의 운동 금지 조건
- 안전 수준까지 혈압이 내려가지 않았을 때

④ 고요산혈증(통풍)을 동반한 비만자의 운동 금지 조건
- 혈청 요산치가 높을 때

⑤ 퇴행성 관절질환을 동반한 비만자의 운동 금지 조건
- 관절에 부담을 주는 지나친 보행 운동을 피할 것

3) 고지혈증
: 혈액 중 콜레스테롤이 240g/㎗을 넘거나 중성지방이 200g/㎗ 이상인 경우. 동맥경화증을 촉진시키는 요인이 됨

(1) 고지혈증의 유형

일차성 고지혈증	• 유전자 변이 내지 유전적 소인과 여러 가지 환경인자들이 결합하여 발생 • 전체의 95%에 해당
이차성 고지혈증	• 당뇨병, 갑상선 기능저하증, 폐색성 황달, 간질환, 췌장염, 다발성 골수종, 쿠싱병, 비만 등에 동반하여 나타나는 증상 • 고지혈증의 5% 정도에 해당

(2) 고지혈증 환자의 운동 프로그램

운동 강도	• 최대산소섭취량의 50~60% 수준 • 심박수로는 110~130박/분 • 주관적 운동 강도(PRE)로 보면 '쉽다(11)~다소 힘들다(13)'에 해당하는 수준
운동 시간	• 운동시간은 30~60분 정도
운동 빈도	• 주 3회 ~ 6회 • 적정 강도일 때 최저 1개월~3개월, 낮은 강도의 운동일 때 6개월~1년간 지속

※ 운동 요법 금지대상
- 고지혈증과 동반한 심근경색, 신장질환·간질환의 급성기, 당뇨병성 산성화, 감염증의 급성기의 경우

2. 근골격계 질환 운동 프로그램

<1> 근골격계 질환

1) 퇴행성 관절염
 : 고령자나 직업적으로 특정 관절을 과도하게 사용하여 관절의 연골이 마모되어 발생하는 질병

(1) 퇴행성 관절염 환자의 운동 프로그램

운동 강도	유산소 운동	• 여유 심박수의 40~60% 수준 • 중증의 관절염환자는 여유심박수의 30~40% 수준
	무산소 운동	• 최대근력(1RM)의 40~50% 수준 • 반복 횟수 12~15회 정도
운동 시간		• 짧은 시간 운동과 관절에 휴식을 주면서 하는 인터벌 운동을 권장 • 1회 운동시간은 10분 미만씩 하루 2~3회로 나누어서 하는 것을 권장
운동 빈도	유산소 운동	• 주 5회 정도까지 거의 매일
	무산소 운동	• 2~3회

※ 운동요법 금지대상

• 과도한 열감, 염증(inflation) 및 통증,
• 강직이 급성으로 나타나는 경우
• 여러 가지 합병증을 지니고 있는 고령자의 경우

2) 골다공증(osteoporosis)
 : 뼈 조직의 골밀도가 낮아져 골절의 가능성이 높아지는 골격계 질환

(1) 골다공증 환자의 운동 프로그램

운동 강도	• 운동 초기 – 최대근력의 60~80%, 8~12회 반복 • 적응 후 – 1RM의 80~90%, 5~6회 반복
운동 시간	• 하루 30~60분 정도
운동 빈도	• 걷기나 조깅 같은 운동은 주 3~5회 • 고강도의 저항성 근력운동은 주 3회 정도

※ 운동요법 금지대상

• 지나치게 피로와 통증을 느끼는 경우
• 골절 발생 위험도가 너무 높은 경우

3. 신경계 질환 운동프로그램

1. 신경계 질환

1) 치매
 : 후천적인 뇌기질 장애로 인하여 발생하는 비가역적 지능의 손상. 기억력 감소, 언어 및 이해력 장애 그리고 사고능력 장애 등이 증상으로 나타남

(1) 치매 환자의 운동 프로그램

운동 강도	유산소 운동	• 최대산소섭취능력의 40~60% 수준 • 자각도(RPE)를 적용하는 경우 10~12 수준
	무산소 운동	• 최대근력의 40~50%, 12~15회를 반복토록 한다. • 점차 1RM의 60% 수준으로 올리면서 10~12회 정도 반복
운동 시간	유산소 운동	• 매일 30분 • 걷기 10분 + 운동 10분 + 일상생활 활동에 필요한 운동 10분
	무산소 운동	• 1회 약 20분
운동 빈도	유산소 운동	• 주 4~5회
	무산소 운동	• 주 2~3회

(2) 치매 환자의 운동 형태
 : 일상생활에 필요한 동작들(ADL)의 향상을 위한 균형 운동과 기능성 운동

※ 운동 형태
- 의자에 앉았다가 일어서기
- 의자에 앉아 있다가 일어나 걸어갔다가 돌아와서 다시 앉기
- 계단 오르내리기, 물건 들어 올리기, 옷 갈아입기, 신발 신고 벗기
- 넘어짐 없이 평평하지 않은 길 보행하기
- 화장실 용변 보기 등 일상생활과 관련한 동작들을 반복·연습

※ 주의력 트레이닝
- 대화하는 동안에 안전성을 유지하며 보행하기
- 물건을 들고 안전하게 보행하기(예를 들어 물컵 들고 걷기)
- 부엌일을 하면서 안전하게 서 있기

지도자의 효과적인 지도

1. 의사소통의 기술

<1> 노인운동지도사의 마음가짐

1) 노인 운동지도자의 자세
- 노인의 특성을 잘 이해할 것
- 운동이 미치는 긍정적인 효과를 각 이론 및 모델에 적용시킬 것
- 노인운동 참여자들의 동기를 유발하고 독려할 것

2) 노인 운동의 의의

신체적 의의	• 심폐기능의 강화, 근력, 골관절의 유연성 향상 • 자립적 삶을 연장 • 의학적 장애를 일으키는 위험 요인들의 감소 • 신진대사에 필요한 에너지 균형을 유지 • 기대 수명 연장 • 각종 부상의 발생 감소
심리적 의의	• 자기효능감이 향상 • 우울감 감소 • 자존감 향상
사회적 의의	• 사회적 지지 강화 • 노후 삶의 질 향상

<2> 기술의 전달방법

1) 의사소통 기술 및 원칙

언어적 기술	• 흔히 사용하는 쉬운 단어를 사용할 것 • 의학용어나 특수용어를 사용하지 말 것 • 명확하고 간결하게 말할 것
비언어적 기술	• 자주 눈을 맞출 것 • 편안한 거리를 유지할 것 • 대상자를 정면에서 쳐다볼 것 • 눈높이를 맞출 것

(1) 노인과 의사소통에서 해야 할 것과 하지 말아야 할 것(Wold, 1993)

① 해야 할 것
- 자신을 밝힌다.
- 노인이 원하는 존칭을 사용한다(예: ○○ 선생님, ○○○ 어르신).
- 저음으로 분명하고 천천히 말한다.
- 공감을 느끼며 경청한다.
- 신체언어에 주의를 기울인다.
- 접촉을 적절하게 자주 사용한다.

② 하지 말아야 할 것
- 당신이 누군지 인지한다고 추정하지 않는다.
- 어린아이를 다루듯 말하지 않는다.
- 소리질러가며 말하지 않는다.
- 일반적인 노인에 대한 편견으로 미루어 짐작하지 않는다.
- 해야 하는 일에만 집중하느라 노인도 인간임을 잊지 않는다.
- 의사소통 방법으로 접촉하는 것을 두려워 하지 않는다.

(2) 청력장애 노인과의 의사소통법
- 대상자의 이름을 부르면서 말을 걸어 시선집중을 유도한다.
- 눈을 맞추고 이야기한다.
- 대상자가 들을 수 있다면 정상보다 큰 소리로 말하지 않는다
- 말이나 질문을 명확히 할 필요가 있다면 제스처를 사용한다.
- 입 모양이 잘 보이도록 말한다.
- 귀에 직접 대고 말하지 않는다.
- 간단하고 쉬운 용어를 사용한다.
- 단순하게 말하고, 반응이 없으면 짧고 단순하게 다시 말한다.
- 정상 속도보다 너무 빨리 말하거나 너무 똑똑 끊어서 발음하지 않는다.
- 한 번에 많은 정보를 전달하지 않는다.

(3) 시각장애 노인과의 의사소통법
- 눈부심이 많은 곳에서 프로그램을 진행하는 것을 피한다.
- 운동지도가 야외에서 진행될 경우, 챙이 있는 모자를 챙긴다.
- 운동 프로그램을 실시하는 장소로 이동하거나 운동을 시작하기 전 노인들의 시력조절을 위하여 충분한 시간을 준다.
- 노인의 얼굴에 빛이 바로 투사되지 않도록 위치를 설정한다.
- 실내에서 운동지도 시 날씨를 고려하여 조명 양을 조절한다.

2) 운동지도자를 위한 운동학습 원리

(1) 시범 보이기의 원리
- 모든 사람이 시범을 잘 관찰할 수 있는 위치에 있을 것
- 기술을 수행하는 올바른 방법을 반복할 것
- 실제 수행속도와 유사한 속도로 시범을 보일 것
- 시범하는 동안 많은 언어적 설명을 제공하지 않을 것
- 언어적인 설명이 필요할 경우 핵심적인 것만 강조할 것

(2) 언어적 지도의 원리
- 한꺼번에 많은 정보를 언어로 전달하지 않을 것
- 학습자가 지도하는 내용의 의미를 이해할 수 있도록 용어를 정확히 사용할 것
- 어디에, 어떻게 참가자가 자신들의 주의를 집중해야 하는지를 언어로 알려줄 것
- 복잡한 동작을 언어로 단순하여 설명하고 가능한 한 시각적 이미지를 동시에 활용할 것

(3) 언어적 암시의 사용
- 한 단어 또는 짧고 간결한 어구로 동작의 특정 측면, 기술을 수행하기 위해 해야 하는 목표 등을 설명할 것
- 기술이나 활동을 어떻게 수행하는지 한두 가지 요점 이상을 포함시키지 않을 것
- 모든 참가자들이 이해하는 용어를 사용할 것

(4) 보강피드백의 제공
- 목표를 위한 동기를 유발하고 지속적인 참가와 노력을 촉진하기 위해 보강피드백을 제공할 것
- 초보자에게는 간헐적인 제공이 효과가 높음

(5) 연습환경의 구축
- 안전하고 효율적인 연습 환경의 구축

<3> 노인운동지도사의 지도기법 및 자질

1) 기능 상태 결정

(1) 기능 상태에 따른 노인의 분류

① 신체적 의존	기본적 일상생활수행 즉 옷 입기, 목욕하기, 이동하기, 화장실 이용하기, 먹기, 걷기를 수행할 수 없는 상태의 노인
② 신체적 허약	기본적 일상생활수행은 가능하나 자립적으로 혼자 생활하기에 필요한 모든 활동들이 가능하지는 않은 상태의 노인
③ 신체적 자립	주요 만성질환의 증상은 있으나 자립적인 삶이 가능하며, 낮은 건강여력과 체력 상태의 노인
④ 신체적 건강	주당 2회의 건강유지를 위한 운동이 가능하며, 삶을 즐기고, 취미나 신체적인 체력이 요구되는 규칙적인 일이 가능한 노인
⑤ 신체적 엘리트	거의 매일 스포츠 경쟁, 높은 수준의 체력을 요구하는 일 또는 여가활동에 참가하는 노인

2) 요구 파악

(1) 신체적 의존 수준의 노인을 위한 운동
- 기본적 일상생활 수행능력의 각 행위에 필요한, 의자에서 앉아서 진행하는 운동
- 일대일 수중운동(수중 걷기, 수중 관절가동범위 운동, 수중 근력운동)
- 상체와 하체의 저항성 운동
- 집에서 하는 개별화된 운동
- 적절한 호흡법과 긴장 완화
- 손기능 강화 운동

(2) 신체적 허약 수준의 노인을 위한 운동
- 기본적 일상생활수행능력과 도구적 일상생활수행능력에 적절한 의자운동
- 일대일 수중 운동(수중 걷기, 수중 관절가동범위 운동, 수중 근력운동)
- 상체근력과 하체근력의 향상을 위한 저항성 운동
- 적절한 호흡법과 긴장 완화
- 평형성과 조정력 연습을 위한 의자 또는 의자 보조운동
- 근력, 관절가동범위, 평형성, 협응성 향상을 위한 수중 그룹운동
- 집에서 할 수 있는 개별화된 운동

(3) 신체적 자립 수준의 노인을 위한 운동

- 의자에서 하는 유산소 운동
- 쉬운 수준으로 변형된 라인댄싱과 포크댄싱
- 걷기운동
- 저항성 운동
- 타이치
- 낮은 강도의 유산소 운동
- 수중운동
- 서킷트레이닝
- 여가활동
- 스트레칭

(4) 신체적 건강 수준의 노인을 위한 운동

- 낮은 강도의 유산소 운동
- 수중 에어로빅
- 서킷트레이닝
- 각종 여가활동
- 요가
- 각종 스포츠(게이트볼, 탁구, 배드민턴 등)
- 라인댄싱과 포크댄싱
- 수영
- 저항성 운동
- 타이치
- 스트레칭

(5) 신체적 엘리트 수준의 노인을 위한 운동

- 낮은 강도의 유산소 운동
- 수중 에어로빅
- 서킷트레이닝
- 인터벌 트레이닝
- 각종 여가활동
- 요가
- 각종 스포츠(게이트볼, 탁구, 배드민턴 등)
- 라인댄싱과 포크댄싱
- 수영
- 걷기
- 저항성 운동
- 타이치
- 스트레칭

2. 노인 운동 시 위험관리

<1> 노인 운동시설 안전관리

1) 시설관리

　※ 노인 운동시설에 적용되는 5가지 ACSM (건강, 체력 시설 기준) 규범
- 어떠한 응급 상황에서도 신속하게 반응할 수 있어야 하며, 모든 지도자에게 알려져 있는 응급 대처 계획을 게시해놓고, 모든 지도자들을 대상으로 정기적인 응급 대처 훈련을 실시할 것
- 프로그램에서의 안전을 위해서는 신체활동 프로그램 시작 전에 각 참여자들을 선별할 것
- 유효한 심폐소생술 및 응급처치 자격증을 포함해서 지도자가 전문 능력을 갖추고 있을 것
- 장비를 어떻게 사용하는지에 대한 설명을 게시하며, 장비 사용과 관련된 위험에 대한 경고를 게시할 것
- 모든 관련된 법률, 규정, 알려져 있는 규범을 준수할 것

2) 장소에 관한 안전관리
- 지나치게 무덥고 습한 환경이나 실내의 춥고 눅눅한 환경을 피할 것
- 고온에서 장시간 운동을 진행하지 않을 것
- 기온이 지나치게 낮은 경우 체온의 강하에 주의할 것
- 기온, 습도, 풍속, 복장 등을 점검하여 고체온증 또는 저체온증을 예방할 것
- 수영장 시설 내의 기온과 습도, 수온 등에 주의할 것

<2> 응급 상황에 관한 안전관리

1) 일반 원칙
- 운동 시작 전에 모든 참가자들의 신체 상태를 파악할 것
- 운동 중 적합한 운동화와 운동복을 착용하는지 점검할 것

2) 질병에 따른 예방 원칙
- 심장병 – 운동 전과 운동 중에 혈압과 심박수 확인
- 당뇨병 – 운동 전과 운동 후에 혈당 확인
- 심혈관질환 – 가슴 통증, 불규칙한 심박수, 호흡곤란, 현기증 등이 나타나면 곧바로 운동을 중단하고 병원으로 이송
- 피로 혹은 근육통 – 일상생활에 영향을 받지 않도록 관리
- 더위 관련 질병 – 기온을 체크하고 선글라스와 모자 등을 착용할 수 있도록 안내

3) 응급구조 활동의 3단계 기본원칙
　① 현장조사
　② 119 호출
　③ 처치 및 도움

4) 응급처치법

(1) 환자의 상태 확인

일차 평가	• 기도, 호흡, 순환을 확인 단단한 바닥에 똑바로 눕힌 상태에서 '머리 젖히고-턱 들어올리기법'을 이용하여 1분 이내에 평가할 것 ㉠ 기도 확인: 환자의 기도를 개방한다. ㉡ 호흡 확인: 환자의 호흡을 보고, 듣고, 느낀다. ㉢ 순환 확인: 맥박과 출혈이 있는지 확인한다.
이차 평가	㉠ 신체검진과 병력조사를 실시 ㉡ 심체검진 방법 • 변형: 뼈가 부러졌을 때 나타나는 비정상적인 모양 • 개방상처: 피부가 찢어진 상처 • 압통: 만지거나 눌렀을 때의 통증이나 민감성

(2) 심폐소생술 실시

인공호흡	• 기도를 개방한 상태에서 가슴이 부풀어 오르도록 공기를 2회 불어넣음 • 1초당 1회 호흡
가슴압박	• 가슴의 중앙부위를 두 손을 포개서 깍지를 낀 상태에서 5~6cm깊이로 30회 압박 • 2회의 인공호흡과 30회의 가슴압박(5주기)을 반복 실시 • 분당 100~120회 속도

3) 자동제세동기 사용법

① 자동제세동기 사용이 가능해질 때까지 심폐소생술을 시행
② 전원 스위치를 켠다
③ 자동세제동기 음성에 따라 두 개의 패드(pad)를 정확한 위치에 부착
④ 음성에 따라 패드의 커넥터를 자동제세동기 본체에 연결
⑤ "분석 중……"이라는 음성이 나오면 환자에게서 떨어질 것
⑥ 전기충격 버튼을 누름

5) 운동 손상시 기본 처치

(1) 기본 처치의 목적

- 초기 손상의 정도를 최소화함
- 통증과 염증을 감소시킴
- 손상된 조직의 치유에 도움을 줌
- 치료기간 동안 근력과 유연성 및 감각과 체력을 유지하고 회복시키는데 도움을 줌

(2) 기본 처치의 방법(RICE)

① 휴식(REST)
 : 출혈과 추가 부상의 방지
② 냉찜질
 : 출혈, 부종, 염증의 감소. 손상 후 48시간 정도까지 실시
③ 압박
 : 출혈과 부종의 감소
④ 올림
 : 손상부를 심장보다 높게 유지. 손상부로 가는 동맥혈을 감소시킴

<3> 운동 전·중 자각증상 체크

: 운동 전에 참여하는 노인들의 수행능력과 운동 전 질병 및 질환에 대한 정보를 얻는 과정

1) 운동 전·중 검사의 유형

(1) 사전 동의서

: 수행능력 검사와 운동 프로그램의 목적, 절차, 위험, 효과와 자가 검사, 운동 참여에 대한 의사동의란이 기재된 서면동의서의 형태

(2) 신체활동 준비상태 질문지(PAR-Q: Physical Activity Readiness Questionnaire)

: 중간 혹은 낮은 강도의 운동 프로그램에 참여하기 위한 참가자의 준비 상태를 결정하는 검사도구.

※ 운동 참여자의 위험도 분류

저위험군	• 증상이 없고 위험 요인이 하나를 넘지 않는 젊은 성인(남자 45세 미만, 여자 55세 미만)
중간 위험군	• 중간 위험군 • 위험 요인이 둘 이상인 중년 이상의 성인(남자 45세 이상, 여자 55세 이상)이나 전 연령의 사람들
고위험군	• 심혈관계 질환이나 폐질환의 증상이나 징후가 하나 이상인 사람 또는 알려진 심혈관계 질환이나 폐질환, 대사성 질환이 있는 사람

※ 운동 참여에 의사의 동의서가 필요한 경우

- 가슴 통증이나 불편함
- 휴식 또는 가벼운 운동 중에 숨이 가빠짐
- 운동 중 현기증이나 기절을 경험함
- 발목이 부어오름
- 빠르거나 불규칙적인 심장박동이 있음
- 아랫다리의 통증이 있음
- 심장의 잡음
- 과도한 피로감을 느낌

2) 운동 전·중 자각증상의 체크 방법

카보넨공식 활용법	• 목표 심박수: 일반적으로 가장 많이 쓰이는 카보넨 공식 활용 • 목표 심박수 = (최대 심박수 − 안정 시 심박수) × 운동 강도 + 안정 시 심박수 • 최대 심박수는 통상 220에서 자신의 나이를 뺀 숫자를 근사치
MET 활용법	• 운동 시의 총 에너지소비량이 안정시 에너지 소비량의 몇 배에 해당하는지 나타내는 수치 • MET를 이용한 칼로리 계산법: MET × 체중(kg) × 운동시간(분)

Confirmation 기출 문제

2024

1 노화에 따른 생리적 변화로 옳은 것은?

① 1회 박출량 증가
② 동·정맥산소차 감소
③ 근육의 산화능력 증가
④ 심장근육의 수축시간 감소

2 <보기>가 설명하는 노화이론은?

<보기>
- 항체의 이물질에 대한 식별능력의 저하와 이물질이 계속 체내에 있으면서 질병을 일으켜 노화 촉진한다.

① 유전설이론
② 교차연결이론
③ 사용부하이론
④ 면역이론

3 <보기>가 설명하는 노화의 특징은?

<보기>
- 노화는 신체기능에 부정적 영향을 미쳐 사람을 초래한다.
- 나이가 들면서 신체기능이 더 좋아지면 노화가 아니다.

① 보편성
② 내인성
③ 점진성
④ 선택성

4 <보기>에서 설명하는 노인의 행동 변화 이론은?

<보기>
- 인간의 행동 변화는 환경의 영향, 개인의 내적 요인, 행동 요인에 좌우된다.
- 사람의 운동 행동 변화와 일관된 관련이 있다.
- 운동도구와 자원을 통해 지속적으로 운동프로그램에 참여한다.

① 지속성이론 (continuity theory)
② 건강신념모델 (health belief theory)
③ 사회인지이론 (social cognitive theory)
④ 계획행동이론 (planned behavior theory)

5 노인 질환과 질병에 관한 설명으로 옳지 않은 것은?

① 관절염은 유전적으로 이루어져야 한다.
② 퇴행성 관절염의 기초로는 인대와 연골의 마찰을 초래한다.
③ 퇴행성 관절염은 노화와 더불어 운동 부족, 기계적, 반응성의 결과이다.
④ 심혈관계 질환 위험 요소로는 추운 환경, 대기오염, 스트레스에 의해 촉발된다.

6 한국형 노인체력검사(국민체력 100)의 측정항목과 측정방법의 연결이 옳지 않은 것은?

측정항목	측정방법
① 악력	8자 보행
② 체격지구력	6분 걷기
③ 상지 근 기능	텐덤 뜨기
④ 유연성	앉아 윗몸 앞으로 굽히기

7 노인의 생활 기능 분류에서 도구적 일상생활 활동(Instrumental Activities of Daily Living: IADLs)에 해당하는 것은?

① 요리
② 목욕
③ 옷 입기
④ 화장실 사용

8 미국스포츠의학회(ACSM, 2022)가 제시한 노인의 운동지침으로 옳지 않은 것은?

① 유산소 운동: 약간의 불편감이 느껴질 정도로 30~60초 동안의 정적 스트레칭
② 유산소 운동: 중강도로 주 5일 이상 또는 고강도로 주 3일 이상의 대근육 운동
③ 근력 운동: 빠른 속도로 1RM의 60% 이상의 고강도 근력운동을 10~14회 반복
④ 저항 운동: 중등도~고강도의 대근육 운동, 효소보다는 1RM의 40~50% 강도의 체중부하운동

9 노인의 신체기능검사에 관한 설명으로 옳지 않은 것은?

① 근력 검사: 손을 통한 점수 수치는 적외선카메라로 평가하고, 정강이 보호막이 제일 오르도록 일상생활 동작과 관련된 점수를 기록한다.
② 기능 평가 및 검사(FPDT)는 균형을 잃지 않고 많이 할 수 있는 체력활동을 평가하여, 병행활동을 통과하고, 노인의 낙상 위험을 줄여준다.
③ 움직임 기능적 신체활동: 골격근 약화로 인해 앉았다 일어서는 활동에 제한이 있을 때 대체활동으로 걷기를 평가한다.
④ 고강도 인터벌 훈련(HIIT): 5분 걷고 빠른 스텝 후 최대 속도에 도달하도록 훈련, 지속적으로 심폐지구력 향상.

10 <보기>에서 <정보>의 특성을 가진 노인의 운동지침에 관한 설명으로 옳은 것만을 모두 고른 것은? (단, ACSM, 2022 기준)

<정보>

- 나이: 68세
- 성별: 남
- 흡연
- 신장: 170 cm 체중: 65 kg BMI: 22.5 kg/m²
- 혈압: SBP 129 mmHg, DBP 88 mmHg
- LDL-C: 123 mg/dL, HDL-C: 41 mg/dL
- 공복시 혈당: 98 mg/dL 근력운동의 경험 있음
- 지난 3개월 동안 주 2회, 20분 정도의 저항성 근력 운동
- 최근 2달 내 변덕스러운 신체적 증상 없이 가끔 숨차고 통증이 느껴짐

<보기>

ㄱ. 심혈관질환 위험군의 노인이 양상 위험요인은 1개이다.
ㄴ. 적절하게 배합된 하중 운동으로 주기적으로 저항성 근력 운동을 시행한다.
ㄷ. 유산소 운동(최대 5~6회) 빠르게 걷기를 통해 주요 유산소 운동을 한다.
ㄹ. 1 RM의 40~50% 중 강도로 대근육군을 활용한 근력 강화 운동을 해야 한다.
ㅁ. 파괴증강을 최종강화를 위한 운동계획을 해야 한다.

① ㄱ, ㄴ, ㄷ
② ㄱ, ㄹ, ㅁ
③ ㄴ, ㄷ, ㅁ
④ ㄷ, ㄹ, ㅁ

11 페르퇴퇴락과 예테(L. Verbrugge & A. Jette, 1994)의 장애과정 모델에서 장애에 이르는 과정을 옳게 나열한 것은?

① 손상 → 기능적 제한 → 병 → 장애
② 병 → 손상 → 기능적 제한 → 장애
③ 손상 → 병 → 기능적 제한 → 장애
④ 병 → 기능적 제한 → 손상 → 장애

12 에릭슨(Erikson, 1986)의 심리사회적 단계가 옳게 나열된 것은?

〈 ⇨ 연령 증가 ⇨ 〉

① 생산성 대 정체 → 자아 주체성 대 절망 → 친밀 대 고독
② 친밀 대 고독 → 생산성 대 정체 → 자아 주체성 대 절망
③ 자아 주체성 대 절망 → 생산성 대 정체 → 친밀 대 고독
④ 생산성 대 정체 → 친밀 대 고독 → 자아 주체성 대 절망

13 <보기>에서 설명하는 것은?

<보기>
- 촉상동맥질환과 병변이 특징인 질환이다.
- 위험요인은 연령, 흡연, 고혈압, 당뇨병, 이상지질혈증이다.
- 주요 증상은 체중을 지탱한 움직임 시 하지의 간헐적 파행이다.

① 뇌졸중 (stroke)
② 근감소증 (sarcopenia)
③ 신장질환 (kidney disease)
④ 말초동맥질환 (peripheral arterial disease)

14 노화에 따른 호흡계 변화로 옳은 것은?

① 잔기량의 감소
② 흉곽의 경직성 감소
③ 세포외액 사상의 감소
④ 호흡과 중추신경계의 변화에 대한 민감성 감소

15 <보기>에서 노인 당뇨병 환자의 운동 효과로 옳은 것만을 모두 고른 것은?

<보기>

ㄱ. 인슐린 저항성 증가
ㄴ. 체지방 감소
ㄷ. 죽상동맥경화의 합병증 위험 감소
ㄹ. 인슐린 민감성 증가
ㅁ. 골격근의 모토단 수송 능력 감소
ㅂ. 당뇨병 전단계에서 제2형 당뇨병으로의 진행 예방

① ㄱ, ㄷ, ㄹ
② ㄱ, ㄴ, ㅁ
③ ㄴ, ㄹ, ㅂ
④ ㄷ, ㄹ, ㅂ

16. 세계보건기구(World Health Organization)가 제시한 노인의 신체활동에 대한 심리적 단계 효과는?

① 이완 (relaxation)
② 기술 획득 (skill acquisition)
③ 인지 향상 (cognitive improvement)
④ 운동제어와 수행 (motor control and performance)

17 노화에 따른 인지기능 변화로 옳지 않은 것은?

① 유동성 지능의 감소
② 작업 기억의 감소
③ 단기 기억력의 감소
④ 처리 속도의 저하

18 노인의 근·골격계 질환에 관한 권장 운동으로 옳지 않은 것은?

① 골다공증: 골밀도 증가를 위한 수영
② 관절염: 관절 부담을 적게 주는 자전거 타기
③ 척추질환: 단축된 척추질근을 이완시키는 유연성 운동
④ 근감소증: 넘어짐을 예방하기 위한 저항중량 근력 운동

19 <보기>에서 치매 노인에게 적합한 운동 형태로 옳은 것만을 모두 고른 것은?

<보기>
ㄱ. 계단 오르내리기
ㄴ. 밴드를 이용한 저항 운동
ㄷ. 몸과 몸을 안전하게 부딪히기
ㄹ. 대근육군을 사용하는 자전거 타기

① ㄱ, ㄴ, ㄹ
② ㄴ, ㄷ, ㄹ
③ ㄴ, ㄹ
④ ㄷ, ㄹ

20 노인 운동 시 위험관리대에 관한 지침으로 옳은 것만을 모두 고른 것은?

<보기>
ㄱ. 신체활동 프로그램 시작 전에 신체적 기능에 따라 참여자들을 선별한다.
ㄴ. 심장질환 노인의 심폐소생술 시행 중에는 자동심장충격기를 사용하지 않는다.
ㄷ. 시각적 문제가 있는 경우 적절한 조명과 가로로 된 벽, 바닥 표시를 한다.
ㄹ. 혈압조절자가 있을 경우 물을 잘 들이켜 맞춘 뒤 운동료로 이야기하며 지도한다.
ㅁ. 운동 중 호흡이 불규칙해지면 사후작용, 호흡곤란, 불규칙한 심박수가 나타나면 운동을 중단한다.

① ㄱ, ㄴ, ㄷ
② ㄴ, ㄷ, ㄹ
③ ㄱ, ㄷ, ㅁ
④ ㄷ, ㄹ, ㅁ

※ 23년도 이전의 기출문제는 네이버 카페 단박에오름이나 스포츠지도자 연수원에서 다운 받으실 수 있습니다.

1	2	3	4	5	6	7	8	9	10
②	④	④	③	①	③	①	③	④	②
11	12	13	14	15	16	17	18	19	20
②	②	④	④	③	①	②	①	모두정답	②

유아 체육론

1강 유아 체육의 이해 ··· 42

2강 유아기 운동발달 프로그램의 구성 ······························· 55

3강 유아 체육 프로그램 교수 ·· 58

기출문제 ··· 63

유아체육의 이해

1. 유아기의 특징

<1> 유아기의 신체적 발달

1) 신체의 발달

(1) 인체의 발달 과정

※ 발달의 법칙

- 머리에서 발끝으로 발달함
- 중심에서 외곽으로 발달함
- 큰 근육의 운동능력으로부터 작은 근육의 운동기능으로 발달함
- 신체 부위별 크기는 똑같은 비율로 증가하지 않음

① 태내기의 발달

: 임신주기(gestational age)는 40주 수정 후부터 출산 전까지 생명 형태를 갖추는 시기

배란기	• 수정~2주 • 수정 이후 접합체가 세포분열을 계속하여 자궁에 착상하기까지의 시기 • 세포분열이 시작되고 9~12일 사이에 자궁에 착상함
배아기	• 수정 후 2~8주 • 세포분열이 매우 급속하게 이루어지면서 신체의 거의 모든 기관이 형성되는 시기 • 태내기 중 환경의 영향을 가장 크게 받음
태아기	• 3개월~출생까지의 기간 • 생식기관의 분화와 더불어 초보적인 내·외부 신체기관들이 정교해지는 시기 • 여러 가지 환경 요인이 후기 발달에 영향을 미침 • 임산부와 태아의 순환계 상태와 능력이 태아의 성장과 발달에 매우 중요함

※ 배아기 세포층에 따른 발달

내배엽	안쪽 층	소화조직과 호흡조직으로 발달
외배엽	바깥 층	신경조직과 눈, 귀, 코 같은 감각기관 또는 머리카락이나 손톱 같은 피부조직
중배엽	가운데 층	순환기관이나 뼈, 근육, 배설기관 및 생식기관으로 발달

※ 7~12주까지의 태아의 움직임

7주	느리게 목 뻗기
8주	깜짝 놀람/딸국질, 팔 다리의 움직임
9주	머리 뒤로 젖히기, 머리 돌리기
10주	손-얼굴 접촉, 숨쉬기 운동, 스트레칭, 턱 열기, 머리를 앞으로 숙이기
11주	하품
12주	꿀꺽 삼키기

② 신생아기의 발달

- 출생 후 2~4주 기간
- 뇌가 더 커짐에 따라 두개골이 확장됨
- 발목, 발 그리고 손목과 손 등의 뼈의 개수는 신생아기의 성숙과정에서 증가함
- 근육세포는 모두 발달된 상태로 탄생
- 태아와 유아의 정상적인 성장 과정은 아동의 운동발달에 매우 중요함

③ 영아기의 발달

- 4주~2세까지의 기간
- 출생 후 1년 동안 영아의 체중과 신체 길이는 급속히 증가
- 신생아의 대부분의 움직임은 반사에 의해 지배를 받음

□ 영아기의 주요반사

빨기 반사	영아가 입에 물체나 손가락을 넣을 때 입을 자동으로 빨아 들이는 반사
놀람 반사	갑자기 큰 소리나 갑작스러운 움직임에 반응하여 팔 다리를 벌리는 반사
루팅 반사	아가 얼굴에 손가락 또는 다른 물체를 닿게 하면 머리를 그 쪽으로 돌리고 입을 열어 물체를 찾으려는 반사
모로 반사	갑자기 떨어지거나 놀라면 팔 다리를 벌리고 손을 펼치는 반응, 아이가 떨어짐에 대응하는 반사
걷기 반사	아기가 지지된 상태에서 발을 바닥에 대면 걸어가는 동작을 하는 반사
비대칭목경직 반사	신생아의 머리를 한 쪽으로 돌리면, 머리를 향한 쪽의 팔과 다리가 뻗어지고, 반대쪽 팔과 다리는 굽혀지는 반사. 펜싱자세와 유사하여 펜싱반사라고도 함
낙하산 반사	유아의 겨드랑이를 잡고 땅으로 떨어뜨리는 시늉을 하면 양팔을 앞으로 뻗어 얼굴을 보호하려는 반사

④ 유아기(초기 아동기) 발달

- 여러 가지 다양한 움직임 과제를 발달시키고 정교하게 만들 수 있는 가장 적절한 시기
- 신체기능들이 잘 조절되고 생리적 향상성(안정성)이 잘 이루어짐
- 중뇌는 출생 시 거의 완전히 발달한 상태
- 대뇌피질은 4세가 될 때까지 완벽하게 발달하지 않음
- 아동이 성숙해짐에 따라 신경계의 수초수가 증가함
- 두개골과 손이 빠르게 성숙함
- 다리뼈는 10대 중반에서 후반까지 계속 발달
- 근육조직의 성숙은 유아기에서 아동기로 진행되는 동안에 점진적으로 향상
- 감각기관은 취학 전 시기까지 지속적으로 발달
- 아직 대근의 운동제어에 비해 소근의 운동제어는 완전하지 않음
- 신체의 방향 인식, 시간 감각, 공간 인식에서 혼란이 발생하기도 함

⑤ 후기 아동기의 발달

- 감각체계와 운동체계의 조직화가 더욱 진전되는 시기
- 여아가 남아에 비해 생리적 발달이 1년 정도 빠름
- 학습과 기능면에서 발달이 빨라짐
- 아직 눈-손과 눈-발의 협응이 정밀하지 않음

(2) 건강 체력의 발달

① 심폐지구력
: 심장과 폐, 혈관계의 지구력 순환계와 호흡계를 많이 사용하는 강도 높은 활동을 반복적으로 사용하기 위해 필요한 능력

㉠ 최대산소소비량
- 남성의 경우 8~20세까지 연령 증가에 따라 향상함 • 여성의 경우에는 대략 14세부터 감소함 • 여성의 산소소비량은 남성의 75% 수준

㉡ 심박수
- 출생 시 : 120~140회/분, 1년 후에는 분당 80~100회로 감소
- 신생아기 : 120~160회/분 정도
- 2세 : 100~120회/분
- 5세 : 90~100회/분

㉢ 호흡수
- 신생아기 : 30~60회/분
- 4~5세 : 20~25회/분
- 성인 : 16~18회/분

㉣ 최대 심박수
- 유아기 ~ 청소년 : 195~220회 / 분
- 성인 : 200회 / 분
- 50~60대 이후 : 160회 / 분

② 근력
- 3~4세 : 급속한 발달
- 5~6세 : 근섬유의 직경 증가, 근육이 체중의 약 75%를 차지함
- 14~15세경 : 최대로 증가
- 남학생이 여학생보다 약 10%가 근력이 더 높음

③ 유연성
- 여아보다 남아의 유연성이 빠르게 감소함

⑤ 체구성
- 체지방량과 제지방량의 비율
- 남아의 출생 시 : 체지방은 11%,
- 여아의 출생 시 : 체지방은 11%, 14%
- 남아의 체지방률 : 생후 12개월경에 26%까지 증가
- 여아의 체지방률 : 생후 12개월경에 28%까지 증가
- 신생아의 지방세포 수는 첫 12개월 동안 증가
- 생후 12개월과 사춘기를 전후한 시기에 지방조직이 급격히 성장함

2) 감각의 발달

(1) 감각의 발달

① 시각의 발달

⊙ 시각의 발달 과정

- 영유아 과정에서 다른 감각들에 비해 늦게 발달함
- 영아들은 얼굴(또는 얼굴 모양의 자극)을 추적하려는 경향이 있음
- 유아들은 생후 1~2주까지 움직이는 물체에 시선을 주는 경향이 있음
- 신생아기에 동공반사 발생, 밝기에 대한 변별은 생후 몇 주 안에 급격히 발달
- 신생아기에 물체의 움직임을 식별할 수 있음
- 생후 2~3개월 정도에 원근감을 느낄 수 있음
- 생후 6~7개월 정도에 물체를 식별할 수 있는 능력이 완성됨

ⓒ 영아의 시지각의 특성

형태지각	• 단순한 형태보다는 복잡한 형태를 선호함
깊이지각	• 기어 다닐 정도가 된 대부분의 영아는 깊이를 지각하고 두려워함
색채지각	• 신생아들도 색채를 구분함 • 습관화를 통해 다른 많은 색을 구별할 수 있게 됨 • 3~4개월경부터 색에 대한 범주화가 가능함

② 청각의 발달

- 신생아기에 소리의 크기, 방향 등을 구별하는 것이 가능함
- 태아는 자궁 안에서 어머니의 목소리와 음악을 들을 수 있음
- 생후 4개월에서 6개월 사이에 청각이 크게 향상
- 아동 후기부터 아주 작은 소리의 탐지가 가능함

③ 촉각의 발달

- 신생아기에 촉각이 발달되어 있음
- 신생아기에 체온 유지를 위한 반사가 있음
- 접촉을 통해 주변 환경에 대한 지식을 습득함(인지발달에 중요한 역할)

④ 후각과 미각의 발달

- 신생아기에는 후각을 통해 사람을 식별함
- 신생아기부터 단맛을 더 좋아함

<2> 유아기의 인지적 발달

1) 유아기 인지발달의 특징

- 놀이를 통해 자신의 신체와 움직임 능력을 학습하며 인지적·정서적 성장이 이루어짐
- 자기중심성, 물활론 등 비논리적인 사고를 보임
- 놀이라는 매개체를 통해 다양한 이동성, 조작성, 안정성 능력을 발달

(1) 아동기의 특징

초기 아동기	• 생각과 의견을 언어로 표현하는 능력이 향상됨 • 상상력을 통한 행위와 상징의 모방이 가능함 • 정확성이나 사건의 정확한 순서를 설명하지는 못함
후기 아동기	• 관심의 지속시간은 아직 짧음 • 지적 호기심이 발달하여 자신이 관심 있는 활동에 대한 지속시간은 점차 길어짐 • 창조적인 생각과 자의식이 성장함 • 추상적인 인지 능력은 아동기가 끝날 무렵 발달함

(2) 지각과 운동발달의 관계

- 지각은 운동 능력의 발달과 밀접한 관계가 있음
- 3~5세 유아기에 지각-운동이 급속히 발달(체계적인 지각-운동발달 프로그램이 필요함)
- 유아기의 운동발달은 전 생애에 걸쳐 정서·추론 등 다른 영역의 발달과 상호 관련성을 가짐

※ kephart의 지각-운동 이론

대근육/소근육 운동 단계	• 운동의 일반화가 이루어지는 단계 • 자세와 균형유지, 이동 등의 기초적 운동이 통합됨
운동-지각 단계	• 대근육 운동에 의한 탐색과정에서 얻은 감각정보를 지각에 연계시키는 단계 • 눈과 손의 협응이 발생함
지각-운동 단계	• 지각 기능이 발달하면서 지각과 운동과의 상호작용이 이루어지는 단계 • 반복적인 운동과 지각에 의한 정보의 확인이 이루어짐
지각 단계	• 운동에 의한 정보의 도움 없이 지각에 의해 환경을 이해하는 단계
지각-개념 단계	• 지각적 기반 위에 직접 지각한 유사성이나 차이를 변별하는 단계
개념 단계	• 한층 더 발달한 추상작용의 단계 • 지각된 내용을 개념화하여 의미를 이해하는 단계

<3> 유아기의 정서적 발달

※ 유아기 정서발달의 단계와 특징

나이	정서표현/조절	정서 이해
출생~6개월	• 모든 일차적 정서가 나타남	• 기쁨, 분노, 슬픔 같은 표정을 구분하고 이해함
6개월	• 정적 정서의 표출이 늘어남 • 부적 정서를 조절하려는 행동이 나타남(고개돌림, 손가락을 빠는 행동)	• 정서에 대한 반응이 발생함
7~12개월	• 분노, 공포, 슬픔 같은 정서가 보다 분명해짐 • 정서의 조절이 향상됨	• 다른 사람의 일차적 정서에 대한 인식향상 • 사회적 참조 등장
1세~3세	• 이차(자기 인식) 정서 등장 • 나쁜 자극들로부터 스스로 거리를 두거나 조절하려는 시도를 함	• 말로 정서를 표현함 • 놀이속에서 정서를 표현함 • 감정이입적 반응 등장
3세~6세	• 정서조절을 위한 인지적 전략을 사용함 • 정서 표현의 세련화가 이루어짐 • 정서를 감출 수 있음	• 정서의 외적 원인과 결과의 이해가 향상됨 • 감정이입적 반응이 보편화됨
6세~12세	• 정서 표출의 규칙성이 향상됨 • 자기를 '옳은' 혹은 '유능한'에 대한 기준과 결합시킴 • 자기조절 전략이 보다 다양해지고 보다 복잡해짐 • 타인의 정서를 이해하기 위한 내적·외적 단서를 통합하는 능력이 높아짐	• 감정이입적 반응이 보다 강화됨 • 사람들이 동일한 사건에 대해 다른 정서적 반응을 할 수 있다는 것을 이해함 • 사람들이 혼합된 정서를 경험할 수도 있다는 것을 이해함

<4> 유아기의 사회적 발달

※ 자기개념과 사회적 인지발달

나이	자기-개념/자존감	사회 인지
0~1세	• 외부 환경과 자신을 구분할 수 있음	• 친한 사람과 낯선 사람을 구별함 • 친숙한 사람을 선호함
1세~2세	• 자기-인식 등장 • 범주적 자기 발달	• 다른 사람들이 의도에 따라 행동한다는 것을 인식함 • 사회적으로 유의미한 차원들에 따라 타인들을 범주화함
3세~5세	• 자기개념이 행동 강조 • 성취에 대한 평가 등장 • 자존감 발생 • 마음의 신념-소망이론과 사적 자기의 등장 • 성취 귀인은 능력의 증가 관점을 반영함	• 타인의 행동과 구체적인 속성들로 '인상'의 개념을 형성함 • 인종적 고정관념과 편견적 태도가 생김 • 공유하는 활동을 기준으로 우정의 개념을 형성함
6세~10세	• 자기개념은 성격 특질들을 강조하기 시작 • 자존감은 학문적·신체적·사회적 능력에 기초 • 성취 귀인은 능력에 대한 본질관점으로 진보	• 타인들이 보이는 특질들로 인상의 개념을 형성함 • 편견적 태도의 강도 감소함 • 심리적 유사성과 상호적 신뢰를 바탕으로 우정의 개념을 형성함
11세 이상	• 또래와의 우정이 자존감에 중요 • 자기개념은 이제 가치와 이데올로기를 반영하고 통합되고 추상적이 됨 • 정체성은 이후 청소년기 혹은 초기성인기에 획득됨	• 타인의 성향적 유사성과 차이점에 기초하여 인상의 개념을 형성함 • 편견적 태도는 사회적 영향에 따라 감소하거나 강화됨 • 의리와 친밀성의 공유에 기초하여 우정의 개념을 형성함

2. 유아기 운동발달

<1> 발달의 모형

1) 발달의 개념
   : 삶이 시작되는 순간부터 전 생에 걸쳐 일어나는 하나의 연속적인 양적·질적인 변화과정

2) 발달에 대한 관점

경험주의자	• 경험이 발달의 가장 주된 결정요소라는 주장 • 인간은 선천적으로 가지고 태어나는 정보가 없으며 경험을 통해 발달이 이루어진다고 봄
선천주의자	• 인간의 발달은 유전자가 지배하거나 정해놓았다는 입장 • 환경보다는 유전적 요인으로 가지고 태어나는 정보에 의해 발달이 이루어진다고 봄
상호작용론자	• 유전(선천주의자)과 환경(경험주의자)이 각각의 역할을 가지고 있는 입장 • 유아의 발달은 환경과 유전의 복합적 상호작용 속에서 이루어진다고 봄

3) 발달에 대한 이론

(1) Arnold Gesell의 성숙주의 이론

- 유아의 발달을 돕기 위해서는 성인의 개입을 최소화하고 유아가 발달적 준비가 되었을 때 자신의 발달수준에 적합한 활동을 스스로 선택해 활동해 나갈 수 있도록 기회를 제공해야 한다는 이론
- 인간 개체가 성숙한 단계에 이르게 되는 결정적인 힘은 개체가 가진 유전적 요인이며 발달은 유전적 요인에 전적으로 의존한다는 관점

(2) 행동주의 이론

- 인간의 발달은 환경에 따른 훈련에 의해 만들어진다고 보는 관점
- 발달은 외부적인 환경적 요인을 잘 조직하고 변화시킴으로써 긍정적인 행동은 훈련과 학습에 의해 바람직하게 촉진시키고 바람직하지 않은 행동은 감소시키거나 소거함으로써 이루어진다고 봄

① 주요 행동주의 이론

Pavlov의 고전적 조건 이론	• '조건반사'를 인간 행동에 적용하여 인간의 행동 또한 조건에 따라 반응한다는 점을 주장
Thorndike의 자극-반응 이론	• '시행착오설' • 학습을 시행과 착오의 과정을 통해 특정한 자극과 특정한 반응이 결합되는 과정으로 봄
Skinner의 조작적 조건화 이론	• 발달을 조건화된 자극에 반응한 결과라고 보는 이론 • 자극요인(강화)을 통한 조건화로 특정한 행동의 발생빈도가 높아지고 인간의 발달이 이루어진다고 봄

(3) 인지주의 이론

- Piaget의 인지발달론에 근거한 이론
- 유아의 인지발달은 성숙의 과정과 환경과의 끊임없는 상호작용의 결과라는 입장
- 단순히 외적 자극에 반응하는 것이 아니라 받아들인 정보를 능동적으로 처리하고 그것을 새로운 형태로 변형시키는 과정에서 발달이 이루어진다는 이론

① Jean Piaget의 인지발달단계 이론

① 감각운동기	• 유아기 • 출생~2세 • 감각 경험과 움직임을 조화시켜 환경의 의미를 구성함
② 전조작기	• 전기 아동기 • 2~7세 • 언어와 세계의 이미지를 연결하여 상징적 사고를 확대시킴
③ 구체적 조작기	• 후기 아동기 • 7~11세 • 구체적인 사건에 대해 논리적으로 사고함 • 외부 세계의 대상을 다양하게 분류할 수 있음
④ 형식적 조작기	• 청소년기 • 11세 이후 • 논리성과 추상적 사고가 발달함

(4) 상호작용 이론(Vygotsky)

- 타인과의 상호작용과 협동학습의 중요성을 강조하는 이론
- 인간의 지식과 사고과정 등의 발달은 사회적 상호작용을 통해 형성된다고 봄

※ 중요개념

- 스캐폴딩(scaffolding)
- 사회적 상호작용을 도울 수 있는 효과적인 교수전략
- 효과적인 교수-학습을 위해 교사가 유아와의 상호작용 중 도움을 적절히 조절하며 제공하는 것을 의미함

(5) 정보처리 이론

- 인간의 사고과정에 대한 체계적이고 과학적인 접근 이론
- 발달을 인간이 환경적 요인을 고려하여 자신의 사고과정을 능동적이고 적극적으로 수정해나가는 과정으로 봄

※ Piaget와의 차이점

- 인간의 발달을 단계적 변화가 아닌 지속적인 변화 과정으로 설명함

(6) 정신분석 이론(Freud)

- 인간의 성격을 원초아(id), 자아(ego), 초자아(superego)로 설명함
- 인간의 정신이 원초아, 자아, 초자아의 순서로 발달하며 인간의 행동도 유사한 발달 단계를 가진다고 봄

① 성격의 구성

원초아(id)	• 먹고, 자고, 배설하는 것과 같은 육체적 쾌락을 추구하는 본능적 욕구
자아(ego)	• 외부와 접촉하는 과정에서 발생하는 갈등상황을 타협하고자 하는 욕구 • 원초아에서 발생함
초자아(superego)	• 사회의 규범을 준수하고 옳고 그름에 대한 기준을 제공 • 자아로부터 발생함

② 인간의 발달 단계

구강기(0~1세)	• 구강을 통하여 먹고 빨고 깨물고 삼키는데서 성적 욕구를 충족하는 시기
항문기(1~3세)	• 배설물을 보유하거나 배출하는 데서 쾌감을 얻는 시기
남근기(3~5세)	• 동성의 부모에 대해 질투를 느끼면서 이성의 부모에 대한 성적인 애정과 접근을 시도하는 시기
잠복기(6~11세)	• 성적 욕구가 철저히 억압되므로 이전 단계의 욕구들을 잊게 되는 시기
생식기(12세 이후)	• 잠복된 성적 에너지가 다시 분출하기 시작하고, 무의식에서 의식의 세계로 표현되며 충동을 현실적으로 수행할 수 있는 능력을 갖게 되는 시기

(7) 에릭 에릭슨(Erik Erikson) 심리사회발달 단계

- Freud의 정신분석 이론을 발전시킨 이론
- 인간의 발달을 사회적 요인, 인간관계 등과의 상호작용을 통해 인간 정서적 발달이 이루어진다고 설명함

① 인간의 발달 단계

1단계	• 기본적 신뢰감 VS 불신감(0~1.5세) • 헌신적으로 돌보아주는 사람에게 최초의 신뢰감을 형성하게 되고 그렇게 못할 경우에는 불신감이 형성되는 시기
2 단계	• 자율성 VS 수치 및 회의(1.5~3세) • 유아 스스로 하고자 하는 자율성이 발달하는 시기 • 대·소변의 통제가 가능하고 근육을 조절할 수 있게 됨으로써 자기 발로 서서 걸을 수 있음 • 사회적 기대에 적합한 활동을 수행하지 못하면 유아는 수치심과 회의심을 가지게 됨
3 단계	• 주도성 VS 죄의식(3~6세) • 어떤 목표나 계획을 세워 성공하고자 노력하는 시기 • 자신이 세운 목표나 계획을 실천하고자 하는 욕구와 또래의 판단 사이에 갈등을 겪게 되는 시기
4 단계	• 근면성 VS 열등감(6~12세) • 자아 성장 과정에서 결정적인 시기 • 기초적인 인지 기술과 사회적 기술을 습득함 • 더 넓은 범위의 사회에서 통용되는 기술을 배우고 숙달시키는 시기
5 단계	• 정체감 VS 역할혼미(12~18세) • 신체적 발달이 급격히 일어나며 사회적 압력과 요구에 대한 혼란을 겪게 되는 시기
6 단계	• 친밀감 VS 고립감(성인 초기) • 배우자를 선택하고 직업을 갖게 되며 감정, 가치관 등을 교류하는 성숙한 인간관계를 맺는 시기 • 타인과의 친밀감을 형성하지 못하고 고립되며 자기 자신에게만 몰두하기도 함
7 단계	• 생산성 VS 자기침체(성인기) • 가정적으로 자식을 낳아 기르고 사회적으로는 다음 세대를 양성하는 데 관심과 노력을 기울이게 되는 시기 • 타인이나 사회에 대한 관심보다 자기 자신을 위한 이기적인 목적에만 몰두하게 됨
8 단계	• 자아통합 VS 절망(노년기) • 노인기에 해당하는 생애의 마지막 시기 • 체력의 쇠퇴, 직업에서의 은퇴, 친구나 배우자의 죽음으로 인하여 인생에 대한 무력감을 느끼게 되는 시기

(8) 인본주의 이론(Maslow)
- 인간이 자신의 의지로 삶의 방향을 결정하고, 자신의 잠재력을 성취하기 위한 동기(욕구)를 가진다고 보는 이론

※ Maslow의 욕구의 위계

1단계	생리적 욕구(physiological)
2단계	안전 욕구(safety)
3단계	사회적 욕구(social)
4단계	존경 욕구(esteem)
5단계	자아실현 욕구(self-actualization)

(9) 사회학습 이론(Bandura)
- 학습은 사회적 관계를 통한 모방을 통하여 이루어진다고 보는 이론

① 학습의 유형

관찰 학습	모델의 행동을 관찰하지만 행동으로 실천하지는 않는 학습
모방 학습	모델의 행동을 관찰한 후 모방행동을 하며 이루어지는 학습

4) 운동발달 모형(Gallahue)

(1) 운동기술의 발달 모델

① 1차원 분류

근육의 유형	대근 기술	소근 기술
운동기술	• 과제 수행을 위해 몇 개의 대근을 사용하는기술 • 달리기, 점프, 던지기 등	• 과제 수행을 위해 몇 개의 소근 사용하는기술 • 쓰기, 타이핑, 뜨개질 등
움직임의 연속성	• 불연속 운동기술 : 시작과 끝이 분명함 예) 던지기 공차기, 회초리 휘두르기 등	• 연속운동기술 : 일련의 기술을 빠른 속도로 연속 수행함 예) 농구공 드리블, 잠긴 문열기 등 • 지속운동기술 : 정해진 시간 동안 반복 수행함 예) 자전거 페달 밟기, 수영 등
움직임의 환경	• 개방형 운동기술 : 변화하는 환경에서 일어나는 예측할 수 없는 동작 수행과 관련이 있음 예) 레슬링, 야구에서의 타격 등	• 폐쇄형 운동기술 : 안정되고 변화하지 않는 환경에서 발생하는 정밀하고 예측 가능한 동작과 관련이 있음 예) 골프 퍼팅, 양궁 등
움직임의 기능	• 안정 과제 : 정적 또는 동적 움직임 상황에서 균형을 획득하거나 유지하는 기능 예) 앉기, 서기, 균형잡기 등	• 이동과제 : 공간 속에서 신체를 이동시키는 기능 • 조작과제 : 물체와 힘을 주고받는 기능

② 운동기술의 2차원 분류(GALAHUE의 2차원 모델)

운동발달의 단계	움직임 과제의 의도된 기능		
	안정성	이동	조작
반사 움직임 단계	• 직립반사 • 목 자세반사 • 몸통 자세반사	• 기기반사 • 걷기반사 • 수영반사	• 손바닥 파악반사 • 발바닥 파악반사 • 당김 반사
초보 움직임 단계	• 머리와 목 제어 • 지지없이 앉기 • 서기	• 포복하기 • 기기 • 적립하여 걷기	• 내밀기 • 잡기 • 놓기
기본 움직임 단계	• 한 발로 균형 잡기 • 낮은 평균대 위 걷기 • 축성 움직임	• 걷기 • 달리기 • 깡충뛰기	• 던지고 잡기 • 차기 • 치기
전문화 움직임 단계	• 체조의 평균대 연습하기 • 축구에서 골킥 막기	• 100m달리기 혹은 육상의 허들 • 사람 많은 거리에서 걷기	• 축구에서 골킥 하기 • 던진 공 치기

<3> 운동 능력의 변화

1) 운동 능력의 유형과 발달

(1) 기초 운동 능력의 유형

안정성 운동	• 앉기와 서기를 위한 전단계 • 자세 조절(머리 조절, 몸통 조절, 서기) 운동 등
이동성 운동	• 걷기, 달리기, 뛰기 등 장소를 이동하는 동작운동 • 유아의 정상적인 성장을 판단하는 데 중요한 측정 지표가 됨
조작 운동	• 던지기, 차기, 때리기와 같이 힘을 가해 사물을 조작하거나 움직이는 사물을 받아들이는 흡수 동작 등

(2) 기초 운동능력의 발달 단계

동적 평형성	• 무게중심이 이동할 때, 즉 움직이는 동안에 평형을 잡을 수 있는 능력 예) 걷기, 구르기
정적 평형성	• 한자리에 서거나 앉은 자리에서 균형을 잡는 능력 예) 서기, 선 채로 균형 유지하기
축성 평형성	• 몸의 중심을 축으로 하여 정적인 자세에서 다양한 동작을 할 때 몸을 유지하는 능력 예) 몸 굽히기, 몸 펴기, 몸 비틀기, 몸 돌리기

2) 운동 능력과 관련한 유아기 신체 기능의 특징

신경 기능	• 5세 때 성인의 뇌 중량의 85% 정도로 발육이 이루어짐 • 뇌의 기능이 85% 정도로 발달하는 것은 아님
순환계 기능	• 1세의 심장 중량은 20세 대비 20% • 5세의 심장 중량은 20세 대비 33%~36%, 여자가 36% • 맥박수는 100~120회 정도 • 혈액순환은 심장의 펌프 작용의 횟수에 의존함 • 안정시 맥박수가 높으므로 운동에 대한 적응능력은 성인보다 낮으며, 유아의 맥박수는 나이가 듦에 따라 낮아지지만 아직은 불안정함
호흡계 기능	• 3세 무렵까지 폐 중량은 급속하게 증가 • 유아기의 호흡수는 25~30회/분 • 유아기는 안정 시에도 최대 호흡 횟수의 40~60%를 사용 • 유아의 경우 운동에 의한 산소 소비의 증가는 적음
근 기능	• 운동 성취에 필요한 정도의 근력은 유아기에 충분히 발달함
기초대사량	• 급속한 발육을 위한 에너지 소비로 유아기의 기초 대사량이 높음 • 산소 소비가 큰 뇌조직이 신체에 비해 크고 급속히 발육 중이기 때문

3. 유아기의 건강과 운동

<1> 유아기의 건강

1) 유아기 신체건강의 주요 조건

영양의 섭취	• 성장기 유아의 영양섭취는 신체건강과 밀접한 관계 • 위의 크기가 작으므로 음식을 자주 섭취할 것 • 남아의 기초대사량이 여아보다 높음 • 장기적 영양부족과 영양과잉은 유아들의 성장에 심각한 영향으로 작용함 • 영양부족과 영양과잉은 특정 질병의 발생 조건이 되기도 함
충분한 수면	• 최소한 하루 6시간의 수면은 확보 • 수면의 1주기는 평균적으로 약 90분 • 수면이 몸의 생리적 기능을 정상적으로 조절하는 데 중요한 역할 • 성장호르몬도 평균적으로 밤 10시에서 새벽 2시 사이에 가장 많이 분비됨
질병과 기후	• 아동들의 성장 속도를 가속 또는 감속시키는 요인 • 생활양식과 영양섭취 환경에서의 차이를 발생시킴

<2> 유아기의 운동

1) 유아기 운동의 특징
- 불수의적 운동에서 수의적 운동으로 발달함
- 운동이 뼈의 강화와 근육 발달을 자극함
- 운동을 통해 지방 축적을 억제할 수 있음
- 특정 스포츠는 아동 신체의 특정 관절을 과사용하여 골절과 성장판 손상을 일으킬 수 있음

<3> 유아운동 권장 지침

1) 일반적인 유아운동 권장 지침
- 중·고강도 수준의 운동을 주당 7회, 60분 이상 실시할 것
- 중강도 수준의 운동을 주 3회 이상 30분 이상 실시 할 것

(1) 미국 NASPE(National Association for Sport and Physical Education, 2002)의 가이드 라인
- 만 5세 이하의 유아들은 매일 1시간 이상의 신체활동
- 5~11세 어린이는 중강도의 격렬한 운동을 매일 적어도 60분 이상 실시할 것

(2) 캐나다 운동 권고 지침
- 하루에 최소 30분 정도를 신체활동 실시
- 하루 90분 이상의 신체활동을 약 5개월 이상을 실행
- 90분의 신체활동은 중강도 60분(활발하게 걷기, 스케이팅, 자전거 타기)과 격렬한 활동 30분(달리기, 농구, 축구)을 포함할 것
- 근지구력, 유연성, 근력 운동을 포함시킬 것

2) 유아의 신체운동 영역의 목표
- 기본적 감각능력을 키우고, 자신의 신체를 긍정적으로 인식하게 한다.
- 신체를 조절하고 기본운동 능력을 기른다.
- 신체활동에 즐겁게 참여한다.

3) 연령별 내용과 목표

(1) 만 2세 미만

감각과 신체 인식	• 감각적 자극에 반응하기 • 감각기관으로 탐색하기 • 신체 탐색하기
신체조절과 기본 운동	• 대근육 조절하기 • 소근육 조절하기 • 협응력 기르기 • 균형감 기르기 • 이동운동 시도하기 • 비이동운동 시도하기
신체활동 참여	• 몸 움직임 즐기기 • 기구를 이용하여 신체활동 시도하기

(2) 만 2세

감각과 신체 인식	• 감각능력 기르기 • 감각기관 활용하기 • 신체를 인식하고 움직이기
신체조절과 기본 운동	• 신체조절력 기르기 • 신체균형감 기르기 • 이동운동하기 • 비이동운동하기 • 조작운동하기
신체활동 참여	• 신체활동에 참여하기 • 기구를 이용하여 신체활동 하기 • 안전하게 신체활동 하기

(3) 만 3~5세

감각과 신체 인식	• 감각능력 기르기 • 감각기관 활용하기 • 신체를 인식하고 움직이기
신체조절과 기본 운동	• 신체 조절력과 균형감 기르기 • 이동운동하기 • 비이동운동하기 • 조작운동하기 • 움직임의 요소를 인식하고 움직이기
신체활동 참여	• 자발적으로 신체활동에 참여하기 • 여러 기구를 이용하여 신체활동 하기 • 안전하게 신체활동 하기

02강 유아기 운동발달 프로그램의 구성

1. 운동발달 프로그램의 기본원리

<1> 적합성의 원리

- 유아의 운동발달을 위해 민감기에 적합한 활동들을 고려할 것
- 각각의 유아들의 발달상태, 움직임 활동에 대한 이전의 경험, 기술, 수준, 체력, 연령을 고려할 것

※ 민감기

운동 능력의 발달 과정에서 특정 능력이나 기술을 발달시킬 수 있는 준비가 가장 잘 이루어지는 시기. 민감기를 고려하여 적절한 운동이 적용되면 효과적이고 긍정적인 운동발달을 유도할 수 있음

<2> 방향성의 원리

- 인간의 성장과 발달은 일련의 방향성을 가지고 발달함
- 유아 운동 프로그램은 이러한 발달 방향성을 고려하여 위에서 아래 방향으로 그리고 중심에서 말단 부분을 향하도록 활동의 순서를 구성할 것

※ 발달의 주요 법칙

※ 두미의 법칙
발달의 방향성이 머리-발가락 원리(cephalo-caudal principle)를 따라 발달함

※ 중심-말초 원리(proximo-distal principle)
신체 중심에서 말초 부위, 대근육에서 소근육으로 발달이 이루어짐

<3> 특이성의 원리

- 각 개인에게는 개개인의 유전과 환경 요인으로 인한 개인차가 존재함
- 운동발달 프로그램 구성시 개인차를 반드시 고려해야 할 것

<4> 안전성의 원리

- 안전한 운동 환경을 마련하고, 사고를 예방할 수 있도록 프로그램을 구성할 것
- 아동은 자신의 능력을 과대평가하는 경향이 있으므로 가장 먼저 고려해야 할 사항임

<5> 연계성의 원리

- 기초단계부터 높은 단계까지 잘 조직된 프로그램을 제공할 것
- 운동, 인지, 정서 영역이 상호작용을 하며 발달할 수 있도록 유아기의 연령 및 성별, 프로그램의 특성과 순서, 정서적·사회적 발달 등을 고려하여 조직적으로 연계할 것

<6> 다양성의 원리

- 유아는 집중력이 떨어지고 쉽게 흥미를 잃음
- 유아의 특성을 고려하여 여러 가지 요소의 조화로운 발달을 고려한 다양한 프로그램을 구성할 것

2. 운동프로그램의 구성요소

<1> 유아체육 프로그램의 계획

1) 유아체육 프로그램의 계획의 적용

(1) 프로그램 구성시 필요한 개념

① 움직임의 범주 : 안정성 관련 움직임/이동운동 관련 움직임/물체조작운동 관련 움직임/복합 움직임
② 프로그램 내용 : 게임 프로그램/무용 프로그램/체조 프로그램
③ 인지 개념 : 움직임 개념 중심 프로그램/활동 개념 중심 프로그램/기술 개념 중심 프로그램
④ 발달단계 : 기본 움직임 단계/전문화된 움직임(스포츠기술) 단계
⑤ 기술수준 : 초급 수준/중급 수준/고급 수준
⑥ 체력요소 : 건강 관련 체력/수행 관련 체력
⑦ 교수방법 : 직접적 방법/간접적 방법/혼합 방법

(2) 유아체육 프로그램의 기본 모형

발달단계	반사 움직임 단계, 기초 움직임 단계, 기본 움직임 단계, 스포츠기술 단계		
움직임 범주	안정성 움직임	이동 움직임	물체조작 움직임
프로그램내용	• 게임 프로그램 • 무용 프로그램 • 체조 프로그램	• 움직임 개념 • 기술 개념 • 활동 개념 • 체력 개념	• 건강 관련 체력 • 수행 관련 체력
인지 개념 적용			
체력요소			
기술수준	초보단계/중급단계/고급단계		
교수방법	직접적 교수/간접적 교수		

(3) 유아 운동 프로그램 구성 시 고려사항

① 초기아동기(유아기)

㉠ 대근운동이 가능한 놀이의 기회를 충분히 제공할 것
㉡ 움직임 탐색과 문제 해결활동에 중점을 둘 것
㉢ 긍정적 강화를 가능한 한 많이 포함시킬 것.
㉣ 이동성, 조작성, 안정성 등과 관련한 기본적인 능력들을 발달시킬 것
㉤ 남아와 여아를 분리시킬 필요는 없음
㉥ 유아들의 성숙 수준을 고려할 것
㉦ 유아들의 개인차를 고려하여 진행할 것
㉧ 다양한 감각을 자극할 수 있을 것

② 후기 아동기

㉠ 이동성, 조작성, 안정성 등과 관련한 기본 움직임 능력들을 정교하게 발달시킬 것
㉡ 격려와 긍정적인 강화를 많이 제공할 것
㉢ 협응성을 정교하게 발달시킬 수 있는 리듬 활동의 기회를 제공할 것
㉣ 활동 속에서 비판적 사고력을 향상시킬 것
㉤ 놀이를 통해 페어플레이등 긍정적인 가치관이 습득될 수 있도록 유도할 것

<2> 유아체육 프로그램의 구성 요소

1) 기본 운동발달 프로그램 구성을 위한 요소

(1) 안정성(stability) 프로그램

축 이용 기술	굽히기, 늘리기, 비틀기, 돌기, 흔들기
정적/동적 기술	직립 균형, 거꾸로 균형, 구르기, 시작하기, 멈추기, 재빨리 피하기

(2) 이동운동(locomotion) 프로그램

기초 기술	걷기, 달리기, 리핑, 호핑, 점핑
복합 기술	기어오르기, 갤로핑, 슬라이딩, 스키핑

(3) 조작운동(manipulation) 발달 운동 프로그램

추진 기술	굴리기, 던지기, 때리기, 차기, 튀기기, 되받아치기
흡수 기술	잡기, 볼 멈추기

2) 지각 운동발달 프로그램 구성을 위한 요소

시간 지각	• 과거/현재/미래, 오전/오후, 아침/점심/저녁, 빨리/느리게, 갑작스럽게/천천히, 음악에 맞추어서/소리에 맞추어서 등 시간의 개념 익히기
관계 지각	• 둥글게/구부려서, 위/아래, 켜기/끄기, 가까이/멀리, 앞에서/뒤에서, 따라서/지나서, 가까워지고/멀어지고, 둘러싸기/주변에/나란히 등 동작의 관계익히기
움직임의 질	• 균형 : 움직임에서 균형의 역할과 정적·동적 균형의 본질에 대한 이해 • 시간 : 속도에 대한 식별과 움직임의 속도 증가 및 감소에 대한 이해 • 힘 : 과제에서 요구하는 개인의 힘을 만들어내거나 수정하는 능력 • 흐름 : 제한된 시간 또는 공간 속에서 움직임을 수행하거나 부드럽게 움직임을 연결하는 능력
신체 지각	• 신체 각 부분의 위치와 정의에 대해 이해하기 • 신체 모양과 위치 이해하기 • 신체 움직임에 대해 이해하기 • 느낌 표현의 전달자로서의 신체 이해하기 • 근 긴장과 이완에 대해 이해하기
공간 지각	• 자기공간(self-space)과 다른 사람의 공간을 이해하기 • 일상적인 공간에서 안전하게 움직이기 • 움직임이 일어나는 높이 이해하기 • 과제와 상황에 따라 움직임의 범위 조절하기
방향 지각	서로 다른 방향을 인지하고 어떻게 방향을 전환하는지 익히기

3) 체력발달 구성요소 개념

※ 체력발달 프로그램 구성을 위한 요소

건강 관련 체력요소	유연성	근육과 관절의 가동범위
	근력	신체 각 부위의 근력
	근지구력	오래 달리거나 근육을 오래 움직일 수 있는 능력
	심폐지구력	전신활동을 오래 지속할 수 있는 능력
	체구성	체지방 성분비
수행 관련 체력요소	속도	빠르게/느리게 등 조절할 수 있는 능력
	순발력	순간적으로 낼 수 있는 힘의 크기
	협응성	각 신체 분절들이 방향, 속도, 리듬 등을 조화시킬 수 있는 능력
	민첩성	빠르게 방향을 바꾸거나 멈출 수 있는 능력
	평형성	몸의 균형을 유지할 수 있는 능력

03강 유아체육 프로그램 교수-학습법

1 유아 체육 지도 방법

<1> 유아 체육 지도 방법

1) 유아 체육 지도 방법

(1) 직접(교사 주도적) 교수방법

- 유아교육기관에서 체육활동을 지도할 때 사용하던 전통적인 교수방법
- 교육과 관련한 모든 내용을 교사가 모두 결정하여 가르치는 교수법
- 전체 학습자가 동시에 학습해야 할 기술에 대한 이해나 연습에 효과적임

※ 직접(교사 주도적) 교수방법의 유형

지시적 방법	• 수업의 주체는 지도사 • 지도사가 모든 결정권을 가짐
과제제시 방법	• 유아에게 어느 정도의 의사결정권한이 허용됨 • 유아가 자신의 학습에 좀 더 많은 책임을 가짐

(2) 간접(유아 주도적) 교수방법

- 유아의 주도적 활동에 초점을 두는 방법
- 학습과정의 중심은 유아
- 실험, 문제해결, 자기발견을 통하여 배우는 방법을 강조 체육활동이나 운동을 선택하는 기회 등을 유아에게 제공
- 운동기구나 소도구도 자유롭게 이용하도록 유도함

※ 간접(유아 주도적) 교수방법의 유형

탐구적 방법	• 지도사가 특별한 활동과제에 대한 해결책을 요구하지 않음 • 다양한 동작과제와 질문을 유아에게 제시하고 유아 스스로 해결방법을 찾아내도록 유도함 • 학습의 결과가 아니라 학습과정 그 자체에 초점을 둠
안내-발견적 방법	• 학습자에게 충분한 표현, 창의성 그리고 실험의 기회를 제공함 • 지도사나 또래의 활동을 관찰할 수 있는 기회를 제공함 • 또래나 교사의 동작을 관찰하게 하여 과제를 수행하는 방법을 이해시킴

(3) 통합(유아-교사 상호적) 교수방법

- 유아의 흥미를 고려하면서 교사 주도의 체계적인 학습과의 균형을 고려하는 학습법

2) 유아체육 지도 원리

놀이 중심의 원리	유아가 즐겁게 참여할 수 있도록 다양한 운동도구를 활용한 놀이의 형태일 것
생활 중심의 원리	일상생활에서의 신체활동 경험을 바탕으로 지도할 것
개별화의 원리	유아의 개인차를 반영하여 각각의 운동능력과 발달속도에 따라 지도할 것
탐구학습의 원리	유아 스스로 자신의 신체와 관련한 움직임의 기본적 개념을 탐구·발견할 수 있도록 유도할 것
반복학습의 원리	안정, 이동, 조작운동 등 3가지 기초운동의 반복학습을 반영할 것
융통성의 원리	유아의 체력과 흥미, 활동시간 등을 고려하여 융통성을 둘 것
통합의 원리	기초운동기술(안정, 이동), 운동능력(협응, 균형, 힘, 속도), 지각능력(공간, 신체, 방향, 시간)의 발달이 통합적으로 이루어지도록 지도할 것

<2> 유아 체육 지도자의 역할과 유의점

1) 유아 체육 지도자의 역할

교수자	유아의 수준에 맞추어 안정하고 정확한 수업을 진행하는 역할
촉진자	유아의 창의적 사고와 발달을 격려하여 잠재적 가능성을 발견하도록 유도하는 역할
관찰자	유아의 심리와 신체 상태를 주의깊게 관찰하는 역할
해석자	지도방법과 교수법을 결정하기 위하여 관찰된 유아의 상태를 해석하는 역할
의사결정자	유아의 체육활동에 적합한 교수기법을 결정하는 역할

2) 유아 체육 지도자의 유의점

- 체육활동에 충분하고 안전한 공간을 마련할 것
- 체육활동을 위한 공간을 일정한 곳으로 정하고 유아들이 쉽게 인지할 수 있는 표시를 할 것
- 안전하고 질서있는 수업진행을 위한 규칙을 인지시킬 것
- 개인 공간과 공동공간의 차이를 인식시킬 것
- 능동적이고 창의적이면서 개별화된 체육활동을 구성할 것
- 인내심을 가지고 자연스럽게 수업에 참여할 수 있도록 유도할 것
- 안전을 최우선을 고려할 것
- 대기시간을 최소화하여 유아들이 직접 참여할 수 있는 시간을 늘릴 것

<3> 유아 체육 지도자의 자세 및 자질

- 유아와 함께 다양한 신체활동에 적극적으로 참여할 것
- 유아와 긍정적인 상호작용을 가질 수 있도록 밝은 표정과 따뜻한 대화 분위기를 만들 것
- 유아의 호기심을 자극하고, 진행하는 활동에 대해 자상하게 설명해주며, 각각의 유아의 반응에 관심을 가질 것
- 가장 속도가 늦은 유아의 수업속도에 맞추어 진행하며, 수업방법을 다양화할 것
- 체육활동의 주제와 계절 등 다양한 조건을 고려할 것
- 유아들이 체육활동의 주체가 되고 창의적인 신체표현까지 가능하도록 기다려줄 것
- 유아의 수를 고려하여 운동기구 및 시설을 적절히 배치할 것
- 지나친 경쟁의식을 갖지 않고 정확한 신체동작과 규칙을 잘 지키면서 활동하는 것을 강조할 것

2. 유아운동발달 프로그램 계획

<1> 운동프로그램 계획

1) 유아체육 프로그램의 목표
- 다양한 신체활동과 감각 경험을 제공하고 신체와 주변 세계를 인식하는 데 필요한 기초 능력을 배양함
- 신체활동을 통하여 기본적인 운동능력과 기초체력을 증진시킴
- 건강과 안전에 관한 지식과 기술을 전수하여 건강하고 안전한 생활습관을 키움
- 즐거움 체육활동을 통해 건강한 정신을 기름

2) 유아체육 프로그램의 구성
- 자료수집→적용대상선정→프로그램작성→프로그램지도→프로그램평가→피드백

3) 유아체육 프로그램의 평가
- 수업의 개선, 유아의 발달과 변화, 문제를 위해 중요함

※ 평가의 유의점
- 교과목표에 따른 학습이 실현되었는가를 평가할 것
- 다음 학습 내용을 결정할 수 있는 중요한 자료로 활용할 것
- 개인의 연령과 능력에 적합한 프로그램이었는가를 평가할 것
- 프로그램의 내용이 적합했는가를 평가할 것
- 유아가 교과과정 목적을 잘 따라가고 있는가를 평가할 것
- 피드백을 위한 자료로 활용할 것

3. 유아 운동프로그램 지도

<1> 운동 프로그램 지도 시 유의사항

1) 운동프로그램의 유의사항
- 유아들의 일상생활과 밀접한 관련을 가진 다양한 체육활동 프로그램을 개발하여 운영할 것
- 유아의 체육능력 발달을 위한 기초운동기술을 먼저 가르칠 것
- 각 체육활동에서 2~3가지 새로운 활동과 활동방법을 제시할 것
- 이전에 실시한 체육활동과 연계하여 활동이 반복되도록 구성할 것
- 집단 활동과 병행하여 개별적으로 연습할 기회를 따로 마련할 것
- 유아의 단독 활동, 소집단 활동, 대집단 활동 등 다양한 방법의 체육활동을 진행할 것
- 운동기능이 발달할수록 집단적 체육활동을 점진적으로 늘릴 것
- 교육매체를 활용하는 체육활동에서는 체육교육매체의 활용을 위한 활동을 먼저 진행한다.
- 긍정적인 자아개념이 형성되도록 체육활동을 즐겁게 진행할 것

2) 유아체육 수업 운영의 유의점

내용의 구성	신체를 활용한 체육활동, 대형 운동기구를 활용한 체육활동, 소형 운동도구를 활용한 체육활동, 그 외의 특별 체육활동 등의 체육내용이 골고루 포함되는 수업을 운영할 것
일관성있는 실행	일관성 있는 체육활동 시간을 계획하여 운영함으로써 정서적 안정감과 만족감을 충족시킬 것
연령을 고려한 운영	• 3~4세 유아는 지도사가 활동방법의 안내자, 안전을 위한 활동보조자, 집단별 체육활동의 중립적인 중재자로서의 역할을 적극적으로 수행할 것 • 5세 유아는 유아의 발달 정도에 따라 전체 대집단 중심의 체육활동과 소집단 중심의 자유선택 체육활동을 융통성 있게 운영할 것
리더의 선정	리더를 선정하고 권한을 주고 유아들의 줄서기 및 차례 지키기 등의 질서에 대하여 스스로 책임을 지게 유도할 것
가정과 부모 특성 고려	부모교육을 통하여 부모가 유아들의 체육활동을 지원할 수 있도록 유도할 것

※ 유아체육 수업 진행의 유의점

- 체육활동 중 안전사고에 대한 예방책이나 대비책을 마련할 것
- 유아의 발달수준을 고려하여 적절한 체육활동 내용을 단계적으로 진행할 것
- 유아들이 가능한 한 체육활동에 주의를 집중할 수 있도록 유도할 것
- 체육활동을 하는 가운데 자신만의 느낌이나 생각을 자연스럽게 표출하여 표현하도록 도와줄 것
- 체육활동 후에는 운동기구나 운동도구를 정리·정돈하는 습관을 길러줄 것
- 체육활동 후에는 얼굴, 손과 발을 깨끗이 씻도록 지도할 것

4. 안전한 운동프로그램 지도를 위한 환경

<1> 안전한 운동 프로그램의 환경 조성

1) 부상, 사고의 원인 및 실태
- 불량한 환경: 유아가 안심하고 즐겁게 활동할 수 없는 물적·인적 환경
- 불량한 행동: 규칙이나 약속을 지키지 않는 행동이나 지식의 결여로 인한 행동
- 불량한 심신상태: 걱정, 흥분, 피로, 한 가지 몰입 시, 운동능력의 미발달 등
- 불량한 복장: 유아의 활동내용에 맞지 않는 의복, 신발, 소지품 등

2) 안전을 위한 지도자의 유의사항
- 움직이고 있는 운동기구나 놀이시설에 접근하지 못하도록 안전거리를 유지하고 안전선을 이해시킬 것
- 근력이 부족하거나 변화 있는 놀이가 불가능한 유아는 안전을 위해 동작을 보조할 것
- 필요한 경우 보호장구 착용, 브레이크, 연결고리, 안장 높이 등 부품을 확인할 것

3) 안전을 위한 운동 환경의 조성
- 대근육 활동이 이루어지는 실내 환경은 주변에 다른 놀잇감이 배치되지 않고 주의력이 분산되지 않도록 정리할 것
- 벽과 바닥, 기둥과 모서리에 완충 장치를 설치할 것
- 신체활동에 충분한 공간을 확보할 것
- 환기와 채습에 유의할 것
- 사용하지 않는 기구는 안전하게 보관할 것
- 안전매트나 보호대를 수시로 점검할 것
- 수리가 필요한 체육기구는 보수할 것

<2> 유아 운동프로그램의 시설과 교재교구의 배치원리

1) 운동기구 배치의 유형

병렬식 배치	• 운동기구를 병렬로 배치 • 대기 시간을 줄이고 유아들의 활동량을 늘릴 수 있는 방법 • 학기 초에 활용하면 유용함
순환식 배치	• 수업중 다양한 운동기구를 접할 수 있도록 유도하는 방법 • 유아들이 어느 정도 운동기구들에 자신감을 가진 후에 활용하는 것이 유용함
시각적 효과의 배치	• 높낮이, 색채 등이 뚜렷하게 드러나도록 기구를 배치하는 방법 • 다양한 체험과 만족감을 줄 수 있음

Confirmation 기출문제

2024

1 효과적 학습경험 설계를 위한 유아체육 지도자의 교수전략으로 옳지 않은 것은?

① 각 유아에게 적합한 수준에서 연습할 수 있도록 개별화된 학습경험을 제공해야 한다.
② 유아의 실제학습시간(ALT)을 증가시킬 수 있는 환경을 조성해야 한다.
③ 유아의 능력 수준을 고려한 학습과제를 제공하고, 연습 시간을 최대한 확보해준다.
④ 새로운 기능 학습 시에는 수업 초반에 제시한 과제 수준을 일관되게 유지한다.

2 유아의 운동기술 연습 시 지도자의 적합한 시범으로 옳지 않은 것은?

① 시범에서 언어적 표현을 보다 많이 활용할 때 더 효과적이다.
② 시범은 추가적 학습단서(learning cue)와 함께 제공될 때 더 효과적이다.
③ 다양한 각도에서 이루어진 시범을 통해 정확한 정보를 제공한다.
④ 자주 실수하는 동작에 대해 반복적인 시범을 보여준다.

3 유아 신체활동의 내적 참여동기를 증진시키는 효과적 교수전략으로 옳지 않은 것은?

① 유아의 능력과 과제 난이도를 고려한 프로그램 제공을 통해 몰입을 돕는다.
② 학습과제 범위 내에서 유아에게 자율적 선택권을 부여한다.
③ 활동적으로 참여하는 유아를 격려하고 칭찬한다.
④ 프로그램 내 과제 수준을 동일하게 제공한다.

4 유아의 지각-운동 발달에 관한 설명으로 옳지 않은 것은?

① 유아기는 지각-운동 발달의 최적기이다.
② 지각이란 감각수용세포가 자극으로 들어온 정보를 뇌로 전달하는 것을 뜻한다.
③ 지각-운동 발달은 아동의 운동능력을 나타내는 중요 요소 중 하나이다.
④ 유아기의 지각-운동 학습경험이 많을수록 다양한 운동상황에 반응하는 적응력이 발달된다.

5 <보기>가 설명하는 것은?

〈 보기 〉

- 체온이 40℃ 이상으로 오른다.
- 땀이 전혀 흘리지 않거나 과도하게 많이 흘린다.
- 신체 내 열을 외부로 발산하지 못해 고체온 발생 및 중추신경계의 이상을 보인다.
- 신속한 체온감소 조치와 병원 후송이 필요하다.

① 일사병   ② 열사병   ③ 고체온증   ④ 열경련

6 <보기>의 ㉠~㉢에 해당하는 설명과 유아체육 프로그램의 구성원리가 올바르게 제시된 것은?

< 보기 >

㉠ 차기(kicking)의 개념 학습 후, 정지된 공에서 빠르게 움직이는 공의 순으로 수업을 설계한다.

㉡ 대근육 운동에서 소근육 운동으로 확장된 움직임 수업을 설계한다.

㉢ 발달 단계에 따른 민감기를 고려한 움직임 수업을 설계한다.

	㉠	㉡	㉢
①	연계성	전면성	특이성
②	다양성	방향성	적합성
③	연계성	방향성	적합성
④	다양성	적합성	개별성

7 <보기>의 ㉠~㉢에 들어갈 용어가 바르게 제시된 것은?

< 보기 >

㉠	• 일정 시기가 되면 자연히 발생되는 양적인 변화과정이다. • 신장, 체중, 신경조직, 세포증식의 확대에 의한 증가를 뜻한다.
㉡	• 신체, 운동, 심리적 측면에서 전 생애에 걸쳐 일어나는 체계적이고 연속적인 변화를 뜻한다. • 변화하는 속도에는 개인차가 있으며, 상승적 변화뿐 아니라 하강적 변화도 포함한다.
㉢	• 기능을 더 높은 수준으로 발전할 수 있도록 하는 질적 변화를 뜻한다. • 신체적, 생리적 변화뿐 아니라 행동 변화까지 포함한다.

	㉠	㉡	㉢
①	성숙	발달	성장
②	발달	성숙	성장
③	성장	발달	성숙
④	발달	성장	성숙

8 <보기>는 대근운동발달검사-Ⅱ (Test of Gross Motor Development-Ⅱ: TGMD-Ⅱ)의 영역별 검사항목이다. ㉠, ㉡에 들어갈 항목이 바르게 연결된 것은?

< 보기 >

구분	영역	세부 검사항목
대근운동 기술	이동 기술	달리기 제자리멀리뛰기 외발뛰 (㉡) 립 슬라이드
	(㉠)기술	공 던지기 공 받기 공 치기 공 차기 공 굴리기 공 튀기기

	㉠	㉡
①	안정성	갤롭(gallop)
②	물체 조작	피하기(dodging)
③	안정성	피하기(dodging)
④	물체 조작	갤롭(gallop)

9 <보기>는 인지발달 관점에 따른 주요 이론의 내용이다. ㉠~㉢에 들어갈 용어가 바르게 제시된 것은?

< 보기 >

이론	발달단계	주요 개념	인지발달의 방향
인지발달단계 이론	감각운동기 전조작기 구체적조작기 (㉡)	(㉢) 동화 조절	내부 → 외부
(㉠)	연속적 발달단계	내면화 (㉣) 비계설정	외부 → 내부

	㉠	㉡	㉢	㉣
①	정보처리 이론	형식적 조작기	부호화	기억기술
②	사회문화적 이론	형식적 조작기	평형화	근접발달영역
③	정보처리 이론	성숙적 조작기	부호화	근접발달영역
④	사회문화적 이론	성숙적 조작기	평형화	기억기술

10 반사 움직임 시기의 '정보 부호화 단계 (information encoding stage)'에 대한 설명으로 옳지 않은 것은?

① 피질의 발달과 특정 환경적 억제 요인의 감소 현상이 일어난다.
② 태아기를 거쳐 생후 약 4개월까지 관찰될 수 있는 불수의적 움직임의 특징을 보인다.
③ 뇌 줄기는 다양한 강도와 지속시간을 가진 여러 자극에 대해 불수의적 반응을 유발할 수 있다.
④ 뇌하부 중추는 운동 피질보다 더 많이 발달하며 태아와 신생아의 움직임을 제어하는데 필수적이다.

11 체육과 교육과정(2022)에서 추구하는 핵심적인 신체활동 역량의 내용이 아닌 것은?

① 움직임 수행 역량: 운동, 스포츠, 표현 활동 과정에서 동작에 필요한 지식, 기능, 태도를 다양한 상황에 적용하며 발달한다.
② 건강관리 역량: 체육과 내용 영역에서 학습한 신체활동을 일상생활에서 실천하며 함양한다.
③ 신체활동 문화 향유 역량: 각 신체활동 형식의 특성을 이해하고 인류가 축적한 문화적 소양을 내면화하여 공동체 속에서 실천하면서 길러진다.
④ 자기 주도성 역량: 신체적으로 활동적인 삶을 사는 데 필요한 움직임을 다양한 환경에서 수행하고 적용함으로써 길러진다.

12 <보기>의 지도자별 교수 방법이 바르게 연결된 것은?

< 보기 >

A 지도자: 콘을 지그재그로 통과하면서 드리블하는 시범을 보이고 따라 하게 유도한다. 실수하거나 느린 아이들은 지적하면서 동작을 수정해준다.

B 지도자: 아이들이 개별적으로 볼을 가지고 놀면서 자유롭게 드리블을 하게 한다. 모든 공간을 쓸 수 있게 허용한다. 어떠한 신체 부위를 사용하든지 관여하지 않는다.

C 지도자: 인사이드 드리블, 아웃사이드 드리블 등 다양한 유형의 기술을 시범 보인다. 이후에 아이들이 자신이 좋아하거나 잘하는 기술 위주로 자유롭게 선택하여 연습할 수 있도록 유도한다.

D 지도자: 활동 전 아이들에게 어떻게 하면 콘을 건드리지 않고 드리블해 나갈 수 있을지를 질문한 후 실제 활동을 하게 한다. 이후 다양한 수준을 가진 아이들의 수행을 관찰하게 한다.

① A 지도자: 탐색적(exploratory) 방법
② B 지도자: 과제 중심 접근(task-oriented) 방법
③ C 지도자: 지시적 교수법(command style teaching)
④ D 지도자: 안내-발견적(guide-discovery) 방법

13 <보기>는 퍼셀(M. Purcell)이 제시한 동작교육과정에 관한 내용이다. ㉠~㉢에 해당하는 용어가 바르게 연결된 것은?

< 보기 >

• (㉠): 전신의 움직임, 신체 부분의 움직임
• (㉡): 수준, 방향
• (㉢): 시간, 힘
• (관계): 파트너/그룹, 기구·교수 자료

	㉠	㉡	㉢
①	공간 인식	노력	신체 인식
②	신체 인식	공간 인식	노력
③	노력	신체 인식	공간 인식
④	신체 인식	노력	공간 인식

14 <보기>는 인간행동의 '역학적 요인'이다. ㉠~㉢에 들어갈 용어가 바르게 연결된 것은?

< 보기 >

• 안정성 요인: 중력 중심, 중력선, (㉠)
• 힘을 가하는 요인: 관성, (㉡), 작용/반작용
• 힘을 받는 요인: 표면적, (㉢)

	㉠	㉡	㉢
①	지지면	속도	거리
②	가속도	거리	지지면
③	지지면	거리	가속도
④	거리	가속도	지지면

15 <표>는 미국스포츠의학회(ACSM, 2022)의 '어린이와 청소년을 위한 FITT(빈도, 강도, 시간, 형태) 권고사항'이다. ㉠~㉢에 들어갈 용어가 바르게 연결된 것은?

< 보기 >

• 유산소 운동: 여러 가지 스포츠를 포함한 즐겁고 (㉠)에 적절한 활동

• 저항 운동: 신체활동은 (㉡) 되지 않은 활동이나 (㉡) 되고 적절하게 감독할 수 있는 활동으로 구성
• 뼈 강화 운동: 달리기, 줄넘기, 농구, 테니스 등과 같은 활동
• 시간: 하루 (㉢) 이상의 운동시간이 포함되도록 함

	㉠	㉡	㉢
①	기술 향상	분절화	60분
②	성장 발달	분절화	60분
③	성장 발달	구조화	40분
④	기술 향상	구조화	40분

16 기본 움직임 과제들의 '기술 내 발달 순서(intraskill sequences)'에 관한 설명으로 옳지 않은 것은?

① 기본 움직임 패턴에서 신체 부위들의 발달 속도는 서로 다를 수 있다.
② 기본 움직임 기술의 습득 및 성숙은 과제·개인·환경 요인들에 영향을 받는다.
③ 움직임 기술의 발달 단계 구분은 움직임 패턴의 특수성이나 관찰자의 정교함에 영향을 받지 않는다.
④ 갤러휴(D. Gallahue)와 클레랜드(F. Cleland)는 운동기술의 발달 순서에 대해 시작, 초보, 성숙으로 분류하였다.

17 '국민체력100'에서 제시하는 유아기 체력측정에 관한 설명으로 옳은 것만을 모두 고른 것은?

< 보기 >

ㄱ. 체력측정은 건강체력과 운동체력 항목으로 나뉜다.
ㄴ. 건강체력 측정의 세부항목으로는 10m 왕복 오래달리기, 상대악력, 윗몸말아올리기, 앉아윗몸앞으로굽히기 등이 있다.
ㄷ. 운동체력 측정의 세부항목으로는 5m×4 왕복달리기, 제자리멀리뛰기, 3×3 버튼누르기 등이 있다.

① ㄱ, ㄴ   ② ㄱ, ㄷ   ③ ㄴ, ㄷ   ④ ㄱ, ㄴ, ㄷ

18 유소년 운동프로그램 구성의 기본원리에 대한 설명으로 옳은 것만을 모두 고른 것은?

< 보기 >

ㄱ. 가역성의 원리: 운동을 중단하면 운동의 효과가 없어지므로 꾸준히 지속하는 것이 중요하다.
ㄴ. 전면성의 원리: 운동을 부상 없이 효과적으로 수행하기 위해서는 운동강도 및 운동량을 점차적으로 증가시켜야 한다.
ㄷ. 점진성의 원리: 신체의 특정 부위에 치중하지 않고, 전신 운동을 통해 신체를 균형 있게 발달시킨다.
ㄹ. 과부하의 원리: 운동 강도가 일상적인 활동보다 높아야 체력이 증진된다.

① ㄱ, ㄷ   ② ㄴ, ㄹ   ③ ㄱ, ㄴ, ㄷ   ④ ㄴ, ㄷ, ㄹ

19. <표>는 갤러휴(D. Gallahue)의 운동에 대한 2차원 모델이다. ㉠~㉢에 들어갈 내용이 바르게 연결된 것은?

운동발달 단계	움직임 과제의 의도된 기능		
	안정성	이동	조작
반사 움직임 단계	직립 반사	걷기 반사	(㉢)
초보 움직임 단계	(㉠)	포복하기	잡기
기본 움직임 단계	한발로 균형잡기	걷기	던지기
전문화 움직임 단계	축구 헤딩	(㉡)	야구 공치기

	㉠	㉡	㉢
①	포복하기	축구 골킥하기	손바닥 파악반사
②	머리와 목 제어	육상 허들 넘기	손바닥 파악반사
③	포복하기	육상 허들 넘기	목 가누기 반사
④	머리와 목 제어	축구 골킥하기	목 가누기 반사

20 <보기>의 동작에서 성숙단계로 발달하도록 지도하는 방법으로 적절하지 않은 것은?

< 보기 >

시작 단계의 드리블 동작

① 두 발을 벌리고, 내딛는 발의 반대편 손을 앞으로 내밀어 드리블하도록 지도한다.
② 허리 높이에서 몸통을 약간 앞으로 기울여 드리블하도록 지도한다.
③ 공을 튕길 때 손목 스냅을 이용하여 공을 바닥 쪽으로 밀어내도록 지도한다.
④ 공을 튕길 때 손바닥으로 공을 때리도록 지도한다.

※ 23년도 이전의 기출문제는 네이버 카페 단박에오름이나 스포츠지도자 연수원에서 다운 받으실 수 있습니다.

1	2	3	4	5	6	7	8	9	10
④	①	④	②	②	③	③	④	②	①
11	12	13	14	15	16	17	18	19	20
④	④	④	①	③	③	①	①	①	④

특수 체육론

1강 특수 체육의 개요 ··· 68

2강 장애 유형별 체육지도 전략 ···················· 84

기출문제 ··· 96

1. 특수체육의 개요

1. 특수 체육의 의미

<1> 특수 체육의 역사

1) 국제 장애인 스포츠 조직 및 장애인 스포츠 발전과정

(1) 장애인에 대한 사회적 태도의 역사

선사 ~ B.C. 500	특수 체육에 대한 노력이 없던 시기 신체적 장애를 가지고 태어난 아기를 악마의 저주로 간주하여 죽임
B.C. 500년 ~ A.D. 500년	특수 체육에 대한 노력이 없던 시기 장애인을 군사훈련의 목표물이나 오락의 대상으로 이용함
B.C. 500 ~ A.D. 1500	질병의 치료를 위한 운동의 활용 시작 장애인을 기도와 종교적 의식으로 치료하려는 시도가 시작됨
A.D. 1500 ~ 1800	장애인에 대한 인도적인 차원에서 처우가 시작됨
근대 이후 ~	장애인을 위한 운동처방 실시 특수 체육의 기초 확립과 발달 장애인에 대한 사회적 편견이 약화되고 장애인에 대한 사회적 서비스가 늘어남

(2) 장애인 스포츠의 역사

- 1870 – 미국 특수학교 청각장애인 야구선수단 조직
- 1948 – 제 1회 휠체어 국제경기 대회 개최
- 1960 – 제 1회 패럴림픽대회 개최
- 1968 – 제 1회 스페셜올림픽 대회(지적장애인 대상) 개최
- 1976 – 제 1회 동계 패럴림픽대회 개최

(3) 미국의 장애인 교육법(IDEA)

- 장애가 있는 학생들에 대한 교육 서비스와 지원을 규제하고 관리하는 데 사용되는 법률.
- 장애가 있는 학생들이 통합 교육 환경에서 교육을 받을 수 있도록 지원함.

□ 미국 장애인 교육법안 주요 용어

장애인 학생	신체적, 정신적, 학습 장애 또는 소통 장애 등의 다양한 장애를 가진 학생으로 법률적으로 보호를 받음
통합교육	장애가 있는 학생들을 비장애 학생들이 교육을 받는 일반 교실 환경에 통합하는 교육 방식
개별화된 교육 계획	장애가 있는 학생을 위한 개별적인 맞춤형 교육 계획을 작성하고 관리하기 위한 문서
정규 교사	통합 교육 환경에서 장애가 있는 학생들을 가르치는 일반 교사
특수 교육 교사	특수 교육 교사는 장애가 있는 학생들에게 특수 교육 서비스를 제공하고, '개별화된 교육 계획'에 따라 교육 계획을 실행하는 교사

(3) 우리나라 특수체육의 역사

태동기 1912~1987	• 특수학교 체육교과활동 시작 • 장애인체육대회 개최 • 각종 국제 대회 참가
기반 구축기 1988~2004	• 1988 서울 장애인 올림픽 대회 개최 • 장애인체육 조직 창립 • 특수체육학 정립 • 장애인체육대회 발전
도약기 2005~	• 장애인체육의 법적 기반 마련 • 대한 장애인체육회 설립 • 국제 장애인경기대회 개최

(4) 우리나라의 주요 법률

교육부 소관 법률	교육법, 특수교육진흥교육법 – 특수학교 및 특수학급의 설치와 의무교육과 차별금지, 개별화교육 등의 내용을 규정함
보건복지부 소관 법률	장애인복지법, 장애아동복지지원법, 발달장애인 권리보장 및 지원에 관한 법률 – 장애인 체육활동 활성화를 위해 시설, 환경 정비 및 관련 단체 지원과 서비스 지원, 정책개발 등을 규정함
문화체육관광부 소관 법률	국민체육진흥법(장애인 스포츠지도사 규정), 체육시설의 설치이용에 관한 법률, 국제경기대회지원법, 학교체육진흥법(장애인스포츠를 명문화)

<2> 특수체육의 개념 및 정의

1) 장애인 스포츠의 정의

(1) 장애인 스포츠의 개념

: 장애인의 운동 참여라는 체육의 기본적인 목표를 성취하기 위해 여러 변인들을 변화시킴으로써 운동 참여의 방해 요소를 최소화하고 운동 참여의 촉진 요소를 최대화시키는 학문(Sherrill)
체육의 하위분야로 장애가 있거나 신체활동에 어려움이 있어 심동적 문제를 가지고 있는 사람들을 대상으로 하는 체육

※ 특수체육의 목적은 심리·운동적 행위의 변화와 자아실현의 촉진이라는 일반체육의 목적과 동일함

(2) 장애인 스포츠의 특징

① 법률적 요구와 사정에 기초하여 제공되는 서비스

: 장애인교육법 혹은 특수교육진흥법을 통해 장애인들에게 제공되어야 하는 특수교육의 당위성이 규정됨

② 유아 및 청년기 등 전 연령층을 포함하는 서비스

: 모든 연령층의 장애인들을 대상으로 제공됨

③ 다양한 심리·운동적 수행을 고려한 서비스

: 장애학생들의 심리·운동적 문제의 원인을 찾고, 이러한 문제를 해결하기 위하여 스포츠를 활용한 중재전략을 적용함

④ 스포츠를 통한 사회화

: 일생 동안 신체활동에 참여하고 스포츠를 통해 사회화 과정을 경험할 수 있는 기회를 제공함

⑤ 연속적인 서비스의 제공

일시적이고 단순한 적응훈련이 아닌 일생을 통해 스포츠에 참여할 수 있도록 연속적인 서비스를 제공함

⑥ 사회 생태적 관점의 지향

: 장애인의 행동만 변화시키는 것으로 충분하지 않으며 사회적 환경 전체를 변화시키는 것을 목적으로 함

(3) 장애인 스포츠의 의의
: 장애로 인해 활동에 어려움을 겪는 사람들이 일반인과 차이 없이 함께 통합교육, 통합체육, 통합스포츠에 참여 할 수 있도록 건강과 복지를 향상시키는 역할을 수행함

2) 장애인의 분류

(1) 특수교육대상자(장애인 등에 대한 특수교육법 제 15조)

특수교육대상자	선정기준
시각장애	시각기능 불능, 보조공학기기 사용
청각장애	보청기 착용 의사소통불가, 청각 교육적 성취 곤란
정신지체	지적 기능과 적응행동상 교육적 성취 곤란
지체장애	기능·형태상 장애, 지체 움직임 곤란
정서·행동장애	장기간 학습곤란, 대인관계 곤란, 부정적 행동과 감정, 우울증, 공포 등
자폐성장애	사회적 상호작용과 의사소통 결함, 제한적·반복적 관심과 활동
의사소통장애	언어 수용 및 표현 능력, 조음능력, 말 유창성, 기능적 음성장애
학습장애	학습기능, 학업 성취 영역 곤란
건강장애	만성질환으로 3개월 이상 장기 의료 지원 필요
발달지체	발달이 또래에 비해 현저하게 지체된 9세 미만의 아동

(2) 장애인 스포츠에 참여할 수 있는 장애 분류

대회명	장애 / 등급분류		특징
패럴림픽	지체장애	근력 손상	하지·사지 마비, 근위축증, 회백질척수염(소아마비), 척추 이분증 등
		관절장애	수동 관절 가동범위 손상
		사지결손	절단 및 기형
		하지차이	다리 길이의 차이
		작은 키	왜소증, 연골무형성
		경직성(긴장과도)	비정상적인 근육긴장의 증가와 이완능력 감소
		운동 실조증	근육운동 조절 손상
		무정위 운동증	불균형, 무의식적 움직임과 균형잡힌 자세 유지의 어려움
		시력 손상	시력 손상, 법적인 시각장애인
		지적 손상	지적 기능의 심한 손상 및 연관된 적응 행동의 제한
데플림픽	청각 손상		청각장애 최소 55dB 청력 손실
스페셜올림픽	지적 장애		지적장애 8세 이상

<3> 특수 체육의 방향과 가치 추구

1) 특수 체육의 방향

(1) 사회통합을 위한 통합지도
: 장애인과 비장애인을 같은 환경에서 교육시키거나 체육 서비스를 제공함으로써 모든 사람에게 적절한 수준으로 프로그램을 제공하고 활동에 필요한 사항을 적절히 지원하여 스포츠와 신체활동에 참여할 기회를 주는 것

(2) 특수 체육의 방향
: 장애로 인해 활동에 어려움을 겪는 사람들이 일반인과 차이 없이 함께 통합교육, 통합체육, 통합스포츠에 참여 할 수 있도록 건강과 복지를 향상시키는 역할

2) 특수체육의 가치

(1) 정상화
: 장애가 있는 사람도 일반인처럼 생활할 수 있도록 사회적·환경적 장애를 최소화함으로써 일반 사회에 가능한 한 무난하게 적응해 갈 수 있도록 하는 것

(2) 권한부여
: 장애인 개인이나 집단에게 권한, 기술, 자신감을 부여하여 그들이 자신의 삶이나 상황을 통제하고 결정할 수 있는 능력을 갖도록 하는 일. 참여자들이 더 자립적이 되고 자신의 선택과 행동에 대한 더 큰 통제를 가질 수 있도록 하기 위해 필요한 지식, 능력 및 자원을 개발하도록 하는 것을 의미함.

(2) LRE - 제한 환경의 최소화
: 장애가 있는 학생을 그가 가진 능력에 가장 적합한 환경에 배치하는 일

※ 경기 참여 방식에 따른 LRE의 정도

통합의 정도	참가 기준	LRE
일반 스포츠	모든 선수에게 동일한 기준을 적용함	최소 ↑ ↓ 최대
일반 스포츠의 적용	경기결과에 영향을 주지 않는 시설이나 기구의 이용이 가능함	
일반스포츠와 장애인 스포츠	장애 구분 없이 경기에 함께 참여하며 룰의 변형이 없음	
통합된 장애인 스포츠	장애인 선수와 일반 선수가 규칙을 변형하여 함께 참가함	
분리된 장애인스포츠	장애 선수만 참가함	

(3) 통합교육(통합체육)의 장점과 단점

장점	• 장애 학생의 양호한 운동수행능력을 발휘할 기회를 제공 • 장애학생과 비장애학생의 상호 이해의 기회 제공 • 정상화의 실현 • 장애학생에게 동기 제공 • 학교예산 절감
단점	• 장애학생을 위한 별도의 시설 및 기구 필요 • 특별한 프로그램을 위한 계획 및 준비과정 필요 • 특수체육을 위한 인력 필요 • 다양한 장애 학생에 대한 대응이 어려움 • 대규모 수업일 때 각 학생의 니즈에 대응하지 못할 가능성이 높음

(4) 성공적인 통합지도를 위한 조건

- 장애인과 비장애인의 상호작용을 촉진시킬 수 있을 것
- 모든 참여자의 요구를 충족시킬 수 있을 것
- 자존감을 향상시킬 수 있을 것
- 충분한 신체활동을 제공할 수 있을 것
- 안전한 활동이 보장될 것

3) 장애인 스포츠와 관련된 주요 관점(최승오, 2013)

(1) 장애에 관한 인식

도덕 모델	장애를 장애인이나 그의 부모의 나쁜 행동의 결과로 해석하는 경향
자비 모델	장애인을 환경적 요인의 피해자로서 정의하는 경향
의학 모델	장애는 개인의 신체의 결함으로 인식하는 경향
사회 모델	장애나 장애로 인한 차별을 '사회' 혹은 '환경'에서 찾으려는 경향
경제 모델	장애를 생산적 활동에 참여하지 못하는 능력으로 정의하는 경향
인권 모델	장애와 장애로 인한 차별을 인권적 차원에서 접근하려는 경향
사회 교육 모델	장애인이 교육을 통해 스스로의 장애조건을 변화시킬 수 있는 주체라고 여기는 경향

(2) 특수체육과 장애인의 권리

- 장애인 스스로가 자신의 삶에 대한 통제권을 가질 수 있도록 함
- 장애인 스스로 장애인을 위한 서비스에 대한 의존성을 줄일 수 있도록 함
- 장애인은 스스로의 삶을 결정할 수 있는 자결성을 향상시킴

(3) 장애인 스포츠의 사회적 근거

- 신체적·정신적 기술을 제공하여 직업 활동을 가능하게 함
- 개인적·사회적 생산성을 증가시켜주고 사회적 복지비용을 낮춤

2. 특수 체육에서 사용하는 사정과 측정도구

<1> 사정(assessment)의 의미와 가치

1) 사정의 개념
 : 측정을 통하여 장애의 정도와 적합한 신체활동의 수준 등을 파악하고 교육적 의사결정을 위한 자료를 수집하는 활동

2) 사정의 목적
- 발달상의 지체가 있는 학생을 확인함
- 손상된 기능과 특성을 진단함
- 개별화 교육을 위한 정보를 확보하고 적절한 배치의 준거 마련함
- 장애학생의 특별한 요구를 확인함
- 장애학생의 진보 정도를 평가함

3) 사정(assessment)의 가치
 : 장애인의 요구와 능력을 파악하는 역할
 : 요구에 맞는 프로그램의 계획과 진행된 프로그램의 성과를 확인하는 역할

※ 관련 개념
- 선별 : 효율적이고 경제적인 평가를 통하여 더 심층적인 평가를 진행할 것인가를 결정하는 과정
- 진단 : 어떤 상태의 특성과 원인을 파악하는 과정
- 평가 : 수집된 자료에 근거를 둔 가치판단을 통하여 교육적 의사결정을 내리는 과정
- 측정 : 양적 자료를 수집하는 과정

<2> 진단과 평가의 활용 및 다양한 검사 방식

1) 준거지향적 사정과 규준지향적 사정

(1) 준거지향적 사정과 규준지향적 사정의 개념

준거지향적 사정	• 사전에 설정된 숙달기준인 준거에 대상자의 점수를 비교하여 특정 영역에서의 대상자의 수준에 대한 정보를 수집하는 검사 • 특정 기술이나 체력 등의 수준을 파악함 • 프로그램의 계획 및 평가에 사용함 • 거의 유사한 난이도의 문항을 사용함
규준지향적 사정	• 동일한 특성을 가진 사람들의 점수 분포인 규준에 검사 대상자의 점수를 비교하여 정보를 수집하는 검사 • 동일 집단 내에서의 상대적 위치를 파악함 • 대상자의 선별, 진단, 배치에 사용 • 다양한 난이도의 문항을 사용함

(2) 규준지향검사와 준거지향검사의 장점과 단점

	장점	단점
규준지향 (결과 중심)	• 해석이 용이하고, 측정이 단순함 • 검사 경험이 많지 않아도 됨 • 또래와 비교 가능함 • 부모가 이해하기 쉬움	• 지적장애가 있는 사람을 위한 규준이 적음 • 융통성이 부족하고 수정이 어려움 • IEP(개별화 교육계획) 작성과 프로그램 구성에 도움이 되지 못함
준거지향 (과정 중심)	• 항목의 수정이 유연하고 용이함 • 개인의 요구사항을 충족함 • 개별적 프로파일의 제공이 가능함	• 또래와의 비교 어려움 • 경험이 많은 검사자가 필요함 • 통계적으로 표준화된 검사가 많지 않음

2) 생태학적 사정

: 기능적인 접근방법을 강조함

: 대상자의 현재 또는 미래의 환경과 관련하여 가장 자연스러운 환경에서 실제로 필요로 하는 기술을 중심으로 사정하고 지도하는 것

3) 현장중심적 사정

: 일상적 환경에서 자연스럽게 일과에 참여하는 동안 이루어지는 구체적인 행동에 초점을 두어 관찰하면서 사정하는 것

: 임상적 관찰에 비해 타당도나 신뢰도는 낮지만, 실제의 생활 현장에서의 행동을 바탕으로 한다는 장점이 있음

4) 결과중심적 사정과 과정중심적 사정

결과중심적 사정	• 검사도구를 사용하여 그 결과를 동일 집단과 비교함으로서 교육활동을 시작해야 하는 시점을 파악하는 사정
과정중심적 사정	• 대상자가 검사자나 환경에 상호작용하는 과정을 관찰하여 자료를 수집하는 사정 • 대상자의 능력이나 특수한 요구사항을 파악하기 위한 대안이 될 수 있음

<3> 장애인 대상 검사도구

1) TGMD

(1) TGMD의 개념

- 3~10세 아동의 대근운동발 수준을 검사하는 표준화된 검사도구
- 기본운동 능력을 확인하는 도구로 활용됨
- 1985년 개발(TGMD)
- 2000년 개정(TGMD2)
- 장애인들만에 특화된 검사도구는 아님

(2) TGMD로 검사종목(대근운동기술)

① 이동기술

- 달리기
- 갤로핑(앞발을 내디딘 후 뒷발을 앞발 뒤꿈치에 가깝게 내딛으며 뛰는 동작)
- 호핑(한 발로만 뛰기)
- 리핑(건너뛰기)
- 제자리 멀리뛰기
- 스키핑(스텝과 호핑을 번갈아 하기)
- 슬라이딩(옆걸음으로 뛰기)

② 물체조작기술
- 치기
- 튕기기
- 받기
- 차기
- 오버핸드 던지기

2) BPFT

(1) BPFT의 개념
- 미국 뉴욕주립대 브록포트 칼리지의 Winnick와 Short가 개발한 체력검사
- 10~17세의 척수장애, 뇌성마비, 절단장애, 지적장애, 시각장애 및 비장애아동이 대상

(2) BPFT의 중요한 특징
- 10~17세까지의 척수장애, 뇌성마비, 절단장애, 지적장애, 시각장애인과 일반인에게 적용할 수 있는 건강관련 체력검사
- 장애유형에 따른 검사항목별 검사방법이 구분되어 있음
- 연령대별 건강기준과 권장기준을 확인할 수 있음

(3) BPFT의 검사종목
- 심폐능력, 신체조성, 유연성, 근력 및 지구력 등의 27개 항목으로 구성됨

(4) BPFT의 검사의 절차
- 검사 전 프로파일 작성 → 검사항목 선정 → 측정 → 준거점수와 비교분석 → 결과에 대한 프로파일 작성 → 운동계획 작성

<4> 과제의 분석과 활용

1) 진단과 평가의 활용

※ 진단과 평가시의 주의 사항
- 여러 가지 사정을 활용할 것
- 검사 전에 학습자와 검사자가 친숙해질 수 있는 시간을 가질 것
- 타당성이 높은 도구를 사용할 것
- 학습자의 특성을 고려하여 검사 도구를 선택할 것
- 지도자의 직접 관찰을 활용하여 자료를 수집할 것
- 검사 전에 충분한 연습 시간을 줄 것

3. 특수체육 지도전략(IEP(개별화 교육계획)의 적용)

<1> IEP(개별화 교육계획)의 적용

1) IEP의 개념과 의의

(1) 개념
: 특수교육대상자의 능력을 계발하기위해 장애유형 및 장애특성에 적합한 교육목표, 교육방법, 교육내용, 특수교육 관련 서비스 등이 포함된 계획을 수립하여 실시하는 교육

(2) 의의
- 개별학생의 특성에 따른 교육의 보장
- 학교 및 가정의 역할의 확대와 연대의 실현
- 부모와 학교 간의 의사소통 수단

(3) IEP의 법률적 근거

※ 장애인 등에 관한 교육법 제22조와 시행규칙 제4조의 내용

① 각급 학교의 장은 매 학년의 시작일부터 2주 이내에 각각의 특수교육대상자에 대한 개별화교육지원팀을 구성하여야 한다.
② 특수교육대상자의 교육적 요구에 적합한 교육을 제공하기 위해 보호자, 특수교육교원, 일반교육교원, 진로 및 직업교육 담당교원, 특수교육 관련 서비스 담당인력 등으로 개별화교육지원팀을 구성한다.
③ 개별화교육지원팀은 매 학기에 시작일부터 30일 이내에 개별화교육계획을 작성하여야 한다.
④ 개별화교육계획에는 특수교육대상자의 인적사항과 특별한 교육지원이 필요한 영역의 현재 학습수행수준, 교육목표, 교육내용, 교육방법, 평가계획 및 제공할 특수교육 관련 서비스의 내용과 방법 등이 포함되어야 한다.
⑤ 각급 학교의 장은 매 학기마다 개별화교육계획에 따른 각각의 특수교육대상자의 학업 성취도 평가를 실시하고, 그 결과를 특수교육대상자 또는 그 보호자에게 통보하여야 한다.

(4) IEP의 역할
- 관리도구 – 특정학생에게 시행되고 있는 교육 서비스를 파악하는 기능
- 점검도구 – 서비스 제공의 효율성과 자원의 효과적 사용을 평가하는 기능
- 평가도구 – 계획된 목표와 학생의 진보가 어느 정도 일치하고 있는가를 확인하는 평가의 기능
- 의사소통도구 – 부모와 학교 사이의 의사소통의 기능

(5) IEP의 개발 절차
- 개별화교육지원팀의 구성 → 학생의 기능에 대한 평가 → 지도 계획 작성 → 개별화교육의 실행 → 학생의 기능에 대한 재평가

(6) IEP의 구성요소
- 현재의 수행수준
- 연간목표와 단기목표
- 특수 교육서비스와 관련서비스, 보조 서비스의 내용
- 정규교과과정의 참여
- 평가방법의 변형
- 서비스 계획
- 전환서비스에 대한 계획과 준비

<2> 활동 변형

1) 활동 변형의 의미와 주의 사항

(1) 개념

: 대상자의 신체적·정신적발달의 특성에 따라 활동 내용 및 환경 요소를 변형하는 것

(2) 변형의 대상

① 체육시설과 환경의 변형

: 장애인의 접근성, 안전성, 흥미 등을 고려하여 스포츠 활동이 이루어지는 공간을 변형하여 제공하는 일

※ **환경변형의 고려 사항**

- 접근성
- 안전성
- 참가자의 흥미

② 용기구의 변형

: 개인의 특성과 활동 유형에 따라 개별 대상자에게 맞는 최적의 용기구를 제공하는 일

※ 무조건적 변형보다는 꼭 필요 시에만 용·기구의 변형이 이루어지는 것이 바람직함

③ 규칙 변형의 주의 사항

- 최소한의 규칙만을 사용
- 참여를 극대화하는 방향으로 변형
- 활동의 본질적인 특성을 제거하지 않을 것
- 반드시 필요한 경우에만 활동을 수정할 것
- 창의성과 임기응변을 발휘할 것
- 실패한 경우 수정 보완하여 재시도할 것

2) 장애유형에 따른 변형

(1) 지체장애인에 맞춘 변형

: 장애인들의 보조기구나 장비들에 대한 기본적 이해가 필요함

※ **변형의 대상**

- 장소와 시설의 크기
- 용기구 유형과 크기
- 경기규칙
- 경기 시간
- 점수

(2) 지적장애인에 맞춘 변형
: 운동학습능력, 주의집중 저하, 동기부족 등에 대한 고려가 필요함

※ **변형의 고려사항**

- 흥미와 관심을 유도
- 경기규칙을 단순하고 쉽게 수정
- 활동공간의 정리 정돈
- 간단명료한 지도
- 개인능력에 대한 고려
- 반복학습
- 전체 동작에서 세부 동작 순으로 지도
- 다양한 강화도구의 사용
- 다양한 교수법의 적용

(3) 자폐성 장애인
: 자폐성 장애인의 활동 참여를 어렵게 하는 특유의 요인을 고려할 것

※ **변형의 고려사항**

- 시각적·촉각 중심의 지도
- 경기규칙의 단순화
- 시설, 공간 환경, 일정 및 분위기의 일관성 있는 유지
- 간단명료한 지도
- 개인능력에 대한 고려
- 경쟁적이거나 접촉이 많은 활동을 줄일 것
- 보조지도자, 자원봉사자 등을 충분히 확보할 것
- 활동공간의 단순화와 정리 정돈
- 다양한 강화도구의 사용
- 다양한 교수법의 적용

(4) 시각장애인
: 시각장애인의 특성을 고려하여 청각적 단서나 촉각적 정보를 충분히 제공할 것

※ **변형의 고려사항**

- 청각적 단서를 제공할 것
- 촉각·시각적 단서를 강하게 제공할 것
- 안전을 위해 장비와 시설에 대한 자세한 설명을 제공할 것
- 시설과 용기구의 위치와 작동 등을 계획적으로 구성할 것
- 활동 공간은 잘 정돈할 것
- 바닥, 벽, 모서리 등에서 부상 요인을 제거할 것
- 움직임에 대한 단서를 제공하고 동작을 촉각적으로 이해할 수 있는 기회를 줄 것
- 충분한 연습 또는 지도시간을 확보할 것
- 동작 파트너를 설정하는 버디시스템(buddy system)을 적극 활용할 것
- 다양한 교수법의 적용

(5) 청각장애인
: 청각장애인도 신체활동에 제약이 크다는 사실을 고려할 것

※ **변형의 고려사항**
- 언어적 지도보다 시범을 통해 지도할 것
- 지도자는 태양이나 조명을 등지지 말 것
- 손짓, 전등, 깃발 등 약속된 신호를 정할 것
- 지도자는 수화, 구화 등 기본적인 능력을 갖출 것
- 청력이 손상될 수 있는 활동을 조심할 것
- 지도자의 입모양을 정확히 보여줄 것
- 소음이 심하거나 기타 자극이 많은 곳을 피할 것

<3> 수업 스타일 및 방식 - 교육학의 교수스타일 참고

1) 교수자에 따른 접근

지도자 중심의 지도	• 엄격한 통제 방식으로 지도의 결정권한이 지도자나 관리 기관에 있는 지도방식 • 참여자의 개인능력보다는 전체 참여자의 능력에 관심을 둠 • 빠르고 원활한 계획 및 진행이 가능하지만 참여자의 자발성이 저하되고 내적 동기유발이 무시될 수 있음
참여자 중심의 지도	• 민주적 방식으로 진행되는 지도방식 • 모든 참여자의 욕구와 흥미를 고려함 • 개인에게 맞는 진도와 일정, 사정을 고려하여 참여자의 능력에 맞게 지도함

2) 지도방식에 따른 접근

일대일 방식	개별화된 지도를 위해 참여자의 지도자가 일대일로 지도하는 방식
소그룹 방식	2~10명의 참여자와 1명의 지도자 또는 보조지도자로 이루어지는 방식
대그룹 방식	전체 참여자의 팀, 학급에 한 명 이상의 지도자나 보조지도자로 구성되어 지도하는 방식
혼합 방식	동일한 수업시간 안에 다양한 방법으로 지도하는 방식
또래교수(동료교수) 방식	한 참여자가 또래교사가 되어 다른 참여자를 지도하는 방식
스테이션 교수 방식	소단위로 분류하여 기술을 연습시키도록 순회하는 몇 개의 구역을 설치하여 지도하는 방식

3) 지도 형태에 따른 접근

명령형 지도 방식	지도자가 통제권을 갖고 주입식으로 교육시키는 형태의 지도 방식
과제형 지도 방식	개인의 능력에 따라 과제를 제시하여 참여자가 목표에 도달하게 유도하는 지도 방식
문제 해결형 지도 방식	참여자들이 스스로 문제를 해결하도록 유도하여 참여자들의 능동적인 참여를 끌어내는 지도 방식

<4> 특수체육 지도에서의 행동관리

1) 행동관리의 유의사항(David, 2011)

- 목표, 태도, 행동에 있어 일관성을 가질 것
- 학생들을 차별하지 말 것
- 변덕스러운 태도를 버릴 것
- 다른 사람들 앞에서 비난하지 말 것
- 한 사람에게만 특정한 과제를 부여하지 말 것
- 점수와 성적을 공개해서 비교하지 말 것
- 빈정대지 말 것
- 애매하거나 부정적인 말을 하지 말 것
- 체벌하지 말 것
- 실제 행동보다 과잉 처벌하지 말 것
- 행동과 관련 없는 처벌을 내리지 말 것
- 반복되는 문제행동이나 부적절한 행동을 방치하지 말 것
- 자신의 스케줄에 맞추어서 처벌을 미루지 말 것
- 위협을 주지 말 것
- 잘못이 이해되지 않은 상태에서 윽박지르지 말 것
- 운동을 처벌로 내리지 말 것
- 한 사람으로 인해 모두에게 벌을 내리지 말 것

2) 행동관리 전략

(1) 강화기법

※ 강화의 유형

정적 강화	보상이나 처벌을 제공하여 강화를 이끌어내는 방법
부적 강화	보상이나 처벌을 삭감하여 강화를 이끌어내는 방법

(2) 긍정적 행동의 증가를 위한 기법

칭찬	언어, 비언어적 방법으로 바람직한 행동에 대해 격려와 지지를 보내는 것
토큰	토큰(스티커) 등을 수집하여 다른 강화요인과 교환할 수 있는 토큰이나 스티커를 사용하는 방법
프리맥의 원리	수행자가 싫어하는 과제를 해내면 좋아하는 과제를 하는 것을 허락함으로써 강화를 실현하는 방법
행동 계약	지도자와 아동, 부모와 아동 간에 행동을 약속하고 계약서에 명시하는 방법
용암법	처음의 지원이나 도움(촉진, 강화물)을 점진적이고 체계적으로 제거하는 것
행동조형	미리 설정한 세분화된 행동목표에 따라 바람직한 수업행동이 일어날 수 있도록 점진적이고 계열화된 강화

(3) 행동의 제거 및 감소 기법

타임아웃	정해진 시간 동안 정적 강화의 환경에서 제외시키는 기법
과잉교정	부적절한 행동을 교정하기 위해 문제 행동과 연관된 바람직한 행동을 반복시키는 일
소거	특정행동을 유지·증가시키는 특정 강화물을 철회함으로써 문제행동을 제거하는 기법
포화	참여자의 문제행동을 싫증날 때까지 반복하게 하여 문제행동을 줄이는 방법

<5> 장애와 운동발달

1) 발달의 원리
- 발달은 연속성을 가지며 배 속에서 수정된 후 신생아로 태어나서 사망에 이르기까지 연속적으로 이루어지는 과정
- 발달은 순서의 동일성을 가진다.
- 발달은 신경학적 성숙과 관련을 가진다.
- 발달은 대근육에서 소근육으로 진행된다.
- 발달은 몸 중심에서 말초 부위로 발달한다.
- 발달은 한 방향으로만 이루어진다.
- 발달은 수평적 동작에서 수직적 동작으로 발달한다.
- 발달에는 개인차가 있다.

2) 운동발달 형태별 특징

(1) 반사운동
: 사람이 태어나서 최초로 하는 운동, 불수의적 움직임

※ 신경계의 이상으로 발달의 지체를 보이는 유아의 특징
- 반사 반응이 없음
- 반사 반응이 약함
- 비대칭 반사 반응이 나타남
- 반사반응이 사라지지 않음

(2) 기초운동
- 앉기, 잡기, 기기, 서기, 뻗기 등의 움직임 형태
- 중추신경장애, 정신장애, 정형외과적 장애 등이 있을 때 기초운동의 발달 지체가 초래됨

(3) 기본운동
- 걷기, 달리기, 차기, 던지기, 받기, 오르기, 구르기 등의 기본적 동작 형태
- 장애아동의 경우 움직임이 정교해질수록 비장애아동과의 발달의 차이가 두드러지기 시작함
- 신체적 문제뿐만 아니라 학습능력의 제약과 잘못된 교수방법으로 문제가 가중됨

(4) 전문적 운동 형태
- 기본운동능력의 발달과 전이를 통해 레크리에이션이나 스포츠 활동 능력으로 발달하는 형태
- 이 과정의 교육을 통해 장애인의 자립심을 향상시키고 자존감을 향상시키며 지역사회 참여와 통합에 기여할 수 있음

<6> 장애와 체력 육성

1) 장애인의 체력 측정

(1) 체력 측정의 원칙
- 신체활동의 가능성을 측정할 것 - 개인의 가능성을 찾아내어 이를 지원하여 신체활동을 성공적으로 참여하게 하는 것에 목적을 둘 것
- 신체활동의 다양한 분야를 측정할 - 다양한 측정방법을 준비하여 다양한 능력을 측정할 것
- '0점'이 없는 측정을 선택할 것 - 장애가 심한 사람도 측정에 참여하여 최소한의 수행이 가능한 정도의 측정일 것

(2) 체력 측정 시 고려사항

- 측정방법 선정 시 신뢰도와 타당도를 확보할 것
- 측정자는 검사에 대한 충분한 지식과 경험을 가질 것
- 측정에 적합한 장소를 선정할 것
- 수행보조자나 수화통역사 등을 배치할 것
- 체력 이외의 다양한 측면을 특정하여 프로그램 구성에 반영할 것
- 체력요인별 측정방법을 다양하게 준비할 것
- 지적장애의 경우 익숙한 종목으로 측정할 것
- 장애에 맞게 종목과 도구를 변형할 것
- 가급적 준거지향검사를 활용할 것

2) 장애인의 체력의 육성

(1) 장애인의 체력육성의 원칙

- 개인의 능력에 맞게 적용한다.
- 개인의 특성에 맞게 운동 강도를 서서히 올린다.
- 운동 횟수를 서서히 늘린다.
- 지속적으로 오래 수행할 수 있게 한다.
- 흥미를 상실하지 않게 한다.

(2) 장애인의 체력육성 방법

: 장애유형, 장애정도, 운동 목적, 성, 연령, 체격조건, 요인별 체력수준, 운동 욕구와 관심, 병력, 습관, 생활환경, 선호운동 등을 고려할 것

① 운동종목의 선정

- 개인의 선호와 관심이 큰 종목
- 개인 또는 다른 참여자와의 통합이 가능한 종목
- 장애의 정도·특성·신체조건에 맞는 종목
- 장애인의 상황에서 접근이 쉬운 종목
- 자신의 운동기능에 맞는 종목
- 개인의 경제적인 부담이 적절한 종목

② 운동 강도(intensity)

㉠ 심박수에 의한 운동강도 설정

- 목표심박수(THR)=[220 − 나이 − 안정 시 심박수(RHR)] × 운동강도 + 안정 시 심박수(RHR)

※ 개인의 특성에 따라 운동강도를 조절할 필요가 있음

㉡ Borg 척도의 운동자각도(PRE)에 의한 설정

레벨	기준 척도
6	
7	몹시 가볍다
8	
9	매우 가볍다
10	
11	적당히 가볍다
12	

13	다소 힘들다
14	
15	힘들다
16	
17	매우 힘들다
18	
19	몹시 힘들다
20	

※ 일반적으로 12~16의 범위가 적당함

③ **운동시간(duration)**
- 운동의 목적에 따라 조절할 것
- 장애인의 경우 적응단계를 거치는 것이 필요함

④ **운동빈도(frequency)**
- 장애인의 경우 운동 강도는 약하게 하고 운동 빈도를 높이는 것이 좋음
- 운동 강도를 얼마나 높게 하느냐보다 얼마나 자주 운동하느냐가 더 중요함

〈7〉 장애인 스포츠 프로그램의 개발과 적용

1) 장애인 스포츠 프로그램의 의의

(1) 장애인 스포츠 프로그램의 목표
- 신체적 발달
- 사회적 발달
- 인지적 발달
- 정서적 발달

(2) 효과와 가치
- 건강과 체력 증진을 포함하여 치료에 효과적인 수단
- 신체의 기능 증진, 운동기능 증진과 발달을 위한 수단
- 심리적 안정과 스트레스 해소에 효과적
- 대인관계 형성과 다양한 사회 경험에 효과적인 수단
- 체육활동은 건전한 여가 선용에 효과적인 수단

2) 장애인 스포츠 프로그램의 개발

(1) 프로그램의 개발 및 진행순서

① 계획 단계	욕구조사, 단기목표, 장기목표, 예산확보, 시설, 지도자, 프로그램 구성, 사업계획서 작성 등 사업계획을 수립하는 단계
② 준비 단계	대상자 선정, 홍보 및 수집, 진단 및 사정, 상담 배치 및 그룹 형성 등 프로그램 실시에 필요한 제반 사항을 준비하는 단계
③ 실행 단계	계획하고 준비한 내용들을 사업계획서에 의거하여 실제 프로그램을 실시하는 단계
④ 평가 단계	프로그램 실시 후 프로그램의 효과, 효율, 만족도 등을 평가하는 단계

02강 장애유형별 체육지도 전략

1. 지적장애, 정서장애, 자폐성장애 등의 특성과 지도 전략

<1> 지적장애의 특성 및 체육활동 지도방법

1) 지적 장애의 유형

(1) 염색체 이상에 따른 지적 장애

① 다운증후군(Down Syndrome)
- 21번 염색체가 3개(총 염색체 수가 47개)
- 선천성 심장결함 및 백혈병 가능성이 높고 호흡계 감염이 잦음
- 머리가 작고 뒷머리가 납작함
- 눈꼬리가 위로 올라감. 작은 구강으로 인해 혀가 내밀어짐
- 코가 낮고 손가락이 짧음
- 엄지 및 검지발가락 사이가 넓음
- 지능에 비해 적응력이 강함
- 명랑하고 사회적인 성격을 가짐

② 터너 증후군(Turner Syndrome)
- 45번 염색체에 X 염색체(성염색체) 하나만 있음(여자에게만 나타남)
- 2차 성징이 나타나지 않음
- 림프 부종, 신장 및 심장의 이상이 나타나기도 함
- 작은 키, 삼각형의 얼굴형, 앞쪽으로 향해 있는 귀, 물고기 모양의 입, 좁고 높은 구개, 두껍고 짧은 목, 방패형 가슴, 몸의 중심에서 밖으로 향해 있는 팔꿈치, 손톱의 발육부전, 짧은 4번째 손가락과 4번째 발가락 등의 신체적 특징이 나타남
- 운동능력 결손, 주의집중 및 시지각 기술에서의 문제 발생
- 사회성의 부족

③ 윌리엄스 증후군(Williams Syndrome)
- 7번 염색체 이상과 관련된 근접 유전자 증후군
- 심장과 혈관의 기형이 나타나기도 함
- 위로 솟은 작은 코끝, 긴 인중, 큰 입, 두툼한 입술, 작은 볼, 부은 듯한 눈두덩이, 손톱의 형성부전, 엄지발가락의 외반증 등의 특징
- 낯선 사람을 두려워하지 않음
- 대부분의 연령대에 걸쳐 불안장애가 나타남

(2) 유전자 오류에 의한 지적 장애

① 약체 X 증후군
- X 염색체 장완의 끝이 약해서 발생
- 강박증, 과잉행동, 집중력 결핍, 기분변동, 자폐증 등
- 턱과 코가 크고 사춘기 이후 고환의 크기가 매우 커짐
- 관절의 과신전, 사시, 잦은 삼출성 중이염, 경련 등

② 프래더-윌리 증후군
- 15번 염색체에서 아버지로부터 특정 유전자를 물려받지 못하여 발생
- 불임, 저혈압, 당뇨병, 사시, 척추측만증, 비만이 나타남
- 작은 손과 발, 높고 좁은 이마, 아몬드 모양의 눈이 특징
- 모든 연령대에 걸쳐 흔한 강박장애와 충동조절장애가 발생
- 관절의 과신전

2) 지적 장애인의 일반적 특성
- 낮은 주의집중력
- 낮은 인지적 능력으로 인한 낮은 심동적 능력
- 사회적 상황에서 적절하게 행동하는 것을 어려워 함

3) 지적장애의 분류

(1) 지능검사 점수에 의한 분류

경도(mild) 정신지체	IQ 50~55 ~ 70~75
중등도(moderate) 정신지체	IQ 35~40 ~ 50~55
중도 (severe) 정신지체	IQ 20~25 ~ 35~40
최중도(profound) 정신지체	IQ 20~25 이하

(2) 지적장애의 판정 기준

1급	지능지수 34 이하인 사람으로 일상생활과 사회생활의 적응이 현저하게 곤란하여 일생동안 타인의 보호가 필요한 사람
2급	지능지수 35 이상 49 이하인 사람으로 일상생활의 단순한 행동을 훈련시킬 수 있고, 어느 정도의 감독과 도움을 받으면 복잡하지 않고 특수기술을 요하지 않는 직업을 가질 수 있는 사람
3급	지능지소 50 이상 70 이하인 사람으로 교육을 통한 사회적·직업적 재활이 가능한 사람

4) 지적 장애인을 위한 스포츠 지도전략
- 과제의 난이도를 지나치게 낮추거나 변형하지 말 것
- 지적장애로 인해 운동과제의 수행이 어려울 경우에만 운동규칙, 장비 등을 변형할 것

<2> 정서장애의 특성 및 체육활동 지도방법

※ 우리나라의 장애인복지법에 규정되지는 않은 장애임
※ 장애인 등에 대한 특수교육법 제 15조에서는 특수교육대상자로 선정되어야 한다고 규정되어 있음

1) 정서장애의 발생 원인

생물학적 요인	유전적 문제, 뇌손상, 뇌기능장애, 바이러스성 질병, 알레르기, 생화학적 불균형 등에 의하여 발생하는 것으로 보임
가족 요인	가족(특히 부부) 간의 불화, 폭력, 학대 등 부적절한 가족관계로 인해 발생함
학교 요인	학업 스트레스와 불안감으로 발생함
문화 요인	다문화사회에의 부적응으로 발생함

2) 정서 장애의 유형

(1) 주의력 결핍 과잉행동장애(ADHD)

① ADHD 진단 기준

ⓐ 부주의

- 낮은 주의집중력
- 세부적인 면에 대해 면밀한 주의를 기울이지 못하거나, 학업 또는 다른 활동에서 부주의한 실수를 저지른다.
- 일을 하거나 놀이를 할 때 지속적으로 주의를 집중할 수 없다.
- 다른 사람의 말을 경청하지 않는 것처럼 보인다.
- 지시를 따르지 못하고 학업, 잡일, 작업장에서의 임무를 수행하지 못한다(반항적 행동이나 지시를 이해하지 못해서가 아님)
- 과제나 활동을 체계화하지 못한다.
- 지속적인 정신적 노력을 요구하는 과제에 참여하기를 피하고 싫어하고 저항한다.
- 활동하거나 과제를 수행하는 데 필요한 물건들을 잃어버린다.
- 외부 자극에 의해 쉽게 산만해진다.
- 일상적으로 익숙한 활동을 잊어버린다.

ⓑ 과잉행동-충동성

- 손발을 가만히 두지 못하거나 의자에 앉아서도 몸을 움직인다.
- 앉아 있도록 요구되는 교실이나 다른 상황에서 자리를 떠난다.
- 부적절한 상황에서 지나치게 뛰어다니거나 기어오른다.
- 조용히 여가활동에 참여하거나 놀지 못한다.
- 끊임없이 활동하거나 마치 '무엇인가에 쫓기는 것'처럼 행동한다.
- 지나치게 말을 많이 한다.
- 질문이 미쳐 끝나기 전에 성급하게 대답한다.
- 차례를 기다리지 못한다.
- 다른 사람의 활동을 방해하고 간섭한다.

※ 위의 ⓐ 또는 ⓑ중에서 한 가지가 해당되며, 아래의 증상 중에서 6가지 증상이 6개월 동안 이상 지속되며 이로 인해 사회, 학업, 직업 기능에 장애가 발생함

(2) 품행장애(Conduct Disorder: CD)

: 사람과 동물에 대한 공격성, 재산의 파괴, 사기 또는 도둑질, 심각한 규칙위반 등의 행동 양상을 적어도 6개월 이상 지속한 경우

① 품행장애 진단 기준

ⓐ 사람과 동물에 대한 공격성

- 다른 사람을 괴롭히거나 위협하거나 협박한다.
- 육체적인 싸움을 도발한다.
- 다른 사람에게 심각한 신체적 손상을 일으킬 수 있는 무기를 사용한다.
- 사람에게 신체적으로 잔혹하게 대한다.
- 동물에게 신체적으로 잔혹하게 대한다.
- 피해자와 대면한 상태에서 도둑질을 한다(예: 노상강도, 날치기, 강탈, 무장강도).
- 다른 사람에게 성적 행위를 강요한다.

ⓑ 재산의 파괴

- 심각한 손상을 입히려는 의도로 일부러 불을 지른다.
- 다른 사람의 재산을 일부러 파괴한다(방화는 제외).

ⓒ 사기 또는 도둑질

- 다른 사람들의 집, 건물, 차에 무단침입한다.
- 물건이나 호감을 얻기 위해 또는 의무를 회피하기 위해 흔히 거짓말을 한다.
- 피해자와 대면하지 않은 상황에서 귀중품을 훔친다.

ⓓ 심각한 규칙 위반

- 13세 이전에 부모의 금지에도 불구하고 밤 늦게까지 집에 들어오지 않는다.
- 부모와 함께 사는 동안 적어도 두 번 가출한다.
- 13세 이전에 무단결석이 시작된다.

※ 위의 ⓐ, ⓑ, ⓒ, ⓓ 중 3개(또는 그 이상) 항목이 지난 12개월 동안 있어 왔고, 적어도 1개 항목이 지난 6개월 동안 계속됨

3) 정서 장애인을 위한 스포츠 지도전략
- 문제행동이 발생하는 원인을 분석하고 부정적인 환경이나 상황을 제거할 것
- 긍정적인 행동을 중재할 수 있는 환경을 조성할 것

<3> 자폐성 장애의 특성 및 체육활동 지도방법

1) 자폐성장애의 개념
: 소아기 자폐증, 비전형적 자폐증에 따른 언어·신체표현·자기조절·사회적응 기능 및 능력의 장애로 인하여 일상생활이나 사회생활에 상당한 제약을 받아 다른 사람의 도움이 필요한 사람 (장애인복지법 규정)

※ 증상

- 의사소통과 사회적 상호작용 능력의 현저한 발달지체
- 상동행동(동일한 상황에서 같은 행동을 하는 것)

2) 발생 원인
- 유전적인 영향에 의해 발생할 가능성과 신경학적 정보를 전달하는 뇌기능의 손상이 있을 가능성이 제기되고 있음

3) 자폐성 장애인을 위한 스포츠 지도전략
- 정서 및 행동장애와 동일한 사정과 긍정적 행동 중재의 적용

2. 시각장애 특성과 지도 전략

<1> 시각장애의 특성

1) 정의

※ 장애인복지법의 규정

- 나쁜 눈의 시력이 0.02 이하인 사람
- 좋은 눈의 시력이 0.2 이하인 사람
- 두 눈의 시야가 각각 주시점에서 10도 이하로 남은 사람
- 두 눈의 시야 2분의 1 이상을 잃은 사람

※ 장애인 등에 대한 특수교육법의 규정

시각계의 손상이 심하여 시각기능을 전혀 이용하지 못하거나 보조공학기기의 지원을 받아야 시각적 과제를 수행할 수 있는 사람으로서 시각에 의한 학습이 곤란하여 특정 광학기구·학습 매체등을 통하여 학습하거나 촉각 또는 청각을 학습의 주요수단으로 사용하는 사람

2) 발생 원인

중심 시력장애	눈과 말초신경의 손상으로 인하여 발생
중추성 시각장애	시신경 교차에서부터 뇌영역까지의 신경이 손상되어 발생

3) 시각 장애인의 특성

심동적 특성	신체활동의 제약에 의해 운동발달이 지연되고 관찰과 모방의 어려움에 의해 운동학습 동기가 저하됨
정의적 특성	신체 일부 흔들기, 눈 찌르기 등 자기 자극적 행동의 반복

4) 시각장애의 분류

(1) 장애인 등에 대한 특수교육법의 시각장애 기준

시각장애	시각에 의한 학습 수행이 곤란하여 특정의 광학기구, 학습 매체 등을 이용하거나 촉각이나 청각을 학습의 주요 수단으로 이용하는 사람으로 맹과 저시각을 포함
맹	시각계의 손상이 심하여 시각 기능을 전혀 이용하지 못하는 상태
저시각	보조공학기기의 지원 등을 받아야만 시각적 과제를 수행할 수 있는 상태

(2) 기능적(교육적) 정의에 따른 분류

완전실명(전맹)	시력이 전혀 없는 상태
광각(light perception)	암실에서 광선을 인식할 수 있는 상태
수동(hand movement)	눈 앞에서 손을 좌우로 움직일 때 이를 알아볼 수 있는 상태
지수(finger counting)	자기 앞 1m 전방에서 손가락 수를 셀 수 있는 상태
저시각(low vision)	일반 활자를 읽지 못할 수도 있으나 시력으로 일상생활을 할 수 있는 상태로, 한계는 일정치 않으나 다각적인 변화를 발견하지 못하는 시력 감퇴가 있는 상태

(3) WHO의 시각장애 분류

정상	정상시력 또는 정상 근접 시력	특별한 도움 없이 과제 수행이 가능함
	중등도(moderate)	특별한 도움을 받으면 거의 정상적으로 과제 수행이 가능함
저시력	중도(severe)	도움을 받아 속도, 정확도, 지속도가 낮은 수준에서 시각적 과제 수행이 가능함
	최중도(profound)	시각과제에서 전반적으로 어려움이 있고 아주 섬세함을 요구하는 시각과제 수행은 불가능함
맹	실명근접시력	시력에 의존할 수 없으며 기본적으로 다른 잔존감각에 의존해야 함
	맹	시력이 전혀 없고, 오직 다른 잔존감각에 의존해야 함

(4) 장애인 복지법의 시각장애등급 판정기준

1급 1호	좋은 눈의 시력이 0.02 이하
2급 1호	좋은 눈의 시력이 0.04 이하
3급 1호	좋은 눈의 시력이 0.08 이하
3급 2호	두 눈의 시야가 각각 주시점에서 5도 이하로 남은 사람
4급 1호	좋은 눈의 시력이 0.1 이하
4급 2호	두 눈의 시야가 각각 주시점에서 10도 이하로 남은 사람
5급 1호	좋은 눈의 시력이 0.2 이하
5급 2호	두 눈의 시야1/2 이상을 잃은 사람
6급	나쁜 눈의 시력이 0.02 이하인 사람

(5) 국제시각장애인 경기연맹

B1	어느 쪽 눈으로도 빛을 감지하지 못하는 경우
B2	시력이 2m/60m 이하 혹은 시야가 5도 이하로 물체나 그 윤곽을 인식하는 경우
B3	시력이 2m/60m ~6m/60m 혹은 시야가 5도에서 20도 사이인 경우

<2> 시각장애인의 체육활동 지도방법

1) 현재의 시각 능력 평가
- 개개인의 능력을 확인하고, 그에 따른 환경구성, 규칙·장비 변형 등의 전략을 수립할 것

2) 운동 환경의 조성
- 안전을 위하여 환경의 구성을 단순화하고 시각장애인이 환경을 탐색할 수 있는 기회를 제공할 것

3. 청각장애 특성과 지도 전략

<1> 청각장애의 특성

1) 청각장애의 정의

※ 장애인 등에 대한 특수교육법 규정
- 두 귀의 청력손실이 각각 60데시벨(dB) 이상인 사람
- 한 귀의 청력손실이 80데시벨 이상, 다른 귀의 청력손실이 40데시벨 이상인 사람
- 두 귀에 들리는 보통 말소리의 명료도가 50퍼센트 이하인 사람
- 평형 기능에 상당한 장애가 있는 사람

2) 발생 원인
- 유전, 모자 혈액형 불일치, 이경화증, 외이 기형이나 풍진감염, 중이염, 뇌막염 등 후천적 요인으로 발생

3) 청각장애의 분류

(1) 청각장애의 유형

전음성 장애	• 소리가 전달되지 못하는 일반적인 청력손실 • 청각 관련 신경 손상이 아니므로 구화 및 보청기 사용으로 일상생활이 가능함 • 골도 청력은 정상이며, 장애가 있음
감음신경성 장애	• 청각 관련 신경손상에 의한 청력 손실 • 저주파수대역보다 고주파수대역 청력 손실이 큼 • 인공와우 시술자에 해당
혼합성 장애	• 전음성 장애와 감음신경성 장애가 혼합되어 나타나는 유형 • 저주파수대역에서는 전음성 특징이, 고주파수대역에서는 감음신경성의 특징이 나타남

(2) 장애인복지법시행령의 청각장애인등급 판정 기준

청각기능	2급	두 귀의 청력을 각각 90dB 이상 잃은 사람(두 귀가 완전히 들리지 않는 사람)
	3급	두 귀의 청력을 각각 80dB 이상 잃은 사람(귀에 입을 대고 큰소리로 말을 해도 듣지 못하는 사람)
	4급	1. 두 귀의 청력을 각각 70dB 이상 잃은 사람(귀에 대고 말을 해야 들을 수 있는 사람) 2. 두 귀에 들리는 보통 말소리의 최대 명료도가 50% 이하인 사람
	5급	두 귀의 청력을 각각 60dB 이상 잃은 사람(40cm 이상이 거리에서 발성된 말소리를 듣지 못하는 사람)
	6급	한 귀의 청력을 80dB 이상을 잃고, 다른 귀의 청력을 40dB 이상 잃은 사람
평형기능	3급	양측 평형기능의 소실 또는 감소로 두 눈을 뜨고 10m 이상을 지속적으로 걸을 수 없는 사람
	4급	양측 평형기능의 소실 또는 감소로 두 눈을 뜨고 10m를 걸으려면 중간에 균형을 잡기 위해 멈추어야 하는 사람
	5급	양측 평형기능의 감소로 두 눈을 뜨고 10m 거리를 직선으로 걸을 때 중앙에서 60cm 이상으로 벗어나며, 복합적인 신체운동은 어려운 사람

(3) 청각장애의 정도

26~40dB	경도	• 조그만 소리를 인지하기 어려움 • 일정 거리를 유지해야 음을 이해할 수 있음 • 언어발달에 약간의 지체현상이 나타남
41~55dB	중등도	• 말하는 사람의 입술 모양을 읽는 훈련 필요 • 보청기를 사용해야 함 • 구화를 통한 의사소통 어려움 • 언어습득과 발달이 지체됨
56~70dB	중도	• 일반학교에서의 수업이 어려움 • 개별적인 언어훈련이 필요함 • 또래의 도움에 의한 학습이 필요함
71~90dB	최중도(고도)	• 특수교육 지원체제에서의 학습 지원 필요 • 큰 소리로 이야기를 해도 이해하기 어려움 • 보청기에 의한 청력 인지 불가
91dB 이상	농	• 특수한 의사소통 프로그램이 필요함 • 청력에 의한 음의 수용과 이해가 어려움 • 어음명료도와 변별력이 현저하게 떨어짐

<2> 청각장애인의 체육활동 지도방법
• 내이의 반고리관이 손상된 경우 평형성 능력이 비장애인보다 낮을 수 있으므로 이를 고려하여 프로그램을 구성할 것

4. 지체장애, 뇌병변장애의 특성과 지도전략

<1> 지체장애의 특성(지체장애, 척수손상, 기타장애) 및 체육활동 지도방법

1) 정의

   ※ 장애인복지법의 규정

   - 한 팔, 한 다리 또는 몸통의 기능에 영속적인 장애가 있는 사람
   - 한 손의 엄지손가락을 지골(指骨: 손가락뼈) 관절 이상의 부위에서 잃은 사람 또는 한 손의 둘째손가락을 포함한 두 개 이상의 손가락을 모두 제1지골 관절 이상의 부위에서 잃은 사람
   - 한 다리를 리스프랑(Lisfanc: 발등뼈와 발목을 이어주는) 관절 이상의 부위에서 잃은 사람
   - 두 발의 발가락을 모두 잃은 사람
   - 한 손의 엄지손가락 기능을 잃은 사람 또는 한 손의 둘째손가락을 포함한 손가락 두 개 이상의 기능을 잃은 사람
   - 왜소증으로 키가 심하게 작거나 척추에 현저한 변형 또는 기형이 있는 사람
   - 지체(肢體)에 위 각 목의 어느 하나에 해당하는 장애정도 이상의 장애가 있다고 인정되는 사람

   ※ 장애인 등에 대한 특수교육법의 규정

   기능·형태상 장애를 가지고 있거나 몸통을 지탱하거나 팔다리의 움직임 등에 어려움을 겪는 신체적 조건이나 상태로 인해 교육적 성취에 어려움이 있는 사람

2) 지체장애의 원인과 특성

   - 근골격계 질환이 36.7%
   - 기타 사고 및 외상이 27%
   - 교통사고가 16.5%

3) 지체장애의 분류

   (1) 장애 판정 기준

절단장애	외상에 의한 결손뿐만 아니라 선천적인 결손도 포함
관절장애	관절의 강직, 근력의 약화 또는 관절의 불안정(동요 관절, 인공관절 치환술 후 상태 등)이 있는 경우
팔, 다리의 기능장애	팔 또는 다리의 마비로 팔 또는 다리의 전체 기능에 장애가 있는 경우. 마비에 의한 팔, 다리의 기능장애는 주로 척수 또는 말초신경계의 손상이나 근육병증 등으로 운동기능장애가 있는 경우로서, 감각손실 또는 통증에 의한 장애는 포함하지 않음
변형 등의 장애	한 다리가 건강한 다리보다 5cm 이상 건강한 다리 길이의 15분의 1 이상 짧은 경우, 척추측만증이 있으며 만곡각도가 40도 이상인 경우, 척추후만증이 있으며 만곡각도가 60도 이상인 경우, 성장이 멈춘 만 18세 이상의 남성(여성)으로서 신장이 145(140)cm 이하인 경우, 연골무형성증으로 왜소증에 대한 증상이 뚜렷한 경우(만 2세 이상에서 적용)

   ※ 척수장애의 판정 : 외상 또는 질환에 의하여 척수가 손상된 경우. 추간판 탈출증, 척추협착증 등으로 인한 신경근 병증에서 나타나는 마비는 해당되지 않음

(2) 척수 손상부위에 따른 기능 분류

손상부위	국제기능분류 육상 트랙	국제기능분류 육상 필드	IWBF	기능수준
C4~C6	1	1		• 팔꿈치를 굽힐 수 있고, 손목 관절을 외전시킬 수 있다. • 목과 횡경막을 사용할 수 있으며, 휠체어를 오르내릴 때 완전한 보조가 필요하다.
C6~C7	2	2		• 팔꿈치를 신전할 때 삼두근을 사용할 수 있다. • 주관절 신전을 신전 및 굴곡할 수 있다.
C7~C8	2	3	1(1.5)	• 일부 손가락을 움직일 수 있다. • 독립적으로 휠체어를 추진할 수 있고, 휠체어 오르내리기도 조금 가능하며, 보조장치가 있는 자동차를 운전할 수 있다.
C8~T7/8	3	4		• 양 팔과 양 손, 양 손가락을 움직일 수 있다. • 몸통을 회전할 수 있고 바른 자세로 앉을 수 있다. • 상지를 사용할 수 있으나 하지는 거의 사용할 수 없다. • 등, 복부, 늑간근이 어느 정도 제어되며 일반적으로 안정성이 증가되기 때문에 물체를 들 수 있다.
T7/8~L1/2	4	5	2(2.5)	• 구부린 자세에서 몸통을 펼 수 있다. • 등, 복부, 늑간근을 완전히 제어할 수 있으며, 필요에 따라 휠체어를 사용하지만 다리용 긴 브레이스와 때때로 크러치를 사용하여 이동한다.
L1/2~L5/S1	4	6	3(3.5)	• 몸통을 옆으로 굽혔다 펴며, 몸통을 자유롭게 움직일 수 있다. • 고관절 유연성 대퇴 굴곡능력 있으며, 다리용 짧은 브레이스 지팡이, 크러치를 사용하여 독립적으로 걸을 수 있다.
L5/S1~S5		7	4(4.5)	• 선 자세에서 던지기를 할 수 있다. 무릎을 굴곡시키고 양발을 들어 올릴 수 있다. • 크러치를 사용하여 걸을 수 있지만, 발목 브레이스와 정형외과용 신발이 필요할 수 있다.

- IWBF=국제휠체어농구연맹
- C = 경추, T = 흉추, L = 요추, S = 천추
- 경기종목에 따라 기능적 등급 분류는 차이가 있음

(3) 패럴림픽에서 지체장애의 분류

근력 손상	신체의 근력에 손상을 입은 장애로 하지·사지마비, 근위축증, 회백질척수염(소아마비), 척추이분증 등이 해당함
관절 장애	신체의 가동범위를 자유롭게 할 수 있는 관절이 뻣뻣하거나 강직되어 굳어진 경우로 수동 관절 가동범위 손상이 여기에 해당함
사지결손	선천성 기형으로 부분적으로 팔과 다리가 결손되어 태어난 사람이나, 사고 혹은 산업재해로 인하여 팔과 다리를 절단한 사람
하지차이	양 다리의 길이의 차이가 나는 사람을 말하며 키 높이 구두를 착용하거나 의료보조기구의 도움을 받아 걷는 사람
작은 키	성장호르몬의 분비가 미흡하여 신장이 152.4cm 이하의 사람을 말하며, 왜소증 혹은 난장이라고 불리기도 함

4) 지체장애인의 스포츠 지도전략

- 장애인의 체력과 재활의 정도, 운동 동작의 가능성 등을 고려하여 프로그램을 구성할 것
- 보조 기구를 이용하고 용·기구나 규칙의 변형을 통해 다양한 스포츠 활동에 참여할 수 있는 기회를 제공할 것
- 손상된 부위의 능력을 강화하는 재활활동과 전반적인 신체의 강화를 목적으로 건강활동을 모두 포함시킬 것

<2> 뇌병변장애의 특성(뇌성마비, 외상성뇌손상, 뇌졸중) 및 체육활동 지도방법

1) 정의
- 뇌성마비, 외상성 뇌손상, 뇌졸중을 통합한 용어로 뇌손상에 기인하여 발생하는 장애

※ **장애인복지법 시행령**

"뇌성마비, 외상성 뇌손상, 뇌졸중(腦卒中) 등 뇌의 기질적 병변으로 인하여 발생한 신체적 장애로 보행이나 일상생활의 동작 등에 상당한 제약을 받는 사람"

2) 유형 및 특성

(1) 뇌성마비(Cerebral Palsy: CP)

① **원인과 증상**
- 수의적 신체활동과 의사소통에 어려움을 겪거나 지적장애를 동반하는 증상
- 신전반사로 인한 강직이 나타남
- 출생 전, 출생 중 또는 출생 후 몇 년 안에 발생하기 때문에 발달장애로 분류됨

② **뇌병변장애의 발생 시기별 원인**

출생 전	두뇌 기형, 유전적 증후군, 선천적 감염 등
출생 중	질식, 감염 등
출생 후	• 질식, 감염 등 • 수막염, 독소, 무산소증, 교통사고, 아동학대 등

③ **유형**

경직형 뇌성마비	• 전두엽의 운동피질과 운동피질에서 척수로 내려가는 경로인 추체계(pyramidal system)의 손상에 의해 발생 • 뇌성마비의 70% 이상
무정위운동형 뇌성마비	• 운동제어를 담당하는 대뇌핵의 손상에 의해 발생 • 뇌성마비의 약 20% • 느리고 온몸이 뒤틀리거나, 빠르고 무작위적인 부수의적 움직임 패턴을 보임
운동실조형 뇌성마비	• 운동동작의 빠르기, 평형성, 협응 능력을 제어하는 소뇌의 손상에 의해 발생 • 비연속 걸음걸이와 몸통을 흔들며 걷는 특징

(2) 외상성 뇌손상

① **원인과 증상**
- 뇌가 외부의 압력이나 충격에 의해 손상된 경우
- 신체 활동, 의사소통, 인지능력 등의 영구적인 손상을 일으킴

② **유형**

뇌진탕	• 일시적인 기억 및 의식 상실이 발생
미만성축삭 손상	• 외상성 뇌손상 이후에 의식 상실이 6시간 이상 지속되는 경우 • 신체활동, 의사소통, 인지능력 등의 손상이 발생
두개골 손상	• 외상성 뇌손상에 의해 두개골이 골절되거나 금이 간 경우 • 심각한 뇌손상이 발생

(3) 뇌졸중

① 원인과 증상
- 동맥경화, 고혈압, 비만, 흡연, 스트레스 등에 의해 뇌에 혈액을 공급하는 혈관이 파열되거나 막히는 경우에 발생
- 운동피질을 손상시켜 손상된 부위의 반대편 상·하지에 마비를 일으키는 편마비를 일으킴

② 유형

출혈성 뇌졸중	뇌에 혈액을 공급하는 혈관이 파열되는 경우
허혈성 뇌졸중	혈관이 막히는 경우

3) 뇌병변장애의 분류

(1) 국제 뇌성마비 스포츠레크리에이션협회의 기능적 분류

1등급	사지의 경련이 심한 중증의 사지마비로 전동 휠체어를 사용하는 수준
2등급	• 사지의 경련이 보통에서 심한 정도의 중증 사지마비와 무정위운동증 • 근력의 기능이 극히 낮으며 휠체어에 의존하여 생활을 하는 수준
3등급	팔다리 부위에 약간의 사지마비가 있으며 기능적 근력이 보통이고, 상지를 조절할 수 있으며 하지는 보통에서 심한 정도까지의 경직성이 있고, 휠체어에 의존하여 일상생활을 하지만 보조기를 착용하고 걸을 수 있는 수준
4등급	기능적 근력이 양호한 하지마비로서 조절문제는 최소이고 하지의 경직성은 보통에서 심한 정도까지 나타나며, 보조를 받아 걸을 수 있는 수준
5등급	휠체어를 사용하여 이동할 수 있는 하지마비와 보통의 편마비가 있는 사람으로 하지의 한 쪽에는 보통에서 심한 정도까지 경직성이 있고 상체는 기능적 근력이 양호하여 조절문제에 어려움이 없이 보조기나 휠체어를 사용하여 경기에 참여할 수 있는 수준
6등급	무정위운동증 사지마비로 심각할 정도의 삼지마비가 있으나 도움 없이 걸어서 이동할 수 있는 정도로 하지의 기능이 조금 더 좋으며, 팔다리 중 셋 또는 네 부위에 보통에서 심각할 정도의 신체 조절 문제가 있고, 상지에서는 5등급보다 조금 더 많은 신체 조절 문제가 있는 수준
7등급	보통의 편마비가 있거나 보통으로 경미한 사지마비가 있는 정도로 신체의 절반이 보통의 경련이 있으며, 다리를 약간 절룩이는 수준
8등급	경미한 편마비, 단마비, 최소의 사지마비로 불능 상태가 최소 정도로 자유롭게 달리고 뛰어오를 수 있는 수준

4) 뇌병변장애인의 스포츠 지도전략
- 수의근을 제어해서 신체활동을 수행하는 것에 한계가 있음
- 근육과 제어능력을 나빠지지 않게 하고 추가적인 손상이 발생하는 것을 예방하는 것을 목표로 프로그램을 구성할 것
- 안전한 바닥을 갖춘 시설이나 매트 등이 필요함
- 잔존 능력을 확인하고, 걷기 등을 강화하기 위한 트레이닝을 실시한 후에 스포츠 활동에 참여시킬 것

2024

01 장애인 복지법(1989)에 근거하여 최초로 설립된 장애인 체육 행정조직은?

① 대한 장애인 체육회
② 대한민국 상이군경회
③ 한국 장애인 복지체육회
④ 한국 소아마비아동 특수보육협회

2 장애인스포츠지도사의 역할로 옳지 않은 것은?

① 장애인이 독특한 요구를 확인한다.
② 장애인의 기능회복을 위한 치료 서비스를 제공한다.
③ 장애인에게 적합한 지도환경과 지도내용을 결정한다.
④ 스포츠와 관련된 과제, 환경 등을 장애인의 요구에 맞게 변형한다.

3 <보기>의 ㉠~㉣에 들어갈 용어를 옳게 나열한 것은?

< 보 기 >

(㉠): 개인의 행동특성을 다양한 형태의 증거를 근거로 종합적으로 판단(예: 배치)하는 과정
(㉡): 수집된 자료에 근거하여 가치 판단을 내리는 과정
(㉢): 행동특성을 수량화하는 과정
(㉣): 운동기술과 지식 등을 측정하기 위한 도구

	㉠	㉡	㉢	㉣
①	사정	평가	검사	측정
②	평가	사정	측정	검사
③	사정	평가	측정	검사
④	평가	사정	검사	측정

4 TGMD-3(Test of Gross Motor Development-3)에 대한 설명으로 옳은 것은?

① 3세~6세 아동만을 대상으로 한다.
② 규준참조평가도구로 사용할 수 없다.
③ 6가지 이동기술 검사항목과 5가지으 공(ball) 기술 항목을 검사한다.
④ 각 검사항목의 수행 준거를 정확하게 수행하면 1점, 정확하게 수행하지 못하면 0점을 부여한다.

5 미국 장애인교육법(IDEA, 1997)에서 요구하는 개별화교육프로그램(IEP)의 필수 구성 요소가 아닌 것은?

① 부모의 동의
② 학생의 현재 수행 수준
③ 학생에게 정기적으로 통지하는 방법
④ 측정할 수 있고 구체적인 연간계획과 장기목표

6 <보기>에서 설명하는 원시반사(primitive reflex)는?

< 보기 >

• 누운 자세에서 머리를 좌우로 돌렸을 때 나타나는 반응이다.
• 뒤통수 쪽의 팔과 다리는 굽혀지고, 얼굴 쪽의 팔과 다리는 펴진다.
• 뇌송마비장애인은 반사가 사라지지 않고 남아 있다.

① 비대칭 긴장성 목반사
② 모르반사
③ 긴장성 미로 반사
④ 대칭성 긴장성 목반사

7 <보기>에서 설명하는 특수체육 수업방식은?

< 보기 >

지도자는 효과적인 농구수업을 위해 체육관의 각기 다른 구역에 여러 가지의 과제를 준비했다. 한 가지 과제에서 시작하여 주어진 활동을 마치거나 지도자가 신호하면 학습자들은 다음 과제의 수행장소로 이동한다. 지도자는 각각의 과제를 수행하는 곳을 돌며 도움이 필요한 학습자를 지도한다.

① 스테이션 수업
② 대그룹 수업
③ 협력학습 수업
④ 또래 교수 수업

8 <보기>는 D. Ulrich(1985)이 제시한 대근운동발달 단계이다. ㉠에 들어갈 내용으로 옳은 것은?

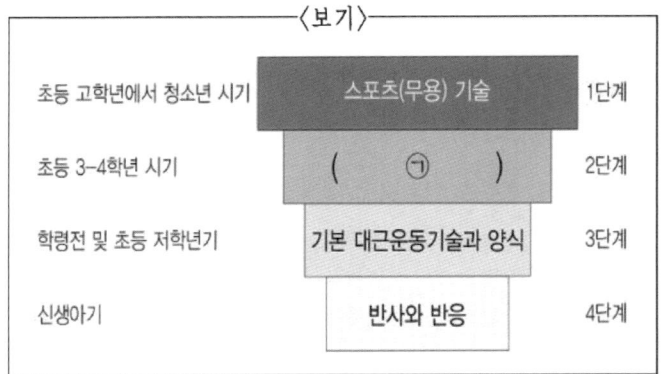

① 자세조절기술
② 물체조작기술
③ 감각지각운동기술
④ 리드-업 게임과 기술

9 운동발달의 과정에서 조작성 운동양식에 관한 설명으로 옳지 않은 것은?

① 3세에는 몸으로 끌어안으며 공을 받는다.
② 2~3세에는 다리를 펴고 제자리에 서서 공을 받는다.
③ 2~3세에는 앞을 보고 상하 방향으로 공을 친다.
④ 4~5세에는 던지는 팔과 반대쪽 발을 앞으로 내밀며 공을 던진다.

10 T6(흉추 6번) 이상의 손상이 있는 선수의 체력운동 시 고려사항으로 옳지 않은 것은?

① 근육량이 적은 선수는 유산소 운동보다는 무산소 운동이 적절하다.
② 유산소 운동 중 젖산이 급격히 생성되므로 긴 휴식시간과 에너지원 보충이 필요하다.
③ 땀을 흘리는 피부면적이 좁아 더위에서 운동하면 체온이 급격하게 올라가는 것을 고려해야 한다.
④ 교감신경에 손상이 있는 경우 심박수를 운동과정과 회복과정 그리고 운동처방에 사용한다.

11 <표>의 ㉠~㉢에 해당하는 행동관리 기법을 바르게 나열한 것은?

성별(나이)	남자(14세)	장소	수영장
장애유형	지적장애	프로그램	수영하기
문제행동	멈춰 서서 친구 방해하기		
상황	지도자 A: 한국(가명)이는 수영할 때 반복적으로 멈춰 서서 친구들을 방해해요. 그때마다 잘못된 행동이라고 지적을 해도 계속하네요. 지도자 B: 우선 ㉠문제행동이 발생하면 바로 일정 시간 동안 물 밖에 있도록 하세요. 물과 좀 멀리요. 지도자 A: 알겠습니다. 한국이는 수중 활동을 좋아하고 물에 있으면 행복해하거든요. 지도자 B: 다른 기법도 있어요. ㉡문제행동을 했을 때 한국이에게 이미 주어진 정적강화물을 상실하게 하는 방법도 있어요. ㉠과 ㉡ 기법으로 문제행동의 빈도가 감소한다면, 큰 틀에서 (㉢)이 됩니다.		

	㉠	㉡	㉢
①	타임아웃	반응대가	부적 벌
②	타임아웃	용암	정적 벌
③	소거	반응대가	정적 벌
④	소거	용암	부적 벌

12 미국지적장애 및 발달장애협회(AAIDD, 2021)의 지적장애 정의에 근거하여 <보기>의 ㉠~㉢에 들어갈 내용이 바르게 나열된 것은?

< 보기 >

- 표준화 검사를 통해 산출된 지능지수 점수가 (㉠) 표준편차 이하이다.
- 적응행동의 (㉡) 기술은 식사, 옷 입기, 작업기술, 건강과 안전, 일과 계획, 전화사용 등이 포함된다.
- (㉢) 이전에 발생한다.

	㉠	㉡	㉢
①	-2	실제적	20세
②	-2	개념적	20세
③	-2	실제적	22세
④	-2	개념적	22세

13. <보기>가 설명하는 장애유형에 관한 설명으로 옳지 않은 것은?

< 보기 >
- 21번 염색체가 삼염색체(trisomy 21)이다.
- 의학적 문제(선천성 심장질환, 근시)가 있을 수 있다.
- 인종, 국적, 종교, 사회적 지위 등과 관계없이 발생하는 보편성을 지니고 있다.

① 염색체 중 상염색체에 문제가 있다.
② 대부분 포만 중추의 문제로 저체중 발생 빈도가 매우 높다.
③ 근육의 저긴장성 때문에 지도자의 관리하에 근력 운동이 필요하다.
④ 경추 정렬의 문제 때문에 운동참여시 척수손상에 대해 특히 주의한다.

14. < 보기 >가 설명하는 스페셜올림픽 종목은?

< 보기 >
- 경기장은 3.66m × 18.29m 크기의 직사각형이다.
- 공식 경기는 단식경기, 복식경기, 팀경기 등이 있다.
- 한 팀당 4개의 공을 소유하고, 포적구에 가까이 던진 팀이 점수를 획득하는 경기이다.

① 보체(bocce)
② 플로어볼(floorball)
③ 보치아(boccia)
④ 넷볼(netball)

15. <표>는 운동기능에 따른 뇌성마비의 분류체계이다. <표>의 ㉠~㉢에 들어갈 내용을 바르게 나열한 것은?

구분	경직형 (spastic)	운동실조형 (ataxia)	무정위운동형 (athetoid)
손상 부위	• 운동피질	• (㉠)	• (㉡)
근 긴장도	• 과긴장성	• 저긴장성	• 근 긴장의 급격한 변화
운동 특성	• 관절 가동 범위의 제한 • 가위 보행	• 평형성 부족 • 협응력 부족	• (㉢) 움직임 • 머리 조절의 어려움

	㉠	㉡	㉢
①	소뇌	기저핵	불수의적
②	기저핵	중뇌	수의적
③	소뇌	연수	불수의적
④	기저핵	소뇌	수의적

16. <보기>에 근거하여 밑줄 친 ㉠에 대한 지도전략으로 옳은 것은?

< 보기 >
- 틀에 박힌 일이나 의례적인 행동에 집착한다.
- 발달 수준에 맞게 친구 관계를 형성하지 못한다.
- 지도자가 "공을 던져라"라고 지시하면, "공을 던져라"라는 말을 반복한다.
- ㉠ 정해진 경로로 이동하지 않거나 시간이나 장소의 갑작스러운 변화에 저항한다.

① 체육활동에 대한 시각적 일과표를 제공한다.
② 체육활동을 일정한 규칙과 순서로 진행한다.
③ 지도할 때 그림카드, 의사소통 보드 등을 활용한다.
④ 참여자의 선호도보다는 지도자의 의도대로 진행한다.

17. 척수손상 장애인의 특성에 관한 지도자의 대처로 옳지 않은 것은?

① 욕창이 생기지 않도록 자세를 자주 바꾸게 한다.
② 기립성 저혈압의 경우 압박 스타킹을 착용하도록 한다.
③ 자율신경 반사이상이 발생할 때 고강도 순환 운동으로 전환한다.
④ 운동 중에 과도하게 체온이 상승하는 것을 예방하기 위해 물을 분무해 주면서 휴식을 취하도록 한다.

18. 시각장애인의 지도전략으로 옳지 않은 것은?

① 스포츠참여는 안전을 위해 개인 종목만 지도한다.
② 시범은 잔존시력 범위에서 보이면서 언어적 설명을 병행하는 것이 효과적이다.
③ 지도자는 지도할 때 시간 장애인에게 신체 접촉의 형태, 방법, 이유 등을 구체적으로 안내한다.
④ 전맹의 경우 스포츠 동작에 대한 이해를 높이기 위해 관절이 굽어지는 인체 모형을 사용할 수 있다.

19 전행성 근이영양증에 관한 설명으로 옳지 않은 것은?

① 디스트로핀 단백질 결손과 관련된 유전질환이다.
② 근위축은 규칙적인 근력 및 근지구력 운동으로 예방할 수 있다.
③ 듀센형 장애인은 대부분 평균 이상의 지적 능력을 보인다.
④ 듀센형 장애인은 종아리 근육에 가성비대가 나타난다.

20 제시어와 <보기>의 수어 ㉠~㉢을 바르게 나열한 것은?

< 보기 >

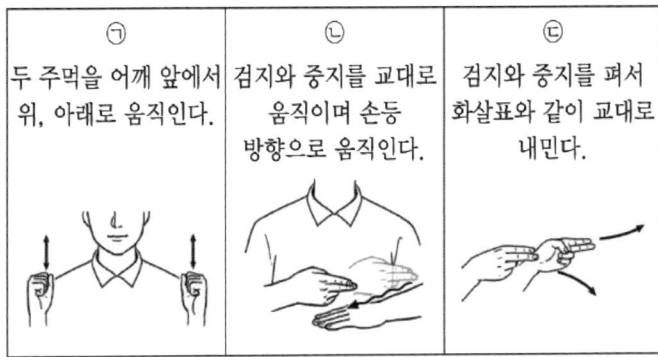

㉠	㉡	㉢
두 주먹을 어깨 앞에서 위, 아래로 움직인다.	검지와 중지를 교대로 움직이며 손등 방향으로 움직인다.	검지와 중지를 펴서 화살표와 같이 교대로 내민다.

    수영   운동   스케이트
① ㉠   ㉡   ㉢
② ㉠   ㉢   ㉡
③ ㉡   ㉠   ㉢
④ ㉢   ㉠   ㉡

※ 23년도 이전의 기출문제는 네이버 카페 단박에오름이나 스포츠지도자 연수원에서 다운 받으실 수 있습니다.

1	2	3	4	5	6	7	8	9	10
③	②	③	④	③	①	①	모두정답	④	①④
11	12	13	14	15	16	17	18	19	20
①	③	②	①	①	모두정답	③	①	②③	③

모의고사

10분 미니모의고사 ·· 101
실전 모의고사 ··· 119

10분 미니모의고사

스포츠 사회학

10분 미니모의고사

01 파슨즈의 AGIL 모형을 스포츠 팀에 적용할 때, 'G'에 해당하는 기능은 무엇인가?

① 스포츠 팀의 목표 설정 및 승리 전략 수립
② 팀의 외부 환경에 대한 적응 및 자원 관리
③ 팀 내 선수와 스태프 간의 역할 조정
④ 팀의 전통과 규범을 유지 및 전수

02 국제 정치와 스포츠의 활용에 대한 내용으로 바르지 않은 것은?

① 국가의 선전 도구로 활용
② 침략적 공격성의 직접적 배출구
③ 국가의 경제력에 대한 과시의 장
④ 국교의 회복과 단절의 수단

03 다음 중 스포츠에 대한 정치 개입이 발생하는 이유가 아닌 것은?

① 스포츠 중계 기술의 발전방향 제시
② 국민의 건강 증진과 복지의 실현
③ 사회질서의 유지와 보호
④ 정치권력이 내세우는 지배적 이데올로기의 주입

04 스포츠의 상업화에 대한 내용으로 바르지 않은 것은?

① 속도감 있는 경기의 진행이 이루어진다.
② 다양하고 화려한 플레이가 나타난다.
③ 경기 중 쉬는 시간이 짧아진다.
④ 위험하고 영웅적인 행동이 선호된다.

05 Susan Birrell과 John W. Loy의 매체 스포츠론에서 축구와 같이 선수들의 활동이 격렬하고 역동적이어서 관객의 집중이 요구되는 스포츠는 어떤 유형인가?

① 쿨매체 스포츠
② 핫매체 스포츠
③ 뉴매체 스포츠
④ 옐로우저널 스포츠

06 브루디외(Bourdieu)의 사회(관계)자본 이론을 스포츠에 적용할 때, 스포츠 조직이나 선수들이 사회자본을 활용하는 방식으로 가장 적절한 것은 무엇인가?

① 팀 내에서의 승리를 위한 기술 훈련 강화
② 스포츠 조직 간의 네트워크와 인맥을 활용하여 자원과 정보를 얻는 것
③ 개인의 신체적 능력 향상을 통한 경기력 증대
④ 스포츠 경기를 통해 관중과의 소통을 증대시키는 것화

07 다음 중 맥루한(Mcluhan)의 미디어론에 대한 설명으로 바른 것은?

① 핫미디어는 정보의 양이 적다.
② 쿨미디어는 수용자의 참여여지가 많다.
③ 신문, 잡지, 라디오 등이 대표적인 쿨미디어이다.
④ 쿨미디어는 정세도가 높다.

08 스포츠와 미디어의 관계로 알맞지 않은 것은?

① 미디어의 영향으로 스포츠의 규칙과 경기 시간이 바뀌는 경우가 있다.
② 미디어의 발달로 프로 스포츠의 기술은 더욱 전문화되고 있다.
③ 스포츠의 영향으로 방송 기술의 발달이 이루어진다.
④ 스포츠 방송 프로그램의 확산으로 스포츠의 비중이 낮아진다.

09 사회 계층에 따른 스포츠 참가의 유형과 참가방법에 대한 내용으로 바르지 않은 것은?

① 상류층 – 스포츠 참가에 적극적이다.
② 하류층 – 스포츠 활동에 소극적이고 수동적이다.
③ 상류층 – 직접 관람보다 매체를 통한 관람의 비중이 크다.
④ 하류층 – 단체 종목이나 투기종목의 스포츠 활동을 더 선호한다.

10 스포츠 사회화 과정에서 개인이 스포츠를 통해 얻게 되는 주요 사회화 효과로 가장 적절한 것은?

① 개인의 신체 능력과 운동기술의 발달
② 사회적 규범과 가치를 학습하고 사회적 관계를 형성하는 일
③ 스포츠 경기에서의 승리 경험을 통한 자신감의 회복
④ 스포츠 활동을 통한 건강의 회복과 의료비 절감

10분 미니모의고사

스포츠 교육학

01 학생 선수의 학습권 보장을 위한 정책과 제도에 대한 내용으로 바르지 않은 것은?

① 학생 선수가 일정 수준의 학력기준에 도달하지 못하면 별도의 기초학력보장 프로그램을 운영하여 최저학력이 보장될 수 있도록 노력하며 필요 경기의 출전을 제한할 수 있다.
② 공부하는 학생선수상의 정립과 투명하고 공정한 운동부 운영이 그 배경이다.
③ 학생선수의 학습권 보장 및 신체적·정서적 발달을 위해 상시 합숙소를 설치할 수 있다.
④ 최저 학력의 기준 및 실시 시기에 필요한 사항과 기초학력보장 프로그램의 운영에 필요한 사항은 교육부령으로 정한다.

02 전문 체육으로서의 스포츠 교육이 지향하는 방향으로 바르지 않은 것은?

① 체계적이고 과학적인 지도를 통해 최상의 운동기능을 발휘할 수 있는 기량을 양성한다.
② 스포츠 교육 중 인간으로서의 기본권이 침해당하지 않도록 선수를 보호한다.
③ 승리와 성공을 위해 모든 방법을 동원할 수 있는 승리지향적 태도를 배양한다.
④ 스포츠를 통해 습득한 스포츠맨십과 같은 가치가 일상생활로 전이될 수 있도록 유도한다.

03 스포츠 교육에서 평가의 단계로 바르게 연결된 것은?

① 평가의 목적 설정 – 평가도구의 제작 – 평가자료의 수집 – 평가결과의 분석 – 평가의 활용
② 평가의 목적 설정 – 평가자료의 수집 – 평가도구의 제작 – 평가의 분석 – 평가결과의 활용
③ 평가자료의 수집 – 평가의 목적 설정 – 평가도구의 제작 – 평가의 분석 – 평가결과의 활용
④ 평가의 목적 설정 – 평가자료의 수집 – 평가도구의 제작 – 평가결과의 활용 – 평가의 분석

04 국민 체육진흥 정책 중 '스마일 100'의 캐치프레이즈의 내용으로 바르지 않은 것은?

① 언제나 향유할 수 있는 참여기회의 제공
② 어디서나 이용 가능한 시설의 제공
③ 누구나 부담없이 체육활동을 누릴 수 있는 환경의 조성
④ 세대와 문화를 구분하는 세분화된 생활체육

05 생활체육 프로그램의 개발의 단계로 바르게 연결된 것은?

① 기관의 철학 이해 – 요구조사 – 프로그램의 목적 및 목표 설정 – 프로그램의 계획 – 프로그램의 실행
② 요구조사 – 기관의 철학 이해 – 프로그램의 목적 및 목표 설정 – 프로그램의 계획 – 프로그램의 실행
③ 프로그램의 목적 및 목표 설정 – 요구조사 – 기관의 철학 이해 – 프로그램의 계획 – 프로그램의 실행
④ 프로그램의 목적 및 목표 설정 – 기관의 철학 이해 – 요구조사 – 프로그램의 계획 – 프로그램의 실행

06 스포츠 교육 모형에서 궁극적으로 목표로 삼는 가치가 아닌 것은?

① 기술적 전략적 움직임을 분별하고 행하는 유능함
② 스포츠에 대한 적극적인 열정
③ 개인의 목표를 실현하려는 노력과 동기
④ 스포츠의 유형과 문화에 대한 박식함

07 학생 스스로의 인지능력에 초점을 두어 학생 스스로의 문제를 해결하고 답을 찾도록 유도하는 수업모형은?

① 전술게임 모형
② 하나로 모형
③ 개인적·사회적 책임감 모형
④ 탐구수업 모형

08 학교 스포츠 클럽'의 운영과 지도방법으로 바르지 않은 것은?

① 활동 시간을 다양화하여 학생들의 참여도를 높인다.
② 다양한 스포츠 문화를 체험하게 하여 건전한 스포츠 정신을 습득하게 한다.
③ 학생들의 의무적인 참여를 통해 지·덕·체를 겸비한 인간을 양성한다.
④ 스포츠 활동을 통해 내적·외적 갈등을 해소하게 하고 건강한 인성을 함양한다.

09 스포츠 교육에서 사용하는 평가 기법과 그 내용이 바르게 연결되지 않은 것은?

① 체크리스트 – 특정 행동, 특성 등을 목록으로 나열하여 O, X로 체크하도록 하는 방법이며, 제작과 사용이 어렵다는 단점을 가진다.
② 평정척도 – 매우 만족, 만족, 보통, 불만족, 매우 불만족 등 3~5 단계의 척도 중 하나를 선택하게 하는 기법이다.
③ 루브릭 – 수행 수준의 특징을 명세화하여 제공함으로써, 학습자가 자신의 수행 수준이 어느 정도인지를 알게 함으로써 향후 수행을 위해 필요한 것이 무엇인지를 분명히 알 수 있게 하는 장점이 있다.
④ 학습자에 대한 상담과 설문지 – 학습자의 생각이나 감정에 관한 정보를 알아내는데 가장 효과적인 방법이다.

10 체육지도자의 전문가로서 성장방법이 아닌 것은?

① 형식적 성장
② 무형식적 성장
③ 반성적 성장
④ 비형식적 성장

10분 미니모의고사 — 스포츠 심리학

01 다음 <보기>에서 설명하고 있는 불안과 경기력에 관한 이론은 무엇인가?

<보기>

운동 수행자가 느끼는 불안은 '인지적 불안'과 '신체적 불안'이 있다. 그 중 '인지적 불안'은 언제나 운동 수행에 부정적 영향을 미치지만 '신체적 불안'은 적정한 수준일 때 운동 수행에 긍정적인 요인으로 작용한다.

즉, '인지적 불안'은 운동 수행과 반비례의 관계라면 '신체적 불안'은 역U의 관계이다.

① 다차원 이론 ② 역U 가설 ③ 카타스트로피 이론 ④ 최적 수행지역 이론

02 다음 중 개방회로 체계에 대한 설명으로 바르지 않은 것은?

① 감각체계의 활용 없이 이루어지는 순간적 동작을 설명하는데 유용하다.
② 참조기제의 활용으로 일어나는 동작을 설명하는데 유용하다.
③ 기억용량을 넘어서는 다양한 운동동작의 실행을 설명하기 어렵다.
④ 동일한 자극에 대해 다르게 나타나는 다양한 반응을 설명하기 어렵다.

03 다음 중 기억 체계에 대한 설명으로 바르지 않은 것은?

① 기억 체계는 장기 기억, 감각 기억, 단기 기억으로 구성된다.
② 기억체계는 감각, 지각, 명력(인출)의 과정으로 실행된다.
③ 단기 기억은 용량의 제한 없이 많은 양의 정보를 저장한다.
④ 단기 기억과 피드백 정보가 더해져서 장기 기억을 형성한다.

04 다음 중 고원 현상에 대한 내용으로 바르지 않은 것은?

① 너무 쉬운 과제를 수행할 때 발생하며, 어려운 수행과제에서는 발생하지 않는다.
② 습관화된 운동 동작을 반복할 때 발생하기 쉽다.
③ 학습자가 적절한 휴식을 취하지 못했을 때 발생한다.
④ 학습자의 운동에 대한 동기와 주의력이 낮아지면 발생한다.

05 성격의 측정법 중 하나로 잉크의 얼룩이나, 불분명한 그림 등 막연하고 애매한 자극을 제시한 후 그에 대한 반응을 분석하여 피험자의 성격을 파악하는 방법은?

① 질문지법 ② 투사법 ③ 작업검사법 ④ 성격측정지법

06 다음 중 불안의 해석 이론과 그 내용이 바르게 연결되지 않은 것은?

① 욕구 이론 - 운동의 수행 결과는 불안과 각성 수준과 비례하며, 경기 중의 불안과 각성이 선수의 의욕을 높인다.
② 역U가설 이론 - 불안의 증가로 수행은 증진되지만 적정수준을 넘는 과각성상태가 되면 수행이 저하된다.
③ 최적수행지역 이론 - 최고의 수행을 위한 불안의 수준은 개인차가 없으며 어떤 선수에게나 공통된 최적의 상태가 정해져 있다.
④ 전환 이론 - 자신의 불안 수준을 어떻게 해석하는가에 따라 각성과 정서의 관계를 전환할 수 있다.

07 다음 중 행동 수정 전략에 따른 동기유발의 방법이 아닌 것은?

① 의사결정의 단서를 제공하여 본인의 자결성을 높여준다.
② 운동에 따른 출석 상황을 확인할 수 있도록 보여준다.
③ 운동방해요인을 본인이 해결할 수 있도록 항상 지도자의 관여를 최소화한다.
④ 운동기능 향상에 따른 피드백을 제공한다.

08 귀인 이론에 대한 설명으로 바르지 않은 것은?

① 운이나 요행으로 승리했다고 여길 때 미래의 수행에 도움이 된다.
② 발생한 사건의 원인을 어떻게 해석하는가에 따라 개인의 동기가 달라진다.
③ 자신의 체력이나 능력을 승리의 원인으로 인식할 때 미래의 수행에 도움이 된다.
④ 패배가 자신의 능력 때문이라고 인식하면 미래의 수행에 방해가 된다.

09 심상에 대한 내용으로 바르지 않은 것은?

① 스트레스의 관리나 정신적 치료를 위해 사용할 수 있다.
② 실제의 연습과 병행할 때 효과가 크다.
③ 심상 훈련만으로는 근육 강화의 효과가 없다.
④ 수행자의 자신감을 높이기 위해 사용할 수 있다.

10 주의와 경기력의 관계에 대한 설명으로 바르지 않은 것은?

① 주변 사람들의 관찰이나 격려는 수행의 결과에 언제나 긍정적인 요인으로 작용한다.
② 운동의 유형에 따라 주의의 요소가 달라진다.
③ 골프는 농구에 비해 주의 집중의 범위가 좁은 경기이다.
④ 주변의 산만한 정보들은 과제의 난이도에 따라 경기 수행에 다른 영향으로 작용한다.

10분 미니모의고사

한국 체육사

01 삼국시대의 신체활동으로 잘못된 것은?

① 삼국이 경쟁하던 시기의 특성상 무술과 무예가 강조되었다.
② 병사 훈련뿐 아니라 민속놀이에서도 체력과 무예의 요소가 나타난다.
③ 신분 사회의 특성상 귀족의 자제만을 위한 무예교육과 무술대회가 개최된다.
④ 고대국가 시대부터 궁술이 발달했다.

02 1920년 조선체육회의 창설 기념으로 개최되었으며 현재의 전국체육대회의 기원으로 인정받고 있는 대회의 명칭은?

① 조선체육진흥회
② 전조선 야구대회
③ 대동강 빙상대회
④ 울산 씨름대회

03 고려시대 무예에 대한 내용으로 바르지 않은 것은?

① 과거를 통해 무관을 선발하였다.
② 각종 무예에 경기와 유희적 요소가 가미되었다.
③ 심신일원론이 유행하였다.
④ 삼국시대의 무예가 계승되었다.

04 명나라로부터 도입된 심신 합일의 정신을 바탕으로 쓰여진 의서로 이황이 활용했던 서적의 명칭은?

① 무예보통지   ② 무예제조   ③ 활인심방   ④ 시취

05 조선 시대 신체 사상으로 바르지 않은 것은?

① 성리학의 발달로 문존무비, 숭문천무 사상이 유행했다.
② 잦은 전란으로 고려시대보다 무예에 대한 인식이 높아졌다.
③ 신체와 마음을 하나로 보는 심신일원론이 유행했다.
④ 건강의 유지를 위한 보건적 의미의 실내 운동이 유행했다.

06 고종이 1895년 실용교육의 확대를 천명하며 발표함으로써 교육의 기회가 전 국민으로 확대되고 근대적 의미의 교육으로 전환되는 계기가 된 것은 무엇인가?

① 교육입국조서
② 국민교육진흥법
③ 조선교육령
④ 교수요목

07 대한체육회의 역사로 바르지 않은 것은?

① 일제에 의해 강제 해산된 조선체육진흥회가 그 전신이다.
② 1960년대 국가의 지원을 받기 시작하면서 국민체육진흥법과 시행령을 공포하였다.
③ 각종 국제 대회와 국가적 규모의 체육 대회를 관할 개최하고 있다.
④ 1980년대 이후 엘리트 체육을 선도하고 있다.

08 일제 강점기 중 문화 통치 기간의 체육에 대한 설명으로 바르지 않은 것은?

① 대한 체육회의 전신인 조선 체육회가 조직되었다.
② 각종 경기 단체가 설립되고 스포츠 대회가 성행하였다.
③ 다양했던 체육교육의 내용이 단순하게 축소되었다.
④ 병식체조 종목이 교련이라는 이름으로 개칭되었다.

09 다음 중 한국 스포츠 발달의 배경으로 바르지 않은 것은?

① 박정희 정권의 체육 진흥정책으로 스포츠로서의 급진적 발달이 진행되기 시작하였다.
② 스포츠의 발달 배경에는 70년대 경제 성장과 미디어의 보급이 중요한 역할을 했다.
③ 정권의 주체들이 정권의 강화와 안정을 위해 스포츠를 활용하면서 스포츠의 발달이 가속화되었다.
④ 발달의 과정에서 엘리트 체육보다는 사회체육의 성장속도가 더 빨랐다.

10 분단 이후 최초로 남한 선수단이 북한에 판견되고 북한에서 애국가가 연주된 대회는 무엇인가?

① 1964년 동경올림픽 배구 예선전
② 1990년 경평 축구대회
③ 1999년 남북 노동자 축구대회
④ 2013년 아시안컵 역도대회

10분 미니모의고사

운동 생리학

01 외부환경이 변하더라도 생체내의 상태를 일정하게 유지하려는 성질을 무엇이라 하는가?

① 항상성
② 적응
③ 조절
④ 반응

02 물질대사과정에 대한 설명으로 바르지 않은 것은?

① 탄수화물은 해당과정과 크렙스회로(TCA회로)를 거쳐 분해된다.
② 과잉 탄수화물은 글리코겐과 지방으로 저장된다.
③ 물질대사과정 결과 생긴 에너지는 모두 ATP형태로 저장되어 이용된다.
④ 단백질 대사 결과 아미노산이 생성된다.

03 인체의 에너지 대사에 관한 설명으로 바르지 않은 것은?

① 유산소 시스템은 산소를 이용하며, 미토콘드리아에서 일어난다.
② 에너지원 중 탄수화물만이 유산소 시스템을 이용하여 에너지를 생산할 수 있다.
③ 아미노산은 TCA회로로 직접 진입하여 에너지를 생산할 수도 있고, 당신생합성과정을 통해 에너지를 생산할 수도 있다.
④ 운동 중 근육에서 생산된 젖산은 코리회로를 통해 간으로 이동하여 포도당으로 전환될 수 있다.

04 뉴런의 구조 및 종류에 대한 설명으로 옳지 않은 것은?

① 뉴런의 핵은 신경세포체에 있다.
② 신경세포체에서 뻗어 나온 여러 개의 짧은 돌기를 수상돌기라 한다.
③ 랑비에결절은 수초로 싸여 있는 곳이다.
④ 감각기관에서 받아들인 자극을 연합뉴런으로 전달하는 뉴런을 구심성뉴런이라 한다.

05 근방추에 대한 설명 중 바르지 않은 것은?

① 근육과 힘줄사이에 위치한다.
② 근육내에 위치한다.
③ 근육의 과도한 신장을 억제한다.
④ 근육 길이의 속도 변화에 반응한다.

06 근수축에 관한 설명으로 옳지 않은 것은?

① 근수축은 액틴과 미오신의 활주설에 의해 일어난다.
② 신경자극이 근육에 전달되면 근육세포질세망(근소포체)에서 칼슘이온이 방출된다.
③ 칼슘이온이 방출되면 액틴머리가 미오신섬유에 결합한다.
④ 근수축시 ATP가 필요하다.

07 근력 트레이닝에 의해 근력이 증가하는 이유는?

① 근섬유의 수가 증가하여 수축에 동원되는 운동단위가 증가하기 때문이다.
② 근섬유의 굵기가 증가하여 근육의 횡단면이 증가하기 때문이다.
③ 근섬유의 길이가 증가하기 때문이다.
④ 골격근의 수축 속도가 빨라지기 때문이다.

08 공복시나 운동 후 저혈당 상태일 때 분비되는 호르몬이 아닌 것은?

① 인슐린
② 글루카곤
③ 코티솔
④ 아드레날린

09 폐순환의 경로로 바르게 나타낸 것은?

① 우심실 - 폐동맥 - 폐 - 폐정맥 - 좌심방
② 우심실 - 폐정맥 - 폐 - 폐동맥 - 좌심방
③ 우심방 - 폐동맥 - 폐 - 폐정맥 - 좌심실
④ 좌심실 - 폐동맥 - 폐 - 폐정맥 - 좌심방

10 수중 환경에서의 운동시 신체의 변화로 바르지 않은 것은?

① 서맥현상이 나타난다
② 심박수가 증가한다
③ 말초혈관이 수축한다.
④ 근육으로의 관류 저하와 젖산 축적

10분 미니모의고사

운동 역학

01 운동 역학에 대해 연구한 학자와 연구 업적이 잘못 연결된 것은?

① 아리스토텔레스 – 신체 운동학을 처음 연구한 운동 역학의 아버지
② 아르키메데스 – 지레의 법칙을 서술
③ 다빈치 – 인체의 구조 및 균형에 대해 연구
④ 뉴턴 – 사진표기법 도입에 의한 동물과 인체의 운동을 연구

02 인체를 전후로 통과하면서 좌우면을 수직으로 관통하는 축은?

① 좌우축   ② 전후축   ③ 수직축   ④ 장축

03 다음 중 질량에 대한 내용으로 바르지 않은 것은?

① 질량은 어떤 물체에 포함된 물질의 양을 의미한다.
② 동일한 장소에서의 질량은 무게와 비례한다.
③ 질량은 지구가 물체를 잡아당기는 힘의 크기이다.
④ 지구에서의 질량과 달에서의 질량은 동일하다.

04 발뒤꿈치를 들어 올리고 서 있는 자세에서 힘점, 저항점(작용점), 받침점의 위치가 바르게 나열된 것은?

① 힘점 – 아킬레스건, 저항점 – 신체 무게, 받침점 – 지면과 접촉한 관절
② 힘점 – 신체 무게, 저항점 – 아킬레스건, 받침점 – 지면과 접촉한 관절
③ 힘점 – 지면과 접촉한 관절, 저항점 – 신체 무게, 받침점 – 아킬레스건
④ 힘점 – 아킬레스건, 저항점 – 지면과 접촉한 관절, 받침점 – 신체 무게

05 벡터와 스칼라에 대한 설명으로 바르지 않은 것은?

① 벡터는 크기와 방향을 동시에 갖는 물리량이다.
② 스칼라는 방향만 갖는 물리량이다.
③ 변위, 속도, 가속도, 힘은 벡터에 속한다.
④ 길이, 온도, 질량, 속력은 스칼라에 속한다.

06 자유낙하운동에 대한 설명으로 바른 것은?

① 가만히 있던 물체를 일정높이에서 아래로 떨어뜨렸을때 중력을 받아 떨어지는 물체의 운동이다.
② 자유낙하하는 물체의 속도는 일정하다.
③ 자유낙하하는 물체의 가속도는 점점 빨라진다.
④ 공기저항이 없을 때 무거운 물체가 가벼운 물체보다 더 빨리 떨어진다.

07 힘의 특성으로 바르지 않은 것은?

① 힘의 크기 외에도 작용하는 방향에 따라 달라지는 벡터적 특성을 가진다.
② 힘의 3요소는 크기, 방향, 작용점이다.
③ 힘은 크기와 방향이 동시에 변해야 전체적인 운동의 성질이 변한다.
④ 힘은 벡터량이므로 한 물체에 여러 힘이 작용할 때, 합성이 가능하다.

08 트랙경기에서 선속도가 일정할때 구심력과 원심력에 대한 설명으로 바르지 않은 것은?

① 구심력은 물체가 원운동을 할 때 중심 쪽으로 향하려는 힘이다.
② 원심력은 물체가 원운동을 할 때 원의 바깥쪽으로 작용하는 힘이다.
③ 구심력은 원의 반지름이 작을수록 작아진다.
④ 구심력은 물체의 질량이 크고 물체의 속도가 빠를수록 커진다.

09 일률에 대한 설명으로 바르지 않은 것은?

① 일률은 단위시간 동안에 한 일의 양이다.
② 일률의 단위는 W(와트), HP(마력)이다.
③ 일률은 파워라고도 하며 순발력과 같은 개념이다.
④ 일률이 작다는 것은 더 효율적으로 일을 한다는 뜻이다.

10 운동역학에서 주로 사용되는 분석방법이 아닌 것은?

① 동작분석
② 지면반력분석
③ 근전도분석
④ 심박출량분석

10분 미니모의고사

스포츠 윤리학

01 다음 중 도덕, 윤리, 선과 그에 대한 개념이 잘못 연결된 것은?

① 도덕 – 인간이 지켜야 할 도리 또는 바람직한 행동의 기준을 의미한다.
② 윤리 – 사회 구성원들이 체득하고 행동에 옮겨야 하는 실천적 의미가 강하다.
③ 선 – 좋음의 의미로 좋은 행동의 근거가 되는 원리나 원칙을 의미한다.
④ 도덕, 선, 윤리는 언제나 혼용해서 사용할 수 있는 동일한 개념이다.

02 스포츠 윤리가 스포츠인에게 필요한 이유로 가장 거리가 먼 것은?

① 스포츠인의 도덕적 삶을 위한 지침을 제시해준다.
② 스포츠 안에서 딜레마 상황에서 올바른 결론을 내리는데 도움을 준다.
③ 스포츠를 좋아하는 청소년들에게 좋은 모델이 될 수 있다.
④ 스포츠선수로서 우수한 경기수행능력을 향상시키는데 도움을 준다.

03 arete의 내용으로 옳은 것은?

① 승리와 결과를 중시하는 행위를 의미한다.
② 경쟁에 참여하는 개인의 자기 본위적 태도가 나타난다.
③ 탁월한 능력을 완성하는 것이 목적이며 승리의 추구를 진정한 목적으로 여기지 않는다.
④ 비적대적인 경쟁을 중요하게 여긴다.

04 다음 중 놀이의 성격으로 바르지 않은 것은?

① 규칙에 대한 자발적 준수를 전제로 하지 않는 무규범의 행위이다.
② 참가자의 자유로운 선택과 활동을 통해 즐거움을 추구하는 행위이다.
③ 즐거운 행위를 통해 자신의 개성을 표현하고 실현하는 행위이다.
④ 사회가 요구하는 배려심, 협동심 등을 함양하는 장치가 될 수 있다.

05 스포츠 경영자가 가져야 하는 윤리적 리더십의 내용으로 바르지 않은 것은?

① 스포츠 조직의 경영자는 경쟁 조직의 구성원을 제외한 모든 참여자를 존중하고 건전한 스포츠 문화를 조성할 의무를 가진다.
② 스포츠 조직의 운영을 통해 스포츠 소비자와 그들이 포함된 사회 전체에 봉사하고 공헌할 의무를 가진다.
③ 스포츠 조직을 법과 원칙에 맞게 운영함으로써 공정성과 정의를 실천하는 모범을 보이는 존재가 되어야 한다.
④ 스포츠 조직의 경영자는 스포츠 소비자와의 진정성 있는 신뢰의 구축을 통해 연대감과 일체감을 고유할 수 있는 건강한 공동체의 형성에 기여해야 한다.

06 체육특기자와 관련한 입시제도의 개선방안으로 바르지 않은 것은?

① 스카우트 관행에 대한 제도적 장치를 마련한다.
② 고등학교와 대학 간 학습권 보호 체계의 단절을 실시한다.
③ 체육특기자의 대학 입시 체계를 개선한다.
④ 입시비리에 대한 법적처벌의 구조를 엄격하게 확립한다.

07 전신 수영복을 기술 도핑으로 간주하고 금지하는 이유로 바르지 않은 것은?

① 인간의 노력보다 장비의 성능이 기록의 단축에 결정적인 역할을 수행하기 때문이다.
② 고가의 장비이기 때문에 경제력이 없는 국가의 선수에게 형평성의 문제를 야기하기 때문이다.
③ 장비의 성능에 대한 과학적 근거가 밝혀지지 않았기 때문이다.
④ 스포츠의 본질을 벗어난 자본과 기술력의 대결이 되기 때문이다.

08 스포츠에서의 폭력성이 근절되지 않는 이유로 바르지 않은 것은?

① 스포츠 사회 내에서의 폭력행위는 일반사회의 그것에 비해 관대하게 용인되고 있다.
② 폭력을 통해서라도 더 좋은 성과를 얻어내려는 승리지상주의가 만연하고 있다.
③ 스포츠 사회는 일반 사회에 비해 더 강력한 위계질서가 유지되고 있다.
④ 선수와 지도자의 신분이 강력하게 보장되고 있어 폭력행위에 대한 규제의 효과가 낮게 나타나고 있다.

09 스포츠와 환경윤리 이론으로 바르지 않은 것은?

① 인간중심적 환경윤리론은 환경의 파괴를 가속하기도 한다.
② 개체론적 환경윤리론으로 환경문제를 완전히 해결할 수 있다.
③ 개체론적 환경윤리론은 하나하나의 생명체가 가진 지위와 권리를 존중한다.
④ 생태론적 윤리론은 생태계를 구성하는 모든 생물들이 동등하다는 전제에서 출발한다.

10 장애인의 스포츠 참가가 가지는 윤리적 의의로 바르지 않은 것은?

① 스포츠를 통한 신체적·심리적 치료의 효과를 거둘 수 있다.
② 사회 구성원간의 이해와 소통의 기회가 된다.
③ 사회 구성원간의 조화와 화합의 방법이 된다.
④ 장애인 선수의 사회적 지위가 수직 이동할 수 있는 기회가 된다.

실전 모의고사

1 • 스포츠 사회학 ··· 120

2 • 스포츠 교육학 ··· 123

3 • 스포츠 심리학 ··· 126

4 • 한국 체육사 ··· 129

5 • 운동 생리학 ··· 132

6 • 운동 역학 ··· 135

7 • 스포츠 윤리학 ··· 137

실전 모의고사 — 스포츠 사회학

01 다음 중 스포츠 사회학에 대한 설명으로 적절하지 않은 것은?

① 스포츠 현상에 사회학적 이론과 연구방법을 적용하여 연구하는 사회학과 스포츠 과학의 한계과학(boundary science)이다.
② 스포츠와 운동 상황에서의 인간과 인간의 운동을 과학적으로 탐구하는 학문이다.
③ 사회학의 하위분야로서 사회행동의 과정과 유형을 스포츠의 맥락에서 설명하는 학문이다.
④ 스포츠 장면에서 일어나는 행동유형과 사회화 과정을 일반 사회구조의 측면에서 설명하는 학문이다.

02 <보기>에서 설명하고 있는 스포츠의 사회적 기능은?

< 보 기 >

- 정치인들이 국민의 스포츠에 대한 관심을 증대 시켜 정치적 무관심을 유도한다.
- 정치인들이 스포츠 경기를 자신의 이익이나 권력을 공고히 하는데 이용한다.

① 사회통제 기능　② 사회통합 기능
③ 사회소외 기능　④ 사회정서 기능

03 <보기>의 내용에 공통적으로 해당하는 스포츠의 정치적 이용 방식은?

< 보 기 >

- 남아프리카공화국의 인종차별정책에 반대하는 많은 국가들이 남아프리카공화국에서 개최된 국제대회에 불참하였다.
- 구소련의 아프가니스탄 침공을 문제 삼아 미국을 비롯한 서방국가들이 1980년 모스크바 올림픽 경기대회에 불참하였다.

① 국제 평화 증진
② 체제 선전의 수단
③ 전쟁의 촉매
④ 외교적 항의

04 J. Magee와 J. Sugden이 말한 '스포츠 노마드' 개념을 스포츠에 적용할 때, 다음 중 그 개념에 가장 부합하는 예시는 무엇인가?

① 선수가 지역 리그에서 평생 활동하며 한 팀에만 헌신하는 경우
② 스포츠 구단이 장기적인 성공을 위해 현지 선수들만 영입하는 경우
③ 선수가 더 나은 기회와 높은 보상을 찾아 여러 국가와 리그를 오가며 활동하는 경우
④ 한 국가의 스포츠 선수들이 자국에서만 활동하며 국제 경기에 참여하지 않는 경우

05 <보기>에서 목표로 하고 있는 스포츠의 교육적 순기능은?

< 보 기 >

미래중학교는 학생 상호간, 학생과 교사 간 교류가 줄어들면서 '우리'라는 공동체의식을 형성하지 못한 채 갈등을 겪고 있다. 미래중학교는 이러한 문제를 해결하기 위해 스포츠를 적극 활용하려고 한다.

① 학교 내 통합
② 학업활동 촉진
③ 평생체육의 여건 형성
④ 학교와 지역사회의 통합

06 스포츠가 대중매체에 미친 영향으로 옳은 것은?

① 흥미위주의 스포츠 규칙 개정
② 미디어 테크놀로지 발전과 콘텐츠 제공
③ 스포츠에 대한 관심과 참여 증대
④ 경기기술의 전문화와 표준화

07 스포츠 미디어에 내포된 이데올로기와 이를 보도하는 방식이 바르게 연결된 것은?

① 국가주의 이데올로기 – 특정 선수만이 아닌 모든 선수를 함께 부각하여 보도
② 젠더 이데올로기 – 여성 선수의 탁월한 기량에 초점을 두어 보도
③ 자본주의 이데올로기 – 경제적 가치를 중시하여 스포츠의 소비를 유도하는 보도
④ 개인주의 이데올로기 – 결과만을 중시하고 항상 승자의 시각에서 보도

08 적재적소에 인재를 배치하는 과정에서 각 지위의 중요성에 따라 발생하는 현상은?

① 지위의 분화
② 지위의 평가
③ 지위의 서열화
④ 보수부여

09 계층별 스포츠 참가에 대한 설명으로 옳지 않은 것은?

① 계층별 사회적 조건에 따라 스포츠 참가 유형에 차이가 나타난다.
② 하류계층은 경제적 조건 때문에 상류계층보다 상대적으로 스포츠의 직접관람률이 낮다.
③ 상류계층은 자신의 경제적 여유를 드러내려는 속성으로 인해 하류계층보다 단체스포츠 참가를 더 선호한다.
④ 상류계층은 특정 종목을 강조하는 분위기에 따라 사회화과정에서 해당종목에 자연스럽게 익숙해지게 된다.

10 다음 중 사회화 주관자에 대한 설명을 바르게 하고 있는 것은 어느 것인가?

① 어린 시절의 스포츠 참가는 학교 교사의 영향이 크다.
② 지역사회에서는 학교의 다양한 체육 교육과정을 이용한다.
③ 청소년기의 스포츠 참가는 지역사회의 영향이 절대적이다.
④ 대중매체는 역할모형을 제시하여 전연령층에서 스포츠 참가를 유도한다.

11 <보기>에서 스나이더(E. Snyder)가 제시한 스포츠 사회화의 전이 조건을 모두 고른 것은?

< 보 기 >

㉠ 스포츠 참가 정도
㉡ 스포츠 참가의 자발성 여부
㉢ 스포츠 참가자의 개인적·사회적 특성
㉣ 사회화 주관자의 위신 및 위력

① ㉠
② ㉠, ㉡
③ ㉠, ㉡, ㉢
④ ㉠, ㉡, ㉢, ㉣

12 다음의 내용은 스포츠 일탈의 순기능 중 무엇에 관한 설명인가?

< 보 기 >

1966년 보스턴 마라톤 대회에서 여성의 신분을 속이고 참가한 로베르타 깁은 600명이 넘는 남자들과 겨루어 135등을 차지하면서 완주하였다. 당시 여성의 마라톤 경기는 허용되지 않았기 때문에 매스컴에서도 그녀의 완주를 경이로운 시각으로 다루었으며, 이는 여성 마라톤의 시발점이 되었다.

① 스포츠 일탈은 규범의 존재를 재확인시켜준다.
② 일탈행동은 잠재적 공격성과 불만을 잠재우는 사회적 안전판의 역할을 한다.
③ 스포츠 일탈은 사회에 개혁과 창의성을 가져다주는 역할을 할 수 있다.
④ 스포츠 일탈은 참가자의 사회화에 긍정적인 영향을 미칠 수 있다.

13 관중의 폭력을 예방하는 방법으로 옳지 않은 것은?

① 팀별로 응원석을 분리한다.
② 관중석의 좌석화한다.
③ 안전펜스 설치하여 안전 사고를 예방한다.
④ 폭력적 관중에 대한 정보를 공개하고 관련 기관이 공유한다.

14 운동중독에 대한 설명으로 적절한 것은?

① 운동에 대한 부정적 중독은 운동을 자신의 존재의 중요한 국면으로 간주하고 더 나아가 일, 가정, 가족 및 친구들에 대한 책무와 조화를 잘 이루게 한다.
② 부정적 중독의 운동선수들은 건강, 경력, 사람과의 관계와 같은 삶의 다른 영역에 대해 방해를 받더라도 계속적으로 운동에 참여하는 것이 좋다.
③ 운동이 항상 참가자들에게 긍정적인 혜택만 주는 것이 아니라 부정적인 중독증을 유발할 수 있다는 점을 인식해야 한다.
④ 운동에 중독된 사람은 신체적응에 대한 욕망의 결과를 얻기 위해 계속적으로 운동수준과 빈도를 증가시키는 것이 좋다.

15 <보기>와 같이 스포츠의 세계화로 인해 파생되는 현상은?

< 보 기 >

최근 들어 우리나라 야구, 축구 선수들의 해외리그 진출이 증가하고 있다. 또한 우리나라에서도 축구, 농구, 배구 등에서 많은 외국선수들이 활동하고 있다.

① 스포츠 국수주의
② 스포츠 노동이주
③ 스포츠 민족주의
④ 스포츠 제국주의

16 거트만(A. Guttmann)의 근대스포츠 특성에 관한 설명으로 옳지 않은 것은?

① 수량화: 시간, 거리, 점수 등 측정 가능한 숫자로 표현한다.
② 합리화: 자산, 지위, 계층과 관계없이 동일한 종목에 참여한다.
③ 전문화: 포지션의 분화와 리그의 세분화를 촉진한다.
④ 관료화: 규칙을 제정하고 경기를 조직적으로 운영한다.

17 2018 평창 동계올림픽의 과정에서 전세계인들은 한국의 문화와 전통에 더욱 많은 관심을 가지게 되었고, 남북관계에 대한 부정적인 인식도 완화되었다. 이로 인해 나타날 수 있는 가장 관련이 있는 경제적 효과로만 묶인 것은?

< 보 기 >

ㄱ. 스포츠 관련 고용의 창출
ㄴ. 국산 제품의 수출 증대
ㄷ. 스포츠용품 및 부대 장비의 생산 증대
ㄹ. 관광수입의 증대
ㅁ. 개최도시의 경제 활성화

① ㄱ, ㄴ
② ㄴ, ㄹ, ㅁ
③ ㄷ, ㄹ, ㅁ
④ ㄱ, ㄴ, ㄷ, ㄹ, ㅁ

18 다음 <보기>이 내용 중 과소동조 행위로만 묶인 것은?

< 보 기 >

ㄱ. 자신을 조롱하는 관중에 대한 분노를 참지 못하고 물병을 던지는 행위
ㄴ. 축구의 룰을 정확히 알지 못해 공을 손으로 패스하는 유소년 선수의 행위
ㄷ. 야구에서 빈볼로 인해 발생하는 벤치 클리어링
ㄹ. 감독의 지시로 상대 주전 골게터에게 거친 파울을 하는 행위

① ㄱ, ㄴ
② ㄱ, ㄴ, ㄷ
③ ㄱ, ㄷ, ㄹ
④ ㄱ, ㄴ, ㄷ, ㄹ

19 다음 <보기>가 설명하는 개념은 무엇인가?

< 보 기 >

나오름 선수는 스포츠에 참여하면서 스포츠맨십을 습득하고 페어플레이 정신을 가지게 되었다. 또한 훈련과 경기 출전을 반복하면서 건전한 도전정신과 함께 인내와 노력의 가치를 깨달았으며, 함께 훈련한 같은 팀 선수 뿐 아니라 경쟁 생대방인 다른 팀 선수에 대한 배려와 존경의 마음까지를 가지게 되었다.

① 스포츠로의 사회화
② 스포츠를 통한 사회화
③ 스포츠에서의 탈사회화
④ 스포츠로의 재사회화

20 다음 <보기>의 내용 중 핫미디어에 대한 설명으로만 묶인 것은?

< 보 기 >

ㄱ. 논리적이며 계획적이다.
ㄴ. 감상을 위해 단일한 감각이 동원된다.
ㄷ. 수용자의 참여와 상상의 여지가 적고 낮은 수준의 감각적 참여가 이루어진다.
ㄹ. 메시지의 정세도가 높다
ㅁ. 신문, 잡지, 라디오, 영화 등이 이에 해당한다.

① ㄱ, ㄴ,
② ㄱ, ㄷ, ㄹ
③ ㄱ, ㄴ, ㄹ, ㅁ
④ ㄱ, ㄴ, ㄷ, ㄹ, ㅁ

실전 모의고사

스포츠 교육학

01 생활 체육지도자의 역할로 바르지 않은 것은?

① 스포츠 활동이 구현하고자 하는 문화적 의미와 가치있는 삶을 살아가는 능력을 참여자에게 가르친다.
② 지역사회에 건전한 스포츠 문화를 전파하는 매개자의 역할을 수행한다.
③ 생활체육에 참여한 다양한 계층의 요구에 맞는 적절한 서비스를 제공하는 역할을 한다.
④ 다양한 트레이닝의 분야에서 현재는 외형적으로 멋진 몸매를 만들어주는 트레이너의 역할에 초점이 맞추어지고 있다.

02 학교체육진흥법의 내용 중 학교체육진흥조치에 해당하지 않는 내용은?

① 체육교육과정 운영 충실 및 체육수업의 질 제고
② 학생선수의 학습권 보장 및 인권보호
③ 학교 간 경기대회 등 체육 교류활동 활성화
④ 학생선수를 위한 기초학력 보장 프로그램을 운영

03 다음 스포츠 참여자에 대한 내용으로 알맞지 않은 것은?

① 스포츠 지도 전문인은 다양한 연령층을 상대로 다양한 프로그램을 구성하고 운동을 지도한다.
② 일반 성인 학습자는 자신에 맞는 스포츠 종목에 대해 지속적으로 참가한다.
③ 스포츠의 평등정신에 입각하여 스포츠 교육 학습자의 개별적 특성을 고려하지 않는 동일한 교육을 실시한다.
④ 장애인 학습 참가자를 위해서는 스포츠가 치료행위로서의 가치도 가질 수 있도록 고려한다.

04 생활체육 프로그램의 요구 조사 및 분석에 관한 설명으로 옳지 않은 것은?

① 요구 조사에서는 연령, 성별, 선호도, 경제 수준 등을 고려해야 한다.
② 요구 조사에서는 생활체육 참여도, 기존 프로그램 만족도, 지도자에 대한 만족도 등을 질문한다.
③ 요구 분석 결과는 기존의 생활체육 프로그램을 개선 하고 새로운 프로그램을 개발하는데 활용한다.
④ 요구 분석은 생활체육 프로그램을 추진하고자 하는 지역사회와 참여자에 대한 사후 분석 절차이다.

05 학교 스포츠클럽에 관한 내용으로 바르지 않은 것은?

① 정규교육과정으로서의 체육활동 활성화를 통해 건강하고 활기찬 학교 분위기를 형성한다.
② 스포츠 친화적인 학교문화 및 꿈과 끼를 키우는 스포츠 환경을 조성한다.
③ 전인적 성장을 위한 선진형 학교 스포츠 클럽의 운영 시스템을 위한 기반의 구축을 목적으로 한다.
④ 학생들의 건강 증진, 스포츠 기술의 발달, 스포츠 문화의 체험 등 다양한 역할과 기능을 가진다.

06 문제해결 중심의 지도에 활용할 수 있는 체육수업 모형이나 방식으로 적절한 것은?

① 적극적 교수
② 직접교수모형
③ 탐구수업모형
④ 상호학습형 스타일

07 스포츠 교육 모형에 대한 설명으로 알맞지 않은 것은?

① 학교 상황에서 학생에게 실제적이고 교육적으로 풍부한 스포츠 경험을 제공하는 것이 목적이다.
② 모든 학생이 선수와 스포츠 리그 운영자 등 한두 가지 이상의 역할을 체험한다.
③ 스포츠 참여를 통해 다양한 경험과 학습을 할 수 있는 구조를 제공한다.
④ 교사가 학생들의 수업의 시간이 낭비되지 않도록 엄격하게 관리하여 진행한다.

08 개인적·사회적 책임감 지도 모형에서 구분하는 책임감의 내용으로 알맞지 않은 것은?

① 무책임 – 다른 사람을 방해하거나 자기 통제력이 없음
② 참여와 노력 – 의무감을 가지고 자발적으로 참여함
③ 자기 방형 설정 – 교사의 감독없이 과제를 완수함
④ 전이 – 지역 사회의 환경에서 타인을 가르침

09 <보기>의 특성을 갖는 교육 모형의 주제는?

< 보 기 >
- 적극적 교수(active teaching)로 불리기도 한다.
- 높은 비율의 학습 참여 기회(OTR)를 제공한다.
- 초기 학습 과제의 진도는 교사가, 이후 연습 단계의 학습 진도는 학생이 결정한다.

① 수업 진도는 학생이 결정한다.
② 교사가 수업 리더의 역할을 한다.
③ 서로를 위해 함께 배운다.
④ 유능하고 박식하며 열정적인 스포츠인으로 성장한다.

10 <보기>에 해당하는 게임 유형은?

<보기>

농구, 하키, 축구, 넷볼, 핸드볼, 럭비

① 영역(침범)형　　② 필드형
③ 표적형　　　　　④ 네트형

11 아래의 <보기> 중에서 괄호 안에 들어갈 말을 적합하게 짝지어 놓은 것은 무엇인가?

< 보 기 >
(　　) 과제는 난이도와 복잡성이 덧붙여진 형태의 과제이고, (　　) 과제는 폼이나 느낌과 같이 운동기능의 질적인 측면에 초점이 맞추어진 과제이다.

① 세련형 – 적용형　　② 세련형 – 확장형
③ 적용형 – 세련형　　④ 확장형 – 세련형

12 스포츠교육에서 평가의 목적으로 바르지 않은 것은?

① 스포츠교육활동 전체에 대한 피드백의 기능을 가진다.
② 평가 대상에 대한 자료를 수집·분석하는 것이 진정한 목적이다.
③ 스포츠교육 활동을 개선하기 위한 수단이 된다.
④ 평가의 실시보다는 평가 결과의 활용이 더욱 중요한 요소이다.

13 <보기>에서 설명하고 있는 지식은?

< 보 기 >
체육지도자가 유소년에게 농구의 기본 기술을 지도하는 방법에 대한 지식

① 교육과정 지식　　② 교육환경 지식
③ 내용교수법 지식　④ 내용 지식

14 근대 스포츠 교육의 역사로 바르지 않은 것은?

① 19C 초중반의 스포츠 교육은 건강한 남성상을 강조하여 성차별적 요소를 가지고 있었다.
② 19C 말에서 20C 초에 들어서면서 체육 교육에 레크리에이션의 의미가 추가되었다.
③ 1960년대 이후 인간중심적 철학 사조의 영향으로 체육교육은 경쟁과 승리의 추구라는 목적으로 변화되었다.
④ 1970년대 이후 스포츠 교육에 놀이라는 문화 활동으로서의 가치가 강조되어 스스로 참여하고 즐기는 스포츠 문화의 형성이 목적이 되었다.

15 다음 〈보기〉는 교육 평가의 유형과 활용 중 무엇에 대한 설명인가?

< 보 기 >

- 학습 초기에 지도전략을 위한 기초 자료를 얻기 위해 활용함
- 효과적인 지도방법을 결정하기 위해 학습자의 기초 능력 전반을 진단함

① 진단 평가
② 형성 평가
③ 총괄 평가
④ 절대 평가

16 다음은 지도 내용의 전달과 관련한 질문의 활용 방법 중 무엇에 대한 내용인가?

< 보 기 >

- 이전에 경험한 내용을 분석하고 통합하기 위해 필요한 질문이다.
- 조건을 제시하고 응답자에게 앞으로의 상황이나 결과에 대한 예측과 판단을 요구하는 질문이다.

① 회고형 질문
② 집중형(수렴형) 질문
③ 분산적(확산형) 질문
④ 가치적 질문

17 하나로 수업 모형에 대한 설명으로 바르지 않은 것은?

① 호울 스포츠에의 입문을 통해 전인적 인간으로의 성숙을 목표로 한다.
② 전인적 인간이란 '좋은 인성을 가진 사람'을 의미한다.
③ 체육활동과 일상생활을 철저하게 구분할 줄 아는 삶을 수업의 목표로 삼는다.
④ 교사의 교수 행위는 직접 간접적으로 학생들에게 영향을 미친다.

18 전문체육 프로그램 중 청소년 스포츠 코칭 프로그램에 대한 내용으로 바르지 않은 것은?

① 학생 선수의 인권을 보호할 수 있는 프로그램을 마련한다.
② 학생 선수의 긍정적인 인성 배양을 고려하여 프로그램을 운영한다.
③ 스포츠로부터 습득한 긍정적인 가치가 일상에 전이될 수 있도록 유도한다.
④ 경기와 경쟁에서의 승리라는 전문체육의 특수성에 초점을 두어 스포츠 기술과 기능의 연마에 모든 역량을 집중한다.

19 다음 중 장애인을 대상으로 운동을 지도할 때 유의할 점으로 가장 적절하지 않은 것은?

① 운동 참여를 위한 신체적 능력을 고려한다.
② 대인 관계와 사회 적응 능력을 고려한다.
③ 직업을 위한 기능 및 기술의 발달을 위한 신체적 능력 개발을 고려한다.
④ 사회 적응 능력의 배양을 위해 가능한 한 일반인과 함께 운동할 수 있는 시간에 배정한다.

20 수업의 운영을 위한 절차와 규정의 제정에 대한 내용으로 바르지 않은 것은?

① 짧고 명확한 문장으로 표현한다.
② 학생의 연령에 적합한 언어나 기호로 전달한다.
③ 수업 중 발생할 수 있는 대부분의 상황에 대처할 수 있도록 충분히 많은 규칙을 제정한다.
④ 처벌이나 보상을 부과할 수 없는 규정을 만들지 않는다.

실전 모의고사 — 스포츠 심리학

01 다음 중 인간의 운동 제어 체계에 대한 내용으로 바르지 않은 것은?

① 폐쇄회로체계는 미리 저장된 참조기제에 출력을 비교하여 오류의 탐지와 수정이 이루어지는 체계이다.
② 폐쇄회로체계는 느리거나 높은 정확성이 요구되는 동작을 설명할 때 유용하다.
③ 개방회로체계는 참조기제를 통한 피드백 없이 실행된다.
④ 개방회로체계에서는 감각기관의 역할이 중요하며 감각기관에서 수집된 정보는 중추신경에서 통합된다.

02 <보기>의 사례에 적합한 피드백은?

<보기>

농구수업에서 김 코치는 학습자가 자유투 동작과 관련된 피드백을 원할 때 정보를 제공하기로 하고, 각자 연습을 시작하였다. 김 코치는 연습 중 학습자가 피드백을 요구할 때 마다 정확한 자유투 동작에 대해 알려주었다.

① 뉴로 피드백
② 내재적 피드백
③ 자기통제 피드백
④ 바이오 피드백

03 운동기술 연습에서 발생하는 맥락간섭효과에 대한 설명으로 옳은 것은?

① 집중연습과 분산연습에 의해 맥락간섭효과의 크기는 달라진다.
② 높은 맥락간섭은 연습수행에서 효과가 높다.
③ 낮은 맥락간섭은 파지에 효과가 높다.
④ 무선연습은 분산연습에 비해 파지 및 전이에 효과가 높다.

04 운동발달의 기본 가정으로 틀린 것은?

① 전생애에 걸쳐 진행되는 불연속적인 과정이다.
② 개인차가 존재한다.
③ 민감기 또는 결정적 시기가 존재한다.
④ 환경적 맥락의 영향을 받는다.

05 다음 <보기>에서 설명하는 용어로 알맞은 것은?

< 보 기 >

- 개인의 특성을 나타내는 독특한 유형
- 환경에 독특하게 적응하도록 하는 개인의 안정적 조직
- 환경에 적응하도록 결정지어 주는 개인의 내적인 심리적, 물리적 체계의 역동적 조직
- 개인을 유일하고 독특하게 만드는 특징들의 총합체

① 인물
② 기질
③ 성격
④ 동기

06 다음 중 불안과 각성에 관해 현장 지도자가 알아야 할 내용 중 가장 적절하지 못한 것은 어느 것 인가?

① 경쟁은 모든 참여자에게 긍정적인 효과가 아주 강하므로 지도에 이를 자주 활용해야 한다.
② 참여자의 자신감을 높이는 것도 불안 제어의 한 방법이 될 수 있다.
③ 참여자가 어떤 정도의 불안이나 각성 수준에서 최상의 수행을 하게 되는지를 스스로 파악하도록 지원해야 한다.
④ 좋아하는 불안제어 방법도 개인에 따라 다르고 제어 효과에도 개인차가 있음을 이해한다.

07 다음 설명은 심리기술 훈련 방법을 성공적으로 수행하는 데 필요한 두 가지 중요한 능력을 향상시키는 훈련 내용이다. 해당 심리기술 훈련 방법의 명칭과 그것을 성공적으로 수행하도록 하는 두 가지 능력이 알맞게 연결된 것은?

< 보 기 >

경기 기술 중에서 기술 하나를 선정한다. 선정된 기술의 반복적인 수행을 상상하면서 자신이 가질 수 있는 근육의 움직임에 대한 느낌을 상상해본다. 긴장할 때와 이완될 때, 신체의 다른 부위가 어떤 느낌을 가지는가에 주의를 집중해 본다. 그리고 분명하게 머릿속에 그리는 것, 듣는 것, 느끼는 것을 하나로 통합시켜 보자. 어느 하나의 감각에 특별히 주의를 기울이지 말고, 모든 감각들을 이용하면서 총체적인 느낌을 상상해 본다.

그리고 그런 상상 속에서 자신이 운동 동작을 완벽하게 통제하는 연습을 해 본다.

① 심상훈련 – 선명성, 통제력
② 심상훈련 – 선명성, 감각통합
③ 주의집중 훈련 – 선명성, 통제력
④ 주의집중 훈련 – 선명성, 감각통합

08 다음 중 주의집중의 좁은-외적 형태를 올바르게 설명한 것은?

① 시합 시 변화하는 주변의 사물에 주의를 집중하는 형태
② 시합 전략, 작전 수립에 주의를 집중하는 형태
③ 수행할 기술의 감각, 템포 등에 주의를 집중하는 형태
④ 기술 수행에 필요한 하나의 사물에 주의를 집중하는 형태

09 리더십에 대한 다음의 설명 중 틀린 것은?

① 리더십이란 개인이 조직과 개인의 목적을 모두 만족시키기 위하여 성원의 동기화를 촉진시키고 영향력을 행사하는 과정이다.
② 리더십 유형화의 한 방법은 과제지향과 관계지향의 정도에 따라 구분하는 것이다.
③ 리더십 강화를 위해 우선적으로 지도자 특성을 파악하는 것이 중요하다.
④ 조직의 상황이나 특성에 관계없이 일관된 리더십 유형을 견지하는 것이 중요하다.

10 <보기>의 팀 구축 프로그램을 위한 개념 모형에서 괄호 안에 적절한 변인은?

< 보 기 >

- (㉠) 역할명료성, 리더십
- (㉡) 근접성, 독특성
- (㉢) 희생, 협동, 소통
- (㉣) 과제응집력, 사회응집력

	㉠	㉡	㉢	㉣
①	집단구조	집단환경	집단응집력	집단과정
②	집단구조	집단환경	집단과정	집단응집력
③	집단환경	집단구조	집단응집력	집단과정
④	집단환경	집단구조	집단과정	집단응집력

11 응집력 향상을 위한 중재 전략끼리 바르게 연결된 것은?

① 2~3명에게 그날의 목표를 설정하도록 부탁함
② 성과와 관계없는 균등한 보상으로 응원함
③ 회원의 자리를 매일 바꾸며 훈련시킴
④ 목표가 다른 회원끼리 운동 파트너가 되도록 권장함

12 집단의 과제 수행에서 발생하는 개인의 동기적 손실 원인이 아닌 것은?

① 할당전략   ② 무임승차전략
③ 반무임승차전략   ④ 최대화전략

13 다음에 제시된 스포츠에서 발생하는 사회적 촉진의 원인 중 가장 관계가 적은 것은?

① 각성수준의 증가   ② 모방효과
③ 평가에 대한 불안   ④ 주의 분산

14 다음 중 선수의 훈련 동기 강화에 가장 적절한 것은?

① 남을 이기는 것보다 수행 진보나 기술 습득이 자기 "성공"판단 기준이 되게 한다.
② "최선을 다하라"는 목표는 여유가 있어서 구체적인 목표보다 바람직하다.
③ 주어진 과제에 대해 실패의 경험을 충분히 갖도록 하여 더욱 더 분발시킨다.
④ 팀의 규칙은 지도자 자신만의 의지로 결정하여 참여자에게 확실히 인식시킨다.

15 Bandura가 제안한 자기효능감 강화방법이 아닌 것은?

① 성공경험 ② 실패경험
③ 사회적 설득 ④ 대리 경험

16 <보기>에서 경쟁불안이 일어나는 원인으로만 나열된 것은?

< 보 기 >
㉠ 실패에 대한 두려움
㉡ 적절한 목표설정
㉢ 높은 성취목표성향
㉣ 승리에 대한 압박

① ㉠, ㉢
② ㉢, ㉣
③ ㉠, ㉣
④ ㉡, ㉢

17 운동의 긍정적 효과와 기전 중 무엇에 관한 가설인가?

< 보 기 >
운동이 우울증에 도움이 되는 이유를 설명하는 가설로 세로토닌, 노르에피네프린, 도파민 등 신경전달물질의 분비로 인해 감정과 정서가 개선된다는 것이다. 운동을 하면 이와 같은 신경전달물질이 많아지며, 이로 인해 신경의 의사소통이 증가한다.

① 열발생 가설 ② 모노아민 가설
③ 뇌변화 가설 ④ 생리적 강인함 가설

18 운동의 심리적 효과에 대한 설명으로 옳은 것은?

① 일회성 유산소 운동은 특성불안을 증가시킨다.
② 고강도 무산소 운동은 불안 감소에 탁월하다.
③ 장기간 운동이 단기간 운동보다 우울증 개선효과가 더 크다.
④ 우울증 개선을 위해 유산소 운동보다 무산소 운동이 효과적이다.

19 사회적 지지 유형 중 다른 사람을 격려하고 걱정하는 과정에서 생기는 지지는?

① 정서적 지지
② 도구적 지지
③ 비교확인 지지
④ 정보적 지지

20 다음 운동 심리 이론 중 합리 행동 이론의 내용으로 바르지 않은 것은?

① 사람들은 어떤 행동에 대한 결정을 하기 전에 관련된 정보를 합리적이고 체계적으로 사용한다고 본다.
② 운동의 실행에는 개인의 운동에 대한 태도와 타인의 의견이나 순응 동기로 형성된 주관적 규범이 영향을 준다.
③ 다양한 요인들을 고려하여 확정된 개인의 운동참여 의도가 운동의 실행 여부를 결정한다고 본다.
④ 운동을 실행할 능력이나 자금의 중요성을 강조하는 이론이다.

실전 모의고사 — 한국 체육사

01 다음 중 체육사 연구에 대한 내용으로 바르지 않은 것은?
① 역사 연구의 각 단계는 반드시 역사적 순서에 의해 연구된다.
② 스포츠와 종교, 체육 교육 등의 연구는 문화사적 측면의 연구이다.
③ 체육사는 체육의 변천 과정과 그 속에서의 인간의 신체운동을 연구한다.
④ 산업혁명과 스포츠에 관한 연구는 사회 경제적 측면의 연구이다.

02 삼국시대에 시행된 민속스포츠에 대한 설명으로 옳은 것은?
① 격구: 돌팔매질을 하여 승부를 겨룬다.
② 축국: 매를 길들여 사냥한다.
③ 각저: 두 사람이 맞잡고 힘을 겨룬다.
④ 방응: 막대기로 공을 쳐서 상대편의 문에 넣는다.

03 보기>에서 설명하는 화랑도의 신체활동은?

< 보 기 >
신라 화랑들은 명산대천(名山大川)을 두루 돌아다니며 야외활동의 과정에서 시(詩)와 음악을 비롯한 각종 신체 수련 활동을 하였다.

① 기마술(騎馬術)
② 궁술(弓術)
③ 편력(遍歷)
④ 수렵(狩獵)

04 화랑도(花郞徒)에 대한 설명으로 옳지 않은 것은?
① 원효(元曉)의 세속오계(世俗五戒)를 기본 정신으로 하고 있다.
② 단체생활을 통해 심신을 연마하였다.
③ 편력(遍歷)이라는 야외교육활동을 수행하였다.
④ 풍류도(風流徒), 국선도(國仙徒), 원화도(源花徒) 라고도 하였다.

05 고려시대 격구(擊毬)에 대한 설명으로 바르지 않은 것은?
① 말타기, 기창, 기검, 기사의 능력 향상을 위한 군사훈련의 수단이었다.
② 왕, 귀족, 무인 등과 같이 주로 귀족계층의 활동이었다.
③ 상류층에게는 인기가 없었고 주로 서민들이 즐겨하던 오락 및 여가 활동이었다.
④ 무인집권기에 격구의 사치성이 최고조에 이르는 등 폐단이 많았다.

06 역사적 사실을 바르게 설명한 것은?
① 신라 화랑도 체육에서 유희적인 요소는 철저히 배제되었다.
② 고려시대에는 격구가 지나치게 성행하여 응방보감을 두어 관리하였다.
③ 조선시대 퇴계의 활인심방은 조선 유일의 무예서적이다.
④ 조선조에는 기예를 위주로 보는 시험을 시취 또는 취재라고 하였다.

07 조선시대 무과(武科) 시험방법으로 바르지 않은 것은?
① 소과와 대과로 구별되었다.
② 초시, 복시, 전시 세단계로 구성되었다.
③ 무관의 자손, 향리 등이 응시할 수 있었다.
④ 궁술, 마술, 총술, 강서 시험으로 나뉘었다.

08 다음 중 조선시대 정조 때 만들어진 무예서는?
① 무예도보통지   ② 무예제보
③ 무예신서   ④ 무비지

09 개화기의 스포츠에 대한 내용으로 바르지 않은 것은?
① 1903년 황성기독교 청년회가 결성되면서 운동회가 활성화되었다.
② 체육단체 및 학교 간 연합 운동회가 정기적으로 개최되었다.
③ 스포츠 경기를 위한 단체는 아직 나타나지 않았다.
④ 근대적 스포츠의 보급이 시작되었다.

10 일제강점기 체육에서 민족주의 성격을 바르게 설명하지 않은 것은?

① 일본단체의 주관대회에 한국인이 참가하였다.
② 조선체육회 등과 같은 체육단체들이 결성되었다.
③ 학교체육에서 군사훈련보다는 순수체육을 지향하였다.
④ 전통스포츠에는 관심을 두지 않았다

11 일제강점기의 체육단체로 다음의 설명에 알맞은 단체는?

< 보 기 >

1920년 7월 13일에 창립되었다. 조선인의 체육을 지도 장려함을 목적으로 삼고, 체육에 관한 조사 연구 및 선전, 체육도서의 발행, 각종 경기대회의 주최 및 후원, 기타 체육회 사업 등의 활동을 실행하였다. 1948년 9월 3일 대한체육회로 명칭을 변경하였다.

① 조선체육회
② 황성기독교청년회
③ 관서체육회
④ 고려구락부

12 일제강점기에 일본 대표 선수 자격으로 참가했지만 1936년 베를린 올림픽에서 당당히 금메달을 획득하여 한민족의 저력을 과시한 마라톤 선수는?

① 서윤복 ② 남승룡 ③ 손기정 ④ 황영조

13 한국에서 개최한 국제 스포츠대회 중 다음의 설명과 부합하는 대회는?

< 보 기 >

일본과 치열한 유치 과정에서 적극적인 외교활동을 펼쳐 서독 바덴바덴에서 유치를 결정지었다. 화합, 문화, 복지, 희망, 번영이라는 5대 특징을 가지고 이루어졌으며, 당시 역대 최대 규모의 선수단이 참가하여 최고의 성적을 거두었다.

① 1986년 서울아시안게임
② 1988년 서울올림픽대회
③ 2011년 대구세계육상선수권대회
④ 2002년 한일월드컵대회

14 20세기 한국체육과 관련된 내용으로 옳지 않은 것은?

① 남북체육교류는 1990년대에는 전혀 이루어지지 못하였다.
② 개화기와 일제시대 체육은 국권회복을 위한 수단으로 이용되기도 하였다.
③ 국가의 체육정책이 엘리트체육에 치중되었다.
④ 체육진흥을 주도적으로 추진해 온 주체는 정부였다.

15 다음 중 '전국 체전'의 역사로 그 내용이 바르지 않은 것은?

① 1920년 '제 1회 전조선야구대회'의 개최 - '전국 체전'의 기점이 됨
② '조선 체육협회'가 '조선 체육회'에 강제 합병되며 중단됨
③ 1945년 '자유해방경축 전국종합경기대회'로 부활
④ 1948년 '전국 체육대회'로 개칭

16 대한민국의 국제 스포츠 대회 참가의 역사로 바르지 않은 것은?

① 1947년 IOC 가입
② 1948년 생모리츠 동계 올림픽 최초 참가
③ 1948년 런던 하계 올림픽 최초 참가
④ 1986년 마닐라 하계 아시안게임 최초 참가

17 '국민체육 진흥계획'에 대한 설명으로 바르지 않은 것은?

① 1962년 국민체육진흥법이 제정되었다.
② 1982년 서울 올림픽 준비 계획에 국민체육진흥방안이 추가되었다.
③ 1986년 국민생활체육진흥 3개년 계획(일명 호돌이 계획)이 수립되었다.
④ 1993년 국민체육진흥 5개년 계획이 수립되었다.

18 1903년 창설된 황성 기독교 청년회의 후신으로 최초의 실내 운동장을 건립하고 다양한 스포츠 도입에 기여한 단체는?

① YMCA ② 화류회 ③ 조선체육회 ④ 조선체육진흥회

19 고려시대의 체육사상에 대한 설명으로 바르지 않은 것은?

① 성리학의 영향으로 숭문천무의 의식이 나타나기 시작했다.
② 문과 무를 겸비한 전인적 인간을 훌륭한 인재로 평가하는 분위기가 지배적이었다.
③ 무예에 인간을 교화하는 교육적 가치가 있다는 인식이 존재했다.
④ 몸과 마음을 다른 것으로 인식하여 무예를 통한 신체의 수련과 유교 경전을 통한 마음의 수련을 별개의 것으로 생각했다.

20 조선시대 과거 시험에서 치러진 무예 시험과 그 내용으로 바르지 않은 것은?

① 력 – 휴대용 물시계를 들고 물이 없어질 때까지 멀리 달림
② 기사 – 말을 타고 달리면서 활을 쏘아 표적을 맞춤
③ 격구 – 말을 타고 달리면서 지팡이로 공을 쳐서 구문에 넣는 시합
④ 기창 – 말을 타고 달리며 허수아비를 창으로 찌름

실전 모의고사 - 운동생리학

01 <보기>의 괄호 안에 들어갈 가장 적절한 용어는?

< 보 기 >

'운동생리학'은 일정 기간 동안 운동 형태로 가해진 자극에 대해 인체가 적절하게 반응하고 (   )하는 과정 속에서 나타나는 생리학적 현상을 연구하는 학문 분야이다.

① 선택
② 수용
③ 회피
④ 적응

02 에너지 공급과정에서 일반적으로 크렙스(Krebs cycle)와 전자전달계(electron transport chain)로 구분되는 에너지 시스템은?

① ATP-PC 시스템
② 젖산 시스템
③ 유산소 시스템
④ 해당과정 시스템

03 <보기>에서 에너지 공급 시스템에 관한 옳은 설명만으로 묶인 것은?

< 보 기 >

㉠ 유산소 대사는 주 에너지 공급원으로 글루코스 외에도 유리지방산이 많이 이용되며 장시간의 운동을 수행할 때 주로 사용된다.
㉡ 유산소 대사는 미토콘드리아에서 크렙스회로(Krebs cycle)와 전자전달계(Electron Transport Chain)를 통해 이루어진다.
㉢ ATP-PCr 시스템은 빠르게 에너지를 공급하며, 마라톤과 같은 장시간 지속되는 운동의 주 에너지 시스템이다.
㉣ 피루브산은 무산소성 해당과정에서 생성되는 물질이다.

① ㉠, ㉡, ㉢
② ㉡, ㉢, ㉣
③ ㉠, ㉢, ㉣
④ ㉠, ㉡, ㉣

04 근육의 수축력이 저하되는 경우는?

① 젖산역치 시점의 지연
② 근육 세포의 산성화
③ 에너지대사 효소의 활성도 증가
④ 근육 내 ATP 저장량 증가

05 신경세포에서 전기적 신호 전달 순서로 옳은 것은?

① 신경자극→수상돌기→세포체→축삭→축삭종말
② 신경자극→세포체→수상돌기→축삭→축삭종말
③ 신경자극→축삭→세포체→수상돌기→축삭종말
④ 신경자극→수상돌기→축삭→세포체→축삭종말

06 <보기>의 내용을 특징으로 하는 말초신경계 고유 감각수용기는?

< 보 기 >

- 수용기가 활성되면 주동근의 수축을 억제함
- 저항성 운동에 중요한 역할을 함
- 근육 수축을 통해 발생되는 장력 변화를 감지함
- 장력을 억제하여 잠재적 위험성을 감소시키는 보호 및 안전장치 역할을 함

① 운동단위(motor unit)
② 골지건기관(Golgi tendon organ)
③ 화학수용기(chemoreceptor)
④ 온도수용기(thermoreceptor)

07 다음 중 근원섬유에서 근수축을 활성화시킬 수 있도록 칼슘이온이 접착하는 부위는?

① 액틴
② 마이오신
③ 트로포닌
④ 트로포마이오신

08 근수축 유형에 따른 설명으로 바르지 않은 것은?

① 등척성 수축은 양손으로 물건을 들어 운반하거나 벽을 미는 경우의 형태이다.
② 등장성 수축은 외부의 저항이 일정한 상태에서 근육이 짧아지는 수축 유형이다.
③ 등속성 수축은 근력훈련이나 재활 트레이닝에 활용되지 못한다.
④ 신장성 수축은 근섬유 미세구조의 손상을 초래하여 운동 후 근 통증의 원인이 되기도 한다.

09 속근섬유의 특성으로 바르지 않은 것은?

① 미오신 ATPase의 활성이 높다.
② 근형질세망의 칼슘방출과 흡수능력이 높다.
③ 근수축 속도가 빠르다.
④ 피로내성이 높다.

10 체성신경계의 지배를 통해 수의적(voluntary)으로 수축 및 이완할 수 있는 근육은?

① 골격근   ② 심장근   ③ 평활근   ④ 내장근

11 운동 중 체내 수분량이 부족시 분비되는 호르몬은?

① 바소프레신(항이뇨호르몬)   ② 코티솔
③ 글루카곤   ④ 파라토르몬

12 운동으로 인하여 급속히 글루코스가 소모되었을 때의 혈당조절에 대한 설명으로 옳지 않은 것은?

① 간글리코겐으로부터 글루코스의 동원
② 혈중 글루코스를 절약하기 위한 지방 조직으로부터의 유리지방산 동원
③ 아미노산, 젖산, 글리세롤로부터 간에서의 글루코스 합성
④ 유리지방산의 연료 대체 효과를 증가시키기 위한 글루코스의 세포 내 유입 촉진

13 다음 중 순환계 기능과 관련된 설명으로 틀린 것은 어느 것인가?

① 심장은 혈액 순환을 위한 힘을 제공한다.
② 폐순환은 혈액 속의 이산화탄소를 폐로 내보내고 산소를 받아들이는 과정이다.
③ 체순환은 산소를 전신의 기관으로 운반하여 공급하는 과정이다.
④ 우심실은 체순환을 위해 혈액을 대동맥을 통해 밀어내는 역할을 한다.

14 인체의 혈액에 대한 설명으로 옳은 것은?

① 혈액은 체중의 약 5%를 차지한다.
② 혈액은 세포성분이 55%, 혈장성분이 45%를 차지한다.
③ 혈액세포는 백혈구가 99%를 차지한다.
④ 혈장의 90%는 수분으로 구성된다.

15 트레이닝에 대한 호흡 순환계에 대한 설명으로 옳지 않은 것은?

① 장기간의 지구력 트레이닝은 최대심박출량과 산소이용능력을 증가시켜 산소운반능력의 향상을 초래한다.
② 지구력 선수의 경우 심실용적은 일반인보다 크지만 심실벽의 두께는 차이가 없다.
③ 장기간의 지구성 트레이닝은 활동근에 분포된 모세혈관의 수를 증가시킨다.
④ 장기간의 지구성 트레이닝은 정상혈압을 가진 사람에게도 혈압을 낮추는 효과가 있다.

16 혈압을 상승시키는 요인이 아닌 것은?

① 혈액량 증가
② 혈관저항 증가
③ 혈관탄성 증가
④ 1회 박출량 증가

17. 심박출량(cardiac output)에 대한 설명 중 옳지 않은 것은?

① 1회 박출량과 심박수의 곱으로 산출한다.
② 심박출량은 운동 강도의 증가에 따라 직선적으로 계속 증가한다.
③ 1분당 심장에서 박출되는 총 혈액량이다.
④ 정맥회귀(venous return)량은 심박출량에 영향을 준다.

18. 운동 시 동정맥산소차에 대한 설명으로 옳은 것은?

① 동정맥산소차는 근육세포의 산소 소비량에 비례한다.
② 고강도 운동은 동정맥산소차를 감소시킨다.
③ 골격근의 모세혈관 분포의 증가는 동정맥산소차를 감소시킨다.
④ 동정맥산소차의 감소는 지구력을 증가시킨다.

19. 고지대에서 지구성 운동능력이 저하되는 원인은?

① 동정맥산소차 증가
② 산소분압 감소
③ 최대산소섭취량 증가
④ 호흡빈도와 호흡량 감소

20. 저온환경과 고온환경의 체온조절에 대한 설명 중 바르지 않은 것은?

① 저온환경 - 대사량을 증가시키기 위해 신체의 떨림현상이 나타난다.
② 저온환경 - 말초혈관이 수축되어 피부의 모세혈관 쪽으로 흐르는 혈류량이 감소한다.
③ 고온환경 - 발한을 통한 수분손실을 방지하기 위해 항이뇨호르몬의 분비가 증가한다.
④ 고온환경 - 심박수가 감소하고, 피부의 혈관이 수축된다.

실전 모의고사 — 운동 역학

01 운동학(kinematics)적 측정의 예가 아닌 것은?
① 자유투 시 농구공이 날아가는 궤적을 측정한다.
② 야구 스윙 시 배트의 각속도를 측정한다.
③ 컬링의 스위핑 시 브러쉬에 가해지는 압력을 측정한다.
④ 테니스 스트로크 동작 시 팔꿈치 각도를 측정한다.

02 단원 운동역학(Kinetics)적 분석의 예로 옳은 것은?
① 축구에서 드리블하는 동안의 이동 거리 측정
② 보행 시 지면반력 측정
③ 100m 달리기 시 신체중심의 구간별 속도 측정
④ 멀리뛰기 발구름 시 발목관절의 각도 측정

03 운동역학의 연구 영역으로 옳지 않은 것은?
① 운동동작의 분석과 개발
② 운동기구의 평가와 개발
③ 운동 상해의 치료
④ 측정 방법과 자료처리 기술의 개발

04 인체의 측면을 통과하여 인체를 전후로 나누는 해부학적 운동면은?
① 횡단면(수평면)   ② 전후면(정중면)
③ 좌우면(관상면)   ④ 시상면

05 다음 중 안정에 대한 내용으로 옳지 않은 것은?
① 정적 안정이란 일시적으로 동작이 중지되어 안정이 유지되는 상태이다.
② 육상의 스타트 자세나 사격이나 양궁의 조준 자세는 정적 안정이다.
③ 어떤 경우에도 무게 중심선이 기저면 밖으로 이동하는 경우는 없다.
④ 동적 안정이 유지되려면 충분한 구심력이나 속력을 가져야 한다.

06 다음 중 질량과 무게에 대한 내용으로 옳지 않은 것은?
① 질량은 어떤 물체에 포함되어 있는 물질의 양이다.
② 중력이 달라져도 동일한 물체의 무게는 변하지 않는다.
③ 동일한 중력의 범위에서 무게는 질량에 비례한다.
④ 무게는 지구가 물체를 잡아당기는 중심력의 크기이다.

07 흔히 "내 체중은 65kg이다"라고 말한다. 지구상에서 이 사람의 무게를 잘못 나타낸 것은?
(지구의 중력가속도=$9.8m/s^2$)
① 65000g   ② 65kg중   ③ 637N   ④ 637kg·m/s^2

08 다음 물리량 가운데 벡터만을 묶어놓은 것은?
< 보 기 >
A. 길이   B. 속도   C. 중력   D. 시간   E. 변위   F. 힘

① A, C, E
② B, C, F
③ A, D, F
④ B, D, E

09 운동역학에서 기본 물리량의 국제단위계(SI단위계)로 바르지 않은 것은?
① 시간(s)   ② 속도(m/s)   ③ 길이(m)   ④ 질량(kg)

10 거리(distance)와 변위(displacement)에 대한 설명으로 옳지 않은 것은?
① 거리: 물체가 실제로 이동한 경로
② 거리: 스칼라량으로써 크기만 존재
③ 변위: 벡터량으로써 크기만 존재
④ 변위: 두 지점을 잇는 최단 직선거리

11 선운동(linear motion)에 대한 설명으로 옳은 것은?

① 거리(distance)는 두 지점을 잇는 최단 경로이다.
② 변위(displacement)는 시작점에서 끝점까지의 누적된 이동궤적의 총합이다.
③ 속력(speed)은 스칼라량으로 방향만 가지고 있다.
④ 속도(velocity)는 벡터량으로 크기와 방향을 가지며 변위를 경과시간으로 나눈 것을 말한다.

12 물체의 회전에 의한 양력 발생 원리를 보여주는 현상은?

① 관성의 법칙
② 마그누스 효과
③ 각운동량 보존의 법칙
④ 각운동량 전이

13 마찰력에 대한 설명으로 바른 것은?

① 걷는 동작은 마찰력과 무관하다.
② 마찰력은 물체가 바닥을 누르는 힘에 반비례한다.
③ 마찰력은 운동하는 방향과 같은 방향으로 작용한다.
④ 마찰력은 두 물체의 재료나 압력 등에 따라 달라진다.

14 힘의 단위를 바르게 표기한 것은?

① N·□
② Joule
③ Kg·㎧
④ Kg·㎧²

15 운동 상황에서 회전축을 중심으로 발생하는 인체의 관성 모멘트(moment of inertia)에 대한 설명으로 옳지 않은 것은?

① 피겨스케이트 트리플 악셀 점프에서 팔을 몸통으로 이동시키면 관성모멘트는 감소한다.
② 다이빙 동작에서 몸을 펴면 관성모멘트는 감소한다.
③ 야구 배팅 스윙에서 배트가 몸통 가까이에 붙어 회전하면 관성모멘트는 감소한다.
④ 달리기 동작에서 발 이륙 후 무릎을 접으면 하지의 관성모멘트는 감소한다.

16 도르래에 100J(주울)의 일을 공급하여 도르래가 회전할 때 마찰로 인해 40J(주울)의 에너지를 열로 잃었고 출력된 일은 60J(주울)이다. 이때 도르래의 효율은 몇 %인가?

① 100%
② 60%
③ 40%
④ 0%

17 역학적 에너지가 아닌 것은?

① 운동에너지
② 전기에너지
③ 중력에 의한 위치에너지
④ 탄성에 의한 위치에너지

18 일률(power)에 대한 설명으로 옳은 것은?

① 단위 시간당 수행한 일(work)의 양이다.
② 질량과 가속도의 곱이다.
③ 단위는 N(Newton)이다.
④ 수행시간을 길게 하면 증가된다.

19 근전도 신호를 통해 얻는 주요 정보 중 바르지 않은 것은?

① 근육의 동원순서
② 근육의 활동 정도
③ 근파워
④ 근피로

20 운동역학에서 주로 사용되는 분석방법이 아닌 것은?

① 동작분석
② 지면반력분석
③ 근전도분석
④ 최대산소섭취량분석

실전 모의고사 — 스포츠 윤리학

01 <보기>의 사례에서 투수가 선택한 윤리체계는?

< 보 기 >

야구경기 중 코치가 빈볼(머리를 겨누어 던지는 투구)을 지시했지만, 투수는 이것이 도덕원칙에 어긋난다고 생각하여 정상적으로 투구했다.

① 의무론
② 결과론
③ 인간중심주의
④ 공리주의

02 <보기>에서 B 선수의 판단과정에 영향을 준 윤리 이론은?

< 보 기 >

강등위기에 처한 프로축구팀 감독은 상대팀 주전 공격수인 A 선수를 거칠게 수비하라는 지시를 B 선수에게 내렸다. B 선수는 자신의 파울로 인한 결과가 유용하고 A 선수 한 사람에게 주는 피해보다 소속팀 전체에게 이익을 줄 수 있다면 자신의 행동은 옳을 것이라고 생각했다.

① 덕윤리
② 사회계약론
③ 의무론
④ 공리주의

03 형식적 공정에 위배되는 선수의 행위는?

① 실수로 파울을 범한 상대선수를 화난 표정을 지으며 노려보는 행위
② 이기고 있는 팀이 시합종료까지 시간을 끌기위해 공을 돌리는 행위
③ 경기력 향상을 위해 금지약물을 은밀하게 복용하는 행위
④ 자신의 이익을 위해 심판의 오심을 알고도 묵인하는 행위

04 <보기>에서 설명하고 있는 정의의 유형은?

< 보 기 >

동등한 기회 보장을 강조하는 공정성의 원리는 바람이나 햇볕 같은 통제 불가능한 외적 요인으로 인해 실현되지 않을 수 있다. 이와 같은 불평등은 테니스에서 동전을 던져 코트를 결정하거나, 축구에서 전·후반 진영 교체와 같은 방법을 통해 해소될 수 있다.

① 절차적 정의
② 평균적 정의
③ 분배적 정의
④ 법률적 정의

05 스포츠에서 발생하는 인종차별에 대한 설명으로 바르지 않은 것은?

① 프로스포츠의 세계화 현상으로 다른 나라 리그에서 뛰는 선수들이 늘어나면서 다양한 인종에 대한 차별과 비하가 일어나고 있다.
② 실력으로 선수를 평가하는 프로스포츠의 구조가 인종차별을 해소하는데 긍정적인 역할을 하고 있다.
③ 백인이 더 우월하다는 우생학적 편견 때문에 발생한다.
④ 수익을 우선시 하는 스포츠의 상업화가 진행될수록 심해진다.

06 동물에 대한 종차별과 관련하여 '동물실험위원회'에서 마련한 3R의 내용으로 바르지 않은 것은?

① 대체(replacement) - 고등 동물보다 하등동물, 동물보다 식물, 식물보다 무생물을 사용할 것
② 재사용(reuse) - 실험에 동원된 동물을 재사용할 것
③ 감소(reduction) - 실험을 위해 희생되는 동물의 수를 최소화할 것
④ 개선(refinement) - 실험에 동원되는 동물에게 최대한의 복지를 제공할 것

07 최근 유행하는 격투 스포츠에 대해 찬성하는 의견이 아닌 것은?

① 관중의 불안, 좌절감, 공격성이 높아질 수 있다.
② 경쟁과 승리의 추구라는 스포츠의 본래적 속성에 충실한 경기이다.
③ 모든 무술이 룰 안에서 겨룰 수 있는 스포츠이다.
④ 폭력이라는 인간의 본성을 해소할 수 있는 창구가 된다.

08 괄호 안에 들어갈 말로 올바른 것은?

< 보 기 >

관중 폭력은 경기에서 스포츠를 향한 사람들의 (   )와/과 스포츠에 대한 지역사회 지지에 중요한 영향을 미친다. 그래서 특별히 젊은이들이 비윤리적 행위를 거부하기 위한 적절한 (   )을 고취시키는 것이 매우 중요하다.

① 태도 – 윤리적 가치관
② 규범 – 법리적 공공성
③ 윤리 – 사회적 합리성
④ 시선 – 합리적 타당성

09 다음 중 도핑을 금지해야 하는 이유로 바르지 않은 것은?

① 경기력을 극대화 한다는 점에서 금지할 이유가 없다.
② 약물의 습관적 사용으로 심신의 건강에 문제가 야기된다.
③ 인간 본래의 능력이 아닌 약물의 힘에 의존하는 것이므로 페어플레이 정신에 위배된다.
④ 지도자에 의한 도핑의 강요는 선수에 대한 비인도적 행위이다.

10 학교 운동부에서 인권 문제가 발생하게 되는 요인으로 바르지 않은 것은?

① 승리지상주의
② 팀의 승리를 위한 선수의 도구화
③ 체육 특기생의 상품화 현상
④ 학생 선수에 대한 최저 학력제

11 스포츠 경영자가 가져야 하는 윤리적 리더십의 내용으로 바르지 않은 것은?

① 스포츠 조직의 경영자는 경쟁 조직의 구성원을 제외한 모든 참여자를 존중하고 건전한 스포츠 문화를 조성할 의무를 가진다.
② 스포츠 조직의 운영을 통해 스포츠 소비자와 그들이 포함된 사회 전체에 봉사하고 공헌할 의무를 가진다.
③ 스포츠 조직을 법과 원칙에 맞게 운영함으로써 공정성과 정의를 실천하는 모범을 보이는 존재가 되어야 한다.
④ 스포츠 조직의 경영자는 스포츠 소비자와의 진정성 있는 신뢰의 구축을 통해 연대감과 일체감을 고유할 수 있는 건강한 공동체의 형성에 기여해야 한다.

12 스포츠 현장에서의 심판의 행위가 사회 전반에 미치는 역할과 과제로 그 의미가 다른 것은?

① 심판의 공명정대한 판정은 관중이나 선수에게 공정성이라는 윤리 원칙을 학습할 수 있는 기회를 제공한다.
② 심판의 보편타당한 판정은 관중이나 선수에게 윤리적 판단이 일관된 기준에서 비롯된 것이라는 신뢰를 가지게 한다.
③ 심판의 단호하고 절제된 판정은 관중이나 선수의 윤리, 도덕, 법질서에 대한 준수의 정신을 함양하게 한다.
④ 심판의 오심도 스포츠의 일부로 받아들여져 관중이나 선수의 체제에 대한 순응적 태도를 강요하는 장치가 된다.

13 다음 스포츠 현장에서 나타나는 폭력 중 도구적 폭력에 해당하는 것은?

① 상대방 선수의 폭력 행위에 대한 분노로 나타나는 보복성 폭력
② 상대 선수의 비신사적인 행위에 대한 반응으로 일어난 폭력
③ 팀의 유리한 전략 수행을 위해 행해지는 거친 파울 행위
④ 응원하는 팀의 패배에 대한 좌절로 일어나는 관중의 폭력

14 스포츠에 적용 가능한 환경윤리 이론과 그 내용으로 바르지 않은 것은?

① 인간 중심적 윤리론 – 인간의 자연에 대한 지배를 옹호하고 자연의 도구적 가치를 인정한다.
② 개체론적 윤리론 – 생명체 하나하나의 가치와 지위를 인정하며, 인간 중심적 사고로 환경의 문제에 접근하는 입장이다.
③ 생태론적 윤리론 – 인간과 모든 생명체와 환경이 동일한 지위를 가지며 그들이 모여 자연이라는 전체를 이룬다고 본다.
④ 인간 중심적 윤리론 – 자연과 동물을 인간을 위한 수단으로 여기는 태도에 근거를 제공한다.

15 다음 <보기>가 설명하고 있는 내용은 무엇인가?

< 보 기 >

1972년 미국에서 통과된 성차별 금지 법안. 보조금이나 장학금 등과 관련하여 연방 재정의 지원을 받는 학교에서 성차별을 금지하는 법조항으로 법안이 통과된 후 미국뿐 아니라 전 세계에 걸쳐 여성의 스포츠 참여 기회의 확대에 기여함

① Title IX   ② The UIGEA   ③ WADA   ④ NCCA

16 어떤 선수가 올림픽에서 약물 복용의 방법으로 기록을 단축하여 국가의 위상을 높였다고 할 때, 그 행위에 대한 각 윤리론의 입장으로 바르지 않은 것은?

① 결과론적 윤리설 – 결과적으로 국가의 위상을 높였으니 옳은 일로 볼 것이다.
② 의무론적 윤리설 – 선수이기 전에 인간으로서 지켜야하는 공정함과 솔직함이라는 의무를 저버린 행동이므로 부정적으로 판단할 것이다.
③ 목적론적 윤리설 – 스포츠맨십이라는 스포츠 고유의 목적을 저버린 일이므로 부정적인 일이라고 판단할 것이다.
④ 동양사상 – 마음과 몸이 조화로운 발달을 이루지 못한 상태에서 저지른 일이라고 판단할 것이다.

17 다음 <보기>에서 설명하고 있는 동양의 윤리 이론은 무엇인가?

< 보 기 >

• 세상의 혼란과 갈등은 사람들이 서로를 차별적으로 대하기 때문이라고 주장한다.
• 사람들이 차별 없이 서로를 사랑할 때 갈등과 다툼은 사라지고 평화가 실현된다고 본다.
• 사람들이 서로를 차별하지 않고 겸애를 실천하는 행위를 겸애라고 한다.

① 유교 사상   ② 불교 사상   ③ 도교 사상   ④ 묵가 사상

18 스포츠에서 발생하는 윤리적 쟁점에 관한 설명으로 바르지 않은 것은?

① 스포츠는 즐거움의 추구와 경쟁이라는 모순적 지향성으로 인해 참가자의 내적 갈등을 유발할 가능성이 있다.
② 스포츠에서 윤리적 갈등의 상황이 발생했을 때 참여자는 스포츠맨십과 페어플레이 정신을 기준으로 자신의 행위를 결정해야 한다.
③ 참여자의 자율적인 판단으로 윤리적 갈등이 해결되지 않을 때 사회나 국가는 그 해결을 위한 제도적 장치를 마련해야 한다.
④ 스포츠에서 발생하는 모든 윤리적 갈등을 해결하기 위해 사회와 국가가 마련하는 제도적 장치는 법적 강제력을 가져야만 한다.

19 스포츠에 기여한 공학의 역할과 윤리적 쟁점으로 바르지 않은 것은?

① 과학 기술의 영향으로 스포츠는 더욱 흥미진진하고 매력적인 요소를 가지게 되었다.
② 과학 기술의 발달로 정확한 판정이 가능해짐으로써 스포츠에 대한 관중의 신뢰가 높아졌다.
③ 과학 기술의 스포츠 도입은 인간의 기량을 최대화하고 도전정신을 고무한다는 점에서 모든 영역에서 적극 장려되고 있다.
④ 과학 기술의 적용으로 선수의 부상이 줄어들고 더욱 화려한 퍼포먼스가 가능해졌다.

20 스포츠가 학교의 문화에 미치는 긍정적인 역할로 바르지 않은 것은?

① 페어플레이의 정신과 함께 결과에 대한 겸허한 승복과 노력을 통한 극복 등 다양한 인성의 요인을 배양할 수 있다.

② 스포츠 문화 특유의 상명하달과 강력한 위계 관계를 경험하게 함으로써 복종의식의 함양과 질서유지에 이바지 한다.

③ 건전한 방식으로 인간에 내재되어 있는 공격성을 표출하게 함으로써 학교 폭력의 예방과 해결에 기여한다.

④ 스포츠라는 신체활동을 통해 서로에 대한 이해와 연대를 형성하게 함으로써 궁극적으로 건강한 학교 공동체를 형성하게 한다.

정답 · 해설

본책 대표기출문제 ·· 143

부록 미니모의고사 ·· 161

부록 실전모의고사 ·· 167

본책
대표기출문제
정답·해설

1 스포츠 사회학 ········· 143

2 스포츠 교육학 ········· 147

3 스포츠심리학 ········· 149

4 한국 체육사 ········· 153

5 운동생리학 ········· 154

6 운동 역학 ········· 157

7 스포츠 윤리학 ········· 159

스포츠 사회학

1. 스포츠 사회학의 이해

1. 정답 : ①

파슨즈(T. Parsons)는 구조기능주의적 관점에서 AGIL이론을 발표했다. 사회가 안정적이고 지속 가능하게 작동하기 위해 사회적 하위 시스템들이 필요하며 이 시스템들이 AGIL이라는 네 가지 필수적인 기능을 수행해야 한다는 것이 그의 이론의 핵심이다.

2. 정답 : ④

이렇게 기능을 묻는 문제는 순기능과 역기능을 묻는 문제가 아닌지 생각해 본다. 스포츠의 도구화나 부당한 체제에 대한 합법화는 역기능(부정적 기능)에 해당한다.

3. 정답 : ①

국가적 차원의 스포츠 행사는 국민의 국가에 대한 애국심과 단결력을 강화하는 기능을 수행하는데 이를 사회통합의 기능이라고 한다.
스포츠의 사회적 기능은 사회와 체제의 통합과 유지를 위한 기능이다

2. 스포츠와 정치

1. 정답 : ③

태극기와 같은 깃발을 대한민국의 국기로 사용하고 그 태극기를 단 선수와 팀의 승리를 대한민국의 승리인 것처럼 인식시키는 것은 상징화, 3S정책은 스포츠를 활용한 대표적인 조작행위, 국민들이 대표선수의 승리를 자신의 승리처럼 생각하며 감동하는 일은 일체화 현상이다.

2. 정답 : ①

스포츠클럽법에 따르면 학교스포츠클럽과의 연계, 종목별 전문선수 육성, 나이·지역·성별 특화 프로그램 운영, 기초 종목 육성 등 공익 목적의 프로그램을 운영하기에 적합한 인력과 시설 등을 갖춘 클럽을 지정스포츠클럽으로 정하여 지원한다.

3. 정답 : ②

냉전시대란 2차 세계대전 이후 서구권 국가들과 동구권 국가들이 이념과 군사적 측면에서 극심한 대립을 보이던 시기를 의미한다. 이 시기에는 스포츠도 각국의 우수성을 과시하기 위해 정치적으로 활용되었다. 상업주의는 냉전시대가 끝난 후 1990년대부터 급속하게 진행되었는데 그 결정적인 계기는 1984년 LA올림픽이었다.

4. 정답 : ②

스포츠의 국제정치에서의 역할은 국제 정치의 영역에서 답을 찾아야 한다. 남성지배 이데올로기가 정치적 의미를 가질 수는 있겠지만 국제 정치와 직접적인 관련을 가진다고 볼 수는 없다.

5. 정답 : ④

1984년 LA올림픽은 공산진영 국가들이 참여를 거부함으로써 서방국가들의 참여만으로 개최되었다. 소련의 헝가리 침공이 문제가 되었던 때는 1956년 멜버른 올림픽이며 이때는 서구 국가들이 대거 불참하였다.

6. 정답 : ②

스포츠에서의 남북 단일팀 구성은 1991년 지바 세계 탁구선수권 대회가 최초이다.

3. 스포츠와 경제

1. 정답 : ③

스포츠가 상업화되면 스포츠가 가졌던 자아 실현이나 탁월성의 발현과 같은 의미는 퇴색하게 된다. 스포츠의 아마추어리즘이 퇴조하면서 스포츠 자체의 향유가 아닌 스포츠 활동을 통한 금전적 보상이 더 중요해지기 때문에 그에 맞춰 스포츠의 제도와 규칙이 변하고 직업으로서의 의미가 강해지는 것이다.

2. 정답 : ①

상업주의와 관련한 스포츠의 변화 중 득점체계의 다양화, 극적 요소의 극대화, 광고를 위한 경기 시간의 조정 등은 스포츠에 대한 대중의 관심과 흥미를 고조시키기 위해 나타나는 현상이다. 그러나 그 과정에서 아마추어리즘의 퇴조라는 부정적인 현상이 발생하여 스포츠의 본질을 훼손하는 경우가 나타나기도 한다. 이 문제는 주어진 보기 중 부정적이라는 가치판단이 가능한가, 본질적 변화인가, 외면적 변화인가 등을 기준으로 답을 찾으면 된다.

3. 정답 : ③

스포츠 사회학에서 기능을 묻는 문제가 나오면 언제나 순기능(긍정적 기능), 역기능(부정적 기능)부터 확인한다. 도박은 합법적이든 불법적이든 긍정적 기능이 될 수 없다.

4. 정답 : ③

초대형 스포츠 행사를 스포츠 메가이벤트라고 한다. 스포츠의 상업화 현상이 일어나면서 초대형 행사들은 여러가지 경제적인 파급효과를 발생시키고 있다. 올림픽에서의 메가이벤트 효시는 84년 LA올림픽이다.

4. 스포츠와 교육

1. 정답 : ③

스포츠의 상업화는 스포츠 교육뿐 아니라 스포츠 전반에 걸친 대부분의 경우에 부정적인 기능(역기능)으로 작용하기 쉽다.

2. 정답 : ④

최저학력제는 학생 선수의 학습권을 보장하기 위한 방안으로 학원 스포츠의 문제점이 아닌 해결방안이다.

3. 정답 : ③

〈보기〉의 설명은 학생선수들이 일반 학생과 단절된 독립적인 공간에서 훈련을 받고 생활하면서 그들만의 동질성을 바탕으로 새로운 문화를 형성하는 섬문화에 대한 설명이다.

- 승리지상주의 문화 : 스포츠에의 참여가 즐거움의 추구가 아닌 승리만을 목적으로 삼는 현상을 말하면 이로 인해 과도한 훈련이나 경쟁의 추구라는 부정적인 결과가 발생하고 있다.

- 군사주의 문화 : 우리나라는 일제강점기와 군사정권의 영향으로 스포츠에도 군사문화의 흔적이 남아있다. 엄격한 위계질서와 상명하달의 문화가 그 사례이다.

- 신체 소외 문화 : 승리를 지상목적으로 삼는 문화가 만연되면서 지도자는 자신의 지위와 명예를 위해 선수를 도구화하는 현상이 발생하고 있다. 이로 인해 선수의 건강권이나 학습권과 같은 인권이 침해되는 소외현상이 발생하고 있다.

4. 정답 : ①

대회 참가를 위한 합숙 중에 학생 선수에 대한 지도자나 선배들의 폭력적 행위가 발생하는 경우가 많다. 따라서 최근에는 합숙훈련을 지양하고, 합숙이 반드시 필요한 경우에는 합숙소보다는 기숙사로 전환하려는 노력이 권장되고 있다.

5. 스포츠와 미디어

1. 정답 : ①

마샬 맥루한의 미디어론을 응용하여 출제한 문제이다. 그에 따르면 미디어는 논리성과 정보의 정밀성이 낮은 쿨미디어와 논리성과 정보의 정밀성이 높은 핫미디어로 구분할 수 있다. 그 중 신문은 핫 미디어에 속한다.

그리고 모바일 기기나 인터넷, 비디오 게임 등은 전통적인 미디어는 아니지만 복수의 감각을 요구한다는 점에서 쿨미디어의 성격을 가진다고 볼 수 있다.

2. 정답 : ③

미디어 스포츠 이론은 먀샬 맥루한의 미디어론을 체육학자들이 스포츠에 적용한 이론이다. 쿨매체 스포츠는 비교적 비논리적이고 빠르고 다이나믹한 스포츠 종류를 말한다. 그래서 관람을 하는 사람들이 더욱 몰입감을 가지게 되고 다양한 감각을 동원한 적극적인 참여가 필요하다. 반면에 핫매체 스포츠는 비교적 정적이면서 스포츠 중에 발생하는 상황을 해석하기가 쉬운 유형의 스포츠 종류를 말하는데 관람객의 입장에서는 적극적인 몰입 없이도 스포츠를 이해할 수 있다.

3. 정답 : ②

주어진 〈보기〉는 사회범주 이론에 대한 내용이다.

- 개인차 이론 : 각 개인의 다양한 스포츠 관련 욕구를 충족하기 위해 미디어를 활용한다는 이론
- 사회범주 이론 : 연령, 성, 사회계층, 교육수준과 같은 개인의 사회범주 요소가 스포츠와 관련한 미디어의 소비양상에 영향을 준다는 이론
- 사회관계 이론 : 다른 사람과의 관계 속에서 그들의 스포츠에 대한 태도와 행동을 통해 개인의 미디어 소비 양상에 변화가 발생한다는 이론
- 문화규범 이론 : 미디어가 스포츠를 보도하는 형태에 따라 개인의 스포츠에 대한 태도에 변화가 발생한다는 이론

4. 정답 : ④

미디어와 스포츠는 서로 상호작용을 한다. 특히 미디어는 스포츠보도를 통해 사회에 긍정적 가치를 확산시키고 그를 통해 사회의 질서유지에 기여하는데 이것이 미디어가 가진 보도의 기능이다. 그런데 ④의 미디어의 스포츠 종속은 미디어의 이윤창출을 위한 현상일 뿐 미디어의 보도 기능과는 관련이 없는 내용이다.

5. 정답 : ④

미디어가 스포츠에 영향을 주는 이유는 스포츠에 관심을 가지는 사람들을 늘려 스포츠의 상업성을 높이고 광고수익을 극대화하기 위해서이다. 따라서 미디어 운영자는 관중의 증가를 위해 규칙을 변경하거나 새로운 스포츠를 도입하는 등 스포츠에 대한 관심을 고조시키기 위해 노력하게 된다.

6. 정답 : ②

구독수와 광고수익을 늘리기 위해 선정적이고 자극적인 기사를 남발하는 언론의 행태를 '옐로우 저널리즘'이라고 한다.

6. 스포츠와 사회계급(계층)

1. 정답 : ②

단순한 용어에 관한 문제로 볼 수 있다. 스포츠 계층은 모든 국가와 사회에 공통적으로 나타나는 현상(보편성)이지만 그럼에도 각 사회의 특성에 따라 다른 형태로 발현된다.(특수성) 그런 스포츠 계층은 인간의 역사 속에서 오랫동안존재해 왔으며(고래성=역사성), 각 스포츠 계층은 한정된 스포츠 자원을 대상을 경쟁을 하는 것이다.(경쟁성)

2. 정답 : ③

사회 계층의 형성과정은 〈지위분화-서열화-사회적 평가-보수의 차별〉

3. 정답 : ①

- 체화된(embodied) 문화자본: 개인의 신체와 마음에 내재화된 지식, 기술, 태도 등
- 객체화된(objectified) 문화자본: 개인이 소유하거나 접근할 수 있는, 물질적인 형태로 존재하는 문화적 자산
- 제도화된(institutionalized) 문화자본: 학위, 자격증, 인증서와 같이 공식적인 제도와 사회적 인증을 통해 인정받는 문화적 자산

4. 정답 : ④

사회적 지위가 높은 계층은 하위 계층보다 더 많은 경제적 여유와 여가 시간을 가진다. 따라서 매체를 통한 2차 관람보다는 직접 경기 현장을 찾아가는 1차 관람을 선호하는 경향이 있다.

5. 정답 : ①

수평적 이동이란 지위와 소득에 변화가 발생하지 않는 이동을 의미한다.

6. 정답 : ①

엄밀하게 분석하면 정답이 없을 수도 있다.

사회적 상승이동이란 스포츠 참여를 통해 계층이 상향이동하는 것을 의미한다. 따라서 성공신화의 확산은 대중의 적극적인 스포츠 참여를 더욱 자극하고 계층의 상승 요인이 될 수 있다.

그런 점에서 모든 선택지가 사회적 상승이동의 동기가 될 수 있지만, 출제의도는 아마도 그 중에서 긍정적인 영향이나 역할에 관한 내용을 요구한 것으로 보이며 따라서 부정적 영향을 의미하는 ①을 답으로 발표한 것으로 이해하면 된다.

7. 스포츠와 사회화

1. 정답 : ④

사회학습이론은 비판이론이 아니며, 사회학습이론은 코칭의 개념을 포함하지 않는다. 역할이론은 개인이 사회 속에 존재하는 다양한 역할을 부여받거나 스스로 내면화하면서 사회화가 된다고 설명한다. 따라서 답이 아니다. 준거집단이론에서도 청중집단이라는 용어를 직접 사용하지는 않지만 출제자가 이론을 혼동하였거나 개인의 의견 등을 듣고 정보와 의견을 주면서 개인의 사회화에 영향을 주는 사람들이라는 의미로 준거집단에 포함시킨 것으로 보인다.

2. 정답 : ①

스포츠를 포함한 문화적 현상들을 계급 혹은 계층 간의 이해의 충돌로 보며 지배계급이 피지배계급을 억압하여 경제적인 이익을 보기 위해 사회제도를 이용한다고 보는 이론은 갈등이론이다.

3. 정답 : ①

사회학습이론을 주장한 반두라에 따르면 사회화의 방법은 강화, 코칭, 모델링 등의 방법을 통해 역할학습이 이루어지는데 이 중 상과 벌을 활용하여 사회화를 촉진하는 것을 강화라고 한다.

4. 정답 : ④

청소년기에는 주로 친구들(또래집단)과의 관계 속에서 사회화가 이루어진다.

5. 정답 : ④

스포츠에서 습득한 기능과 가치 등이 다른 사회적 영역으로 전이되는 현상을 스포츠를 통한 사회화라고 한다.

6. 정답 : ①

스포츠의 전이가 쉬우려면 관련된 사람들 간의 상호작용이 긍정적이고 인간적이어야 한다. 수단적이라는 것은 사람을 도구화한다는 것으로 거부감을 형성하여 전이를 방해한다.

7. 정답 : ②

탈사회화는 스포츠활동을 중단하는 일을 의미하는데, 선수의 경우 타의에 의해(부상, 계약해지 등) 탈사회화가 이루어지는 경우 사회적응에 문제가 발생한다.

8. 정답 : ②

스포츠 재사회화란 스포츠에서 멀어졌던 사람이 다시 스포츠 활동에 참가하는 과정을 의미한다.

8. 스포츠와 일탈

1. 정답 : ②

　스포츠 일탈이란 스포츠에 참여하면서 특정한 욕망을 달성하기 위해 규범을 벗어나는 행위를 하는 것을 의미하는데 승리에 대한 의지가 없으면 일탈도 일어나지 않는다.

2. 정답 : ①

　일탈이란 사회적인 규범으로부터 벗어나는 일을 말한다. 구조기능이론에서는 일탈현상이 사회구성원 사이의 합의를 깨뜨리고 더 나아가 사회의 질서를 와해시키는 행위로 본다. 그리고 일탈행위를 바라보는 정상적인 사회구성원들에게는 규범에 대한 경각심을 강화하는 효과를 가질 수 있다고 설명한다.

3. 정답 : ①

　스포츠 일탈은 여러 가지 복잡한 원인에 의해 다양한 양태로 나타나고 있어 간단하게 일탈 현상을 규명하는 것은 쉽지 않다. 하지만 스포츠 현장에서는 지금도 성폭력, 약물의 사용, 도박과 같은 많은 일탈 현상들이 발생하고 있으므로 '일탈의 사례가 부족하다'는 맞지 않는 표현이다.

4. 정답 : ③

　'도구적 공격행위'란 '적대적 공격행위'와 상대적인 개념으로 분노나 복수심이 아닌 경기에서의 승리를 목적으로 행해지는 공격적 행위를 말한다. 수단적 공격행위라고도 한다.

5. 정답 : ④

　제도적 부정행위란 스포츠맨십에는 위배될 수 있지만 정상적인 경기 행위의 일부로 인정되고 있는 '파울'행위를 의미한다.

6. 정답 : ①

　운동 중독은 운동 참여자로 하여금 운동참여의 욕구를 강화하기도 하지만 정신과 육체에 부정적인 영향을 주는 등 부정적인 문제를 발생시킨다. 따라서 더 많은 연구가 필요하지만 아직은 본격적인 측정의 도구와 치료법 등이 개발되지 않고 있어 치료보다는 예방이 더욱 중요하다.

7. 정답 : ④

　관중의 폭력은 관중의 규모가 많고, 밀도가 높을수록, 서서 관람하는 형태일 때, 경기의 중요성이 높을수록, 기온이 높을수록 더욱 빈번하게 발생한다.

9. 미래사회의 스포츠

1. 정답 : ②

　통신 및 전자매체가 발달할수록 스포츠와 관련한 정보의 보급량이 늘어나 대중의 스포츠 참가 동기를 자극할 것이다. 또한 미디어와 스포츠와 자본의 상호작용으로 스포츠의 상업적 가치는 더욱 높아지게 되고 국제 이벤트의 수는 늘어날 것이다.

2. 정답 : ②

　현대 스포츠는 산업의 발달, 교통·통신의 발달과 함께 인구의 도시집중 등의 요인으로 인해 도시의 인구밀도가 높아지면 스포츠를 향유하는 사람들이 증가하게 되어 급속히 발전할 수 있었다.

3. 정답 : ①

　스포츠 세계화는 교통·통신 및 기타 과학 기술이 발달한 근대 이후에 나타난 현상이다.

4. 정답 : ①

　서구의 스포츠리그가 전세계적으로 유행하고 특정한 국가의 선수들이 해외리그에서 활약하는 일은 세계화의 결과이다. 그 결과 그런 선수들의 출신국가가 세계에 알려지고 그 나라의 문화가 전세계적으로 전파되기도 하는데 이런 현상을 세방화라고 한다.

5. 정답 : ④

　신자유주의란 국가의 시장에 대한 개입을 비판하고 시장의 기능과 민간의 자유로운 경제활동을 중시하는 이론이다. 신자유주의의 영향으로 스포츠도 이윤추구를 위한 활동으로 그 성격이 달라지고 있으며, 강대국을 중심으로 거대한 스포츠시장이 형성되고 있다. 그 과정에서 대중의 이목을 끌지 못하는 비인기종목과 약소국의 전통스포츠는 소외되고 있다.

스포츠 교육학

1. 스포츠교육의 배경과 개념

1. 정답 : ③

체육 학문화 운동으로서의 스포츠교육은 1950년대 이후 나타난 현상이다.

2. 정답 : ④

현대 스포츠 교육의 궁극적 목표는 전인적 성장의 추구이다.

3. 정답 : ②

스포츠교육학이 추구하는 가치영역은 인지·심동·정의적 영역 등 세 가지이다.

4. 정답 : ④

스포츠교육의 목적이 전인적 성장에 있으므로 운동선수라해도 운동능력의 개발이나 승리뿐 아니라 스포츠의 긍정적인 가치를 통해 자신의 삶을 긍정적인 것으로 가꾸고 삶 속에서 실현하는 일이 중요하다..

2. 스포츠교육의 정책과 제도

1. 정답 : ③

교육과정 개선의 관점에는 문화적 관점, 기능적 관점, 생태적 관점 등이 있다.

그 중에서 학교교육에 참여하는 구성원간의 상호작용을 통해 교육과정이 개선되는 것을 긍정적으로 보는 관점을 문화적 관점이라고 한다.

2. 정답 : ①

정과체육이란 정규교육과정에 포함되는, 수업을 통한 체육교육을 의미한다. 따라서 일반 학생을 대상으로 하는 체육교육과정 운영과 체육수업 질의 제고가 정과체육의 영역에 해당하는 내용이다.

3. 정답 : ④

체육진흥정책은 국민체육진흥법을 통해 규정된다. 현행 국민체육진흥법에서는 지방자치단체의 장은 체육 진흥 계획과 그 추진실적을 대통령에게 정하는 바에 따라 보고하여야 한다는 내용은 포함되지 않는다.

4. 정답 : ④

국민체육진흥법 제18조 3의 '스포츠 윤리센터의 설립' 취지는 법안에 명시된 것처럼 체육활동의 공정성을 확보하고 체육인의 인권을 보호하기 위함이다.

5. 정답 : ③

'스마일100'이란 '스포츠를 마음껏 일상적으로 100세까지 향유한다.'는 의미로, 문화체육관광부에서 2013년~2017년까지의 스포츠복지 정책의 방향을 담은 국민생활체육진흥 종합계획의 캐치프레이즈이다.

6. 정답 : ①

달라진 명칭에 주의해야 한다. 스포츠지도사는 생활스포츠지도사, 전문스포츠지도사, 노인스포츠지도사, 유소년스포츠지도사, 장애인스포츠지도사와 건강운동관리사 등을 포괄하는 개념이다.

7. 정답 : ④

엘리트 선수의 훈련 과정에서는 종목별 체력 강화 훈련과 체력측정의 실시뿐 아니라, 철저한 약물복용의 검사로 선수가 자신의 건강을 지키고 스포츠 정신을 준수할 수 있도록 지도하는 것이 중요하다.

3. 스포츠교육의 참여자 이해론

1. 정답 : ④

생활체육지도자는 스포츠에 관한 다양하고 전문적인 지식과 스포츠 시설 및 환경에 대한 관리 능력, 참여자에 대한 안내와 동기의 부여 등 다양한 자질과 역할을 갖추고 수행할 수 있어야 한다.

2. 정답 : ①

전국대회 입상 실적을 스포츠강사의 재임용을 위한 평가항목으로 활용하게 되면 스포츠강사는 더 높은 실적을 위해 학생선수들에 대해 무리한 훈련을 강요하게 되어서 스포츠 교육의 목적이 훼손되는 부작용이 발생하게 된다.

3. 정답 : ①

김코치처럼 학습자의 수준에 따라 적절한 기술수준을 가르치는 것은 학생의 기능수준을 고려한 지도 방법이다.

4. 정답 : ④

노인체육의 특성상 참여자의 건강 상태를 지속적으로 파악하는 것이 중요할 것이다.

4. 스포츠교육의 프로그램론

1. 정답 : ④

현행 학교체육 프로그램 중 교과과정에는 경쟁, 여가, 건강활동이 교육의 목표로 설정되어 있다. 그러나 클럽활동은 교과영역이 아닌 동아리활동과 창의체험 활동으로 비교과 활동에 속한다.

2. 정답 : ④

학교스포츠클럽지도 프로그램은 학생들의 학습권을 침해하지 않는 범위내에서 운영되어야 하므로 주중보다는 주말이나 휴일을 활용하여 운영하는 것이 바람직하다.

3. 정답 : ④

생활 체육 프로그램의 목표를 설정할 때에는 주어진 <보기>의 내용을 모두 고려해야 한다. 예전부터 중요하게 다루진 내용이니 반드시 기억해 두는 것이 필요하다.

5. 스포츠교육의 지도방법론 1

1. 정답 : ①

직접교수 모형은 지도자의 의사결정과 지도자의 주도로 진행된다.

2. 정답 : ①

직접교수모형에서 제시하는 학습의 단계는 < 전시과제의 복습 – 새 과제제시 – 초기연습 – 피드백 및 교정 – 독자연습 – 본시연습 >이다. 그 중 주어진 보기에는 "평가 후 학습자에게 핵심단서를 다시 가르치거나 이전 학습단계를 되풀이한다"는 내용이 있으므로 피드백 및 교정의 단계에 해당한다.

3. 정답 : ③

합동학습 모형은 구성원간의 상호협력을 통해 각 개인의 책임감을 강화하고 자신의 능력에 대한 확인과 자아 존중감을 개발하는 것이 목적이다.

4. 정답 : ②

문제가 설명하는 내용은 학생들이 스스로 스포츠 리그를 구성하고 운영하면서 다양한 역할을 경험하도록 유도하는 '스포츠 교육 모형'이다.

5. 정답 : ③

동료교수 모형은 학생들끼리 조를 구성하여 교사와 학습자의 역할을 번갈아 수행하면 수업을 진행하는 방식이다. 이때 교사의 역할을 맡은 학생을 '개인교사'라고 하는데 교사는 '개인교사'와 상호작용을 하면서 가르치는 역할을 수행하는데 필요한 훈련을 시키게 된다.

6. 정답 : ③

〈보기〉는 탐구수업 모형에 대한 설명으로 이 수업은 수업의 과정 속에서 이루어지는 학습자의 능동적인 참여를 더 중요시한다. 교수는 질문을 통해 학습자의 사고를 자극하고 학습자는 그 질문에 대한 문제해결의 과정을 통해 발달이 이루어지는 것이다.

7. 정답 : ③

영역형 스포츠는 게임의 진행과정에서 게임에 참여하는 사람들이 공간을 만들고 활용하며 상대진영의 영역을 확보하는 전략이 중요하다. 대표적인 종목이 축구나 농구, 핸드볼 등이다.

8. 정답 : ③

Hellison(2003)의 개인적·사회적 책임감 모형에 따른 책임감의 발전단계는 〈타인 감정 존중-참여와 노력-자기방향 설정-돌봄과 배려-전이〉이다.

9. 정답 : ④

하나로 수업에서는 운동기술과 기능은 물론 다양한 체험을 통해 역사, 철학, 문화, 예술, 종교 등의 요소를 함께 가르치는 체육교육을 목표로 한다. 그 중 〈보기〉에 설명된 내용은 하나로 수업에서 말하는 '간접체험'에 해당하는 내용이다.

10. 정답 : ②

스테이션 티칭의 학습모형은 교육목표나 내용에 따라 학생을 모둠으로 나누고 독립적인 연습이 가능한 학습과제별로 교사를 배치한 후 각 모둠별로 이동하며 각각의 교사에게 수업을 듣는 방식이다. 따라서 장소나 기구를 더욱 효율적으로 활용할 수 있다는 장점이 있지만 학생을 종합적으로 관찰하고 피드백을 주기에는 어려움이 있다.

11. 정답 : ④

모스턴 교수는 교수나 학습의 여러 방식 중 교육의 목표 달성에 더 중요하거나 덜 중요한 유형이 있다고 생각하던 기존의 대비적 접근에서 벗어나 교수와 학습은 어떤 종류든 교육의 목표 달성에 기여할 수 있다고 보는 비대비적 접근방식을 취하였다.

12. 정답 : ②

상호학습형 교수스타일은 학습자의 개별적 특성을 고려하지 않으며, 미리 정해진 기술과 동작을 일괄적으로 수행하는 과정에서 학습자들이 서로에게 피드백을 제공하면서 학습이 이루어지는 지도방법이다.

13. 정답 : ②

〈보기〉는 각 참여자의 개별적 특성을 고려하여 학습의 과정을 진행하는 '개별화 교수기법'에 대한 설명이다.

14. 정답 : ④

지도자가 학습자에게 질문을 제공하고 학습자 스스로 질문에 대한 해답을 찾는 것을 원칙으로 하는 교수방식은 '유도발견형 교수법'이다.

15. 정답 : ④

모스턴의 수업 스타일은 교육학에서는 매우 중요하게 다루어지는 이론이다. 반드시 꼼꼼하게 암기해 두어야 한다. 보기에서는 교사가 제시한 문제로부터 자유롭게 사고를 확산하며 다양한 해답을 찾는다는 점에서 확산발견형 수업모형에 대해 설명하고 있는 것으로 볼 수 있다.

16. 정답 : ④

체육지도방법의 교수전략에는 팀티칭 (team teaching)이라고 불리는 직접 교수, 파트너 교수 (partner teaching)로 불리는 동료교수, 탐구중심교수로도 불리는 탐수수업, 과제/스테이션 교수로도 불리는 과제식 수업, 반성적 교수 등이 있다. 그러나 목적중심교수라는 전략은 없다.

6. 스포츠교육의 지도방법론 2

1. 정답 : ④

메이거가 제시한 학습 목표 설정의 요소는 수행동작(행동), 수행의 조건, 수행(행동)의 기준 등 세 가지이다. 선택지에 제시된 '설정된 운동수행 기준'은 '수행(행동) 기준'에 해당하고, 운동수행에 필요한 상황과 조건은 수행의 조건에, '학습자에게 기대되는 성취행위'는 수행 동작에 해당하는 개념이다. 그러므로 이상의 내용에 포함되지 않는 '목표 달성이 불가능할 경우의 대처방안'이 정답이다.

2. 정답 : ②

J. Link가 제시한 지도의 방법 중에서 마지막 동작부터 처음 동작의 방향인 역순서로 연습을 시키는 방법을 역순 연쇄라고 한다.

3. 정답 : ①

지도내용을 전달하기 위해서는 질문을 활용하기도 한다. 이때 활용되는 질문의 유형에는 기억수준의 대답을 요구하는 회고형 질문, 경험에 대한 분석과 통합을 요구하는 수렴형 질문, 경험하지 않은 문제로의 사고확장을 요구하는 확산적 질문, 태도나 의견 등의 표명을 요구하는 가치적 질문 등이 있다.

4. 정답 : ①

학습과제의 난이도를 조절하기 위해 고려해야 하는 요소는 한번에 운동하는 인원수, 운동수행의 조건, 사용하는 기구의 특성, 수행과제의 단계 등이며 이상의 요소를 조절함으로써 학습의 난이도를 수정할 수 있다.

5. 정답 : ①

불만족스러운 수행결과와 함께 수정의 방법까지를 함께 제시하는 피드백을 '교정적 피드백'이라고 한다.

6. 정답 : ④

효율적 지도를 위해서는 학습자가 과제 수행에 참여하는 실제 시간이 길어야 한다. 그러기 위해서라면 당연히 실제 지도에 사용되는 시간이 아닌 운영시간(관리시간)이 적어야 하고, 학습자에게 주어진 과제의 난이도가 적절해야 하며, 학습자의 대기시간은 짧아야 한다.

7. 정답 : ③

제이콥 쿠닌은 실제 교수현장에서 활용할 수 있는 몇 가지의 교수기능을 설명하였는데 〈보기〉의 내용은 그 중 교사가 교실 내에 일어나고 있거나 일어날 수 있는 모든 상황을 정확하게 이해하고 예측하여 관리하여야 한다는 내용으로 '상황이해'에 해당한다.

7. 스포츠교육의 평가론

1. 정답 : ②

 학습 평가란 학습자에게는 학습과 관련한 정보를 제공하고 수행동기를 향상시키며 교수에게는 학생의 학습상태에 대한 정보를 제공하여 교수활동을 조정하는 기능을 한다. 이 과정에 활용되는 평가의 방법에는 우열이 존재하지 않으며 진단평가와 형성평가 모두 유용한 기능을 가진다.

2. 정답 : ①

 미리 절대적인 기준을 설정한 후 그 기준에 대한 학습자의 성취 정도를 측정하여 평가하는 방식을 절대평가라고 한다.

3. 정답 : ①

 수업의 초기에 지도전략을 위한 기초자료를 얻고, 효과적인 지도·학습 방법을 결정하기 위해 학습자의 기초능력 전반을 진단하는 평가를 진단평가라고 한다.

4. 정답 : ③

 교육과정에서 평가를 실시할 경우에는 평가의 양호성을 조사하는 것이 필요하다. 그 중 타당도에 대해서는 내용타당도, 준거타당도, 구인타당도 등 세가지 영역을 검사하게 된다.

5. 정답 : ③

 학습자간 동료평가란 학습자가 또다른 학습자의 수행을 평가하는 방식을 말한다. 따라서 학습자가 객관적인 평가를 할 수 있는 충분한 능력을 가질 때까지는 책임의 범위를 한정하는 것이 필요하다.

8. 스포츠교육자의 전문적 성장

1. 정답 : ③

 스포츠 기술과 기능과 관련한 지식을 '내용교수지식'이라고 한다.

2. 정답 : ④

 현장 개선 연구는 집단적 협동과정이며 일련의 과정이 반복되는 순환의 형태를 가진다. 자기반성적 탐구이므로 자기성찰을 중요하게 여기며 교육현장에서의 교수과정을 개선하는 데에 목적을 둔다. 그런 점에서 효율성과 결과를 중시하지 않는다.

3. 정답 : ③

 스포츠 교육자의 전문적인 성장과 발달의 양상은 형식적 성장, 비형식적 성장, 무형식적 성장 등 세가지이다.

4. 정답 : ④

 체육전문인의 전문적 성장은 '형식적 성장'과 '무형식적 성장'으로 구분된다. 그중 '무형식적 성장'은 정규 수업과정이 아닌 세미나, 워크샵, 클리닉 등을 통한 성장을 의미한다.

스포츠 심리학

1. 스포츠 심리학의 정의 및 의미

1. 정답 : ④

 운동제어, 운동학습, 운동발달의 영역을 포함하는 연구분야는 광의의 스포츠심리학이다.

2. 정답 : ③

 스포츠 심리학의 주요 연구과제는 운동제어, 운동학습, 운동발달, 성격이나 불안 등의 스포츠 심리, 일반인의 운동참여에 관련된 사람의 심리를 상담하는 심리상담 등이다. 체육행정 정책과 관련한 내용은 스포츠 사회학의 연구영역이다.

2. 인간 운동행동의 이해 - 운동제어

1. 정답 : ④

 뉴웰(K. Newell)이 제시한 움직임 제한 요소는 모두 세 가지이다.
- 개인 제한: 개인의 키, 체중, 체력, 발달의 정도 등 신체적, 심리적 특성 요인
- 과제 제한: 과제의 목적, 규칙, 도구의 사용, 환경의 요구 등 수행하는 운동이나 활동의 특성 요인
- 환경 제한: 물리적 환경(예: 날씨, 지형)과 사회적 환경(예: 문화적 규범, 관습) 등 외부 환경의 요인

①, ②, ③은 개인 제한 요인이며 ④는 환경 제한 요인이다..

2. 정답 : ③

 일정한 자극이 주어지고 나서 운동이 일어나기까지의 시간을 반응시간이라고 한다. 반응시간은 단순반응시간과 복잡반응시간으로 구분할 수 있다.

 이때 단순반응은 감각반응, 근육반응, 자연반응으로, 복잡반응은 재인반응, 변별반응, 인식반응, 선택반응, 부자극반응, 연상반응 등으로 구별할 수 있다.

3. 정답 : ④

 <보기>의 내용은 인간이 습득한 기술에 관한 내용으로 이는 장기 기억 중 절차적 기억에 해당한다.

4. 정답 : ④

 기억은 활동의 과정에서 발생하는 단기기억과 저장의 과정을 거쳐 형성되는 장기기억이 있다. 그 중 단기기억은 용량과 기간의 제한이 있어 장기기억으로 저장되지 않으면 소멸한다.

5. 정답 : ③

 개방회로란 자극이 감각기관을 거쳐 중추신경까지 도달한 후 미리 저장되었던 피드백에 따라 운동이 이루어지는 것이 아니라, 감각체계와 관계없이 자동적으로 운동이 수행되는 회로를 말한다.

6. 정답 : ③

 자동화란 운동 동작을 미리 입력된 프로그램을 활용하여 자동처리하는 것을 말한다.

 자동화된 운동 프로그램의 진행에는 의식적 노력이 필요 없으며, 빠르고 자동적인 운동 동작을 실현하는데 유용하다.

3. 인간 운동행동의 이해 - 운동학습

1. 정답 : ④

 운동학습은 연습과 경험을 통해 개인의 운동능력이 비교적 영구적으로 변화하는 과정을 의미한다.

2. 정답 : ②

 인간의 정보처리 과정은 다음과 같다.
 입력(자극의 감지) - 지각(자극을 머리로 해석) - 변환(입력을 적절한 출력 정보로 바꿈) - 실행(근육으로 명령을 보냄) - 동작(운동의 실행) - 피드백(원하는대로 움직였는가를 분석)
 그 중 동작을 선택하고 계획하는 과정은 변환과정이다.

3. 정답 : ④

 구스리(E. Guthrie)는 최대의 확실성, 최소의 인지적 노력, 최소의 움직임 시간, 최소의 에너지 소비와 같은 용어를 직접 사용하지는 않았지만, 그가 반복적인 학습을 통해 기술이 점점 더 자동화되고, 효율적이며, 경제적으로 수행될 수 있도록 돕는다는 점을 강조했으므로 위의 내용 모두가 운동학습의 결과라고 할 수 있다. 따라서 정답은 ④로 보아야 하지만 출제기관에서 발표한 정답은 ②였다.

4. 정답 : ①

 피츠와 포스너의 운동학습단계이론에 따르면 운동 동작이 자동화될수록 수행자의 주의 요구수준은 감소하여 최종적으로 의식적인 주의가 요구되지 않게 된다.

5. 정답 : ②

 Gentile이 설명하는 운동학습과정에서는 운동기술의 유형에 따라 각각 고도화, 다양화의 단계가 실행된다고 본다.
 〈 고정화 - 폐쇄형 기술의 습득, 다양화 - 개방형 기술의 습득 〉

6. 정답 : ①

 과거의 학습을 통한 결과가 새로운 학습에 영향으로 작용하는 것을 '전이'라고 한다. 그 중 긍정적 영향요인으로 작용하면 '정적 전이', 부정적 요인으로 작용하면 '부적 전이'라고 한다.

7. 정답 : ①

 연습시간이 휴식시간보다 긴 연습방식을 집중 연습이라고 한다.

8. 정답 : ③

 빈출! 운동 학습의 종류들을 반드시 암기할 것!

9. 정답 : ①

 피드백은 다양한 기능을 가진다. 그 중 학습자에게 수행과 관련하여 그 오류 여부에 대한 내용을 제공하면 그것을 피드백의 정보제공 기능이라고 한다. 만약 학습자의 오류를 수정하는 방법까지 제시한다면 처방의 기능도 답이 될 수 있지만 이 문제에서는 어떤 오류를 수정해야 하는가라는 정보만을 제시하는 것이므로 정보제공의 기능이 답이다.

10. 정답 : ②

 슬럼프가 운동 중 수행능력이 하락하는 현상이라면, 고원은 정체되는 현상을 의미한다.

4. 인간 운동행동의 이해 - 운동발달

1. 정답 : ②

 신체나 신체 분절의 크기가 양적으로 증가하는 것을 성장이라고 하며, 신체의 생리적 기능이 정해진 순서에 따라 질적으로 발전하는 것을 성숙이라고 한다.

2. 정답 : ④

 선택지 중에서 (①, ②, ③)만이 운동발달에 영향을 주는 사회적 요인이며, ④는 사회적 요인이 아닌 개인적·생리적 요인이라고 볼 수 있다.

3. 정답 : ③

 운동발달은 유전이나 심리와 같은 개인적 요인과 사회 문화적 특성과 같은 환경적 요인 등 다양한 요인에 의해 이루어진다.

5. 스포츠 수행의 심리적 요인 - 1

1. 정답 : ③

 빈출이니 성격 이론의 주요 개념은 반드시 암기한다.

2. 정답 : ②

 성격의 구조는 심리적 핵, 전형적 반응, 역할 관련 행동이다.

3. 정답 : ③

 매슬로우의 욕구위계이론에 따르면 인간이 가진 최상의 욕구는 자아실현의 욕구이다.

4. 정답 : ②

 누군가로부터 영향을 받아 그를 모방하면서 사회화가 이루어지는 일을 '모델링'이라고 하며 이는 사회학습이론에서 설명하는 사회화 과정이다.

5. 정답 : ①

 우수한 선수는 운동 수행을 방해하는 여러 요인에 대해 구체적인 대응 전략을 수립하여 실행한다.

6. 정답 : ②

 우수 선수가 활력이 가장 높은 빙산형 파일을 보이지만 빙산형 파일을 보인다고 모두가 우수 선수는 아니다. 따라서 빙산형 프로파일만으로 선수를 선발하는것은 바람직하지 않다.

6. 스포츠 수행의 심리적 요인 - 2

1. 정답 : ①

 빈출! 불안의 종류를 외울 것. 촉진이란 무언가를 긍정적인 쪽으로 부추기는 것. 촉진불안은 [어~ 여름이 금방 오겠네. 빨리 살 빼야 비키니를 입을텐데~] 이런 이유로 운동에 참가하게 하는 불안

2. 정답 : ④

 운동 시 스트레스의 측정은 호르몬, 심박수, 체온, 발한작용 등의 생리적 지표를 활용한다. 하지만 ④의 반응시간은 스트레스와 관련이 있을 수 있지만 측정의 지표로 삼지는 않는다.

3. 정답 : ③

 문제의 설명을 그래프로 그리면 뒤집어진 U자의 형태가 된다. 각성과 수행자의 수행수준을 뒤집어진 U자의 형태로 설명하는 이론은 역 U 가설이론이다.

4. 정답 : ①

 불안은 개인차가 크며 개인마다 각각 다른 불안의 수준이 달라서 각성의 정도에 따라 개인마다의 최적 수행의 수준 또한 달라진다는 이론은 최적 수행지역 이론이다.

5. 정답 : ③

 카타스트로피 이론에 대한 설명이다. 불안이 높아지면 수행능력이 떨어진다고 설명한다는 점에서 역U이론과 유사하지만, 불안이 일정 수준을 넘어갔을 때 수행능력이 급격히 낮아지는 것을 설명한다는 점에서 역U이론과 구분된다.

7. 스포츠 수행의 심리적 요인 - 3

1. 정답 : ①

 동기는 내적동기와 외적동기로 나뉘며 과제에의 참가와 수행의 지속에 두 가지 동기가 모두 중요하게 작용한다.

2. 정답 : ②

여러 단원이 섞여서 어려운 문제. 상은 받는 사람의 능력에 합당한 정도일 때 효과가 크며, 너무 자주, 너무 많이 주는 것은 오히려 동기를 약화시킨다.

3. 정답 : ②

수행자가 운동참여에 관한 의사결정을 하도록 만드는 규제요인이 무엇인가를 묻는 문제이다. 수행자의 자발적 동기인 만족감이나 쾌감, 자기 우수성의 자각 등을 '내적 규제 요인'이라고 한다면, 외적 보상이나 외부의 감시 등을 '외적 규제 요인'이라고 한다.

4. 정답 : ②

발생한 사건의 원인을 찾는 것을 귀인이라고 함. 원인을 어떻게 해석하는가에 따라 동기가 달라진다는 이론이 귀인이론이다.

5. 정답 : ④

귀인 훈련의 목표는 실패의 원인을 통제 가능한 것에서 찾게 하여 분발을 유도하는 것이다. 그 중에서도 패배를 자신의 노력 부족으로 귀인할 때 선수의 동기가 가장 많이 자극된다고 본다.

6. 정답 : ④

경쟁 상황을 두려워하는 사람에게 경쟁을 강요하면 오히려 동기가 약해진다.

8. 스포츠 수행의 심리적 요인 - 4

1. 정답 : ④

'수행목표'란 운동의 수행과정에서 설정하는 목표를 말한다. ①, ②, ③은 운동 수행의 결과나 목적에 관한 목표로' 결과목표'라고 부르며, ④만이 수행과정 자체에 대한 내용이다.

구체적인 시간 내에 달성할 수 있도록 설정되어야 좋은 목표라고 할 수 있다.

2. 정답 : ②

구체적인 시간 내에 달성할 수 있도록 설정되어야 좋은 목표라고 할 수 있다.

3. 정답 : ④

'자기목표성향'과 '과제목표성향'은 'Nicholls'가 자신의 성취목표 성향 이론에서 사용한 용어이다. 이 이론에 따르면 과제목표성향을 가진 사람은 비교의 준거를 자신으로 삼아 노력을 통해 자신의 기술이 향상되고 유능성을 가지게 되는 일을 성공으로 여긴다. 반면에 자기목표성향을 가진 사람은 비교의 준거를 타인으로 삼고 남과 겨루어 승리하는 일을 성공으로 여기게 된다. 두 경우 중 과제목표성향을 가진 사람의 내적 동기가 더 높으며 이 부류의 사람들이 자발적인 노력을 더 중요하게 여긴다고 한다.

4. 정답 : ③

과도하게 높은 목표는 선수의 동기를 약화할 수 있어 바람직한 목표라고 볼 수 없다.

5. 정답 : 답 없음

폭스에 따르면 신체적 컨디션이란 개인이 가진 체력과 매력을 의미한다. 신체적 자기가치란 외모에 대한 자신감을 의미하며, 유능감이란 신체능력에 대한 확신을 말한다.

폭스는 사람들이 자신의 신체에 대해 가지는 관념들이 이런 요소들로 구성되며 이 요소들에는 위계적인 층위가 있다고 설명한다.

가장 상위에는 신체 컨디션, 즉 체력과 매력, 중위에는 외모(자기가치), 최하위에는 유능감(신체능력)이 있다는 것이다. 이런 그의 이론을 주어진 보기에 적용하면 ㉠과 ㉣이 맞는 문장이고 따라서 이 문제는 정답이 없지만 연수원에서는 ④를 답으로 발표했다.

6. 정답 : ②

유능성 동기이론이란 동기의 원인이 자신의 유능감 때문이라는 이론으로 동기에 대한 개인의 지향, 자신에 대한 유능감, 자기가 자기를 통제할 수 있다는 자결감 등을 동기의 주요 원인으로 본다.

7. 정답 : ③

심상훈련이 성공하려면 마음속에 형성된 심상을 긍정적인 내용으로 조절하고 수정할 수 있는 능력이 필요한데 이를 '심상의 조절력'이라고 한다.

8. 정답 : ①

<보기>는 '심상훈련'에 관한 내용이다.

9. 정답 : ③

심상이론은 스포츠지도사 시험에서 빈출하는 영역이다, 철저하게 공부해 둘 것. 심상훈련은 실제와 동일한 속도로 실시해야 효과가 높아진다.

9. 스포츠 수행의 심리적 요인 - 5

1. 정답 : ③

'좁은 내적 주의집중'은 마음속으로 완벽한 동작을 상상해보는 것을 의미한다.

2. 정답 : ④

대표적인 주의집중훈련에는 심상, 명상(참선), 격자판 훈련 등이 있다. 물론 감각회상훈련도 심상훈련의 일종이지만 주의집중의 향상보다는 주로 경기의 수행능력 자체의 향상을 위해 사용된다.

3. 정답 : ④

루틴은 시합에서 주의를 집중하기 위해 일련의 행동을 순서대로 수행하는 것을 의미하며, 심상 훈련과는 별개의 것이다.

4. 정답 : ②

수행자의 인지를 재구성하여 부정적인 인식을 긍정적인 것으로 바꿀 수 있다는 이론이 인지재구성이론이다.

10. 스포츠 수행의 사회·심리적 요인-1

1. 정답 : ③

Gill의 응집력 영향 요인은 환경요인, 개인요인, 리더십요인, 팀요인 등 네 가지이다.

2. 정답 : ②

팀수행에서 자신의 노력을 줄이고 다른 사람의 노력에 공짜로 얹혀가려는 현상을 '무임승차 전략'이라고 한다.

3. 정답 : ①

사회적 태만을 극복하기 위한 방안으로는 구성원 개개인의 노력을 확인하기, 구성원과 대화하기, 구성원의 공헌을 강조하기, 사회적 태만이 허용되는 상황을 따로 규정하기 등이 있다. 목표의 설정은 태만의 방지보다는 동기를 부여하기 위한 방안에 가까우며, 목표설정이 태만의 극복에 영향을 줄 수 있다고 해도 성취하기 어려운 목표의 설정은 도움이 되지 않을 것이다.

4. 정답 : ①

팀응집력은 개인 종목보다는 구성원의 협력이 요구되는 팀종목일 때 더 높게 요구된다. 주어진 선택지 중에서는 축구가 대표적인 종목이다.

5. 정답 : ①

팀구축의 목적은 집단의 응집성을 강화하는 것이 목표이다. 따라서 팀의 환경을 통일성있게 조정하고(환경요인의 관리), 팀 안에서의 구성원 역할과 책임을 분명히 하며(구조요인의 관리), 목표를 위해 팀이 운영되는 동안 소통과 상호작용을 늘리는 것(과정요인의 관리)이 필요하다.

6. 정답 : ②

부적 강화란 특정한 자극을 삭제함으로서 바람직한 행동을 유발하고 강화하는 것을 의미한다. 따라서 ②에서처럼 뒷정리를 면제해주는 것이 부적 강화에 해당한다.

11. 스포츠 수행의 사회·심리적 요인-2

1. 정답 : ①

인간의 공격성에 대한 이론 중 본능적으로 공격성을 가지고 태어난다는 이론이 본능이론이다.

2. 정답 : ③

〈보기〉는 스포츠 현장에서 흔히 나타나는 '공격성'에 관한 내용이다. 공격성은 그 목적에 따라 적대적 공격성과 수단적 공격성으

12. 운동심리학 - 1

1. 정답 : ②

운동 수행의 과정에서 극한의 고통을 넘어서는 순간 느끼게 되는 행복감과 도취감을 '런너스 하이'라고 한다. '런너스 하이'는 '엔돌핀'이라는 호르몬의 분비와 관련이 있는 것으로 알려져 있다.

2. 정답 : ②

불안의 감소를 위해서는 무산소운동보다 유산소운동이 더 효과적이다.

3. 정답 : ③

합리행동이론에서는 개인이 가진 주관적 규범과 행동에 대한 태도가 결합하여 의도를 만들고 그 의도가 행동으로 나타난다고 설명한다. 반면 계획행동 이론에서는 개인의 주관적 규범과 행동에 대한 태도에 더하여 행동을 누가 통제하는가에 대한 인식이 의도를 만든다고 설명한다.

따라서 '행동통제인식'은 합리행동이론이 아닌 계획행동이론에서 말하는 주요 변인이다.

4. 정답 : ①

준비전단계는 말 그대로 운동에 참여하지 않고 관심만을 가지고 있는 단계이다.

13. 운동심리학 - 2

1. 정답 : ②

수행자의 운동 실천에는 시설과 환경, 개인의 특성, 주변인의 격려, 지도자의 지도방식 등 다양한 요인이 영향을 미친다.

2. 정답 : ①

운동의 결과를 중시할 경우 결과가 저조하거나 실패할 경우 동기가 급속히 약화될 수 있다. 따라서 운동실천을 촉진하기 위해서는 운동의 결과보다는 과정을 중요하게 여기는 것이 좋다.

3. 정답 : ③

③의 '두뇌활동의 감소'는 사회적 요인이 아닌 개인적 요인이며, 두뇌활동이 감소되었을 때 자기 존중감이 높아지지도 않는다.

14. 스포츠 심리 상담

1. 정답 : ②

스포츠 심리학자는 운동선수 뿐 아니라 스포츠와 관련한 모든 사람들의 심리를 연구의 대상으로 삼는다.

2. 정답 : ④

선수가 스스로의 문제를 숨기거나 성격적으로 소극적인 경우가 있을 수 있으므로 상담의 대상은 자발성이 없다고 해도 스포츠에 참가하는 모든 사람이어야 한다.

3. 정답 : ①

심리상담사에게는 내담자 비밀보장, 내담자의 권리 보호, 내담자의 다양성 존중 등의 의무와 함께 전문성과 성실성을 갖출 것이 요구된다. 그리고 알고 지내는 사람들에 대해 상담가와 내담자의 관계를 가지는 일은 다중적인 관계가 형성하게 되면서 객관적인 상담을 방해하게 되므로 권장되지 않고 있다.

한국 체육사

1. 체육사의 의미

1. 정답 : ④

　사관은 역사가의 주관적인 견해로 사료를 해석하고 평가하는 것이다. 4번 선택지는 사료에 대한 내용이다.

2. 정답 : ③

　체육사도 역사의 일부이므로, 체육사의 연구도 역사연구 방법과 다르지 않다

2. 선사-삼국시대

1. 정답 : ①

　선사시대에는 사냥과 부족 간의 잦은전쟁 등에 대한 필요성으로 인해 자연스러운 신체활동으로서의 무예가 발전했을 것이다.

2. 정답 : ①

　<보기>의 내용은 현대에 윷놀이로 계승된 '저포'라는 놀이에 대한 설명이다.

3. 정답 : ②

　경당은 고구려 장수왕 때 지방에 설립된 사립교육기관으로 서민 자제까지 교육 하였으며, 학문과 무술을 교육 하였다. 신라의 화랑도, 1883년에 설립된 원산학사와 유사한 교육기관이다.

4. 정답 : ②

　화랑은 귀족의 자제를 대상으로 통일전쟁을 위한 건전하고 전인적인 인재를 양성하는 것이었다.

5. 정답 : ③

　석전은 돌팔매 싸움으로 변전, 편전, 편쌈 이라고도 함. 마상재는 말 위에서 여러 가지 기예를 하는 것이다. 수박은 격투기를, 방응은 상류층이 즐긴 매를 이용한 사냥을 말한다.

6. 정답 : ④

　임전무퇴는 세속오계 내용 중 하나로 전쟁에서 물러섬이 없어야 한다는 것으로 국가를 위한 계율이다.

3. 고려시대

1. 정답 : ①

　고려 예종 때 국자감의 교육내용에 무학재(강예재)를 개설하여 무술교육까지 실시 하였으나, 인종 때 폐지되었다.

2. 정답 : ①

　무학재를 강예재라고도 하였다. 나머지 유학(6재)은 출제 되지 않음.

3. 정답 : ④

　고려시대 주요 무술은 수박희, 기마술(기사, 기창, 격구 등) 궁술 이었다.

4. 정답 : ①

　방응은 매사냥으로 귀족들의 전유물이었다.

4. 조선시대

1. 정답 : ②

　<보기>는 조선 시대의 성균관에 관한 내용이다.

2. 정답 : ②

　무예도보통지는 정조 시대에 편찬된 무예서이다.

3. 정답 : ④

　조선 시대에는 양반뿐 아니라 평민들도 사정을 통해 활쏘기를 즐길 수 있었다. 따라서 양반만이 사정에 참여했다는 ④의 문장은 부족한 표현이다. 원래의 기출문제에서는 <상류층 양반들이 사정을 통해 활쏘기를 즐겼다>고 표현되어 있어 정답이 없었지만 본 교재에서는 <상류층 양반들만이 사정을 통해 활쏘기를 즐겼다>로 수정하였다.

4. 정답 : ④

　조선시대 중국으로부터 수입되어 유행한 정좌중심(앉아서 행하는)의 실내운동을 정리한 서적은 '활인심방'이다.

5. 한국 근·현대사 - 개화기

1. 정답 : ③

　원산학사는 문예반과 무예반으로 구성되었으며 아직은 체육학과라는 개념이 존재하지 않던 시기이다.

2. 정답 : ④

　교육입국조서는 1895년에 반포 되었다. YMCA설립 (1903) 화류회(1896), 대한 체육 구락부 결성(1906) 등은 교육입국조서 반포 이후 내용이다. 1886년 언더우드학당(경신학교) 설립은 반포 이전의 사건이다.

3. 정답 : ③

　탁지부 관리들의 친목도모 연식정구 활동은 회동구락부 내용이며 학생 최성희가 조직하고 정례적으로 축구를 한 것은 청강체육부이다. 체조교사인 조원희, 김성집 등이 주축이 되어 병식체조를 중시하여 체조를 지도 한 것은 체조연구회 이다. 윤치오가 조직한 우리나라 최초 기계체조 단체는 무도기계체육부이다.

　각종 국제스포츠경기대회에의 참여는 일제강점기부터 일제에 맞서 민족의 우수성을 과시하려는 목적으로 이루어졌으며, 국가의 위상을 과시하기 위한 참여는 광복 이후 대한민국이라는 국호로 참여가 이루어졌을 때부터 가능했다.

4. 정답 : ①

　개화기 민족주의 계열 대표적인 사립학교는 대성학교(안창호), 오산학교(이승훈) 이다.

6. 한국 근·현대사 - 일제강점기1

1. 정답 : ②

　학교체육이 군국주의적 색채를 가지게 된 시기는 1943년 전시비상조치령과 함께 제4차 조선교육령이 선포된 이후이다.

2. 정답 : ①

　조선체육협회는 1919년 일제가 만든 체육단체이고 대한체육구락부는 1906년 우리나라 최초의 근대식 스포츠단체이다. 대한국민 체육회는 1907년 노백린이 설립 하였으며 체육정책 개혁을 주장하였다, 대한흥학회 운동부는 1909년 일본유학생들이 만들었다.

3. 정답 : ②

　<보기>가 설명하고 있는 단체는 YMCA이다. YMCA를 통해 다양한 서양의 근대스포츠가 소개되었으며 최초의 실내 체육시설이 건립되기도 하였다.

4. 정답 : ①

　대한국민 체육회는 개화기 1907년에 설립되었다. 관서체육회는 1925

년, 조선체육협회는 1919년 조선체육회는 1920년에 설립되었다.

7. 한국 근·현대사 - 일제강점기2

1. 정답 : ②

일장기말소사건으로 인해 일본은 조선체육회를 해산시키고 일본인 중심의 친일단체인 조선체육협회로 통폐합하였다. 원래의 기출문제에서는 연루된 기자들이 징역을 살았던 것으로 출제되었으나 이는 문제의 오류였으므로 본 교재에서는 구속 수감으로 정정하여 수록한다.

2. 정답 : ④

체조는 개화기에 이미 도입되어 보건체조의 형식으로 보급되었다.

3. 정답 : ④

궁술과 씨름대회는 민족적 요구에 의해 개최되었다.

8. 한국 근·현대사 - 광복 이후의 체육1

1. 정답 : ②

신체활동과 관련한 교육의 명칭이 체육으로 통일이 된 시기는 제 2차 교육과정기이다.

2. 정답 : ②

'국민체육진흥법'과 관련한 내용은 빈출이다. '국민체육진흥정책'과 함께 주요 내용을 반드시 암기해야 한다.

9. 한국 근·현대사 - 광복 이후의 체육2

1. 정답 : ②, ③

1948년 런던 하계올림픽, 1954년 마닐라 하계올림픽에 참가하였다.

2. 정답 : ①

대한 체육회는 엘리트 체육 뿐 아니라 학교체육, 사회체육, 생활체육 전반이 업무를 담당한다.

3. 정답 : ②

선택지에 제시된 사건들은 '국군체육부대 창설'을 제외하고는 모두 박정희 정권에 이루어진 정책이며, '국군체육부대'는 1984년 전두환 정권에서 이루어진 정책이다.

4. 정답 : ④

프로야구, 프로축구, 프로씨름은 1980년대, 프로농구는 1990년대에 출범하였다.

5. 정답 : ④

베이징올림픽 남북한 개폐회식 공동 입장은 남북의 의견교류가 있었지만 정치적인 이유로 무산되었다.

6. 정답 : ③

서양의 체육사상과 전통체육사상이 혼재되어 나타났던 시기는 개화기이다.

운동 생리학

1. 운동 생리학의 개관

1. 정답 : ④

내부 환경을 일정하게 유지하려는 성질을 '항상성'이라 한다.

2. 정답 : ③

운동기술 관련 체력은 민첩성, 순발력, 협응성, 평형성, 반응속도, 스피드 등이 있다. 신체조성은 건강관련 체력이다.

3. 정답 : ③

해설 없음. 반응과 적응이라는 용어의 의미를 무조건 암기할 것

4. 정답 : ③

운동생리학의 기본 영역에서 파생된 학문은 운동처방, 트레이닝 방법론, 운동영양학, 해부학, 스포츠의학 등이 있다.

5. 정답 : ①

미국 운동생리학의 역사는 핸더슨이 설립한 하버드피로연구소에서 시작되었다.

2. 에너지의 대사와 운동

1. 정답 : ①

ATP와 같은 화학적 에너지를 운동에너지와 같은 역학적 에너지(mechanical energy)로 전환시키는 과정은 연속적인 화학작용에 의하여 조절된다.

참고) 기계적 에너지는 역학적 에너지를 의미하며, 역학적 에너지라는 용어를 더 보편적으로 사용한다.

2. 정답 : ④

인간 활동에 있어서 가장 중요한 에너지 형태는 ATP인 화학 에너지이다.

3. 정답 : ③

포도당 1분자와 비교하여 지방 1분자가 생산하는 ATP의 양이 더 많다.

4. 정답 : ③

유산소 시스템은 세포 내 소기관인 미토콘드리아에서 산소를 이용하여 일어난다.

5. 정답 : ②

무산소성 대사 경로는 ATP-PCr 시스템과 해당과정, 젖산시스템이고, 유산소성 대사 경로는 산화 시스템이다.

6. 정답 : ②

②는 주에너지 공급 시스템이 '유산소성 대사과정'이고, 나머지 보기는 'ATP-PCr 시스템'이다.

7. 정답 : ②

1MET(Metabolic EquivalenT) = 3.5ml/kg/min : 체중 1kg당 1분에 3.5ml의 산소를 소비하는 운동

80kg x 10MET x 3.5ml/kg/min x 10분 = 28000ml (= 28L) 의 산소를 소비한다. 산소 1L당 낼 수 있는 에너지는 약 5Kcal 이므로, 28L x 5 Kcal = 140Kcal

8. 정답 : ①

점증부하운동 시 트레이닝으로 단련된 훈련자에게서는 젖산역치가 늦게 발생하고, 동일운동강도에서 낮은 심박수, 최대산소섭취량 증가, 운

동지속시간이 증가 등이 나타난다.

3. 신경 조절과 운동

1. 정답 : ②

　뉴런은 해부학적으로 세포체, 수상돌기, 축삭(축삭돌기)의 세 부분으로 구성된다.

2. 정답 : ④

　안정막 전위는 세포막 안쪽은 K+(칼륨이온), 세포막 바깥쪽은 Na+(나트륨이온) 이 많은 상태로 전하가 분리되어 있다.

3. 정답 : ②

　항상성 유지의 중추는 간뇌의 시상하부이다.

4. 정답 : ③

　'소뇌'는 운동 생리학과 스포츠 심리학에서 빈출하는 기관이다. 소뇌는 다음과 같은 기능을 한다.
- 근방추나 관절수용기로부터의 정보를 바탕으로 운동의 정밀성을 조절
- 신체의 자세를 유지하고 움직임의 일관성을 보장
- 운동의 타이밍을 조절

　빠른 동작의 정확한 수행을 위한 통합적 조절은 소뇌가 아닌 대뇌에서 이루어진다.

5. 정답 : ①

　근육과 힘줄 사이에서 과도한 수축을 억제하는 기관은 골지건기관이다.

6. 정답 : ③

　자율신경계는 심장근, 내분비선, 평활근을 자극한다.

　①번 : 부교감신경계 활성은 심박수를 안정시킨다.

　②번 : 자율신경계는 불수의적 신경조절이다. 사람의 의지대로 조절하는 것이 아니라, 신경계 자체에서 자율적으로 조절된다는 것에 유의할 것!

　④번 : 부교감신경의 말단에서는 아세틸콜린을 분비한다.

4. 골격근과 운동

1. 정답 : ④

　근육은 근다발 > 근섬유 > 근원섬유 > 필라멘트(액틴과 마이오신) 로 구성된다.

2. 정답 : ②

　가로세관(T세관)은 신경자극을 근원섬유로 전달하는 기능을 한다.

3. 정답 : ③

　신경자극 → 활동전위가 축삭 말단에 도달 → 근신경세포의 축삭말단에서 아세틸콜린 방출 → 근형질세망에서 칼슘이온(Ca++) 방출 → Ca++과 트로포닌 결합 → 트로포마이오신의 위치변화 → 액틴과 마이오신 결합 → 마이오신 머리가 액틴세사를 끌어당김

4. 정답 : ④
- 속근은 수축 속도가 빠르며, 높은 해당 능력을 가지고, 피로에 대한 내성이 약하다.
- 지근은 수축 속도가 느리며, 높은 산화 능력을 가지고, 피로에 대한 내성이 강하다.

5. 정답 : ④

　Type I 근섬유는 지근, 적근 이라고도 하며, 피로에 대한 내성이 높고, 미토콘드리아의 수나 크기가 발달해 미토콘드리아 산화능력이 높다. 따라서 유산소 대사 능력이 좋고, 지구성 운동에 적합한 근섬유 형태이다.

6. 정답: ③

　운동 강도에 따라 동원되는 근섬유의 유형은 저강도의 운동에는 ST 섬유, 중간 정도의 강도에는 ST와 FTa 섬유, 고강도 운동에는 ST, FTa, FTb 섬유가 모두 이용된다.

　따라서, 운동강도가 증가할수록 동원되는 섬유유형은 ST → FTa → FTx(FTb) 이다.

7. 정답 : ②

　지구력과 관련한 근섬유는 Type I인 지근이며, 모세혈관이 증가한다는 것은 산소와 영양분의 공급이 늘어나는 것을 의미한다. 따라서 지구력 훈련을 통해서는 지구력과 관련된 근섬유인 Type I의 모세혈관 밀도의 증가가 더 증가한다.

8. 정답 : ②

　대표적인 신장성 수축은 철봉에서 하는 턱걸이 운동에서 팔을 펴며 내려올 때 상완 삼두근에서 나타나는 형태이다. 신장성 수축에서는 속도가 빠를수록 장력이 낮아진다.

9. 정답 : ②

특이장력: 근육의 단위 면적당 작용하는 힘. 근력을 근단면적으로 나누어 구함

근파워: 단위 시간당 발생하는 근육의 힘. 힘과 속도의 곱으로 구함

5. 내분비계와 운동

1. 정답 : ①

　성장호르몬의 혈당량 증가는 간조직의 글리코겐 분해 자극을 통해서가 아닌 간 조직의 당신생과정을 자극하여 당이 아닌 물질로부터 당을 만들어 혈당량을 증가시키는 기제로 작용한다.

2. 정답 : ①

　부신수질에서 분비되는 호르몬은 에피네프린(아드레날린)이 80%, 노르에피네프린(노르아드레날린)이 20%를 차지한다.

3. 정답 : ②

　글루카곤은 췌장(이자)의 알파세포에서 분비되며 혈당량을 증가시키고, 인슐린은 췌장(이자)의 베타세포에서 분비되며 혈당량을 감소시킨다.

4. 정답 : ②

　당뇨와 관계되는 호르몬은 인슐린이다.

　제1형 당뇨가 인슐린 결핍에 의한 당뇨로 인슐린 분비에 직접적으로 영향을 받는다면, 제2형 당뇨는 인슐린 분비 자체보다는 인슐린과 수용체의 결합이 잘 안되서 나타나는 인슐린 저항성 때문에 나타나는 인슐린 비의존성 당뇨이다.

　(제1형 당뇨의 원인으로 문제가 출제되었다면 더 좋은 문제!)

5. 정답 : ②

　혈압 감소시 신장의 세뇨관에서 수분의 재흡수를 촉진하게 하는 알도스테론은 단독으로 작용하지 않고 레닌-안지오텐신-알도스테론이 같이 작용한다. 작용 순서 암기할 것!

6. 정답 : ②

　운동 중 인슐린 농도는 감소한다. 만일 운동이 인슐린의 증가를 가져올 경우 혈장 포도당이 빠른 비율로 모든 조직으로 섭취되어 즉각적인 저혈당증을 유발한다.

7. 정답 : ②

　운동 중 에너지를 얻기 위해서는 글루코스를 분해해야 하므로, 혈당량을 증가시키는 호르몬인 글루카곤, 코티졸, 에피네프린, 노르에피네프린, 티록신, 성장호르몬의 분비가 증가되고, 혈당량을 감소시키는 호르몬인 인슐린의 분비는 감소된다.

6. 호흡 · 순환계와 운동

1. 정답 : ①

　호흡계통에서 공기의 이동경로는 기관 – 기관지 – 세기관지 – 허파 꽈리이다.

2. 정답 : ②

　호흡활동 시 외늑간근이 수축하면 흉강이 확장된다.

3. 정답 : ①

　1회 호흡량은 1회 호흡시 들이마시거나 내쉰 공기량이다.

　④의 총폐용적은 총폐용량(Total Lung Capacity)이란 용어로 더 많이 쓰이며, 폐활량과 잔기량을 합한 것을 의미한다.

4. 정답 : ②

　1MET란 문제에는 복잡한 공식으로 주어졌지만 신체가 산소를 1분당, 1kg당 3.5mL를 소비하는 것을 의미한다. 약 1.2 kcal/kg/hour에 해당한다.

　먼저 MET 값과 체중에 따라 산소 소비량을 구한다.

　1MET는 3.5mL의 O_2 /kg/min의 산소 소비량이므로, 10MET는 $10 \times 3.5 = 35$ mL의 O_2 /kg/min이다.

　주어진 조건의 체중(80kg)과 운동 시간(10분)을 고려하여 총 산소 소비량을 구하면

- 산소 소비량 = 체중 (kg) × MET × 운동 시간 (min) × 1L/1000mL 이므로
- 산소 소비량 = $80 \times 35 \times 10 \times 0.001 = 28$ L이다.

　구해진 산소 소비량에 따라 총 칼로리 소모량을 계산한다.

　조건에서 산소 1L당 5Kcal를 생성한다고 주어져 있으니

- 소비 칼로리 = 산소 소비량 (L) × 5 kcal/L
- 소비 칼로리 = $28 \times 5 = 140$ kcal

　따라서, 체중이 80kg인 사람이 10 MET로 10분간 달리기를 했을 때의 소비 칼로리는 140 kcal이다.

5. 정답 : ②

　심장 자극 전도 전도체계 순서는 동방결절 – 방실결절 – 방실다발 (히스속) – 퍼킨제섬유 이다.

6. 정답 : ②

　폐순환과 체순환의 차이 암기할 것!

　체순환은 혈액의 온몸 순환과정으로 인체의 모든 조직에 산소를 전달하고 이산화탄소와 노폐물을 받아서 심장으로 돌아오는 순환과정이다.

　체순환과정 : 좌심실 → 대동맥 → 조직 내 모세혈관 → 대정맥 → 우심방

　폐순환은 심장과 폐 사이의 혈액 순환과정으로 온몸을 돌고 온 혈액이 폐를 순환하면서 이산화탄소를 폐로 전달하고, 산소를 받아서 심장으로 돌아오는 순환과정이다.

　폐순환과정 : 우심실 → 폐동맥 → 폐포내 모세혈관 → 폐정맥 → 좌심방

7. 정답 : ④

　운동 중 정맥혈회귀를 조절하는 요인은 심장의 펌프작용, 골격근의 수축에 의한 펌프작용, 호흡에 의한 펌프작용, 정맥혈관 수축에 의한 펌프작용이다.

8. 정답 : ④

　호흡시 이산화탄소를 폐로 운반하는 방법은 중탄산염이온의 형태로 70%정도 운반되고, 헤모글로빈과 결합하여 카바미노헤모글로빈의 형태로 20% 정도 운반되며, 혈장에 용해되어 10% 정도 운반된다.

　④번의 미오글로빈은 근육 세포내에 산소 저장 및 운반 기능을 가진 단백질이다. 헤모글로빈과 헷갈리지 말 것!

　헤모글로빈은 적혈구 내에 존재하는 단백질로 산소와 이산화탄소의 운반이 주요 기능이다.

9. 정답 : ③

　폐활량은 최대한 공기를 들여 마신 후 최대한 배출시킬 수 있는 공기의 양을 의미하는 것으로 심장의 1회 박출량을 조절하는 요인이 아니다.

10. 정답 : ④

　분당산소섭취량은 1회박출량이 많을수록, 동정맥산소차가 클수록, 심박수가 많을수록 커진다.

11. 정답 : ②

　주어진 보기 모두 혈류량을 상승시키는 요인이다 하지만 ②의 내용은 혈관 자체에서 발생하는 내인성 작용이 아니라 호르몬이라는 외인성 자극에 의해 발생하는 현상이다.

12. 정답 : ①

　단련자는 비단련자보다 운동시 신체적응현상으로 최대 심박출량이 높게 나타나고, 심박수가 낮게 나타난다.

7. 환경과 운동

1. 정답 : ④

　운동 시 탈수현상을 예방하기 위해서는 운동전에 약 400-800ml 정도의 수분을 섭취하고, 운동 중에도 15-20분 간격으로 150-300ml 정도의 수분을 섭취하며, 운동 후에도 충분한 수분을 보충해야 한다. 이런 수치는 이론에 따라 약간씩의 차이가 있으므로 융통성을 가지고 암기해야 한다.

2. 정답 : ②

　저온환경에서 세포내 에너지 대사에 관여하는 효소들의 활성을 저해하여 근육내 ATP합성을 위한 화학반응 속도가 감소한다.

3. 정답 : ④

　고지대 환경에서는 산소 분압의 감소로 인해 유산소성 에너지 생성에 의존하는 종목일수록 경기력의 저하가 나타난다. 따라서 마라톤에서 경기력 저하가 가장 크다.

운동 역학

1. 운동역학의 개요

1. 정답 : ②

②는 운동학에 관한 설명이다. 운동학(kinematics)은 변위, 속도, 가속도 등 힘과 직접 관련이 없는 것에 관해 연구하고, 운동역학(kinetics)은 근력, 지면반력, 토크 등 힘과 관련된 것에 관해 연구한다.

2. 정답 : ④

운동역학이 운동의 원인이 되는 힘을 연구하는데 비해 운동학은 속도, 각도, 각속도 등과 같은 운동 상태를 다루는 학문이다. 따라서 ④의 최대속도 계산이 답이다.

압력, 근활성도, 모멘트 계산 등은 힘과 관련한 부분이므로 운동역학적 분석의 예로 볼 수 있다.

3. 정답 : ④

뉴턴의 운동법칙 세가지는 관성의 법칙, 가속도의 법칙, 작용-반작용의 법칙이다.

4. 정답 : ④

선수들을 지도할 때 풍부한 운동경험과 관찰능력에 운동역학적 지식을 적용하여 수행능력을 극대화할 수 있도록 하는 것이지 어느 것이 더 우위에 있는 것은 아니다.

5. 정답 : ④

운동 역학의 목적은 운동 기술의 향상, 안전성 향상, 과학적인 장비 개발, 분석방법 및 자료처리 기술 개발이다.

이미지 트레이닝 방법은 운동심리학 중 심상훈련의 방법이다.

6. 정답 : ③

클랩 스케이트, 유리섬유질 장대, 이질 라버는 경기능력을 향상시키기 위한 기구의 종류이므로 관계되는 운동역학의 연구 내용 분야는 운동기구의 평가 및 개발이다.

2. 운동역학의 이해

1. 정답 : ②

근육의 신장(원심)성 수축이란 근육이 신장하며 장력이 발생(유지)되는 수축이다.

주어진 선택지에서 다른 동작들과 달리 팔굽혀펴기의 팔을 펴는 동작에서 위팔세갈래근은 수축하며 팔을 펴는데 작동하는 근육이다.

2. 정답 : ④

해부학적 자세는 바르게 선 자세에서 정면을 바라보고, 양팔을 몸통 양 옆으로 늘어뜨린 채 손바닥이 전방을 향한 자세를 말한다.

3. 정답 : ④

코는 귀의 내측, 가슴은 엉덩이의 상측, 어깨는 목의 외측에 위치한다.

4. 정답 : ①

시상면이란 인체를 좌우로 나누는 가상의 면으로 인체가 전후로 움직이는 운동동작을 시상면의 개념으로 설명할 수 있다. ①에 주어진 동작은 인체의 수직축(종축)을 중심으로 회전하는 피겨스케이팅 선수의 몸통과 분절의 움직임은 인체에 수직의 축을 설정하여 가상의 평면에서 일어나는 회전운동이므로 전후면이 아닌 수평면에서의 움직임이다.

5. 정답 : ②

팔꿉관절을 축으로 하는 암컬동작은 팔을 굽히고 펴는 동작에 따라 이루어진다.

6. 정답 : ④

절구공이 관절은 모든 평면에서 움직이는 3축성 관절이다.

7. 정답 : ④

선운동은 신체중심이 직선으로 이동하는 직선적 병진운동과 회전없이 던져진 물체나 신체의 중심이 곡선으로 이동하는 곡선적 병진운동을 모두 포함한다.

처럼 체조의 대차돌기는 회전운동을 하므로 선운동에 해당되지 않는다.

8. 정답 : ④

운동의 정의 문제이므로 보기를 잘 기억할 것!

①은 복합운동, ②는 곡선적 병진운동(곡선적 선운동), ③은 직선적 병진운동(직선적 선운동), ④는 각운동(회전운동)의 정의이다.

3. 인체 역학

1. 정답 : ①

여자는 남자보다 골반이 넓고 어깨의 폭이 좁아서 무게중심이 남자보다 낮다.

2. 정답 : ②

인체의 안정성에 영향을 미치는 요소는 무게중심의 높이, 기저면의 크기 및 모양, 중심선의 위치, 신체의 중량, 마찰, 외력의 운동량과 충격, 시각, 심리, 생리적 요인이다.

3. 정답 : ①

인체의 안정성은 기저면이 넓을수록, 몸무게가 무거울수록, 무게 중심이 낮을수록 향상된다. 100m 크라우칭 스타트 자세는 최소한의 안정성을 가지며, 출발시 안정성을 빨리 깨뜨려 기동성을 향상시키기 위한 자세이다.

4. 정답 : ③

단거리 크라우칭 스타트자세는 기저면을 좁히고 무게중심선을 가능하면 기저면 앞쪽으로 치우치게 하여 출발시 안정성을 빨리 깨뜨려 빠른 출발을 가능하게 할 수 있다. 즉 최소한의 안정성만을 유지하여 빠른 출발을 하기 위한 대표적인 자세이다.

5. 정답 : ②

2종지레는 받침점(축)-작용점(저항점)-힘점(힘의 작용점)의 구조를 가지며, 힘팔(받침점부터 힘점까지의 길이)이 저항팔(받침점부터 작용점)까지의 길이보다 항상 긴 구조를 갖는다.

엎드려 팔굽혀 펴기에서는 발이 받침점(축), 몸이 작용점(저항점,), 팔이 힘점(힘의 작용점)으로 작용한다.

6. 정답 : ①

아령을 손에 들고 굴곡운동시 아령과 전완이 저항, 팔꿈치 관절이 축일 때 힘점은 상완이두근인 3종지레의 예이다.

4. 운동학의 스포츠 적용

1. 정답 : ④

거리는 크기만 가지는 스칼라량, 변위는 크기와 방향을 모두 가지는 벡터량이다.

400m 곡선 트랙을 달릴 경우 거리는 400m이지만, 변위는 출발점과 도착점을 이은 직선거리를 의미하므로, 출발점과 도착점이 같다면 0m, 다르다면 출발점과 도착점의 직선거리이므로 400m보다 작은 값이다.

2. 정답 : ④

가속도는 시간의 변화에 따른 속도의 변화를 의미하며, 단위는 m/s^2이다. 가속도의 방향은 합력의 방향과 항상 같다.

3. 정답 : ①

농구 자유투의 투사체는 포물선 운동을 하므로, 농구공 중심에 작용하는 가속도는 중력가속도만 수직방향으로 작용한다. 이때 수평방향으로는 작용하는 추가적인 힘이 없기 때문에 속도가 일정한 등속도 운동을 하며, 수평방향에 작용하는 가속도는 0m/s2이다.

농구공 무게중심의 수직 속도는 최고점에서 0m/s 이다.

4. 정답 : ③

투사체의 투사거리에 영향을 미치는 요인은 투사높이, 투사속도, 투사각도이다.

투사속도가 빠를수록, 투사각도는 45도일 때, 투사점이 착지점보다 더 높을 때 투사거리가 길어진다.

5. 정답 : ④

선속도 = 각속도 x 회전반경

각속도가 일정할 때 공을 던지는 순간 팔길이를 길게 하면 회전 반경의 길이가 길어져 공의 선속도 증가에 유리하다.

선속도가 일정할 때 팔의 길이를 길게 하면 각속도는 감소한다.

5. 운동역학의 스포츠 적용

1. 정답 : ④

힘은 크기와 방향을 가지는 벡터량이다.

2. 정답 : ④

④는 마찰력에 대한 설명이다. 탄성력은 물체가 변형되었다가 원래의 상태로 되돌아가려는 성질이다. 또한 탄성력에 영향을 미치는 요인은 물체의 소재, 물체 표면의 상태, 온도, 충격강도, 충격속도 등이다.

③은 부력에 대한 설명이지만, 물체가 중력방향에 수직으로 이동할 때에는 양력에도 적용될 수 있는 내용이다. 힘에 대한 정의로 보면 애매한 문장이었지만 복수정답처리가 되지는 않았다.

3. 정답 : ④

뉴턴의 운동의 법칙 3가지

관성의 법칙 : 물체가 외력이 영향이 없을 때 현재의 상태를 계속 유지하려는 성질

가속도의 법칙 : 움직이는 물체에 같은 방향으로 힘이 작용하면 그 힘만큼 가속도가 발생한다.

작용반작용의 법칙 : 모든 힘의 작용에는 항상 크기가 같고 방향이 반대인 반작용이 있다.

4. 정답 : ②

선운동량 = 질량 x 속도

(A)선수 : 90kg x 6m/s = 540kg·m/s

(B)선수 : 80kg x 7m/s = 560kg·m/s

5. 정답 : ①

물체의 질량이 클수록 회전관성 즉, 관성모멘트가 커진다. 야구 배트가 무거울수록 야구배트를 움직이게 하고 멈추는데 더 많은 힘이 필요하므로 안에 코르크와 같은 가벼운 소재를 넣어 관성모멘트를 줄이기도 한다.

6. 정답 : ①

토크 = 힘(편심력) x 모멘트암(회전축에서 힘의 작용선까지의 거리)이므로, 힘의 크기나 모멘트암을 증가시키면 토크를 크게 할 수 있다.

유도의 업어치기에서는 상대의 중심에서 자신의 몸까지의 거리가 모멘트 암이 되는데, 업어치기를 하기 전 단계에서는 상대방과의 거리를 벌려 모멘트암을 길게 만들지만, 동작이 진행되는 동안에는 상대방을 들어올려 자신의 몸위에 띄우면서 회전축과 상대방의 몸 사이의 거리를 좁히고 회전속도를 증가시키게 된다.

7. 정답 : ②

다이빙, 체조, 높이뛰기 등에서 도약시 만들어진 각운동량은 공중에 있는 동안 보존된다. 따라서, 체조 도마의 제2비약시 상·하체의 각운동량의 합은 일정하게 보존된다.

8. 정답 : ②

원반던지기나 해머던지기와 같은 경우는 회전운동과 관계되므로, 회전반지름을 크게 하여 회전관성을 크게 하거나 회전속도를 높여야 각운동량을 증가시킬 수 있다.

6. 일과 에너지

1. 정답 : ①

역학적 일이란 물체에 힘이 작용하여 물체를 힘의 방향으로 이동시켰을 때를 말한다.

역학적으로 일이 아닌 경우는 힘이 0일 때, 이동거리가 0일 때, 힘과 이동방향이 수직일 때이다. 바벨을 머리 위에서 3초 동안 움직이지 않게 버티고 있는 경우는 이동거리가 0 이므로 역학적 일이 아니다.

2. 정답 : ①

바벨을 들고 가만히 서 있었다면 이동거리가 0 이므로 역학적으로 한 일은 0J이다.

3. 정답 : ②, ③

역학적에너지는 운동에너지와 위치에너지의 합으로 일정한 값을 갖는다.

운동에너지는 $1/2mv^2$ (1/2 x 질량 x 속도2)

위치에너지는 9.8mh (9.8 x 질량 x 높이)

4. 정답 : ②

위치에너지는 높이가 증가할수록 증가하므로, 스키점프 동작에서 이륙 후 위치에너지는 수직 최고점에서 가장 크다.

5. 정답 : ③

장대높이뛰기는 질주, 도약과정에서의 장대활용 등에서 운동에너지, 탄성에너지, 위치에너지가 모두 작용하는 종목이다.

7. 다양한 운동 기술의 분석

1. 정답 : ②

카메라 등의 장비를 통해 정보를 추출해 내는 방법은 영상 분석 방법이다.

2. 정답 : ①

압력중심의 위치는 지면반력기로 추출할 수 있는 변인이다.

3. 정답 : ①

영상분석 방법은 힘을 간접 측정하는 방법이다.

힘을 직접 측정하는 방법으로는 스트레인 게이지, 마찰력, 지면반력을 측정하는 방법이 있다.

스트레인 게이지 측정은 물체에 힘을 가할 때 물체의 변형된 정도를 측정하는 방법이고, 지면반력 측정 방법은 센서가 달린 바닥판 위에서의 동작으로 지면반력을 측정하는 것이다.

4. 정답 : ④

지면반력기는 사람이나 물체가 지면과 상호작용할 때 발생하는 지면반력을 측정하는 장비로 '압력'과 '힘의 방향'을 측정할 수 있다. '달리기 동작의 체공기'에는 지면반력기로부터 발이 떨어져 있으므로 '압력'과 '힘의 방향'을 측정할 수 없다.

5. 정답 : ②

근전도 분석방법은 각각의 근육에 대한 수축 및 활성도 정보를 얻을 수 있는 분석방법이다.

스포츠 윤리학

1. 스포츠와 윤리

1. 정답 : ①

　공동체의 전통 안에 도덕의 원리가 들어있으며 공동체의 맥락을 이해하고 공동체 안에서 도덕의 목표를 실현해야 한다고 주장하는 대표적인 학자들은 맥킨타이어, 베넷, 위인, 킬패트릭 등이 있다. 그 중 공동체를 위해 헌신한 위인들의 이야기를 통해 도덕교육이 가능하다고 주장한 학자는 맥킨타이어와 킬패트릭이며 주어진 선택지에서는 맥킨타이어를 고르면 된다.

2. 정답 : ④

　가치판단이란 특정한 사실이나 현상에 대한 주관적 평가를 의미한다. 따라서 사실 자체에 관한 진술인 ④는 객관적 정보이며 가치판단으로 볼 수 없다.

3. 정답 : ①

　스포츠 윤리는 일반적인 사회윤리의 하위항목이다. 따라서 스포츠인의 윤리는 일반 윤리의 덕목과 본질적으로는 크게 다르지 않다.

4. 정답 : ②

　행위의 결과가 아니라 행위 자체가 도덕적 의무를 준수했는가를 기준으로 윤리적 판단을 내리는 윤리체계는 의무론적 윤리체계이며 칸트의 철학이 대표적이다.

5. 정답 : ④

　공자가 '인'의 실천 방안으로 제시한 '충'과 '서'의 개념을 묻고 있다.

　마음이 중심을 잡아 한 쪽으로 치우치지 않는 상태를 충이라고 하고, 타인에 대한 배려와 관용으로 "내가 원하지 않은 일은 남에게 하지 말라."는 마음의 상태를 서라고 한다.

6. 정답 : ③

　니부어는 선량하고 도덕적이던 사람들이 특정한 집단에 들어갔을 때에는 무질서하고 유치한 행위를 서슴없이 하는 것과 같은 사례들을 분석하면서 '사회윤리'라는 개념을 제시하였다. 즉 도덕이나 윤리와 관련을 가지는 사회적 문제의 원인은 개인적 품성보다도 사회제도나 정책과 같은 사회적 문제로 인해 야기된다는 것이다. 따라서 그는 윤리적 문제가 발생했을 때 개인의 도덕성을 함양해야 할 뿐만 아니라, 사회정책과 제도의 개선 등을 통해 사회적 여건을 바꾸어야 한다고 주장했다.

7. 정답 : ③

　스포츠 현장에서 발생하는 윤리적 쟁점에 대해 판단할 때 행위자의 입장을 고려하지 않을 경우 행위자의 의도가 무엇이었는지 고의성은 있었는지 등의 문제에 오해가 발생할 수 있다. 그러므로 모든 윤리적 판단은 관련된 사람들의 생각과 상황이 벌어진 당시의 정황을 함께 고려해야 한다.

2. 경쟁과 페어플레이

1. 정답 : ④

　〈보기〉의 내용처럼 최선을 다하여 자신의 탁월성을 드러내려는 태도를 '아레테'라고 한다.

　Alea는 노력과 의지의 표기를 의미하는 용어로 스포츠 윤리와 관련이 없는 단어이다.

2. 정답 : ④

　①, ②, ③은 모두 스포츠에서 윤리적 문제를 발생시키는 원인이나 동기이다. 스포츠에서 윤리적 문제가 발생하지 않도록 그 원인을 제거하기 위해서는 참여자들이 바람직한 인간성과 올바른 감수성을 가질 수 있는 교육을 하는 일이 필요하다.

3. 정답 : ②

- 테크네(techne) : 기술적 전문성과 직업적 능력, 즉 특정 분야에서의 숙련도와 관련된 지식.
- 아크라시아(akrasia) : '무지에서 비롯된 악행' 또는 '자기 통제의 부족'을 의미함. 윤리적 판단을 알고 있지만, 그에 따라 행동하지 않는 상태.
- 에피스테메(episteme) : 감각적 경험이나 실용적인 기술과는 구별되는 체계적, 논리적인, 과학적, 철학적 이해
- 프로네시스(phronesis) : 도덕적 결정과 행동에 관한 실천적 지식

4. 정답 : ①

　페어플레이란 공정한 경기를 담보하기 위한 원칙이다. 그런데 선수 개인의 의도나 목적에 따라 변화한다면 공정한 경기를 보장할 수 없을 것이므로 페어플레이가 실현될 수 없다.

5. 정답 : ④

　스포츠 윤리에서 페어플레이의 실현은 형식과 관습의 준수를 통해 실현된다. 그 중 형식의 준수란 규칙(룰)의 준수를 의미한다.

6. 정답 : ④

　평균적 정의라는 개념은 사회학이나 윤리학에서 자주 사용되는 개념은 아니지만 자원이나 기회를 공평하게 분배하고, 모든 개인이 동등한 기회를 갖도록 하는 것을 목표로 한다는 정도의 의미를 가진다. 그리고 '공평'함을 만들기 위한 다양한 이론들이 '정의'에 관한 학설들이다.

　롤스와 같은 학자들은 우연적 요소가 재화와 기회의 분배에 영향을 미치는 것을 정의롭지 못하다고 주장하고 이를 개선하기 위한 제도를 제안한다. 하지만 스포츠에서는 체급을 구분하는 정도 외에는 개인이 가진 우연적 요소가 경기에 영향을 주는 일에 대한 '정의'의 판단을 하지 않는다.

7. 정답 : ①

　내적 통제란 외적 규제와 대비되는 개념으로 선수의 의식과 의지를 통해 윤리적 통제가 이루어지는 것을 의미한다. 따라서 선수의 의식을 변화시킬 수 있는 윤리교육이 내적 통제의 한 방법이다.

3. 스포츠와 불평등

1. 정답 : ①

　고대 그리스 올림픽에서 여성에게는 참가는 물론 관람도 허용되지 않았다.

2. 정답 : ②

　②에서 말하는 인기 종목 위주의 스포츠 보도 행태는 결과적으로 선정적이거나 격렬하고 잔인한 종목이 중심이 될 수밖에 없을 것이며, 따라서 성차별의 해소에 도움을 주지 않을 것이다.

3. 정답 : ④

　〈보기〉의 아나운서와 해설자는 백인과 흑인 사이에 지적, 신체적 능력의 근본적인 차이가 있다는 것을 전제로 담화를 나누고 있다. 특히 흑인이 동물적인 신체능력을 가졌지만 백인에 비해 판단력과 의지가 부족할 것이라고 단정하고 있다. 이런 생각은 피부색에 따라 정신적·신체적 능력의 차이가 발생한다고 생각한다는 점에서 대표적인 인종차별적인 사고에 해당한다.

4. 정답 : ①

　다문화 사회와 관련한 스포츠에서의 윤리적 문제는 주로 문화의 차이에 의해 발생한다. 하프코리안의 경우 부모 중 어느 한 쪽은 엄격한 가부장적 질서를 관습적으로 받아들이는 한국인이지만 나머지 한쪽은 그렇지 않으므로, 상대적으로 덜 엄격한 위계질서를 경험하며 자란다. 그런 하프코리안 선수는 한국 스포츠 팀 내의 엄격한 위계질서에 문화적 갈등을 경험하는 경우가 발생할 수 있다.

5. 정답 : ④

　장애인의 스포츠 참여와 관련한 법 규정은 이미 존재한다. 따라서 법의 미비보다는 사회적 환경과 구성원의 편견 등의 이유로 장애인의 스포츠

참여가 제한을 받고 있다고 보아야 한다.

4. 스포츠에서 환경과 동물윤리

1. 정답 : ④

'지속가능한 발전'이란 자연과 생태계를 훼손하지 않으면서 인간의 문명이 발전을 계속할 수 있다는 개념이다. 따라서 '지속 가능한 발전'을 주장하는 쪽에서는 환경의 훼손 등 자연에 대한 인간의 영향을 최소화하는 방안을 마련하는 것을 과제로 삼고 있다.

2. 정답 : ③

스포츠 활동이 자연환경과 문화재에 영향을 주거나 파괴한다면 스포츠로 인해 환경적 이슈가 발생했다고 할 수 있다. 그러나 ③의 스포츠 시설의 대중화는 환경의 문제라기 보다는 스포츠와 사회와의 연관성에 관한 이슈이다.

3. 정답 : ③

오프로드 자동차 경주나 모터사이클 경주처럼 스포츠 행위 자체만으로도 환경에 영향을 주는 경우가 있다.

4. 정답 : ④

이동을 위한 동물의 활용은 스포츠보다는 근대 이전의 시기에 일반 사회에서 흔히 발견되던 동물에 대한 차별행위이다. 하지만 경마나 개썰매 등의 스포츠에서 아직도 발견된다는 점에서 엄밀하게는 답이 없거나 ③의 '연구를 위한 수단'을 답으로 보아야 하지만 연수원에서는 ④를 답으로 발표했다.

5. 정답 : ③

테일러는 인간이 스포츠 생활이 4가지 의무를 준수하면서 이루어져야 한다고 보았다. 그 중 다른 종의 권리와 생명을 침해하지 말아야 한다는 의무를 '불침해의 의무'라고 한다.

5. 스포츠와 폭력

1. 정답 : ④

직접적 폭력: 폭력에 관련된 일반적인 개념들이므로 숙지해 두어야 한다.

2. 정답 : ④

폭력에 대한 이론은 2019년 이후 매년 출제되고 있다. 모든 철학자들의 폭력 관련 이론을 암기할 필요는 없지만 홉스, 푸코, 아렌트, 지라르 정도의 학자는 암기할 필요가 있다. 주어진 선택지의 내용 중 ④는 르네 지라르의 모방욕망에 관한 내용이다.

3. 정답 : ①

이종격투기가 사회에 미치는 부정적 영향은 폭력적 행위를 당연시하는 분위기를 조성하게 되는 것이다.

4. 정답 : ①

선수나 지도자가 판정에 불만을 가지게 되어 폭력을 행사한다면 우선 승부에 대한 지나친 집착을 원인으로 볼 수 있다. 그리고 합리적인 방안을 찾아 문제를 해결하려는 노력없이 폭력을 행사한다면 자신의 분노를 제어할 능력이 없는 것으로 볼 수도 있다.

5. 정답 : ②

관중의 폭력은 일반적으로 경기가 격렬한 양상을 보일 때 열악한 관람 환경과 기타 사회적 불안 요인 등이 집단화된 관중의 익명성과 결합하여 발생한다. 관중이 책임감이 강한 개인으로 구성된다면 관중의 폭력은 줄어들 것이다.

6. 경기력 향상과 공정성

1. 정답 : ①

알코올은 세계도핑방지위원회에서 규정한 상시 금지 약물이 아니어서 흔히 시상식이 끝난 직후 샴페인 파티를 열기도 한다.

2. 정답 : ①

유전자 조작의 분야는 그 위해성에 대한 연구가 완성되지 않아 어떤 부작용이 발생할지에 대한 예상조차 불가능하며. 부작용이 나타나게 되면 유전자 조작에 참여한 사람의 건강과 생명에 치명적인 결과가 나타날 수 있다. 또한 안전성이 검증된다고 해도 모든 도핑행위는 스포츠맨십에 어긋나는 행위이기도 하다는 점에서 금지되어야 한다.

3. 정답 : ③

과학 기술은 스포츠에 다양한 방식으로 활용되고 있다. 그 중 촬영과 재생 등 영상 분석 기술은 심판의 오심, 승부의 조작 등을 방지하는데 유용하게 활용되고 있는데 이는 스포츠 현장에 대한 감시기술로 분류할 수 있다.

7. 스포츠와 인권

1. 정답 : ②

선수에 대한 체벌은 그 효과의 유무에 관계없이 선수의 인성 발달을 방해하고 인권을 침해한다는 측면에서 금지되어야 한다.

2. 정답 : ①

미국 학생선수들의 최저학력제를 관리 감독하는 조직은 NCAA이다.

3. 정답 : ①

〈보기〉의 학생들은 학생선수의 학습권을 보장하기 위해 마련된 최저학력제에 대해 이야기를 나누고 있다. 최저학력제는 스포츠윤리학과 스포츠사회학에서 빈출하고 있으므로 반드시 암기해야 한다.

4. 정답 : ②

지도자의 부족은 스포츠지도자의 비윤리적 행위의 직접적인 원인으로 볼 수 없다.

5. 정답 : ②

성폭력은 은밀하게 이루어지거나 주변 사람의 묵인과 동조하여 자행되는 경우가 많다. 더구나 대부분의 피해가 여성선수에게서 발생하고 가해자는 선배나 지도자인 경우가 많아 피해자가 스스로 성폭력을 신고하는 것이 쉽지 않다. 따라서 주변에 지속적인 관심을 기울이는 것이 중요한 예방책이 될 수 있다.

6. 정답 : ④

맹목적 승리의 추구는 체육지도자가 지양해야 하는 덕목이다.

7. 정답 : ③

폭력 가해선수가 아닌 피해선수에 대한 보호와 지원이 이루어져야 한다.

8. 스포츠 조직과 윤리

1. 정답 : ②

심판의 권위의식 강화 및 명예심 고취는 오심을 바로잡는 방안이 아닌 정확한 판정을 통해 얻어질 수 있는 결과에 해당한다.

2. 정답 : ④

바람직한 수칙은 가급적 예외조항없이 모든 사람에게 평등하게 적용될 수 있어야 한다.

부록

미니 모의고사

정답·해설

스포츠 사회학

1. 정답 : ①

파슨즈의 AGIL 모형에서 G는 스포츠 팀이 승리를 목표로 설정하고 이를 달성하기 위한 전략을 수립하는 기능이며, 팀의 경기 목표 설정, 경기 전략, 훈련 계획 등이 여기에 해당한다.

2. 정답 : ①

스포츠가 공격성의 배출구이기는 하지만 스포츠라는 행위를 통해 룰 안에서 이루어지므로 간접적인 배출구로 보아야 한다.

3. 정답 : ①

스포츠에 정치가 개입하는 이유는 정치적 목적을 달성하기 위해서이다. ①은 정치와는 관계가 없는 대중매체의 발달에 관한 내용이다.

4. 정답 : ③

스포츠 중계 중의 광고 수입을 위해 휴식 시간이 길어지고 있다.

5. 정답 : ①

Susan Birrell, John W. Loy의 매체 스포츠 이론에 따르면 축구, 농구, 핸드볼처럼 경기장이 넓고 경기중 선수들의 움직임이 활발하며 격렬한 경기는 관객의 높은 몰입을 필요로 하는데 이런 스포츠를 쿨매체 스포츠라고 한다.

6. 정답 : ②

사회(관계)자본은 개인이나 집단이 사회적 네트워크, 인맥, 혹은 관계를 통해 자원을 얻고 이를 활용하는 능력을 의미한다. 스포츠 조직이나 선수가 사회자본을 활용하는 방식으로는 스포츠 조직 간의 네트워크와 인맥을 활용하여 자원과 정보를 얻는 것이 가장 적절한 답이 된다.

7. 정답 : ②

맥루한의 미디어론은 빈출이다. 반드시 암기해야 한다. 그의 이론에 따르면 영화, 신문과 같은 핫미디어는 정보의 양이 많고 논리적이어서 수용자가 참여할 수 있는(자유롭게 해석할 수 있는) 여지가 적으며, TV나 만화와 같은 쿨미디어는 정보의 양이 적으며 비논리적이므로 수용자의 참여할 수 있는 여지가 많다.

8. 정답 : ④

스포츠 중계 프로그램의 영향으로 스포츠의 인기와 비중이 높아지고 있다.

9. 정답 : ③

사회계층 별 스포츠 참가 형태는 빈출이다. 반드시 암기한다.
상류층은 직접 관람과 개인 종목의 선호가 특징이며, 하류층은 간접관람과 단체종목이나 투기종목의 선호가 일반적인 특징이다.

10. 정답 : ①

스포츠 사회화란 개인이 스포츠에 참여하는 과정을 통해 사회적 규범과 가치를 습득하고, 스포츠 활동을 통해 사회적 관계를 형성하는 과정을 말한다. 스포츠는 개인에게 협동, 규율, 공정성 등 중요한 사회적 가치를 학습하게 하고, 팀 동료, 코치, 심판, 관중과의 상호작용을 통해 다양한 사회적 관계를 구축하게 한다.

스포츠 교육학

1. 정답 : ③

학생 선수의 인권과 학습권을 보장하기 위해 열악한 환경의 상시 합숙소를 기숙사로 전환하는 방안을 권장하고 있다.

2. 정답 : ③

승리지향적 태도는 체육교육이 탈피해야 하는 편협한 태도이다.

3. 정답 : ①

평가의 단계는 〈 평가의 목적 설정 – 평가도구의 제작 – 평가자료의 수집 – 평가결과의 분석 – 평가의 활용 〉이다.

4. 정답 : ④

세대와 문화를 구분하는 것이 아니라 그것을 뛰어넘어 함께 참여하는 생활체육이 목적이다.

5. 정답 : ①

생활체육 프로그램의 개발 단계는 〈 기관의 철학 이해 – 요구조사 – 프로그램의 목적 및 목표 설정 – 프로그램의 계획 – 프로그램의 실행 〉이다.

6. 정답 : ③

스포츠 교육 모형의 궁극적 목적은 학생들로 하여금 유능함, 박식함, 열정 등을 습득할 기회를 제공하는 것이다.

7. 정답 : ④

탐구수업 모형은 학생이 자발적 탐구 능력을 가지고 있다는 점을 전제로 학생 스스로의 고민과 연구를 통해 문제에 대한 해결의 방법을 탐구하게 하는 모형이다.

8. 정답 : ③

'학교 스포츠 클럽'은 학생들의 자율적인 참여로 진행되는 활동이다. 따라서 의무적으로 참여하는 활동이라는 내용은 잘못된 내용이다.

9. 정답 : ①

체크리스트는 다른 평가방법에 비해 상대적으로 제작과 활용이 쉬운 평가기법이다.

10. 정답 : ③

스포츠 교육자의 전문적인 성장과 발달의 양상은 형식적 성장, 비형식적 성장, 무형식적 성장 등 세가지이다.

스포츠 심리학

1. 정답 : ①

'인지적 불안'과 '신체불안'으로 구분하고 각각의 불안이 운동수행에 미치는 영향을 설명하는 이론은 '다차원이론'이다.

2. 정답 : ②

대뇌피질 속의 운동프로그램을 활용하는 방식은 개방회로 체계
기억 속의 참조기제를 활용하는 방식은 폐쇄회로 체계

3. 정답 : ③

감각적 정보를 짧은 시간 기억하는 영역은 단기기억이다. 단기기억은 용량의 제한이 있으며 약 30초 내외의 짧은 시간 동안만 저장이 가능하다.

4. 정답 : ①

고원현상은 지나치게 쉽거나 혹은 어려운 과제에서 발생한다.

5. 정답 : ②

성격의 측정법 중 잉크의 얼룩이나, 불분명한 그림 등 막연하고 애매한 자극에 투사되는 피검자의 진술을 통해 심리를 검사하는 방법을 투사법 중 로이샤르흐 테스트라고 한다.

6. 정답 : ③

불안의 해석 이론은 빈출! 본문 내용을 반드시 외워야 한다.
최적수행지역이론에서는 모든 사람에게 공통된 최적의 상태는 없으며, 개인마다 최고의 수행을 위한 개인차가 존재한다고 본다.

7. 정답 : ③

운동방해요인은 필요에 따라 지도자가 적극적으로 관여하여 제거해 주는 것도 필요하다.

8. 정답 : ①

귀인이론에서는 승리나 패배의 원인을 어디야 두는가에 따라 미래의 수행에 긍정 혹은 부정적인 영향을 줄 수 있다는 내용을 다룬다.
가장 기본적인 방법은 승리 시에는 안정적 원인과 선수의 노력과 능력으로, 패배 시에는 불안정한 원인과 노력의 부족으로 귀인하는 것이다.

9. 정답 : ③

심상은 스포츠 현장에서 훈련의 방법으로 자주 활용된다. 스포츠 훈련 과정에서 심상 훈련을 통해 거두는 효과는 시·공간의 제약 극복, 불안과 스트레스의 관리, 부상 중의 훈련, 새로운 전략과 기술의 개발, 부상의 회복, 근육의 강화 등이다.

10. 정답 : ①

모든 주의 집중 이론을 반드시 암기할 것!
일반적으로 관찰자로 인해 각성의 수준이 너무 높아지면 방해가 된다.

한국 체육사

1. 정답 : ③

삼국 시대는 귀족뿐 아니라 평민을 위한 무예 대회와 교육도 행해졌다.

2. 정답 : ②

전조선야구대회가 제 1회 전국체육대회로 인정받고 있다.

3. 정답 : ①

과거를 통한 무관의 선발은 조선시대부터 이루어졌다.

4. 정답 : ③

조선 시대에는 개인 보건에 대한 관심이 높아져 실내 체조법 등이 유행하였다. 그런 실내 운동법이 수록된 대표적인 서적은 활인심방으로 도가철학을 바탕으로 쓰인 의서이다.

5. 정답 : ②

조선 시대는 문치주의의 영향으로 '문존무비'의 경향이 발생하여 앞 시대에 비해 신체활동 전반에 대한 경시현상이 나타났다.

6. 정답 : ①

전통적인 유교중심의 교육에서 근대적 전인교육으로 전환되는 계기가 된 사건은 고종의 '교육입국조서'의 반포이다.

7. 정답 : ①

대한체육회의 전신은 조선체육회이다.

8. 정답 : ③

문화 통치기에는 각종 체육단체가 설립되었고 다양한 대회가 개최되었으며, 체육의 내용도 세분화되었다.

9. 정답 : ④

한국의 스포츠는 정부의 정치적 목적을 위해 장려되었다는 특징을 가진다. 특히 박정희 정권과 1970년대의 경제 성장의 과정에서 정치적 업적을 과시하고 정권을 강화하기 위해 스포츠가 활용되었는데, 따라서 일반 국민을 위한 사회체육보다는 국제대회에서의 입상을 위한 국가대표 선수나 팀을 중심으로 지원이 이루어졌다.

10. 정답 : ④

분단 이후 북한은 북한에서의 애국가 연주와 태극기 계양을 거부해 왔고 그런 이유로 2008년 월드컵 아시아 지역예선전이 무산되기도 했다. 북한에서 분단 이후 최초로 애국가가연주된 것은 2013년 아시안컵 역도 대회였다.

운동 생리학

1. 정답 : ①

항상성이란 외부환경이 변하더라도 생체내의 상태를 일정하게 유지하려는 성질이다.

2. 정답 : ③

물질대사과정 결과 생긴 에너지는 ATP 등 화학에너지로 저장되고 나머지는 열로 방출된다.

3. 정답 : ②

탄수화물뿐만 아니라 단백질과 지방도 유산소 시스템을 이용하여 에너지를 생산할 수 있다.

4. 정답 : ③

랑비에결절은 축삭 중 수초로 싸여있지 않은 곳이다.

5. 정답 : ①

근육과 힘줄사이에 위치하는 것은 골지건기관이다.

· 인대 - 뼈와 뼈를 연결
· 건(힘줄) - 뼈와 근육을 연결
· 근막 - 근육과 근육을 연결

6. 정답 : ③

칼슘이온이 방출되면 미오신머리가 액틴섬유에 결합한다.

7. 정답 : ②

근력 트레이닝시 근육이 비대해져 근력이 증가한다. 근비대는 근섬유의 수는 그대로지만 크기(굵기)가 증가하는 것으로 근섬유당 근원섬유의 수와 크기가 증가하여 일어난다.

tip) 근섬유와 근원섬유를 헷갈리지 말 것!

8. 정답 : ①

인슐린은 고혈당일 때 혈당량 감소의 기능을 한다.

9. 정답 : ①

반드시 암기한다. 우심실 - 폐동맥 - 폐 - 폐정맥 - 좌심방

10. 정답 : ②

수중환경에서의 운동시에는 심박수가 감소한다.

운동 역학

1. 정답 : ④

뉴턴은 운동의 법칙(관성의 법칙, 가속도의 법칙, 작용반작용의 법칙)에 대해 연구했다. 마레는 사진표기법 도입.

2. 정답 : ②

인체를 전후로 통과하는 축은 전후축이다.

3. 정답 : ③

중력은 지구가 물체를 잡아당기는 힘이다.

무게는 질량에 중력가속도를 곱한 값으로 위치에 따라 변하는 값이다.

4. 정답 : ①

발뒤꿈치를 들어 올리고 서 있는 자세는 받 - 작 - 힘 형태의 2종지레로, 받침점이 지면과 접촉한 관절, 작용점(저항점)이 신체 무게, 힘점이 아킬레스건이다.

5. 정답 : ②

스칼라는 크기만 갖는 물리량이다.

6. 정답 : ①

자유낙하하는 물체는 처음 속도는 0이고 떨어지면서 힘은 중력만 작용한다.

일정한 중력가속도로 떨어지므로 가속도는 일정하고, 속도는 가속도가 붙으므로 빨라진다.

공기저항이 없을 때 물체의 질량에 상관없이 같은 속도로 떨어진다.

7. 정답 : ③

힘은 크기와 방향 중 어느 한 가지만 변해도 운동의 성질이 변한다.

8. 정답 : ③

구심력은 원의 반지름이 작을수록 커진다.

9. 정답 : ④

일률이 크다는 것은 더 효율적으로 일을 한다는 뜻이다.

10. 정답 : ④

심박출량분석은 운동생리학에서 활용하는 분석방법이다.

스포츠 윤리학

1. 정답 : ④
   도덕, 선, 윤리는 일상의 영역에서는 혼용해서 사용되는 경우가 많지만 의미의 영역에는 차이가 있다.

2. 정답 : ④
   경기수행능력의 향상과 윤리의식은 관련이 없다.

3. 정답 : ③
   개인의 탁월함에 대한 추구하고 실현하려는 태도는 'arete'의 요소이며, 비적대적 경쟁을 통해 승리를 쟁취하려는 태도는 'agon'의 요소이다.

4. 정답 : ①
   놀이는 제도화되지는 않았지만 나름의 규칙을 가지며 그 규칙에 대한 자발적인 준수를 필요로 한다.

5. 정답 : ①
   경쟁 조직이나 팀의 관련자를 포함한 모두를 차별 없이 존중하는 것이 페어플레이 정신의 실천이다.

6. 정답 : ②
   대학에서 학생선수를 경기 성적만을 기준으로 선발하기 때문에 고등학교 학생선수의 학습권이 보호되지 못하고 있으므로 고등학교와 대학 간의 연계를 통해 학습권 보호 체계를 보완해야 한다.

7. 정답 : ③
   전신 수영복의 우수성은 이미 과학적으로 증명되었다. 하지만 전신수영복의 사용이 인간의 노력과 능력이 아닌 장비에 대한 의존성을 지나치게 높이고 그 수영복을 사용하지 못하는 선수에 대해 불공정을 야기하기 때문에 금지 대상이 되는 것이다.

8. 정답 : ④
   스포츠 현장에서 폭력 행위가 빈번하게 발생하는 원인은 여러 가지이다. 신분이 불안정한 지도자가 폭력을 통해 선수를 자극하고 독려함으로써 팀의 일시적인 성적 향상을 바라고 그렇게 함으로써 궁극적으로 지도자로서의 자신의 신분과 지위를 유지하려는 경향도 그 원인 중 하나이다.

9. 정답 : ②
   개체론적 윤리론은 생명체 하나하나의 도덕적 지위를 인정하고 배려해야 한다고 주장하지만 모든 종에 대한 배려 자체가 불가능하므로 환경 문제에 대한 완벽한 해결책은 되지 못한다.

10. 정답 : ④
    장애인 스포츠의 의의는 치료적 의미와 사회의 통합과 소통을 통한 사회 구성원의 화합이라는 의미를 가지지만 장애인의 지위 상승과 같은 경제적 의미는 가지지 않는다.

부록
실전 모의고사
정답·해설

실전 모의고사 정답 및 해설

스포츠 사회학

1. 정답 : ②

　스포츠 사회학은 스포츠 내에서의 인간의 사회적 관계와 행동을 연구하는 학문이다. 운동 상황에서의 인간의 운동을 과학적으로 탐구하는 학문은 운동역학이 가깝다.

2. 정답 : ①

　정치인들이 사회를 자신들의 권력과 이익을 강화하기 위하여 활용하는 스포츠의 기능을 '사회 통제의 기능'이라고 한다.

3. 정답 : ④

　스포츠는 국제 사회의 외교 관계에서 중요한 수단으로 활용된다. 그중 〈보기〉의 사례는 스포츠 행사에 불참함으로써 상대국에 대한 부정적 감정을 표현하여 외교적인 항의의 의사를 드러내는 것이다.

4. 정답 : ③

　스포츠 노마드 개념은 선수가 특정 팀이나 국가에 고정되지 않고, 더 나은 기회와 높은 보상을 찾아 여러 국가와 리그를 이동하는 현상을 의미한다.

5. 정답 : ①

　학교 내의 교류를 증가시키고 공동체 의식을 고양하여 얻게 되는 효과는 학교 내의 통합으로 보아야 한다.

6. 정답 : ②

　스포츠가 매체에 미치는 영향과 매체가 스포츠에 미치는 영향을 구분해야 한다.

　①, ③, ④는 매체가 스포츠에 미친 영향이다.

7. 정답 : ③

　미디어는 스포츠를 보도함으로써 수익을 올리려는 경향을 가지는데 이를 미디어가 지향하는 자본주의 이데올로기라고 한다. 그러므로 ③은 맞는 진술이다.

　①의 국가주의란 선수나 팀의 업적을 국가의 업적으로 포장하려는 경향을 말하며,

　②의 젠더 이데올로기란 선수의 퍼포먼스에 성별에 대한 차별과 억압의 사고방식으로 접근하려는 경향을 의미한다.

　④의 개인주의란 국가나 팀이 아닌 개인의 승리와 성취를 목적으로 스포츠에 참여하는 경향이다.

8. 정답 : ③

　사회계층이 형성되는 과정에서 각각의 지위에 특정한 책임과 권리를 부여하는 것을 지위의 분화라고 하는데, 그렇게 분화된 지위에 인재를 배치하는 과정에서 지위의 서열이 발생한다.

9. 정답 : ③

　상류층은 개인 스포츠에 참여하려는 경향이 강하다. 반면 일과시간이 일정하지만 경제적인 여유가 부족한 하류계층의 사람들은 단체 경기를 더욱 선호한다.

10. 정답 : ④

　스포츠 참여에서 대중매체는 전 연령층에서 중요한 역할을 한다.

11. 정답 : ④

　스포츠에서 습득한 긍정적인 가치관이 일반적인 사회 생활 속에서도 실천되는 것을 스포츠 사회화의 전이라고 표현한다. 스나이더에 따르면 〈보기〉에 주어진 내용들이 모두 스포츠 사회화가 쉽게 전이되기 위해 필요한 조건들이다.

12. 정답 : ③

　보기에 주어진 사례는 새로운 룰이나 경기의 출현을 자극하는 긍정적 역할(순기능)로 볼 수 있다.

13. 정답 : ③

　스포츠 지도사 문제에서만 출제되는 유형. 안전펜스 때문에 대형 압사사고가 난 적이 있으며, 그 이후로 안전펜스는 스포츠 경기장에서 사라지고 있다.

14. 정답 : ③

　운동 중독은 부정적인 개념으로, 운동에 중독되면 사회, 가정, 자족 등 주변에 대한 의무와 책임을 소홀히 하여 사회적 문제가 발생하게 된다.

15. 정답 : ②

　현대사회에서는 스포츠선수도 스포츠를 임금을 받고 활동하는 직업인(노동자)로서의 성격을 가진다. 그런 선수들이 더 높은 임금을 찾아 다른 나라의 팀으로 옮겨가는 일을 '스포츠 노동이주'라고 한다.

16. 정답 : ②

　거트만이 말하는 근대 스포츠의 특성 중 '합리화'란 합리적 과정을 통해 규칙이 정립 제정된다는 의미이다.

17. 정답 : ④

　성공적인 메가이벤트의 개최는 다양한 효과를 발생기킨다 그런 효과는 우선 국가의 이미지가 제고됨으로써 나타나며 대표적인 효과는 수출의 증대, 관광수입의 증대, 그로 인한 개최 도시 경제의 활성화 등이다. 주어진 〈보기의 내용 모두가 메가이벤트의 효과이다.

18. 정답 : ①

　과소동조란 스포츠 룰을 잘 알지 못하거나 알고 있으면서도 개인적인 감정을 억누르지 못해 저지르는 일탈행위를 말한다.

19. 정답 : ②

　스포츠에 참여하면서 스포츠의 바람직한 가치관을 배우고 일반 사회 생활의 영역에 전이하게 되는 일을 스포츠를 통한 사회화라고 말한다.

20. 정답 : ④

　주어진 보기의 내용 모두는 핫미디어의 특징으로 시험에 빈출한다. 반드시 암기해 둘 필요가 있다.

스포츠 교육학

1. 정답 : ④

    생활체육 지도자는 스포츠 서비스를 통해 스포츠의 기능과 가치와 문화를 전파한다. 멋진 외모를 만들어 주는 일이 생활체육지도자가 하는 역할의 핵심이라고 할 수는 없다.

2. 정답 : ④

    학교체육진흥법의 각 세부항목에 포함된 내용을 묻는 문제이다. ①, ②, ③은 '학교체육진흥조치'에 해당하지만, ④는 '학교운동부 운영'과 관련한 내용이다.

3. 정답 : ③

    스포츠 지도자는 유아, 청소년, 일반 성인, 노인, 장애인 등 참여자의 다양한 특성을 고려한 교육 기법을 개발하고 활용해야 한다.

4. 정답 : ④

    요구를 조사하고 분석하는 것은 프로그램을 실행하기 전에 각 지역사회와 참가예상자들이 어떤 요구를 가지고 있는가를 조사하는 일이다. 그러므로 '사후조사'가 아닌 '사전조사'에 해당한다.

5. 정답 : ①

    학교 스포츠 클럽은 정규 교육과정에 포함되지 않는다. 학교스포츠클럽과 학교스포츠클럽활동은 반드시 구분하여 암기한다.

6. 정답 : ③

    학습자의 문제해결 능력에 초점을 주는 대표적인 교수 모형은 탐구수업모형이다.

7. 정답 : ④

    '스포츠 교육 모델 모형'은 학생들이 선수와 팀 혹은 리그의 운영자 등의 역할을 수행하면서 다양한 스포츠 세계를 경험하게 하는 것이 목적이다. 그러므로 교사는 직접적인 통제를 자제하고 그때그때 필요한 자료를 제공하고 지원하는 역할 정도를 수행한다.

8. 정답 : ②

    이 모형에서 '참여와 노력의 단계'는 자발적으로 참여하지만 의무감을 가지지 않는 단계이다.

9. 정답 : ②

    〈보기〉의 설명은 교사가 중심이 되어 수업을 이끌어가는 '직접 교수 모형'에 대한 설명이다. '직접 교수 모형'의 모토는 '교사가 수업의 리더 역할을 한다.'이다.

10. 정답 : ①

    농구, 하키, 축구 등은 전술모형 중 대표적인 '영역침범형 게임'에 해당한다.

11. 정답 : ④

    지도내용의 분석과 조직에 따라 과제는 확대형 과제, 세련형 과제, 응용형 과제로 구분한다. 그 중에서 난이도와 복잡성이 덧붙여진 형태의 과제를 확장형(확대형) 과제, 폼이나 느낌과 같이 운동 기능의 질적인 측면에 초점을 맞춘 과제를 세련형 과제라고 한다.

12. 정답 : ②

    평가의 진정한 목적 중 하나는 스포츠교육활동을 개선하여 더 나은 지도안을 마련하는 것이다.

13. 정답 : ③

    〈보기〉에서는 학생에게 가르칠 내용을 전달하는 방법에 대한 지식을 말하고 있다. 내용을 교수하는 방법에 대한 지식이므로 정답은 ③이다.

14. 정답 : ③

    근대 이후 체육의 목적은 점차 인성의 발달과 자기 표현력 함양이라는 방향으로 변화되었다.

15. 정답 : ①

    학습 초기에 지도전략을 위한 기초 자료를 얻기 위해 실시하는 평가는 진단평가이다.

16. 정답 : ②

    응답자로 하여금 과거의 경험과 학습내용을 통합(수렴)하여 앞으로의 상황이나 결과에 대한 예측과 판단을 요구하는 질문은 집중형(수렴형) 질문이다.

17. 정답 : ③

    하나로 수업모형의 목표는 스포츠를 통한 전인적 인간으로의 성장과 성숙에 있다.

18. 정답 : ④

    승리만이 아닌 사회성과 인성의 발달을 위한 프로그램이 될 수 있도록 다양한 분야를 고려하여 개발해야 한다.

19. 정답 : ④

    장애인과 일반인과 함께 운동을 하는 것은 부상의 위험이나 차별 등이 발생할 가능성이 있어 권장되는 내용이 아니다.

20. 정답 : ③

    수업을 위한 규칙은 5~8 개 이내의 명확한 것이어야 기억하기 학습자들이 기억하기가 쉽다.

스포츠 심리학

1. 정답 : ④

   폐쇄회로체계와 개방회로체계의 구분은 빈출이다.
   폐쇄회로 체계 – 참조기제 있음, 느리고 정확한 동작
   개방회로 체계 – 참조기제 없음, 빠르고 자동적인 동작

2. 정답 : ③

   학습자 스스로가 피드백의 제공시점과 양을 결정하는 피드백 방식을 '자기통제 피드백'이라고 한다.

3. 정답 : ④

   맥락간섭이 높을 경우 그것을 극복하는 과정에서 오히려 파지에 긍정적인 효과가 나타난다. 일반적으로 맥락간섭은 구획연습과 무선연습으로 조절한다.

4. 정답 : ①

   발달은 인간의 생애 속에서 연속적으로 일어나는 과정이다.

5. 정답 : ③

   빈출! 성격의 개념 외울 것.

6. 정답 : ①

   어떤 사람들은 경쟁에 참여하는 것을 많이 두려워하므로 충분히 준비가 될 때까지 기다리고 응원해야 한다.

7. 정답 : ①

   심상훈련의 역할은 실제 시합과 유사한 선명한 이미지를 떠올리는 트레이닝을 통해 시합의 상황에서 자신의 신체와 정신을 정확하게 통제하는 연습을 하는 것이다.

8. 정답 : ④

   상황 전체를 생각하며 주의집중 훈련을 하면 광의, 한 두 가지의 사건이나 생각에만 집중하면 협의, 집중의 대상이 정신의 영역 밖에 있으면 외적, 정신적 영역이면 내적 주의 집중으로 분류한다.

9. 정답 : ④

   효과적인 리더십이 이루어지려면 주어진 상황과 수행자들의 특성에 맞는 유연함이 필요하다.

10. 정답 : ②

    팀구축 프로그램과 관련한 개념을 묻는 문제이다. 각 항목과 구성요소들을 암기해 두어야 한다.

11. 정답 : ①

    응집력은 구성원에게 고르고 공정하게 기회가 주어질 때 강화되며, 안정적으로 집단에 소속되어 있다는 느낌을 받을 수 있을 것이다. 구성원이 그날의 목표를 설정하게 하는 방법이 응집력을 높이는 대표적인 방법이다.

12. 정답 : ④

    집단의 수행에서 태만이 발생하는 대표적인 경우를 묻는 문제이다. 공동의 작업을 하는 경우 구성원인 자신의 개인적 성과가 드러나는 작업에 더 자원을 사용하기 위해 자신의 노력을 아끼려는 태도를 가진다. 이를 할당전략이라고 한다. 심한 경우 다른 사람의 노력에 아무런 기여 없이 편승하려 하기도 하는데 이를 무임승차전략이라고 하며, 어떤 사람의 무임승차전략에 맞서서 다른 사람들도 노력을 아끼게 된다면 이를 반무임승차전략이라고 한다. 그 어떤 경우에든 공동작업에 참여하는 구성원들은 일반적으로 자신의 노력과 기여를 최소화하려는 전략을 가진다.

13. 정답 : ④

    사회적 촉진이란 다른 사람과의 관계를 통해 운동수행에 영향이 발생하는 일을 말한다. 따라서 타인과의 관계라는 점에 초점을 둘때, 각성 수준, 평가에 대한 불안, 타인에 대한 모방 등이 더 잘하려는 노력을 유발하는 사회적 촉진에 해당한다.

14. 정답 : ①

    진정한 동기는 자기의 발전과 완성에서 발생한다.

15. 정답 : ②

    Bandura의 '자기효능감 이론'에서 자신감을 강화하는 요인으로는 성공적인 수행의 경험, 언어적 설득, 간접경험, 좋은 신체의 상태, 긍정적인 정서의 상태 등이 있다.

16. 정답 : ③

    수행자의 개인적인 성향과 함께 실패에 대한 두려움이 클 때, 승리에 대한 압박이 클 때 경쟁불안이 높아지게 된다. '적절한 목표의 설정'은 불안을 해소하고 자신감을 높이는 방법이 되며, '높은 성취목표를 지향하는 성향'은 자기 효능감이 높은 수행자가 가지는 특성이다.

17. 정답 : ②

    운동의 효과와 관련한 이론은 빈출이다. 각 이론과 내용을 암기해야 한다. 신경전달물질의 분비가 촉진되어 심리에 도움이 된다는 이론은 모노아민 가설이다.

18. 정답 : ③

    일회성 운동도 불안과 우울증의 감소에 효과가 있지만, 단기간의 운동보다는 장기간의 운동이, 무산소 운동보다는 유산소 운동이 효과가 큰 것으로 알려져 있다.

19. 정답 : ①

    다른 사람에 대한 배려나 격려, 애정 감정과 관련한 형태로 나타나는 지지를 '정서적 지지'라고 한다.

20. 정답 : ④

    운동 실천 이론은 운동과 심리에 관한 연구를 진행하며 자금과 같은 경제적 조건은 연구대상이 아니다.

한국 체육사

1. 정답 : ①

역사 연구에서 역사적 시기를 나누는 기준은 반드시 일정하지는 않는다. 또한 연구자가 항상 순서대로만 연구를 진행하는 것은 아니며 특정 시기로부터 거슬러 가면서 현상의 기원을 찾기도 한다.

2. 정답 : ③

우리나라의 전통무예에 관한 문제는 빈출이므로 반드시 암기한다.

①은 석전, ②는 방응(매사냥), ③은 각저, ④는 격구에 관한 내용이다.

3. 정답 : ③

여행 속에서 다양한 활동을 하며 심신을 연마하던 수련법은 '편력( )'이다.

4. 정답 : ①

화랑과 관련한 내용은 빈출이다. 세속오계라는 화랑이 지켜야 하는 5가지 계율을 만든 사람은 원광법사이다.

5. 정답 : ③

격구는 처음에는 군사훈련의 수단으로 활용되어 유행했지만 말과 장비의 가격이 높아 귀족층만 향유할 수 있었으며, 차츰 사치로 인한 폐단이 발생하기 시작했다.

6. 정답 : ④

조선시대에는 무인의 등용을 위한 시험제도로 취재와 과거제도가 있었다. 시취는 취재의 다른 이름이다.

7. 정답 : ①

조선시대의 과거시험은 무과와 문과로 구분되어 있었으며, 무과는 다시 초시, 복시, 전시로 구성되었다.

8. 정답 : ①

무예도보통지는 조선 정조 때 다른 무예서를 보완하고 집대성하여 편찬한 종합 무예서이다.

9. 정답 : ③

황성 기독교 청년회는 YMCA의 전신이 된 단체로 운동회를 개최하며 스포츠 단체로서의 성격도 가지고 있었다.

10. 정답 : ④

일제강점기에는 YMCA 등 각 지역의 청년회가 주축이 되어 민족전통 경기를 부활시키려는 노력이 지속되었다.

11. 정답 : ①

'조선체육회'는 1920년 '조선체육협회'에 대응하여 창립되었으며, 현 전국체육대회의 모체인 '제1회 전조선야구대회' 등을 개최한 단체이다.

12. 정답 : ③

빈출! 손기정 선수와 일장기 말소사건은 잘 정리해 두어야 한다.

13. 정답 : ②

일본과의 유치경쟁 끝에 단독 개최하게 된 국제 스포츠 행사는 88 서울 올림픽이며, 서울 올림픽은 당시 가장 많은 선수단이 참가하는 등 성공적이었다는 평가를 받았다. 한국은 그 대회에서 종합 4위의 성적을 달성하였다.

14. 정답 : ①

남북의 체육 교류는 1945년 경평 아이스하키전 등을 시작으로 전쟁의 시기를 제외하고는 꾸준히 이루어지고 있으며 특히 1991년 세계 탁구 선수권 대회와 세계 청소년 축구 대회에 남북 단일팀으로 참가하기도 했다.

15. 정답 : ②

'조선 체육회'가 '조선체육협회'에 강제 합병되었다.

16. 정답 : ④

남한이 광복 이후 최초로 참가한 마닐라 하계 아시안 게임은 1954년에 개최되었다.

17. 정답 : ③

호돌이 계획은 88 올림픽 이후 1989년에 수립되었다.

18. 정답 : ①

YMCA는 황성기독교 청년회의 후신으로 우리나라에 다양한 스포츠가 보급되는데 기여한 단체이다.

19. 정답 : ④

우리나라의 전통적인 체육사상(신체관)은 심신일원론이며, 고려시대에도 몸과 마음은 하나라고 생각을 했다.

20. 정답 : ①

력은 무거운 물건을 들고 달리는 능력을 보던 시험이다.

운동 생리학

1. 정답 : ④

　운동생리학은 운동 형태의 '자극'에 대해 인체가 '반응'하고 '적응'하는 과정 속에서 나타나는 생리학적 현상을 연구하는 학문이다.

　키워드는 자극 - 반응 - 적응.

2. 정답 : ③

　크렙스회로와 전자전달계는 미토콘드리아에서 ATP를 생산하기 위해 산소를 이용하는 유산소성 대사이다. 산소를 이용하므로 유산소 시스템이다.

3. 정답 : ④

　보기 ⓒ의 ATP-PCr 시스템은 단거리 달리기와 같이 단시간의 격렬한 운동에 주로 사용되는 에너지시스템이다.

4. 정답 : ②

　근육에 젖산이 축적되어 근육세포가 산성화된다. 세포내 pH가 달라지므로 해당과정에 관여하는 인산과당분해효소(PFK)의 활성도가 감소하여 ATP 생성이 저하된다.

　또한 수소이온이 증가하면 트로포닌과 칼슘이 결합하는 것을 방해하여 근수축력이 저하된다.

5. 정답 : ①

　신경세포에서의 전기적 신호는 '신경자극→수상돌기→세포체→축삭→축삭종말(말단)'로 전달된다.

6. 정답 : ②

　골지건기관은 근수축을 통해 발생되는 장력 변화를 감지하고, 주동근의 과도한 수축을 억제하는 감각수용기이다.

7. 정답 : ③

　근수축시 칼슘이온이 접착하는 부위는 트로포닌이다.

　칼슘과 트로포닌이 결합하면 트로포마이오신의 위치를 변화시켜 액틴섬유의 마이오신 결합부위가 노출된다.

8. 정답 : ①

　등속성 수축은 근기능 진단, 근력훈련, 재활트레이닝에 활용한다.

9. 정답 : ④

　피로내성은 피로저항과 같은 말! 피로내성이 높은 섬유는 지근섬유이다. 근형질세망은 칼슘을 저장, 방출하는 곳으로 근수축 속도가 빠른 속근 섬유에 잘 발달한다.

10. 정답 : ①

　골격근은 체성신경계의 지배를 받아 의지에 따라 움직일 수 있는 수의근이다.

　심장근, 내장근, 평활근은 의지와 상관없이 자율신경계의 지배를 받아 움직이는 불수의근이다.

11. 정답 : ①

　바소프레신(항이뇨호르몬, ADH)는 신장에서 수분의 재흡수를 통해 체내 수분량을 증가시킨다.

12. 정답 : ④

　세포는 포도당(글루코스)을 이용해 에너지를 얻으므로 포도당이 급속히 소모되었을 때 포도당을 얻을 수 있는 방법을 찾는 문제이다. 부족한 포도당을 만들기 위해서는 탄수화물, 지방, 단백질이 에너지원으로 사용된다. 간에 글리코겐의 형태로 저장되어 있던 탄수화물이 분해되기도 하고, 간에서 당신생합성과정을 통해 아미노산 등의 단백질이 포도당으로 전환되기도 하며, 유리지방산을 산화시켜 포도당을 얻기도 한다.

　운동시에도 혈장 포도당 농도는 일정하게 유지되야 하므로, 혈장의 포도당을 절약하기 위해 지방조직에서 유리지방산을 동원하여 사용한다.

13. 정답 : ④

　빈출! 폐순환 〈우심실-폐동맥-폐포-폐정맥-좌심방〉, 체순환 〈좌심실-대동맥-조직-대정맥-우심방〉. 우심실은 폐순환의 시작이다.

16. 정답 : ④

　빈출! 혈액은 체중의 8%, 혈액의 55%는 혈장 나머지 45%는 세포 / 혈장의 90%는 물, 나머지는 단백질 / 혈액세포의 99%는 적혈구, 나머지는 백혈구와 혈소판으로 구성된다.

15. 정답 : ②, ④

　트레이닝에 대한 신체의 적응으로 최대심박출량의 증가, 심실용적의 증가와 심실벽의 두께 변화, 모세혈관의 수 증가 등이 있다. 또한 장기간의 지구성 운동으로 혈액의 농도가 묽어져 혈압의 저하가 나타나는데 정상혈압을 가진 사람에게는 미세해서 무시할 정도의 변화이다. 기출문제로 시험 당시 단수정답으로 처리되었지만 이 문제는 ②와 ④가 모두 틀린 내용이다.

16. 정답 : ③

　혈압은 혈액이 혈관벽에 미치는 압력을 의미하므로 혈액량 증가, 혈관저항 증가, 심장에서의 1회 박출량 증가는 혈압을 상승시킨다. 혈관탄성이 증가하면 혈액량이 증가해도 일시적으로 늘어났다가 다시 복원되므로 혈압이 상승하지 않는다.

17. 정답 : ②

　심박출량은 운동 강도에 비례하여 증가하지만, 직선적으로 계속 증가하지는 않는다.

　심박출량은 심박수와 심장의 용적 등에 의해 결정되는데 인간은 기계가 아니므로 그런 요인에 한계를 가진다.

18. 정답 : ①

　동정맥산소차는 동맥과 정맥의 산소농도의 차이를 말하며, 근육세포의 산소소비량에 비례한다. 운동 시 동맥혈의 산소농도는 거의 변화가 없으나, 활동조직에서 필요한 산소를 더 많이 추출해서 쓰므로 심장으로 돌아오는 혼합 정맥혈의 산소농도가 낮아져서 동정맥산소차가 증가한다.

　②번 : 고강도 운동은 동정맥산소차를 증가시킨다.

　③번 : 골격근의 모세혈관 분포의 증가는 동정맥산소차를 증가시킨다.

　④번 : 동정맥산소차의 감소는 지구력을 감소시킨다.

19. 정답 : ②

　고지대에서는 산소 부족으로 인해 산소분압이 감소하기 때문에 조직들이 충분한 산소를 공급받지 못해서 지구성 운동 능력이 저하된다.

20. 정답 : ④

　고온 환경에서는 체온을 낮추기 위해 피부에 혈관이 확장되어 발한 작용이 잘 일어나게 한다. 그리고 발한으로 인한 혈장량의 감소로 혈액의 순환량이 줄어든다. 순환량의 축소를 보상하기 위해 심박수가 증가하며, 글리코겐의 이용률이 증가하고 젖산의 생산량이 증가하게 되어 피로와 경기력의 저하가 나타난다.

운동 역학

1. 정답 : ③
   ③은 운동역학(kinetics)적 측정의 예이다.

2. 정답 : ②
   운동을 유발하는 힘에 관한 분석방법을 찾으면 된다. 즉, 근력, 지면반력, 토크, 관성모멘트 등의 측정 방법을 찾으면 된다.
   보기에서, 이동 거리 측정, 구간별 속도 측정, 관절의 각도 측정 등은 운동학적 분석의 예이다.

3. 정답 : ③
   운동 역학은 스포츠 상해의 원인을 밝히기는 하지만 치료는 의료의 영역에서 이루어진다. 약은 약사에게 치료는 의사에게!

4. 정답 : ③
   인체의 측면을 통과하여 인체를 전후로 나누는 운동면은 좌우면 또는 관상면이라 한다.

5. 정답 : ③
   스케이팅의 코너링에서처럼 운동의 상태에 따라 기저면 밖으로 무게중심이 이동해야 안정이 유지되는 경우가 있다.

6. 정답 : ②
   질량은 물체에 포함된 물질의 양에 대한 개념으로 언제 어디서든 변하지 않는다. 그에 비해 무게는 그 물체를 잡아당기는 중력의 크기에 대한 개념이 포함되어 있어서 중력이 달라지면 무게도 변한다.

7. 정답 : ①
   65kg×중력가속도 = 65kg중
   65kg×9.8m/s² = 637kg·m/s² = 637N

8. 정답 : ②
   중요! 벡터는 크기와 방향을 고려한 물리량으로 위치, 변위, 속도, 가속도, 힘, 운동량 등이 있다. 스칼라는 크기만을 고려한 물리량으로 거리, 시간, 온도, 질량, 속력, 에너지, 일 등이 있다.

9. 정답 : ②
   속도의 단위는 m/s 이고, 가속도의 단위는 m/s² 이다.

10. 정답 : ③
    변위는 벡터량으로 크기와 방향이 같이 존재한다.

11. 정답 : ④
    변위는 두 지점을 잇는 최단 경로이다.
    거리는 시작점에서 끝점까지의 누적된 이동궤적의 총합이다.
    속력은 스칼라량으로 크기만 가지고 있다.

12. 정답 : ②
    물체의 회전과 관련한 양력은 마그누스의 효과, 비행기의 양력에 관한 원리는 베르누이의 정리

13. 정답 : ④
    마찰력은 물체의 접촉면, 접촉면의 재질, 운동의 상태 등에 영향을 받는다.

14. 정답 : ④
    힘은 물체의 운동 상태를 바꾸는 원인으로, 단위는 N(뉴턴), kgf, kg·m/s² 이다.

15. 정답 : ②
    다이빙 동작에서 몸을 펴면 회전반경이 증가하므로 관성모멘트도 증가한다.

16. 정답 : ②
    효율(%) = 한 일/공급한 일×100, 60/100×100 = 60%

17. 정답 : ②
    역학적 에너지는 운동에너지, 위치에너지, 탄성에 의한 위치에너지를 의미한다.

18. 정답 : ①
    일률은 일의 양을 걸린시간으로 나눈 값이며, 힘과 속도의 곱으로도 표현할 수 있다.
    일률의 단위는 W(와트), HP(마력)이다.
    수행시간이 짧을수록 일률이 증가된다.

19. 정답 : ③
    근전도는 주동근의 움직임, 근육의 동원 순서, 근육의 활용 정도, 근육의 피로를 측정한다. 근육의 파워는 힘을 측정하는 지면반력기나 압력분포측정기 등을 활용하여 분석이 가능하다.

20. 정답 : ④
    최대산소섭취량 분석은 운동 생리학에 주로 사용되는 분석방법이다.

스포츠 윤리학

1. 정답 : ①

　〈보기〉의 내용은 인간이 반드시 지켜야 하는 도덕적 원칙이 선험적으로 존재한다고 믿는 태도이며 이런 입장을 '의무론'이라고 한다.

2. 정답 : ④

　A는 행동의 기준을 소속팀 전체에 이익을 주는가에 두고 있다. 이처럼 행위의 결과가 얼마나 많은 사람들에게 이익을 줄 수 있는가를 윤리적 판단의 기준으로 삼는 관점을 공리주의라고 한다.

3. 정답 : ③

　'형식적 공정성'이란 스포츠경기가 가지고 있는 룰을 준수하며 페어플레이를 실천하는 것을 말한다. 주어진 객관식 선지 중에서는 ③의 행위가 룰을 위반한 것이다.

4. 정답 : ①

　스포츠에서 공정성을 담보하는 방법은 여러 가지가 있다. 그 중 〈보기〉의 내용처럼 합리적인 절차와 과정을 통해 공정성을 확보하는 방법으로는 제비뽑기 혹은 동전던지기 등의 방법을 활용하는 것인데 이를 '절차적 정의'라고 한다.

5. 정답 : ④

　스포츠의 상업화가 진행되면 국적이나 인종과 관계없이 우수한 선수에게 기회와 포상을 주게 되므로 인종차별의 현상은 약화될 수 있다.

6. 정답 : ②

　동물실험위원회에서 마련한 3R은 '대체, 감소, 개선'이다.

7. 정답 : ①

　이런 형태의 문제가 나올 가능성이 높다. 윤리적 쟁점 자체를 묻는 것이 아니라 〈찬성, 반대〉〈순기능, 역기능〉을 구분하라는 형태이다. 관중의 불안이나 공격성이 높아진다면 역기능이므로 격투스포츠에 반대하는 사람이 내세울 주장이다.

8. 정답 : ①

　스포츠 폭력은 스포츠에의 참여를 고려하는 사람들에게 부정적인 영향을 미치게 된다. 또한 스포츠 참가자가 스포츠에서 발생하는 비윤리적 행위를 거부하도록 하기위해서는 부정적인 행위에 대한 성찰의 능력을 가질 수 있도록 윤리적 교육을 실시하는 것이 필요하다.

9. 정답 : ①

　도핑은 선수의 건강을 해치고, 페어플레이에 어긋난다는 점에서 스포츠의 본질적인 정신인 스포츠맨십에서 벗어나는 일이다.

10. 정답 : ④

　최저학력제는 학생 선수의 인권을 보호하기 위한 방안이다.

11. 정답 : ①

　경쟁 조직이나 팀의 관련자를 포함한 모두를 존중해야 한다.

12. 정답 : ④

　관중이나 선수의 체제에 대한 순응적 태도를 강요하는 장치로 작용한다면 이는 심판 판정의 부정적인 기능이다. 나머지 선택지들이 모두 긍정적인 의미를 가지고 있으므로 정답은 ④이다.

13. 정답 : ③

　도구적 폭력은 팀의 승리를 위한 전술로서의 폭력을 말한다.

14. 정답 : ②

　개체론적 윤리론은 생명체 하나하나의 지위를 인정함으로써 인간중심적 사고에서 탈피한 윤리설이다.

15. 정답 : ①

　1972년 미국에서 통과된 성차별 금지 법안은 Title IX이다.

16. 정답 : ③

　목적론적 윤리설은 좋은 결과를 가져오는 행위를 좋은 행위라고 판단한다. 따라서 목적론적 윤리설에 따르면 경쟁과 승리라는 목적을 성취하면 도덕적인 일이 된다.

17. 정답 : ④

　서로에 대한 차별없이 모든 사람을 공평하게 사랑하는 일을 '겸애'라고 한다. 이런 주장을 한 동양철학의 학파는 '묵가'이다.

18. 정답 : ④

　윤리적인 문제는 가능한 한 구성원들의 합의를 통해 해결되는 것이 바람직한다. 법적 강제력은 인간 사회에서 발생하는 갈등을 해결하는 최후의 수단이어야 할 것이다.

19. 정답 : ③

　과학 기술의 스포츠 도입은 스포츠의 자본화, 스포츠맨십의 훼손 등의 문제를 야기하고 있어 성찰이 요구된다.

20. 정답 : ②

　상명 하달과 계층 구조는 폭력성과 불평등의 원인이 되고 있어 성찰이 요구되고 있다.

REFERENCE

강신복 (2009). 현대 스포츠 교육학의 이해. 레인보우북스, 4.

강신욱 (2003). 학교운동부의 운동과 학업 수행 및 운영 실태조사. 한국체육학회지, 43(3). 97-109.

강준호 (2005). 스포츠산업의 개념과 분류. 체육과학연구. 16(3).

경기도교육청 (2014). 학생선수 학습보장 제도 운영 계획. 경기도교육청 체육건강과 2014년 1월.

교육과학기술부 (2011). 체육과 교육과정. 교육과학기술부고시 제 2011-36호.

국민체육진흥공단 체육과학연구원 (2013). 1급 생활체육지도자 연수교재. 서울 : 대한미디어.

국민체육진흥공단 체육과학연구원 (2007). 2급 경기지도자 연수교재. 서울 : 대한미디어.

국민체육진흥공단 체육과학연구원 (2010). 2급 생활체육지도자 연수교재. 서울 : 대한미디어.

국민체육진흥공단 체육과학연구원 (2012). 3급 생활체육지도자 연수교재. 서울 : 대한미디어.

권오륜 (2008). 스포츠 윤리철학의 동양철학적 접근. 한국체육철학회. 16(4). 59-70.

김대진 (2012). 스포츠교육학 총론. 서울 : 교육과학사.

김동현, 윤양진 (2010). 학생선수 학습권 보호를 위한 법, 제도적 과제. 스포츠와 법. 13(4), 57-81.

김병준 (2006). 운동심리학 이해와 활용. 서울 : 레인보우북스.

김완수 (2003). 운동검사·운동처방지침. 서울 : 현문사.

김종만 역 (2010). 근골격계의 기능해부 및 운동학. 서울 : 정담미디어.

대한운동사회 (2003). 치료적 운동의 원리와 실제. 서울 : 대한미디어.

대한장애인체육회 (2013). 2012 장애인체육 (성)폭력 실태조사.

문화체육관광부 (2007). 장애인체육백서. 서울 : 문화체육관광부

문화체육관광부 (2012). 국민생활체육참여 실태조사 2012.

문화체육관광부 (2013). 2012 장애인 생활체육 실태조사 보고서.

박성순 외2009), 운동역학 : 대경북스

박성주 (2013). 스포츠윤리 교육의 내용과 방법. 한국체육학회. 87-94

박홍규 외 2인 (1992). 스포츠사회학. 서울 : 나남신서.

서경화 (2012). 엘리트스포츠에서 규율권력과 운동선수사회 : 푸코의 규율권력 이론을 중심으로. 한국체육학회지 51(3). pp. 17-23.

서울시교육청 (2014). 2014학년도 학교체육 업무 매뉴얼.

서지영 외 4인 (2014). 학교스포츠클럽 활동의 교육 성과 분석. 한국교육과정평가원 연구보고 RRC 2014-11.

위승두 (2012). 핵심 운동생리학. 서울 : 대경북스.

유정애 (2007). 체육과 교육과정 총론. 서울 : 대한미디어.

이상구 (1996). 사회계층별 스포츠 참여에 관한 연구. 국민대학교 스포츠과학연구소 논총, 45, 41-47.

이승훈, 김동규 (2011). 도핑의 변천과 반도핑의 정당성 논의. 한국체육철학회지, 19(1). 15-32.

이승훈, 김동규 (2013). 스포츠일탈의 대처유형과 양상에 대한 사회 철학적 쟁점. 한국체육철학회지, 57-77.

이승훈, 이정식 (2013). 스포츠에서 나타난 종차별주의와 동물의 도덕적 지위 문제. 한국체육철학회지, 21(4). 52-103.

이종은 (2010). 정치와 윤리. 서울 : 책세상.

임번장 (1994). 스포츠사회학개론. 서울 : 동화문화사.

임번장 (2008). 사회체육개론. 서울 : 대한미디어.

장윤수, 김영필 (2012). 한국 다문화사회와 교육. 파주 : 양서원.

주명덕, 이기청 역 (2002). 대한 미디어

최병문(2009). 스포츠폭력의 유형과 대책. 스포츠와 법. 12(4). 257-278

최영옥, 이병기, 구봉진 (2002). 스포츠 행동의 심리학적 이해. 서울 : 대한미디어.

최의창 (2003). 스포츠교육학. 도서출판무지개사.

최훈 (2011). 동물의 도덕적 지위와 종 차별주의. 인간·환경·미래. 6, 87-111.

한국체육사학회 (2011). 체육과 스포츠의 역사. 진주 : 경상대학교 출판부, 51-62.

황경식 (1994). 환경윤리학이란 무엇인가? - 인간중심주의인가 자연중심주의인가-. 철학과현실 통권21호. 172-185.

Bandura, A. (1986). Social Foundations of thought and actions : A social cognitive thepry. Englewood Cliffs, NJ : Prentice Hall.

Capbell. 전상학 역. (2008). 생명과학 8판. 서울 : 도서출판 바이오사이언스(주).

David. B. J. (2003). Functional Anato of the libs and back. 8nd. ed.

David Halliday 외 2인 (2011). 일반물리학 개정9판. 서울 : 범한서적.

Fox. 박인국 역. (2016). 생리학 제 14판. 서울 : ㈜라이프사이언스

Gray.J.(1968). Anial Locoftion. : Norton and Copany

Peter. B. & Kari K. (2007). Clinical Sports Medicine. 3nd. Sydney : Magraw-Hill.

Schurr, K. T., Ashley, M. A., & Joy, K. L. (1977). A Multivariate analysis of ale athlete characteristics : Sport type and success. Multivariate Experietal Clinical Research, 3, 53-68.

Silverthorn. 고영규 외 13인 역. (2011). 인체생리학 5판. 서울 : 라이프사이언스

Willia E. P. (1999). Rehabilitation Techniques in Sports Medicine. 3nd. ed. Boston. : Mcgraw-Hill.

Willias J. M. (1980). Personality characteristics of the successful feale athlete. In W. F. Straub(Ed.), Sport Psychology : An analysis of athlete behavior. Ithaca, NY : Mouveet.

생활 전문 스포츠지도사 2급 필기
단박에오름 올인원 2025

펴낸날 : 2024년 10월 07일
저　　자 : 전지호, 이지영, 성아론, 김민, 김철기, 장성석
발행처 : 오름
주　　소 : 경기도 광주시 오포읍 능평동 194-23
대표전화 : 010-2631-0155
등록번호 : 제 2011 - 000059

값 33,000원

ISBN 979-11-982406-3-7 (13690)
Copyright© ORUM
이 책에 실린 모든 내용과 구성의 저작권은 오름에 있습니다.
무단으로 복사, 복제, 유포 등의 불법행위를 할 경우 민형사상
의 책임을 묻습니다.